中华人民共和国地方志丛书

平度市志

上卷

（1986～2005）

平度市史志编纂委员会　编

方志出版社
Publishing House of Local Records

图书在版编目（CIP）数据

平度市志．1986～2005 / 平度市史志编纂委员会编．-- 北京：方志出版社，2015.4
ISBN 978-7-5144-1373-1

Ⅰ．①平…　Ⅱ．①平…　Ⅲ．①平度市—地方志— 1986～2005　Ⅳ．①K295.24

中国版本图书馆 CIP 数据核字（2014）第 216960 号

平度市志（1986～2005）

编　　者：	平度市史志编纂委员会	
责任编辑：	王笃银	
出 版 人：	冀祥德	
出 版 者：	方志出版社	
	地址　北京市朝阳区潘家园东里 9 号（国家方志馆 4 层）	
	邮编　100021	
	网址　http：//www.fzph.org	
发　　行：	方志出版社发行中心	
	电话（010）67110500	
经　　销：	各地新华书店	
印　　刷：	济南黄氏印务有限公司	
开　　本：	889×1194	1/16
印　　张：	53.75	
字　　数：	1378 千字	
版　　次：	2015 年 4 月第 1 版	2015 年 4 月第 1 次印刷
印　　数：	0001～5000 册	

ISBN 978-7-5144-1373-1/K・1119　　定价：（上下卷）780.00 元

平度市史志编纂委员会历任主任、副主任

（2001.7~2015.4）

名誉主任	张相逢　赵泽斌　王　中　张　杰
主　　任	赵泽斌　丁鲁省　于显祥　杨钊贤　庄增大
副 主 任	王绪平　李晓光　张　健　毛军响　窦利群　李玉海
办公室主任	徐明堂（兼）

《平度市志（1986~2005）》编审人员

主　　审	王　中　杨钊贤
副 主 审	毛军响　李玉海
顾　　问	杨新民
特邀编审	段祥泰　张少军　朱红梅　寿杨宾　张可先　刘洵昌
主　　编	徐明堂
副 主 编	陶瑞法　牟　玲
编　　辑	刘敏松　陶希华　隋守廷　于翠丽
编　　务	陈云孟　杨乐园　崔仁贞　王太东　代　琦　苏卫华　姜乃堂　杨云峰　张　磊　冷进忠　高永利　崔学政　王守梅　刘保国　李炳光　杨　娜　高　岩　李丰宝　李占梅

序

“郡邑之有志，犹国之有史。”一方历史沿革、山川地理、政治经济、科教文化、卫生体育、社会事业，常以志记之，以求观兴废，知得失，通古今，察未来。值此2015春暖花开之际，续修《平度市志》编竣付梓，堪谓平度一大盛事。

历史上，平度曾先后于明嘉靖、万历和清康熙、嘉庆、道光、光绪及民国年间修志。新中国成立后，亦于20世纪60年代组织过修志，然未能成书。1987年，《平度县志》出版，为平度第一本社会主义新方志。此次续修《平度市志》，是为《平度县志》的续志，正值21世纪初叶千帆竞发、经济飞腾、社会和谐、人民安居的好时期，可谓盛世修志正当时。

该志由平度市史志办公室、平度市档案局修志人员历经数载，集各方之力，广征博采，殚精竭虑，辛勤笔耕，精雕细琢，数易其稿而成。志书篇章翔实，取精用宏，宁慎毋滥，宁质毋夸，揽经年于一瞬，记历史之更替，熔百业为一炉，叙事物之兴衰。既有宏观鸟瞰，寓褒贬于记事之中；又有微观透视，明规律于兴替之内。略古详今，条分缕析，尽彰地方特色；探本溯源，明白晓畅，突现时代新风，实为一部平度百科全书。在此，谨向关心、支持《平度市志》编修的各级领导、各界朋友、各位同仁表示敬意与感谢！

平度历史悠久，山水形胜，人文荟萃，物阜民康，古为齐汉名郡、胶东门户，今乃“中国葡萄之乡”“中国花生之乡”“中国蔬菜之乡”“中国大姜之乡”“中国肉牛之乡”。曾获全国基础教育先进县、全国文化先进县、全国卫生城市、全国平安家庭创建活动先进市、中国果菜无公害十强市、全国粮食生产先进县标兵、首批国家现代农业示范区、国家环境保护模范城市、国家生态示范区、山东省级文明市、“平安山东”建设先进市等称号。为彰往昭来，使前有所稽、后有所鉴，续修《平度市志》将这些辉煌业绩载入史册，乃是时代的使命、人民的愿望。

古人曰：“治天下者以史为鉴，治郡国者以志为鉴”。相信《平度市志》的出版，必能起到“正人心、教风尚、明正道、垂治规”的功能和“佐时务、裨风教、存信史”的作用，成为各级领导和广大干部群众的必捧之卷，必读之书。

一志在手，洞烛市情；一志相传，教益民众。展卷披阅，裨益可得。借助《平度市志》，让历史告诉未来，必将激发全市人民前赴后继、薪火相传，为加快建设现代化中等城市而努力奋斗！

是为序。

编　者

二〇一五年四月

山色

◇ 大泽山神韵（张少杰　2012 年摄）

水韵

◇ 生态沽河（张杰　2010 年摄）

◇ 大黄埠牌西瓜

◇ 大黄埠牌樱桃西红柿

◇ 大田薄皮核桃

◇ 大泽山葡萄

◇ 姜家埠大葱

◇ 蟠桃大姜

◇ 平度大花生

◇ 平度牛肉

◇ 云山大樱桃节

◇ 明村西瓜节

16种国家地理标志保护产品

旧店苹果

◇ 麻兰油桃

◇ 马家沟芹菜

仁兆蒜薹

◇ 仁兆圆葱

◇ 云山大樱桃

◇ 祝沟草莓

◇ 祝沟小甜瓜

◇ 大泽山葡萄节

◇ 马家沟芹菜节

◇建设中的青岛新河生态化工科技产业基地
（杨志刚　2013年摄）

◇山东省平度经济开发区（田大方 2013年摄）

◇ 日新月异的平度城市建设（田大方　2013年摄）

◇建设中的海青铁路平度段（黄伟东　2013年摄）

◇四通八达的高速公路（田大方 2005年摄）

◇平度九中（张建伟 2013年摄）

◇平度一中（王福波　2012年摄）

◇ 正月十五民间广场汇演

◇ 平度之夏文艺演出

◇ 2010 年平度春节晚会

◇ 建国 60 周年文艺演出

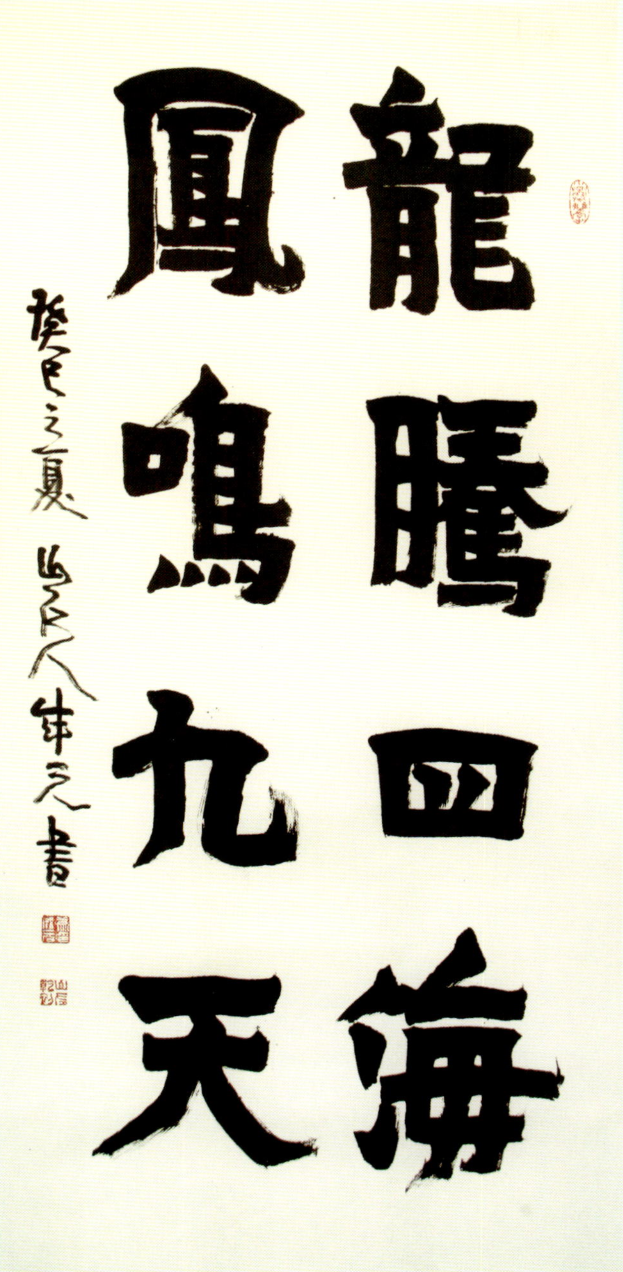

◇ 书法 / 康成元

◇ 家山北望 / 姜宝林

◇ 毛泽东视察黄河 / 刘书军

◇ 和平万年 / 王林旭

凡 例

一、指导思想 本志以马列主义、毛泽东思想、邓小平理论、“三个代表”重要思想、科学发展观为指导，坚持辩证唯物主义和历史唯物主义的立场、观点和方法，力求思想性与科学性、著述性与资料性的统一，突出时代特点和地方特色。

二、记述时限 本志为第一部社会主义新方志《平度县志》（1987年出版）的续志，上限为1986年，下限至2005年。同时，为弥补2006～2012年间平度发生的大事、要事因“断限”未能记述之憾，本志“概言”“大事记”述至2012年，“附录”中特设“限外辑要”章节，个别人物及图片选入时限亦适当下延。

三、编修体裁 本志以事业分类，采用篇、章、节、目、子目结构，以时为序，横排竖写。以志为主，述、记、传、图、表、录兼用。篇下设无题小序，以承接前志。

四、文体规范 本志采用语体文、记述体。记述机构或事物名称，初用全称，后用规范简称。采用公元纪年，使用历史纪年的，括注公元纪年。本志所用数字、标点、计量单位等，均按国家统一规范书写，个别计量单位兼顾习惯用法。图片本身已表明含义的，不再另加图注。

五、入志人物 分人物传略、人物简介、人物名录三部分。人物传略遵循“生不立传”原则，收录本籍人物，以卒年先后为序；人物简介收录在世平度籍名人：政界人物副省（部）级以上，军界人物少将军衔以上以及全国著名科学、文学、艺术、体育界人士；人物名录包括革命烈士和省部级以上劳模。

六、资料来源 本志资料主要来自平度市直部门、镇（街道）提报，辅以平度市档案馆馆藏档案、报刊、年鉴以及党史、函调、社会调查，经核实后不另注明出处。

七、本志分上、下两卷，1~12篇为上卷，13~22篇及附录为下卷。

总目录

上卷

下卷

目　录

第四篇 农 业

第五篇 工 业

第九篇　财政　税务　金融

第十篇　经济管理

第十一篇　城建　环保

第十二篇　交通　邮电

概　言

概　言

平度，地置枢纽，位扼咽喉，古为登莱通衢，今仍胶东锁钥。其北凭大泽峦嶂，南拥沃野平川，西枕胶河浩浩，东依沽河汤汤，形若瓶肚，地宽域广，面积3176平方公里，人口136万人，分居齐鲁县级市一、三位。

齐汉名郡，胶东之门，嬗变中脱胎换骨，跌宕中演绎辉煌，平度，屹立迄今

境内韩村遗址、东岳石遗址揭示，平度在距今四五千年前，即有先民生息繁衍，渔猎丰穰。夏、商至春秋中后期，今平度境属莱地。战国时，属齐国即墨邑，为胶东政治、经济、文化中心，齐国五都之一，享“齐有临淄、即墨之饶”之誉。著名的以少胜多战例“田单破燕”发生于此。20世纪即墨故城出土“节墨之法化”，与齐都临淄所铸刀币同时在胶东半岛流通，证明即墨城当时确为鼎盛。秦汉时，属胶东郡（国），置即墨、郁秩、卢乡、平度、下密等县。其中，即墨为郡治（“国都”）（故城在今古岘镇朱毛村一带），郁秩县治在今平度城，卢乡县治在今灰埠镇城子村，平度县治在今新河、灰埠以北。今之平度包括西汉末年即墨、郁秩、卢乡3县和平度、当利、下密、壮武4县各一部分。换言之，今之平度当时约2/3属胶东国，1/3属东莱郡。此期，汉景帝之子刘彻（汉武帝）、刘寄（其墓今遗古岘镇境内）先后被封胶东王。《后汉书·地理志》载：西汉末，胶东国有8县32万人，平均每县4万人；东莱郡有17县50万人，平均每县3万人。以今平度辖境约为当时4县之大，推算人口有十三四万，属人口众多地区。而且，当时全国设铁官49处，其中“郁秩，有铁官”。此均说明当时平度在全国已具有颇高的政治、经济地位。

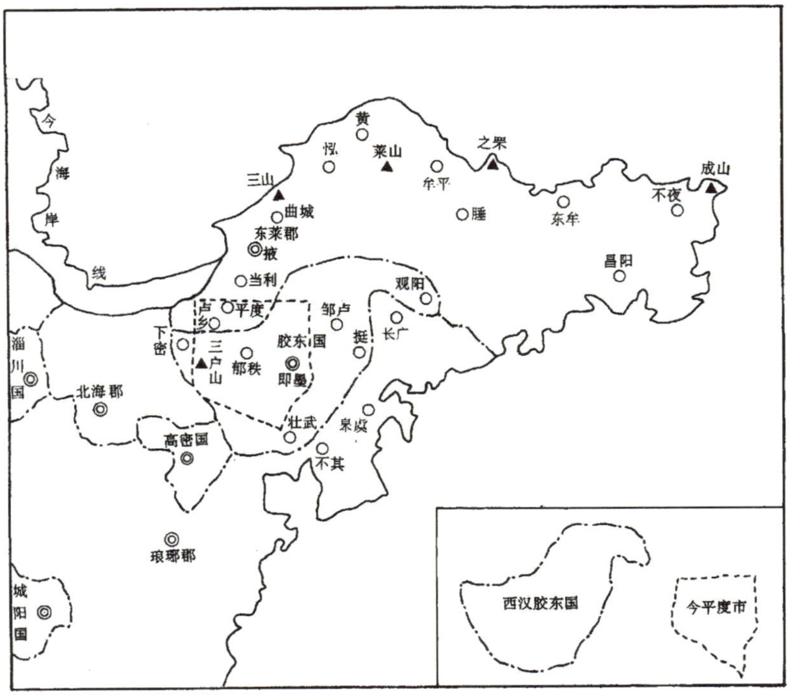

西汉末年胶东半岛政区图

王莽代汉后，对西汉行政区划做了较大改变，“王国”改为郡，侯国改为县。胶东国改为郁秩郡，郡治郁秩城（今平度城）。胶东的政治、经济中心由沽河之滨向西移到今天平度

城。自此，即墨丧失作为郡国一级政治中心的地位，演变为县级政权。

东汉初年，光武帝刘秀封贾复为胶东侯，侯国都郁秩，食六邑。章帝建初元年（76），原胶东侯国废，新胶东侯国只食郁秩一县，郁秩之名废，即为胶东侯国。曹魏时为胶东、即墨、卢乡三县及下密县之东部和长广县（故城在今莱西市境）之西部。北魏献文帝皇兴四年（470），胶东半岛地区新设光州，辖东莱、长广、东牟郡，今平度城成为长广郡治，胶东城之名废。北齐天宝七年（556），调整政区，历史悠久的即墨、下密、卢乡、不其诸县皆废，原长广郡治（今平度城）改为长广县治。隋文帝开皇十六年（596）在原不其县境新设即墨县，治今即墨城。自此，即墨之名便与平度历史沿革脱离关系。

隋文帝仁寿元年（601）长广县更名胶水县。唐太宗贞观元年（627），调整政区，胶水县成为莱州府4县之一，辖境基本定型，大体与今平度一致，相沿至今近1400年。其中宋代，胶水为“望”县，即上等县，人口最盛时达十五六万，为胶东半岛人文荟萃之地，宋真宗时出了个状元——蔡齐。

明洪武二十二年（1389），胶水县升为平度州，领昌邑、潍县，胶水之名废，但平度州的辖境与西汉平度县大不相同。约清雍正十二年（1734），平度州改为散州，不再领县。1913年平度改州为县。

抗日战争时期，平度城及周围沦陷，伪县公署、民国县政府以及中国共产党领导的县抗日民主政府并存境内，著名学者罗竹风曾为平度县抗日民主政府首任县长；大泽山为胶东半岛著名抗日根据地，起源于平度、大显神威于海阳的地雷战，曾威震日伪，享誉全国。解放战争时期至1951年，平度时分平北（平度）、平西、平南、平东四县。1952年6月，平南县改称蓼兰县。1953年9月，平西、蓼兰合并称蓼兰县；平度、平东合并称平度县。1956年6月，平度、蓼兰合并称平度县。1983年10月，平度县由潍坊地区划归青岛市。1989年7月，平度撤县设市，市政府驻平度城。

风物殊佳，山水形胜，魅力平度，毓秀钟灵

斯地资源丰富，物阜品优，有“中国葡萄之乡”“中国花生之乡”“中国蔬菜之乡”“中国大姜之乡”“中国肉牛之乡”美誉。境内石墨、滑石、岩金、透辉岩，皆为富矿；粮油、蔬菜、瓜果、牛肉颇负盛名。马家沟芹菜、大泽山葡萄、明村西瓜及樱桃蕃茄、旧店苹果、平度大花生、蟠桃大姜、麻兰油桃、祝沟草莓、仁兆大蒜均为国家地理标志保护产品，其数量位居全国县级市首位。

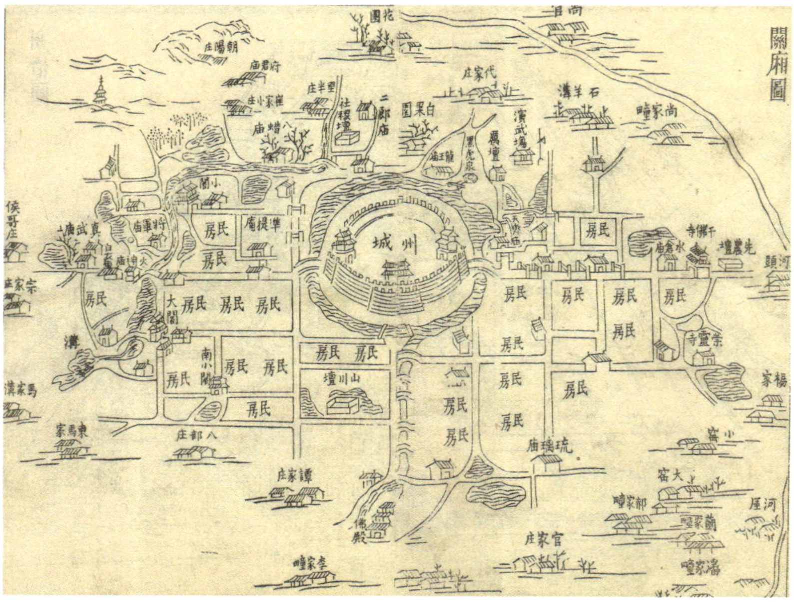

清代平度州关庙图

斯地风景秀美，名胜堪多。北境大泽山，以雄、险、奇、幽闻名，号为神仙窟宅，为省级风景名胜区和省级森林公园；山间名人摩崖刻石众多，有千年古刹——智藏寺及泰山碧霞元君东游行宫——日照庵；日照庵西侧功德碑林，被誉为“天然的古代书法艺术展览馆”；大泽山脚下为葡萄种

植的海洋；大泽山西南，为全国重点文物保护单位——天柱山魏碑（郑文公上碑），具有极高书法价值。云山乡村俱乐部位于云山镇，以高尔夫球场为主。茶山旅游休闲度假区位于店子镇，植有大面积茶树和树木花草，为AAAA级景区。豹竹涧风景区位于市区两髻山前，形似一径长、口细、腹鼓的葫芦谷，为“平度旧八景”之一。桃花涧风景区地处明堂山（大姑顶）南麓，桃树、杏树、樱桃树分布涧谷两侧，每逢春季，遍山桃红，灿若云霞，与村落民居形成颇富世外桃源意境的田园景观。自古山水相连。胶莱河、淄阳河、白沙河、小沽河、秦皇河、现河、泽河等河流以及尹府、黄同等水库构成境内山水交相辉映的潋滟奇观。

赞曰：山魄积生精气，水魂增长灵光，文脉人脉相济，翰华物华齐昌。

际改革风旋，致农致工致三产，虎跃龙骧，鹏抟鹰扬，跻身全国百强

农业发展由单打一走向产业化，由庄户、传统、平凡走向高端、特色、品牌。1986年，平度县农业以粮棉生产为主，全县农作物播种面积378.13万亩，粮经比例为7.2∶2.8。粮食作物以小麦、玉米、地瓜为主，经济作物以棉花、花生为主。翌年，国家计委、农牧渔业部批准平度为全国第一批商品粮基地县。再年，平度县被国务院批准为全国农村改革试验区，探讨适合土地适度规模经营的土地承包经营制度，在全县推行“两田制”（口粮田和承包田）土地承包经营形式。1990年，平度市粮、棉、油总产跻身全国“百强县（市）”行列。其中，油料生产名列全国第一；粮食生产名列全国第八。次年，猪、牛、羊肉总产亦进入全国“百强”，平度成为闻名全国的农业大县。1996年，全市农林牧渔业结构比例由1991年的75.9∶1.4∶22.7∶0.2调整为62.9∶1.0∶35.1∶1.0，传统种植业比重下降，畜牧业和水产养殖业比重上升。2005年，全市高效经济作物发展到8.93万公顷，占耕地总面积的52%，粮经比例调整到4∶6，初步形成了瓜菜、种子、果品、葡萄、桑蚕、畜牧六大主导产业。其中，瓜菜4.8万公顷、种苗繁育1.27万公顷、优质果品1.8万公顷、葡萄2600公顷、桑园3000公顷；有林地面积6.73万公顷；养殖专业村、养殖小区、养殖大户分别发展到119个、200个、1.4万户，奶牛存养量达3000头，生猪年出栏84万头，肉鸡1.04亿只，畜牧业产值占农业总产值的比重达到44.1%。一批规模大、科技含量高、辐射面广、带动能力强的农副产品加工企业如多元食品、田润食品、九联食品、三统万福食品、天祥食品等逐步建成，全市农业产业化经营组织发展到630家，其中各类龙头企业353家。建成各类农业示范园区128个，其中养殖示范园23个、种植示范园57个。2006年，平度开始隆重举办“四季节庆”活动（云山大樱桃节、明村西瓜节、大泽山葡萄节、马家沟芹菜节），唱响现代农业发展序曲，擦亮平度高端农业品牌。2007年，“喜燕”牌花生油和“大泽山”牌葡萄获评山东省名牌农产品，平度市获中国果菜无公害十强市称号。2008年2月，中央电视台《焦点访谈》栏目以《品牌农业俏市场》为题，对平度发展高端特色品牌农业经

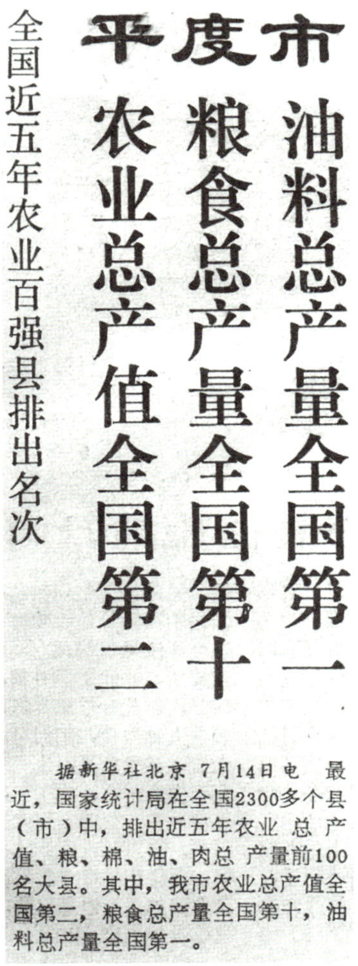

平度市

油料总产量全国第一

粮食总产量全国第十

农业总产值全国第二

全国近五年农业百强县排出名次

据新华社北京7月14日电 最近，国家统计局在全国2300多个县（市）中，排出近五年农业总产值、粮、棉、油、肉总产量前100名大县。其中，我市农业总产值全国第二，粮食总产量全国第十，油料总产量全国第一。

1991年7月《平度大众》刊登的消息

验进行专题报道。同年 9 月，平度市选育的青丰 1 号小麦种子、马家沟芹菜种子、明村大黄埠牌西瓜种子、樱桃番茄种子搭载神舟七号载人飞船进入太空，开启平度太空育种探索。是年，平度市被授予“全国粮食生产先进县标兵”称号，第一次入围全国粮食生产先进县（市）标兵行列。全市粮食播种面积 19.5 万公顷，总产 13.9 亿千克，可满足全国人口 1 ~ 2 天的基本口粮。2010 年，平度市被国家农业部确定为全国首批国家现代农业示范区，成为青岛市唯一的国家现代农业示范区创建单位。2011 年，全市粮食总产首次突破 30 亿斤大关，达到 31.5 亿斤，跃居全省第一，获全国超级产粮大县称号。“地标产品 + 龙头企业 + 农户”“地标产品 + 合作社 + 农户”“地标产品 + 合作联合社 + 合作社 + 农户”“地标产品 + 市场 + 农户”农产品产业化经营体系逐渐形成。

深化改革，建立现代企业制度；招商引资，新型工业化高歌猛进。1985 和 1986 年，全县开始在乡镇工业、县属企业推行承包经营责任制。1987 年 5 月，全国小化肥生产工作会议在平度召开，化工部部长秦仲达出席会议，国务委员张劲夫参观县化肥厂碳酸氢铵改产尿素生产工艺流程。1994 年 4 月，市政府开始推行市属企业产权制度改革，改制形式有出售改制、整体出售或租赁、抽资出售或租赁、零价出售、合资嫁接改造和拍卖 5 种。其间，平度市代表性的机械工业有青岛东风汽车改装厂、青岛第二齿轮厂、青岛鸿达机电总厂、平度人造板机械厂、青岛第四铸造机械厂，分别为机电部、机械工业部、轻工部、化工部、山东省机械工业厅生产定点厂家；矿建企业有平度市滑石矿、平度市水泥厂、平度市金矿等；化工企业有平度市化肥厂等；电子家电企业有青岛电子材料厂、青岛同和空调设备股份有限公司等；食品企业有青岛市第四面粉厂、青岛第四植物油厂、青岛北海啤酒厂、国营青岛酿酒厂、平度市肉联厂等；纺织企业有平度第一棉油加工厂（蓼兰）等；工艺美术制造企业有平度市抽纱厂等。至 1995 年，全市 2206 个乡镇企业完成改制 1769 个，其中实行股份（合作）制 346 个、外资嫁接 53 个、集团经营 10 个、租赁经营 1175 个、拍卖 92 个、私营 93 个。2002 年 3 月，市政府制定《关于全面深化市属企业改革的意见》，确定对未改制企业贯彻能私则私，不能私则股，能活则活，不能活则破的原则。到 2005 年，市属工业企业产权制度改革任务基本完成；90% 以上乡镇改制企业按照《公司法》要求规范运作。

1985 年，平度第一家中外合资企业——青岛华兴工艺品有限公司正式开业。此后，外商独资企业和中外合资、合作企业陆续落户平度。1994 年 12 月，中港合资青岛海尔电冰箱（国际）有限公司在开发区成立，成为当时平度投资规模最大的项目。1995 年，以青岛三莹电子有限公司和青岛海信空调有限公司为代表的 7 家投资过千万美元的外商投资企业获准落户经营；平度市第一家利用内资企业——青岛希望饲料有限公司落户南村镇。截至 2005 年，全市累计引进内资项目 2982 个，实际利用内资 206 亿元，其中投资 1000 万元以上内资企业 216 家；累计批准外商投资项目 1345 个，其中独资项目 924 个、中外合资项目 386 个、中外合作项目 35 个；有青岛市高新技术企业 22 家。山东省平度经济开发区、青岛华侨科技园、青岛海峡两岸农业合作试验区、同和工业园、南村工业园、青岛新河生态化工科技产业基地以及仁兆蔬菜产业加工区、田庄机械铸造产业加工区、明村橡胶轮胎产业

加工区等成为平度对外开放重点区域、承载大项目建设的平台。

第三产业风生水起，个体私营经济如雨后春笋。商业店铺遍布城乡，市区胜利路步行商业街、苏州路、红旗路精品街琳琅满目。新型业态鹊起，中百佳乐家、维客、北方国贸、利客来、大润发等大型超市先后落户平度，方便了群众购物。餐饮服务业红红火火，平度宾馆（市政府招待所）、汉宝大酒店、天柱山度假村、秀水苑宾馆、圣达大酒店、供销宾馆、物资宾馆、富华酒店、东莱大酒店等引领平度餐饮、住宿业时尚。2005 年，全市共有个体工商户 2.01 万户，从业人员 2.60 万人；私营企业 2680 家，从业人员 4.93 万人。

2008 年，平度市连续第八次入选全国县域经济基本竞争力百强县，排名第三十四位。

城乡建设，日异月殊；生态环保，渐臻佳境

20 世纪 80 年代中期，平度农村渐次摆脱草房居住，向砖瓦房过渡，但所建房屋窗窄门小，仍不敞亮；乡间道路以土路、沙路为主。县城个别区域建有单位家属楼。90 年代中期后，农村住房开始向高、宽、亮转变，多数前出厦，带厢房。在市区，一个个住宅小区如永安新村、新安苑、千佛阁小区、怡河苑、安居苑、东宁园、福乐花园、福安花苑、世纪花园、华怡公寓、阳光花园、千汇花园、名仕家园、鑫港花园、金色现河、福临家园、慧泽园、圣水山庄、水岸豪庭等拔地而起；一处处绿地公园如现河公园、植物园、会堂广场、同和文化广场等点缀其间；改造后的现河似一条碧带穿城而过，清风徐，柳枝绿，满眼风情。尤其值得一提的是，道路、供水、排污、供电、供热、供气、通信、照明、公交、环保等基础设施和公用事业建设明显加快，完善了城市功能，改善了人居环境，一幅长街宽阔，广场坦荡，华灯溢彩，空气清新，草茵茵，花艳艳，天蓝蓝，水泱泱的城市画面跃然纸上。平度城，姿容焕然一新，风貌为之一变。2005 年，城市规划控制区面积北至北部山体，南至泽河，东至白沙河，西至秦皇河，市区建成区面积达 37 平方公里。2008 年，新农村“五化”（硬化、亮化、绿化、净化、美化）工程建设启动，平度获国家环境保护模范城市、国家生态示范区称号。城区旧村改造开始破题，搬迁户入住新居尽开颜。2010 年，全市村庄村村通柏油（水泥）路，改写平度农民千百年来走沙土路历史。沈海（同三）、荣潍（潍莱）、荣乌（威乌）、青新、新潍 5 条高速公路及建设中的海青铁路似金链铺地，如砥如矢，高速公路通车里程夺神州县级市之冠。

人文渊薮，名家辈出；社会进步，政通人和

承古老灿烂的齐文化影响，平度民风朴实，其民直率厚道、刚健勇武，吃苦耐劳、勤俭持家、崇文尚孝，代有闻人。远例齐国司农宁戚、即墨三大夫，汉代天文历算专家徐万且、古文经学大师庸谭、名孝廉公沙穆，十六国时期游遁大儒成公兴，唐代一门忠烈蒋钦绪父子，北宋状元宰相蔡齐，元代武将崔世荣，明代吏部重臣侯庸、外事俊才吕让，兄弟名进士官廉、官贤，同科三进士傅汉臣、李学诗、崔廷槐，画坛高士崔子忠，清代青年翰林陈肇、科甲高第王培佑、谏垣名臣戴恩溥、中州干员于沧澜等；近如直军名将彭寿莘、中共早期创建者之一杨明斋、革命先烈刘谦初、“一二·九”学生运动领袖葛佩琦，《汉语大词典》主编罗竹风，电影《喜盈门》编剧辛显令，电视剧《闯关东》编剧高满堂，载人航天工程测控通信系统总设计师于志坚，北极科考总领队位梦华，作家骆宾基，书法家朱学达，画家姜宝林、王林旭、吕胜中，开国少将李丙令，上将王海，中将李进民、康成元，少将陈辉亭、姜宜资、傅锡茂、于明强、任成深、高京政等，省部级高官冷溶、王寿亭等，著名运动员李素杰、李淑芳等，可谓群贤毕至，灿若群星。

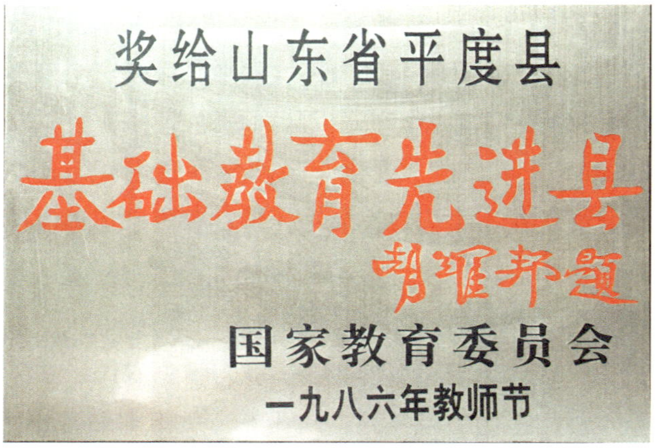

教育事业闻名遐迩。1985 年，《人民教育》发表县委书记赵兰田《我们是怎样解决教育经费的》文章，标志着平度教育经费保证走在全国前列。是年，国家教委授予平度县普及小学教育先进县称号。1986 年 9 月，在中宣部、国家教委、团中央、全国教育工会联合召开的全国系统优秀教师、先进集体表彰大会上，平度作为全国 11 个基础教育先进县之一受到表彰。县委常委、宣传部部长王宝础在表彰会上介绍了平度县实施九年制义务教育的经验，时任国务院副总理李鹏对平度教育工作给予肯定。1989 年，平度获全国幼儿教育先进县称号。1990 年 11 月，青岛市教育局与德国汉斯·赛德尔基金会共同签定“双元制”职业培训中心项目，平度市职业教育中心成为国内农村第一个引进“双元制”教学模式的试点单位。1997 年 1 月，国家教委授予平度实施“两基”工作先进县（市）称号。2002 年 10 月，蓼兰中学代表山东省农村学校接受教育部“中小学教师继续教育工程实施情况”检查评估。截至 2005 年，全市共有中、小学 266 所，其中普通高中 7 所（平度一中、二中、四中、六中、九中、侨中、开发区高中）、国家级重点中等职业学校 3 所（平度市职业教育中心、平度市电子职业中专、平度市劳动技工学校）；教职工 1.39 万人。

社会文化欣欣向荣。以城区为龙头、乡（镇）文化中心为枢纽、村文化大院为基础的三级社会文化网络逐步形成，带动群众文化活动活跃开展。1993 年，平度获山东省社会文化先进县称号，翌年获全国文化先进县称号。1999 年，平度市、南村镇、大泽山镇、宗家庄村被命名为青岛市特色艺术之乡。2002 和 2007 年，平度分获全国文化工作先进市、全国文物工作先进市称号，全国重点文物保护单位保有 3 处（天柱山摩崖石刻、即墨故城和六曲山墓群、东岳石遗址）。

艺苑红梅叠开，文坛新作接踵。美术、书法、摄影、音乐、舞蹈、戏剧、曲艺、雕塑、剪纸、木版年画、收藏等艺术新人辈出，国家级协会会员近 20 人；小说、散文、诗歌、文史创作争奇斗艳，个人出书者达 20 人之多。

文化传媒精彩纷呈。1997 年，平度电视台实现全市有线电视联网。2000 年，平度政务网开通，成为市委、市人大、市政府、市政协、市纪委五大班子，市、镇街、部门、村居三级网站，平面、电视、广播、网络四大媒体网络统一平台，为山东省优秀政府网站。2001 年，《平度日报》获评山东省优秀党报，发行量突破 2 万份。2005 年，平度图书馆（国家一级图书馆）馆藏图书报刊资料 33.8 万册，列青岛市区（市）图书馆首位；平度市档案馆（山东省一级档案馆），馆藏档案 152 个全宗、67920 卷，资料 9603 册。至 2012 年，平度市史志办编纂出版《平度简志》《平度概况》《平度年鉴》《平度大事记》《平度民俗志》，指导出版部门志、镇（街道）志、村志、企业志近 20 部。

医疗卫生成就斐然。1986 年，平度县获全国地方病防治工作先进县称号。同年，县人民医院成功开展首例胰十二指肠癌切除术、首例硬脑膜翻转止血治疗脑中动脉主干断裂新术式，并在全省推广。1995 年 8 月，市中医院烧烫伤科“乳黄油纱治疗烧烫伤”经省内专家鉴定达到国内先进水平。是年，平度市获全国计划免疫先进县、全国卫生城市称号。1996 年，市妇幼保健院被卫生部、联合国儿童基金会、世界卫生组织联合授予“爱婴医院”称号。1999 年 8 月，市人民医院成功开展全市首例体外

循环心脏直视手术，填补平度市医药领域空白；椎体周围脊索功能激活学说和临床研究经山东省中医药管理局评定达国际先进水平。2000 年 2 月，市人民医院成功开展电视腹镜手术，标志普通外科手术进入微创手术阶段。至 2005 年，全市有市级医院 2 所、专科防治所（站）4 处、镇（街道）卫生院 29 所、村卫生所 752 所、私人诊所 63 家、民营医院 6 所、机关与事业单位卫生室 46 所，共有医疗床位 2273 张。

居民生活如芝麻开花。1986 年，全县城镇职工平均年工资 1123 元，农民人均纯收入 677 元。居民食品消费以细粮为主，辅以粗粮和副食品。20 世纪 90 年代后，城镇职工利用节假日从事第二职业者渐多，家庭收入渐增。农村居民，随着农业生产条件改善和种植结构调整，人均纯收入进入快速增长阶段。进入 21 世纪，居民逐步由讲究吃饱向讲究吃好和营养保健发展。副食品消费量增大，花色品种增多。肉、禽、鱼、蛋、奶消费量上升，膳食结构日趋合理。衣着消费大幅度增加，由颜色单调、款式单一、质地差的状况向时装化、成衣化、多样化、名牌化发展。佩戴金银首饰成为新的消费时尚。耐用高档消费品越来越多地进入居民家庭，收录机、黑白电视机、自行车、缝纫机等旧“几大件”，逐步被彩电、冰箱、洗衣机、摩托车、空调、电脑代替，私家轿车逐渐增多，固定电话、移动电话基本普及，住房讲究宽敞舒适。2005 年，全市城镇职工年平均工资 1.33 万元，是 1978 年改革开放前的 26.3 倍；人均消费支出 7457.3 元。农民人均纯收入 5545 元，是 1986 年的 8.2 倍；人均消费支出 2735.8 元，是 1986 年的 9.6 倍。

社会保障普及城乡。平度社会保障制度主要涵盖养老、医疗、工伤、生育、失业保险。其中，1987 年，全县 179 个企业单位开始纳入失业保险金收缴范围。1992 年，农村社会养老保险制度建立。1994 年 10 月，开始为企业、机关事业单位职工建立养老保险缴费个人账户。1995 年 10 月，平度市市级以上国有、集体企业实行职工工伤保险制度。同年 10 月 1 日起，建立生育保险制度。1996 年，机关事业单位开始缴纳失业保险。1997 年，开始实行特困城镇、农村居民最低生活保障制度。2001 年 11 月，全市党政机关、事业单位和垂直管理单位职工基本医疗保险正式启动，同时实施离休人员、二等乙级以上革命伤残军人医疗保险及补充医疗保险。2003 年 11 月，全市企业职工、失业人员、灵活就业人员基本医疗保险启动。2004 年 9 月，全市新型农村合作医疗制度启动。2005 年 12 月，全市被征地农民社会基本养老保险制度在市经济开发区试点。2005 年，全市共有企业职工养老保险参保人数 5.8 万人，机关事业单位养老保险参保人数 2.6 万人，农村社会养老保险参保人数 3.5 万人；城镇职工基本医疗保险参保人数 10.3 万人；机关事业单位失业保险参保人数 2.26 万人，发放企业失业保险金 3515 万元，救济失业人员 13 万人次；工伤保险人数 4.18 万人；生育保险职工 3.56 万人。确定城镇低保对象 285 户、641 人，发放低保金 70 万元；农村低保对象 6306 户、11870 人，发放低保金 550 万元。2008 年 9 月，城镇居民基本医疗保险工作启动。2011 年，新型农村和城镇居民社会养老保险工作启动，平度城乡居民养老保险制度实现全覆盖。

政治昌明，社会稳定。历届平度市（县）委、市（县）政府均坚持以人为本，民生为重，确保政令畅通，社会和谐稳定。县检察院、市委、市政府、

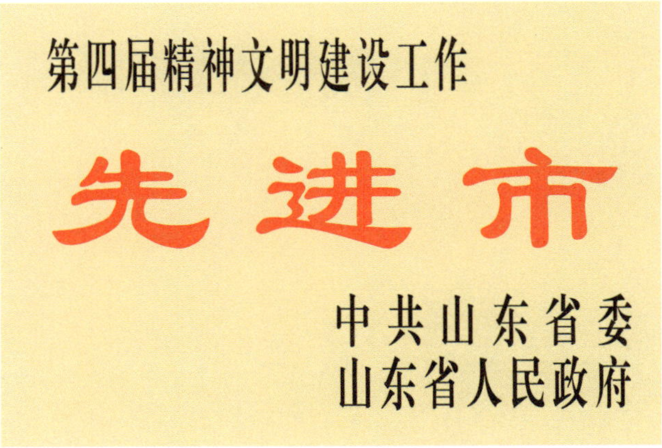

市纪委、市公安局、市政府法制办公室先后分获全国检察系统先进集体、山东省机关岗位责任制工作先进单位、全国纪检监察系统先进集体、全国优秀公安局、全国行政复议工作先进单位称号；平度市先后获得山东省精神文明建设工作先进市、全国土地执法模范市、全国平安家庭创建活动先进市、全国农村土地承包纠纷仲裁试点市、山东省级文明市、“平安山东”建设先进市等称号。2005 年，平度市人民法院设“三农”法庭保护农民利益的做法获最高人民法院肯定。2007 年 10 月，中央电视台一套《新闻联播》“喜迎十七大，经典中国，辉煌成就”栏目播出城关街道尚家上观村和谐社区建设先进事迹。2010 年，平度市信访局坚持“三有推定”（对群众上访首先作“有理推定”、对引发群众上访原因首先作“有过推定”、对解决群众上访问题首先作“有解推定”）信访工作理念，获国家信访局肯定，认为平度的“三有推定”信访工作理念值得在全国推广。

今为昨继，明为今承，愿我平度，锦上添花！

大 事 记

大 事 记

1986 年

1月7～9日，县委、县政府召开全县工业工作会议，要求大力发展食品、建筑材料、轻纺三个骨干行业。

1月，平度籍竞走运动员李素杰被国家体委授予“国际级运动健将”称号。12月，被评为1986年“全国田径十佳”。

2月28日，魏景瑞代理平度县县长；4月16日，在平度县第十届人民代表大会第三次会议上被选举为平度县县长。

同日，烟潍公路新河、灰埠一带因雾大路滑，发生8起汽车相撞事故，18辆汽车严重毁坏，17名乘客和过路群众受伤。

3月5日，平度县引黄济青工程指挥部成立。平度段工程于当年11月开工，1989年7月竣工。

1986年，平度10万民工开赴引黄济青工程一线

3月8日，平度被农牧渔业部列为苹果商品生产基地县。

3月12日，县电子材料厂生产的鳞片石墨中炭系列产品获国家银质奖。

3月15日，平度第一家中外合资企业——青岛华兴股份有限公司正式投产。

4月27日，平度县第一个专业化生产服务社——蓼兰蔬菜生产服务社成立。

5月16日，城区文化路沥青路面工程动工。该路北起人民路，南至国防路，全长1370米，路宽28米。

6月19日，县人民武装部改归地方建制，称“山东省平度县人民武装部”，接受平度县委、县政府和青岛警备区的双重领导。

6月，平度县被确定为全省商品粮生产基地。

7月23日，平度县遭风、雹袭击，风力10级，降雹雨约30分钟。重伤48人，倒院墙1万余米，毁线杆1300余根。

7月30日，明村镇明村饭店作为全国唯一的基层店代表，出席全国饮食服务业优质服务经验交流会并介绍经验。

7月，全国女子曲棍球邀请赛在平度举行。翌年6月，中德女子曲棍球邀请赛在平度县人民体育场举行。8月23日，全国首届青年曲棍球锦标赛在平度体育场开幕。

同月，全县小麦生产首次突破 4 亿公斤大关。总产 4.06 亿公斤，单产 349 公斤，农民人均占有 250 公斤。

8 月 30 日，平度大厦主体工程竣工，高 12 层，成为平度当时最高的建筑。

8 月，中央电视台著名节目主持人、播音员赵忠祥至平度电视台参观。

9 月 10 日，作为全国 11 个“基础教育先进县”之一，平度县受到中宣部、国家教委、团中央、全国教育工会联合表彰。

9 月 27 日，山东省政府决定：平度县为棉花出口基地县。

10 月 2 日，县第二棉纺织厂投产，年产棉纱 520 吨。

10 月，平度县人民医院颅脑外科首创硬脑膜翻转止血治疗脑中动脉主干断裂新术式，并在全省推广。

是年，平度部分村庄开始实行“两田制”，即人均分配的口粮田和按劳按能投标叫行的承包田。至 1988 年秋，全县普遍实行了“两田制”。

是年，中共中央地方病防治工作领导小组授予平度县“地方病防治工作先进县”称号。

1987 年

3 月 16 日，全国第二台微细目粉碎机在平度县滑石矿安装投产。

3 月 18 日，单承志任中共平度县委书记。

4 月，平度县举办第一届农民运动会。

5 月 6 日，政协平度县第三届委员会第一次会议选举马志敏为政协主席。

5 月 8 日，平度县第十一届人民代表大会第一次会议选举王显乐为县人大常委会主任。

5 月 18 ~ 22 日，全国小化肥生产工作会议在平度召开，化工部部长秦仲达出席会议。国务委员张劲夫参观县化肥厂碳酸氢铵改产尿素生产工艺流程和城区建设。

5 月 23 日，国家计委、农牧渔业部批准平度为全国第一批商品粮基地县。

同日，县挂车厂与中国第二汽车制造厂联营生产的“东风”半挂车试制成功。

6 月 20 日，平度被国家计委确定为农业计划联系点，成为山东省两个联系点之一。

6 月 25 ~ 28 日，全国粮油工业技术改造工作座谈会在平度召开，青岛第四面粉厂作经验介绍。

6 月，县人民会堂主体工程竣工。

7 月 1 日，平度县村民委员会改造工作开始。

7 月，县第四植物油厂浸出油生产线更新改造项目经商业部批准，被列为国家粮油工业技术改造项目。

8 月 5 日，县属工业企业承包（租赁）经营开始试点。试点企业有：酿酒厂、电子材料厂、皮件厂、磷肥厂、食品厂、面粉厂和有机化工厂。

9 月 1 日，潍（潍坊）石（石岛）路、天柱路拓宽工程竣工。拓宽后的潍石路县城段全长 3.7 公里，宽 40 米；拓宽后的天柱路长 480 米，宽 32 米。

11 月 25 日，平度第一个县、乡、村企业联合集团——平度县自行车脚蹬、摩托车配件联营公司成立。

12 月 14 日，全国农村教育为当地经济建设服务经验交流会和全国农村教育改革研讨会同时在平

度召开。

是年，国家体委授予平度县“体育先进县”称号。

是年，全县评定县各类专业技术职称者 7537 人，其中高级职称 191 人、中级职称 2234 人、初级职称 5112 人。

1988 年

1 月 1 日，全县开始颁发居民身份证（第一代）。2005 年 9 月 1 日，第二代居民身份证开始换发。

1 月 4 日，新河镇被列为国家对虾商品基地。

1 月 13 日，天柱山摩崖石刻被国务院公布为第三批国家重点文物保护单位。

2 月 13 日，水电部部长钱正英至平度视察引黄济青工程。

3 月 24 日，县科协高级农艺师周君敏、三堤乡谭家村党支部书记韩忠海出席全国七届人大一次会议。

3 月 31 日，中组部副部长吕枫至平度视察党建工作。

4 月 16 ~ 18 日，山东省农村教育为经济建设服务现场会暨山东省陶行知研究会第二次讨论会在平度召开。省委副书记陆懋曾，省委常委、宣传部部长苗枫林，省人大常委会副主任林萍，副省长赵志浩，省政协副主席丁方明出席会议。

4 月 22 日，国务院确定平度县为农村改革试验区之一，主要承担土地承包管理与规模经营试验。

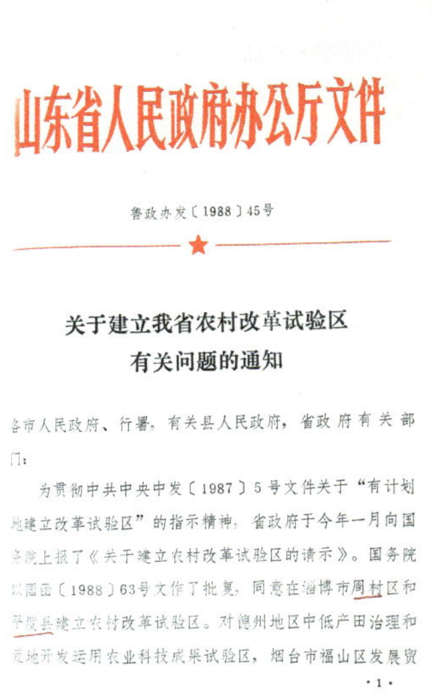
山东省人民政府办公厅文件

鲁政办发〔1988〕45号

关于建立我省农村改革试验区有关问题的通知

各市人民政府、行署，有关县人民政府，省政府有关部门：

为贯彻中共中央中发〔1987〕5号文件关于“有计划地建立改革试验区”的指示精神，省政府于今年一月向国务院上报了《关于建立农村改革试验区的请示》。国务院以国函〔1988〕63号文作了批复，同意在淄博市周村区和平度县建立农村改革试验区。对德州地区中低产田治理和荒地开发运用农业科技成果试验区，烟台市福山区发展贸

·1·

4 月 22 ~ 26 日，全省小城镇精神文明建设座谈会在平度召开。山东省第一个文明乡（明星乡）——平度县三堤乡作经验交流。

5 月 27 ~ 28 日，《人民日报》《中国青年报》《中国教育报》载文，肯定平度县人民教育基金制度。

5 月 29 日，省委副书记、省长姜春云至平度视察，参观了何家店乡高戈庄村、中庄镇、县职教中心、师资培训中心等单位。

5 月 31 日，英国诺丁汉大学成人教育学院院长托马斯率领英国成人教育考察团至平度考察成人教育。

6 月 6 日，县政府制定并公布《鼓励发展外向型经济暂行规定》，以吸引外商投资，引进先进技术，扩大出口创汇。

6 月 25 日，县重点工程麻兰玻璃厂点火升温试产，年产玻璃瓶 1.12 万吨。

7 月，青岛北海啤酒厂建成投产，生产萃岛系列啤酒。

青岛北海啤酒厂生产的“萃岛”啤酒

同月，平度青岛酿酒厂生产的“魏碑特曲”在全国“紫薇杯”低度白酒大赛上获优秀奖。

8 月 12 日，全国政协副主席钱昌照、国务院参事周大训至平度视察教育工作。

8 月 19 日，全县召开卫生改革工作会议，决定全县 48 所医院、卫生院实行承包经营责任制。

10月5日，青沙路沥青罩面平度段竣工。该路全长38公里，路宽15米，平度段工程18公里。

10月18日，全县庆祝第一个老人节。

10月22～23日，国务院副总理田纪云、吴学谦先后至平度视察，参观了青岛电子材料厂、青岛华兴有限公司、县大理石薄板厂、县抽纱厂。

前左二为时任国务院副总理吴学谦

10月25日，平度县明村镇台头南村发生重大鞭炮爆炸事故，致18人死亡、8人重伤。

是年，国家教委授予平度县“教育先进县”和“扫除文盲先进县”称号。

1989年

3月7日，中共中央政治局委员、国家教委主任李铁映至平度视察教育工作。

前左一为时任中共中央政治局委员、国家教委主任李铁映

3月15～17日，由世界卫生组织、联合国儿童基金会、卫生部组织的计划免疫工作检查团对平度计划免疫工作进行评审。平度计划免疫建卡率、“四苗”覆盖率、卡疤率均达部颁标准。

8月16日，县自行车脚蹬厂生产的“金鹿牌”自行车脚蹬和抽纱厂生产的“百代丽”产品在首届北京国际博览会上获银奖。

8月，山东省省长赵志浩至平度视察。

9月20日，经国务院批准：撤销平度县，设立平度市。平度建市的正式时间为1989年7月27日，召开成立大会时间为1989年9月30日，对外办公时间为1989年10月1日。

9月23日，市政府对城区11条主次干道予以命名、更名。

10月，由市委组织部、党史办公室、档案局联合编纂的《中国共产党山东省平度县组织史资料》（1938～1987）和党史办公室编写的《中共平度党史大事记》（1932～1949）出版。

12月30日，全市农村储蓄存款达4.26亿元，创历史最高水平。

是年，商业部授予平度“全国粮食生产交售先进县”称号；国家教委授予平度县“幼儿教育先进县”称号。

1990年

1月31日，平度市承担的农业部“丰收计划”项目“花生综合增产技术”获得成功。平均亩产265公斤，亩均增产33.8公斤。

3月22日，崔锡柱代理平度市市长。

3月，平度被农业部批准为优质棉基地市（县）。同月，魏景瑞任平度市委书记。

4月4日，国家计委农业投资公司与平度市肉联厂合资建设的4000吨出口牛肉生产线，成为山东半岛最大的出口牛肉生产线。

4月14日，联合国计划开发署办事处主任李

绍玉、联合国技术合作司巴德文一行至平度视察尹府水库建设情况。

4 月 23 日，政协平度市第四届委员会第一次会议选举任福堂为市政协主席。

4 月 24 日，平度市第十二届人民代表大会第一次会议选举董永昶为市人大常委会主任，选举崔锡柱为市长。

6 月，自 10 日始，平度遭遇降雨天气。17 ~ 22 日，连续五天阴雨不断，降雨最多的乡镇达 120 毫米。时正值麦收高峰，小麦收割、运输、凉晒非常困难，全市约 15% 的农户小麦遭灾，损失严重。据统计，全市小麦着雨面积 70 万亩，色泽受影响小麦达 2.5 亿公斤，不同程度发芽、霉变小麦 8250 万公斤，其中不能食用小麦 2000 万公斤（可作饲料）。

7 月 30 日，全国人大常委会委员长万里至平度视察。

右三为时任全国人大常委会委员长万里

8 月 20 日，平度 31 名副科（局）级以上干部、3 名市级领导干部因违犯法规在市区建、买私房，分别受到市委、市政府和青岛市纪委处理。

9 月 19 日，北京亚运会火炬传递进入平度。

9 月 22 日，市公共交通事业公司成立，首批 4 辆公交车辆在市区运行。

10 月 12 日，在国家统计局公布的全国粮、棉、油、肉生产“百强县（市）”中，平度市粮、棉、油总产均列“百强”。其中，油料生产名列全国第一；粮食生产名列全国第八。

北京亚运会火炬传递平度现场

10 月 31 日，青岛电子材料厂生产的“黑鲤”牌中碳鳞片石墨获国家金奖；市滑石矿生产的“白鸽”牌 ZZ-1 造纸用滑石粉获国家银奖。

12 月 15 日，市十二届人大常委会五次会议通过关于平度“市树”“市花”的决议，决定国槐、雪松为市树；月季花、菊花为市花。

1991 年

1 月 13 日，中共中央政治局常委、中央纪律检查委员会书记乔石至平度，山东省委书记姜春云、青岛市委书记郭松年及平度市领导陪同视察了蓼兰镇幸福村和青岛幸福锅炉厂。

前左三为时任中共中央政治局常委、中纪委书记乔石

2 月 2 日，市委、市政府决定综合治理现河

城区段。治理工程分四部分：污水处理；河岸浆砌，红旗桥拓宽，修建蓄水闸；沿河绿化以及中心公园建设；滨河东、西道路建设。工程预算投资2724万元。

2月23日，平度市首届民间广场文艺大赛举行。来自25个乡镇、7个市直单位的32个代表队表演了狮舞、龙舞、旱船、秧歌、高跷、腰鼓等精彩节目。

2月，平度被评为全国粮食生产先进县（市）。

3月，全国第二次黄金工作会议排定，平度市黄金产量列全国产金万两县（市）第十四位。

首届大泽山葡萄节现场

4月，山东省委、省政府授予平度市“精神文明建设工作先进市”称号。

同月，国家教委与德国赛德尔基金会关于“合作建立平度农业职教中心”项目开始执行。

6月1日，中美友协副主席、美国南缅因州大学教授狄·克瑞至平度考察。

6月1～4日，山东省“希望杯”田径运动会在平度市举行。此为新中国成立以来在平度举行的规模最大的一次运动会，来自全省16个市地和胜利油田、齐鲁石化业余体校的540名运动员参加比赛。

7月14日，国家统计局排出近5年农业总产值、粮、棉、油、肉产量前100名大县。其中，平度市农业总产值列全国第二，粮食总产量列全国第十，油料总产量列全国第一。

7月，青岛酿酒厂（平度）39°、54°“魏碑特曲”白酒在1991年国际博览会上获金奖。

8月，青岛市第四面粉厂生产的“丰夏”牌麦胚挂面（特二粉）被评为商业部优质产品。

9月1日，平度市首届葡萄节开幕。全国人大常委会副委员长彭冲，全国政协副主席王光英、汪峰，农业部部长刘中一，中共中央委员、山东省顾委主任梁步庭，中顾委委员谭启龙寄来亲笔题词；上将、空军司令员王海发来贺电。

9月9日，山东省人大常委会主任李振至平度视察教育工作，并为实验小学题词：为建设有中国特色的社会主义培养人才，多做贡献。

9月9～16日，全市首届职工运动会举办。全市各大系统28个代表团、167个代表队、2784名运动员参赛。

11月，平度市青岛华夏微电机厂生产的“WFC快速充电机”、青岛胜利锅炉厂生产的“螺纹管理炉”、平度市电子材料厂生产的“柔性石墨纸”和马戈庄镇的“宝石嵌银画”四项成果在全国“七五”星火博览会上获金牌；平度市磷肥厂生产的“包被肥造粒装置”和青岛胜利锅炉厂生产的“煤用助燃剂”获银牌。

12月7日，由山东省广播电视厅辖属的大泽山电视差转台在大泽山大崮顶建成并投入使用。

12月10日，平度市财政收入突破亿元大关，跨入全省亿元县（市）行列。

1992 年

1 月 1 日，平度市实现村村通电。

4 月 14 日，平度市第十二届人民代表大会第三次会议补选曲修珂为市人民政府市长。

4 月 25 日，全市 5000 门程控电话于 22 时 45 分一次割接开通，投入使用。

5 月，兰底镇入选“全国百家明星乡镇”。

同月，平度从民办教师中选招公办教师。

同月，全省群众文化工作会议在平度召开。与会代表参观了平度市直文化部门和南村、三堤、大泽山、仁兆等乡镇的文化活动中心。

6 月，由世界知名经济学家、日本农业经济学会会长今村奈良臣率领的日本农业经济学家代表团至平度考察农村改革情况。

同月，平度市经济技术开发区设立。12 月，开发区被山东省人民政府确认为省级开发区。

7 月 7 日，国家统计局和国务院发展研究中心公布：平度市列全国农村综合实力百强县（市）第二十二位，在山东省仅次于荣城，位居第二。以此成绩，平度市于 11 月 18 日参加全国举办的“百舸争流——全国农村综合实力百强县博览会”。

7 月，平度市粮、棉、油、肉产量再进全国百强。其中，油料产量以总产 14.21 万吨名列全国榜首，粮食总产 106.75 万吨居第十位，棉花总产 2.51 万吨列第四十四位，猪、牛、羊肉总产 3.81 万吨排在第八十五位。

8 月 30 日，平度贸易城一期工程竣工开业。建筑面积 1.8 万平方米，可安排门市房 500 套，容纳 2 万 ~ 3 万人进行贸易。

10 月 9 日，党的十四大代表、市委书记魏景瑞赴京出席中国共产党第十四次全国代表大会。

10 月 16 日，平（度）日（照）路竣工通车。该路属省道，平度市境内有 29 公里。

12 月 10 日，全市首家外商独资企业——青岛多元食品有限公司在兰底镇投产。主要生产辣椒酱、辣椒面、豆豉、大酱以及卤、腌、脱水蔬菜。

12 月 15 日，平度一中被评为省级规范化学校，成为青岛市第一所省级规范化学校。

12 月，市委、市政府实施“抓五带十促百”战略。拟定 5 处省级强乡（镇）：城关、南村、蓼兰、田庄、王家站；10 处市级强乡（镇）：马戈庄、麻兰、门村、官庄、明村、三堤、长乐、昌里、张戈庄、大泽山；100 个经济强村，带动全市国民经济更快发展。

1993 年

1 月 1 日，平度市当时规模最大的综合购物中心——平度商厦开业。

1 月 7 日，平度市首次发生酸雨现象。

1 月 11 日，平度有线电视正式开播，共开通传输 9 个频道、12 套节目，覆盖市区及规划中的 60 个村庄。

4 月，全省首家农村股份合作基金会在宅科乡开办。7 月，农村股份合作基金制度开始在全市推行。

5 月 10 日，平度市被山东省委、省政府命名为“社会文化先进县（市）”。翌年 5 月，被文化部授予“全国社会文化先进市”称号。

5 月，1 至 5 月份全市人口自然增长率为 -0.74‰，这是新中国成立以来平度人口第二次出现负增长。

6 月 17 日，山东省委常委，青岛市委书记、市长俞正声至平度检查“三夏”生产。

6 月，平度市列“全国乡镇企业百强县”第五十一位。

7 月 16 日下午 2 时 30 分，平度市两目乡政府大院上空，出现一条宽约 15 米、距地 20 米的蜻蜓群，自西向东飞，持续时间 8 分钟，实属罕见。

7 月，全省首家小麦生产研究所在蓼兰镇成立。

8 月 18 日 ~ 12 月，市级机构改革。市直党政部门由 65 个减至 32 个，行政编制由 1168 人减至

850 人。

9 月 9 日，平度市教育电视台完成筹建，翌年 12 月 2 日正式开播。

10 月 1 日，占地 8.7 公顷的现河公园正式开园。

11 月 1 日，市委、市政府出台《关于城乡（镇）统筹费与村集体提留提取与管理使用的意见》。

11 月 6 ~ 9 日，澳大利亚休斯维尔市市长瓦伊格斯率代表团至平度进行友好访问。

11 月 8 日，青岛同和集团公司成立，成为平度乡镇企业中首家集团公司。

12 月 10 日，决定在全市乡镇企业中推行股份合作制。

12 月 17 日，平度市被对外经济贸易部授予自营进出口权。

12 月 26 日，大泽山镇建成全国首家程控电话镇。

12 月 27 日，市政府出台《平度市城镇住房制度实施方案》，在全市推行住房制度改革。

12 月，《平度市地图》出版，成为新中国成立以来平度第一张经省级专业部门审定、技术标准达到国家公开出版的县级地图。

1994 年

1 月 1 日，《平度大众》报改刊，由周二期改为周三期，由铅印改为激光照排。中共中央政治局委员、山东省委书记姜春云题词，山东省委原书记苏毅然题写报头。翌年 1 月 1 日，《平度大众》改为《平度日报》。

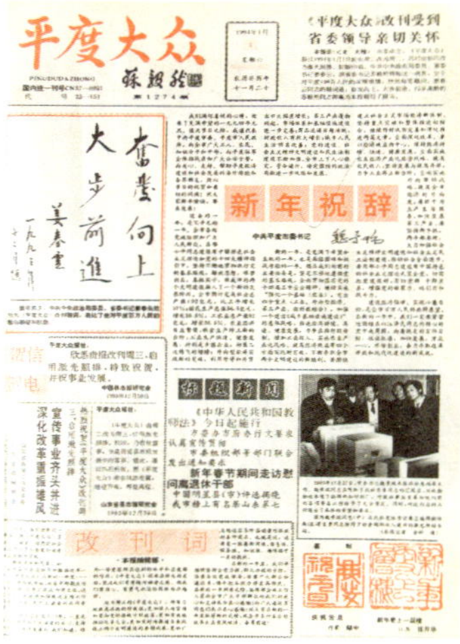
平度大众

奋发向上 大步前进 姜春云

新年祝辞

改刊词

《平度大众》改版

1 月 8 日，青岛华磊石材集团总公司跨入全国行业 500 强。

2 月，平度市入围第二届中国农村经济综合实力百强县（市）评定。山东省有 15 个县（市）入围，青岛市有胶州、即墨、平度 3 市入围。

3 月 3 日，全市 28 个居委会正式挂牌办公。

4 月 19 日，刘谦初烈士的夫人、时年 91 岁的革命老人张文秋偕女儿张少林及外孙毛新宇至平度省亲。

4 月，中共青岛市委决定：魏景瑞任中共青岛市委常委。

同月，平度市被授予“全国秸杆养牛示范十佳县”称号。

5 月 1 日，全市党政机关、企事业单位实行每周 5 天工作制，每周工作 40 个小时。

5 月 18 日，平度市粮油批发交易市场开业。

同日，青岛万通证券公司平度营业部成立。

同日，平度市少年武术学校创立，成为胶东地区唯一的一所全日制国办武术学校。

5 月 24 日，平度市首次公开出售两家国有商业企业——荷花湾百货大楼和振兴百货大楼。

7 月 11 日，公务员制度开始在平度市推行。

7 月 23 日，市人民医院成为青岛市郊首家“二级甲等医院”。

同日，青岛熊猫童车有限公司生产的“国珍”牌童车获世界标志精品国际金奖。

8 月 26 日，于冲任中共平度市委书记。10 月 16 日，当选中共青岛市委常委。

10 月 8 日，三城路（三山岛至城阳）平度段、胶平路（平度至胶州）北段两大工程竣工通车。两条路总长 47 公里，三城路面宽 14 米，胶平路面宽 12 米，均为二级路。

12 月 10 日，落户平度市经济技术开发区的中外合资企业——青岛海尔电冰箱（国际）有限公司成立。翌年 4 月 11 日竣工投产。

12 月 17 日，由韩国三莹电子株式会社独资兴建的青岛三莹电子有限公司落户平度市经济技术开

发区，主要生产电容器。

12月，同和空调设备有限公司股票进行上柜交易，原始股票发行价格1元，成为平度市第一家股票上柜交易的公司。

1995年

1月4～10日，平度市市区和乡镇行政区划调整。平度市市区和乡镇行政区划由原来的45个乡镇调整为4个市区街道、28个镇。2001年2月，撤销蟠桃镇，白埠镇、中庄镇合并设立白埠镇。至此，全市共辖4个街道、26个镇。

2月20日，全市召开个体私营经济总结表彰大会。对10个发展个体私营经济先进乡镇、22家先进私营企业和133户模范个体工商户进行表彰。

3月8日，下午4时30分，大泽山林场起火，全市部分干部群众和大泽山驻军官兵奋战一夜，9日凌晨将大火扑灭。

4月6日，德国巴伐利亚州州长埃德蒙特·施托依伯博士率政府、新闻代表团至平度参观考察职教中心“双元制”办学情况。

4月13日，农业部评选“中国百家特产之乡”，大泽山镇获“中国葡萄之乡”称号。

4月28日，平度市第一个村级党委——中共平度市门村村委员会成立。

4月，平度市大光明眼镜店被评为“全国青年文明号”。

5月9日，平度市与韩国汉城特别市九老区缔结友好城市。

5月18日，联邦家具广场、苏州路商场、北环城路商场同时开业。

6月6日，全市首家跨行业大型企业集团——青岛天柱化工集团正式成立。

6月，平度市被农业部确定为全国第二批“绿色证书工程”试点市。

7月1日，中央纪委常委傅杰至平度检查指导工作，参观了同和集团和蓼兰微型锅炉厂。

7月22日，陈云夫人、中国营养学会名誉会长、革命老人于若木至平度参加“北峰”牌活化水产品鉴定会。

7月，《平度市公有住房出售暂行办法》出台。规定，凡在售房范围内且成套、独用、完好或基本完好的房屋，原则上均可出售。

8月20日，平度市城乡电话号码由六位数升为七位，并入青岛本地网。

8月29日，平度市抗日战争纪念馆和抗日英雄纪念碑在大泽山镇高家村落成，原中共中央政治局委员、中央军委副主席、国务委员兼国防部长迟浩田题写匾额。

8月，平度市入围“全国百名农业生产大县（市）”，排名第九位，农业增加值是20.79亿元。

11月3日，在第二届中国农业展览会上，平度市园艺场、崔召镇路子口村的红富士苹果和大泽山镇山东头村的泽香葡萄获金奖；大田镇后涧村的乔纳金、金冠苹果分获银奖和铜奖。

11月7日，国家科委正式批准在平度市建立国家级农业技术市场——江北农业技术市场。翌年9月8～11日，江北农业技术市场开业暨首届中国青岛国际农业科技博览会举办。中共中央政治局

江北农业技术市场开业仪式

委员、国务院副总理姜春云为市场题词：办好农技市场，实施科教兴农。1997 年 5 月，江北农业技术市场成为中国科技信息网节点单位，成为全国县级市唯一一家。至 2002 年，博览会共举办 7 届。

11 月 14 日，张相逢任平度市代理市长。

11 月 29 日，市政府出台《关于加快市属企业改制的意见》。规定改制的六种形式：出售改制；整体出售式租赁；抽资出售式租赁；“零价”出售；合资嫁接改造；拍卖。

12 月 18 日，平度市图书馆新大楼奠基。1996 年 9 月工程竣工，1997 年 1 月，新馆开馆。

1996 年

1 月 12 日，平度市获评全国卫生城市。

2 月 7 日，平度市被农业部授予“粮食生产先进市”称号。

3 月 20 日，平度市人民武装部改为军队建制。

3 月 21 日，中庄镇被全国绿化委员会授予“全国造林绿化百佳乡镇”称号。

3 月，平度市获“全国黄金生产先进集体”称号。

4 月 15 日，青岛海信空调有限公司落户南村镇。翌年 4 月竣工投产。

4 月，平度市职业中等专业学校被国家教委授予“国家级重点职业高级中学”称号。

同月，平度获“全省第三届精神文明建设先进市”称号。

6 月 6 日，平度市城区发生的系列持刀割脸伤害妇女案告破，变态犯罪分子徐吉利落入法网。

6 月 27 日，市委副书记刘京山被中共中央组织部授予“全国优秀党务工作者”称号。

7 月，青岛华泰润滑油密封科技有限公司高级工程师孙登科发明的超级节能减摩霸复合润滑油被国家专利局评定为世界领先水平产品，并获国家专利。

同月，平度 10 个售粮大户受到省政府表彰奖励。他们是：郭庄镇郭庄村张知云，瓦子丘村刘先丰、李有义、侯同财、苏振祥、刘绍欣；灰埠镇下王家村王敏成、肖锁成；同和街道李戈庄村赵希佐；崔召镇汉军寨村王书池。

8 月 1 日，平度市红十字会中心血库落成，结束平度市医疗用血依靠个体献血的历史。

8 月，省委书记、省人大常委会主任赵志浩为平度一中题词：天高任鸟飞。

同月，蟠桃镇被国务院命名为“中国蟠桃大姜之乡”。

同月，平度市被中国特产评定委员会命名为“中国花生之乡”。

9 月，平度市首次开展与莱州、莱西、即墨、胶州、高密、昌邑 6 县市的行政区域界线勘定工作。平度市与上述县市的行政区域边界线总长 329.3 公里。

同月，市妇幼保健院被卫生部、联合国儿童基金会、世界卫生组织联合授予“爱婴医院”称号。

10 月 23 日，俄联邦委员会主席斯特罗耶夫率团至平度考察访问。

前为斯特罗耶夫

11 月 26 日，青沙路沥青路面改建工程竣工通车，结束平度没有一级公路的历史。

11 月，中庄镇敬老院被民政部评为“全国模范敬老院”。

12 月 4 日，全市首批“爱国主义教育基地”命名。它们是：市烈士陵园、抗日战争纪念馆、大田镇满

家村抗大支校旧址、旧店镇东石桥村平度第一次党代会会址、三合山战役旧址、刘谦初故居、市博物馆、天柱山魏碑、同和街道驻地、蟠桃龙湾水库10处。

12月7日，平度市农业展览馆奠基。翌年8月工程竣工。

12月，全市农村开展创建“十星级文明家庭”（五爱星、致富星、法纪星、团结星、新风星、文教星、计生星、科技星、义务星、卫生星）评定活动。

同月，同和街道被国家建设部命名为“全国村镇建设先进镇”。翌年9月，又被命名为“全国小城镇建设示范镇”。

1997年

1月21日，市委、市政府召开工业会战动员大会。确定加快发展机械、食品、矿产建材三大支柱产业，加快膨胀尿素、啤酒、黄金三种骨干产品生产规模的会战总要求。

1月，平度市技工学校被确定为“国家级综合职业培训基地”。翌年3月，被省政府命名为“重点技工学校”。

2月，平度市被国家教委命名为“两基”（基本实现九年义务教育，基本扫除青壮年文盲）工作先进市。

4月，平度市获加工贸易审批权。

5月，省委、省政府把赠送香港的题为《巍巍泰山，喜迎港归》的大型屏风制作任务交予平度的青岛华宝工艺品公司。

省委、省政府赠送香港的屏风

6月，平度市被国家科委授予“全国科技工作先进市”称号。

7月29日，市公安局指挥中心大楼竣工，110报警服务台正式开通。

7月，平度市被批准为省级安居工程试点城市。

8月22日，青岛北海啤酒厂并入青岛啤酒集团有限公司，改称青岛啤酒第三有限公司。

8月23日，平度市召开乡镇企业改制工作动员大会，标志着全市1426家乡镇企业以产权制度改革为核心的改制工作正式展开。

8月，青岛第二锅炉辅机厂通过ISO 9001质量体系国际认证，同时获得英国皇家认可委员会UKAS皇冠标志的国际证书，这在全省尚属首家。

1998年

1月17日，中共中央委员、中华全国供销合作总社党组书记、常务副主任白立忱及副主任顾二熊至平度考察供销社改革情况。

1月19日，平度市第十四届人民代表大会第一次会议选举邹书良为市人大常委会主任，选举张相逢为市人民政府市长。

1月，重新评定“平度八景”：大泽叠翠、天柱魏碑、即墨故城、现河水榭、云山烟波、龙湾垂钓、千佛飞阁、北台蟠松。

2月27日，世界气象组织执委、国家气象局名誉局长、中国气象学会理事长邹竞蒙至平度视察气象工作。

3月，市政府出台《关于支持大企业（集团）低成本扩张和中小企业“靠大”的意见》。该意见明确指出各类企业挂靠大企业、大集团的形式、途径：有偿被兼并式挂靠；整体拍卖式挂靠；无偿被兼并式挂靠；参与发起式挂靠；出租式挂靠；委托式挂靠；被控式挂靠。

同月，平度市被列为“全国农业综合开发现代化示范区”，总面积1333公顷。

同月，省政府批复平度市新一轮城市总体规划，确定平度市的城市性质为农业、矿产资源开发加工出口基地型城市。

5月3日，中共中央政治局委员、山东省委书记吴官正至平度，视察了乡镇企业、现代农业及知识经济、信息产业建设工作。

7月16日，全国人大常委会原副委员长、著名社会学家费孝通至平度考察小城镇建设。

8月7日，青岛博罗尼葡萄酒有限公司在平度市园艺场成立，成为平度市第一个中外（意大利）合资葡萄酒加工项目。

8月20日，山东省人大常委会主任赵志浩至平度，视察了同和街道小城镇建设、LG同和空调设备厂、青岛银河茧丝绸（集团）有限公司、大泽山镇机关干部示范基地及葡萄生产、天柱山摩崖石刻和江北农业技术市场。

9月1日，青岛天柱山度假村竣工营业。

原天柱山度假村外貌

9月，市政府设立“泽山奖”，奖励为平度做出贡献的国外友人、华侨和港澳台同胞。

10月18日，平（度）胶（州）公路全线通车。

10月，平度市被国家电力公司授予“节电先进县”称号。

11月19～20日，世界银行组团至平度考察节水灌溉工程项目。

11月21日，平度市赈灾福利彩票举行首发式。

12月28日，平度市计划生育服务中心、妇幼保健院建成开业。

同日，平度市建立社会保障基金专户，将劳动部门统筹的医疗、工伤、生育、失业四项保险基金纳入财政专户统一管理。

12月，美国抗虫棉在平度试种成功。

是年，平度市粮食总产量突破115万吨，创历史最高。

1999年

1月2日，毛泽东之女李讷至平度参观访问。

2月，《平度日报》获“山东省十佳报纸”称号。

3月14日，平度市绿色通道林带（潍莱高速公路、三城路环城段、辛沙公路3条路林带）建设工程全面启动。

3月28日，青岛华侨科技园在平度建立，成为经国务院侨办批准设立的全国第二个华侨科技园。

4月13日，国务院台办、农业部、外经贸部联合批文：同意在平度市建立“海峡两岸农业合作试验区”，面积3176平方公里，涵盖整个平度市。平度成为当时全国已设五个试验区中唯一一家县级市。

4月17日，全国人大常委会副委员长、民盟中央主席丁石孙，全国人大常委会副委员长、民进中央主席许嘉璐，全国政协副主席、民盟中央名誉主席钱伟长，全国政协副主席、全国工商联名誉副主席孙孚凌，全国政协副主席、致公党中央主席罗豪才至平度考察海峡两岸经济合作和“三通”（通信、通邮、通航）问题。

4月29日，青岛市对中师学校布局进行调整，平度师范成为青岛市郊唯一保留的一所师范学校。

4月，全市已有台资企业82家，合同利用台资1.47亿美元，实际利用台资4474万美元。

同月，全市自第六届村民委员会换届选举开始，实行直接民主选举，候选人进行竞选演说。

5月8日，市政府出台《关于在全市行政机关中实施罚款决定与罚款收缴分离制度的实施意见》，全面实施罚缴分离制度。

5月，全市电话总户数突破10万，名列全省县级市首位。

6月19日，平度市大中专毕业生就业工作会议召开，决定从此年起，将专科及专科以下毕业生推向市场，进行自主择业。

6月，黑小麦在平度门村镇试种成功。

同月，蟠桃镇窝洛子小流域列入国家“十百千”工程。

同月，国家批准蓼兰农业现代化示范区为“国家级示范园区”。

7月6日，潍（坊）莱（阳）高速公路竣工通车。公路全长140.6公里，在平度境内长68.3公里，途经9个镇（街道），79个自然村，设立了明村、田庄、平度、崔召、云山5座互通互交。

潍莱高速公路平度站

8月30日，国家税务总局局长金人庆至平度视察税务工作。

11月22日，张相逢任中共平度市委书记。

11月26日，赵泽斌任平度市代理市长。

11月，平度市首个经济适用住房小区怡河苑小区开工。

2000年

1月26日，政协第六届平度市委员会第三次会议选举崔鹏坤为政协主席。

1月28日，平度市第十四届人民代表大会第三次会议补选杨宝琴为市人大常委会主任，补选赵泽斌为市人民政府市长。

1月28日，平度市被青岛市命名为“特色艺术之乡”；大泽山镇被命名为“石雕艺术之乡”；南村镇被命名为“书法艺术之乡”；李园街道宗家庄村被命名为“民间年画之乡”。

2月17日，平度天柱化肥股份有限公司与青岛碱业股份有限公司和青岛双收农药股份有限公司采用“1+2”捆绑模式，在上海证券交易所正式发行股票，实现平度工业企业直接上市融资的历史性突破。

3月25日，平度市首届“泽山奖”新闻发布会举行。金大浩等12名韩国友人、台湾同胞被授予“泽山奖”称号。

3月，平度被山东省命名为“山东省土地执法模范县市”。翌年，被国土资源部命名“全国土地执法模范市”。

4月26日，山东巨龙肉鸡食品有限公司以1500万元整体收购崔家集镇翔鹤冷藏厂，将其更名为青岛华丽食品有限公司。因巨龙公司不履行合同，翔鹤冷藏厂被依法收回。2002年3月18日，翔鹤冷藏厂被山东六和集团以1250万元整体收购，成为肉鸡饲养、加工一条龙企业。

4月29日，市骨科医院并归平度市人民医院。

5月16日，青岛碱业股份有限公司天柱化肥分公司大颗粒尿素生产试车投运成功，成为全国第二家大颗粒尿素生产厂家。

大颗粒尿素生产车间

5月22日，灰埠镇界山泮家发掘出一座西汉石室墓，出土青铜鼎、壶、豆、钵、洗、杯、镜以及铁器、漆器、玉器等文物近60件。

5月，大莱龙铁路开工建设。铁路西起寿光市大家洼，经莱州，东至龙口市，全线里程175公里，在平度境内9.3公里，途经新河、灰埠两镇，在灰埠镇小苗家设站口。平度投资1200万元参与兴建。2003年12月18日，大莱龙铁路开始试运营，平度从此结束无铁路的历史。

同月，平度市窝洛子和方家两条小流域获“全国水土保持生态环境建设示范小流域”称号。10月20日，青龙山、铁夼山、洪山三条小流域通过国家验收。

同月，由平度市肉联厂与莱西市九联集团合资组建的青岛平度九联食品有限公司创立。

同月，南村镇开建“5000亩无公害蔬菜示范园”。

6月3日，旺村医院成立，成为平度市首家私立医院。

6月19日，平度籍台湾知名人士孙震、卢毓钧回乡探访。

7月10日，全市机关事业单位养老保险统筹工作正式启动。

8月14日，祖籍店子镇坡子村的空军原司令员王海上将参观大泽山镇。

8月18日，青岛天丰化肥有限公司在田庄镇成立，成为胶东半岛地区规模最大的复合肥生产企业。公司前身为创立于1994年的青岛天盛复合肥实业公司。

10月3日，司法部部长高昌礼至平度调研社区法律服务工作。

10月20日，平度市新世纪全民运动会开幕。来自市直部门和镇（街道）的32支代表队的460余名运动员参加运动会。

10月30日，由青岛市团市委、青岛市希望工程办公室投资20万元改建的青岛店子希望小学正式落成。这是继青岛市南希望小学、平度工银第二希望小学、青岛律师希望小学、平度云山海尔希望小学之后，在平度建立的第五所希望小学。

11月6～7日，全国人大常委会副委员长、中华职业教育社理事长成思危至平度调研《职业教育法》贯彻执行情况。

12月26日，市委出台推进村级组织管理体制创新六项制度：建立和试行农村党支部书记任期制、农村干部年薪制、村级财务管理审接制、农村干部经济责任审计制、农村干部工作责任与结果公示制、村级事务决策听证制。

12月，市政府第四十二次常务会议，决定在市区青岛路西端以南、西外环路东侧建设平度市蔬菜瓜果批发市场，规划总占地26.7公顷。

是年，蓼兰镇累计推广优质小麦良种6000万公斤，覆盖全国8省、100多个县市，成为全省规模最大、品种最全的良种繁育基地。

是年，平度高考向高一级学校输送新生4473人，创历史最高纪录。

2001 年

3月2～4日，来自大西北的沙尘暴袭击平度，持续时间达41个小时。空气质量污染级别为平度大气监测历史记录最高级。

3月26日，全市农村税费改革全面展开。

3月31日，全市电话用户达到25.7万户，百户电话拥有量达到61部，成为全省最大县级电话市。

5月，市电业局被国家列入18个创全国一流县供电企业行列。

6月25日，即墨故城及六曲山墓群被列为全国重点文物保护单位。

8月18日，全市召开市直党政机构改革动员大会，公布了《关于市直党政机关机构改革实施方案》《关于市直党政机关机构改革人员分流意见》和《关于市直党政机关中层干部竞争上岗的意见》。

8月21日，第一批来自重庆忠县的三峡移民49户、204人至平度安家落户，分别被安置于郭庄、张戈庄、万家、蓼兰4个镇的15个村。2004年8月，来自重庆开县的第二批三峡移民17户、82人（随迁2人）至平度安家落户，分别被安置在田庄镇东南寨村、张东村和白埠镇的林家庄村、南王庄村。至此，平度市共安置三峡移民66户、286人。

三峡移民迁居平度场景

8月29日，占地10公顷、投资500万元的平度市农机市场开业，主要经营各种机动车、农用车、拖拉机、辅助机械和农机配件。

8月，平度市获全国水土保持生态建设“十百千”示范县（市）称号。

10月18日，由青岛第四植物油厂改制的青岛淳金植物油有限责任公司挂牌成立。

11月18日，开发区高级中学、宗仁卿高级中学揭牌仪式暨仁卿楼落成典礼举行。

12月11日，平度市行政审批服务中心投入运行。

12月19日，青岛市平度工业新区成立（即1999年3月成立的青岛华侨科技园）。新区位于市区南部，三城路以南，平营路以东，泽河以北，总体规划面积24平方公里。

12月25日，同三高速公路平度段开工建设，平度段全长28.87公里，途经古岘、仁兆、南村三镇。

2002 年

1月，平度市改革城区计划生育管理机制，建立“单位负责、属地管理、村（居）民自治、社区服务”的体制。

2月6日，由加拿大国际新技术发展有限公司独资兴建的爱德现代牛业项目落户南村镇，主要从事优质奶牛、肉牛的引进、繁育和生产。

4月5日，刘谦初故居在田庄镇刘家庄村修复落成。

4月25日，青岛海信家电工业园二期工程暨180万套变频空调举行下线仪式。

同日，全市农作物遭受晚霜冻灾害。是日凌晨，受西伯利亚较强冷空气和东北冷涡的共同影响，平度市地面最低气温骤降至 -2.8℃，出现了晚霜冻天气，致使全市30个镇（街道）农作物普遍受灾，受灾面积达3.5万公顷，直接经济损失3.1亿元。果树、桑园和瓜菜受灾严重。

5月14日，市滑石矿业有限公司被评为“全国十佳矿山（油田）企业”。

5月，《平度市志》续修工作正式启动。此次编修的《平度市志》接续1987年版《平度县志》，上限为1986年，下限为2005年。

7月，青岛飞华齿轮公司的组建轻微型汽车后桥齿轮生产线项目列入2002年国家重点技术改造项目计划。

9月5日，瓦奴阿图共和国卫生部官员至平度考察，实地参观了市计划生育药具管理站、同和街道计划生育服务站。

10月6日，平度一中举行百年校庆。

平度一中百年校庆节目现场

10月23日，平度市首次挂牌出让国有土地使用权。汽车运输总公司北院和云峡街西段南侧两幅地块分别被青岛城阳建设综合开发公司、青岛伯金汉房地产开发有限公司以460万元、80万元价格竞得。

10月，青岛丰夏食品制粉有限公司（原青岛第四面粉厂）生产的“丰夏”牌面粉被国家粮食局评为“中国放心面粉”。

11月2日，山东黄金集团平度有限公司鑫汇金矿500吨/日选厂竣工投产。

12月16日，由全国县域经济基本竞争力评价中心评出的第二届全国县域经济基本竞争力百强县（市）揭晓，平度市名列第四十一位。

12月17日，南村镇无公害示范园生产的黄瓜、茭瓜、番茄；明村镇西瓜番茄生产基地生产的樱桃番茄，通过山东省无公害农产品认证，成为本市首批获得省级认证的无公害农产品。

12月24日，赵泽斌任中共平度市委书记。

12月26日，丁鲁省任平度市代理市长。翌年1月21日，在平度市第十五届人民代表大会第一次会议上当选为市长。

是年，平度市被授予“全国文化工作先进市”称号。

2003年

1月19日，政协第七届平度市委员会第一次会议选举徐韶功为政协主席。

2月14日，国家统计局排定2001年中国最发达县市及按6个单项指标排序前100名县市，平度市有5个主要单项指标排序进入前100位：地方财政收入以4.52亿元列全国第四十七位、全省第十位；农业增加值以35.46亿元列全国第四位、全省第二位；粮食总产量以90.97万吨列全国第十九位、全省第一位；油料总产量列全国第二位、全省第一位；肉类总产量以24.29万吨列全国第六位、全省第二位。

2月，全市企业最低工资标准进行调整，其最低标准数为：每月、每周、每日、每小时分别不低于380元、90.8元、18.2元、2.3元。

3月16日，平度市举行110、122、119三警合并执勤出警仪式。

4月9～11日，首届春季山东省糖酒商品交易会在平度举办。来自省内外1500余家糖、酒、副食品及衍生企业参展，总交易额15.7亿元，2万余人参会。

4月17日，全市成立非典型肺炎防治领导小组、

流行病学调查组、临床治疗指导组，启动非典型肺炎“零报告制度”。

4 月 18 日，全市召开“两田制”（口粮田和承包田）调整工作动员大会，专题部署按“均田制”要求调整农村土地承包工作。

4 月 22 日，黄同水库启闸向胶州、即墨两市调水 500 万立方米。

4 月，平度市被评为“全国老年体育工作先进市”。

5 月 18 日，位于平度西部市场区的建材装饰广场开业。该项目总投资 7000 万元、占地 4.31 公顷、建筑面积 3.5 万平方米。

6 月 21 日，中央电视台新闻联播节目报道平度市粮食流通体制改革经验。

7 月 6 日，《中国共产党山东省平度市组织史资料》出版发行。

7 月 9 日，山东省畜牧办公室公布 2002 年全省前 30 个县（市、区）肉蛋奶总量和畜牧业总产值两个主要单项指标排序，平度市分别以肉蛋奶总量 40.33 万吨和畜牧业总产值 23.45 亿元列全省第一。

8 月，平度市实验中学（国办九年制义务教育初级中学）设立。

9 月 9 日，全国人大常委会副委员长、民盟中央主席丁石孙率民盟中央调研组至平度调研教育发展情况。

11 月 1 日，平度市全面启动企业城镇职工基本医疗保险。

11 月 6 日，全省农村教育工作会议在平度召开，省委副书记、省长韩寓群，副省长王军民出席会议。

11 月 30 日，山东省“双元制”职业教育培训基地在平度成立。

12 月，平度市全面推进农村干部编制化管理（定编制、定岗位、定职责、定报酬、定人员、定制度）。

2004 年

1 月 1 日，《平度日报》停刊，平度日报社撤销。是月，平度市新闻中心随之成立，负责中共平度市委内部资料《平度简报》编辑出刊。2008 年 1 月，《平度简报》改称《今日平度》。

2 月 12 日，平度市成立防治高致病性禽流感指挥部，安排部署高致病性禽流感防治工作。

3 月 18 日，青岛市残疾人联合会、世界轮椅基金会向平度肢残人捐赠国产轮椅 300 辆，价值 20 余万元。

4 月 21 日，全市召开新型农村合作医疗动员会议。农民每人每年实际统筹资金为 30 元，其中个人负担 10 元，其余 20 元由青岛市、平度市和镇（街道）三级财政负担。

4 月 23 日，韩国京畿道九里市市长李茂成、议会议长金重寿至平度市访问。

5 月 1 日，平度市对城镇职工大额医疗救助金缴纳标准进行调整，职工个人负担数额由每人每月 2.5 元调整为每人每月 5 元。

5 月 5 日，市经济开发区首家瑞士工业园竣工投产。瑞士工业园占地 10 公顷，已有青岛瑞丝染整有限公司、青岛优纽蕾丝有限公司、青岛丝维姿网布有限公司入驻。

6 月 15 日，由青岛碱业股份有限公司与日本住友商事株式会社合资兴建的住商肥料（青岛）有限公司落户平度，主要生产高浓度、差别化 NPK

复合肥。

6月16日，平度汽车新站投入运营。

6月18日，韩国仁川京畿机械工业园落户市工业新区，该项目总投资3000万美元，主要生产热水器、冷水机、空调、环保设备和各种机械。

7月28日，平度市慈善总会成立。翌年5月11日，全市召开“慈善一日捐”动员大会。决定从2005年开始，每年的5月到6月为全市“慈善一日捐”活动月。活动月期间，各类企业和个体私营业主捐出一天的利润；党政群机关和事业单位捐出节省一天的经费开支；有工资收入的干部职工捐出一天的工资。

7月12日，省委书记、省人大常委会主任张高丽至平度检查指导工作，视察了同和小城镇建设、大同体系汽车配件公司、宏泰铜业公司、华侨科技园、经济开发区、三莹电子公司和平度一中。

左二为时任山东省委书记张高丽

8月6日，同和街道崔家庄崔熙俊老人向市博物馆捐献明代万历二十六年敕命诏书。该诏书是平度发现的第一件明代敕命诏书。

8月，南村无公害蔬菜示范园生产的西葫芦、明村无公害瓜果生产基地生产的西瓜、青岛祝沟高效农业开发有限公司生产的网纹香瓜和樱桃西红柿等4种农产品获国家级无公害农产品质量认证。加上之前南村无公害蔬菜示范园生产的西红柿和黄瓜、明村无公害瓜果生产基地生产的樱桃番茄，全市共有7种农产品获国家级无公害农产品质量认证。

9月21日，三个国家级农业标准化示范区在平度建立。分别是：蓼兰花生、花卉农业标准化示范区和大泽山葡萄标准化示范区。

10月30日，市人民医院举行建院60周年暨新病房大楼落成庆典。

11月23日，总投资2.5亿元的青岛淄柴博洋柴油机股份有限公司落户青岛华侨科技园，主要从事船舶、发电用大型柴油机生产。

11月，《中国共产党山东省平度市村级组织史资料》（1932～2003）出版发行。

12月9日，即（墨）平（度）高速公路开工奠基。

12月25日，《平度年鉴》（2004）出版发行，成为平度首部由市人民政府主办，市史志办公室、市档案局承编的地方综合年鉴。

12月31日，王中任中共平度市委书记。

12月，南村蔬菜批发市场获第十批农业部定点市场称号，成为继寿光之后山东省新崛起的最大的产地蔬菜专业批发市场。

是年，平度市获“全国粮食生产先进县”“全国乡村青年文化活动先进县（市、区）”“第六届精神文明建设工作先进市”称号。

2005年

3月，南村镇获全国环境优美乡镇称号。

同月，青岛三莹电子有限公司总经理金大浩获韩国工商界最高荣誉——大韩民国总统奖。

4月，省委副书记高新亭对平度市人民法院设“三农”法庭作出重要批示：“平度法院设‘三农’法庭保护农民利益的做法值得总结、推广。”

5月27日，全国政协副主席、台盟中央主席张克辉至平度考察调研经济发展和对台经贸工作。

5月31日，由加拿大瑞威集团再生能源有限

公司投资6000万美元的秸秆发电项目落户蓼兰镇，成为山东省第一个利用秸秆气化发电项目。

6月7日，落户于青岛华侨科技园的三统万福（青岛）食品有限公司开业，成为集种鸡养殖、孵化，商品鸡养殖、屠宰加工及熟食加工为一体的专业化企业。

6月，平度市提高新中国成立前入党农村（城镇无固定收入）老党员补贴标准。凡1945年9月2日前入党的，每人每月补贴100元；1949年9月30前入党的，每人每年补贴200元，补贴每年分"七一"和春节两次发放。

7月1日，由市委组织部、市委党史研究室编著的《中共平度地方史》第一卷（1919 ~ 1949）正式出版发行，成为平度第一本党史正本。

7月26日，总投资2.8亿港币的香港华仁国际投资有限公司家电用钢板电镀锌生产项目落户市经济开发区。

10月14日，总投资2000万美元的泛高（青岛）有限公司在市经济开发区开工，主要从事高档织物染整及后加工处理，生产服装、箱包、鞋帽等，产品全部出口。

10月20日，山东省胶东地区引黄调水工程平度市灰埠泵站开工。该工程在平度境内输水渠总长32.9公里。

10月，青岛光明轮胎制造有限公司的"河山"商标、青岛同辉蜡制品有限公司的"同辉"商标、山东省平度市滑石矿业有限公司的"白鸽"商标被认定为山东省著名商标。

11月26日，云山镇获"中国优质果菜基地乡镇"称号。

11月26 ~ 27日，青岛市大遗址保护工作座谈会在平度召开。天柱山摩崖石刻和六曲山汉王陵被列为国家大遗址保护项目。

11月29日，平度市首次挂牌出让采矿权。位于大泽山镇北台村、秦姑庵村和大疃村的9个采矿区的乙类采矿权全部成功出让。

11月 青岛淳金植物油有限责任公司生产的"淳金"牌花生油、青岛市平度宏华橡胶厂生产的"巨力"牌斜交轮胎、青岛碱业股份有限公司天柱化肥公司生产的"民丰"牌尿素、山东省平度市滑石矿业有限公司生产的"白鸽"牌滑石粉等4家企业产品获"山东省名牌产品"称号。

12月，平度市农机市场获"全国十大农机市场"称号。

同月，大田苹果，马家沟芹菜，白埠西瓜，崔家集芹菜、西红柿，张戈庄徐家西瓜、黄瓜，古岘大姜、大蒜、圆葱、芋头被农业部"中国农产品质量安全中心"认定为无公害农产品。至此，全市国家级无公害农产品达到19个。

是年，平度市获国家生态示范区称号。

是年，在全国社会经济发展综合指数百强县（市、区）排名中，平度由135位提升到109位；在全国县域经济基本竞争力百强县中跃居第34位；列全国最具投资潜力中小城市50强。

是年，南村、灰埠、蓼兰被列为全国重点镇，同和被列为青岛市卫星镇。

是年，全市投资6000万元，铺设自来水管道470万米，日供水能力1万立方米，解决了24个镇410个村庄的26万农民吃水难问题。

是年，市委组织部、市委党史研究室编著的《山东革命文化丛书》之《杨明斋》《刘谦初》《胶东保卫战》由中共党史出版社出版发行。

是年，平度现存五部旧志——康熙《平度州志》、道光《重修平度州志》、光绪《平度州乡土志》、光绪《平度志要》、民国《续平度县志》校注本由山东人民出版社正式出版。

是年，市委提出平度"一主两次、三大板块、组团发展"的框架模式。"一主两次"是指以老城区与新城区为主体的中心城区和南村组团、明村组团两个次中心。"三大板块"是指以经济开发区、华侨科技园、同和为主体的城区工业板块，以南村、仁兆为主体的平南工业板块，以明村、田庄、新河为主体的平西工业板块。

第一篇 建 置

平度市隶属于山东省青岛市，地处胶东半岛西缘，东隔小沽河、大沽河与莱西市、即墨市相望，南与胶州市接壤，西与西南以纵贯山东半岛，沟通胶州湾、莱州湾的胶莱河为界与昌邑市、高密市毗邻，北以大泽山系为界与莱州市相连。全市总面积 3176 平方公里，约占青岛市总面积的十分之三。东西最大横距 69 公里，南北最大纵距 65 公里。2005 年，全市辖 30 个镇（街道）、1785 个行政村（居）。

第一章 沿 革

平度，夏朝为莱夷地。

商朝为莱国地。

西周为莱国之棠邑。

春秋，初为莱国。周灵王五年（公元前567），齐国灭莱，属齐国。战国为齐国即墨邑。田齐时，即墨城（今平度市古岘镇朱毛村一带）为齐国东部之政治中心。

秦始设郡，以今胶东半岛地为胶东郡，即墨城为郡治。

西汉汉高祖元年（公元前206）正月，楚项羽分原齐国为三，以田市为胶东王，都即墨；六月，胶东国复并入齐。汉高祖四年（公元前203），韩信灭齐，齐地尽归于汉，以胶东为郡，治即墨，并置即墨、郁秩、卢乡、平度、下密等县。郁秩县治在今平度城，卢乡县治在今灰埠镇城子村，平度县治在今新河、灰埠以北。汉文帝前元十六年（公元前164），以胶东郡为胶东国，都即墨。汉景帝前元三年（公元前154），废胶东国，复改为郡。景帝中元二年（公元前148），始正式重建胶东国，仍都即墨，食八邑，传至王莽代汉始绝。东汉光武帝建武十三年（37），封贾复为胶东侯，侯国都郁秩，食六邑。章帝建初元年（76），原胶东侯国废，新胶东侯国只食郁秩一县，郁秩之名废，即为胶东侯国。

曹魏时为胶东、即墨、卢乡三县及下密县之东部和长广县（故城在今莱西市境）之西部。

晋置长广郡，郡治在不其县城（今即墨市境）。自刘裕代晋（420）到宋明帝泰始六年（470），为胶东、即墨、卢乡县。

北魏，献文帝皇兴四年（470），将原长广郡西界扩大到胶水，移郡治于胶东城（今平度城）。长广、即墨属长广郡。

北齐文宣帝天宝七年（556），将长广郡治移至中郎城（今龙口市境），即墨、卢乡、长广三县合并为长广县，长广县治移原胶东城（今平度城）。

隋初为长广县。隋文帝开皇十六年（596）复置卢乡县。仁寿元年（601），改长广县为胶水县。

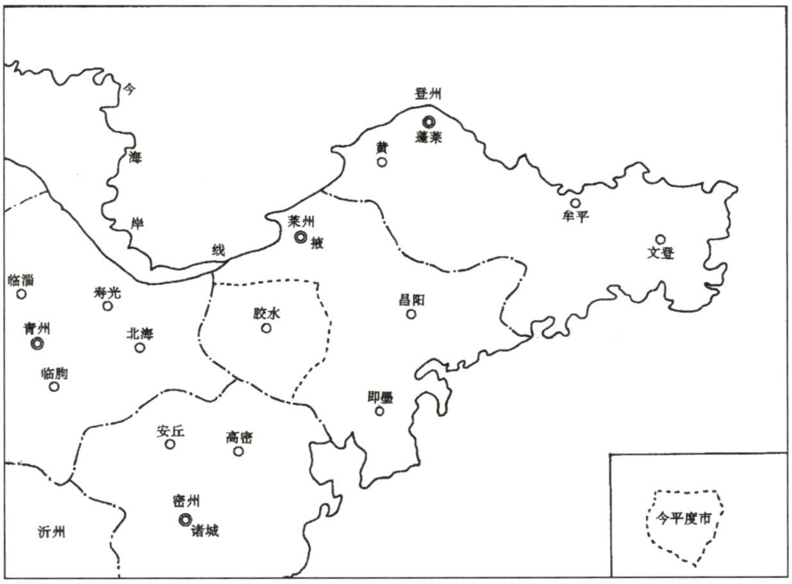

唐代中期胶东半岛政区图

唐代中后期至明初为胶水县，明洪武二十二年（1389）改为平度州，领昌邑、潍县。

清为平度州，约于雍正十二年（1734）改为散州，不再领县。1913年平度改州为县。

抗日战争期间，平度城及其周围地区成为沦陷区，1938年初，成立伪平度县公署，至1945年9月结束。民国平度县政府，自1937年底始，先后驻祝沟、丈岭和台头，至1945年春结束。

1940年9月，在中国共产党领导的抗日根据地

1989 年摄

大泽山区，成立了平度县抗日民主政府。1941年，由平度县析置平西、平南两县。1945年，由平南县析置平东县。同年，将属于昌邑县的“三泊”地带划归平南县，属于莱西南县的河里套区划归平东县。解放战争期间，为平北（平度）、平西、平南、平东四县。

新中国成立后，平度县人民政府驻平度城；平西县人民政府驻张舍，后迁城子、昌里；平南县人民政府驻蓼兰；平东县人民政府驻南村，后迁古岘。1952年6月，平南县改为蓼兰县。1953年9月，平西、蓼兰合并，称蓼兰县，县人民政府驻蓼兰；平度、平东合并，称平度县，县人民政府驻平度城。1956年6月，平度、蓼兰合并，称平度县，县人民委员会驻平度城。1957年3月，周戈庄区及万家、兰底、崔家集区的部分村庄分别划归高密、胶县、昌邑。1983年10月，平度县划归青岛市。1989年7月，平度撤县设市，市政府驻平度城。

第二章 区 划

清代，平度州县城分为6厢，乡村分为10乡。1931年，废除乡社，分县境为7个区、280个乡（镇）。1935年冬，将280个乡（镇）归并为62个乡（镇），仍由7个区统辖。

1945年1月，平度县辖天柱、青杨、蟠桃、云山、两目、旧店、李园、崮山、大田、洪山、龙山，共11个区；平西县辖门村、唐田、店子、昌里、长乐、黑羊山、灰埠、三埠、新河、官庄、城子、田庄、古庄、辛安、张舍，共15个区（镇）；平南县辖三合山、台头、蓼兰、马丘、白埠、宅科、挑河、亭口、斜沟、周格庄、中庄、崔家集，共12个区；平东县辖和平、民主、仁兆、峰山、麻兰、古岘、白沙、杜家、柳林、运河、洪兰，共11个区。1953年，平东、平度两县合并为平度县，下设20个区、182个乡；平西、蓼兰两县合并为蓼兰县，下设18个区、201个乡。1956年，蓼兰县与平度县合并为平度县，下设20个区和1个镇。1958年2月，撤区并乡，全县246个乡、15个镇并为44个乡、1个镇。1958年秋，全县建立27处人民公社。1962年4月，增设蟠桃公社。1964年3月，增设宅科公社。至此，全县共设公社29处。1976年1月，由原29处公社中划出唐田、三堤、王家站、何家店、李园、亭口、前楼、官庄、长乐、龙山、石桥、冷戈庄、洪山、香店、郭庄、亭兰16处公社，全县公社达到45处。

1984年春，人民公社全部改建为乡、镇。1985年11月，白埠、灰埠、崔家集、中庄、张戈庄、兰底、崮山、三合山、仁兆、大泽山10处乡改为镇。其中，原崮山乡改为崔召镇，原三合山乡改为明村镇。全县辖26乡、19镇。1991年，乡改镇3个；

1993年，乡改镇4个。至此，全市辖26镇19乡。1994年12月，区划调整，全市设4个街道、28个镇；2001年1月，中庄镇成建制并入白埠镇，撤销蟠桃镇，其中17个村并入城关街道，20个村并入李园街道。截至2005年，全市有城关、李园、同和、香店等4个街道和新河、灰埠、长乐、大泽山、大田、旧店、张舍、店子、崔召、祝沟、马戈庄、田庄、门村、云山、明村、白埠、麻兰、古岘、蓼兰、张戈庄、崔家集、万家、兰底、郭庄、仁兆、南村等26镇，1785个行政村。

为促进城乡经济综合发展，1992年，成立平度市经济技术开发区，2002年更名为山东省平度经济开发区。1999年3月，设立青岛海峡两岸农业合作试验区。2001年12月，创建青岛市平度工业新区，2005年8月，更名为青岛华侨科技园。

第三章 镇（街道）

第一节 街 道

一、城关街道

位于城区东北部，东临崔召镇、平度经济开发区，西靠李园街道，南连香店街道，北接店子镇。街道辖59个行政村（居委会），总人口8.8万人，总面积70.25平方公里，耕地面积1614公顷。

1986年，城关镇工农业总产值7407万元，1990年增至1.25亿元。1995年乡镇区划调整后，城关街道当年实现国内生产总值1.07亿元，至2004年达到7.65亿元。

2005年，完成生产总值9.09亿元，其中第一产业增加值6479万元、第二产业增加值1.83亿元、第三产业增加值6.61亿元。全街道限额以上工业企业8家，旧有国营企业多位于该街道。改革开放后，第三产业发展迅速，主要代表有贸易城、佳乐家超市等。财政收入4448.9万元，农民人均纯收入5564元。有中学3所、小学8所，在校学生7178人。医疗卫生院1所，电话装机量2.3万部，有线电视用户2.1万户，人口自然增长率0.9‰。

城关街道广场（2012年摄）

该街道为市区中心及市委、市政府、市人大、市政协办公地；千佛阁、崇德宫、豹竹云台为境内古今景点。

二、李园街道

位于城区西部，东临城关街道，西靠门村镇，南连同和街道，北接店子镇。街道辖63个行政村、6个居委会，总人口6.78万人，总面积79.3平方公里，耕地面积2953.07公顷。

1986年，李园乡工农业总产值3626.4万元，1990年增至1.05亿元。1995年区划调整后，李园街道实现国内生产总值3.17亿元，至2004年达到6.92亿元。

2005年，完成工农业生产总值8.86亿元，其中第一产业增加值1.53亿元、第二产业增加值2.56亿元、第三产业增加值4.77亿元。全街道有限额以上工业企业9家，骨干企业有宏昌食品公司、花帝香料公司、中澳体育地板公司、美丽源纺织公司等，主要商业企业有新时代商厦、东方商厦、维客超市等。财政收入4735万元，农民人均纯收入

李园街道广场（2008年摄）

5557元。街道有中学3所、小学7所，在校学生8490人，医疗卫生院（所）53所，电话装机量2.04万部，有线电视用户1.30万户，人口自然增长率5.89‰。

马家沟芹菜、蟠桃大姜为街道特色农产品；城隍庙、怀阿医院等文保单位位于该街道。

三、香店街道

位于城区东南7.5公里处，东临麻兰镇，西靠平度经济开发区，南连工业新区，北接城关街道。街道辖33个行政村（居委会），总人口2.8万人，总面积35平方公里，耕地面积1667公顷。

1986年，香店乡工农业总产值4361万元，1990年增至1.02亿元。1995年乡镇区划调整后，实现国内生产总值1.85亿元，至2004年达到3.72亿元。

2005年，完成生产总值4.6亿元，其中第一产业增加值6822万元、第二产业增加值2.29亿元、第三产业增加值1.67亿元。全街道限额以上工业企业11家，骨干企业有新星金属制品公司、光正人造板机械设备制造公司、同辉世原汽车技术公司、同辉蜡制品制造公司等。财政收入1470万元，农民人均纯收入5600元，有中学1所、小学5所，在校学生2570人。电话装机量5500部，有线电视用户3500户。人口自然增长率6.60‰。

青岛同辉蜡制品公司生产车间（2004年摄）

“同辉”牌蜡制品和李家河崖村大棚养殖革胡子鲶鱼为街道特色产业。

四、同和街道

位于城区南5公里，东临香店街道，西靠白埠镇，南连蓼兰镇，北接李园街道。街道辖48个行政村、4个居委会，总人口6.20万人，总面积52.3平方公里，耕地面积2682公顷。

1986年，王家站乡（1994年改为同和镇）工农业总产值4192.4万元；1990年增至1.08亿元。1995年区划调整后，当年实现国内生产总值1.41亿元，至2004年达到9.74亿元。

2005年，完成生产总值15.85亿元，其中第一产业增加值9324万元、第二产业增加值12.61亿元、第三产业增加值2.31亿元。全街道有限额以上工业企业39家，骨干企业有同和集团以及宏泰铜业、TDK电子、盛林电子、裕信机械、大东电子、环山饲料公司等，形成汽车配件、电子、暖通设备、铜业、木器制造、电镀六大工业体系。财政收入4755万元，农民人均纯收入5708元；有中学2所、小学5所，在校学生5980人。医疗卫生院2个。电话装机量9760部，有线电视用户6876户。人口自然增长率6.23‰。

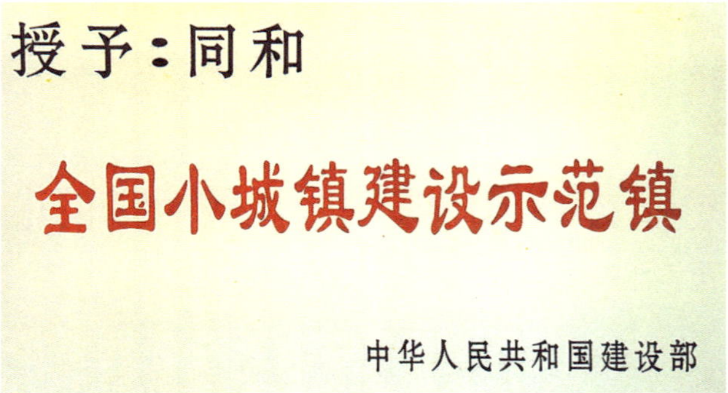

街道工业发展迅速，同和工业园为全市主要工业园区之一。

第二节 镇

一、麻兰镇

位于市区东南13公里，东临古岘镇，西靠香店街道，南连张戈庄镇，北接云山镇。全镇辖52个行政村，总人口4.2万人，总面积86.9平方公里，耕地面积5533公顷。

1986年，全镇工农业总产值3053万元，1990年增至8509万元。1995年，实现国内生产总值1.93亿元，至2004年达到5.56亿元。

2005年，完成生产总值6.86亿元，其中第一产业增加值1.61亿元、第二产业增加值2.98亿元、第三产业增加值2.27亿元。限额以上工业企业5家，骨干企业有砖瓦厂、滑石矿、玻璃厂、金大地机械制造公司、魁峰链条公司等。财政收入1308万元，农民人均纯收入5123元。有中学1所、小学7所，在校生4660人，有医疗卫生院（所）23所，敬老院1处。电话装机量8900部，有线电视用户6000户。人口自然增长率5.18‰。

大棚油桃、草莓、樱桃为该镇农业特色产业。

麻兰油桃种植（2004年摄）

二、古岘镇

位于城区东南25公里，东临小沽河，西靠麻兰镇，南连仁兆镇，北接云山镇。全镇辖40个行政村、一个居委会，总人口4.61万人，总面积80.83平方公里，耕地面积4852公顷。

1986年，古岘镇工农业总产值6468万元，1990年增至1.51亿元。1995年，实现国内生产总值2.08亿元，至2004年达到2.98亿元。

2005年，完成生产总值3.8亿元，其中第一产业增加值1.4亿元、第二产业增加值7180万元、第三产业增加值1.68亿元。全镇限额以上工业企业4家。财政收入373.8万元，农民人均纯收入5570元。有中学2所、小学6所，在校学生7926人。人口自然增长率3.96‰。

蔬菜生产为该镇主导产业，主要品种有大姜、大蒜、圆葱、芹菜和食用菌；“腊杆子”烧鸡为平度地方名吃之一；即墨故城遗址和六曲山墓群为全国重点文物保护单位。

长势喜人的古岘大姜、芋头（2005年摄）

三、仁兆镇

位于城区东南30公里，东临莱西市，西靠郭庄镇，南连南村镇，北接古岘镇。1995年1月乡镇区划调整，原冷戈庄乡36个行政村划归仁兆镇。全镇辖91个行政村，总人口6.74万人，总面积114平方公里，耕地面积7242公顷。

1986年，仁兆镇工农业总产值3781万元，冷戈庄乡工农业总产值3540万元，1990年，两镇（乡）工农业总产值分别增至1640万元和1310万元。1995年乡镇区划调整后，仁兆镇当年实现国内生产总值5.63亿元。2004年达到7.29亿元。

2005年，完成生产总值12.2亿元，其中第一产业增加值4.06亿元、第二产业增加值3.96亿元、第三产业增加值4.17亿元。全镇限额以上工业企业20家，骨干企业有裕龙食品有限公司等。财政收入1069万元，农民人均纯收入6180元。有中学2所、小学11所，共有在校学生7012人。医疗卫生院2所。电话装机量1.4万部，有线电视用户1万户。人口自然增长率4.46‰。

蔬菜生产加工为该镇主导产业，主要品种有蒜薹、大姜、大蒜、圆葱、芋头等。

四、蓼兰镇

位于城区西南部13公里，东临张戈庄镇、西靠白埠镇、南连万家镇、北接同和街道。1995年1月乡镇区划调整，原何家店乡18个行政村划归蓼兰镇。全镇辖71个行政村（居委会），总人口4.01万人，总面积66.83平方公里，耕地面积6530公顷。

1986年，蓼兰镇工农业总产值1.16亿元，何家店乡工农业总产值4419万元；1990年，两镇（乡）工农业总产值分别增至1.83亿元和8083万元。1995年乡镇区划调整后，蓼兰镇当年实现国内生产总值6.82亿元，至2004年达到7.52亿元。

2005年，完成生产总值9.37亿元，其中第一产业增加值1.96亿元、第二产业增加值3.26亿元、第三产业增加值4.15亿元。全镇限额以上工业企业15家，骨干企业有幸福锅炉公司、胜利锅炉公司、磐石容器制造公司、华泰锅炉热电设备公司、泰隆自动化设备厂、平度锅炉辅机厂等。财政收入805万元，农民人均纯收入5358元。有中学3所、小学7所，共有在校学生9910人。有线电视用户7400户，电话装机量9575部。人口自然增长率2.90‰。

该镇为山东省著名良种之乡、青岛市最大草莓生产基地、平度市桑蚕生产重镇，良种培育、草莓栽培、桑蚕养殖为三大特色农业支柱产业；锅炉及锅炉辅机制造为特色工业产业；何家店花生市场位于该镇。

蓼兰幸福锅炉厂生产的低压锅炉（1987年摄）

五、白埠镇

位于城区西南15公里，东临同和街道和蓼兰镇，西靠明村镇，南连崔家集镇，北接田庄镇和门村镇。2001年1月乡镇区划调整，中庄镇并入白埠镇。全镇辖87个行政村，总人口5.38万人，总面积165平方公里，耕地面积1.00万公顷。

1986年，白埠镇工农业总产值2609万元，中庄镇工农业总产值3244万元；1990年，两镇工农业总产值分别增至4925万元和3782万元。2001年乡镇区划调整后，白埠镇当年实现国内生产总值4.94亿元，至2004年达到7.06亿元。

2005年，完成生产总值9.18亿元，其中第一产业增加值2.26亿元、第二产业增加值4.49亿元、第三产业增加值2.42亿元。骨干企业有宏华橡胶厂、青平淀粉厂、尚恩肉食公司等。财政收入387.7万元，农民人均纯收入5280元。全镇有中学2所、小学7所，共有在校学生5297人。电话装机量达到1.19万部，有线电视用户8700户，人口自然增长率为8.2‰，有医疗卫生院（所）39所。有敬老院1所，入院94人。

种植业、养殖业、植桑养蚕为该镇特色农业产业。

六、崔家集镇

位于城区西南35公里，东临万家镇，西南与高密市隔胶河相望，北连白埠镇、明村镇。1995年1月乡镇区划调整，原张家坊乡37个行政村并入崔家集镇。全镇辖85个行政村，总人口5.05万人，总面积132.41平方公里，耕地面积8013.5公顷。

1986年，崔家集镇工农业总产值3253.5万元，张家坊乡工农业总产值2982.3万元。1990年两镇（乡）工农业总产值分别增至1.24亿元和6776万元。1995年乡镇区划调整后，崔家集镇当年实现国内生产总值2.64亿元，至2004年达到5.44亿元。

2005年，完成生产总值6.25亿元，其中第一产业增加值2.49亿元、第二产业增加值1.77亿元、第三产业增加值1.99亿元。全镇限额以上工业企业7家，骨干企业有田润食品厂、千叶食品公司、斗元食品厂、光军织布厂等。财政收入347.6万元，农民人均纯收入5430元。有中学2所、小学9所，共有在校学生4540人，其中中学在校学生1950人、小学在校学生2590人。中心卫生院1所，医疗诊所34个。电话装机量1.20万部，有线电视用户7000户。人口自然增长率为6.19‰。

青岛田润食品加工有限公司车间（2005年摄）

种植业、畜禽养殖、蔬菜生产加工为该镇特色产业。

七、张戈庄镇

位于城区东南15公里，东临仁兆镇，西靠蓼兰镇，南连郭庄镇、兰底镇，北接香店街道、麻兰镇。1995年1月乡镇区划调整，原何家店乡19个行政村划归张戈庄镇。全镇辖65个行政村，人口4.52万人，总面积101.8平方公里，耕地面积7012公顷。

1986年，张戈庄镇工农业总产值3700万元，1990年，增至7171万元。1995年，实现国内生产总值1.44亿元，至2004年达到5.08亿元。

2005年，完成生产总值6.82亿元，其中第一产业增加值1.73亿元、第二产业增加值3.55亿元、第三产业增加值1.55亿元。全镇限额以上工业企业9家，骨干企业有统一饲料农牧公司、晟昌木业公司、庆林香辛食品公司、统一福记（青岛）食品公司、张戈庄福利塑料包装材料厂、富锴机械公司、喜安纸制品公司、振华印染公司等。财政收入720万元，农民人均纯收入5500元。有中学1所、小学10所，在校学生4698人。医疗卫生院1个。电话装机量1.05万部，有线电视用户6870户。人口自然增长率4.78‰。

种植业、花生加工为该镇农业特色产业。

八、郭庄镇

位于城区东南20公里，东临仁兆镇，西靠兰底镇，南连南村镇，北接张戈庄镇。全镇辖36个行政村，总人口3.03万人，总面积74平方公里，耕地面积4830公顷。

1986年，郭庄镇工农业总产值3235万元，1990年，增至6500万元。1995年，实现国内生产总值3.16亿元，至2004年达到5.46亿元。

2005年，完成生产总值7.2亿元，其中第一产业增加值1.93亿元、第二产业增加值2.89亿元、第三产业增加值2.35亿元。全镇限额以上工业企业9家，骨干企业有天祥食品公司、善明食品公司、辰劢创业石材公司等。财政收入410.9万元，农民人均纯收入5480元，有中学1所、小学4所，在校学生 3312 人。医疗卫生院 1 所。电话装机量 7280 部，有线电视用户 6822 户。人口自然增长率为 1.01‰。

青岛天祥食品公司生产的“喜燕”牌花生油

九、南村镇

位于城区东南 35 公里，东临即墨市，西靠兰底镇，南连胶州市，北接郭庄镇。1995 年 1 月乡镇区划调整，原亭兰乡 16 个行政村划归南村镇。全镇辖 53 个行政村（居委会），总人口 6.08 万人，总面积 110 平方公里，耕地面积 6032 公顷。

1986 年，南村镇工农业总产值 8145 万元，亭兰乡工农业总产值 2455 万元。1990 年两镇（乡）工农业总产值分别增至 2.07 亿元和 7508 万元。1995 年乡镇区划调整后，南村镇当年实现国内生产总值 5.13 亿元，至 2004 年达到 24.28 亿元。

2005 年，完成生产总值 31.4 亿元，其中第一产业增加值 2.97 亿元、第二产业增加值 24.84 亿元、第三产业增加值 3.63 亿元。全镇限额以上工业企业 22 家，骨干企业有海信空调公司、华青仪表公司、庆南毛纺公司等。财政收入 6318 万元，农民人均纯收入 6188 元。有中学 4 所、小学 11 所，在校学生 7389 人。医疗卫生院 1 所。电话装机量 1.71 万部，有线电视用户 1.32 万户。人口自然增长率 5.83‰。

南村小城镇建设（2005 年摄）

青岛海峡两岸农业合作试验区、姜家埠村蔬菜批发市场位于该镇；南村工业园为全市主要工业园区之一。

十、兰底镇

位于城区南 20 公里，东邻郭庄镇、南村镇，西靠万家镇，南连胶州市、高密市，北接张戈庄镇。1995 年 1 月，乡镇区划调整后，亭兰乡的 13 个行政村庄并入兰底镇。全镇辖 57 个行政村、1 个居委会，总人口 3.76 万人，总面积 128.7 平方公里，耕地面积 8600 公顷。

1986 年，兰底镇工农业总产值 4158 万元，1990 年工农业总产值增至 1.27 亿元。1995 年乡镇区划调整后，全镇当年实现国内生产总值 2.39 亿元，至 2004 年达到 4.4 亿元。

2005 年，完成生产总值 5.94 亿元，其中第一产业增加值 1.31 亿元、第二产业增加值 3.33 亿元、第三产业增加值 1.30 亿元。全镇限额以上工业企业 12 家，骨干企业有多元食品公司、力创食品公司、汉盛食品公司、贝贝礼品公司、友助服装厂、顺兴针织厂、富尔农艺生化公司等。财政收入 502.4 万元，农民人均存收入 4874 元。有中学 1 所、小学 7 所，在校生 3002 人。医疗卫生院 1 所，卫生所 18 个。电话装机量 6600 部，有线电视用户 5350 户。人口自然增长率 1.29‰。

十一、万家镇

位于城区南 25 公里，东临兰底镇，西靠崔家集镇，南连高密市，北接蓼兰镇。1995 年 1 月乡镇区划调整，宅科乡并入万家镇。全镇辖 91 个行政村，总人口 4.27 万人，总面积 139.1 平方公里，耕地面积 8643.4 公顷。

1986年，万家乡工农业总产值3655万元，宅科乡工农业总产值3299万元。1990年，两乡工农业总产值分别增至6915万元和6490万元。1995年乡镇区划调整后，万家镇当年实现国内生产总值5.30亿元，至2004年达到8.84亿元。

2005年，完成生产总值5.1亿元，其中第一产业增加值2.37亿元、第二产业增加值8085万元、第三产业增加值1.92亿元。全镇限额以上工业企业4家，骨干企业有华冠阀门公司等。财政收入265.8万元，农民人均纯收入5260元。有中学1所、小学6所，在校学生3748人。医疗卫生院1所。电话装机量9003部，有线电视用户6500户。人口自然增长率2.31‰。

蔬菜生产、面粉加工为该镇农业特色产业。

十二、田庄镇

位于城区西22公里，东临门村镇，西靠明村镇、马戈庄镇，南连白埠镇，北接张舍镇。全镇辖33个行政村，总人口3.01万人，总面积67.7平方公里，耕地面积4725.87公顷。

1986年，工农业总产值3776万元。1990年全镇工农业总产值增至1.78亿元。1995年实现国内生产总值1.99亿元，至2004年达到5.63亿元。

2005年，完成生产总值7.31亿元，其中第一产业增加值1.09亿元、第二产业增加值4.64亿元、第三产业增加值1.41亿元。全镇限额以上工业企业18家，骨干企业有青岛第四铸造机械公司等。财政收入1018万元，农民人均纯收入5308元。有中学1所、小学4所，在校学生4109人。卫生院1所。电话装机量9017部，有线电视用户6812户。人口自然增长率-1.22‰。

机械铸造为该镇传统优势产业。

十三、明村镇

位于城区西25公里。东临白埠镇，西靠高密市、昌邑市，南连崔家集镇，北接马戈庄镇。1995年1月，乡镇区划调整，前楼乡并入明村镇。全镇辖81个行政村，总人口5.92万人，总面积173.4平方公里，耕地面积9586公顷。

1986年，明村镇工农业总产值1948万元，前楼乡工农业总产值1053万元；1990年，两镇（乡）工农业总产值分别增至5027万元和8351万元。1995年乡镇区划调整后，明村镇当年实现国内生产总值5.45亿元，至2004年达到8.54亿元。

2005年，完成生产总值11.94亿元，其中第一产业增加值2.29亿元、第二产业增加值6.54亿元、第三产业增加值3.11亿元。全镇限额以上工业企业15家，骨干企业有光明轮胎公司、顺达轮胎公司、恒达轮胎公司、七洲橡胶公司、三合山精密铸造公司、天驰轮胎公司、腾江轮胎公司、奥诺轮胎公司等。财政收入3482.7万元，农民人均纯收入5310元。有中学2所、小学10所，在校学生5533人。有线电视用户8020户，电话装机量1.31万部。有医疗卫生院2所。人口自然增长率5.59‰。

该镇为山东省橡胶轮胎生产集中地，三合山精密铸造有限公司为铁道部定点生产厂家；大棚西瓜、冬暖棚樱桃番茄和优质酿酒葡萄为该镇农

田庄机械铸造加工区生产的铸造件（2005年摄）

明村西瓜节期间媒体记者瓜地采访（2009年摄）

业三大支柱产业。

十四、马戈庄镇

位于城区西30公里，东临田庄镇，西靠昌邑市，南连明村镇，北接张舍镇。

1986年，工农业总产值2773万元，1990年工农业总产值增至7645万元。1995年国内生产总值1.77亿元，至2004年达到3.85亿元。

2005年，完成生产总值6.15亿元，其中第一产业增加值8621万元、第二产业增加值3.85亿元、第三产业增加值1.44亿元。全镇限额以上工业企业12家，骨干企业有阎鑫石墨制品公司、金旭日纺织服装有限公司等。财政收入457.63万元。农民人均纯收入5385元。有中学1所、小学4所，在校学生3390人。有线电视用户4100户，电话装机量7900部。人口自然增长率4.94‰。

十五、张舍镇

位于城区西北30公里，东临店子镇和门村镇，西靠昌邑市，南连田庄镇、马戈庄镇，北接新河镇、灰埠镇。1995年1月乡镇区划调整，官庄乡并入张舍镇。全镇辖60个行政村，2005年总人口4.11万人，总面积130平方公里，耕地面积6466公顷。

1986年，张舍乡工农业总产值3059.45万元，官庄乡工农业总产值3050万元。1990年，两乡工农业总产值分别增至1.21亿元和1.27亿元。1995年乡镇区划调整后，张舍镇当年实现国内生产总值5.69亿元，至2004年达到7.96亿元。

2005年，完成生产总值10.7亿元，其中第一产业增加值1.80亿元、第二产业增加值6.27亿元、第三产业增加值2.68亿元。全镇限额以上工业企业9家，骨干企业有天象集团公司、黑龙石墨公司、海达石墨公司、平度兴达配件公司、金汇石墨公司等。财政收入2118万元，农民人均纯收入5358元。有中学2所、小学8所，在校学生4550人。有线电视用户7085户，电话装机量9000部。有医疗卫生院1所。人口自然增长率1.85‰。

石墨生产加工为该镇工业特色产业。

十六、新河镇

位于城区西北50公里，东临灰埠镇，西靠昌邑市，南连张舍镇，北接莱州市。全镇辖32个行政村，总人口2.26万人，总面积71平方公里，耕地面积3102公顷。

1986年，工农业总产值3511万元，1990年，工农业总产值增至5430万元。1995年，实现国内生产总值9318万元，至2004年达到3.01亿元。

2005年，完成生产总值3.8亿元，其中第一产业增加值1.03亿元、第二产业增加值1.18亿元、第三产业增加值1.54亿元。全镇限额以上工业企业11家，骨干企业有民生工艺品公司、鹏程工艺品公司、威泰精细化工公司等。财政收入538万元。农民人均纯收入5498元。有中学2所、小学5所，在校学生4462人。医疗卫生院（所）11所。电话装机量5786部，有线电视用户3820户。人口自然增长率4.4‰。

新河草编工艺品（2003年摄）

该镇素有“草制工艺品之乡”之称，草制工艺品为传统产业。

十七、灰埠镇

位于城区西北33公里，东临长乐镇，西靠新河镇，南连张舍镇，北接莱州市。1995年1月乡镇区划调整，三堤镇整建制并入灰埠镇。全镇辖71个行政村、1个居委会，总人口4.90万人，总面积117.8平方公里，耕地面积7342公顷。

1986年，灰埠镇工农业总产值3160万元，三堤乡工农业总产值3345万元，1990年，两镇（乡）工农业总产值分别增至7797.05万元和1.37亿元。1995年乡镇区划调整后，灰埠镇实现工农业总产值3.97亿元。

2005年完成生产总值8.87亿元，其中第一产业增加值1.73亿元、第二产业增加值2.96亿元、第三产业增加值4.18亿元。全镇限额以上工业企业8家，骨干企业有平度金兴金矿公司、立新工艺品公司、天铸诚精铸公司、黄金铅锌开发公司、平度第二水泥厂、平度秋实棉织绣公司等。财政收入1920万元，农民人均纯收入5320元。有中学2所、小学11所，在校学生5308人。电话装机量1.25万部，有线电视用户1.04万户。医疗卫生院1所，卫生所49个。人口自然增长率3.22‰。

该镇有煤炭市场、海产品批发市场；历史上的青莱驿路经过该镇。

十八、长乐镇

位于城区西北30公里，东临大泽山镇，西靠灰埠镇，南连店子镇，北接莱州市。全镇辖46个行政村、1个居委会，总人口3.04万人，总面积55.8平方公里；耕地面积3662.47公顷。

1986年，工农业总产值7516万元，1990年增至1.82亿元。1995年实现国内生产总值3.45亿元，至2004年达到19.6亿元。

2005年，完成生产总值8.81亿元，其中第一产业增加值7396万元、第二产业增加值5.26亿元、第三产业增加值2.81亿元。全镇限额以上工业企业19家，骨干企业有长虹陶瓷原料公司、康森陶瓷原料公司、凯乐制粉公司、嘉盈建材公司等。财政收入1328.8万元，农民人均纯收入5408元。有中学1所、小学4所，在校学生3052人。医疗卫生院1所，医疗卫生诊所10个。电话装机总量7825部，有线电视用户6108户。人口自然增长率2.66‰。

透辉岩为该镇特色矿产资源。

十九、崔召镇

位于城区东北15公里，东临云山镇，西与城关街道、店子镇接壤，南连麻兰镇，北接大泽山镇和大田镇。全镇辖55个行政村，总人口2.90万人，总面积109平方公里，耕地面积3535公顷。

1986年，崔召镇工农业总产值2092万元，1990年增至6943万元。1995年实现国内生产总值2.19亿元，至2004年达到3.88亿元。

2005年，完成生产总值4.77亿元，其中第一产业增加值1.66亿元、第二产业增加值9184万元、第三产业增加值2.20亿元。全镇限额以上工业企业2家。财政收入306.67万元。农民人均纯收入5132元。有中学1所、小学4所，年内共有在校学生2748人。医疗卫生院（所）16所。电话装机量6600部，有线电视用户2800户。人口自然增长率6.22‰。

林果业为该镇特色产业。

二十、云山镇

位于城区东25公里，东临莱西市，西靠崔召镇，南连古岘镇，北接祝沟镇。1995年1月乡镇区划调整，洪山乡并入云山镇。全镇辖74个行政村，总人口5.27万人，总面积154.36平方公里，耕地面积8644.3公顷。

1986年，云山镇工农业总产值3057万元，洪山乡工农业总产值1588万元。1990年，两镇（乡）工农业总产值分别增至1.14亿元和6098万元。1995年乡镇区划调整后，云山镇当年实现国内生产总值6.02亿元，至2004年达到11.57亿元。

2005年，完成生产总值10.69亿元，其中第一产业增加值1.78亿元、第二产业增加值4.37亿元、第三产业增加值4.54亿元。全镇限额以上工业企业8家，骨干企业有云山乡村俱乐部、青岛五棉纺织公司、东生药业公司、高而富石墨公司、华东石墨公司等。财政收入505万元。农民人均纯收入5062元。有中学2所、小学8所，在校学生5584人。医疗卫生院2所。电话装机量9724部，有线电视用户 5612 户。人口自然增长率 5.18‰。

该镇为“中国优质果菜基地乡镇”，大樱桃栽植为农业特色产业；云山观、尹府水库位于该镇。

二十一、大田镇

位于城区东北 31 公里，东临旧店镇，西靠大泽山镇，南连崔召镇，北接莱州市。1995 年 1 月乡镇区划调整，龙山乡并入大田镇。全镇辖 61 个行政村，总人口 3.37 万人，全镇总面积 148.7 平方公里，耕地面积 3629.2 公顷。

1986 年，大田乡工农业总产值 783 万元，龙山乡工农业总产值 759 万元。1990 年，两乡工农业总产值分别增至 2856.3 万元和 2459.9 万元。1995 年乡镇区划调整后，大田镇当年实现国内生产总值 1.54 亿元，至 2004 年达到 3.61 亿元。

2005 年，完成生产总值 3.11 亿元，其中第一产业增加值 8740 万元、第二产业增加值 8980 万元、第三产业增加值 1.34 亿元。骨干企业有青岛新世界工艺品公司等。财政收入 376.9 万元。农民人均纯收入 4252 元。有中学 2 所、小学 7 所，在校学生 3210 人。电话装机量 6500 部，有线电视用户 5318 户。人口自然增长率 3.02‰。

林果生产和野生中药材生产为该镇特色产业，大泽山林场为省级森林公园，有铁夼寺旧址和滴水崖、千年板栗王等景观。

二十二、大泽山镇

位于城区北 30 公里。东与大田镇相邻，西与长乐镇接壤，南与崔召镇、店子镇相连，北与莱州市为界。1995 年 1 月乡镇区划调整，原属青杨乡的 10 个行政村划归大泽山镇。全镇辖 34 个行政村，人口 3.02 万人，总面积 94 平方公里，耕地面积 2241 公顷。

1986 年，全镇工农业总产值 2449 万元，1990 年增至 1.30 亿元。1995 年乡镇区划调整后，当年实现国内生产总值 2.00 亿元，至 2004 年达到 5.10 亿元。

2005 年，完成生产总值 6.06 亿元，其中第一产业增加值 8300 万元、第二产业增加值 2.69 亿元、第三产业增加值 2.54 亿元。骨干企业有星晨机床公司、岩城石材公司、世进石材公司、天鑫石材公司、泽玉酿酒公司等。财政收入 756 万元。农民人均纯收入 6119 元。有中学 1 所、小学 7 所，在校学生 3225 人。有线电视用户 5463 户，电话装机量 9260 部。有医疗卫生院 1 所。人口自然增长率 0.82‰。

大泽山镇为“中国葡萄之乡”；葡萄种植、石材加工、观光旅游为该镇三大支柱产业；东岳石文化遗址、天柱山摩崖石刻等全国重点文物保护单位位于该镇；大泽山区为抗日战争时期石雷战发源地。

由王光英、谷牧共同签名的葡萄之乡证书

二十三、门村镇

位于城区西 9 公里，东临李园街道，西靠田庄镇，南连同和街道和白埠镇，北接店子镇。1995 年 1 月乡镇区划调整，原唐田乡 27 个行政村划归门村镇。全镇辖 60 个行政村，总人口 3.84 万人，总面积 87.71 平方公里，耕地面积 4765 公顷。

1986 年，门村乡工农业总产值 2350 万元，唐田乡工农业总产值 1810 万元；1990 年，两乡工农业总产值分别增至 1.30 亿元和 5671 万元。1995 年乡镇区划调整后，门村镇当年实现国内生产总值 1.96 亿元，至 2004 年达到 4.32 亿元。

2005 年，完成生产总值 5.5 亿元，其中第一产业增加值 7702 万元、第二产业增加值 3.77 亿元、第三产业增加值 1.02 亿元。全镇限额以上工业

企业 9 家。财政收入 563 万元。农民人均纯收入 5108 元。有中学 3 所、小学 6 所，在校学生 5216 人。有医疗卫生院（所）53 所。电话装机量 1.02 万部，有线电视用户 6000 户。人口自然增长率 3.5‰。

葡萄、桃、苹果种植为该镇特色产业。

二十四、旧店镇

位于城区东北 40 公里，东临莱西市，西靠大田镇，南连祝沟镇，北接莱州市。1995 年 1 月，乡镇区划调整，石桥乡 21 个行政村划归旧店镇。全镇辖 61 个行政村，总人口 3.36 万人，总面积 149.5 平方公里，耕地面积 4045.6 公顷。

1986 年，旧店镇工农业总产值 2972 万元，石桥乡工农业总产值 1807 万元；1990 年，两镇（乡）工农业总产值分别增至 8133. 6 万元和 4914.3 万元。1995 年乡镇区划调整后，旧店镇实现国内生产总值 3.60 亿元，至 2004 年达到 5.15 亿元。

2005 年，完成生产总值 6.39 亿元。其中第一产业增加值 1.15 亿元、第二产业增加值 3.50 亿元、第三产业增加值 1.73 亿元。全镇限额以上工业企业 4 家，骨干企业有青岛金翔矿业集团公司、平度兆兴陶瓷原料公司等，形成了金矿采选、透辉岩开采两大工业体系。财政收入 1178 万元。农民人均纯收入 5016 元。有中学 1 所、小学 7 所，在校学生 3538 人。医疗卫生院（所）17 所。电话装机量 9570 部，有线电视用户 4832 户。人口自然增长率 1.08‰。

该镇具有丰富的金矿资源，苹果栽培为特色产业。

二十五、祝沟镇

位于城区东北 35 公里，东临莱西市，西靠大田镇，南连云山镇，北接旧店镇。1995 年 1 月乡镇区划调整，原石桥乡 10 个行政村划归祝沟镇。全镇辖 56 个行政村，总人口 3.5 万人，总面积 98 平方公里，耕地面积 4010 公顷。

1986 年，两目乡工农业总产值 2051 万元，1990 年增至 4480 万元。1995 年改称祝沟镇，该镇实现国内生产总值 2.10 亿元，至 2004 年达到 4.67 亿元。

2005 年，完成生产总值 2.73 亿元，其中第一产业增加值 9234 万元、第二产业增加值 9003 万元、第三产业增加值 9060 万元。全镇限额以上工业企业 4 家，财政收入 127.4 万元。农民人均纯收入 4587 元。有中学 1 所、小学 5 所，在校学生 3437 人。有线电视用户 4879 户，电话装机量 5962 部。医疗卫生院（所）35 所。人口自然增长率 6.23‰。

苹果、草莓、甜瓜等瓜果栽培为该镇特色产业。

（2009 年摄）

二十六、店子镇

原名昌里镇，位于城区西北 20 公里，北依长乐镇、大泽山镇，南临门村镇、李园街道，东靠崔召镇、城关街道，西接张舍镇、灰埠镇。1995 年 1 月，昌里镇改称店子镇，将原属青杨乡的 37 个村庄并入店子镇。2005 年，全镇辖 95 个行政村。总人口 5.62 万人，总面积 137.9 平方公里，耕地面积 6972 公顷。

1986 年，昌里镇工农业总产值 699 万元，青杨乡工农业总产值 872 万元；1990 年，两镇（乡）工农业总产值分别增至 3806.4 万元和 3519.9 万元。1995 年乡镇区划调整后，店子镇工农业总产值达到 2.54 亿元，2004 年，全镇工农业总产值达到 3.16 亿元。

2005 年，国内生产总值 7.14 亿元，其中第一产业增加值 1.50 亿元、第二产业增加值 2.95 亿元、第三产业增加值 2.69 亿元。全镇规模以上企业 7 家，骨干企业有平度市三星精铸公司等。财政收入 518.8 万元。农民人均纯收入 5242 元。有中学 3 所、小学 8 所，在校学生 5581 人。有医疗卫生院 1 所，电话装机总量 1.53 万部，有线电视用户 1.05 万户。人口自然增长率 1.11‰

1986～2005年平度市（县）各镇（街道）经济状况

表 1-1　　　　单位：亿元

镇（街道）	工业总产值			农业总产值			第三产业产值			财政收入		
	1986	1995	2005	1986	1995	2005	1986	1995	2004	1986～1990	1995	2005
城关街道	0.38	0.77	10.97	0.44	0.95	1.38	0.15	0.68	0.70	0.22	0.36	0.44
李园街道	0.36	0.32	0.49	0.26	0.32	1.53	0.12	0.72	3.62	0.11	0.43	0.47
同和街道	0.99	3.70	30.50	0.32	0.72	1.83	0.01	0.18	1.89	0.15	0.07	0.48
香店街道	0.44	1.86	4.60	0.34	0.44	1.39	0.05	0.19	1.40	0.02	0.18	0.15
麻兰镇	0.16	1.70	12.20	0.14	1.70	2.74	0.04	0.38	1.89	0.09	0.08	0.10
古岘镇	0.16	0.48	22.94	0.48	1.42	2.61	0.12	0.18	1.40	0.03	0.01	0.04
仁兆镇	0.12	2.80	14.23	0.24	2.80	6.83	0.02	0.80	2.48	0.03	0.02	0.11
蓼兰镇	0.48	4.70	13.00	0.69	1.88	2.89	0.06	2.78	3.46	0.07	0.09	0.08
白埠镇	0.05	6.78	16.99	0.19	2.08	2.26	0.003	1.26	2.01	0.01	0.06	0.04
崔家集镇	0.04	2.50	9.81	0.28	5.06	5.93	0.05	0.75	1.87	0.03	0.02	0.03
张戈庄镇	0.12	5.05	10.70	0.25	0.30	3.11	0.02	0.15	1.24	0.13	0.04	0.07
郭庄镇	0.06	1.81	8.89	0.29	1.49	3.11	0.04	0.41	2.15	0.03	0.01	0.04
南村镇	0.23	7.82	75.00	0.58	1.30	4.90	0.22	0.80	3.07	0.04	0.06	0.63
兰底镇	0.09	1.42	12.43	0.32	1.19	2.50	0.09	0.17	1.07	0.04	0.03	0.05
万家镇	0.08	2.32	3.55	0.29	2.98	6.30	0.08	0.32	1.43	0.05	0.03	0.03
田庄镇	0.13	3.75	17.38	0.19	1.31	2.78	0.02	0.13	1.18	0.07	0.04	0.10
明村镇	0.10	2.82	19.80	0.09	1.94	4.20	0.03	0.45	2.66	0.02	0.02	0.35
马戈庄镇	0.10	4.30	13.33	0.36	1.02	1.78	0.08	0.32	1.18	0.03	0.02	0.05
张舍镇	0.08	2.98	20.28	0.23	1.28	4.10	0.09	0.17	2.27	0.01	0.03	0.21
新河镇	0.07	0.80	7.12	0.25	0.50	2.30	0.04	0.10	1.23	0.05	0.03	0.05
灰埠镇	0.08	2.22	10.60	0.23	–	3.39	0.38	2.38	3.40	0.25	0.08	0.19
长乐镇	0.18	2.01	19.89	0.06	1.06	1.56	0.04	0.38	2.38	0.06	0.02	0.13
崔召镇	0.01	1.23	9.11	0.19	2.20	3.30	0.19	0.41	0.95	0.25	0.09	0.03

续表 1-1

镇（街道）	工业总产值			农业总产值			第三产业产值			财政收入		
	1986	1995	2005	1986	1995	2005	1986	1995	2004	1986～1990	1995	2005
云山镇	0.11	0.99	14.86	0.19	1.30	3.54	0.01	0.15	3.11	–	0.06	0.05
大田镇	0.04	2.29	3.25	0.04	1.12	1.49	–	0.16	1.14	0.01	0.01	0.04
大泽山镇	0.08	3.95	13.98	0.17	0.76	1.30	0.09	0.22	2.17	0.03	0.02	0.08
门村镇	0.09	4.44	12.46	0.15	1.10	1.30	0.06	0.22	0.87	0.01	0.03	0.06
旧店镇	0.01	1.29	11.82	0.33	1.55	2.20	0.003	0.01	1.38	0.02	0.03	0.12
祝沟镇	0.04	1.25	3.85	0.17	0.67	1.74	0.04	0.17	0.77	0.02	0.01	0.01
店子镇	0.47	2.54	2.71	–	1.30	2.71	0.11	0.51	2.36	–	0.03	0.05

第四章 村 庄

据出土的韩村遗址、东岳石文化遗址判断，早在四五千年前，平度境内即有先民繁衍生息。《汉书·地理志》记载，西汉末，胶东国有8县32万人，平均每县4万人；东莱郡有17县50万人，平均每县3万人。今平度辖境约为当时4县之大，估计人口有十三四万。《魏书·地形志》又载，东魏武定年间，长广郡有人口5.1万人，据此推算平度境内约2.5万人。明朝实行移民政策。此期，平度有移民建村记录的村庄1300余个，主要来自四川、云南、山西和山东境内其他州县。村庄多以姓氏、地

2005年平度市村庄、居委会名称一览表

表 1-2

镇（街道）	村庄、居民委员会名称
城关街道	村庄（43个）：付家崖、北荆家、金沟子、五亩兰、兰家庄、古营崖、菜园、寨子、辛家庄、官地、东关、库屯、宝店、郭家疃、北潘家、公沙、丰山洼、乔家、桃源洞、贾家营、姜家疃、徐福、王家庄、代家上观、上李元、新北台、李家莹、官家上观、正涧、蝎山子、梨沟、尚家上观、东公沙、大十里堡、北姜家庄、北沙窝、东窝洛子、下李元、窝洛子、尚家疃、后巷子、东阁、即墨旺 居委会（16个）：青岛路、常州路、龙山街、人民路、怡河苑、荷花湾、红旗路、永安新村、新安苑、杭州路、福安花苑、安居苑、教师新村、苏州路、福州路、胜利路

续表 1-2

镇（街道）	村庄、居民委员会名称
李园街道	村庄（63 个）：巧女张、东杨召、前杨召、大杨召、东崔家营、东蟠桃山、西蟠桃山、庞家沟、十里堡、朝阳庄、夼村、胜利、桥北、柳行头、小庄子、里半庄、戴家庄、南关、北关、白果园、油坊、西关、刘家寨、梁家疃、孙家窑、崔疃、邵家疃、万家疃、三教堂、韩疃、周戈庄、赵疃、西河洼、戈家疃、李家市、艾家疃、四甲、于家店子、张疃、马家店子、马家庄、杨家疃、西马家沟、东马家沟、西阁、李子园、宗家庄、后戈庄、花园、府君庙、北于家庄、山前、水沟子、东七里河子、朱家井、黄道口、西七里河子、栾家、花窝洛、西廿里堡、东廿里堡、双庙、毛家疃 居委会（6 个）：金华街、天柱街、郑州路、扬州路、新区、徐州路
同和街道	村庄（48 个）：李戈庄、王家沙戈庄、倪家沙戈庄、柴家沙戈庄、姜家沙戈庄、荆家疃、中辛庄、崔家庄、西丰台、东丰台、中李家庄、兰家窑、大官庄、黄家道口、小洪沟、侯家站、王家站、李家站、十里堡、代家庄、郑家张、孙家张、刘家张、姚家、斜子、宅科、庞家、洪沟南庄、大洪沟、杨家荆、张家荆、姚家荆、崔家荆、李家楼、梁家庄、孙家庄、南庄、军屯、宋赵戈庄、石家庄、黄家疃、大赵戈庄、王赵戈庄、沟崖、石庙、王家柳疃、孙家柳疃、林家疃 居委会（4 个）：和平、高平路、南城、同鑫
香店街道	村庄（33 个）：香店、相家、双庙、东王家、冢子、南于家、中万家、前许家、后许家、仲家、苇园、苇村、曲坊、东岭、西岭、周家河崖、芦坊、何家楼、战家疃、后八里、中八里、杜家疃、大窑、小官家庄、小窑、河崖、大泥河头、小泥河头、东郝家疃、西郝家疃、泉子崖、上埠、东杨庄 居委会（3 个）：胶平路、现河、烟台路
开发区	村庄（7 个）：河头、南姜家庄、芝戈庄、石庄、小洼、城东埠、店前 居委会（8 个）：东宁园、世纪花园、昌泰花苑、福乐花苑、大李家疃、小十里堡、吴家疃、杨家
华侨科技园	村庄（13 个）：前八里庄、邹家坡、东崔家疃、关家庙头、刘家疃、东潘家疃、西潘家疃、小李家疃、北郭家疃、臧家疃、邢家疃、李官庄、兰前

形、地貌、景观、方位、自然地理实体、道路、古遗址、种植业、手工业、传说、吉祥嘉言、人名等命名。清朝末年，平度州有自然村 1622 个。1931 年，废乡设区，全县自然村 1770 个。1986 年，全县 45 处乡镇，自然村发展到 1866 个。2005 年，全市有行政村（居委会）1785 个。

续表 1-2

镇（街道）	村庄、居民委员会名称
麻兰镇	村庄（52个）：前麻兰、东白沙、后麻兰、西白沙、任家河岔、东前李、王家河岔、西前李、于家河岔、楼里头、徐家河岔、东沙窝、金家河岔、西沙窝、西店后、邓家荒、中店后、芦家荒、东店后、孙家荒、山西、王家屯、大埠、前辛庄、徐戈庄、阁北头、焦疃、芝坊、钱家庄、泉子崖、岔河、岔道口、辛付庄、大井戈庄、金家庄、小井戈庄、曲家庄、李戈庄、张家观、西洼子、姜家观、中洼子、刘家观、东洼子、窦家观、大孙戈庄、前沙湾庄、小孙戈庄、后沙湾庄、东山前、巡寨、西山前 居委会（1个）：振华
古岘镇	村庄（40个）：一里、岩山头、西湾上、二里、姜格庄、前湾上、三里、前龙泉、董戈庄、四里、后龙泉、东石家、五里、三里庄、南城子、六里、五里庄、北城子、七里、八里庄、大朱毛、八里、杜家集木、前朱毛、前李道、刘家集木、纸房、乔戈庄、蓬莱前、沙岭、东花园、西六曲、后李道、五家寨子、东六曲、西河、朱村、六曲店子、山上、东湾上 居委会（1个）：康城
仁兆镇	村庄（91个）：东仁兆、北仁兆、中仁兆、西仁兆、南仁兆、斜庄、高岚、后南埠、西淖泥沟、大刘戈庄、小刘戈庄、窦戈庄、河北辛庄、冷戈庄、前头、冷东庄、岚后、逄戈庄、沟东、沙北头、高赵戈庄、前高戈庄、后高戈庄、十甲、岚西、史家庙头、大城西、东王戈庄、西王戈庄、吕戈庄、小城西、东葛家庄、岚前、大桑元、小桑元、寨子、门戈庄、套里、东淖泥沟、姜家管村、前刘家管村、东葛家管村、李家曲堤、东赵家管村、郑家管村、孙家汇、张家曲堤、二贞台、李家沽、孙家沽、石家曲堤、中刘家管村、曲家店、于家沽、于家泊、沽西、代家店、葛家店、店西、粮戈庄、院道、张家沽、刘家店、于莱庄、南淖泥沟、高村、于家疃、李家疃、代王疃、毛庄、南沙窝、王家五甲、小赵家、路东、迟家疃、韩家疃、五道口、王家埠、冷家庄、詹家屯、二甲、李家屯、前家石庄、胡家庄、拐坊、葛家店、官路、前王家庄、北辛庄、同戈庄、大代家庄
南村镇	村庄（52个）：东南街、东北街、西南街、西北街、后斜子、大西头东、大西头中、大西头西、前北、后北、柏家寨、辛庄、崖头、李家庄、徐家庄、荆家埠后、杜戈庄、西王府庄、东王府庄、宗家埠、杨家庄、姜家寨、苏子埠、洪兰北、洪兰中、洪兰西、洪兰东、北顶子、姜家埠、桃园、沙梁东、沙梁中、沙梁西、沙梁南、九甲、庄干、亭兰丘东北街、亭兰丘西北街、亭兰丘东南街、亭兰丘西南街、南吴家屯、黄丘、东朱家庄、小亭兰丘、大高家庄、小高家庄、大庞家庄、小庞家庄、河上庄、江家庄、范家屯、小洪兰 居委会（1个）：三城

续表 1-2

镇（街道）	村庄、居民委员会名称
张戈庄镇	村庄（65 个）：张戈庄东、张戈庄南、张戈庄西、洼子、前李付庄、后李付庄、中李付庄、东南李付庄、尚河头、崔家营、河崖、庙后水泊、杜家水泊、宋家水泊、东沙沟、中沙沟、西沙沟、东马家、西马家、前沙岭、后沙岭、大水泊、大玉湾、刘家水泊、唐家水泊、大丘、小丘、仲戈庄、前沙戈庄、后沙戈庄、后腾家、张家庄、坡子、位家、代家辛庄、狮子口、雷家、代戈庄、吴家屯、前屯、山张家、夏张家、兰家疃、东梁家、林家庄、大闫家、李家楼、矫家疃、东杜家、姜家、西徐家、柳家、小戈庄、杨家营、陈家营、曲家营、宋家营、高家营、綦家营、南塔丘、北塔丘、郭家庄、王戈庄、毛家庄、高戈庄 居委会（1 个）：企业
郭庄镇	村庄（36 个）：郭庄、石家东庄、姜家东庄、马家庄、前河头、后河头、瓦子丘、西于家、西梁家、马家辛庄、宋家庄、袁家庄、后尹家、前吕家、西万家、东万家、隋家、郭家埠后、丁家柳林、王家柳林、大刘家、庙东、庙西、鲁家丘、后杨家、钟楼埠、云盘顶、杨煌庄、新王家、万家、许家庄、周诰屯、凤凰屯、东鞠家、万家辛庄、南朱家庄
兰底镇	村庄（57 个）：大河岔、白河庙、七甲庄、张家庄、王家庄、前三甲、后三甲、前丘、扭据头、桑园、兰底河北、申戈庄、薛家营、孙家营、北李家营、恒顺营、东辛庄、西辛庄、庞戈庄、榜戈庄、綦戈庄、柴家洼、吕家营、万家营、张家营、小阵、大阵、东么山、西么山、苏韩庄、杨家庙、上王戈庄、蔡家辛庄、李家南埠、石家南埠、邵家南埠、杨家南埠、前双丘、后双丘、吴家口、西庵、尹和庄、朱王花园、马家花园、程家寨子、大李戈庄、万家庄、中华埠、逄家下泊、张家下泊、姚丘、兰底河南、刘家西埠、马家西埠、前庄、杨家西埠、王家官庄 居委会（1 个）：长生路
万家镇	村庄（91 个）：前陈家、西北孙家、巩家、毕家、彭家坊、堡上、堡前纪、后陈家、徐家、崔家、西王家、夏家、饮马沟、古路庄、李宝窝、陈家顶、刘家庄、道望丘、南姚家、河北、沟东、湾东、许丘、安子丘、东小王、东刘口、西刘口、长岭庄、南辛庄、宅科、圈子周、马戈庄、马辛庄、砖西丘、宋家、西王庄、老窝周、庄科、夏家庄、毛家、马家、王唐家、万柳周、曹戈庄、宋戈庄、小万家、大荆、小荆、程家、付家、李铁家、西小王、于家、仁家庙、南孙家、南纪家、李家庄、孙家庄、六七里、东李家、仁里家、店上、初家、大么王、北辛庄、前孙家、后孙家、朱家、黄家、玉王庄、大万家、北杜家、大綦家、小綦家、马二丘、西马丘、东马丘、小马丘、大姜家、小姜家、李家、刘家、孙家、葛前、葛后、院后、徐庄、北陈家、谭家、北王庄、赵戈庄 居委会（1 个）：万利新村

续表 1-2

镇（街道）	村庄、居民委员会名称
崔家集镇	村庄（85 个）：崔家集、陶家屯、七甲、宅科、鲁家庄、亭口、高家、西刘家、郭家庄、曹家庄、八甲、大城、上王家、前牟家、范家、小袁家、王家庄、殷家庄、陶家、院上、张家、店后、北赵家、陈家庙、翟家庄、大喜屯、刘家小庄、坊子、袁家、大牟家、北徐家、张家坊、苑家庄、辛付庄、兰子、大兰、河北丁家、小牟家、大吴家、大纪家、坊头、北张家庄、东闸口、大阳召、陶家堡、南张家庄、小吴家、小纪家、崔家庄、捎门阳召、西闸口、北庄、大沟头、孙家屯、丁家、西纪家、大刘家庄、西辛庄、挂金板、李家庄、董家、大站、高戈庄、宋家、小刘家庄、徐家阳召、陈家小庄、高家庙子、娘娘庙、小站、柳林、朱家庄、昌许屯、周家、董家大庄、唐家庄子、大袁家、杜家、五里屯、双庙、小城、荆家庄、南赵家、塔西坡、曲家
白埠镇	村庄（87 个）：赖家庄、陆家、南王家庄、史同庄、小张家、西史家、张家官庄、李家顶、杨家官庄、禚家、南高家庄、刘家官庄、小彭家、陈家屋子、东湾头、东宋家、牛戈庄、北邹家、朱家庄、大罗家、北杨家、东孙家、任家庄、岑李家、北高家庄、林家庄、于家庄、东史家、胡铁家、中华里、黄土岭、西郭家庄、兴华里、后五甲、西孙家庄、南华里、西邢家、刘家口、新华里、李家埠子、宅科吴家、郑家庄、孙家疃、虎李家、东侯家庄、任家屯、张家寨、振华里、耿家集、刘古路、北华里、寨里屯、付家庄、西华里、院前王家疃、西中庄、万户屯、姜家庄、魏家、西屋子、卢家庄、吕家、宅科王家、付家疃、大张家、杨龙庄、西王家庄、北隋家、营子屯、东邢家、和平、前洼、东三甲、团结、宅科梁家、李家庄、大庙庄、刘彩庄、东华里、吴家庄、王家坡子、圈里胡家、西李戈庄、东埠、匙刘家、西侯庄、老胡家
蓼兰镇	村庄（71 个）：胜利、和平、民主一、民主二、医官庄、焦家寨、肖家、南官庄、大八里庄、小八里庄、七里庄、景家庄、大吴家、韩丘、杨家丘、张家疃、田家庙、北张家丘、小吴家、北小庄、西王疃、常富庄、侯西庄、长庄、邢家、南陈家、小于家、范家、南荆家庄、大于家、南张家丘、丘西、蔡家礼府、李家礼府、孙家礼府、蒲家、西杜家、家后、冯戈庄、肖戈庄、三十里堡、于家梁而疃、小葛家、庄头、雷家、后于家、前于家、后张家、前张家、葛家、葛家梁而疃、大彭家、何家店、权家、小李戈庄、管家、西何家店、双柳树、后宅家、吴家、林家、任山庙、窦家、彩村、滑溪头、硝场、王木匠庄、西吴家、许家、杨家顶子 居委会（1 个）：胜利
明村镇	村庄（81 个）：辛南、辛中、辛东、辛北、辛后、八王埠、陈家屯、庄子、韩村、前疃、范家集、郭村、前黄埠、大黄埠、路北官庄、景村、孙东、孙西、河套、明东、明西、台南、台中、台西、台前、台东、南埠、新立、东官亭、西官亭、薛家庄子、王家庄子、大岭、小岭、周家、北郭家、东卢家、大小河子、前楼、后楼、尹家楼、于家庄子、张刘、丁家庄子、白里、高家庄、马地、董家小庄、殷家庄子、元家庄子、毛家屋子、韩家屋子、赵家屋子、于家屋子、田粮埠、柳行、巡栈、荒草岭、姜家庄子、马户顶、大郑家、前郑家、佘家屯、宿召、呈家庄、南郭家、白家岭、白家庄、前南营、大南营、前小河子、刘家庄子、范家庄子、王刘、小召、西河、兰科、马台、西狮子口、前官庄、赵家庄子 居委会（1 个）：兴明

续表 1-2

镇（街道）	村庄、居民委员会名称
张舍镇	村庄（60 个）：张舍、东前疃、南尹家、商家、西庄头、岭子、桃园、南坦坡、官庄南、官庄北、中坦坡、北坦坡、南肖家、东南营、东官庄、吴家屯、流丹埠、宫东、宫西、廉家、李家、徐家、匡家、河东郑家、石泉、南下庄、南滚泉、北滚泉、王家营、柘埠、穆家、郝家营、西官庄、窑头孙家、祝家铺、李家铺、东石岭、西石岭、吉戈庄、刘戈庄、刁礼埠、石埠、南苏、坡子、郝家寨、宝落、小田庄、苍村、于埠、任家洼、韩家铺、崖上高家、西白家、北洼子、台子付家、双淄姜家、邓家、新姜家、东白家、盆李家 居委会（1 个）：永昌
田庄镇	村庄（33 个）：田庄、王家庄、东刘家庄、䅟子庄、东李家埠、东潘家埠、西潘家埠、矫戈庄、潘家庄、西南寨、塔尔埠、前柳坡、中柳坡、荷花屯、东坡子、西坡子、卫家庄、韩家屯子、东杨家、披家营、后柳坡、北塘、温家、孟家、利家、平坊、东郭、幸福庄、东南寨、玉石头、西寨、张东、西张 居委会（1 个）：又一村
长乐镇	村庄（46 个）：河崖刘家、河崖王家、胡家庄、前山岭、后沙岭、东升、陈家、徐王、大孙家、东高家、西高家、后高家、任王庄、强家、许家、史卜、大陈家、北坡子、院东、苗家、荆家、石柱子、麻湾、王埠庄东、王埠庄西、西韩家、桑杭、大朱家、钟家、唐家、冯家、沙沟、王家庄、孙家庄、南韩家、前吴家、西辛旺、中辛旺、东辛旺、卢家、崔家疃、棣家疃、刘家疃、陈家庄、季家、祝哥庄 居委会（1 个）：长青路
马戈庄镇	村庄（34 个）：阎村、阎庄南、阎庄东、逄家庄、阎庄北、陶戈庄、大槐树、小官寨、五甲埠、马戈庄、蔡家、刘家堡、坝口、瓦庙口、冢东、冢前、冢西、北张家、吉林、大驾埠、西店子、北官庄、唐戈庄、古庄南、古庄北、小张戈庄、小营、孙家套、杨家圈、付李庄、天辛庄、埠口、前房家、明家店子
门村镇	村庄（60 个）：郭家烟村、赫家烟村、崔家烟村、高家烟村、曲家烟村、赵家烟村、贾家烟村、坦埠、韩家庄、唐田、王家疃、东庄、唐田西庄、窦家疃、段家疃、徐家沟、河南、荆家寨、龙湾庄、龙王许家、沈家埠、新毛庄、河西李庄、顾家庄、西河北、中河北、东河北、新沙岭、夏寨、东石河、西石河、北桑杭、大营、前小营、明家官庄、西杨家庄、后小营、冯家庄、西石家庄、代王庄、张家店前、冯家堰、李家河套、栾家庄、东七沟、西七沟、门村、东南疃、东马家疃、西马家疃、曲家庄、西沙岭、周家庄、温家庄、尚疃、东涌泉、西涌泉、张家疃、赵家疃、王仙庄

续表 1-2

镇（街道）	村庄、居民委员会名称
店子镇	村庄（95 个）：许家、马家、任家疃、大前疃、小前疃、店子、石家疃、侯家、曹西庄、曹东、曹西、陈家疃、宋家庄、于家、苏村、朱流姜、萝卜刘、七丈、旺村、朱流丁、董家庙、崔家、薛家、南盛家、北盛家、老山、棘子嶂、李家寨、杨家、上泗、下泗、塔山陈、黄戈庄、高古庄、小青杨、大青杨、董家庄、东南随、西南随、二甲、盘古庄、北赵、南国、北国、官道姜、官道杜、官道蒋、姜家庄、东羞鱼、西羞鱼、史家、位家、淄阳张家、河东、皂河、昌里、耿家、刘家、东前庄、西前庄、东棉柳、西棉柳、雹泉庙、西崔家、大王家、小王家、辛庄、南崖、北崖、茅草屯、前寨、英里、前王、后王、南岔河、北岔河、西孙家、西陈家、高家寨、果园、芳园、城戈庄、小石桥、沟东、沟西、坡子、艾家屯、巡寨、黄家、姜汉庄、耿家庄、大张家、漫水桥、东曹、西曹 居委会（1 个）：昌盛
灰埠镇	村庄（71 个）：灰埠、小苗家、大官庄、小官庄、三埠、埠后、三埠李家、北肖家、下刘家、下王家、独埠陈家、小灰埠、韩家、岭西王家、陈埠李家、卧龙王家、红庙姜家、红庙赵家、老洼姜家、任家疃、付家、庚家、西王哥庄、东王哥庄、于家屯、岭上袁家、界山贾家、界山潘家、林家、邵家、大庄子、东侯家、洪山四甲、翟哥庄、郑家、辛庄、潘家洼、吕家集、东潘家、焦家庄子、曲家、邹家、西八甲、三堤东、胡家、东宅科、顾家、孙林、城子北、城子西、城子东、城子南、东邵家、前炉、后炉、中炉、三堤西、卢家、前潘家、北城戈庄、郑戈庄、赖家、苇园王家、仲秦、东张家、谭家、蒋家、于家、沙窝刘家、西张家、西马家庄 居委会（1 个）：东兴
新河镇	村庄（32 个）：北镇、南镇、官道、前高家、南张家、新仲家、谷家、北孙家、朱家、孔家、回里、宿家、房家、庄子、沙疃、双兴、郭刘、南崔家、东崔家、院后刘家、郭家埠、新李家埠、庙后、新坡子、龙湾姜家、高辛庄、綦家、闫家、宁家、三苗家、北马家、大苗家
大泽山镇	村庄（34 个）：所里头、东高家、韭园、大疃、北台、秦姑庵、潘家、尹家、谭家夼、山东头、西崖、旋口、团石子、梁家庄、南昌村、北昌村、东岳石、西岳石、岳石庄、丁家、小店、高望山、仉家寨、朝阳庄、北随、北高家、北蒋家、上甲、四甲、八甲、西五甲、东五甲、西崖刘家、东崖刘家
大田镇	村庄（61 个）：北大田、梁家、涧口、南大田、前涧、后涧、彭家、于家、东大田、河东、赵戈庄、林家、邦子、陈家、华山后、口子、张戈庄、河庄口、郝家、南董家、簸箕掌、纸坊、兰河、邓家、龙山前、徐里、大后寨、小后寨、庄头、栾家寨、王福庄、金家沟、巴豆子、青山、沙窝、杏庙、宅科、富涧、胥家、东涧、东葛、西葛、北董家、杨家、满家、夏家庄、无名店、新李、云山洼、三甲、酒馆、欧戈庄、六甲、小马场、大马场、庞戈庄、邢家屯、大战、南战、北战、铁匠庄

续表 1-2

镇（街道）	村庄、居民委员会名称
崔召镇	村庄（55 个）：崔召、后寨、小鱼脊山、凤鸣屯、前赵家庄、河东付家、官家庄、官家疃、大鱼脊山沟东、大鱼脊山沟西、山南头、河东马戈庄、湾头、水石埠、北宋家庄、北杨家庄、东方家岭、西方家岭、朱黄、东杨家庄、五甲、姜家屯、四十里堡、下袁家、汉军寨、沙岭、凤凰山、大宝山、小宝山、二十里堡、小庄、张家埠、炉坊、西丁家、臧家、河洼、西郑家、后韩家、王家、黄山东头、黄山后、路子口、尹家庄、毛家、河西于家、下马、上马、陡沟、古村、卢家、英兰埠、北陶家、西李、东李、小李
旧店镇	村庄（61 个）：许家上庄、东庙东、赤土岘、东七甲、龙家庄、兴旺庄、旧店、方家、郑家、陶家寨、前幸福庄、岙山后、套子、西庞家洼、葛家沙沟、杜家沙沟、张家沙沟、龙泉小庄、河西、大曲家埠、小曲家埠、东司家庄、西司家庄、王家洼、滕家、前潘、后潘、西王埠后、中王埠后、新李家庄、东王埠后、罗头、涧里、斜岭前、田格庄、东石桥、西石桥、水家河、杨家、王汉庄、杨家宅科、北邢家、南营、唐家庄、马疃、曲村、窝洛、东营、西营、东石家庄、李家埠、东庞家洼、九里夼、厂口涧、东上夼、南庙东、北庙东、袁家沟、尚家、西上夼、东刘家庄
云山镇	村庄（74 个）：郭家寨、辛庄、李家场、大金埠、王埠、大王桥、尹府、北王戈庄、部上、撞上、张家庄、泉北、石柱洼、钓鱼台、山旺、西宋、上庄、上马台、公家、官里一、官里二、北温、南温、东程、西程、新官庄、刘河甲、高家寨、黄洼、谢格庄、河岔、曲埠、丈岭、沙窝、宋格庄、北宋、张家湾、八里庄、杨家庄、丁家庄、丰山埠、孔家屯、于家庄、葛家庄、盛家庄、小河子、院西、院后、西柳、东柳、北柳、峙格庄、铁岭庄、赵家庄、后营、前营、柳行、河北大白、河南大白、河东大白、胡家沟、代家庄、马项庄、幸福庄、前卧牛石、后卧牛石、南王、前曲、后曲、太平庄、东金沟子、凤凰岭、杨兰埠、赵庄
祝沟镇	村庄（56 个）：祝前、祝东、祝西、祝后、武家庄、杨家庄、洼子、后寨子、清水、于家屯、田家庄、石楼院、刘家庄、店子、岔道口、大王头、张美夼、山头、小卜子、李家庄、水磨涧、潘家屯、路上、隋家、徐家屯、纸坊、涌泉、苏格庄、铁家庄、南黄同、北黄同、东孟、西孟、沙埠、小沽洄、前河南、后河南、东连、西连、且格庄、展王庄、吕家流河、高家流河、王家流河、赵家流河、崔家流河、石家流河、北大流河、山里石家、前刘、后刘、孙格庄、大洪埠、小洪埠、山里程家、九山后

附：平度村名趣谈

平度是山东省行政区域面积最大的县级市，3176多平方公里的土地上分布着1785个行政村。这些村，由于所处地理环境不同，建村年代各异，在村名的来源和演化方面也五彩缤纷。归类分析，不外以下几种主要情形：

（一）以姓氏得名。在平度所有行政村中，以姓氏得名者最多，约占60%，并且多表现在移民村身上，以别于土著或他族。有的村庄，最初建村的族姓早已绝嗣，但他姓村民并未改村名，一直沿用至今，如马戈庄镇陶戈庄村，初由陶氏立村，今村中并无陶姓，但人们仍以陶戈庄为名。

（二）以地形、地貌、景观和方位得名。古人择地而居，多观察村落所处地形、地貌、景观和方位而命名村庄。如大水泊、九里夼、窝落子、水沟子、洼子、涩埠、沙窝、双柳树、涌泉、滚泉、桃源洞、贾家烟村、云盘顶、三山东头、冢前、十里堡、南斜子、东北街等，即属这种情况。

（三）以自然地理实体而名。这在平度的村名中亦占有较大比例，约占10%。这是因为最初建村者选择居住地，一般多依山傍水，居高地可防水患，近水则有取用之便。所以此类村庄建村时多以所居之地的山名或水名作为村庄的专名，如小鱼脊山、凤凰山、蟠桃山、青山、岔河、北大流河、七里河子等。同时人们也综合考虑了自然地理实体的外形特征、形状、颜色特点，如凤凰山形如一只凤凰，鱼脊山形如鱼脊，簸箕掌形如簸箕，所里头形如一把勺子头等。而流丹埠以村西北埠上有丹色石头，流下的水呈丹色得名。

（四）以道路桥梁而名。自古以来，平度为登莱通衢，各种交通设施很多，故出现了大量与道路交通相关的村名，如官道、吴家口、刘古路、岔道口、院道、漫水桥等。

（五）以古遗址得名。平度历史悠久，名胜古迹众多，有很多村庄以古城、古寺院、古建筑等命名村名。如古岘镇是即墨故城遗址所在地。战国时即墨是胶东半岛上的政治、经济、文化中心，西汉时为胶东国治所、汉景帝之子康王刘寄封地，今古岘境内的康王坟即是刘寄死后的墓葬。古岘镇一些村庄如北城子、南城子、前李道、后李道、杜家集木、刘家集木、蓬莱前、五家寨子等村名的由来均与即墨故城和康王刘寄有关；大朱毛、前朱毛村因战国时朱毛大夫居于即墨城而得名，故即墨城又称朱毛城。灰埠镇的城子、城戈庄村名则与西汉时的卢乡县古城遗址有关。以古建筑物而名村庄者，也随处可见，如西庵、秦姑庵、石庙、双庙、娘娘庙、三教堂、何家楼、钟楼埠等。

（六）以民间传说、神话故事和吉祥嘉言得名。千百年来，平度大地上流传着许多美丽动人的民间故事、神话传说，其中有的曾见诸经传和方志，有的是历代口碑相传，这种历史文化折射在村名上，就产生了一大批以民间传说、神话故事命名的村名。如二贞台源于汉景帝时姑嫂二人来即墨千里寻夫（兄）殉节于此的传说；羞鱼村源于元孝子王黑儿“卧冰求鱼”的故事；大王桥源于唐代程咬金占山为王、杀富济贫的传说等。其他如巧女张、拉塔官庄（今为西官庄）、饮马沟、钓鱼台、尹和庄、八王埠等也都有一段美丽的传说。

除了故事传说，以吉祥嘉言命名的村庄有昌里、宅科、仁兆、库屯、晒金场（今为闸口）；以期望安居乐业、邻里团结命名的村庄有撞上、和平、团结、幸福庄、太平庄、即墨旺；以吉祥之物命名的村庄有凤凰屯、花窝落；向往富裕发达的村名有挂金板、常富庄、兴隆庄等。

（七）与种植业和手工业相关的村名。在种植业中，粮食作物的种植是每一个村庄所共有的，而一些经济作物的种植却是有所不同。平度许多村名就反映了当地在历史上曾拥有或现在仍拥有的种植业，如菜园、韭园、萝卜刘家、巴豆子、穆子庄、桑园等。也有很多村因当地生长某种树种或植物而

来命名村庄，如蓼兰、麻兰、五亩兰、花园、李子园、桃园、梨沟、白果园、苇园、大槐树、柳行头、荷花屯、茅草屯、荒草岭、棘子嶂、琥珀杨家等。

在小农经济的社会里，手工业为广大农村提供了农民所需的生产工具和生活用品，不少手工业作坊由零散住户发展成自然村，其村名便以作坊名或加上手工业主的姓氏而名，如香店、恒顺营、胡铁家、铁匠庄、炉坊、纸坊、油坊、酒馆、兰家窑、打磨王家、盆李家、王木匠庄、粉家庄等。

（八）以人名及村名。一般是以最早建村的长辈或著名人物的姓名来命名。如公沙村源于东汉大儒、辽东属国都尉公沙穆的名字，今平度城北公沙村南山上仍有公沙穆父子之墓。徐福村源于秦始皇时东渡入海求长生不老药的徐福之名，而且经专家论证，历史上的徐福与徐福村也确实存在一定的联系。张美夼是说牧羊人张美至此，因村前有川，村后有山，故村以人名和地理特征命名。

（九）与军事活动有关的村名。如军屯、小战、七丈、披甲营、汉军寨、小官寨、五家寨子等。

（十）丑化村名。如野猪庄、牛栏、打狗庄。后人们因村名不雅，便分别改为了泉北村、牛戈庄和大喜屯。

综观平度村名，由于境内地理环境和方言风俗不同，使得许多村名带有一定的地方特色。村的通名除了“村”“庄”外，还使用了“疃”“屯”“埠”“夼”“泊”“场”“崖”“寨”等字。这些村名，往往与当地的地形地貌或方言有关。

“疃”，《新华字典》和《辞海》均注为：“村庄，常用作地名。”在平度各镇（街道），“疃”字作为村名应用，主要集中在李园、香店、门村、城关、同和、仁兆、张戈庄、蓼兰、长乐等镇（街道），如万家疃、荆家疃、战家疃、姜家疃、马家疃、代王疃、梁而疃、棣家疃等。同时用“疃”字作村名，与胶东方言的发音也有一定的关系，胶东方言读作 te’ r，读着上口，这也是平度较多使用“疃”字的原因之一。

“屯”，以“屯”字作村名者主要与明初移民有关。道光《重修平度州志》记载，清代平度曾收并鳌山卫（属即墨市）29 屯今分为 54 屯，收并大嵩卫（属海阳市）7 屯今分为 11 屯，收并浮山所（属青岛市区）16 屯今分为 22 屯。这样被收并到平度卫所的军户就成了平度常住居民。这些移民定居后，便以军头姓氏命名村庄，如陶家屯、范家屯、陈家屯、寨里屯等，有的直呼为军屯。

“埠”，平度带“埠”字的村名不少。主要分布于西北明村、田庄、张舍、马戈庄、长乐、灰埠、新河等镇以及东北山区的旧店、祝沟、云山等镇，如南埠、大黄埠、田粮埠、灰埠、潘家埠、柘埠、大驾埠、独埠、涩埠、曲家埠、大洪埠、大金埠等。查《现代汉语词典》和《汉语大词典》，“埠”的含义均指码头和商埠，这个含义与平度这些带“埠”村名的含义并不相符。但在平度方言中，一些地势较高的土堆或小丘，人们往往称其为“土埠子”，而且在平度的西北和东北地区，这样的地形确实很多，人们建村时依埠而居可能就是带“埠”村名由来的最合理解释。

“夼”，在字典中多注为“夼（方言），洼地，多用于地名。”平度带“夼”字的村庄多分布在东北山区，如旧店镇的九里夼、东上夼、西上夼，祝沟镇的张美夼。人们把村庄建在地势低洼之地，主要是考虑用水方便。

“泊”，此字属多音字，读“po”字，意为湖泊；读“bo”时，则有停泊的意思。在平度，以“泊”作为村名主要集中在张戈庄镇，如大水泊、刘家水泊、唐家水泊、杜家水泊、宋家水泊、庙后水泊，仁兆镇还有个于家水泊。这些村庄均位于低洼之处，所以“泊”字用在平度村名中，含义是低洼之地。

“集”“店”，以“集”“店”为名反映了集市贸易在经济活动中占有重要地位。平度地名中，较为有名的有崔家集、吕家集、范家集、耿家集、香店、店子、宝店等。崔家集位于平度、高密、昌邑三市交界，土地广阔，交通方便，买卖人较多，市场繁荣，因而村名由来与集市有很大关系。香店之名源于建村人以做神香为业，致使此地香店林立，闻名遐迩。

“甲”，甲是旧时一种户口编制。清代保甲之法，十户为牌，设一牌头；十牌为甲，设一甲头；十甲为保，设一保长。民国时，保甲之编组以户为单位，户设户长；十户为甲，甲设甲长；十甲为保，保设保长。照此推算，清代100户为一甲，民国时10户为一甲。平度带“甲”村庄名称或许与这种户口编制制度有关。如大泽山镇有上甲，店子镇有二甲，白埠镇有三甲，大泽山镇有四甲，崔召镇有五甲，大田镇有六甲，崔家集镇有七甲、八甲，南村镇有九甲。其中不少镇还交叉拥有同一个“甲”名。另外一种解释是：这些村建住时只有二家或九家人，因此村名就叫二家或九家，后人丁兴旺了，“家”由谐音演变为“甲”。

“场”，一般意为场地、场所。以“场”字作为村名，平度较少，仅有云山镇的李家场和蓼兰镇的硝场。平度方言中，有称某个地方为某“场”的习惯，如问“你是哪场人？”即是“你是哪个地方人？”的意思。

此外，平度一些村名还较多的使用了“崖”、“寨”“庵”“头”“里”“丘”“营”“坡”等字，我们可“望文生义”，在此不一一解释。

（作者：陶瑞法）

第二篇 自然环境

平度，春、夏、秋、冬，四季分明。地形大体北高南低，呈伞形向东南、西南、西北倾斜。北部为大泽山山脉，是市内主要河流发源地，中部、东南部、西南部主要是平原，西北部主要是洼地、丘陵区。土壤以褐土、潮土、砂姜黑土、盐土为主。植被多为针叶林、落叶阔叶林、落叶灌木、园林草地、农作物及农田杂草。矿产资源丰富，岩金、石墨、透辉岩、滑石储量全国闻名。

第一章 地质 地貌

第一节 地 质

平度在地质构造上，位于沂沭断裂带东侧，胶北台拱西翼，为一古老基底褶皱地块。有元古代前震旦系与中生界白垩系组成基底的古老变质岩层，广泛出露于北部山地、丘陵。基岩主要为花岗片麻岩、大理岩、碎屑岩等。第四系松散沉积层，则较集中堆积于东南平原和西南洼地，约占全市总面积的60.8%。积物厚度一般在30米左右，北胶莱河下游、新河镇海相沉积达70米以上。全市可分平北台隆、平南凹陷、平西穹折。以崔家集、昌里潜在的沂沭断裂带分支断裂为界，为两种截然不同的地质体。以西为一整套粉子山群明村组岩系，地层以黑云母片岩、二云片岩、变粒岩、角闪岩、石墨片麻岩及各种大理岩组成。以东为巨大的火成岩体。大泽山脉就是由火成岩构成，岩性质地坚硬，色别有白、红等色，主要成份为长石、石英、云母等。在市区东北上庄、罗头断裂带以南，为又一套粉子山群岩系，长约30公里，为前震旦系变质岩层。在古老岩系之上，第四系松散沉积层之下，还发育着良好的白垩系地层。根据胜利油田在兰底钻探资料，厚度达3000余米，但被大面积覆盖，仅在兰底、南村、唐田、昌里、六曲、古岘等地有所出露，岩性以紫红色砂岩为主，局部为砾岩。

第二节 地 貌

全市地形大体北高南低，呈伞形向东南、西南、西北倾斜。北部是大泽山脉，蜿蜒起伏，绵亘数十公里，跨大泽山、店子、城关、大田、崔召、云山、祝沟、旧店等镇（街道），地面高程均在100米以上，是市内主要河流的发源地。主峰北峰顶，海拔736.7米，为全市最高峰。中部、东南部是平原，包括古岘、仁兆、南村、兰底、郭庄、张戈庄、香店、麻兰、同和、李园、蓼兰、城关等镇（街道），地面高程在20米与50米之间，占全市总面积的42.79%。西南部的万家、白埠、崔家集及蓼兰一部分，地面高程多在海拔10米以下。西北部是洼地丘陵区，有新河、灰埠、长乐、店子、明村、张舍、马戈庄及田庄、门村镇的一部分。丘陵区地面高程在海拔50米与150米之间，分布着少量的海拔100米左右的小山头，以三合山为代表。胶莱河沿岸特别是下游地区，地面高程多在海拔10米以下。新河镇大苗家村附近，海拔仅2～3米，为平度市最低处。

旧店冰石涧（2005年摄）

第二章 山脉 河流

第一节 山 脉

市内主要山脉是大泽山山脉，位于市境北部，有大小山头2000余座。其中，较大山峰有30余座，多呈西北东南走向。主要分两支：一支由大泽山西峰向南与西南方向伸展约20公里，600米以上的山峰有大姑顶、磨锥山、葫芦岩、李崮顶、茶山等；另一支由大泽山北峰向东和东南方向延伸约20公里，又称两目山脉，主要山峰有双双山、华山、青山、两目山、云山、红山、崮山、洪山等。大泽山又名九青山，名胜古迹众多，为平度主要旅游景区。山区盛产水果；抗日战争时期为胶东革命根据地之一。

平度市海拔300米以上及较著名山岭一览表

表2-1

标准山头	坐落位置	海拔（米）	备注
双双山	大泽山主峰东南	644	–
大崮顶	大田镇满家村西北	603.3	–
护天峪	大田镇青山村东南	521	山岩突出
东大峪	大田镇涧口村西	493	原名畅口店
北大峪	大田镇涧口村西	493	原名黄土岭
八口坟	大田镇涧口村西	493	山下有八口古坟
笔山	大田镇东大田村东	350	又名笔架山
岐山	大田镇东葛家村北	438.3	–
通通涧	大田镇涧口村南	434.1	山北坡有涧直通山顶
望儿山	大田镇陈家村西北	387	–
对臼顶	大田镇前涧村西北	350.8	山顶有一天然石臼
大崂山	大田镇后涧村南	318	–
歪顶	大田镇富涧村西北	338.1	–
北两目山	旧店镇西北与莱州市交界处	370.6	–
周家大山	旧店镇九里夼村东北	427.8	–
红山	旧店镇滕家村南	487	山上石脉赤色石窝数十处

续表 2-1

标准山头	坐落位置	海拔（米）	备注
小红山	旧店镇方家村西	340	–
鳌莱山	旧店镇郭家沙沟村东南	336.4	有山势险固之称
独埠山	旧店镇东上夼村北	309.5	山势隆起独成一体
青山	李园街道栾家村东	577.4	山上青石嶙峋
南大峪	大田镇口子村西北	450	原名判决店
云山	大田镇云山洼村东	388.6	旧志载：天将雨则云出
茶叶顶	大田镇口子村东	309	–
秋千柱	祝沟镇九山后村西	425	山顶有石柱两根
两目山	祝沟镇九山后村东北	417.4	–
洪山	祝沟镇山里石家村西北	298	山东坡有洪门寺庙
葫芦岩	崔召镇桃花涧村西	654	–
裕风顶	崔召镇上马村西	550.3	原名廓落崮
塔山	崔召镇陡沟村西南	397	形如塔
崮山	崔召镇河洼村南	316	山势险峻顶部平坦
北峰顶	大泽山镇南台村东	736.7	大泽山主峰
大姑顶	大泽山所里头村东南	729.3	山顶有电视转播台
西大峪	大泽山主峰南	550	又名山口里
雀石涧	大泽山主峰南侧	540	山上岩石多系窝状
大刁望	大泽山镇所里头村东北	530	–
立山皮	大泽山主峰南	529	山上石板直立
燕窝	大泽山主峰南侧	520.1	山顶有燕窝巨形石块
小姑顶	大泽山镇所里头村西南	498	–
大顶山	大泽山主峰西北	425	山顶设高程测标
黄土岭	大泽山主峰南	402	山土呈黄色
黄山	大泽山主峰西北	388	又名盘龙山
牛心顶	大泽山镇高家村西南	369	–

续表 2-1

标准山头	坐落位置	海拔（米）	备注
平顶山	大泽山镇高家村西	339	-
高望山	大泽山镇朝阳庄村北	332.3	-
三山顶	大泽山镇三山东头村西	307.4	山上有庙宇
磨锥山	大泽山镇崖刘家村东南	684	山形似立锥
李姑顶	云山镇盛家村东北	596	又名立崮顶
茶山	大泽山镇西崖刘家村东南	560	旧志载：山上多产茶
天柱山	大泽山镇北隋村北	280	山上有北魏摩崖石刻
招风顶	城关街道正涧村东北	513	-
莲花盆山	城关街道李家营村东北	324.9	山顶有莲花盆形巨石
团山顶	城关街道梨沟村东北	321	-
紫荆山	李园街道朝阳庄村北	208.8	-
文王山	李园街道马家店子村东北	99.9	-
武王山	门村镇尚疃村东	97	山上原有武王庙
三合山	明村镇大林家村北	102	胶河战役主战场

第二节 河 流

平度境内的河流，分属胶莱河和大沽河两水系。白沙河及其以西的河流汇入北胶莱河，为胶莱河水系，支流有白沙河、秦皇河、双山河等；白沙河以东的河流汇入大沽河，为大沽河水系，支流有小沽河、祝沟河、黄同河等。胶莱河、大沽河、小沽河为边界河流，泽河为人工开挖河道。

2000 年，市水利水产局对境内的河道进行全面普查，全市共有大小河道 216 条。其中，流域面积 100 平方公里以上的 15 条、60 ~ 100 平方公里的 5 条、30 ~ 60 平方公里的 9 条、10 ~ 30 平方公里的 24 条、0.5 ~ 10 平方公里的 165 条，河道分属北胶莱河水系和大沽河水系。其中大沽河水系有支流 83 条，北胶莱河水系有支流 133 条。

一、北胶莱河

位于平度市与高密、昌邑市的交界处，下游经莱州入海，源于平度市万家镇姚家村东南，受泽河、淄阳河、双山河、龙王河、现河、昌平河、白沙河来水，全长 100 公里，总流域面积 3900 平方公里。其中，平度市境内河长 77 公里，流域面积 1914.06 平方公里。流经平度市的万家、崔家集、明村、马戈庄、张舍、新河 6 个镇，至莱州市境注入莱州湾。干流经过一片低平的冲积平原，多为洼地，比降平缓，上游为 0.13‰，下游为 0.03‰左右。上下游河道比较顺直，中游多弯。

二、南胶莱河

发源于平度市万家镇姚家村，在姚家村东与北胶莱河分水，向东南流经平度、高密、胶州市，属平原河道，全长 30 公里，流域面积 1476 平方公里。其中，该河流经平度有 11.5 公里，流域面积 307.32 平方公里。有清水河、小清河、助水河等河流汇入。该河流向大致西北东南，流经洼地，河道顺直，断面自上而下，由 20 米逐渐增宽至 80 米，呈“凹”型，堤防破坏严重。河道比降 0.27‰。

三、大沽河

发源于招远市栾家河乡阜山西麓，全长 170.6 公里，流域面积 5634.16 平方公里。1983 年水利区划核定：全长 179 公里，流域面积 4938.62 平方公里。全流域西北高东南低，地面倾向与干流垂直，流域的平均比降为 1‰，下游地势洼，比降小。该河水源以降水补给为主，其水文变化特征视降雨性质而定。每当汛期，水量剧增。汛期过后，水量骤减。平度境内的大沽河段属大沽河的中下游，自石家曲堤入境至庄干村西南出境，流经仁兆、南村两镇，长 35.6 公里，流域面积 1259.94 平方公里，受小沽河、城子河、落药河来水之影响，河道比降 0.8‰ ~ 0.13‰，河道宽度 200 ~ 800 米不等，河槽宽浅，沙层较厚，在石家曲堤村东纳入小沽河，河堤宽 300 米，石家曲堤以下河道宽 200 ~ 500 米，堤高 6 米，顶宽 4.5 米，砂堤内外坡比为 1∶2，土堤内外坡比为 1∶1.5。河道弯曲较多，于谢格庄纳入城子河，于五道口纳入落药河。河床摆动较大，险工较多。

大沽河景貌（2005 年摄）

平度市主要河流、支流一览表

表 2-2

河流名称		发源地	流经地	长度（公里）	汇入河流
北胶莱河支流	泽　河	香店曲坊村	香店、同和、李园、门村、张舍、灰埠、新河	61	北胶莱河
	淄阳河	大泽山西麓	大泽山、长乐、店子、灰埠、新河	44	北胶莱河
	白沙河	明堂山、城子山诸山南麓	崔召、麻兰、香店、张戈庄、蓼兰、万家	43	北胶莱河
	昌平河	蓼兰丘西村	蓼兰、崔家集	14.5	北胶莱河
	现　河	裕风顶西麓	城关、香店、同和、蓼兰、崔家集、明村	50	北胶莱河
	龙王河	风山北麓	门村、白埠、田庄、明村	37	北胶莱河
	秦皇河	长岭山南麓	李园、同和、门村、白埠	30	龙王河
	双山河	磨锥山西北麓	店子、张舍、灰埠、新河	38	北胶莱河
南胶莱河支流	小清河	张戈庄张家庄村东北	张戈庄、郭庄、兰底	26	南胶莱河
	清水河	张戈庄杜家村	张戈庄、兰底、万家	23	南胶莱河
	助水河	南村后斜子村东北	南村、兰底	10	南胶莱河
大沽河支流	小沽河	莱州马鞍山	旧店、祝沟、云山、古岘、仁兆	84	大沽河
	祝沟河	冰石涧	旧店、祝沟	10	小沽河
	黄同河	望儿山南麓	大田、旧店	17	小沽河
	猪洞河	大洞岭东麓	大田、云山	37	小沽河
	落药河	小古迹山北麓	云山、麻兰、张戈庄、郭庄、南村、仁兆	35	大沽河
	堤沟河	六曲北山	古岘、麻兰、仁兆、张戈庄、南村	23	落药河
	城子河	云山金沟子村南诸山	古岘、仁兆	21	大沽河

第三章 气候 物候

第一节 气 候

一、气温

1986 ～ 2005 年，境内年平均气温 12.2℃。年极端最高气温 38.7℃，出现在 2005 年 6 月 24 日；极端最低气温 -18.3℃，出现在 2001 年 1 月 14 日。最热月份为 6 ～ 8 月份，气温平均为 30℃以上 ；最冷月份为 1 ～ 3 月份，气温平均为 -5℃以上。

1986 ～ 2005 年平度市（县）月平均气温

表 2-3　　　　单位：℃

年度＼月份	1	2	3	4	5	6	7	8	9	10	11	12	年均值
1986	-3.2	-1.9	5.3	11.7	18.4	22.8	24.2	24.0	20.1	12.4	5.4	0.1	11.6
1987	-2.3	-0.3	3.9	10.4	17.1	21.5	25.5	25.2	20.7	15.5	6.6	-0.2	12.0
1988	-2.1	-1.5	4.0	12.1	17.9	23.5	25.5	24.8	21.2	15.3	6.4	-0.1	12.3
1989	-0.8	0.7	5.5	13.8	18.6	22.0	24.8	24.6	20.7	14.6	5.5	1.0	12.6
1990	-3.2	0.5	6.8	11.3	16.7	22.0	25.9	25.7	21.0	15.0	8.7	-0.1	12.5
1991	-1.6	-0.2	4.0	11.8	10.8	22.7	20.1	25.3	21.2	14.1	6.3	0.5	12.3
1992	-1.7	0.7	5.0	12.9	17.9	21.3	27.1	24.5	20.2	12.6	5.6	1.2	12.3
1993	-2.6	1.0	5.9	11.0	17.7	21.5	23.4	24.0	21.3	13.9	6.8	-0.5	12.0
1994	-1.3	0.4	4.4	14.7	19.0	24.0	27.5	26.5	20.6	14.7	8.8	1.1	13.4
1995	-1.7	0.7	5.8	11.4	17.6	22.2	25.4	25.8	20.0	14.9	6.8	-0.4	12.4
1996	-2.4	-1.0	4.5	10.7	18.4	22.7	24.7	24.9	21.4	14.2	5.3	1.0	12.0
1997	-3.1	0.4	6.9	12.8	18.3	23.9	27.8	26.2	19.7	14.3	7.6	1.0	13.0
1998	-2.2	2.1	6.7	13.3	17.9	21.5	26.7	25.2	23.1	17.1	8.6	1.4	13.5
1999	-0.4	2.0	6.2	13.2	18.6	22.8	25.9	25.4	22.4	14.5	7.3	0.8	13.2
2000	-2.7	-1.3	7.2	13.2	18.1	23.9	26.8	26.2	22.2	14.6	6.0	1.7	13.0
2001	-2.4	0.8	5.8	12.3	20.4	23.7	25.8	24.9	21.2	15.8	6.5	-0.8	12.8
2002	0.7	3.7	8.2	13.2	18.4	22.1	25.9	25.2	21.7	13.3	5.1	-0.1	13.1

续表 2-3

月份 年度	1	2	3	4	5	6	7	8	9	10	11	12	年均值
2003	−2.8	1.2	5.9	13.3	18.2	22.5	23.8	24.8	21.1	14.1	7.1	0.5	12.5
2004	−1.8	2.6	7.1	13.5	18.3	23.4	25.7	24.7	21.7	14.9	7.9	1.9	13.3
2005	−3.0	−2.3	4.4	13.7	17.7	24.4	26.4	24.8	20.9	14.5	8.6	−2.0	12.3
最高气温	15.2	22.0	26.1	32.9	35.1	38.7	37.1	35.0	37.8	32.1	25.7	17.5	29.6
最低气温	−18.3	−13.4	−10.0	−4.2	2.7	8.4	14.2	12.7	6.4	−3.8	−8.9	−14.7	−2.4

1986 ~ 2005 年平度市（县）月极端最高气温

表 2-4　　单位：℃

月份 年度	1	2	3	4	5	6	7	8	9	10	11	12	年极值
1986	10.2	10.1	18.5	24.8	34.7	36.4	34.6	33.2	31.3	27.9	19.5	12.4	36.4
1987	10.7	17.0	18.1	24..4	30.1	33.9	35.5	33.9	35.1	31.6	22.6	17.4	35.5
1988	9.3	10.7	18.5	30.6	32.8	38.0	37.1	34.1	30.6	28.0	22.8	13.5	38.0
1989	8.4	13.7	24.1	26.2	32.5	34.4	34.6	34.0	31.5	26.5	18.5	17.5	34.6
1990	5.9	10.2	20.1	23.7	29.8	33.4	36.1	32.6	29.4	28.2	20.9	15.4	36.1
1991	10.1	10.3	21.2	23.2	30.4	34.2	35.4	34.2	31.8	26.1	21.8	16.6	35.4
1992	7.9	21.5	21.7	27.6	33.5	33.0	36.7	32.0	31.0	25.6	19.6	9.6	36.7
1993	10.7	19.1	19.1	28.6	31.1	32.8	32.5	31.4	31.2	28.2	22.5	11.6	32.8
1994	12.5	12.9	22.0	31.8	34.7	35.3	35.8	34.8	31.7	26.6	20.1	13.9	35.8
1995	10.6	13.5	22.6	26.8	30.9	34.0	34.9	33.6	30.6	26.9	23.1	9.8	34.9
1996	9.0	22.0	19.0	25.3	31.7	34.2	34.3	31.9	30.4	25.5	18.7	12.0	34.3
1997	8.4	12.7	20.1	29.8	32.4	38.4	37.0	33.4	32.0	28.8	19.8	10.3	38.4
1998	8.8	12.5	25.2	28.5	30.5	33.8	35.2	32.8	34.0	32.1	24.6	16.0	35.2
1999	12.6	14.0	20.5	25.5	30.3	33.8	36.0	33.3	32.6	25.9	18.9	12.3	36.0
2000	6.9	11.2	22.2	27.1	34.6	36.8	35.4	34.1	32.0	26.6	19.8	12.8	36.8
2001	5.3	15.0	24.8	27.7	33.8	35.7	36.8	34.1	30.0	25.9	17.7	9.3	36.8

续表 2-4

月份 年度	1	2	3	4	5	6	7	8	9	10	11	12	年极值
2002	15.2	15.7	26.1	29.3	35.1	33.0	37.1	34.1	37.8	27.5	21.4	12.5	37.8
2003	11.9	12.4	23.9	28.4	30.4	32.4	33.7	32.8	30.1	25.3	25.7	10.5	33.7
2004	10.0	16.5	22.0	32.9	30.5	36.0	35.0	34.3	31.0	26.5	21.2	14.4	36.0
2005	8.9	7.7	21.3	30.8	29.9	38.7	34.3	35.0	31.1	24.0	20.9	10.6	38.7

1986 ~ 2005 年平度市（县）月极端最低气温

表 2-5　　单位：℃

月份 年度	1	2	3	4	5	6	7	8	9	10	11	12	年极值
1986	−14.2	−13.4	−9.4	−0.9	6.1	12.9	16.9	15.1	6.4	−3.8	−8.9	−11.7	−14.2
1987	−12.5	−11.6	−6.5	−2.1	2.7	9.7	18.3	17.8	7.4	1.9	−8.5	−10.5	−12.5
1988	−13.0	−13.4	−10.0	−4.0	6.0	12.3	16.6	14.3	7.5	0.2	−5.4	−12.2	−13.4
1989	−10.0	−9.3	−6.7	0.9	7.0	13.0	14.2	12.7	9.0	3.4	−7.0	−9.5	−10.0
1990	−14.4	−12.8	−5.2	−1.6	7.0	12.4	18.2	16.5	9.1	4.6	−5.6	−10.2	−14.4
1991	−11.0	−12.9	−7.0	−4.2	3.7	13.0	16.1	17.8	9.9	−1.5	−5.5	−10.5	−12.9
1992	−8.6	−9.2	−4.8	0.4	6.5	8.4	16.3	16.1	8.3	0.0	−6.3	−7.8	−9.2
1993	−15.3	−7.3	−7.2	−3.5	7.3	12.2	17.4	15.2	8.3	−1.6	−9.8	−11.3	−15.3
1994	−12.9	−8.8	−7.3	0.6	6.0	15.1	21.7	20.1	9.7	3.3	−2.0	−8.4	−12.9
1995	−10.1	−12.4	−6.1	−0.6	6.3	14.3	16.3	18.3	7.5	2.5	−4.8	−9.8	−12.4
1996	−12.1	−11.1	−6.6	−1.2	7.8	12.8	17.4	15.8	9.5	2.4	−6.5	−8.4	−12.1
1997	−12.7	−10.4	−3.2	1.2	7.5	12.5	19.7	18.7	6.4	−2.0	−5.0	−7.7	−12.7
1998	−14.9	−8.8	−4.0	−0.2	9.1	13.4	20.9	16.0	12.5	5.5	−4.5	−7.0	−14.9
1999	−11.3	−9.5	−6.8	0.5	7.7	14.5	17.9	16.7	10.7	1.2	−4.7	−14.7	−14.7
2000	−11.3	−11.5	−5.9	−0.5	5.6	12.5	19.3	18.1	10.7	1.4	−2.8	−6.7	−11.5
2001	−18.3	−9.6	−6.6	1.5	10.3	15.4	19.7	14.2	10.0	4.5	−5.6	−10.4	−18.3
2002	−7.9	−9.0	−3.6	2.4	7.1	13.0	19.5	17.1	10.5	−1.1	−5.1	−13.5	−13.5
2003	−12.2	−10.1	−5.4	−0.3	4.6	13.7	16.5	15.1	12.8	4.0	−5.1	−7.4	−12.2

续表 2-5

年度＼月份	1	2	3	4	5	6	7	8	9	10	11	12	年极值
2004	-12.6	-9.6	-6.9	1.2	6.5	13.8	19.2	16.1	10.7	1.9	-3.9	-11.2	-12.6
2005	-12.1	-11.4	-7.6	0.2	6.6	14.2	19.3	15.9	10.4	3.4	-1.4	-11.3	-12.1

二、气压

1986～2005年，年平均气压最高在1986年、1987年、1988年，为1012.2百帕。

三、风

1986～2005年，年平均风速3.3米/秒。年内主导风向：冬季为西北风，夏季为东南风；30年一遇的最大风速25.3米/秒，出现在1983年4月26日。

1986～2005年平度市（县）月平均风速

表 2-6　　单位：米/秒

月份	1	2	3	4	5	6	7	8	9	10	11	12
风速	3.5	3.7	4.0	4.4	3.8	3.7	3.2	2.7	2.6	2.9	3.3	3.3

四、雾

平度市位于半岛内陆地区，出现辐射雾和平流雾机会较多，1986～2005年平均大雾日数30天，其中以冬半年出现大雾机率为多。

五、雷暴

1986～2005年，平度年平均雷暴日数27天，最早出现在2月，结束于8月；最晚出现在5月，结束于11月；初终间日数166天，以7、8月份最为频繁。

六、降雪

1986～2005年，平度冬季降雪平均日数为11天。由于全球变暖影响，降雪日数逐年减少，最少年份为1天。

七、冻土

1986～2005年，年平均冻土持续时间为70天。多年最大冻土深度为44厘米，发生在1984年2月3日。

八、云量

1986～2005年，年平均总云量最多年度在2003年，为6.1成；平均最少云量在1997年，为4.3成。

1986～2005年平度市（县）月平均云量

表 2-7　　单位：成

年度＼月份	1	2	3	4	5	6	7	8	9	10	11	12	年均值
1986	2.9	3.4	4.8	5.2	5.0	6.0	7.2	5.6	4.1	4.4	4.1	5.7	4.9

续表 2-7

年度 \ 月份	1	2	3	4	5	6	7	8	9	10	11	12	年均值
1987	4.3	4.1	5.1	5.0	6.8	6.4	7.4	6.2	3.7	4.8	4.3	2.1	5.0
1988	4.7	4.9	5.9	5.0	6.4	6.4	8.0	4.7	5.2	4.9	1.7	2.9	5.1
1989	5.0	5.2	4.6	6.2	5.5	6.5	8.6	5.9	4.9	3.5	4.5	4.1	5.4
1990	4.9	6.1	4.4	5.3	6.2	7.1	7.1	6.7	5.6	2.7	4.5	3.0	5.3
1991	4.4	4.6	6.1	5.1	6.3	7.6	7.7	5.7	4.8	3.1	2.7	5.4	5.3
1992	3.9	2.4	5.7	3.6	5.3	6.6	5.7	6.0	5.8	4.0	2.9	4.1	4.7
1993	3.2	3.4	3.6	5.2	6.4	7.5	7.5	6.4	4.3	3.7	6.0	2.9	5.0
1994	3.5	5.1	5.0	6.3	4.8	6.6	6.9	6.1	4.3	4.0	5.7	4.9	5.3
1995	2.1	3.8	3.9	5.8	4.7	6.6	7.4	7.3	5.6	4.9	1.5	3.1	4.7
1996	4.6	3.1	5.8	5.3	4.2	7.4	8.5	5.8	5.7	5.5	4.9	2.8	5.3
1997	3.5	4.2	4.4	4.1	5.0	5.5	5.1	4.9	4.6	1.8	4.8	4.0	4.3
1998	3.5	4.5	6.3	5.7	6.1	6.5	7.4	6.7	3.0	4.6	2.7	2.5	5.0
1999	3.4	3.6	6.9	5.5	4.7	6.7	6.8	5.9	6.0	5.1	4.2	2.6	5.1
2000	5.6	3.4	4.2	5.3	5.5	6.6	6.8	7.5	5.6	6.6	5.4	3.9	5.5
2001	5.4	5.3	4.3	5.9	5.8	7.7	7.1	7.0	5.6	5.5	3.5	5.0	5.7
2002	3.3	4.1	5.4	5.7	5.8	6.9	6.3	6.2	4.6	4.8	3.6	5.7	5.2
2003	3.2	5.3	6.5	7.0	6.5	7.0	8.3	8.3	6.3	4.6	5.9	4.1	6.1
2004	4.4	3.4	5.4	4.3	5.9	7.0	8.0	7.6	4.9	3.8	4.1	6.3	5.4
2005	2.9	6.5	4.4	4.9	5.5	6.6	8.2	7.4	6.7	4.3	4.6	3.4	5.5

九、日照

1986 ~ 2005 年，境内最少日照时数在 1990 年，为 2260.6 小时；最多日照时数在 1997 年，为 2957.9 小时。

1986 ~ 2005 年平度市（县）月平均日照时数

表 2-8　　　　单位：小时

年度＼月份	1	2	3	4	5	6	7	8	9	10	11	12	年合计
1986	223.1	220.4	228.2	264.6	303.1	251.0	215.2	236.5	260.1	237.6	185.3	154.1	2779.2
1987	190.3	188.6	234.9	274.5	270.2	262.3	221.4	267.4	272.5	192.8	191.4	216.5	2782.8
1988	181.6	183.9	179.8	242.0	266.5	243.6	148.9	265.0	233.7	223.4	238.8	191.1	2598.3
1989	129.3	153.6	213.0	269.7	263.9	224.9	161.4	227.4	218.3	227.1	160.6	178.9	2428.1
1990	134.4	130.3	183.9	244.7	228.0	180.1	163.6	203.0	223.1	261.0	141.2	167.3	2260.6
1991	163.0	150.4	167.3	247.6	238.5	196.9	191.8	219.4	235.7	255.3	227.8	134.2	2427.9
1992	172.8	220.4	182.8	275.3	289.0	240.9	252.3	224.9	195.9	221.3	196.0	154.5	2626.1
1993	197.1	192.4	249.4	232.3	262.6	197.6	182.4	228.4	250.0	239.9	130.3	210.4	2572.8
1994	204.8	197.3	244.8	233.1	284.8	256.2	211.4	231.7	266.3	248.0	135.8	176.1	2690.3
1995	244.3	212.8	251.5	265.8	285.4	241.7	194.8	160.1	214.9	234.8	255.1	219.7	2780.9
1996	197.7	248.6	219.5	243.5	308.6	199.0	137.4	237.9	227.3	210.4	182.1	204.5	2616.5
1997	205.3	222.3	269.1	276.7	259.0	314.2	274.0	256.3	256.5	280.6	145.6	198.3	2957.9
1998	191.4	169.8	192.9	193.5	232.1	209.9	185.0	206.7	270.4	227.5	2015.0	207.5	2501.7
1999	219.6	196.7	200.0	235.4	286.6	272.4	214.0	238.3	201.1	196.1	181.8	232.2	2674.2
2000	157.5	219.3	264.1	268.7	263.5	268.5	262.2	227.5	267.8	168.3	175.2	196.2	2738.8
2001	171.2	166.6	278.5	251.0	315.5	225.7	200.1	233.6	238.7	220.3	214.2	182.8	2698.2
2002	225.4	230.4	247.2	244.9	255.1	223.4	235.7	263.4	259.6	232.2	213.1	141.9	2772.3
2003	215.8	188.3	202.1	228.0	259.4	232.8	160.6	161.6	170.5	201.2	157.1	179.4	2356.8
2004	193.4	217.4	229.9	251.4	219.5	213.8	154.9	181.8	237.0	228.4	184.9	150.0	2462.6
2005	229.7	175.6	247.7	252.7	290.7	244.0	182.3	221.2	175.9	237.6	182.6	195.9	2635.9

十、地温

1986 ~ 2005 年，境内地面温度最高年度在 2002 年，为 15.6℃；平均最低温度在 2003 年，为 13.7℃。

1986 ~ 2005 年平度市（县）月平均地面温度

表 2–9　　　　单位：℃

年度 \ 月份	1	2	3	4	5	6	7	8	9	10	11	12	年均值
1986	–3.4	–1.0	7.5	15.7	24.9	27.9	27.8	27.4	24.0	14.3	5.6	–0.3	14.2
1987	–2.0	0.5	6.3	14.6	22.4	26.0	29.7	29.0	24.3	17.5	7.0	–0.7	14.6
1988	–2.2	–0.2	6.8	16.8	24.3	31.0	28.3	29.4	25.4	17.7	6.3	–0.8	15.2
1989	–0.4	–2.0	6.9	18.1	23.9	27.4	29.0	28.8	25.1	17.1	6.3	1.3	15.5
1990	–2.3	1.7	9.1	15.2	20.3	25.2	28.5	29.8	24.0	17.2	8.9	–0.3	14.8
1991	–1.0	1.2	6.2	15.1	21.5	26.9	30.1	30.1	24.9	15.8	6.4	0.3	14.8
1992	–1.8	0.8	7.1	16.8	22.8	26.3	31.6	27.2	22.4	13.5	5.6	1.0	14.4
1993	–2.2	1.8	8.4	14.5	22.1	24.5	25.9	27.6	23.6	15.0	6.8	–1.4	13.9
1994	–1.3	1.6	7.0	18.4	22.9	28.7	30.4	29.2	23.5	15.6	8.7	0.7	15.5
1995	–2.2	1.3	7.5	15.3	22.2	26.7	28.1	28.4	22.7	16.0	6.4	–0.6	14.3
1996	–3.1	0.2	7.0	14.1	23.3	26.2	26.4	29.0	24.5	15.2	5.5	0.1	14.0
1997	–3.1	1.3	9.2	16.7	21.6	29.9	32.5	29.9	23.3	16.1	7.8	0.6	15.5
1998	–2.4	2.4	7.5	15.6	21.0	25.6	30.9	27.9	27.0	18.8	8.8	0.6	15.3
1999	–0.6	2.9	9.4	17.8	23.1	26.1	29.5	28.7	23.3	15.4	7.1	0.0	15.2
2000	–2.3	–0.3	8.8	16.9	22.2	29.3	32.1	29.8	25.2	15.1	6.1	1.6	15.4
2001	–2.0	2.1	8.8	16.8	26.7	28.5	28.6	28.0	24.4	18.2	6.5	–0.9	15.5
2002	0.8	5.5	11.2	17.4	21.7	26.4	29.5	29.0	26.0	15.0	5.3	–0.4	15.6
2003	–2.0	2.5	7.6	15.4	20.2	24.7	26.0	26.3	21.8	14.2	7.3	0.5	13.7
2004	–1.7	3.3	9.2	16.8	21.2	27.5	27.9	26.8	23.6	16.8	8.6	1.6	15.1
2005	–2.2	–0.5	7.2	16.6	22.4	28.7	29.2	26.2	21.8	15.2	8.6	–1.8	14.3

十一、湿度

1986 ~ 2005 年，平均相对湿度，最高年度在 1990 年，为 74%；最低在 1988 年，为 62%。

1986 ~ 2005 年平度市（县）月平均湿度

表 2-10 单位：%

年度 \ 月份	1	2	3	4	5	6	7	8	9	10	11	12	年平均
1986	63	59	63	59	62	70	81	80	71	68	63	72	68
1987	72	61	53	68	70	70	79	84	72	74	71	67	70
1988	58	49	48	50	63	65	84	79	71	63	54	58	62
1989	71	60	58	52	65	69	79	77	69	63	72	68	67
1990	70	74	66	62	77	80	86	86	76	66	74	68	74
1991	65	68	70	67	72	73	80	80	74	60	64	71	70
1992	75	57	58	52	60	66	69	82	74	70	70	78	68
1993	66	67	55	60	69	80	85	80	74	67	77	63	70
1994	64	62	61	65	59	66	83	83	68	65	76	71	69
1995	62	62	59	63	59	73	81	86	71	72	61	64	68
1996	67	50	53	58	57	75	87	81	75	70	67	64	67
1997	65	60	60	56	67	61	73	80	66	82	73	71	66
1998	64	65	57	77	71	78	82	83	73	66	67	70	71
1999	61	57	62	68	66	70	78	81	73	72	72	67	69
2000	72	63	57	52	69	67	78	80	69	74	72	74	69
2001	74	75	55	55	62	71	84	80	70	72	70	64	69
2002	65	58	61	60	68	73	78	79	69	70	67	73	68
2003	66	67	63	61	66	66	80	77	73	65	68	64	68
2004	59	51	55	60	66	68	84	82	74	65	73	72	67
2005	68	66	58	57	63	68	80	82	74	67	66	59	67

十二、降水

平度境内降水分布不均，时间上多集中在6 ~ 9月份，地域上山区大于平原，由东北部山区向西南、西北胶莱河谷递减。1986 ~ 2005 年，境内年平均降水量为 614.6 毫米。年最大降水量 964 毫米，出现在 2003 年；年最小降水量 388 毫米，出现在 1988 年；一次性最大降水量 245.6 毫米，出现在 1997 年 8 月 19 日至 20 日；一日最大降水量 185.2 毫米，出现在 1999 年 8 月 11 日；1 ~ 3 日最大降水量 245.6 毫米，出现在 1997 年 8 月；1 ~ 5 日最

大降水量 245.6 毫米，出现在 1997 年 8 月；1 ~ 7 日最大降水量 245.6 毫米，出现在 1997 年 8 月。

1986 ~ 2005 年平度市（县）月平均降水量

表 2-11　　　　单位：毫米

年度＼月份	1	2	3	4	5	6	7	8	9	10	11	12	年合计
1986	1.3	6.1	8.9	1.6	5.9	106.2	225.2	45.4	24.7	21.4	0	26.3	472.7
1987	8.8	8.5	17.9	32.3	64.3	76.7	59.2	130.1	63.4	34.6	11.7	0.0	507.1
1988	3.5	0.0	0.4	2.1	23.0	4.3	241.4	96.2	7.4	2.5	0.0	7.7	388.5
1989	35.8	0.2	53.6	1.6	25.5	22.7	136.5	165.2	15.3	6.4	17.9	0.9	481.6
1990	19.0	24.0	13.0	12.6	122.7	111.4	340.5	121.1	62.3	6.2	4.2	10.6	847.6
1991	0.4	12.4	29.5	32.0	46.1	69.4	150.3	56.3	21.4	14.1	6.6	19.0	456.5
1992	11.8	25.5	2.0	4.5	54.5	27.1	141.2	130.4	137.6	56.4	10.1	23.9	624.8
1993	6.7	14.6	3.6	43.8	28.2	160.0	249.2	31.0	93.8	19.7	73.1	1.0	724.7
1994	0.2	6.0	22.4	25.7	15.3	110.0	78.1	320.4	15.6	89.4	38.8	15.0	736.9
1995	0.0	0.8	26.8	7.5	33.8	16.8	126.3	293.9	41.8	32.6	8.9	1.5	650.7
1996	9.1	—	19.2	47.1	17.5	139.9	176.2	47.6	7.7	44.8	14.8	14.2	538.1
1997	6.7	25.7	15.7	24.4	54.0	15.3	63.6	287.7	11.6	0.8	39.4	13.6	558.5
1998	1.1	24.2	28.0	50.0	95.0	38.0	132.1	187.7	33.2	10.7	0.2	0.2	600.4
1999	0.3	0.1	1.8	12.6	55.9	161.8	49.5	255.8	123.2	56.6	10.5	1.8	729.9
2000	25.9	5.8	0.2	7.4	48.1	33.0	34.8	81.7	70.9	67.2	24.8	0.5	400.3
2001	36.7	12.1	7.1	20.0	4.6	100.2	226.3	251.1	31.1	4.6	24.5	8.3	726.6
2002	9.9	2.0	12.4	53.6	68.0	49.4	220.1	43.8	16.0	31.1	2.1	6.1	514.5
2003	8.0	18.6	15.8	46.8	74.1	131.5	90.4	311.9	171.2	31.7	48.6	15.5	964.1
2004	1.6	7.8	10.5	19.3	73.2	76.3	175.4	185.5	43.3	5.8	26.6	11.4	636.7
2005	0.0	19.3	0.2	41.5	50.2	83.2	193.5	125.1	193.9	17.3	4.0	5.5	733.7

十三、蒸发

1986 ~ 2005 年，年蒸发平均为 1605.2 毫米。全年以 5 ~ 6 月蒸发量最大，最多达 301.6 毫米；1 月和 12 月蒸发量最少，仅为 26.6 毫米。

第二节 物 候

一、动物候

大雁深秋自北南飞，次年仲春由南北返；燕子清明前后始见，冬前飞回南方。有“小燕不过三月三（农历），大雁不过九月九（农历）”之农谚；立夏到，布谷（鸟）叫。蝉于夏至始鸣，有“夏至到，蝉始叫”“蟋蟀叫，秋天到”之谚；蚂蚁深秋冬眠，谷雨出洞，夏天有“蚂蚁倾巢出，准备下大雨”之谚；蛇立冬蛰眠，清明前后出洞；蛙立冬入河，清明前后出河。

二、植物候

小麦，秋分前后播种，立冬分蘖，立夏前后开花。有“麦熟一晌，龙口夺粮”（指收获），“白露早，寒露迟，秋分前后正适宜”（指下种）之谚。棉花，谷雨前后播种，有“枣芽发，种棉花”之谚，夏至前后开花，霜降前后收获。梧桐树，谷雨前后发芽开花，冬前落叶。中伏种萝卜，立秋前后种白菜，有“中伏萝卜末伏菜”（下种）、“立冬萝卜小雪菜”（收获）之谚。

三、气象候

“小雪前后开始结冰”，“大雪前后河面结冰”。“冷在三九，热在中伏”。“‘大雪’不封地，不过三二日”。“三九、四九冰上走”，“三九、四九冻破碓臼”。“五九、六九，沿河看柳”。“七九河冰开，八九燕子来”。“九九八十一，家里送饭外头吃”（农民开始干活）。“九九加一九，耕牛遍地走”（春耕开始）。

第四章 土壤 植被

第一节 土 壤

一、种类

全市土壤共划分为5个土类，11个亚类，14个土属，49个土种。

二、棕壤土类

主要分布在市区北部、东北部山地丘陵区（俗称黄土），面积8.6万公顷，PH值一般为5.5～6.5，适合种植林果、小麦、玉米、花生。

褐土土类 主要分布在市域西部石灰岩丘陵区（马戈庄、明村、长乐镇）（俗称黄砂土），面积6930公顷，土壤PH值一般为6.5～7.3，主要种植小麦、玉米、花生、果树。

潮土 主要分布在各大河流沿岸、河滩高地和古河道上（祝沟、云山、古岘、仁兆、蓼兰、灰埠、长乐等镇），群众称河於土，面积6.33万公顷，土壤PH值一般为6.5～7.0，主要种植小麦、玉米、蔬菜、花生。

砂姜黑土 主要分布在市区青岛路以南和青沙路以西的浅平洼地上（同和、蓼兰、张戈庄、郭庄、兰底、万家、白埠、崔家集、明村、田庄、马戈庄等镇、街道），群众称干狗石黑土，面积8.91万公顷，PH值一般为7.0～7.5，呈中性至微碱性，质地偏黏，养分含量较高，主要种植小麦、玉米、棉花、大豆等作物。

盐土 主要分布在境内西北部新河镇以北高辛庄和三苗村、大苗村、胶莱河与泽河汇流处，因受海水侵袭，土壤含盐量大，群众称盐荒地，面积700公顷，PH值一般为7.5～8.0，仅生长皇席菜、碱蓬等盐生植物。

三、土壤肥力

1981年，第二次土壤普查时，全市耕层土壤有机质平均含量0.94%，全氮0.06%、全磷

0.06%、碱解氮 65.2mg/kg、速效磷 4.1mg/kg、速效钾 88.6mg/kg，属于养分缺乏范围（碱解氮、速效钾属中等偏下水平）。耕层土壤大部分缺锌，普遍缺硼，部分缺锰。2004 年土壤肥力监测结果表明：全市粮田耕层土壤有机质平均含量 1.06%，碱解氮 72.5mg/kg，速效磷 30.9mg/kg，速效钾 88.0mg/kg。与第二次土壤普查结果相比，除土壤速效钾有所下降、土壤微量元素变化不大外，土壤有机质及氮、磷的含量均呈上升趋势，特别是土壤磷素的含量增加比较明显，土壤综合生产能力明显提高。

第二节 植 被

一、针叶林植被

主要分布在大泽山区及部分丘陵中上部。常绿针叶林为赤松天然次生林、黑松人工林和少量油松林，落叶针叶林为少量落叶松人工林；园林景观绿化主要有雪松、侧柏、龙柏、桧柏、水杉等。

植被良好的大泽山林场（2005 年摄）

二、落叶阔叶林植被

主要为人工林和萌蘖林，代表树种有刺槐、麻栗、毛白杨、榆树、白蜡、柳、国槐、欧美杨、三倍体毛白杨、84K 杨、泡桐、法桐、合欢、樱花等乔木林；天然落叶阔叶林发育极差，只有少量的鹅耳枥、水榆花楸、花楸天然次生林；人工栽培有苹果、桃、杏、李、山楂、核桃、板栗、枣、柿、石榴、樱桃、梨、银杏、杜仲、香椿、茶等经济林。

泽河同和街道段岸边植被（2005 年摄）

三、落叶阔叶灌木植被

天然分布的代表植物有黄荆、连翘、胡枝子、吉氏木蓝、尖叶杜鹃、盐 槐、扶芳藤、卫矛、白杜、悬钩子、赤李、郁李等；盐碱地带有柽柳等；人工栽培有葡萄、桑、紫穗槐、杞柳、蜡条等经济林和红叶小檗、月季、金叶女贞、黄杨等景观植被。

四、园林草地植被

主要有结缕草、三叶草、高羊毛、麦冬、马尼拉、早熟禾、玉簪、紫叶酢酱草等。

五、农业植被

主要有人工栽培农作物和农田杂草两大类。农作物主要有小麦、玉米、棉花、花生、大豆、高粱、谷子、黍、稻、地瓜、绿豆、芝麻、红麻、向日葵、土豆、大蒜、葱、苜蓿、姜、牛蒡、山药、西瓜及其它多种瓜果蔬菜。农田杂草主要有马齿苋、播娘蒿、葶苈、荠、小花糖芥、黎蒺藜、碱蓬绿苋、蚤缀、白茅、狗尾草、小蓟、苍耳等。

第五章 自然资源

第一节 土地资源

根据2005年土地利用现状更新调查统计，全市总面积为31.76万公顷，合3176平方公里，比1990年土地利用现状初始调查时减少49.81公顷。

一、农用地

1990年，全市农用地面积27.1万公顷，占土地总面积的85.3%。至1996年，农用地为26.84万公顷，比1990年净减少2629.53公顷。2005年，全市农用地面积25.84万公顷，比1996年减少9943.02公顷，比1990年净减少1.26万公顷，15年间平均每年减少838.17公顷。

二、耕地

1990年，全市耕地总面积17.21万公顷，占土地总面积的59.9%。至1996年，耕地面积减至18.39万公顷，比1990年减少417公顷。至2005年底，全市耕地面积12.81万公顷，占土地总面积的55.6%，比1990年减少1.34万公顷，15年间平均每年减少896.37公顷，其中水浇地12.4万公顷、旱地4.86万公顷、菜地4101.86公顷。

三、园地

1990年，全市园地总面积1.98万公顷，占土地总面积的6.2%。至1996年，园地面积为2.32万公顷，比1990年增加3415.41公顷。2005年，全市园地面积2.39万公顷，占全市总面积7.5%，比1990年增加4130.19公顷，15年间平均每年增加275.35公顷。其中，果园2.2万公顷、桑园1875.45公顷、茶园14.39公顷、其他园地3.13公顷。

四、林地

1990年，全市林地总面积2.61万公顷，占土地总面积8.2%。至1996年，林地面积为2.62万公顷，比1990年增加1.61公顷。2005年年底，全市林地面积2.04万公顷，占土地总面积7.54%，比1990年减少2154.26公顷，15年间平均每年减少143.62公顷，其中有林地1.87万公顷、灌木林地117.32公顷、未成林造林地516.74公顷、迹地59.61公顷、苗圃1041.17公顷。

麻兰镇公路林网（2005年摄）

五、其他农用地

1990年，全市其他农用地面积3.5万公顷，占土地总面积11%。至2005年底，其他农用地面积3.39万公顷，比1990年减少1102.87公顷，15年间平均每年减少73.53公顷。其中，畜禽饲养地929.09公顷、设施农业用地4.03公顷、农村道路用地1.06万公顷、坑塘水面用地4222.73公顷、养殖水面用地497.54公顷、农田水利用地1.11万公顷、田坎用地3802.06公顷、晒谷场等用地2775.77公顷。

六、建设用地

1990年，土地利用现状初始调查时，建设用地总面积3.03万公顷，占全市总面积的9.6%。1996年，建设用地面积增加到3.31万公顷。2005年，全市建设用地面积4.06万公顷。比1990年增加1.03

万公顷，15 年间平均每年增加 685.74 公顷。

七、居民及工矿用地

1990 年，全市居民点及独立工矿用地面积 2.33 万公顷，占全市土地总面积的 7.3%。1996 年，居民点及独立工矿用地面积增加到 2.5 万公顷，比 1990 年增加 1672.21 公顷。至 2005 年底，居民点及独立工矿用地面积 3.16 万公顷，比 1990 年增加 8344.13 公顷，15 年间平均每年增加 556.28 公顷。其中，城市用地 2278.25 公顷、建制镇用地 3809.46 公顷、农村居民点用地 1.98 万公顷、独立工矿用地 4856.55 公顷、盐田用地 56.65 公顷、特殊用地 857.52 公顷。

八、交通运输用地

1990 年，全市交通运输用地面积 1357.49 公顷，占全市土地总面积 0.4%。1996 年，交通运输用地面积增至 2475.37 公顷，2005 年，交通运输用地面积为 3143.2 公顷，比 1990 年增加 1785.67 公顷，15 年间平均每年增加 119.04 公顷，其中铁路用地 25.5 公顷、公路用地 3117.7 公顷。

九、水利设施用地

1990 年，全市水利设施用地面积 5676.03 公顷，占全市土地总面积 1.79%。1996 年，水利设施用地面积基本保持不变，为 5625.2 公顷。2005 年底，全市水利设施用地面积 5832.28 公顷，比 1990 年增加 156.25 公顷，15 年间平均每年增加 10.42 公顷，其中水库水面 2536.43 公顷、水工建筑用地 3295.85 公顷。

十、未利用地

1990 年，全市未利用地面积 1.63 万公顷，占土地总面积的 5.1%。1996 年，未利用地面积 1.62 万公顷。2005 年，全市未利用地面积 1.85 万公顷，比 1990 年增加 2236.64 公顷，15 年间平均每年增加 149.11 公顷。

十一、未利用土地

1990 年，全市未利用土地面积 7670.6 公顷，占土地总面积 2.4%。至 2005 年底，未利用土地面积 1.03 万公顷，比 1990 年增加 2602.56 公顷，15 年间平均每年增加 173.5 公顷。其中，荒草地 6469.79 公顷、盐碱地 22.11 公顷、沙地 8.71 公顷、裸岩石砾地 3772.56 公顷。

十二、其他土地

1990 年，全市其他土地面积 8615.42 公顷，占土地总面积 2.7%。至 2005 年底，其他土地面积 8249.5 公顷，比 1990 年减少 365.92 公顷，15 年间平均每年减少 24.39 公顷。其中，河流水面 7151.68 公顷、苇地 13.37 公顷、滩涂 1084.45 公顷。

第二节 水资源

1992 年，平度市水利局、平度市计划委员会对全市水资源调查评价：全市多年平均年降水量 601.3 毫米，平均年径流深为 125 毫米，平均水资源总量为 6.35 亿立方米，人均占有水资源量 446 立方米，占全国人均占有量 2138 立方米的 20.9%，属缺水区。

一、地表水

大气降水是地表水的主要补给来源，地表水的蓄量及丰枯变化直接受大气降水影响。平度市多年平均地表水资源总量为 3.96 亿立方米，其中可利用量为 1.68 亿立方米。地表水可利用量，在保证率 50% 情况下为 1.65 亿立方米，保证率为 75% 情况下为 1.14 亿立方米。其中，全市 6 座大中型水库及双庙水库，在保证率 50% 情况下，可利用量为 7319.2 万立方米；保证率 75% 的情况下，可利用量 5528.9 万立方米。全市 101 座小型水库，在保证率 50% 情况下，可利用量为 2312.8 万立方米；保证率 75% 的情况下，可利用量为 1692.6 万立方米。塘坝可利用量在保证率 50% 情况下为 1631.4 万立方米，在保证率为 75% 的情况下为 1090.5 万立方米。拦河闸在保证可利用量在 50% 的情况下为 3707.7 万立方米，在保证率为 75% 的情况下为 2181 万立方米。湾塘可利用量在保证率 50% 情况下为 1531.8 万立方米，在保证率 75% 情况下为 901 万立方米。

二、地下水

平度市多年平均地下水资源量3.78亿立方米。境内地下水按其成因类型及赋存条件，可分为第四系孔隙水和基岩地下水二种。其中，第四系孔隙水分布面积广，埋藏浅，补给条件好，富水性强，单井出水量每小时 15 ~ 50 立方米；基岩地下水中的裂隙水主要分布于离丘陵较远且地形较低的地带，岩溶水主要分布在大理岩区的部分地带，水力联系好，单井涌水量差异较大，或每小时出水量几十立方米，或只有十几立方米。全市地下水多年平均可利用量为 3.19 亿立方米，在保证率 50% 的情况下，可利用量为 2.89 亿立方米；在保证率 75% 的情况下，可利用量为2.16亿立方米。蓼兰、白埠、崔家集、马戈庄、明村、田庄、门村、李园、张戈庄等镇（街道）地下水开发利用程度较高，导致地下水位下降，出现漏斗区，区内不少机井每年春灌时无水可提；马戈庄、张舍、门村一带，因开采石墨，超采地下水，使 70% 的岩心井枯竭，不能利用。

三、客水

平度市由河流入境客水量多年平均为 887.75 万立方米。入境客水主要来源于三苗家沟。

第三节 矿产资源

平度市矿产资源丰富，矿种多，分布广，矿产资源总量占青岛市 70% 以上。已探明和发现矿种（含亚矿种）有 30 种，分别是铁、钛（金红石）、铜、铅、钼、金、伴生银、萤石、石英、白云岩、磷、黄铁矿、重晶石、石墨、矽线石、滑石、钾长石、蛭石、饰面花岗岩，建筑花岗岩、饰面大理岩、建筑大理岩、水泥大理岩、水泥泥岩、透辉岩及砖瓦黏土、建筑砂、矿泉水、伴生硫和天然卤水等，其中探明储量的 25 种。

一、岩金

探明储量 16.99 万吨，主要分布在旧店、张舍、灰埠等镇。年产量 7 万余两，居全国同行业第十三位。

二、石墨

探明储量 708 万吨，位居全国第二，品质居全国第一，是世界著名优质石墨重点产区。主要分布在张舍、马戈庄、明村、门村、田庄、云山等镇。

三、透辉岩

探明储量 1754 万吨，居山东省第一，主要分布在长乐、大泽山和旧店等镇。

四、滑石

探明储量 432 万吨，居全国第四位，主要产地在麻兰镇。

五、花岗岩

探明储量274万立方米，主要分布在大泽山镇、城关街道和崔召镇。

六、大理岩

探明储量 1000 万立方米，主要分布在大田镇。

七、铁矿

分布较广，但大都不具备规模开采价值，仅在灰埠、张舍有小规模开采。

八、钾长石

平度滑石矿矿坑（2005 年摄）

主要分布于旧店镇赤土岘，达中型矿床规模。

九、砖瓦黏土

全市大部分镇（街道）均有分布，开发利用广泛。

第四节 生物资源

一、植物资源

境内野生植物资源主要分为木本植物、草本植物和水生植物。木本植物主要有：连翘、金带花、金银花、映山红、叶底珠、白檀、胡枝子、吉氏木兰、黄荆、绣线菊、郁李、山枣、鼠李、盐木、紫珠、溲疏、紫穗槐、雪柳、卫矛、胶东卫矛、胡秃子、蔷薇、金银木、山花椒、扁担木、柽柳、爬山虎、紫藤、凌霄、毛葡萄、野葛、蝙蝠葛、南蛇滕、扶芳滕等。

二、动物资源

境内野生动物主要有兽类、鸟类、爬行类、两栖类、昆虫类等。兽类有貉、狐狸、黄鼠狼、猪灌、猞猁、豹猫、蝙蝠等；鸟类有麻雀、云雀、黄雀、百灵、鹌鹑、乌鸦、喜鹊、燕子、啄木鸟、猫头鹰、鸽子、雁、鹰、斑鸠、隼、雉鸡、大杜鹃、柳莺等；爬行类有壁虎、草蜥、水蛇、黑眉蝮蛇、黑花蛇等；两栖类有中华蟾蜍、花脊蟾蜍、东方蟾蜍、青蛙等；昆虫类有螳螂、蜻蜓、花蟢、虎甲、瓢虫、土蜂、马蜂、蚂蚁、草蛉、蜘蛛、蟋蟀、蝼蛄、土元、蜣螂、蚰蜒、蚊、蝇、蜂、蝗虫等。

第六章 自然灾害

第一节 旱 灾

1988年1～4月，全县降水6毫米，较常年同期少61.2毫米，是1956年有降水资料记载以来降水最少时期。9月份降水7.1毫米；10月份无降水。至10月底，全县平均降水339.5毫米，比常年平均降水少300多毫米，且有209毫米的降水集中在7月份。

1998年9～12月，由于长期干旱，导致小麦播种、出苗困难。同时，由于气温偏高，小麦出现旺长现象。

1999年1～4月，全市出现严重干旱，小麦平均减产1～2成，有3万公顷小麦绝产，干旱导致水库干涸、河塘断流、地下水位下降，对全市农业造成极大损失。

2000年5月10日～9月20日，全市累计降水量255.4毫米，比上年同期少268.1毫米，比多年同期平均少305.6毫米。

2001年4月1日～6月28日，全市连续干旱，30个镇（街道）受灾。农作物受灾面积10.12万公顷，绝收1.2万公顷，15.97万人和7.5万头大牲畜饮水困难。旱灾造成经济损失1.74亿元。

2002年8月19日～2003年5月6日，连续干旱，全市0～40厘米土壤湿度46%，2万公顷农作物受灾，其中花生和玉米各1万公顷。全市5条河流、11座水库和650座塘坝干涸，4000眼机井水位下降，38个自然村、2.5万人和3200头牲畜饮水困难。旱灾造成经济损失2000万元。

第二节 风灾 雨灾

1987年7月10日，蓼兰镇丘西村遭龙卷风袭击，刮倒房屋100间，线杆17根，损毁葡萄3.33公顷。

1990年7月6日，全市降大暴雨，降水量106.2毫米，直接经济损失30余万元。同年11月30日，遭受大风袭击，风力8～9级，阵风达10级，大风持续48小时，尹府水库堤坝被损毁500米。

1992 年 9 月 1 日，受 16 号强台风影响，平度遭遇强降雨、大风袭击，导致作物倒伏 2.74 万公顷，冲毁土地 192 万公顷，内涝 1680 公顷，倒折树木 3.42 万株，房屋倒塌 428 间，死伤 2 人，直接经济损失 3.5 亿元。

1996 年 6 月 13 日、15 日，全市连续遭受雷雨大风袭击，瞬时风速 33.2 米 / 秒，导致全市 80% 小麦倒伏，给小麦的收割和晾晒带来很大困难，直接经济损失 1.68 亿元。

蓼兰镇遭受 10 级以上暴风雨袭击场景（1996 年摄）

1997 年 8 月 19 ~ 20 日，受 11 号台风影响，全市遭受暴雨、大风袭击，降雨时间长、强度大，并伴有瞬时风速 20.6 米 / 秒的大风，作物受灾面积 1.59 万公顷，倒塌房屋 2915 间，损坏树木 1.98 万株，损失水果 4150 吨，经济损失 7090.2 万元。

1999 年 8 月 11 日，受西南冷涡和暖湿气流影响，全市出现历史罕见的大暴雨，日降水量 185.2 毫米，致使山区和丘陵地区遭受洪涝灾害，桥涵冲毁，房屋倒塌，玉米倒伏、果树落果，经济损失 857 万元。

2001 年 8 月 1 日，受 8 号热带风暴“桃芝”影响，平度遭遇大暴雨天气。从凌晨 4 时 50 分，一直到晚上 11 时，全市持续降水 18 个小时，平均降水量 90.2 毫米，降水量最大的麻兰镇 141 毫米，全市累计降水达 507.4 毫米，比 2000 年同期多 363.6 毫米。8 月 1 日 8 时至 2 日 2 时，尹府水库 18 小时总进水量 1793 万立方米，1 日晚 9 ~ 10 时，1 小时进水 396 万立方米。2 日，水位线 77.51 米，达到汛中限制水位。2 日下午 3 时，尹府水库开始建库以来的第二次泄洪；全市 6 座大中型水库，除黄同、双山水库外，全部开始泄洪；8 月 2 日，洪峰流量高达 1490 立方米 / 秒。此次暴雨大风，过程降雨量 176.5 毫米，十分钟最大风速 13.7 米 / 秒，极大风速 23.3 米 / 秒。全市 31 个镇（街道）受灾，农作物及部分房屋、桥涵、树木、道路等不同程度受损。其中有 1.82 万公顷花生受灾，减产 2 成；其他作物 2.63 万公顷受灾，减产 3 成；损坏房屋 1012 间，倒塌房屋 648 间；冲毁桥涵 31 座，冲垮路面 19 公里，冲毁水库、塘坝 17 座。雨后大风刮倒玉米 3.37 万公顷，损毁大棚 210 个，刮断线路 2200 米，刮倒围墙 600 米，倒折树木 1.89 万棵，果树受灾 9200 公顷，减产 3 成。灾害直接经济损失 7.03 亿元，其中农业损失 3.49 亿元。

2003 年 8 月 5 ~ 6 日，旧店、崔召、祝沟、仁兆、马戈庄、开发区等 7 个镇（园区）遭受大暴雨。最大降水量 150 毫米，平均降水量 83.5 毫米，十分钟最大风速 15.6 米 / 秒。受灾人口 2.18 万人，倒塌损坏房屋 290 间，冲毁塘坝 2 座、桥梁 16 座、道路 20 公里，农作物受灾 1100 公顷，直接经济损失 2510 万元。

第三节 雹 灾

1986 年 7 月 14 日和 7 月 23 日，平度先后两次遭受冰雹袭击，19 个乡镇、2.87 万公顷农作物受灾，其中绝产或基本绝产面积达 1.03 万公顷；被风刮坏房屋 6.25 万间，其中倒塌 892 间；伤亡人员 52 人，其中死亡 3 人；大量树木、果园以及邮电、广播、电力设施和乡镇企业受灾，直接经济损失 3671 万元。

1987 年 5 月 23 日，张舍和三堤两乡遭受冰雹灾害，160 余公顷棉花绝产，380 余公顷地瓜、花

生不同程度受灾。同年7月9日17时，白埠镇西后家庄遭受冰雹袭击，持续时间10分钟，冰雹直径10毫米，133余公顷棉花、花生和玉米受灾。

1989年5月8日，崔家集、前楼、张家坊、明村、万家、白埠、中庄、马戈庄等8处乡镇169个村庄遭受冰雹、大风袭击，冰雹直径约30毫米，毁坏房屋250余间，树木1000余棵，农作物受灾面积1.27万公顷，绝产1330余公顷。

1990年5月6日，全市22个乡镇遭冰雹袭击，受灾严重的万家、宅科、城关、大泽山、门村、张家坊、香店等乡镇，受灾面积1.13万公顷，其中小麦4660余公顷，棉花2660余公顷，花生、地瓜、蔬菜660余公顷，毁坏地膜3300余公顷，直接经济损失50余万元。

1991年7月4～8日，19个村遭受冰雹和龙卷风袭击，冰雹最大直径40毫米，作物受灾面积660余公顷，房屋倒塌455间，损坏树木24.67公顷，经济损失数万元。

1993年9月2日，部分镇遭冰雹袭击，最大直径18毫米，受灾面积6000余公顷，经济损失1787万元。

2000年5月18日，平度市大泽山镇自西北向东南遭受冰雹袭击，造成66.6公顷葡萄、66.6公顷樱桃分别减产5成的损失。

2001年8月24日，大田、旧店、祝沟三镇自西北向东南56个自然村遭受冰雹、暴雨袭击，冰雹最大直径50毫米，暴雨冲坏桥涵10座，塘坝3座，经济损失130万元。

2002年7月22日，张戈庄、郭庄两镇自西北向东南横跨27个自然村，约30平方公里遭受龙卷风、冰雹、暴雨袭击。冰雹最大直径15～20毫米，极大风速18.5米/秒，降水量59.0毫米。受灾人口2.5万人，成灾人口1.2万人；农业受灾3400公顷，其中玉米2670公顷；108万株大小树木被刮倒、刮断；100公顷苹果受灾，减产8成；刮坏养鸡大棚270个；镇工业园倒塌房屋185间，损坏房屋76间，损坏民房5000间，倒塌民房500间，1个加油站棚顶被龙卷风卷出30余米；6条高压供电线路被龙卷风刮断1000余米，通讯线杆倒伏130根，灯箱广告损坏176个，高杆路灯损坏220个，农灌线杆刮倒3根；被冰雹破坏的辣椒340公顷，减产3成；芋头270公顷，减产1成；20公顷蔬菜绝产，累计经济损失1400万元。

2003年6月13日，仁兆镇自东北向西南跨度5公里，10余个自然村遭冰雹袭击。玉米受灾300公顷，减产1～2成；蔬菜受灾360公顷，减产2成。

2005年6月30日12时30分至13时，受局地强对流天气影响，店子、崔召、大田、云山、祝沟等镇遭受冰雹、大风袭击，降雹时间持续约30分钟，最大直径30毫米，最大风力达8级以上。全市受灾面积4004公顷，其中果园受灾2400公顷，蔬菜626.67公顷，农作物964公顷，倒折树木3200棵，线杆10余根，损坏大棚343个，损坏房屋5123间，倒塌房屋356间，造成直接经济损失8255.65万元。

第三篇 人 口

据《重刊万历莱州府志》、康熙《平度州志》、道光《重修平度州志》、光绪《平度志要》和光绪《平度州乡土志》记载：明洪武年间（1368 ~ 1398），平度州总人口 10.94 万人，万历年间（1573 ~ 1620）总人口 19.64 万人。清道光十六年（1836）总人口 30.18 万人，同治元年（1862）总人口 101.40 万人，光绪十八年（1892）总人口 103.92 万人，光绪三十四年（1908）总人口 96.67 万人。《山东省各县乡土调查录》《山东实业志》（1934）和民国《续平度县志》复载：民国 8 年（1919），平度县总人口 61.67 万人。民国 24 年（1935）总人口 85.97 万人（男 48.15 万人、女 37.82 万人）。新中国成立后，1953 年，全县总人口 94.91 万人，1964 年总人口 98.74 万人，1982 年总人口 122.20 万人（男 62.12 万人、女 60.08 万人）。

第一章 人口状况

第一节 人口数量

1986年，全县有29.46万户、123.90万人，户均4.2人。1990年7月，第四次全国人口普查，全市普查登记总人口129.33万人，比1982年第三次全国人口普查增加7.48万人，增长6.12%。2000年11月，第五次全国人口普查，全市登记人口133.46万人，比1990年增加4.13万人，增长3.19%；2005年底，全市41.82万户、135.36万人。

1986 ~ 2005年平度市（县）人口情况统计表

表3-1

类别 年度	年末人数				
	总户数（户）	总人口（人）			总人数中的非农业人口数（人）
		合计	男	女	
1986	294572	1238997	635405	603592	62505
1987	298950	1249512	641753	607759	67397
1988	308165	1258289	646868	611421	72792
1989	321266	1269181	652735	616446	77338
1990	351699	1293283	664032	629251	80677
1991	351567	1313021	673536	639485	83046
1992	361749	1309296	671351	637945	85699
1993	365835	1303281	667994	635287	88752
1994	371920	1299736	666215	633521	98464
1995	380462	1310050	671423	638627	110335
1996	383948	1314799	673281	641518	124038
1997	391071	1319832	675310	644522	131985
1998	395310	1326941	678441	648500	139626
1999	406498	1331499	679731	651768	147148
2000	399495	1334555	680431	654124	152598
2001	403383	1337702	681484	656218	156867

续表 3-1

类别 年度	年末人数				
	总户数（户）	总人口（人）			总人数中的非农业人口数（人）
		合计	男	女	
2002	408359	1339803	681702	658101	162075
2003	410530	1340413	681081	659332	166654
2004	415083	1345836	683282	662554	170310
2005	418163	1353594	686258	667336	423536

第二节 人口分布

一、分布

1986 年，全县农业人口 117.65 万人，占全县总人口 95%，主要分布在 45 个乡镇的自然村；非农业人口 6.25 万人，占全县总人口 5%，主要分布在县城及乡镇驻地和农村学校。1995 年，全市农业人口 119.97 万人，占全市总人口 91.6%；非农业人口 11.03 万人，占 8.4%。2005 年，全市农业人口 93.01 万人，占全市总人口 68.7%，仍主要分布在全市农村，农业人口首次降至百万以内；非农业人口 42.35 万人，占 31.3%，上升到 40 万人以上，主要分布在城区 4 个街道、26 个镇驻地和市经济开发区、青岛海峡两岸农业合作试验区和青岛华侨科技园。

二、密度

1986 年，全县人口密度为 394.3 人 / 平方公里。1990 年，全市人口密度 408.4 人 / 平方公里，比 1982 年的 385 人 / 平方公里，增加 23 人。2002 年，全市人口密度 423.1 人 / 平方公里。其中开发区人口密度最大，为 1860.5 人 / 平方公里；大田镇人口密度最小，为 217.4 人 / 平方公里。2005 年，全市人口密度为 427.5 人 / 平方公里。

2002 年平度市镇（街道、园区）人口分布及密度表

表 3-2

镇（街道）	人 口（人）	面积（平方公里）	人口密度（人 / 平方公里）
合 计	1339803	3166.54	423.1
城关街道	100690	71.06	1417.0
李园街道	67348	74.71	901.5
同和街道	35728	52.30	683.1
香店街道	32682	45.02	725.9
麻兰镇	41173	85.83	479.7

续表 3-2

镇 （街道）	人 口（人）	面积（平方公里）	人口密度（人/平方公里）
古岘镇	46158	80.84	571.0
仁兆镇	69698	119.15	585.0
张戈庄镇	47252	103.94	454.6
郭庄镇	31201	73.54	424.3
南村镇	59619	109.41	544.9
兰底镇	36753	128.71	285.5
万家镇	42124	139.24	302.5
崔家集镇	49842	132.41	376.4
明村镇	56439	172.47	327.2
白埠镇	55998	162.14	345.4
门村镇	39902	87.71	454.9
田庄镇	31691	82.03	386.3
马戈庄镇	29824	72.25	412.8
张舍镇	41155	128.92	319.2
新河镇	22580	70.97	318.2
灰埠镇	49146	117.87	417.0
长乐镇	30549	57.00	535.9
店子镇	56421	140.56	401.4
大泽山镇	31520	93.71	336.4
大田镇	33935	156.08	217.4
旧店镇	36015	146.43	246.0
祝沟镇	35013	98.05	357.1
云山镇	54330	154.36	352.0
蓼兰镇	44855	98.99	453.1
崔召镇	30462	109.14	279.1
开发区	17303	9.30	1860.5

第二章 人口变动

第一节 自然变动

1986年，全县出生人口2.15万人，死亡8955人，自然增长1.25万人。1993年，出现负增长，人口自然增长率为-0.04‰。1996～2002年，共出生10.37万人，年均出生1.48万人，年均出生率11.16‰，年均死亡率6.94‰，年均自然增长率4.22‰。2005年，全市出生人口1.53万人，出生率10.40‰；死亡8268人，死亡率6.76‰。自然增长7063人，增长率为3.64‰。比2004年低1.37个千分点。

第二节 机械变动

1986年，全县迁入人口1.53万人，迁出人口1.78万人，减少2258人，迁入小于迁出。1990年，全市迁入人口1.09万人，迁出人口6929人，增长3955人，迁入大于迁出。2001年和2004年，平度市共接收安置来自重庆忠县和开县的三峡库区移民66户、286人。2005年，全市迁入人口7820人，迁出人口7125人，增长695人。

1986～2005年平度市（县）人口机械变动情况统计表

表3-3　　　　单位：人

类别 年度	1月1日至12月31日人口变动					
	出生	死亡	迁入		迁出	
			省内迁入	省外迁入	迁往省内	迁往省外
1986	21461	8955	11640	3628	14097	3729
1987	20377	8635	12826	4326	14694	3703
1988	18075	9636	15726	4042	16735	2970
1989	19809	8252	2463	3586	3845	2847
1990	29613	9504	5252	5632	3547	3382
1991	19565	9100	2202	2496	4704	4037
1992	11420	9690	1974	2110	5066	4178
1993	10688	9796	1584	2634	5945	5127
1994	12335	10033	2305	2258	5975	4138
1995	16944	9378	9106	6649	8213	4794
1996	17753	10038	3748	4059	7070	3758
1997	17250	9707	2926	2671	5638	2439
1998	17519	9701	3919	2312	5128	1826
1999	14630	9314	4140	1932	5037	1837

续表 3-3

年度＼类别	1月1日至12月31日人口变动					
	出生	死亡	迁入		迁出	
			省内迁入	省外迁入	迁往省内	迁往省外
2000	15296	10345	2228	1817	4844	2277
2001	13642	9219	3019	1814	4487	1610
2002	13771	9033	2664	1783	4996	2082
2003	10391	8840	4201	2371	5532	1982
2004	15544	10296	5482	3301	6547	2064
2005	15331	8268	4697	3123	5275	1850

2001 ~ 2004 年平度市接收三峡库区移民分布表

表 3-4

落户镇村		户数（户）	人口（人）	移民来源地	移民时间
张戈庄镇	张家庄	4	14	重庆市忠县甘井镇	2001.08
	矫家疃	3	6		
	大 丘	3	14		
	前沙戈庄	4	16		
万家镇	大荆栾庄	3	16		
	后陈家	3	16		
	玉王庄	2	8		
	初 家	3	13		
蓼兰镇	焦家寨	4	16		
	大彭家	3	15		
	肖戈庄	3	14		
	葛 家	1	11		
郭庄镇	瓦子丘	6	25		
	东马家庄	4	13		
	西万家	3	16		
田庄镇	张 东	5	18	重庆市开县曲口镇	2004.08
	东南寨	4	21		
白埠镇	南王庄	4	21		
	林家庄	4	22		

第三章 人口构成

第一节 性别构成

1986年，全县总人口123.90万人。其中，男性63.54万人，占人口总数51.3%；女性60.36万人，占总人口48.7%；男女性别比为105.3。1990年7月，全国第四次人口普查，全市总人口129.69万人。其中，男性66.40万人，占人口总数51.2%；女性63.29万人，占总人口48.8%；男性比女性多3.12万人，男女性别比为104.94，比1982年全国第三次人口普查性别比，提高1.55%。2000年，第五次全国人口普查，全市人口中，男性67.07万人，占50.73%；女性65.13万人，占49.27%，性别比为102.98。2005年，全市总人口135.36万人。其中，男性68.63万人，占人口总数50.7%；女性66.73万人，占人口总数49.3%；男女性别比为102.8。

第二节 年龄构成

1990年7月，全国第四次人口普查，全市0～4岁人口为11.42万人，其中男性6.19万人，占4.78%；女性5.23万人,占4.03%。30～34岁的人口为9.85万人，其中男性5.21万人,占4.02%;女性4.64万人,占3.58%。60～64岁人口为4.95万人，其中男性为2.39万人，占1.84%；女性2.56万人，占1.98%。80～84岁人口为10075人，其中男性3741人，占0.29%；女性6334人，占0.49%。100岁及以上老人2人。

2000年11月,全国第五次人口普查,全市0～14岁的人口为26.56万人，占20.09%；15～64岁人口为92.09万人,占69.66%;65岁以上人口为13.54万人，占10.25%。同1990年第四次全国人口普查相比，0～14岁人口比重下降2.45个百分点，65岁以上人口比重上升2.3个百分点。平度市人口年龄中位数为34.3岁，年龄构成属于老年类型。

2000年平度市人口年龄构成统计表

表3-5

年龄（岁）	人口数（人）			性别比
	合计	男	女	
总计	1321975	670685	651290	102.98
0～4	74648	38645.	36003	107.34
5～9	65271	34663	30610	113.23
10～14	125608	65463	60145	108.84
15～19	81862	42904	38958	110.13
20～24	71059	34215	36844	92.86
25～29	119134	59595	59539	100.09

续表 3-5

年龄（岁）	人口数（人）			性别比
	合计	男	女	
30 ~ 34	142475	71063	71412	99.51
35 ~ 39	126357	63899	62458	102.31
40 ~ 44	94290	49200	45090	109.12
45 ~ 49	105595	55358	50237	110.19
50 ~ 54	75594	39134	36460	107.33
55 ~ 59	50554	26884	23670	113.58
60 ~ 64	54016	28695	25321	113.32
65 ~ 69	48026	23754	24272	97.87
70 ~ 74	39261	18002	21259	84.68
75 ~ 79	24638	10608	14030	75.61
80 ~ 84	15187	5938	9249	64.20
85 ~ 89	6347	2180	4167	52.32
90 ~ 94	1729	424	1305	32.49
95 ~ 99	307	59	248	23.79
100 岁及以上	17	4	13	30.77

第三节　文化构成

1990 年 7 月，全国第四次人口普查，全市具有小学以上文化程度 95.09 万人。其中，大学本科 997 人、大学专科 4662 人、中专 1.32 万人、高中 7.86 万人、初中 33.76 万人、小学 51.58 万人。同 1982 年全国第三次人口普查数据相比，每 10 万人中拥有各种文化程度人数的变化是：具大学（含大专）文化程度者由 97 人上升到 436 人，具高中（含中专）文化程度者由 5280 人上升到 7077 人，具初中文化程度者由 1.82 万人上升到 2.60 万人，具小学文化程度者由 3.99 万人下降到 3.98 万人。总人口中不识字或识字很少者为 21.74 万人，占总人口 16.76%。

2000 年 11 月，全国第五次人口普查，全市 6 周岁以上人口中，接受大学教育者 2.20 万人，占 1.79%；接受高中（包括中专）教育者 13.03 万人，占 10.58%；接受初中教育者 48.18 万人，占 39.11%；接受小学教育者 47.06 万人，占 38.20%。与 1990 年相比，每 10 万人中受教育程度的人数变化为：具大学文化程度者由 437 人上升为 1666 人，具高中文化程度者由 7090 人上升为 9857 人，具初中文化程度者由 2.60 万人上升为 3.64 万人，具小学文化程度者由 3.98 万人下降为 3.56 万人。文盲人口 11.32 万人，文盲率由 1990 年的 20% 下降为 10.72%。

第四节 职业构成

1990 年，全市在业人口 81.71 万人。其中专业技术人员 3.00 万人，国家机关、党群组织、企事业单位负责人 7808 人，办事人员和有关人员 7776 人，商业工作人员 1.28 万人，农林牧渔劳动者 70 万人，生产工人、运输工人 5.01 万人，其他劳动者 19 人。2000 年，第五次全国人口普查，全市国家机关、党群组织、企事业单位负责人 763 人，专业技术人员 3.12 万人，办事人员和有关人员 884 人，商业、服务业人员 3645 人，农林牧渔、水利业生产人员 7.08 万人，生产运输、设备操作及有关人员 6183 人。

第五节 姓氏构成

1986 年，全县共有姓氏 190 个。至 2005 年，全市共有姓氏 514 个。其中复姓一个，为欧阳；张、王、李、刘四姓全市分布最广，均为万人以上。

2005 年平度市姓氏按笔画排列一览表

表 3-6

笔画	姓 氏	合计
二画	丁、乜、刁、卜	4
三画	于、万、门、马、卫、上、子、山、么	9
四画	王、卞、方、牛、毛、车、孔、尹、邓、仉、戈、仇、尤、韦、文、丰、井、巨、支、元、云、计、升、屯、斗、仁、从、公、历、太、木、勾、壬、亓、牛、办、水	37
五画	卢、史、田、石、白、左、冯、兰、艾、皮、由、宁、生、代、付、叶、申、包、仪、丛、司、台、尼、冉、古、龙、布、仝、丘、边、乐、占、厉、玄、甘、旦、圣、母、丕	39
六画	吕、刘、朱、任、邢、乔、江、齐、池、关、孙、仲、衣、牟、毕、许、曲、祁、考、纪、伏、刑、羊、匡、闫、庄、安、华、巩、成、朴、权、吉、阮、伊、那、米、邬、安、伦、后、全、向、先、农、自、伍、夺、阳、师、冲、朵、行、壮、传、仵、字、老	58
七画	张、杜、苏、李、吴、何、位、时、冷、邹、闵、邵、辛、陈、宋、郦、邱、陆、迟、初、怀、肖、沈、严、郜、芷、豆、况、汤、沙、余、别、连、汪、芦、谷、佟、伯、应、佘、来、扬、劳、花、岑、步、伽、呈、利、芮、阿、纵、佐、甫、弟	55
八画	周、武、苗、罗、郑、昌、苟、尚、金、国、岳、单、季、官、杨、林、宗、房、居、孟、范、苑、郎、庞、明、庚、和、冼、杭、法、泮、依、郇、宓、泠、拉、易、卓、泽、朋、具、呼、祈、郤、欧	45
九画	胡、荆、柳、赵、战、钟、修、侯、段、姜、宫、姚、祝、贺、郝、相、宣、洛、将、炳、独、封、项、胥、施、洪、柏、俞、娄、费、类、查、祖、种、荣、钮、骆、俭、莒、南、荼、咸、信、柯、保、胜、禹、荀、响、娇、神、饶、冠、要、娜、昝、逄	57
十画	高、唐、郭、袁、倪、栾、陶、贾、耿、徐、原、秦、顾、党、展、殷、柴、夏、钱、海、窄、皋、浦、候、聂、莫、翁、姬、桂、奚、桑、顿、凌、都、涂、谈、索、班、桓、席、栗、朗、畔、莆、卿、逢、莘、桃、晋、资、敖、铁、旃、晁、部、涝	56
十一画	曹、矫、崔、黄、阎、渊、隋、盛、章、宿、梁、康、梅、商、萧、常、盖、鹿、戚、寇、尉、逯、焉、龚、彩、渚、菅、匙、绳、雪、渠、菊、隆、麻、勒、排、随、符、续、袭、崇、扈、庾、剪、渐、维、减、淦、庹、密	50

续表 3-6

笔画	姓 氏	合计
十二画	韩、彭、葛、程、博、焦、曾、谢、董、景、储、蒋、温、敬、鲁、惠、舒、强、覃、童、揭、禄、朝、棍、普、喻、超、粟、湛、富、辇、嵇、辜、游	34
十三画	蒲、满、窦、解、楚、雷、甄、廉、雍、裘、鉴、阙、蓝、路、鲍、詹、赖、腾、粱、靳、褚、蜂、源、鄢、睦、槐、幕	27
十四画	管、缪、蔡、裴、蔺、谭、翟、綦、熊、禚、臧、嘉、阚、蔼、廖、竭、赫、蓼	18
十五画	樊、滕、潘、暴、颜、黎、潭、德、虢	9
十六画	穆、薛、霍、冀、燕、薄、嬴	7
十七画	鞠、戴、魏、藏、黛、璩	6
十八画	瞿、籍	2
复姓	欧阳	1

第四章 婚姻 家庭

第一节 婚 姻

1990 年，第四次全国人口普查，全市 15 岁以上的人口 100.46 万人（男性 50.96 万人，女性 49.50 万人）。其婚姻状况是：未婚 25.44 万人（男性 14.80 万人，女性 10.64 万人），有配偶 67.62 万人（男性 33.63 万人，女性 33.99 万），丧偶 7.00 万人（男性 2.20 万人，女性 4.80 万人），离婚 5944 人（男性 3348 人，女性 2596 人）。2000 年，第五次全国人口普查，全市 15 岁及 15 岁以上人口 106.24 万人。其中，未婚 18.62 万人，占 17.52%；有配偶 79.92 万人，占 75.23%；离婚 6380 人，占 0.6%；丧偶 7066 人，占 6.65%。在性别比例中，未婚者男性占 59.43%，女性占 40.57%；有配偶者男性占 49.61%，女性占 50.39%；离婚者男性占 79.62%，女性占 20.38%，男性大幅高于女性；丧偶者男性占 30.55%，女性占 69.45%，女性明显多于男性。

第二节 家 庭

1990 年 7 月，全国第四次人口普查，全市总户数 35.18 万户（其中家庭户 35.05 万户），比 1982 年增加 6.79 万户，平均每户 3.69 人（其中家庭户平均 3.64 人）。2000 年 11 月，第五次全国人口普查，全市共有家庭户 42.13 万户、人口 128.96 万人，占总人口的 97.60%；平均家庭规模 3.06 人，比 1990 年 3.64 人下降 0.58 人。在全市家庭户中，一代户 1.10 万人，占 26.4%；二代户 25.83 万人，占 61.4%；三代户 4.95 万人，占 11.8%；四代户占 0.4%。按家庭人数分，一人户 3.64 万人，占 8.67%；二人户 9.10 万人，占 21.66%；三人户 15.82 万人，占 37.62%，四人户 9.13 万人，占 21.72%；五人户以上占 10.33%。家庭户中，二代户和三人户所占比例最高，分别是 61.4% 和 37.62%。

第五章 计划生育

第一节 政策规定

一、晚婚晚育

1985年5月，县政府下发《关于农村实行“间隔式”二胎生育的试行规定》，提倡一对夫妇只生育一个孩子。1989年，市政府下发《平度市实施〈山东省计划生育条例〉细则》规定：提倡晚婚、晚育。男年满25周岁，女年满23周岁以上初婚的为晚婚。是年全市晚婚率达到81.24%，1993年达到98.14%，1994年达到99.32%。2002年9月，《山东省人口与计划生育条例》规定：鼓励公民晚婚、晚育、少生、优生。全市计划生育率逐年提高。

二、生育政策

1984年，全县只有一个孩子的夫妇为6.44万对，累计报名领取独生子女优待证的有6.28万对，报名领证率为97.6%。1985年5月，在1501个村中实行“间隔式”生育政策，批准5785对符合条件的夫妇生育二胎。1986年4月，县委、县政府下发《关于继续推行“间隔式”生育政策的几个问题的通知》，批准开放实行“间隔式”生育政策996个村。1988年7月，《山东省计划生育条例》规定：提倡一对夫妇只生育一个孩子，对确有实际困难和特殊情况的夫妻可以允许有间隔地再生一个孩子，但无论什么情况都不准生第三胎。1989年10月，实行生育证制度。1998年10月，市政府下发《关于征收二孩社会抚养费的通知》：凡申请生育二孩的，每对夫妇一次性缴纳二孩社会抚养费1000元。1999年1月，征收标准调整为城镇居民1200元、农业人口933元。2002年3月，再次调整二孩社会抚养费，城镇居民1940元、农业人口1130元。同年9月，二孩社会抚养费停止征收。2003年4月，制定《平度市二孩生育证审批管理规程》。是年，市计生委办理二孩生育审批手续5750件。2005年，全市出生1.49万人，合法生育率为99.58%。

三、奖惩政策

1990年9月，青岛市委、市政府召开农村独女户自愿不生二胎光荣村表彰大会，平度市有9个村被授予计划生育光荣村称号。1991年6月，市委、市政府下发《关于进一步加强计划生育工作，严格控制人口增长的决定》，国家干部、教师、职工违反计划生育政策超生者，是党员的开除党籍，是干部职工的开除公职，是民办教师、合同制工人的辞退。1992年3月，香店乡王家村15对独女户夫妻向全市农村独女户夫妻发出《倡议书》，自觉不再生育二胎。是年底，全县有1.83万对独女户夫妇自愿报名不生二胎，与乡镇政府签订了《不再生育合同》。2001年9月，市计划生育领导小组下发《关于表彰奖励符合生育政策，自愿放弃二胎生育指标终生只要一个孩子家庭的通知》，对2000年底符合生育政策，自愿放弃二胎生育指标，终生只要一个孩子的家庭，由市给予1000元一次性奖励，2001年后符合生育二胎条件，自愿只生一个孩子的家庭，每年双月底集中进行表彰奖励。

第二节 宣传教育

计划生育保健知识宣传（2005年摄）

1983年，县委、县政府将人口和计划生育工作纳入《广播讲课》节目重要内容。1988年5月，县计生委组织在红旗路两侧设立800米长计划生育画版一条街，展出计划生育画版800余块。1989年，县吕剧团编排大型吕剧《银锁怨》，在市直和各乡镇巡回演出，观众达1.3万人次。2003年7月，平度市参加青岛市人口文化文艺调演，选送的小品《当个大赢家》、音乐剧《迎"新主任"》、歌舞《编织美好新生活》均获青岛市人口文化文艺调演二等奖。是年，县计生委制订《人口与计划生育基础知识教育方案》，在全县16岁以上人群中普及人口与计生知识教育。1992年3月，市计生委编辑《人口与计划生育基础知识读本》，定稿印制20万册，已婚育龄夫妇人手一册。1993年6月，市委宣传部、市计划生育委员会联合下发《关于开展计划生育集中宣传活动的通知》，确定6月为计划生育宣传月。1994年4月，市计生委、大泽山镇与北京电影制片厂联合摄制反映平度市基层计划生育典型的两集电视连续剧《东边下雨西边晴》，并在山东电视台播放。1995年，市委、市政府成立《计划生育》栏目宣传工作领导小组，联合下发《关于在广播电视、报刊开办计划生育栏目的通知》，决定市广播电视台开设《人口与计划生育》专题节目，每周播放1次，每次10分钟；在电视台开设《人口纵横》节目，在《平度日报》开设《人口广角》专栏。1998年5月，市计生委组建计划生育先进事迹报告团，分赴各镇（街道）进行为期8天的巡回报告。2000年4月，确定5月为宣传月，全市设立咨询服务点，出动宣传车，组织秧歌队和乐队沿街巡回宣传，印发宣传材料3万余份。

南村镇所获计划生育先进集体奖状

第三节 技术服务

一、服务机构

1988年，全县有27个乡镇单独建立计划生育服务站，开展节育技术服务。到1992年上半年，全市所有镇、村均建立计划生育服务站（室）。1996～2000年，全市投资1966万元，对各镇（街道）计生服务站进行改建、扩建或新建，服务站总面积达到1.81万平方米，增添线阵B超32台、扇扫B超40台、乳腺透照仪19台、妇科治疗仪36台。其间，市计划生育服务站和市妇幼保健所合并，组建平度市计划生育服务中心和妇幼保健院。

二、节育技术

1986 年，已生育妇女，多采取宫内放置节育环和输卵管结扎方式避孕。另外则采用输精管结扎手术。1995 年，引进女性输卵管银夹术，但失败率较原结扎术偏高。1996 年开始实行避孕节育措施知情选择，实行结扎的人数减少。1999 年，开展皮下埋植手术。是年起，对确诊手术并发症患者给予每年每人 1000 元补助。2000 年 3 月，开展节育手术并发医学鉴定工作。2001 年 10 月，对实行计划生育的育龄夫妻免费提供避孕节育技术服务。至 2005 年底，共为全市育龄妇女提供免费节育手术经费 533 万元。

三、优生优育

1989 年，《平度市实施〈山东省计划生育条例〉细则》规定：凡具可能造成下一代出现严重缺陷或严重遗传性疾病的痴呆傻人，禁止生育；要求结婚的，需持绝育手术证明方可登记；已怀孕的，终止妊娠。1994 年，市计划生育服务站开展优生咨询、巨细胞病毒检验、独生子女病残儿优生二胎管理服务。同年 4 月，市计划生育协会与市婴幼儿智力开发中心联合推出婴幼儿早期教育项目。1995 年 5 月，开始开展新婚教育和婚前健康查体服务项目。市妇幼保健院为定点婚前健康检查单位。1997 年 5 月，市计生委在 9 个镇（街道）计生服务站所在地，为 1 周岁内的 3546 名婴儿出生缺陷进行调查。是年，市计划生育服务中心开展了新生儿甲状腺功能低下和苯丙酮尿症筛查及围产儿出生监测服务。是年，为全市 6425 名已婚育龄妇女进行健康查体。1998 年，为已婚夫妇开展了孕前补充叶酸和巨细胞、风疹、单纯疱疹、弓形体四项优生检验服务项目。进行优生四项检测 7.24 万例，发现阳性 2891 例，治愈率 86.62%；孕期 B 超检查 1.93 万例，查出畸形胎儿 86 例。对 181 例病残儿家庭生育二胎进行优生监护。是年，市、镇两级为病残儿家庭建立监护档案，市计划生育服务中心每年举办 1 次病残儿父母培训班。至 2002 年底，全市共进行婚前健康查体 6.07 万对，查出暂缓结婚者 241 人，不宜生育者 46 人，不宜结婚者 6 对。截至 2004 年，全市共指导诊治儿童父母和患病儿童 2.5 万名，为 1.17 万名儿童建立保健档案册，组织儿童查体 1.18 万人次。发放出生医学证明 8.5 万册。2005 年全市出生婴儿性别比为 106.41，出生缺陷发病率 3.77%。

（2005 年摄）

第四节 计生管理

一、目标责任管理

1984 年 9 月，全县开展创建计划生育模范村活动，1986 年 1 月，平度县创建计划生育模范村做法，在青岛市召开的计划生育先进集体、先进个人代表会议上作了经验介绍。1987 年 2 月，全县召开计划生育工作会议，县长与各乡镇领导签订《人口与计划生育目标责任书》，各乡镇领导与村党支部书记亦签订责任书。尔后，每年春季，县（市）、乡镇、村均层层签订责任书。1990 年 3 月，市委、市政府决定，在全市形成纵向到底不留断层，横向到边不留死角的计划生育“三线”目标

管理网络，对计划生育工作实行一票否决制。1991年，对计划生育主要责任者实行在职、离职审计及跟踪奖惩制度。1992 ~ 1998年，市人大、政协多次组织人大代表、政协委员对各镇（街道）计划生育工作进行视察。2001年1月，市人口与计划生育工作领导小组下发《关于对计划生育工作薄弱村开展帮促活动的实施意见》，市级领导、市计生委领导及各科、站、室均负责帮包1个镇(街道)。各镇(街道)对薄弱村庄同样实行帮包，统一标准，严格考核，取得较好效果。2005年，全市人口出生率为10.94‰。

联合国教科文组织官员来平度考察计划生育工作（2002年摄）

二、流动人口计生管理

1989年10月，市政府下发《平度市流动人口计划生育管理规定》。1995年11月，市社会治安综合治理委员会、市计生委等部门联合下发《关于加强流动人口计划生育管理的意见》，各乡镇计划生育办公室均配备1名流动人口计划生育管理员。1996年，对市内流入、流出育龄妇女实行《流动人口计划生育证明》制度。凡流入育龄妇女须持户籍所在地出具的《证明》，经现居住地镇(街道)计划生育部门查验合格后，办理《外来人员计划生育审检证》。1997 ~ 1998年，市公安局、市计生委联合在城关、李园、同和、香店等街道和市开发区推行流动人口旅店式管理方法。2001年初，市区内流动人口育龄妇女达到1.5万人，其中务工经商者1.1万人。同年10月，市政府下发《关于进一步改革城区计划生育管理体制的意见》，提出对流动人口计划生育实行“单位负责、属地管理、社区服务、村民自治”的具体要求。2002年1月，市政府在全市范围内全面推行属地化管理。

三、药具管理

1985年，实行避孕药具经费包干、计价调拨、计划发放。1986年4月，县计划生育药具管理站成立。1998年，对避孕药具供应采取计划供应零售渠道“双轨制”，市药具管理站先后在全市流动人口集中地方设置药具零售点83个。2000年，安装安全套自动发放机10台。2001年后，药品零售渠道改由市药品监督管理局负责，群众可自行任意购买。到2004年，全市30个镇（街道）所有行政村均配备专职或兼职药管员，形成了市、镇、村三级计划生育药具服务网络。2005年，市人口和计划生育局被国家人口和计生委授予全国计划生育药具管理先进集体称号。

第四篇 农 业

种植业 据民国《续平度县志》载："邑东北多山，地狭而硗瘠；西南则平原污下，伏秋雨集，率为泽国。是以北常苦旱，而南苦潦。其种植以麦、菽、粱、稷、番薯为主，黍及落花生次之，䅟、穄、稻、玉蜀黍、棉、苘又次之"。"农民自耕者多，佃耕者十之三。"流传民谣唱道："平度州，十年九不收，下场饱犁雨，吃顿蛤蟆肉。"1949 年，全县粮食单产仅 80.5 公斤，棉花单产 10 公斤，广大农民"半年糠菜半年粮"。中华人民共和国成立后，生产关系得以重大变革，生产力得到较大解放，粮食产量得以逐步提高。至 1966 年，全县粮食单产提高到 145.5 公斤、棉花单产 32.5 公斤。1985 年，全县粮食单产 600 余公斤，棉花单产保持在 50 公斤以上，摘掉了农业生产长期落后的帽子。

畜牧业 平度的耕畜有牛、驴、骡、马等，家禽有鸡、鸭、鹅等。新中国成立前，为农户私养。新中国成立后，于 50 年代农业合作化始，逐步改农户私养为集体公养，1978 年后又变集体公养为农户私养。至 1985 年，全县存养牛 8.48 万头、驴 9398 头、马 1.20 万匹、骡 1.45 万头、羊 2.74 万只，分别比 1949 年增长 2.9 倍、−89.5%、11.3 倍、2.7 倍、5.19 倍；兔 6.15 万只，比 1955 年增长 1.35 万只；鸡、鸭、鹅总存养量 375.72 万羽，比 1949 年增长 8.3 倍。

农机 新中国成立前，平度的农业运输工具以木制独轮手推车、木制双轮铁瓦大车、胶轮手推车、胶轮马车、地排车为主，用人、畜牵引，动力机械几乎为零。1956 年后，开始陆续使用拖拉机，机引犁、耙、播种机、收割机、筑埂器、推土铲，水泵、脱粒机、扬场机等。至 1985 年，全县共有农用拖拉机 9251 台，机引犁 5450 部、耙 1123 部、播种机 3222 部、收割机 2214 部、筑埂器 1216 部、推土铲 68 部，水泵 1.75 万台，农用拖车 8292 辆，脱粒机 9788 部，扬场机 655 部，农作物的耕、种、灌溉、收割、运输、脱粒基本实现机械化。

林业 清康熙《平度州志》载：云山"竹木成林"，茶山"茶榆柳成林"，大泽山"峰峦耸翠，杂木阴翳，乔松沟谷"，山区"苍翠可爱"；南部平原，彩村"万柳依依，霏烟可望"。1932 年《胶济铁路经济调查报告分编》称平度林业为"胶东各县之冠"，东北山区时有赤松 2 万公顷。1934 年，大沽河沿岸有立木 7.5 万株，东北山区林木覆盖率达 70%。抗日战争、解放战争时期，林木相继砍伐殆尽，1945 年林木覆盖率仅为 5%。新中国成立后，党和政府发动群众造林护林。1956 年，大搞"四旁"植树。1964 年，平原地区开始搞农田林网。1978 年，中共十一届三中全会之后，林业发展得到扶持和保护。至 1985 年，全县有林业用地 3.63 万公顷、用材树 7190 万株，森林覆盖率 10.7%。

果业 清《平度州乡土志》载："葡萄出东山，为天然产，大宗，每年贩出 2 千余担。"《中国实业志》载：各种果品年产量 1575 万担。《续平度县志》载："果之属，葡萄最多，岁运出境"。"石榴，家有之"。新中国成立后，果业生产得到恢复和发展。至 1985 年，全县果园面积 9130 公顷，果品产量 5500 公斤。

水利 清光绪《平度州乡土志》载："州之水，自分水岭以西者，皆西流，以东者南流，无东流入海者，以长广诸山为之障地，登与掖皆然"。平度长期以来，旱涝灾害并举，遇到歉收，"民有饥色，野有饿殍"，南部、西部受害尤甚。清光绪十四年（1888）至十六年（1890）秋，大雨，河水皆溢，庄稼农舍受灾，瘟疫流行。民国元年（1912）至 6 年（1917），河水泛溢，胶、沽两河沿岸，舍稼遭殃。新中国成立后，平度县进行了多次水利兴修。1965 年冬至 1966 年春，开挖百里泽河。1973 ~ 1976 年，疏浚北胶莱河。1976 年秋冬，开始大搞农田水利基本建设，综合治理沟、渠、田、林、路，实现了旱能灌、涝能排的大地畦田化。翌年，平东、平西、平北相继治理。至 1983 年，全县累计完成整地改土 13 万公顷。1985 年，全县机井 3.14 万眼（其中大口井 4917 眼），井灌面积达 9.27 万公顷。

第一章 农村经济体制改革

第一节 土地经营方式改革

1986年，全县26个乡、19个镇、1782个行政村全部实行了“大包干”，即“六统一”下的家庭联产承包责任制。由集体统一农作物种植计划，统一购置、管理、使用大型农机具，统一规划和进行农田基本建设，统一耕播、运送、脱粒、排灌和技术指导，统一购买供应生产资料和良种，统一经营和发展集体工副业。在这个前提下将土地承包到户。

1988年，平度县被国务院批准设立为全国农村改革试验区，开始探讨适合土地适度规模经营的土地承包经营制度，在全县范围内推行“两田制”土地承包经营形式，即按人口均分口粮田，按劳力和经营能力投标承包责任田。县政府印发了《关于实行土地适度规模经营和完善土地承包合同的意见》，规定：“口粮田应安排在生产条件较好的地片，一般要按照粮食产量定面积，人均口粮保证在350公斤左右为宜”；“承包田可以采取按方招标的办法，让农民自愿联合投标承包，以保证土地相对集中，连片成方，杜绝插花田的出现”。“两田”的承包期一般为5年左右。口粮田除缴纳农业税外，不承担其他义务；承包田按标额交纳承包费，并承担国家粮食定购任务。到1994年底，全市1791个村，有1649个实行了“两田制”，占村庄总数的92.07%，“两田制”土地面积达到16.76万公顷。

1995年，土地承包期开始延长，全市以“两田制”形式将土地承包期延长到30年。

1999年，市委、市政府印发《关于切实做好延长土地承包期工作的实施意见》，提出：“是否坚持实行‘两田制’，要充分尊重群众的意愿和选择。继续实行‘两田制’的村庄，要明确口粮田和责任田都属于承包田，可以扩大按人均田面积，缩小投标承包的面积，新的‘两田’比例和数量，由村民大会或村民代表会议讨论确定”。自此，实行“两田制”的村庄开始减少。至2002年，全市还有741个村庄实行“两田制”。

国家“两田制”及配套制度建设研讨会

通过我市土地制度试验成果评估报告

本报讯 在8日结束的全国“两田制”及配套制度建设研讨会上，与会领导、专家一致通过了专家评估组关于我市土地制度试验成果的评估报告，对我市的土地制度建设和与之相配套的其他制度建设的试验成果，给予了较高的评价。

专家们认为，平度市自1988年以来进行的土地制度改革与配套制度建设试验是成功的，达到了原试验设计方案提出的要求。这项试验，是对我国农业家庭承包制度进行完善的一次大胆尝试，是对农业经营管理体制进一步深化改革的积极探索。

他们认为，平度土地制度改革试验紧紧围绕着使集体土地产权关系规范化和促进农地流动这两个核心，逐步推进：口粮田均分、承包田划方招标竞争承包的“两田制”；地力升降奖惩罚的“土地管理使用制度”；以承包费与多渠道筹集资金的“农村积累制度”；以村为基础的县、乡、村三级提供系列化服务的“农业服务制度”。这些制度建设的实践，从一个角度回答了在家庭承包制的条件下如何把集体的土地所有权和农民家庭的土地经营权落到实处、如何解决地块零散和机群规模不经济、如何保护土地地力和如何对农民提供有效的农业支持性服务等重大问题，不仅在平度具有重大实践意义，

1992年6月《平度大众》刊载“两田制”实行情况

2003年3月1日，《中华人民共和国农村土地承包法》实施，要求在农村土地承包中实行家庭承包，即按人均承包土地。由于“两田制”的土地承包方式与《中华人民共和国农村土地承包法》中“实行家庭承包”的规定不符，于是全市开展了“两田制”调整工作。至2005年，全市有1754个村实行了农村土地家庭承包，占总村数的98.1%；其他村的“两田制”调整工作仍在进行。

第二节 产业结构调整

1986年，平度县农业以粮棉生产为主，全县农作物播种面积25.21万公顷。其中，粮食作物

17.02 万公顷、经济作物 6.72 万公顷，粮经比例为 7.2 ∶ 2.8。粮食作物以小麦、玉米、地瓜为主，经济作物以棉花、花生为主。是年，全县果园面积 1.47 万公顷，比 1985 年的 9167 公顷增加 5493 公顷，增幅高达 60%。蔬菜面积 1.03 万公顷。

1990 年，平度市粮、棉、油总产跻身全国“百强县（市）”行列。其中，油料生产名列全国第一；粮食生产名列全国第八。次年，猪、牛、羊肉总产亦进入全国“百强”。平度成为闻名全国的农业大县。农业产业结构不断得到优化，重大比例关系逐步趋向协调。畜牧业、林业、蔬菜、果品、桑蚕、黄烟等得到较快发展。1996 年，全市农林牧渔业结构比例由 1991 年的 75.8 ∶ 1.4 ∶ 22.6 ∶ 0.2 调整为 62.9 ∶ 1.0 ∶ 35.1 ∶ 1.0，传统种植业比重下降，畜牧业和水产养殖业比重上升。畜牧业产值占农业总产值的 37.7%，比 1986 年提高了 27.1 个百分点。2000 年，全市桑园面积 4067 公顷，是 1986 年的 203 倍。蔬菜和果园面积分别达到 4.71 万公顷和 1.65

世界高效农业发展研讨会在平度召开（2005 年摄）

万公顷。

2005 年，全市除棉花、花生之外的高效经济作物发展到 8.93 万公顷，占耕地总面积的 52%，粮经比例调整到 4 ∶ 6，初步形成了瓜菜、种子、果品、葡萄、桑蚕、畜牧六大主导产业。其中瓜菜 4.8 万公顷、种苗繁育 1.27 万公顷、优质果品 1.8 万公顷、葡萄 2600 公顷、桑园 3000 公顷。全市林地面积达到 6.73 万公顷，林业产值达到 3566 万元，是 1986 年的 2.7 倍。养殖专业村发展到 119 个，养殖小区 200 个，养殖大户 1.4 万户，奶牛存养量达到 3000 余头，生猪年出栏 84 万头，肉鸡 1.04 亿只，畜牧业产值占农业总产值比重达到 44.1%。

第三节 产业化与标准化生产

一、农业产业化

大体起步于 20 世纪 90 年代初，90 年代末进入发展时期，一批规模大、科技含量高、辐射面广、带动能力强的农副产品加工企业逐步建成，形成了粮油、果品、辣椒、蔬菜、蚕茧、畜禽等加工体系。青岛田润食品有限公司、平度九联食品有限公司、青岛平度万福食品有限公司等 3 家肉鸡加工龙头企业，年加工肉鸡 4000 余万只；大世界奶业有限公司和青岛中山牧业有限公司等牛奶加工企业带动平度奶牛养殖，2005 年全市奶牛存养量达 3000 余头；“大华”“东太”等台湾种植企业对周边镇村的果品生产起到示范带动作用，促进了全市果品种植业结构调整，增强了果品创汇能力；兰底镇的多元、大冠食品有限公司，带起全镇 2000 余公顷辣椒生产基地，年为椒农创造收入 5000 余万元；仁兆镇以兆丰农产为首的十几个蔬菜加工企业，有效解决了全镇 6600 余公顷蔬菜的加工、销售问题，拓展了日本、韩国、中国香港等地市场。截至 2005 年，全市农业产业化经营组织发展到 630 家，其中各类龙头企业 353 家，固定资产总值 21.8 亿元，年总产值 137.1 亿元，销售收入 126.3 亿元，利税 3.7 亿元。在 353 家龙头企业中，种植业 32 家、畜牧业 37 家、农副产品加工 261 家，综合类和其他 27 家。农业

龙头企业共建立各种基地186个，其中，种植业基地面积1.89万公顷，畜禽存养量7100万（头、羽），带动农户17万户。其他农业产业化经营组织191个，其中种植业74个、畜牧业32个、林特产业41个、购销运输业44个，固定资产总值2.3万元。全市累计建成各类农业示范园区128个，其中养殖示范园23个、种植示范园57个，总投资达到2.56亿元。农作物良种覆盖率达到98%，肉鸡、蛋鸡生产良种化100%，肉牛良种覆盖率65%，瘦肉型猪出栏占到生猪出栏总量的80%以上。

南村无公害蔬菜生产基地（2005年摄）

三统万福公司肉鸡宰杀生产带动平度肉鸡养殖（2005年摄）

二、标准化建设

大体起步于20世纪90年代初。至2005年，市农业部门先后制定了蔬菜、花生、果品、葡萄等农产品技术操作规程，为加快调整农业结构、培植地方优势产业提供了技术支持。规划建设了南村无公害蔬菜、旧店无公害果品、店子无公害葡萄、大田及旧店“淳金”花生油绿色食品原料基地、大泽山“富狮王”葡萄酒和大田“六和”绿色鸡蛋饲料等55个优质农产品生产示范基地，总面积达到5.47万公顷。在市农业局设立农产品质量检测站，在南村和蓼兰两个主要优质农产品生产基地建起快速检测点，初步形成了农产品质量检测体系。农业标准化的推行，促进了农产品质量的提高，如“华元”牌花生，“大华”牌鲜梨，“淳金”“喜燕”牌花生油，“佑昌”牌蔬菜等产品获得国家A级绿色食品认证；南村无公害蔬菜示范园生产的黄瓜、茭瓜、番茄，明村西瓜、番茄基地生产的樱桃番茄、西瓜，祝沟镇生产基地的香瓜、樱桃番茄等获无公害农产品认证；“旧店”苹果，“富狮王”葡萄酒，“沽河”蔬菜，“胶河”西瓜等50多种优质农产品注册了商标，成为具有一定影响的优势农产品品牌。

第四节 社会化服务体系建设

1986年，全县有各种社会化服务组织6653家。其中村级服务组织6207家，为农户提供产前、产中、产后服务。

1989年，市委、市政府下发《关于加强乡镇、村农业服务制度建设的意见》，在乡镇建立农业综合服务中心，由乡镇长兼任服务中心主任，镇农委负责日常工作，并以各站所为依托，分别建立了农技推广、林果生产、农田水利管理、农业机械管理、农电管理、畜牧生产、农用生产资料与农副产品购销、畜禽产品购销、农业经营管理 9 个服务站。服务站与各站所隶属关系不变，在农业综合服务中心统一组织下进行服务工作。村级以行政村为单位，完善和健全村经济联合社，经济联合社下设“三组一店”（农业技术综合服务组，机电水利管理服务组，农业经营管理服务组，农业生产物资购销服务店），与村民委员会实行“一套班子、两块牌子”，承担本村生产服务、管理协调与资产积累职能。1992 年乡镇机构改革后，服务内容有所减少。2002 年农村税费改革后，村集体资金大幅减少，村集体服务功能有所弱化。

（2010 年摄）

1995 年，平度市果农协会依托市农业局果树站成立，至 2005 年引进繁育推广果树新品种 89 个，推广新技术 58 项，推广水果套袋 15 亿个，帮助果农销售果品 1.3 亿公斤，发展团体会员 161 个，个体会员超过 2380 人。

1996 年，国家级农业技术市场——江北农业技术市场在平度成立，并举办了首届中国青岛国际农业科技博览会。至 2002 年，博览会共举办 7 届，为农民走向市场，解决买难卖难问题搭建桥梁。市场开通农业经济信息网和农业科技服务热线，为农民提供农业技术、畜牧水产养殖、农业机械等技术和信息，产生直接经济效益 2500 余万元，间接经济效益 6 亿元。如云山镇的大樱桃、大泽山镇的苗木、蓼兰镇的种子都实现了网上推介和销售。云山镇钓鱼台农民张胜堂 2005 年种植大樱桃 1.8 亩，在网上发布销售信息后，购买者络绎不绝，一斤大樱桃最高卖到 80 元，总收入超过 15 万元；大泽山镇农民侯书成家庭上网后，建立了华东园艺场主页，吸引全国各地客户前来购买苗木，一年盈利 20 余万元。

1997 年，新河镇成立肉鸡销售协会，吸纳全镇有肉鸡购销经验和运输能力的农民成立了肉鸡运销队伍。

2005 年，兰底镇成立辣椒产业协会，由辣椒种植户与加工企业、购销大户签订产销协议，形成定单农业，促进了辣椒产业发展。是年，全镇辣椒面积发展到 2000 余公顷，占耕地面积的 30% 以上，产值 6000 余万元。全市农村专业技术协会（研究会）累计达到 174 个，其中市级 9 个、镇级 88 个、村级 77 个。

第二章 种植业

第一节 粮食作物

平度的粮食作物包括夏粮作物和秋粮作物，夏粮主要是小麦；秋粮包括玉米、地瓜、谷子、高粱、豆类和其他谷物。

一、小麦

1986年，种植小麦8.05万公顷，占粮食作物播种总面积的46.7%，亩产337公斤，总产40.64万吨，比1978年农村家庭联产承包责任制实行之初，单产增加了1.96倍，总产增加了1.92倍，全市小麦生产进入中产阶段。进入20世纪90年代，小麦产量增长较快，开始向高产迈进。1991年，种植8.89万公顷，亩产405公斤，首次突破400公斤大关。1997年，种植面积8.04万公顷，亩产466公斤，创历史最高水平。1999年以后，小麦生产由单纯追求高产向高产与优质并重方向发展，小麦亩产量基本稳定在450公斤左右。2005年小麦种植面积9.45万公顷，亩产438公斤，总产62.06万吨，面积、总产创历史新高。

小麦收割现场（2003年摄）

二、玉米

俗名棒子，有春播和夏播之分，生长期根据品种不同在80～120天。1986年种植面积5.87万公顷，占粮食总播种面积33.1%，亩产406公斤，总产35.72万吨。20世纪90年代以后，高产、抗病、耐密杂交品种得到推广，玉米进入高产栽培阶段。1993年单产达到487公斤，创历史最高水平。同时，随着畜牧业的发展，玉米种植面积不断增加，1999年达到7.41万公顷。并且套种玉米面积减少，直播玉米面积扩大，占到了种植面积的70%以上。2005年种植面积8.91万公顷，占粮食播种面积的48.25%，亩产488公斤，总产67.20万吨。

三、地瓜

地瓜曾是平度的第二大粮食作物，栽植面积仅次于小麦。1986年，栽植面积1.85万公顷，占粮食总播种面积的10.9%，亩产369公斤，总产10.27万吨，栽植面积比1985年少2个百分点。后，随着玉米种植面积的增加，地瓜栽植面积逐渐减少，栽植区域主要在山区和丘陵地带。1990年栽植面积1.19万公顷，仅占粮食总播种面积的7%，亩产459公斤，总产8.20万吨。1995年栽植面积5060公顷，亩产474公斤，总产3.59万吨。2005年栽植面积960公顷，仅为1986年的1/20。

四、大豆

主要是黄豆，黑豆种植很少。春播夏播皆可。1986年，种植面积9300公顷，占粮食总播种面积的5.4%，亩产135公斤，总产1.87万吨。1990年，种植面积5993公顷，亩产173公斤，总产1.56万吨。1995年，种植面积4980公顷，亩产191公斤。2000年，种植面积3753公顷，亩产199公斤，总产1.12万吨，种植面积逐年下降。2005年，种植面积2520公顷，占粮食总播种面积的1.32%，亩产

278 公斤，总产 1.05 万吨，亩产创历史最高水平。

五、其他杂粮

主要有谷子、高粱、杂豆等，面积很小，占粮食总播种面积的 5% 以下，农户利用地边、地头零星种植。

第二节　经济作物

一、花生

以春花生为主，为平度主要油料作物。1986 年，种植面积 3.73 万公顷，占经济作物播种面积的 59.5%，亩产 251 公斤，总产 14.04 万吨。20 世纪 90 年代中后期，中早熟花生新品种和冬小麦—夏玉米—冬小麦—夏花生一年两作两收种植制度开始推广，其中蔬菜主产区实施蔬菜—夏花生一年两作或蔬菜—夏花生—蔬菜一年三作种植制度。1999 年，花生单产 376 公斤，创历史最高。2005 年，种植面积 3.97 万公顷，亩产 340 公斤，总产 20.26 万吨。是年，花生机播面积占到播种面积的 90% 以上。实行花生二年三作的年播种面积达到 3.33 万公顷，占花生总面积的 90% 以上，为全市花生大面积持续稳定增产起到关键性作用。

二、棉花

1986 年，棉花种植面积 1.57 万公顷，亩产 61 公斤，总产 1.44 万吨。亩产比 1984 年历史最高纪录 84 公斤少 23 公斤。1990 年，全市棉田优良品种达到 90.7%，棉花亩产 54.3 公斤，位居全省植棉县（市）前列。1992 年，由于棉铃虫暴发，单产降至 25 公斤，总产 8074 吨。1997 年，棉花种植 3330 公顷，种植面积呈下降趋势。1998 年，开始引进转基因抗虫棉 33B，及双价、转基因抗虫棉 99B 进行品种更新。2003 年，单产皮棉 86.7 公斤，总产 5375 吨，单产再创历史新高。2005 年，种植面积 3800 公顷，亩产 80.6 公斤，总产 4594 吨。

棉花采摘（1987 年摄）

蓼兰花生（2005 年摄）

三、蔬菜

栽培方式有露地栽培和保护地栽培两种，以露地栽培为主。20 世纪 80 年代中后期，蔬菜栽培面积、栽培形式开始得到较快发展。蔬菜栽培面积由 1986 年的 1.03 万公顷发展到 1995 年的 3.42 万公顷。1993 年，平度市蔬菜技术推广站成立，负责全市蔬菜新品种、新技术、新农药、新肥料的引进、繁育和推广。1994 年首先引进推广了大棚西瓜栽培技术，1997 年引进 3330 公顷生姜秋延迟设施栽培技术，2002 年引进 6670 公顷特色蔬菜新品种。2003 年，优质出口干制辣椒大面积高产技术得到推广和产业化开发。2004 年，2.67 万公顷优质出口蔬菜标准化生产基地建成，食用菌与生姜连作高效生态栽培模式得到推广。是年，蔬菜栽培 5.98 万公顷，总产也由 1995 年的 74.02 万吨增加到 301.84 万吨。2005 年，蔬菜栽培 4.57 万公顷，总产 203.29 万吨。

山区小麦种植（2005 年摄）

第三节 栽培技术

一、小麦栽培

1986 年前后，小麦栽培重点推广适用新品种，提出了高、中、低产品种“对号入座”，推广精量播种、配方施肥技术，提出足墒足肥下种，重追起身拔节肥，浇好冬水、起身拔节水和灌浆水；普及麦田套种玉米技术，实行病虫害综合防治。在旱薄地上推广底肥“一炮轰”，减少群体，培育壮苗，春季相机追肥，以划锄、镇压为主要措施，并选用抗旱品种，提高旱薄地小麦产量。20 世纪 90 年代后，由于冬前气温高，小麦停止生长的时间推迟，小麦适期播种的时间也由原来的秋分前后推迟到 10 月 1 ~ 8 日。推广小麦精播高产配套技术，降低基本苗，每亩播量由原来 8 ~ 10 公斤降到每亩 4 ~ 7 公斤；精播合理的群体动态结构为每亩基本苗 8 万 ~ 12 万，冬前总分蘖数 50 万 ~ 60 万，年后最大分蘖 60 万 ~ 70 万，不超过 80 万，亩成穗 40 万左右，不超过 45 万，多穗型品种 50 万左右。叶面积系数冬前 1 左右，起身期 2.5 ~ 3，挑旗期 6 ~ 7，开花、灌浆期 4 ~ 5。推广旱地小麦丰产配套技术，以抗旱保墒、增施肥料，培肥地力为基础，选用抗旱良种，培育壮苗为前提，综合运用各项抗旱增产措施，重点抓耕作保墒，以土蓄水；配方施肥，以肥济水；选用抗旱品种，以种节水；培育壮苗，经济用水；防旱保苗，提墒保水。推广晚茬麦丰产栽培技术，增施肥料，以肥补晚；适当增加播种量，以密补晚；选用晚播早熟品种，以种补晚；提高整地质量，以好补晚技术。

二、玉米栽培

1986 年前后，玉米栽培以创高产为主要目标，推广紧凑型玉米品种，套种玉米，合理密植（每亩 3000 ~ 3500 株以上，个别达 4000 株以上），按叶龄指数运筹肥水，综合防治病虫害，产量不断提高。20 世纪 90 年代后，玉米栽培以推广高产、抗病、耐密杂交种为突破口，增加物质投入和种植密度，每亩 3500 ~ 4000 株，改进施肥技术，提高养分利用率；采用“三攻”追肥技术（拔节期施肥攻秆，孕穗期施肥攻穗，灌浆期施肥攻粒），补施锌、铜等微量元素；合理分配施肥数量，高肥地采用“前轻后重”，低肥地采用“前重后轻”施肥方案（“前”指的是拔节期，“后”指的是孕穗期）；推广节水灌溉、病虫防治综合配套技术。种植方式也因气温变暖、机械化程度提高，套种面积减少，直播面积扩大，占种植面积的 70% 以上。

三、大豆栽培

传统栽培方式为墩播。每墩下种 4 ~ 6 粒，不施肥，不浇水；夏大豆一般于麦收后播种。1986

年前后，推广大豆合理密植技术，中等肥力、适期播种、极早熟或早熟品种每亩留苗2万株左右，中熟品种每亩留苗1.6万～1.8万株，晚熟品种每亩留苗1.2万～1.6万株。20世纪90年代，推广应用植物生长调节剂，用矮壮素等在花期喷洒，抑制大豆徒长，防止倒伏，对增强抗病、抗旱、抗涝能力也有一定作用。

四、花生栽培

1986年，花生地膜覆盖栽培技术得到推广。是年，全市花生地膜覆盖面积5330公顷。经长期试验和考察，花生覆膜比不覆膜出苗率提高4.6%，双仁果和饱果指数分别提高4%和11.6%，公斤果数减少15%，单位面积总果数增加12.8%，产量增加26.4%。进入20世纪90年代，花生地膜覆盖面积逐年扩大，到1995年，全市花生地膜覆盖面积已达到2.67万公顷，占花生播种总面积的90%。施肥方法、施肥种类和施肥数量坚持“三为主”、“三结合”：即施肥种类以有机肥为主，结合施用速效化肥；施肥方法以集中施为主，结合分散撒施；施肥时间以基施为主，结合叶面喷肥。同时，引导农民增加有机肥施用量，减少化肥施用量。2000～2005年，花生化肥（三元素复合肥）亩施用量由55公斤减少到30公斤，减少45.6%；有机肥亩施用量由1000公斤增加到2500公斤，增加150%。同时，集开沟、施肥、播种、起垄、覆土、镇压、喷除草剂、覆膜于一体的多功能花生播种机得以推广，提高了播种效率和播种质量，全市花生出苗率一般保持在90%以上，其中出苗率95%以上地块占播种面积80%以上。2005年，全市花生机播面积占播种面积90%，地膜覆盖面积占花生播种面积95%。

花生地膜覆盖技术推广（1986年摄）

五、棉花栽培

1986年前后，合理种植密度，一般每亩4000～5000株，当时群众的结论是：稀了难高产，密了不好管，四五千株最保险。进入20世纪90年代，多据地力状况、品种特性、种植方式等来确定合理种植密度，以确保高产。施肥改播种时沟施化肥为起垄时施底化肥，效果良好。推广地膜覆盖技术，覆盖比不覆盖增产30%左右。使用化学调控技术，视棉花长势、肥水大小不同分1～3次调控。2005年，全市棉花地膜覆盖率达99.9%；化学调控面积1200公顷，占棉花总种植面积的31.6%。

六、蔬菜栽培

育苗　春季多利用保护地育苗番茄、黄瓜、甘蓝、茄子、甜椒等。夏、秋季多采用遮阳棚下做高畦方法培育大白菜、甘蓝、番茄等菜苗，以防高温、暴雨、病虫破坏。

露地栽培　露地栽培是平度蔬菜的主要栽培方式。1986年前后，生产应用大白菜综合防病高产栽培、地膜覆盖下施肥、芹菜苗期化学除草技术；推广普及早中晚熟大白菜一代杂种、早中晚熟番茄品种、津研系列黄瓜品种、之豇28-2豇豆、茄门甜椒、小青冬瓜、夏光甘蓝、马铃薯、上海红皮洋葱、桃林芸豆、黄苗芹菜等蔬菜品种。推广应用秋季大白菜培肥地力、选用抗病品种、晚播、苗期制虫和肥水管理等综合高产栽培技术，实现了稳产高产。学习外地淡季菜创高产经验，选用豇豆优良品种红嘴燕，于3月底4月初育苗移栽，深耕增施有机

露天大葱生产（2005 年摄）

肥料，注意通风、排涝、防治病虫害，采收时在蒂盘前掐断采下豆角（切忌损伤蒂盘），使平度市豇豆单产由 1000 ~ 1500 公斤上升到 1500 ~ 2000 公斤。2000 年，平度露地栽培蔬菜面积 4.71 万公顷，总产量 185.25 万吨。2005 年，平度露地栽培蔬菜面积 4.59 万公顷，总产量 225.16 万吨。

保护栽培　1975 年，西马家沟村建立全县第一个冬暖式塑料大棚，用于栽培芹菜。之后，蔬菜大棚便在各地零星建起。1986 年，学习寿光蔬菜大棚栽培技术，逐渐在两目（祝沟）、门村、崔家集、南村等镇建立简易蔬菜大棚，因管理不善，于1989 年前后基本倒塌或废弃。1991 年，全市再次掀起大棚发展热潮，兴建面积达 330 公顷。1992 年，南村、明村、张家坊、云山 4 个乡镇分别发展蔬菜大棚 157、109、46 和 23 个。1997 年，全市保护栽培达 1000 公顷，其中大棚面积 466 公顷。到 1999 年，全市形成南村、祝沟、明村、崔家集、张戈庄、蓼兰等 13 个蔬菜大棚示范园。2005 年，全市塑料薄膜保护栽培 9800 公顷，其中大棚栽培 1066 公顷。

风障阳畦主要在韭菜等蔬菜栽培和辣椒育苗上应用。玻璃阳畦、温床因造价较高，只用于蔬菜育苗。

第四节　土壤肥料

一、土壤

平度的北部、东北部山地丘陵区分布着棕壤土类（俗称黄土），面积 8.6 万公顷，PH 值一般为 5.5 ~ 6.5，适合种植林果、小麦、玉米、花生。西部石灰岩丘陵区（马戈庄、明村、长乐镇）因受成土母质的影响而发育为褐土土类（俗称黄砂土），面积 6930 公顷，土壤 PH 值一般为 6.5 ~ 7.3，主要种植小麦、玉米、花生、果树。各大河流沿岸、河滩高地和古河道上（祝沟、云山、古岘、仁兆、蓼兰、灰埠、长乐等镇）形成的土壤为潮土（俗称河淤土），面积约 6.33 万公顷，土壤 PH 值一般为 6.5 ~ 7.0，主要种植小麦、玉米、蔬菜、花生。潍石路以南和青沙路以西的浅平洼地上（同和、蓼兰、张戈庄、郭庄、兰底、万家、白埠、崔家集、明村、田庄、马戈庄等镇），分布着砂姜黑土（俗称干狗石黑土），面积 8.91 万公顷，PH 值

明村镇大黄埠樱桃西红柿大棚栽培（2005 年摄）

一般为 7.0 ~ 7.5。呈中性至微碱性，质地偏粘，养分含量较高，主要种植小麦、玉米、棉花、大豆等作物。西北部的新河镇以北高辛庄和三苗家村、大苗村、胶莱河与泽河汇流处，因常受海水侵袭，大潮时海水逆流倒灌，提高了地下水位，增加了土壤中的含盐量，其土壤类型划归盐土（俗称盐荒地），面积 700 公顷，PH 值一般为 7.5 ~ 8.0，抑制作物生长，大部分地块为盐荒地，只生长皇席菜、碱蓬等盐生植物。

平度砂质土面积 7.82 万公顷，主要分布于旧店、祝沟、云山、大田、崔召、大泽山、店子等山区各镇的山坡地上。土壤瘠薄，不保水不保肥，养分含量低，发小苗不发老苗。轻壤土面积 5.91 万公顷，主要分布于古岘、仁兆、南村、麻兰、蓼兰、白埠、马戈庄、店子、灰埠、长乐等镇，该土质地砂黏适中，通透性好，保水保肥，养分含量较高，供肥性好，适耕期长，土壤水、肥、气、热状况协调，适种多种作物。中壤土面积 7.45 万公顷，主要分布于白埠、兰底、万家、明村、田庄、张舍、马戈庄、新河、张戈庄、郭庄等镇，土质偏黏，适耕性、通透性较差，保水保肥能力较好，易发生渍涝，适宜种植小麦、玉米、花生、棉花、大豆、高粱等作物。重壤土面积 5106 公顷，主要分布于仁兆西部至张戈庄、郭庄东部一带，明村东南及马戈庄西北部的低洼处，土壤质地黏重，养分含量较高，有后劲，湿时黏干时硬，耕性不良，水、肥、气、热状况不协调，适宜种植小麦、棉花、大豆等作物。

1981 年第二次土壤普查时，全市耕层土壤有机质平均含量 0.94%，全氮 0.06%，全磷 0.06%，碱解氮 65.2mg/kg，速效磷 4.1mg/kg，速效钾 88.6mg/kg，属于养分缺乏范围（碱解氮、速效钾属中等偏下水平）。耕层土壤大部分缺锌，普遍缺硼，部分缺锰。2004 年土壤肥力监测结果表明：全市耕层土壤有机质平均含量 1.06%，碱解氮 75.2mg/kg，速效磷 30.9mg/kg，速效钾 88.0mg/kg。与第二次土壤普查结果相比，除土壤速效钾有所下降、土壤微量元素变化不大外，土壤有机质及氮、磷的含量均呈上升趋势，特别是土壤磷素的含量增加比较明显，土壤综合生产能力明显提高。

二、肥料

20 世纪 80 年代后期，土杂肥用量越来越少，肥料投入逐渐偏重于化肥。微生物肥料有生物钾肥、联合固氮菌肥等，应用作物为小麦、花生、棉花、大姜、土豆等。90 年代后，氮肥和复合肥投入明显增加，其中氮肥以尿素为主，复合肥以磷酸二铵和三元复合肥为主。单一的磷肥和钾肥主要在果树、蔬菜及烟草上施用，大田作物施用很少，总量趋于减少。同时，农技部门开始推广平衡施肥技术，将平衡施肥技术物化到复混肥产品中，复混肥成为农田投肥的主要品种，施用量逐年增加。此期微量元素肥料应用已较普遍，小麦、玉米等平均每年推广应用锌肥 6 万公顷，花生平均每年推广铁肥 4600 公顷，棉花、花生、果树平均每年推广硼肥 1.33 万公顷。

进入 21 世纪，人们对无公害农产品要求越来越高，有机无机复混肥、生物有机肥、商品有机肥等新型肥料开始在蔬菜和果树上推广应用。集节水、节肥、省工于一体的滴灌施肥技术在保护地蔬菜栽培中得到广泛应用。小麦秸秆、玉米秸秆逐步实现粉碎还田。有机肥投入量在不同地区和不同作物上仍不平衡，总量较低。小麦、花生、棉花氮、磷、钾肥的用量和比例基本合理，玉米的磷钾用量偏低。蔬菜地有机、无机肥比例比较合理，大棚菜磷多、钾少、氮适宜，陆地菜氮磷适宜、钾偏低。部分地区果农对微量元素肥料不够重视，果树出现生理性病害。化肥投入占生产总成本的比重：常规大田农作物平均 30.85%（其中小麦 38.6%），果树平均 37.3%，大棚菜 52.5%。

第五节 植物保护

1978 年，平度县农业局设立植物保护站，承

担病、虫、草、鼠害测报、防治和植物检疫。

一、病虫害防治

小麦病虫害 主要有白粉病、叶锈病、全蚀病和蚜虫。白粉病和叶锈病严重时，能造成小麦叶片干枯而死。白粉病，1990、1991、1998、2004年偏重发生，年发生面积4.33万～6万公顷，主要用6%立克秀或2.5%适乐时加3%敌萎丹进行拌种，用20%三唑酮、50%多菌灵进行喷雾防治。全蚀病，1986年发生面积6600公顷，1987年后，采取以轮作换茬为主的综合防治措施，该病基本得到控制。蚜虫，1986～1989年中等偏重至大发生，主要用久效磷、速灭杀丁、氧化乐果等农药进行防治；1990～1998、2000～2002年偏重至大发生，年发生面积5.33万～6.67万公顷，主要利用瓢虫、蚜茧蜂、食蚜蝇等天敌资源来控制蚜虫，用50%辟蚜雾、10%吡虫啉、2.5%高效氯氰菊酯进行防治，控制效果较好。麦叶蜂，1990、1991年偏重至大发生，年发生面积4万～4.67万公顷，主要用氧化乐果、敌敌畏、溴氰菊酯进行防治。麦蜘蛛，1990、1992、1994年偏重至大发生，年发生面积4.67万～5.33万公顷，用15%哒螨灵、0.9%阿维菌素、73%克螨特进行防治。金针虫，1990、1991年连续两年偏重发生，年发生面积2万～2.67万公顷，主要用40%甲基异柳磷或50%辛硫磷乳油拌种防治。

玉米虫害 主要是粘虫。二代粘虫1988年中等偏重至大发生，年发生面积3.33万公顷以上，受害玉米缺苗断垄，严重的导致翻种；三代粘虫1986、1989、1990年大发生，年发生面积2万公顷以上，严重地块玉米叶片被吃光，只剩叶脉和茎杆，1991年后玉米田除草剂大面积推广应用，杂草密度降低，粘虫已构不成危害。防治粘虫主要使用速灭杀丁、敌杀死、25%快杀灵、25%灭幼脲3号、4.5%高效氯氰菊酯等农药。玉米穗虫（以棉铃虫为主），1989年中等至偏重发生，发生面积4.67万公顷，使用5%辛硫磷或5%甲基1605颗粒剂拌细砂撒施。粗缩病，1996、1997年连续两年严重发生，年发生面积6670公顷，约占播种面积的9.3%，绝产翻种的分别为200公顷和43公顷，减产玉米500万～550万公斤。防治中，先从消灭灰飞虱、防治小麦丛矮病入手，抓住小麦播种期和苗期、玉米播种期、玉米苗期三个关键时期，采取麦田、玉米田共同治虫防病的综合措施，很好地控制了该病发生为害。

大豆虫害 主要是蚜虫，1989年大发生，用敌百虫、西维因、杀螟松等农药进行防治。

棉花虫害 1986年测定，棉铃虫对多种农药产生了抗药性。棉苗蚜，1991、1992、1994、1997、1998、2000年偏重至大发生，使用50%辟蚜雾、10%吡虫啉、40%氧化乐果喷雾防治，基本控制了危害。二代、三代棉铃虫，1992～2000年偏重至大发生，特别是1992～1994年暴发性流行；四代棉铃虫，1992～1997年偏重至大发生。防治棉铃虫的农药主要有辛硫磷、久效磷、Bt乳剂。2001年，随着大面积推广种植抗虫棉，棉铃虫已构不成危害。

花生病虫害 主要是“三病两虫”（叶斑病、锈病、病毒病及根结线虫、蛴螬）。叶斑病，包括褐斑病、黑斑病，1990～1994、1999年偏重至大发生，年发生面积2.33万～3万公顷，防治农药主要使用80%代森锰锌、50%多菌灵、75%百菌清。蛴螬，1990年偏重至大发生，用50%辛硫磷、40%甲基异柳磷、40%久效磷、40%氧化乐果进行拌种，用50%辛硫磷、20%甲基异柳磷进行灌根防治。蚜虫，1989年大发生，使用久效磷、速灭杀丁、溴氰菊酯等混配农药进行防治。根结线虫病和病毒病在平度花生生产中基本绝迹。

蔬菜病虫害 主要病害有大白菜霜霉病、软腐病，黄瓜霜霉病、白粉病、枯萎病、炭疽病，番茄脐腐病、疫病，茄子绵疫病、褐纹病，以及大白菜、萝卜、番茄、黄瓜、甜椒的病毒病等。主要害虫有菜青虫、菜螟、菜蚜、黄条跳甲、茄子红蜘蛛、茄

子28星瓢虫、棉铃虫、甜菜夜蛾、韭蛆、地老虎等。

大白菜病毒病、霜霉病、软腐病，历年都有不同程度的发生，尤其病毒病和霜霉病复合发生，危害重，每隔5年左右大流行一次。霜霉病发病有9月上中旬和9月底至10月上旬两个高峰，流行年份减产20%以上。使用65%的可湿性代森锌500倍液和0.4～0.5度石硫合剂以及乙磷铝、百菌清、瑞毒霉等药剂防治。软腐病一般发病率在15%～20%，减产15%～20%，防病药物有中抗病毒2号、吐斯特及链霉素。病毒病的毒源是芜菁花叶病毒（TUMV）、黄瓜花叶病毒（CMV）和菸草花叶病毒（TMV），三者之间又以YUMV对白菜致病力最强，同美国的毒源CⅢ为同一株系。田间三种病毒复合侵染也较为严重。其防治措施有：选用抗病品种，适当晚播，精选茬口，密植，苗期治蚜，加强肥水搭配和生长期栽培管理等。

黄瓜霜霉病，较为普遍，一般年份春黄瓜6月23～27日开始发病，如不进行防治，发病5天后病情指数即可由5%增至18.4%，一周内可全株死亡，一般年份减产40%以上。采用40%乙磷铝可湿性粉剂200倍液、75%百菌清可湿性粉剂600倍液、25%甲霜灵可湿性粉剂800倍液喷雾防治。

菜青虫，主要危害十字花科蔬菜，尤以甘蓝为最重。从5月中、下旬第一代幼虫开始进入危害盛期，9月中旬后危害较轻，计有120天的危害期。主要采用菊酯类农药防治。

菜蚜类，主要有甘蓝蚜、桃蚜和萝卜蚜3种。发生季节5～6月和8～10月，以秋季危害严重。受菜蚜危害的主要蔬菜种类有：甘蓝、花椰菜、卷心白、白菜、萝卜、芜菁、油菜、荠菜、菠菜、芹菜、甜椒、番茄、茄子、马铃薯、豌豆、黄瓜、南瓜等多种蔬菜作物。严重发生时造成受害作物成片死亡。菜蚜还是病毒病的载体，传播各种病毒。防治农药主要是氧化乐果。

二、化学除草

人工划锄和中耕是解决草害的传统方法。20世纪80年代中后期，开始引用氟乐灵、都尔、拉索、草甘磷和除草醚，防除花生、大豆、棉花、蔬菜和果树杂草，年除草面积1.33万～2.34万公顷。1990年以后，化学除草剂得到推广应用。1993年，除草5.53万公顷。到90年代后期，90%以上的玉米、花生田使用化学除草。2005年，使用除草剂除草已很普及。除草剂主要品种有苯磺隆（巨星）、乙草胺、敌草胺、都尔、高效盖草能、拿捕净、乙·莠水、百草枯、草甘磷（农达）、除草通（施田补）、菜草通等。

三、植物检疫

1986～1989年，主要对小麦腥黑穗病、小麦全蚀病、棉花黄萎病、棉花枯萎病、花生根结线虫、地瓜黑斑病、地瓜茎线虫病、苹果绵蚜等植物疫病进行了检疫。1990～1994年，实施产地检疫作物主要有小麦、大白菜，年产地检疫面积53～320公顷。1995～2005年实施产地检疫的作物（花卉）主要有小麦、玉米、大豆、棉花、花生、大白菜、香菜、葡萄、蝴蝶兰等，年产地检疫面积350～2.07万公顷。

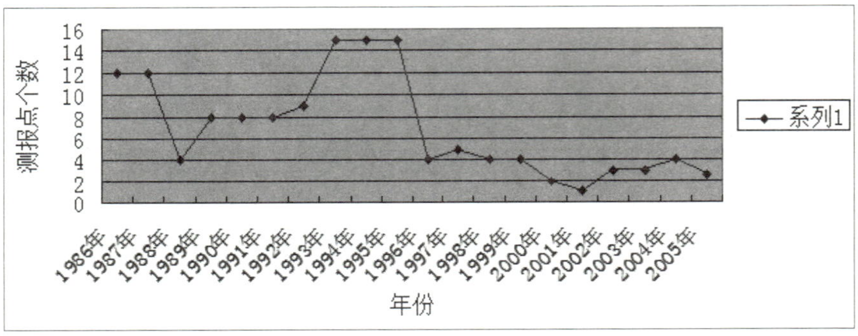

图4-1　测报体系（测报点）建设图

四、病虫测报

1986年，农业部门在全县有代表性的区域设立测报点12处，负责对全县农作物病虫害的发生动态进行监测。但因测报工作需要及经费原因，全

市测报点个数年度间变化较大，1993 ~ 1995 年最多，达 15 个；2002 年最少，仅 1 个。2002 年前，主要是利用黑光灯诱测鳞翅目、鞘翅目等害虫；2003 ~ 2005 年，应用先进的佳多虫情测报灯诱测多种害虫，测报水平和质量进一步提高。

第六节 作物改良

一、小麦

1986 ~ 2005 年，平度小麦品种进行了四次改良。1986 ~ 1989 年，高产田当家品种有鲁麦 7 号、烟农 15 号；一般田当家品种有鲁麦 13 号、晋麦 21 号、鲁麦 5 号，搭配品种有山农辐 63 号。1990 ~ 1995 年，高产田当家品种有鲁麦 14 号、烟农 15 号；旱地品种有鲁麦 13 号、莱农 8834。1996 ~ 2002 年，高产田以烟农 15 号为主，搭配种植莱州 95021、济南 17 号；中产田以鲁麦 21 号、济麦 19 号为主，搭配种植莱州 95021；旱地麦田以烟农 18 号和烟农 19 号为主，搭配种植鲁麦 21、莱农 9214。2003 ~ 2005 年，高产田以烟农 15 号、济麦 20 号为主，搭配种植济南 17 号；中产田以鲁麦 21 号为主，搭配种植烟 95021、济麦 19 号、烟农 19 号；旱地以烟农 19 号为主，搭配种植鲁麦 21 号。

中央电视台焦点访谈栏目采访平度小麦高产情况（2008 年摄）

二、玉米

1986 ~ 2005 年，平度玉米品种进行了三次改良。1986 ~ 1987 年，当家品种有烟单 14 号，搭配掖单 2 号、丹玉 13 号、中原单 4 号、昌单 4 号、鲁单 37 号。1988 ~ 1998 年，当家品种为掖单 2 号为主，搭配掖单 13 号、烟单 14 号、丹玉 13 号和沈单 7 号。1999 ~ 2005 年，当家品种有掖单 22 号、鲁单 50、农大 108、鲁单 981、郑单 958，搭配品种有登海 1 号、登海 9 号、登海 11 号、金海 5 号等。

三、棉花

1986 ~ 2005 年，平度棉花品种进行了五次改良。1986 ~ 1988 年，主要品种有鲁抗 1 号（4671），搭配品种有刘庄 2 号、协作 1 号。1989 ~ 1991 年，主要品种有中棉 12 号。1992 ~ 1995 年，主要品种有鲁棉 11 号（3389）。1996 ~ 1997 年，主要品种有石远 321。1998 ~ 2005 年，主要品种有转基因抗虫棉 33B，搭配品种有双价、转基因抗虫棉 99B、鲁棉研系列等。

四、花生

1986 ~ 2005 年，平度花生进行了五次品种更新。20 世纪 80 年代末期，选用中熟大果型品种花 37，一般比珍珠豆型品种增产 20% 以上。花 37 种植面积 1.6 万公顷，占全市花生播种面积的 80% 以上。进入 90 年代，引进评选出鲁花 11 号、79266、鲁花 9 号和 8130 等品种，1994 年种植面积达到 2.29 万公顷，占总播种面积的 85% 以上。90 年代中后期，在稳定鲁花 11 号种植面积的基础上，引进推广了鲁花 14 号、花育 16 号、花育 17 号等品种。进入 21 世纪，试验推广了花育 22 号、丰花 1 号、丰花 3 号、潍花 6 号、潍花 8 号等品种。到 2005 年，平度已基本完成全市第三次花生品种更新，形成以优质出口型花生品种鲁花11号、花育22号、丰花3号以及加工型品种潍花6号、潍花8号等为主栽品种的品种种植新格局，播种面积达到2.93万公顷，占全市花生总面积的75%。

收获中的马家沟芹菜（2005年摄）

五、蔬菜

1986～2005年，蔬菜品种进行了多次改良，特别是进入20世纪90年代，改良周期更短。1990年之前，蔬菜当家品种主要有马家沟芹菜、地老虎黄瓜、长春密刺黄瓜、叶儿三黄瓜、金钟冠龙西瓜、老来少芸豆、中甘十一和鲁甘系列甘蓝、独根红韭菜、早魁和早红西红柿等普通品种。1991～1995年，通过对蔬菜品种的改良，芹菜以当地青芹和西芹为主，黄瓜以台湾密刺、小八叉、地老虎黄瓜和长春密刺为主，西瓜以京欣、高原和金钟冠龙为主，韭菜以雪韭为主，白菜以改良三号大白菜和早伏小白菜为主，土豆以荷兰和早半月为主，甘蓝以高原和中甘系列为主，九〇三西红柿，章丘大葱等。1996～2005年，又以特色品种、品质好、产量高、耐贮运、主加工的品种为主，主要品种有台湾圣女、台湾修女等樱桃西红柿，美国四号西红柿，紫贵人、白雪、芙蓉达等彩色椒，佳合节成小黄瓜，特小风西瓜，奥琪娜甘蓝，马家沟芹菜一号、二号为主，圆葱以日本中高黄、美国黄为主，土豆以荷兰系列一号、七号为主，全市蔬菜品种达到1000余种。

城关街道5000亩大姜示范园（2003年摄）

1986 ~ 2005 年平度市（县）主要农作物种植面积和产量统计表

表 4-1

面积：万亩　总产：吨

年度	小麦		玉米		地瓜		大豆		棉花		花生		蔬菜	
	面积	总产	面积	总产	面积	总产	面积	总产	面积	总产	面积	总产	面积	总产
1986	120.7	406405	87.99	357230	27.80	102660	13.95	18675	23.48	14383	55.93	15042.43	15.41	351990
1987	117.09	420760	92.14	370395	25.20	101715	11.02	17150	33.61	21305	49.87	14512.17	16.55	346245
1988	117.09	382676	93.73	364610	22.07	100198	10.98	16470	34.53	13812	48.80	10589.6	16.52	371700
1989	113.96	390803	97.60	432344	21.42	92061	9.92	15703	31.86	14600	50.21	12201.03	16.46	400802
1990	117.68	437770	102.73	474940	17.90	82079	8.99	15590	31.74	17361	47.13	13007.88	17.15	440998
1991	117.15	474719	104.24	505760	17.86	80991	8.09	15126	32.3	25100	47.47	14193.53	17.65	484163
1992	117.8	473533	105.86	494692	15.49	69554	8.10	13704	32.29	8074	47.10	12387.3	17.47	482407
1993	117.3	511140	104.16	506948	11.15	55869	9.16	17517	28.4	15336	41.97	12926.76	21.93	624742
1994	117.4	513038	105.61	505954	9.98	54198	9.32	19333	28.05	8364	44.27	14831.78	23.58	630646
1995	117.3	534044	107.30	498410	7.59	35939	7.47	14235	20.88	8172	45.04	15572.57	29.04	740157
1996	118.15	523389	107.69	516539	7.34	36227	6.94	13640	10.02	4001	45.99	15729.64	32.59	933880
1997	120.67	562138	108.00	370801	5.00	22897	9.69	10031	5.0	2000	44.12	12223.71	44.45	1022872
1998	120.66	555052	110.93	541499	4.63	23189	7.04	13881	6.0	4140	46.5	16507.5	49.15	1164690
1999	119.72	533960	111.21	539122	4.43	27488	6.09	14164	5.0	3440	47.8	17972.8	–	–
2000	110.79	501514	101.15	438253	3.40	15091	5.63	11228	2.24	1725	55.1	16530	50.70	1852457
2001	97.39	436015	97.85	448153	2.70	13651	5.13	9558	4.3	2968	54.4	17952	83.77	1902421
2002	94.54	410301	98.88	457158	2.86	15282	4.79	9293	4.34	6642	54.5	18203	70.7	1852457
2003	91.35	408334.5	97.09	461468.8	2.51	14690	4.14	9425	6.2	5375	59.5	19635	79.7	2342283
2004	119.3	540429	100.35	480676.5	1.97	12552	4.21	11008	8	6400	61.67	20659.45	89.47	3018427
2005	141.68	540429	137.7	671991	1.44	9705	3.78	10503	5.12	3748	59.6	20264	68.9	2032900

第三章 畜牧业

1988年12月，平度县政府设立畜牧办公室。1992年，基层畜牧兽医站下放镇政府管理。1993年10月，市畜牧办公室更名市畜牧服务中心，下设综合办公室、畜牧兽医站、良种繁育指导站、畜牧研究所、兽药检察所、兽医卫生监督检验所、牧工商公司、畜禽产品服务站、肉牛公司。1996年1月，市畜牧服务中心加挂市畜牧局牌子。2001年6月，镇（街道）畜牧兽医站改制为畜牧兽医服务公司，翌年10月改回。9月，市经济发展局承担的饲料行业管理职能交予市畜牧服务中心。2003年9月，全市设立基层动物防疫监督站15处。

第一节 畜牧养殖

平度的畜牧业，主要是农区畜牧业。1986年，全市畜牧生产以家庭饲养为主，小家畜和家禽发展迅速，全县畜牧业结构开始发生重大变化。是年，全市畜牧业产值8094万元，占农业总产值的10.6%。到1990年，畜牧业产值占农业总产值增加到16.6%。在畜牧业产值中，大牲畜占54.8 %，猪占33.1%，羊占0.9%，家禽占10%，其他占1.2%。20世纪90年代末，全市有计划地调整畜牧业结构，在稳定发展猪、禽同时，充分利用饲草资源发展草食家畜牛、羊、兔。到2005年，草食家畜和食粮畜禽的比例达12 ： 88（按产值比）。人均占有肉204.8公斤、蛋49.9公斤、奶26.7公斤分别比1986年增加7.5倍、5.4倍和25.7倍。全市各类畜禽规模养殖场（户）增长14.9倍，达到1.98万个，畜禽规模化养殖比重达90%。其中，养牛规模场户641个，养猪规模场户6441个，养羊规模场户1738个，养禽规模场户1.07万个，养兔规模场户216个，其他47个；养殖专业村从无到有，发展到313个，占总村数17.5%。2005年，全市建有养殖小区659个，标准化、工厂化养殖场18处，肉鸡、蛋鸡、生猪标准化生产达到85%，奶牛标准化生产达到75%。是年，肉、蛋、奶总产达到38.09万吨；畜牧业产值18.84亿元，比1978年增长近37倍；占农业总产值44.13%，提高31.6个百分点。

一、家畜饲养

家畜分大家畜和小家畜。大家畜有牛、马、驴、骡等；小家畜有猪、羊、兔等。

崔家集镇5000亩牧草生产（2003年摄）

牛 1986年前，牛的饲养一直徘徊在5万头左右。之后开始由役用为主向役肉和肉奶兼用方向发展。1986年，存养量突破10万头大关，达到10.1万头。1990年达到21.3万头，1994年达到33万头，同时出栏大增，实现8.6万头。2000年，存、出栏总量发展到54.1万头，创历史最好水平。2005年，存、出栏37.66万头，比1978年（时主要为役用，尚不存在出栏）增长7.5倍，在大家畜中的比例达到99.6%。

平度的肉牛，自20世纪90年代开

始发展。1993 年，平度被农业部确定为秸秆养牛示范县。是年，市畜牧繁殖场建成全市第一家肉牛加工厂（注册商标：琴圣），中国农科院畜牧所在马戈庄镇以西门塔尔杂交改良牛开发高档精选牛肉获成功。1994 年，马戈庄镇小官寨村建集体肉牛饲养加工厂（注册商标：琴迈）1 处，存栏规模 500 头，年班产（加工）2000 头，冷库容量 300 吨。1995 年，秸秆养牛示范县项目完成，投入 6800 万元，获经济效益 4.75 亿元，通过农业部验收；全市建 200 头以上规模肉牛育肥示范场 38 处，场建面积 21.2 万平方米；发展肉牛基地镇 20 余处，其中马戈庄、白埠、田庄、中庄、万家、张舍、灰埠、郭庄等镇肉牛存栏均达到 3 万头左右；户均存养肉牛 1.84 头，比项目实施前的 1992 年 0.9 头提高 1 倍多。是年，平度出席全国秸秆养牛先进县（市）表彰大会，被评为“全国秸秆养牛十佳示范县”（首位）；“琴圣”牌高档牛肉获得第二届中国农业博览会铜牌、首届中国国际食品博览会金奖。1996 年，平度被中国特产之乡委员会命名为“中国肉牛之乡”。2004 年，大型现代化肉牛屠宰加工企业——青岛裕龙肉制品有限公司在仁兆镇建成，日屠宰肉牛 200 头，年班产肉牛 3 万头、牛肉 8000 吨。

大世界奶业奶牛养殖（2003 年摄）

平度的奶牛，亦发展于 20 世纪 90 年代。1990 年，市粮食局饲料厂建成全市第一个奶牛养殖场，从青岛、济南引进黑白花奶牛 60 头。翌年，从沈阳购买鲜奶自动真空分装加工机械成套设备，日加工鲜奶 500 公斤。1998 年，市职教中心与德国汉斯·赛德尔基金会进行“双元制”职业教育合作，建成奶牛养殖教学试验场，养奶牛 150 头，日生产加工鲜奶 2000 公斤。1999 年，全市奶牛存栏 330 头。2000 年，退休教师侯书太建濛磊乳业公司，养奶牛 120 头，日生产加工鲜奶 8000 公斤。至 2005 年，全市奶牛存栏 1.13 万头，主要分布于同和、李园、城关、南村、云山、旧店、明村、长乐、灰埠等镇（街道），鲜奶总产量 3.09 万吨。有中、小奶制品加工企业 5 家，日加工鲜奶 11.9 吨。

马　1986 年初，全市马存养 1.08 万匹。后，随着农村经济的发展和农机具、拖拉机的推广，马车、马耕被逐渐取代，养马者日趋减少。1990 年，存栏 8954 匹，至 2005 年已不足 1000 匹。

驴　1986 年，全市驴存养 9050 头。1990 年降至 8519 头。以后锐减，至 2000 年还有 2150 头，2005 年全市仅存 800 余头。

骡　骡比马使役耐力强，饲养较耐粗，受农户欢迎，发展较稳定。1986 年存养 1.60 万匹，1990 年存养 1.44 万匹。后因经济效益低下，不再发展，2005 年尚存 200 余匹。

猪　猪在平度畜牧业生产中占居重要地位，饲养数量多，分布面广。1986 年，全市生猪存栏 33.7 万头，出栏 40.9 万头，出现了一批养猪重点户和专业户。1991 年，生猪出栏 44.5 万头，出栏

平度市富生良种养猪场（2005 年摄）

率 112.91%。20 世纪 90 年代后期，村外小区养猪、机械化养猪开始推广。养猪场建在村外，集中成区，场舍建封闭式双列猪栏，有母猪栏、公猪栏、肥猪栏，设有自来水和粪尿清除设备，提高了养猪生产力。每养一头肥猪，纯收入 80 ~ 120 元。2000 年，生猪出栏突破 70 万头，达到 76 万头。2005 年，出栏 97.03 万头，比 1986 年增长 1.4 倍。全市存栏规模 500 头以上养猪场发展到 80 余家。

蛋鸡养殖（2003 年摄）

羊　主要是山羊和绵羊。1986 年，存栏 2.4 万只。此后进入发展阶段，存出栏大幅增加。1992 年，存养突破 10 万只大关，达 10.6 万只，出栏 7.1 万只，出栏率 67%。2000 年，存栏 14.3 万只，出栏 15 万只，出栏率 105%，创 1978 年改革开放以来最好水平。以后存栏量有所下降，但出栏率大幅提高。2005 年，存栏 10.06 万只，出栏 16.99 万只，出栏率达 169%。

兔　改革开放初期曾是平度重要创汇畜产品。后随着价格暴跌，养兔量下降，1986 年年初存养 4.8 万只。1990 年后，又有复苏。1997 年，存栏 21.2 万只，出栏 35.1 万只。1998 年，创历史最好水平，饲养量达到 110.1 万只。之后，因市场原因下滑，2005 年存栏 4.5 万只，出栏 11.6 万只。

二、家禽饲养

鸡　主要有肉鸡和蛋鸡两类。肉鸡，1986 年存栏 202.7 万羽，1987 年出栏 120 万羽。此后因外贸出口形势较好，饲养周期短、收益高，发展迅猛。到 1996 年，存栏 947.1 万羽，出栏突破 5000 万羽大关，达 5108.2 万羽。2002 年过亿羽。2005 年，年出栏 1.06 亿羽，鸡肉产量占肉类总产的比重达 64.8%，成为平度畜牧业的优势主导产业。

蛋鸡，1986 年存养 200 万羽左右，1994 年突破 400 万大关，达到 419.8 万羽。1996 ~ 2001 年，饲养稳定，年均 500 万羽。2002 年，张戈庄镇引进统一福记青岛食品有限公司，进行蛋制品深加工。2005 年，全市蛋鸡存养 609.1 万羽，年产鸡蛋 6.24 万吨，产蛋率 82%；5000 羽以上规模蛋鸡场达到 88 家，其中饲养过万只的有 29 家。

鸭、鹅　1986 年，全县养鸭 9.47 万羽，养鹅 19.32 万羽。1999 年，养殖最多，创历史最好水平，总存养达 208.2 万羽。2005 年，鸭、鹅存养 51 万羽。

三、特种养殖

平度的特种经济动物养殖，主要有鹿、狐狸、水貂、乌鸡、鹧鸪鸡、山鸡、肉食鸽、鹦鹉、蛇、蜜蜂等 14 个种类，市场波动大，价格不稳定。1986 年初，全县鹿存养 43 只，蜜蜂存养 642 箱，其他特种动物养殖很少。2004 年，仁兆镇建起裕龙蜂蜜加工厂，年加工蜂蜜 4000 吨。2005 年，蜜蜂养殖发展到 2520 箱，比 1979 年增长 11.5 倍，每箱蜂的产蜜量，由过去的 10 ~ 15 公斤，增加到 20 公斤左右。其他特种动物存养 44 万余头（只、条）。

1986 ~ 2005 年平度市（县）大牲畜、猪、羊、家禽存出栏量一览表

表 4-2

年 度	牛（万头）		马驴骡存栏（万头）	生猪（万头）		羊（万只）		家禽（万羽）			
	存栏	出栏		存栏	出栏	存栏	出栏	存栏	其中：鸡存栏	出栏	其中：鸡出栏
1986	10.1	–	3.6	33.7	40.9	2.4	–	231.5	202.7	–	–
1987	13.8	–	3.5	33.5	31.7	3.5	–	284.0	260.0	–	–
1988	17.4	–	3.3	39.9	34.5	5.6	–	434.1	404.0	–	–
1989	19.9	–	3.2	41.9	39.1	8.1	–	434.0	399.0	–	–
1990	21.3	–	3.2	42.7	39.9	9.3	–	535.8	501.3	–	–
1991	22.1	–	2.9	39.8	44.5	9.7	–	656.0	610.2	–	–
1992	24.4	–	2.5	38.1	47.7	10.6	–	623.3	569.4	–	–
1993	26.2	–	2.2	37.9	48.0	10.8	–	819.7	769.9	–	–
1994	33.0	8.6	1.8	36.6	56.6	11.5	9.0	1442.5	1381.5	4096.8	3572.0
1995	44.8	15.9	2.0	43.3	67.1	14.4	11.6	1406.1	1334.2	5183.4	4807.8
1996	45.6	18.4	1.6	41.8	67.7	15.5	12.0	1504.3	1451.9	5467.8	5108.2
1997	31.5	12.3	0.5	34.8	52.1	11.3	10.0	1373.7	1322.8	5663.8	5602.7
1998	35.3	13.7	0.7	43.8	64.2	12.8	13.0	1674.6	1607.4	6496.3	6421.4
1999	37.1	14.1	0.7	47.0	68.7	13.4	14.0	1840.5	1761.3	7575.9	7483.8
2000	38.2	15.9	0.7	47.1	76.0	14.3	15.0	1929.0	1851.1	8100.0	8006.8
2001	37.1	17.1	0.6	48.1	77.0	12.0	13.3	2001.4	1921.2	8424.0	8327.8
2002	28.3	18.5	0.4	45.8	79.3	10.9	13.9	2105.0	2014.8	9226.4	9137.9
2003	25.5	20.0	0.3	44.0	88.9	10.8	14.9	2300.0	2236.1	10400.0	10278.5
2004	23.3	21.0	0.2	44 .4	93.9	11.4	16.2	2342.2	2290.8	10723.2	10647.8
2005	15.8	21.8	0.2	45	97	10	17	1726	1577	10194.0	10130.0

1986 ～ 2005 年平度市（县）肉蛋奶产量一览表

表 4-3　　　　　　　　　　　　　　　　　　　　　　　　单位：吨

年度	肉	蛋	奶
1986	–	9615	–
1987	–	13695	–
1988	–	19531	–
1989	–	–	–
1990	–	–	–
1991	–	–	–
1992	–	–	–
1993	–	–	–
1994	113662	37208	3404
1995	161213	45645	12724
1996	163038	46823	6631
1997	173571	38747	3237
1998	205870	56929	5693
1999	–	–	–
2000	229300	60150	7357
2001	242867	62627	9462
2002	280594	64080	12965
2003	283105	67473	17493
2004	284367	69352	32545
2005	277194	67535	36200

第二节　畜禽改良

一、牛

肉牛　1986 年，平度多为鲁本杂交牛，比本地牛体重、体尺均增。1992 年，市良种繁育指导站从法国引进纯种西门塔尔公牛 2 头，引进液氮罐、液氮机，制备冷冻精液，用西门塔尔杂交改良鲁本杂交牛和本地牛。1993 ～ 1995 年，制作冻精颗粒 26.9 万枚，引进 20.6 万枚，冻配母牛 28.7 万头，繁育杂交改良牛 23.14 万头。2005 年，西门塔尔肉牛改良率达 72%，以田庄、白埠、张舍、灰埠、

新河、明村、马戈庄、兰底、南村、门村等镇改良效果最为明显，有的已达五六代次，接近纯种水平。西门塔尔杂交改良肉牛为乳、肉、役兼用型品种，体型较大，前躯发达，中躯呈圆筒型，毛色多黄、棕、红白花，头尾与四肢白色。增重快，成年公牛 700 ~ 850 公斤，母牛 500 ~ 650 公斤，屠宰率 60%。肉质鲜嫩，纤维较细，脂肪均匀分布于肌纤维之间，呈明显大理石花纹。

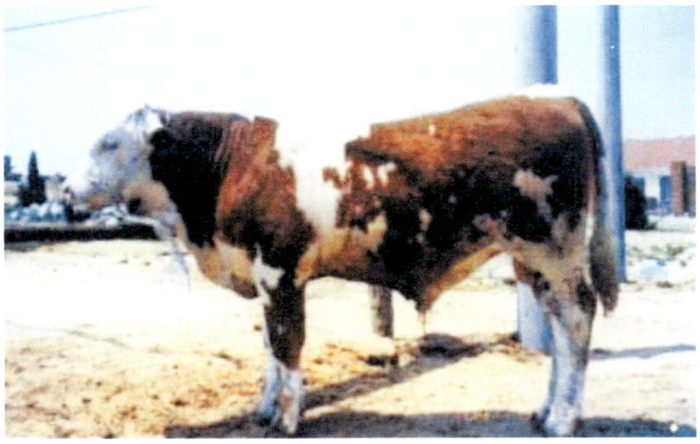

西门塔尔杂交改良肉牛（2005 年摄）

奶牛　平度的奶牛品种主要是从外地引进的中国荷斯坦牛和西杂奶改牛，此外，有少量胚胎移植荷斯坦牛。2000 年，白埠镇兽医站利用西门塔尔牛乳、肉、役兼用生产性能，采用荷斯坦奶牛冻精杂交改良繁殖奶牛，所产犊牛外貌特征与中国荷斯坦奶牛较吻合。2001 年，山东省奶牛改良工作现场会议在平度召开，向全省推广平度改良繁殖奶牛经验。2003 年，加拿大爱德公司胚胎移植改良奶牛项目在南村镇建成投产，至 2005 年，已胚胎移植 8000 头，产纯种荷斯坦奶牛活犊 1000 余头。培育西杂奶改牛一代 4 万头。

二、猪

1985 年，平度被国家和省确定为商品瘦肉猪基地县，开始有计划地建设商品瘦肉猪生产基地，先后从各地引进大约克夏、新长白、杜洛克、汉普夏等生长快、繁殖性能好、适应性强、瘦肉率高的生猪品种，大面积推行二元杂交，生产商品瘦肉猪。

1990 年，开展二元三元组合杂交。1997 年，引进皮特兰、康贝尔、迪卡等新品种。2005 年，全市建有良种猪场 12 处，存养 3660 头，生猪良种化水平近 100%。

三、羊

1986 年前后，平度羊的品种主要有大尾寒羊、小尾寒羊、洼地绵羊、济宁青山羊、沂蒙黑山羊、崂山奶山羊、考力代羊、高加索细毛羊、沙力斯细毛羊、新疆细毛羊等。20 世纪 90 年代后期引进波尔山羊。2001 年，市畜牧繁殖厂从农业部原种场引进无角陶赛特、德克赛尔、萨福克肉用绵羊 17 头。至 2005 年，羊良种化水平达 70%。

四、鸡

平度的肉鸡品种，主要是爱拔益加和艾维茵。1985 年，市外贸公司在经济开发区店前村建第一处种鸡场，从美国引进爱拔益加父母代种鸡 1 万套，进口加拿大全自动孵化设备，年孵化商品雏 100 万羽。后又陆续建第二种鸡场、第三种鸡场，均为爱拔益加 1 万套。20 世纪 80 年代后期，民办种鸡场始有发展，至 90 年代中期成为平度肉种鸡生产主

肉鸡大棚育雏（2005 年摄）

体，主要分布在崔家集、万家、白埠、新河、崔召等肉鸡生产较发达的镇。2005 年，全市有种鸡场 16 处，存养 22 万套，年产商品雏鸡 2200 万羽。

平度的蛋鸡品种，1986 年前后，主要有星杂 288、星杂 579。20 世纪 90 年代引进罗斯、伊莎褐、迪卡、海赛克斯、罗曼 5 个品种。1990 年，全市有种鸡孵化场 32 家，存养种鸡 4 万套，年产商品雏 20 余万羽。2000 年，引进京白、海兰、农大 3 号蛋鸡品种。2004 年，全市仅存种鸡孵化场 2 家，存养种鸡 1.2 万套，蛋鸡养殖户大都从外地购入商品雏。2005 年，良种蛋鸡占全市蛋鸡养殖的 98%。

第三节 疫病防治

一、重点动物疫病防治

口蹄疫 1999 年，崔家集、张戈庄、万家、麻兰、明村、灰埠 6 个镇的 19 个村发病牛 33 头、猪 1 头。市政府采取强制扑杀、免疫措施，使疫情得到控制。

禽流感 2004 年春，东南亚国家及国内部分省份发生高致病性禽流感，危及平度。市委、市政府及时启动《高致病性禽流感防治应急预案》，成立防治高致病性禽流感指挥部，设立 12 处临时性道路动物检查站，采取“防、控、堵、灭”综合防制措施，平度未出现大的疫情。

猪瘟 1986 ~ 1990 年，无大流行，仅有零星散发。之后，加强计划免疫工作，没有发现该病。

基层动物防疫监督站化验室（2005 年摄）

鸡马立克氏病 1978 ~ 1989 年，9 个镇、33 个村有 2.4 万只鸡发病。从 1990 年开始，畜牧兽医部门对所有种鸡场及孵化场进行一日龄免疫接种，疫情得到控制，至 2005 年未再发现该病。

鸡传染性法氏囊炎 1989 年首次在平度发生，采取检疫、预防接种和消毒相结合的防治措施，疫情逐步得到控制。

鸡产蛋下降综合征 1990 年首次传入平度，经加强防疫和检疫，该病症得到控制。

鸡白血病 1994 年首次传入平度，1998 年发病最严重。通过加强鸡群检疫，及时淘汰阳性鸡，至 2002 年基本实现无临床病例发生。

兔病毒性出血病 1987 年发生本病，自 1989 年开始进行兔瘟疫苗注射，使疫情得到控制，至 2005 年未再发现该病。

鸭瘟 该病自 1986 年一直为散发，2002 ~ 2005 年未再发现临床病例。

二、无疫区建设

1998 年，农业部、计划委员会和财政部将平度列为国家无规定动物疫病项目建设地区（简称无疫区），使平度成为首批国家无疫区建设项目实施地区之一。至 2002 年，项目总投资 386.43 万元，为市、镇、村三级动物防疫机构配备仪器设备 1200 余台（套），健全完善了动物疫病诊断测报、控制、防疫监督和兽药监察体系；配套建设了市动物卫生监控中心、15 处基层动物防疫监督站化验室和 280 处村级防疫设施，具备了对常见动物病毒病、细菌病和寄生虫病诊断、检测能力，口蹄疫、禽流感、猪瘟、鸡新城疫、布氏杆菌病、结核病、马鼻疽等 19 种重要动物疫病达到稳定控制和消灭标准；全市猪、大牲畜和禽的死亡率由 1998 年的 5%、1.8% 和 6.5%，降至 2002 年 2.36%、0.65% 和 4.82%，每年减少因动物疫病造成的直接经济损失 3000 余万元，减少间接经济损失上亿元。

三、兽药生产

1988 年，青岛新兴兽药厂建立，成为平度第一家兽药生产厂。此前畜牧生产和兽医临床用的兽药及添加剂从外地兽药厂购入。至 2005 年，全市共有兽药生产企业 6 家，年产值 2100 万元。其中，青岛新兴兽药厂，位于崔家集镇大袁家村，主要生产粉散剂和片剂；青岛第二兽药厂，位于市区红旗路 13 号，主要生产土霉素片、敌菌净片、痢特灵片、痢菌净口服液等；青岛北海兽药有限公司，位于同和工业园，主要生产兽药水针剂、粉针剂和分散剂。

（2003 年摄）

第四章 农业机械

1986 年，平度的农机管理部门为农业机械管理总站，1988 年 7 月改称农业机械管理局，1993 年 8 月改称农机服务中心。1996 年 1 月至 2001 年 8 月加挂农业机械管理局牌子，2001 年 10 月改称农业机械管理服务中心，2005 年 8 月复加挂农业机械管理局牌子。

乡镇农机管理部门，1993 年 9 月以前称农业机械管理站，1993 年 9 月改为农业机械管理服务站，2001 年 6 月改为农业机械服务公司，同年 9 月改称农业机械服务站。

花生收获机（2010 年摄）

第一节 农机推广

平度的农机推广工作始于 1991 年。当时全市农田作业机械总动力 78.79 万千瓦，拥有各类农田作业机械 2.22 万台，农田机械作业面积 15.14 万公顷。至 2005 年，全市农田作业机械总动力 249.3 万千瓦，各类农田作业机械 12.32 万台，农田机械作业面积 16.13 万公顷。

一、耕地机械

1986 年，全市有各类拖拉机 8122 台，配套田间作业机械 7081 台，机耕面积 14.82 万公顷。1991 年，各类拖拉机数量达到 1.34 万台，配套田间作业机械数量达到 2.22 万台。2005 年，全市各类拖拉机 4.50 万台，配套田间作业机械 12.32 万台，分别是 1986 年的 5.5 倍和 17.4 倍，机耕面积 15.53 万公顷。

二、播种机械

1986 年，全市大面积推广九行小麦播种机，共推广 8420 台。1994 年，推广一次性完成花生起垄、施肥、喷药、播种和覆膜作业的联合播种技术，当年推广花生联合播种机 240 台。1996 年，全市花生联合播种机达到 3240 台，花生联合机播面积达到92%。1998年，推广玉米机械精播技术，当年推广玉米精播机260台。2004年，全市玉米机播面积达98%。2005年，全市拥有玉米精播机6310台，机播率达99.1%。

三、收获机械

小麦联合收割机　1986年，小麦机械联合收获技术开始推广。当年推广自走式小麦联合收割机12台。后，随着农民认识程度的提高，小麦联合收割机在全市迅速发展，原有的小麦割晒机逐年淘汰。至1998年，全市小麦联合收割机达到952台。其中，自走式小麦联合收割机341台；背负式小麦联合收割机611台。同时，引进外地小麦联合收割机作业，使小麦联合收割机收获面积达到90%以上。2005年，全市小麦联合收获机1786台，小麦联合机收面积达99%。

玉米联合收获机　1988年，全市引进背负式玉米联合收获机12台。由于机械性能指标不完善，玉米种植行尺寸与机械行尺寸不配套，玉米联合收获机未能推广。2003年，推广一次性完成玉米的掰棒、秸秆还田的背负式玉米联合收获机47台。2004年，推广背负式玉米联合收获机68台，玉米机械化收获在全市推广，收获面积1.87万公顷。2005年，推广玉米联合收获机械163台（套），机收面积达3.47万公顷。

小麦联合收割机（2005年摄）

四、秸秆粉碎还田机械

1986年，全市引进2台秸秆粉碎还田机进行推广，由于受传统耕作习惯影响，未能在面上展开。1998年，作为山东省推广项目，当年推广14台。其中蓼兰镇邢家村购买1台秸秆粉碎还田机后，邢昌信率先将自己的2.67公顷玉米秸秆全部机械粉碎还田示范，推动了该村秸秆粉碎还田。到2002年，该村秸秆粉碎还田率达到100%。2005年，全市秸秆还田机械592台，秸秆还田面积达2.8万公顷。

玉米秸秆粉碎还田机（2005年摄）

五、农业运输机械

随着农业产业结构调整和农村经济水平的提高，专用农业运输机械发展起来。1991年，全市有拖拉机1.34万台、农用汽车130台、农用运输车16台、农用三轮车1234台。至2005年，全市农用汽车达到2712台，农用运输车达到7024台，农用三轮车达到7.97万台。

六、农产品加工机械

主要有碾米机、磨面机、榨油机、轧花机、饲料粉碎机、淀粉加工机械等。平度农产品加工机械发展较晚，直到1991年，全市拥有碾米机18台、磨面机63台、榨油机8台、轧花机28台。随着农业产业结构调整、畜牧养殖规模化和面粉加工工厂化，磨面机逐渐减少，饲料加工机械得到较快发展。至2005年，全市拥有粮食加工机械4312台、棉花加工机械184台、油料加工机械1201台、果蔬加工机械40台。

七、农机化服务

平度小麦收获“一条龙”服务始于1996年“三夏”（夏收、夏种、夏管）期间。到1999年，“小麦联合收获—秸秆打捆—粮草运送—玉米精播”一条龙服务模式开始形成。2000年，又形成“玉米联合收获—秸秆还田—旋耕—小麦精播”玉米收获“一条龙”服务模式。至2005年，全市“一条龙”作业面积达到2万公顷。

平度农机跨区作业始于20世纪80年代中期。当时只是靠近烟台、潍坊周边镇的拖拉机外出从事耕播作业，规模较小。1997年，市农机部门组织710台小麦联合收割机外出跨区作业，形成了平度外出跨区作业的大军。2005年，平度“三夏”（夏种、夏收、夏管）、“三秋”（秋收、秋耕、秋种）、冬春农田水利基本建设外出跨区作业机械分别达到1150台、1800台和500台，足迹遍布河南、安徽、江苏等省及山东西部地区。

小麦跨区作业出征仪式（2005年摄）

八、农机经营

平度是农业大市，农机保有量和购买力较大。1986 ~ 1993年，农机销售企业主要是市农机总公司和乡镇农机站的农机配件门市部。1993年后，个体、私营农机经营企业逐渐发展起来。2001年，市农机总公司破产，平度的农机流通全部由个体、私营企业承担。至2005年，全市农机流通企业167家，经营项目有农用车、拖拉机、各种配套机具、农机配件、汽车等，其中规模较大的有雅凯汽车工贸公司、明光农机有限公司、时风经营部等。

1991 ~ 2005年平度市农业动力机械拥有量表

表4-4

年度	项目						
	农机总动力（千瓦）	农用拖拉机（台）	农用汽车（台）	农用运输车（台）	农用三轮车（台）	柴油机（台）	电动机（台）
1991	787880	13383	130	16	1234	44476	56125
1992	770786	13535	121	22	1478	42166	57517
1993	782819	13247	138	53	2194	43721	57777

续表 4-4

年度	项　目						
	农机总动力（千瓦）	农用拖拉机（台）	农用汽车（台）	农用运输车（台）	农用三轮车（台）	柴油机（台）	电动机（台）
1994	817469	13387	251	189	5276	42668	60465
1997	1033716	17898	785	824	16837	46284	61461
1998	1265336	24046	1301	1009	36386	46357	62180
1999	1509236	29634	1286	1565	37434	54382	70215
2001	1895020	40510	1420	64276	60424	55679	66723
2003	2228695	47425	2417	7280	64527	58692	72752
2004	2385451	51912	2492	5132	72325	55669	75886
2005	2493171	45036	2712	7024	79712	57223	77741

1991 ~ 2005 年平度市拖拉机田间作业配套机械拥有量表

表 4-5

年度	主要配套机械数量					
	总计（台）	犁（台）	耙（台）	旋耕机（台）	播种机（台）	秸秆粉碎还田机（台）
1991	22233	5899	909	33	5164	7
1992	22430	5703	872	56	5350	7
1993	22939	5705	860	91	5539	7
1994	23539	5712	864	113	5566	7
1997	31533	7984	1487	658	6701	15
1998	38394	9931	2404	869	7944	17
1999	53481	14090	2358	1656	10432	35
2001	82448	19112	8778	3499	15631	72
2003	113421	20851	14764	4699	17608	121
2004	121822	26527	14720	4488	21347	225
2005	123202	26070	13480	6030	22780	592

第二节 农机管理

一、农机安全监理

1986 年，市农机安全监理站监理人员 5 人，乡镇农机站农机监理人员 55 人。1990 年，受公安部门委托对上道路行驶农用拖拉机进行技术检验、驾驶员考核，核发道路行驶牌证。1991 年，全市拖拉机及驾驶员管理量分别为 1.14 万辆、1.08 万名，年检拖拉机 6688 台，年审驾驶员 1 万人。1992 年，成立农机巡回法庭。1996 年，市政府通过《关于对拖拉机进行专项治理和启用“九二式”号牌及行驶证的报告》。是年，全市拖拉机新挂牌 2062 副，办证 2046 个，年检 1.27 万台，年检率达 98%，年审率达 93%。至 2001 年，全市拖拉机新挂牌 3.31 万副、在册数达到 3.78 万台，年检年审率均达 97% 以上。2005 年，全市年检拖拉机 3.92 万台，挂牌 6024 副。

二、质量监督维修管理

1993 年，农机质量监督维修管理站成立，将全市 500 余个农村机械维修点纳入管理。1995 年，又将 150 个农机配件门市部纳入管理，年检审维修点 800 个。1996 年，“两点”（维修点和配件点）年检审增至 1405 个，其中维修点 1130 个、配件点 275 个。2002 年，管理重点开始转移到农机行业特有工种职业技能鉴定上，当年鉴定相关人员 1230 人。2003 年，市农业机械管理服务中心被农业部授予“全国职业技能鉴定工作先进单位”称号。2004 年，新鉴定人员 5112 人，达历史最高值。2005 年，全市鉴定工种 26 个，鉴定人员 3485 人。

第三节 农机教育培训

一、农机培训

平度农业机械技术培训任务由市农业机械化学校承担，其前身为农业机械训练班，1986 年 6 月改称。学校 1986 年和 1987 年分别培训拖拉机驾驶员 3500 人和 3200 人（含联合收割机手 400 人）。1988 年培训跌入低谷，仅培训农机手 800 人。后培训量逐年上升，到 1991 年达到 2200 人。1997 年，在农业部开展的“千万农机手培训活动”中，平度市农业机械管理局获“国家先进培训单位”称号。1999 年，由于变型拖拉机运输车发展迅速，农机培训数量迅速增加，拖拉机驾驶员培训数量从 1999 年的 4200 人上升到 2004 年的 6257 人。2005 年，全市培训拖拉机驾驶员 4230 人，完成农民绿色证书培训 2699 人，完成农民技能鉴定培训 3458 人。

农机培训（2005 年摄）

二、职业技术教育

机电工程学校是在原农业机械化学校基础上，由平度市政府和市农机服务中心投资 1300 万元于 1996 年兴建的一所从事职业教育的中等职业学校，与农业机械化学校是一套班子两块牌子。1997 年，在校学生 180 人，到 2000 年达到 320 人。2004 年，学校获“山东省农机重点学校”称号。2005 年，在校学生 650 人。是年，齐鲁电视台在学校建立培训基地；青岛市农委在学校建立劳动力转移培训基地，培训农村劳动力 1600 人。

第五章 林 业

1987年，县林业局林政管理站成立。1990年，经济林管理站设立。1993年，撤销林业局，设立市林业服务中心。1995年，成立林业公安科和大泽山林场派出所。1996年撤销林业服务中心，复设林业局。1999年，设立封山育林办公室。2005年，市林业局内设办公室、资源与林政科、林业公安科、林业技术指导站、森林动植物保护站、林木种苗站、林业产业发展站。

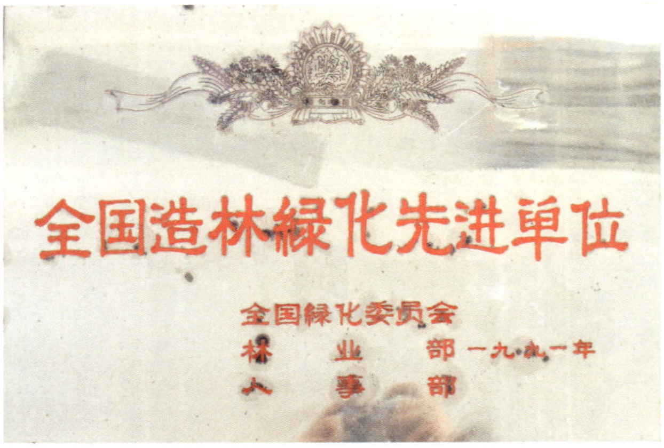

第一节 林木资源

1986年，全县实有林地面积2.82万公顷，其中用材林1.24万公顷、经济林（干果）2270公顷、防护林5270公顷。实有“四旁”（村旁、宅旁、路旁、水旁）树3572万株、农田林网12.71万公顷、枣粮间作228.4公顷、灌木5151.6万墩、木材产量4041立方米。

1991年森林资源调查：全市林业用地4.89万公顷，占土地总面积的15.46%。其中，有林地4.27万公顷，占林业用地的87.2%；疏林地2463.5公顷，占林业用地的5%；未成林造林地147.3公顷，占林业用地的0.3%；宜林地3641.1公顷，占林业用地的7.4%；固定苗圃27公顷，占林业用地的0.06%。

2000年森林资源调查：全市立木蓄积量90.34万立方米。其中，森林蓄积量18.79万立方米（针叶林蓄积7.88万立方米，阔叶林蓄积10.49万立方米，针阔混交林蓄积4238立方米），散生木蓄积3985立方米，“四旁”、林网、间作、村镇树蓄积71.15万立方米。是年，全市有用材林1066.5公顷，主要分布在主要公路、河流两侧，树种以毛白杨、抗虫杨等黑杨类及四倍体刺槐、泡桐为主；防护林1.73万公顷、其中水土保持林1.72万公顷、护路林27.9公顷、护岸林86.7公顷，防护林蓄积11.99万立方米。按树种划分，松类8.03万公顷，栎类2930公顷，刺槐2.06万公顷，白杨类6441公顷，黑杨类4601公顷，其他树种5018公顷，主栽区为东北部山区、主要河流、公路、水库及新河、灰埠等镇；经济林2.65万公顷，总产量52.90万吨，其中苹果1.23万公顷、梨591.4公顷、桃2744.3公顷、葡萄4671.5公顷、其他水果1303.2公顷，板栗1288.2公顷、枣249.8公顷、银杏76.7公顷、其他干果519.4公顷；农田林网面积7.99万公顷，需完善林网6.10万公顷。绿色通道林带长度7940.5公里，栽植树木495.6万株，折实覆盖面积6516.2公顷。林网树木蓄积43.8万立方米，栽植树种以毛白杨、速生杨、刺槐、柳类、白腊、臭椿、火炬树、杜仲、法桐、合欢等为主。全市村镇森林覆盖率33.9%。

至2005年，全市有林地面积6.73万公顷，其中用材林1.37万公顷、防护林1.96万公顷、经济林3.40万公顷、特用林12.6公顷、固定苗圃380公顷，农田林网化面积15.92万公顷，农林间作面积2.92万公顷。村镇“四旁树”1556万株。森林覆盖率26.55%。是年，全市活立木蓄积量103.03万立方米。

一、种类

全市有木本植物68科305种，草本植物72科

335 种。落叶乔木树种有毛白杨、刺槐、泡桐、楸叶桐、国槐等优良用材树种，以及臭椿、栎类、合欢、柳树、枰柳、枫树、白腊等一般乡土树种，引进用材树种有良种毛白杨（雌株多倍体、窄冠毛白杨）、杂交杨类、良种刺槐（石林、箭杆）、河北白榆等。苹果、葡萄、桃、杏、梨、山楂、板栗、大枣、柿子、李子、樱桃、石榴、香椿、桑树等栽种较多。引种经济树种有杜仲、金丝小枣、冬枣、无花果、猕猴桃等。针叶用材树种有赤松、黑松等一般乡土树种和红松、油松、落叶松等引进树种，在大泽山林场栽培。园林绿化树种有法桐、合欢、紫叶李、樱花、枫树、红枫、百日红、木槿、龙爪槐、榆叶梅、海棠、大叶黄杨、小叶黄杨、女贞、雪松、桧柏、蜀桧、龙柏、千头柏、洒金柏、丁香、月季、珍珠梅、金丝柳、垂柳等。落叶灌木有连翘、金带花、金银花、映山红、叶底珠、白檀、胡枝子、吉氏木兰、黄荆、绣线菊、郁李、山枣、鼠李、盐木、紫珠、溲疏、紫穗槐、雪柳、卫矛、胶东卫矛、胡秃子、蔷薇、金银木、山花椒、扁担木、柽柳等。藤本植物有爬山虎、紫藤、凌霄、毛葡萄、野葛、蝙蝠葛、南蛇藤、扶芳藤等。开发价值较高野生树木有金带花、山花椒、郁李、欧李、映山红、枸树等。珍稀树种有文冠果、美国冷杉。竹类有毛竹、淡竹两种，大泽山林场造有竹林。国家保护植物有水杉、银杏、杜仲、茶花、翠柏。国家保护中药材有杜仲、远志、紫草、连翘、防风、柴胡、黄芩等。

二、分布

赤松林、黑松林、刺槐林、麻栎林、毛白杨林及其混交林主要分布在山区，多为生态公益林，乔、灌、草层次分明，林下植被比较发达。刺槐林、毛白杨纯林主要分布在平原。农田林网及公路、河流林带建设实行多树种结合，主要树种有毛白杨、杂交杨、法桐及部分刺槐、杜仲、银杏等。

三、林场

大泽山林场　原为大泽山、铁佘两寺庙地和原掖县集福村一地主山岚。1986 年，林场以资源管护为主。1991 年，大泽山林场被山东省林业厅批准为省级森林公园。1998 年，林场被划为生态公益型林场。林场境内有大小山头 13 个，地形起伏，山势险峻。林业用地按坡度划分，36° 以上陡险坡 158 公顷，占林业用地 30%；26° ~ 35° 163 公顷，占 31%；16° ~ 25° 110 公顷，占 21%；15° 以下 132 公顷，占 12%；山沟 29 公顷，占 6%。场内有小型水库、塘坝 4 个，大口井 2 个，水利设施 8 处，水利条件较好。林场植被茂密，种类多。乔木以松树、刺槐为主，麻栎、毛白杨次之；经济林以苹果、板栗、桃、核桃为主；灌木以胡枝子、黄荆、映山红、小叶鼠李、野蔷薇、悬钩子、连翘为主；草本以菅草、大油芒、野古草、狗尾草、野菊、蒿类、羊胡子草为主；药用植物有黄芩、黄花、柴胡、桔梗、穿山龙等。全场植被良好，盖度多在 0.7 以上，有利于蓄水保土。1991 年，林场从浙江引进黄云柏、

大泽山林场一角（2005 年摄）

贴梗海棠进行大量繁育。林场设山西、滴水崖、铁夼寺 3 个林区。2005 年，林场土地总面积 553 公顷。其中山西分区 192 公顷、滴水崖分区 153.6 公顷、铁夼分区 208.07 公顷。总面积中，林业用地面积 527 公顷，占 95.2%；非林业用地 26.33 公顷，占 4.8%。林业用地中，有林地 511.6 公顷，占 97%；疏林地 8.8 公顷，占 1.7%。有林地中，用材林 193.87 公顷，占 37.9%；防护林 281.33 公顷，占 55%；经济林 32.33 公顷，占 6.3%；特用林 4.07 公顷，占 0.8%。全场森林覆盖率 92.4%。立木总蓄积量为 1.50 万立方米，其中林分蓄积 1.49 万立方米。

刘家小庄苗圃　1990 年，沽龙苗圃（位于田庄镇南部）成建制划归市农业局，只保留位于崔家集镇刘家小庄村西分圃，更名为平度市刘家小庄苗圃。苗圃以繁育经营樱花、扶芳藤、紫薇、雪松、合欢、国槐、龙爪槐、黄金槐、香花槐、水杉、青桐、法桐、五角枫、苦楝、马褂木、速生柳等绿化苗木为主，年出圃苗木 200 万株。1998 年，苗圃被山东省林业厅划为生态公益型场圃。2000 年，苗圃进行经营体制改革，实行总承包下的分头承包制。2003 年，苗圃被国家林业局命名为“全国无检疫对象苗圃”。2005 年，被山东省林业局命名为“全省十佳苗圃”。

第二节　植树造林

一、育苗

1986 年，市林木种苗站引进银杏种子，于次年春进行育苗。1988 ～ 1991 年，先后从山东寿光和河北献县引进金丝小枣苗 800 万株进行二级育苗。1991 年，年产万株优良枣树品种的组织培养室在市绿化服务站建立。1992 年，从陕西宁强县引进杜仲小苗 360 万株，分别在城区战家疃、荆家疃建立面积 5.33 公顷、6.67 公顷苗圃 2 个进行二级育苗，同时在中庄、白埠、亭兰进行分级育苗。1993 年，由青岛市种苗站引进日本甜柿品种 13 个，在战家疃苗圃建立试验园。1994 ～ 1995 年，战家疃、荆家疃苗圃和白埠镇林业站苗圃扦插杜仲嫩枝育苗 400 万株，但成活率较低。1995 年和 1997 年，在万家镇马戈庄村和李园、长乐建银杏采叶圃 200 公顷。1998 年，引进沂蒙短枝板栗，在旧店镇建板栗园。2000 年，大田镇由日照引进日本栗苗 4000 株，建园 5.33 公顷。2001 年，在上年大量推广 107 杨基础上，又扩大引进中林美荷杨、108 杨、109 杨育苗；从中国林科院引进北抗 1 号、创新 1 号、N-12 抗虫杨，在长乐、香店、郭庄、兰底、崔家集、马戈庄、仁兆育苗，试验推广繁育 10 万株；同时引进金丝柳、J1010、J1011 两个品种扦插育苗，推广 20 万株。2002 年，全市推广黑松大田育苗和容器育苗，在大田、旧店、崔召、祝沟、云山建立大田黑松育苗基地，培育大田苗 250 万株、容器苗 70 万株。同年，由大连引进日本栗品种 13 个，育苗 20 万株。全市以 107 杨为主的速生杨育苗面积扩大到 400 公顷，产苗量达到 200 万株，有效供应了丰产林基地、通道林带建设。2003 年，全市速生杨育苗规模继续稳定在 400 公顷以上，黑松育苗达到 13.33 公顷。是年秋季，青岛市林业局向潍莱高速公路、同三高速公路、206 高速公路及胶莱河（均为平度段）林带建设工程提供 107 杨 150 万株。2004 年春，因杨树苗价格较低，市场滞销（每株不足 0.3 元），全市速生杨育苗形势下滑，面积不足 70 公顷，社会育苗开始转向园林绿化苗

脱毒冬枣大田育苗（2003 年摄）

木培育。2005 年，全市拥有生产许可证和经营许可证的苗圃 92 个，完成林业育苗 793 公顷。

二、造林

1986 年，平东、平南、平西 10 处乡镇，率先实现农田林网化，其中张家坊、冷戈庄乡农田林网达到乡土树种化、大苗壮苗化、栽植畦田化、管理科学化、速生丰产化标准，为全市林网建设提供样板。1988 年，平度实现全国平原绿化达标，被授予“全国平原绿化先进单位”称号。1989 年，万家镇初家、前孙家等 5 个村庄开发条田荒沟 48 条，栽植枣树 1.2 万株，当年成活率 99.9%，为洼涝区条田沟开发积累经验。1991 年，市委、市政府下发《平度市洼涝区台条田沟开发实行枣粮间作“八五”规划》。1995 年，全市完成枣粮间作 4.93 万公顷，栽植枣树 380 万株，涌现出中庄镇湾头村、万家镇初家村枣粮间作开发典型。同年，完成杜粮间作 1 万公顷，栽植杜仲 80 万株；柿粮间作 1333 公顷，植柿树 20 万株。全市形成枣粮间作以中庄、万家为主，杜粮间作以马戈庄、白埠、中庄为主，柿粮间作以蓼兰为主，椿粮间作以南村为主的林粮间作发展格局。1996 年，中庄镇、大田镇满家、张戈庄镇高戈庄村被授予“全国造林绿化百佳乡、千家村”称号。2002 年 7 月，市政府印发《关于加快全市绿色通道建设的通知》，要求全市自 2003 年起，用 3 年时间完成境内高速路、铁路、国道、省道、县乡道、河流的林带建设任务。同年 9 月，市委、市政府召开全市加快林业经济发展动员大会，提出，2003 年完成新造林 6660 余公顷，重点实施绿色通道、成片造林、农田林网、村庄绿化、林业育苗工程建设，决定从 2003 年起市财政每年拨付 200 万元作为造林绿化基金，专项用于林业重点工程、速生丰产林基地、育苗基地建设以奖代补。2003 年 3 月，市委、市政府召开全市春季林业生产动员大会，与各镇（街道）签订 2003 年度林业工作责任状。6 月，市政府印发《平度市林业以奖代补资金使用办法》，决定由市财政每年安

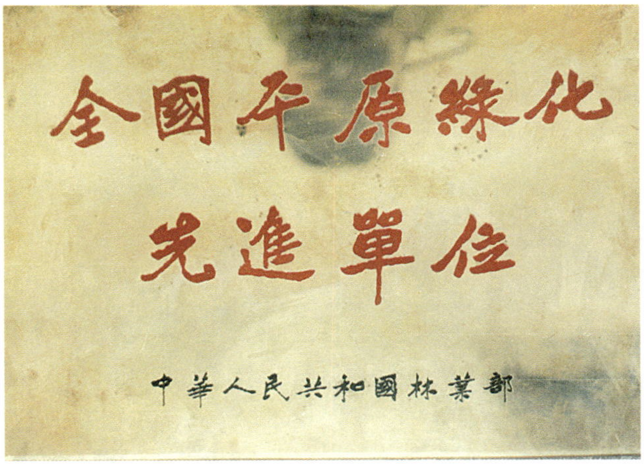

排 200 万元资金作为林业生产建设以奖代补专项资金。9 月，市委、市政府决定免除因高速公路林带建设所占农田农业税，并拿出 100 万元对高速公路沿线整地挖穴进行补贴。2003 年，全市 30 个镇（街道）和经济开发区，完成立项林业项目 160 个，开挖高速公路林带树穴 100.7 万个，完成新造林 7453 公顷。其中，店子、白埠、灰埠、张舍、同和、蓼兰、长乐等镇（街道）与寿光晨明、西安中富、青岛鲁建等木材加工企业签订 5 年订单林业 1.67 万公顷，栽植速生杨 2700 万株。2004 年，全市完成新造林 7866 公顷，其中公路通道造林 2333 公顷、沿河造林 2133 公顷、退耕还林及成片造林 3400 公顷；新建、改建和完善农田林网 1.22 万公顷；“四旁”植树 115 万株。全市森林覆盖率提高 2.68 个百分点，达到 25.32%。2005 年，全市完成新造林 3413 公顷，新建、改建和完善农田林网 1.39 万公顷。

三、义务植树

1986 年，全县参加义务植树人数 43 万人，栽植各种树木 137 万株。自是年起，每年植树节期间，全县各级均举行义务植树活动，涌现出一批“共青团林”“青少年林”“三八妇女林”“家庭和睦林”“结婚纪念树”和“成人纪念树”。1995 ~ 2000 年，全市年均义务植树 149 万株。2002 年 1 月，全市实行义务植树登记证制度，因故不能参加义务植树者，由市绿化委员会办公室每人每年收取以资代劳费 30 元。2004 年 3 月，团市委、市妇联、市林业

义务植树现场（2005年摄）

局联合发出“保护母亲河——绿化家园”植树倡议书。是年，全市义务植树283万株。2005年，在城关街道新建义务植树基地1处，发放义务植树登记证185个，有59.13万人以不同方式履行了义务植树义务，植树208万株，尽责率90%。

四、封山育林

1999年7月，市林业局对大泽山、大田、蟠桃、祝沟、旧店、云山、崔召、店子8镇和大泽山林场林情变化进行调查，开始制定封山育林规划，设计封山育林面积1.16万公顷，其中全封9623.99公顷，半封2021.98公顷。封山育林区分大泽山山系封育区，青山、两目山系封育区，黄同水库水源程序地流域封育区和旧店山、枣山封育区4个部分。同年10月，市政府成立封山育林指挥部，制订《平度市封山育林管理办法》，市长与相关镇镇长签订封山育林责任状，封山育林工程全面启动。2002年，全市封山育林任务完成，总面积1.17万公顷。投资200万元，新建护林房342处，其中中心护林房12处，落实护林员342人，埋设标志牌、界桩853块，建立永久性宣传设施22座。

第三节 森林保护

一、病虫害防治

1986年，市林业局推广浙江、湖北、湖南三省治虫经验，开始承包防治松毛虫。1988年，平度确定赤松毛虫、日本松干蚧、大袋蛾、杨树食叶害虫和杨树蛀干害虫为主要病虫害，并使用毒签、磷化铝片防治天牛类害虫。1990年，开始在松林中补植麻栎、板栗、刺槐，利用生物防治提高松林抗虫能力。同年，祝沟镇在鳌莱山松林使用灭有脲III号防治赤松毛虫。1992年，推广生物BT、系毒蝇防治赤松毛虫。1996年，试验使用松毛虫质型多角体病毒防治赤松毛虫。自1997年夏季以来，赤松毛虫未再形成灾害，发生面积由1992年前每年1.33万公顷降到660公顷以下。1999年，青岛市林业局利用田斑尼尔寄蝇防治大袋蛾，到2000年年初，寄生率达到97%，大袋蛾发生率大幅度下降。2001年，平度市森保站被确定为国家级中心测报点，主测对象为赤松毛虫。在山区设立松毛虫固定测报点21个，在平原设立杨扇舟蛾、大袋蛾、杨树蛀干性害虫测报点5个。2002年，市林业局购买喷药车1部，配置喷雾机4部，注孔打药机4部，病虫防治设施基本实现现

森林病虫害防治（2005年摄）

代化。2003 年，第三、四代杨扇舟蛾在三城路林带北段和 804 省道西段大发生。市林业局出动喷药车防治，控制了虫灾。是年，全市防治各类森林病虫害 2933 公顷，预防作业面积 1.33 万公顷，完成林带清树盘、石灰水涂树干 300 公里，摘取大袋蛾 5000 公斤。2004 年，全市开展林业有害生物普查，查出林业有害植物为藜、车前草、黄花蒿、苍耳、狗尾草；蛀干害虫有杨红颈天牛、星天牛、桑天牛、白杨透翅蛾、蔗扁蛾、松纵坑切梢小蠹；食叶害虫有赤松毛虫、大袋蛾、杨扇舟蛾、舞毒蛾、杨毒蛾、柳毒蛾、扬黄卷叶螟、双目天蛾、木撩尺蠖、刺槐小皱蝽、黄刺蛾、绿刺蛾、铜绿丽金龟；枝梢害虫有松梢螟、楸梢螟、咖啡豹蠹蛾和栗瘿蜂。病害有冠瘿病、杨大斑溃疡病、泡桐丛枝病、枣疯病、杨树烂皮病。是年，杨扇舟蛾又大发生，市财政拨付 50 万元防治费，购置小型喷药车 16 辆、杀虫灯 100 盏、农药 12 吨，组织森林资源管护队员 260 名，出动喷药车 20 辆、1150 车次、人员 1.2 万人次进行防治。2005 年，全市森林病虫害监测覆盖面积 46 万公顷次，防治面积 7800 公顷，预防作业面积 8400 公顷，防治作业面积 1.62 万公顷，灯诱杨扇舟蛾、杨黄卷叶螟、金龟子等害虫 50.4 万只，全市森林病虫害防治率达 100%。

二、森林防火

全市森林防火重点区域为大泽山林场及大田、大泽山、崔召、店子、旧店、祝沟、城关、李园、云山等镇（街道）和大泽山部队林区。每年“清明”“五一”前后为火灾多发期，此间平均每年发生森林火灾、火警 20 起以上。1988 年，平度县护林防火指挥部成立，各乡镇也设立相应机构。2002 年，结合封山育林，全市建设护林防火瞭望台 4 座、护林房 342 处、无线基地台 2 个，购置风力灭火机 231 台、车载防火通讯台 2 部、手持对讲机 81 部。翌年，又建森林防火微波监控系统 1 个，林业局设主控中心，大泽山林场设分控中心，6 个摄像头分设在大姑顶“619”转播台南北两侧、大泽山林场小姑涧南顶、日观峰、旧店镇红山顶、城关街道正涧招风顶，有效监测面积 6600 余公顷。2004 年，青岛市将平度列为国家级生态效益补偿金试点单位，拨专项资金 140 万元，组建了 260 人的森林资源管护大队，使平度首次拥有了专职护林防火队伍，大队下设 13 个中队，其中山区 10 个、平原 3 个。

2005 年，全市森林火警火灾受害林地面积 6.61 公顷，森林火灾受害率为 0.37‰。

森林防火巡逻（2005 年摄）

第四节 古树名木

1983 年、1993 年、2002 年，平度对古树名木进行 3 次普查。普查结果：全市有古树名木 15 科 16 属 17 种 172 株。其中，古树名木 14 科 15 属 16 种 72 株；古树群 1 科 1 属 1 种 100 株。分布于 22 个镇（街道）、52 个村庄（单位）。

按古树名木分级标准，国家一级古树 22 株、二级古树 28 株、三级古树 22 株、三级古树群 100 株；按区域划分，城市 1 株、农村 71 株、农村古

大泽山林场滴水崖板栗树（2003 年摄）

树群 100 株；按坐落位置划分，单位庭院 1 株、个人宅院 16 株、寺院 16 株、其他 45 株（不含古树群）；按分布划分，散生 62 株、群状 10 株（不含古树群）。

普查发现：1993 年普查存活古树中，有 3 株死亡并消失，分别为：崔召镇下马村的紫薇、郭庄镇前吕家村的杜梨、云山镇李家场的槐树。新增古树名木及古树群 2 科 2 属 2 种 110 株（苏木科、皂荚属、肥皂荚；柿科、柿属、柿），分别为：白埠镇李家庄槐树和柘树各 1 株、张舍镇南坦坡村槐树、张舍镇尹家村肥皂荚、祝沟镇北大流河村银杏、崔召镇上马村紫薇 2 株、同和街道兰前村槐树、崔家集镇大杨召村朴树、平度博物馆银杏、城关街道北台村槐树、城关街道正涧村古树群柿 100 株。

平度博物馆内汉唐母子银杏树（2005 年摄）

古树名木录

表 4-6

编号	中文名	别名	树龄（年）	树高（米）	胸围（厘米）	冠幅（米）	具体生长位置
001	槐树	家槐	360	7.2	215	8.2	白埠镇小张家村内张学显房东
002	槐树	家槐	500	6	350	7.5	白埠镇岑里家村内李春亮房后
003	槐树	家槐	400	8	357	10.5	白埠镇李家庄村许永平院内
004	柘树	–	400	7.2	130	5.3	白埠镇李家庄村崔于峰院前
005	毛白杨	白杨	170	17.7	210	13.5	张舍镇高家村西桥北侧
006	酸枣	棘子	300	12.3	175	10.2	张舍镇柘埠村东小河东坝坟顶上
007	冬青卫矛	大叶黄杨	130	5	94	4.25	张舍镇郝家寨村委办公室前
008	槐树	家槐	370	16	280	12	张舍镇南坦坡村东西大街
009	肥皂荚	皂荚	160	8	90	10.5	张舍镇尹家村北
010	槐树	家槐	350	7.6	210	8.3	明村镇庄子村内赵相利门前

续表 4-6

编号	中文名	别名	树龄（年）	树高（米）	胸围（厘米）	冠幅（米）	具体生长位置
011	银杏	白果	600	17.4	270	15	明村镇台南村宿景贤房东
012	槐树	家槐	400	11.1	265	11.2	明村镇大岭村南北街中心
013	槐树	家槐	450	9.2	261	9.4	明村镇前黄埠村南北街
014	槐树	家槐	170	9	120	8.5	云山镇丰山埠村王同书房南
015	银杏	白果	560	18	530	16	云山镇辛庄村李成刚房东
016	槐树	家槐	600	9	430	9.3	仁兆镇南沙窝村西公路西
017	银杏	白果	430	16.5	365	12	祝沟镇北大流河村委大院中心
018	银杏	白果	430	18.5	3350	15.2	祝沟镇大王头村委院中
019	槐树	家槐	800	14	480	17.6	祝沟镇东孟村杨丰廷房前
020	槐树	家槐	300	13.8	250	15	旧店镇南营村石显堂房西
021	小叶朴	黑弹树	300	5.2	100	6	旧店镇罗头村委大院中
022	黄连木	–	560	22.6	540	20.1	旧店镇九里夼村周忠平房西
023	侧柏	柏树	400	15.5	210	9.8	大田镇满家村委办公楼西
024	板栗	栗木树	210	6.5	165	8	大田镇满家村西南
025	板栗	栗木树	210	7	230	9.4	大田镇满家村西南
026	银杏	白果	220	16.6	190	12.3	麻兰镇东洼子村程显贵房前
027	银杏	白果	220	14	175	14.1	麻兰镇东洼子村程少玉院内
028	银杏	白果	300	19.6	190	11.1	麻兰镇东洼子村程少玉院内
029	槐树	家槐	400	6.6	215	6.3	张戈庄镇位家村许培福房后
030	银杏	白果	381	21.6	370	17	张戈庄镇后沙戈庄村西庙前
031	槐树	家槐	600	9.1	345	14	香店街道曲坊村中大街（南北）边
032	槐树	家槐	270	17.4	390	18.4	崔召镇上马村安子庙
033	侧柏	柏树	280	11.5	120	4.8	崔召镇上马村安子庙
034	侧柏	柏树	280	11.5	120	4.8	崔召镇上马村安子庙
035	侧柏	柏树	280	11.5	108	4	崔召镇上马村安子庙
036	侧柏	柏树	280	11.5	108	4	崔召镇上马村安子庙

续表 4-6

编号	中文名	别名	树龄（年）	树高（米）	胸围（厘米）	冠幅（米）	具体生长位置
037	侧柏	柏树	280	12.6	147	6.25	崔召镇上马村安子庙
038	侧柏	柏树	280	11.6	114	5.75	崔召镇上马村安子庙
039	侧柏	柏树	280	11.6	112	4	崔召镇上马村安子庙
040	紫薇	百日红	280	5.5	87	5.25	崔召镇上马村安子庙
041	紫薇	百日红	280	5.5	87	5.75	崔召镇上马村安子庙
042	木瓜	木梨	220	9.6	104	9.55	崔召镇下马村桃花涧
043	紫薇	百日红	220	5	45	6.65	崔召镇下马村桃花涧
044	槐树	家槐	450	11.6	500	10	大泽山镇西岳石村东南
045	槐树	家槐	510	7.5	275	8.5	大泽山镇秦姑庵村东西街
046	槐树	家槐	540	19	300	12.5	店子镇下洄村南北街
047	槐树	家槐	600	17.8	400	19.15	店子镇黄古庄村东西街
048	槐树	家槐	600	12.6	275	10.8	门村镇窦家疃村东西街
049	槐树	家槐	400	12.5	265	13.3	门村镇坦埠村马义军房东
050	槐树	家槐	500	10.8	220	11.75	新河镇新李家埠村内
051	香椿	–	320	7.5	110	5.25	长乐镇史卜村陈永增房后
052	香椿	–	320	7.5	110	5.25	长乐镇史卜村陈永增房后
053	槐树	家槐	1400	16	430	38.3	郭庄镇朱家庄村东北角
054	槐树	家槐	130	17.5	200	12.45	郭庄镇朱家庄村东北角
055	槐树	家槐	300	7.5	200	8	郭庄镇瓦子丘村王洪宽门前
056	槐树	家槐	560	18.6	336	17	郭庄镇瓦子丘村于且录院内
057	银杏	白果	580	13.5	336	15	同和街道西丰台村江效庆院内
058	银杏	白果	580	13.5	330	15	同和街道西丰台村江效庆东院内
059	板栗	栗木树	300	5.5	280	6.8	大泽山林场
060	槐树	家槐	300	9.9	190	11.8	同和街道兰前村杨学茂房后
061	酸枣树	棘子	600	15	245	14.05	蓼兰镇韩丘村内
062	柘树	–	550	6.5	175	7.95	蓼兰镇大彭家村东南坟地

续表 4-6

编号	中文名	别名	树龄（年）	树高（米）	胸围（厘米）	冠幅（米）	具体生长位置
063	朴树	蒲青	330	12.5	435	17.45	崔家集镇杜家村西北杜姓坟地
064	朴树	蒲青	100	9.8	175	13.1	崔家集镇大杨召村荆忠旭房东
065	槐树	家槐	650	19.5	470	14.35	门村镇东南疃村李京江门前
066	槐树	家槐	510	21.6	470	14.3	城关街道乔家村潘泽延房东
067	侧柏	柏树	500	14	188	8.25	城关街道窝洛子村委办公室院内
068	槐树	家槐	350	15	335	13.6	城关街道窝洛子村南北街
069	圆柏	蟠松	370	6.5	192	8.8	城关街道北台村南
070	圆柏	蟠松	370	6.5	192	8.8	城关街道北台村南
071	银杏	白果	2000	24.6	381	20.45	平度市博物馆院内
072	槐树	家槐	300	11.2	240	9.65	城关街道北台村内

第五节 林政管理

一、林权改革

1982 年，平度县对个人房前屋后及自留地的树木进行确权发证，共发放林权证 20 万份。1986 ~ 1990 年，全市办理采伐证 280 份，采伐立木蓄积 1.2 万立方米，实际年均采伐量 2400 立方米。1996 ~ 2000 年，全市办理采伐证 834 份，采伐立木蓄积 2.55 万立方米，实际年均采伐量 5095 立方米；办理木材运输证 65 份，受检木材 1193 立方米；办理征占用林地手续 20 份，林地面积 44.12 公顷。2000 年，全市进行林权制度改革，改革后，森林承包 3.63 万公顷，占总面积 58.3%；租赁 173.33 公顷，占总面积 0.28%；股份制改造 566.67 公顷，占总面积 0.9%。集体管护 2.52 万公顷，占总面积 40.5%。2002 年，全市对集体林权登记发证。至 2004 年，确权发证集体林地 5.12 万公顷，占林地面积 81.3%；林权登记 1.16 万宗，其中集体 9447 宗、个人 2153 宗；发放林权证 5963 本，其中集体 3838 本、个人 2025 本。按林种划分：用材林 8251.58 公顷，其中集体 8158.67 公顷、个人 92.91 公顷；防护林 1.69 万公顷，其中集体 1.66 万公顷、个人 321.93 公顷；特用林 7.7 公顷，集体 7.7 公顷；经济林 2.47 万公顷，其中集体 2.41 万公顷，个人 623.27 公顷；其他 1369.69 公顷，其中集体 1360.09 公顷，个人 9.60 公顷。

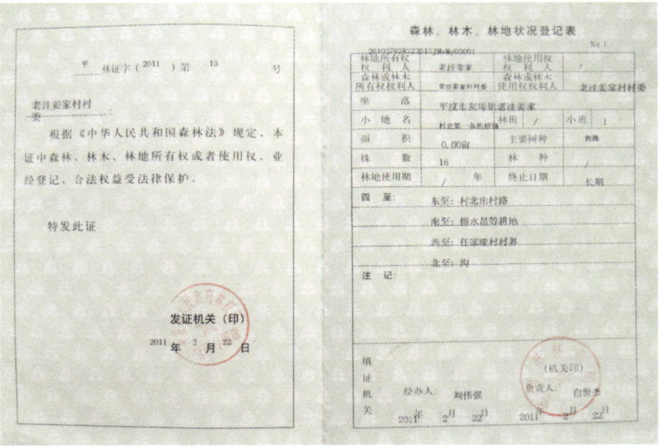

林权证

二、林业执法

1986 ~ 1995 年，市林业局查处的林业案件均为行政案件。1995 年 8 月设林业公安科后，开始查处涉林治安案件，年均查处案件 20 起。最多年份为 2001 年，达 42 起。查处案件除少量非法猎捕、经营野生动物案件外，多为盗伐、滥伐林木案件，其中又以滥伐林木案件居多，约占查处盗、滥伐案件的 90%。2000 年 12 月后，涉林案件刑事立案标准起点提高。山东省规定：盗伐、滥伐林木案件刑事立案标准分别为立木材积 2 立方米和 10 立方米。2004 年，林木案件刑事立案 8 起。2005 年，受理调查各类涉林案件 12 起，其中决定立案 10 起，因举报人举报失实不予立案 2 起。协助地方公安查处涉林刑事案件 17 起。

三、野生动物保护

1991 年，平度每年 4 月 23 ~ 29 日和 11 月均进行“爱鸟周”和“野生动物保护宣传月”活动。1996 年 11 月，田庄镇村民救助 1 只受伤丹顶鹤。2000 年 6 月，大泽山镇潘家村民潘志良，救助 1 只在大泽山水库越冬而奄奄一息的大天鹅。同年 11 月，李园街道朝阳庄一村民救助 1 只受伤丹顶鹤。2002 年 12 月，大泽山镇政府及尹家村群众，在泽山水库库区撒玉米粒，救助因长期大雪封盖地面处于饥寒状态的 50 余只大天鹅。2004 年，市林业局开展“金秋护鸟行动”，执法人员上山拆除鸟网 100 余架。是年，在大泽山镇淄阳水库越冬大天鹅、绿头鸭、苍鹭数量分别达到 200 余只、2000 余只、10 余只。

第六章 果 业

第一节 种类分布

平度果树有 7 科、13 属、32 种，近 500 个品种。主要树种为苹果、葡萄、梨、桃、樱桃、柿子、枣、板栗等；其次为杏、李子、核桃、银杏、石榴、山楂等。

1986 年，全县果树栽培面积 1.47 万公顷，年产果品 5.3 万吨。直到 1992 年，全市果品单产仍很低。1993 年，全市果树发展进入快速期。是年，全市新增果园 3330 余公顷。2000 年后，全市果业进入平稳发展期，主栽品种基本实现良种化。2005 年，全市果树栽培 1.28 万公顷，年产果品 23.8 万吨。其中，苹果 7000 公顷，产量 12.9 万吨；葡萄 2600 公顷，产量 5.8 万吨；桃树 1533 公顷，产量 2.4 万吨；樱桃 266 公顷，产量 2000 吨；梨 533 公顷，产量 1.4 万吨。

一、苹果

主要分布于旧店、大田、云山、崔召、祝沟、麻兰、城关等镇（街道）的山地、丘陵地带，占全市苹果栽培面积的 70%。主栽品种：“红富士”占 80%，“嘎拉”占 5%，“红星”“乔纳金”“红将军”占 15%。

二、葡萄

主要分布于大泽山、店子、门村、明村、白埠、马戈庄等镇，占葡萄栽培 85%。鲜食葡萄以“泽香”“泽玉”“玫瑰香”“红地球”“矢富罗莎”“京秀”为主，其中“泽玉”“泽香”栽培最多；酿酒葡萄以赤霞珠、霞多丽、梅鹿辄、蛇龙珠为主，均为世界性良种。

大泽山葡萄园（2005 年摄）

三、桃树

主要分布于田庄、店子、门村、张舍、麻兰等镇，

占桃树栽培50%。主栽品种有"春艳""仓方早生""川中岛""上海水蜜""寒露蜜""青州蜜桃""冬雪蜜桃"，油桃有"华光""艳光"等。

四、梨

主要分布于香店、崔召、祝沟等镇（街道），占梨树栽培80%。主栽品种："丰水"等梨占85%，"黄金"梨占5%，其他占10%。

东双庙村丰水梨园（2005年摄）

五、樱桃

主要分布于云山、崔召、大田、大泽山、麻兰等镇，占樱桃栽培90%。大樱桃主栽品种："红灯"占85%，"意大利早红"占10%，其他占5%。

云山大樱桃园（2005年摄）

第二节 果树栽培

20世纪80年代中期至90年代中期，为平度果业发展的鼎盛时期，以苹果为主的果树栽培规模达到高峰。之后，规模稍有萎缩，但栽培布局、树种、品种结构逐渐趋于合理。果树品种实现全面更新，苹果由金帅、红香蕉、小国光转为红富士、新红星、乔纳金、嘎拉、红将军为主；酿酒葡萄由尔卡、白雅、百醇全面更新为赤霞珠、蛇龙珠、品丽珠、霞多丽、贵人香品种，华东、张裕葡萄酒厂纷纷来平度建设酿酒葡萄基地。1993年，平度在青岛地区率先引进苹果套袋技术，推广人工授粉、壁蜂授粉技术，果品质量提高较大，首次于该年实现红富士苹果出口"零"的突破。90年代中期，草莓小拱棚设施栽培反季节果品生产进入发展时期，先后推广了面包棚、冬暖式大棚、春暖棚等栽培形式。草莓之后，桃子、葡萄、大樱桃也逐步开始设施栽培反季节生产。

2000年，市果树站承担平度市级以上科研及推广成果22项，其中省级以上成果6项。2002年，采用生物源（包括微生物源、植物源、动物源）、矿物源农药，限量使用中毒、低毒类有机合成农药，严禁使用有机磷、砷制剂等高毒、高残留和"三致"（致癌、致畸、致突变）农药和具有慢性毒性农药。对果园实行改土施肥。幼龄果园通过深翻改土使活土层达到50～60厘米，亩施优质基肥3000千克以上；成龄园亩施优质基肥5000千克以上，以优质土杂肥和圈肥为主。实行生草或覆草制。生草选用白三叶草，以秋播为主，亩播种量1～1.5千克；覆草面积以树冠投影为标准，厚度达到20厘米以上。推行全园套袋技术。所用纸袋以日本"小林"和台湾"爱农""佳田"双层纸袋为主，禁用塑膜袋，全市每年推广果品套袋10亿个。加强花果管理。红富士苹果、泽香葡萄平均亩产控制在2000～2500千克，红地球、玫瑰香葡萄控制在1500千克以内。合理整形修剪。苹果树形以纺锤形和小冠疏层形为主，树冠覆盖率不超过70%，亩枝量生长季控制在8万～10万个；葡萄以小棚架为主，结果母枝每亩在2200～2500个，力求达到枝枝见光。至2005年，全市共推广新技术58项，水果设施保护栽培面积1660余公顷；引进繁育推广果树新品种89个，逐步形成“一村一品”“一镇一业”果树生产格局。

第三节 优质果品

2004年，平度市有22个果园获青岛市名优果品示范园称号，面积达330余公顷。2005年，“大泽山”葡萄、“天柱”葡萄、“螯莱山”苹果、“奋昱”果品、“祝峰”果品、“东泰”果品、“大华”果品通过国家工商局注册，成为平度优质果品。

平度现有水果，保护地栽培以大樱桃单位面积产出效益最高，亩收入4万元，最高达10万元，品种以“红灯”“意大利早红”为主。设施栽培果树以草莓、葡萄、桃子为主。草莓以“丰香”为主；大棚毛桃以“天津红”“日川”为主，个大、色艳、味甜、硬肉耐贮运；油桃以“早红露”“艳光”“超红珠”“中油”4号、“华光”为主；葡萄以“乍那”“红双味”“京秀”“矢富罗莎”“红旗特早”“农科”1、2、3号为主，集中在大泽山地区发展。

旧店镇曲家埠村苹果（2005年摄）

1986～2005年平度市（县）果品生产发展情况表

表4-7

年度	果园面积（公顷）	果品产量（万公斤）	年度	果园面积（公顷）	果品产量（万公斤）
1986	14660	5261.5	1996	16050	11247
1987	15906	5484.5	1997	14744	10729
1988	15905	6045.1	1998	14980	13413.6
1989	15641	7384	1999	15530	15699
1990	15178	6461.7	2000	16464	15924.5
1991	15390	7403.7	2001	15601	15533.5
1992	15002	8736.7	2002	14082	13980.2
1993	18000	10123	2003	14043	20062.2
1994	16105	10246.9	2004	13931	23632.5
1995	16014	10979	2005	12795	23782.4

第七章 桑蚕 花卉

第一节 桑 蚕

一、植桑养蚕

平度植桑养蚕，历史悠久。1986 年，全市有桑园 20 公顷，主要分布在蓼兰镇许家村和店子镇曹西庄、侯家等村庄。是年，全市蚕茧产量 1149 担。1991 年，全市桑树种植 572 公顷，桑叶产量 338 吨。1992 年，蚕茧产量 381 吨，平度被确定为全国植桑养蚕基地县。此后，蚕茧市场价格上涨，激发农民植桑养蚕积极性。到 1999 年，全市桑园发展到 2033 公顷，广泛分布于泽河两岸及蓼兰、灰埠、店子等镇，桑蚕被市委、市政府列入农业发展支柱产业之一。是年，全市养蚕 16 万张，产茧 2446 吨。2002 年，由于市场下滑，全市桑园种植面积锐减，由 4633 公顷降至 2005 年的 3006 公顷。

蓼兰镇许家村桑蚕养殖（2005 年摄）

二、收购与缫丝

1986 年，平度蚕茧由县供销社土产公司收购加工。1989 年，平度市丝绸公司成立。翌年，丝绸公司收归省丝绸总公司管理。1994 年，同和集团改制，析出银河桑蚕养殖公司，下辖缫丝厂、蚕茧站、蚕沙厂、蚕种厂和桑蚕养殖基地，年产生丝 1000 吨。1998 年，银河桑蚕养殖公司由同和集团以评估价 2912 万元被市政府收归为市属企业，改名为平度市银河（茧）丝绸集团。2002 年 6 月，青岛益昌茧丝绸有限公司成立，带动全市 4000 公顷桑园、1.6 万桑蚕养殖户生产；公司按“公司＋基地＋农户”产业化发展模式，与广大蚕农联合成立蓼兰镇蚕业协会，设立蚕茧生产技术服务中心，从桑园管理、桑苗培育、蚕种发放，到桑蚕养殖、蚕需物资供应、蚕茧收购全过程技术指导；公司拥有大型全自动热风烘茧机 5 台，全自动缫丝生产线 10 组，年收购鲜茧 260 万公斤，生产生丝 160 吨。2005 年，全市设崔家集、张家坊、万家、蓼兰、白埠、明村、店子、灰埠、城郊等蚕茧收购站 9 处，负责全市蚕茧收购；蚕茧产值 7474 万元。

国家养蚕示范村——许家村（2010 年摄）

第二节 花 卉

1986 ~ 1995 年，平度花卉生产基本上是农民自发零星种植。1995 年，马戈庄镇闫村投资 300 万元，建设占地 4 公顷、拥有 11 个标准冬暖夏棚的“天香”花卉基地，开始规模种花养花，年销售花卉 86 万元。此后，平度花卉业以每年 20 ~ 35 公顷速度发展。截至 2005 年，全市花卉种植面积 233.6 公顷。其中日光温室 975 个、40.93 公顷，加温温室 2 个、0.67 公顷，露地面积 192 公顷。花卉栽培品种 60 余个，主栽品种 20 余个，以蝴蝶兰、大花蕙兰、杜鹃、菊花、君子兰、仙客来、月季、玫瑰、樱花、百合、剑兰为主。全年鲜花总产 1197 万株（枝），销售总额 1.14 亿元，其中出口 580 万元。花卉从业人员 800 余人。

一、分布

至 2005 年，全市种植花卉镇（街道）12 处，其中具一定规模 3 处，分别位于 309 国道云山段、三城路南村段、高平路蓼兰段。其中，云山镇刘河甲、宋格庄村从事花卉业业户 150 户、400 余人，种植花卉面积 53.33 公顷，花色品种 40 余个，年销售额 380 万元；三城路南村段花卉生产为企业性经营，面积 24 公顷，主要生产蝴蝶兰、大花蕙兰和神马白菊，年销售额 2000 万元；高平路蓼兰段以设施栽培为主，面积 20 公顷，主要生产蝴蝶兰、大花蕙兰、百合、剑兰，年销售额 2500 万元。此 3 个区域花卉销售额占全市销售总额 34.1%。花卉种类主要有草本、木本、多肉和鲜切花四大类。栽培形式分设施栽培和露地栽培两种，其中设施栽培占 25%。生产方式靠自己培育和外地调入，其中外地调入占 60%。观花类和观叶类木本花卉几乎 100% 从南方调入。草本、木本、多肉花卉 80% 当地销售，20% 销往外地；鲜切花 80% 销往外地，20% 当地销售。

二、花卉企业

至 2005 年，全市有重点花卉企业 6 个，其中独资 4 家、合资 2 家。分别为：青岛金卉兰业生物科技发展有限公司，年产蝴蝶兰 20 万～25 万株，销售额 1600 万元；牵手鲜花有限公司，年产鲜切花 4000 万枝，销售额 900 万元；青岛丽人花园艺有限公司，年产神马白菊 200 万株，销售额 270 万元；青岛黎明兰园有限公司，年产大花蕙兰 2 万株，年销售额 300 万元；北京三益公司，年产蝴蝶兰 30 万株，年销售额 1500 万元；李君鲜花有限公司，年产鲜切花 180 万枝，年销售额 250 万元。

青岛市委书记李群（右二）参观蓼兰镇金卉兰花卉生产基地（2011 年摄）

大棚花卉养殖（2005 年摄）

第八章 农业园区 果品基地

第一节 农业园区

一、蓼兰农业高科技示范园

1999年成立，是青岛市重点高效农业示范园，国家级农业综合开发现代化示范园。园区总体规划面积333公顷，主要以新品种的引进、示范、繁育为主体，重点发展名优瓜果花卉种苗繁育和高档花卉。园区总投资1800万元，先后建成了种苗组培中心、科技服务中心、工厂化育苗中心、名优新品种试验示范中心和花卉及无公害瓜果菜设施栽培生产基地。2000年，园区采取股份合作制形式，由青岛农科所、蓼兰镇、村三方合资，建成优质草莓苗脱毒繁育基地1处。2001年，园区引进台湾金卉兰业生物科技有限公司，投资250万元，进行高档兰花栽培生产。2002年，引进青岛华冠科技有限公司，采取租赁形式建成占地36公顷的名优水果栽培示范园1处。2003年，引进辽宁省三江绿色食品有限公司，采取租赁形式，建成占地6.67公顷的蔬菜种植、保鲜加工基地1处。2004年，台湾海峡两岸农科院落户园区，注册资金38万美元，与园区建立了农业科技技术合作项目。2005年，园区有860名农民获得绿色证书，340个农户成为科技示范户，园区农业科技贡献率达到75%，新品种覆盖率达到100%。冬暖式大棚实现滴灌自动化，遮阳、喷灌、通风、温度、湿度、补光电控化，园艺生产机械化，生物防治，无公害生产，园区内喷、微、滴灌普及率达100%。年纯收入3000万元。

编号：165-1

国家农业标准化示范区

验收合格证书

平度市人民政府

你单位承担的 蓼兰花卉栽培 标准化示范区，符合《农业标准化示范区考核验收办法》要求，经验收合格，特发此证。

发证日期：2006 年 12 月 30 日

国家标准化管理委员会制

二、益丰优质种苗示范园

1999年，平度市政府号召农业科技人员兴办示范基地，在城南三城路（三山岛—城阳）南租赁土地66.67公顷，成立益丰种苗公司。市农委、农业局、林业局等系统科技人员50余人带薪离岗参与到农业科技示范基地，进行新品种、新技术的引进、试验和示范。2000年，科技人员回原工作岗位，基地继续承包，土地租赁费（以每亩500斤小麦折价）各自承担。2004年，示范园管委解散。土地租赁由个人与土地所在村庄签定合同。至2005年，共引进果树、花卉、绿化苗新品种100余个，繁育优质种苗600余万株。其中，引进“红地球”“矢富罗沙”“高妻”等葡萄新品种20余个，繁育优质种苗100余万株；引进“优系富士”“红嘎拉”“红将军”等苹果新品种10余个，繁育优质种苗80余万株；引进“川中岛”“日川”“华光”等桃新品种20余个，繁育优质种苗60余万株；引进“新高”“新兴”“雪花”等梨新品种10余个，繁育优质种苗30余万株；引进沾化冬枣等干果类新品种10余个，繁育优质种苗50余万株；引进兰花、樱花等各类花卉绿化苗木新品种30余个，繁育优质苗木280余万株。引进花生、蔬菜新品种30余个，制种50余吨。其中，引进花育16号、鲁花9号等花生新品种10余个，制种20余吨；引进“胶州红”、太空椒等蔬菜新品种20余个，制种30余吨。

三、平度市园艺总场

其前身为平度县园艺场。1986年，农场拥有固定工250人、临时工80人，为自收自支事业单位；占地面积385公顷，其中可耕地166.67公顷、荒地216.33公顷；出产苹果1490吨、梨60吨、桃11吨、葡萄10吨，果品收入94万元，酒厂、鸡厂收入18万元。2000年，农场改为企业，出产苹果430吨、梨21吨、桃0.3吨，果品收入92万元，酒厂、鸡厂销售收入130万元，冷库、门市、饭店、加油站营业收入568万元。至2005年，农场已建起储藏能力2000吨的果品冷库、储藏能力200吨的低温冷库、生产能力2000吨的葡萄酒厂和存养量4万只的养鸡场各1个以及花园、苗圃、饭店、门市、加油站等，形成了果、工、商、养“一条龙”式的农业企业。农场职工261人，固定资产1282万元，果品总产521吨，总收入1580万元。

四、平度市棉花原种繁育场

其前身为田庄棉花原种场，位于平度市西郊20公里处，1986～1993年为差额事业单位，土地种植以集体为主，分为5个生产队，种植收入归单位所有。1994年，开始实行土地承包制，职工工资从土地承包种植中获取。1999年，改为自收自支事业单位，同年底改为企业。2004年，农场拥有厂房、库房、实验室、宿舍等960间、2.1万平方米，水泥晒场3万平方米，拖拉机48部，三轮车10辆，播种机15台，脱粒机5台，各种耕作机械15台（套），收获机5台（套），浇灌机械56台（套），榨油设备1套，种子加工、精选设备1套，总资产398.3万元。2005年，农场占地面积320余公顷，其中耕地面积240公顷、水面面积10公顷，固定资产1000余万元，职工108人。

棉花良种加工　1990年，由农业部投资150万元，地方配套资金150万元，在原种场17.33公顷土地上兴建了农业部优质棉基地——平度市棉花良种加工厂，进行棉花良种引进、试验示范、繁育、加工和推广，行政管理隶属于原种场，财务上独立核算。基地建设后，新扩繁育原种田333公顷、良种田2133公顷，辐射周围3个乡镇、39个自然村，每年繁育棉花原种能力达8万公斤、良种160万公斤。是年，加工皮棉2816.3吨、棉籽饼2929.7吨、棉籽皮467.3吨、棉籽油342.7吨、棉油皂11吨。1994年原种场与良种厂分开，独自经营管理。到1996年累计加工皮棉8299.6吨，占加工总量的87.8%，棉籽油、皮、饼、皂累计加工8843.2吨。1997年后停止榨油，仅加工皮棉。2001年，良种棉加工厂因亏损严重，回归原种场管理。至2005年累计加工皮棉1341.1吨。

棉花原种繁育　1986～1993年农场繁育推广“7461”“中棉12”，1994～1995年繁育推广“鲁棉11号”，1996～1998年繁育推广“石远321”，1999～2003年繁育推广“33B”“99B”。至2005年，累计繁育棉花原种2316吨。

养殖　1986年初，原种场养殖场饲养牛12头、猪400头、羊210只、鸡5000只，到1989年仅剩牛、骡12头，羊180只，鸡2000只。1996年棉花良种加工厂重建饲养场，当年养牛650头、羊210只，1997年养牛800头、羊200只，1999年后仅饲养骡子17匹。

五、平度市良种繁育场

其前身为白埠良种繁育场，1989年改为平度市良种繁育场，位于白埠镇驻地。全场总面积36.27公顷，其中场区面积4.27公顷、可耕地面积24公顷、河滩地面积8公顷。1986年，农场为自收自支事业单位，1987年土地由集体统一经营，1994年开始实行土地承包制，职工工资从土地承包种植中获取。2000年改制为企业。至2004年拥有房屋219间、20立方米水塔1座、水泥晒台4800平方米、机井16眼、100千瓦变压器1套、农灌线路2000米、固定资产总值51万元。

农场主要以繁育小麦良种为主，每年向社会提供优质高产小麦良种12万公斤，至2005年，累计提供小麦良种250万公斤。

第二节 果品基地

20世纪80年代末，平度被确定为全国名优苹果苗木繁育基地和优质苹果生产基地。2002年，被确定为全国苹果栽培优势区域示范县。2005年，全市已建成无公害果品生产基地6660余公顷、生态果园基地3330余公顷、绿色果品基地660余公顷。

一、无公害苹果基地

2002年，平度市参与了青岛市果茶花卉工作站承担的无公害苹果“111工程”（利用3年时间，在青岛市建成1万亩苹果无公害生产示范园，带动面上开发无公害苹果生产10万亩，新增经济效益1亿元）技术研究与开发项目，示范园选择旧店、大田镇。当年，建成示范园133公顷，面上带动533公顷；2003年建示范园267公顷，面上带动1467公顷。2005年，示范园面上带动苹果种植6660余公顷，平均亩产2221公斤，累计生产无公害苹果2.2亿公斤。旧店镇“岙莱山”牌苹果、大田镇“奋昱”牌苹果获国家工商总局商标注册；平度庆中名优林果示范基地、宏源绿色食品有限公司获山东省无公害苹果基地认证；旧店1667公顷果品生产基地、大田1333公顷果品生产基地获国家无公害果品生产基地认证。

二、生态果园基地

2002年，平度承担了青岛市“生态果园基地建设”项目。同年，建成生态果园面积187公顷，其中苹果147公顷、葡萄40公顷；种植生草73公顷、覆草113公顷，辐射带动面上800公顷。2005年，生态果园面积达到347公顷，其中苹果267公顷、葡萄80公顷；种植生草200公顷、覆草147公顷，辐射带动面上2133公顷。示范园两年套优质纸袋6500万个，累计生产优质果品1260万公斤，其中苹果1050万公斤，“泽香”“玫瑰香”葡萄192万公斤，“红地球”葡萄18万公斤。苹果增收945万元，“泽香”“玫瑰香”葡萄增收115.2万元，“红地球”葡萄增收27万元。

三、绿色果品基地

2004年，青岛市农业局为平度市下达农业种植业科技示范基地项目。项目实施地点选择旧店、大田、大泽山、店子、云山、李园、张舍7镇（街道）。至2005年，基地选定示范园19个、带动园108个；建绿色果品生产示范园400公顷，其中苹果333公顷、葡萄67公顷；面上带动开发果园2333公顷，其中苹果2000公顷、葡萄333公顷。

四、万亩无公害大樱桃基地

位于云山镇西部，以铁岭庄村为中心。基地始建于1992年，由铁岭庄村首次栽培，栽培面积20公顷，1995年发展到70公顷。至2005年，基地扩展到周边33个村，栽培面积发展到800公顷，其中设施栽培200公顷。名优品种为“意大利早红”“胜利”“优秀红灯”“拉宾斯”“优秀先锋”“黑樱桃”等，为青岛市名优果品生产基地。

五、大华农产有限公司

公司成立于1994年9月，总投资300万美元，

大泽山脚下葡萄园（2005年摄）

位于蓼兰镇双柳树村大华路1号，系台湾独资企业，董事长蔡裕谅，总经理简惠庆。公司占地150公顷，拥有贮存量1000吨的气调冷藏库1座、职工250人。主要种植丰水梨、南水梨和富士苹果，年生产果品6000吨，产值1500万元，产品销往日本、东南亚及国内大中城市。梨园株行距4×4m，采用开心形、棚架栽培，采光充足；果实全部采用纸袋套装。至2005年，青岛大华农产有限公司通过133公顷丰水梨绿色食品生产基地认证。

六、东泰丰水梨示范园

公司原名青岛胜利安农产有限公司，是一家台湾独资企业，1989年，在香店街道租地120公顷成立。1992年，公司改名为青岛旺利安农产有限公司，土地面积扩大到177公顷，始栽梨树133公顷；1997年，公司改名青岛东太农产有限公司；2002年，公司改名青岛东泰农产有限公司。截至2005年，公司发展到占地267公顷，拥有办公楼2座、500吨恒温库1座、梨园133公顷、梨树10余万株，主栽品种丰水梨，年产量6000吨，产值1500万元，产品销往日本、东南亚、中国台湾及国内大中城市。梨园株行距4×4m，采用开心形、棚架栽培，采光充足；果实全部采用纸袋套装。

第九章 水 利

1986年，平度县水利管理机构称水利局。1990年1月，市水利局更名市水利水产局，1993年10月复更名水利局，1996年1月再次更名水利水产局。2001年9月，自来水公司由市城乡建设局成建制划归水利水产局。至2005年，市水利水产局辖设办公室、政工科、水政法规科、工程管理科、财务审计科5个行政科室；防汛抗旱指挥部办公室、渔政渔业技术推广站、农村水利科技推广站、水土保持监督管理站、水资源办公室、水利勘察设计院6个事业科室；尹府水库管理局，北胶莱河、大沽河、现河、大泽山水库、双山水库、双庙水库、黄山水库、黄同水库管理所，青岛供水管理所及自来水公司、青岛青矿矿山设备有限责任公司、青岛江河水利工程有限公司13个局属单位。

第一节 水利设施

一、水库

大、中型水库 1986年，平度县有大中型水库6座，其中大型水库1座、中型水库5座。水库利用以防洪和灌溉为主。至2005年，情况依然。水库总库容2.58亿立方米，兴利库容1.29亿立方米，死库容1015万立方米。

小型水库 1986～2005年，平度有双庙、宋戈庄、东羞鱼、大跃、巧女张、窝洛子、田格庄、李家庄、涧口、茶山、大洪埠等小（Ⅰ）型水库

尹府水库水面一瞥（2005年摄）

2005 年平度市大中型水库基本情况统计表

表 4-8

水库名称	所在镇	工程现状								兴利水位（米）	兴利库容（万立方米）	设计灌溉面积（千公顷）	有效灌溉面积（千公顷）
		流域面积（平方公里）	总库容（万立方米）	死库容（万立方米）	坝顶高程（米）	防浪墙顶高程（米）	溢洪道						
							底高程（米）	孔数（个）	净宽（米）				
尹府	云山	178	16130	720	84.4	85.6	74	2	20	79.5	8100	9	4
黄同	祝沟	126	5147	140	92.4	93.33	86.5	–	48	86.5	2590	4	1.33
黄山	崔召	37.4	1330	70	108.3	109.3	104	–	24	104	728	1.15	1.0
双山	店子	29	1002	10	107.6	–	102.87	–	55	102.87	625	0.8	1.13
大泽山	大泽山	52	1063	27	93.35	94.25	87	7	42	89.8	622	1.22	0.8
淄阳	大泽山	16	1160	48	76.4	–	68	–	140	68	206	0.57	0.5

11 座，总库容 2189.1 万立方米，其中兴利库容 1128.9 万立方米，以灌溉为主、调洪为辅。小（Ⅱ）型水库 90 座，总库容 1938 万立方米，其中兴利库容 1175 万立方米，主要分布于古岘、大田、云山、城关、店子、大泽山、李园、旧店、崔召、祝沟 10 个镇（街道），其中有 70 座兴建于 1985 年以前。至 2005 年，全市除险加固小（Ⅰ）型水库 6 座、小（Ⅱ）型水库 52 座，总投资 1969 万元。

二、闸坝

1987 年，平度县实有拦河闸 24 座、涵闸 187 座，结构形式已逐渐由石拱、砖拱、砌石盖板、钢丝网水泥闸门、螺杆启闭，发展为钢筋混凝土结构、钢筋混凝土闸门、钢闸门、立轴旋转式闸门、自动多铰翻板闸门、电动手摇两用卷扬机启闭。20 世纪 80 年代后期，开始在主要河道建设拦河闸（坝）。至 2005 年，全市共有拦河闸（坝）80 座，年复蓄

除险加固后的黄同水库（2004 年摄）

龙虎山橡胶坝（2003 年摄）

水量3707万立方米，其中规模较大的拦河闸（坝）有新河蓄水防潮闸、大沽河崖头拦河闸（坝）、小沽河龙虎山拦河坝等。

新河蓄水防潮闸（1987年摄）

三、塘坝

1987年，全县有塘坝930座，库容2260万立方米。1995年，发展到1191座，库容3141万立方米。2005年，全市有塘坝1363座，库容3393万立方米。

四、机电井

1986年前后，随着农村联产承包责任制、土地经营模式变化，全县兴起个人或联户购置动力钻打井活动，平度涌现出不少打井专业户。是年，全县拥有机电井3.2万眼，配套机电井2.7万眼。至1995年，分别发展到4.5万眼和4.1万眼。2005年，全市个体拥有动力钻井机具90台（套）；可利用机电井总数4.3万眼，配套机电井4.1万眼，分别比1986年增加1.1万眼和1.4万眼。

五、扬水站

1987年，平度已建成扬水站348座，其中百马力以上扬水站16座，总装机容量371台、9299千瓦。由于管理不善，到2004年，原有百马力以上扬水站仅有5座继续运行，其余基本报废。但同期，随着抗旱治水压力管道输水的采用和普及，扬水站建设又迈上新的台阶，重建、新建扬水站不断增加。截至2005年，全市已建扬水站458座，总装机量505台、1.1万千瓦，其中百马力以上扬水站9座。

龙虎山扬水站（1998年摄）

六、引黄济青平度工程

1986年4月，平度县成立山东省引黄济青张家坊泵站工程处。1988年10月，加挂山东省引黄济青工程平度管理处牌子。1989年11月，省引黄济青工程平度管理处正式列编71人，下设人秘科、工程管理科、财务器材科、经营科以及亭口泵站、白沙河倒虹、昌平河倒虹3个管理所。1991年1月，成立引黄济青派出所。1996年增设助水河倒虹管理所。

引黄济青工程（1992年摄）

工程概况 山东省引黄济青工程系跨流域、远距离大型调水工程，从进水口到水厂全长290公里，其中输水河252.8公里，始于博兴县打渔张引黄闸，经博兴、广饶、寿光、寒亭、昌邑、高密、平度、胶州、即墨、城阳10县（市、区），于即墨市桥西头村西北入棘洪滩水库。平度段工程，1986年11月开工，1989年7月竣工，共完成土方849万立方米、砌石6万立方米、钢筋混凝土10.9万立方米、工日747.8万个，总投资1.03亿元。途径明村、崔家集、白埠、万家、兰底、南村6个乡镇、64个村庄，长55.18公里，占地467公顷。输水河上有建筑物98座。其中，亭口泵站1座；联合沟、昌平河、大喜屯沟、陈家沟、白沙河、丰收沟、清水河、小清河、西新河、助水河等输水河倒虹10座；赵家西沟、丁家庄沟、曹家西沟、袁家沟、交界沟、万家沟、许丘沟、西干河、李戈庄沟、东干河、双丘东河、兰吴沟、官沟等穿输水河倒虹14座；明朱路、高平路、亭兰路、亭南路、平崔路等公路桥5座；交通桥8座，生产桥50座。

水电部部长钱正英（中）视察白沙河倒虹工程（1988年摄）

输水运行 1989年11月25日，引黄济青工程通水典礼在昌邑县王耨泵站举行，引黄济青转入运行管理阶段。工程输水运行时间主要安排在冬季非灌溉季节，采取主要技术措施是“等容量控制”“冰盖下运行”和蓄水保温，确保冰凌期把黄河水安全送入棘洪滩水库。自1989年11月工程通水至2005年，引黄济青平度段工程已度过17个运行周期，先后安全运行785天，亭口泵站开停机29次，运行3.56万台时，过水流量10.8亿立方米。其中，向青岛市供水10亿立方米，占整个青岛市供水50%；为平度段沿线给水1080万立方米，灌溉农田1.67万公顷（次），补充地下水6200万立方米，抬高地下水位2～4米，改善了工程沿线高氟区水质。

1989～2006年引黄济青工程平度段累计运行统计表

表4-9

运行周期	运行天数（天）	运行阶段（次）	开停机台（时）	过水量（万立方米）
1989.11.02～1990.04.24	95	3	4746.46	14388.38
1990.12.22～1991.03.24	36	1	1200.78	4292.75
1991.12.01～1992.02.14	68	1	2896.73	9496.44
1992.11.28～1993.02.02	50	1	2612.45	7996.55
1993.12.22～1994.02.01	42	1	2113.83	6089.56

续表 4-9

运行周期	运行天数（天）	运行阶段（次）	开停机台（时）	过水量（万立方米）
1994.12.14 ～ 1995.01.17	35	1	2393.75	6379.78
1995.12.18 ～ 1996.01.12	26	1	1396.1	4303.59
1996.12.17 ～ 1997.02.27	27	2	873.11	2806.26
1997.12.23 ～ 1998.06.08	83	2	2439.413	6012.33
1998.12.11 ～ 1999.01.31	36	2	1615	5223.21
1999.08.25 ～ 2000.03.04	37	2	966.79	3078.48
2000.11.02 ～ 2001.03.03	62	2	4064.4	12736.16
2002.02.21 ～ 2002.03.16	24	1	1041.08	3238.35
2002.11.17 ～ 2003.01.15	29	1	1678.97	4754.90
2003.12.27 ～ 2003.12.31	2	1	30.73	90.73
2004.06.04 ～ 2004.12.25	56	2	2163.36	6969.22
2005.02.27 ～ 2006.02.26	77	5	3345.43	9798.76
合计	785	29	35578.383	107655.44

第二节 河道治理

一、北胶莱河干流治理

北胶莱河，汛期洪水渲泄不畅，易闹涝灾。1988年以前，北胶莱河主干道经裁弯取直、拓宽断面、加深河槽、修筑大堤治理，行洪能力明显提高。此后，国家没再进行较大规模投资治理，各镇仅对流经本境内河段存在隐患进行不同程度治理，致使北胶莱河主干道存有诸多工程隐患：54座涵闸不能利用；有3958米无堤防段，其中明村镇河套村西8米、新河镇闫家村西450米、新河三厂至泽河3500米；有1300米无清坎段，其中马戈庄镇坝口村西1000米、付李庄村西300米；清坎上种果树39.53公顷，其中明村镇33.53公顷、马戈庄镇4公顷、新河镇2公顷；清坎上建房74间，其中马戈庄镇2间、新河镇72间；新河镇段主河道建鱼、虾池12公顷；新河蓄水防潮闸工作桥、排架柱蜂窝和麻面较多，混凝土脱落，钢筋裸露，锈蚀严重，护坦反滤排水孔失效，已到报废程度。1990年，青岛市水利局开始逐年拨付经费对新河蓄水防潮闸维修，其中1996年拨付25万元，用钛涂料对闸门进行防腐处理。1998年6月，马戈庄镇投资30万元，动用砌石1000立方米，对坝口村北河道弯道处的堤防无清坎和堤防冲刷严重地段进行干砌石护坡1800平方米。通过治理，北胶莱河防洪标准达到20年一遇，排涝达到5年一遇标准。

二、北胶莱河支流治理

泽河　1990年11～12月，香店、同和、李园、门村、张舍、灰埠6个乡镇对东起香店乡曲坊村、

西至灰埠镇三埠李家村50公里泽河左堤实施修路工程，提高防洪标准。

淄阳河 2000年10月，长乐镇投资48万元对淄阳河实施堤防加固和河道疏浚，疏河800米，修筑堤防1900米。2000年河道普查核算，该河大泽山水库入口（4+250）和淄阳水库入口（1+600）断面达到10年一遇标准。

龙王河 1991年，李园乡对驻地至昌平路段旋河（龙王河支流）进行治理，治理长度1200米，挖深3米，动用土石方48.96万立方米。1994年，又对驻地至四甲村段旋河疏浚，疏浚长度800米，挖深3米，动用土方11.52万立方米。1995年10～11月，门村镇对小涝河（龙王河支流）开挖疏浚、加宽，治理长度2500米，河口宽22米，底宽8米，挖深3.5米，动用土石13万立方米。1997年，张舍镇投资12万元对东石岭至宝落村2600米柳沟河（龙王河支流）河段清淤，搬动土方7万立方米。

大沽河治理预制六角块式生态砼护堤（2013年摄）

双山河 1989年，青杨乡对双山河苏村至双联水库2000米河段疏浚、培堤、护坡，搬动土方18万立方米，砌石6000立方米。1991年春，张舍镇投资30万元，对友谊河（双山河支流）刁礼埠至北滚泉6300米河段清淤，投工4.5万个，搬动土方26万立方米。1996年，店子镇对双山河许家至前寨6000米河段清淤，动用土石方60万立方米。

三、大沽河干流治理

1988～2005年，平度对大沽河多次实施培堤、堤防灌浆、退堤、裁滩、清障、建拦蓄工程，使大沽河抵御洪涝灾害能力达到20年一遇防洪标准。

护险 1989年5～6月，投资6万元，在仁兆镇张家沽段护坡250米。1990年4～5月，投资7.5万元，在南村镇姜家埠村东采取重力式挡土墙护险250米。1992年，完成投资9万元，在仁兆镇毛家庄段护坡190米。1993年，投资12万元，在南村镇前北村段护岸210米。1994年，投资5万元，在仁兆镇迟家疃段护岸80米。1996年，投资240万元，在仁兆镇迟家疃段混凝土预制块护坡690米，石家曲堤浆砌石护坡400米，南村镇前北村混凝土板护坡702米。1997年3～7月，投资150万元，在南村镇东北街段、沙梁段、九甲段浆砌石护坡1300米。1998年3月，投资232万元，在石家曲堤、五道口、张家沽、崖头段护险2200米。1999年4～9月，投资134万元，在南村镇崖头段浆砌石护险400米，仁兆镇五道口段、孙家汇段、沙窝段护险800米。2000年6～7月，投资473万元，在仁兆镇东赵家段、张家沽段、于莱庄段，南村镇崖头段、东南街段砌石护坡3300米。2001年5～8月，投资371万元，在仁兆镇东赵家段、孙家汇段，南村镇桃园段砌石护险1500米。2002～2003年，投资202万元，在仁兆镇孙家汇、毛家庄浆砌石护坡850米。2004年4～7月，投资486万元，实施崖头拦河坝加固工程。2005年10～12月，投资125万元，在仁兆镇毛家庄、南村镇前北村护险800米。

培堤 1988年7月，投资9万元，南村镇沙

岭段培堤3.3公里。1989年7～8月，投资22万元，在仁兆镇于莱庄、张家沽段培堤7.3公里。1990～1991年，投资30万元，在冷戈庄段培堤5.8公里。1992年6～7月，投资694万元，在仁兆、冷戈庄、南村、郭庄、亭兰、古岘培堤及涵洞接长41.5公里，工程量65万立方米。

退堤 1998年10月至1999年1月，投资262万元，在南村镇庄干、北沙梁及仁兆镇孙家汇、石家曲堤退堤2.3公里，新筑堤1.9公里，工程量19.8万立方米。1999～2000年，投资111万元，退堤2285米。

灌浆 1997年8～10月，投资90万元，桩号（54+900～70+000）灌浆15.1公里，孔数6040个，进尺3.1万米，灌浆量2053立方米。1998年9～10月，投资78万元，在南村段灌浆3.5公里、仁兆段灌浆10.5公里，孔数6010个，进尺2.7万米，灌浆量9680立方米，干土量937吨。

四、大沽河支流治理

小沽河 1986年，两目乡对白浪河（小沽河支流）武家庄至孙戈庄段河道疏浚，疏浚长度4000米。1987年，两目乡对小沽河清水村至后河南村7500米河道堤防培厚加高，治理标准为堤顶宽5米，边坡比1∶2，堤防平均加高0.5米，动用土方8万立方米。同年，石桥乡对黄同河（小沽河支流）支流营里河开挖治理，开挖1000米，挖深1米。1991年2月，云山镇对猪洞河（小沽河支流）撞上桥以上河段疏浚，长度1700米。1993年，两目乡复对白浪河高家流河至崔家流河段疏浚，疏浚长度6350米。1995年3月，云山镇复对猪洞河辛庄至小河子桥1500米河段治理，治理标准为河底宽60米，河槽深2.5米。

落药河 1989、1990、1996和1999年，郭庄镇对瓦子丘至凤凰屯2950米河段进行清淤、加深和筑堤，共投工245万个，动用土石方60万立方米。1991年4月至1997年6月，张戈庄镇在泉组河（落药河支流）坡子村东南、狮子口村后、高家营村东北各建自动翻板闸1处。1997年10月，麻兰镇对七里河（落药河支流）河道进行治理，疏浚长度2500米，挖深2米，搬动土石方35万立方米。1998年10月，云山镇对落药河实施加宽及堤防加高，治理长度4600米。1999年，麻兰镇复对落药河治理，治理长度3000米，治理标准为河口宽77米、河底宽65米、堤高3米，行洪能力达400立方米/秒。2000年，在泉组河南沙岭村后建长11米、蓄水5万立方米立轴旋转式拦河闸1座。

城子河 1998年，古岘镇对8号沟至南环路3500米河段清淤治理，治理标准为河口宽16米、河底宽8米，平均加深0.5米。1999年，投资200万元，对仁兆镇城子河改道治理，治理长度1000米。

南胶莱河 1997年10月，郭庄镇对镇内小清河（南胶莱河支流）疏浚加深，治理长度2000米，完成工日10万个、土石方15万立方米。

第三节 水土保持

1986年初，全县山丘地区水土保持工程有“三合一”梯田1000公顷、水平梯田8425.3公顷、坡式梯田1826.3公顷、坝头地502.6公顷，建塘坝91座、谷坊716座、鱼鳞坑8万个，截水沟5000公里，建设基本农田3.7万公顷、林地面积2.1万公顷（不包括疏林地397.8公顷）。水土流失治理面积3.17万公顷。自是年开始，平度开展了以小流域治理为重点，以治水为中心的山、水、田、林、路综合治理水土保持工作。

1987～1989年，坚持以小流域为单元，山、水、田、林、路统一规划，综合治理，加固、续建小水库35座。开工水库、塘坝21座，挖平塘16座。旧店、麻兰、洪山、李园等乡镇拓宽和开挖河道6条，长1万米。11处山区乡镇挖鱼鳞坑96万个，新建谷坊896座，整修水平梯田166.6公顷，修环山路40公里，修地堰25万米，治理水土流失面积695公顷。

1990年，对蟠桃乡窝洛子、乔家和大田乡青山 3 个小流域进行深层次治理。全市上阵劳力 6.5 万人，整修水平阶 200 公顷，挖鱼鳞坑 30 万个，建谷坊 800 处、塘坝 2 座，整修水平梯田 266.6 公顷，修环山路 20 公里，整修地堰 25 万米，治理水土流失面积 1100 公顷。

1991 年秋，云山镇组织 5000 人，修环山路 1 条 5 公里、生产路 14 条 5 公里，疏沟 14 条 5 公里，挖沟 6 条 3 公里，修地堰 11 万米，整地 93.3 公顷，治理仙山小流域 300 公顷。崔召、两目、旧店、麻兰、青杨、李园等乡镇疏河 7 条 1.6 万米，河滩造地 133.3 公顷。龙山乡出动 6300 人、推土机（拖拉机）312 台、地排车（小推车）3000 辆，挖排水沟 20 条，造地 28 公顷。

1992 ~ 1995 年，对两目乡黄埠岭、谭家岚，旧店镇尚家埠，崔召镇付家庄埠、东西房岭、凤鸣岭，洪山乡古迹山、盘龙埠，云山乡怀念岭，石桥乡五台山，麻兰镇峰山方、洼子方、白沙方、响水河，张舍乡凤凰岭，龙山乡彭家西山、邓家北山、青山、河庄口，青杨乡双跃岭，灰埠镇三埠岭小流域进行综合治理，共完成投资 6200 万元，动用土石 4958 万立方米，新建水库、塘坝 307 座，打机井、大口井 1322 眼，建平塘 237 座、桥涵 727 座、扬水站 84 座，整修生产路 858 公里，修环山路 157 公里，开发荒山 1200 公顷，整修梯田 756 公顷，库区河滩造地 129 公顷，建拦河闸 27 座，疏河 15 公里，建谷坊 198 座，修截水沟 33 公里，发展防护林 170 公顷，疏林补植 432 公顷，植树 215 万棵，发展经济林（果园）1867 公顷，治理水土流失面积 2400 公顷。

1996 ~ 1998 年，实施祝沟镇七林山、崔召镇长岭山、大泽山镇天柱山、祝沟镇岙莱山、蟠桃镇秦皇河、城关街道金花山小流域治理。出动劳力 22 万人，投入机械 2000 台，搬动土石 2555 万立方米，新建小水库、塘坝 306 座，平塘 117 座，扬水站 44 座，新打机井、大口井 986 眼，疏河 20 条 34 公里，截潜 90 处，修拦河闸坝 16 座，修环山路 11 条 39 公里，修桥涵建筑物 718 座，开发荒山 693 公顷，整修梯田 841 公顷，修谷坊 219 座，河滩造地 220 公顷，护坡 4.2 万米，修截水沟 2.4 万米，新发展果园 924 公顷，植树 66.6 万株，治理水土流失面积 2560 公顷。

1999 ~ 2002 年，对旧店镇方家、垛旺山，蟠桃镇窝洛子，大田镇涧口、铁夼山、虎头山、大涝山，张舍镇于埠，大泽山镇青龙山，云山镇洪山，崔召镇金岭山小流域综合治理，共投资 5562 万元，搬动土石 1904 万立方米，修环山路 313 公里，新建塘坝（平塘）221 座、水池 104 个、扬水站 8 座，新打机井、大口井 187 眼，新增灌溉面积 1161 公顷，疏河 9900 米，截潜 12 处，修建拦河闸坝 23 座、桥涵建筑物 238 座，开发荒山 238 公顷，整修梯田 1593 公顷，造沟坝地 425 公顷，河滩造地 140 公顷，护坡 1 万米，修截水沟 8685 米，建谷坊 355 座，植树 72 万株，发展经济林（果园）1374 公顷、水保林 576 公顷，治理水土流失面积 5190 公顷。

2003 ~ 2004 年，全市共治理水土流失面积 2700 公顷。其中，建水平梯田 780 公顷、沟坝地

治理后的青龙山小流域（2005 年摄）

147 公顷，营造经济林 786 公顷、生态林 833 公顷，修谷坊 164 座，建塘坝 45 座，修水窖水池 37 个，修环山路 54 公里，完成投资 3813 万元，投入工日 723 万个，动用土石方 746 万立方米。

至 2005 年，对城关街道窝洛子、崔家集镇昌平河、大田镇杏庙、郭庄镇瓦子丘、旧店镇方家小流域进行综合治理，全市共综合治理小流域 47 条，治理面积 7.3 万公顷，占水土流失面积 53%，建梯田 3.3 万公顷，营造水保林 1.6 万公顷、经济林 5661 公顷，建谷坊 3300 座、塘坝（平塘）1483 座、蓄水池 138 个，完成投资 1.73 亿元，搬动土石 3.4 亿立方米。涌现出一批示范小流域，其中方家、窝洛子、铁夼山、青龙山、洪山小流域获“全国水土保持生态环境建设示范小流域”称号。平度市被水利部、财政部命名为 2000 年度“全国水土保持生态环境建设示范县”。

第四节　农田灌溉

一、水库灌溉

大、中型水库灌区　尹府水库灌区，核定灌溉面积 7866.7 公顷。至 1987 年，灌区累计投入 285 万元，建 6.35 公里总干渠 1 条、沿渠建筑物 21 座；干渠、分干渠 3 条，长 41.4 公里，建筑物 150 座；支渠 23 条，长 57.4 公里，建筑物 236 座。1999 年，灌区有效灌溉面积仅 1333.3 公顷，亩次灌溉用水量 400 立方米。2000 ~ 2005 年，国家计委、水利部立项分六期对灌区实施节水改造。一期工程投资 1500 万元，衬砌总干渠 6.4 公里，分干渠、支渠 40.64 公里，恢复灌溉面积 2800 公顷。二期工程投资 1000 万元，实施总干渠暗洞盖板和绿化工作，衬砌主干渠 6.3 公里，整修和新建建筑物 38 座，扩大改善灌溉面积 2200 公顷。一、二期工程均位于云山、麻兰镇境内。三期工程位于古岘镇境内（原小沽河灌区），投资 875 万元，整修衬砌干渠 5.9 公里，清淤干渠 2.2 公里，配套建筑物 25 座，恢复改善灌溉面积 2733.3 公顷，渠道水利用系数由原来 0.5 提高到 0.7。四期工程 1468 万元，整修衬砌渠道 20.3 公里，新建、改建配套建筑物 108 座，扩大改善灌溉面积 2866.7 公顷。五期工程投资 998 万元，整修防渗衬砌干渠 6.13 公里，配套建筑物 39 座，清淤干渠 3.9 公里，干渠水利用系数由过去 0.45 提高到 0.9，年可节水 588 万立方米，扩大改善灌溉面积 2800 公顷。六期工程投资 1000 万元，整修防渗干渠 2.1 公里，配套建筑物 14 座，扩大改善灌溉面积 2093.3 公顷。

黄山水库灌区，设计灌溉面积 1666.7 公顷。至 1987 年，已建干渠 2 条，总长 17.3 公里；支渠 15 条，长 30 公里；干支渠共有建筑物 135 座，控制灌溉面积 1000 公顷。是年秋，崔召镇自东干渠开挖至东房岭长 4.2 公里的北干渠（富民渠）。1992 年，复对北干渠整修，浆砌干渠 900 米，配套建筑物 20 座，设计灌溉面积 333.3 公顷。1997 年秋，大田镇自水库北干渠沿崔旧路东侧开挖宽 7 米、深 2 米、长 1265 米引水支渠 1 条，建节制闸 2 座、桥涵跌水建筑物 8 座，扩大灌溉面积 80 公顷，解决了大战、南战、北战三村缺水问题。2005 年，灌区有效灌溉面积 1000 公顷，实浇面积 20 公顷。

大泽山水库灌区，设计灌溉面积 1220 公顷。至 1987 年，已建 0.5 公里长总干渠 1 条；干渠 2 条，长 11 公里；支渠 2 条，长 4.65 公里；干支渠建筑物 85 座。是年，灌区实际配套有效灌溉面积达到 800 公顷。1996 年，淄阳水库管理所归并大泽山水库管理所，淄阳、大泽山两个水库灌区合并为大泽山水库灌区。2001 ~ 2002 年，投资 808 万元，其中世界银行贷款 300 万元，对南干渠团石子、南昌村、北昌村、丁家、小店、高望山 6 个村耕作片实施节水改造，衬砌 9.8 公里长支渠 1 条，防渗 15 公里长“U”型混凝土斗渠 16 条，建泵站 5 座、桥涵 6 座，铺设低压 PE 输水管道 5 万米，建成节水灌区面积 667 公顷，其中提灌区 249 公顷、自流灌区 418 公顷。灌区灌溉水利用系数由改造前 0.45

提高到0.75，亩次用水由改造前100立方米减少到40立方米。2005年，有效灌溉面积800公顷，实浇面积300公顷。

小型水库灌区　1994年，唐田乡在巧女张水库灌区新开挖4500米干渠1条，解决了该乡东部7个村333.3公顷耕地灌溉问题。2002年，旧店镇在李家庄水库灌区浆砌干渠1000米，发展有效灌溉面积133.3公顷。2002～2004年，涧口水库灌区投资420万元，铺设管径400毫米混凝土主管4000米、管径200毫米混凝土支管5000米、管径110毫米塑料管1.2万米，建蓄水池2个、管理房8间，支管沿途设出水栓，实施半固定式输水灌溉，控制灌溉面积333.3公顷。2004年，全市90座小(Ⅱ)型水库有效灌溉面积3744公顷。2005年，全市11座小（Ⅰ）型水库有效灌溉面积3674公顷。

黄同水库灌区改造工程（2005年摄）

二、塘坝灌溉

1987年，全县930座塘坝有效灌溉面积4170万公顷。2005年，全市1363座塘坝有效灌溉面积4900公顷。

三、引河灌溉

大沽河崖头引河灌区　1986年，灌区已建干渠1条，长7.5公里；支渠4条，长15公里。灌区涉及南村、亭兰两个乡镇，一般年景可灌溉土地2666.7公顷。1997年，兰底镇实施北辛河引水工程，自北辛河至芙蓉沟，开挖长2800米、口宽60米、底宽6米、平均深6米引水沟1条。1999年，投资1527万元，在崖头拦河闸附近建353.5米长橡胶坝1处，一次性蓄水400万立方米，年复蓄水量达1000万立方米。同年，兰底镇投资300万元，实施由崖头闸引水入境工程。至2002年，已建暗渠813米、明渠1500米，以解决兰底镇农灌和饮用水紧缺问题。

小沽河引河灌区　控制灌溉面积4666.7公顷，涉及古岘、冷戈庄、仁兆、张戈庄4个乡镇。1986年，灌区有总干渠1条，长5.55公里；干渠3条，长24公里；支渠7条，长10.2公里。是年，古岘镇投资80万元，自总干渠向西修建直径1.2米水泥管引水暗渠1000米，沿途设暗井12个，末端建泵站1处，提水灌溉控制灌溉面积133.3公顷，解决了三里庄、五里庄、前龙泉3个村灌溉用水问题。1992～1993年，复投资310万元，实施龙虎山截潜和主干渠配套工程。1994年春，在乔戈庄开挖长700米、宽50米、深6米的蓄水河1条，扩大灌溉面积333.3公顷。是年秋，开挖口宽5米、底宽1米、深2.5米、长3400米引水渠1条。1996年春，在蓬莱前村开挖长1000米、宽40米、深6米蓄水河1条，控制灌溉面积266.7公顷。2001年，在向阳沟村开挖长1200米、宽40米、深5米蓄水河1条，控灌面积266.7公顷。2002年，投资1754万元，建龙虎山橡胶拦河坝1座。

四、机井灌溉

1986年，全县3.2万眼机电井、2.7万眼配套机电井灌溉农田9.4万公顷。1995年，灌溉农田9.8万公顷。至2005年，全市可利用4.3万眼机电井和4.1万眼配套机电井，灌溉农田10.1万公顷。

1986 ~ 2005 年平度市（县）机井灌溉情况表

表 4-10

年度	机井数量（眼）	灌溉面积（千公顷）	年度	机井数量（眼）	灌溉面积（千公顷）
1986	32072	94.02	1996	45619	98.8
1987	33001	89.01	1997	46074	99.02
1988	34336	85.38	1998	42850	98.5
1989	35988	86.84	1999	43289	98.76
1990	39453	88.71	2000	42682	98.31
1991	41080	87.98	2001	42823	99.54
1992	43124	97.46	2002	42739	98.08
1993	44278	98.73	2003	42526	98.32
1994	45710	99.26	2004	42499	99.11
1995	44762	98.11	2005	42717	101.08

节水灌溉（2004 年摄）

五、节水灌溉

1978 年，平度县引进喷灌技术进行试点、推广、应用。20 世纪 80 年代，在王家站乡大洪沟村、蟠桃乡乔家村进行低压管道输水灌溉试点，在白埠、龙山、云山、大泽山乡（镇）进行棉花、花生、西瓜、葡萄、玉米、小麦喷滴灌试验。至 2004 年，全市共发展节水灌溉面积 9.4 万公顷。2005 年，全市塑料软管灌溉面积 5 万公顷，喷灌面积 2870 公顷，微灌面积 300 公顷，低压管道输水灌溉面积 4.5 万公顷，防渗渠灌溉面积 5800 公顷。

六、节水灌溉示范区

南村国家级节水灌溉示范项目区　该项目于 1999 年由国家计委、水利部立项，投资 390 万元，2000 年 3 月开工，11 月竣工，设计灌溉面积 346.6 公顷，其中半固定式喷灌面积 233.3 公顷、绞盘式喷灌

机和微灌带面积100公顷、大棚滴灌面积13.3公顷。开挖整修引水渠2.1公里，整修道路10公里，植树1万棵；建节制闸2座、泵站4座、机井房20间、监测中心1处；铺设DN110-250PVC管14.8公里，安装出水栓220套、潜水泵20台（套）、离心泵6台（套）、IC卡控制设备15套，铺设滴灌带70公里，购置半固定式喷灌材料及喷灌机械40套；安装100千伏安变压器2台，架设高压线路3公里，埋设低压线路6.5公里。节水工程的实施，使灌溉用水量由过去60立方米/亩次减少到38立方米/亩次，年节水量80万立方米，节省劳动力2万个，节约土地4公顷，年增产粮食25万公斤。至2005年，项目区发展蔬菜等经济作物70公顷，成为平度市重要无公害蔬菜基地。

张舍镇半固定低压管道输水灌溉示范区　张舍镇灌溉面积4066.7公顷，仅占全镇耕地面积52%。1978年，开始推广节水灌溉技术，先试行软管灌溉，继而发展半固定式管道灌溉，使亩次用水由原来80立方米降至40立方米，每亩灌溉用工由原来2.5个降至0.5个，每亩年生产成本降低60元。至2005年，全镇共投资9000万元，铺设节水管道268条，总长290公里，发展节灌面积6133.3公顷，占总耕地面积78%。

蓼兰镇喷灌示范区　1980年，蓼兰镇开始推广应用塑料软管节水灌溉新技术。至1996年，全镇6666.7公顷耕地全部实行软管灌溉，年节水600万立方米。1997年，投资600万元，引进喷灌、滴灌材料和设备，铺设塑料硬管300公里。至2005年，该镇发展喷、滴灌面积2000公顷，占全镇节水灌溉面积30%，成为青岛市节水灌溉示范区。

第五节　防汛抗旱

一、组织准备

1986年，平度县抗旱防汛机构为成立于1955年的抗旱防汛指挥部，指挥由县政府主要负责人担任，指挥部办公室设在水利局，实行县、镇、村三级行政首长防汛负责制。1996年6月，平度市抗旱防汛指挥部办公室成立，成为抗旱防汛专职常设机构，1998年7月更名为平度市人民政府抗旱防汛指挥部办公室。

每年汛前，市（县）均召开防汛工作会议，部署防汛工作，签订防汛责任书。防汛抗旱指挥部均要对重点河道、大中小型水库检查，除险加固病险水库、河道险工险段、堤防缺口、行洪障碍等。防汛队伍分常备队、抢险队和后备队。常备队每年由6000～8000人组成，队员由水利工程受益镇、村派出；抢险队针对汛期内可能出现的险情而成立，一般每年8万～9万人;后备队每年保持17万～20万人。防汛抗旱资金主要来自于国家、省、青岛市每年按实际情况拨款和群众集资。防汛抢险料物采取国家、集体和群众自筹三结合方法解决，储备形式有常备料物、临时性号料和群众性号料。

防汛抢险演练（2005年摄）

2005 年平度市大中型水库、河道防汛常备料物表

表 4-11

工程名称	单位名称	防汛料物									
		编织袋麻袋（条）	铁丝（吨）	木材（立方米）	木桩（根）	土（立方米）	沙（立方米）	石（立方米）	机动车（辆）	发电机（千瓦/台）	照明灯（个）
大中型水库	尹府	34500	2	10	500	1000	1000	1500	2	40/1	16
	黄同	10000	0.9	8	-	200	300	260	1	50/1	9
	黄山	7000	2	8	-	300	200	300	-	7.5/1	-
	双山	6800	1	5	50	200	800	400	1	24/1	18
	大泽山	13750	2	3	100	-	260	300	1	30/1	-
	淄阳	500	1	1	-	-	300	200	-	7.5/1	-
	双庙	-	1	5	-	-	200	300	1	24/1	10
	合计	72550	9.9	40	650	1700	3060	3260	6	6	53
河道	大沽河所	49700	1.8	4.62	150	7000	-	-	1	1	50
	胶莱河所	3500	0.71	7.219	-	-	-	-	-	1	-

二、抗旱防汛纪略

1988 年抗旱　1988 年 1 ~ 4 月，全县降水仅有 6 毫米，较常年同期少 61.2 毫米，是 1956 年有降水资料记载以来降水最少时期。9 月降水 7.1 毫米，10 月无降水。截至 10 月底，全县平均降水 339.5 毫米，比常年平均降水少 300 毫米，且有 209 毫米降水集中在 7 月。农业生产急需用水的春、秋两季降水严重不足，全县 173.3 千公顷耕地普遍受旱，重旱面积达 106.7 千公顷，土壤墒情极差。全县河道断流，库塘基本枯竭，地下水位严重下降，5000 余眼机井干枯或基本干枯，6 座大中型水库 10 月总蓄水量 632 万立方米，兴利库容仅有 120 万立方米。全县有 60 余个村庄、2 万人、4000 余头牲畜吃水困难。为此，县委、县政府多次召开会议，组织全县干部群众积极抗旱，投入抗旱干部 2111 人、劳力 27 万人。中央、省、青岛市投入抗旱资金 20.7 万元，乡镇自筹及贷款 150 万元，群众自筹 2900 万元，大搞农田水利建设，改善生产条件，增强农业发展后劲，取得较好成绩。全县农田水利建设共铺工各类水利工程 4200 处，新打机井、大口井 3447 眼，配套机井、大口井 3266 眼，修复旧井 3100 眼，新建和加固水库、塘坝 30 座，浆砌水库干渠 4.5 公里，整修支斗渠 20 公里，改善灌溉面积 200 公顷，建闸 17 座，新建和续建扬水站 35 处，解决了 14 个村、1.5 万人吃水困难，挽回粮食损失 4 亿公斤、油料作物 5000 万公斤。

涧口水库放水洞漏水抢险　涧口水库位于大田镇驻地西北部 3 公里猪洞河上，总库容 102.5 万立方米，是一座小（Ⅰ）型水库。1999 年 11 月 17 日，水库放水洞突然漏水，流量每小时 50 ~ 80

立方米。18 日上午，漏水变混，漏水量每小时达 120 ~ 180 立方米。11 月 19 日上午，漏水量猛增到每小时 500 ~ 1000 立方米，情况十分危急。19 日下午 15 时 30 分，开启闸门放水，流量每小时 2000 ~ 2400 立方米。水库共放水 41 天，库容腾空。2000 年 2 月 25 日，大田镇政府组织人力物力，对水库实施除险加固，6 月竣工。工程投资 50 万元，在迎水坡戗台以下部分铺设二布一膜防渗，面积 4200 平方米，戗台以上部分现浇 C20 混凝土护坡，面积 3030 平方米；改建放水洞，更换闸门。该工程完成工日 1.3 万个，开挖土石方 6471 立方米，回填土方 6364 立方米。

2000 年抗旱　至 2000 年 9 月 20 日，平度市累计降水量 255.4 毫米，比上年同期少 268.1 毫米，比多年同期平均少 305.6 毫米。全市拦蓄工程多数干涸，地下水位比上年平均下降 3 米，其中张舍镇比上年下降 10 米之多。全市有 49 座小水库、990 座塘坝干涸，1100 眼机井无水可提，7500 眼机井出水不足，5200 眼机井出现吊空现象，193 个村庄、9.9 万人口、2.3 万头大牲畜吃水困难，作物受旱面积 13.7 万公顷，绝产 1.5 万公顷。面对旱情，市委、市政府多次召开会议，部署抗旱夺丰收工作。全市 29 个市直部门出资、出车、出人送水到帮包村庄，帮助解决人畜吃水困难问题，送水时间长达 1 个月。抗旱高潮时，全市投入工日 500 万个，动用资金 5586 万元，挽回粮食损失 90 万吨、经济损失 26.9 亿元。全市新打机井、大口井 1886 眼，小旱井 4400 眼，挖平塘 125 处，增强抗旱能力。大旱之年，全市粮食仍取得平均亩产 700 公斤好收成。

“桃芝”抗洪抢险　2001 年 8 月 1 日，8 号热带风暴“桃芝”带来的大暴雨袭击平度。从凌晨 4 时 50 分直到晚上 11 时，全市持续降水 18 个小时，平均降水量 90.2 毫米，降水量最大的麻兰镇达到 141 毫米，全市累计降水达 507.4 毫米，比 2000 年同期多 363.6 毫米。市区人民路东段严重积水，冲进了工厂车间、仓库。全市 18 个镇（街道）的电力线路相继跳闸停电，市区自来水供应中断。1 日 8 时到 2 日 2 时，尹府水库 18 小时总进水量 1793 万立方米，1 日晚 9 ~ 10 时，1 小时进水 396 万立方米；2 日，水位线 77.51 米，达到汛中限制水位；2 日下午 3 时，尹府水库开始建库以来第二次泄洪。全市 6 座大中型水库，除黄同、双山水库外，全部开始泄洪。8 月 2 日，大沽河洪峰流量高达 1490 立方米 / 秒，处于警戒水位。8 月 1 日晚，仁兆镇孙家汇村东大沽河橡胶坝施工工地出现险情，危及大堤。河水已与河槽持平。险情传开，青岛市水利局、平度市政府、平度市水利水产局、仁兆镇机关干部，周边村庄群众，青岛北海舰队训练基地 170 名战士赶到大沽河，防汛抢险。险情于 8 月 2 日凌晨 3 时基本消除。

第六节　水资源管理

1988 年 8 月，平度县开始征收水资源费，征收标准：提取一般地下水每立方米 0.05 元，提取海水侵染区和负值漏斗区的地下水每立方米 0.1 元，取用工程蓄水每立方米 0.04 元，直接取用地表水（河、泉水）每立方米 0.03 元。1990 年 3 月，市水利水产局成立水政科。翌年，任命水政监察员 128 名，平度市水行政管理工作开始走上规范化轨道。1993 年，水政科与水资源办公室合并为水政水资源管理站。同年，《青岛市水资源费征收使用管理办法》施行，规定收费标准：地表水每立方米 0.05 元；地下水每立方米 0.15 ~ 0.5 元，其中一般地下水每立方米 0.15 元、海水入侵区和地下水漏斗区提取地下水每立方米 0.2 元、地热水每立方米 0.4 元、矿泉水每立方米 0.5 元。超计划取水部分，由水行政主管部门加倍征收水资源费。

1996 年，开征水土保持设施补偿费。收费标准：根据破坏地形、地貌和植被的面积，每平方米一次性交纳 2 元。1997 年，水政监察大队成立。1999

年，开征河道工程修建维护管理费。平度市河道工程修建维护管理费由市水利水产局委托地方税务局代征，征收标准：对工商企业、个体经营者和有销售收入或营业收入的事业单位按当年销售收入或营业收入1‰征收；对新建单位按当月销售收入或营业收入1‰征收；对银行按当年利息收入0.6‰征收；对保险公司按当年保费收入0.6‰征收；对各类信托投资公司、财务公司等非银行金融机构按当年业务收入1‰征收。

至2005年，市水利水产局调解处理水事纠纷220余起，查处水事违法案件800余起；追缴水利规费400万元。

第十章 渔业生产

第一节 淡水养殖

一、鱼苗培育

1987～1995年，苗种以常规鱼苗生产为主，主要集中在尹府水库，其余仅为零星养殖和苗种培育。1993年，常规鱼苗生产能力达到5000万尾。1994年，市热电厂温流水养殖场开始培育罗非鱼种。1995年，市淡水养殖场人工繁殖淡水白鲳鱼苗和誉丰良种繁育场繁育革胡子鲶鱼苗获得成功。2001年，黄山水库引进杂交鲟和史氏鲟水花进行转食驯化培育试验，2002年引进史氏鲟鱼卵试验，2003年开展孵化虹鳟、金鳟、褐鳟冷水性品种试验，填补平度市无养殖冷水性鱼类空白。

二、水库渔业

主要集中于全市6座大中型水库及部分小型水库，养殖水面1466.7公顷，养殖品种为鲢鱼、鳙鱼、草鱼、鲤鱼、团头鲂、鲴鱼、大银鱼等。自然养殖鱼类有鲤鱼、鲫鱼、麦穗鱼、翘嘴红舶、鲶鱼、马口鱼及小型虾类。渔业产量以鲢鱼、鳙鱼为主，单产一般在20公斤/亩。1995年，平度市开始实行水库网箱养鱼，在黄山、黄同、尹府3座水库10个村庄发展网箱65个、621平方米，年产鱼66吨。之后，又利用网箱养殖罗非鱼、淡水白鲳、湘云鲫等。2005年，全市水库实际养鱼面积1350公顷，产量950吨。

三、湾塘养鱼

主要分布于云山、旧店、祝沟、新河、崔召、南村、白埠、大田、香店、李园、城关等镇（街道），养殖品种为花白鲢、草鱼、鲫鱼、革胡子鲶、黑鱼、罗非鱼、淡水白鲳、鲈鱼等。1994年后，平度市实施“五千亩湾塘开发”“池塘大面积套养湘云鲫技术推广”“三千亩盐碱荒滩水产综合开发”项目，推动了湾塘养殖业发展。至2005年，全市湾塘养殖水面达到2368公顷，年产量1.3万吨，每亩单产366公斤。

渔业养殖（1987年摄）

四、大棚养鱼

1995 年，香店街道李家河崖村首先在全市试验大棚养殖热带鱼和革胡子鲶鱼。此后郭庄、云山、崔召、新河等镇亦开始发展。2000 年，平度市在黄同水库、黄山水库建高标准大棚流水养鱼池 2000 平方米。至 2004 年，李家河崖村发展冬暖式养鱼大棚 45 个，年产优质鱼 1000 吨，养鱼专业户 30 余个，成为胶东地区大棚养鱼第一村。2005 年，全市大棚养鱼面积 4.2 万平方米，产量 2100 吨。

五、特种水产品养殖

鳜鱼　1992 年 5 月，引进鳜鱼乌仔 1000 尾，培育至 1.5 寸后放于 2000 平方米实验池养殖，因效益欠佳而停止养殖。

罗非鱼　1992 年 4 月，市热电厂引进澳大利亚罗非鱼和尼罗罗非鱼亲鱼 800 尾、鱼种 1000 公斤养殖成功。2005 年，全市养殖面积 7000 平方米，产量 392 吨。

淡水白鲳　1993 年 4 月，引进亲鱼 30 尾、鱼种 1 万尾。1994 年 7 月，孵化鱼苗 100 万尾，并在市热电厂养殖。2005 年，全市养殖面积 34 公顷，产量 432 吨。

淡水青鲨　2002 年，市热电厂养殖场由胶州市引进 200 公斤商品鱼试养。同年 7 月，黄山水库引进鱼种 1100 尾（计 184 公斤）放于流水水泥池养殖，当年 9 月平均尾重 7 两。因规格偏小、成活率低而停止养殖。

革胡子鲶　1994 年 4 月，香店街道李家河崖村引进 3000 尾 3 ~ 4 厘米鱼苗养殖试验成功，1995 年开始规模化养殖。1996 年 4 月，平度市誉丰良种繁育场开始培育苗种，形成年产 1000 万尾生产能力，2000 年发展到 2.4 万平方米，产量 1500 吨。2005 年，全市成鱼总产量 2367 吨。

鲟鳇鱼　主要有俄罗斯鲟、史氏鲟、杂交鲟、中华鲟、匙吻鲟。2000 年 6 月，由北京引进俄罗斯鲟 500 尾放于黄同水库流水池试养，当年每尾达到 0.5 公斤，但由于品种品质差未再发展养殖；史氏鲟，2001 年引进水花进行开口、转食、驯化、培育，至完全转食阶段成活率达 65%，至 2005 年黄山、黄同水库已规模养殖 2 万尾；杂交鲟，属欧洲鳇和小体鲟正交品种，2001 年引进水花进行开口、转食、驯化、培育，至完全转食阶段成活率达 70%，2001 年开始在黄同水库、黄山水库规模养殖，数量 2 万尾；中华鲟，2001 年由湖北省引进苗种 5000 尾，在黄山水库养殖，至 2005 年最大个体重达 21 公斤；匙吻鲟，2001 年由湖北省引进苗种 550 尾，在黄山水库养殖，至 2005 年个体平均重 14 公斤。

金鳟、褐鳟鱼　冷水性鱼类，生长适宜温度 16 ~ 18℃。2002 年 5 月，由北京引进金鳟寸片 6000 尾，在黄山水库养殖，至 2005 年养殖规模达 3 万尾。

湘云鲫　1999 年 4 月，李园街道水利水产站引进寸片 6000 尾，放于藕鱼混作池试养；2000 年 4 月，引进寸片 12 万尾，放于黄山、黄同水库鱼池及南村、中庄镇湾塘养殖，因价格较低未能继续发展。

彭泽鲫　2002 年，黄山水库引进寸片 1 万尾养殖，因效益不佳停止养殖。

德国镜鲤　2002 年，乳山市水产养殖公司在黄同水库利用网箱养殖德国镜鲤 500 平方米，因效果不佳，停止养殖。

大银鱼　1995 年 1 月，移植大银鱼受精卵 359 万粒，投放于尹府水库和黄同水库。1996 年秋，两水库大银鱼均形成优势种群。同年冬，于两水库捕捞大银鱼进行亲体人工受精，并移植于黄山水库、大泽山水库各 50 万粒。2005 年，全市大银鱼产量 154 吨。

小银鱼　1996 年春，在双山水库移植小银鱼卵 10 万粒。1997 年，于黄同水库移植小银鱼卵 72 万粒，但未形成种群。

彩虹鲷　1996 年 6 月，市热电厂养殖场首次引进亲鱼 100 公斤繁育成功。2005 年停止养殖。

乌鳢　1994 年，田庄棉花加工厂引进 3 ~ 7 寸鱼种1000尾试养。2005年，养殖面积82公顷，产量508吨，主要分布于仁兆、大田、云山、旧店、崔召、香店等镇（街道）。

河蟹 1995年3月，新河三苗家村引进扣蟹5万只，当年每只达到0.1公斤。2002年，尹府、黄同两水库养殖5万只。2005年，因水库放养防逃设施不健全、起捕率低停止放养。

罗氏沼虾 1995年5月，双山水库引进虾苗2万尾放于1667平方米土池，9月底个体达20～30尾/公斤，因产量太低、效益差而停止养殖。

大鲵 1999年，城关街道一养殖户引进每尾2两鲵种10尾，2002年仅存活1尾3公斤。

美国青蛙 1997年5月，双庙水库引进种蛙10组繁殖，因效益差而停止养殖。

第二节 滩涂养殖

平度没有直接海域，仅胶莱河下游新河镇西北部有1333.3公顷滩涂盐碱地，受海潮影响，可利用胶莱河海潮来水和提取地下咸水，发展海水养殖。

1984～1988年，新河镇共建养虾池200公顷。1996年，新河镇三苗家、大苗家、坡子、辛庄、阎家、北镇村引进车虾虾苗以及梭鱼、鲈鱼进行养殖。1998年4月，三苗家村引进中国对虾虾苗5万尾放入0.67公顷土池进行低盐度养殖试验，当年9月达20～30尾（每斤），但产量过低，每亩单产仅2.5公斤。尽管如此，新河镇三苗家、大苗家村仍有养殖，亩放虾苗2000～3000尾。2000年5月，青岛源昌茂有限公司引进中国对虾虾苗600万尾放入土池，当年7月爆发虾病大面积死亡。2001年，新河镇水利站改建中国对虾池1个、乌鳢养殖池1个、鲈鱼养殖池1个，当年收入12万元。三苗家村开发荒滩2公顷，示范养殖鲈鱼苗，年纯收入8万元。同年，青岛源昌茂有限公司落户新河，从事于滩涂开发，投资160万元建冬暖保温式大棚2个、养虾池12个，开发鲈鱼养殖水面20公顷、中华绒螯蟹水面22公顷，引进牙鲆鱼苗10万尾、南美白对虾虾苗200万尾养殖，鱼虾混养53.3公顷。2002年4月，青岛北方养殖公司引进大菱鲆鱼苗1万尾，在新河镇大苗家村后利用地下水进行大棚养殖。2005年，新河镇共开发荒滩367公顷，发展牙鲆、中国对虾、车虾、梭鱼、鲈鱼、大菱鲆、鲟鱼、金鳟等养殖品种9个，年产牙鲆20吨，中国对虾、车虾53吨，鲈鱼、梭鱼657吨，大菱鲆17吨，水产养殖收入1860万元。

新河镇对虾养殖（1987年摄）

1986 ~ 2005 年平度市（县）农业总产值表

表 4-12　　　　单位：万元

年度	总计	其中			
		种植业	林业	畜牧业	渔业
1986	68924	59460	1315	8094	55
1987	70739	61514	1081	8058	86
1988	68135	55586	1565	10884	100
1989	73860	60983	739	12026	112
1990	77589	63469	621	13474	25
1991	176510	136249	2121	37754	386
1992	171797	125202	2566	43604	425
1993	200034	140855	1809	56796	574
1994	356104	234949	5574	113879	1702
1995	485251	327064	5289	149582	3316
1996	579904	363318	5700	204939	5947
1997	515611	330136	4644	174520	6311
1998	597895	404185	3082	185349	5279
1999	366365	219510	1720	135171	3930
2000	593202	366584	2859	217159	6600
2001	618191	386559	2618	221602	7412
2002	635185	390119	2941	234450	7675
2003	652353	388696	5257	249081	9319
2004	755594	449047	5411	291517	9616
2005	906998	561028	3566	330603	11801

第五篇 工 业

据民国《续平度县志》记载，“邑之工业，为陶、为瓦、为石、为木、为皮革、为服饰、为染、为铜铁，大率切于农村日用，无特殊可记。其较普遍者，厥惟纺织”。1921年，县城有王渭宾经营的绣花业。1932年，侯绣屏发起招股，在县城东门外创设明星电灯厂，点用者仅600余灯。1933年前后，全县纺织业约2000机，年产布10万匹；榨油业约300家，年产豆油及花生油250万斤；造酒业约120家，年产酒60万斤；手工染坊10家，年漂染布1.85万匹。1949年，胶东行署莱阳实业公司在平度城设立裕民铁工厂、新业火柴厂、面粉厂。1952年，部分手工业合作社转为县属企业，先后办起榨油厂、酒厂、电厂、棉油加工厂等地方国营企业。20世纪50～60年代，县办工厂大部分属手工业生产，设备陈旧，生产效率较低，平度工业发展缓慢。自70年代中期开始，县委、县政府实施电力、化肥、水泥“三大会战”，平度工业发展出现转机。至1985年，县属工业企业达到78家，职工1.9万人，年产值3.26亿元。

第一章 工业体制

第一节 管理体制

1986年，平度县经济委员会辖属轻工纺织工业公司、二轻工业公司、机械化学工业公司、矿产建材工业公司、电业公司、黄金公司，管理县属工业企业。其中，轻工纺织工业公司辖属9家企业：酿酒厂、益民葡萄酒厂、联谊食品厂、新华造纸厂、脚踏厂、包装印刷厂、振兴麻纺厂、人民织布厂、棉纺厂；机械化学工业公司辖属9家企业：化肥厂、磷肥厂、氧气厂、第一挂车厂、第二齿轮厂、第二农机厂、第三仪器厂、汽车配件九厂、第一钢窗厂；矿产建材工业公司辖属6家企业：水泥厂、理石厂、理石薄板厂、滑石厂、砖瓦厂、电子材料厂；二轻工业公司辖属16家企业：人造板机械厂、木器十三厂、皮革化工厂、羽绒皮件厂、皮鞋九厂、第五布鞋厂、橡胶厂、锦华服装厂、金旋服装厂、第三草制品厂、第四草制品厂、第五草制品厂、印绣艺品厂、抽纱厂、塑料一厂、塑料二厂。全县251家乡镇企业，由县多种经营乡镇企业局与经济联合委员会一起管理，直接管理归乡镇政府经济管理部门。1988年7月，平度县经济联合委员会改称平度县乡镇企业局。

1993年8月，撤销平度市经济委员会，成立平度市工业委员会；撤销机械化学工业公司、矿产建材工业公司、二轻工业公司、轻工纺织工业公司，其辖属企业隶属市工委。同年，市商业局改为商业总公司，辖属企业3家：食品饮料厂、商业设备制造厂、工贸织布厂；粮食局改为粮油总公司，辖属企业4家：植物油厂、面粉厂、养殖公司、粮油工业公司；市联社辖属企业9家：第一棉油厂、第二棉油厂、第三棉油厂、第四棉油厂、第五棉油厂、第六棉油厂、有机化工厂、食品厂、汽修厂；进出口公司辖属企业4家：冷藏厂、饲料厂、外贸工艺品厂、华杰石墨公司；农委系统辖属企业16家：水修厂、塑料总厂、洪山葡萄酒厂、建安公司、棉花良种厂、林工商总公司、第二兽药厂、畜牧机械厂、肉牛公司、华山石材厂、工艺绣品厂、兴华绣品厂、畜牧印刷厂、海兰日化厂、标准紧固件厂、玻璃纤维厂；电业系统企业3家：电业公司、电厂、线材厂；黄金公司有金矿；财委有肉联厂。其他企业有旭日实业公司、第三棉纺厂、侨辉工艺品厂、建筑公司、自来水公司、报社印刷厂、硬质合金厂等14家。全市共计市属企业97家、乡属企业325家。

1996年4月，青岛天柱化工（集团）有限公司列为市政府直管企业。1997年8月，青岛北海啤酒厂加入青岛啤酒股份有限公司。1998年4月，平度市银河茧丝绸（集团）有限公司成立。1999年6月，青岛天柱化肥股份有限公司成立，隶属青岛碱业股份有限公司。9月，平度市黄金公司划转山东黄金集团有限公司。10月，青岛鸿达机电总厂划归中国轻骑摩托车集团总公司。2001年8月，撤销市工业委员会、市乡镇企业局，合并组建平度市经济发展局。是年，全市规模企业（销售收入500万元以上，下同）150个。其中，市经济发展局管理20个：青岛天翔车辆有限公司（原青岛东风汽车改装厂）、平度丰丽织业有限公司、山东省平度市滑石矿业有限公司、工贸联营青岛包装印刷有限公司、青岛第三仪器厂、青岛锦华服装有限责任公司、青岛华磊石材集团总公司、青岛华兴工艺品集团有限公司、青岛平度百丽秀工艺品有限公司、青岛大有纺织有限责任公司、青岛德阳服装有限公司、青岛富狮王葡萄酒酿造有限公司、青岛酿酒有限公司、青岛飞华齿轮制造有限公司、青岛金塔机械设备有限公司（原平度人造板机械厂）、青岛天柱化工（集团）有限公司、青岛碱业股份公司天柱化肥分公司、中国轻骑集团青岛鸿达厂、青岛啤酒第三有限公司、青岛平度市银河茧丝绸（集团）公司；电业公司辖属企业5家、黄金公司3家、市联社7家、粮食局3家、进出口公司2家、教委1家、城建委3家、开发区6家、其他4家；镇（街道）辖属企业96家。

2004年12月，撤销市经济发展局，成立市中小企业发展中心。2005年，全市规模以上企业387家。隶属关系分属镇（街道）、园区、主管部门。其中，市中小企业发展中心（2006年8月更名为市企业发展局）17家、电业公司6家、黄金公司5家、市联社5家、粮食局3家、城建局3家、水利水产局2家、畜牧中心1家、经济开发区34家、华侨科技园10家、海峡两岸农业合作试验区3家，30个镇（街道）298家。

2005年平度市50家骨干企业隶属关系统计表

表5-1

序号	单位名称	职工（人）	销售收入（万元）	利税（万元）	实缴税金（万元）	主管部门
1	青岛啤酒第三有限公司	780	17923.8	4717.4	4500.8	平度市中小企业发展中心
2	青岛碱业股份天柱化肥分公司	1170	32612.7	4309	2209.3	
3	山东省平度市滑石矿业有限公司	600	7430	1013	573	
4	青岛鸿达机械制造有限公司	954	7235	774.8	564	
5	青岛飞华齿轮制造有限公司	626	3471.6	205.2	228.4	
6	工贸联营青岛包装印刷厂	186	1500.9	114.4	121.2	
7	青岛百丽秀工艺品有限公司	310	6321	310	256	
8	青岛大有纺织有限责任公司	1370	210	20	10	
9	平度市电业公司	885	86231.6	3995.1	3633.1	平度市电业公司
10	青岛圣达电力股份有限公司	–	9266	921	406	
11	青岛兴平热电有限公司	489	11844	–1297	398.4	
12	平度黄金有限公司鑫汇金矿	350	13217	4171	1676	平度市黄金公司
13	三龙城市建设综合开发有限公司	160	12598	2476	1437	平度市城乡建设局
14	山东平度利民水泥股份有限公司	818	7282	359	421	
15	青岛益昌纺织有限公司	172	8821	386	307	平度市供销合作社联合社
16	青岛淳金植物油有限公司	203	9856	–24	103	平度市粮食局

续表 5-1

序号	单位名称	职工（人）	销售收入（万元）	利税（万元）	实缴税金（万元）	主管部门
17	青岛巴龙特尔制衣有限公司	1260	3000	300	230	市经济开发区
18	青岛海尔电冰箱有限公司	1200	97282	169	120	
19	青岛华青集团有限公司	560	18500	1012	210	南村镇
20	青岛海信空调有限责任公司	2600	309800	12940	8090	
21	青岛宏泰铜业有限公司	1200	128900	1260	769	同和街道
22	青岛环山饲料有限公司	90	22160	309	104	
23	同和空调设备股份有限公司	–	3760	422	309	
24	青岛鑫光正钢结构有限公司	280	8610	314	155	香店街道
25	青岛同辉蜡制品有限公司	500	4900	600	250	
26	青岛光明轮胎制造有限公司	800	33722	1745	894	明村镇
27	青岛三合山精密铸造有限公司	1150	15961	1363	792	
28	青岛天驰轮胎有限公司	200	8354	1062	575	
29	青岛顺达轮胎有限公司	160	13578	1189	547	
30	青岛奥诺轮胎有限公司	240	12627	875	327	
31	青岛腾江轮胎有限公司	167	8306	834	349	
32	青岛七洲橡胶有限公司	1000	31312	1535	652	
33	青岛恒达轮胎有限公司	600	13480	1188	523	
34	青岛长虹陶瓷原料有限公司	42	15251	1685	647	长乐镇
35	青岛康森陶瓷原料有限公司	60	13418	1594	635	
36	青岛嘉盈陶瓷有限公司	205	18610	1614	465	
37	青岛凯乐制粉有限公司	73	14700	398	181	
38	平度市金兴金矿	360	10514	4211	1482	灰埠镇
39	广源发集团平度玻璃有限公司	1052	10838	1618	1043	麻兰镇
40	青岛征和工业有限公司	800	9361	554	222	

续表 5-1

序号	单位名称	职工（人）	销售收入（万元）	利税（万元）	实缴税金（万元）	主管部门
41	青岛海达石墨有限公司	200	34772	4149	262	张舍镇
42	山东天象集团公司	380	39972	4303	255	
43	青岛黑龙石墨有限公司	360	37504	4630	318	
44	青岛金翔矿业有限公司	1100	27788	747	380	旧店镇
45	青岛市平度宏华橡胶厂	1100	34321	2065	404	白埠镇
46	青岛天祥食品有限公司	350	23100	1395	211	郭庄镇
47	青岛北苑工贸有限公司	1800	7300	1336	466	城关街道
48	青岛田润食品有限公司	800	38870	1706	145	崔家集镇
49	青岛天泰机械制造有限公司	400	13954	1023	352	田庄镇
50	青岛裕隆食品股份有限公司	1120	22146	930	260	仁兆镇

第二节　经营机制

一、市（县）属企业

1986年1月，县委、县政府修订《平度县经济体制改革试行意见》，扩大企业产销管理权、劳动人事管理权、生产经营自主权、工资奖金管理权、自有资金使用权。同时，在全县实行盈亏包干责任制：企业主管部门以县核实的上交利润为基数，实行包干，超收部分“四六”分成，60%交财政，40%留给主管部门。1987年7月，县政府制定《关于深化企业改革进一步增强企业活力的实施意见》和《平度县工业企业承包经营责任制试行方案》，推行承包经营责任制。至1988年，县属75家工业企业，有50家企业实行承包经营、3家企业实行租赁经营。1990年，第一轮承包到期。第二轮承包期满后（1993年12月31日），市委、市政府决定不再搞第三轮承包。1994年1月，市政府决定在市属工业企业中实行经营目标责任制。4月，开始推行市属企业产权制度改革。1995年12月，市政府发出《关于加快市属企业改制的意见》，改制形式有出售改制、整体出售或租赁、抽资出售或租赁、零价出售、合资嫁接改造和拍卖5种。至1997年，全市改制企业达45家。2002年3月，市政府制定《关于全面深化市属企业改革的意见》，确定对未改制企业贯彻能私则私，不能私则股；能活则活，不能活则破的原则。截至2003年，纳入改制的120家企业，完成改制49家，占40.8%；通过改制方案65家，占54.2%；破产结案企业8家，进入破产程序企业25家，规范完善企业38家。到2005年，市属工业企业产权制度改革任务基本完成。

二、乡镇企业

1985年，县经联委在乡镇工业中推行“一包三改”（全面承包实行经营责任制；一改个人承包为领导班子集体承包、二改一年一包为二至三年

一包或五年一包、三改革估承包基数为科学测算承包基数）。到 1988 年 6 月，全县 534 家乡镇企业均实行了新一轮不同形式承包经营责任制。其中实行集体承包、厂长负责制 374 家，

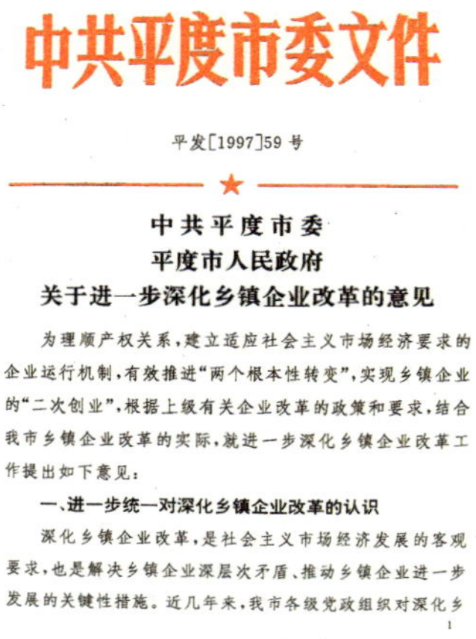

中共平度市委文件

平发[1997]59 号

中共平度市委
平度市人民政府
关于进一步深化乡镇企业改革的意见

为理顺产权关系，建立适应社会主义市场经济要求的企业运行机制，有效推进"两个根本性转变"，实现乡镇企业的"二次创业"，根据上级有关企业改革的政策和要求，结合我市乡镇企业改革的实际，就进一步深化乡镇企业改革工作提出如下意见：

一、进一步统一对深化乡镇企业改革的认识

深化乡镇企业改革，是社会主义市场经济发展的客观要求，也是解决乡镇企业深层次矛盾、推动乡镇企业进一步发展的关键性措施。近几年来，我市各级党政组织对深化乡

1

实行厂长任期目标责任制 99 家，个人承包 21 家，租赁经营 24 家，实行股份制 15 家，资产转让 1 家。同时，30% 以上村办企业也实行了承包经营责任制。1989 年 2 月，又在乡镇企业承包经营责任制中推行全员风险抵押承包。1992 年 8 月，市政府在张戈庄镇办企业青岛华夏变电器仪表总厂和蟠桃乡村办企业青岛新源冷器有限公司进行股份合作制试点。至 1995 年，全市 2206 家镇、村企业已完成改制 1769 家，其中实行股份（合作）制 346 家、外资嫁接 53 家、集团经营 10 家、租赁经营 1175 家、拍卖 92 家、私营 93 家。1999 年，全市累计完成改制企业 1358 家，占应改企业总数 95.2%，公有资产从改制企业中全部退出，盘活存量资产 2.2 亿元。2000 年 2 月，市乡镇企业局在青岛天成精密铸钢有限公司（田庄镇）和青岛磐石容器制造公司（蓼兰镇）进行建立现代企业制度试点。至 2005 年，90% 以上乡镇改制企业已按照《公司法》要求规范运作。

第二章　工业门类

第一节 机 械

一、概况

1986 年，平度县机械工业主要包括 9 个县属企业、86 个乡镇企业，其中青岛东风汽车改装厂、青岛第二齿轮厂、青岛鸿达机电总厂、平度人造板机械厂、青岛第四铸造机械厂分别为国家机电部、机械工业部、轻工部、化工部及省机械工业厅生产定点厂家。1990 年，全市机械工业企业 93 家，完成工业总产值 2385.1 万元（按 1980 年不变价计算）。1995 年，全市机械制造、铸造出现国有、集体、股份制、私营和外商投资企业齐全局面，机械企业达到 388 家，其中市属企业 9 家、镇办企业 58 家、村办企业 321 家。2001 ~ 2002 年，青岛大同体系汽车配件有限公司和青岛裕信汽车配件有限公司等一批韩国企业入驻同和工业园。至 2004 年，东风汽车改装厂、人造板机械厂、商业设备制造厂等 7 家机械工业企业先后破产。是年，青岛淄柴博洋股份有限公司落户华侨科技工业园，引进生产日本洋马系列大功率 N330 柴油机。2005 年，全市已基本形成黑色（有色）金属冶炼、延压加工、金属制品、通用设备制造、专用设备制造、交通运输设备制造六大门类 100 余个品种的机械工业体系。其中，汽车配件、机械铸造成为平度工业主导产业集群。全市规模以上企业 81 家，完成工业总产值 60.3 亿元，实现销售收入 47 亿元、利税 11.3 亿元，分别比 2000 年增长 134%、116% 和 313%。

原平度县人造板机械厂生产的热压机（1988 年摄）

二、重点机械企业

青岛鸿达机械制造有限公司　公司旧厂区位于市区人民路与常州路交叉处西北隅，新厂区位于市华侨科技园香港路6号，为全国摩托车发动机配件

青岛德盛机械公司机加工生产线（2005年摄）

行业组组长兼曲柄连杆专业组组长单位和国家摩托车曲轴主要生产基地之一。其前身为创建于1957年的平度县车辆修配社。后，先后更名县电器农具制修厂、县机动脚踏车配件厂。1985年，年产自行车脚蹬240.3万副，其中“大鹏”牌畅销国内外。1988年，配件厂更名青岛自行车脚蹬厂。1992年5月，脚蹬厂复更名青岛鸿达机电总厂，辖设摩托车曲轴、自行车脚蹬、模具、光电设备4个分厂。1989年，生产自行车脚蹬424万副，出口196万副。此时，企业开始向生产“鸿达”牌摩托车曲轴方向发展。1996年10月，企业划归中国轻骑集团，更名中国轻骑集团青岛鸿达厂。2000年，企业完成工业总产值5084万元，实现销售收入4475万元，利税3181万元。2001年，自行车脚蹬产品被陆续淘汰生产。2004年4月，中国轻骑集团青岛鸿达厂改制为青岛鸿达机械制造有限公司，并迁至新厂。2005年6月，注册为青岛德盛机械制造有限公司。

青岛飞华齿轮制造有限公司　公司前身为成立于1971年的平度县拖拉机修配厂，位于市区胜利路11号。后，先后更名平度县齿轮厂、青岛第二齿轮厂。1985年，生产北京130、解放140汽车配件盆角齿轮、拖拉机配件圆柱、直伞齿轮19万件，完成工业总产值284.1万元，实现利税94.4万元。1988年，“飞华”牌泰山—12拖拉机变速箱齿轮被机械电子工业部评为部优产品。1991～1998年，企业先后投资1777万元，引进热处理多用炉生产线1条、摩擦压力机3台、美国产格里森铣齿机2台、俄罗斯产铣齿机2台、天津产数控铣齿机2台。2000年，企业改制为青岛飞华齿轮制造有限公司。2002年，复投资540万元，购进美国产格里森铣齿机3台、数控磨齿机1台、研齿机1台、试漏机1台。完成工业总产值5369万元，实现销售收入3428万元，上缴税金345万元。生产的“飞华”牌齿轮获评青岛市名牌产品。2006年，淄柴博洋柴油机总公司收购青岛飞华齿轮制造有限公司大部分资产，成立青岛淄柴博洋柴油机股份有限公司飞华分公司，厂址由胜利路11号迁至华侨科技园阳光大道中段99号。

原青岛第二齿轮厂车床生产车间（1987年摄）

青岛天泰机械有限公司　即原青岛第四铸造机械厂，始建于1966年，专业生产铸造机械、球墨铸铁件、灰铸铁件。公司在砂处理设备研发中，开辟了国内混砂设备、烘干设备和冷却设备的新领域，中国最大的混砂机1994年即诞生在该公司。2005年，实现产值1.40亿元，利税1444万元，上缴税金314万元。

青岛淄柴博洋柴油机股份有限公司　是由中国

农业发展集团总公司批准筹建、淄博柴油机总公司控股、投资主体多元化的股份有限公司，成立于2004年12月。公司占地20公顷，拥有员工300余人，主导产品为从日本洋马株式会社引进的6N330、8N330柴油机。2005年11月，N330柴油机正式投产。一期规划年产N330柴油机100台，销售收入5亿元。

青岛淄柴博洋公司生产的柴油机（2005年摄）

第二节　矿产建材

一、概况

1985年，全县主要矿产建材企业66家，其中县属7家、乡镇59家，工业产值5034.1万元。1986年，灰埠、张舍镇铁矿恢复生产。1987年，长乐镇透辉岩矿开始生产。1988年，全县以石墨为重点的矿产企业由1985年19家发展到316家，4年增加了近20倍。1992年后，大泽山区域矿山开采及石材加工企业发展迅速，矿山开采企业达62家，板材加工企业达370家。1993年后，大庄子金矿、金兴金矿、吉戈庄金矿相继开采。1995年，全市矿产建材企业292家，职工2.1万人，其中市属企业7家、镇办企业、村办企业239家，矿产建材成为全市工业骨干行业。1997年，矿产建材企业开始向规模化方向发展，到2000年，全市规模以上矿产建材企业27家，工业总产值8.8亿元，销售收入8.1亿元，利税6155万元。2001年后，全市逐步开展了矿山专项整治活动。2005年，全市矿山开采企业130家，其中规模以上30家，工业总产值33.3亿元，销售收入21.2亿元，利税5.7亿元，从业人员1万人。规模以上水泥、砖瓦、石材、玻璃、陶瓷、石墨等非金属矿制品加工企业33家，工业总产值12.4亿元，销售收入9.8亿元，利税2.15亿元，从业人员4683人。

二、重点矿建企业

山东黄金集团平度黄金有限公司鑫汇金矿　位于灰埠镇大庄子村北，占地24.8公顷，其前身为始建于1993年的平度市大庄子金矿。1995年，日选矿石100吨，年产黄金5500两，完成工业总产值1055.4万元，实现利润45.2万元。1997年，采矿由露天逐渐转为井下，选矿工艺改造为金精矿氰化。1998年，大庄子金矿改制为青岛平度市鑫汇黄金矿业有限责任公司，采选能力240吨／日，氰化生产能力50吨／日，年产黄金6300两。2000年，加入山东黄金集团，年产黄金1.3万两。2002年，更名山东黄金集团平度黄金有限公司鑫汇金矿。同年5月，投资3600万元，

青岛金兴金矿生产车间（2005年摄）

“白鸽”牌滑石粉（2002 年摄）

实施 500 吨选矿扩建，采选能力达 900 吨 / 日。2005 年，公司职工 356 人，固定资产 1 亿元，生产黄金 3.38 万两，完成工业总产值 1.55 亿元，实现销售收入 1.32 亿元、利润 4171 万元。

山东天象集团　位于张舍镇郝家寨村南，占地 34.5 公顷，其前身为始建于 1978 年的官庄石墨矿，1989 年更名平度石墨开发公司。1990 年，公司与中国银行山东中苑集团和香港普乐斯公司合资兴建青岛普乐斯铅笔有限公司，有设备 300 台（套）、职工 650 人。1993 年，复与香港普乐斯公司合作建立青岛天象石墨有限公司。1995 年，公司固定资产 4975 万元，职工 1856 人，完成工业产值 1.37 亿元，销售收入 1.19 亿元，利税 852 万元，创汇 820 万美元，年产石墨 2 万吨、铅笔 260 万罗、铅笔芯 1400 吨、铅笔铝箍 300 万罗、纸制品 400 万平方米。1996 年，被农业部评为大型二档企业、优秀乡镇企业。1997 年，成立山东天象集团公司并获全国首家铅笔行业 ISO 9000 认证企业（CCAS）。2002 年，公司引进研制蜡烛、水溶铅芯、粉蜡笔、塑料环保笔、纸卷笔产品，资产总额达 2.13 亿元。2005 年，公司年产各种型号铅笔 300 万罗、石墨 1 万吨、蜡烛 5000 吨，实现销售收入 4 亿元，利税 4303 万元，上缴税金 255 万元。

山东省平度市滑石矿业有限公司　位于麻兰镇芝坊村，占地 59 公顷，其前身为组建于 1971 年的山东省平度县滑石矿，为中国滑石生产加工重要基地、全国滑石行业理事长单位，拥有目前国内最大凹陷型露天滑石矿山。1990 年，“白鸽”牌滑石粉获国家银质奖。1991 年，公司与新加坡益士文化学制品有限公司合资组建青岛益士文滑石制品有限公司 。1994 年，成为国内首家能够检测微细粉细度单位。同年 8 月，与北京国信高科技公司共同组建青岛国信纯净水厂。1999 年，通过 ISO 9000 质量体系认证，采掘乙班被中华全国总工会授予五一劳动奖状。2000 年，与中国非金属矿进出口总公司合资组建山东省平度市滑石矿业有限公司，投资 200 万元从德国引进气流磨，生产 3000 目、5000 目超微细滑石粉。2002 年，公司被中国矿业联合会、中国非金属工业协会评为中国矿业十佳企业，“白鸽”牌滑石粉商标被认定为山东省著名商标。2005 年，公司拥有职工 600 人，实现销售收入 7430 万元、利税 1013 万元，上缴税金 573 万元。

山东平度利民水泥股份有限公司　位于麻兰镇七里山，占地 14 公顷，其前身为始建于 1970 年的山东平度县水泥厂。1986 年，获国家建材局文明生产单位称号，实现利税 222 万元。1987 年，325# 火山灰水泥被评为青岛市优质产品。1989 年，425# 普硅水泥被评为山东省优质产品。1990 年，晋升省级先进企业，425# 普通水泥被国家建材局

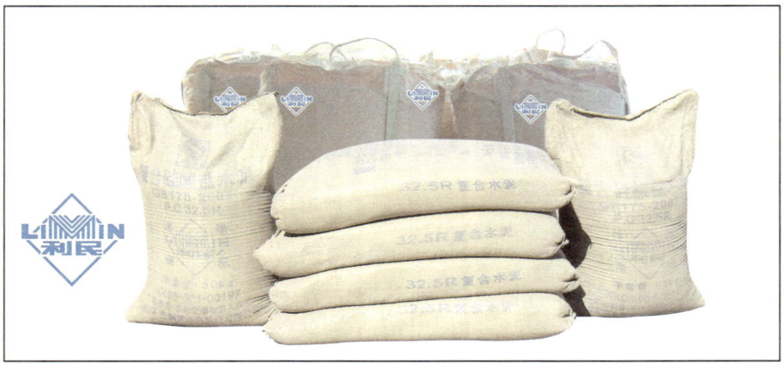

“利民”牌复合硅酸盐水泥（1999 年摄）

评为优质产品。1993年，实现利税804万元，被国家统计局评为中国最大500家建材工业企业。1998年，公司始产“利民”牌水泥砌块、彩色水泥瓦。2005年，年产水泥50万吨，销售收入7282万元，利税372万元。

第三节 化 工

一、概况

平度的化学工业主要包括化学肥料、农药、兽药、橡胶、塑料制品及其他化工制品。1985年，全县化学工业企业13家，其中县属企业7家、乡镇企业6家，工业产值2437.3万元。1986年后，乡镇化学工业发展较快。至1990年，全市化工、医药、橡胶制品、塑料制品企业达到52家，其中乡镇企业43家。1997年，化学工业开始向规模化方向发展。2000年，明村橡胶工业园规划实施，带动了全市橡胶产业发展。2005年，全市规模以上化学工业企业39家，从业人员达1.1万人，工业总产值34.5亿元，销售收入26亿元，利税5.9亿元。

二、重点化学企业

青岛碱业股份有限公司天柱化肥分公司　位于市区青岛路96号，占地2.5公顷，其前身为始建于1968年的平度县化肥厂。1986年，完成碳铵改产尿素工程，年产合成氨2.5万吨、尿素4万吨，为全国最早实施碳铵改产尿素厂家之一。1989～1991年，完成合成氨填平补齐和新增3万吨扩建工程，年产合成氨5万吨、碳铵8万吨、尿素4万吨。1995年6月，青岛天柱化工集团组建，市化肥厂为其核心层企业。1997年3月，成立青岛天柱化肥股份有限公司。至1998年9月，完成尿素“六加六”（6万吨加6万吨）扩建工程，年产尿素12万吨；11月，加入青岛凯联集团，次年设立青岛碱业股份有限公司天柱化肥分公司。2000年3月，与青岛碱业股份有限公司合并上市，股票简称“青岛碱业”。5月，引进挪威海德鲁公司大颗粒尿素生产技术，一次试车投运成功，成为全国第二家大颗粒尿素生产厂家。2002年，企业总资产达3.5亿元，年产尿素13.2万吨、碳铵7.9万吨、精甲醇1.6万吨，完成工业总产值1.5亿元，销售收入1.95亿元。被中国技术监督协会授予标准质量、品牌服务信得过优秀企业，通过ISO 9001质量管理体系认证。2003年12月，与日本住友商事株式会社共同创建大型复合肥生产企业——住商肥料（青岛）有限公司。2005年，总投资8800万元，开工建设4万吨油脂水解和16万吨合成氨填平补齐项目。全年完成工业总产值3.25亿元，工业增加值8435万元，出口交货值7449万元，销售收入3.26亿元，利税4309万元。“民丰”牌尿素被认定为山东省名牌产品。

原平度化肥厂一角（1987年摄）

青岛广源发集团平度玻璃有限公司　位于麻兰镇驻地，其前身为始建于1987年的青岛北海玻璃厂。1993和1995年，先后投资3500万元建52平方米窑炉2座，年产玻璃瓶8万吨，实现利税400万元。2000年12月，公司被青岛广源发集团公司买断，成立青岛广源发集团平度玻璃有限公司。2005年，公司总资产1.4亿元，拥有职工1052人、全自动控制马蹄焰窑炉4座、行列机生产线13条，年产各种翠绿色玻璃瓶8万吨。实现销售收入1.1亿元、利税1618万元，上缴税金1043万元。

青岛广源发集团平度玻璃公司制瓶车间（2005年摄）

第四节　家电电子

一、概况

1987年，城关镇与北京市海淀区北方电脑公司合资组建青岛北方电子设备有限公司，生产软磁盘片、软硬盘驱动器、数据流磁带机、计算机配件等电子产品。1994年，青岛三莹电子有限公司落户市经济技术开发区。1995年，青岛三进电子、世熙电子、TDK电子等6个韩国电子企业相继落户同和工业园。同年，青岛海尔冰箱（国际）有限公司在经济技术开发区设立。1996年，青岛海信空调有限公司落户南村工业园。“九五”期间（1996～2000年），家电电子产业首次成为平度市第一大支柱产业。“十五”期间（2001～2005年），家电电子企业向园区集中，市经济开发区家电电子企业发展到11家，南村工业园发展到13家，同和电子工业园发展到36家。2005年，全市家电电子规模以上企业33家，从业人员1.6万人，实现工业总产值81.5亿元，销售收入61.6亿元，利税9.3亿元。

二、重点家电电子企业

青岛海尔电冰箱（国际）有限公司　由青岛海尔集团公司与香港晋阳（国际）贸易有限公司共同投资，1994年12月设立。公司一期投资668万美元，后又2次增资，使总投资达到2993万美元。主要从事无氟电冰箱等制冷产品及维修服务，年生产各类电冰箱150万台，产品70%外销。2005年，实现产值5.7亿元，销售收入5.9亿元，出口创汇1888万美元，利润123万元，劳动用工920人。

青岛海尔平度家电工业园（2005年摄）

青岛海信空调有限公司　由青岛海信集团投资，1996年设立。公司占地50公顷，拥有固定资产5.05亿元，主要从事家用空调器、工业空调器及关联产品的制造、销售，年产能力300万套，为中国名牌产品。落户当年，实现销售收入6亿元、税收1000万元。2005年，实现销售收入31亿元、税收7203万元，劳动用工2600人。

青岛三莹电子有限公司　韩国独资企业，1994年12月设立。公司占地8.6公顷，总投资1217万美元，1995年12月建成投产，年产铝电解电容器50亿只。截至2005年，公司先后5次增资，总投资已达1亿美元，主要生产新型电子元器件及

专用材料、专用设备。2005年，实现产值4.6亿元，销售收入4.9亿元，出口创汇5131万美元，上缴税金1100万元，年盈利2400万元，劳动用工1900人。

青岛三莹电子公司生产车间（2005年摄）

青岛同和空调设备股份有限公司　位于同和街道驻地，其前身为成立于1983年的青岛市平度饮食机械厂。1986年，投入风机盘管空调器生产，当年实现产值500万元。1988年，更名青岛同和空调设备厂，继而分设散热器厂、铸造厂、饮食机械厂，产品新增中央空调机组和溴化锂制冷机。1993年，企业入选“中国乡镇企业500强”，排名138位。同年12月，成立青岛同和集团公司。1994年，改制成立青岛同和空调设备股份有限公司。1997年，与LG集团合作成立LG—同和制冷设备有限公司，生产溴化锂制冷机。1999～2003年，先后研制开发同和户式中央空调、屋顶式风冷热泵机组、模块化风冷热泵机组、风冷螺杆式冷水机组、水冷模块机组、水冷螺杆机组和屋顶式恒温恒湿空调机。2005年，公司实现销售收入3760万元，完成利税422万元，上缴税金309万元。

第五节 食 品

一、概况

1985年，平度食品工业主要有粮油加工业、酿酒业、糕点制糖业、肉类加工业、副食品业，其中县属企业8家、乡镇企业44家。1986年，全县加大对畜、蛋、奶、粮、油、果、菜加工制品投资，新上企业和项目19家。1990年，全市食品工业52个，完成总产值2.12亿元，占工业总产值16.2%。1992年，青岛多元食品有限公司落户兰底镇。1995年，青岛希望饲料有限公司落户南村工业园，全市食品工业企业达到446家，其中市属10家、镇办37家、村办399家。1998～2003年，平度市内外资食品加工企业发展呈现强劲态势，先后培植出富狮王葡萄酒、统一饲料、格力食品、九联食品、六和饲料、三统万福、田润食品、力创食品、天祥食品、裕龙食品、泽升粮油等一批食品产业化龙头企业。2003年5月，青岛市政府在青岛海峡两岸农业合作试验区批准设立青岛市出口食品加工区，作为生态型农副产品精深加工集聚基地。与此同时，部分国有、集体企业效益逐渐滑坡。2004年，平度市肉联厂、国营青岛酿酒厂、青岛第四面粉厂等企业相继破产。2005年，全市食品工业已形成谷物磨制、饲料加工、植物油加工、屠宰及肉类加工、果蔬加工、方便食品制造、罐头制造、调味品和发酵品制造及其他食品制造等10大门类。规模以上企业79家，完成工业总产值52.2亿元，实现销售收入44.7亿元、利税8.2亿元，分别比2000年增长111%、98%和410%。

二、重点食品企业

青岛市第四面粉厂　其前身为1950年胶东行署莱阳实业公司在平度城设立的第二面粉厂，后更名

“七一”面粉厂。1984年10月，粮油加工厂分离，平度县面粉厂成立。1986年，新建年产面条250吨车间1处。1988年，被山东省人民政府授予省级先进企业称号，“丰夏”牌特二粉获商业部优质产品称号。1989年，青岛市第四面粉厂被国务院企业管理指导委员会授予国家二级企业称号。1990年，“丰夏”牌麦胚挂面被评为山东省优质产品。1991年，面粉厂250T/日处理小麦制粉车间技术改造项目列入商业部专项计划。至1994年，新建楼房式成品库2250平方米、立筒库10个（每个直径8米，高25米），总仓容1万吨。2000年9月，改制成立青岛丰夏食品制粉有限公司，租赁青岛第四面粉厂加工设备、厂房生产经营。2002年，丰夏公司被国家质检总局认定为生产条件和产品质量双合格企业，“丰夏”牌特制精粉、黑象面包粉被分别评选为山东省粮油“十大品牌”和“创新品牌”，“丰夏”牌面包粉、糕点粉、特制精粉、特一粉被中国粮食行业协会授予“放心面”称号，丰夏公司获得国家首批食品生产许可证企业。2004年，公司共有职工261人，年加工面粉3.1万吨，销售收入7373万元，实现利税37万元。青岛丰夏食品制粉有限公司、青岛市第四面粉厂厂区整体出售搬迁。2005年，青岛市第四面粉厂破产。

原青岛第四面粉厂立筒库（1994年摄）

青岛淳金植物油有限责任公司　其前身为成立于20世纪50年代的兴华油坊。后，先后更名平度县榨油厂、平度县粮油制品厂。1986年更名青岛第四植物油厂。至1997年，植物油厂拥有日浸出80吨花生饼浸出车间1座、1780吨大型油罐3个，塑料桶、小包装成品、浓香花生油、油炸花生米生产线各1条，年加工花生米2788吨，工业总产值1917万元。1999年5月，青岛第四植物油厂以国有控股形式进行改制，市粮食局控股51%，植物油厂控股49%。2001年1月，成立青岛淳金植物油有限责任公司，接收第四植物油厂员工276人，清理、预榨、精炼油整套加工生产设备150台（套）。新公司年处理花生米4.5万吨，年产浓香、特香花生油1.5万吨，日浸出花生粕80吨，油罐储存能力4000吨。2002年，“淳金”牌花生油获山东省粮油制品行业（食用油）十大品牌称号，被中国粮食行业协会授予“放心油”称号，被认定为青岛名牌产品。2003年，公司于青岛华侨科技园建新厂。2005年，加工花生油3783吨，实现销售收入9856万元，上缴税金103万元。

青岛啤酒第三有限公司　公司前身系始建于1986年的国营青岛北海啤酒厂（由联谊食品厂与罐头厂联合改建），位于市区杭州路61号，主产“萃岛”牌啤酒，年产2万吨，兼产萃岛暖啤、萃岛菠萝啤酒、萃岛苦瓜啤酒、红雪龙啤酒、海岛黑啤酒。1991年，推出“国力”牌啤酒。1994年，生产啤酒6万吨，实现利税2154万元。1995年，萃岛啤酒通过ISO 9002产品质量认证。1996年，投资1400万元建万吨麦芽分厂。1997年8月，青岛北海啤酒厂加入青岛啤酒股份有限公司，更名青岛啤酒第三有限公司。2002年7月，获准生产部分青岛啤酒。2005年，工业生产总值1.76亿元，销售收入1.79亿元，上缴税金4372万元。2007年，生产啤酒11.6

青岛啤酒第三有限公司生产车间（2010 年摄）

万千升。2008 年 3 月，青岛啤酒第三有限公司整体搬迁至市经济开发区登州路 56 号，占地 20 公顷，总投资 3.5 亿元，总设计生产能力 40 万千升 / 年。

国营青岛酿酒厂 其前身为成立于 1945 年的兰底酒厂，1958 年迁址平度城，与平度县果品加工厂合并创建平度县糖酒酿造厂。1980 年糖、酒分家，定名平度县酒厂，1984 年改名国营青岛酿酒厂。1985 年，年产白酒 6197 吨，主要产品有魏碑特曲、魏碑特酿、苞米香、迪斯科、玉液香等 25 个品种，销售收入 1174 万元，利税 338 万元。1987 年，开发“秦汉”系列酒。1991 ~ 1994 年，开发秦汉特曲、秦汉王白酒。1995 年，年产白酒 1.1 万吨，工业总产值 2500 万元，销售收入 3229 万元，利税 601 万元。2000 年，改制成立青岛酿酒有限公司。2003 年，“秦汉”商标被认定为山东省著名商标。2004 年，国营青岛酿酒厂破产。2005 年，青岛酿酒有限公司迁至青岛华侨科技园，租赁国营青岛酿酒厂资产经营，开发“秦汉王”二星和三星级白酒。

原“魏碑”牌白酒

原“苞米香”牌白酒

青岛平度九联食品有限公司 位于市区高平路 1 号，其前身为平度县肉类联合加工厂。2000 年由青岛九联集团股份有限公司（总部设在莱西市）改造经营。公司占地 4 公顷，拥有员工 1100 人，年宰杀毛鸡能力 2000 万只，冷藏能力 1600 吨，速冻能力 150 吨，产品 80% 出口日本。公司实行“公司＋农场”经营模式，生产原料来自集团公司现代化、标准化、工厂化肉鸡饲养场，无药物残留。2001 年公司在日本注册 “自然鸡”品牌。截至 2004 年，已在万家、张戈庄、崔召、祝沟、云山等镇建工厂化肉鸡饲养场 14 处，每个批存养肉鸡 10 万 ~ 12 万只，投资 225 万元。2005 年实现销售收入 2.48 亿元，上缴利税 14.8 万元。

青岛田润食品有限公司 位于崔家集镇驻地，2002 年 4 月由山东六和集团买断崔家集镇翔鹤冷藏厂组建。公司占地 5 公顷，拥有职工 1000 人，日宰杀肉鸡 8 万只，速冻能力 160 吨，冷藏库容量 1600 吨。产品有分割鸡肉、深加工和熟食产品三大系列 300 余个品种。2004 年完成肉鸡产品 3.81 万吨，总产值 3.1 亿元，上缴利税 869.99 万元。2005 年实现销售收入 3.76 亿元，上缴利税 369.4 万元。

三统万福青岛食品有限公司 位于青岛华侨科技园，属中外合资企业，2002 年由台湾统一饲料农牧有限公司、青岛万福集团股份有限公司、日本三井物产株式会社和第一肉鸡株式会社共同出资设立。公司占地 13.3 公顷，总投资 2970 万美元，拥有固定资产 1660.8 万美元、职工 800 人，集种禽繁育、饲料生产、肉鸡养殖、宰杀加工、连锁经营、出口贸易于一体，年加工肉鸡3000万只、生产肉制品4万吨。2005年实现销售收入4亿元，上缴利税139万元。

第六节　纺织服装

一、概况

平度的纺织服装工业主要包括棉纺织、丝织、麻纺织、毛纺织及各类服装。1985年，全县共有纺织企业13家，其中县属10家、乡镇3家；服装鞋业23家，其中县属5家、乡镇18家。1986年，以平度第二棉纺织厂（门村乡）为龙头的一批乡镇企业发展起来。是年，轻纺工业产值8699.9万元，所占比重由17.8%增加到20.9%，其中棉纺业增幅较大。1992年，全市纺织工业进行结构性调整，纺织企业由原来72家压缩到35家。1996年，纺织、服装企业发展到48家，工业总产值8.4亿元。2000年后，纺织、服装工业企业开始向重点园区集中，其中南村工业园15家、市经济开发区14家，均为外商投资企业。2005年，全市规模以上纺织企业29家，服装、鞋帽制造企业11家，皮革制品企业1家。工业总产值23.5亿元，销售收入19.4亿元，利税3亿元，分别比2000年增长249%、201%和651%。

二、重点纺织服装企业

青岛益昌纺织有限公司　位于蓼兰镇驻地，其前身为创建于1952年的蓼兰县社棉花加工点。后，先后改称蓼兰县社棉花加工厂、平度县第一棉油加工厂。1986年，棉油加工厂被商业部和省商检局定为棉花出口基地，获商业部“优质产品轧花厂”称号。1988年，投资300万元，将原闲置厂房改造成棉纺车间，增上5000纱锭，生产棉纱424吨。1994～1997年，增上针织设备26台，完成棉纺3万纱锭技术改造项目，增上集成材生产项目和织布机168台。2000年，企业改制为青岛益昌纺织有限公司，2001年通过ISO 9001国际质量体系认证。2005年，公司实现销售收入1.2亿元，完成利税456万元，上缴税金390万元。

青岛益昌纺织公司棉纺生产线（2005年摄）

第七节　工艺美术

一、概况

平度的工艺美术产品主要有草帽辫、抽纱与刺绣和毛绒玩具。1985年，全县共有草制品企业4家，其中县属3家、乡镇1家；刺绣抽纱企业仅县属2家。1986年，马戈庄乡建立宝石嵌银工艺品厂，生产宝石嵌银壁挂画（1990年9月第十一届亚运会召开前夕，以平度市政府名义为北京捐赠大型壁挂画“长白山的传说”；1997年7月，为迎接香港回归，以山东省人民政府名义赠送香港特别行政区大型屏风“巍巍泰山，喜迎港

马戈庄宝石嵌银厂生产的壁挂画（1987 年摄）

收入 6.5 亿元，利税 1.5 亿元，分别比 2000 年增长 286%、200% 和 967%。

二、重点工艺美术制造企业

青岛百丽秀工艺品有限公司 企业前身为平度县抽纱厂，1983 年从县刺绣厂析出抽纱业务后而建，位于胜利路西端，1984 年更名青岛抽纱厂，主要生产床单、桌面布、餐巾等。1988 年，抽纱系列产品获山东省工艺美术百花奖、轻工部优秀出口产品铜质奖。1996 年，抽纱厂进行部分改制，成立青岛平度百丽秀工艺品有限公司。1997 年，投资 1600 万元引进意大利高档制袜设备，成立柏仙奴公司。2000 年，抽纱厂二次改制，成立泰浩百丽公司及青岛百丽秀工艺品有限公司，投资 120 万元购置电脑刺绣设备 41 台、电脑绗缝设备 5 台，使平度刺绣产品跃上新台阶。2005 年，公司拥有职工 310 人、生产加工设备 300 余台（套），主要产品有抽纱工艺品、草柳制品、床上用品、勾针、绗缝、电脑刺绣、棉袜等。实现销售收入 8121 万元，完成利税 310 万元，上缴税金 256 万元。

归”）。1989 年，中外合资企业——青岛华侨实业股份有限公司成立，1993 年始产玩具。其间，乡镇工艺美术企业发展迅速，一批个体、私营企业兴起。到 1995 年，全市草制品、工艺美术品加工企业 115 家，其中市属 7 家、镇办 16 家、村办 92 家。1997 年，工艺美术品企业开始向规模化方向发展。2005 年，全市规模以上工艺美术品制造企业 23 家。工业总产值 8.9 亿元，销售

青岛百丽秀公司引进的电脑刺绣机（1987 年摄）

1981 ～ 2005 年平度市（县）省级以上名优产品统计表

表 5-2

时间	奖　项	产品名称	获奖单位
1990	国家金质奖	黑鲤牌中碳鳞片石墨	青岛电子材料厂
1991	国家金质奖	黑鲤牌高碳鳞片石墨	青岛电子材料厂
1983	国家银质奖	银光牌“311”雪花白大理石板材	山东省平度县大理石厂
1985	国家银质奖	黑鲤牌中碳系列石墨	青岛电子材料厂
1990	国家银质奖	白鸽牌滑石粉	山东省平度市滑石矿
1988	轻工部优秀出口产品铜质奖	百带丽工艺品	青岛抽纱厂
1983	轻工部优质产品	金塔牌 JZY7-315 型热压机	平度县人造板机械厂
1984	轻工部优质产品	泽山牌玉米皮编制品	青岛第三草制工艺品厂
1985	轻工部优质产品	单层刨花板生产线	平度县人造板机械厂
1984	建材部优质产品	黑鲤牌石墨 LZ50-89 型、LZ80-90 型	青岛电子材料厂
1984	建材部优质产品	白鸽牌造纸一级滑石粉	山东省平度县滑石矿
1985	建材部优质产品	白鸽牌纺织特级滑石粉	山东省平度县滑石矿
1990	建材部优质产品	425# 普通水泥	平度市水泥厂
1981	农机部优质产品	雪峰牌 7C-5 型农用挂车	青岛第一挂车厂
1983	化工部优质产品	民丰牌农用碳酸氢铵	平度县化肥厂
1988	机电部优质产品	飞华牌泰山 -12 拖拉机变速箱齿轮	青岛第二齿轮厂
1988	农业部优质产品	宝巧牌 FR-5 型	青岛同和空调设备厂
1988	农业部优质产品	海歌牌树脂画（玉兰花）	马戈庄宝石嵌银工艺品厂
1989	农业部优质产品	大王牌鳞片高碳石墨	平度县田庄石墨矿
1990	农业部优质产品	威马牌 DZL1.4-0.65/95	青岛胜利锅炉厂
1990	农业部优质产品	威马牌 70-A Ⅲ型水锅炉	青岛胜利锅炉厂
1990	农业部优质产品	树如梅牌山楂浓缩原汁	平度市果汁厂
1991	农业部优质产品	青平牌 YTJ-1 型氧化淀粉浆料	平度市变性淀粉厂
1991	农业部优质产品	1.5 吨挂车	平度挂车分厂
1981	山东省优质产品	雪峰牌 7C-5 型农用挂车	青岛第一挂车厂

续表 5-2

时间	奖　项	产品名称	获奖单位
1982	山东省优质产品	金塔牌 JZY7-315 型热压机	平度县人造板机械厂
1982	山东省优质产品	民丰牌农用碳酸氢铵	平度县化肥厂
1982	山东省优质产品	银光牌“311”雪花白大理石板材	山东省平度县大理石厂
1983	山东省优质产品	百带丽工艺品	青岛抽纱厂
1983	山东省优质产品	PA41 型自行车脚踏	平度县机动脚踏车配件厂
1984	山东省优质产品	泽山牌玉米皮编制品	青岛第三草制工艺品厂
1984	山东省优质产品	黑鲤牌中碳石墨 LZ50-89 型、LZ80-89 型、LZ50-59 型	青岛电子材料厂
1984	山东省优质产品	白鸽牌造纸二级滑石粉	山东省平度县滑石矿
1985	山东省优质产品	大泽山牌白葡萄酒	青岛益民葡萄酒厂
1985	山东省优质产品	白鸽牌医药化妆食品一级滑石粉	山东省平度县滑石矿
1986	山东省优质产品	美滨牌水洗羽绒	青岛羽绒皮件厂
1987	山东省优质产品	宝滨牌羽绒被	青岛羽绒皮件厂
1987	山东省优质产品	魏碑牌特曲白酒	国营青岛酿酒厂
1987	山东省优质产品	白鸽牌油毡滑石粉	山东省平度县滑石矿
1988	山东省优质产品	EP 风机盘管空调器	王家站乡散热器厂
1989	山东省优质产品	大王牌鳞片高碳石墨	平度县田庄石墨矿
1989	山东省优质产品	采花牌鳞片中碳石墨	平度县田庄第二石墨矿
1989	山东省优质产品	425#R 普硅水泥	平度县水泥厂
1990	山东省优质产品	民艺牌玉米皮制品	平度民生工艺品厂
1990	山东省优质产品	岩花牌云灰大理石抛光板	平度花岗岩大理石公司
1991	山东省优质产品	云灰大理石板	平度花岗岩大理石公司
1995	山东省乡镇企业名牌产品	同和牌 FP 系列风机盘管空调器	青岛同和空调设备股份有限公司
1995	山东省乡镇企业名牌产品	琴云牌特二等粉	青岛万家面粉厂
1995	山东省乡镇企业名牌产品	华青牌弹簧管压力表	青岛华青仪器仪表有限公司
1995	山东省乡镇企业名牌产品	天象牌鳞片石墨（中碳、高碳）	青岛平度市石墨开发公司

续表 5-2

时间	奖　项	产品名称	获奖单位
1995	山东省乡镇企业名牌产品	文林牌铅笔	青岛普乐斯铅笔有限公司
1995	山东省乡镇企业名牌产品	泽山牌鞋用棉印染帆布	青岛平度市裕隆实业公司印染厂
2004	山东省名牌产品	宏泰牌铜管	青岛宏泰铜业有限公司
2005	山东省名牌产品	白鸽牌滑石粉	山东省平度市滑石矿业有限公司
2005	山东省名牌产品	民丰牌尿素	青岛碱业股份有限公司天柱化肥分公司
2005	山东省名牌产品	淳金牌花生油	青岛淳金植物油有限责任公司
2005	山东省名牌产品	巨力牌斜胶轮胎	青岛市平度宏华橡胶厂

第三章　结构调整

第一节　行业、产品结构调整

1986～1990年，市（县）政府提出大力发展“四大行业”（食品、建材、轻纺、机械）。

1991～1995年，市经委确定化肥、石墨及制品、水泥、滑石及滑石粉、花岗岩板、啤酒、白酒、棉纱、印刷品、服装、羽绒制品、齿轮、机动车配件、分割肉、植物油、特二粉、黄金、橡胶机械等30种重点增产产品，石墨、瓜干酒、家具、布鞋、化纤地毯、径编蚊帐、汗布、浮选油、分割肉、毛巾、毛巾被、麻袋、人造板机械、线杆、机制纸15种滞销产品类目。对重点产品实行倾斜政策、对滞销产品实行限产压库。

1996～2000年，市属工业重点发展具有支柱作用的矿产建材、食品和机械工业，积极发展化学工业，努力发展电子工业，加快采用先进技术改造传统工业步伐；乡镇工业抓好矿产建材、食品、机械三大支柱行业，积极发展电子、生物工程行业，改造纺织、印染、化工行业。

2001～2005年，工业调整重点是改造传统产业、发展资源加工业和培育高新技术产业，推进工业结构升级。2005年，全市重工业发展有所减缓，轻重工业比例由1990年的56∶44、1995年的55∶45、2000年的22∶78达到33∶67。规模以上工业企业40种主要产品是：发电量、小麦粉、食用植物油、配混合饲料，糕点、酱油、饮料酒（包括白酒、啤酒、葡萄酒）、纱、布、棉布、混纺交织布、印染布、丝针棉织品折用纱线量、服装、革皮服装、木地板、家具、纸制品、铅笔、煤气、合成氨、农用氮、磷、钾化学肥料（包括尿素）、精甲醇、颜料、轮胎外胎，塑料制品、塑料编织袋、水泥、花岗岩板材，石墨及碳素制品、黄金、钢加工材料、工业锅炉、制冷空调设备，阀门、改装汽车。

1985 ~ 2005 年平度市（县）部分年份主要工业产品产量比较表

表 5-3

产品	单位	1985 年产量	1990 年产量	1995 年产量	2000 年产量	2005 年产量
发电量	万千瓦小时	1857.4	5757.6	11384	19644	8601.4
合成氨	万吨	2.3	2.99	5.52	7.24	10.2
碳酸氢氨	万吨	8.5	11.66	7.91	–	–
尿素	万吨	–	–	5.26	4.42	6.45
农用氮磷钾肥	万吨	–	2.44	5.15	10.72	7.6
磷肥	万吨	0.8	4.3	–	–	–
改装汽车	辆	–	80	300	55	–
拖拉机内配件	万件	19	52.7	–	–	–
饮料酒	吨	10511	28656	65058	82200	109400
棉纱	吨	–	5761	6821	7476	10307
布	万米	505	1640	6816	2200	2924.7
服装	万件	134.7	221.9	–	76.9	1655.1
水泥	万吨	8.5	17.9	31.7	21.68	36
石墨	万吨	1.2	7.15	61.86	24.59	44.6
滑石	万吨	4.2	4.54	8.06	–	–
黄金	千克	5665	416	1016.2	1628.64	3549.7
理石板材	万平方米	14.3	23	181.5	4.3	–
花岗石板材	万平方米	–	–	101.2	7.5	168.5
轮胎外胎	万条	–	–	–	4.2	704.4
压力表机芯	万件	58.4	211	–	–	–
家用电冰箱	台	–	–	5658	–	–

第二节 组织结构调整

一、关停并转

1986年前后，县政府开始对一些效益差、能耗高的企业进行关、停、并、转，原则是少关停，多并转。1989年，全县306个石墨采选个体户、513个石墨选矿小槽被取缔。1990年，全市首家跨行业兼并企业——市棉纺厂兼并市输送机配件厂。1991年，青岛薄型合成革厂、编织地毯厂、华宝工艺品公司、北方电子设备公司、第三皮鞋厂、熊猫童车有限公司、皮鞋九厂，平度市李园社会福利厂、喜盈门化纤厂、选矿药剂厂、电冰柜厂、麻纺厂、西阁乳胶厂、琛平石墨联合公司、机化工业供销公司、第二拖车厂、宇宏软包装材料厂、沪青食品联合商行、振华物资购销站、红星童装厂，麻兰抽纱厂、古岘微生物试剂厂、古岘康城仪表厂、香店建筑公司24家企业关停整顿；青岛木器十三厂、田庄农具厂、店子玛钢厂3家企业实行兼并；平度市砖瓦厂、青岛第三草制工艺品厂、青岛振兴麻纺厂、平度市海龙机械厂4家企业实行转产。1993年，青岛装饰总公司与青岛薄型合成革厂合并。1994～1995年，齿轮厂兼并农机二厂，抽纱厂兼并草编五厂，造纸厂兼并东风化工厂，机械厂兼并木器十三厂，锦华服装厂兼并金旋服装厂；青岛第五布鞋厂关闭；平度精细化工厂并入青岛北海啤酒厂；平度市磷肥厂、钢窗厂、青岛橡胶制品厂划归青岛天柱化工集团。1996年，关停张戈庄镇大丘造纸厂、灰埠镇谭家纸箱厂、中庄造纸厂、南村造纸厂、张舍东石岭造纸厂、店子芳园电镀厂。1998年，市建筑公司与市建筑安装公司合并，组建平度市建筑安装公司；市农机公司加入新疆联合机械集团；抽纱厂织袜分厂、市联社葡萄酒厂挂靠青岛双星集团。1999年，青岛编织地毯厂全部房地产转让工贸联营青岛包

原青岛人造板机械厂厂貌（1996年摄）

装印刷厂，由印刷厂接受全部职工并承担其债务。青岛黑鲤石墨工业公司、青岛大理石薄板厂关停。2000年，市线路器材厂和市顺达氧气有限责任公司合并，市广源金属回收加工厂、市经济技术开发区物资公司关闭；市银泰纺织有限公司兼并市供销社汽修厂，市农业机械工程公司兼并市路能燃料公司，市天和装饰工程有限公司兼并市委党校美术公司；市德阳服装厂在原青岛锦华服装有限公司分离基础上与韩国株式会社共同出资成立中外合资企业；市塑料总厂划转加入市建筑安装集团；市滑石矿与中国非金属矿工业进出口公司、市肉联厂与青岛九联集团、市国建管道燃气公司与青岛高宇实业公司、市农药厂与济南三茶化学品有限公司合作成立新公司；市人造板机械厂挂靠中国化工机械集团。2001～2005年，全市工业企业关、停、并、转工作基本结束。

二、企业升级

1986年，平度有县属省级先进企业3家，分别是青岛电子材料厂、青岛自行车脚蹬厂、平度县大理石厂。1987～1991年，平度县大理石厂、青岛电子材料厂、平度滑石矿、青岛第四面粉厂、青岛第二齿轮厂、青岛大理石薄板厂6家市（县）属企业晋升国家二级；国营青岛酿酒厂、青岛羽绒皮

件厂、平度县建筑公司、平度县第二棉油加工厂、工贸联营青岛包装印刷厂、青岛第三仪器厂、平度县肉类联合加工厂、平度县饲料加工厂、平度县粮油运输公司、平度县邮电局、平度市水泥厂、平度市棉纺织厂、青岛人民织布厂、平度市第三棉油加工厂、平度市医药公司、平度市百货公司、青岛自行车脚蹬厂17家企业晋升省级先进。乡镇企业升级工作始于1988年。至1991年，累计有21家晋升为省级先进企业、40家晋升为青岛市级先进企业、213家晋升为平度市级先进企业。1992年，企业升级工作暂停。

三、企业划型

平度工业从1953年仅有10家县以上企业算起，到1987年已发展到428家。1988年，平度县始有第一家中型企业——青岛自行车脚蹬厂。1990年12月，平度市中型企业上榜7家，其中中一型2家（青岛电子材料厂、官庄石墨矿）、中二型5家（平度市化肥厂、青岛自行车脚蹬厂、工贸联营青岛包装印刷厂、平度市棉纺织厂和山东省平度滑石矿）。小型企业488个。1992年，省经委和统计局重新明确全省大中型工业企业名单，平度市有大中型工业企业14家，其中大二型企业为青岛黑鲤石墨工业公司。1994年，全国划分企业类型协调小组审定，平度市大型二档企业7家，分别为青岛华磊石材集团总公司、青岛黑鲤石墨工业公司、青岛天柱化工（集团）有限公司、国营青岛北海啤酒厂、青岛市第四面粉厂、青岛同和空调设备厂、青岛市平度石墨开发公司。2002年，经青岛市经济委员会、统计局重新审核，平度市有大中型企业22家。其中大二型企业1家，为平度市电业公司；中一型企业3家，为山东天象集团公司、青岛三莹电子有限公司、青岛圣达电力股份有限公司。2003年，国家对企业分类划型标准实施重大调整。平度市原有大型企业下调为中型企业。2005年，平度市有中型企业60家，小型企业314家（1997 ~ 2005年，全市工业大、中、小型企业划型标准，须是年产品销售收入500万元以上工业企业，自2000年后通称规模以上工业企业）。

四、组建集团

1988 ~ 1990年，全市（县）乡镇企业组建石墨开采、服装加工、畜禽养殖加工、辣椒种植加工、草编制品、花边抽纱6个出口生产加工群体，占乡镇企业40%。官庄乡把乡办3个石墨矿、1个高碳石墨厂和7个村办石墨矿联合起来组成石墨集团公司，当年出口交货值2500万元，同比增长151%。1992年1月，国家科委批准青岛星火锅炉集团成立，成为平度首家融科、工、贸一体，兼多行业的企业集团。1993年，以平度市大理石厂为龙头组建的中国非金属矿工业青岛华磊石材集团总公司，成为平度市集矿山开采、板材加工、工艺雕塑、安装服务为一体的最大石材集团；以青岛同和空调设备厂为龙头组建的青岛同和集团公司，成为平度市最大乡镇企业集团。1994 ~ 1999年，平度市华源集团、大泽山石材集团、天柱化工集团、黑鲤石墨集团、金星矿业集团、华兴工艺品集团、万达食品集团、天象集团、裕隆集团、北海

原青岛北海啤酒厂大门（1996年摄）

玻璃集团、玉泉集团、光大花生集团、红星集团、宏泰集团、银河茧丝绸集团、华青集团、光明轮胎集团、黑龙石墨集团先后成立。至2000年，全市累计组建企业集团20个，后因大部分企业集团改制或被注销，至2005年仅剩6个。

五、破产清算

1994年8月，平度县食品冷藏厂亏损破产，成为平度市人民法院审结的第一起破产案件。1995～1997年，青岛第三草制品工艺品厂、平度市砖瓦厂、青岛振兴麻纺织厂、青岛食品饮料厂、平度市长乐实业有限公司、麻兰供销社、平度市棉纺织厂、青岛平度市锌钢管厂、工贸联营平度织布厂先后破产。1998年10月，市企业破产工作领导小组成立。1999～2004年，平度福利锻压加工厂、青岛华磊石业有限公司、青岛东风汽车改装厂、平度市人造板机械厂、青岛汉宝大酒店、平度市农业机械总公司、平度市百货公司、平度市皮革化工厂、平度市有机化工厂、平度市外贸种鸡二厂、平度市第六棉油厂、平度市商业宾馆、平度市肉联厂、国营青岛酿酒厂、青岛美滨羽绒制品公司、青岛第四面粉厂、青岛华兴股份有限公司、平度市金属材料公司等58家企业先后破产。至2005年，全市进入破产程序企业累计69家（已破产结案55家），其中国有49家、集体11家、合资7家、民营2家。

原国营青岛酿酒厂厂貌（1996年摄）

第三节 所有制结构调整

1985年，全县全民所有制企业28家、集体所有制企业50家。到1990年，分别增加到48家、2713家。集体所有制企业中，县属企业81家、乡镇企业362家、村办企业2270家。联户企业552家、个体企业6123家、中外合营企业4家。1993年11月，青岛第三仪器厂、青岛皮革化工厂率先在全市进行股份制改革试点。到1995年，股份制企业达到5家。

1996年3月，市政府对南村等5个发展个体私营经济先进镇（街道）、青岛神力（集团）实业有限公司等10家先进私营企业、10名先进个体工商户表彰奖励。1997～1998年，市政府先后印发《平度市外商投资企业管理暂行办法》和《关于进一步鼓励发展开放型经济奖励办法的通知》，对招商引资先进单位、出口创汇先进单位、优秀外商投资企业分别给予奖励。翌年3月分别奖励平度市进出口公司、青岛平度市田庄石墨矿各3万元、1万元，授予青岛海尔电冰箱（国际）有限公司出口创汇先进企业称号。2000年，全市已投产“三资”企业164家，其中中外合资企业88家、中外合作10家、外商独资66家。

2004年6月，市委、市政府作出《关于促进民营经济大发展的决定》。2005年，以有限责任公司为主要组织形成的私营企业达106家，比2000年增加86家。全市企业国有、集体成份进一步退缩，个体私营和外资成份大幅增加。规模以上工业产值中，国有、集体经济占8.1%，外商投资经济占40.7%，个体、私营股份制经济占51.2%；社会消费品零售总额中，个体、私营经济占74%。

第四章 生产管理

第一节 生产调度

1986年，县经委确定对12家企业和尿素、水泥、棉纱、理石板、机制纸、拖内配件、葡萄酒、羽绒制品、黄金等20种产品重点支持。1987年2月，制定下发《工交系统开展增产节约、增收节支运动意见》，推动“双增双节”运动深入开展。8月，县委、县政府制定《关于加快乡镇企业发展的试行意见》，把发展乡镇企业作为振兴农村经济重中之重，走一种、二养、三加工、四开矿的路子。1988年，县属企业展开大规模技术改造，推进行业结构和重点产品结构调整，加快骨干企业发展；乡镇企业突破“三就地”（就地取材、加工、销售）框框，全面发展。县经委发出《关于实行定电量、定负荷、凭证供电的通知》，对县属企业、宾馆、饭店、机关团体、事业单位、个体单位的动力、照明用电，实行定负荷、定电量和凭证供电，保证重点企业、重点产品和重点项目生产、建设用电。1989年，县委、县政府提出，重点发展支农产品、生活日用品、电力、出口产品。1991年，在工业系统中开展质量、品种、效益年活动。1992年，对全市200余种主要产品按月进行产、销、存调度，按季下达保、限、压、停产品目录；保证25种畅销产品满负荷生产；组织乡镇企业走“大”（大规模、大投入）、“高”（高起点、高效益）、“外”（外向型）发展路子。1993年，市委、市政府要求市属工业突出抓好技改投入、外向型经济、调整结构和科技进步四个环节。1996年，市工委组织全市工业企业实施“骨干带动、外向带动、科技带动”三大战略，并按照“抓大放小”的思路，把“骨干带动”放在突出位置。

1997年，全市开展“三大会战”（工业、农业、流通）活动，加快发展机械、食品、矿产建材三大支柱产业和尿素、啤酒、黄金三种骨干产品。1998～1999年，市委、市政府下发《关于推动企业解困促进市属工业发展的意见》，把市属企业扭亏解困作为生产管理工作重点。2001年，市工委与亏损企业签订扭亏责任状，对亏损大户实行重点监控、逐个整治。选定40家骨干企业重点培植。2004年，市委、市政府把利用外资、发展民营经济作为加快工业经济发展的重点。至2005年，全市工业经济呈现出良好运行态势，规模以上企业完成工业总产值344.3亿元、工业增加值105.1亿元，实现销售收入322.1亿元、利税50.6亿元。50家骨干企业完成销售收入134.2亿元，实现利税8.3亿元，分别占全市规模以上企业的54%和47%。

第二节 安全生产

1986年前，县安全生产委员会办公室设在劳动局。1986年10月，撤销安全生产委员会，建立县安全生产办公室会议制度，日常工作由县经委牵头，建委、劳动局、总工会参加。县经联委负责乡镇企业安全生产管理工作。1990年6月，撤销县安全生产办公会议，成立市安全生产委员会，办公室设在劳动局。2001年8月，市经济发展局内设安全生产监督管理局。2004年12月，市安全生产监督管理局升格为市政府序列部门，为市安全生产委员会常设办事机构。

一、安全生产检查

1986年12月，县经委召开全县工交系统“百日安全无事故”动员大会。1987年1月，开展冬季“四防”（防火、防爆、防寒、防冻）安全生产检查。3月，举办安全系统工程和安全生产法规培训班。1988年，县经委在与企业签订经营合同时，将安全生产作为考核指标纳入承包经营责任制。

1989～1990年，查出各种事故隐患与不安全因素1918条，整改1904条。1991年5月，全市工业企业开展“安全生产检查周”活动，落实安全生产责任制、奖惩考核制度、目标管理制度。2001年，重点开展矿山、道路交通、消防、锅炉压力容器、人群聚集场所安全专项治理整顿活动。2002年，市政府将“安全生产周”改为“安全生产月”，每年6月份定为“安全生产活动月”。2003年，全市开展矿业秩序整顿及矿山安全生产大检查，重点检查石材、石墨、黄金、铁矿、透辉岩企业。2004年，市安全生产委员会下达《关于开展“百日安全”集中整治活动的意见》，决定从2004年11月25日至2005年1月31日对矿山企业、劳动密集型消防企业、危险化学品生产企业集中整治。2005年，市政府开始每年与各镇（街道、园区）、市直有关部门签订目标责任书，实行年度评优“一票否决”制、安全生产领导班子全员责任制、“一把手”责任制，至年底，全市有58家矿山企业、15家危险化学药品企业、1家烟花爆竹批发企业领取安全生产许可证。

二、安全事故

1986年5月22日22时15分，县化肥厂合成车间检修铜洗再生器时，发生煤气倒流入再生器遇火爆炸，造成4人死亡、5人受伤。1987年10月25日，明村镇台南村鞭炮厂因违章拌药引起爆炸。上班37名工人中，当场被炸死15人，炸伤12人，抢救无效死亡4人，18间厂房和库存成品、半成品鞭炮及所有原料均被炸毁。1990年4月24日凌晨，青岛北海啤酒厂酿造车间运输班3人，在执行运输大麦芽任务过程中违章作业，导致死亡。2004年8月13日7时左右，平度市黄金有限公司鑫汇金矿1号井，发生下井作业面矿石塌陷事故，2人死亡。2005年3月31日18时左右，青岛碱业股份有限公司天柱化肥分公司双氧水车间发生重大火灾事故。

安全生产检查（2005年摄）

第三节　科技创新

一、技术改造

1986～1988年，全县完成大理石薄板厂理石薄板生产线、化肥厂尿素车间扩建、水泥厂立窑配套改造、印刷厂四色胶印、造纸厂1575纸机、葡萄酒厂万吨葡萄酒配套、脚踏车厂出口冲压车间、联谊食品厂乙基麦芽粉、植物油厂榨油车间、肉联厂骨酱车间、挂车厂东风半挂车、县热电厂2×6000千瓦发电机组、北海啤酒厂3万吨啤酒工程、第六棉油加工厂毛巾生产、第一棉油加工厂5000纱锭、北峰可乐产品等技改项目97项，总投资1.3亿元。1991～1995年，全市工业企业完成青岛电子材料厂万吨石墨矿山采选、5540门程控电话扩建、东现河污水治理、第四面粉厂制粉车间改造、水泥厂新增10万吨生产能力、联产煤制气工程等技术改造项目290项，累计完成技改投资14.2亿元，分别是“七五”期间2倍和8倍。其中，青岛鸿达机电总厂摩托车曲柄连杆精锻节材降耗项目和青岛第六橡胶机械厂橡塑机械

原平度县挂车厂生产的挂车（1987 年摄）

制造中心技改项目列入国家计划。

1996 ～ 2000 年，全市完成吉戈庄金矿基建、同和溴化锂制冷机合资、啤酒厂罐装线及发酵工程改造、青岛富狮王葡萄酒酿造有限公司一期工程、天柱集团年产 12 万吨大颗粒尿素生产装置、海尔冰箱设备改造、扩大齿轮生产线、圣达电力工业园橡胶制品生产线、微机控制非线性励磁控制装置、滑石矿微细目滑石粉生产线等技改项目 246 项，累计投资 26.8 亿元，是“八五”期间 1.9 倍。2001 年，青岛飞华齿轮公司组建微型汽车齿轮生产线项目列为国家专项，金大地机械制造公司总投资 5380 万元微型数控万能工具机床技改项目列入国家经贸委重点技术改造计划。2003 年，青岛碱业天柱化肥分公司年产 5 万吨甲醛工程、鸿达机电总厂搬迁改造、宏泰公司铜管生产线、青岛光明轮胎公司全钢子午线轮胎项目列入青岛市重点技术改造项目计划。2004 年，全市完成技改项目 223 个，累计投资 13 亿元。2005 年，平度市企业发展局不再单独对技术改造投资进行统计。

二、新产品与新技术开发

1986 ～ 1990 年，平度市开发新产品 103 种，推广应用新技术 23 项。其中化肥厂深冷提氢项目被国家计委列入“八五”重点新技术应用项目计划，热电厂冷却水强制循环项目填补省内空白。1991 ～ 1993 年，青岛市经委列入平度市新产品、新技术开发项目 75 项，其中青岛星火锅炉集团 DZL 系列螺纹烟管凸形封头热水锅炉获青岛市科技进步星火一等奖。1994 ～ 1995 年，平度市有 77 项新产品、新技术列入青岛市开发计划，其中复混肥造粒装置微机控制、微机控制励磁系统、坐式摩托车离合变速器、太空活化水、低温度系数钕铁硼表磁钢 5 项填补国内空白。1996 ～ 1997 年，青岛第四铸造机械厂树脂砂成套设备、S14 系列转子混砂机分别获平度市科技成果一等奖和国际技术发明三等奖。1999 年，完成技术创新项目 50 项，其中 2 项达国际先进水平、9 项拥有自主知识产权、9 项达国内先进水平、7 项申报国际专利。2002 年，青岛飞华齿轮公司螺旋锥齿轮铣磨技术开发与应用和青岛磐石容器制造有限公司超临界流体二氧化碳萃取技术与成套装置 2 个项目列入国家技术创新计划，金益生化公司天然冷烫液、天然染发剂 2 种产品列入国家重点新产品试产计划，被评定为国家级新产品。2004 年，青岛高科塑料研究开发中心的抗静电、抗燃烧、高强度塑料托带辊获山东省科技进步三等奖。2005 年，平度市被认定青岛市高新技术产品 11 种、青岛市高新技术企业 8 家。

青岛磐石容器制造公司生产车间（2005 年摄）

1997~2005年平度市高新技术企业一览表

表 5-4

企业名称	认定时间	主要技术品
青岛磐石容器制造有限公司	1997	压力容器
青岛同和空调股份有限公司	1998	空调设备
青岛天柱化工集团	1999	尿素等化工产品
青岛平度宇洁降解塑料制品厂	2000	双降解塑料包装产品
青岛华威电力自动化研究中心	2000	微机非线性励磁控制设备
青岛新和报警设备有限公司	2000	火灾自动报警控制设备
青岛三莹电子有限公司	2002	铝电解电容器
青岛华青集团有限公司	2003	汽油切割器
青岛飞华齿轮制造有限公司	2003	三周节变传动比限滑
爱德现代牛业（青岛）有限公司	2003	高产优质奶牛
青岛龙力生物技术有限公司	2003	大三元生物复合肥
青岛海诺制水工程有限公司	2004	连续电除盐模块
中国轻骑集团青岛鸿达厂	2004	GPC 曲轴连杆总成
青岛宏泰铜业有限公司	2005	4—CHR34—以下无缝铜管
青岛市平度高压氧舱设备厂	2005	POT 控制、静电疏导单人氧气加压舱
青岛征和工业有限公司	2005	CLO4F—7 齿形链、CLO4F—5 齿形链
青岛国胜焊割设备有限公司	2005	液化气焊割炬
青岛诚汶电子有限公司	2005	镀铝（锌）薄膜（片式电容器专用）
青岛国盛达科技股份有限公司	2005	叶形网状无气塞轮胎硫化胶囊
青岛畅隆电力设备有限公司	2005	LFM 脉冲袋式除尘器
青岛市平度青平淀粉有限公司	2005	YTJ—1 型造纸施胶剂

三、工艺装备引进

1986年，青岛电子材料厂引进美国中碳棒磷片石墨技术资料项目，总投资1416万元。1987年，县包装印刷厂引进国外上光机、压光机、晒板机和显影机。1988年，青岛电子材料厂投资980万元，引进日本东洋碳素株式会社石墨纸生产线1条，年产石墨纸180吨。1990年，青岛华磊石业有限公司引进意大利葛斯巴斯公司JS4大砂锯4台、LM2000连续磨机1台、AE35桥切机1台、LCV611磨边机1台、SM7-2000拉毛机1台，总投资926万元。1991年，平度市棉纺厂以租赁方式引进日本玛赫康纳络筒机5台，总投资105万美元；青岛市第四草制品工艺品厂引进编制机3台，总投资686万元；青岛第二齿轮厂引进渗碳生产线、铣齿机项目，总投资1170万元；青岛益民葡萄酒厂引进日本全自动贴面机1套及相应配套设备6台套，组建瓦楞纸箱生产线，总投资176万元。1992年，青岛锦华服装厂引进日本产20T电脑刺绣机1台，鸿达机电总厂引进日本MH—100和MH—200竖式高速自行珩磨机各1台，青岛包装印刷厂引进德国产M系列四开五色海德堡胶印机1台。1994年，平度市滑石矿业公司从英国引进国内首家微细粉细度分析仪，青岛

原青岛包装印刷厂引进的四色胶印机（1987年摄）

飞华齿轮有限公司引进美国产格里森铣齿机2台。1996年，平度市大理石厂从意大利引进花岗岩薄板流水线。2000年，青岛碱业天柱化肥分公司投资2300万元，从挪威海德鲁公司引进大颗粒尿素生产装置及核心技术，成为全国第二家大颗粒

青岛碱业天柱化肥分公司从挪威引进的大颗粒尿素生产装置（2000年摄）

尿素生产厂家。平度滑石矿业公司从德国引进气流粉碎机1套，使产品加工细度由325目提高到5000目。青岛富狮王葡萄酒酿造有限公司引进意大利葡萄酒酿造设备和自动灌装线。2002年，青岛北苑工贸有限公司从德国、意大利引进木工机械设备28台。2004年，青岛淄柴博洋柴油机股份有限公司由日本洋马株式会社引进6N330、8N330柴油机生产线；青岛迪亚陶瓷有限公司意大利萨克米压机、西斯特姆胶印辊印花机，总投资3亿元。

第四节 生产质量

1986年，县经委召开县属工矿企业质量管理成果发布会，有8个成果获评县级优秀成果。1987年，县经委把标准计量和质量管理工作纳入标准化、科学化、现代化轨道，县属企业彻底消灭无标准生产现象及产品，乡镇企业产品标准覆盖率达到55%，优质产品产值达10%以上。1988年，县属企业新组建质量管理小组196个。全县创青岛市以上优质品17个，其中部优3个、省优2个、市优12个。1990年，青岛电子材料厂创部优质量管理奖，平度市邮电局创省级质量管理奖，青岛酿酒厂创青岛市质量管理奖，有23家企业质量管理达国家认证标准，并获发证。

1992年，平度市工业企业开始贯彻执行ISO 9000系列标准和质量体系认证工作。1995年，青岛啤酒第三有限公司在平度首家通过国际标准质量体系认证。1997年12月，市乡镇企业局在全市乡镇企业中推行GB/T1900—ISO 9000系列质量体系认证。截至2005年，全市有260家企业通过质量体系认证。

原青岛黑鲤石墨工业公司生产的石墨产品曾获国家金、银奖

1985～2005年平度市（县）主要工业经济指标情况统计表

表5-5　　单位：万元

年　度	工业总产值（不变价）	工业总产值（现价）	工业总产值（规模以上）	销售收入（规模以上）	利润总额（规模以上）	利税总额（规模以上）
1985	79067	60821	47375	42215	3832	5216
1986	99467	80690	54921	45515	3751	5338
1987	145007	120036	72488	58870	4703	6760
1988	249366	223426	75245	91143	6976	10090
1989	338052	309229	149063	115738	9103	13476
1990	386769	382959	166651	125821	7965	12526
1991	410488	402938	183202	141624	7375	12283

续表 5-5

年 度	工业总产值（不变价）	工业总产值（现价）	工业总产值（规模以上）	销售收入（规模以上）	利润总额（规模以上）	利税总额（规模以上）
1992	496980	486612	214823	169654	7637	14076
1993	506259	505019	288500	221562	10410	18854
1994	579816	720804	433461	268782	9556	23416
1995	683848	892980	542843	382593	15072	31584
1996	790775	949003	493531	393747	10378	31623
1997	940067	1111136	534022	426708	9581	25921
1998	1215891	1376512	386918	488061	9291	28248
1999	1373182	1534651	610371	540757	19010	39015
2000	1650522	1596990	807690	773315	28805	54062
2001	1903231	1859694	913600	856200	29982	61094
2002	2316654	2044163	1285696	1041837	33083	66486
2003	–	2437445	1602745	1435013	49058	90846
2004	–	3071576	2121176	1893585	69093	115346
2005	–	4489844	3442842	3220935	315156	505889

第五章 电力工业

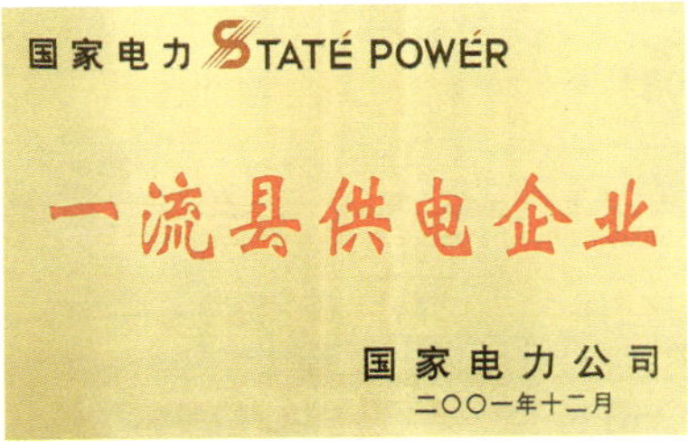

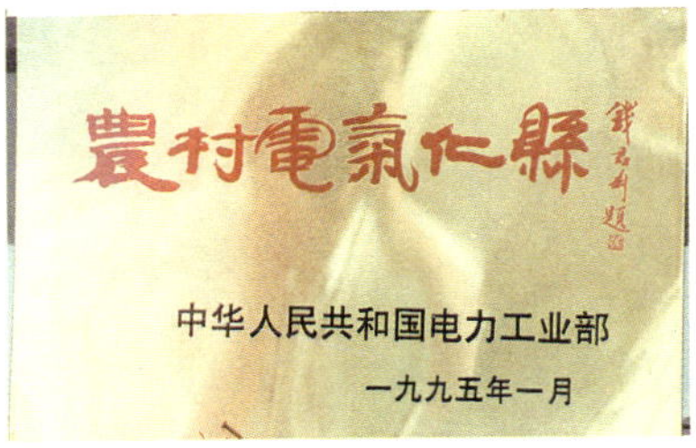

平度市电业公司，始建于1976年，为平度电力管理部门，全国一流县供电企业。1989年，平度电网由潍坊电网改为青岛电网供电。1998年12月，平度市电业公司对下属实体进行股份制改造，成立青岛圣达电力股份有限公司。2005年，平度市电业公司内设办公室、政工人事部、财务部、纪委、安质部、生产技术部、企划部、工会、一户一表办、公安办、客户中心、乡村电管部、调度所、高压工区办14个科室；辖属青岛圣达电力股份有限公司、兴平热电有限公司（原平度县电厂）、华威热电有限公司、圣达电气设备有限公司（原线路器材厂）以及32个镇（街道）供电所。拥有总资产7.2亿元，职工887人，年实现利税3993万元。

第一节 发 电

1986年11月，县电厂2×6000千瓦机组改扩建项目立项。1988年5月，1×6000千瓦#3机组投运。1989年3月，停运并拆除#1、#2两台1500千瓦发电机组。1990年5月，#5机组投运；8月，改扩建2×6000千瓦机组，建1500平方米冷却塔1座。1996～2002年，#6机组、#7机组、#4机组先后投运。2003～2005年，生产设备未再投入，发电企业亏损严重。

1986～2005年青岛兴平热电有限公司生产经营情况表

表5-6

年度	发电量（万千瓦时）	供电煤耗（克/千瓦时）	发电成本（元/千千瓦时）	产值（万元）	利润（万元）
1986	2183.6	870	122.41	142	–
1987	1934.1	826	136.99	91.1	–
1988	4918.2	896	212.96	226.5	–
1989	6696.2	640	239.6	309.3	169
1990	5757.6	614	212.41	266.7	413
1991	5474.8	603	162.44	427.8	292.3
1992	6659.1	595	145.97	591.3	249.3
1993	7556.2	613	163.75	680	220.6
1994	7315.1	595	308.71	712	93.4
1995	8721.9	627	341.8	807	37.9
1996	9116	631	379.18	797	–59.2
1997	10521.6	640	345.61	933	142.9
1998	10768.1	596	318.14	931.3	481.5
1999	12748	583	358.81	1119.8	526.3
2000	15942.8	585	356.6	1410	789.6
2001	12884.7	593	397.18	1250.6	–332.2
2002	11017.5	509	417.21	1116	–198.7
2003	13230.2	503	397.85	1340.2	30.54
2004	8755.3	473	472.8	5887.8	–1351.2
2005	8601.4	440	557.26	6762.8	–1712.3

第二节 供 电

1986 ~ 2005 年，平度（市）县电业公司共新建 110 千伏变电站 5 座，新增容量 38.9 万千伏安；新建 35 千伏变电站 13 座，新增容量 18 万千伏安；新建 110 千伏线路 10 条，163.3 千米；新建 35 千伏线路 46 条，363 千米；10 千伏以下配电线路 8450 千米。

一、电网建设

1986 ~ 1990 年，建成 35 千伏大泽山变电站和 35 千伏崔家集变电站，安装主变压器 2 台，容量 5000 千伏安；建成 35 千伏店子变电站，安装主变压器 1 台，容量 2500 千伏安；建成 110 千伏洪山输变电工程，安装主变压器 1 台，容量 3.15 万千伏安；新建 110 千伏输变电线路 1 条，全长 29.2 千米。1990 年 4 月，220 千伏平度变电站投运。1991 ~ 1995 年，建成 35 千伏兰底、开发区、门村变电站，安装主变压器 3 台，容量 1.2 万千伏安，新建 35 千伏线路 12.1 千米。建成 110 千伏大驾埠、灰埠输变电工程，安装主变压器 2 台，容量 6.3 万千伏安；改造新上 110 千伏输电线路 2 条，长 53.4 千米，支持黄金、石墨工业生产。王家站 35 千伏变电站建成投运，第一次采用六氟化硫开关。1996 ~ 2000 年，建成 35 千伏石泉、中庄、万家、城南、前楼变电站，安装主变压器 5 台，容量 3 万千伏安；建成 110 千伏城东输变电工程，安装主变压器 1 台，容量 5 万千伏安；新建 110 千伏线路 1 条，全长 200 米。2001 ~ 2005 年，建成 35 千伏华侨科技园输变电工程，拆除 35 千伏王家站变电站，主要设备迁至华侨科技园站；建成 35 千伏长乐输变电工程，安装主变压器 1 台，容量 2 万千伏安，新建 35 千伏线路 16.7 千米；建成 110 千伏同和输变电工程，安装主变压器 1 台，容量 5 万千伏安，新建 110 千伏输电线路 260 米；新建 220 千伏唐田变电站。

二、电网改造

1986 ~ 1998 年，平度电网改造任务较少，1998 年后，电网改造步伐加快。是年 6 月，平度市被山东省电力集团公司列入 37 个首批农村电网改造县之一，获整改资金 2470 万元，开始大规模电网改造。1998 年 10 月至 2003 年 6 月，分二期完成农网改造，总投资 1.97 亿元。2004 年 1 月至 2005 年 11 月，投资 7000 万元完成县城电网改造工程。先后改造 110 千伏变电站 3 座、110 千伏线路 1 条、35 千伏变电站 22 座、35 千伏线路 5 条、10 千伏线路 193 条、农村排灌线路 5 条、灌溉线路 19.6 千米、配电盘 35 面、配变增容 21 台 /3115

同和 110 千伏变电站全景（2005 年摄）

千伏安，改造低压线路、接户线、套户线2644千米。截至2005年，平度辖区有220千伏变电站2座，主变容量57万千伏安；110千伏变电站6座，主变容量47万千伏安；35千伏变电站30座，主变容量38.9万千伏安；110千伏输电线路11条、192.6千米；35千伏输电线路57条、481.3千米；10千伏配电线路175条、3206千米。形成了以220千伏变电站为中心，110千伏变电站为枢纽，110千伏、35千伏线路为骨架的供电网络。

大泽山500千伏变电站（2010年摄）

第三节 用 电

一、用电负荷

1986～1995年，社会电力资源短缺，用电负荷紧张，

1986～2005年平度市（县）用电负荷情况统计表

表5-7　　　　单位：万千瓦、%

年度	最高负荷	同比增长	平均负荷	同比增长
1986	4.5	-	2.2	-
1987	5.4	20	2.6	18.18
1988	6.2	14.81	2.9	11.54
1989	7.5	20.97	3.2	10.34
1990	8.4	12.00	3.8	18.75
1991	9.3	10.71	4.3	13.16
1992	9.8	5.38	5.2	20.93
1993	10.2	4.08	5.6	7.69
1994	10.7	4.90	6.0	13.21
1995	10.8	0.93	6.6	10.00
1996	11.2	3.70	7.1	7.58
1997	11.8	5.36	7.6	7.04
1998	12.3	4.24	7.9	3.94

续表 5-7

年度	最高负荷	同比增长	平均负荷	同比增长
1999	13.5	9.76	8.4	13.51
2000	16.8	24.44	9.8	16.67
2001	17.5	4.17	11.1	13.27
2002	21.2	21.14	13.0	17.12
2003	22.4	5.66	14.5	11.54
2004	23.8	6.25	16.1	11.03
2005	25.7	7.98	18.7	16.15

每年需向上级电网争取和购买用电指标。1996 年后，电力供需矛盾得到缓解，电力市场放开发展，社会用电负荷持续攀升。2005 年，最高负荷 25.7 万千瓦，较 1986 年最高负荷 4.5 万千瓦增长近 5 倍；平均负荷 18.7 万千瓦，较 1986 年平均负荷 2.2 万千瓦增长 8 倍。

二、用电分类

1986 年，用电分类逐渐细化，售电量逐年增长。是年，全市售电量 1.94 亿千瓦时。其中，动力用电 1.03 亿千瓦时，占总售电量 52.8%；生活照明用电 3055.6 万千瓦时，占总售电量 15.7%；化肥用电 3391.6 万千瓦时，占总售电量 17.4%；农灌用电 2733.2 万千瓦时，占总售电量 14.1%。2005 年，售电量 16.40 亿千瓦时，增幅 743.3%。其中，动力用电 10.41 亿千瓦时，占总售电量 63.49%；生活照明用电 2.47 亿千瓦时，占总售电量 15.06%；非生活照明用电 1.18 亿千瓦时，总售电量 7.18%；化肥用电 2.02 亿千瓦时，总售电量 12.35%；农灌用电 3150.9 万千瓦时，总售电量 1.92%。

平度农村电网（2005 年摄）

1986～2005年平度市（县）分类电量统计表

（1986～1988年为潍坊电网，1989～2005年为青岛电网）

表5-8　　单位：万千瓦时、%

年度	供电量		售电量		分类电量														
					生活照明			非生活照明			动力			化肥			农灌		
	电量	同比	电量	同比	电量	比例	同比	电量	比例	同比	电量	比例	同比	电量	比例	同比	电量	比例	同比
1986	21726.8	–	19446.0	–	3055.6	15.71	–	–	0.00	–	10265.6	52.79	–	3391.6	17.44	–	2733.2	14.06	–
1987	25034.9	15.23	23050.3	18.54	4015.7	17.42	31.42	–	0.00	–	12997.8	56.39	26.62	3459.2	15.01	1.99	2577.6	11.18	–5.69
1988	27256.6	8.87	25394.4	10.17	4469.3	17.60	11.30	–	0.00	–	14616.0	57.56	12.45	3140.4	12.37	–9.22	3168.7	12.48	22.93
1989	30867.1	13.25	28274.2	11.34	5128.0	18.14	14.74	–	0.00	–	17759.9	62.81	21.51	2880.0	10.19	–8.29	2506.3	8.86	–20.90
1990	35553.7	15.18	33029.4	16.82	7206.1	21.82	40.52	–	0.00	–	21066.3	63.78	18.62	2872.4	8.70	–0.26	1884.6	5.71	–24.81
1991	40369.4	13.54	37861.3	14.63	9146.2	24.16	26.92	–	0.00	–	23479.0	62.01	11.45	2880.0	7.61	0.26	2356.1	6.22	25.02
1992	49079.0	21.57	45666.8	20.62	10985.6	24.06	20.11	–	0.00	–	23401.5	51.24	–0.33	7547.5	16.53	162.07	3732.2	8.17	58.41
1993	50002.0	1.88	46460.6	1.74	10883.1	23.42	–0.93	–	0.00	–	27871.2	59.99	19.10	5588.8	12.03	–25.95	2117.5	4.56	–43.26
1994	56304.6	12.60	52772.0	13.58	10460.3	19.82	–3.89	3242.0	6.14	–	28041.0	53.14	0.61	8063.7	15.28	44.28	2965.0	5.62	40.02
1995	61382.4	9.02	58098.4	10.09	11424.8	19.66	9.22	3481.9	5.99	7.40	31165.2	53.64	11.14	9378.4	16.14	16.30	2648.1	4.56	–10.69
1996	66206.1	7.86	62135.3	6.95	12701.9	20.44	11.18	3701.0	5.96	6.29	33088.1	53.25	6.17	9712.1	15.63	3.56	2932.2	4.72	10.73
1997	70449.8	6.41	66821.4	7.54	14846.4	22.22	16.88	3809.4	5.70	2.93	34265.2	51.28	3.56	8886.7	13.30	–8.50	5013.8	7.50	70.99
1998	68615.7	–2.60	65016.1	–2.70	15799.9	24.30	6.42	3741.2	5.75	–1.79	33944.4	52.21	–0.94	8615.3	13.25	–3.05	2915.3	4.48	–41.85
1999	77692.5	13.23	73772.5	13.47	16776.7	22.74	6.18	4104.9	5.56	9.72	38286.0	51.90	12.79	10972.8	14.87	27.36	3632.1	4.92	24.59
2000	91230.4	17.42	85714.8	16.19	17293.5	20.18	3.08	5075.0	5.92	23.63	47919.3	55.91	25.16	10970.3	12.80	–0.02	4456.7	5.20	22.70
2001	104602.8	14.66	97370.3	13.60	18077.6	18.57	4.53	5677.9	5.83	11.88	56963.5	58.50	18.87	13234.0	13.59	20.63	3417.3	3.51	–23.32
2002	122281.5	16.90	113894.7	16.97	18541.1	16.28	2.56	6605.8	5.80	16.34	68069.6	59.77	19.50	16548.5	14.53	25.05	4129.7	3.63	20.85
2003	135123.3	10.50	127045.2	11.55	19946.2	15.70	7.58	8088.4	6.37	22.44	77600.2	61.08	14.00	18760.8	14.77	13.37	2649.5	2.09	–35.84
2004	150314.7	11.24	140937.4	10.93	20175.7	14.32	1.15	9617.1	6.82	18.90	89816.6	63.73	15.74	18517.8	13.14	–1.30	2810.1	1.99	6.06
2005	173397.3	15.36	163991.4	16.36	24691.7	15.06	22.38	11776.1	7.18	22.45	104124.6	63.49	15.93	20248.1	12.35	9.34	3150.9	1.92	12.13

第六篇　对外经济贸易

据《中国实业志》记载：1932～1934年，平度县出口商品为花生米、花生油、小麦、高粱、草帽辫等，进口商品有棉纱、洋油、红白糖、纸张、布匹、铁器、茶器、洋火等，此时，平度县无正式外贸机构，进出口货物由小商贩和商号自行办理。1949年新中国成立后，县设工商科，兼办外贸商品货源组织，主要出口商品为花生、苹果、葡萄和部分畜产品，20世纪60年代又增加鲜蛋、水产、草辫、刺绣、家兔、肉鸡、桐木、瓜干等。至1985年，全县出口项目发展到12大类、89个品种，收购总值6200万元。

第一章 外贸管理机构

一、平度市对外贸易经济合作局

1986年，平度县对外贸易局承担全县出口商品基地建设和出口商品收购交货任务。1987年，县对外贸易局更名县对外贸易综合公司。1988年4月，设立平度县对外经济贸易委员会，为平度第一个涉外经济综合管理部门。1989年5月，县对外经济贸易委员会与平度进出口公司合署办公，一套班子，两块牌子，交叉兼职，两条开支渠道（行政与企业），公共费由进出口公司承担。是年上半年，县政府在外经委设立临时性“稽查办公室”，负责石墨、肉鸡、肉兔、棉花、蚕茧等资源型出口商品管制。1991年，外经委内部增设外商投资企业管理科。同年，设立山东外运平度分公司（2001年撤销），对外商投资企业开展货运代理和报关服务。1992年，设立平度市对外经济技术合作公司（2000年改制为股份制企业），负责全市外派劳务、对外工程承包和技术合作事宜。1993年11月，平度市对外经济贸易委员会整建制与平度进出口公司分离，改变了政企合一的机构形式，专一行使政府管理职能。是年，平度市外商投资服务中心和平度市外商投资企业协会在外经委设立。2001年8月，平度市对外经济贸易委员会更名为平度市对外贸易经济合作局。2005年，平度市对外贸易经济合作局内设办公室、外资科、外企科、外贸科，下设外商投资企业协会、外商投资服务中心和招商办公室。

二、青岛市平度进出口总公司

其前身为平度县对外贸易综合公司。公司先后辖属外资冷藏厂、外贸种鸡场、外贸工艺品厂、外贸锯材厂、外贸饲料厂和中新合资青岛华杰石墨有限公司，总资产过亿元。1989年1月，平度县对外贸易综合公司更名为青岛市平度进出口公司。业务科室改为土畜产经理部、五金矿产经理部、粮油食品经理部、纺织工艺经理部和轻工化工经理部。其工作职能逐步由单一的收购交货，转向接单提费，继而独立签单。之后，各经理部均变为二级法人单位。1989年5月，进出口公司与县对外经济贸易委员会合署办公。1993年8月，进出口公司与市对外经济贸易委员会分离。同年11月，青岛市平度进出口公司更名为青岛市平度进出口总公司，辖属5个经理部改为5个分公司，财务和劳资关系均与总公司脱钩，自负盈亏，每年向总公司上缴管理费。2000年后，公司辖属的外贸种鸡一场被平度经济技术开发区并购，种鸡二场解体，种鸡三场改制，饲料厂改制，外贸冷藏厂被青岛万福集团并购，外贸工艺品厂、外贸锯材厂于2000年前破产。2004年3月，进出口总公司进入关闭清算程序，辖属分公司解体。2004年4月，员工分流完毕，剩余资产交由平度市政府处理。

三、平度市贸促会

1989年，与中国国际商会平度县支会同时设立，挂靠市外经委。2000年7月，贸促会独立办公，成为新形势下招商引资的专业机构。2005年，内设办公室和招商部。

第二章　对外贸易

第一节　出口贸易

一、出口主体

1985 年，平度县第一家中外合资企业——青岛华兴（股份）有限公司成立。1986 年，全县外贸出口处于起步阶段，年交货值仅为 600 万元人民币，约合 45 万美元。1990 年，出口交货值为 400 万美元。1991 年，对外贸易进入成长阶段。1993 年，外贸出口总值达到 1250 万美元，到 2001 年增加到 1.44 亿美元。

青岛华兴有限公司成立仪式（1985 年摄）

2001 年 12 月中国加入世界贸易组织后，全市外贸出口进入快速发展阶段。2002 年净出口额突破 2 亿美元，2004 年突破 3 亿美元，2005 年近 5 亿美元。截至 2005 年，全市共实现进出口总值 39.1 亿美元，其中出口 24.5 亿美元，贸易顺差 13.7 亿美元。全市各类有进出口实绩的企业达到 286 家。其中，外商投资生产性企业 206 家，占 72%；自营进出口生产性企业 70 家，占 24.5%；外贸流通企业 10 家，占 3.5%。进出口企业中，民营企业占 33.9%，成为外贸出口新的增长点。

二、出口市场

1986 年，平度县出口市场主要是韩国、日本、中国香港、新加坡和美国。1995 年以后，外资企业增多，出口市场开始拓展。特别是 2000 年以后，国家降低了自营进出口企业经营资格门坎，外商投资企业扩大了经营范围，对新兴市场的出口逐年增加。到 2005 年，全市出口贸易辐射 134 个国家和地区。其中，对韩国、日本、美国、德国和中国香港、台湾等传统市场出口占 78.4%，对东欧、中近东、拉美、非洲、南美洲、东南亚、俄罗斯等新兴市场出口占 18.7%，其他市场占 2.9%。

三、出口商品

1986 年，高中碳石墨原料、大理石、肉鸡、兔、对虾、地瓜粉丝等为平度县主要出口产品。1989 ~ 1992 年，主要出口产品是高碳石墨制品、畜产品和草编工艺品。1993 ~ 1995 年增加纺织服装和花岗岩石材。1996 ~ 2000 年，机电产品、旅游用品、箱包及农产品加工等工业制成品逐渐占到主导地位。2000 年后，橡胶轮胎和家具出口快速崛起。到 2005 年，全市出口产品已达 66 个大类，1100 余种，主要有：电器电子、橡胶制品、农产品、食品、纺织服装、家具、汽车配件和铸造产品。出口商品结构不断优化，初级产品占 18%，工业制成品占 82%，初级产品与工业制成品出口之比由 1998 年的 2∶1 调整到 1∶4.6。机电产品成为平度第一大类出口产品，占出口总量的 42.3%，高新技术产品占到 12.9%，超出青岛地区平均比重。

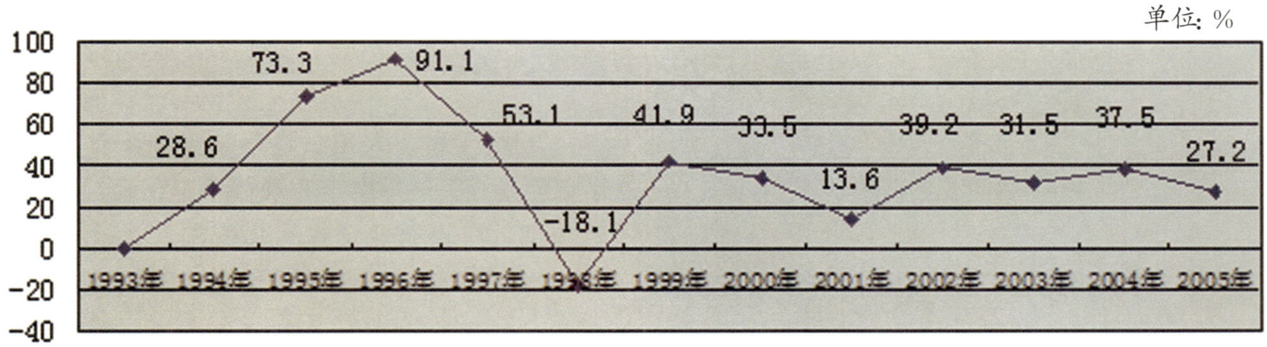

图 6–1　1993 ~ 2005 年平度市外贸出口增幅走势图

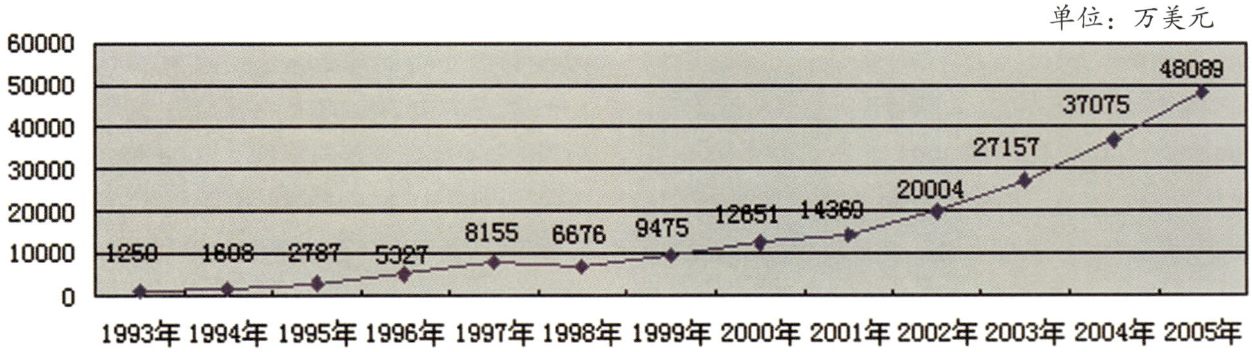

图 6–2　1993 ~ 2005 年平度市外贸出口走势图

第二节　进口贸易

平度外贸进口与外贸出口基本保持同步增长。1986 年，全县外贸进口 40 万美元左右，进口产品主要有木材、化肥和鱼粉。到 1995 年，外贸进口达到 2413 万美元，进口产品主要有设备、汽车、进料和来料加工的原辅材料、半成品件和包装物。2000 年，外贸进口达到 8604 万美元，进口产品主要有投资设备、加工材料、半成品件等。2005 年，全市外贸进口 3.09 亿美元，同比增长 46.8%。进口市场主要集中在韩国、日本、泰国、德国、澳大利亚等国家和中国台湾地区，机电产品、化工产品、橡胶和纺织品为主要进口产品，分别占进口比重的 55%、8.3%、4.7% 和 3.1%。截至 2005 年，全市累计实现进出口总值 39.1 亿美元，其中进口 13.8 亿美元，贸易顺差 13.7 亿美元。

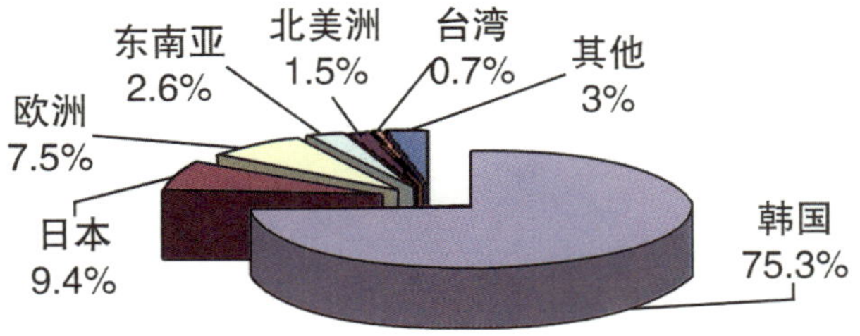

图 6–3　平度市进口市场结构图

第三章 招商引资

第一节 外资引进

1985年，由青岛印绣工艺品厂与新加坡客商阎兴国合资兴办的平度第一家中外合资企业——青岛华兴工艺品有限公司正式开业。此后，外商独资企业和中外合资、合作企业陆续落户平度。1989年11月，总投资262.5万美元的第一家中港合资企业——青岛华磊石材有限公司宣告成立。到1990年，全市共有外资项目6个，合同利用外资1540万美元，实际利用外资316万美元。1994年12月，总投资2993万美元的中港合资青岛海尔电冰箱（国际）有限公司在平度经济技术开发区成立，成为当时平度投资规模最大的项目。1995年，以青岛三莹电子有限公司和青岛海信空调有限公司为代表的7家投资过千万美元的外商投资企业获准落户经营，总投资超过1.8亿美元。1999年，全市签订外资项目44个，合同利用外资1.07亿美元，实际利用外资5529万美元。

2000年后，大项目逐年增多。一批为世界著名企业——三星电子和现代汽车配套的电子和汽车部件生产企业落户同和街道，总量超过40家，形成初具规模的产业聚集区。农副产品和矿产品加工也形成特色加工企业群。其中，农产品加工企业达到80余家，矿产品加工企业发展到近百家。爱德牛业、兆丰农产、翔龙食品、裕龙食品、多元食品、天祥食品、农一食品等“农”字号企业，带动了全市畜禽、蔬菜、水果及棉油作物的加工升值。世界500强企业中的日本三井物产、TDK电子、住友商事、韩国LG电线4家分支落户平度。2003年，全市签订外资项目260个，合同利用外资4.28亿美元，实际利用外资2.45亿美元。至2005年，全市累计批准外商投资项目1345个。其中，独资项目924个，占总数的68.7%；中外合资项目386个，占总数的28.7%；中外合作项目35个，占总数的2.6%。合同利用外资29.5亿美元，实际利用外资15.5亿美元。

青岛三元色服装公司厂貌（2004年摄）

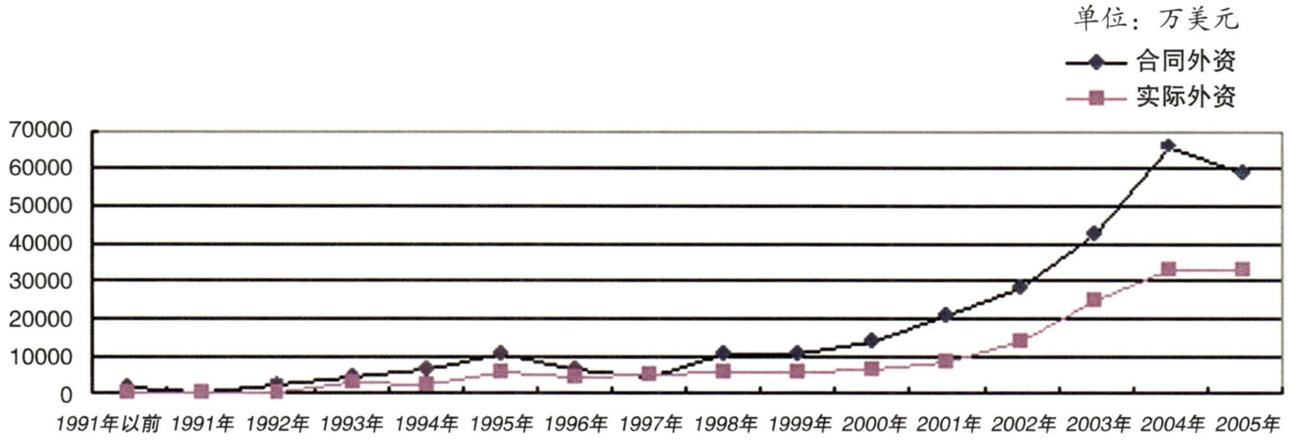

图 6-4　平度市（县）历年利用外资情况表

1986 ~ 2005 年平度市（县）利用外资及港台资金情况统计表

表 6-1　　单位：万美元

项目	韩	台	港	日	美	其他	合计
企业数	772	142	171	77	65	118	1345
占总量（%）	57.40	10.56	12.71	5.72	4.83	8.77	-
合同外资	184062.7	25783.8	30588.7	16008.1	8954.5	29639.9	295037.8
占总量（%）	62.39	8.74	10.37	5.43	3.04	10.05	-
实际外资	93237.58	15971.18	15040.82	9722.26	5737.22	15350.94	155060
占总量（%）	60.13	10.3	9.7	6.27	3.7	9.9	-

第二节　内资引进

1995 年，平度市第一家利用内资企业——青岛希望饲料有限公司落户南村镇。随后海尔、海信、鲁润等上市企业相继至平度设厂。1999 年，全市引进内资项目 157 个，实际利用内资 6.18 亿元，分别比 1995 年增长 3.2 倍和 2.4 倍。自 2000 年，市委、市政府将利用内资纳入国民经济计划和对镇（街道）、部门年度工作考核责任目标。2001 年，青岛市将利用内资指标纳入对各市（区）政府考核范围。2000 ~ 2004 年，全市累计实际利用内资 123 亿元，年均增幅 58%。其中，2004 年全市实际利用内资 47.6 亿元，是 1999 年的 7.7 倍。至 2005 年，全市累计引进内资项目 2982 个，实际利用内资 206 亿元。其中，投资 1000 万元以上内资企业 216 家。

1995～2005年平度市利用内资统计表

表 6-2

年度	引进项目个数	实际利用内资（亿元）	增幅（%）
1995	37	1.8	–
1996	69	2.65	55.6
1997	91	3.5	32.1
1998	122	4.69	34
1999	157	6.18	31.7
2000	222	8.78	42.1
2001	285	13.6	43.5
2002	367	21.8	49.2
2003	424	32.8	50.5
2004	538	47.6	45.1
2005	670	62.6	31.5

第三节 优惠政策

一、招商引资优惠政策

1990年之前，平度市（县）依据国家相关政策，借鉴外地经验和做法，编辑《平度投资指南》，介绍平度概况、投资方向及重点、项目设立程序、外商投资机构和企业目录、投资保障、招商引资鼓励措施以及国家税收优惠政策等，对外发送宣传。地方自主性优惠政策处在探索阶段，没有公开性条文可依。

自1991年起，以市政府分管市长为主，外经委牵头，工商、税务、人民银行、土地、城建、公安、财政、计划、劳动、农业等部门参加联席会议承担制定利用外资相关政策。陆续出台的主要优惠政策有：对落户在重点园区的生产性内外资项目优先予以供地。土地出让金按现行最低限价执行。生产性内外资企业自建成投产之日起，3年内缴纳的房产税全部返还给企业，用于支持企业发展。对新落户投资规模较大、带动作用较强的生产性内外资企业，可按其实现税收地方留成部分的50%以内按比例进行奖励，最长不超过5年。投资额在3000万美元以上、回收投资时间长的生产性外资项目以及从事能源、交通、基础设施建设的生产性外资项目，经批准可按15%的税率征收企业所得税。对生产性内外资企业的行政事业性收费、经营性收费，按国家、省和青岛市规定的最低标准收取。外商投资企业可

通过出让、租赁、承包、中方投资者以土地使用权作资入股等方式取得使用权。实际价格可按项目规模、科技含量和产品出口情况给予优惠。外商投资企业以出让方式取得土地使用权的，免征土地使用费；以租赁等方式取得土地使用权的，土地使用费由出租方承担。外商投资平度市鼓励的项目，经市政府批准，前两年缴纳的增值税地方财政留成部分，全部奖励给企业，后三年 50% 奖励企业，用于支持企业发展。外商投资企业自建成投产之日起，5 年内缴纳的房产税全部奖励给企业，用于支持企业发展。外商投资企业减免税期满后，按国家有关规定缴纳的地方所得税，全部奖励企业，用于支持企业发展。

二、鼓励外贸出口扶持政策

自 1999 年，为扩大外贸出口，平度市财政除承担贴息和退税资金外，还出台了《关于鼓励招商引资、外贸出口的考核奖励办法》，对完成和超额完成平度出口任务的单位，按照考核奖励办法的计分标准和各项指标得分占总分的比重，计算出口创汇实得奖金额，再由各责任单位按承担工作责任大小，进行奖金分配。同时，由市委、市政府授予出口创汇先进单位称号，财政状况较好的单位，再从自有奖励基金中拿出专项基金给与相关人员以工作奖励。对出口超过 500 万美元的企业，授予出口创汇先进企业称号。

第四章 对外开放重点区域

第一节 山东省平度经济开发区

1992 年 9 月，平度市经济技术开发区管理委员会成立，正科（局）级。12 月，山东省平度外向型工业加工区经省政府批准设立，规划面积 6 平方公里。1998 年，市经济技术开发区被省政府列为重点扶持发展的省级开发区。1999 年 4 月，平度市政府将开发区规划面积调整为 10.18 平方公里，范围是东至海州路，西至福州路、现河，南至南外环，北至围山河。2000 年 6 月，开发区规格升为副县（处）级。同年，撤销中共平度市经济技术开发区管委委员会，设立中共平度市委经济技术开发区工作委员会，为市委派出机构。8 月，开发区管委会下设党政办公室、财政税务局、经济发展局、土地建设局、农村工作局 5 个正科（局）级机构以及劳动就业服务中心、环卫园林管理处、计划生育办公室 3 个股级事业单位。12 月，增设人大办公室。2002 年 2 月，山东省人民政府下发《关于部分经济开发区更名的通知》，将原名“山东省平度外向型工业加工区”更名为“山东省平度经济开发区”。平度经济开发区为中国经济开发区协会会员单位，山东省经济开发区协会副会长单位。

（1992 年摄）

一、基础设施建设

1993年，开发区建设首座35千伏变电站，供电能力3.8万千伏安。1994年，始建邮政局，电话装机容量3万门。至2005年，区内天然气管道铺设长度9.7公里。日供生活用水2万立方米、工业用水5万立方米，日排放污水2万吨。供热范围7平方公里，供热能力120吨/小时。硬化道路42.76公里，先后建设了红旗路、胜利路、珠江路、804省道、长江路、郁江路、平古路、烟台路、香江路、南外环路、福州路、衡山路、泉州路、广州路、贵州路、东外环路、海州路。安装路灯619盏，亮化总面积46.6万平方米。全区主干道路及公共区域全部实现绿化，绿化面积18.90万平方米，栽植行道树1.4万株。建生活小区4个，分别是东宁园、世纪花园、昌泰花园、福乐花园。

二、招商引资

自1992年建区至2005年，全区共批准进区项目276个，进区项目合同投资额74.96亿元，合同利用外资6.2亿美元，实际利用外资3.44亿美元，安置劳动力1.2万人。其中，韩资企业占区内外资企业的90%。形成了以海尔冰箱和三莹电子为代表的机电电子产业、以三元色服饰和泛高服饰为代表的服装加工产业、以华仁钢业为代表的机械加工产业、以格力食品为代表的食品加工产业等。

位于市经济开发区的青岛华仁钢业公司生产车间（2002年摄）

第二节 青岛华侨科技园

1998年11月，青岛华侨科技园经国务院侨务办公室批准设立。2001年12月，市委、市政府决定成立青岛市平度工业新区，下设办公室、土地规划建设局、招商局，2004年增设农村工作局，2005年增设财政税收局。2005年8月，青岛市平度工业新区更名为青岛华侨科技园。规划面积24平方公里。

一、基础设施建设

截至2005年，科技园投资2.43亿元， 12平方公里集中开发区域实现了“六通一平”（水通、电通、路通、气通、供热、通讯，土地平整）。日污水处理规模3万吨，供热30吨/小时，燃气日供应量规模10万立方米，日供水能力10万立方米。修建了苏州路、杭州路、澳门路、台湾路、香港路、广州路、珠海路、新区大道、世纪大道、阳光大道、经一路和经二路等道路。

二、招商引资

2002年11月，第一家中外合资企业——三统万福（青岛）食品有限公司落户科技园。经过4年发展，以青岛淄柴博洋柴油机为龙头的机械产业，以中地纺织为代表的纺织服装产业成为华侨科技园支柱产业。截至2005年，全园共引进内外资项

位于青岛华侨科技园的青岛征和公司链条生产车间（2005年摄）

目 106 个。其中，外资项目 33 个、内资项目 73 个；总投资 500 万美元以上外资项目 8 个，总投资 5000 万元以上内资项目 15 个。合同利用外资 2.9 亿美元，实际利用外资 1.2 亿美元；实际利用内资 12.6 亿元。在建企业 51 家，投产企业 55 家。

第三节 青岛海峡两岸农业合作试验区

1999 年 3 月，青岛海峡两岸农业合作试验区经国务院台办、农业部、外经贸部联合批准设立，为当时全国六大试验区之一，规划面积 3176 平方公里（整个平度市）。2001 年 12 月，青岛市政府决定在南村镇设立试验区中心区，同时加挂青岛市农业高新技术产业开发区牌子，规划面积 22.4 平方公里。试验区管委会下设办公室、招商局、规划建设局、财税局 4 个办事机构。2003 年 5 月，青岛市政府又在此设立了青岛市出口食品加工区，建设山东半岛外向型、科技型、生态型农副产品精深加工企业集聚地和综合工业加工制造园区。

一、基础设施建设

截至 2005 年，试验区累计投入建设资金 1.5 亿元，铺设排污管道 4 万米、给水管道 5 万米，修建跨输水河桥 2 座，建移动信号发射站 1 座。修建了云枫路、龙槐路、友谊大道、樱花路、玉兰路、滨河南路、滨河北路、滨河西路、新杨路、芙蓉路、海信路、规划一号线、规划二号线、规划三号线、规划四号线、规划五号线、规划十号线、规划十一号线、规划十二号线等 19 条道路，硬化道路 60 万平方米，绿化道路 45 万平方米，亮化道路 5 条。

二、招商引资

2002 年 3 月，第一家台湾独资企业——青岛福乐盛食品有限公司落户农业试验区。截至 2005 年，园区共引进内外资项目 54 个，合同利用外资 1.6 亿美元，实际利用外资 8500 万美元；实际利用内资 3.8 亿元。主要有：天艺城服装、龙力生物科技、邦德纺织、金品木业、福乐盛食品、荣仁食品、洲震食品、海之圣生物科技、多安尼生物科技、银峰裕针织、良种引育中心、尧跃铝塑等建成投产项目 12 个，瑞信机械、绿海食品、禧海食品等在建项目 17 个，宜美木业、正丰纺织、进国机械、全罗食品、愈益高技术磁性材料等新开工项目 10 个。

第四节 同和工业园

1993 年，同和工业园经青岛市人民政府批准设立。1997 年，规划面积 3 平方公里。1998 年 12 月，同和工业园区管理委员会设立，正科（局）级，下设办公室、经济发展部、规划管理部和设计财务部。1999 年 7 月，管理委员会与同和街道办事处合并。2001 年，重新规划园区面积为 8.5 平方公里。2005

青岛海峡两岸农业合作试验区友谊大道两侧工业项目（2005 年摄）

年，工业园被确定为青岛市汽车零部件产业基地。

一、基础设施建设

截至2005年，区内日供应生活用水2.5万立方米、工业用水10万立方米，日排放污水2万吨，铺设天然气管道9.2公里，增容5万千伏变压器2台，电话装机容量1万门，先后修建了三城路、同和北大街、圣达路、同康路、同和路、高尔夫路、宏泰路、柳州路、平日路、崔侯路、平营路、同圣路，安装路灯1189盏，硬化道路31.4公里，在泽河北岸、平营路以西建生态林46.7公顷，道路及公共区域绿化面积275.3万平方米，栽植行道树3.28万株。建成三A小区、同和东小区、同和西小区、教师新村、秀月苑、同乐家苑、宏泰小区、中惠小区、南苑新区、供销社小区、广场小区、顶喜小区、大学生公寓等生活小区13个。

二、招商引资

1996年以前，同和工业园只有以同和集团为代表的4家乡镇企业。1996年，园区引进第一家韩资企业三进电子。截至2005年，园区已聚集内外资企业230余家，企业用工达到2.5万人。其中，外资企业80家，韩资企业占63%；内资企业130家。实际利用外资3.8亿美元，实际利用内资32亿元。形成了以日本TDK和韩国三进、盛林为代表的电子产业，以韩国LG为代表的暖通设备产业，以韩国现代汽车协力企业为主的汽车配件产业，以韩国圣象木业、腾飞木业、民发木业为代表的木器加工出口产业，以山东省最大的铜管加工企业宏泰铜业为代表的铜业加工产业和以电镀中心为代表的电镀处理产业等六大产业集群。其中，电子产业36家，成为青岛地区电子行业专业化集中程序最高的产业基地之一；汽车配件产业园聚集汽配企业42家，投资总额达1亿美元，成为山东半岛新崛起的汽配产业基地。

第五节 南村工业园

1993年，青岛南村工业园设立，为全国乡镇企业科技园区，规划面积8平方公里。南村工业园区管理委员会为其管理机构。

一、基础设施建设

截至2005年，投资1.2亿元，修建了海信路、华青路、国胜路、南海路、黄海路、北海路、渤海路、人民路等，实现了园区“七通一平”，日供生活及工业用水5万立方米，日排污水2万吨，拥有电话交换机容量3.5万门、220千伏变电站1座、35千伏变电站2座。

二、招商引资

1995年6月，园区引进韩国独资毛纺织企业——青岛庆南毛纺织有限公司，生产中高档全毛及混纺精梳毛纱及高档针织纱、可机洗毛纱、各种色纱。截至2005年，工业园共批准入园项目221个，其中外资项目101个、内资项目120个。实际利用外资6亿美元，实际利用内资30亿元，年出口创汇1亿美元。形成了电子家电、食品加工和纺织服装三大产

位于同和工业园的青岛东和铸造公司汽车轮毂智能化生产车间（2010年摄）

位于南村工业园的青岛银菲特精密机械公司生产车间（2010年摄）

业。其中，电子家电产业以海信空调、海平电器为代表，拥有相关配套企业35家；食品加工产业以泽升粮油、新汉邦食品为代表，拥有各类企业59家；纺织服装产业以庆南毛纺织、三汇毛纺为代表，拥有各类企业62家。

第六节 特色产业区

一、仁兆蔬菜产业加工区

位于仁兆镇，2001年设立，规划面积6平方公里。2001～2002年，由镇驻地沿朱诸路两侧至冷戈庄村一线，建设5公里蔬菜食品加工长廊，吸引10余家食品加工企业入驻。截至2005年，工业园集聚食品加工企业60余家，形成了“一园两翼”（裕龙食品产业园、5公里蔬菜食品加工长廊、镇驻地沿郭仁路两侧至二甲村一线）的格局。年加工能力20万吨，出口创汇2000万美元，为山东省农产品加工业示范基地。

二、田庄机械铸造产业加工区

位于田庄镇，2001年设立，规划面积16.34平方公里，已开发建成4平方公里，又称青岛（田庄）铸造工业园。园区拥有各类机械铸造企业68余家，年产铸件11万吨、铸造机械1万台（套），铸件产品远销日本、韩国、美国、英国、丹麦等20多个国家，是中国一汽、二汽、北汽福田、洛阳拖拉机、五征等大型企业定点供货商。中国最大的混砂机即诞生于青岛第四铸造机械有限公司；青岛天恒机械有限公司的智能化型砂热湿拉强度检测仪获国家专利；青岛五洋铸机有限公司的热法再生技术填补国内空白。2005年，园区总产值达10亿元，创利税1.2亿元，用工5000人，用电量达3000万千瓦时。

三、明村橡胶轮胎产业加工区

位于明村镇前楼工业园，2001年设立，规划面积26平方公里，集聚橡胶轮胎制造、橡胶原料加工、橡胶压延等企业41家，主要生产半钢和全钢子午胎、农用、轻卡、载重、工程机械轮胎，年生产轮胎1000余万套，为胶东半岛轮胎生产基地。加工区共有光明、天驰、奥诺、恒达、顺达、七洲、腾江等轮胎出口企业20余家，年出口额5000万美元。

明村橡胶工业园一角 （2005年摄）

第七篇　民营经济

新中国成立前，平度民营经济以个体手工业、杂货业、土产业、酿造业为主，主要从事纺织、印染、草编、绣花、制衣、制革、木器加工、酿酒、磨面、榨油、烘炉、农具制造、烧窑等。新中国成立后，国家对私营工商业实行“利用、限制、改造”政策，私营工商业者渐少。中共十一届三中全会后，民营经济如雨后春笋，重新焕发生机（详细参见第五篇“工业”、第八篇“商贸”篇下序）。

第一章 管理服务

1983年4月，平度县个体劳动者协会成立，下设办公室，各乡镇设立分会。1984年，平度县工商行政管理局设立个体经济管理科。1993年8月，个体经济管理科与企业登记科合并，成立登记管理科。同年11月，平度市私营企业协会成立，下设办公室。1995年1月，私营企业协会办公室与个体劳动者协会办公室合署办公，对外挂平度市个体劳动者协会、平度市私营企业协会两块牌子。1998年6月，设立平度市个体经济管理办公室。2002年6月，登记管理科与个体私营经济管理办公室合并，成立企业注册局。2004年7月，平度市个体劳动者协会与平度市私营企业协会合并，成立平度市私营个体经济协会。

第一节 政策扶持

1993年3月，平度市工商行政管理局下发《关于改进注册登记管理、大力发展个体私营经济的通知》，就放宽个体私营经济登记政策作出规定：试行先发照后补办许可证或专项审批手续；申请从事临时经营的，登记时只提交居民身份证，免交村委会证明和其他证件；申请从事长期经营的，其从业人员免交村委会证明，只提交居民身份证，填写从业人员登记表；对新申请从事长期经营的个体私营业户，3个月内可减半收取管理费，确有困难的可免收。对生产型的企业和科技开发项目以及边远偏僻山区、贫穷村户，允许开业试营3个月；申请合伙经营的私营企业，注册资金在3万元以上，可按企业法人登记条件，核发企业法人营业执照，经济类型中注明“有限责任公司”；私营企业可直冠平度市名。符合青岛市工商局有关规定的可冠用“青岛市”名称；有固定经营地址、注册资金在5万元以上，年缴税额万元以上规模较大的个体工商户，可以直冠平度市名；有执照个体工商户、私营企业允许跨行业跨地区经营，家庭经营的允许一照多摊，超范围经营不按违章违法查处；停止使用进城镇经营审批表。

1994年3月，平度市委、市政府出台《关于进一步鼓励和支持发展个体私营经济的试行意见》，并召开鼓励支持个体私营经济发展动员大会，决定自1994年开始，把每年的5月18日定为“个体私营经济节”（该节日2000年取消）。1996年4月，平度市政府出台《关于改善交易交通环境的决定》，就强化服务，改进管理，支持各种经济成份平等竞争作出规定。

1997年3月，全市召开个体私营经济工作会议，市委、市政府为年度纳税超过20万元的6家私营企业颁发“重点企业保护牌”，给予纳税超过30万元的4家私营企业“农转非”指标6个；聘任纳税在全市前3名的个体工商户张学禹、高岐、吴锡祜为平度市私营个体协会副会长。同年10月，平度市委、市政府颁布《关于进一步加快发展个体私营经济的决定》，提出了放宽从业人员，放宽经营范围，放宽申办手续和名称、字号限制，放宽注册资金限制，放宽行业、区域及所有制形式限制，放宽私营企业发展外向型经济的限制，放宽经营场地限制的“七放宽”优惠政策。1998年5月，全市个体私营经济工作会议上，平度市委、市政府对“巴龙”“华青”“冠格”3家纳税过100万元的私营企业各奖桑塔纳轿车1辆，其经理姜俊平、王振军、陶聪格分别被聘任为市政府经济顾问；对5家纳税超50万元的私营企业，各奖现金5万元；对8家纳税超30万元的私营企业，各奖城镇户口指标56个；为10家纳税超20万元的私营企业颁发“重点企业保护牌”。

2004年6月，平度市委、市政府颁布《关于促进民营经济大发展的决定》，要求进一步放宽政策，简化手续，优化服务，支持、培植个体私营经济上档次、上水平、上规模。2005年6月，平度市政府颁发《关于加快现代服务业发展的实施意见》，就创造良好消费环境，落实服务业扶持政策作出规定。

第二节 注册登记

1986年，全县个体工商户累计登记注册1.82万户，从业人员3.23万人，注册资金1629.82万元。1987年8月，登记发照手续由基层工商所办理改由工商所填表，县工商局统一办理。是年，登记注册个体工商户3123户，从业人员5162人。1988年10月，开始私营企业登记注册工作。至年底，登记注册私营企业10家，从业人员146人，注册资金52.64万元。1989年，对全县个体工商户和私营企业分步重新登记换照，共换发执照1.66万户，其中私营企业16家。

1990年上半年，私营企业发展出现减缓态势。对此，市工商局深入私营企业和个体工商户中调研，召开私营企业经理（厂长）、个体工商户业主座谈会，宣传国家支持发展私营企业的方针和政策。下半年，私营企业发展开始恢复正常。至1992年底，全市私营企业注册登记达145家，从业人员1658人，注册资金551.5万元。1994年3月，全市个体私营经济发展进入高潮。至年底，新登记注册个体工商户4171户，从业人员7525人，注册资金1254.3万元；私营企业167家，从业人员1921人，注册资金1867.2万元。个体工商户总户突破3万户大关，达到3.03万户。

1996年，按《公司法》要求对原有有限责任公司重新登记。至年底，全市登记注册私营有限责任公司215家，从业人员2676人，其中雇工2292人，注册资金1.16亿元。是年，全市出现一批个体、私营企业大户和重点户。分别为：青岛市平度华青仪器仪表有限公司、青岛祥益工贸有限责任公司、青岛同辉蜡制品有限公司、青岛康华日用品有限公司、青岛巴龙建筑装饰工程有限公司、青岛魁峰机械有限公司、青岛三江标准件有限责任公司、平度市顺成实业有限公司、青岛市平度大泽山水磨石厂、青岛市平度田庄精铸拖配厂、青岛平度市减速机总厂、平度市门村镇运输公司、平度市平东粮油加工厂、平度市长乐大理石板厂、平度市田庄镇幸福庄中碳厂、青岛希望饲料有限公司、平度市通达粮油有限公司和粮食贩运户吴锡祜。是年4月，青岛市工商局核准登记注册平度市第一家私营企业集团——青岛神力集团有限公司。1997年，平度市工商局开始受理合伙企业申请登记。是年，全市登记注册合伙企业138家；登记注册个体工商户达4.10万户，从业人员6.20万人，注册资金2.84亿元；登记注册私营企业达1327家，从业人员1.47万人，注册资金2.61亿元。个体工商户和私营企业纳税额5500万元。

2000年1～3月，对原已核准登记的个体工商户，换发新式个体工商户营业执照。自3月3日起，开始按《个人独资企业法》和《个人独资企业登记管理办法》受理个人独资企业登记。5月18日至6

（2010年摄）

月20日，对全市涉及许可证和前置审批的个体工商户、私营企业进行重新审核登记，符合条件的予以保留，不合格的予以变更或注销。是年，市工商局对全市个体工商户和私营企业户数进行清查。查实全市个体工商户2.09万户、私营企业1275家，分别比1999年减少2万户和281家。减少原因是：清查前的户数含有临时经营户；歇业户没有及时注销。自2001年8月，将个体工商户登记授权基层工商所办理。12月，个体私营经济登记注册工作并入平度市行政审批服务中心。2005年4月，将个人独资企业、合伙企业的受理和核准权限下放至基层工商所。是年，核准登记注册个体工商户4111户，核准登记注册私营企业578家。至年底，全市共有个体工商户2万户，从业人员2.60万人，注册资金2.95亿元；私营企业2680家，从业人员4.93万人，注册资金34.86亿元；有限责任公司6746家，从业人员2.90万人，注册资金32.78亿元；企业集团4家。个体私营经济的发展壮大，成为平度市重要的经济成份和经济增长点。

第三节 监督管理

1986年，对全县冷食摊点监督检查，查处擅自抬价、卫生脏差摊点13处，分别给予吊销营业执照、停止经营、撤销营业地点处分。1987～1989年，查处违法违章个体工商业户6014户（次），取缔无照经营3200余户（次），罚没金额4.9万元。1990年，查处个体工商户经营违章违法案件213件，罚款4500元；查处擅自改变经营者姓名、经营范围、字号等违法案件265件，罚款4200元。

1991～1993年，对全市个体营业性运输户、经纪人检查整顿，查处无照经营1360户，罚款1.76万元。1994年，重点对无照经营，不亮照或未悬挂营业执照经营，未验照，到期未换照，出租、出借、转让、涂改营业执照，擅自复印营业执照，擅自改变字号名称的个体工商户、私营企业进行检查，查处违法违章案件1134件，罚款2.57万元。1995年，查处个体私营旅馆、酒吧、发廊、桑拿按摩中心、歌舞厅、卡拉OK厅等娱乐服务业违法违章案件153件，罚款3.13万元，吊销营业执照3户。

1996年，对市区内从事饮食经营的个体工商户和私营企业清理整顿，查处违法违章案件211件，罚款1.77万元；限期整改13户，吊销营业执照5户。1998～1999年，对全市从事理发、美发、美容、化妆品经营活动的个体私营业户进行检查，查处违法违章经营行为35起，罚款5400元，取缔无证经营13户。

2000～2004年，对无照经营进行多次专项治理，取缔私营企业无照经营47户，取缔个体工商户无照经营667户。2005年，在全市开展查处无照经营和企业“两虚一逃”（虚报注册资本、虚假出资和抽逃资金）专项整治活动，查办各类经济案件296件，罚没款24.3万元，其中万元以上企业4件。

第二章 从业结构

第一节 个体工商户

1986年，全县有1.82万户个体工商户。其中，从事工业、手工业3577户，从业人员9392人；从事运输业179户，从业人员366人；从事房屋修缮业56户，从业人员391人；从事商业9372户，从业人员1.25万人；从事贩运611户，从业人员910人；从事饮食业1787户，从业人员5444人；从事服务业763户，从业人员1084人；从事修理业1724户，从业人员1956人；从事其他行业110户，从业人员208人。

1996年，平度市有2.81万户个体工商户。其中，从事农、林、牧、渔业35户，从业人员61人；从事采掘业179户，从业人员597人；从事制造业3051户，从业人员5778人；从事建筑业61户，从业人员237人；从事交通运输、仓储业3208户，从业人员3517人；从事批发零售、餐饮业1.83万户，从业人员2.74万人，其中餐饮业1529户、从业人员3803人；从事社会服务业3251户，从业人员4346人；从事其他行业11户，从业人员13人。

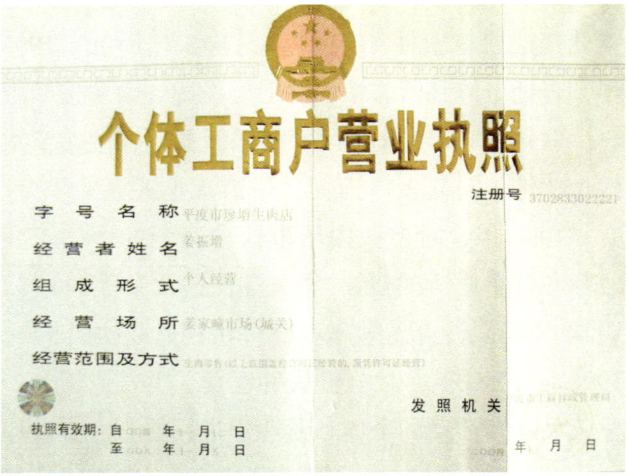

2005年，平度市有2万户个体工商户。其中，从事农、林、牧、渔业454户，从业人员740人；从事采矿业111户，从业人员471人；从事制造业2127户，从业人员4482人；从事电力、燃气、水的生产和供应业3户，从业人员15人；从事建筑业37户，从业人员140人；从事交通运输、仓储和邮政业635户，从业人员880人；从事信息传输、计算机服务和软件业78户，从业人员190人；从事批发和零售业1.22万户，从业人员1.30万人；从事住宿和餐饮业952户，从业人员1895人；从事租赁和商务服务业108户，从业人员206人；从事居民服务和其他服务业1787户，从业人员2108人；从事卫生、社会保障和社会福利业19户，从业人员52人；从事文化、体育和娱乐业24户，从业人员73人；从事其他行业1480户，从业人员1770人。

第二节 民营企业

一、概况

1988年，全县共有民营企业10家。其中，从事工业8家，从事商业2家；从业人员129人。

1996年，平度市有民营企业1217家（独资企业903家，合伙企业66家，有限责任公司248家）。其中，从事农、林、牧、渔业13家，雇工106人；从事采掘业41家，雇工375人；从事制造业859家，雇工8710人；从事建筑业24家，雇工227人；从事交通运输、仓储业7家，雇工59人；从事批发和零售贸易业211家，雇工1884人；从事社会服务业60家，雇工490人；从事其他行业2家，雇工18人。

2005年，平度市有民营企业2680家（独资企业709家，合伙企业27家，有限责任公司1704家）。其中，从事农、林、牧、渔业51家，从业人员548人；从事采矿业22家，从业人员476人；从事制造业1712家，从业人员3.67万人；从事电力、燃气、水的生产和供应业3家，从业人员44人；从事建筑业的126家，从业人员2981人；从事交通运输、仓储和邮政业44家，从业人员474人；从事信息传输、计算机服务和软件业81家，从业人员736人；从事批发和零售业433家，从业人员4811人；从事住宿和餐饮业19家，从业人员2256人；从事房地产业54家，从业人员662人；从事租赁和商务服务业65家，从业人员715人；从事居民服务和其他服务业26家，从业人员295人；从事卫生、社会保障和社会福利业4家，从业人员40人；从事文化、体育、娱乐业9家，从业人员84人；从事其他行业31家，从业人员410人。

1986～2005年平度市（县）个体、民营企业发展情况统计表

表7-1

年度	民营企业			个体工商户		
	家数（家）	从业人员（人）	注册资金（万元）	户数（户）	从业人员（人）	注册资金（万元）
1986	–	–	–	17568	32799	1629.82
1987	–	–	–	18401	32262	–
1988	10	129	52.64	21121	34626	–
1989	40	586	–	16965	24054	–
1990	64	857	–	18601	27155	–
1991	94	1306	–	20727	37308	–
1992	145	1658	551.5	23259	28024	–
1993	300	3319	–	26081	39121	–
1994	542	5599	1867.2	30262	50159	–
1995	1002	10984	–	35563	50135	–
1996	1217	12125	11601	28071	59126	–
1997	1327	14727	26119	41041	62011	28376
1998	1412	15363	–	39867	69258	–
1999	1506	17891	–	40403	70913	–
2000	1480	17211	81924	25943	49456	29103
2001	1567	19056	116813	23109	45317	27885
2002	1689	25470	160659	22786	44590	22128
2003	2169	35754	233204	24970	49413	30634
2004	2440	40950	282865	27260	54434	39409
2005	2680	49259	348591	20050	25954	29448

二、重点民营企业选介

青岛华青集团有限公司　位于南村镇华青路，为中国压力表协会理事单位。其前身为始建于1987年的平度测试仪表厂，属村集体企业。1995年，改制为民营企业，成立青岛华青仪器仪表有限公司。1998年，公司通过ISO9001质量体系认证，并组建集团，下辖仪器仪表、焊割工具、石化工贸3个子公司。2004年，“华青”牌压力表获评青岛

市名牌产品。2005 年，公司职工 560 人，主要生产压力仪表、温度仪表、气体减压器、焊割工具及精细橡胶粉、高级丙稀酸涂料、SBS 防水卷材，年产压力仪表 300 万只。实现销售收入 1.85 亿元、利税 1012 万元，上缴税金 210 万元。

青岛宏泰铜业有限公司　位于同和街道办事处驻地，始建于 1993 年。1999 年，公司与加拿大加亚铜管制品有限公司合资成立青岛宏泰金属制品有限公司，同年通过 ISO 9002 质量体系认证，2000 年通过美国 ASTM 产品质量认证，2002 年被农业部评为全国创名牌重点企业，2003 年被国家工商局评为全国重合同守信用企业，2004 年“宏泰”牌铜管获评山东省名牌产品。2005 年，公司被中国有色金属加工工业协会推举为第五届副理事长单位，销售紫铜管 2.16 万吨，位居山东省同行业第一位、全国同行业第四位，实现销售收入 13.2 亿元，职工总数达 1200 人。公司创新发展的“上引法”生产 100 毫米（Φ 直径）以下无缝铜水管工艺与装备研发项目填补国内空白。

青岛光明轮胎集团有限公司　位于明村镇前楼工业园内，建于 1998 年，为胶东半岛橡胶轮胎制造业骨干企业。公司占地 20 公顷，总资产 2.8 亿元，拥有职工 800 人，下辖光明热电有限公司、河山轮胎有限公司、超音速轮胎有限公司、光明轮胎销售有限公司 4 个子公司，主要生产“河山”牌、“超音速”牌全钢载重子午线轮胎、工程胎和农用车轮胎等三大系列 30 余个品种。2005 年，“河山”牌商标被认定为“山东省著名商标”。集团完成产值 2.4 亿元，实现销售收入 2.38 亿元，实现利税 1088 万元，出口创汇 402 万美元。

青岛光明轮胎集团有限公司生产车间（2005 年摄）

青岛巴龙特尔制衣有限公司　位于市经济开发区，1998 年成立。主要生产“巴龙”牌西服，产品曾获 1999 年大连服装博览会“双十佳”品牌第一名。2005 年，生产西服 26 万件，实现产值 5235 万元，销售收入 5307 万元，上缴税金 273 万元，劳动用工 212 人。

1997 ～ 2004 年平度市民营科技企业一览表

表 7-2

序号	企业名称	认定时间（年）	主要技术产品
1	平度市植物根菌研究所	1997	杀菌微肥
2	青岛福威环保设备有限公司	1997	消音器、除氧器、灰水分离器、治疗烫伤中药
3	青岛蓝天温室（环保设备）有限公司	1997	钢塑无立柱大棚骨架、VEH10 型 PC 板连栋温室
4	青岛市华青仪器仪表公司	1997	压力表、焊割工具、防水卷材、气瓶减压器

续表 7-2

序号	企业名称	认定时间（年）	主要技术产品
5	平度汇丰农业开发有限公司	2000	分割肉
6	平度飞弛润滑油剂厂	2000	驰凯润滑油添加剂
7	青岛东升制药有限公司	2000	20% 灭多威、5% 顺反氯氰菊脂、40% 辛硫磷
8	青岛信丽保健美容品有限公司	2000	吉诺养颜祛斑增白面膜
9	青岛市平度星辰机床有限公司	2000	ZP28 系列万能滚丝机
10	青岛磐石容器制造有限公司	2000	高效旋膜除氧器
11	山东省青丰种子有限责任公司	2000	烟农 23 号、汶农 5 号
12	青岛华泰润滑油密封科技有限责任公司	2000	发动机用复合润滑油、石墨微粉
13	青岛德琛陶瓷颜料有限公司	2000	镉硒红系列、玻璃染料
14	平度市蟠桃良种猪繁殖场	2000	–
15	平度市宏升机械制造有限公司	2000	粉碎机、水陆两用船、新型塑料瓦
16	青岛德嘉机械厂	2000	高耐磨砂浆泵
17	平度鹰冠葡萄庄园	2001	果树苗木
18	平度润平塑机有限公司	2001	摆环箱、PC-65 机组
19	平度强力精铸厂	2001	铸钢件
20	平度现代工艺品厂	2001	仿真石建材
21	青岛祝沟高效农业开发有限公司	2002	农产品
22	青岛豪阔大棚制造厂	2002	大棚骨架
23	青岛三元纸业有限公司	2003	纸箱
24	青岛开元电气站设备有限责任公司	2003	继电保护实验箱、计算机控制继电保护测试仪
25	青岛凯乐制粉有限公司	2004	面粉、面条
26	青岛鑫光正刚结构材料有限公司	2004	金属面聚苯乙烯夹心板、H 型钢、C 型钢、金属彩钢瓦
27	平度市喜安纸制品有限公司	2004	瓦楞纸
28	青岛天顺纺织有限公司	2004	32S 棉纱

第八篇 商 贸

明清时，平度民众以农为主，经商者寥寥无几，少数季节性、临时性的小商贩，借农暇之机，得润小补于农。据民国《续平度县志》记载：“邑俗勤俭敦本务，大都服田力穑，无恒产者亦多佃耕。若工若商，则农业之辅耳”。道光初年，知州周云凤，驰豆饼出口之禁，并教民试种花生，油业始盛。所产油，大部运销南省及东西洋各国。曩日出境，率由金口、胶州，远则烟台、天津，自青岛开埠，营土产者均归之。次则猪鬃，产量不多，从业者皆孙家窑人。杂货业，旧多贩自潍县、周村。光绪初年，西洋货逐渐输入。民国 17 年（1928），平度商业尚属发达，后屡遭蹂躏，曾一度不振，自 1930 年秋，地方安靖，渐告恢复，除油坊业散在各村镇外，杂货、酒业、土产业均以县城为中心。至 1934 年，平度县有商业市镇 17 处，商店近百家。抗日战争、解放战争时期，战事频仍，自是商号倒闭，商贩停贩。1945 年，沙河震东公司在平度城设立土产行，平度始有国营商业。此后，平西县震华商店、平东县古岘商店、平度城百货经营组、新河百货经营组、蓼兰百货经营组等国营商店相继成立。1953 年，国家开始对私营工商业实行“利用、限制、改造”政策，组织走合作化道路，私营工业商业者逐渐减少。至 1956 年，全县私营工业商业者由 1951 年 7500 户降至 587 户，国营商业开始居于全县商业主导地位。“文化大革命”中，私营商业被视为资本主义尾巴，基本予以取缔，中共十一届三中全会后又得以迅速发展。1985 年，全县国营商业国内纯购进总值 7023 万元，是 1949 年 113.2 万元的 62 倍；国内纯销售总值 6592 万元，是 1949 年 87.1 万元的 76 倍。城乡个体商业户达 9000 户，从业人员 1.1 万人，营业额达 630 万元。

第一章 流通管理体制改革

第一节 商业体制改革

1986年8月，县商业局在所属企业中推行“经理负责制”和“经理任期目标责任制”。县百货公司、五交化公司、副食品公司、饮食服务公司、零售公司、百货商场、平度大厦、水产公司、商业贸易中心、食品公司、食品饮料厂、肉联厂、酿造厂、平度织布厂等15家企业的经理与商业局签订了《任期目标责任书》。任期目标包括经营发展目标、经济效益目标、文明经营优质服务目标、经营管理和职工队伍建设目标、职工生产福利目标、安全经营目标、精神文明建设目标等7项。全年完成年度目标得100分以上的公司，给经理通报表扬或记功，经理全年工资按高于职工平均工资的1倍计发；连续三年全年完成经理任期目标的，得400分以上的公司，给经理晋升一级工资。经理任期目标责任实行当年，全系统完成商业零售额1.62亿元，比1985年增长18%；实现利润619万元，比1985年增长5%。1987年，商品零售额1.82亿元，比1986年增长13%，实现利润441万元。

1988年6月，商业系统15家经营企业推行承包经营责任制。按法定程序，经过投标、答辩、考评产生了承包人，承包期为三年。承包形式为“三包一挂”，即包上缴利润、包企业发展后劲、包社会效益和优质服务，企业工资总额与经济效益挂钩。承包经营实行经济担保制度，承包人一次缴纳风险担保金，待承包期满经审计完成合同指标，风险担保金退还本人。承包经推开后，各承包人在企业内部将指标分解，根据每名职工承担指标多少、所担风险大小、取得效益高低拉开分配档次，变一人承包为全员承包。三年承包期内，所有承包人均完成合同指标，全系统商品零售额、利润额均超额完成年度计划。

1991年，第二轮承包经营开始。市商业局对部分公司领导班子作了充实调整，与承包人签订了第二轮承包合同。到1993年底，合同指标全部实现。二轮承包内，全系统完成商品零售额9.32亿元，实现利润1613万元。

1993年8月，企业内部实行劳动人事、工资分配、社会保险三项制度改革，目的在于打破平均主义，将竞争机制引入企业，强化全员风险意识。改革后，全系统管理机构平均压缩10%，管理人员平均精减30%，充实了一线人员。

1995年3月前，商业企业未进行体制改革，企业内部仅采用职工承包柜台、租赁房屋、买断商品等形式开展经营活动。自1995年4月开始，商业系统先后对亏损严重、资不抵债的市百货公司、市宏图副食品公司、市蔬菜水产公司、市中百商贸中心、市商业贸易中心、市百货商场、市五交化公司、平度大厦实行分离改制，保留国有企业（母体）

法人资格，由企业共同出资组建股份制公司，然后租赁母体企业房产及设施开展经营；对市红旗路百货商场、市饮食服务公司采用全员集体入股买断企业净资产形式进行整体股份制改造；对市华裕商贸有限公司采取国有持大股（51%），企业持小股的形式进行改制；对严重资不抵债、经营无望的市食品饮料厂、市北台织布厂实施破产，北台织布厂破产后重组成立了新企业——平度市寰岛织布有限公司。市华联商厦整体出售给青岛东方大厦，盘活了资产。2002 年，商业企业改制结束。

第二节 粮食流通体制改革

1985 年 1 月，国家开始取消粮食统购，改为合同定购，定购粮食国家按“倒三七”比例计价（即 3 成按统购价，7 成按原超购价）。取消生猪、棉花及其他农副产品奖售办法，对定购的粮、棉、油实行“三挂钩”（粮食定购与供应平价化肥、柴油、发放预购定金挂钩）政策，农村统销实行购销同价。3 月，为弥补粮食企业粮仓不足，方便农民交粮，实行“民代国储”，以搞好粮食保管和加快粮食的扩销转化工作。5 月，国家对粮食企业实行“盈亏两条线”，财会体制分级管理，下放到县，改变粮食经营统收统支、财务由省统包、企业吃国家的大锅饭的局面，促进企业加强管理，提高效益，逐步做到独立经营，自负盈亏。是年，粮食流通和价格开始实行计划管理与市场调节相结合的“双轨制”。1987 年 3 月，国家再次提高粮食、油料收购价格。每 50 公斤粮食（油料），玉米提高 1 元，谷子提高 1 元，花生仁提高 9.6 元，花生果提高 6.24 元。农民完成合同定购任务外的粮食，实行随行就市议价收购。同年 8 月，县属粮办工业企业承包（租赁）经营开始试点，面粉厂为试点之一。11 月，根据平度县委的要求，粮食系统深化企业改革。是年，因粮食减产，物价上涨，社会上出现“抢粮风”，平价粮销售超包干计划 3987 吨。

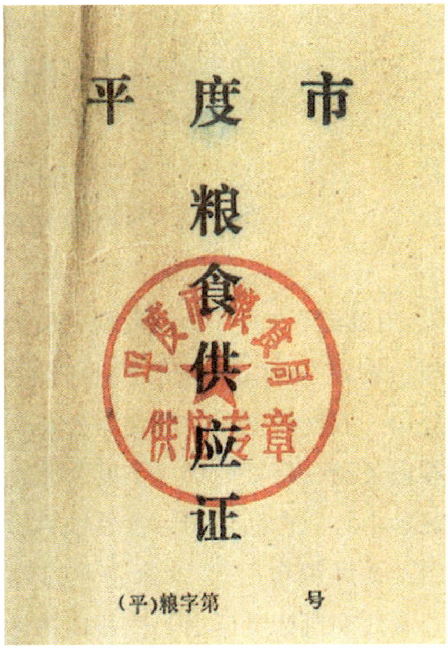

1990 年 8 月，平度粮食企业进行第二轮承包，对 41 处粮管所改个人承包为集体认标承包。是年，平度市粮油贸易公司议价粮油经营部成立，并在扬州路、杭州路、人民路设议价门市部。1991 年 12 月，国务院发出《关于进一步搞活农产品流通的通知》，出台对粮食长年放开经营政策，第二次粮食流通体制改革开始。1992 年 12 月，使用了 38 年之久的“粮食供应证”、全国粮票及山东省地方粮票宣布停止使用。1993 年 2 月，平度市粮食局开始对基层企业进行人事、用工、分配三项制度改革，改任命制为竞争答辩聘任制，实行双向选择、优化组合、劳动合同制、工资同劳动绩效挂钩的办法。

1995 年 1 月，平度市粮油总公司印发《关于做好城镇居民面粉供应工作的通知》，规定自是年 1 月 1 日起，对城镇居民实行面粉凭证（延用原粮食供应证）定量供应（于 2001 年 5 月取消）。供应范围只限于已办理户供粮手续的城镇“非农业”户口居民和 1993 年在平度市经济技术开发区办理的平度地方城镇户口人员。时正在办理的山东和平度地方城镇户口人员，则从是年 7 月 1 日起供给。供应标准：每人每月 10 公斤，大中专学生每人每月 15 公斤。同年 5 月，平度市粮油总公司对粮油贸易公司、食品工业公司、鲁平粮油公司、粮食局招待所 5 企业进行改制，实行抽本租赁经营。12 月，对粮食经营实行“两条线运行”（政策性经营和商业性经营）机制。政策性业务包括：国家定购、收

购、进出口、储存、批发、调运、城镇居民和农村救助人口、军队用粮，从事政策性业务的机构是国家粮食储备局及直属储备库、转运站，各级地方粮食局及农村粮管所。而粮油零售企业、加工企业、运输企业等则属于商业性经营单位。对政策性经营实行“四代一包”（政府委托粮食部门代收购、代储存、代加工、代销售，给予定额代理费用包干）。

1996年6月，青岛市确定，从1日始提高粮食定购价格，小麦由每50公斤54元提高到76元，玉米由每50公斤41元提高到63元，不实行价外补贴。1997年2月，贯彻山东省粮食流通体制改革会议精神，实行“四分开一并轨”（后改为“一完善”），即政企分开、中央与地方粮食事权分开、储备和经营分开、新老挂账分开，逐步实现国家定购粮价格和市场价格并轨（完善价格机制）。7月，平度市粮油运输公司整建制并入青岛市第四面粉厂。1998年4月，贯彻全国粮食系统体制改革会议精神，推行“三项政策”（按保护价敞开收购农民余粮、国有粮食购销企业实行顺价销售、粮食收购资金实行封闭运行），“一项改革”（加快国有粮食企业自身改革）。12月，32处粮管所分别成立粮站，自负盈亏，使附营业务与收储业务分离。

1999年4月，青岛第四面粉厂、青岛第四植物油厂、青岛康大饲料公司、平度市粮油供应公司、养殖公司、粮食局建筑公司进行股份合作制改造。青岛市第四面粉厂与粮油供应公司组建紧密型企业集团，实行两级法人，独立核算。6月，平度市粮食购销中心成立，属独立核算粮食企业，专事粮食购销业务。7月，平度市粮食局制定《企业财会总监管理办法》，对5处股份制合作企业派出财务总监。2000年1月，平度市政府出台《关于进一步深化粮食流通体制改革的实施意见》，市粮食局制定了《国有粮食企业减员分流办法》，翌年底分流人员689名，分流率达52%。2001年4月，青岛市平度粮油批发交易市场进行股份合作制改造。9月，青岛市第四面粉厂进行第二次改制，采取先股后租的方式，由企业内部职工出资入股成立青岛丰夏食品制粉有限公司，对原企业的有效资产租赁经营。翌年，结束租赁关系，正式归并青岛丰夏食品制粉有限公司。2001年1月，青岛第四植物油厂实施分离改制，由企业全体人员出资入股，买断企业产权，成立青岛淳金植物油有限责任公司，同时，继续保留老企业“青岛第四植物油厂”。4月，粮食局建筑公司进行第二次改制，撤出国有股份，采取出售改制方式，一次买断产权，组成股份制合作企业。青岛康大饲料公司（开发区厂址）整体租赁给山东六和集团，租赁期为3年。国家计划委员会、粮食局批准建设青岛市平度郭庄国家粮食储备库。7月，粮油供应公司对所属门店通过内部公开招标的方式实行长期租赁经营，租赁经营后的门店成为独立法人经济实体。继续保留红旗路粮店，承担军粮供应任务。11月，玉米退出保护价收购范围。

2002年5月，平度实行粮食购销市场化改革，实行“一取消，三放开”，即取消粮食定购，放开粮食收购、粮食价格和粮食市场。9月，全市开始实行小麦订单种植，粮食部门于秋种前和22个镇（街道）、370个村庄、1.77万户农民签订了优质小麦订单种植收购合同，面积达3467公顷，订购小麦2万吨。2003年，国家对种粮农民实行直补政策，即按照农民种植小麦面积由地方财政直接补贴给农民。是年，每亩小麦补贴14元，补贴小麦种植面积7.9万公顷。2004年6月，国家实行粮食收购资格证制度。2005年3月，平度市举行首批粮食收购许可证颁发仪式，全市有57家粮食经营、加工企业取得粮食收购资格，31家粮油经营、加工企业被纳入重点粮食经营企业和转化用粮企业的统计范围。

第三节 供销体制改革

1986年，全县供销系统共有企业18家，其中，棉油加工厂6家，果品加工厂、有机化工厂2家，主要行业有棉花加工业、纺织业、食品加工业、化工业。是年，县供销社实行经营目标承包责任制改革，激发企业积极性。全系统完成国内纯购进1.70亿元、纯销售2.23亿元，实现利润585.8万元，分别占年度计划的136.25%、117.15和103.59%。

1988年，县供销社对所属56家企业（公司、加工厂、基层供销社）负责人进行公开答辩，竞争上岗，参加答辩者60余人。原企业负责人43人中标，新答辩上岗者13人。

1992年4月，市供销社在蓼兰供销社进行“包壳买瓤”（承包门店及设施，购买店内商品）承包试点。化肥、农药、柴油经营门店实行目标利税承包，其余门店实行“包壳买瓤”承包。至年底，全市45处供销社、819个门店实行了“包壳买瓤”承包。

1993年春，市供销社对市属公司进行经营机制改革。除公司经理，副经理以下人员均可参加公司下属门店承包。零售门店按组、按类划小划细，实行“包壳买瓤”；批发兼零售企业，实行目标利税，风险抵押，超额利润五五分成。到6月底，市属商业企业的批发零售企业，全部实行了“包壳买瓤”和目标利税承包责任制。

中华全国供销合作总社理事会副主任顾二熊（左三）到平度调研基层供销社改革情况（1997年摄）

1995年8月，市供销社在古岘供销社进行完善经营服务体系改革试点，组建“四公司、一中心”（农业生产资料公司、生活资料公司、农副产品采购公司、镇村企业服务公司、餐饮娱乐中心）。1996年4月，市委在明村镇召开基层供销社改革会议，印发《关于深化基层供销社改革实施方案》，会后各乡镇普遍建立了“四公司、一中心”，建立了村级综合服务社和专业合作社，发动农民向供销社入股。同年10月，市委书记于冲、市人大常委会主任邹书良、市供销社主任生显堂到北京向全国供销合作总社汇报平度市供销社深化改革情况，得到肯定。到1997年，全市基层供销社组建“四公司、一中心”200余个、村级综合服务社1328个、专业合作社224个，社员入股股金8706万元。

2000年，市供销社对基层供销社实行租赁经营改革，租赁期20年。租赁费5万元以内者，中标者一次交清；5万元～50万元者，一年内分两次交清。基层供销社租赁资金收入主要用于归还银行贷款和社员股金。租赁经营工作年底结束，全市基层社共租赁门店、饭店、厂房1482处，收回租金4024万元。

同年，市供销社对市属企业进行产权制度改革。对净资产超千万，资产状况良好的企业，建立股份制有限公司；对有一定净资产的企业，实行股份合作制，由企业内部职工出资买断；对资产、债务相等和大致相等的企业，实行零价出售。到2001年底，市属供销系统的新时代商厦有限公司、科达摄影器材有限公司、丰源果品蔬菜有限公司、豪丰土产贸易有限公司、新大再生资源有限公司、千隆贸易有限公司、农业生产资料公司、德泽商贸有限公司等流通企业；益昌纺织有限公司、新星纺织有限公司、银泰纺织有限公司、第

四棉油加工厂、恒昌纺织有限公司、宝硕纺织有限公司、康龙化工有限公司、宏源绿色食品有限公司、三丰化肥有限公司、汇朋食品厂、天宝天然植物纯化制品厂等加工企业均实行股份制改造。

2002年3月,对基层供销社实行产权制度改革,改制实行整体出售,一次性买断所有权,等量资产带等量债务。全市有27处供销社进行了产权制度改革。到2005年,全市供销社系统所属企业股份制改革基本完成。市供销社食品冷藏厂、综合服务公司、蔬菜种子公司、第六棉油厂、有机化工厂、汽车修配厂、佑东食品公司7个市属企业和麻兰、兰底、中庄、崔召、蟠桃5处基层供销合作社实施了破产。

第四节 物资流通体制改革

1986年8月,县物资局在所属经营公司中推行“经理负责制”和“经理任期目标责任制”。燃料、木材、化建、金属材料、金属回收、机电设备、交易中心等7个专业公司的经理均与物资局签订《任期目标责任书》。经理任期目标责任制实行当年,全系统完成物资销售额6575万元,比1985年增长28.5%;实现利润144万元,比1985年增长19%。1987年物资销售额过亿元,比1986年翻了一番;实现利润192万元,占年计划144.2%。

1988年6月,物资系统11个经营公司中,有燃料、木材、化轻、建材、服务、液化气、金属材料、金属回收、机电设备等9个公司推行了承包经营责任制,承包期三年。

1991年,第二轮承包经营开始,市物资局与承包人签订了第二轮承包合同。二轮承包期内,全系统完成物资销售额11.79亿元,实现利润794万元。

1994年,平度市物资企业开始进行产权制度改革。是年5月,物资交易中心34名职工共同出资并吸纳部分外部投资买断企业净资产,注册59万元,成立平度市万有物资有限公司,成为平度市流通行业第一家实行股份制改造的企业。1995年8月,燃料公司82名职工共同出资并吸纳少部分外部投资,以54万元股本金购买企业产权,成立平度市燃料(股份合作)总公司。

1996年3月,市物资总公司对不具备改制条件或改制时机不成熟的物贸总公司、液化气公司、物资开发公司、外商投资物资供应公司、石油化工物资公司、物资局招待所实行租赁经营。由于受物资市场疲软“大气候”影响,租赁经营没有扭转物资系统经济效益日益下滑的局面,大部分公司不能足额缴纳租赁费。同年9月,机电设备公司进入改制程序,因无可出售净资产,采取了“零价出售”方式。由于未及时办理工商变更登记手续,致使改革没有完全到位。2002年11月,机电设备公司对1996年改制遗留事项重新提请有关部门确认,办理了产权变更登记手续,更名为青岛平度市杰兴机电设备有限公司。

1997年1月至1998年7月,物资系统部分亏损严重、资不抵债的公司先后实行分立改制,即保留国有企业(母体)法人资格,由企业职工共同出资组建股份制公司,租赁母体企业房产及设施开展经营。

2000年1月,宏远化工轻工有限公司兼并广源物资建材有限公司,更名为平度市宏远民用爆破器材专营有限公司,成为平度市物资流通行业第一家私营企业。

2002年7月,市政府财贸办公室、物资总公司、商业总公司合署办公,企业产权制度改革工作日臻规范。改制企业的股权设置不再平均分配,原则上管理层持股占总股本的50%以上,决策层持股占管理层持股的50%以上,鼓励企业经营者持大股。2003年4月,物资宾馆完成出售改制,成立青岛平度市物资宾馆有限公司。是年5月,液化气公司及所属物资粮油公司在企业总负债大于总资产情况下,公司职工承接全部资产债务,采取“零价出售”

方式，沿用原公司名称成立股份合作制企业。是年11月，木材公司、物贸总公司、住宅建设开发公司及其所属全新物业管理公司合并出售改制，成立青岛华坤住宅开发有限公司。

2004年3月至2005年1月，钢联金属材料有限公司、鑫都金属机电有限公司、超利生产资料服务有限公司进入破产程序。由于3个改制公司与“母体”公司资产债务关系一直没有理顺，职工劳动关系仍保留在原公司，因此，首先注销了3个改制公司，又对金属材料、金属回收、生产资料服务3个“母体”公司实施破产。

自2004年12月起，市物资总公司对停止经营多年，但不具备破产条件的公司进行关闭清算，企业职工一次性领取经济补偿金，办理失业手续。工贸物资公司、发达皮革制品公司、外商投资物资供应公司、华通物资有限公司、物资协作公司、物资开发公司、石油化工物资公司、青岛高科园物资实业总公司平度分公司、物资经营部被列为关闭清算企业。至2005年，清算工作基本结束，职工全部安置完毕。

第二章　商品经营

第一节　商业网点

1986年，全县有商业服务网点1244个。翌年达到1391个，分布在全县45处乡镇。

1988年上半年，县建设银行发放低息网点贷款39万元，支持建设大中型网点5个，建筑面积6300平方米。是年，商业网点达到1370个，“双代店”（代购代销）567个。个体商业服务业发展到1.33万户，从业人员1.82万人，商业零售达1.68亿元。

1990年上半年，全市商业服务业网点发展到1.48万个，其中城区网点496个。百货公司批发、零售营业楼落成开业，增强了平度国有商业的经济实力和竞争能力。

1993年，新建、续建大中型商业网点5处，总建筑面积2.67万平方米。其中，兴达商场、平度商厦、新时代商厦当年竣工开业，华联商厦、红旗路商场（扩建）于1994年1月竣工开业。

1998年，全市拥有商业网点2.40万个，营业面积65万平方米，从业人员4.3万人，万人占有网点182个。

2001年，商贸流通业经营方式发生变化，新型业态开始兴起，平度第一家大型购物超市——青岛中百佳乐家超市有限公司开业。至2005年，青岛维客平度购物中心、青岛爱客电器有限公司、青岛国商百货有限公司、青岛东太平度购物中心等大型超市先后落户平度，总营业面积5万平方米，安置劳动力2000余人，年实现商品销售额6亿元，

市区胜利路步行商业街（2003年摄）

年上缴税金1600万元。

第二节 商品购销

一、农业生产资料购销

1986年，全县农业生产资料销售额8515万元，比1952年增长27倍。2005年，全市农业生产资料销售总额5.02亿元，比1986年增长5倍。

（2004年摄）

化肥　1986年以前，平度县化肥分配供应政策实行有计划重点分配和供应，即以主粮产区（小麦、稻谷）和经济作物（棉、麻、烟、茶）为重点，并且对化肥实行奖售政策。奖售农副产品的品种有粮食、棉花、甜菜、桑蚕茧、牛皮、芝麻、苹果等。1986年，全县供销社共购进化肥19.3万吨，销售16.22万吨。对合同定购的粮食、棉花、花生米实行奖售化肥。收购一担皮棉，奖售标准平价化肥20公斤；收购一担花生米，奖售标准平价化肥15公斤。1986年后，县供销社除购进上级统一分配的进口化肥外，主要从本县化肥厂和潍坊、淄博、莱西等化肥厂购进氮肥，按计划供应农业生产所需。另从上海、云南、兰州等地自行采购磷肥、碳酸氢铵等非计划供应化肥，扩大供应量。1988年，平度县人民政府规定：每交售100斤粮食，奖售优质平价化肥6.5公斤；交售100斤棉花，奖售优质平价化肥35公斤；交售100斤花生米，奖售优质平价化肥15公斤。1995年，全市供销社化肥供应量达到22.24万吨。随着化肥生产厂家增加和进口化肥数量增长，化肥奖售数量越来越少，到1996年化肥基本敞开供应，取消了分配供应和奖售办法。2005年，全市供销社销售化肥40.64万吨。

机具　1986年，全县供销社供应农民的农具机械4200余件、中小农具37.4万件。1992年，全市中小农具供应14.9万件。2000年以后，农村供销社基本停止了大型农业机械经营，小农具供应量也随之减少。2005年，全市供销社销售小农具仅6万件。

药械　1986年，全县供销社供应农药1342吨，供应农药械2.5万架。20世纪90年代，随着棉花播种面积减少，病虫害防治水平提高，农药械供应量随之减少，1993年为1.04万架，1999年仅为3000架。进入21世纪，农药械供应量又开始回升，2000年为3.97万架，创历史最高。2005年，全市供销社供应农药3485吨，销售农药械3.7万架。

地膜　1986年前，地膜由农业部门统一分配，供销社直接向厂家进货，实行分配供应，不准其他单位和个人经营。由于货源较少，主要供蔬菜等作物育苗使用。1986年开始，地膜实行敞开供应。是年，全县供销社销售地膜643吨。市场开放后，假冒伪劣产品充斥市场。因此，从1989年开始，国家又将地膜列为供销合作社专营物资，不准其他单位和个人经营。随着工农业生产的发展和产品不断增加，1994年再次开放地膜市场。到1995年，地膜销售量达到2204吨，创历史最高。2005年，销售量为1330吨。

1986～2005年平度市（县）农业生产资料销售数量表

表8-1

年度	化肥（吨）	农药（吨）	农药械（架）	中小农具(千件）	地膜（吨）
1986	162193	1342	25056	374	643
1987	166435	2044	33130	289	675
1988	145113	1302	28424	323	690
1989	198868	1214	25886	224	777
1990	147699	1169	22500	233	500
1991	152712	1232	17000	174	1096
1992	167717	1261	12100	149	1092
1993	155021	1324	10400	–	593
1994	189302	2577	23100	–	1487
1995	222390	2223	25800	–	2204
1996	219680	2124	17700	–	2030
1997	254656	2698	13100	–	1692
1998	286080	2646	5800	–	1923
1999	266556	2665	3000	–	1650
2000	334821	3287	39700	–	2928
2001	429676	7998	35700	–	3260
2002	588932	5496	27000	–	4330
2003	514192	5752	7300	–	2125
2004	475753	4815	8100	–	1121
2005	406414	3485	37000	–	1330

二、工业生产资料购销

钢材　1986年，计划内钢材在钢材购进总量中约占60%，此后逐年下降。是年，全系统钢材销售1.6万吨，约占全市钢材需求量95%以上。至1993年，钢材经营全部进入市场。是年，销售量达到最高峰，销售钢材2049吨，随后呈减少趋势，2001年全部停止经营。

木材　1986年，计划内木材约占木材购进总量20%。是年，全系统木材销售总量2.2万立方米，约占全市木材需求量90%以上。1993年以后，木

材市场出现疲软，木材经营处于购销两难的境地。1994年后，木材公司基本停止木材经营。

机电产品 1981年，除少量汽车实行指导性计划外，其他产品均作为商品进入市场，敞开供应。1992年，汽车经营亦全部进入市场。1997年以后，物资企业汽车经营数量逐年减少，至2001年基本停止经营。其他机电产品亦于2004年全部停止经营。

化轻建材 1986年，除个别化轻原料外，其他均靠市场化运作。是年，全系统销售塑料431吨、橡胶384吨、烧碱282吨、纯碱546吨、化肥7466吨、水泥5237吨。1997年以后经营陷入低谷，2001年基本停止经营。

三、生活资料购销

1986年，县内生活资料供应主要分城、乡两个市场，国营商业负责县城市场，供销合作社负责农村市场。此后，随着计划经济向市场经济转变，城乡市场进一步放开，打破了国合分工、城乡分工的市场经营格局。供销合作社可以在县城以上设立零售机构，也可以自由选择进货地点，进货渠道畅通，供应商品增加，市场更加活跃。

日用商品 国营商业。1986年，全县完成商品纯购进6.35亿元、纯销售7.35亿元。1991年，全市社会商品零售总额完成8.97亿元。商业、粮食、物资、供销四部门完成总购进14.78亿元、总销售17.59亿元，实现利润1476.3万元。1997年，完成商品销售总额7.68亿元、工业总产值5289万元，实现产品销售收入1.38亿元。2002年，全市财贸流通企业累计完成商品销售总额23.58亿元、工业总产值3.45亿元，实现产品销售收入4.66亿元，上缴税金1893.6万元。全市社会消费品零售总额累计实现52.7亿元，集贸市场成交额累计实现88.1亿元，重点市场交易额累计实现12.17亿元。2005年，全市财贸系统实现社会消费品零售总额84.6亿元，城市市场实现消费品零售额38.3亿元，农村市场实现消费品零售额46.3亿元，批发零售贸易业实现社会消费品零售额72亿元。实现个体私营经济零售额63.19亿元，占社会消费品零售总额的74.7%，个体私营经济缴纳税金3.4亿元。重点市场交易额实现31.31亿元。

1992～1999年平度市国营商业商品销售情况表

表8-2

品　名	单位	1992	1993	1994	1995	1996	1997	1998	1999
自行车	辆	36544	32198	27067	10695	6645	1873	1733	3031
摩托车	辆	2194	1821	1808	1904	2302	1028	162	21
黑白电视机	台	13566	10119	9488	6738	1021	2145	447	340
彩电	台	9748	11496	13922	8460	13326	13296	11427	9749
录音机	台	6720	8593	6375	3658	2750	2486	–	–
录像机	台	364	491	625	442	450	177	72	209
电风扇	台	42872	24887	32274	35658	48768	60181	123105	6261
洗衣机	台	2135	2866	2637	3221	3509	4038	3044	1884
电冰箱	台	2436	2561	3583	3155	5290	3024	3712	3956

续表 8-2

品　名	单位	1992	1993	1994	1995	1996	1997	1998	1999
电冰柜	台	2475	2404	5751	6614	8429	8784	6400	3332
食糖	吨	665	2114	449	310	39	37	10	16
罐头	吨	3568	5900	–	–	–	–	–	–
饮料	箱	7025	9294	2707	4116	5274	4172	–	–
白酒	吨	2508	1726	658	564	600	1034	1018	1235
啤酒	吨	2009	1827	831	112	104	47	18	138
茶叶	百公斤	1257	558	223	201	177	1418	–	–
服装	百件	2633	2185	1431	689	806	1160	516	1449
毛线	百公斤	919	702	451	451	314	419	471	190
鞋	百双	5759	4676	3202	3213	1895	7766	1499	2404
火柴	件	932	953	–	–	–	–	–	–
肥皂	箱	9856	6307	–	–	–	–	–	–
洗衣粉	吨	162	182	206	223	72	68	–	–
缝纫机	架	9458	7661	6143	4385	4416	1358	–	–
精铝锅	个	28470	34072	15680	15289	10580	4854	–	–
手表	只	104649	100411	78357	79604	79604	29798	–	–
布	百米	14002	3553	3398	1324	681	460	249	530
绸缎	百米	1772	999	347	457	271	242	60	58
照相机	台	–	–	–	–	–	–	1041	865
排油烟机	台	–	–	–	–	–	–	551	499
空调	台	–	–	–	–	–	–	579	591
影碟机	台	–	–	–	–	–	–	1301	2055

供销合作商业。1986年，全县基层供销社共设有销售网点1183个，其中供销社门店681个、农村代购代销店502个。是年，全县供销社生活资料销售2.62亿元。销售商品主要有食盐4304吨、卷烟1.23万条、棉布286万米、电视机8154台、缝纫机1.04万台。1987年，县供销社建立贸易中心，设百货、纺织、交电、建材、农机、粮食、食品、土特产品等10个经理部，与全国各地600余个工厂和商家建立进货关系。1993年，市供销社在县城建立新时代商厦，经营商品8000余种。1995年，

城关供销社建起华夏商城，古岘、张舍等供销社在驻地建立商品超市，城乡经济更加活跃。是年，全市销售食盐3996吨、卷烟1172条、白酒1054吨、各种鞋31.77万双、电视机7178台。1996年，全市供销社生活资料销售总额5.31亿元，销售网点有510处。

2000年，基层供销社的销售门店开始实行租赁经营，设在农村的代购代销店也转为个体经营，供销社只负责统计销售数字。2005年，全市供销社生活资料销售总额12.28亿元，销售网点有780个。是年，全市销售食盐3120吨、卷烟4205条、白酒6818吨、各种鞋113.23万双，电视机501台。

中华全国供销合作总社监事会副主任杨德寿（左一）视察平度新时代商厦（1995年摄）

1986～2005年平度市（县）供销社主要生活资料销售统计表

表8-3

品种 年度	食盐（吨）	卷烟（箱）	白酒（吨）	棉布（百米）	成衣（百件）	汗衫背心（百件）	各种鞋（百双）	缝纫机（台）	自行车（辆）	电视机（台）	收音机（台）
1986	4304	12324	3202	28587	1755	1064	4058	10387	26797	8154	8274
1987	4532	12734	2871	22778	1663	1387	4287	7281	19055	12134	–
1988	5338	14961	3054	23895	1922	1815	4878	9406	23884	10763	7477
1989	6995	14963	3115	10528	1559	889	4786	5555	17176	7686	7096
1990	2761	9349	2641	7532	856	615	3951	3951	13181	9563	–
1991	1425	2593	1382	6229	905	457	2768	4633	14861	11935	–
1992	1441	1225	1372	3905	–	340	2473	2988	10835	6358	–
1993	1752	870	975	–	–	–	2931	–	–	5514	–
1994	2567	1061	2082	–	–	–	6985	–	–	6564	–
1995	3996	1172	1054	–	–	–	3177	–	–	7178	–
1996	3777	2173	1432	–	–	–	3068	–	–	5421	–
1997	2808	2836	2560	–	–	–	2516	–	–	5085	–
1998	3631	1485	1763	–	–	–	2133	–	–	4275	–
1999	3449	1297	888	–	–	–	2751	–	–	5564	–

续表 8-3

年度＼品种	食盐（吨）	卷烟（箱）	白酒（吨）	棉布（百米）	成衣（百件）	汗衫背心（百件）	各种鞋（百双）	缝纫机（台）	自行车（辆）	电视机（台）	收音机（台）
2000	3829	2060	9400	–	–	–	3269	–	–	6336	–
2001	1608	2578	9577	–	–	–	5799	–	–	6205	–
2002	1690	1879	8596	–	–	–	5443	–	–	8139	–
2003	1898	2144	4431	–	–	–	5484	–	–	9933	–
2004	2787	3186	5545	–	–	–	8333	–	–	11563	–
2005	3120	4205	6818	–	–	–	11323	–	–	501	–

农副产品 果品。1986 年，县供销社对全县果树普查登记，统计全县共有苹果树 341 万株、葡萄 1400 公顷、大梨 5.36 万株、桃子 3.04 万株，山楂、板栗、核桃等 94 万株。是年，供销社收购苹果 821 万公斤、葡萄 24.5 万公斤、大梨 24 万公斤。1986 年后，果树生产落实家庭联产承包责任制，果品种植面积不断增加，产品质量不断提高，果品品种有了改进，供销社收购量有了增长。1999 年，全市供销社收购苹果 1605 万公斤。随着市场开放和果品实行议购议销，销地客户可以直接到产地购买果品，果农也可以自由出售。2005 年，全市供销社共收购苹果 903 吨。

大姜、西瓜。1986 年，供销社收购大姜 626 万公斤，销售西瓜 500 万公斤。2000 年后，供销社即停止大姜、西瓜收购，主要靠个体商贩为姜农、瓜农找销路，或销地客户直接到产地来收购。

1986～2005 年平度市（县）供销社经营情况统计表

表 8-4　　　　单位：万元

年度	纯购进总额	其中农副产品采购	纯销售总额	其中农业生产资料销售
1986	31230	9479	34677	8515
1987	36939	11326	44167	10425
1988	45479	10389	51326	13886
1989	54790	14141	58212	18778
1990	66830	17206	67830	17234
1991	80495	25367	80007	18716
1992	65226	9937	83207	20785
1993	50689	8842	58913	19325
1994	56373	12862	59955	22632
1995	71539	12168	80766	30301

续表 8-4

年度	纯购进总额	其中农副产品采购	纯销售总额	其中农业生产资料销售
1996	79749	10154	89098	35981
1997	99839	13756	109516	46774
1998	1023660	23192	104664	48992
1999	92135	16895	102828	47361
2000	107711	17191	123836	58852
2001	131681	12430	140865	75913
2002	126627	7900	148115	59794
2003	136473	10658	157115	75615
2004	149935	10642	164648	89624
2005	155081	4978	172982	50177

2005 年，全市种植大姜 4800 公顷，总产 2.59 亿公斤，供销社收购大姜 3000 吨；全市种植西瓜 6400 公顷，总产 4300 万公斤，供销社收购西瓜 300 吨。

棉花 1985 年，国家取消棉花统购，改为合同收购。棉花加工所产出的棉籽油按比例进行收购，棉籽饼、棉籽皮直接返还给棉农，加工厂只收取一定数量的加工费。1986 年，国务院决定棉花仍坚持指令性计划管理，对不执行计划管理自行销售的，扣减棉花加价款及奖售物资指标。平度棉花调拨、销售，均按照国家计划进行。是年，平度收购籽棉 4542 万公斤，加工皮棉 1596 万公斤，调出皮棉 1505 万公斤。1990 年，国务院规定，每交售 50 公斤皮棉，除奖售化肥外，再奖售柴油 2.5 公斤。青岛市政府规定，每交售 50 公斤皮棉，再奖售综合价柴油 1.5 公斤、久效磷农药 0.25 公斤、化肥 15 公斤。1995 年，取消奖售物资和计划收购，棉农随意种植，加工厂自行负责收购、加工、销售。是年，供销社收购籽棉 2046 万公斤，加工皮棉 605 万公斤，调出皮棉 489 万公斤。至 2005 年，棉花收购一直实行市场价格。是年，供销社收购籽棉 2105 万公斤，加工皮棉 695 万公斤。

棉花交售（1987 年摄）

1986 ~ 2005 年平度市（县）棉花收购情况表

表 8-5　　　　单位：万公斤

年度	收购数量		生产棉籽油	加工短绒	调出皮棉
	籽棉	加工皮棉			
1986	4542	1546	279	140	1505
1987	4702	1528	262	258	1619
1988	4534	1552	363	222	1550
1989	3759	1325	335	199	1325
1990	4318	1375	218	292	1350
1991	6965	2416	446	403	2151
1992	2556	852	–	–	1589
1993	1064	423	168	78	699
1994	2258	685	333	116	1214
1995	2046	605	–	139	489
1996	827	237	85	78	371
1997	713	261	32	22	107
1998	1377	338	34	23	296
1999	1147	142	26	48	539
2000	1103	167	–	28	543
2001	1327	327	–	83	416
2002	2458	818	–	271	–
2003	260	87	–	91	–
2004	3280	1093	–	224	–
2005	2105	695	–	–	–

生猪　1996 年 6 月，平度市开始实行生猪定点屠宰，当年宰杀生猪 6.8 万头。1998 年，生猪屠宰突破 10 万头，达到 11.1 万头。2001、2002 连续两年保持 13 万头。而后，年生猪屠宰数量有所下降，到 2005 年，仅为 7 万头。

四、专营物资购销

石油　1986 年，平度的石油经营为国家指令性调拨，由山东省石油公司平度支公司负责。是年初，全县有储油大桶 2500 个、油罐 47 个、土油池 1 个，储存煤油 1709 吨、柴油 1.95 万吨，润滑

位于市区天津路与郑州路路口的加油站（2005 年摄）

油 1068 吨。1994 年，平度石油公司购入成品油价值总额 2859.2 万元，实现销售总额 3371.4 万元，其中零售额 77.6 万元。自 1999 年，平度石油公司借中国石油化工股份有限公司上市之机，引进中石化资金 8000 余万元收购、新建加油站 39 座，使加油站数量增至 46 座。2001 年，中石化平度石油分公司成品油销售 3.9 万吨，较 2000 年的 1.9 万吨增长 105%。2003 年，成品油销售猛增到 7 万吨，较 2000 年翻了近两番，占平度整个成品油市场份额的 80% 以上。2004 年，实现销量 8 万吨，较 2003 年增长 14.3%。年均实现利润 600 万元，上缴税金 120 万元。2005 年，中石化平度石油分公司拥有固定资产 1.8 亿元，配有电脑税控 IC 卡加油机 260 余台，有 30 立方米、50 立方米储油罐 270 余个，库容量由 2000 年的 2000 立方米增至 1 万立方米，储存汽油、柴油、煤油、润滑油 8000 余吨，年销售各类成品油 7.5 万吨，销售额 3.2 亿元。是年，全市取得成品油零售经营批准证书及其他手续齐全的加油站（点）达到 139 座，其中中石化 44 座、中石油 12 座、社会私营 83 座（75 座加油站、8 个柴油点），分布在全市 10 条主要干线及镇（街道）驻地，形成了以中石化、中石油管辖的加油站为主导，社会、私营等多种经营成分共同发展的成品油流通格局。全市成品油市场从业人员 1000 余人，固定资产 5.3 亿元，年销售成品油 14.2 万吨，销售额 7.04 亿元。

烟草　烟叶生产。1987 年，平度开始在旧店、祝沟、明村 3 个镇试种烤烟。1993 年，种植面积 359 公顷。1997 年，市委、市政府组织农业大会战，烤烟被列为农业十大产业之一，种植范围扩大到旧店、祝沟、云山、明村、崔家集、马戈庄、张舍 7 个镇的 143 个村、2721 户，总面积达到 1105 公顷。此后，因国家政策调控、自然灾害、烤烟效益下降，烟农种植积极性受到挫伤，种植面积逐年下降。到 1999 年，烤烟种植降至 141 公顷。后市烟草公司确立保大村、树大户工作思路，坚持在政策给予扶持，逐年培植起一批烤烟种植大户。2003 年，对烟农免费供应良种、地膜，每亩免费供应 15 公斤豆饼、10 公斤硫酸钾、5 公斤进口复合肥。种植 3.33 公顷以上大户，每公顷额外扶持硫酸钾、复合肥各 75 公斤。新发展面积 6.67 公顷以上的村，免费提

烟叶生产技术员查看大田烟叶长势（2005 年摄）

供大棚托盘育苗所需的竹杆、农膜和托盘。种植2公顷以上，需新建热风循环式烤房的，每支烤房给予800元无偿扶持。设立烤烟生产鼓励奖，对种植3.33公顷以上的村，按全村交售上、中等烟叶数量进行奖励。是年，种植面积过1.33公顷的大户64户，过6.67公顷的村9个。2005年，全市种植烤烟的有旧店、明村、崔家集、马戈庄、崔召5个镇的23个村、48户，种植面积119公顷，年收购烤烟211吨。

烟草专卖。1986年，全县卷烟销售12.2万支，销售收入1724万元。查办涉烟案件357起，查扣各类非法卷烟7962条。1993～2001年，市烟草公司在城区和乡镇设立16处卷烟批发部，配备专门车辆为卷烟零售户开展送货服务。2002年，公司成立卷烟配送中心，对全市各卷烟零售户开展配送服务。2003年，查扣各类非法卷烟5.5万条，罚没款13.1万元。查处万元以上的大案9起，其中10万元以上的大案5起，大、要案总值165.14万元。捣毁非法制售烟丝窝点4个，查扣复烤烟叶和成品烟丝14.6吨。2005年，改由青岛烟草有限公司统一订货、统一配送，全市卷烟销售17.4万支，销售收入2.8亿元。全年查办涉烟案件1350起，查扣各类非法卷烟1.4万条、非法经营烟丝和烟叶38.03吨。

1986～2005年平度市（县）卷烟经营主要指标统计表

表8-6

年度	卷烟销量（万支）	销售收入（万元）	利税（万元）	利润（万元）
1986	121885	1724	61	43
1987	127000	2058	65	54
1988	144820	2640	73	60
1989	150570	3440	88	71
1990	141980	3745	87	70
1991	129965	4120	86	68
1992	127160	4243	56	3
1993	152330	6597	267	208
1994	126485	6108	573	450
1995	138400	9612	615	458
1996	133160	11948	874	533
1997	143985	14056	1053	611
1998	133915	13573	575	296
1999	130560	11497	431	291

续表 8-6

年度	卷烟销量（万支）	销售收入（万元）	利税（万元）	利润（万元）
2000	131045	11401	423	169
2001	139739	13241	894	520
2002	135428	13080	1070	668
2003	149764	13025	1418	1170
2004	171934	23766	2830	2136
2005	173726	27851	青岛统一核算	

食盐　1987 年前，平度食盐由县果品公司按计划从盐场直接调运供应到各乡镇供销社，由供销社负责销售。1988 年，果品公司成立盐业科，增加盐产品仓储业务。1990 ~ 1999 年，食盐供应由果品盐业公司购进，批发到各乡镇供销社，由供销社零售供应村民；城区由果品盐业公司批发给国营大商店，由国营大商店零售供应市民。工业盐由果品盐业公司批发直供给用盐企业。1990 ~ 1995 年，全市各类盐年销量波动较大。销量最多的是 1991 年，3988 吨；销量最少的是 1992 年，仅为 1734 吨；年平均销量 2723 吨。1996 年，国务院颁布《食盐专营办法》，对食盐实行专营。1999 年 12 月，市供销合作社将盐业运销业务从市果品盐业公司分离出来，成立平度市盐业公司。2000 年，市盐业公司将全市 26 个镇、4 个街道分为 4 个销区，建立 1800 个食盐零售店，食盐由查销中队直供到零售店，工业用盐由公司直供到用盐企业。2001 年，市盐业公司在全市 30 个镇（街道）建立食盐二级代批点。至 2004 年，共建乡镇食盐代批发部 42 个、食盐零售店 2300 余个，逐步建起了城、镇、村三级食盐销售网络。是年，各类盐销量为 1.27 万吨，首次突破万吨大关。2005 年，各类盐销量为 1.20 万吨。

市盐政执法人员对食盐零售商店检查（2005 年摄）

碘盐知识普及（2005 年摄）

1989 ~ 2005 年平度市盐产品销售情况表

表 8-7 单位：吨

年度	总计	食盐				工业盐		农牧盐
		小计	其中：碘盐	其中：碘小袋	其中：多品种盐	小计	其中：小工业盐	
1989	7817	7817	670	–	–	–	–	–
1990	2686	2666	439	–	–	20	20	–
1991	3988	3820	574	–	–	168	168	–
1992	1734	1533	189	–	–	201	201	–
1993	1931	1227	238	–	–	704	704	–
1994	2276	2276	775	–	–	–	–	–
1995	3721	3721	2280	–	–	–	–	–
1996	3415	3415	1775	–	–	–	–	–
1997	2233	2233	1749	–	–	–	–	–
1998	3011	3011	1899	–	–	–	–	–
1999	2519	2519	1065	–	–	–	–	–
2000	6583	5705	3898	–	–	878	878	–
2001	7540	6634	4954	2966	–	906	906	–
2002	6098	5181	4127	1838	3	917	917	–
2003	9538	8575	5691	2521	15	963	963	–
2004	12651	11567	5952	2742	28	931	931	153
2005	11992	11169	5737	1865	67	823	751	72
合计	89733	83069	42012	11932	113	6511	6439	225

第三节 废旧物资收购

一、收购政策

1986 年前，城乡废旧物资由县供销合作社统一收购，商店和个体商贩不准收购。1986 年后，废旧物资实行自由收购，价格放开，供销社不再承担上级下达的再生资源收购任务。再生资源市场开放后，一度出现市场混乱现象。1989 年，县供销社按照《山东省钢材、有色金属管理暂行规定》，重新对废钢铁和有色金属实行统一收购，按计划调拨。1998 年，废旧物资市场全面放开，自主收购，自由经营。废旧物资回收门店实行经营承包，劳动保护待遇也随之终止。

二、回收与销售

1986 年，废钢铁由指令性计划改为指导性计划，供销社调拨给钢铁厂的废钢铁，按不同品种，返还一定数量的钢材。废有色金属回收后，由国家实行统一分配，实行按计划调拨。是年，供销社系统收购废钢 237 吨、杂铜 771 吨、废铅锡 149 吨。1986 年后，供销社收购的废橡胶、废塑料、废纸等再生资源，省里不再统一指定销售地点，由收购单位自己销售。1990 年，供销社系统收购废钢 2748 吨、杂铜 19 吨、废铅锡 15 吨、破布 300 吨、旧棉 35 吨、废纸 51 吨、废橡胶 86 吨、废塑料 70 吨、废麻 23 吨。2002 年，市再生资源公司改组为新大再生资源公司，县城下设的 50 余个收购点承包给个人经营。2005 年，收购废钢铁 4500 余吨，总值 1200 余万元。

第三章 市场 商场

1986 年，平度县工商行政管理局下设市场科，1993 年 8 月更名市场物价管理科，1995 年 12 月更名市场管理科。是年底，成立平度市市场建设服务中心，与工商行政管理局合署办公。1999 年 1 月，市场建设服务中心由工商行政管理局分离，独立办公，中心机关设办公室、市场建设科、市场管理科和财务科，市区及镇（街道）设贸易城、北环城路、城关、李园、店子、蓼兰、南村、古岘、灰埠、崔家集、明村、张戈庄、旧店、崔召 14 处市场管理所，负责镇（街道）所有集贸市场摊位费、设施费收取。7 月，市市场建设服务中心加挂市市场发展局牌子。2001 年 11 月，平度市市场建设服务中心更名平度市市场发展中心。2002 年后，增设煤炭市场、农用物资商城、汽车市场、机动车配件市场、农机市场、建材市场 6 个市场管理所。至 2005 年，平度市市场发展中心共设市场管理所 20 个。全市各类市场发展到 212 处，交易额 150 亿元；专业市场 20 处，交易额 40 亿元。

第一节 集贸市场

一、市区市场

1985 年 10 月，平度县建成第一处工业品专业市场——泽山路商场，后改名苏州路商场，位于苏州路北段，占地 3 公顷，建筑面积 8800 平方米，营业面积 1100 平方米，建设投资 900 万元，主要从事布匹、小百货的批发零售（1995 年 2 月，拆迁至尚家疃村西侧）。1986 年 7 月，建成第二处工业品专营市场——北环城路工业品商场，该商场东西长 300 米，南北宽 24 米，占地面积 7200 平方米，位于郑州路中段，建设投资 350 万元，主要从事服装、鞋帽批发零售。1987 年 4 月，工商局与东关村联合在市区青岛路中段南侧兴建平度县农副产品批发市场，投资 30 万元，占地面积

泽山路商场开业仪式（1985 年摄）

市区南京路姜家疃水产批发市场（2003年摄）

4公顷，建筑面积6300平方米。1988年，在县城农副产品批发市场又投资46万元，建面积为1200平方米营业楼2幢。1989年，苏州路（原泽山路）市场投资10万元，增设480平方米网式售衣架，新建胜利路东段和天津路2处蔬菜、副食品市场网点。1990～1992年，全市市场建设走“多方投资建市场”路子，市区投入市场建设资金824万元。1992年9月，平度市贸易城一期工程峻工交付使用，原平度市农副产品批发市场改为平度市贸易城。1994年，投资1000万元的贸易城二期工程结束，使贸易城新增业主397户。1997年，投资180万元，兴建南京路副食品蔬菜市场；投资60万元，兴建河头市场；投资250万元，兴建城西集贸市场；投资500万元，兴建南关街蔬菜副食品市场。1998年，投资470万元，扩建贸易城，增加建筑面积7000平方米，形成果品、服装、家具装饰材料、家电、五金四大专业批发市场。

二、乡镇集贸市场

1986年，全县有集市127处，其中万人以上集市17处、5000～1万人集市26处。集市上市品种达4500种，集贸成交额9000余万元。是年，全县新拓宽场地79万平方米，有19处乡镇重新规划了集市。1989年，乡镇集贸市场建设累计投资178万元。1991～1993年，全市农村集市发展较快，传统集市面貌改观，各乡镇驻地市场已由过去串街走巷、占路摆摊的露天交易形式开始进入专营市场场地，经营户大多用上售货床、台，工业品退路进室（棚）。全市集市发展到140处，成交额3.9亿元，占全市商品零售额的39%。乡镇市场建设投资达到1600万元，用于新建市场扩建完善和20个农村集市服务设施更新改造。1994年，11处乡镇首集市场改造投资1872万元。到1996年底，全市集市达到148处，成交额22亿元，占社会商品零售总额的55%。2001年，全市乡镇集贸市场进入快速发展期。截至2005年，全市26个镇和4个街道都有驻地首集，每个镇（街道）又有3～10个小型集贸市场及特色市场，各类市场发展到180余处，专业市场发展到20余处。

灰埠镇集贸市场（2000年摄）

2005年平度市区及镇（街道）驻地集贸市场情况表

表8-8

市场名称	市场占地面积（平方米）	集日上市人数（人）	集日均成交额（万元）
市区北关市场	2400	15000	3.6
市区南关街市场	500	4000	8.8
市区后戈庄市场	40000	3000	1
开发区河头市场	2200	1000	3.8
李园市场	7000	3000	12.5
香店市场	5000	3000	8
同和市场	11500	31000	20
麻兰市场	68000	30000	200
古岘市场	180000	100000	290
仁兆市场	62500	31000	14.8
南村市场	100000	120000	220
张戈庄市场	58000	20000	108
郭庄市场	18000	8000	30
蓼兰市场	600000	70000	65
兰底市场	40000	35000	8
白埠市场	45000	24000	9.8
崔家集市场	36720	34000	45
万家市场	48000	15000	30
明村市场	32000	5000	4.5
田庄市场	13000	40000	66
张舍市场	15000	10000	15
马戈庄市场	30000	10000	12
灰埠市场	65000	60000	40
新河市场	74000	40000	40
旧店市场	10000	50000	50

续表 8-8

市场名称	市场占地面积（平方米）	集日上市人数（人）	集日均成交额（万元）
店子市场	15000	30000	38
门村市场	50000	10000	25
长乐市场	30000	9000	10
大泽山市场	6510	8000	3
祝沟市场	20000	40000	45
云山市场	27000	18000	6
崔召市场	40000	2000	13.5
大田市场	41100	7000	12

说明：镇驻地市场为占路经营市场，市场占地面积为占路面积

第二节 重点专业批发市场

一、何家店花生市场

位于张戈庄镇何家店村，1987年开工建设，占地15公顷，投资400万元，门市楼营业面积2.8万平方米，主要从事花生购销、脱壳。到2005年，市场共有花生加工厂60余家、花生脱壳加工点260余处，日购销加工花生1200吨。是年，市场交易额突破8亿元，位居全国第三、山东省第一，成为集收购、加工、销售于一体，常年性经营的专业批发市场，其交易辐射内蒙古、河北、广西、广东等10余个省80余个县市，被确定为青岛市十大产地批发市场、青岛市18家重点监测市场之一。

二、南村蔬菜批发市场

位于南村镇姜家埠村青沙路东侧，1996年建成，占地5.3公顷，投资100万元，为平度市第一处蔬菜批发市场。1997年，市场投入105万元建透明围墙380米、钢架大棚1720平方米。截至2005年，市场占地20公顷，累计投资2000余万元，建成钢架玻璃交易大棚1.6万平方米、各类营业户用房1万平方米，被农业部确定为定点市场。是年，交易蔬菜8亿公斤，交易额8.41亿元，成为青岛市重要的蔬菜集散中心和价格形成中心。

三、大水泊生猪批发市场

位于张戈庄镇大水泊村，1995年12月开建，占地2公顷，投资100万元，从事生猪批发。1997年，投资180万元强化市场道路建设，投资20万元建屠宰房10套，承揽社会生猪宰杀业务。2005年，市场生猪单日交易量达200头，年交易额4000万元。

四、平度市农机市场

位于市区西部，2001年建成投入使用，占地16.67公顷，拥有营业房120间、大棚12个，共计2700平方米，营业场地硬化面积5万平方米，入住业户140余户，主要经营福田、五征、时风、北京、巨力、金杯等品牌农用车，经销全国90%农机生产厂家的产品400个大类上万种农机及配件，日销售各种农机200余台。2005年，市场销售额9亿元，获“全国十大农机市场”称号，成为中国农机流通协会常务理事单位。

五、平度机动车配件市场

位于市区西部，青岛路西段，2001年建成使用，占地11.33公顷，投资额1000万元，主要经营桑塔纳、奥迪、别克等汽车配件。2005年，入住业

户 80 余户，年交易额 1 亿元，为平度规模最大、品种最全的机动车配件市场。

（2005 年摄）

六、平度煤炭市场

位于市区高平路与三城路交叉路口西侧，占地 10 公顷，有营业房 3000 平方米、硬化道路 6000 平方米，配有电子地中衡 2 座，水电设施齐全。2005 年，入住业户 70 户，年交易额 2 亿元。

第三节 重点商场

一、青岛中百佳乐家超市有限公司

2001 年 12 月成立，是平度市第一家以经营家庭生活用品为主的大型综合超市，营业面积 1 万平方米，上下两层。吸收职工 700 余人。2003 年，开设东宁园店、南京路店两处食品超市。2004 年实现商品销售额 1.26 亿元，上缴税收 370 万元。2005 年，实现商品销售额 1.56 亿元，占全市社会消费品零售总额的 2.1%，实现利税 592 万元。

二、青岛平度维客购物中心有限公司

2002 年 12 月成立，隶属于青岛崂百集团，营业面积 1.35 万平方米，单层面积居山东省第二位，经营品种 4 万余种，时为平度市最大的综合性商业购物中心。公司有正式职工 194 人，厂方促销人

青岛中百佳乐家超市（2005 年摄）

员 500 余人。2004 年实现商品销售额 1.17 亿元，占全市社会消费品零售总额的 1.66%。2005 年，实现商品销售额 1.42 亿元，实现利税 748 万元。

三、青岛平度新时代商贸有限公司

青岛平度新时代商贸有限公司是由原平度新时代商厦更名而成，始建于 1993 年。公司拥有员工 220 名，汇集全国名牌、国货精品，突出中低档，坚持大众化，经营品种 2.5 万个。其中服装、鞋帽两大专业商场在全市享有较高知名度。2005 年，公司实现销售 4566 万元，上缴国家税金 90 万元。

四、平度市百货总公司

1985 年，胜利街百货大楼、第二门市部、侨汇门市部划归县百货商店管理，红旗路百货大楼、东关门市部划归县零售公司管理，县百货公司成为纯批发企业，内设办公室、会计股、业务股、百文部、针纺部、仓库、小批发部、商品处理门市部。1987 年 7 月，百货公司与上海百货公司钟表眼镜分公司联合成立上海平度钟表眼镜联销公司，以手表、眼镜为龙头，引进 800 余种适销对路商品，利用上海产品优势，开拓三级市场，开业 4 个月，销售额达 490 万元。1991 年 9 月，百货公司与撤销的商业零售公司合并成立平度市百货总公司，内部辖设百货批发、钟表眼镜联销和

零售三大部分，员工430人，固定资产489万元，年销售额9000万元，年创利税400万元。1996年3月，百货公司实施股份制改造，分为平度市百货公司、红旗百货商场、钟表眼镜公司3家独立法人单位。1997年7月，平度市百货公司租赁原百货公司营业场所，成立平度市国贸百货有限责任公司。2003年6月,公司因亏损逐年增加申请破产，于2004年3月办理工商注销登记。

原平度县百货大楼食品专柜（1987年摄）

第四章 饮食服务

第一节 餐饮服务业

一、餐饮业

1986年，全县餐饮业1520处，从业人员3129人。其中农村饮食销售额为774万元。明村供销社饭店被评为山东省文明单位。1990年，全市餐饮业1032家，从业人员4277人。1994年，全市餐饮业1798家，从业人员5985人，社会消费品零售额9900.6万元。其中国有、集体79家，从业人员1572人；个体、私营1719家，从业人员4383人。随着人们生活水平的不断提高，全市餐饮业的服务设施、服务领域、服务水平得到不同程度的提高，既有一定规模的宾馆、酒店、招待所，又有商务中心、卡拉OK歌厅、舞厅、健身房、洗浴中心等配套项目。2000年，全市餐饮业1980家，从业人员5000余人。其中限额以上餐饮企业营业收入5440.7万元，限额以下餐饮企业和个体户营业收入3.49亿元。城区规模较大的宾馆、酒店、招待所有平度宾馆（市政府招待所）、汉宝大酒店、天柱山度假村、秀水苑、圣达大酒店、供销宾馆、物资宾馆、商业宾馆、富华大酒店等。2003年，全市餐饮业实现零售额7.85亿元，比2002年增长17.4%，成为第三产业中增长最快的行业。是年，全市组织举办平度“十大名吃”“十大名菜”评选活动。其中，平度宾馆饼子

青岛汉宝大酒店（2004年摄）

包、美利华蛋糕世界“美利华”蛋糕、圣达大酒店吉士布丁、平度宾馆小炉水煎包、供销宾馆特色大花卷、古岘腊杆子烤鸡、“徐祥”牌圆火腿、五合居大块羊肉、苏记烧肉、南村綦记一品香狗肉获“十大名吃”金牌奖；汉宝大酒店北楼炭香乳鸽、又一村大酒店龙戏三潭、供销宾馆红烧鱼翅、友谊宾馆芥末鸡、供销宾馆辣炒海瓜子、喜通大酒店鲍汁菊花蟹、供销宾馆砂锅海参、花帝食府肉末烧海参、平度宾馆砂锅鲅鱼、平度宾馆小熊掌获“十大名菜”金牌奖。2005 年，全市餐饮业网点达 2500 处，其中城区近 1000 处。餐饮业实现零售额 8.1 亿元。

二、服务业

1986 年，全县服务业 763 家，从业人员 1800 余人。主要从事旅馆、摄影、理发、日用修理等行业。随着经济发展，服务行业领域不断扩大，照相

位于尚街的许氏理容服务广场（2005 年摄）

业、理发业、广告业、租赁业、修理业不断发展壮大。到 1994 年，平度服务业达到 1986 家，从业人员 2105 人，自有资金 380 万元。截至 2005 年，全市租赁和商务服务业有 108 家，从业人员 206 人；居民服务和其他服务业 1787 家，从业人员 2108 人，其中理发及美容保健服务 345 家，从业人员 528 人。

位于会堂广场前的婚纱影楼（2005 年摄）

第二节 重点餐饮服务企业

一、平度市政府招待所

亦即平度宾馆，建于 1956 年，位于城区扬州路中段。2001 年 9 月搬迁至同和街道办事处驻地，原址被开发为缔王购物广场。2005 年，招待所辖秀水苑贵宾村、富华大酒店、秀水旅行社和秀水配餐经营管理中心，占地 13.3 公顷，拥有职工 280

秀水苑贵宾村（2004 年摄）

余人；客房99套，其中豪华标准房55套、豪华套房12套；餐饮单间18个、大厅3个，能同时容纳700余人就餐；大、中、小型会议厅功能齐全，桑拿浴、茶艺、棋牌室、乒乓球室、夜总会、保龄球馆、健身房等康乐设施完好，是一家集住宿、餐饮、娱乐于一体的江南园林别墅式三星级涉外宾馆。青芥焗牛排、秀水牛膝骨、秀水仔骨、乳鸽煲、虫草花狮子头为其特色菜。

二、青岛圆中方餐饮娱乐有限公司

位于市区青岛路西端，公司原名实验饭店，始建于1984年，隶属平度县供销社食品产销公司。1990年3月，实验饭店更名为平度市供销社宾馆。2000年，宾馆改制为有限公司，被国家旅游局命名为二星级宾馆。2004年，更名青岛圆中方餐饮娱乐有限公司。公司下设餐饮、客房、圆中方食府、馥香楼、莱西圆中方商务酒店等12个部门，拥有员工200余人；大、中、小型会议室5个；豪华客房、标准客房100套；餐饮设有七星阁豪华包间、雅士居普通包间及零点大厅，可同时容纳800余人就餐，鲍翅燕参为其特色菜。2005年，公司被中国餐饮研究院、中国餐饮杂志社授予“中国诚信餐饮企业”称号，被中国企业文化研究会授予“全国企业文化建设先进单位”。

青岛圆中方餐饮公司宴会间（2005年摄）

三、平度物资宾馆

位于市人民路中段，其前身为市物资局招待所，建于1985年，2003年改制成立平度市物资宾馆有限责任公司。公司占地0.33公顷，建筑面积4000余平方米。2005年，拥有职工80余人；豪华标准间、商务间及普通标准间40套；餐饮单间13个、宴会厅1个、快府殿1个，可容纳700余人同时用餐，是一家集餐饮、客房、休闲娱乐、商务接待于一体的二星级涉外宾馆。茶香鸡、盐水鸭、剁椒鱼头、黑椒牛仔骨为其特色菜。

四、天柱山度假村

位于市区现河东岸、红旗路北侧，是1996年由青岛天柱集团公司采用欧式风格建造的平度市首家三星级涉外饭店。酒店总占地3公顷，建筑面积1.91万平方米，总资产1亿元，其中固定资产投资8500余万元。2005年，度假村拥有职工120余人；中高档客房106套；餐饮单间16个、宴会厅3个、可同时容纳800余人就餐；内设游泳馆、保龄球馆、大中小型会议室6个以及KTV包房、桑拿中心、商务中心、美容美发厅、咖啡厅等。巴掌牛肉、芝士焗澳龙、金色卤花肉、蒜香墨鱼为其特色菜。

五、平度商业宾馆

原名平度大厦，始建于1984年11月，1987年8月正式营业，建筑面积1.1万平方米，主营餐饮、旅馆业。1996年8月改为平度市商业宾馆，10月改制成立平度市华夏宾馆有限责任公司，2002年兼并市商业设备厂、商业开发公司、交电家电公司。2003年7月，商业宾馆、商业设备制造厂、商业开发公司、交电家电公司4家企业依法实施破产，2004年3月终结破产程序。

六、平度市饮食服务公司

其前身为平度县饮食服务公司，辖饭店、旅馆、理发、澡堂、照相等。1985年，改为平度县饮食服务业协会，

辖5个饭店、4个旅馆、3个理发店、2个照相馆、1个浴池、2个百货门市部、1个维修门市部、1个贸易公司；共有干部职工286人，总营业面积1.1万平方米，年营业额291万元，实现利润7.13万元。1986年3月，饮食服务公司辖属的车站旅馆、平度旅社、平度浴池划归新组建的平度大厦管理。1987年6月，位于汽车站、郑州路南端的第二饭店、车站旅馆二客室、第二理发店由于市政府规划被拆迁；原划归平度大厦的平度旅社、平度浴池又并入饮食服务协会。1988年4月，恢复平度县饮食服务公司，辖3个饭店、2个旅馆、2个理发店、2个照相馆、1个浴池、1个百货门市部、1个贸易公司。1989年9月，辖属平度旅社划出，成为原商业局招待所。2002年8月，平度市饮食服务公司改为平度市富雅饮食服务有限公司，原东关大楼和新苑大楼改造成1500平方米的服装商场和拥有20个门头房的服装城。

第五章 粮油经营

第一节 粮油购进

一、定购

1985年，国家取消统购改为合同定购。粮食部门在播种前同农民签订定购合同，农民按合同售粮，国家按合同购粮。粮食和油料按“倒三七”比例价以质论价（即30%按统购价，70%按原超购价）。定购外的其他品种和余粮，自由经营。1986年，全县合同定购粮食10.15万吨，合同定购油料1.64万吨。1988年，合同定购粮油按比例价收购，即中等中级小麦每公斤0.482元，玉米0.332元，大豆0.69元，花生米1.44元，花生果1.014元，棉油2.52元，交售百公斤生仁（果折仁）返回生饼48公斤。对定购粮油奖售平价化肥、柴油，每交售百公斤粮食，奖售平价优质标准化肥13公斤、柴油3公斤，每交售百公斤生仁（油、果折仁）奖售平价优质标准化肥30公斤，实行发票供应。1990年，合同定购改为国家定购，定购的粮食品种为小麦和玉米，油料为花生。继续实行奖售化肥、柴油和发放预购定金的三挂钩政策。是年，完成国家定购粮食9.40万吨，定购油料1.58万吨。1993年，油料定购任务停购一年。1996年，完成国家定购油料5400吨。1997年，国家正式取消油料定购任务。1997～2001年，共完成收购任务4.70万吨。其中小麦3.75万吨、玉米9479吨。2002年，国家取消粮食定购任务。2005年，收购粮食20万吨。

1986～2001年平度市（县）交售国家粮油任务表

表8-9　　单位：吨

项目／数量／年度	粮食					油料			
	任务分配	实际交售			占任务%	任务数（生仁）	油及料折油	生仁及油、果折仁	占任务（生仁）%
		合计	其中						
			小麦	玉米					
1986	101500	101500	88225	12601	100	15750	6386	16374	104
1987	94000	124000	86805	35975	132	18500	7556	19375	105
1988	94000	94000	60005	32721	100	18500	5975	15320	83

续表 8-9

项目/数量/年度	粮食					油料			
	任务分配	实际交售			占任务%	任务数（生仁）	油及料折油	生仁及油、果折仁	占任务（生仁）%
		合计	其中						
			小麦	玉米					
1989	94000	94014	56679	36073	100	18500	6144	15750	85
1990	94000	94000	57376	35200	100	18500	6144	15750	85
1991	99050	104243	85799	17484	105	10200	3978	10200	100
1992	99050	99051	95179	2890	100	10500	3825	9807	93
1993	94000	94000	75260	18740	100	–	–	–	–
1994	94000	94000	83039	10961	100	3400	1360	3400	100
1995	94000	94000	87004	6996	100	6400	2160	5400	84
1996	94000	94000	85555	8445	100	6395	2160	5400	84
1997	94000	94000	94000	–	100	–	–	–	–
1998	94000	94000	92233	1767	100	–	–	–	–
1999	94000	94000	94000	–	100	–	–	–	–
2000	94000	94000	94000	–	100	–	–	–	–
2001	94000	94000	86288	7712	100	–	–	–	–

二、保护价收购

1997 年 8 月，国务院下发《关于按保护价敞开收购议购粮的通知》，要求在定购粮收购任务完成以后，按保护价敞开收购议价粮，议价粮收购保护价按定购基准价执行。同年建立粮食风险基金，粮食风险基金由中央和地方按 1∶1.5 的比例配备。山东省保护价收购确定小麦、玉米两个主要品种，其他粮食品种仍实行议价购销。1997 ~ 2001 年，累计收购保护价粮 42 万吨，其中小麦收购 32 万吨、玉米 10 万吨。2002 年 5 月 1 日，粮食购销市场放开，保护价收购政策取消。

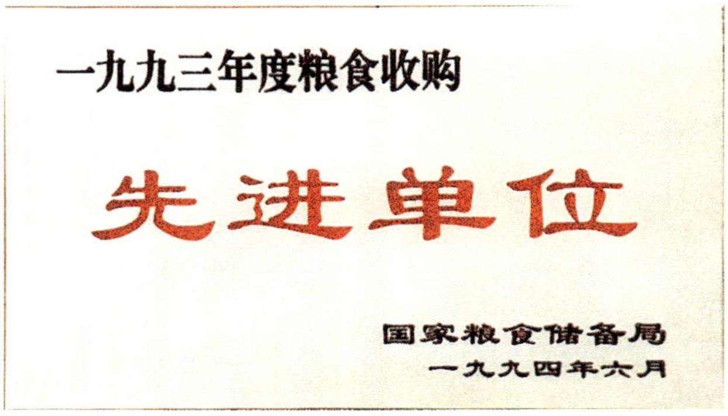

三、议价收购

1987 年，议价粮油经营不再由议价粮油购销公司管理，各粮管所均有议价粮油经营自主权。由于粮食生产丰收，粮油议购量不断增加。是年，粮

食议价纯购进 8.48 万吨，油脂议价纯购进 29.88 万吨，分别比 1986 年增加 6 万余吨和 16 万余吨。1988 年后，议购价格和国家合同定购价格差距逐渐拉大，农民从出售议价粮食中得到实惠，对交售合同定购积极性相对减弱。同时，由于粮食品种调剂和补充平价库存的需要，常常采取利用议价粮食转为平价指标的办法来弥补平价库存的不足，称为“议转平”。1988 年，平度完成代青岛市“议转平”任务 1.76 万吨。1991 年，代青岛市收购“议转平”粮食 1.27 万吨。1993 年，国家开始取消粮食“议转平”计划，不再搞“议转平”。是年，平度油脂议价纯购进 8.79 万吨。此后，油脂议价纯购进数量锐减，1994 年仅为 6506 吨。1997 年，粮食局对各粮管所的议价购销，实行大额申批制度。是年，粮食市场价格下滑，国务院规定按保护价敞开收购议价粮。同时取消油料定购任务，油料完全由购销企业根据市场情况进行收购和销售。2002 年，由于取消粮食定购，当年议价粮食收购量达到 14 万吨。8 月，平度市贯彻青岛市人民政府《关于做好粮食购销市场化改革工作的通知》精神，开展粮食订单收购业务。订单收购的主要对象是种粮大户，一般农民可以村为单位与村委会签订集体订单。订单收购粮食的品种以小麦、玉米为主。当年发展订单小麦面积 3467 公顷。2003 年 6 月 21 日，中央电视台新闻联播节目播放了平度市开展种植订单小麦情况的介绍。是年，全市种植订单小麦面积由上年的 3467 公顷发展到 1.33 万公顷，由上年的 21 个镇（街道）发展到全市范围，粮食议购量达到 25 万吨。2004 年，小麦收购高开低走，收购期间连续阴雨，加重了收购企业负担。当年议价购进粮食 18.9 万吨，发展订单优质小麦 1.67 万公顷，示范区内订单面积 7333.3 公顷。2005 年，议价纯购进粮食 10.35 万吨。

1986 ~ 2005 年平度市（县）议价粮油收购情况统计表

表 8-10　　　　单位：吨

项目 数量 年度	粮食总购进		油脂总购进		
	合计	其中 粮食纯购进	合计	其中	
				油品	油料
1986	24360	22418	143654	3004	140650
1987	90860	84764	308276	12528	295748
1988	61037	52568	188659	5240	183419
1989	80710	62764	190224	2100	188124
1990	97460	66920	147945	10746	137199
1991	123154	74478	205862	4412	201450
1992	89156	39435	249064	14494	234570
1993	112244	74834	313451	74260	239191
1994	138022	74693	22807	2220	20587
1995	141131	84795	11121	–75	11196

续表 8-10

项目 数量 年度	粮食总购进		油脂总购进		
	合计	其中 粮食纯购进	合计	其中	
				油品	油料
1996	122415	64104	7628	1046	6582
1997	222515	121904	8364	1238	7126
1998	105510	50162	8100	107	7993
1999	70305	69406	204	0	204
2000	142087	94511	258	20	238
2001	138946	86045	5	3	2
2002	215896	143215	3555	18	3537
2003	365559	251338	1557	0	1557
2004	328826	189529	–	–	0
2005	192317	103509	–	–	–

第二节 粮油销售

1986 年，全县议价粮食总销售 1.56 万吨，议价油脂总销售 21.51 万吨。1991 年，粮食行业用粮退出平价供应，取消农业销售各项指标，同时，取消农村统销口粮。1992 年，农村粮食销售终止，仅对一些特困户进行粮食救济和补助。1993 年，取消定量人口供应。是年 10 月，粮食销售市场出现短缺现象，粮食销售价格上涨，混合麦销售价格最高达到 2.10 元 / 公斤。为此，平度市实行限价政策，销售价格限定为特一粉 1.56 元 / 公斤，特二粉 1.46 元 / 公斤，花生油 9 元 / 公斤。1994 年 6 月，特一粉销售价格确定在 2.06 ～ 2.12 元 / 公斤，特二粉确定在 1.88 ～ 1.94 元 / 公斤。由于粮食市场价格波动，粮食价格上涨过大，为确保市民生活，稳定物价，1995 年，继续实行非农业人口口粮定量供应，每人每月定量供应 10 公斤成品粮，粮食供应价格按国家定购价加费用确定。

自 1997 年开始，粮食连续多年丰收，粮食市场供过于求，粮食市场价格处于低价位状态。粮食购销企业收购量、库存量创历史最高。1999 年，粮食系统开展压库促销、对冲销售决策，减少粮食库存压力，降低粮食库存成本，是年粮食总销售 5.78 万吨。2002 年，取消平价粮食供应。粮食销售市场实行随行就市，当年实现议价粮总销售 27.23 万吨。2003 年 10 月，粮食价格出现波动，小麦市场价格达到 1.70 元 / 公斤，粮食购销企业保证小麦库存 4 万吨，以平抑粮食市场价格，全年实现议价粮销售 4.05 万吨。2004 年，粮食市场价格稳中有降，趋于稳定。2005 年，全市议价粮食总销售 30.42 万吨，议价油脂总销售 2809 吨。

1986 ~ 2005 年平度市（县）议价粮油销售情况统计表

表 8-11 单位：吨

年度	粮食总销售 合计	粮食总销售 其中粮食纯销售	油脂总销售 合计	油脂总销售 其中 油品	油脂总销售 其中 油料
1986	15564	12976	215058	38389	176669
1987	71796	42488	168384	27981	140403
1988	57774	22479	250170	29109	221061
1989	69953	20203	103238	7558	95680
1990	111980	46374	113136	8106	105030
1991	120765	17301	241161	10177	230984
1992	77597	7516	226354	44667	181687
1993	224670	28167	273813	114857	158956
1994	222528	28752	12056	6965	5091
1995	120536	16893	13822	2021	11801
1996	124539	12678	13339	5019	8320
1997	211036	24061	8537	2478	6059
1998	124044	16415	5407	3798	1609
1999	57796	3126	119	8	111
2000	148917	11335	326	74	252
2001	173945	10664	92	7	85
2002	272263	20010	3501	177	3324
2003	405322	18477	2038	18	2020
2004	258707	1308	869	311	558
2005	304212	821	2809	2800	9

1986 ~ 1992 年平度市（县）工、商行业用粮销售统计表

表 8-12 单位：吨

年度	合计	食品	副食及酿造	饲料	其他
1986	8162	7179	925	18	40
1987	11083	9840	1147	68	28

续表 8-12

年度	合计	食品	副食及酿造	饲料	其他
1988	10637	9019	1570	18	30
1989	2354	1814	524	4	12
1990	5836	5298	505	–	33
1991	254	157	–	–	88
1992	0	0	0	–	–

第三节 粮油调运

平度粮油调运分为县内调拨和县外调拨，县内调拨称为县（市）内移库。1986 年，平度县粮食调出 7.38 万吨，粮食调入 1241 吨；油品调出 4.67 万百公斤，油料调出 2720 百公斤，油品调入 130 百公斤。调拨、运输任务由县粮食局车队负责。

1989 年 5 月，平度县粮食局贯彻山东省粮食局、财政厅《关于调整粮食系统内部粮油调拨价格的通知》精神，省间平价粮油调拨按提高后的省会统购价格作价；调出省外面粉的价格，按小麦统购价提高幅度和面粉统销价加提价补贴的原则，作相应调整：一等粉每 50 公斤 33.7 元，特二粉每 50 公斤 29.1 元，标准粉每 50 公斤 25.4 元，另加调拨经营管理费与收货方结算。省内地市间平价调拨大米，在提高统购价的基础上，每 50 公斤增 1 元，调入方由此而增加的支出，由当地财政相应增加企业补贴，其余粮油品种按统购后的当地统购价格作价。适当调高中转费标准，粮食中转费由现行每 50 公斤 0.3 元提高到 0.6 元，食油由现行价每 50 公斤 0.5 元提高到 1 元。省内地市间粮油调拨，经区内转运站转出的中转费由调出方负担，经区外转运站转出的中转费由调入方负担。

1992 年以前，粮油调拨实行国家统一调拨，国家收购的粮食、油料除留足平度本地供应外，大部分调出。1993 年，取消油料、粮食调拨，放开粮食销售。但由于当年粮食价格上涨，平度按照青岛市政府要求，调拨粮食 1.71 万吨，平抑青岛粮食市场。1994 年，恢复调青岛计划，当年安排调青岛小麦 4.9 万吨。1997 ~ 2001 年，每年安排调青岛商品小麦 6 万吨。2002 年，粮食市场放开，取消平价调拨。2002 ~ 2005 年，粮食议价购销调拨的车辆、装具、人员由各粮管所自行组织安排。

1986 ~ 2001 年平度市（县）平价粮油调出调入情况统计表

表 8-13

年度 \ 数量 \ 项目	粮食（吨）		油脂（百公斤）			
	调出	调入	调出		调入	
			油品	油料	油品	油料
1986	73811	1241	46652	2720	130	–
1987	89987	132	55104	6308	–	–

续表 8-13

项目 数量 年度	粮食（吨）		油脂（百公斤）			
	调出	调入	调出		调入	
			油品	油料	油品	油料
1988	76114	173	49242	7515	–	–
1989	73458	683	83202	14788	–	–
1990	69706	707	48385	17133	–	–
1991	76726	849	42063	200	–	–
1992	61492	–	17127	–	–	–
1993	17092	–	–	–	–	–
1994	49000	–	–	–	–	–
1995	55000	–	–	–	–	–
1996	63000	–	–	–	–	–
1997	60000	–	–	–	–	–
1998	60000	–	–	–	–	–
1999	60000	–	–	–	–	–
2000	60000	–	–	–	–	–
2001	60000	–	–	–	–	–

第四节 粮油仓储

1986 年初，全县有储粮仓库 1046 幢，总容量 2 亿公斤；有露天储粮垛底 121 个，面积 2.99 万平方米，可露天储粮 6000 万公斤。是年 9 月，青岛市粮食局申请山东省粮食局同意，投入资金 30 万元，在中庄、官庄等处建 1000 吨的储油罐。1987 年 7 月，青岛市粮食局分配平度县资金 40 万元，在郭庄、前楼、马戈庄等 10 处粮管所修建仓容 500 万公斤。1990 年，平度市粮食局储粮单位总占地面积 95.35 万平方米，仓库总容量 19.59 万吨。其中 1978 年以前新建仓库容量 10.94 万吨。全市共有粮仓机械，包括输送机、通风机、运粮车、清理筛以及测水仪、容重器等 89 台、油罐 59 个，容量 5350 吨。1991 年，青岛市粮食局拨给平度市资金 70 万元，建仓容 1150 万公斤。8 月，复投资 300 万元（平度自筹 100 万元），建仓容 2.5 万吨。到 11 月，全市已有双门仓 492 处，容量 1.32 万吨；三门仓 447 处，容量 11.11 万吨；槽管仓 476 处，容量 12.21 万吨；双芭仓 333 处，容量 9.81 万吨；机械通风仓 225 处，容量 6.48 万吨；电子测温仓 631 处，容量 15.43 万吨，有电子测温仪 2906 支。1997 年，平度市粮食局投入资金 35.68 万元，对城关、香店、南村、仁兆等13处粮管所59处仓库238间仓房进行维修。全市仓容增至954处，容量达24.15万吨，占地面积96.34万平方米，最高库存（7月）25.97万吨，全年平均库存22.34万吨。其中，有露天垛130余个，储粮5.64万吨，全市32处粮管所28处有露天垛储存。1999年，对南村、长乐、兰底等11个粮管所投入资金81.29万元进行仓库维修。

1999年8月，在麻兰镇邓家荒、山西、西山前，张戈庄镇高戈庄，郭庄镇鲁家丘、后杨家，兰底镇李戈庄、姚丘、前双丘，田庄镇温家，灰埠镇大庄子、翟戈庄、后潘家，长乐镇祝戈庄、强家，祝沟镇清水，古岘镇大朱毛、乔戈庄等村庄的“队办国助”仓及其他租借仓库常年储存粮食1万吨。是年，全市粮食库存达30万吨。2001年6月，国家计委、粮食局批准建设青岛市平度郭庄粮食储备库，占地6.7公顷，仓容5万吨，建筑面积1.5万平方米，总投资2650万元。翌年10月，储备库破土动工。2003年6月，郭庄粮食储备库上收为中央储备粮直属库，由中储粮山东分公司管理。7月，平度市粮食局与中央储备粮平度直属库签订“关于国家储备粮移交问题的协议”，原平度市粮食局保管的国家储备粮悉数移交给中央储备粮平度直属库。9月，市粮食局对地方储备粮（小麦）进行轮换集并，由原24处存粮点集并到3处（蓼兰、南村、白埠）。2005年，全市粮食仓储企业（除去面粉厂40处，康大公司、植物油厂各4处，共计2.09万吨）共有仓库905处，仓库容量22.06万吨，占地面积10.85万平方米；油罐45个，容量3100吨；仓库网点60个、74宗地，露天垛底143个、面积3.83万平方米，粮管所总占地面积98.65万平方米。共有机械通风仓12万吨、双芭仓14万吨、槽管仓16万吨，硬化地面19万平方米，晒场面积14万平方米，各类机械330台，露天垛罩棚1500平方米。

（2005年摄）

第五节 粮油管理

1986年，平度县粮食局辖基层粮管所45处。1987年5月，平度县粮油议价公司更名为平度县粮油贸易公司。7月，粮食局机关原股室改为科室，购销股改为业务科，主管粮油购销业务。1989年4月，平度县粮食局在哈尔滨设办事处，开展粮油贸易业务。8月，平度县粮食局直属库成立，负责粮食系统内粮油调拨业务。1992年6月，粮食局机关机构改革，内设办公室、业务科、仓储科、审计科、政工科、保卫科、财务科、工业办公室。8月，平度市国家粮油批发交易市场筹建办公室和平度市粮食局资金结算中心成立。

1993年8月，平度市政府机构改革，粮食局退出政府序列，组建平度市粮油总公司，加挂平度市国家粮食储备局牌子。1995年3月，市粮油总公司又加挂平度市粮食局牌子。同月，保留32处镇（街道）驻地粮管所（两目粮管所更名祝沟粮管所、昌里粮管所更名店子粮管所），撤并的13处粮管所（冷戈庄、洪山、石桥、青杨、唐田、前楼、宅科、何家店、亭兰、龙山、三堤、官庄、张家坊），改为粮库。1996年3月，撤销市粮油总公司，复设平度市粮食局。1997年7月，平度市粮油运输公司整建制并入青岛市第四面粉厂。1998年12月，32处粮管所分别成立粮站，自负盈亏。1999年6月，平度市粮食购销中心成立，专事粮食购销业务。7月，撤销13处粮库。2001年2月，撤销蟠桃、中庄粮管所，分别并入城关、白埠粮管所。9月，市粮食局机构改革，内设财务审计科、储保工业科、政工科、业务科、办公室。2002年5月，南村粮管所整建制转为山东平度国家粮食储备库。2003年8月，平度市军供站成立。2004年6月，在全市30个粮管所中确定9名法人代表，其他21处粮管所分别由这9处粮管所托管，具体是：城关粮管所（香店、麻兰粮管所），张戈庄粮管所（古岘粮管所），南村粮管所（仁兆、郭庄粮管所），蓼兰粮管所（兰底、万家粮管所），白埠粮管所（同和、李园、明村、崔家集粮管所），长乐粮管所（大泽山、门村、店子粮管所），张舍粮管所（田庄、马戈庄粮管所），新河粮管所（灰埠粮管所），崔召粮管所（云山、大田、祝沟、旧店粮管所）。2005年11月，平度市粮食储备库成立，保留粮食购销中心，组建国有控股粮食购销有限责任公司。

第九篇 财政 税务 金融

财政 清代，平度州署设户房，分户南科、户北科，其中户南科掌管征收州衙地丁钱粮、灾情。道光十六年（1836），平度州每年应额征收地丁银 6.14 万两，上解 5.04 万两。民国元年（1912），州设财政科管理财税，年财政收入 10 万元以上。1940 年，平度县抗日民主政府设立财粮科。1946 ～ 1949 年，平度、平西、平南、平东四县财政平均年收入 450 万元；1950 ～ 1983 年，平度县财政收入平均每年递增 5.57%。1985 年，财政收入 4589 万元，财政支出 4838 万元。

税收 清代，州署户房之户北科，经管盐课及杂税银两。民国时期，平度县财税一家，征收捐税。新中国成立初期，全县税收 1981 万元，后逐年增加，1966 年 4813 万元，1978 年 1.68 亿元，至 1985 年达到 3.08 亿元。

金融 清末，平度出现票号，发行吊票。1921 年，合资经营的“公茂成”钱庄成立。至 1932 年，平度较大的钱庄有 3 家，资本总额 5500 元。鼎盛时期全县有大小票号和钱庄千余家。抗日战争前，国民党在平度设有银行办事处。1938 年日军入侵，成立伪“中国联合准备银行”,发行伪“联银券”。1940 年秋，平度县抗日民主政府在城北正涧村设立县“金库”，后更名“北海银行平北办事处”。1950 年 6 月，中国人民银行平度支行建立。平度县农村储蓄即始于斯年，年底储蓄余额 1000 元；城镇储蓄始于 1956 年，年底储蓄余额 63 万元。中共十一届三中全会后，城乡储蓄余额猛增。至 1985 年，城镇储蓄余额 2389 万元；农村储蓄余额 1.28 亿元。

保险 平度县保险事业始于 1951 年，时平度、平西、平南、平东四县人民银行均设保险股，开展保险业务。1956 年，中国人民保险公司平度县支公司成立，1958 年撤销，1983 年重新成立。到 1985 年，开办险种 20 个，参保单位 30 万户，投保金额 6.47 亿元，保费收入 249.7 万元；理赔案件 4474 起，理赔金额 236 万元。

第一章 财 政

第一节 管理机构

1986 ~ 1993 年，平度市（县）财政局设办公室、预算科、综合计划股、企财股、农财股、财政驻厂员办公室、国有资产管理局（与财政局合署办公）、控制社会集团购买力办公室、财政证券公司、会计师事务所和财校。1994 年，成立市住房公积金管理中心和市公有资产管理委员会。1995 年，设立国有资产管理科。1996 年，成立市人民政府税收财务物价大检查办公室。1998 年，成立市机关团体单位财务管理中心。

1999 年，市人民政府税收财务物价大检查办公室更名为市财政会计监督管理办公室。2000 年，成立市政府采购中心。2001 年，撤销市公有资产管理委员会及下设办公室和市国有资产管理局，撤销国有资产管理科和产权交易市场，成立公有资产管理中心；市财政会计监督管理办公室更名为市会计管理办公室。2003 年，市机关团体单位财务管理中心更名为市会计核算中心，市住房公积金管理中心划归青岛市住房公积金管理中心垂直管理，市政府采购中心划归市政府办公室管理。2004 年，新组建成立市国有资产管理中心，增设市国库资金使用管理中心。

截至 2005 年，市财政局共设办公室、预算科、文行科、社保科、农财科、农税科、企财科、综合科 8 个行政科室，预算外资金管理中心、国有资产管理中心、会计管理办公室、农业税收稽查大队、国库资金使用管理中心、教育费附加管理办公室、车辆事故补偿办公室、市会计核算中心、会计培训中心等 9 个事业单位。

第二节 财政体制

一、财政包干

市（县）级 1986 年前，平度县实行的是“按收入总额分成，分级包干”的财政管理体制。1986 ~ 1987 年，实行“总额分成加定额补助”体制，确定总额分成比例为 30%，定额补助为 1061 万元。1988 年，青岛市对现行财政体制进行调整和改进，将车船税、房产税等 14 种小税划归地方财政收入，并实行“总额分成加增长分成”。青岛市核定平度县的收入基数为 4194.6 万元，支出基数为 1972.3 万元，确定总额分成比例为 47%，自 1988 年 1 月 1 日起执行。该体制执行至 1991 年。

乡镇级 平度县乡镇一级财政是从 1986 年财政所成立后，作为独立的一级财政管理的。1986 年前，实行的是“统收统支”的管理体制，即乡镇收入全部上缴县财政，支出全部由县财政下拨。1987 ~ 1990 年，市（县）里对乡镇实行第一轮财政包干体制改革。1991 ~ 1992 年，实行“核定收支，总额分成，增长分档分成，减收保证上缴，定额补助，一定二年”的第二轮财政包干办法。即以 1991 年市分配给乡镇的收入任务作为收入基数，以 1990 年乡镇财政供养人数核定支出基数。凡支出占收入的比例在 47% 以下的，收入总额分成的比例按实际比例。凡支出占收入的比例在 47% 以上的，收入总额分成的比例一律按 47%，差额部分实行定额补助。增长分档分成分两种情况、两个档次：增长 10% 以内（包括 10%），总额分成比例为 47% 的实行五五分成；总额分成比例在 47% 以下（不包括 47%）的实行四六分成（乡镇留 60%，上缴市 40%）。增长 10% 以上部分，总额分成比例为47%的，实行四六分成（乡镇留60%，上缴市40%）；分成比例在47%以下的实行三七分成（乡镇留70%，上缴市30%）。乡镇第二轮包干体制到期后，市政府决定从1993年对乡镇实行“分税包干”递增上缴（或补助）的财政体制。除市属驻乡镇的国营企业和大集体企业上缴的各种税收属市级收入外，其余凡属乡镇范围内的各种收入和工商税收均作为乡镇财政收入。产品税、增值税、营业税、工商统一税作为市和乡镇共享收入，各按50%分享。同时，按行政事业单位的隶属关系来划分市财政支出、乡镇财政支出以及不列入乡镇财政支出包干基数的专项支出。收入基数以1993年工商税收任务数加1993年农业税任务数为各乡镇的收入基数。支出基数，以1992年9月底各乡镇财政开支的实有人数、开支标准计算核定，其中教育经费在此基础上增长10%。凡乡镇财政固定收入加上共享收入大于乡镇财政支出基数部分，一律按8%的比例递增包干上解；凡乡镇财政固定收入加上共享收入小于乡镇财政支出基数部分由市财政给予定额补助，并按8%的比例逐年递减。各乡镇上缴或补助定额一律从1994年起执行。递增上缴或补助确定后，一定三年不变，乡镇财政多收可以多支，少收则要少支，自求平衡。

二、分税制改革

1992～1993年，平度市进行分税制改革试点，1994年正式实行。内容包括：消费税（100%）划为中央税，增值税中央和地方实行“75∶25”共享，其他税种划为地方税。建立税收返还制度。中央对地方净上划收入以1993年为基数给予税收返还，税收返还在1993年的基数上按1∶0.3系数逐年递增。如果1994年以后地方净上划收入达不到1993年的基数，则相应扣减税收返还。新的分税制财政体制从1994年到2001年基本保持不变。1994年，根据青岛市人民政府《关于施行分税制财政管理体制的决定》，全市45处乡镇也实行了分税制财政管理体制。1995年，乡镇区划，镇（街道）财政收支基数又做了重新调整。凡1994年财力收入基数大于核定支出基数的，其差额定额上解市财政；凡1994年财力收入基数小于核定支出基数的，其差额由市财政定额补助。并将收入具体划分为市财政固定收入，镇（街道）财政固定收入、中央与镇（街道）共享收入和市与镇（街道）财政共享收入。市财政固定收入：包括市属企业交纳的增值税25%、一般营业税、企业所得税、利润、亏损补贴及企业所得税退税、城市维护建设税、车船使用税、房产税、印花税、市属企业的城镇土地使用税、固定资产投资方向调节税、土地增值税、资源税以及市属个人所得税、遗产税、市属外商和外国企业所得税、屠宰税、工商税收款滞纳金、国有土地有偿出让收入、排污费、水资源费、教育费附加及其他属于市级的收入。镇（街道）财政固定收入包括：镇（街道）一般营业税、个人所得税、遗产税、土地增值税、外商投资企业及外国企业所得税（不含外商独资企业）、城市维护建设税、车船使用税、印花税、固定资产投资方向调节税、工商税收税款滞纳金罚款收入、镇（街道）所属集体企业、私营企业、股份制企业所得税。增值税中央与镇（街道）财政按“75∶25”共享。市与镇（街道）财政共享部分为：农业税，以1994年年终结算数为基数，基数内归镇（街道），超基数部分市镇“五五”分成，灾情减免按比例负担。农业特产税，以1994年市下达镇（街道）任务数为基数，基数以内归市财政，超收部分归镇（街道）。1995年，根据增值税、消费税实际完成数和核定的返还基数，凡是实际完成数超出基数部分，按超基数的22.5%计算增量返还。1996年，耕地占用税由“七三”改为“五五”。契税，镇（街道）财政征收的全归镇（街道）。同年，市里对镇（街道）实行财政收入上台阶减补贴奖励政策。1999年，增值税、消费税增量返还降为16%，2000年降为14%，2002年确定为12%。2002年，青岛市对各区（市）所得税、营业税收入分享作出调整，以2001年为基期年，从2002年

起，所得税分享改革部分，除个人储蓄存款利息所得税为青岛市级收入外，实行所得税“五五”分享，2003 年所得税为“六四”分享。按比例分享后的收入与 2001 年基期年收入差额部分，年终通过体制结算实行定额补助；营业税分享改革部分，将农村信用社营业税全部作为青岛市级收入，对一般营业税实行“二八”分享（青岛市分成 20%，平度市 80%）。按比例分享后的收入与 2001 年基期年收入差额部分，年终通过体制结算实行定额补助。

三、农村税费改革

2002 年，平度市开始实行农村税费改革，取消了村提留和乡统筹、屠宰税、面向农民征收的教育集资等，初步确立了以农业税及其附加和村级“一事一议”筹资为主要内容的新的农村税费制度。2004 年，青岛市将农业税税率降为 3%，并对各区市农村税费改革减收给予一定数额的转移支付补助，对免征农业税给予全额转移支付补助。是年，平度市制定了《农村税费改革对镇（街道）转移支付办法》，对税改后减负数额较大的镇（街道）给予适当照顾，安排转移支付补助资金 4168 万元，其中上级转移支付资金补助 3952 万元（省 2553 万元，青岛 1399 万元），平度财政安排配套资金 216 万元。对取消农业特产税和农业税降低 3 个百分点的镇（街道），给予农业税减收全额转移支付补助，全市 30 个镇（街道）共获农业税转移支付补助 7353 万元，其中镇级补助 5177 万元、村级补助 2176 万元。2005 年，农业税在全市范围内全部免征。

四、出口退税机制改革

2004 年，中央改革出口退税负担机制。青岛市按照 2000 ~ 2003 年 1 ~ 8 月份平度实际出口退税累计完成数和外贸出口增长率，核定平度出口退税基数 1.32 亿元，基数内出口退税由中央财政负担，超基数出口退税由中央和平度按“75 : 25”分担。之后，平度市按照青岛市核定出口退税基数的原则核定了镇（街道）出口退税基数，基数内退税（25% 部分）给予转移支付补助，超基数退税（25% 部分）镇（街道）负担。2005 年，随着国家出口退税政策调整，平度市也相应调整了对镇（街道）出口退税结算政策：原核定出口退税基数不变，取消市对镇的出口退税基数返还，超基数部分（全额）由市与镇按照 92.5 : 7.5 的比例共同负担，镇级负担部分年终专项上解。

第三节 财政收支

一、财政收入

全市财政收入主要来自于工商税收类、农业税收类、企业所得税收入类和其他收入。1986 年，全县地方财政总收入 4399 万元，其中，工商各税收入 3540 万元，占 80.5%；农业各税收入 714 万元，占 16.2%；企业所得税收入 516 万元，占 11.7%；国有企业调节税收入 125 万元，占 2.8%；专款收入 66 万元，占 1.5%；其他收入 12 万元，占 0.3%；国有企业亏损补贴收入 –574 万元，占收入总额的 –13%。1990 年后，县域经济发展迅速，财政收入增长较快。1993 年，全市财政收入 1.45 亿元，比 1986 年增长 2.3 倍。1994 年，分税制财政体制改革，增值税的 75% 和消费税上划中央，其余为地方财政收入。是年，平度地方财政规模有所减少，全年地方财政收入 1.06 亿元，比 1993 年下降 27.5%。2002 年，国家实行农村税费改革和所得税、营业税分享改革，地方财政收入结构发生较大变化，工商税收所占比重有所下降，农业税收所占比重提高幅度较大。是年，全市地方财政收入 4.69 亿元，比 2001 年增长 3.7%。其中，工商税收完成 2.90 亿元（含企业所得税），比 2001 年下降 4.6%；农业税收完成 1.18 亿元，比 2001 年增长 130.5%。2005 年，全市地方财政收入 9.59 亿元，比 2004 年增长 48.4%。其中，一般预算收入 9.18 亿元；基金预算收入 4088 万元。

1986～2005年平度市（县）财政收入统计表

表 9-1 单位：万元

年度	地方财政收入															
	合计	一般预算收入														基金预算收入
		小计	工商税收类	农牧业税及耕地占用税	企业所得税类	国有企业调节税类	国有企业上缴利润类	国有企业承包收入退库类	企业收入类	国有企业亏损补贴类	专款收入类	其他收入类	行政性收费	涉外企业场地使用费	国有资产经营收益	
1986	4399	4399	3540	714	516	125	–	–	–	–574	66	12	–	–	–	–
1987	5272	5272	4137	745	451	43	266	–	–	–933	529	34	–	–	–	–
1988	7088	7088	5318	891	578	97	265	–82	–	–545	541	25	–	–	–	–
1989	8478	8478	6669	1042	504	91	–	–40	–	–541	668	85	–	–	–	–
1990	9312	9312	7556	1021	440	61	–	–	–	–559	685	108	–	–	–	–
1991	10449	10449	8454	1158	483	36	–	–	–	–606	780	144	–	–	–	–
1992	10988	10988	8971	1222	462	51	20	–	–	–572	757	77	–	–	–	–
1993	14544	14544	12013	1644	357	36	40	–	–	–225	445	234	–	–	–	–
1994	10551	10551	6877	2333	234	–	40	–	–	–148	804	411	–	–	–	–
1995	13517	13517	8089	3091	629	–	–	–	–	–35	906	837	–	–	–	–
1996	17088	17068	9184	4031	1880	–	–	–	–	–35	1029	979	–	–	–	20
1997	20885	20654	11477	3802	2652	–	–	–	–	–20	1197	866	680	–	–	231
1998	25294	23595	13599	4372	2957	–	–	–	–	–20	1218	978	491	–	–	1699
1999	31688	27812	16170	4842	3641	–	–	–	–	–	1413	1070	476	200	–	3876
2000	37410	31875	18633	4981	4884	–	–	–	–	–	1614	1291	247	225	–	5535
2001	45168	39071	24421	5128	5941	–	–	–	–	–	1746	1200	554	81	–	6097
2002	46857	45659	25337	11821	3616	–	–	–	–	–	1664	2497	639	85	–	1198

续表 9-1

年度	地方财政收入															
	合计	一般预算收入														
		小计	工商税收类	农牧业税及耕地占用税	企业所得税类	国有企业调节税类	国有企业上缴利润类	国有企业承包收入退库类	企业收入类	国有企业亏损补贴类	专款收入类	其他收入类	行政性收费	涉外企业场地使用费	国有资产经营收益	
2003	57508	54868	31153	13821	2354	–	–	–	–	–	2298	2317	2925	–	–	2640
2004	64647	61500	31644	9932	4151	–	–	–	–	–	2692	3696	3334	100	5951	3147
2005	95928	91840	38976	27608	4832	–	–	–	–	–	2427	3577	8888	281	5251	4088

二、财政支出

财政支出主要是指一般预算支出，包括地方财力安排和上级专款安排两部分。1986 年，全县财政总支出 6518 万元，其中专款支出 3561.2 万元，地方灶内支出 2956.3 万元，比 1985 年 2534 万元增加 422.3 万元，增长 16.6%，当年净结余 –15 万元，累计结余 –380 万元。1986 年主要增支因素：工资性增支 201 万元，大中专毕业生分配和军转干部增支 20 万元，离退休干部安家建房费增支 12 万元，公费医疗超支 26 万元，粮食基地投资 25 万元，计划生育经费超支 10 万元，行政公务费、会议费、购置费、修缮费超支 78 万元。1994 年，全市财政总支出为 1.53 亿元，比 1993 年增长 23.9%，当年净结余 18 万元，累计结余 –443 万元。1994 年主要支出项目有：支农 647 万元，农林水及气象事业费 668 万元，城市维护费 698 万元，文教卫生事业费 7272 万元，其他部门事业费 409 万元，抚恤和社会救济费 981 万元，行政管理费 2387 万元，公检法支出 728 万元，价格补贴 414 万元，专项支出 848 万元，其他支出 204 万元。2002 年，全市财政总支出 7.04 亿元，其中一般预算灶内支出 5.77 亿元，专项支出 2572 万元，基金支出 1198 万元，专款支出 9008 万元，当年净结余 –2 万元，累计结余 157 万元。2005 年，全市财政总支出 14.18 亿元，当年净结余 116 万元，累计结余 429 万元。其中，行政管理费支出 1.30 亿元，占财政总支出 9.1%；科教文卫事业费支出 5.45 亿元，占财政总支出 38.4%；农林水利支出 9357 万元，占财政总支出 6.6%，重点支持了农业综合开发、农业资源及环境保护、生态林和水利基本建设；抚恤、社会福利救济、关闭破产企业职工安置支出 1.09 亿元，占财政总支出 7.7%。是年，市财政兑现了第七次职岗补贴 50% 部分以及农村中小学教师省以下地方福利补贴，对困难镇实行了增资补助。

1986～2004年平度市（县）地方财政支出统计表

表9-2　　　　单位：万元

年度	地方财政支出																											
	合计	一般预算支出																										基金预算支出
		小计	基本建设	企业挖潜改造	简易建筑费类	科技三项费用	流动资金类	支援农村生产	农林水事业费	工交事业费	城市维护费	文教卫生	科学事业费	其他部门事业费	抚恤社会救济	国防支出类	行政管理费	公检法司	价格补贴	支援不发达地区	农业综合开发	专项	其他	城市土地开发建设	社会保障补助	政策性补贴	海场开发建设和场地使用费	
1986	6518	6518	–	–	–	–	–	202	246	3	103	1974	3	105	318	–	495	210	2547	–	–	66	246	–	–	–	–	–
1987	6176	6176	25	–	–	4	–	150	281	6	146	1999	2	134	346	–	694	113	1942	–	–	94	240	–	–	–	–	–
1988	7839	7839	–	–	–	3	–	254	306	4	185	2532	3	166	391	–	859	182	2700	–	–	140	114	–	–	–	–	–
1989	9089	9089	–	–	–	4	–	554	276	6	206	2970	3	219	538	–	1052	236	2695	–	–	168	162	–	–	–	–	–
1990	10017	10017	–	–	–	–	–	588	383	7	482	3169	5	276	563	–	1305	248	2637	–	–	231	123	–	–	–	–	–
1991	10286	10286	–	–	–	–	–	613	339	4	388	3762	8	283	669	–	1316	280	2202	–	–	275	147	–	–	–	–	–
1992	10981	10981	–	–	–	–	–	669	537	4	510	4437	8	332	693	–	1705	334	1150	–	–	353	249	–	–	–	–	–
1993	12317	12317	50	–	40	–	–	663	549	5	580	5032	8	364	800	–	2011	401	1153	–	–	445	216	–	–	–	–	–
1994	15266	15266	–	–	–	–	–	647	668	2	698	7272	8	409	981	–	2387	728	414	–	–	848	204	–	–	–	–	–
1995	18226	18226	246	–	–	–	–	937	725	3	707	8497	8	449	1117	–	2979	892	356	–	–	843	467	–	–	–	–	–
1996	22957	22957	530	175	–	315	–	528	891	–	770	10676	8	537	1053	–	3824	1146	476	–	579	1000	449	–	–	–	–	–
1997	27982	27982	1213	128	–	120	–	765	1050	–	823	12601	30	1511	1478	–	3936	1202	476	–	537	1127	985	–	–	–	–	–
1998	34441	32566	1415	1322	60	107	–	791	1246	–	1046	14689	87	1431	1411	–	3270	1745	476	10	612	1149	980	452	267	–	–	1875
1999	41601	37277	1338	1741	–	390	–	1188	1610	–	1151	15824	111	753	1651	–	5076	2234	120	–	811	1457	1046	232	544	–	–	4324
2000	48474	41858	1394	1699	–	562	–	1303	1700	–	2870	16714	106	748	1910	–	5728	2726	120	–	1354	1555	795	–	574	–	–	6616
2001	59134	54911	1474	5991	–	690	–	1468	2119	–	2390	23455	101	766	2068	–	6188	3422	–	–	2199	1692	477	–	411	–	–	4223
2002	70430	67671	3585	2905	–	700	–	1709	2734	–	2661	26219	116	2505	2698	–	9123	3842	–	–	2111	1800	3160	–	1803	–	–	2759
2003	84472	80089	5459	2746	–	862	–	–	6984	–	5523	30336	115	3559	3472	–	10610	3936	–	–	–	2397	2949	–	1141	–	–	4383
2004	103765	97028	4304	4033	–	1396	–	–	8183	–	6160	32455	135	3270	3936	–	17141	4781	–	–	–	2721	4060	–	4125	278	50	6737

第四节 财政管理

一、预、决算管理

1986 ~ 2005 年，市财政总预算的编制以国民经济计划指标和往年计划执行的有关收支基数及行政事业单位提供的收支计划为依据，由市财政局根据市本级全年预计实现财力编制收支预算，汇总镇级收支预算，形成全市收支预算（草案），提请市人民代表大会审议通过后，报青岛市财政局备案。市财政部门组织实施市本级预算，各镇（街道、园区）财政部门组织实施镇级预算。

1986 ~ 2005 年，市财政总决算由市直行政事业单位、各镇（街道、园区）编制的部门决算自下而上逐级审核编报，由市财政局汇总编报总决算，报请青岛市财政局审核通过。

二、预算外资金管理

平度市预算外资金的主要来源是行政事业性收费。1986 年，对各单位征收的预算外资金，实行“收入财政专户储存，支出财政审批、银行监督”的管理办法，亦即“收支两条线”。是年，市级财政专户储存资金 300 万元，支出 116 万元。此管理形式执行至 1996 年。

1997 年，平度市预算外资金管理局成立。市政府公布了《平度市预算外资金财政第二预算管理暂行规定》《平度市预算外资金管理奖惩办法》，将预算外资金纳入财政第二预算管理，由市政府集中各单位 30% 以上的预算外资金调剂使用。是年，市级预算外资金收入 6945 万元，支出 6214 万元。2000 年，市政府发布《关于对行政事业性收费实行票款分离办法的通知》，对全市预算外资金的征收管理实行“部门开票、银行收款、财政统管”票款分离管理体制。是年，市级预算外资金收入 1.18 亿元，支出 1.04 亿元。2001 年，对预算外资金收支实行部门综合预算。2005 年 8 月，市政府公布《平度市非税收入管理暂行办法》，将预算外资金纳入政府非税收入范畴，管理上仍实行“收支两条线”和部门综合预算制度。是年，市级预算外资金收入 1.97 亿元，支出 1.62 亿元。

1986 ~ 2005 年平度市（县）预算外资金收支情况

表 9-3　　　　单位：万元

年度	预算外收入	预算外支出	年度	预算外收入	预算外支出
1986	300	116	1996	8477	8261
1987	1155	826	1997	6945	6214
1988	1926	1492	1998	7179	7188
1989	1898	1402	1999	10238	9289
1990	2353	1292	2000	11750	10441
1991	6815	5130	2001	10964	11022
1992	9903	7975	2002	12417	10947
1993	5430	6142	2003	14958	13895
1994	4369	5109	2004	17180	16003
1995	5313	5463	2005	19701	16170

三、行政事业财务管理

1986～1995年，对行政事业单位财务实行“经费包干，结余留用，超支不补”的管理办法。1996年，实施“零基预算”（指不考虑过去的预算项目和收支水平，以零为基点编制的预算），先后制订了会议费、接待费、单位车辆燃修费、电话费等管理办法，抑制公务费过快增长。1998年，执行新的行政事业单位财务制度，由“全额预算管理、差额预算管理、自收自支”三种管理形式，改为实行“核定收支、定额或者定项补助，超支不补、节余留用”的预算管理办法。是年10月，市财政局成立平度市机关团体单位财务管理中心，对市直部分机关团体单位财务实行财务管理中心统管。是年，统管单位42个。1999年3月，各镇（街道）组建财务管理中心，挂靠镇（街道）财政所，对所属行政事业单位财务进行统管，共设专、兼职会计68人，统管单位412个。同月，市政府对市直行政事业单位实行会计委派制。第一批委派会计16人到市建委、教委、卫生局、民政局、公安局、农业局、水利水产局、农机局、环保局、土矿局、环卫园林局等11个部门。2000年12月，调整财务管理中心管理单位财务范围：将市委党校、市检察院、司法局、乡镇企业局、地震办、科技局、展览馆、画院、职工夜校、体校以及市科委、计生委的事业费纳入财务管理中心统管，市劳动和社会保障局、文化局改为会计委派，其财务不再实行财务管理中心统管。2001年3月，第二批委派会计19人，委派单位11个：市法院、交通局、劳动和社会保障局、文化局、广电局、交警大队、房产局、市场发展局、林业局、畜牧局、水资源管理办。是年，对130多个市直行政事业单位（含二级核算单位）实行部门综合预算。将中小学财务管理、教师工资统筹、贫困学生救助、中小学公用经费、危房改造资金、农村独女户费、计划生育节育技术服务费、独生子女父母奖励扶持费、流动人口管理费纳入年度预算。2004年9月，对市直行政事业单位实行会计集中核算，至2005年1月，全市实行会计集中核算的市直行政事业单位为68个。

四、农业财务管理

农业资金管理主要包括对支农资金、农业综合开发资金、扶贫开发资金的管理。1991年，全市农业综合开发项目开始实施，遍布全市45个乡镇。2003年起，资金管理实行县级报账提款制，专人专户专帐管理，主要用于改造2.7万余公顷中低产田，改善和提高农业生产条件。同时，支持青岛天祥食品有限公司、青岛钿鑫葡萄酒有限公司等农产品加工企业做大做强。截至2005年，全市投入农业综合开发资金1.29亿元、扶贫开发资金1258万元，调动农民投入1.05亿元，使42个贫困村1.58万人脱贫。

五、企业财务管理

1986年，平度县财政税务部门对第二步利改税工作进行调整和完善，减免部分技术改造任务重的国营大中型工业企业的调节税，核减磷肥厂、水泥厂、滑石矿、化肥厂、挂车厂5户企业调节税29万元。粮食企业自1985年下放到县级财政，对平、议价业务所获得的利润，按八级超额累进税率征收所得税，税后利润全部留给企业和主管部门。百货公司、五金公司、副食品公司3户商业企业实现利润比基期利润增长部分减征70%调节税，所得税企业上缴55%，留45%。1987年，平度全面推行承包经营责任制和工资总额与经济效益挂钩浮动办法。承包经营责任制在财务上的主要特征是“包死基数、确保上缴、超收多留、歉收自补”，体现了自负盈亏原则。1988年，全县14户预算内国营工业企业实行了各种形式的承包经营责任制。是年，平度县外贸企业下放，赋予自主经营、自营出口职能，市财政为此专门筹集资金，建立“扶持外贸企业周转金”。到1989年，平度市承包企业有关经济指标的平均数，与承包前的1986年相比，工业总产值增长42%，销售收入增长78%，实现利税增长144%。1994年1月，平度市停止实行企业承

包经营责任制和涉及流转税的各类经营形式，按税法规定实行统一所得税税率，地方国有企业所得税税率统一按33%的税率缴纳。1998年，对外商投资企业划定区域，分类征收场地使用费，增加财政收入。粮食购销企业实行封闭运行，核定保护价收购库存，补贴由统拨改为直拨。清理新增粮食财务挂账1.05亿元，纳入财政贴息。2001年，财政部门不再对企业下达财务计划和考核指标，财政资金逐步退出一般竞争性领域。同年，实施鼓励外贸出口企业扶持政策，对200户出口企业出口商品、出口退税账户托管贷款给予贴息；开拓国际市场给予资金扶持。2004年，贯彻对种粮农民直接补贴政策，调动种粮农民积极性。2005年，直补农户27.7万户，涉小麦面积9.4万公顷，每亩补贴16元，直补资金2267万元。是年，平度市出台《民营经济专项发展基金管理办法》，为民营企业实施名牌战略提供资金支持。组织申报科技项目10个，争取上级资金235万元。

六、社会保障财务管理

1992年，平度市制定《关于改进公费医疗管理的暂行办法》，将副市（县）级以上领导干部和享受县（处）级待遇的离休干部的医疗经费，由公费医疗办公室留定额的50%，其余50%在乡镇者拨到乡镇医院，在市直部门者拨到工资发放单位；其他人员医疗费20%留公费医疗办公室作为外诊医疗费，其余80%拨到工资发放单位和乡镇医院统一管理。1997年3月，出台《平度市农村人口最低生活保障制度实施细则》，开始在农村建立最低生活保障制度。规定，凡具有平度常住农业户口的居民，其家庭人均纯收入低于600元（含实物折款）者，均属保障对象。1998年，又出台《平度市城镇特困居民最低生活保障制度实施细则》，建立城镇居民最低生活保障制度。规定，凡具有平度常住城镇户口的居民，其家庭人均纯收入达不到最低生活保障线标准156元者，均可享受保障待遇。是年起，农村养老保险基金、工伤保险基金、失业保险基金、生育保险基金纳入社会保险基金财政专户。2001年，开始实行城镇职工基本医疗保险制度，建立以城镇职工基本医疗保险为基础，与社会医疗救助、单位补充医疗保险相结合的多层次医疗保障体系。规定该制度适用于平度行政区内城镇所有企业、事业单位、国家机关、社会团体、民办非企业单位和其他在职职工和退休人员，基本医疗保险费由用人单位和职工共同缴纳，基本医疗保险费建立基本医疗保险个人账户和社会统筹基金两部分。2004年9月，开始实行新型农村合作医疗制度。新型农村合作医疗制度实行个人缴费、集体扶持和政府资助相结合的筹资机制，市农村合作医疗管理中心根据资金筹集情况，按照以收定支、量入为出的原则，合理确定报销补偿比例。报销按分级、分段、分项、累进补助，分次结报。2005年12月，开始实行被征地农民养老保险制度。凡本市农村集体经济组织人均农用地不足0.3亩、年满18周岁及以上人员，除在校学生和已参加城镇职工社会基本养老保险的人员外，均属于被征地农民养老保险参保对象。坚持保障水平和经济社会发展水平相适应，合理确定缴费基数和缴费比例；坚持个人缴费、村集体经济组织补助和政府扶持相结合；坚持个人账户和社会统筹相结合，充分调动被征地农民参加农村社会养老保险的积极性。

七、会计管理

1986年，县财政局未设专门会计管理机构。至1988年，仅设1人负责会计事务管理。1990年，财政部发布《会计证管理办法（试行）》，对全民所有制企业、事业单位、国家机关及社会团体的会计人员实行会计证管理，实行持证上岗制度。1991年6月，青岛酿酒厂、青岛第二齿轮厂、青岛电子材料厂、平度市化肥厂、平度市滑石矿、平度市肉联厂6家全民所有制企业会计工作达标升级为山东省三级单位。1993年10月，会计管理职能划归平度市会计师事务所。1994年，平度市对1993年年底以前国家机关、社会团体、全民所有制企业、事

平度市会计核算中心大厅（2005 年摄）

业、县以上集体所有制企业、三资企业（中方人员）、乡镇企业等单位会计人员持有的《会计证》首次进行年检。此后会计证年检工作，每两年进行一次。1996 年 10 月，会计管理职能由事务所移交刚成立的平度市人民政府税收财务物价大检查办公室（“大检办”）。1997 年 11 月，平度组织 800 余名会计通过考试取得会计证。1999 年 5 月，市“大检办”更名为市财政会计监督管理办公室，会计管理机构正式设立。2000 年，市财政部门对符合会计从业资格证书条件的人员直接核发会计从业资格证书。2001 年 9 月，平度市财政会计监督管理办公室更名为平度市会计管理办公室。2003 年 7 月，市财务管理中心更名为市会计核算中心，实行电算化管理。2004 年，全市会计人员持有的会计证统一换发为全国格式的会计从业资格证书，全市有 6435 人换发全国统一格式的证书。截至 2005 年，全市有 6779 人取得会计从业资格。

八、住房公积金管理

平度市的住房公积金管理始于 1994 年，是年平度市住房公积金管理中心成立，并按职工工资总额的 10%（单位和职工各负担 5%）为职工缴纳住房公积金，开始将职工住房实物分配改变为货币化分配。2001 年起，先后推出个人住房公积金抵押贷款、按揭贷款、组合贷款三种方式。2002 年，住房公积金与其他住房资金分账核算，并建立起住房公积金总账、单位明细账、职工个人明细账三级账户。住房公积金的使用坚持住房委员会决策、住房公积金管理中心运作、银行专户储存、财政监督的原则，对缴纳单位实行归口管理。至 2005 年，全市有 560 个单位、3.5 万人缴纳住房公积金，累计收取公积金总额 2.3 亿元；为 255 户职工发放个人住房公积金贷款 4500 万元。

九、财政监督

1988 年，平度县财政局增设监察科，负责全县财政监督检查，参与从 1985 年开始的一年一次的税收财务物价大检查。至 1995 年，平均每年查出偷逃税金额 400 万元，实际入库金额达到应入库金额的 95% 以上。1996 年 10 月，平度市人民政府税收财务物价大检查办公室与财政局监察科合署办公，负责财政监督和组织协调全市性的税收财务物价大检查工作。至 1997 年，查出偷逃税金额 1000 万元。1998 ～ 2000 年，连续三年开展对市直行政事业单位财务决算审查或财务收支检查，平均每年查出违纪金额 297 万元。2001 ～ 2002 年，规范会计集中核算和会计委派制，增强会计监督作用。2003 ～ 2004 年，对部分单位会计信息进行质量检查，查出资产不实金额 2500 余万元，损益不实金额 200 余万元。2004 年 5 月，财政局成立财政监督监察科。2005 年，先后对农业综合开发项目资金使用情况、社会保障基金管理情况、政府非税收入征收情况进行专项检查，查处违纪金额 1021 万元，追缴入库 399 万元。

第五节 国有资产管理

1986 ～ 1991 年，平度市没有单独的国有资产管理机构。1992 年，平度市国有资产管理局成立，

与财政局合署办公。1994年，平度市成立公有资产管理委员会，主任由市长兼任。1995年，市财政局设立国有资产管理科，具体负责国有资产管理工作。1997年，成立产权交易市场。2001年9月，撤销市公有资产管理委员会及下设办公室和市国有资产管理局，其职能合并到市财政局。撤销国有资产管理科和产权交易市场,成立公有资产管理中心。2004年5月，组建平度市国有资产管理中心，挂靠平度市财政局，代表市政府对市级行政事业单位使用的国有资产实施“统一管理，统一运营，统一处置，统一收益”。同时组建平度市国有资产经营管理有限公司，负责对国有资产的经营。2005年，全市国有资产共计19.17亿元。其中，企业国有资产4.04亿元；行政事业单位国有资产15.13亿元。

一、企业国有资产管理

1994～2005年，对企业改制中的问题资产进行评估、审核、验证，审批有问题资产2.69亿元，评估项目立项备案138个，立项资产4.21亿元，审核验证资产评估价值7.74亿元，增值3.54亿元，资产评估增值率84%；签订产权出售合同49份，收缴产权出售收入1077万元。截至2005年，全市企业国有资本产权登记总额1.60亿元。市财政投入资金1.22亿元，用于安置49家破产企业职工。市属39家企业，资产总额15.82亿元，其中国有资产4.04亿元。

二、行政事业单位国有资产管理

2003年，全市54个市直行政事业单位完成土地、房屋资产划转。有47个行政事业单位出租房屋建筑面积2.69万平方米、价值1783.64万元；出租土地面积2095.7平方米，对外投资土地面积7992平方米；年合同经营收入244.25万元。2004年，市国有资产管理中心对市民政局、江北市场等22个行政事业单位房屋资产进行整合，整合后人均占用房屋使用面积18平方米，比整合前减少23平方米；将市直所有行政事业单位出租房屋纳入统一招租范围，至次年，组织公开招租活动4次，出租房屋面积5560.46平方米，成交4873.46平方米，成交金额166万元，比2003年租赁费增加76万元，增长84%。2005年，全市行政事业单位国有资产总额15.14亿元。

三、清产核资

2003年，国有资产管理中心成立清产核资工作办公室，指导全市行政事业单位清产核资工作。至年底，全市593个行政事业单位总资产39.38亿元。其中，市直22.57亿元，占总资产57.31%；镇级16.81亿元，占总资产42.69%。总负债12.48亿元。其中，市直4.61亿元，占总负债36.97%；镇级7.87亿元，占总负债的63.03%。国有净资产26.90亿元。其中，市直17.95亿元，占66.75%；镇级8.94亿元，占33.25%。

第二章 税 务

第一节 管理机构

一、市（县）税务局

1986年，平度的税务管理机构为县税务局。时内设人秘科、基层科、税政科和会计科；下设城关、蓼兰、门村、明村、张舍、灰埠、长乐、大田、旧店、两目、兰底、昌里、古岘、南村、麻兰、张戈庄、白埠、新河、亭口、田庄、崔家集、蟠桃、崔召、云山、仁兆25个税务所。1988年11月，增设亭兰、何家店、香店、李园、官庄、中庄6个税务所。1990年7月，设立平度市税务稽查队。1991年8月，设立平度市公安局税务派出所，由公安局、税务局双重领导。1992年2月，又增设洪山、唐田2个税务所。1993年10月，税务机构改革，市税务局内设机构确定为办公室、政工监察股、税政股、征管股和计划会计股。1994年8月，平度市税务局一分为二，分别成立市国税局和市地税局。

二、市国税局

平度市国家税务局为青岛市国家税务局的派出机构，1994年8月内设办公室、计划会计科、税政科、征管科、政工科、监察室、稽查队、税务派出所、涉外分局和发票管理所。1995年2月，撤销原城关、同和、香店、李园4个国税所，成立市国税局城区征收分局。5月，平度市税务代理事务所、振青会计师事务所挂牌营业。8月，成立稽查分局。1996年6月，撤销原有22个基层国税所，设立张戈庄、店子、蓼兰、南村、麻兰、门村、明村、新河、旧店9个农村征收分局。1998年9月，局机关内设办公室、政工科、监察科、管理一科、管理二科、计算机管理科、计划征收科、派出所8个科室，市国税局由单一管理职能局转变为管理、征收双重职能局。同年，成立个体税收征收分局，负责4个街道、市经济开发区和蟠桃镇的个体税收管理工作。1999年11月，增设纳税评估科。2001年3月，将已有8个科室、1个直属机构调整为5个科室、2个直属机构和1个事业单位（信息中心）。新组建成立计划征收局、城区管理分局。2002年12月，新河分局完成搬迁，更名为平度市国税局张舍管理分局。2003年4月，撤销个体税收管理分局，7个农村管理分局更名为平度市国家税务局××税务分局，计划征收局改为计划征收科。10月，撤销税务派出所编制。截至2005年，市国税局共辖属7个职能科室（办公室、人事教育科、监察室、征收管理科、政策法规科、计划征收科、税源管理科）、1个直属机构（稽查局）、1个事业单位（信息中心）、11个税务分局（城区、李园、开发区、店子、张戈庄、蓼兰、南村、麻兰、门村、明村、张舍）。

平度市国税局办公楼（2005年摄）

三、市地税局

平度市地方税务局实行平度市政府和上级地方税务局双重领导、以市政府领导为主的管理体系。1994年8月，局机关内设办公室、政工科、税政科、征管科、计划会计科和监察室；下设1个征收分局、1个稽查队和同和、李园、何家店、唐田、香店、亭兰、长乐、青杨、灰埠、三堤、马戈庄、张舍、大田、两目、洪山、仁兆、中庄、万家、前楼、龙山、宅科、冷戈庄22个税务所。1995年1月，平度市区划调整，又新设张戈庄、旧店、崔家集、新河、田庄、大泽山、白埠、郭庄、麻兰、城关、蟠桃等11处税务所。1995年7月，平度市税务事务所成立。11月，平度市地税局稽查队改称平度市地税局稽查分局。1996年10月，增设涉外分局和个体税收管理科。同年12月，撤销税政科、征管科，成立税收管理科。1997年8月，成立青岛大地会计师事务所平度业务部。1998年9月，地税局更改隶属关系，由平度市政府领导为主改为以上级地方税务局领导为主。平度市地方税务局更名为青岛市平度地方税务局。12月，市地税局进行由

平度市地税局办公楼（2005 年摄）

行政管理职能向征收、管理双重职能转变的机构改革。改革后，局机关内设政工科、计划会计科、税收管理一科、税收管理二科、税收管理三科、征管科、计算机科、稽查科、涉外税收管理科、监察室、办公室等九科二室；撤销稽查分局，设立第一稽查局和第二稽查局；撤销各税务所和征收分局、涉外分局，设立市区分局和蓼兰、同和、仁兆、云山、明村、张舍、大泽山、南村、旧店、田庄等 10 个基层征收分局。2000 年 2 月，经青岛市地税局批准，撤销涉外税收管理科；撤销计划会计科，设立计划征收科；撤销市区分局，设立城区个体分局。2002 年 9 月，原青岛市平度地方税务局更名山东省平度市地方税务局；撤销原平度地税局第一稽查局和第二稽查局，设立平度市地税局稽查局；撤销原城区个体分局，设立平度市地税局直属征收分局；原 10 个基层征收分局名称撤销，统一改称税务所；增设麻兰、灰埠、经济技术开发区 3 个税务所；局机关设置办公室、人事政工科、综合科、征收管理科、计划会计科、信息管理科、监察科。截至 2005 年，市地税局机关共内设六科一室，辖属 2 个分局，13 个税务所。

第二节 税制改革

1986 年，全国实施第二步利改税。是年，城乡个体工商户所得税、个人收入调节税、房产税和教育费附加开征。1987 年乡镇财政体制建立后，农业税收纳入县财政体制，成为地方财政收入的重要来源。1988 年，开征城镇土地使用税；复征印花税。1991 年，开征固定资产投资方向调节税、外商投资企业和外国投资企业所得税；停征建筑税。

1994 年，实施税制改革，取消产品税，改征增值税；将集体企业所得税、私营企业所得税、国营企业所得税合并为企业所得税；将个人收入调节税、个体工商业户所得税并入个人所得税；将盐税并入资源税；取消特别消费税和燃油特别税，新设消费税；取消外资企业工商统一税；将农、林、牧、水产行业的产品税改为农业税和屠宰税；新设土地增值税；取消集市交易税、牲畜交易税、国营企业奖金税、国营企业工资调节税、集体企业奖金税、行政事业单位奖金税和国家能源交通建设基金、国家预算基金。全市设增值税、消费税、营业税、企业所得税、外商投资企业和外国企业所得税、个人所得税、资源税、城镇土地使用税、城市维护建设税、耕地占用税、固定资产投资方向调节税、土地增值税、房产税、城市房地产税、遗产税、车船使用税、车船使用牌照税、印花税、契税、证券交易税、屠宰税、筵席税、农业税、牧业税。1994 年 8 月，税务系统机构分设，市国税局负责征收增值税、消费税、金融保险行业营业税、涉外企业所得税、个人利息所得税、国有企业所得税等税种的征管。市地方税务局负责营业税、个人所得税、土地增值税、城市维护建设税、车船使用税等税种的征管和规费（教育费附加）的征管。

1999 年 11 月，开征储蓄存款利息个人所得税。

2000年，暂停征收固定资产投资方向调节税。2001年，车辆购置附加费改为车辆购置税。

2002年1月，将原由地税部门征收管理的企业所得税改由国税部门征管；对生产企业的出口货物由原来的先征后退改为免抵退税。2002年6月，农村税费改革取消屠宰税。是年，实行企业所得税和个人所得税分享体制改革，原属于地方级收入的企业所得税和个人所得税，从2002年起实行中央、地方五五分成，2003年起实行中央、地方六四分成。2003年1月，营业税起征点由200元/月提高到5000元/月。

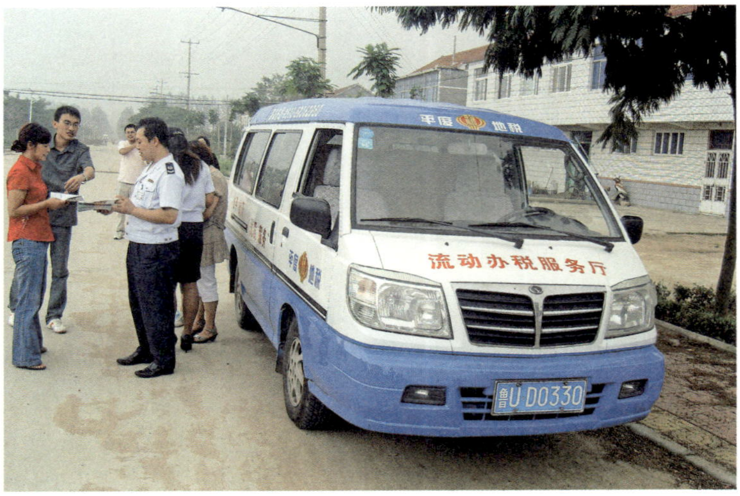

平度市地税局流动办税服务厅（2005年摄）

第三节 税源培植

一、国税

1996年，市国税局在各征收分局设立办税服务厅，为纳税人提供优质办税环境。1997年，在全市一般纳税人中推行电子申报。2000年，畅通纳税服务“绿色通道”，推行“首问责任制”“限时工作制”“全程服务”和“贴近式服务”，提升服务质量和效率。2001年，对有条件的企业推行出口退免税远程电子申报，实行阳光办税和定税公告制度，公开停歇业户名单和停歇业时间，公开税务行政收费项目、标准和政策依据，公开投诉和举报电话，接受社会各界监督。2002年1月1日，对全市70余家生产型出口企业实行“免、抵、退”税管理办法，当年“免、抵、退”税1.56亿元。2003年7月1日，根据增值税起征点调整的政策规定，对达不到增值税起征点的个体业户暂免征收增值税，减免税款1000万元，惠及个体业户8000户。2005年，受理企业申报免抵退税2854户次，受理申报免抵退税额1.63亿元，办理免抵调库1.11亿元。

二、地税

1994年，市地税局加强对福利企业、新办企业、科技自主创新企业、医疗卫生服务等优惠政策的执行落实，减轻纳税人负担，为5家企业办理缓缴税款133万元，为37家企业办理弥补以前年度亏损，累计弥补亏损额471万元，为72家劳动服务、校办、福利、资源综合利用等企业按规定办理减免税款484万元。2000年，为52家企业办理减免税款561万元，为46家企业弥补以前年度亏损257万元，为22家企业核批资产损失金额520万元。2003年“非典”期间，对全市出租汽车公司、从事城市公共交通运输单位的客运收入，以及饮食业、旅店业等1200余户享受“非典”优惠政策的业户减免税款46万元。2003年营业税起征点提高后，对7300户个体业户进行了不达起征点认定，累计免除税额达1200万元。2005年，为12户符合条件的企业办理税收减免263万元，为134名下岗失业再就业人员减免税收32万元，为下岗失业人员从事个体经营免费办理税务登记证600余个，免收工本费2.4万元。

第四节 税种 税率

一、工商各税

增值税 1983年开征。纳税人为销售货物或者

提供加工、修理、修配、劳务以及进口货物的单位和个人。1984年9月起，只对生产、委托加工和进口增值税应税产品的单位和个人征收；征收范围限于12种工业产品。1987年，调整征税范围及税率，设24个税目、11档税率，以14%为基本税率，按“扣税法”计税。1988年，再次扩大增值税征收范围，增设6个税目和1个税率档次。1989年，增设“工业性作业”税目。1994年，对商品的生产、批发、零售和进口全面开征增值税，实行不计税价计税，设17%、13%、6%三档税率。1998年7月1日起，凡年应税销售额在180万元以下的小规模商业企业，无论财务核算是否健全，一律不得认定为增值税一般纳税人，均应按照小规模纳税人的规定征收增值税，同时决定将商业企业小规模纳税人的增值税征收率由6%调减为4%。

消费税 1994年1月1日开征。消费税是对一些特定消费品和消费行为征收的一种税。消费税共设置11个税目，在其中的3个税目下又设置13个子目，实行比例税率和定额税率。税率共有14个档次，最低3%，最高45%。纳税人兼营不同税率的应税消费品，均分别核算其销售额和销售数量，未分别核算的，从高适用税率。

营业税 1984年9月开征。纳税人为提供应税劳务、转让无形资产或者销售不动产的单位和个人。本税种设交通运输业、建筑业、金融保险业、邮电通信业、文化体育业、娱乐业、服务业、转让无形资产、销售不动产9个税目。营业税实行比例税率，其中交通运输业、建筑业、邮电通信业、文化体育业税率为3%；金融保险业、服务业、转让无形资产、销售不动产的税率为5%；娱乐业税率则根据所从事的娱乐业的性质实行5%～20%的浮动税率。

城市维护建设税 1985年1月开征。纳税人为缴纳增值税、消费税、营业税的单位和个人，以纳税人实际缴纳的增值税、消费税、营业税税额为计税依据，适用比例税率：市区为7%，县城或镇为3%，不在市区、县城、镇为1%。

房产税 1986年10月开征。纳税人为在城市、县城、建制镇、不在城镇的大中型工矿区范围内的单位和个人。按房产原值一次减除30%后的余值计征的税率为1.2%；按房产出租的租金收入计征的税率为12%；从2001年1月1日起，对个人按市场价格出租的居民住房，可暂减按4%的税率征收房产税。

土地使用税 1988年11月1日开征。纳税人为在城市、县城、建制镇、工矿区范围内使用土地的单位和个人，土地使用税以纳税人实际占用的土地面积为计税依据，依照规定税额计算征收。平度市按征税范围分一等地、二等地、三等地，分别为每年3元/平方米、2元/平方米、1元/平方米。

车船使用税 1986年10月开征。纳税人为拥有并使用车船的单位和个人。大型汽车300元/辆，小型汽车260元/辆，载货汽车60元/吨，三轮摩托车72元/辆，二轮摩托车56元/辆。

印花税 1988年10月开征。纳税人书立、领受应税凭证的单位和个人。印花税采用比例税率和定额税率两种。

土地增值税 1994年1月开征。纳税义务人为有偿转让国有土地使用权、地上的建筑物及其附着物并取得收入的单位和个人。土地增值税实行四级超率累进税率：增值额未超过扣除项目金额50%的部分，税率为30%；增值额超过扣除项目金额50%，未超过扣除项目金额100%的部分，税率为40%；增值额超过扣除项目金额100%，未超过扣除项目金额200%的部分，税率为50%；增值额超过扣除项目金额200%的部分，税率为60%。

资源税 1984年9月开征。纳税人为开采石油、天然气或者生产盐的单位和个人。资源税采用定额税率，以应税资源的计量单位吨或千立方米确定0.3～60元的8个幅度税额，同时规定了《资源税目税额明细表》和《几个主要品种的矿山资源等级表》，对各品种各等级矿山的税额作了明确规定；对未列举名称的其他非金属矿原矿和其

他有色金属矿原矿，由省、自治区、直辖市人民政府决定征收或暂缓征收资源税，并报财政部和国家税务总局备案。

二、其他各税

企业所得税　1984 年开征。企业所得税以纳税人取得的生产、经营所得和其他所得为征税对象。1985 年，小型企业、饮食服务业按八级超额累进税率征收，税率为 10% ~ 55%。1993 年 12 月 13 日，设 33% 的基本税率和 27%、18% 两档照顾税率。对年应纳税所得额在 3 万元以下(含 3 万元)的企业，

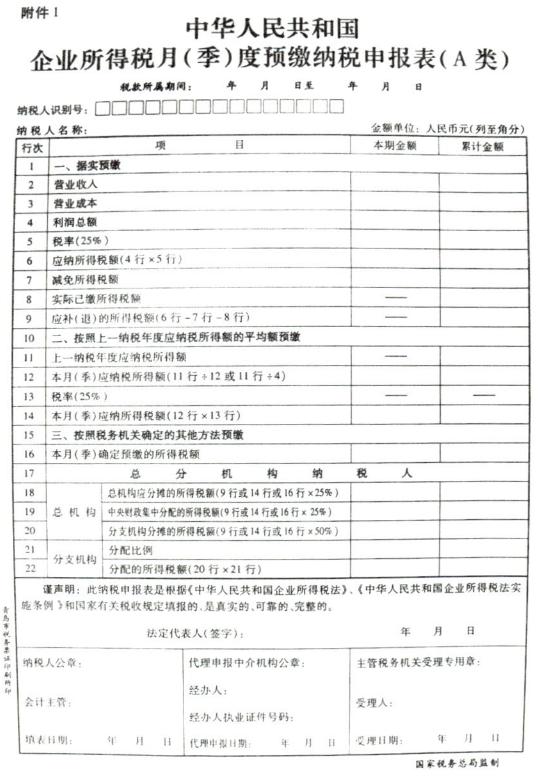

附件 1

中华人民共和国
企业所得税月(季)度预缴纳税申报表(A 类)

税款所属期间：　　年　月　日至　　年　月　日

纳税人识别号：□□□□□□□□□□□□□□□

纳 税 人 名 称：　　　　金额单位：人民币元(列至角分)

行次	项目		本期金额	累计金额
1	一、据实预缴			
2	营业收入			
3	营业成本			
4	利润总额			
5	税率(25%)			
6	应纳所得税额(4 行 ×5 行)			
7	减免所得税额			
8	实际已缴所得税额		—	
9	应补(退)的所得税额(6 行 -7 行 -8 行)		—	
10	二、按照上一纳税年度应纳税所得额的平均额预缴			
11	上一纳税年度应纳税所得额		—	
12	本月(季)应纳税所得额(11 行 ÷12 或 11 行 ÷4)			
13	税率(25%)		—	—
14	本月(季)应纳所得税额(12 行 ×13 行)			
15	三、按照税务机关确定的其他方法预缴			
16	本月(季)确定预缴的所得税额			
17	总分机构纳税人			
18	总机构	总机构应分摊的所得税额(9 行或 14 行或 16 行 ×25%)		
19		中央财政集中分配的所得税额(9 行或 14 行或 16 行 × 25%)		
20		分支机构分摊的所得税额(9 行或 14 行或 16 行 ×50%)		
21	分支机构	分配比例		
22		分配的所得税额(20 行 ×21 行)		

谨声明：此纳税申报表是根据《中华人民共和国企业所得税法》、《中华人民共和国企业所得税法实施条例》和国家有关税收规定填报的，是真实的、可靠的、完整的。

法定代表人(签字)：　　年　月　日

纳税人公章： 会计主管： 填表日期：　年　月　日	代理申报中介机构公章： 经办人： 经办人执业证件号码： 代理申报日期：　年　月　日	主管税务机关受理专用章： 受理人： 受理日期：　年　月　日

青岛市税务票证印刷所印

国家税务总局监制

暂减按 18% 的税率征收；年应纳税所得额在 10 万元以下（含 10 万元）至 3 万元的企业，全额减按 27% 的税率征税。

外商投资企业和外国企业所得税　1991 年 7 月 1 日开征。对外商投资企业和外国企业在中国设立的机构、场所所取得的经营所得和其他所得应缴纳所得税，税率为 30%，地方所得税税率为 3%，总体税负是 33%。对外国企业在境内未设立机构、场所而有来源于中国境内的所得，或者虽然设立机构、场所，但其所得与其机构、场所没有实际联系的，税率为 20%。

教育费附加　1986 年 7 月开征。纳税人为缴纳消费税、增值税、营业税的单位和个人，以纳税人实际缴纳的增值税、消费税、营业税的税额为计征依据，教育费附加率为 3%。

个人所得税　1980 年 9 月开征。凡个人工资、薪金所得，适用超额累进税率，税率为 5% 至 45%；个体工商户的生产、经营所得和对企事业单位的承包经营、承租经营所得，适用 5% 至 35% 的超额累进税率；稿酬所得，适用比例税率，税率为 20%，并按应纳税额减征 30%；劳务报酬所得，适用比例税率，税率为 20%，对劳务报酬所得一次收入畸高的，可以实行加成征收；特许权使用费所得，利息、股息、红利所得，财产租赁所得，财产转让所得，偶然所得和其他所得，适用比例税率，税率为 20%。

三、农业税

农业税收包括农业税、农（林）业特产税、耕地占用税和契税，由市财政部门征收。

农业税　纳税人为境内从事农业生产、有农业收入的单位和个人。农业税征收执行 1958 年国家颁布实施的《中华人民共和国农业税条例》，平均税率为常年产量 15%。1986 年，全县征收农业税 714 万元，地方附加税 107 万元。2000 年，全县农业税收入 2237 万元。2002 年，全市取消“三提”（村级三项提留：公积金、公益金和管理费）、“五统”（五项乡镇统筹费：农村教育事业费附加、计划生育费、民兵训练费、民政优抚费、民办交通费）。重新核定常年产量和农业税计税土地面积，执行 6% 的农业税税率。2002 年，全市征收农业税 9650 万元。2004 年，全市农业税税率降低 3 个百分点，降为 3%。2005 年，全部免征。

农（林）业特产税　1988 年开征。纳税人为境内从事应税农业特产品的单位和个人。是年，征收

农业特产税 66 万元。1990 年，征收入库农林特产税 168 万元。1994 年，实施《关于对农林特产收入征收农业税的规定》《山东省征收农业特产农业工人税办法》，是年征收额为 303 万元。2001 年，征收入库农林特产税 1411 万元。2002 年，农村税费改革后，部分产品取消征收农林特产税，部分税率降低，是年征收入库农林特产税 540 万元。2003 年，全市取消农业特产税，改征农业税。

耕地占用税 1987 年开征。纳税人为占用耕地建房或者从事其他非农业建设的单位和个人。1988 年，征收耕地占用税 129 万元。1991 ~ 1995 年，征收额每年保持在 159 万元。1998 年，国家禁止新建楼、堂、馆、所，严格限制占用耕地。是年，征收耕地占用税 116 万元。

契税 纳税人为境内转移土地、房屋权属，承受权属的单位和个人。新中国成立后制定的契税暂行条例基本上针对农村住房，而农村多为农民自建住房，很少买卖，契税征收长期处于停止状态。1990 年，按《中华人民共和国契税暂行条例》征收。是年，全市契税收入 6 万元。1997 年 10 月 1 日，新的《中华人民共和国契税暂行条例》颁布实施，扩大契税征收范围，城市房产交易、土地交易开始征税。1998 年，征收契税 189 万元。2005 年，征收契税 1.36 亿元。

第五节 税收征管

一、税款征收

1986 年，全县工商税收入 3675 万元。1990 年，设立平度市税务稽查队，查处偷抗税案件。到 1991 年，全市工商税收达到 8947 万元。1994 年 8 月，全市税务系统国、地税机构分设。是年底，国税系统累计组织工商税收 1.09 亿元；地税系统组织各项税收 4683 万元。1995 年，市国税局建立申报大厅和征收大厅。1996 年，调整市国税局和市地税局税收征管范围，将集贸市场、个体工商户应当缴纳的税收由国税局、地税局分别征收管理。同年，在全市范围内，对所有向地方税务机关缴纳税款的纳税人统一换发税务登记证件，国税、地税办理税务登记实行统一代码。1997 年，国税局在一般纳税人中推行电子申报，对无证业户和零散税收全部委托给地方政府代征，全年组织代征税款 290 万元。同年，地税局与国税局建立工作联系制度，定期交换登记信息。1999 年，国税系统初步建立起重点税源监控网络体系，建立了与工商、地税、技术监督部门信息核对制度。2000 年，国税系统组织入库收入 2.88 亿元，地税系统组织入库收入 1.90 亿元。2001 年，市国税局原 11 处集征收、管理、检查为一体的征收分局（含城区分局和 1998 年增设的个体税收征收分局）全部转变为以监控服务为主的管理分局，率先在全国推行中国税收征管信息管理系统（CTAIS），税收征管信息化建设步入快车道。2003 年 12 月，在个体管理中试点引入信息化管理手段，推行“计算机定税”。2004 年，市国税局制定下发《纳税人分类管理暂行办法》，在城区和店子分局进行试点，对辖区内业户进行初步分类，对纳税人实施差别管理。地税局整合登记流程，在各服务大厅设立登记

税收知识宣传（2004 年摄）

管理岗，实现登记资料当场受理录入。2005 年，国、地税开展联合登记工作，将证件打印职能下放各服务大厅，实现登记当场受理。是年，市地税局纳税登记 1.82 万户，实现网上报税企业 2910 家，实现税收收入 4.26 亿元。市国税局实现税收收入 5.85 亿元。

二、发票管理

1986 年 10 月，财政部发布《全国发票管理暂行办法》，规定发票由税务机关统一管理。除银行、邮政、铁路等部门使用专用票据外，一般由税务机关统一设计式样，指定印刷厂印制，并套印县以上

税控机

税务机关发票监制章。1995 年，推广使用无碳防弊发票。1996 年，进行普通发票换版工作。1998 年，实行发票专业化管理。1999 年，启用新版山东省

平度市国税局一机多票推行工作现场（2005 年摄）

青岛市房地产业专用发票。同年，国税局在一般纳税人中推广应用增值税专用发票防伪税控系统，实现了10万元版专用发票全部由计算机开具的目标。2001 年，在全市餐饮、娱乐行业中推广使用税控收款机。2002 年，对服务业机开发票实行即开即兑奖励，鼓励消费者索要发票。2003 年，发票改版，在全市范围内推行使用税控装置，取消手开式发票。国税局在专业市场推行多用户开票机，将贸易城、建材市场、旧货市场和北环城路市场等，纳入多用户税控开票机开具普通发票。2004 年，地税局对货运发票进行换版，加强对代开发票的管理。2005 年，重点加强和规范税务机关代开发票工作，实现“以票控税”。

三、税务检查

国税 1995 年 8 月，市国税局稽查分局成立，开始税收专项检查。至年底，查补税款 1200 万元。1999 年 10 月，在商业零售领域实行全面开具发票制度，实行发票抽奖和举报发票违法行为奖励办法。仅 10、11 月份就对不按规定开具发票的 949 户纳税人罚款 11.5 万元。2000 年，依托与工商部门的信息传递和《外部信息管理系统》，核查业户 3600 余户，清理补办税务登记 300 余户。扩大开票制度覆盖面，在全市设立“全面开票示范街”11 条，在 20 余户大型商场、超市推广税控收款机。大力查处发票违章案件，全年累计检查发票户数 3263 户次，罚款 10 余万元。2001 年，推广防伪税控 787 户，占应推户数的 92%，采集专用发票存根联 18.37 万份，存根联采集率连续 4 个月达 100%。推行远程电子申报（含代理申报）1936 户，个体“双定”业户银行网络纳税申报 1.02 万户，通过银行扣缴税款 10.70 万户次，扣款成功率 98.53%。推行加油机税控装置，全年更换税控加油机 113 个，改装税控加油机 112 个，更换和改装率 100%。2003 年，与工商、地税、技术监督部门交流核查 1397 户，清理

漏管户452户，对269户外资企业进行税务登记验证。开展普通发票专项检查，清理检查企业和个体户1752户，查处违规发票87份，补税罚款7万余元。开展征管检查，检查注销企业46家，日常评估检查65家，查补税款滞纳金罚款187万元。加强个体税收管理，落实增值税起征点调整优惠政策，减免税款1000万元。在集贸市场推行多用户税控开票机，将560户纳税人纳入集中开票。2005年，对橡胶、工艺品、粮食收购、石墨生产、石材加工等重点行业实施评估整顿，评估税款1000万元。对所辖使用农产品收购发票的226家企业进行全面分析，选取有代表性的面粉、生鸡、纺织3个行业及4个使用收购单大户进行实地测算分析，将使用农副产品收购单的企业细分为10个行业，确定不同行业的税负警戒率。对照税负警戒率，共评估企业114家，评估税款252万元，调减留抵税额354.7万元。重点加强对青岛鲍德经贸有限公司、青岛兴平热电有限公司、青岛顺达轮胎有限公司等减收幅度较大企业的稽查，查处税款2600余万元。

地税 1995年，市地税局成立稽查队，对全市大中型企业所得税汇算清缴情况进行检查，打击偷逃税行为，是年查补税款600余万元，罚款300余万元。1995年，市地税局撤销稽查队，成立稽查分局，加大对各类纳税人的税务检查力度，是年查补税款、罚款860万元。1997年，开展个人所得税专项检查，检查各类纳税人140余户，查补入库税款、罚款420万元。1998年底，撤销稽查分局，设立第一稽查局、第二稽查局，分别从事对城区和乡镇的税务检查，主要协助征收机关清缴欠税、打击偷税抗税、清除征管中的“钉子户”“难缠户”。1999年，两个稽查局共查处税款2200余万元。2002年10月，两个稽查局合并，主要从事对全市大中型企业、公民举报案件的查处，维护税收征管秩序。2003 ~ 2005年，检查各类纳税人1800余户，检查入库税款8700余万元。2005年9月，组织全市发票专项检查，检查各类纳税人160余户，清理违规使用发票300余起，罚款30余万元，整顿和规范了发票使用秩序。

税收执法检查（2005年摄）

1994 ~ 2005年平度市地税局组织入库收入统计表

表9-4　　单位：万元

税种＼年度	1994	1995	1996	1997	1998	1999	2000	2001	2002	2003	2004	2005
营业税	1611	1806	2970	3770	4704	4140	5690	7185	9521	10951	14244	16266
个人所得税	94	231	637	1107	1368	1577	2027	3844	3482	3350	3185	3634
城建税	573	655	740	802	1191	1208	1396	1681	2233	3981	4407	3484
车船税	52	75	149	289	484	469	787	714	625	733	774	808
房产税	288	470	587	736	902	1608	1510	1592	2271	3074	3353	2960

续表 9-4

年度 税种	1994	1995	1996	1997	1998	1999	2000	2001	2002	2003	2004	2005
屠宰税	66	171	186	224	143	153	173	182	94	–	–	–
资源税	89	135	165	201	216	319	332	503	913	1867	2208	1813
土地使用税	224	444	635	632	645	928	959	1009	1392	1974	1809	2748
印花税	46	45	91	93	142	225	330	343	400	738	882	1189
固调税	184	219	392	537	593	1224	271	21	4	–	–	–
企业所得税	1416	1611	1865	2623	2820	3599	4903	5600	4970	3603	6618	6302
土地增值税	–	–	–	–	–	–	11	81	364	603	748	1543
教育费附加	37	60	176	271	283	440	629	717	865	1539	1915	1456
罚没收入	3	–	12	46	12	–	2	28	4	12	26	84
文化事业费	–	–	–	–	–	19	22	20	22	23	23	22
地方教育附加	–	–	–	–	–	–	–	–	–	–	–	255
合计	4683	5922	8605	11331	13503	15909	19042	23520	27160	32448	40192	42564

1994 ~ 2005 年平度市国税局组织入库收入统计表

表 9-5　　单位：万元

年度 税种	1994	1995	1996	1997	1998	1999	2000	2001	2002	2003	2004	2005
增值税	8996	10537	13343	15298	16970	20100	24590	33258	35780	31186	33882	35496
消费税	881	973	1103	1286	1424	1854	2060	2628	2775	3067	2826	2786
营业税	211	313	–	462	552	557	574	418	185	–	–	–
个人所得税	214	233	–	–	–	8	896	1753	1750	1583	1780	2007
企业所得税	47	180	110	267	118	112	242	333	1035	1181	1970	3582
外企所得税	51	195	27	54	160	323	400	420	1370	1478	1792	2196
车辆购置税	–	–	–	–	–	–	–	–	–	2701	2688	3501
免抵调库增值税	–	–	–	–	–	–	–	–	–	6500	7629	8886
合计	10400	12431	14583	17367	19224	22954	28762	38810	42895	47696	52567	58454

第三章 金 融

第一节 金融机构

一、中国人民银行平度市支行

1986年8月，中国人民银行平度县支行恢复设立并对外营业。人民银行与工商银行分设办公，专门行使县级基层央行职能。1994年，人民银行体制改革，明确县人民银行职能：贯彻执行货币政策，金融监管，调查统计分析，横向头寸调剂，经理国库、现金调拨，外汇管理和联行清算。2003年12月，中国银行业监督管理委员会青岛监管局驻平度监管组成立，承担金融监督管理职能，人民银行平度市支行专门施行贯彻落实货币政策、维护金融稳定、提供区域性金融服务职能。2005年，人民银行平度支行内设发行保卫、货币信贷与统计、会计国库、外汇管理、政工、办公室6个科室，拥有员工41人。

二、中国农业银行平度市支行

1980年10月，由中国人民银行平度县支行析出成立。1986年，农业银行在全县设立营业网点45个。1992年，成立国际业务部，在全市推广金穗准贷记卡。1994年3月，城区营业网点实现同城储蓄存款通存通兑业务。同年5月，农村信用社与农业银行脱钩。1996年11月，农业发展银行平度市支行从农业银行析出，农业银行政策性业务取消，向商业银行过渡。1997年，农业银行人民币各项存款余额11.4亿元，各项贷款余额9亿元。2005年，农业银行平度市支行人民币各项存款余额29.45亿元，贷款余额15.57亿元。下设分理处（储蓄所）26家，拥有员工297人。

三、中国建设银行平度支行

成立于1979年1月，业务受财政局和人民银行双重领导。1985年9月，建设银行资金管理纳入人民银行信贷资金管理体系，业务改为单一接受人民银行领导。1986年，开始办理现金出纳业务。1987年，开办居民储蓄业务，年末储蓄余额672万元。至1989年，先后设立城区储蓄所9处、乡镇分理处6家。1990年4月，开办国库券交易业务，当年交易量142万元。1995年，一般性存款余额3.4亿元，企业存款余额7806万元，创历史最高记录。1996年3月，中国人民建设银行平度支行更名为中国建设银行平度市支行。1999年，建设银行平度支行向中国信达资产管理公司剥离不良资产5350万元，2000年6月再次剥离46户企业呆账贷款本金1116.3万元、应收利息170.23万元、催收利息1269万元。2001年，建设银行平度支行开办自营外汇业务。2005年，中国建设银行平度支行更名为中国建设银行股份有限公司平度支行，下设营业部和杭州路、福州路、红旗路、平古路4个分理处，拥有员工92人，

平度农业银行大楼（2006年摄）

人民币存款余额 8.18 亿元，贷款余额 3.08 亿元。

四、中国工商银行平度支行

成立于 1984 年 10 月，承担原由人民银行平度县支行办理的工商信贷、城镇储蓄和结算业务，为主办城市金融的专业银行。1986 ~ 1996 年，先后设立“大街”“车站”“荷花湾”“红旗路”“常州路”“中心”“青岛路”“上海路”储蓄所 8 处，苏州路分理处 1 处。2005 年，工商银行平度支行下设“大街”“红旗路”“上海路”储蓄所 3 处，“苏州路”“红旗路”“青岛”路分理处 3 家，拥有员工 100 人，人民币各项存款余额 8.16 亿元，贷款余额 2.86 亿元。

五、中国银行平度支行

成立于 1988 年 10 月，隶属中国银行青岛分行营业部，主要经营外汇外贸业务，下设 3 个科室、3 个储蓄网点，有员工 17 人。1989 年 6 月，划归中国银行黄海分行管辖。1995 年 11 月，平度中行在全市金融系统率先实现青岛地区储蓄业务通存通兑。2004 年 8 月，中国银行平度支行更名为中国银行股份有限公司平度支行，当年核销、剥离不良贷款 7400 万元。2005 年，银行下设“同和”“青岛路”“扬州路”“贸易城”分理处 4 家，“青沙路”“东阁”“苏州路”储蓄所 3 处，拥有员工 109 人，人民币各项存款 10.57 亿元，贷款余额 3.26 亿元。

六、中国农业发展银行平度市支行

1996 年 12 月，平度市第一家政策性银行——中国农业发展银行平度市支行挂牌成立，专门承担国家规定的农业政策金融业务，为农业和农村经济发展服务。1996 年 12 月至 1998 年 3 月，主要信贷业务除粮棉油收购、储备和调销贷款外，还承担农业开发、扶贫等专项贷款以及粮棉企业加工贷款等；1998 年 3 月至 2004 年 7 月为专司粮棉油收购信贷业务阶段；2004 年 7 月至 2005 年逐步形成以粮棉油收购贷款业务为主体，以农副产品生产和加工为一翼，以支持农业和农村发展的中长期贷款业务为另一翼的“一体两翼”，以及中间业务为补充的多方位支农格局。2005 年，农业发展银行平度支行拥有员工 23 人，发放粮棉油购销贷款 5.4 亿元，吸收企业存款 871 万元。

七、平度市农村信用合作联社

1985 年 1 月，平度县信用合作社联合社成立，业务由农业银行平度县支行信用合作股指导、管理。1994 年 3 月，平度市农村信用合作社与中国农业银行平度市支行分署办公，下设基层信用社 45 处。是年，联合社实现存款 7.48 亿元，贷款 5.42 亿元。1995 年，官庄、三堤、唐田、前楼、洪山、冷戈庄、亭兰、宅科、何家店、龙山、石桥 11 处信用社被降格为分社，联社营业室成立。1997 年，在市区设立“福州路”“青岛路”信用社。1998 年，确立农村信用社由社员入股、社员民主管理、为社员服务的合作金融体制性质。是年，成立于 1993 年的平度市城市信用社整体并入农村信用联社。2004 年 6 月，人民银行与农

中国银行平度支行同和分理处（2005 年摄）

村信用社签订中央银行票据置换协议，投入9964万元专项票据置换农村信用社不良贷款。2005年，联合社下设信用社32处、分社26处、营业部1个，拥有员工671人，人民币存款30.89亿元，贷款21.85亿元。

第二节 存 储

一、企业存款

1985年，人民银行实行“实贷实存”信贷资金管理办法，调动平度县各商业银行吸收存款积极性。1987～1989年，平度县（市）经济发展提速，企业存款增长明显。至1990年，平度市企业存款余额达到1.35亿元，4年净增6853万元，年均增长25.8%。1991年后，随着乡镇企业快速发展和招商引资步伐加快，平度市企业存款得到较快发展。至2005年，达到9.39亿元，比1990年增加5.96倍，年均增长39.7%。

二、财政性存款

1987年，全县财政性存款1667万元。至1993年，由于国民经济发展起伏较大，为抑制通货膨胀，财政支出大量补贴，使财政性存款下滑。1993年，全市财政性存款678万元，比1987年下降989万元。1994年后，国民经济进入良性发展轨道，财政性存款得到长足发展。2005年，全市财政性存款1.47亿元，比1993年增加1.4亿元，年均增幅172%。

三、农业存款

随着农村家庭联产承包责任制推行和乡镇企业发展，农业存款得到较快增长。1987年，存款余额达到1.43亿元。1988年，全国出现抢购商品风潮，平度县农村经济组织因储备大量农用生产物资，导致农业存款大幅下降，当年余额仅为4077万元，比1987年减少1.02亿元。之后，随着部分乡镇企业存款不再在农业存款中反映，农业存款增长较为缓慢。到1998年，农业存款余额9790万元，比1988年增长1.4倍，年均递增14%。1999年后，国家加大对“三农”扶持力度，平度市特色农业得到较快发展，加上为之服务的农业流通、仓储、深加工行业，带动了农业存款增长。2005年，全市农业存款2.41亿元，年均增速20.9%。

自动存取款机（2005年摄）

四、储蓄存款

1987年，全县储蓄存款3.2亿元。1988年，面对通货膨胀带来的物价上涨，中国人民银行平度市支行在全县各家银行开办了人民币长期保值储蓄存款，促进了储蓄存款的快速增长。至1991年，全市储蓄存款余额9.47亿元，比1987年增加6.27亿元，年均增速48.9%。1991年12月，国家停办保值储蓄业务。1993年7月，再次恢复至1996年4月。1996年底，全市储蓄代办机构1638家，储蓄存款达到30.85亿元。1998年，人民银行取消贷款规模控制，改为存贷比管理模式，促进了各商业银行储蓄存款工作积极性。到2005年底，全市各银行储蓄存款达到92.72亿元，为1997年2.7倍。

1987～2005年平度市（县）各项存款余额统计表

表9-6　　　　　　　　　　　　　　　　　　　　　　单位：万元

年度	存款余额	其中			
		企业存款	财政性存款	储蓄存款	农业存款
1987	62407	6635	1667	32048	14321
1988	55758	6381	556	41675	4077
1989	78356	10087	1552	57584	5018
1990	102891	13488	1712	76821	5822
1991	124064	13464	863	94748	6708
1992	142297	16159	448	111533	7253
1993	178803	20265	678	142600	7318
1994	238500	31469	872	187342	7547
1995	310763	45726	1361	252293	7930
1996	368058	48390	1443	308474	7662
1997	399432	47510	3075	338524	8696
1998	464601	52229	2709	396522	9790
1999	517892	59705	2113	442147	8675
2000	552652	56224	2458	474517	9588
2001	61101	64071	9869	518010	11229
2002	689163	81241	6705	411905	14446
2003	823158	83701	27477	668430	17130
2004	947915	90166	20891	793986	15719
2005	1100682	93859	14701	927171	24108

第三节 信 贷

1986年，人民银行平度县支行坚持“区别对待，择优扶持”的信贷政策，严格控制固定资产贷款，适当增加流动资金贷款。1987年，全县投放各项贷款6.68亿元，其中工业贷款8588万元、农业贷款6437万元、乡镇企业贷款1.51亿元、个体私营贷款19万元。1989年，各商业银行调整信贷结构，对重要商品和物资采取贷款与结算相结合、资金跟着物资走、此贷彼收的办法，启动和调节经济运行中的死滞环节和重点急需，工商业贷款增加2091万元，乡镇企业贷款增加2054万元，增幅分别达17.4%和10%。1990年，平度市金融系统对工业、农业、固定资产、项目和乡镇企业等7项主要贷款指标实行监测，支持市属骨干企业生产和商品储备，全年贷款增加1.91亿元，增幅24.8%，其中乡镇企业贷款增加6118万元、工商贷款增加4596万元。

1993年起，为克服经济“过热”状况，市人民银行贯彻“从严控制总量，优化结构，面向市场，转换机制，提高效益”的货币信贷政策，提高基准贷款利率，优先保证国家重点建设、工农业生产和农副产品收购等资金需要。至1995年，全市各项贷款26.44亿元，年均增幅39.7%。

1998年，平度市农村信用社将农户贷款作为落实支农信贷政策重点，全面推行农户联保和“一次核定，随用随贷，余额控制，周转使用”的贷款方式，将基层社农户贷款权限由初期3000 ~ 8000元提高到1万 ~ 2万元。1999年，平度市各金融机构在农村陆续推出农用机具、大件耐用品消费、教育助学、存单质押等11个消费贷款品种。翌年消费贷款增长额1.46亿元，增幅达623%，占全部贷款增长额的30%。2000 ~ 2002年，全市累计发放支农再贷款8.29亿元，受惠农户8.7万户；农村信用社累计发放农户贷款42.72亿元，支持农户48万户。

农行工作人员在云山镇了解农民使用“惠农卡”生产情况（2005年摄）

2003年，平度市各金融机构进一步优化对民营中小企业的金融服务，当年新增贷款4.4亿元，为1998年以来净增量最多一年。2005年，全市各项贷款投放52.02亿元，其中工业贷款3.66亿元、农业贷款12.18亿元、乡镇企业贷款6.45亿元、个体私营贷款2.88亿元。

1987 ~ 2005年平度市（县）各项贷款投放情况统计表

表9-7 单位：万元

年度	贷款余额	其中			
		工业贷款	农业贷款	乡镇企业贷款	个体私营贷款
1987	66818	8588	6437	15067	19
1988	79802	12034	4893	20489	17
1989	76924	14125	7022	22543	15
1990	96065	18721	8661	28661	14

续表 9-7

年度	贷款余额	其中			
		工业贷款	农业贷款	乡镇企业贷款	个体私营贷款
1991	113387	21240	11329	33182	14
1992	120698	23984	13933	39014	14
1993	144620	27390	14853	46201	20
1994	221600	7842	5790	10670	38
1995	264354	31255	24160	51807	73
1996	313450	31431	32721	57312	50
1997	337019	36737	39368	59867	24
1998	391608	48907	49432	64452	5127
1999	423634	54102	62615	63424	8652
2000	442961	57940	92203	52276	9010
2001	462221	60124	100172	52924	12804
2002	489087	49339	112800	53749	12189
2003	533125	48388	124714	55366	20232
2004	542675	37199	126462	58976	25402
2005	520239	36569	121829	64490	28818

第四节 金融管理

一、现金管理

1985年，人民银行平度县支行控制信贷规模和现金支付，加强柜台审查，当年现金投差比1984年减少34%。1986年，全县现金投放13.69亿元，回笼12.73亿元，现金净投放9581万元。1988年，由于商品紧缺，投资过热，现金管理一度放宽，造成市面通货膨胀。是年9月，平度县规定企业单位核定库存限额1000元，其他单位核定库存限额50元。1989年，人民银行规定，一个单位只能在一家银行开立现金结算户，支取现金，是年现金净投放比1988年减少9165万元，减幅124.5%。1992年，国家加强对经济宏观调控，压缩房地产泡沫，控制固定资产投资，平度各专业银行严格控制现金支出，导致当年现金出现净回笼，净回笼4.11亿元，为1978年以来唯一一次净回笼。1993～1996年，人民银行相继实施定期存款保值储蓄等方法加强现金回笼，控制通货膨胀，稳定市场物价，抑制现金净投放增长。1997年，各银行对三资企业、股份制企业核定库存限额，同时大范围推广信用卡、银行汇票、支票、本票等结算工具，疏通结算渠道，提高结算速度。至1999年，实现同步快速回笼，现金净投放量稳定在6亿元～6.7亿元之间，分别为6.04亿元、6.19亿元、6.71亿元。2000年2月，人民银行提出流通货币“七成新”要求，加大残缺人民币回笼力度。4月，出台《个人存款账户存款实名制规定》，控制公款私存现象。2001年7月，人民银行平度市支行适当下放大额提现审批权限；日提现单笔或累计超过5万元（含5万元）的大额提现由开户银行逐笔登记，超过10万元的大额提现和签发加盖“现金”字样的银行汇票和本票达到10万元的，不再报人民银行审批；个人合法劳务报酬通过转账方式进入个人账户，限额2万元。2003年，反洗钱纳入大额现金管理重要内容。市人民银行对全市金融机构和2万户企事业单位、个体工商户大额现金支付登记台账、资金流向进行了检查，规范大额现金支付报告程序。2004年11月，市人民银行撤销人民币发行库，货币调拨、押运由商业银行和押运公司承担。2005年，平度市现金投放35.86亿元，回笼33.6亿元，净投放2.26亿元。

反假币现场宣传（2005年摄）

二、货币反假

1990年，全市各银行收缴假人民币299张，金额1.54万元。1996年起，人民银行平度市支行每年组织举行“反假货币宣传周”活动。至2005年，全市举办反假币培训班30次，培训银行系统出纳人员2000人次、企事业单位财务人员600人次，提高了识假防假能力。累计收缴假币9692张，金额46.14万元。

三、金银管理

1987年，人民银行平度县支行开始收购黄金生产企业生产的黄金，是年收兑黄金6.55万克。1993年，平度金店成立，经营黄金、白银饰品和流通（金银）纪念币零售业务。1998年11月，平度金店被出售，市人民银行停办个人手持黄金、白银收购业务。2001年8月，黄金饰品价格放开，人民银行为平度金店、红旗路商场、新时代商厦、东方大厦发放了经营金银饰品核准证。2002年12月，国家设立黄金交易所，平度市企业生产的黄金经精炼后直接交交易所。是年，全市累计收兑黄金1337万克。2003年3月，金银制品市场经营完全放开，市人民银行不再对金银饰品经营进行管理。

四、利率管理

1985年，平度县境内一年期存款利率执行7.20%。1988～1993年，人民银行7次调整存贷款基准利率。其中，存款利率呈现先升后降再升趋势，7次1年期存款利率分别为8.64%、11.34%、10.08%、8.64%、7.56%、9.18%、10.98%；贷款利率呈现先升后降再升态势，7次1～3年贷款利率分别为9.90%、12.78%、10.80%、10.08%、9.00%、10.80%、12.24%。从1996年5月1日至1999年6月10日，中央银行连续7次下调利率，存款平均利率累计下调5.73个百分点，贷款平均利率累计下调6.47个百分点，贷款利率降幅大于存款利

率0.74个百分点。2002年2月21日，人民银行再次调整存贷款利率。一年期破土利率执行1.98%，“1~3”年期贷款利率执行5.49%。2004年1月1日，人民银行决定扩大金融机构贷款利率浮动区间，将商业银行贷款利率浮动区间上限扩大到贷款基准利率的1.7倍，农村信用社贷款利率浮动区间上限扩大到贷款基准利率的2倍，金融机构贷款利率浮动区间下限保持为贷款基准利率的0.9倍不变。政策性银行贷款及国务院另有规定的贷款利率不上浮。2004年10月29日，中国人民银行调整、放开金融机构贷款利率上限（城乡信用社除外）和存款利率下限。至此，平度市境内一年期存款利率执行2.25%，“1~3”年期贷款利率执行5.76%。

五、外汇管理

1993年7月至1995年，全市工商、农业、中国、建设4家银行均设立国际业务部，办理外贸进出口业务，外汇储蓄存款业务机构达15家。是年，全市银行结汇收入1037万美元，售汇支出34万美元，结汇大于售汇1003万美元，分别比1994年增长703%、54%和937%。1996年，国家外汇管理局推行国际收支统计申报制度，下发《关于结汇、售汇及付汇管理若干具体问题的实施规则》，根据规定，平度市外汇管理局对全市73家外商投资企业账户申报区分核对，区分外汇账户104个，其中结算账户73个，核定结算账户最高限额2418万美元。全市通过金融机构发生各类外汇收支信息1539笔、1.05亿美元，其中涉外收入信息1414笔、7399万美元；涉外支付信息125笔、3130万美元。4家商业银行外汇存款余额996万美元，外汇贷款余额702万美元；外汇汇入汇款7322万美元，汇出汇款3904万美元。1997年，东南亚金融危机爆发，国家加强外汇监管。平度市外汇管理局组织4家商业银行年检企业159家，合格139家；外汇申报信息2623笔、2.23亿美元，其中涉外收入信息2504笔、1.44亿美元，涉外支付信息319笔、7903万美元。2001年，市外汇管理局建立《重点涉外企业监测分析系统》，对其资本金到位、进出口收付汇核销、国际收支申报等情况按月监测分析。2002年初，国家出台《出口退税账户托管贷款管理办法》，各外汇指定银行开始办理出口退税托管贷款，至年底共发放贷款3166万元。是年，全市办理出口收汇核销1.96亿美元，累计进口付汇5594万美元，分别比2000年增加1.03亿美元和2820万美元。2003年，国家外汇管理政策开始由宽进严出向均衡管理过渡，由重公轻私、外资优于中资向统一政策过渡。2005年，全市金融机构为534家企业发放出口收汇核销单3.37万份，办理出口收汇核销4.9亿美元，核销率99.87%；进口付汇核销1284笔、1.35亿美元，付汇核销率99.7%。

六、经理国库

1986年8月，县人民银行设立国库会计科，专办国库工作。是年，平度县收纳国库库款4.3万笔、4775万元；发行国库券51万元。至1993年，累计发行实物类国库券2513万元。1994年，国家开始发行凭证式国债，各银行根据其上级行分配金额自主发行。1998年，市人民银行税款入库2.63亿元，其中中央收入4307万元、地方收入2.2亿元；库款支拨3.92亿元；库款退库3740万元；库款调拨8340万元。随着财政体制改革，国库收入的分成、上解、留成、账务处理多有变更，但拨付限额办法坚持使用至今。2005年，市人民银行税款入库12.64亿元，其中中央收入2.54亿元、地方收入10.1亿元；国库支拨9.45亿元；库款退库2.8亿元；库款调拨4.2亿元。

第四章 保险 证券

第一节 保 险

一、中国人民财产保险股份有限公司平度支公司

其前身是中国人民保险公司。1983 年 6 月，由人民银行独立分设，时称中国人民保险公司平度县支公司。1996 年 4 月，中国人民保险公司平度市支公司实行财产、人寿险分业经营，中保财产保险有限公司成立。1999 年 1 月，中保财产保险有限公司继承中国人民保险公司品牌，恢复使用中国人民保险公司平度市支公司名称。2003 年 10 月，更名为中国人民财产保险股份有限公司平度支公司。

保费收入 1983 年，县人民保险公司开办有企业财产保险、机动车辆保险、家庭财产保险和团体人身意外伤害保险 4 个险种。公司主要经营财产保险、机动车保险和团体人身意外险，保费收入 301 万元。1996 年产、寿险分业经营后，专营财产保险、机动车保险和农业保险。是年，保费收入 1512 万元。随着经济社会发展，保险业务由城市拓展到农村，由集中走向分散，由一险种向多险种发展。2005 年，公司保费收入达到 3200 万元，为全市 400 家企业、1.2 万车辆、8000 户家庭提供保险保障。险种包括：财产、机动车辆、责任、信用、保证、意外伤害、短期健康保险等上百个险种。

理赔 1986 年，县人民保险公司理赔款 120 万元，赔付率 40%。1992 年，张戈庄有机化工厂因火灾烧毁原料，赔付金额 120 万元；1996 年，理赔款 1486 万元，其中 6 月 13 日、15 日，为平度两次遭受特大风雹袭击受损的 3 万户保险家庭、467 公顷棉花、400 个蔬菜大棚、40 公顷小麦理赔 350 万元。2001 ~ 2004 年，保险公司累计理赔 5591 万元，其中分别为青岛同辉丽光蜡制品有限公司、青岛青达鞋业有限公司意外失火赔付 46 万元和 38 万元。2005 年，公司理赔款 2448 万元，赔付率 113.6%。其中分别为青岛石进开发有限公司、青岛普乐斯铅笔有限公司火灾赔付 30 万元和 263 万元。

二、中国人寿保险股份有限公司平度支公司

1996 年，中国人民保险公司平度市支公司产、寿险分业经营，中保人寿保险有限公司平度市支公司随即成立。经营险种有子女备用金、农村“三职”干部（村书记、村主任、村文书）养老险、简易人身险及意外险，保费总收入 2200 万元（含连续期），理赔款 180 万元。1997 年，开始增加“六六鸿运”“儿童贺岁”“为了明天”“少儿平安”等险种，保费收入达到 3400 万元，理赔 2600 万元。1999 年 4 月，中保人寿保险有限公司平度市支公司更名为中国人寿保险有限公司平度分公司。2003 年 10 月，更名为中国人寿保险股份有限公司平度市支公司。下设 32 个乡镇、10 个市直营销服务部及 1 个售后服务保全组。截至 2005 年，市寿险公司累计保费收入

中国人寿保险公司平度分公司办公楼（2005 年摄）

6.6亿元，理赔额5475万元。经营险种有“重大疾病”“养老金还本”“99鸿福”“国寿英才少儿”“国寿生命绿荫疾病”“国寿鸿鑫”两全（分红型），“国寿鸿宇”两全（分红型）等保险险种。

三、中国平安人寿保险股份有限公司平度支公司

中国平安人寿保险股份有限公司平度支公司是中国平安保险（集团）股份有限公司于1995年5月在平度开设的分支机构，经营各类人身保险、健康保险、意外伤害保险等业务。至1996年，陆续在各镇（街道）设立保险代办处，寿险业务遍及全市城乡，保费总收入1000万元，理赔120万元。2004年，合并规范乡镇网点，于平度东西南北设立4个营销服务部。2005年，平安人寿平度支公司拥有员工820人，个人寿险客户11万人，团体客户100余家，累计保费收入7.6亿元；案件赔付金额7500万元，客户满期生存金领取6200万元，支付业务员佣金1.3亿元，上缴国家利税2800万元；经营险种有“平安智赢人生”终身寿险（万能型）、“平安世纪天骄”终身寿险（万能型）、“平安金裕人生”两全保险（分红型）、“平安世纪才俊”投资连结保险、“平安钟爱一生”养老保险、重大疾病保险等80余种。

第二节 证 券

1994年5月，青岛万通证券公司平度证券交易营业部成立并营业，主要代办沪深股市股票交易，当年开户372户，交易品种有股票和国债，成交金额5000万元。1996年，代办平度市同和空调股份有限公司的权证交易，1997年代办天柱化肥股份有限公司权证交易，1998年代办金星矿业股份有限公司权证交易。2000年，开户3360户，交易品种增加封闭式基金和企业债，成交量达到17.3亿元。2003年，青岛万通证券公司平度证券交易营业部更名为中信万通证券有限责任公司平度人民路证券营业部。2005年当年开户1100余户，总户数达到1.23万户，交易品种增加了B股、开放式基金，成交金额达到10亿元，设有交易部、咨询部、理财部、财务部、电脑部和办公室6个部门，网上交易户数2336户，成交金额达2.1亿元，占当年总成交额的21%。

第十篇 经济管理

工商行政管理 民国以前，历代官署未设专门工商机构。民国时期，私营工商业由商会、同业公会管理；集市贸易由各行“经纪”串通交易。抗日战争与解放战争时期，胶东行政区分别成立西海、南海工商管理局，组织商品进出，缉拿走私。1950年，平度四县成立工商科。后相继成立县商业局商政科、市场管理委员会。1967年，平度县工商行政管理局成立。其主要任务是管理工商企业，管理市场，打击投机倒把行为。

物价管理 新中国成立前，平度县未设物价管理机构。1959年，成立市场物价管理委员会。1982年，成立物价局。其主要任务是稳定市场，稳定物价，促进经济发展。

标准计量管理 1931年，平度县成立度量衡检定所。新中国成立至1972年，平度未专设度量衡管理机构，由市场管理委员会和工商局兼管。1973年，成立平度县计量标准所，1979年改称标准计量局。1985年，全县有10家企业、14种产品获省优，8种产品获部优，2种产品获国家质量奖（银牌）。

审计管理 1984年前，平度县审计工作由财政、银行、金融、保险机构进行。1984年4月，始设审计局。至1985年，先后对县皮鞋厂、石油公司、化肥厂、公路站、水利局、棉麻公司及棉花加工厂、粮食局及下属粮管所等单位进行审计，共查出违纪违规金额398万元。

土地矿产管理 1932年《胶济铁路经济调查报告》载：时平度可耕地为19.2万公顷，已耕14.07万公顷，占73%。金矿则明万历年间即有开采。新中国成立后，政府鼓励垦荒种地，耕地面积有所增加，1949年为20.87万公顷，1955年为22.2万公顷。1957年，平度95个村庄划归高密、胶县、昌邑三县，再加水利建设、修路、城乡建设用地，至1966年，全县耕地面积减为18.96万公顷，1976年减为16.87万公顷。后经山水田林路综合治理，耕地面积又有回升。截至1985年，全县耕地面积17.4万公顷；金矿2个，年产黄金5700小两；石墨产品发展到6大类20个品种，青岛电子材料厂生产的中碳石墨“589”“890”两个品种和县大理石厂生产的银光牌“311”雪花白大理石薄板均获建材部优质产品称号。

第一章 计划管理

1986年，平度县的计划管理机构为计划委员会。1993年9月，平度市计划委员会与平度市统计局合并组建计划统计委员会，同年11月撤销，恢复平度市计划委员会。2001年8月，撤销平度市计划委员会与平度市物价局，合并组建平度市发展计划局。2002年6月加挂平度市物价局牌子，与发展计划局合署办公。2004年12月，撤销平度市发展计划局、市经济发展局和市经济体制改革办公室，组建平度市发展和改革局。

第一节 计划编制与实施

1986年，国家逐步缩小指令性计划范围，扩大指导性计划和市场调节。1987年，全县仅有粮食合同定购、固定资产投资、计划内物资分配、大中专毕业生分配和人口出生率实行指令性计划，其他均为指导性计划或由市场调节。1992～2005年，随着社会主义市场经济体制的逐步建立，市场调节与宏观调控相结合的计划管理体制形成。

一、中长期计划

中期计划期限一般为5年，10年及10年以上为长期计划（或远景规划）。1986～2005年，全市（县）共编制实施了"七五""八五""九五""十五"四个五年计划。

第七个五年计划（1986～1990） 计划提出，"七五"期间要全面进行经济体制、教育体制、科技体制改革，保证九十年代经济的振兴和繁荣，不断改善人民生活。计划目标：到1990年，国内生产总值达到15亿元，年递增12.6%；工农业总产值达到21亿元，年递增5%；财政收入达到6400万元，年递增7.3%；固定资产投资"七五"期间总规模为2.32亿元；社会消费品零售总额达到7.3亿元，年递增10.4%；农民人均纯收入达到840元，年递增6.0%；职工平均工资达到1077元，年递增1.8%。完成情况：1990年，社会总产值59.2亿元，国民生产总值23.8亿元，国民收入20.6亿元，工农业总产值38.45亿元，财政收入9300万元，年均增长15.7%，社会消费品零售总额7.68亿元。

第八个五年计划（1991～1995） 计划提出，今后五年把提高经济效益作为经济工作中心，调整和优化经济结构，提高经济素质，逐步从粗放经营为主转上集约为主的轨道。主要发展目标：到1995年，国内生产总值达到34亿元，年递增8.7%；工农业总产值达到60亿元，年递增9%；财政收入达到1.25亿元，年递增6.6%；固定资产投资"八五"期间总规模为7亿元；社会消费品零售总额达到16亿元，年递增12.3%；农民人均纯收入达到1250元，年递增6.8%；职工平均工资达到2400元，年递增5.5%。完成情况：1995年，全市国内生产总值达到66.8亿元，比"八五"计划指标翻了近一番，年均增长22.9%；人均国内生产总值5103元，年均增长22.5%；财政收入2.24亿元，年均增长19.7%。全社会固定资产投资累计完成35.1亿元；出口创汇5520万美元，实际利用外资5743万美元；社会消费品零售总额17.03亿元，"八五"期间递增26.5%；农民人均纯收入2196元，职工平均工资4385元，年均分别递增19.1%和16.2%。

第九个五年计划（1996～2000） 计划提出，"九五"期间，要动员全市人民发扬"团结、奉献、务实、争先"的平度精神，实现由农业大市向农业强市、经济强市跨越，把平度建成现代农业、资源工业，发展科教、文化、旅游为主要特色的文明富强的中等卫星城市。确定：到2000年，国内生产总值达到165亿元，年均增长19.8%；人均国内生产总值1.21万元，年均增长18.9%；地方财政收入达到3亿元，年均增长17.3%；全社会固定资产投资“九五”期间总规模为120亿元；实际利用外资额5亿美元，外贸出口创汇2.6亿美元。完成情况：2000年，全市国内生产总值达到118.5亿元，年均增长11.7%；人均国内生产总值达到8888元；地方财政收入达到3.74亿元，年均增长22.6%，全社会固定资产投资累计完成88亿元，为“八五”期间的2.6倍；一二三产业比例由1995年的42.8∶32.5∶24.7调整为2000年的29.6∶38.2∶32.2；五年累计实际利用外资2.69亿美元，是“八五”的2.1倍；出口创汇达到2.29亿美元，年均增长33%；社会消费品零售总额达到39.1亿元，年均增长18.1%；全市职工平均工资达到7012元，农民人均纯收入达到3529元。

第十个五年计划（2001～2005）计划提出，今后五年要以建设全省经济强市为目标，突出经济结构调整主线，大力推进工业化、城镇化、信息化，加快体制创新、科技创新和产业结构升级，全市国内生产总值在2000年基础上翻一番。主要经济和社会发展预期目标：国内生产总值达到237亿元，平均每年增长15%；地方财政收入达到8亿元，年均增长16.4%；全社会固定资产投资五年合计完成200亿元；一二三产业比例由2000年的29.6∶38.2∶32.2调整为17∶50∶33；外贸出口达到6亿美元，年均增长21.2%；五年累计实际利用外资5亿美元、内资40亿元；城镇职工平均工资达到1.20万元；农民人均纯收入达到5200元。完成情况：2005年，全市生产总值达到286.85亿元，地方财政收入达到9.6亿元，分别完成“十五”计划的121%和120%，年均分别增长17.1%、29.6%；五年累计完成全社会固定资产投资355.5亿元，完成“十五”计划的177.8%，年均增长36.2%；三次产业比例由“九五”末的29.6∶38.2∶32.2调整到15.6∶53.7∶30.7；累计实际利用外资11.7亿美元，实际利用内资180.1亿元，分别完成“十五”计划的234%、450.3%，年均分别增长48.3%、51.5%；累计完成外贸出口14.7亿美元，年均增长30.6%；科技进步对经济增长的贡献率达到50%；社会消费品零售总额达到84.56亿元，年均增长16.7%；城镇居民人均可支配收入、农民人均纯收入分别为1.03万元和5545元，年均分别增长12.2%、9.5%。综合经济实力列全省30强县（市）第十二位。

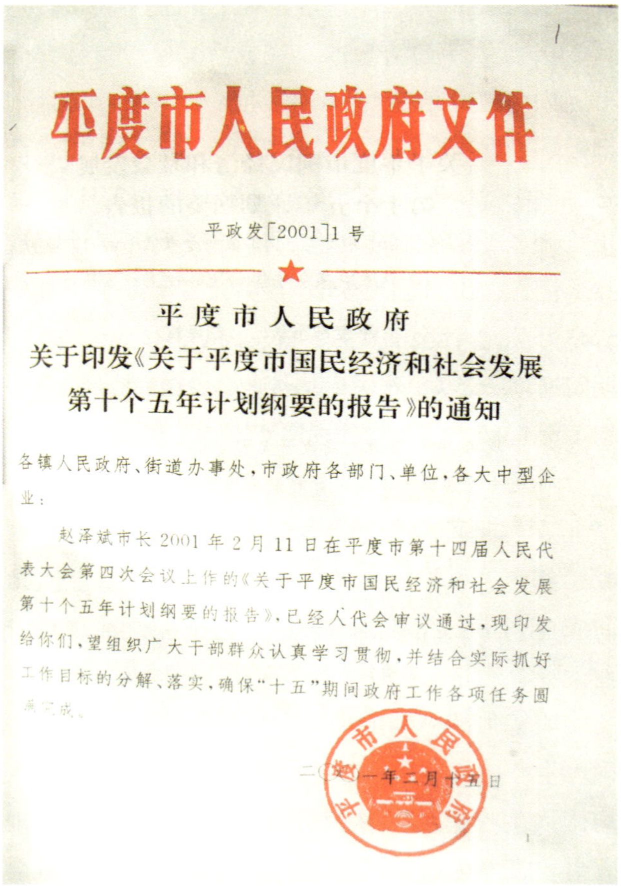
平度市人民政府文件

平政发[2001]1号

平度市人民政府
关于印发《关于平度市国民经济和社会发展第十个五年计划纲要的报告》的通知

各镇人民政府、街道办事处，市政府各部门、单位，各大中型企业：

赵泽斌市长2001年2月11日在平度市第十四届人民代表大会第四次会议上作的《关于平度市国民经济和社会发展第十个五年计划纲要的报告》，已经人代会审议通过，现印发给你们，望组织广大干部群众认真学习贯彻，并结合实际抓好工作目标的分解、落实，确保“十五”期间政府工作各项任务圆满完成。

二〇〇一年二月十五日

二、年度计划

1986年计划，提出要巩固和完善农村家庭联产承包责任制，调整和优化农村产业结构，坚持工业改革，实行厂长（经理）负责制和劳动合同制。计划预期目标：工农业总产值、地方财政收入、商品零售总额、出口商品收购总值分别达到15.1亿元、4939万元、4.9亿元、7000万元，分别增长8.5%、5.4%、9.9%和12.9%；固定资产投资达到3740.6万元，国民收入增长8.3%，人口自然增长率控制在8‰以下。到年底，工农业总产值、地方财政收入、商品零售总额、出口商品收购总值分别实际增

长10%、3.7%、15.7%和62.3%；社会总产值完成23亿元，增长10.6%；固定资产投资完成3154万元；国民收入完成10.6亿元，增长8.3%；人口自然增长率为6.83‰。

1989年计划，提出要强化农业，大上工业，搞活流通，狠抓科教，突出抓好粮食、乡镇企业、外向型经济三个重点，深入开展增产节约、增收节支活动。计划预期目标：全市社会总产值、工农业总产值、国民收入、地方财政收入分别达到47亿元、33.4亿元、17亿元和7341万元，分别增长15.3%、18.8%、13.3%和4.3%，商品零售总额、出口商品收购总值分别达到8.5亿元、1.65亿元，分别增长13.8%和17.8%；固定资产投资达到2.5亿元。到年底，社会总产值、工农业总产值、国民收入、地方财政收入分别实际增长21.9%、27.2%、20.1%和19.6%，商品零售总额、出口商品收购总值分别实际增长5.5%和18.7%，固定资产投资实际完成6119万元。

1993年计划，提出要强化农业基础地位，加大工业投入，扩大外贸出口，发展第三产业，提高国民经济整体水平。计划预期目标：全市国内生产总值、工农业生产总值、地方财政收入分别达到34亿元、80亿元、1.23亿元，分别增长16.4%、18.7%和9.6%，固定资产投资、商品零售总额、出口商品收购总值分别达到4.2亿元、12亿元、10亿元，分别增长82.6%、13.7%和53.8%。到年底，国民生产总值、工农业生产总值、地方财政收入分别实际增长33.5%、37.7%和29.3%，固定资产投资、商品零售总额、出口商品收购总值分别实际增长171.1%、19.1%和83.2%。

1997年计划，提出以“科教兴市”总揽全局，组织实施“两高一优”农业、支柱产业和骨干企业、市场建设“三大会战”，大力培植新的经济增长点。计划预期目标：全市国内生产总值、工农业生产总值、地方财政收入分别达到86.5亿元、118亿元、2.06亿元，分别增长13.8%、11.2%和20.4%，固定资产投资、商品零售总额、出口商品收购总值分别达到18亿元、25亿元、26亿元，分别增长16.3%、13.6%和12.4%。人口出生率控制在15.05‰。到年底，国民生产总值、工农业生产总值、地方财政收入分别实际增长6.4%、13.7%和22.2%，固定资产投资、商品零售总额、出口商品收购总值分别实际增长–22.7%、18.4%和12.6%。人口出生率为12.6‰。

2001年计划，提出要加快农村经济结构调整，增加农民收入，加大工业结构调整力度，提高工业增长质量和效益，扩大利用外资规模，提高对外开放水平，优化投资结构，搞好市场建设与开拓。计划预期目标：全市国民生产总值、工农业生产总值、地方财政收入分别达到142亿元、248亿元、4.42亿元，分别增长20%、21.9%和18.2%，固定资产投资、商品零售总额、外贸出口总值分别达到32亿元、45亿元、2.9亿元，分别增长20%、21.9%和18.2%。到年底，国民生产总值、工农业生产总值、地方财政收入分别实际增长13.3%、13.2%和20.7%，固定资产投资、商品零售总额、外贸出口总值分别实际增长24.8%、15.8%和30.8%。

2005年计划，提出要增加群众收入、增加集体收入、增加财政收入、增加就业岗位、促进社会稳定总体要求，进一步优化经济结构、培植发展亮点、深化各项改革、搞好城乡建设。计划预期目标：全市生产总值、地方财政收入、全社会固定资产投资分别达到258亿元、7.1亿元和117亿元，分别增长18%、20%和30%；出口创汇、实际利用内资、社会消费品零售总额分别达到4.45亿美元、63亿元、77.4亿元，分别增长20%、35%和12%；农民人均纯收入和城镇居民人均可支配收入分别增长7%和10%。到年底，全市生产总值、地方财政收入、社会固定资产分别实际增长19.3%、50.2%和50%；出口创汇、实际利用内资、社会消费品零售总额分别实际增长29.7%、45%和15.9%。农民人均纯收入和城镇居民人均可支配收入分别实际增长

13.6% 和 13.8%。

三、专项规划

《平度市综合国土规划》1992年11月～1993年3月编制。规划以1991年为基期，以2000年为规划时段，以现状为基础，以促进经济发展与人口、资源和环境之间的协调。其主要内容包括国土资源综合评价、开发整治总体构想、土地利用规划、农业发展布局与规划、工业发展布局与规划、第三产业发展规划、重大设施建设规划、水力资源开发利用规划、矿产资源开发利用规划、人口与城镇体系规划、科技教育发展规划、环境保护与治理规划、实施规划的措施与建议等内容，较准确地评价全市自然资源和社会、经济资源，分析优势条件和制约因素，提出国土开发整治构想的方向和目标，在生产力布局上，采取以点促线、以线带面、梯次推进，“点轴面”结合的开发模式，提出强化农业基础、合理开发利用土地和矿产资源、调整优化产业结构、加快工业、第三产业和外向型经济的发展、加强基础设施建设等发展思路。

《平度市“九五”期间工业重点行业、重点产品发展规划》1994年1～6月编制。该规划确定以矿产建材、食品、机械3个行业为重点行业，选择黄金、石材及石材制品、肉类产品、植物油及花生制品、系列汽车改装、锅炉辅机、子午线轮胎、汽车塑料配件、布匹、缫丝及丝织品、铝继电容器等重点产品39个，规划平度市龙山金矿、平度石墨开发公司、青岛平度市高档肉牛试验基地、青岛第六橡胶机械厂、青岛第二齿轮厂、平度化肥厂、平度市棉纺织厂、青岛三莹电子有限公司等重点投资项目58项。“九五”期间总投资24.21亿元。

《平度市第三产业发展第九个五年计划及2010年规划》1996年3～5月编制。规划提出，要加强基础设施建设，建立高效畅通的邮电通信网络，形成以公路铁路为主体的综合运输中心；大力发展流通业，形成以商品流通、物资集散和对外贸易为主要内容的商贸中心；发展金融机构，拓宽融资渠道，提高资金效益，形成金融市场完善、各种融资方式健全的金融中心；大力发展科技教育事业，建立经科教一体化的科教信息中心；加强旅游资源开发，建设以人文、自然景观为主要特色的旅游中心；开发各种社会化服务业务，建立健全城镇社会化服务体系；努力发展社会保险、卫生体育、劳动就业及社会福利事业，建立健全社会保障体系。

第二节 项目审批

1986年前，国家对所有大小投资项目实行严格的计划审批制度，工业项目建设投资来源一律由国家拨款，实行计划管理和财政预算管理相结合，平度县审批权限在5万元以下（不含5万元）。1987年3月，国家放开固定资产投资审批权限和简化审批手续，由地方投资安排的大中型基本建设项目，其项目建议书和设计任务书不再报国家计委审批，改由省和计划单列市计委审批，报国家计委备案。1987年4月，平度县根据国家要求，开始对基本建设项目进行清理，压缩投资规模，调整投资结构，压缩一般加工工业和非生产性的建设，严格控制楼堂馆所的建设，重点支持农业、能源、交通和原材料工业等基础产业建设。1988年，平度县计划委员会设立投资科，负责固定资产投资审批管理。

平度市发展和改革局对上争取资金批文

1991年，全市在基本建设领域开展了“质量、品种、效益年”活动。严格控制投资规模，基本建设项目必须按单项工程编制和下达计划，年度计划中未列入的单项工程，银行一律不供应资金。同年，国务院下发《关于固定资产投资方向调节税暂行条例》，对不同产业领域的固定资产投资项目开征固定资产投资方向调节税，2000年停止征收。10年间，平度市计划委员会共代征投资方向调节税700余万元。1992年，平度市计划委员会简化项目审批程序。总投资在100万美元以下的外资项目，项目建议书和可行性报告合二为一，由平度市计委一次性审批。需征地的项目，由平度市计划委员会下达计划；不需征地的项目，由平度市计划委员会下达计划并呈报青岛市计委。总投资300万元以下的内资工业项目，不再报项目建议书和可行性研究报告，企业可直接呈报投资计划申请即可；总投资在300万元以上、1000万元以下的内资工业项目，将原项目建议书、可行性研究报告和年度投资计划分别审批，改为三步合一同时审批。项目建设单位在办理规划、土地、环境评估、落实资金等手续后，将投资方向调节税税单报送计划委员会后即可开工建设。

1998年，平度市制定《关于加强固定资产计划管理的暂行办法》，对全市基本建设计划包括全民集体、个体住宅等纳入计划管理，实行统一编报，统一审查，统一下达计划，按时组织监督检查。2001年初，国家取消项目固定资产投资方向调节税，审批权限进一步下放。投资额在3000万元（中外合资、合作项目总投资额在1000万美元）以下工业项目由项目单位提报项目建议书，平度市规划、国土、环保部门出具审查意见，符合国家产业政策和平度市发展规划的，平度市发展和改革局即给予审批立项，同时下达年度投资计划。

2004年8月，按照《国务院关于投资体制改革的决定》要求，对不需要政府投资的企业项目由审批制改为核准制和备案制。其中，对《政府核准的投资项目目录》中的工业项目实行核准制，其他项目（禁止类和限制类除外）实行备案制，对外商直接投资项目一律由审批制改为核准制。2005年，仍实行该政策。

第二章 工商行政管理

1986年，平度县工商行政管理局下设市场科、合同科、个体经济管理科、企业科、人事科、办公室、市场管理所、经济检查所、机动车辆交易管理所及45个乡镇工商所。1989年2月，增设工商所13个。10月，平度县工商行政管理局改称平度市工商行政管理局。1993年，增设审计科、监察科、商标广告管理所、工商派出所、建材市场管理所、市中心蔬菜批发市场管理处。8月，工商行政管理局与物价局合并，改称平度市工商物价行政管理局，局机关设立办公室、政工科、登记管理科（原企业登记科与个体经济管理科合并）、市场物价管理科（1995年12月，更名市场管理科）、经济合同管理科。撤销审计科、监察科、财务科。1994年9月，贸易城管理处升格为副科级单位。1995年2月，平度市行政区划调整，下设工商所由45个缩编为32个。4月，设立机动车辆管理处，撤销市中心蔬菜批发市场管理处、市场管理所。12月，平度市市场建设服务中心成立，与工商行政管理局合署办公。1997年2月，增设市场巡查大队（副科级）。6月，增设开发区工商所。7月，增设农业生产资料管理所。1998年6月，设立平度市个体经济管理办公室（副科级）。1999年1月，实行“管办脱钩”，市场建设服务中心从工商行政管理局分离出去，独立办公。同年4月，工商行政管理系统实行省以下垂直管理，平度市工商行政管理局更名青岛市工商行政管理局平度分局。撤销经济检查所、机动车辆交易管理处、建材市场管理所。2000年1月，贸易城管理处更名为贸易城市场管理所（副科级）。市场巡查大队更名为经济检查大队。2001年8月，平度市进行行政区划，撤销2个工商所。2002年6月，青岛市工商行政管理局平度分局更名平度市工商行政管理局；设立企业注册局（副科级）、公平交易局（副科级）、法制科；政工科更名人事政工科，商标广告管理所更名商标广告管理科，财务科更名财务装备科；撤销机动车辆交易管理所、农业生产资料管理所、经济检查大队、个体私营经济管理办公室；撤销郭庄、田庄、祝沟、新河、崔召、香店等6个工商所（在乡镇设立12处副科级工商所、14个股级工商所）。2005年10月，"小局大所"改革，由原26个工商所合并为12个中心所（副科级）。

平度市工商局办公楼（2010年摄）

第一节 市场管理

1986年前，市场按行划市，摊商亮证经营，明码标价。印制《平度县集市摊位证》10万个，发给上市摊位经营者，对号入摊。1987年，坚持"活而不乱，管而不死"的原则，组织摊贩开展优质服务活动，对商贩全面实行"编号定位、对号入市"，查处各种违章违法案件5600余起。1988年，查获各种违章违法案件5590件；查获假冒伪劣商品2.3万件，其中假农药2900公斤，假化肥1.5万公斤，变质饲料4000公斤，掺水猪、羊、牛肉6.67万公斤，违法收购外运粮食8.56万公斤，花生4.19万公斤，棉花4500公斤，取消无证经营4333人次。1989年，对粮棉油市场检查整顿，查扣棉花1500公斤，查封轧花机、梳棉机、弹花机48台。查处反动淫秽书刊2.54万册，查缴黄色录音带1400盘、录像带28盘。

1990～1991年，对重点集市、重点行市监督检查4次，查处违章违法案件8000余起，罚款8万元，查扣假烟、假酒、变质罐头、假化肥、假农药、假种子等物资一宗。1993年3月，市工商局、公安局联合下发《关于开展整顿市场秩序的联合通知》。工商、公安、税务、物价、计量、卫生等有关部门密切协作，齐抓共管。截至7月底，查处各类违章违法案件2639起。1994年5月，市工商局下达《关于加强肉类市场管理的紧急通知》，对全市肉类市场和屠宰点进行全面检查，出动宣传车117辆（次），举办屠宰户学习班45期，查处注水肉案件和其他违章违法案件136件，罚款1652元。是年，取消棉花市场交易。

1995年，市工商局撤销市场管理所，对集贸市场实行"一照三卡"（营业执照、经营卡、信誉卡、标价卡）制度。1996年，对生猪宰杀工作实行"定点屠宰、集中检疫、统一纳税、分散经营"，规范猪肉市场。1997～1998年，对生产资料、生活消费品市场及重要节日市场进行专项治理。加强粮食市场管理，变更、注销全市粮食经营企业

130家，个体、私营粮食经营、加工业户176户，维护粮食收购秩序。

1999～2000年，对辖区娱乐场所进行整治，审查全市经营游戏机娱乐项目场所140处，检查娱乐场所31处，查处无照户21户，查扣游戏机、“三七”赌博机648台，案值达500万元。出动人员60余人次、车辆80余辆次，对成品油、粮食、

蚕茧、煤炭、房地产市场巡逻检查，查处非法收购蚕茧案件16起，没收蚕茧21.7吨。2001～2002年，加强市场管理，查处各种违章违法案件1.17万件，实施罚款207.76万元。

2003年，对在市场上以防治“非典”的名义无照经营、囤积奇居、虚假宣传、哄抬物价的行为进行严厉打击。先后关闭市场20余处，关闭网吧90余家。对全市有经营鼠药的单位和个人进行重新审核，由原来40家降为8家。是年，查处各类违法案件30余起，罚款2.7万元。2004年，组织防控禽流感，关闭活禽交易市场156处。2005年，开展“红盾护农”组团发展活动，查处各类农资违法案件84起，罚没款37万元。对全市623户农资经营户按其实际经营状况，评出A级业户54户、B级业户566户、C级业户3户，依据等级实行距离监管。

第二节 企业登记管理

一、国有集体企业注册登记

1985～1986年，全县核准登记注册工商企业1188家、分支机构282个，办理转外营业登记手续企业36家，办理“关、停、并、转”及横向经济联合登记手续企业1575家。1987年，县工商局适当放宽企业名称管理、企业经营范围以及企业经营方式，促进乡镇企业发展。是年，乡镇、村办企业登记注册417家，占当年登记注册工商企业总数68.9%。对13家原冠县属企业名称的企业，核发冠市属企业名称营业执照；对452家原冠乡镇办企业名称的企业核发冠县属企业名称营业执照。1988年，企业“经营登记管理”改为企业“法人登记管理”。从5~11月，全县5570家工商企业换发营业执照。换发新证后，全民所有制企业法人为106家，营业性单位289家。1994年6月，平度市企业登记开始由审批制向直接登记注册制过渡。至年底，按《公司法》登记注册的有限责任公司25家，注册资本2521.7万元。重新核准登记农业生产资料经营企业112家，变更登记32家。1995年，核准登记注册工商企业778家（含法人企业179家，营业性单位599家），新组建企业集团3家。至1996年底，全市工商企业发展到3012家，其中法人企业1479家、营业性单位1533家，注册资金24.3亿元；按《公

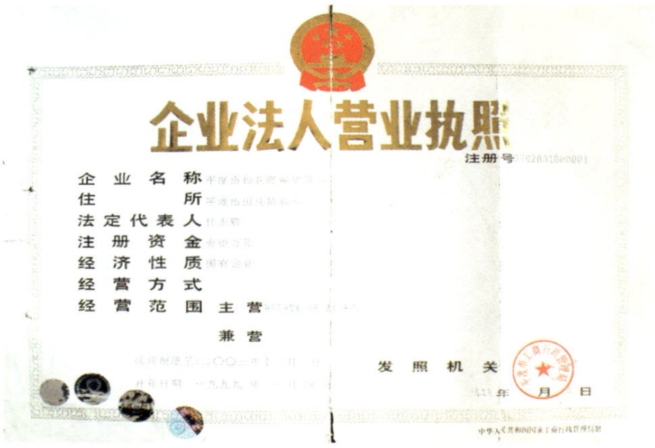

司法》登记注册公司102家，注册资本2.03亿元；企业集团公司10家。1997年，全市符合改制条件的277家乡镇企业办理工商登记手续，其中转为个体工商户53户、私营企业174家、有限责任公司48家、股份合作制企业2家。563家改制企业办理注销登记。1999年底，办理改制企业登记注册587户，其中改组为股份合作制企业351家，改制为公司236家。2000年，对从事爆炸物品、“六小企业”（小煤炭、小炼油、小水泥、小玻璃、小火电、小钢铁）、民办非企业、党政机关办企业停止审批。2001年12月，企业注册登记工作并入平度市行政审批服务中心。2002～2003年，规范换照法人企业83家、分支机构37家。受理企业设立登记205家，变更登记515家，注销登记589家。规范企业集团登记4家。2004年，按照“三个统一”（统一文书，统一标准，统一印章）原则办理登记，当年核准登记注册企业33家，变更登记359家，注销登记251家。至年底，全市共有工商企业1128家（法人企业504家，分支机构624家），拥有注册资本16.65亿元。2005年，对平度市政府确定的重点项目或注册资本在500万美元或3000万元人民币以上的大项目，提供全程式跟踪服务，开通大项目“直通车”，把注册登记送到全市工业园区。至年底，全市共有国有集体企业1053家，注册资金14.69亿元。

二、外商投资企业注册登记

2001年，市工商局开始受理外商投资企业申请注册登记有关工作。是年，受理初审报青岛市工商局核准登记外商投资企业11家，其中中外合资企业4家、中外合作企业1家、外商独资企业6家。至2005年底，全市共有外商投资企业563家，注册资本7.54亿美元，其中中外合资企业93家、中外合作企业12家、外商独资企业458家。

三、监督管理

1986～1988年，县工商部门对政企不分、党政干部经商问题清理整顿。参与经商的78名党政机关干部（包括离、退休）撤离企业，吊销6个部门和16名离退休干部经商办企业的营业执照。查处违法违章企业320家，占企业总数的9.5%。1989年，继续以清理整顿公司为重点对工商企业进行监督管理。到1990年春，全市撤并“公司”“中心”“货栈”103户；吊销营业执照516户，变更152户，歇业104户，脱钩15户。1991～1994年，查处全市“假集体”企业134家，为81家“假集体”企业办理个体登记，为38家“假集体”企业办理私营企业登记。1998年，对具有法人资格的各类“挂靠”城镇集体企业清理甄别，清理甄别“挂靠”集体企业46家，其中转为私营企业41家、转为个体工商户5户。同年8月，对全市130户粮食收购、加工、销售企业按新政策进行经营资格认定，重新核定经营范围77家，变更登记20家，注销登记33家。2000～2002年，规范市场主体资格。查处手续不全、证照不齐、主体资格不合法的内资企业585家、外资企业5家。规范补正310家内资企业和5家外资企业前置审批手续，规范补正其他手续不全的内资企业110家，办理变更登记内资企业69家，注销登记内资企业11家。2003～2004年，以查处无照经营、“三无”企业（无注册资金、无固定生产场所、无资质等级）和整顿“五小”企业（小煤矿、小炼油、小水泥、小玻璃、小火电）为重点，取缔“三无”企业、“五小”企业32家。查办各类违法违章案件416件，罚款27.7万元。2005年，市工商局制定《企业信用分类监管实施意见》和《工商所网格化管理办法》，对各类市场主体实施网格化监督管理。开展取缔无照经营和查处企业“两虚一逃”（虚报注册资本、虚假出资，抽逃出资）专项整治活动，查办各类经济案件238件，罚没款4.7万元。

第三节 经济合同管理

一、经济合同

1986年，在全县中小型以上企业中建立经济

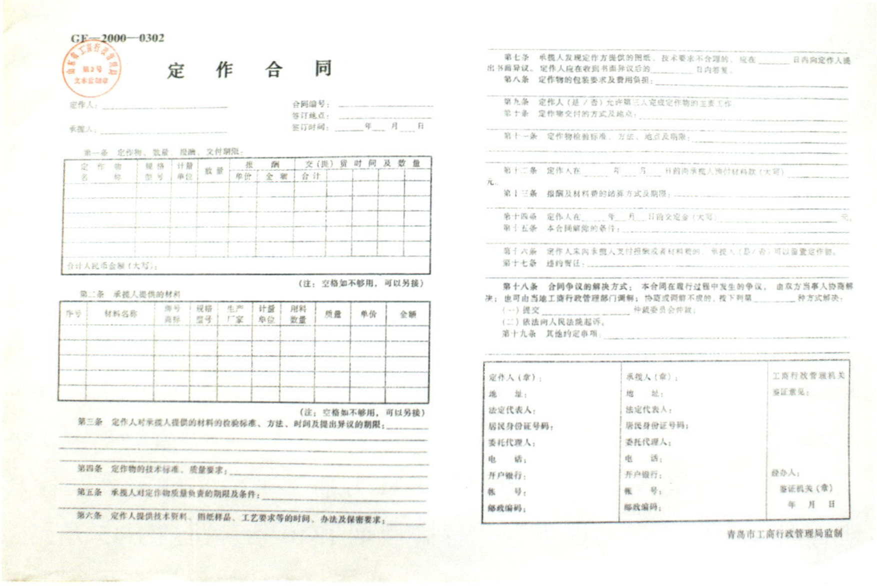

GF—2000—0302

定 作 合 同

定作人：

承揽人：

合同编号：

签订地点：

签订时间：　　年　月　日

第一条 定作物、数量、报酬、交付期限：

合计人民币金额（大写）：

（注：空格如不够用，可以另接）

第二条 承揽人提供的材料

（注：空格如不够用，可以另接）

青岛市工商行政管理局监制

合同管理组织612个，设立专管员1718人。深入企业开展合同签约指导1200余人次，避免合同纠纷案件50余起。1987年，全县签订经济合同59.25万份，标的金额7.99亿元，合同履约率达99%。1990年，检查经济合同5000余份，审查经济合同文本1.23万份，停止使用不合格合同文本5000余份，修订内容不完备合同180份。全年鉴证经济合同786份，鉴证金额41.67亿元。1991 ~ 1992年，规范合同文本，发放全国经济合同示范文本30万份，全市使用新文本企业1933户。1993年，推行全国统一合同文本1.3万份，鉴证合同2370份，鉴证额1.99亿元。1997 ~ 2005年，经济合同成为企业、个体户经济活动必不可少的法律文书，签约、鉴证合同逐渐成为企业的自觉行动，工商管理部门只注重指导、审查和监管。

二、抵押合同

1996年，开始合同抵押登记工作。1997年，开展动产、不动产抵押合同登记363件，登记主债权金额3.33亿元，登记抵押物价值4.87亿元。1998 ~ 1999年，办理抵押登记807件，登记抵押物总价11.15亿元，登记主债权金额8.81亿元，其中私营企业抵押登记407件、外资企业67件，其他107件。2000年，办理企业财产抵押登记226件，抵押物总价值2.72亿元，登记主债权金额1.83亿元，其中，国有资产抵押登记12件、集体企业抵押登记27件、私营企业抵押登记75件、混合所有制企业抵押登记77件、外资企业抵押登记35件。2002 ~ 2004年，对青岛拍卖中心在平度设立的2处分支机构实施监管，现场监督拍卖活动21场（次），拍卖成交额2833万元。办理拍卖登记备案35次，审查委托拍卖合同108余份，合同金额6153万元。受理企业财产抵押登记215件，总价值5.98亿元。登记主债权金额5.51亿元，其中私营企业抵押登记161件、外资企业抵押登记33件、国有、集体企业登记15件。2005年，办理企业动产抵押登记56件，其中30件为资金困难私营企业办理，抵押物价值4.69亿元，登记主债权金额1.51亿元，为企业解决短缺资金上亿元。

三、仲裁与调解

1984年，平度县经济合同仲裁委员会成立，办公地点设在县工商局合同科。1986年，受理各种纠纷案件13起，争议金额31.43万元。结案9起，金额28.85万元。其中，调解6起，金额19.64万元；裁决2起，金额3100元；确认无效合同1起，金额8.9万元。追回被外地利用经济合同欺骗款63万元。1988年，在城关、南村、昌里、古岘、蓼兰5个工商所设立合同仲裁委员会派出仲裁庭。是年，受理合同纠纷案件23起，争议金额175万元，处结22起，为企业挽回经济损失128.7万元。同年，成立清理经济合同纠纷领导小组，清理企业783家，处理合同纠纷57起。1990年，在36处工商所（包括市场管理所）设立派出仲裁庭。1990 ~ 1995年，开展清理“三角债”“连环债”活动，共受理合同纠纷2338起，争议金额1746万元，处结2265起，

为企业追回沉淀资金和应收货款816万元。1995年9月，平度市合同仲裁委员会及派出仲裁庭撤销，经济合同纠纷案件的处理以调解为主，合同仲裁工作由青岛市仲裁委员会实施。至2005年，调解合同纠纷案件30件，查处违法合同33件，标的金额52万元。

第四节　商标、广告管理

一、商标管理

商标注册　1986年，全县注册商标48件。1987年，县大理石厂的“银光”牌理石板获国家银质奖；县化肥厂的“民丰”牌碳酸氢胺、挂车厂的“雪峰”牌FC-5型农用五吨挂车、人造板机械厂的“金塔”牌315热压机等7个单位7种产品获部优质产品奖；县电子材料厂“黑鲤”牌中碳石墨、滑石矿“白鸽”牌滑石粉等11个单位的13种产品获山东省优质产品奖；县第三草制工艺品厂的“泽山”牌玉米皮编织品、益民葡萄酒厂“大泽山”牌葡萄酒分别获省工艺美术百花奖和省优质食品奖。1988年，平度县注册商标产品，被评为“国优”2种、“部优”10种、“省优”20种、“青岛市优”8种。1990～1996年，市工商局帮助企业核转申请注册商标414件，办理商标许可手续7件、转让9件。至1996年底，全市注册商标总数512件。1997年，商标使用范围开始发生变化，由过去吃、穿、用工业品为主，扩大到农副土特产品。是年，新发展注册商标67件。至年底，全市注册商标达到546件。1998～2001年，青岛同辉丽光蜡制品有限公司在加拿大、芬兰、英国和新西兰注册“allite”国际商标，成为平度市首家拥有国际商标使用权的企业。新发展注册商标162件。2002～2005年，注册商标175件。至2005年底，全市注册商标达到976件，其中山东省著名商标7件、青岛市著名商标13件。

监督管理　1986～1987年，县工商局以加强商标印制管理为重点，对全县印刷企业进行全面检查。查处各种假冒商标标识、包装纸袋104.8万张（个），查扣各种冒牌烟513条、酒1.56万瓶，罚款2.73万元。1988～1989年，对全县27处白酒、果酒及饮料生产厂使用的41个商标进行清理整顿，查封有侵权行为的商标标识231.3万张，有其他问题的商标标识1639.4万张。1990～1994年，对节日市场进行大检查。查处冒牌白酒1.98万瓶、葡萄酒1.31万瓶、啤酒3.13万瓶、饮料1.43万瓶，冒牌假烟1310条，罚款1.45万元。1995～1997年，开展打击假冒注册商标行为专项治理活动，检查商标印制企业13家、生产企业210家、商场10家、各类市场56家，查处各类违法案件19件，罚款9.14万元。收缴并销毁商标标识21万张，取缔非法经营窝点2个。1998年10月，对全市具有印刷经营范围的企业、个体工商户进行检查清理，查处各类商标违法案件27件，罚款3.62万元。1999年，对商品交易市场中有一定规模、固定场地的消费品综合市场、工业消费品市场、集贸市场进行专项治理。全市出动执法人员1430人次，检查市场57个、商品3530种，查处各类商标违法案件41件，罚款3.4万元，收缴销毁侵权假冒商标标识3.6万套。2002～2004年，以整顿和规范商标市场经济秩序为主线，严厉打击商标侵权行为。查处商标违法案件25件，罚款11万元，收缴销毁违法商标标识776万张、模具16块。2005年，对市区“梦特娇”“老人头”商品专卖店进行检查，清理违法门头2处；对侵犯“羽西”“雅姿”等注册商标专用权行为进行查处，罚款2.5万元；对辖区内60余家商标印制企业进行检查，查处违法案件4起，罚款1.46万元；查处侵犯“马家沟”注册商标专用权案件3起，结案2起，罚款4000元。

1998 ~ 2005 年平度市著名商标一览表

表 10-1

注册人	商标	商品种类	级别	认定年度
青岛同辉蜡制品有限公司	同辉	蜡烛	平度市	1998
国营青岛酿酒厂	秦汉	含酒精饮料	平度市	1998
青岛啤酒第三有限公司	萃岛	啤酒	平度市	1998
青岛益民葡萄酒厂	狮王	葡萄酒	平度市	1998
青岛第四面粉厂	丰夏	面粉	平度市	1998
青岛第四植物油厂	淳金	植物油	平度市	1998
青岛龙山高科技绿色饮品厂	北峰	活化水	平度市	1998
青岛万家面粉厂	琴云	面粉	平度市	1998
青岛豪琳家具有限公司	豪琳	家具	平度市	1998
平度市装饰配套实业公司	亨发	家具	平度市	1998
青岛华青仪器仪表有限公司	华青	仪器仪表	平度市	1998
青岛同和集团公司	同和	空调设备	平度市	1998
平度利民水泥股份有限公司	利民	水泥	平度市	1998
青岛东风汽车改装厂	天翔	载货汽车	平度市	1998
平度市平安防盗门厂	平安	金属门	平度市	1998
青岛国尊焊割设备有限公司	国尊	焊具割锯	平度市	1998
青岛裕隆集团公司印染厂	泽山	白布印花棉布	平度市	1998
青岛市平度星辰机床有限公司	星辰	万能滚丝机	平度市	1998
青岛市腾达纺织品铸造有限公司	腾翼	漆布白布麻布	平度市	1998
青岛市平度田庄石墨矿	大王	石墨	平度市	1998
青岛华青仪器仪表有限公司	华青	仪器仪表	青岛市	1998
青岛同辉蜡制品有限公司	同辉	蜡烛	青岛市	1998
青岛同和集团公司	同和	制冷设备	青岛市	1998
平度市仁兆镇蔬菜协会	沽河	蔬菜	青岛市	2000
平度市滑石矿有限公司	白鸽	滑石粉	青岛市	2000
青岛富狮王葡萄酒酿造有限公司	狮王	葡萄酒	青岛市	2003
青岛酿酒有限公司	秦汉	含酒精饮料	青岛市	2003

续表 10-1

注册人	商标	商品种类	级别	认定年度
青岛碱业天柱化肥分公司	民丰	肥料	青岛市	2003
青岛巴龙特尔制衣有限公司	巴龙	服装	青岛市	2003
青岛宏泰铜业有限公司	宏泰	铜管	青岛市	2004
青岛新世界工艺品有限公司	李氏兄弟	玩具	青岛市	2004
青岛鸿达机械制造有限公司	鸿达	摩托车曲轴	青岛市	2005
青岛征和工业有限公司	征和	链条	青岛市	2005
平度市滑石矿有限公司	白鸽	滑石粉	山东省	2002
青岛富狮王葡萄酒酿造有限公司	狮王	葡萄酒	山东省	2003
青岛酿酒有限公司	秦汉	含酒精饮料	山东省	2003
青岛碱业天柱化肥分公司	民丰	肥料	山东省	2003
青岛宏泰铜业有限公司	宏泰	铜管	山东省	2004
青岛同辉蜡制品有限公司	同辉	蜡烛	山东省	2005
青岛光明轮胎集团有限公司	河山	轮胎	山东省	2005

1986～2005年平度市（县）商标注册情况统计表

表 10-2

年度	当年注册	总件数	年度	当年注册	总件数
1986	7	48	1996	61	531
1987	28	76	1997	67	546
1988	12	88	1998	40	734
1989	12	111	1999	40	734
1990	39	155	2000	39	690
1991	77	295	2001	37	657
1992	80	375	2002	32	687
1993	52	452	2003	45	732
1994	50	466	2004	48	780
1995	55	512	2005	58	976

二、广告管理

广告登记 1986～1987年，审查批准广告经营单位4户，从业人员25人，年广告经营额32万元。审查登记各类广告870条，签发广告登记证57个，批准设立路牌广告135块。1989～1994年，审查批准市广告装饰公司设计、制作大型广告牌22块，面积440平方米；设立户外广告张贴专栏11处、路牌广告257块。1995年，对全市13家广告经营单位重新确认核准登记，换发新广告经营许可证。1998～1999年，审查核准市新世纪广告中心在市区和镇驻地设计、制作、发布路边灯箱广告320块、霓虹灯广告28块。审查批准广告经营单位5家，从业人员36人，年广告经营额150万元。审查登记各类广告620条。对全市13家广告经营单位进行资质评定。平度日报社、平度电视台、平度教育电视台、新世纪广告中心分别获得乙级或兼营A级资质认可。2004年7月1日，《中华人民共和国行政许可法》施行后，除烟草广告、固定形式印刷品广告、户外广告、外商投资企业广告外，不再对其他广告审查登记。2005年，登记发放各类户外广告登记证68个。至年底，全市共有广告经营单位82家、从业人员365人、灯箱式广告牌4310块、霓虹灯式广告牌520块、路牌广告3180块、社会广告招贴专栏220块。年广告经营额3950万元。审查登记各类广告8520条，签发广告登记发布证3183个。

监督管理 1985～1990年，对广告市场进行整顿和规范。抽查各类广告420条、商店立牌广告53块、印刷厂8家、个体户25户。发现虚假广告18条、未经审查广告26条，罚款8600元。清除违章墙壁广告1.12万份、招牌广告650块。自1991年开始，加强广告市场监督检查。至1997年，查处无证经营案11件、广告违法案件32件，罚款3.3万元；拆除户外广告牌、招牌356块；清除乱贴、乱画及品味低下广告7970份。1998年，对广告经营单位进行专项清理，查处违法广告案件13件，罚款9200元。1999～2000年，重点清理整顿医疗、药品和医疗器械广告市场，查处违法广告15条。2002～2004年，以整顿和规范广告市场秩序为主线，查处违法广告案件25件，罚款2.93万元。清理各类违法户外广告牌79块、店堂广告牌35块。收缴非法印刷品广告2.46万份，拆除含不良文化内容招牌18块。2005年，重点整治与人民群众生命财产安全密切相关的医疗、药品、医疗器械、保健食品、加工承揽和房地产广告，查处药品、食品虚假广告案件4起，罚款3800元。查处违法广告23条（含广告牌），拆除违法广告牌32块，下发限期责改通知书12个。

第五节 经济监督检查

1986年，经济监督检查的主要任务是打击走私贩私。是年，县工商局查处各类案件1804件，罚没款2.7万元，没收粮票5755斤，查扣碎银160克。1988～1990年，经济检查工作的重点是惩处“官

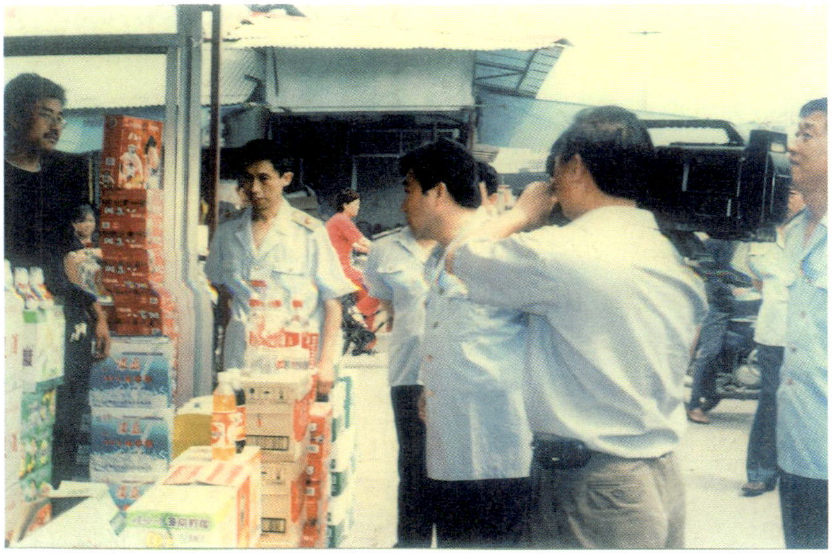

工商人员在贸易城进行食品检查（2001年摄）

倒”。3年中，立案查处案件260件，查处各种钢材941.92吨、桑塔纳轿车3辆、汽油50吨、电视机20台、棉花240吨、棉纱20吨。1990～1992年，开展打击制售假冒伪劣商品活动。查处假冒案件营业额万元以上、牟利千元以上的130件，查扣假酒3万瓶、假农药21吨、假化肥120吨、假种子1吨、假烟1500条、变质果酒4200瓶、假罐头2100瓶、假麦乳精3000袋、劣质电线6100米、假“永久”自行车17辆，捣毁制造假冒“青岛”肥皂窝点2个、制造假香烟窝点2个。1994年，开展打击制售假冒伪劣农用生产资料、群众生活必需品违章违法活动，查获假冒伪劣商品总价值350万元，销毁假冒伪劣商品总价值40万元。

1995～1998年，围绕重点区域、重点商品，立案查处制售假冒伪劣案件130件，罚没款53.1万元。捣毁制假窝点122个。组织假冒伪劣商品展览、咨询、销毁活动6次，展出假冒商品品种32个，销毁货物总值200余万元，参加展览咨询人员40万人次。1999年，设立经济违章违法举报中心，开通“12315”投诉举报电话，在34个工商所设立举报电话，聘请1700名打假联络员，捣毁制假窝点62个，查获各种假冒伪劣商品总值208万元。2001年，对非法收购、拆卸、拼装假牌汽车市场进行专项治理，查处违法经销拼装汽车行为3起。2002～2003年，查处各类违法违章案件486起，其中立案73起（万元以上大案要案11起）。没收假化肥54吨、假种子5050公斤、假润滑油4970桶、假酒2.16万瓶、劣质饮料1450袋（瓶）。2004～2005年，以农资、食品、成品油、卷烟行业为打假重点，查处制售假冒伪劣商品案件159起，其中万元以上大要案件11起，罚没款67万元。查获不合格化肥400吨，没收假冒化肥58吨、假冒农药1.28万公斤、假冒葡萄酒1100箱、假冒种子29吨、假冒琅琊台白酒5.84万公斤。

第六节 消费者权益保护

1988年6月，平度县消费者协会成立。是年，受理消费者投诉73件，处理69件。查处违反物价、计量规定行为315件，处理310件，罚款1810元。1990年8月，平度市消费纠纷仲裁委员会成立。受理消费者投诉案件120起，调解仲裁处理118起，结案率为98.3%。组织会员开展评选“消费者满意商店”活动。评选平度市生产资料公司、供销合作社贸易中心、红旗路百货商店、皮件厂青羽商场、粮食局第一粮店、粮食局第四粮店、机电设备公司、红旗路煤店为消费者满意商店。1996年8月，推行“会员制”。在个体工商户、私营企业、城镇居民、企事业单位中发展消费者协会个人会员和团体会员。至1997年，全市消费者协会个人会员发展到1.82万个，团体会员发展到230个。

1999年春，投资85万元筹建全市消费者投诉中心。2002年3月15日建成运行，并开通了基层分会34部尾数是“315”的投诉举报电话。2004年，成立新闻工作委员会，发布消费警示4条。至年底，全市发展消费者协会个人会员3.7万个，团体会员450个。受理消费者投诉案件2.34万件，调解仲裁处理2.30万件，结案率99.8%。为消费者挽回经济损失920万元。评选出山东省消费者满意单位5家、青岛市消费者满意单位14家、平度市消费者满意单位84家。

2005年，在全市80%的商场、社区、村镇、校园、军营设立消费者协会投诉站和“12315”申诉举报联络站1724个，接待咨询2万人次，受理投诉1500余件，为消费者挽回经济损失50万元。截至年底，市消费者协会先后开展“3·15”国际消费者权益日宣传活动17次，现场受理消费者投诉1553起，现场接待消费者咨询12.4万人次，发放宣传材料23万份，销毁假冒伪劣商品案值250万元。

第三章 物价管理

平度县物价管理局成立于1982年。1985年，平度县物价管理局更名为平度县物价局。1986年，设立平度县农产品成本调查室。1991年，增设办公室、价格科。1993年8月，撤销物价局，合并成立平度市工商物价局。1994年，物价局、工商局分别单独挂牌，但合署办公。1995年12月，平度市物价局单设，内设办公室、价格科、物价检查所、农产品成本调查室和价格事务所。2001年8月，机构改革，再度撤销物价局，与平度市计划委员会合并成立平度市发展计划局。2002年6月，加挂平度市物价局牌子，与平度市发展计划局合署办公。

第一节 物价调整

1986年，国家进行价格改革，对生产资料价格进行适度调整，于下半年陆续放开自行车、收录机、黑白电视机、电冰箱、洗衣机、中长纤维布和80克以上纯棉纱及其织物等7种工业消费品价格。价格放开后，紧俏和优质商品价格有所上涨，影响当年社会商品零售物价上升不到0.3%。

1987～1988年，调整部分农副产品价格，提高部分能源、交通、邮电服务及原材料价格，对部分煤炭价格实行按质论价，提高部分农药、化肥及农用薄膜等农用生产资料价格。1988年初，生产资料由国家计划分配的品种已由过去的256种减少到20种。是年，国家定价、国家指导价、市场调节价三种价格形式比重分别是24%、19%和57%，市场调节价已占主要地位。在全国零售商品总额中三种价格形式的比重分别是28.9%、21.8%和49.3%，其中，市场调节价所占比重比1985年提高15.3个百分点。1989年下半年，提高粮棉油合同收购及计划内原油、煤炭价格和盐、酱油等生活用品价格。

1992年，价格改革进入新阶段，主线是并轨。并轨的基本形式有三种，即提高计划价格水平，使计划价格基本等同于市场价格，实施向计划价格并轨；放开价格，通过市场价格形成机制，做到价格水平的并轨；中和计划内外价格水平后，以国家定价或国家指导价形式并轨，部分产品的计划内高价与计划内平价在计划价格上实现价格水平的并轨。是年，提高粮食定购价格18%与销售价格44.9%，实现购销同价；调整煤炭价格，使统配煤价格提高25.8%。1993年，放开粮食、煤炭和部分统配材的价格，提高原木、水泥价格。基本放开粮、油、禽、蛋价格。1994年，分别提高定购粮食价、棉花收购价44%和52%，调配煤炭价格全部放开。成品油和天然气计划内外价格并轨为全部国家定价。化肥计划内外价格并轨为国家指导价格。1995年，再次以29%的幅度提高棉花收购价格，以25%的调幅调整烤烟价格，同时有升有降地调整了钢材国家指导价格。

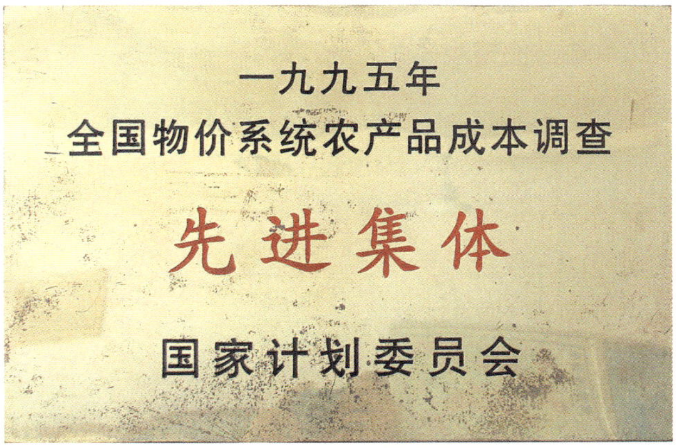

1996～2005年，实行市场经济，商品价格放开，无较大物价调整。

第二节　价格监督鉴证

一、价格监督

1986年，全县物价大检查，重点检查紧俏耐用消费品、电力、农资、化肥以及商品是否明码标价，查处价格违法案件36起，查出违规金额85万元。1987～1993年，市物价管理部门针对经济过热引发通货膨胀、价格涨幅较大的情况，综合运用价格监测和监督检查两种手段，稳定市场价格。仅1988年“抢购风”期间就查处违价单位14个，实施经济制裁18万元。2001年，市物价管理部门对全市29个镇村建设服务中心乱收费情况进行专项检查，查出违纪金额550万元。2003年，对全市30所中小学及职业教育学校收费情况进行检查，认定违规收费1300万元，其中学校自身违规收费830万元、政府出台收费政策形成的违规收费470万元。截至2004年，平度市物价检查所累计查处价格违法案件70余起，实现经济制裁总金额1000万元，其中退还用户300万元、上缴财政700万元。2005年，在全市范围开展医疗服务和药品价格检查，检查医疗单位28个，查出违法所得20万元，退还群众3万元，收缴财政17万元。

二、价格鉴证

1995年，平度市价格事务所成立。1998年7月，加挂平度市涉案物品价值认定中心牌子。1999年11月，价格事务所更名为价格鉴证中心。2001年9月，价格鉴证中心又更名为价格认证中心。其职责是对刑事、民事、经济、行政以及仲裁案件涉及的各种扣押、追缴、没收、纠纷财务进行价格鉴定，对价格行为的合法性和价格水平的合理性进行认证，对价格纠纷进行调解。截至2005年，共办理各类价格鉴证业务1.8万件，鉴证总额10.9亿元。其中刑事案件涉案物品价值价格鉴定6700件，鉴定总额2.4亿元。

第三节　收费管理

1986～2005年，平度市（县）物价部门对行政事业性收费实行收费许可和收费年审制度。收费单位申领和换发“收费许可证”，由市（县）物价局对其提交的申请表、批准收费依据和相关资料进行审查、核准、发证。“收费许可证”档案管理实行一证一档。物价部门每年对各单位收费情况进行年度审验，定期对行政事业性收费进行清理，优化收费环境，减轻居民和企业负担。清理后将保留的收费目录向社会公布。

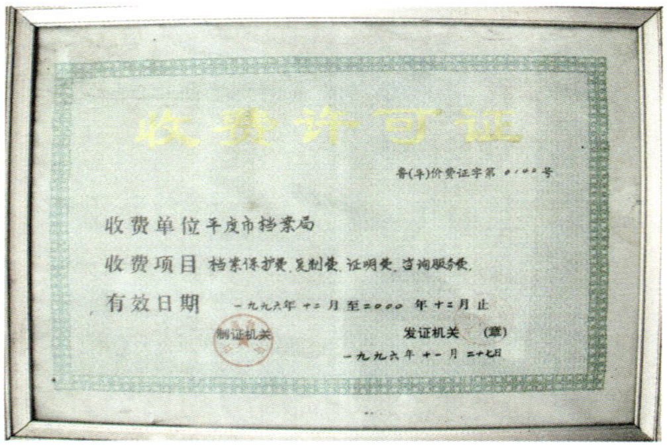

1986～2005年平度市（县）行政事业性收费管理情况表

表10-3

项目	年度	1986	1990	1995	2000	2005
年审	年审单位（个）	58	45	42	40	35
	年审金额（万元）	23561	22456	27889	29998	30256
	年审项目（个）	532	456	423	411	326

续表 10-3

项目 \ 年度		1986	1990	1995	2000	2005
办证	许可证（个）	998	992	893	853	563
	收费员证（个）	1123	1026	986	947	576
治理乱收费	涉企废止项目（个）	89	102	123	56	101
	涉企减负金额（万元）	11300	9865	8623	7856	7513
	涉农废止项目（个）	45	35	24	17	12
	涉农减负金额（万元）	5683	9658	4562	7845	2567

第四章 质量技术监督

1986 年，平度县计量工作由标准计量所管理。1988 年 7 月，县标准计量所更名为县标准计量局。1989 年 9 月，县标准计量局更名为县技术监督局。1993 年 8 月，撤销平度市技术监督局，成立平度市技术监督所，归口平度市工业委员会管理。1996 年 6 月，复恢复平度市技术监督局。2000 年 11 月，将原隶属于劳动和社会保障局的平度市劳动安全卫生检测站和平度市锅炉压力容器检验所整建制划归平度市技术监督局。2001 年 2 月，质量技术监督系统实行省以下垂直管理。青岛市政府决定成立青岛市质量技术监督局平度分局。2005 年 1 月，青岛市质量技术监督局平度分局更名为平度市质量技术监督局，仍为青岛市质量技术监督局的直属机构，内设办公室、财务室、综合业务科、产品质量监督检验所、计量测试所、衡器管理所、锅炉压力容器检验所、劳动安全卫生检测站和质量技术监督稽查队。

第一节 计量管理

1986 年，县内使用的计量器具主要有木杆秤、台案秤、卡尺、地中衡、压力表、天平、温度计、直尺、戥秤、硬度计、氧气表、血压计等 12 种计量器具。是年，县标准计量所印发《关于积极推行国家法定计量单位的通知》，召开全县推行法定计量单位会议，举办计量骨干工作人员学习班 2 期，对全县计量器具进行调查登记，对从事计量器具制修企业和个人进行考核和发证。至年底，全县供销社、粮食局系统全面推行了法定计量单位，其统计报表、商品标签、计量器具均使用千克、米为计量单位。

1987 年，全县检查集市摊贩和企事业单位 1356 个次，查处计量违法案件 1179 件，没收计量器具 506 件；检定计量器具 2.4 万台（件），受检率 91%；有 10 家乡镇企业被定为国家三级计量标准企业。1988 年，全县开展计量检定项目 27 项，其中强制检定电流互感器、电压互感器、各类尺、心电图仪等项目 14 项。新增三相（单相）电度表、电压表、电流表、万用表、功率表、心电图仪、血压计、水表等计量器具检定项目 20 项。1989 年，增购力学材料试验机,用于金属及非金属材料拉伸、压缩、弯曲性能测试。全年检修计量器具 2.54 万台（件），比 1988 年增长 8.5%，其中强检的计量器具有 28 种、3312 台（件）。1990 年，市化肥厂

等14家企业晋升为国家二级计量单位，青岛第三仪器厂、第四机械铸造厂等115家企业晋升为国家三级计量单位。其中，市属工业计量定级、升级企业61家。1992年，开展定量包装产（商）品监督检查，检查流通企业59家、定量包装食品342袋（包）；抽查定量包装生产企业15家、定量包装产品8个，实际量与标示量符合标准及合同要求。

1995～1997年，新上B超、谷物水份检定仪和5公斤、1公斤分析天平，购置20公斤砝码4吨。对加油站实行计量认可合格证制度，帮助24个加油站取得计量认可合格证书。为工业企业、流通企业颁发“强检计量器具等级证书”。1999～2001年，新上数字万用表、电子秤检测仪、电表检测台设备，开展商品房计量公证工作。2004年，投资3万余元增上煤气表检定装置，对民用“四表”（水表、电能表、燃气表、热能表）实行首次强检，解决计量纠纷20余起。2005年，对全市202家企业开展计量体系合格确认，对流通领域22家单位开展定量包装合格确认。是年，全市共有电子汽车衡、电子皮带秤、定量包装秤、电度表、加油机、功率表、水表、B超、材料试验机等各类计量器具计36种。

计量器具检查（2005年摄）

第二节 标准化管理

1986年，全县55家县属企业、119种产品按国家标准组织生产，占总数79.8%。1987年，县经委印发《标准计量与质量安排意见》，要求各企业完善修订工作标准和管理标准，消除产品无标准生产现象。至年底，全县58个县属企业产品标准覆盖率由上年79.8%提高到96.6%，137个主要乡镇企业产品标准覆盖率由上年45.5%提高到81.5%。1989年，县政府办公室下发《关于贯彻执行标准化法的通知》。是年，全县县属企业标准覆盖率达到98.9%，乡镇标准覆盖率达到84.1%。

1991年，青岛市电子材料厂和平度大理石厂2家企业标准化管理达国家二级，4家企业达国家三级，47家企业达国家四级。1992年，全市对7434个国家标准搜集整理，对15家生产企业、106个食品标签及2家印刷企业进行检查，合格率82％。

1997～1998年，对全市450家企业、900个产品标准和800家企业、1200个执行标准分别进行登记，为20家企业办理了条形码，为650家企业办理了代码证书。1999年，国家质量技术监督局确定平度为“全国消灭无标准生产试点县（市）”。至2000年，全市建立企业产品标准信息库1300家，执行标准覆盖率达到98.5%。2004年，大泽山葡萄种植示范区，蓼兰花卉、花生农业标准化示范区申报国家级农业标准化示范园区并获通过。2005年，大泽山葡萄、顺科鸡蛋、马家沟芹菜申报为青岛市农产品名牌。是年，全市100余家企业按标准生产和检验，产品标准覆盖率达98.5%；有11家企业获国际标准组织生产证书。

第三节 质量监督

1986年6月，县经委会同防疫站、工商局、标准计量所组成工业产品质量检查组，抽查企业14个、产品31种，其中合格29种。其他系统组成检查组7个，抽查企业42家、产品44种，合格42种，合格率为95.5%。同年，成立平度县产品质量监督检查站，制定出台《关于全县冷饮食品质量

加强管理的暂行办法》，开展对冷饮食品质量检查，其中调味品合格率为77.8%。1987年，增上高温炉、磁性金属物检测仪，对淀粉、饲料、小麦粉、蜂窝煤、普通砖进行检验，全年检测企业414家、产品13类、批次628个，批次合格率54.9%。1988～1989年，对全市生产、流通领域506家企业商品进行抽查，查获伪劣化肥1980吨、白酒350瓶、罐头5500瓶。1991年，对涉及人身安全、食品卫生和农用物资商品检查6次，抽检批次1651个，批次合格率为65.1%。制定了《平度市产品质量合格证试行办法》，为4家企业30种产品颁发了合格证。1993年，对市生产资料公司和基层供销社经销的化肥、石油企业经销的石油产品实行质量报验制度，对25个乡镇、116个农药销售单位进行专项检查，封存有问题农药6507瓶（袋）。1995年，在16处基层供销社设立首批化肥、农药保质监销站，农资产品质量明显上升。同年，青岛啤酒第三有限公司通过国际标准质量体系认证，成为平度市首家获此殊荣企业。

销毁伪劣商品（2002年摄）

1997年，新上剥离仪、切片机、拉力试验机、水压试验机、凝点测试仪，开展对轮胎、皮鞋、阀门、液体凝点的监督检验，全年开展质量执法检查975次，立案查处违法案件188起，查处万元以上大要案20起，现场处罚225起，捣毁制假售假窝点11个。2000年，新上原子吸收分光光度计、气相色谱仪、手机电池检测仪，开展对农药、地膜、液化气监督检测。2001年，查获假冒“小糊涂仙”“五粮液”“齐民思”白酒及“黑心棉”、假冒“奥宝”复合肥、锅炉给水设备等大要案十几起，涉案货值达80余万元。全年检验商品2200批次，有32家企业建立质量保证体系，38家企业取得产品质量合格证。2002年，投资100万元建成平度市橡胶检测中心，解决了橡胶企业产品检测送检难问题。2004年，青岛宏泰铜业公司生产的拉制铜管获山东省名牌产品称号，实现平度市省名牌“零”的突破。帮助10家企业获全国工业产品生产许可证、41家企业获食品生产许可证、6家企业通过质量认证。开通“12365”举报投诉热线，定期监督检验企业795家，批次合格率79.45%；委托检验企业751家，批次合格率68.42%。

2005年，全市有260余家企业通过质量体系认证；“民丰牌”尿素、“巨力牌”斜交轮胎、“白鸽牌”滑石粉、“淳金牌”花生油4个产品获山东省名牌产品称号；全年质量执法检查1460次，立案查处质量违法案件44起，为群众挽回经济损失200万元。

第四节 特种设备管理

1987年6月，平度县锅炉及压力容器检验所成立，隶属于县劳动局。1992年1月，市劳动局增设锅炉压力容器监察科。1995年，成立平度市劳动安全卫生检测站。

2000年11月，原属劳动局的特种设备安全监察职能划转至技术监督局。是年，市技术监督局对全市锅炉、压力容器、压力管道、电梯、游乐设施、起重机械、气瓶等特种设备进行普查登记，检查企

业326家，查出事故隐患121起，整改落实36起。2003年6月，国务院《特种设备安全监察条例》施行，全市组织开展了特种设备安全大检查，检查企业441家，查出事故隐患71起，整改落实39起。2004年，平度压力管道普查整治工作通过省、青岛市验收。检查锅炉压力容器372台，查封并强制拆除隐患严重锅炉9台。2005年，全市共有特种设备1170台，其中锅炉113台、压力容器724台、电梯61台、起重机械194台、厂内机动车辆76台、大型游乐设施2台。全年检查企业492个，查出事故隐患38起，整改落实26起。

特种设备检查（2003年摄）

第五章 审计监督

1986年，县审计局内设商粮贸审计股、工基交审计股和人秘股。1988年2月，成立审计师事务所，开展社会审计工作。1993年机构改革，市审计局设办公室、企业审计科、行政事业审计科、基建审计科和审计师事务所、审计驻厂员办公室。2001年，撤销所属驻厂员办公室，成立审计特派员办公室。2004年6月，设立平度市政府投资审计中心，原平度市财政局基建评审中心成建制划归投资审计中心。截至2005年，市审计局共下设办公室、经济责任审计科、法制科、行政事业审计科、财政金融审计科、商贸审计科、工业审计科、政府投资审计中心8个科（室、中心），其中商贸审计科、工业审计科为特派员办公室内设科室。

第一节 国家审计

一、行政事业审计

1986年，县审计局以定审和抽审方式对一级预算单位和二级预算单位进行全面审计，审计行政事业单位25个，查处乱发奖金实物、违规购置专控商品等违纪金额10万元。1987年，对行政事业单位实行“双百分”考核，凡当年达到90分以上单位为“审计信得过单位”，连续三年被评为“审计信得过单位”者，可以免审。是年，审计面比上年扩大15%，审计金额占预算支出82.18%。查处违纪金额212万元，其中挤占挪用12万元、截留应缴财政收入8万元、乱收费罚款17万元、偷漏税金21万元、其他违规违纪金额154万元。1989年1～9月，对卫生、交通、民政部门进行就地送达审计。10月，结合财税物价大检查对行政事业单位进行检查，审计总金额7856万元，查处漏缴基金和税款214万元。1990年，重点审计二、三级预算单位，查处挤占挪用资金20万元，虚列支出转移资金10万元。1996年，开始本级预算执行审计，行政事业单位审计结合本级预算执行审计一年进行一次。截至2004年，审计行政事业单位

211个（次），查处各类违规违纪金额2.16亿元。其中挤占挪用987万元、截留应缴财政收入53万元、乱收费罚款212万元、偷漏税金425万元、其他违规违纪金额2亿元。审计处理应上缴财政金额756万元，上缴财政金额756万元。2005年，审计市财政局、地税局、国库等预算执行单位31个，审计部门数占预算执行部门数39%；审计其他预算执行部门收支总额5.19亿元，占全市本级预算收支总额的52%。查出违规金额1464万元，查出应上缴财政金额414万元，实际上缴财政金额76万元。

二、企业审计

1985年，开始对国有企业承包经济责任、财务收支进行定期审计，至1996年，共查出企业漏税金额264万元。1997～2000年，审计平度市医药公司、肉类联合加工厂、第一棉油加工厂、第二棉油加工厂、电业公司、热电厂、第二齿轮厂、鸿达机电总厂财务收支情况，查出漏税金额1248万元。2001～2004年，对38家改制企业资产负债损益情况进行审计，查出违纪违法金额1021万元。审计粮食系统企业违纪违法金额705万元。2005年，查处青岛酿酒有限公司、汉宝工艺品有限公司、华兴股份有限公司改制过程中违规行为，防止4000余万元国有资产流失；查处8家改制企业欠缴净资产及出售费1857万元。自1985～2005年，审计部门累计审计国有工业企业165家（次），查处各种违规违纪金额3345万元，上缴财政金额788万元。

三、金融审计

1990年，市审计局分别对工商银行平度市支行、农业银行平度市支行1989年度财务收支情况审计，审计金额3792万元，查出违规违纪金额24万元，其中被指明要求纠正13万元，因偷税漏税、挤占成本费用被没收上缴市财政11万元。1991年，对农业银行平度市支行1990年度财务收支情况审计，审计金额2776万元，查出欠缴能源交通基金、预算调节基金和未办专控手续购置专控商品等违纪资金1万元，审计入库1万元。1992年，对人民银行和中国银行平度市支行1991年财务收支情况审计，查出违规违纪金额6万元，其中人民银行3万元、中国银行3万元。是年9月，审计中国工商银行平度市支行1991年度国营工业流动资金贷款情况，审计金额2.70亿元，查出问题资金409万元（企业挤占挪用流动资金贷款）。1995年8月，审计平度市城市信用社1994年度资产负债损益情况，查出违纪金额51万元，入库11万元。1998年，分别对中保财产保险公司平度支公司、中保人寿保险公司平度支公司和青岛万通证券有限公司平度证券交易营业部1997年度资产、负债、损益情况审计，查出2个保险公司应税险种多摊费用18万元；查出证券交易营业部违纪金额9996万元，其中违规吸收个人存款和单位存款3326万元、挤占挪用客户资金6152万元、违规调减资本金480万元、未及时解缴企业所得税38万元。1999年9月，审计平度市农村信用合作社联合社1998年度资产、负债、损益情况，查出违规违纪金额12万元，上缴市财政4万元。2001年10月，审计调查平度市农村信用合作社联合社营业室、蓼兰信用社、南村信用社、福州路信用社2000年1月至2001年9月贷款投向和风险状况情况，发现不良贷款合计6206万元，占贷款额33%；查出违规违纪金额27万元，入库2万元。

四、固定资产投资审计

1990年，固定资产投资审计工作处于起步阶段。1991年，对平度市化肥厂3.5万平方米／日城市煤气工程资金筹集情况审计，审计认为，该工程所需资金1254万元，除国家能源投资公司节能基金贷款280万元外，其他均已落实。1992年，改进基建审计办法，对基建项目立项、开工以至竣工决算进行全过程审计。1993年，市政府下发《关于加强和改进固定资产投资管理的实施办法》。1994年，对平度市建筑公司、香店建筑公司、市公路站养路费、市水泥厂立窑改造项目、市自来水公司营业楼等进行审计，发现违规金额586万元、管理不规范金额1054万元，应上缴财政金额36万元，实际上缴财政金额26万元。1995年，审计郑州路开发、教师新村建设、青岛路改造等项目31个，审计投资总额4257万元，核减基建工程高估冒算金额102万元。1996年，审计平度市农业综合开发项目240个，审计投资金额1.53亿元，核减工程造价1465万元。1997年，审计平度市城建综合开发公司承建的安居苑小区建设规模、建设资金筹集使用、工程成本价格情况，发现违规金额32万元，应上缴财政金额10万元，实际上缴财政金额10万元。2002年，抽审全市农村电网改造一期工程项目20个，抽审率10.16%，查处应上缴税费16万元，罚款8万元，核减工程造价5万元。2003年，审计建设工程项目6个，核减工程造价502万元。2005年，采用"全范围审计＋全过程审计"模式，对重点工程建设项目，从招投标开始，到项目竣工验收，进行跟踪审计。年内，审计工程项目102个，报审造价1.82亿元，审计造价1.63亿元，审减造价1908万元。

农村公路审计现场（2009年摄）

五、专项资金审计

1996年，对市财政局、地税局、地方金库、公安局、检察院、法院、教委、建委、卫生局等19个部门进行同级财政审计，延伸审计二、三级预算执行单位9个，审计总额1.20亿元，占市本级预算收支总额64%；查处违纪违规金额670万元，上缴财政40万元。1998年，按照国家审计署统一部署，对即墨市30家粮食企业和1个主管部门进行审计，审计调查即墨市财政局和即墨市粮食局内部结算中心单位2个，延伸审计非粮食企业1家，摸清核实即墨市粮食企业占用发展银行贷款及未付利息26万元，查出即墨市白庙粮管所、蓝村储运站公款私存，即墨市粮油集团公司挪用贷款搞期货等违纪违规问题。2002年8月，审计市民政局2001年度福利彩票资金管理情况，审计金额281.5万元，查出违纪金额126万元，上缴财政3.5万元。2003年，调查审计平度市2001年1月至2003年6月城市教育费附加征收、管理、拨付及使用情况，中央及地方对平度中小学危房改造资金拨付、使用及效益情况，中小学各项收费情况，抽查中学65所、小学230所。延伸审计市财政局和税务局。审计平度市2002年度和2003年上半年失业保险金的筹集、管理和使用情况，审计金额3285.5万元，查出违纪金额124万元，上缴财政15.8万元。是年，对16个镇（街道）财政所、9个建设服务中心和13个经管统计审计中心财务收支情况进行审计，查出乱收费166.3万元，少缴税款30.26万元，私设小金库20.8万元，公款私存1070.1万元，白条顶库300.3万元，延压税款159万元。围绕农村税费改革，抽查审计10个镇（街道）的农业税计税面积、常年量、计征税额、入户签字和"两证一卡"（土地承包经营证、计税核定证书、农民负担监督卡）发放情况。审计调查资产负债村庄13个，审计净资产1699万元，其中应收款1341万元。

第二节 社会审计 内部审计

一、社会审计

1988年2月，平度市审计师事务所成立，开始承担社会审计工作。1993年，事务所受审计局

委托，对市化肥厂、水泥厂、啤酒厂等38家企业各项承包指标完成的真实性、合法性以及承包责任人进行经营责任审计。1995年，全市80%以上基建工程经过社会审计的预决算验证。1996年，开始对国有或国有控股企业厂长（经理）年薪制考核审计，审计青岛有机化工厂、酿酒厂、面粉厂、植物油厂，平度第一、二、三、四、五、六棉油厂等企业厂长（经理）30个。1998～1999年，资产评估企业36家。1999年，平度市审计师事务所撤销，共完成社会委托审计744项，为建设单位节约投资6859万元。

二、内部审计

1988年，平度县内部审计机构开始组建。1989年1月，县公安局、物资综合公司、轻纺公司、二轻公司、机化公司、矿建公司、黄金公司、教育局、卫生局、水利局、农业局、工商局、税务局、乡镇企业局、财政局、农机局、城建委、法院等18个单位设立审计机构和审计人员，开始对本单位和下属单位实行“三表”（对上报的月、季、年度财务决算报表、银行贷款申请书和纳税申报表）审签制度，受审计局委托承担对中型Ⅱ以下企业承包兑现审计、年薪制审计。1989年4月，选定平度县三堤乡谭家纸箱厂和平度县昌里玛钢厂作为以审代训实习单位，培训乡镇内审人员45名。1990年2月，平度市审计局制定下发《关于内部审计工作的制度》《关于内部审计档案管理试行规定》《关于内部审计程序的意见》和《关于平度市内部审计工作五年规划》，促进了内部审计工作的制度化、规范化。1992年，全市已配内审机构39个、内审人员134人，完成审计项目346个，查出违规违纪金额919万元，提出合理化建议304条，促进增收节支177万元。1993～1995年，全市内审机构开始撤销、合并，内审机构比1992年下降60%，内审人员比1992年下降70%。2001年10月，内审指导职能合并到专项资金审计科。2005年，全市共有内审机构37个、内审人员71人，完成审计项目90个，查出违规违纪金额1000万元，促进增收节支300万元。

第六章 统计管理

1986年，县统计局设综合科、工业基建科、农业科以及农村社会经济调查队（副科级）。2001年，对职能科室进行重新划分，成立综合办公室、法制科2个行政科室和农业科、工业科、综合科、微机室4个事业科室，平度市农村经济调查队规格不变。2003年，增设统计普查中心、城市综合经济调查队。

第一节 普查与调查

一、统计普查

人口普查 1990年，全国进行第四次人口普查。普查对象为具有中华人民共和国国籍并在平度境内常驻的人。普查时点为7月1日零时。普查结果：全市登记人口1296811人，其中家庭人口1274789人。全市人口中，常住本市、户口在本市者1287768人（男660211人，女627557人），占总人口99.3%；常住本市一年以上、户口在外县（市）者5506人；常住本市不满一年、但已离开常住户口登记地一年以上者246人；普查时住在本县市、常住户口待定者3287人；原在本市、普查时在国外工作或学习、暂无常住户口者4人。除此，在本市有常住户口、已外出一年以上不在本市普查登记者18301人。2000年，全国进行第五次人口普查，普查时间为11月1日零时。采用按常住人口登记原则，以户为单位进行登记。户分为家庭户和集体户。人口普查表分为普查表长表和普查表短表两种形式。普查结果：全市总人口1321976人（包括外

来人口，不包括外出人口）。共有家庭户 421321 户，家庭人口 1289560 人，占总人口 97.60%。总人口中，男性 670689 人、女性 651287 人，汉族 1320586 人、各少数民族 1390 人。

工业普查 1986 年，全国进行第二次工业普查。普查主要内容是调查 1985 年的工业经济情况。普查对象为全部工业企业，并以与国计民生关系较大的工业企业为重点。普查结果如下：全县拥有工业企业 292 个，完成 80 年不变价工业总产值 43942 万元，现行价工业总产值 47375 万元。其中全民所有制 28 个，完成 80 年不变价工业总产值 15759 万元，现行价工业总产值 18287 万元。集体所有制 264 个，完成 80 年不变价工业总产值 28183 万元，现行价工业总产值 29088 万元。按企业规模划分：小型企业 292 个，完成 80 年不变价工业总产值 43942 万元，现行价工业总产值 47375 万元。1996 年 1 月，全国第三次工业普查。普查内容为 1995 年工业生产经营基本情况，资产负债状况及其构成，生产能力及技术装备状况等。普查结果：全市共有乡及乡以上工业企业 448 家，实现新规定工业总产值（90 年不变价格）399254.3 万元、原规定工业总产值 426326.7 万元，出口交货值 67230 万元，工业增加值 131467.7 万元，产品销售收入 382519.5 万元，利润总额 15027 万元，利税总额 31779.4 万元；全部独立核算国有工业企业 42 家，实现工业总产值（不变价新规定）75941.0 万元，工业增加值 32077.5 万元，产品销售收入 110122.6 万元，利润 1447.8 万元，利税总额 8071.3 万元。

第三产业普查 1993 年，组织开展第一次第三产业普查。普查年度为 1991 和 1992 年。普查内容为从事第三产业的所有单位。包括专门从事第三产业的企业、事业和行政单位，如商业、运输、金融、保险、房地产、信息、咨询、科学研究、文化教育单位和行政机关、部队等；第一产业和第二产业企业中附属的第三产业单位；从事第三产业的个体户。普查结果：1991 年全市第三产业单位 6165 个，其中独立核算单位 2474 个、单独核算单位 3691 个，第三产业个体户 17520 户；1992 年全市第三产业单位 6438 个，其中独立核算单位 2524 个、单独核算单位 3914 个，第三产业个体户 22540 户。1991 年第三产业增加值为 609795 万元，其中第三产业单位增加值为 506542 万元，第三产业个体户增加值 103253 万元。1992 年第三产业增加值为 699703 万元，其中第三产业单位增加值为 566145 万元，第三产业个体户增加值为 133558 万元。

基本单位普查 1996 年，全国第一次基本单位普查。本次普查的标准时点为 1996 年 11 月 1 日，采用以块为主、条块结合、分工协作的办法，普查范围为境内所有法人单位及其所属的产业活动单位，不包括城市住户和农村住户、农村承包经营户、个体合伙和个体工商户。普查结果：全市各类基本单位数为 6865 个，其中法人单位数为 2996 个、产业活动单位数为 3869 个。在各类单位中，农业单位数为 203 个；工业企业单位数为 1469 个；建筑业单位数为 113 个；地质勘查业、水利管理业单位数为 46 个；交通运输、仓储及邮电通信业单位数为 118 个；批发和零售贸易、餐饮业单位数为 389 个；金融、保险业单位数为 130 个；房地产业单位数为 8 个；社会服务业单位数为 59 个；卫生、体育和社会福利业单位数为 1072 个；教育文化艺术及广播电影电视单位数为 1009 个；科学研究和综合技术服务业单位数为 9 个；国家机关政党机关和社会团体单位数（包括群众基层自治组织）为 2210 个；其他行业单位数为 30 个。2001 年，第二次基本单位普查，普查的标准时点为 2001 年 12 月 31 日。普查范围：平度市内法人单位及法人单位所属产业活动单位。普查结果：2001 年末，全市共有各类法人单位 4327 个，其中企业法人 1970 个、事业法人单位 360 个、机关法人单位 138 个、社会团体法人单位 16 个、其他法人单位 1843 个。其他法人中：居民委员会 27 个，村民委员会 1788 个，民办非企业单位 8 个。全市共有个体工商户 22364 户。2001

年末，全市除农户以外的各类法人及产业活动单位和个体工商户从事第一、二、三产业的比例是：法人单位 2.36%、35.33% 和 62.31%；产业活动单位 2.24%、26.80% 和 70.96%；个体工商户 0.30%、29.40% 和 70.30%。

经济普查 2004 年，全国第一次经济普查。标准时点为普查年份的 12 月 31 日。普查结果：二、三产业法人单位 5783 个，其中第二产业 2644 个、第三产业 3139 个，完成工业总产值（当年价）2655769 万元，销售产值（当年价）2557307 万元。产业活动单位 7883 个，其中第二产业 2677 个、第三产业 5206 个。第二、三产业法人单位从业人员 190355 人，其中女性 69429 人。全市共有第二、三产业个体经营户 47883 户，从业人员 120554 人。

农业普查 1997 年，全国第一次农业普查。普查范围是全市各镇（街道）内各种类型的农业生产经营单位、农村住户、乡镇企业、行政村。普查方式是按照所在地或所属系统。普查结果：全市农村住户为 309616 户。农村住户总人口为 1104350 人，其中，男 565729 人，女 538621 人。从事种植业 603576 人、畜牧业 8065 人、林业 813 人、渔业 300 人、农机服务业 3837 人、工业 44913 人、建筑业 16733 人、交通运输业 8296 人、批零餐饮业 24138 人、其他业 43181 人。全市农村住户种植面积 3638462.0 亩，其中粮食 2832110.6 亩、棉花 98038.1 亩。全市黄牛存栏 308460 头，奶牛 239 头。全市雇工户数 2295 户、雇工 8317 人。2006 年，全国第二次农业普查。以 2006 年 12 月 31 日为普查的标准时点，时期资料为 2006 年度，采用全面调查的方法。第二次全国农业普查内容包括：农业生产条件、农业生产经营活动、农业土地利用、农村劳动力及就业、农村基础设施、农村社会服务、农民生活，以及乡镇、村民委员会和社区环境等方面的情况。农业普查方案由国务院农业普查领导小组办公室统一制定，省级普查办公室可以根据需要增设农业普查附表，但必须经国务院农业普查领导小组办公室批准后才能实施。普查结果：农业生产经营户 320937 户，农业生产经营单位 507 个。农作物种植业户 302661 户，林业户 603 户，畜牧业户 16181 户，渔业户 129 户，农林牧渔服务业户 1363 户。住户农业从业人员为 429163 人，单位农业从业人员为 4786 人。全市农业从业人员男性 204315 人，女性 224848 人。全市农作物总播种面积为 4002998.8 亩。

二、抽样调查

1988 年，进行全县五百个农户家庭经营情况抽样调查。共调查农户 500 户，常住人口 2277 人。调查结果：经营性耕地面积 5025 亩，人均 2.2 亩。年末生产性固定资产 589215 元，人均 259 元。年末拥有大中小型拖拉机 17 台，人均 0.01 台。年内新建房屋间数 116 间（2076 平方米），人均 0.05 间（0.9 平方米）。年内出售粮食 480476 公斤，人均 211 公斤。

1990 年，进行全县五百个农户家庭经营情况抽样调查。共调查农户 500 户，常住人口 2135 人。调查结果：经营性耕地面积 4884 亩，人均 2.29 亩。年末生产性固定资产 768345 元，人均 359.88 元。年末拥有大中小型拖拉机 37 台，人均 0.02 台。年内新建房屋间数 122 间（1925 平方米），人均 0.06 间（0.9 平方米）。年内出售粮食 654595 公斤，人均 306.6 公斤。

1994 年，进行 20 个城乡居民家庭抽样调查。调查户数 20 户，调查人口 58 人。平均每户人口数 2.9 人，户均有收入者人数 2.6 人，户均就业人口数 2.1 人。全民所有制职工人数 20 人，集体所有制职工人数 16 人，其他所有制职工人数 6 人。平均每人每月现金收入 209 元，平均每一就业者负担人口 1.38 人。

同年，对百户城镇居民主要耐用消费品拥有情况进行调查，调查结果：组合家具 60 套，电风扇 115 台，洗衣机 70 台，电视机 100 台，收录机 90 台，录像机 15 台，电冰箱 40 台，照相机 70 架，淋浴

器15个，排油烟机35台。

1998年，对山东省随机抽取的15个粮食作物调查点进行抽样调查，推算全市粮食作物播种面积和实际产量：全年粮食作物播种面积2454200亩，单产396公斤，总产量970878吨。

2002年，对城镇住户进行随机抽样调查，调查样本总体为50户，结果如下：可支配收入（新算法）603.32元/人月， 可支配收入（旧算法）634.85元/人月。服务性消费支出为140.57元/人月。旅游人数为22.58次/百人月，旅游花费517.62元/百人月。家庭人口的住房情况为3.10平方米/人月。

第二节　统计报表

1986年，统计业务主要有经济和社会发展统计调查、汇总、分析。统计报表主要有社会总产值、国民收入统计表。1988年，实行基层报表制度，按“月报”“季报”“半年报”和“年报”等形式，逐级汇总上报，并充实平衡统计内容，其主要内容分别是：社会总产值、国民收入、国民生产总值增减情况、社会总产值和国民收入生产、消费和积累平衡表、社会总产值和国民收入综合表、国民收入消费综合表、国民收入积累综合表、国民生产总值综合表、社会经济效益主要指标、增加值计算表、社会总产值和国民收入计算表。1991年，在农村基层统计中实行“一套表”制度，内容涉及农林牧渔业生产及农田水利、农业机械和农村社会科技、文化卫生等各个方面。1992年，实施新国民经济核算体系，统计报表中增加工业经济效益指标，建筑、批发零售、服务行业增加财务指标。1993年，农村基层停止实行 “一套表”制度，推行国家统一统计报表制度。该统计报表由基层表和各专业综合表两部分组成，基层表由基层报表单位填报，专业综合表由计算机汇总形成。基层表按行业性质分为农林牧渔业企业报表、工业企业报表、建筑业企业报表、批发零售贸易业及餐饮业报表和固定资产投资报表。1994年，统计调查方法由全面调查为主改为以周期性普查为基础、以经常性抽样调查为主，并以必要的统计报表、重点调查、综合分析等作补充，搜集整理基本统计资料。

1998年起，工业、商业、饮食服务企业按规模进行全面统计和抽样调查，年销售收入500万元以上的工业企业纳入日常统计报表范围；年销售收入2000万元以上的批发商业企业、年销售收入500万元以上的零售商业企业和年销售收入200万元以上的餐饮企业实行定期报表制度。对达不到规模的工业、商业和饮食服务企业，定期抽样调查，并根据抽样调查数据推算全部规模以下企业数据。

2005年，统计局上报的定期和年报统计表主要有农村统计报表、工业统计报表、批发零售贸易及餐饮业统计报表、劳动工资统计报表、固定资产统计报表、建筑业统计报表、综合平衡统计报表、外经统计报表共8种。

第三节　执法服务

一、统计执法

1986年，组织辅导全县28名统计人员参加全国统计干部电视函授学院学习，有15人获得专业大专学历。1988年，全县统计执法大检查发现，乡镇企业因执行价格不统一有多报产值现象，村办企业因统计口径划分不正确致使所报产值与实际不符；基本建设统计漏报现象突出，仅1987年即漏报工程项目5个，总投资额169万元，建筑面积1.1万平方米；全县基层上报的劳动工资总额与奖金数字因瞒报现象而使全县工资总额与奖金数字不实；农村上报耕地面积不实，各乡镇作物实际播种面积均比所报为高，如1986年，全县实际播种面积约9.33万公顷，但各乡镇上报汇总面积仅为7.8万公顷。1993年，《山东省统计管理条例》颁布实施，全市统计工作开始进入法制化轨道。1996年，组织全市进行《统计法》和《山东省统计管理条例》

宣传，查处统计违法单位6个。2000～2002年，联合市人大财经工作办公室、市监察局进行全市统计执法大检查，检查单位235家，查处统计违法案件37起。2003年，举办统计法规培训活动4期，培训人员200人次。出台《平度市统计违法案件举报暂行规定》，全年接各类举报案件50件，立案查处26件。组织为期一个月的统计执法大检查，检查单位113个，立案查处统计违法案件29起。2004年，办理统计登记单位发证、换证2000余个。2005年，培训基层统计人员300人次，检查统计调查单位108家，处理统计违法案件5起。

二、统计服务

1986年，编印出版《平度统计年鉴》第五卷，此后坚持每年一卷。1987年，编印《平度县国民经济发展情况简述》。1988年，计算整理1980年以来反映平度全县总体发展形势的国民生产总值、社会总产值和国民收入三大国民经济主要指标，为制定平度经济发展计划提供参考。同时向县委提供本地区前后时期情况和与兄弟地区经济对比情况信息32篇，采用率87.5%。1992年，编印《1991年平度市国民经济统计手册》，内容涵盖农业、工业、商业、外贸、财政、金融、基建、物资、文教、卫生、计划生育、邮电、交通、劳动工资、基本情况等，同时撰写《第三产业发展情况》等分析报告46篇，提供经济信息31篇，被《平度信息》《平度政务信息》采用12篇。1994年开始，每年定期发布年度国民经济和社会发展公报。2000年开始，按月度提供全市经济运行报告。至2005年，连续14年跟踪“全国百强县”“全省30强县”、青岛五市及吴江、张家口、昆山等市区域发展情况。

市（县）统计局编印出版的《平度统计年鉴》

第七章 国土资源管理

1987年8月，撤销平度县农业局土地管理科，成立平度县土地管理局，下设办公室、建设用地科和政策法规科。1988年8月，增设监督检查科、地籍管理科，并设立平度县征地服务站。1989年3月，成立平度县矿产资源办公室，业务归口县经济委员会。1993年8月，市级机构改革，平度市土地管理局与平度市矿产资源办公室合并成立平度市土地矿产管理局，内设办公室、土地管理科、地籍管理科和矿产管理科4个行政科室，下设土地估价管理所、土地储备中心、土地矿产监察大队、土地矿产资源开发利用研究中心、土地矿产档案馆5个事业单位。2001年8月，平度市土地矿产管理局更名为平度市国土资源局。2002年7月，撤销平度市土地储备中心，设立平度市国土资源储备中心，为副科（局）级事业单位。2005年7月，撤销平度市土地估价管理所。同年12月，全市设立镇（街道）国土资源所30个。

第一节 土地制度改革

1991年前，平度市土地使用一直沿袭“三无”制度，即土地无偿、无限期、无流动。1992年，

市政府对全市范围内的建设用地实行政府统一征地，改变过去由用地单位与被用地单位协商征用土地的做法。是年10月，市政府制定《平度市国有土地使用权出让和转让暂行办法》，将土地使用制度由“三无”变为“三有”，即由无偿使用变为有偿使用、无限期使用变为有限期使用、土地使用权不允许流动变为可以依法流动。至1993年，全市非农业建设用地除法律规定可以划拨的以外，全部实行有偿使用。

2004年6月，平度市人民政府制定下发《关于进一步规范建设用地管理的通知》，依法实行统一征地，加强市政府对土地一级市场的垄断，统一征地补偿的标准和兑付方式，所有征用土地必须由市国土资源局与被征地单位签订《征用土地补偿协议书》，城市规划区内农用地土地补偿费和安置补助费的总和按3.25万元/亩的标准给予补偿，城市规划区外农用地土地补偿费和安置补助费的总和按2.34万元/亩的标准给予补偿；建立征用土地周转金专户，用于支付征用土地补偿和上缴的各项费用，切实维护农民合法权益；制定了项目准入标准，即城市规划区以及开发区、华侨科技园、农业试验区的投资强度控制在200万元/亩以上，建筑系数达到35%以上。城市规划区以外镇的投资强度控制在100万元/亩以上，建筑系数达到30%以上。同年12月，平度市人民政府下发《关于经营性土地使用权出让有关问题的通知》，规定在本市行政辖区内，凡是土地用途改变为经营性用地的，必须纳入政府土地储备，依照“公开、公平、公正”的原则，实行招标、拍卖、挂牌出让，使经营性用地公开出让工作步入制度化轨道。

2005年9月，市政府制定并下发《关于规范建设用地管理的通知》，要求进一步加强征地批后管理，凡农转用后供地率达不到80%的镇（街道）、园区，市国土资源局不再受理其新的建设用地申请；农转用按照固定资产投资计划下达的投资额度确定用地规模；凡建筑密度和投资强度达不到标准的，一律限制供地，收回多余的土地，纳入市政府土地储备库统一调剂使用；对只圈占大院、不搞建设的空地，一律不颁发土地使用证。

第二节 地籍管理

一、土地调查

1988～1990年，完成全市（县）境域内的土地利用现状初始调查，建立完整的初始地籍档案，调查成果达到省级优秀标准。经调查统计，全市总面积31.76万公顷，其中农用地27.1万公顷、建设用地3.03万公顷、未利用地1.63万公顷。1996年，进行全国同一时点的土地利用现状变更调查，把土地利用现状统计数据统一到1996年10月31日全国同一时点上，自此以后，每年都对土地利用现状进行变更调查。2004年8月，开展全市土地利用现状更新调查和农村土地利用现状数据库建设工作。至2005年10月，通过国土资源部检查验收，共完成1∶10000的标准图幅155幅，调查图斑5万个，线状地物20万条。根据2005年土地利用现状更新调查统计，全市总面积为31.76万公顷，合3176平方公里，比1990年土地利用现状初始调查时减少49.81公顷。截至2005年底，平度市区建成区面积52平方公里，26个建制镇的建成区面积73平方公里，各类非农业建设用地达52.8万宗。

二、地籍测绘

1992年，平度开始初始地籍测绘工作，于1995年基本结束，地籍测绘完成城区26平方公里范围的城市地籍测绘和全市各乡镇的城镇地籍测绘，形成比例尺为1∶500的地籍图。2002年，开展城市地籍信息建设及城区地籍测绘工作，至2005年，完成测绘任务，测绘面积55平方公里。

三、土地定级与估价

城区土地　1993年1月到1994年1月，以平度建城区面积22.01平方公里为基础，确定城区土地级别分为三级，并测算出城区土地基准地价。其中，

地籍调查新闻发布会 （1991 年摄）

商业用地一级地价 500 ~ 800 元 / 平方米，二级地价 300 ~ 500 元 / 平方米，三级地价 150 ~ 300 元 / 平方米；住宅用地一级地价 200 ~ 400 元 / 平方米，二级地价 150 ~ 250 元 / 平方米，三级地价 80 ~ 180 元 / 平方米；工业用地一级地价 220 ~ 300 元 / 平方米，二级地价 160 ~ 240 元 / 平方米，三级地价 120 ~ 180 元 / 平方米。2000 年，重新测算城区土地基准地价。具体范围是：北至潍莱高速公路，东至东外环路，南至三城路，西至柳州路，土地面积 51.72 平方公里，土地级别分为三级。其中，商业用地一级地价 900 ~ 1650 元 / 平方米，二级地价 225 ~ 975 元 / 平方米，三级地价 115 ~ 255 元 / 平方米；住宅用地一级地价 360 ~ 600 元 / 平方米，二级地价 195 ~ 375 元 / 平方米，三级地价 105 ~ 210 元 / 平方米；工业用地一级地价 220 ~ 450 元 / 平方米，二级地价 105 ~ 210 元 / 平方米，三级地价 100 ~ 150 元 / 平方米。2004 年，对平度市城区土地级别及基准地价进行调整。本次城区土地级别与基准地价更新范围：东起白沙河，南至泽河，西到秦皇河，北到潍莱高速公路规划范围内的所有土地，面积约 126 平方公里。土地级别共划分为四级。在城区土地定级的基础上，测算出基准地价。其中，商业用地一级地价 1500 元 / 平方米，二级地价 1000 元 / 平方米，三级地价 800 元 / 平方米，四级地价 220 元 / 平方米；住宅用地一级地价 520 元 / 平方米，二级地价 430 元 / 平方米，三级地价 320 元 / 平方米，四级地价 200 元 / 平方米；工业用地一级地价 400 元 / 平方米，二级地价 200 元 / 平方米，三级地价 160 元 / 平方米，四级地价 100 元 / 平方米。2005 年 5 月，平度市人民政府对该土地级别及基准地价进行公布实施。

镇级土地　1995 年，镇级土地开展定级估价工作。确定用“整体法”评定土地类别，即把各个建制镇规划区看作一个土地定级和评估单位。以 32 处镇（街道）驻地建城区为基础，以小城镇建设规划区为本次定级估价的范围，将全市乡镇分为三类，即一类镇 8 个、二类镇 15 个、三类镇 8 个。其中一类镇为南村、明村、长乐、大泽山、蓼兰、云山、同和、新河，平均基准地价 74.75 元 / 平方米；二类镇为仁兆、崔家集、郭庄、张戈庄、白埠、马戈庄、门村、田庄、灰埠、麻兰、兰底、店子、香店、旧店、古岘，平均基准地价 68.57 元 / 平方米；三类镇为大田、崔召、李园、蟠桃、祝沟、张舍、万家、中庄，平均基准地价 62.88 元 / 平方米。每个镇土地级别又分为三级。

农用地　2004 年，开展农用地分等定级估价工作，主要是为农用地流转、开发整理，土地整理项目管理、耕地占补平衡和国家征用集体农用地提供依据和价格参考。至 2005 年，完成资料收集工作，进入全省数据处理、划分等级阶段。

征地标准和综合地价　2005 年，开展制订统一征地年产值和征地区片综合地价工作。确定：全市统一征地年产值为每亩 1350 元；南村（原南村镇部分）、仁兆、古岘等为蔬菜主产区，每亩 1500 元；明村（原前楼部分）、白埠、同和（规划区外村庄）、麻兰、蓼兰、张戈庄、崔家集、万家、兰底、郭庄、南村（原亭兰部分）等为粮食主产区，每亩 1400 元；大泽山、大田、旧店、店子（原青杨部分）、祝沟、李园（原蟠桃部分）、崔召、云山等为水果主产区，每亩 1300 元；长乐、店子（原昌里部分）、明村、灰埠、新河、张舍、马戈庄、门村、田庄等为西部丘陵区，每亩1200元。区片价一，北至天津路、东至泉州路、南至青岛路、西至郑州路，为每亩4.5万元；区片价二，北至潍莱高速公路、南至泽河、西至西外环、东至凤凰山，为每亩4.0万元；区片价三，城市规划区内除区片价一、二的部分，为每亩3.6万元；区片价四，在南村和农业合作试验区的主要用地区域，为每亩3万元。

日常宗地 1993年9月，平度市土地估价事务所成立，2005年7月撤销。至2005年底，共评估各类宗地2979宗，总估价额26.16亿元，总估价土地面积2300.16公顷；共为10家中介机构备案，备案估价报告800余宗。

四、土地登记

平度市土地初始登记工作始于1989年，结束于1994年。全市应登记发证数为46.84万宗，已完成登记发证44.80万宗，综合发证率为95.7%。其中，国有土地使用权应登记发证1.77万宗，已登记发证1.74万宗，发证率为98.2%；集体土地所有权应登记发证3306宗，已登记发证2950宗，发证率89.2%；集体土地使用权（含村民宅基地）应登记发证44.73万宗，已登记发证42.76万宗，发证率95.6%。自1994年开始，开展变更土地登记工作。1999年，开展房改房和城镇居民用地登记发证工作。到2004年，全市共进行各类土地变更登记、颁发土地证书6836宗，变更发证率达到96.6%。至2005年，全市房改房和城镇居民用地应登记发证2.2万户，已完成登记发证1.87万户，登记发证率85.1%。其中，房改房应登记发证1.16万户，已完成登记发证1.14万户，登记发证率98.1%；其他城镇居民用地（主要是商品房和经济适用房）应登记发证1.04万户，已完成登记发证7323户，登记发证率70.5%。抵押登记2430宗，累计抵押面积4861公顷，抵押贷款总额121亿元。

第三节 土地规划

一、总体规划

第一轮总体规划 1994年6月，《平度市土地利用总体规划》（1990～2000）经青岛市人民政府批准实施。乡镇级规划分别于1994年8月和9月经平度市人民政府分批批准实施。本轮土地利用总体规划以1990年土地变更调查数为土地面积基数，规划基期为1990年，目标年为2000年，规划期为10年。总体目标是：到2000年，新增建设用地控制在3913公顷以内，其中占用耕地不高于3662公顷；耕地面积保持在18万公顷以上，其中基本农田保护区面积不少于14.60万公顷，农田保护率不抵于80.62%；未利用土地开发5618公顷，其中开发为耕地1333公顷，开发为林地3427公顷，林木覆盖率由21.8%提高到26%，土地利用率由95.8%提高到98%。

第二轮总体规划 1997年11月，市政府办公室下发《平度市土地利用总体规划修订编制工作实施方案》，开展土地利用总体规划修编工作。本轮土地利用总体规划以1996年土地变更调查数为土地面积基数，规划基期为1996年，目标年为2010年，规划期为14年。总体目标是：到2010年，全市耕地减少量控制在3533公顷，其中建设占用耕地量控制在3200公顷以内，开发复垦整理补充耕地量不低于4540公顷，耕地净增加1007公顷；基本农田保护区面积16.04万公顷，耕地保护率87.24%；林木覆盖率由22.8%提高到30%，土地利用率由95.88%提高到98.07%。2000年10月，《平度市土地利用总体规划》（1997～2010）经山东省人民政府批准实施。32个镇（街道）的规划于同年经青岛市人民政府分两批批准实施。

二、专项规划

第一轮基本农田保护区规划 1994年6月，《平

度市基本农田保护区规划》（1990 ~ 2000）随同《平度市土地利用总体规划》（1990 ~ 2000）经青岛市人民政府批准实施。本轮规划以 1990 年土地变更调查数为土地面积基数，规划基期为 1990 年，目标年为 2000 年，规划期为 10 年。规划目标为：到 2000 年，基本农田保护区面积不少于 14.60 万公顷，耕地保护率不抵于 80.62%。

第二轮基本农田保护区规划 2000 年 10 月，规划经山东省人民政府批准实施。本轮规划以 1996 年土地变更调查数为土地面积基数，规划基期为 1996 年，目标年为 2010 年，规划期为 14 年。《平度市基本农田保护区规划》确定的规划目标为：到 2010 年，基本农田保护区面积 16.04 万公顷，耕地保护率不抵于 87.24%。

土地整理及开发复垦规划 2000 年 10 月，《平度市土地整理及开发复垦规划》经山东省人民政府批准实施。规划目标为：到 2010 年，开发复垦整理补充耕地量不低于 4540 公顷，土地利用率由 95.88% 提高到 98.07%。2002 年 8 月，平度市对土地整理及开发复垦规划进行修编，到 2003 年 2 月，修编工作完成。本次规划以 2000 年为基期年，2010 年为目标年，规划期为 10 年。规划名称改为《平度市土地开发整理规划》，规划目标为：到 2010 年，土地开发整理增加耕地量 7933 公顷，其中耕地整理增加耕地 2436 公顷、村居民点整理增加耕地 1151 公顷、土地开发增加耕地 3658 公顷、土地复垦增加耕地 1045 公顷。

第四节 建设用地管理

一、国有和乡镇集体建设用地

1987 ~ 1998 年，平度市建设用地按以下审批权限审批：国家建设征用划拨耕地 1000 亩以上，其他土地 2000 亩以上，报国务院批准；征用划拨耕地和其他土地 30 亩以上报省政府批准；征用划拨耕地和其他土地 30 亩以下的报青岛市政府批准；征用划拨耕地 3 亩以下，其他土地 10 亩以下，由县政府批准；农村居民新建住宅，使用耕地的，经乡镇政府审核后，报市（县）政府批准，使用原有宅基地、村内空闲地和其他土地的，由乡镇政府批准。此间，全市（县）共审批使用非农业建设用地 1888 公顷，其中国家建设用地 791 公顷，乡镇集体用地 418 公顷，农民建房用地 679 公顷。1999 年 1 月 1 日，《中华人民共和国土地管理法》修订实施后，对建设用地占用基本农田和基本农田以外耕地超过 35 公顷的，占用其他土地超过 70 公顷的须报国务院批准，征用上述规定以外土地的，报省政府批准。经土地利用总体规划确定的建设用地，具体建设项目使用国有建设用地及国有未利用土地，按照下列权限办理审批手续：占用土地 30 亩以下的，由市人民政府批准，逐级报省政府备案。占用土地 30 亩以上 120 亩以下的，报青岛市政府批准，报省人民政府备案。占用土地 120 亩以上的，由省人民政府批准。其中，凡涉及农用地转为建设用地的，全部办理农用地转用审批手续。经市土地利用总体规划确定的城市和村庄、集镇建设用地，按土地利用年度计划分批次报省政府批准；经乡镇土地利用总体规划确定的村庄和集镇建设用地，按土地利用年度计划分批次报青岛市政府批准。1999 ~ 2005 年，全市共审批使用非农业建设用地 3716 公顷，其中国家建设用地 2300 公顷、乡镇集体用地 898 公顷、农民建房用地 518 公顷。

二、农村宅基地

1989 年 8 月，县政府印发《平度县农村宅基地使用的若干规定》，明确农村建房使用宅基地实行计划管理和民主管理制度。符合建房条件的村民，须向村委会提出书面申请，经村民代表评议，村委会研究同意，报乡（镇）人民政府审查。使用非耕地的，由乡（镇）人民政府审核批准，报县土地管理局备案；使用耕地、场院的，由乡（镇）人民政府审核，报县人民政府批准。同月，县政府又印发《平度县农村宅基地空闲地有偿使用暂行办法》，规定农村宅基地、空闲地属村集体所有，由村民委员会统一管理，个人只有使用权。1987 ~ 1998 年，全市（县）农村共新建住房 4.24 万栋，用地 679 公顷。1999 年 1 月 1 日，根据新修订的《土地管理法》，平度市人民政府印发《平度市农村宅基地使用暂行规定》，对农村宅基地使用作出进一步规定。自此，农村建房用地，经各镇（街道）审核，由市政府批准。1999 ~ 2005 年，全市农村共新建住房 2.59 万栋，用地面积 5181 公顷。

原王家站乡首批颁发土地使用证大会现场（1991 年摄）

1987 ~ 2005 年平度市（县）审批非农业建设用地统计表

表 10-4　　　　单位：亩

年度	国家建设用地	乡镇集体用地	农民建房用地	合计	备注
1987	966.00	443.00	2675.00	4084.00	–
1988	563.02	570.16	929.12	2062.30	–
1989	1243.19	289.66	1143.00	2675.85	–
1990	483.76	175.04	1001.50	1660.30	–
1991	320.71	294.54	643.34	1258.59	–
1992	405.80	316.29	583.40	1305.49	–
1993	594.46	478.24	527.80	1600.50	–
1994	1659.06	118.59	779.26	2556.91	–
1995	559.50	492.72	317.28	1369.50	–
1996	426.70	169.53	247.50	843.73	–
1997	0.00	0.00	0.00	0.00	冻结用地
1998	4648.57	2918.35	1335.33	8902.25	–
1999	1941.17	128.26	209.70	2279.13	–
2000	4500.11	101.38	1118.75	5720.24	–
2001	2246.00	891.00	1464.00	4601.00	–
2002	6701.19	10328.00	1390.00	18419.19	–

续表 10-4

年度	国家建设用地	乡镇集体用地	农民建房用地	合计	备注
2003	5374.84	1027.77	1730.00	8132.61	–
2004	2540.00	996.00	940.00	4476.00	–
2005	11202.36	0.00	914.00	12116.36	–
总计	46376.44	19738.53	17948.98	84063.95	–

三、土地储备与招拍挂

土地储备 1999 年 11 月，平度市成立土地储备中心，建立土地储备制度。2000 年，山东省人民政府颁布实施《山东省国有土地使用权招标拍卖办法》《山东省国有土地租赁办法》和《山东省国有土地储备办法》，进一步完善土地储备制度。纳入储备的土地包括两部分：经市政府批准的存量土地和已办理农转用的增量土地。至 2005 年，全市共储备土地 3564.36 公顷。

土地招拍挂 平度市土地招拍挂工作始于 2000 年。第一宗以拍卖形式公开出让的土地是平度市第一中学旧址，2000 年 10 月，该国有土地使用权以 4320 万元的价格成功拍卖。自此，平度市经营性国有土地使用权出让全部实行招拍挂。2000 ~ 2001 年，全市以招拍挂方式公开出让土地 15.8 公顷，成交总额 6875.27 万元；2002 ~ 2003 年，土地招拍挂工作得到较大发展，以招拍挂方式公开出让土地 80.8 公顷，成交总额 3.31 亿元。截至 2005 年，全市以招拍挂方式公开出让土地累计 114 宗、118.6 公顷，成交总额 5.06 亿元。

（2002 年摄）

第五节 耕地保护与开发

一、基本农田保护

1994 年，编制基本农田保护区规划，划定基本农田保护区。1997 和 1999 年，又分别对基本农田保护区进行调整，使全市基本农田保护区全部达到“五有”（有规划文本、有图件、有标志、有责任书、有档案）标准。至 2005 年，全市共划定基本农田保护区 16.04 万公顷，耕地保护率 87.24%。设立 4 块高级标志牌、30 块镇级标志牌和 640 块村级标志牌。市、镇、村三级共签订基本农田保护责任书 40 万份，在各村聘用基本农田保护监察员 1705 名。

青岛、平度人大代表检查乡镇基本农田保护区

（1994 年摄）

二、耕地保护

1987年，县、乡（镇）两级成立耕地保护工作领导小组，组织协调全县耕地保护工作。1995年，在全市范围内开展耕地保护大检查，对耕地面积变化、闲置荒芜土地、非农业建设用地等情况进行全面检查。1997年4月至1999年1月，对全市耕地实行冻结。1999年新《土地管理法》实施之后，实行耕地占补平衡制度，规定非农业建设占用耕地的项目，要按照“占多少，补多少”的原则，由用地单位或个人负责开垦与所占耕地数量和质量相当的新耕地，并做到先补后占；对无造地能力的单位，收取造地押金，由市里统一安排造地。建立补充耕地储备库，实行开发整理与耕地占用挂钩政策。1999～2005年，各级政府依法批准的建设用地和违法用地占用的耕地，全部采取先补后占方式予以补充，实现耕地占补平衡。至2005年，耕地储备库尚余补充耕地指标1207公顷。

三、土地开发整理

1994年，市政府下发《平度市后备资源开发复垦暂行规定》，并成立土地开发整理领导小组和工作小组。1997年，平度市建立土地开发整理项目库。是年，将崔召镇长岭山土地整理项目列为首批国家级土地整理示范项目，开发复垦整理形式趋于多样。2001年，对原地开发整理专项规划进行补充完善。至2005年，全市土地开发整理复垦新增耕地面积4671公顷，其中申请国家重点开发整理复垦项目4个、省级项目2个，项目总规模3933公顷，总批复资金8184.5万元，新增耕地面积1252公顷。申请市级项目217个，新增耕地3419公顷。

第六节 矿产资源开发与管理

一、矿产资源开发利用现状

1986年，平度县主要开发利用了铁、金、普通萤石、石墨、建筑用花岗岩、建筑用砂、滑石、砖瓦粘土等8种矿产资源，矿山企业50余家，从业人员不足2000人，且产值不高。随着经济发展，矿产品需求量的增加，平度市开发利用的矿产资源种类不断增多。截至2005年，30余种矿产中已有13种得到开发利用，分别是铁、金、普通萤石、石墨、滑石、透辉岩、建筑用砂、砖瓦黏土、建筑用花岗岩、饰面花岗岩、建筑用大理岩、水泥用大理岩及伴生银。矿山企业130家，从业人员7957人，实现矿业总产值7.06亿元（不含加工企业）。已开发利用矿种中，石材和石墨是平度的主要出口创汇矿种，矿产品远销日本、韩国、美国、澳大利亚、西欧、俄罗斯、印度等国家和地区及国内40余个省、市。2005年，完成各种矿石（品）总量：石墨11万吨，黄金9.13万两，饰面花岗岩4.2万立方米，透辉石44万吨，滑石5.5万吨，铁矿0.2万吨，红砖2.8亿块，建筑花岗岩17.5万立方米，水泥用大理岩33万吨。

二、矿业权市场建设

自2002年10月起，平度市对新设矿山企业和采矿权延续登记实行采矿权有偿出让，逐步建立起矿业权市场。2003年，市政府出台《平度市采矿权出让管理暂行规定》《采矿权招标管理暂行办法》《采矿权拍卖管理暂行办法》和《采矿权协议出让管理暂行办法》，使采矿权出让工作走上规范化、制度化轨道。是年10月，平度市首次对灰埠郑戈庄砂场实施拍卖出让。2005年11月，对大泽山限采区9个采矿权实行挂牌出让，总成交金额707万元。截至2005年，全市共出让采矿权47个，其中协议出让33个、挂牌出让14个，实现采矿权价款805万元。

三、矿业秩序整顿

自2002年开始，平度市成立了由国土、安监、公安、工商、环保部门和大泽山镇政府组成的大泽山石材开采秩序治理整顿联合执法工作组，对大泽山石材开采秩序进行整治，下达法律文书153份，关停非法采矿点147处，出动警力250余人次，查

矿业秩序整顿（2005 年摄）

处理，共清查出违法占地单位（户）5431 个，违法占地 487 公顷，收缴罚款 56 万元，拆除房屋 585 户、2340 间，退回土地 18 公顷。1988 年，对 1982 年以前的土地历史遗留问题进行清查处理，查处单位 753 个、违法占地 657 公顷。清查废弃地、闲散地 7606 公顷。1989 年，开展土地执法大检查，共查处 674 户干部职工及外来人员在城区建买私房，占用土地面积 11 公顷；清查出石墨选矿个体 306 家，选矿小槽 513 个，违法占地 267 公顷，全部予以取缔。1993 年，组建土地矿产监察大队，成立土地矿产行政巡回法庭。1994 年，集中开展保护耕地大检查和全面清理非农业建设闲置土地工作，查处 1992 ～ 1995 年全市农业内部结构调整违法占地 2542 公顷，非农业建设占地 114 宗、231 公顷。2002 年，对房地产开发用地进行清理整顿，清查出各类违法房地产开发建设单位 55 家，查处违法用地 62 宗、面积 25 公顷，依法收缴土地出让金 89 万元。2003 年，开展整顿和规范土地市场秩序工作，查处全市 1991 年以来未经批准用地 79 宗、占地 203 公顷，利用划拨土地使用权非法入市 25 宗、5.6 公顷，利用集体土地入市 29 宗、1.8 公顷。2005 年 4 月，对 2004 年 10 月 21 日以来的违法占地进行拉网式清查，对存在的问题均依法处理到位。

封采矿设备 60 余台（套）、大型挖掘机 11 台、装载机 3 台、运输汽车 6 辆。2004 年 3 月，对平东、平北、平西 17 个镇（街道）矿产资源开采秩序进行整顿。至 2005 年，已责令 173 家非法矿山停产关闭，其中石墨矿山 22 家、铁矿 9 家、采石矿坑 110 家、采金矿井 32 个；先后查封采矿用挖掘机 4 台、装载机 2 台、运输汽车 3 辆，查封采矿设备 62 台（套），收缴违规持有暴力工具（砍刀、匕首等）6 件，填平非法采金矿井 32 眼，累计井深 2030 米，运载土石方 2460 立方米。收取采矿价款 19.83 万元，收取采矿登记保证金 152 万元。

第七节 国土监察

1987 年《土地管理法》实施后，对全县 1982 ～ 1986 年期间违法占地情况进行专项清查

第十一篇 城建 环保

城区 平度城区是座古老的城池，文庙建于元初（1970 年拆除），千佛阁建于明代天启年间（1621 ～ 1627），此外尚有城隍庙、崇德宫等古建筑。城区建设大体分为三个阶段：解放初期维持旧城面貌，机关、企事业单位于民房办公；20 世纪 60 年代始，钢木砖混结构建筑相继出现；进入 70 年代，城内县百货大楼、政府招待所客房、邮电局营业楼、人民医院门诊楼、县委县政府办公大楼以及单元式住宅楼相继建成。至 1985 年，城区敷设供水管道 1.26 万米，浆砌排水沟 1.36 万米，安装路灯 500 余盏，主要街道 15 条，楼房住宅建筑面积 3.5 万平方米，城区面积由解放前不足 2 平方公里扩大到 6 平方公里。

乡村 新中国成立前，农村住房多系麦草披顶，土墼垒墙，木质门窗。至于门楼、院墙、厕所更为简陋。20 世纪 50 年代，农村兴起半截草、半截瓦的"凤凰檐"房屋。70 年代后，砖石结构的瓦房逐步增多。进入 80 年代，农村新建民宅几乎皆为红瓦、粉墙、砖石结构，玻璃门窗，至于门楼、厕所、洗澡间开始追求时尚，向城镇看齐。至 1985 年，全县农村建房面积 78.1 万平方米，用电户达 1313 个村、9.2 万户。全县 45 个乡镇均拥有专业建筑队，建筑工人 7700 人。

第一章 城乡规划

第一节 城市规划

一、总体规划

第一轮总体规划 1983 年，山东省政府批准实施第一轮《平度县城总体规划》，规划期限为 1980 ~ 2000 年，人口规模 5 万人，城市用地范围 5 平方公里，城市性质为以农副产品加工为主的轻工业城市，把县城建设成为发展工业、支援农业、实现“四化”的重要基地，使之成为工农结合、城乡结合、有利生产、方便生活的社会主义新城镇。

第二轮规划修编 1995 年 6 月，平度市第十三届人民代表大会常务委员会第十九次会议审议通过《关于调整平度市总体规划和确定城市中心区域的方案》，决定对城市总体规划作出新的调整：城市规划区面积由 55 平方公里扩大到 186 平方公里。1998 年，经山东省政府批准实施第二轮《平度市城市总体规划》，规划期限为 1995 ~ 2010 年，远期人口规模为 30 万人，城市用地范围为 32 平方公里。城市性质为：农业、矿产资源开发加工出口基地型城市。规划区范围：北至潍莱高速公路，南至泽河，东至白沙河，西至秦皇河，总面积 126 平方公里。城市布局结构：城市用地以向东发展为主，其他方向适当发展。城市用地布局相对集中紧凑，以现河为主轴，形成东西两片的城市形态结构。2001 年 3 月，对平度市区又进行规划调整。城市性质为：以机械电子、食品加工和商贸流通为主的现代化中等城市。 2002 年 8 月，对平度第二轮城市总体规划进行调整，规划期限为 2001 ~ 2020 年，人口规模为 40 万人，城市用地范围为 47.1 平方公里，对城市性质进行重新定位，突出以人为本和生态城市的理念，由原来的“农业、矿产资源加工出口基地型城市”转变为“现代化山水园林城市”，构筑起现代化中等卫星城市的基本框架。

第三轮规划修编 2004 年 7 月，对《平度市城市总体规划》进行第三轮规划修编。本轮规划期限分为近期、远期、远景三个阶段：近期，2004 ~ 2010 年；远期，2011 ~ 2020 年；远景，2021 ~ 2050 年以后。本轮规划所确定的城市规划区由 4 个街道、1 个经济开发区和 1 个华侨科技园区组成，面积 256 平方公里。规划期内建设用地控制在白沙河以西、秦皇河以东、泽河以北、潍莱高速公路以南区域，面积为 126 平方公里。规划确定的城市性质为青岛市域次中心城市，胶东半岛地区重要的先进制造业和商贸物流中心，现代山水田园秀美宜居城市。规划城市人口规模：近期（2010 年）35 万人，远期（2020 年）50 万人。城市建设用地规模：近期（2010 年）42 平方公里，远期 60 平方公里，人均城市建设用地严格控制在 120 平方米以内。

二、详细规划和专业规划

1991 年 8 月，平度市规划管理处先后完成 14 项专业规划和 13 个功能区域的详细规划编制，形成较为完善的城市规划体系。是年，市建委将红旗路以北，人民路以南，沿现河西岸的三角地带划为公园用地，编制出公园规划说明并邀请天津大学进行规划设计。1992 年，编制城市风貌规划。1993 年，编制市南一区控制规划、西城小区详细规划、河头新村详细规划。1994 年，编制新安苑北区、城关中心中学、秀水苑贵宾村详细规划，编制环境专业规划。1995 年，编制完成消防

规划和抗震防灾专业规划二期工程，编制完成教师新村、安居苑小区、会堂游憩广场等修建性详细规划。1996 年，编制完成市区市场规划、绿化规划。1997 年，编制贸易城、北环城路商场修建性详细规划。1998 年，对市区红旗路两侧建设改造和道路绿化进行规划设计，编制新安苑东区、华怡小区详细规划。1999 年，编制完成大泽山风景名胜区规划和大李家疃详细规划。2000 年，编制完成东部新区详细规划设计，为城关、香店、李园、圣达等工业园实施地形测绘与规划。2001 年，城区形成了东部新区、南部新区、西部市场、同和工业园、旧城商贸中心 5 个建设板块。2002 年，编制现河两岸绿化规划。2003 年，编制近期建设规划（2003 ～ 2005 年）和城市风貌规划。至 2005 年，城市规划控制区面积已扩大到北至北部山体，南至泽河，东至白沙河，西至秦皇河共 126 平方公里，市区建成区面积 37 平方公里，详细规划覆盖率达 96% 以上。

第二节　镇村规划

1986 年，全县 45 个乡镇规划全部审批结束，1788 个村庄规划审批通过 1205 个。1995 年，委托山东省规划设计研究院编制了田庄镇、蓼兰镇总体规划，委托济南市规划设计院编制了店子镇、灰埠镇总体规划，委托青岛市规划设计院编制了南村镇、万家镇、云山镇、麻兰镇、旧店镇总体规划，市村镇规划设计室编制了明村镇、长乐镇、古岘镇、张舍镇、张戈庄镇总体规划。2001 年 3 月，市城建委委托山东省城乡规划设计研究院编制完成 2000 ～ 2010 年《平度市城镇体系规划》，将全市所有城镇和村庄分为 6 个等级，即中心城、青岛市级重点镇、平度市重点镇、一般镇、中心村、一般村。2004 年，全市 30 个镇（街道）有 20 个修编了总体规划。2005 年，全市小城镇新一轮总体规划调整完善工作完成 90%，重点镇达到 100%。小城镇详细规划覆盖率达 40%。

2005 年平度市城镇与村庄职能等级规划一览表

表 11-1

等级	职能地位	数量（个）	名称
一级	中心城	1	平度市区（4 个街道）
二级	青岛市级重点镇	4	南村、店子、蓼兰、灰埠
三级	平度市级重点镇	5	明村、大泽山、云山、仁兆、古岘
四级	一般镇	17	麻兰、张戈庄、兰底、崔家集、万家、白埠、门村、田庄、马戈庄、张舍、大田、旧店、祝沟、崔召、长乐、郭庄、新河
五级	中心村	75	见表 11-2
六级	基层村	1400 左右	略

2005 年平度市中心村规划一览表

表 11-2

镇（街道）	中心村	镇（街道）	中心村
南村	桃园、姜家埠、李家庄	崔家集	北高戈庄、周家、陶家屯
蓼兰	大吴庄、何家店、蔡家礼府	白埠	团结、小张家、西史家
灰埠	谭家、大庄子、三堤东	万家	陈家、西王家
长乐	钟家、东辛旺、涩埠	郭庄	朱家庄、万家
明村	王家庄子、大小河子、董家小庄	麻兰	任家河岔、山西
店子	昌里、北盛	兰底	庞戈庄
新河	朱家、宁家	门村	门村、周家庄
古岘	大朱毛、西六曲、石家庄	祝沟	路上、东店子、沙埠
云山	宋格庄、石柱洼、赵庄	崔召	沙岭、河东、马戈庄
旧店	刘家庄、赤土岘	大田	兰河、南董家
张舍	东石岭、洼子	马戈庄	小张戈庄、大驾埠、阎东
仁兆	西仁兆、冷家庄、吕戈庄	香店	大泥河头、香店
张戈庄	尚河头、东杜家	李园	李子园、戈家疃
大泽山	尹家、北昌村、东岳石	城关	徐福、贾家营、大十里堡
田庄	东郭、吴家庄、幸福庄	同和	杨家荆戈庄、刘家张村、孙家庄

第二章　城市建设

第一节　街道　桥涵

一、街道

1986 年，城区主要道路有 13 条，分别是振兴街、胜利路、环城东路、环城南路、天柱路、云山路、文化路、龙山路、青年路、红旗路、潍石路（平度城区段）、人民路、泽山路，总长度 2.70 万米。1989 年，分别更名徐州路、胜利路、扬州路、济南路、郑州路、常州路、杭州路、福州路、温州路、红旗路、潍石路（平度城区段）、人民路、苏州路。1997 ~ 2000 年，滨河东路、广州路、云峡路先后开建，使城区主要道路达到 18 条。至 2005 年，城区主要道路又增加泉州路、永州路、兰州路、锦州路、长春路，道路总数达到 23 条，总长度 7.32 万米。

2005 年平度市城区主要道路一览表

表 11-3

道路名称	起始路段	全长（米）	路面状况	道路方向
广州路	青岛路至天津路	4485	沥青、混凝土	南北
泉州路	红旗路至北京路	1393	混凝土	南北
永州路	胜利路至天津路	1600	混凝土	南北
福州路	青岛路至潍莱高速公路	3190	混凝土	南北
杭州路	世纪大道至天津路	4147	沥青、混凝土	南北
苏州路	青岛路至南京路	2018	沥青、混凝土	南北
常州路	青岛路至潍莱高速公路	6160	沥青、混凝土	南北
扬州路	济南路至人民路	870	沥青、混凝土	南北
徐州路	青岛路至红旗路	4215	沥青、混凝土	南北
郑州路	青岛路至天津路	10675	沥青、混凝土	南北
兰州路	人民路至天津路	920	混凝土	南北
锦州路	南外环至天津路	3800	沥青、混凝土	南北
温州路	胜利路至红旗路	860	混凝土	南北
胜利路	郑州路至福州路	3620	沥青、混凝土	东西
红旗路	广州路至郑州路	4560	沥青、混凝土	东西
人民路	广州路至西外环路	10708	沥青、混凝土	东西
南京路	怡河苑北区至兰州路	2830	沥青、混凝土	东西
北京路	福州路至平度一中东侧	905	混凝土	东西
滨河东路	天津路至青岛路	1340	混凝土	南北
滨河西路	红旗路至南京路	1565	混凝土	南北
云峡街	苏州路至常州路	510	沥青、混凝土	东西
济南路	郑州路至扬州路	350	沥青、混凝土	东西
长春路	平营路至苏州路	440	沥青、混凝土	东西

二、桥涵

1986年，平度城区主要桥梁有荷花桥和红旗路现河桥。1991年，红旗路现河桥由8米宽拓宽至26米，长114米，拓宽部分为钢筋混凝土刚性拱结构，灌注桩基础。1995年，胜利路现河桥建成，长120米，宽20米，钢筋混凝土板式结构，两侧为圆弧形混凝土装饰拱，每侧3个，拱跨30米，灌注桩基础。1998年，南京路现河桥建成，长67米，宽10.5米，砌筑混凝土板式结构。2000～2005年，城区又增桥梁4座，分别为：老现河北苑桥，位于苏州路北段，长51米，宽17.5米，钢筋混凝土板式结构，灌注桩基础。围山河永州路桥，长45米，宽18米，钢筋混凝土板式结构，以钢筋混凝土条形为基础。围山河泉州路桥，长45米，宽24米，钢筋混凝土板式结构。围山河步行桥，位于现河入口处，天柱度假村后，长45米，宽7.6米，为钢筋混凝土双曲线拱式桥。

市区红旗路荷花桥（2005年摄）

三、街道亮化

1986年，城内共有路灯572盏，其中双臂灯153盏，分别安装在红旗路、人民路、天柱路、胜利路、云山路、青年路、龙山路、东环城路、振兴街，灯距50～60米。荷花桥两侧有荷花型灯99盏，灯距15米。1996年，城区各种照明灯达到2100余盏。自1997年开始，城区亮化工程加快。2003年，市财政投资1400万元，对青岛路、红旗路、人民路、福州路、扬州路、徐州路进行高标准亮化；对铜牛标志物、会堂游园广场及荷花湾桥、红旗路桥、人民路桥、青岛路桥实施景观照明；对江北农业市场、农业展览馆、图书馆实施泛光照明，共安装各类灯具2500盏。2004年，投资1000万元对市区苏州路、杭州路、郑州路、天津路、常州路、南京路、三城路、现河两岸及荷花湾周围区域实施亮化，安装照明灯1258盏。2005年，城区照明灯共有7243盏，呈现出多层次、立体化的城市夜色景观。

第二节 供水 排水

一、供水

平度城区供水主要来自崮山水厂和云山水厂。1986年，城区共敷设供水管道6.23万米，支管道2.21万米，日供水1.5万立方米。1987年，城区日供水量9000立方米，高峰季节达到1.20万立方米，用水户245户。1996年，敷设供水管道6700米，日增供水能力6000立方米，扩大供水人口7000人。1997年，城区用水单位791个，用水人口达10万人，供水面积19.6平方公里，日供水能力4.5万立方米，城区供水普及率达100%，水压合格率和水质综合合格率分别为98%和98.3%。1999年6月，完成市区供水管网配套改造与建设工程，在红旗路、青岛路等供水主干线上敷设直径300毫米以上球墨铸铁管线1.26万米。1999～2000年，城区日需水量2.8万立方米，其中生活及办公用水量1.6万立方米/日，工业及其他用水量1.2万立方米/日。2001年初，开始建设兴平水厂，规划设计日净水能力8万立方米。是年，完成热电厂、化肥厂生产用水管网

敷设工程和香店工业园供水工程，在店前村至广州路段敷设供水主管道 1248 米，日供水能力达到 1.5 万立方米。在开发区东外环路东侧、烟台路南侧，敷设供水管线 1354 米。2002 年，完成工业新区管网敷设工程，在东外环西侧、南外环南侧、广州路西侧、新区大道北侧敷设管道 6101 米，在香港路西侧、世纪大道北侧（工业新区）敷设管道 2242.8 米，在永州路西侧敷设供水管道 780 米，在人民路北侧敷设供水管道 640 米，在天津路南侧敷设供水管道 610 米。2003 年，完成城关工业园供水管网配套工程，在贵州路至金沙江路、东外环路敷设供水管线 2015 米。2005 年，城区供水量 1212.66 万立方米，

1988 ～ 2005 年平度市（县）城市供水情况统计表

表 11-4

年度	供水量（方）	用水户数（户）	水表数（个）
1988	2797289	–	–
1989	2898098	–	–
1990	3372622	–	–
1991	4320610	–	–
1992	5166716	–	–
1993	5953619	–	–
1994	6491280	–	–
1995	6833042	744	998
1996	7139126	810	1081
1997	8338874	875	1179
1998	8251674	939	1253
1999	8114913	1059	1370
2000	8429113	1171	1490
2001	7814715	1257	1571
2002	9217159	1402	1664
2003	11217455	1388	1639
2004	11329180	1533	1636
2005	12126580	1759	1847

用水户数 1759 户。

二、排水

截至 2005 年，市区共敷设石砌及管径不一排水管 56.9 公里，遍布城区 23 条主要街道；设置检查井 803 座、雨水井 1369 座，形成较为完善的雨、污水排放系统。

2005 年平度市区排水设施一览表

表 11-5

序号	道路名称	排水管道					检查井（座）	雨水井（座）
		起点	止点	长度（公里）	管径（毫米）	种类		
1	郑州路	青岛路	红旗路	0.15	7400×2700	石砌	2	5
				0.26	1000×1000			
				0.17	Φ300	水泥管		
				0.21	Φ500			
		红旗路	桥北村综合楼	0.06	1000×1000	石砌	1	5
				0.05	1500×1500			
				0.14	600×600			
				0.11	800×800			
		桥北综合楼	南京路	2.11	1800×1900	石砌	8	13
2	常州路	青岛路	红旗路	0.672	800×800	石砌	4	26
				0.07	500×500			
				0.07	400×500			
				0.213	600×600			
		红旗路	人民路	0.093	Φ400	水泥管	2	13
				0.32	1000×1000	石砌		
		人民路	云山桥	0.455	1300×1300	石砌	3	22
				1.155	1500×1500			
		云山桥	潍莱高速路口	0.75	Φ500	水泥管	15	30
				0.24	Φ400			
3	杭州路	青岛路	红旗路	0.05	Φ400	水泥管	16	30
				0.1	1000×800	石砌		
				0.71	1000×1000			
				0.596	800×800			
		红旗路	人民路	0.222	600×600	石砌	6	10
				0.285	600×600			
		–	–	0.32	Φ400	水泥管	3	6

续表 11-5

序号	道路名称	排水管道 起点	止点	长度（公里）	管径（毫米）	种类	检查井（座）	雨水井（座）
4	温州路	胜利路	红旗路	0.399	800×800	石砌	8	15
				0.08	500×500			
5	福州路	青岛路	胜利路	0.072	2000×1200	石砌	4	9
				0.47	1500×1500			
				0.1	1200×1000			
				0.1	Φ800	水泥管		
		胜利路	龙山桥	0.1	600×600	石砌	13	15
				0.21	Φ800	水泥管		
				0.135	1200×1000	石砌		
				0.305	1200×800			
				0.1	800×800			
		人民路	天津路	0.53	2000×1500	石砌	5	10
				0.25	Φ400	水泥管		
		天津路	潍莱高速路口	0.31	Φ1000	水泥管	22	42
				0.56	Φ800			
				0.2	Φ600			
				0.4	Φ400			
6	苏州路	红旗路	人民路	0.296	800×800	石砌	9	14
				0.086	1000×1000			
				0.39	600×600			
		人民路	南京路	0.36	800×800	石砌	1	17
		菜园村	青岛路	0.45	1500×1500	暗沟	–	16
7	扬州路	济南路	人民路	0.078	2300×2000	石砌	7	15
				0.163	3100×2000			
				0.375	2000×1500			
				0.309	2000×1800			
8	徐州路	青岛路	济南路	0.202	2500×1700	石砌	3	4
		济南路	红旗路	0.404	Φ500	水泥管	6	1

续表 11-5

序号	道路名称	排水管道					检查井（座）	雨水井（座）
		起点	止点	长度（公里）	管径（毫米）	种类		
9	青岛路	三城路	青沙路	0.687	800×800	石砌	3	–
				0.24	1000×1000			
		青沙路	常州路	0.206	1200×1200	石砌	21	24
				0.353	800×800			
				0.376	500×500			
		常州路	杭州路	0.625	500×500	石砌	44	42
				1.283	1200×1200			
				0.756	Φ500	水泥管		
		杭州路	福州路	0.48	Φ500	水泥管	33	32
				0.352	1200×1200	石砌		
				0.122	600×600			
				0.433	800×800			
		福州路	梅花河桥	0.96	2000×1100	石砌	–	–
10	胜利路	郑州路	常州路	0.152	Φ500	水泥管	4	5
		常州路	千佛阁	0.224	Φ600	水泥管	8	16
		千佛阁	杭州路	0.36	800×800	石砌	5	18
		杭州路	现河桥	0.19	500×500	石砌	6	12
				0.43	800×800			
		现河桥	福州路	0.015	1200×1000	石砌	6	12
				0.065	1200×800			
				0.1	1000×800			
				0.1	800×800			
				0.15	1200×1000			

续表 11-5

序号	道路名称	排水管道					检查井（座）	雨水井（座）
		起点	止点	长度（公里）	管径（毫米）	种类		
11	红旗路	郑州路	常州路	0.384	800×800	石砌	7	10
				0.04	Φ500	水泥管		
		常州路	杭州路	1.695	Φ500	水泥管	20	30
				0.291	1200×1000	石砌		
				0.081	1000×900			
				0.075	Φ800	水泥管		
				0.1	800×600	石砌		
				0.25	800×800			
				0.1	600×500			
				0.513	800×800			
		杭州路	福州路	0.364	Φ800	水泥管	32	28
				0.191	1000×1000	石砌		
				0.31	800×800			
				0.395	Φ500	水泥管		
				0.054	600×600	石砌		
				0.1	500×500			
		福州路	泉州路	0.46	Φ500	水泥管	16	30
				0.25	Φ600			
				0.33	Φ400			
12	人民路	青沙路	郑州路	0.602	1000×1000	石砌	21	59
				0.14	700×700			
				0.1	1000×800			
				0.075	1000×700			
		郑州路	常州路	0.512	600×600	石砌	2	13
				0.19	2000×1500			
				0.19	800×600			
				0.103	800×800			

续表 11-5

序号	道路名称	排水管道					检查井（座）	雨水井（座）
		起点	止点	长度（公里）	管径（毫米）	种类		
12	人民路	常州路	人民桥	0.315	1000×800	石砌	7	39
				0.276	800×800			
				0.75	600×800			
				0.998	600×600			
		人民桥	福州路	0.225	1200×1200	石砌	8	19
				0.2	1200×1000			
				0.155	1000×800			
				0.1	600×600			
				0.205	700×700			
				0.132	Φ400	水泥管		
13	南京路	兰州路	郑州路	0.3	1200×1000	暗沟	13	26
				0.35	Φ1000			
				0.21	Φ400			
		郑州路	常州路	0.14	600×600	石砌	–	–
				0.1	700×700			
				0.08	800×700			
		常州路	苏州路	0.192	800×800	石砌	10	15
				0.1	700×700			
				0.14	600×600			
14	云峡街	常州路	苏州路	0.378	1000×1000	石砌	2	17
				0.07	600×600			
15	高平路	青岛路	二建公司	0.736	600×800	石砌	11	13
				0.399	1000×1000			
16	胶平路	青岛路	外贸冷藏厂	0.35	700×700	石砌	6	14
				0.07	400×400			
17	济南路	郑州路	扬州路	0.132	2300×2000	石砌	1	10

续表 11-5

序号	道路名称	排水管道					检查井（座）	雨水井（座）
		起点	止点	长度（公里）	管径（毫米）	种类		
18	泉州路	红旗路	人民路	0.66	Φ600	钢筋混凝土管	3	2
		人民路	北京路	0.35	Φ1000	钢筋混凝土管	39	22
				0.20	Φ800			
				0.46	Φ500			
				0.70	Φ400			
				0.60	Φ300			
19	广州路	天津路	青岛路	–	Φ1000	钢筋混凝土管	10	10
		青岛路	南外环	0.38	Φ1000		25	25
				0.32	Φ800			
				0.60	Φ600			
20	平营路	青岛路	三城路	1.987	Φ800	钢筋混凝土管	80	160
		三城路	丝绸路	1.95	Φ800		28	56
				2.94	1200×1500	石砌	58	116
21	永州路	人民路	胜利路	0.19	3000×1500	石砌	12	18
				0.56	Φ600	钢筋混凝土管		
				0.15	Φ400			
22	兰州路	天津路	人民路	0.15	Φ800	钢筋混凝土管	12	32
				0.1415	1600×1000	暗沟		
				0.1585	1600×1100			
				0.387	1600×1300			
23	锦州路	天津路	青岛路	0.044	2400×1600	暗沟	98	98
				0.35	1600×1000			
				1.56	Φ1000	钢筋混凝土管		
				1.99	Φ800			
				0.2	Φ600			
				0.5	Φ500			
				0.58	Φ400			

续表 11-5

24	北京路东段	福州路	平度一中东墙	0.13	Φ600	钢筋混凝土管	8	16
				0.32	Φ500			
25	西阁暗沟	–	–	0.48	–	暗沟	–	–
				2.02	3000×2000		–	–
26	郭家疃暗沟	福州路	赣州路	0.34	1500×1200	暗沟	6	12
27	围山河排污管	现河	龙州路	1.55	Φ800	–	–	–

第三节 供气 供热

一、供气

1989 年，城区开始建设以液化气站为主要形式的供气项目，当年供气 9 万户、5000 吨。1993 年，始建管道煤气，敷设中压管道 8.5 公里、低压管道 13.5 公里，以化肥厂施放气体为气源。主要供气区域为青岛路以北、郑州路以东、现河以西。当年发展煤气用户 666 户，用气量 14.6 万立方米。2003 年 4 月，始建天然气管道，建设液化天然气站一座，敷设中低压管道 20 公里，建设用户 3500 户，开通用户 3000 户。主要供气范围为现河以东区域。2005 年，城区液化气用户 5.6 万户，用气量 8000 吨；煤气用户 8900 户，用气量 336.8 万立方米；天然气用户 5700 户，用气量 55.24 万立方米。

二、供热

1990 年，青岛兴平热电有限公司开始为城区集中供热，供热面积 110 万平方米，供热主管网 45 公里。2001 年，青岛热电金泉热力有限公司建成，开始为城区东部供热，供热面积 16 万平方米，主管网 22 公里。至 2005 年，金泉热力供热面积 20 万平方米，居民用户 2100 户；兴平热电供热面积 130 万平方米，供热用户 135 户，其中换热站 103 户、生产供热 32 户。市经济开发区生活区有 4.2 兆瓦热水锅炉 2 台，工业区有 20 吨 / 时蒸汽锅炉 5 台，供热面积 30 万平方米。

第四节 园林绿化

一、公园、广场

现河公园 占地 8.67 公顷，1991 年 3 月始建，

1993年10月正式向游人开放。2000年被评为“青岛市十佳公园”，2001年被国家旅游局命名为“A级旅游区”。2005年，公园绿地面积4.5万平方米，道路广场及建筑2.2万平方米，水体面积2万平方米，栽植乔木1779株、灌木2371株、藤本399棵、黄杨绿篱500余米、红叶小檗绿篱60余米。

植物园　位于市区人民路中段南侧，1996年开工建设，1997年8月竣工。该园东西长940米，最大宽度220米，最小宽度75米，占地面积14.77公顷，其中绿化面积7.67万平方米、建筑面积2400平方米、水体面积2100平方米、道路广场面积6.66万平方米。园内主要布局有长廓1处、半弧状不锈钢雕塑1座、蘑菇亭3处，均位于园东部；舫廊1处、喷泉水池1座，位于园中部；方亭3处、游乐设施2处，位于园西部；沿人民路自西向东至福州路排列造型各异建筑8座。植物园内常绿树与落叶树结合，乔木与灌木相搭配，共有植物品种102种1.57万株、常绿乔木9种1322株、落叶乔木49种8421株、常绿灌木8种2642株、落叶灌木30种3202株、绿篱527米、草坪面积4.5万平方米。2004年，投入改造资金120万元，建管理房1处、休闲广场3处，实施了拆墙透绿、湖底清淤工程，换植草坪1.5万平方米，粉刷廊、亭、石凳、围墙，增上了果皮箱、休闲椅及健身器械。

现河绿色长廊　现河，是穿越市区南北的一条主要河流，河道水面宽40米，两侧平台宽各8米，1992～1993年春季造林，沿河岸栽植了刺槐、法桐、国槐、雪松、龙柏、杏树、合欢、白杨、火炬、连翘等树种。1999年，对沿岸绿地升级改造，铺设游路，增上健身设施，栽花植草，变防护绿地为街头游园。2001年，在人民路至南京路段东岸补植草坪1万平方米。2005年，现河两岸自天津路至青岛路以南，改造绿地14.2万平方米，建设大小广场23个。

会堂广场　位于市区红旗路西段北侧，面积2756.2平方米。1987年6月，人民会堂主体工程竣工。至2005年，广场植草坪1.52万平方米，建水体1.64万平方米，绿化树种36个，栽植雪松、樱桃、龙柏、法桐等常绿树木1800棵、落叶乔木1600棵、灌木1100余棵、绿篱2600余米。

平度会堂广场（2005年摄）

同和文化广场　位于同和街道办事处驻地。广

现河绿色长廊（2005年摄）

场占地 1.59 公顷，1999 年 4 月始建，2000 年春季投资 400 万元实施绿化建设。整个广场呈平面方形，自中心雕塑向外呈向心对称布局，依次为中心雕塑——罗马石柱——四角绿地、水系——周边道路。四角花坛是广场绿化重点，内以草坪、灌木为主。

二、绿化

1988 年，城区街道累计植树 4 万株，栽植绿篱 6000 米，建苗圃 0.67 公顷。机动车路两侧主栽法桐，人行道旁主栽松柏。1991 ~ 1995 年，实施人民路、平日路绿化，栽植各种树木 5 万株、绿篱 6000 米，种植草坪 1500 平方米，市区 13 条主要道路全部绿化。至 1995 年，城区绿化面积达 280 公顷，绿化覆盖率 25.4%，人均公共绿地面积 6.6 平方米。1996 ~ 2000 年，实施青岛路、红旗路、苏州路、郑州路、杭州路绿化，栽植树木 8.3 万株、绿篱 2400 米，栽植草坪 6 万平方米。至 2000 年，城区新增绿化面积 26 万平方米，总面积达到 374.18 公顷，绿化覆盖率 33.3%，人均公共绿地面积 7.89 平方米。2001 ~ 2005 年，实施青岛路、人民路、红旗路、郑州路、杭州路、常州路、福州路绿化改造工程，栽植各种树木 3.5 万株，种植草坪 2000 平方米。至 2005 年，城区新增绿化面积 50 万平方米，建成区绿化面积达到 1433.67 公顷，绿化覆盖率 39%，人均公共绿地面积 12.58 平方米。市区道路绿地植物种类达 20 余种，其中行道树种以法桐、国槐、合欢、樱花为主，计 6634 株。

第五节　公共卫生设施

一、公厕

1984 年底，城区有公厕（旱厕）10 处。1988 年，有粪便无害化处理场 1 处、公厕 18 处。1990 年，建标准式水冲公厕 2 处，改造公厕 2 处。1991 年，新建水冲式公厕 2 处，改建公厕 4 处，城区公厕总数达 16 处，其中水冲式公厕 10 处。1992 年，建标准水冲式公厕 3 处，改建公厕 3 处，达国家二、三类标准公厕 4 处。1993 年，新建水冲式公厕 2 处，改建 6 处，有 5 处公厕达国家标准。1994 年，新建公厕 1 处，改造 6 处。1995 年，改、新建水冲式公厕 16 处，总建筑面积 1300 余平方米。1996 年，投资 45 万元新建公厕 4 处。1998 年，对公厕推行承包式管理。至 2005 年底，城区有公厕 24 处，其中二类公厕 9 处，其余为三类公厕，均为水冲式。

二、垃圾箱及果皮箱

1986 年，城区有铁皮垃圾箱 10 个。1988 年，配备垃圾集装箱 32 个、垃圾中转站 1 座、垃圾方箱 118 个、果皮箱 158 个。1990 年，设置垃圾箱 261 个、果皮箱 70 个。1991 年，城区添置垃圾方箱 10 个、果皮箱 8 个、垃圾容器 292 个。1994 年，增设、更新垃圾箱 160 个、果皮箱 80 个。2003 年，在会堂广场、植物园、现河两岸设置果皮箱 230 个。2005 年，安放新式果皮箱 350 个、垃圾桶 1000 个。

三、清运车辆

1986 年，城区有 12 马力拖拉机 4 辆。1988 年，计有保洁车 52 辆。1990 年，添置 12 马力拖拉机 3 台、130 翻斗车 1 辆、手推垃圾车 10 辆，添置叉车 2 台、垃圾自卸车 1 辆。1991 年，环卫车辆总数达 12 辆。1992 年，投资 8 万元，添置多功能洒水车 1 辆。

垃圾清扫车（2008 年摄）

1993年，添置解放牌汽车2辆、柴油翻斗车6辆、大小装载机3辆。1994年，城区有环卫车辆26辆，总功率3000瓦马力。1996年，购置装载环卫车3辆、垃圾运输车2辆、草坪机3台。1999年，购买摆臂车2辆。2003年，购垃圾压缩车3辆。2004年，购垃圾压缩车2辆、垃圾清运摆臂车2辆、洒水车和药防车各1辆。至2005年，城区有垃圾压缩车5辆。

四、垃圾处理场

1988年，在现河建垃圾处理场，占地2公顷，年处理垃圾4000吨。1991年，投资40万元，在蟠桃乡于家庄村建粪便无害化处理场1处，占地0.53公顷，设容量为1000立方米化粪池2个。1992年，在城关街道金沟子村东建金沟子垃圾场，总容量155.25立方米，占地2.3公顷。年均处理生活垃圾7800吨。1996年，在城区东北5.3公里的小双山新建垃圾场，占地4.5公顷，容量68.5万立方米。2001年，在红旗路、郑州路等12条主要街道推行生活垃圾袋装化投放方式。2005年，市财政拨付资金1000万元，扩建小双山垃圾处理场，日处理生活垃圾300吨。

第六节　城市管理

一、管理机构

1986年，平度县的城乡管理机构为平度县基本建设委员会。1987年11月，改称县城乡建设委员会。2001年9月，改称平度市城乡建设局。2004年，市城乡建设局内设办公室、政工科、法规科、财务审计科；下辖规划管理处、建筑业管理处、公用事业管理处、房产管理中心、环卫园林管理服务中心、城市管理监察大队等6个职能单位；直属平度市建筑安装集团公司、山东平度利民水泥股份有限公司、青岛三龙城市建设综合开发有限公司、青岛平度市市政工程有限公司、青岛平度市建筑设计院有限公司、青岛平度市城建监理有限公司、青岛佳昱房地产开发有限公司、青岛平度市广厦物业管理有限公司等8个企业。

二、城市监察

1984年12月，成立平度县城镇管理委员会，从工商、公安、交通、城建部门及城关镇抽调工作人员，分别组成市场管理队、社会治安队、交通管理队、园林绿化队和环境卫生管理所，负责维持县城交通秩序，监督检查环境卫生，督促绿化、美化工作。1988年7月，成立县环卫园林管理局，负责城区环境卫生、园林绿化、街道清扫、垃圾清运、公厕清挖、市容检查监督。1993年6月，成立市城市管理监察大队，负责规划区内城市规划、市政工程设施、公用事业、市容环境卫生、园林绿化的监察管理。1995年，市城市管理监察大队与市巡警大队合署办公，1996年6月分设。分设后，市城管监察大队升格为副科（局）级，仍隶属市城乡建设委员会，负责对市区占路乱设摊点、乱搭乱建、违法建设、乱贴乱画、乱挂乱晒的查处。1998年3月，成立市环卫园林监察大队。2001年6月，市城建委会同有关单位对金沟子、徐福、贾家营、丰山洼等村30处违法建筑进行强制拆除。2002年5月，对市区外环路两侧30米范围内和市区新建道路（泉州路、永州路、龙州路、福州路北段，南京路东段，北京路东段，锦州路、南京路西段，常州路北段）上的违法建筑和地面附属物进行拆除清理，先后拆除房屋102间，清理地面附着物13万平方米。2004年6月，市城市管理行政执法局成立，为市政府直属正科（局）级城市管理行政执法机关。相继出台了《平度市城市管理监察暂行规定》《平度市城市管理相对集中行政处罚权实施办法》《平度市城市管理相对集中行政处罚权处罚暂行规定》《关于加强城市管理工作的通告》《平度市市区户外广告设置管理办法》《平度市违法建设防治办法》等城市管理规定。至2005年，市城市管理行政执法局围绕全市建设“现代山水田园秀美宜居城市”的总体部署，以精细化管理推进城市环境综合整治，

使市区主要道路实现退路进室经营；拆除违法建筑面积6万平方米；深化“绿色网吧——对未成年人说不”执法品牌创建，加强网吧监管；健全快速反应机制，有效遏制建筑施工噪声扰民、生活噪声扰民等行为。

第三章 镇村建设

第一节 镇驻地建设

1986年初，全县村镇房屋总建筑面积2673.7万平方米。其中，楼房2.39万平方米，砖瓦房1868.12万平方米，土草房714.81万平方米；公共建筑面积1098.22万平方米，生产性建筑213.91万平方米。开通自来水乡镇34个、乡村道路长度6010公里，其中铺装路面497公里、土路5513公里。通电乡镇44个、村庄1436个。同年，县、乡镇两级设立村镇建设办公室，负责村镇建设。1988年底，各乡镇铺设道路长度700公里，公共建筑总面积达到461.8万平方米，生产性建筑面积达到232.3万平方米。

1991年，为配合山东省“十百千”（10个村镇建设先进县、100个村镇建设新型乡镇、1000个村镇建设明星村）活动开展，市委、市政府制定《关于在全市农村开展建设社会主义新型乡镇的意见》，在三堤镇和南村镇召开全市社会主义新型乡镇及村级规范化管理工作现场会。推广南村、张戈庄、灰埠、古岘、三堤、蓼兰6个镇建设经验。南村镇和张戈庄镇被评为山东省村镇建设新型乡镇。1992年，全市用于小城镇建设总投资9283万元。同年，南村镇、张戈庄镇、古岘镇、三堤镇获青岛市村镇建设先进乡镇称号。1994年4月，市委、市政府出台《关于集中发展二、三产业，加快小城镇建设的试行意见》，把大力发展二、三产业，集中建设工业园和第三产业园作为加快小城镇建设的重点，鼓励国有、私营、集体、个体等多种经济实体到“两园”经商办企业，走以镇兴商、以商促城的路子。同年，同和镇被建设部列为第一批小城镇建设试点镇 。1995年，全市小城镇建设投资2.99亿元，为1992年的3.2倍，利用民间和外地资金2.08亿元。长乐镇被山东省人民政府评为新型小城镇试点镇。1996 ~ 2000年，全市投入城镇基础设施建设资金6亿元，完成各种城建面积100余万平方米，配套完善了各镇中小学、医院、幼儿园、邮电所、供电站、银行等公共服务设施；投资8500万元，硬化路面63万平方米；投资2580万元，修建水厂25个，铺设地下管道435公里，使各镇的自来水、卫生水普及率达90%；村镇新增程控电话3.83万部，实现村村通话目标。1998年，全市有15个镇进行了房地产综合开发试点，南村希望城、店子食品城、同和工业开发区、长乐皮件城、蓼兰平南综合贸易市场开发初具规模。1999年，全市小城镇人均公共绿地3.5平方米，绿化覆盖率达21%，有10个镇建起公园。

2001 ~ 2002年，各镇（街道）驻地房地产开发加快，李园街道办事处投资2亿元建设了阳光花园住宅小区，古岘镇建设了康城居民小区，长乐镇规划了62.5公顷的工业长廊，麻兰镇引进了青岛三和电子有限公司和青岛广源发集团玻璃厂建设项目，店子镇建设了1.87万平方米的商业街，196户个体经商户开始营业。明村镇投资6万元，建设了兴明中心街，并对街道进行了绿化。郭庄镇以振兴路为主要街道开始建设，南村镇铺设了高标准绿地，灰埠镇建设了8000平方米绿地，明村镇建设了兴明广场。其中，2002年是平度村镇建设历史上项目最多、投资最大的一年，各镇（街道）的建设项目共计 142 项，建设面积 122 万平方米，投入资金 7.9 亿元。2004 年，开展了省级小城镇建设示范镇和示范村建设活动。2005 年，全市小城镇建设投入 4.47 亿元，其中基础设施投入 1.48 亿元，新增建筑面积 57.43 万平方米。26 处小城镇镇驻地总人口 25.83 万人，平均每镇达 1 万人；小城镇建成区总面积 70.7 平方公里，平均每镇达 2.58 平方公里。

同和街道小城镇建设（2005 年摄）

2005 年平度市各建制镇建设情况

表 11-6

建制镇	公共建筑面积(万平方米)	生产建筑面积(万平方米)	供水管道长度（公里）	用水人口（万人）	实有道路长度（里）	路灯盏数（盏）	公厕（座）	排水管道长度（公里）	公共绿地（公顷）
南村	19.96	60.33	90	2.73	55	1786	3	2709	11
蓼兰	12.31	19.58	67	2.33	54	490	3	22	15
灰埠	14.59	19.88	320	1.98	67	450	6	18	18
长乐	8.22	12.50	52	1.04	51	510	7	12	5
明村	16.76	15.04	18	1.25	46	310	7	8	7
云山	12.71	2.32	6	1.28	45	266	6	5	9
大泽山	7.6	2.50	9	0.60	53	320	5	8	6
郭庄	0.07	8.83	1	0.55	44	318	16	2	6
祝沟	10.20	2.91	6	0.95	49	410	6	8	7
店子	10.81	5.75	46	1.60	49	360	6	8	10
新河	8.21	5.58	120	0.92	50	420	1	35	8
古岘	5.32	8.22	40	1.16	43	458	4	6	9
旧店	7.77	3.05	6	0.74	45	260	6	6	6
张舍	6.50	2.93	55	0.89	43	255	4	16	7
仁兆	11.02	38.02	14	1.56	36	430	5	6	10

续表 11-6

建制镇	公共建筑面积(万平方米)	生产建筑面积(万平方米)	供水管道长度(公里)	用水人口(万人)	实有道路长度(里)	路灯盏数(盏)	公厕(座)	排水管道长度(公里)	公共绿地(公顷)
张戈庄	13.30	6.75	46	0.85	39	280	1	25	5
崔家集	9.61	4.55	116	0.61	31	345	5	7	4
白埠	27.95	3.54	60	0.71	35	398	8	12	5
万家	2.41	4.76	5	0.80	10	280	2	6	4
麻兰	13.98	7.05	25	0.78	45	280	2	5	5
兰底	6.30	5.52	18	0.56	32	285	1	5	4
门村	6.30	7.95	36	0.89	39	210	5	27	5
崔召	11.37	8.44	40	0.47	48	280	3	32	5
大田		8.00	34	0.46	50	270	5	15	3
马戈庄	9.24	7.26	9	0.63	47	255	5	2	4
田庄	11.66	28.40	49	0.93	52	425	9	18	6

第二节 村庄建设

1986年，全县村庄建房户1.99万户，建房面积141.6万平方米。其中，楼房2000平方米、砖瓦房125.27万平方米、土草房14.16万平方米；公共建筑53.61万平方米，生产性建筑16.22万平方米。开通自来水村庄138个，受益人口10.48万人。修乡村道路393公里，其中铺装路面101公里、土路292公里。通电乡镇6个、村庄192个。1987年8月，印发《村镇建设管理暂行规定》，规定未经县政府批准村庄规划，一律不准盲目建设。1988年，全县村民住宅面积2816.2万平方米，人均居住面积17.26平方米，农村新房率占房屋总数50%以上。

自1989年开始，村庄建设坚持以改造为主。凡村民新建住房，一律先安排村内空闲地建设和开发利用湾塘与荒山滩。1990年，全市村民建房500户，面积3.7万平方米，为村民建房户数和面积较少年份。全市累计拓宽整平乡村道路4100条、6348公里；铺设自来水管道1.84万公里，有41.5万农民用上自来水；发展高低压线路5271公里，有1500个村庄用上电。1992年，大泽山镇南昌村，马戈庄镇阎村、后杨家村、崔家庄村等18个村获

同和街道侯家站村广场（2008年摄）

青岛市村镇建设明星村称号。1993年，全市村民建房120户，面积1.2万平方米，是全市历年来建房户数和面积最少的年份。1995年，张舍镇东石岭村等17个村庄被授予山东省村镇建设明星村称号。1996年，全市推广使用村民住宅标准设计、通用设计1500余份。1999年后，农村村民新建住房率限制在3%以下，由市建设管理部门制定统一的建筑图，房屋跨度由以前的4～5米，增加到6～7米，采用钢筋混凝土或砖石框架结构，建筑造型多样化，有3厅2厢、2厅2厢、出廊出厦等。正屋多为红瓦尖屋顶，厢房多为钢筋混凝土平屋顶，可方便村民晒粮和放物。2000年，全市村民建房1000户，面积12.5万平方米。

进入21世纪，村民建房标准越来越高，室内分起居室、卧室、会客室、厨房、卫生间、储藏室，室外种植花草树木。农民住上砖瓦房，有的盖起楼房。2005年，南村镇姜家埠村、张戈庄镇尚河头村、大泽山镇尹家村被确定为青岛市首批小康示范村。是年，全市农村村民建房8500户，面积27万平方米。灰埠镇的谭家村、顾家村，麻兰镇的任家河岔村，长乐镇的东升村，大泽山镇南昌村和马戈庄镇阎村等28个村，被评为山东省村镇建设明星村。

第四章 房地产

第一节 住房制度改革

1988年，平度市开始实行住房制度改革。是年12月，成立住房制度改革领导小组办公室。

1992年6月，市房改办在市电业公司和青杨乡进行房改试点。到11月，完成全市930个单位、8万职工、2万户家庭房改基础数据调查。1993年12月，市委、市政府召开全市实施房改动员大会，传达《平度市城镇住房制度改革实施方案》。1995年，平度市出台《出售公有住房暂行办法》，规定，平度公有住房出售实行三种价格：向高收入家庭出售公有住房实行市场价；向中低收入职工家庭出售公有住房实行成本价或标准价。规定1994年度出售新建公有住房的成本价为每平方米526元，标准价为485元。是年12月，全市出售公有住房工作全面展开。到1996年，全市出售公房1.03万户，占公房出售总数的68%。1999年4月，市政府印发《平度市深化城镇住房制度改革实施方案》，规定，自1998年12月31日起，公房停止实物分配，原则上只售不租，实行货币分配，建立职工住房补贴制度，增加职工工资收入中的住房消费资金含量。公房售价按1996年成本价售房的计价办法后再乘以1.09，为1998年度的实际售价。公房出售最低限价由每平方米120元调整为166元。按标准价出售的公房调整为成本价。11月，市政府印发《关于已购可购公有住房上市交易试行意见》，开始了公房上市交易新阶段。至年底，全市房改工作基本结束。是年，全市公房出售3398户。至2005年，全市房改总计有1.62万户公房出售，总面积181万平方米，售房金额2.1亿元。

第二节 房产管理

一、公私房屋权属管理

1986年前，城区公共房产按房产单位所有制分为全民所有制和集体所有制两种。公房自理单位对国家统一的房管政策、制度、法规自觉遵守和严格执行，城建部门代表政府对公房自理单位执行情况进行监督、检查和指导。在此基础上，城建部门仅对一些街道门市及部分宿舍进行管理修缮。1987年，共管理修缮房屋面积3501平方米，收入房费

4万元，用于房产维护支出3.3万元。1988年，城建委成立房产管理科，对城区及乡镇驻地公私房屋权属进行管理和登记发证。其中，自管公房147个单位、116万平方米，确权100万平方米；私人房屋7814户、39万平方米，确权20万平方米。是年12月，县政府对自管公房的40个单位和180户私人房屋进行了发证。1995年，市房产管理中心集中对市经济开发区9个楼座376户职工新建商品房确权发证。1997年5月，对乡镇企业改制涉及的房产确权、变更。2002年，全市办理公私房登记发证3966件，涉及面积108万平方米。2004年，对全市34个机关事业单位302幢楼房、26万平方米的房屋进行勘丈、确权。

二、房产交易

20世纪80年代初，全县允许个人之间房屋买卖、赠与、交换与租赁。1991年7月，市房地产管理局成立房地产交易所。翌年，办理公私房屋交易273件，交易额800万元。1996年，平度市房地产交易市场成立，完成各类房地产交易472件，交易额5095万元。2002年，举办平度市房产交易会，售出房屋780套，签订购房协议430份，预订购房350套。2003年，启用国家统一印制的房屋所有权证，房产交易数量和交易额逐年增加。至2005年，公私房屋交易（含二手房交易）达5000余件，面积60余万平方米，年交易额5亿元。

三、房屋抵押

1994年开始，全市开展零星房屋抵押业务。至1995年，共办理房屋抵押业务10件，抵押额772万元。1996年，市房产管理处联合信贷部门，广泛开展了房产抵押业务，当年办理抵押业务16件，抵押额1235万元。2003年，办理抵押业务2587件，抵押额3.1亿元。2004年，下调抵押登记费，减轻抵押人负担，调动了小额房产抵押贷款积极性。2005年，抵押业务1000余件，抵押额4.3亿元。

第三节 房屋拆迁

1986年，平度市在房屋拆迁管理上采取新区建设与旧城改造相结合的方法，由分散整治向成片改造发展。1988年，实施全家福营业楼和荷花湾综合楼改造，统建了人民路北段、天柱路两侧联建工程。1992年，建成会堂游园、图书馆、农业展览馆，绿化面积2.07公顷。1993～1995年，相继实施了郑州路、青岛路、苏州路、红旗路以北拆迁改造和车站广场、会堂周围、荷花湾区域集中改造，拆迁面积5.3万平方米。新增建筑面积30万平方米。1998年，苏州路城关街道菜园村段完成拆迁改造。

1999年3月，市政府印发《平度市房屋拆迁估价标准》和《平度市房屋附属物估价标准》。2000年，全市发放拆迁许可证26个，拆迁面积1.6万平方米。2002年，完成原县政府招待所、城关粮管所、职教中心、长城开发公司、北关村等11个单位拆迁改造，拆迁面积2.77万平方米。2003年，市政府成立旧城改造指挥部，将城市规划区范围内73个村庄，逐区域梯次改造。是年完成拆迁面积5.4万平方米，投入拆迁资金9000万元。其中，苏州路拆迁改造涉及城关街道东阁村108户村民，市政

旧村改造后的徐福新村（2013年摄）

府给予每户补偿标准：合法房屋每平方米补偿720元（合法宅基地每平方米补偿680元）。除允许拆迁户以成本价购买一套住宅楼外，还允许拆迁户以低于同类房市场价格购买一套沿路新建商用房。至2005年，全市累计核发拆迁许可证86个，拆除房屋建筑面积12.3万平方米。

第四节　房地产开发

一、小区建设

1984年12月，平度县房屋开发建设开始启动。1987年7月，县城市建设综合开发公司成立。1987年，首期开发永安新村，建筑面积2.5万平方米。1991～1992年，开发红旗路小区、人民路小区，建筑面积2.5万平方米。1993～1999年，开发新安苑小区，共计58个楼座及部分商业网点房，总建筑面积10万平方米。1995～2000年，市政府先后投资6500万元和1200万元，分别建设怡河苑、安居苑小区，使2000余户家庭住上经济适应房。同时，投资3500万元建设5.7万平方米世纪花园小区；投资1600万元建设2万平方米华怡小区；投资2500万元建设3万平方米福乐小区；投资2100万元建设1.6万平方米千汇梅苑高级别墅群。1997～2000年，开发军民新村4个住宅楼及部分商业网点房，总建筑面积1万平方米。2001～2004年，开发福安花苑小区118个楼座及部分商业网点，总建筑面积30万平方米。怡文小区、阳光花园、园柳小区、文丰小区等也相继开工或交付使用。2004年，平度商品房平均价格1480元，比1999年商品房平均价增长近一倍，超过居民消费价格涨幅200～400元。2005年，全市共有房屋开发企业19家，房地产累计开发面积81.04万平方米，新开工项目14个，开发面积33.87万平方米，完成投资3.68亿元，竣工面积33.03万平方米。是年底，全市已建成大型住宅小区22个，近3万户居民住进新居。

二、物业管理

平度市物业管理始于1991年，同年市城建委下设物业管理办公室。2001年，物业管理工作划归市房产管理中心管理。到2003年，全市成立物业管理公司9家，管理小区20个。2004年，福安花苑小区获山东省城市优秀住宅小区和青岛市花园式小区称号。2005年，全市物业管理企业发展到22家，管理小区46个，物业管理总建筑面积348.35万平方米，从业人数500余人。世纪花园获山东省物业管理优秀住宅小区称号。

第五章　建筑业

第一节　建筑队伍

1986年，全县45个乡镇有40个乡镇建起建筑公司或建筑工程队，施工队伍1.3万人，年完成建筑产值7050万元，年竣工能力17.5万平方米，劳务收入850万元。同时，全县有城关、香店、长乐、唐田、蟠桃、仁兆、昌里等12个乡镇建筑队进入青岛、潍坊、辛店、东营等地承揽建筑工程，每年为平度增加劳务收入450万元。1988年11月，全县有技术资质等级的建筑企业65家，其中二级企业1家、三级企业6家、四级企业8家、五级企业33家，从业人员1.8万人，全年完成施工产值7930万元，施工面积59万平方米，建筑业逐渐成为全市经济建设的骨干行业。

1995年，全市有资质的施工企业69家，其中土建施工企业55家、装饰施工企业11家、安装施工企业3家，实现利税2500万元。至2001年，全市建筑企业专业类别集中在房屋建筑和装饰装修两

类。2002年9月，全市共有建筑企业43家，其中总承包企业28家、专业承包企业15家。2003年，成立青岛三丰钢结构工程有限公司、青岛盛泰钢结构工程有限公司、青岛鑫光正钢结构材料有限公司等专业承包企业3家。2004年，经省建筑工程管理局批准，平度市建筑安装集团公司晋升为一级房屋建筑总承包企业，青岛凯盛源建筑安装公司晋升为二级房屋建筑总承包企业。

2005年，全市在建工程298个，已完成165个，完成建筑业总产值6.99亿元，建筑业从业人数1.4万人，施工面积106.47万平方米，新开工面积58.97万平方米。是年，全市共有建筑企业46家。其中，总承包企业27家（一级资质1家，二级资质8家，三级资质18家）；专业承包企业19家（二级资质5家，三级资质14家）。

2005年平度市主要建筑安装企业一览表

表11-7

企业名称	等级	从业人数	资产总额（万元）	固定资产（万元）	代表工程
青岛平建建筑安装股份有限公司	一	1130	26000	2820	中瑞物流器械有限公司车间
平度市金泰建筑有限公司	二	1250	6316	1561	锦河花园小区
青岛金坤建筑工程有限公司	二	430	3958	119	小庄子村综合楼
平度市伟信建筑工程有限公司	二	670	6197	1487	新华苑小区1～4号楼
青岛凯盛源建筑安装工程有限公司	二	1010	2279	673	尚家疃美食街1号、3号楼
平度市东苑建筑工程有限公司	二	807	7597	1356	昌泰花园东区6号、11号楼
平度市鲁兴建筑工程有限公司	二	810	2246	582	昌泰花园东区1号、12号楼

第二节 建筑管理

一、工程质量管理

1986年，对全县43个建筑工程、111个分部分项工程进行质量大检查，发现优良工程分部分项只有19项，占17.1%；合格78项，占70.3%；不合格14项，占12.6%。有6个单项工程因存在质量问题给予返工和作加固处理。1994年，对全市63个单位工程进行检查。发现，云山镇建筑工程公司施工的市经济开发区8号住宅楼，城关镇姜家庄建筑工程队施工的市经济开发区7号住宅楼、市职教中心宿舍楼和粮油批发市场5号楼，城关镇建筑工程公司施工的城关镇开发公司综合楼等8个单位工程,存在混凝土强度和砌体砂浆强度严重不足，碎砖集中使用，轴线、钢筋位移，任意改变结构承重方式等问题。对其给予停工整顿、限期整改等处罚。1995年，城关街道建筑安装公司施工的柳行头村住宅楼、城关街道大李家疃建筑队施工的汉江康乐有限公司锅炉房工程，未经市城建部门许可擅自开工建设，被责令停工检查。1996年，在全市建筑企业中开展“质量兴企”活动，建立“企业内控、社会监理、政府监督”的质量监督体系。1997年2月，市建筑材料质量检测站成立，承担全市建

筑工程结构安全性能检测、鉴定和建筑构件、制品建设现场所用材料、建设工程环境及建筑产品质量的检测和管理。2001年3月，开始对建筑工程实行工程竣工验收备案制度，加大对工程基槽、基础、主体的监督检查。2003年，对新建建筑面积1万平方米以上的施工现场配备摄像监控系统，对重点环节和关键部位进行监控。2004年8月，对市区及市经济开发区、青岛华侨科技园103个在建工程进行检查，涉及建筑面积39.2万平方米，工程总造价2.16亿元，对16个问题工程下达责令停止违法行为通知书。同年4月，对全市建筑工程实行拉网检查，共检查在建工程182个次，签发工程质量整改通知书4份，提出整改意见270条，停止施工工程4个，实施当场经济处罚25次，处罚金额1.75万元。

二、安全生产管理

1986年，对全县43个施工现场进行安全检查。对施工现场存在的用电混乱，不戴安全帽，安全网、脚手架搭设不符合规定等现象公开曝光。1995年10月，市建筑安全监督站成立，指导和监督建筑行业安全生产、文明施工。2000年12月，印发《安全生产警示教育活动实施方案》，要求施工单位把安全工作放在突出位置。2002年3月，转发青岛市《关于对安全生产不合格施工现场实行“黄牌”警告制度的通知》。2004年，在全市建筑施工队伍中开展“心系建筑人，平安送万家”服务品牌活动，签发安全通知书35份，检查塔吊136台，查封塔吊18台，责令拆除塔吊3台。2005年，市安监部门对塔吊等起重机械进行专项整治，办理发放起重机械登记标志牌215个，检查塔吊287台次，责令拆除不安全塔吊7台，提出整改意见320条。同年，进行安全生产大检查3次，检查工程项目124项、单体工程267个，下达隐患通知书82份，对23个项目部进行了处罚，罚款2.3万元。

三、招投标管理

1985年，全县实行招标投标工程项目41个，面积6.25万平方米，施工工期比国家工期定额缩短15%，工程造价降低3.78%。1995年11月，平度市建设工程招标投标管理处成立，负责建设工程的承包发包管理。1996年后，市城建部门改变投标后3至5天开标做法，将投标截止时间定为开标时间，使投标过程更加透明。完善评标专家制度，评标专家直接在专家库中随机抽取。自2001年开始，建设、施工单位招投标须与市建筑施工现场标准化管理工作领导小组签订《平度市创建标准化工地责任承诺书》，对获得“标准化示范工地”的企业、监理企业和项目经理、项目总监给予政策扶持，并有资格参加各类安全质量评优。

四、装修装潢管理

1986年后，随着城乡建设事业的不断发展，平度的装修装潢企业也逐渐发展起来。到1994年底，全市装修装潢企业已发展到50家。1995年3月，装修装潢企业由多头管理改由建设主管部门统一管理。随后，对全市的装修装潢企业逐一清理整顿，重新进行资质审查，拟发资质证书，并到工商行政主管部门办理营业执照。至2005年，全市装修装潢市场逐渐走向正规，规模较大的装修企业有：青岛裕华装饰工程有限公司、琴辉装饰工程有限公司、石材大王有限公司、天和钢结构建筑有限公司、众达装饰工程有限公司、东阁建筑装饰有限公司，平度市新世纪建筑装饰有限公司、新华建筑装饰有限公司。

第六章 环境保护

1979年7月，平度县环保办公室成立，两年后改称平度县环境保护局。1986年，县环境保护局设办公室、管理科、宣传教育科、监测站及排污收费所。1992年，设环境监理所，成立环保服务公司。翌年，设环境监理站。1994年和1996年分别设立旧店环境监理站、开发区监理所。1998年，成立环境保护产业协会。2001年机构改革，环保局内设办公室、宣传监督科、环境管理站、监测站、环境监理一站、环境监理二站、信访法制站、经费管理站8个站（科室）。2003年，平度市环境科学学会成立。2004年，撤销环境监理一站，成立青岛市环境监察支队平度大队，环境监理二站更名机动车尾气固体废物管理站。

第一节 环境质量状况

一、水质量

地表水 水库。1986～2005年，尹府水库水质一直较好，维持在二至三级标准之间，水质稳定。黄同、黄山、双山、淄阳水库水质良好。大泽山水库20世纪90年代初出现总磷、总氮超标现象，到90年代后期，随着大泽山石材加工污水的排入，水质明显下降。

现河。1986年，由于城区化肥厂、酿酒厂、皮革化工厂、木器厂等企业污水流入，东现河水质恶化，有机物含量较高。1987年，东现河监测断面的化学需氧量高达537.21毫克／升，石油类高达125.14毫克／升。1988年，水质持续恶化，化学需氧量达973.8毫克／升，石油类90.95毫克／升。1989年，化学需氧量达到最高值，为3468毫克／升，超过地面水环境质量四类标准172倍；氨氮、挥发酚、石油类均亦超标。1990年，对城区企业进行治理，控制排污量和排放浓度，现河化学需氧量浓度降为793.6毫克／升。1991年，东现河污水进入刚建设的现河污水处理厂，污水河开始变为清水河。

北胶莱河。1986年，受上游河道工业污水影响，新河大闸断面水质有机物含量超标，化学需氧量浓度超过地面水环境质量四类标准62.7倍，水质严重恶化。1987年，由于海水倒灌，氯化物浓度高达1.50万毫克／升。1989年，由于新华造纸厂污水排入，汛期溶解氧、化学需氧量、挥发酚超标率均为100%。1992年，新河大闸断面化学需氧量升至4000.7毫克／升。1997年，由于上游高密市污水和平度市现河污水排入，北胶莱河水质更加恶化，氨氮、化学需氧量、高锰酸盐指数均超地面水环境质量三类标准，其中化学需氧量最高值超标41.4倍。2000年，北胶莱河水质化学需氧量浓度比1999年增加1175毫克／升，氨氮增加34.2%。2003～2005年，北胶莱河水质被定为严重污染级。

泽河。1987年开始对泽河桥断面水质监测，由于海水倒灌，总硬度为2449.57毫克／升，氯化物为1.07万毫克／升。1991年，随着市污水处理厂建成，泽河水质得到改善。2001年，泽河水质超标项目为化学需氧量、氨氮、氟化物、五日生化需氧量，为严重污染级。2005年，泽河超标项目为总氮、总磷、五日生化需氧量。

猪洞河。1996年开始监测，至2005年水质一直保持良好。

落药河。1996年开始监测，水质较好。1997年，由于喜安造纸厂污水排入，化学需氧量增高至23毫克／升，但迅即得到治理。1998～2005年，水质较好。

地下水 1986年，对崮山自来水厂、城关镇10家企业及农民自备井进行监测，其中崮山水厂和企业自备井水质状况较好，农民自备井硬度浓度较高，最高值为1604.5毫克／升。1989年，全县进行2

次监测，测点13个，总硬度、氟化物、细菌总数、大肠菌群等项目有超标现象。其中张家坊乡井水氟化物高达16毫克／升，超过国家生活饮用水卫生标准15倍；小官庄村因城区工业废水浸入，井水总硬度1513毫克／升，超过国家生活饮用水卫生标准32倍。1993年，市抽纱厂自备井中氨氮浓度3.17毫克／升，到1998年，达到32.6毫克／升。2003～2005年，全市饮用井除受地理环境影响，氟化物和矿化度稍高外，其余均达地下水环境质量三类标准。云山井群、崮山井群水质仍较好。

二、大气质量

1988年，平度曾进行过一次大气质量检测，未有完整资料。1989年，始开展全市大气环境常规监测。

硫氧化物　1989～2000年，市区硫氧化物年平均值在0.50毫克／立方米至1.18毫克／立方米之间，超过国家0.25毫克／立方米评价标准，污染相对较高。2001～2005年，市区硫氧化物年平均值在0.30毫克／立方米至0.58毫克／立方米之间，污染有所降低。

降尘　1989年，市区降尘年平均值30吨／月·平方公里，后逐年下降。1998年达到4.64吨／月·平方公里。2000～2005年，城区降尘年平均为6.28吨／月·平方公里。

二氧化硫　1990年，市区二氧化硫年平均值为0.100毫克／立方米。后逐年下降，1998年为0.044毫克／立方米，达到大气环境质量国家二级标准。1999～2005年，随着市区工业发展，二氧化硫年均值有所回升，均值0.051毫克／立方米。

总悬浮颗粒物　1990～1996年，市区总悬浮颗粒物含量呈逐年下降趋势，由1993年最高0.169毫克／立方米降至1996年0.111毫克／立方米。1997～1999年，城区总悬浮颗粒物呈上升趋势，到2000年含量达各年之最，为0.171毫克／立方米。2001～2005年，市区总悬浮物颗粒物年平均浓度0.110毫克／立方米。

酸雨　1992年，全市降水平均pH值为6.17，高于pH值5.6的酸雨标准。1997年，全市降水pH值为5.31，为历年最低。其间，全市平均pH值在5.22～5.37之间变动。1997年后，平度市降水pH值开始回升，酸雨频率开始下降，至1998年全市平均降水pH值为5.48，酸雨频率15.5%。2002～2005年，全市平均降水pH值为6.16。

三、声质量

区域环境噪声　1988年，开始功能区噪声监测，县城设永安小区、百货大楼、皮鞋九厂、大理石厂4个测点，分别代表居民文教区、商业区、二类混合区、工业区噪声污染状况。其白天／夜间噪声状况是：居民文教区46.8/32.8分贝（A），商业区57.3/41.3分贝（A），二类混合区57.4/39.6分贝（A），工业区60.0/66.7分贝（A）。1991年，平度市首次完成城区噪声质量状况监测、普查，白天声级值为54.8分贝（A）。1993～1999年，市区白天噪声呈下降趋势，声级值由59.3分贝（A）降至53.7分贝（A）。2000～2003年略有回升，噪声污染白天声级值分别为54.2分贝（A）和54.0分贝（A）。2005年，市区白天噪声污染声级值为53.8分贝（A）。

道路交通噪声　1988年，开始监测道路交通噪声，当年设汽车站和荷花桥路口2个测点，等效声级为67.6分贝（A）。自1989年始，平度道路交通噪声一直处于较高值。1993～1998年白天噪声级高达70分贝（A）以上，1996年夜间也处在

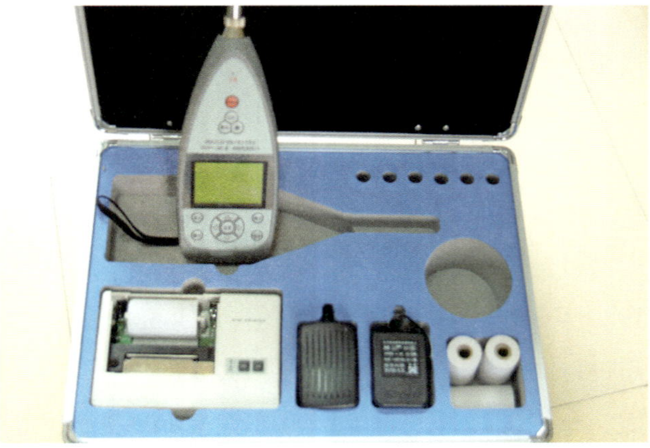

噪声检测仪

环保知识宣传（2010 年摄）

55 分贝（A）以上。1998 ~ 2004 年，随着外环路的开通，城区白天道路交通噪声逐年下降，由 69.0 分贝（A）降至 66.8 分贝（A）。2005 年，随着城区汽车保有量增加，道路交通噪声略有回升，白天声级值为 67.1 分贝（A）。

建筑施工和社会噪声 1986 年后，城区建筑施工噪声和社会生活噪声污染越来越突出。进入 20 世纪 90 年代，一般工地边界处的噪声级在 70 ~ 90 分贝（A）范围，超标甚多。1999 年、2000 年夏季，建筑施工扰民达到高潮。同时，随着餐饮、娱乐业的急速增长，营业性噪声成为平度夜间社会噪声的重要来源。

第二节 监督管理

一、环境影响评价

1986 年，对规划建设项目实行环境影响评价，审批规划和建设项目 11 个。之后审批项目逐年增多。同时，对建设项目实行“三同时”（环保设施与主体工程同时设计、同时施工、同时投产使用）制度。至 2005 年，共审批规划和建设项目 1851 个；按“三同时”制度验收项目 323 个。

二、限期治理

水污染限期治理 1996 年，开始对电镀、印染、造纸和酿酒 4 个行业进行执法监管，取缔、关停平度市特整染织厂、昌里芳圆镀锌厂、天工水磨石厂等未达标排放企业 3 家。1997 年，青岛新华造纸厂、兰底漂染厂、青岛酿酒厂完成限期治理任务。至 2003 年，限期治理水污染企业 57 家。2004 年，将“挂牌督办”与“再提高工程”相结合，对青岛第三啤酒有限公司、立新工艺品有限公司、旭日毛巾制品有限公司、琪丰化工有限公司、大东电子有限公司 5 家企业再提高工程挂牌督办。2005 年，对青岛碱业集团天柱化肥分公司、格力食品有限公司、魁峰链条厂、广源发有限公司、崇杰污水处理场 5 家企业进行再提高工程；对青岛兴平电厂、恒孚针织品有限公司、多元食品有限公司、励创食品有限公司、振华印染厂 5 家企业挂牌督办。

大气污染源限期治理 1998 ~ 2000 年，对青岛第二齿轮厂、天柱化肥分公司、平度市热电厂大气污染源进行限期治理。2003 年，对 29 个大气污染企业下达《限期治理通知》。2005 年，投资 200 余万元建成全省首家县级市污染源监控信息中心，14 家重点企业安装了污染源在线监测监控设备，并与青岛市环保局监控中心联网，实现污染源无缝式全天候监控网。监控中心建设后，增加了废气监控功能。随着热电厂、化肥厂、光明轮胎公司等废气监控设备的安装和联网，平度环保局成为全国第一家具有废气监控功能的县（市）级环保局。2005 年，全市共淘汰锅炉 12 台，其中计划内锅炉 10 台，计划外锅炉 2 台。

三、执法监察

1986 ~ 1989 年，因周围企业排污，城关镇李家疃、河头、杨家庄、大窑等 13 个村庄地下水水质变坏，县环保局向有关企业征收排污费 24 万元，为村庄送上自来水。1991 年，泽河储水造成李园乡王家疃村井水污染，市环保局协调市肉联厂、脚蹬厂、化肥厂、酿酒厂、啤酒厂、电子材料厂等排污企业赔偿4万元，为村民解决吃水问题。1992年，依法处罚个体淘金户6家。1994年，处罚环境违法企业44家，下达警告通知书150份、行政处罚文书44份，申请法院强制执行8家，在电台、电视台曝光12家，罚款2.67万元，补缴排污费13万元。处罚违反规定建筑工地18个，罚款和补缴排污费1.35万元。取缔非法选金点36个，罚款1.13万元。1996年，取缔个体非法选金点12个，拆除混汞碾子3台，砸掉小氰化池10个。1998～2001年，下达监理通知书151份，查处环境违法案件270起，罚款22万元。2002年，立案处罚环境违法行为26起，其中闲置污染设施6家、未办理环保审批手续11家、新“五小”（小火电、小炼油、小水泥、小煤矿、小钢铁）企业4家、其他违法企业5家，罚款5.5万元。2003年，现场监察执法出动1327人（次），其中日常监察1026人次、早查156人（次）、夜间监察145人（次）；监察企业409家，限期改正169家，立案22起，处罚金额30万元。2004年，查处燃烧设施超标排放及冒黑烟违法案件7起，罚款13万元；监察建筑施工工地28个，限期整改25起，查处违法案件18起，罚款14万元。2005年，出动1460余人次，检查企业450余家，立案51起。

第三节 污染治理

2005年，全市共有工业污染源192个，其中废水工业污染源76个、废气工业污染源116个；工业污染企业155家，其中实现达标排放企业89家，关、停、迁企业66家。

一、水污染治理

“十五土（小）”淘汰 1996年，取缔非法采金坑口124个、非法采选设备400台（套），取缔石墨选矿小槽31个，查封不合格采石企业许可证7个。1997年，取缔关停了“十五土（小）”（小造纸、小制革、小颜料、土炼焦、土炼硫、小电镀、小漂染、小农药、土炼金、土炼油、土炼铅锌、土法石棉制品、小放射、土炼汞、土炼金）企业12家。1998年，关停取缔新上小电镀厂、非法冶金户5家。2001年，又关停“十五土（小）”企业5个。2002～2005年，对重污染项目和国家明令禁止的“十五土（小）”项目实行“一票否决”。

造纸、印染废水治理 1984年，责令新华造纸厂投资3.9万元建设1200吨／日污水处理设施。1996年，取缔关停平度市谭家造纸厂、南村造纸厂、张舍东石岭造纸厂和平度市造纸厂。1997年，对兰底漂染厂下达限期治理决定。至2005年，保留造纸、印染企业均实现达标排放。

生活污水治理 1986～2005年，城市生活污水经化粪池处理后，由城市排水管网部分排入东现河污水处理厂，经处理后排入泽河；餐饮业含油污水经隔油池后排入城市污水管网。

医院污水治理 1990～2002年，医院污水治理只要求自动杀菌。2003～2005年，市人民医院、中医院、第三人民医院、妇幼保健院等规模化医院均建设有完善的污水处理设施，其他卫生院建设自动杀菌设施。

污水处理厂建设 平度市东现河污水处理厂始建于1991年，位于香店街道后八里村西侧的大肚河湾处，总占地11.8公顷，河床绝对标高43.30米，厂区自然地面绝对标高44.95米，是青岛地区最先规划的污水处理厂。整个工程分三期建设，1997年竣工，总投资1182万元。至1998年12月，现河污水处理厂形成一套完整的“生物吸附—土地处理系统—废物综合利用”污水处理工艺，年处理污水330万吨，削减化学需氧量1300吨、氨氮30吨、悬浮物600吨，综合利用干化污泥1000～3000吨。2003年5月，全国防治“非典”时期，现河污水处理厂对污水采用加氯消毒，防止污水二次污染引起病毒传播。7月，新建同和污水处理厂竣工，现河污水处理厂停止运行，原进水管道接入新建厂管道网络。同和污水处理厂位于同和街道侯家站村西

同和污水处理厂（2005 年摄）

南，占地 6.55 公顷，总投资 9870 万元，包括日处理能力 6 万吨污水处理厂 1 座、污水干管 75 公里及其他配套设施两部分。

二、大气污染治理

烟尘治理 1986 年，投资 17 万元，对平度发电厂消烟除尘装置进行改造。改造后，度电耗煤由改造前 894 克降为 865 克，全年节煤 580 吨，烟尘黑度由原来 4 级降为 1.6 级，达到国家排放标准。1988 年，完成县人造板机械厂和脚踏车配件厂窑炉改造。全县新增锅炉 50 台，推广链条炉排机械化燃烧，炉型合格率为 98%。酿酒厂糟液制取沼气工程完成投产，日处理糟液 160 ~ 220 立方米，产沼气 5400 立方米。1989 年，完成市拖车厂、齿轮厂、食品饮料厂和电子材料厂窑炉改造，使烟气黑度达到国家排放标准。1991 ~ 1992 年，热电联供，市区取缔锅炉 82 台。其间，划定控制区范围为：青岛路以北，常州路以东，北京路以南，现河以西的区域，面积为 4.5 平方公里。控制区内的锅炉、窑炉、茶水炉，宾馆、饭店、集体炊事大灶等排烟装置，须达到国家或地方规定排放标准。到 1995 年，烟尘控制区面积达到 11.2 平方公里。1996 年，推广型煤、控制原煤散烧，全年更换茶炉 50 台、锅炉 5 台。2000 ~ 2002 年，为重点污染企业配备集脱硫、除尘于一体的高效除尘器，减轻了大气污染负荷，改变了平度市大气污染严重现状。2003 ~ 2005 年，市环保局制定《平度市淘汰燃煤锅（茶）炉考核办法》，淘汰锅（茶）炉 257 台，其中锅炉 182 台、茶炉 75 台。建成区面积达到 31.4 平方公里，烟控区覆盖率达 100%。

粉尘和废气治理 1986 年，县水泥厂、电子材料厂、磷肥厂、修造厂、拖修厂等企业加大粉尘和废气排污治理改造，减轻了粉尘和废气污染。截至 2005 年，除水泥厂仍在生产外，城区内电子材料厂、磷肥厂、修造厂、拖修厂均已搬迁和改制，污染防治设施均通过环保验收。其他小水泥厂和小磷肥厂自然关闭。

三、噪声污染治理

1990 年，在市区荷花湾桥头安装第一台噪声自动监测仪。1991 年，平度市噪声达标区始建，到 1994 年已建成 8 平方公里，覆盖率 71%。1995 年，对建成达标区内的主要交通干线设立禁鸣标志。1997 年，对建筑单位夏季夜间施工噪声和社会生活噪声污染问题进行专项检查，查处违法建筑施工单位 30 余家。高考期间，安排专人加强巡查，为学生考试创造安静环境。1998 ~ 2002 年，公安交通管理部门加强对机动车辆噪声管理，规定机动车辆必须安装消音器，进入城区的机动车辆采用低音喇叭，严禁鸣汽笛，城区红旗路禁止拖拉机和货车行驶。2005 年，全市噪声达标区面积 26 平方公里。

四、固体废物治理

一般固体废物 1986 年，县化肥厂、发电厂等产生煤渣和粉煤灰单位均采取了固体废物综合利用。到 20 世纪 90 年代初，全市工业固体废物综合利用率达到 91.15%。1998 年，平度市污水处理厂与北京科学院生物研究所和临沂飞翔环保有限公司联合研究开发生物菌肥项目，利用污水处理厂产生

的污泥制成生物菌肥。2001 ～ 2004 年，平度市产生工业固体废物 300 万吨，综合利用 266.33 万吨，平均处置利用率为 93.53%。2005 年，平度市产生工业固体废物 84.79 万吨，综合利用 74.18 万吨，处置 6.24 万吨，贮存 4.37 万吨，排放量为零，工业固体废物处置利用率 94.85%。

危险废物　1986 ～ 1999 年，平度未成立固体废站，无详细资料。2000 ～ 2002 年，全市产生危险废物 29003.16 吨，其中 29000 吨为 4 个金矿产生的硫精矿，危险废物处置率达 100%。2005 年，平度市产生危险废物 2.07 万吨，综合利用 2.07 万吨，处置量为零，贮存量为零，排放量为零。

五、流域环境污染整治

1986 ～ 1992 年，对青岛新华造纸厂、中庄造纸厂、青岛卫生纸三厂、青岛华青印染厂等企业污水处理设施进行限期整改及完善。1993 年，关停排入泽河的城关西阁造纸厂、门村化工厂、青岛新星金属品厂电镀车间、平度盛和五金厂、灰埠镇铁矿、青岛鸿运艺品公司漂染车间、平度金鳞石墨公司、青岛东瑞石墨制品公司、青岛卫生纸三厂、平度第一造纸厂、平度市天工水磨石厂、青岛华青印染厂漂染车间，每年减少废水排放量 31.9 万吨，化学需氧量排放 470 吨。1994 年，关停排入南现河的青岛新华造纸厂、青岛中立淀粉有限公司、平度金昌漂染厂 3 家污染企业，中庄造纸厂循环利用，每年减少废水排放量 50.3 万吨，化学需氧量排放减少 6900 吨。1996 ～ 2005 年，投资 1200 万元，对全市 76 家企业进行废水治理，每年减少废水排放量 294 万吨、化学需氧量排放 1900 吨。加大对张舍镇、田庄镇石墨行业废水治理力度，推行清洁生产，实行废水闭路循环和综合利用，在 806 国道胶莱河桥处安装在线监测系统，严密监控北胶莱河水质变化。

第四节　国家环保模范城市创建

2001 年，市委、市政府组织开展创建国家环境保护模范城市活动，成立由市长任组长的创建工作领导小组，制订下发《平度市创建国家环境保护模范城市规划及实施意见》。2005 年 9 月，平度环保模范城市创建工作通过国家环保总局技术核查，2006 年 2 月通过环保总局考核验收。

国家环保模范城市揭牌仪式（2006 年摄）

一、城镇项目建设

围绕“现代、山水、田园、秀美、宜居”的城市特色定位，大力构筑现代化中等城市框架，使城区规划面积达到 126 平方公里，详细规划覆盖率达到 98%，城市化率达到 41.2%。先后对市区 21 条主次道路、7 处重点区域和现河进行亮化，安装各式灯 1 万盏。在市区 21 条主干道和荷花湾、现河公园、铜牛标志物景区及同和、金花山、秦皇河区域栽植苗木 10 余种 13 万余株，新增绿化面积 20 万平方米，使绿化总面积达到 1600 公顷，城市绿化覆盖率达 44% 以上。实施绿色通道、农田林网、荒山绿化、封山育林、村庄绿化五大工程，“十五”期间，全市完成新造林 2.2 万公顷，森林覆盖率达到 26.56%。在 10 条城市主干道路铺设了

总长70公里的路面、路沿石以及9万平方米人行道板。实施污水处理、空气净化、固体废弃物处理、城市宁静和城市集中供气供热五项工程，完成同和新垃圾场选址，建立垃圾渗滤液处理系统，城市生活污水处理率达到70%以上，区域环境噪声平均值为53.8分贝，交通干线噪声平均值为67.1分贝，集中供热面积达到130万平方米，城市气化率达到98%以上。涌现出南村、同和、蓼兰、灰埠、长乐等一批全国重点小城镇。其中，同和街道建成占地400公顷的生态林区，获评全国小城镇建设示范镇称号；南村镇建设日处理废水1万吨镇级污水处理厂1处，获评全国环境优美镇称号。

二、经济增长方式转变

推进创新型城市建设，鼓励企业加大研发投入，依靠科技创新推动产业优化升级。2005年，全市规模以上企业均建立了技术开发中心或研发机构，其中4家被批准为青岛市技术开发中心；列入青岛市以上科技计划项目18项，其中6项列入国家级科技计划项目；申请专利110项；有11种产品申报青岛市高新技术产品，8家企业成为青岛市高新技术企业。抓好环境保护和资源节约集约利用，关闭非法矿山104家，清理闲置土地302公顷。加快循环型经济建设步伐，引导企业节能降耗、清洁生产。2005年，全市规模以上工业万元产值能耗同比下降23%，工业用水重复利用率达到75%。海尔冰箱、海信空调、三莹电子等20家企业通过ISO 14001环境管理体系认证，青岛兴平热电公司、青啤第三公司、青岛碱业天柱化肥分公司和青岛黄金铅锌公司4家企业通过清洁生产审核。引进投资6611万美元的全省首个秸秆发电项目。2005年，平度被评为全国十佳节约型中小城市。

三、生态环境建设

国家生态示范区建设 2001年，国家环境保护总局批准平度市为第六批生态示范区建设试点地区。2002年5月，《平度市生态示范区建设总体规划》通过省环境保护局、林业局、规划局、山东师范大学、青岛环境保护科学研究所专家论证。经过对生态农业、生态水利、生态工业、生态环境、生态城市和污染防治体系4年建设，平度生态示范区建设达到国家级标准要求，于2005年7月上报国家环保总局验收。

水土保持 至2005年，治理水土流失面积54.24平方公里，投资1500万元对尹府水库龙虎山

同和生态林（2005年摄）

引河灌区进行生态恢复工程建设，全市先后有5个小流域治理工程获全国水土保持生态环境建设示范小流域称号。全面启动白沙河、秦皇河、泽河综合整治工程，完成现河综合整治。加强市区北部山区湿地保护，发展沿路、沿河生态保护绿带，构筑“三面环水一面山，一条玉带穿中间”的城市生态格局。

生态农业建设 在稳定粮食生产同时，大力发展都市服务、生态旅游、出口加工和特色品牌型农业。实施优质粮食、蔬菜、花生和果品4个30万亩工程，南村蔬菜等23个（5.5万公顷）农业生产基地通过无公害农产品生产基地认证，马家沟芹菜等11个农产品通过绿色食品A级认证，大泽山葡萄等4种农产品获评青岛市名牌，“喜气盈门”牌大姜等21个农产品通过无公害质量认证。

农村环境保护 选择32个村庄试点建设，实施主干街道硬化、亮化、绿化，建设文体活动广场，

改水，改厕，处理垃圾，推广沼气，改善农村生活环境，建成一批效益美观型、资源开发型、文化旅游型、生态经济型、产业主导型、城市服务型小康示范村。

新河镇农村改水水处理设备（2002 年摄）

四、污染防治

严把项目审批和“三同时”验收关，坚持建设项目环保“一票否决”权，坚决摒弃污染环境、破坏资源的项目。在省内率先建成污染源在线监控中心，抓好污染源在线自动监控设施安装与运营管理。对 34 家企业实施污染治理再提高与全面达标工程。成立电镀管理中心，对入驻电镀企业统一标准，严格管理。严肃查处环境违法、生态破坏案件，加大处罚和排污收费力度，防止企业偷排现象发生。至 2005 年，现场监理检查 2900 余人次，监察企业 1200 余家，下达限期整改 130 余起。

第十二篇 交通 邮电

公路 清康熙《平度州志》记载，“灰埠驿，在州西北七十里，为登莱通衢。”道光二十九年（1849），平度主要大道11条，分别是通莱阳2条、掖县3条、昌邑3条、高密1条、胶州1条、即墨1条。民国时期，烟潍路、青沙路、高平路先后修成通车，路经平度。新中国成立后，党和政府整修旧路，修建新路和新桥。至1985年，已形成干线公路5条、县乡公路19条，公路大型桥梁12座、中型桥梁34座、小型桥梁152座、涵洞802座。

运输 清末民初，交通工具落后，客运量很低。民国14年（1925），胶沙路汽车始经平度，客货兼营。民国17年（1928），青沙路客运汽车始经平度，设古岘、平度、店子3个停车点，日往返2车次。1949年，平度已有青（岛）沙（河）、昌（邑）莱（阳）、平（度）古（岘）、高（密）平（度）、蓝（村）掖（县）5条客运线。至1985年，平度汽车站日经营客车210车次，年客运量216万人次，货运量260万吨。

邮政 明至清光绪二十三年（1897），为官邮。光绪二十四年（1898），由官邮扩为民邮。抗日战争时期，民邮时断时续，抗日根据地转为战邮。1946年，民邮、战邮兼并。1948年，战邮结束，邮政业务转为社会服务。新中国成立后，邮政业务种类逐步增多，有函件、包件、汇兑、报刊、机要等。至1985年，全县函件达2330万件，汇票570万张。

电信 电报始于民国5年（1916），电话始于民国20年（1931）。至1985年，县至乡镇设电路93条、杆路478杆公里、交换机133部1865门，全县1220个村庄通了电话，占所有村庄70.2%。

第一章 公 路

平度的公路建设与管理单位为平度市公路管理局和平度市交通局。公路管理局，其前身为县公路管理站。1996年11月，撤销公路管理站，成立市公路管理段。是年开始，市乡公路建设由公路管理段承建改由交通局承建。2004年11月，撤段改局，成立市公路管理局，下设办公室、政工科、劳工科、财务科、养护科、路政科、养路费征收科、工程科、公路工程处、材料处、机务科、三城路收费站、宏运公路工程有限责任公司以及城关、崔家集、店子、灰埠、旧店、兰底、明村、南村、田庄、云山、张戈庄11处公路站。

第一节 公路建设

1986年，平度主要干线公路有5条。其中，国道2条：烟潍路（烟台—潍坊），编号G206；潍石路（潍坊—石岛），编号G309。省道3条，分别为青沙路（青岛—沙河）、平日路（平度—日照）、朱胶路（莱州市朱桥—胶州）。县际公路15条。1999年，潍莱高速公路建成通车，打破平度无高速公路的历史。截至2005年，平度市公路通车总里程2165.8公里。其中，高速公路4条，126.7公里；国道3条，109公里；省道12条，521.4公里；市道14条，361.8公里；乡道41条，524.8公里；村道43条，648.8公里，硬化里程总计1042.86公里。公路密度68.4公里/百平方公里，有1140个村庄通上沥青（水泥）路，占全市村庄总数63.8%。

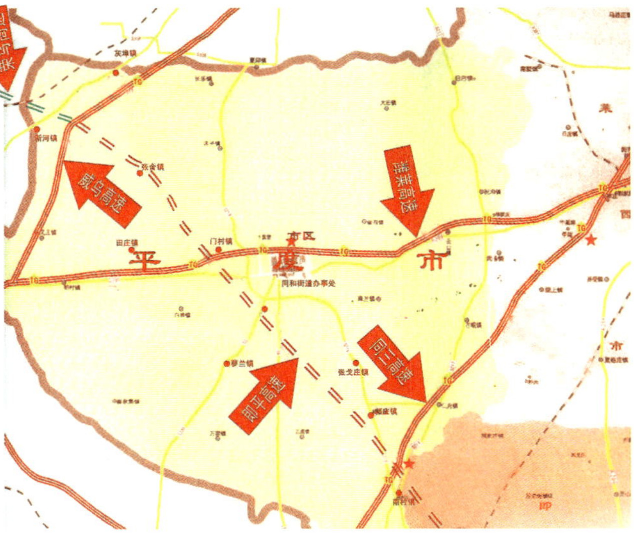

图12–1 平度市高速公路现状图

一、国道

潍莱高速公路 编号G309，潍坊至莱阳。1997年3月开工建设，1999年7月建成通车，平度境内长68.5公里，途径马戈庄—明村—田庄—门村—李园—城关—崔召—云山，全封闭，双向四车道。设云山、平度东、平度、田庄、明村5个立交出口。投入资金13亿元。原国道309线改为省道。

威乌高速公路 编号G206，威海至乌海。2001年10月开工建设，2003年12月建成通车，平度境内长11.6公里，途径灰埠镇，全封闭，双向四车道。原国道206线改为省道。

同三高速公路 编号G010，同江至三亚。2001年开工建设，2003年12月建成通车，平度境内长26.4公里，途径仁兆—南村，全封闭，双向四车道。设仁兆、南村2个立交出口。投入资金6.2亿元。

二、省道

2005年，平度境内有省道11条，397.6公里，其中由县路升格为省道2条。

威乌高速公路与潍莱高速公路连接线 编号S265。2001年10月开工建设，2003年12月建成通车，平度境内长20.2公里，途径灰埠—新河—张舍—马戈庄，全封闭，双向四车道。

朱诸路 编号S217，莱州市朱桥至诸城市，途径旧店—祝沟—云山—古岘—仁兆—

南村。平度境内原长 68.4 公里，1987 年 K70~K84 用粗砂拌和铺筑，厚度 4 厘米。1992 年 K69~K90 段用化石、黏土拌和铺筑，厚度 4 厘米。1999 年投资 9500 万元全线改建，原沙土路改建为铺筑沥青路面，改建后长度 71 公里。

三城路　编号 S218，莱州市三山岛至青岛市城阳，平度境内长度 69.9 公里，途径大泽山—长乐—李园—城关—香店—张戈庄—郭庄—南村。1988 年，将南段 38 公里路基拓宽至 15 米，达二级路标准。1996 年又拓宽至 28 米，路面 24 米，达一级路标准。1998 年因改线，三城路环城段向北延伸至潍莱高速公路 13.8 公里，一级路标准达 49 公里。1999 年，全线实施 GBM 工程。2000 年，投资 600 万元，将南村街里 2.5 公里路面拓宽至 24 米。2001 年，投资 3409.41 万元，对三城路南段 14 公里按一级路标准改建，改造后路面宽度 24 米，路基宽度 27 米。

（2001 年摄）

平营路　编号 S219，平度市至胶州市营海镇，平度境内长度 28.6 公里，途径平度—同和—蓼兰—万家—兰底。1994 ~ 1997 年全线铺筑沥青路面，1998 年由县路升格为省道，同时更名为平营路。2001 年，投资 1266.68 万元拓宽改造城南段 6.5 公里，原 12 米路面拓宽至 24 米。2004 年，投资 1146.99 万元改造路面 8 公里（20.6K ~ 28.6K），在原基础上重新铺筑路基和沥青路面。2005 年底，县道平柞路大泽山盘石观至平度城段并入省道 S219，平度境内里程达到 59.7 公里。

平日路　编号 S220，平度至日照，平度境内长 27.6 公里，途径同和—蓼兰—崔家集。1990 ~ 1992 年，平度城至平度、高密交界处 29.2 公里，路基拓宽至 15 米，路面宽 12 米，达二级路标准。1999 年，投资 840 万元把蓼兰街里 3.5 公里（11.1K ~ 14.6K）路面拓宽为 24 米。2003 年投资 1160 万元，建成外环路与平日路连接线，长 5.8 公里，路面 23 米，编入平日路公路里程。

烟汕辅线　原国道 206 线改称，编号 S264，烟台市至汕头市。平度境内长 13.7 公里，途径灰埠—新河。1992 年由土路肩改为 GBM 硬路肩，罩面 2 厘米；1998 年又罩面 2 厘米，泽河桥加宽至 12 米。2003 年 12 月，威乌高速公路建成通车，编号为 G206。2005 年，投资 2099 万元，全线由原 10 米路面拓宽至 23 米，一级路标准。

新海路　原为河北省辛集至莱州沙河公路，编号 S320，平度市新河至河北省海兴，平度境内长 4 公里，12 米沥青路面，为二级路。1992 年修筑路基，1995 年铺筑沥青。1999 年更名为新海路。

王新路　2001 年公路普查，原县道新朱路和乡道郭仁路合并升为省道王新路，编号 S603，即墨市王村至平度市新河，在平度境内全长 90.8 公里，途径仁兆—郭庄—兰底—万家—崔家集—明村—张舍—新河。2004 年，投资 1881.78 万元对崔家集段 11.3 公里（109.54K~120.84K）路面改建；投资 2297.35 万元对官庄段 18.7 公里（138.4K~157.1K）路面改建。

环城路　编号 S702，为平度市区环城公路，全长 27.3 公里。2000 年，新建三城路与 309 国道连

接线11.5公里，路面宽23米，路基宽27米。2001年，与原三城路环平度市区段（南外环）和东外环合并为外环路，一级路标准。

国辅309　1999年潍莱高速公路建成通车，潍莱高速调整编号为G309，原国道309线改为省道，更名为国辅309，编号S804，荣成市—兰州市，平度境内长68.4公里，途径云山—崔召—香店—城关—李园—田庄—明村。1988年中修罩面13公里，厚2厘米；1992年封面18公里，每平方米用沥青0.8公斤。是年，自K270～K286+700改GBM硬路肩，K265～K270用水泥预制块安装，K240～K246罩面6公里，厚2厘米；1996年，K249+700～K252+400加宽为24米；1997年，K244+600～K246路面加宽为24米。2002年，投资1.22亿元，将S804线城东段24公里（217K～241K）、城西段34公里（251K～285K）路面拓宽至16米。

三、新增省级干线公路

2005年11月，平度境内新增省级干线公路4条，220公里。

田新路　即墨田横岛至平度新河，平度境内长90.8公里，原省道王新路由即墨王村延伸至田横岛，平度境内里程不变，途经仁兆—郭庄—兰底—万家—崔家集—明村—官庄，二级公路，沥青路面。

大营路　平度市大泽山至胶州市营海，平度境内长56.7公里，由原省道平营路经原县道平柞路延伸至大泽山，途经青杨—蟠桃—平度—何家店—兰底，二级公路，沥青路面。

躬崔路　莱西市躬家庄至平度市崔家集，平度境内长55.9公里，由原县道冷崔路升级为省道，途经冷戈庄—张戈庄—蓼兰，二级公路，沥青路面。

店灰路　平度市店子至灰埠，长16.6公里，由原县道店灰路升级为省道，二级公路，沥青路面。

四、市（县）公路

平度境内现有市（县）公路13条，335.1公里。

市县道路建设（2005年摄）

2005年平度市市（县）公路情况一览表

表12-1　　　　单位：公里

道路名称	编号	起至地点	长度	一级公路	二级公路	三级公路	四级公路
大平路	XB20	莱阳大夼—平度	26.8	3.3	1.7	17.4	4.4
平南路	XB24	平度崔召—莱西南墅	42.9	–	37.4	–	5.5
冷崔路	XB25	冷戈庄—崔家集	55.9	–	52.5	–	3.4
店灰路	XB29	店子—灰埠	18.0	–	18.0	–	–

续表 12-1

道路名称	编号	起至地点	长度	一级公路	二级公路	三级公路	四级公路
平柞路	XB30	平度—莱州柞村	33.6	–	33.6	–	–
灰宋路	XB31	灰埠—宋家庄	48.6	–	47.4	–	1.2
平刘路	XB32	平度—刘家张村	7.4	–	7.4	–	–
大灰路	XB33	大田—灰埠	34.4	–	13.4	–	21
土灰路	XB33	莱州土山—灰埠	0.7	–	–	–	0.7
昌平路	XB35	昌邑—平度	33.3	–	30.5	–	2.0
高亭路	XB37	高密—亭兰	3.7	–	3.7	–	–
青官路	XB39	青杨—官庄	22.8	–	4.3	12.8	5.7
大仲路	XB78	大田—莱州仲院	7	1.8	–	–	7.0

五、乡道

2000 年，市公路段新接养乡道 300.3 公里，至 2005 年，公路局共养护乡道 31 条，491.8 公里。镇政府养护部分乡道和村道。

2005 年平度市乡道情况一览表

表 12-2　　单位：公里

道路名称	编号	起至地点	长度	二级公路	三级公路	四级公路
南兰路	YB084	南村—兰底	17.9	7.5	–	10.4
新坡路	YB085	新河—坡子	16.3	10.7	–	5.6
芦下路	YB086	芦家—下旺家	21.9	13.2	–	8.7
田店路	YB087	田戈庄—店子	14	14	–	–
同西路	YB088	同和—西官亭	30.8	2.1	–	28.7
崔高路	YB089	崔家集—高密	3.6	0.4	–	3.2
园张路	YB090	园艺场—张戈庄	13.3	–	3.1	10.2
綦万路	YB091	綦家—万家	5.6	5.6	–	–
双荆路	YB092	双庙—荆家寨	14.1	–	–	14.1

续表 12-2

道路名称	编号	起至地点	长度	二级公路	三级公路	四级公路
崔北路	YB093	崔召—北荆家	12.5	1	–	11.5
云崔路	YB094	云山—崔家流河	5.6	0.2	–	5.4
门唐路	YB095	门村—唐田	9.2	2.4	6.8	–
大后路	YB096	大庙家—后綦家	49.9	–	–	49.9
崔东路	YB097	崔家流河—东连戈庄	14.1	–	–	14.1
贾七路	YB098	贾家营—七里河子	5.8	1	–	4.8
辛郝路	YB099	辛庄—郝家疃	6.2	–	–	6.2
店城路	YB100	店子—城子	12.4	0.8	–	11.6
兰马路	YB101	兰底—马家花园	9.9	–	9.9	–
金沙路	YB102	金家庄—西白沙	8.7	–	–	8.7
北蒋路	YB103	北昌村—北蒋家	5.9	–	–	5.9
新路路	YB104	新河—路北官庄	21.2	–	–	21.2
西大路	YB105	西马家疃—大八里庄	15.8	–	–	15.8
梁窝路	YB106	梁家疃—窝铺沟东	31	–	–	31
大盘路	YB107	大泽山—盘古庄	7.3	–	–	7.3
六仁路	YB108	六曲店子—仁兆	22.8	–	–	22.8
祝沙路	YB109	祝沟—沙埠	11.3	–	–	11.3
北杨路	YB110	北坡子—西杨家庄	30.4	–	–	30.4
西崔路	YB111	西店子—崔家集	20.2	–	–	20.2
后西路	YB112	后洼子—西屋子	32.3	3.3	–	29
北纪路	YB113	北埠—小纪家	18.9	4.7	–	14.2
坊西路	YB222	坊头—西李家庄	2.9	2.9	–	–

第二节 公路养护

1986年，平度境内公路养护里程605.8公里，其中国道81.7公里、省道162.5公里、县道291.2公里、乡道70.4公里。公路密度19.1公里/百平方公里。全县设23个分站、12个养路队，有群众养路员778人。至2005年，境内公路养护里程达1224.5公里，其中干线公路397.6公里、市（县）乡公路826.9公里。全市设11个基层公路站，有养护职工68人、群众养路员694人。

一、公路绿化

自20世纪80年代开始，平度公路绿化进入高标准发展时期。1989年，平日路29.2公里栽种法桐8760棵。至1998年，平度公路行道树计有27.75万棵，占养护里程96.5%。2000年，投资88万元，在改建后朱诸路沿线北段43公里（43K～86K）栽植毛白杨1.1万棵，南段14公里（100K～114K）栽植法桐3100棵；在外环路新建4.8公里路段（0K～4.8K）栽植国槐900棵。2001年，投资20万元，在外环路新建路段11.5公里（5K～16.5K）栽植杜仲1750棵。2003年，投资100万元，在拓宽改建后S804线沿线栽植法桐1892棵（30.4公里），栽植国槐986棵（23公里），栽植毛白杨1200棵（15公里）。2004年，投资8万元，在改建后王新路路段栽植合欢920棵（4.6公里）；投资36万元，在朱诸路新栽植国槐2844棵（13.5公里）；投资12万元，在平刘路新修路段栽植国槐1329棵（5.8公里）。2005年，分别投资16万元、14.5万元和23.9万元，在平日路兰底以南段8公里、王新路崔家集段11.3公里、王新路明村以北段18.7公里栽植路肩草皮。

二、GBM工程

“GBM”代表规范化、标准化、美化，为公路养护和管理的标准。1997年，市公路段开始对206国道平度段13.5公里进行文明样板路建设，作为GBM工程示范路段。此工程浆砌边沟3000米，整修边坡6000平方米，整修路肩2万平方米，清理占用边沟垃圾1500立方米，修补路面1万平方米，拆除违章建筑16处，埋设桥头引桩24根，示警桩76根，当年完工。此后，309国道平度段68.2公里，省道三城路、平日路、新海路、平营路平度段133.3公里均实施了GBM工程。2000年，朱诸路穿越冷戈庄街里浆砌边沟3000米。2001年，全国第二次公路普查，平度对824公里县乡公路的路面、路基构造物、桥涵、沿线设施、绿化进行实地丈量和登记造册。是年，朱诸路全线71.9公里边坡栽植波斯菊。2002年，按照新普查里程，重新埋设百米桩、里程碑。2003年，在三城路沿线店子镇街里路段石砌边沟4200米；在南村街里安装花岗岩路沿石，铺筑人行道彩块；在张戈庄街里整修标准路基400米，开挖边沟6000米，浆砌边沟4000米，修边道涵50个，硬化平交道口150个，安装路沿石2500米，维修路沿石3万米。2005年，全市完成养护投资3000万元，修补面层14万平方米，

三城路绿廊工程建设（2005年摄）

基层处理 11 万平方米，刮柏油 120 万平方米。完成 804 公路和平营路浆砌边沟 5 公里，硬化平交道口 2 万平方米，建设边道涵 400 道。

三、交通标志标线

1999 年，《道路交通标志和标线》颁布实施，平度按照新标准，对先建、新建国、省道干线设置指向、警示、地名、限载等交通标志 239 处，交通标线每年喷刷一次。2003 年，S804 线改建通车后，设置警示标柱 180 个、道口标柱 440 个。至 2004 年，全市施划交通标线 5388 公里，境内国、省干线公路两侧学校、医院均设置了警示标志。

四、路政管理

1990 年，市公路段开始实施公路确权工作，1991 年国道、省道公路确权完毕。1997 年 7 月，《中华人民共和国公路法》颁布，市公路段加强了对公路建筑控制区的管理，坚持公路巡查制度，做到定人、定时、定路段，每天巡路时间不少于 6 小时。2000 ~ 2003 年，拆除违章建筑 12 处，清理非公路标志 868 块。2004 年，经山东省人民政府批准，在三城路南村镇和 S206 线灰埠镇设立超限运输检测站 2 处、大型卸货场 2 处，路政人员对超限运输车辆实行 24 小时封闭检查。2005 年，查处超限运输车辆 7450 车次，卸货 3200 吨。

第三节 规费征收

一、养路费征收

1986 年，汽车养路费征收标准：主车每月每吨位 115 元，挂车每月每吨位 58 元；拖拉机每月每吨位 45 元。是年，征收养路费 543.3 万元。1991 年，《公路养路费征收管理规定》公布：除核定按费率计征车辆外，其余车辆均按核定载重吨位和规定费额标准计征。客车比照同类型货车底盘标记的载重吨位计征，无载重吨位的，按最高载客人数每十人座折合一吨位计征，汽车拖带的挂车按其吨位七折计征。1992 年，《山东省公路养路费征收管理规定》，养路费按费率和费额两种方式征收，县以上交通部门的专业公路运输企业，按营运收入总额 15% 计征。除按费率计征以外的车辆均按核定载重吨位计征。月费额：每月每吨位 160 元，汽车拖带的挂车（全挂车），按月费额 70% 计征。大拖拉机按汽车月费额 50% 计征，小拖拉机按汽车月费额 40% 计征。1993 年，征费率改为：汽车主车每月每吨位 160 元，挂车每月每吨位 112 元，拖拉机征费不变。1994 年 9 月，征费率改为：汽车主车每月每吨位 190 元，挂车每月每吨位 133 元。1996 年 7 月，山东省人民政府下达《关于征收路港建设费的通知》，明确路港建设费按费率和费额两种方式征收。凡按费率征收养路费的车辆，按营运收入总额 3% 征收。按费额征收标准：汽车按每月每吨位 30 元征收；从事营业性运输的拖拉机，按每月每吨位 30 元征收；三轮摩托车按每月每车 30 元征收。是年，全市养路费征收车辆 5953 部，吨位 1.47 万吨，完成征收 2635.5 万元。2003 年，全国抗击“非典型肺炎”期间，人口流动量减少，客运业受到影响。根据国家安排，客运汽车减半征收养路费，时间为 5 ~ 9 月份。是年征收养路费 4428.05 万元，为 2000 年以来最低。截至 2005 年，全市养路费征收车辆 3 万部、5818.92 万元，养路费比 1986 年增长 9.7 倍。

二、三城路平度站收费

2001 年 4 月，经山东省人民政府批准，三城路平度收费站成立，旨在收费还贷，站址位于郭庄

三城路平度收费站（2005 年摄）

镇朱家庄村。收费站12月正式开通，当月完成收费66万元。收费标准：1吨以下（含1吨）的机动车辆，每车次收费10元；1吨以上至5吨（含5吨）的机动车辆（汽车挂车不另收费），每车次收费15元；5吨以上至10吨（含10吨）的机动车辆，每车次收费20元；10吨以上至20吨（含20吨）的机动车辆，每车次收费25元；20吨以上的机动车辆，每车次收费30元。收费时间暂定五年，自2001年4月1日起至2006年3月31日止。2002年收费1001.68万元，2005年收费1200万元。

三、交通规费征收

1986年，平度县征收交通规费90.03万元。1987年，县运管所开始征收城区客运、货运车辆公路运输管理费。各乡镇交通管理所负责辖区交通规费征收。1990年，开始征收客运、货运车辆货运建设基金。1995年，市运管所负责运输公司、旅游公司货运车辆的运输管理费、货运基金征收；交通局城区第一、第二交通管理所负责城区其他单位货运车辆运输管理费、货运基金征收。是年，全市运输管理费、货运基金收费32万元。1996年4月，线路班车运输管理费、客运建设基金改由市客运管理所收取。其中，向青岛华通客运有限公司线路班车、市内出租车收取客运附加费、运输管理费；向青岛交运集团九公司线路班车收取运输管理费。是年，全市客运基金、还贷资金、管理费收费268万元。2002年，收取客运附加费612万元。2005年5月，出租车运输管理费不再收取。是年，平度市交通规费征收3227.17万元。

四、车辆购置附加费征收

1995年1月，平度市车辆购置附加费征收管理办公室成立。是年，全市车辆购置6655辆，征收金额1368万元。自2001年1月1日起，原车辆购置附加费改为车辆购置税，征收范围、征收比例、征收环节不变，继续由各地交通部门车辆购置附加费征收管理办公室代征。至2003年，全市车辆购置1.28万辆，征收金额2701万元。2004年12月，车辆购置附加税职能划归青岛市国家税务局平度分局。

第二章 桥 涵

第一节 桥 梁

1986年，全县公路有大型桥梁12座，共计长1802.5米；中型桥梁31座，共计长2082.9米；小型桥梁155座，共计长2530.9米。1999年，境内公路有大、中、小桥175座。其中，国道上有大桥3座、中桥8座；省道上有大桥7座、中桥10座；市乡公路上有大桥6座、中桥23座。至2005年，平度市境内共有公路大、中、小桥296座。其中，干线公路上有大桥11座、中桥24座、小桥84座；市（县）公路上有大桥7座、中桥22座、小桥77座；乡道公路上有大桥3座、中桥18座、小桥54座。

位于平营路上的泽河桥（2008年摄）

2005年平度市干线公路大桥一览表

表12-3

路线代码	路线名称	桥梁名称	河名	桥梁桩号	桥类	建桥时间	主桥上部结构	桥梁总长（米）	桥跨总长（米）
S217	朱桥－诸城	黄同河桥	黄同河	52.33	大桥	1972	板拱	157	143
S217	朱桥－诸城	祝沟河桥	祝沟河	63.805	大桥	1999	石拱桥	157	143.5
S217	朱桥－诸城	潴拱河桥	潴拱河	72.793	大桥	1971	空心板梁	117	117
S218	三山岛－城阳	淄阳河桥	淄阳河	52.96	大桥	1994	空心板梁	211.5	210.4
S218	三山岛－城阳	芦家桥	芦河	56.773	大桥	1994	石拱桥	128.3	116.1
S218	三山岛－城阳	秦皇河桥	秦皇河	74.286	大桥	1976	空心板梁	123	116.8
S218	三山岛－城阳	白沙河桥	白沙河	90.24	大桥	1978	空心板梁	110	110
S603	王村－新河	大沽河桥	大沽河	64.373	大桥	1997	空心板梁	286	286
S804	G309辅助线	小沽河桥	小沽河	217.143	大桥	1957	空心板梁	251.9	244.2
S804	G309辅助线	朱公河桥	朱公河	221.566	大桥	1958	空心板梁	155.2	154
S804	G309辅助线	白沙河桥	白沙河	238.746	大桥	1957	板梁（实心）	105	105

2005年平度市市（县）公路大桥一览表

表12-4

路线代码	路线名称	桥梁名称	河名	桥梁桩号	桥类	建桥时间	主桥上部结构	桥梁总长（米）	桥跨总长（米）
XB20	大疥－平度	小沽河桥	小沽河	27.1	大桥	1989	板梁（实心）	291	256
XB20	大疥－平度	七里河桥	七里河	48	大桥	1974	石拱桥	112	103.5
XB25	躬家庄－崔家集	大沽河桥	大沽河	36.888	大桥	2003	I形梁	403.6	400
XB29	店子－灰埠	淄阳河桥	淄阳河	9.187	大桥	1999	空心板梁	105	104
XB30	平度－柞村	战备桥	淄阳河	27.727	大桥	1971	石拱桥	139	122
XB30	平度－柞村	伊家桥	伊家河	28.952	大桥	1980	石拱桥	141	129
XB35	昌邑－平度	瓦苗口桥	胶莱河	0.135	大桥	1974	石拱桥	270	246

2005年平度市乡道公路大桥一览表

表12-5

路线代码	路线名称	桥梁名称	河名	桥梁桩号	桥类	建桥时间	主桥上部结构	桥梁总长（米）	桥跨总长（米）
YB86	芦家－下旺家	下旺桥	辽河	21.71	大桥	1995	石拱桥	118	118
YB94	云山－崔家流河	小河桥	潴拱河	1.374	大桥	1970	石拱桥	117.4	109
YB96	大庙家－后綦家	泽河桥	泽河	2.077	大桥	1985	空心板梁	127.4	106.6

第二节 涵 洞

1986年，全县公路有涵洞826道，共计长9917米。1999年，境内公路有涵洞504道，比1986年有所下降。其中，干线公路有涵洞209道，市乡公路有涵洞295道。截至2005年，平度市境内共有公路涵洞931道。其中，干线公路有涵洞268道，5196米；市（县）公路有涵洞301道，4672.6米；乡道公路有涵洞362道，4170.1米。

2005年平度市干线公路涵洞一览表

表12-6

编号	道路名称	数量（道）	长度（米）
S217	朱桥—诸城	75	1357.5
S218	三山岛—城阳	21	374.9
S219	平度—营房	23	348
S220	平度—日照	25	640.5
S264	烟台—汕头	11	142
S320	新河—河兴	6	90.1
S603	王村—新河	42	706.3
S702	石庄—石庄	11	225.5
S804	荣城—兰州	45	994.2

2005年平度市市（县）公路涵洞一览表

表12-7

编号	道路名称	数量（道）	长度（米）
XB20	大夼—平度	16	280.2
XB24	平度—南墅	44	672.4
XB25	冷戈庄—崔家集	21	423.9
XB29	店子—灰埠	10	220.2
XB30	平度—柞村	54	769.2
XB31	灰埠—宋家	25	517.3
XB32	平度—刘家张村	1	14
XB33	大田—灰埠	58	638.9
XB35	昌邑—平度	32	638
XB37	高密—亭兰	1	20.2
XB39	青杨—官家庄	27	359
XB78	大田—仲院	12	119.3

第三章 交通运输

1986年初，县交通局辖属公路站、交通监理站、交通运输管理所、16处交通运输管理站、城镇交通队、青岛市旅游汽车公司平度分公司、青岛市公路客车运输公司汽车九队、山东省公路运输联合公司平度支公司、平度汽车站。7月，交通运输管理站更名交通管理所。1987年3月，县车辆监理站移交公安局领导。6月，成立县机动车维修行业管理所。1989年，设立城关、南村、明村检查站。1996年3月，成立市客运管理所，013号稽查站改称山东省第5号交通稽查站。2001年9月，市运输管理所更名市交通运输管理办公室。2005年，市交通局内设办公室、财务审计科、法制科，下设市乡公路规划建设站、交通运输管理处、客运管理所、机动车维修行业管理所、交通稽查站，城区第一、第二以及南村、冷戈庄、张戈庄、麻兰、云山、崔召、旧店、店子、长乐、新河、官庄、明村、蓼兰、张家坊、马家疃交通管理所。

第一节 客货运输

一、客运

1986年，平度的客运市场主要是公车公营，个体运输很少，但始有发展。是年，全县有客车56辆，其中个体车6辆，线路52条，客运量217万人次。1988年，客运西站成立。1995年，客运东站成立。1996年，线路班车发展到355部，客运线路发展到26条，年客运量252万人次。1997年10月，贸易城车站成立。1998年，全市开始规划线路班车村村通。2004年，全市1公里以内可乘客车村庄达1590个，距离客车运行线路1～1.5公里村庄110个、1.5～2公里村庄60个，基本达到村村通客车目标。是年6月，平度汽车新站正式启用，原贸易城车站、客运西站、平度汽车老站同时关闭。截至2005年，全市拥有客车499辆，其中青岛华通客运有限公司238辆、平度旅游汽车公司67辆、平度市公共交通有限公司31辆、青岛平度市汽车运输总公司50辆、青岛交运集团第九分公司113辆。线路156条，其中跨省线路10条15辆、省内跨地区线路30条110辆、青岛市内跨区28条线路117辆、平度市内线路88条257辆。按车型划分，高级车34辆、中级车131辆、普通车334辆，分别占客车总数的6.81%、26.25%和66.93%。年客运量430万人次。城市公交车总数184部，有公交线路13条、副线6条，线路总长165公里。

平度汽车新站（2005年摄）

1985～2005年平度市（县）公路客运情况表

表12-8

年度	客运量(万人次)	年度	客运量(万人次)	年度	客运量(万人次)
1985	216	1992	240	1999	270
1986	217	1993	243	2000	279
1987	218	1994	246	2001	291
1988	219	1995	249	2002	302
1989	220	1996	252	2003	313
1990	223	1997	255	2004	325
1991	232	1998	260	2005	430

二、货运

1986年，全县有运输总公司、粮油运输车队、食品公司车队、供销社车队、汽车九队5家货运专业运输车队，营运车辆260辆，货运量15万吨，货运周转量160万吨·公里。1990年，增加平度市旅游汽车公司、城东运输队、电业公司车队和蟠桃运输队。1996年，全市营运车辆达3600辆，货运量达120万吨。1998年，规范整顿市区货运配载运输服务业，为14家业户办理经营许可证。是年，在青岛路西端老汽车站院内、青岛路中端友谊宾馆院内及铜牛东运输公司院内建立货运市场3处，让货运配载业户入驻经营。2004年，平度市旅游汽车公司在常州路南端建立占地2.67公顷物流中心1个，入驻货运配载、零担运输业户50家，承担全市大部分零散货物进出，货运业务辐射全国各地，其中零担货运专线12条，年货运量80万吨。2005年，全市有20辆车以上专业货运企业5家，分别为市运输总公司、旅游汽车公司、泽山运输公司、遥凯物流公司、城东运输队，车辆总数610辆，占全市货运汽车车辆总数4.52%。是年，全市营运车辆1.35万辆，货运量420万吨，货运周转量2520万吨·公里，分别是1986年的52倍、28倍和16倍。

1986～2005平度市（县）营运车辆数、货运量、周转量统计表

表12-9

年度	营运车辆数（辆）	货运量（万吨）	货运周转量（万吨·公里）
1986	260	15	160
1987	300	16	170
1988	320	16	170
1989	480	20	180
1990	800	25	200

续表 12-9

年度	营运车辆数（辆）	货运量（万吨）	货运周转量（万吨·公里）
1991	900	30	320
1992	1200	40	450
1993	1700	55	710
1994	2500	85	930
1995	3200	110	1080
1996	3600	120	1100
1997	4500	150	1350
1998	5900	200	1560
1999	7300	300	1670
2000	8200	350	1874
2001	9200	360	2103
2002	10000	370	2145
2003	11000	380	2293
2004	12000	400	2410
2005	13500	420	2520

第二节 运政管理

一、道路运输管理

资格管理 1986 年，全县拥有营运车辆 260 辆。1988 年 10 月，开始为全市运输车辆发放公路运输经营许可证和公路运输营运证。1990 年 3 月，换发后的营运证取消“运管费交讫记载”，增设营运证“附页”，作待理证用。1992 年 6 月，为党政机关、群众团体、企事业单位非营运公务车、个人自用车办理“非营运证”，登记非营运车辆 120 辆。1992 年 10 月，客、货运汽车将营运证（非营运证）、附加费证、运管费凭证合并为“道路运输证”，其他车辆仍使用原证。1995 年 4 月，复换发营运证，证中增补“车辆技术等级评定”和“车辆二级维护记录”，营运证内容由手写改为用微机打印。是年，全市营运车辆和非营运车辆分别达到 5000 辆和 400 辆，审验车辆 4000 辆。1997 年 4 月，全市开办驾驶员上岗培训班，培训驾驶员 6911 人。1999 年，全市营运车辆突破 1 万辆。2002 年 4 月，各类客、货运车辆、拖拉机换发为现用“道路运输经营许可证”“道路运输证”“道路运输经营许可证”增加副本，“山东省营运车辆驾驶人员上岗证书”换发为“营业性道路运输驾驶员从业资格证书”。客运从业资格分为普通客运、普通客运（大客），货运从业资格分为普通货运、普通货运（列车）及危险货物运输、危险货物运输（列车）。2004 年 7 月，“非营运证”取消。2005 年，全市营运车辆达到 1.35

万辆，审验车辆1.28万辆，累计培训驾驶员1.8万名。

危险品运输市场管理 自1994年5月开始，危险货物车辆“道路运输营运证”经营范围栏加盖“道路危险货物运输管理章”，悬挂危险货物运输车辆标志灯、牌，将危险货物运输车辆和普通货物运输车辆区分开。当时全市石油公司、氧气厂等单位有危险货物运输车辆42辆。1995年8月，开始对危险品运输车辆从业人员培训，考试合格发放“危险货物运输操作证”。2001年10月，危险货物运输车辆全部挂靠到市运输总公司。2002年3月，危险货物运输车辆驾驶员开始办理危险货物运输“从业资格证”。2005年，全市有危险货物运输车辆35辆。

二、出租汽车市场管理

1985年8月，平度县出租车公司始建，时有车辆7辆，车型为旧菲亚特，票价不规范。1996年下半年，开始规范出租车市场，出租车安装计价器，打表收费。1997年，对出租车实行经营权有偿使用制度，全市134部出租车均办理有偿使用手续，经营权自1997年1月1日至2006年12月31日，出租客运市场得到规范发展。此间，出租车市场亦夹杂数量众多的人力三轮车、摩托车，票价2～5元不等。至2005年，出租汽车因受三轮车冲击和地区经济条件限制，数量没有增加。出租车票价，普通型如富康，标准型如桑塔纳、捷达，起步费7元，每公里1.2元；豪华型如“桑塔纳2000”，起步费10元，每公里1.7元，超过6公里加收50%空驾费，往返载客不收空驾费，等候每2分钟收费1元。

市区出租车（2005年摄）

三、机动车维修检测

1987年，平度县拥有一类维修企业（机动车大修厂）1家、二类维修企业（机动车维护厂）5家、三类专项维修部32家。1989年3月，联合劳动部门对全市维修行业修理工培训、考核。1990年起，每年组织一次维修企业修理工技术比武活动，前五名优胜者参加青岛市比赛。1993年3月，市交通管理部门购买机动车检测车，开始对营运车辆实行二级维护检测，每车一季度检测一次，检测费为每车每次40元。是年，检测车辆3000台次。2000年3月，新建平度市机动车综合性能检测中心投入运营，被山东省交通厅定为“B”级站，普通货物运输车辆半年检测一次，危险品、集装箱货运和客运车辆四个月检测一次，检测费用为每车次180元。2003年3月，检测站升为“A”级站。2005年，全市检测机动车1万台次；一、二类维修企业分别达到2家、29家，三类维修部达到352家。

四、交通稽查

1989年，县交通局重新设立城关检查站（30号检查站）、南村检查站（31号检查站）、明村检查站（32号检查站）。1995年，设置013号稽查站。1996年，013号稽查站改称山东省第5号交通稽查站，1999年改称平度市交通局交通稽查

超载车辆处理现场（2005年摄）

站。2002 年 6 月，市交通局交通稽查站内设 5 个中队和违章车辆处理办公室。截至 2005 年，共查车 61.8 万辆，处理违章车辆 10.5 万辆，补缴规费 722 万元，罚款 678 万元。

第三节 交通运输企业

一、青岛平度市汽车运输总公司

其前身为山东省运输联合公司平度县支公司，1986 年 8 月成建制移交平度地方管理，易名山东省平度县运输公司，隶属于县交通局。1988 年，公司拥有货车 103 辆。1993 年 5 月，更名为山东省平度市汽车运输总公司，辖设平度市汽车货运公司、汽车客运公司、汽车维修厂、汽车配件公司、商业贸易公司、公路铁路联合运输办事处 6 个分公司。1994 年 4 月，与平度市旅游汽车公司合并，两年后再度分开。2000 年 12 月，山东省平度市汽车运输总公司改制为股份合作制企业。2001 年 9 月，山东省平度市汽车运输总公司更名为青岛平度市汽车运输总公司。2003 年 5 月，原属青岛华通客运有限公司 50 部客车划归汽车运输总公司经营。至 2005 年，总公司拥有职工 416 人、货运车 400 余部、资产总额 2855 万元，下辖汽修一厂、二厂，第一、第二加油站，调度室，运务二、三科，工程车队以及机动车综合性能检测中心、驾驶员培训中心、工程公司、一汽特约维修服务站。

二、青岛平度旅游汽车公司

其前身为 1985 年 7 月由原汽车配件九厂析出并成立的青岛旅游汽车公司平度分公司。1990 年，拥有货车 18 辆、客车 17 辆，承担当地货物、农副产品运输和为社会团体旅游、办事租车服务。1994 年 4 月，公司与平度市汽车运输总公司合并，两年后再度分开。2000 年 12 月，公司改制为股份合作制企业。2001 年 9 月，平度旅游汽车公司更名为青岛平度旅游汽车公司。至 2005 年，公司各类货车达到 410 辆，月货运周转量 1500 万吨・公里；出租车 43 辆，跨区班车 6 辆，区内线路班车 11 辆，市内班车 49 辆，日发送旅客 3000 人，月客运周转量 130 万人・公里；拥有运务公司、租赁公司、加油站、汽修厂等 8 个实体。

三、青岛平度公共交通有限公司

其前身为成立于 1985 年 8 月的平度县出租汽车公司，隶属于县城乡建设委，时有大客车 2 部、中巴车 4 部、轿车 20 辆。1990 年 9 月，改建为平度市公共交通事业公司。同年 10 月 1 日，平度市区开通公共汽车。1992 年 12 月，征用城关镇胜利村和北关村房基地 0.2 公顷建停车场。1995 年 6 月 1 日，公共汽车实行一票制，上车每人次票价 5 角，1998 年实行 1 元票价。2001 年 9 月，公共交通事业公司划归市交通局管理。2002 年 6 月，建南京路公交停车场。2003 年 1 月，公司改制易名为青岛平度公共交通有限公司。截至 2005 年，公司拥有员工 300 人、公交车辆 174 部、营运线路 13 条，公交线网覆盖城区 4 个街道和门村镇所辖属地，线网总长度 320 公里，下设加油站、汽车修理厂、公交广告公司各 1 个。

市区公交车（2005 年摄）

四、青岛华通客运有限公司

其前身为平度市汽车客运公司，1996 年 11 月由平度市汽车运输总公司析出，独立从事线路班车和出租车挂靠经营，有线路班车 134 辆。2001 年，车辆增加至 341 辆，线路辐射全省 40 余个城市。同年，平度市汽车客运公司全部车辆和平度市汽车运输总公司、平度公共交通有限公司、平度旅游汽车公司的线路班车、出租车共同合并成立青岛华通客运有限公司。其中，汽车客运公司占 30% 股份、其余 3 家公司各占 20% 股份。2005 年，公司拥有车辆 516 辆。其中，有线路班车 383 辆，有出租车 133 辆。

五、青岛交运平度联通运输有限公司

是 2002 年 12 月由青岛交运集团公司、青岛华通客运有限公司、青岛平度汽车运输总公司、青岛平度旅游汽车公司、青岛平度公共交通有限公司 5 家运输企业分别按 70%、16%、10%、2%、2% 持股比例共同投资筹建的大型运输企业，经营范围：信息配载、仓储服务、货物中转、客运站经营、货运站经营。2004 年 6 月，公司在平营路东侧、三城路北侧投资兴建的新平度汽车站（国家二级汽车站）正式启用，原青岛交运集团第九分公司汽车站、马家沟客运站、贸易城客运站同时关闭，停止经营。620 余部客运车辆进站经营，始发班次 1260 余个。新车站占地 7.3 公顷，设有发车位 31 个，可同时停靠 280 余部客运车辆，日发送班次 1300 个，最高日运送旅客能力 2 万人次。公司在全市主要道路设东、南、西、北四个卫星站，在乡镇主要道口设有若干三级代办站，总占地 10 公顷。

第四章 邮 政

1986 年，实行邮电合一体制。1998 年 9 月，邮电分营，平度市邮政局成立，时设办公室、经营服务部、计划财务部、人事教育部、工会 5 个职能部门；邮政储汇室、速递公司、报刊发行公司 3 个生产经营机构；45 处农村邮政支局；青岛路、人民路东、人民路西、贸易城 4 个城区邮政所。至 2005 年，市邮政局共设综合办公室、市场部、安全检查部 3 个职能部门；储汇分局、报刊发投物流公司、集邮公司、速递分局、商函广告公司、电信业务部 6 个生产经营机构；蟠桃、香店、同和、李园、门村、唐田、店子、昌里、大泽山、长乐、灰埠、三堤、新河、张舍、田庄、马戈庄、明村、白埠、中庄、崔家集、张家坊、万家、蓼兰、何家店、兰底、南村、亭兰、郭庄、张戈庄、仁兆、冷戈庄、古岘、麻兰、云山、祝沟、旧店、石桥、大田、崔召、胜利路、红旗路、青岛路、人民路东、人民路西、贸易城 45 处邮政支局。

第一节 邮件运递

一、邮路

省内干线邮路 1986 年，平度县外邮路为高密至平度邮路，邮车进局时间为上午 7 点。1992 年 3 ～ 9 月，因高平路拓宽，邮车路向改为胶州，进出口邮件由胶州局接发，但邮车仍由高密局押派。10 月，高密至平度邮路恢复。1993 年 1 月，《青岛日报》非邮发报纸专线邮路开通，由报刊分发公司接发。1994 年 1 月，青岛至平度自办汽车邮路，由平度局派押。1994 年 4 月，定点运邮业务开办，直收、直运、直投邮路开通。至 1998 年 5 月，共定点发运 704 车次，运程 77.25 万里，运邮 2750.7 吨，收入 93.77 万元。1998 年 6 月，青岛至平度邮路改由青岛局派押。2000 年 5 月 1 日起，青岛至平度实现全天候二趟邮路。2004 年 8 月，青岛市邮政局实现全夜航邮件运递，取消青岛至平度第二趟大

待发的邮政车辆（2000 年摄）

型载重量汽车邮路，改为 2.75 吨载重量快速邮路。第一趟邮运汽车负责平度国内特快专递邮件、普通邮件、物流邮件的进出口，10 点 10 分到达平度局，18 点 40 分返程，其间停留平度；第二趟邮运快速汽车负责平度国内特快专递邮件、物流、普通轻件、报刊邮件的进口和国际特快专递、国际普通邮件的出口，17 点 30 分到达平度局，18 点 10 分返程。以上干线邮车去返程路经胶州。

市内邮路 1986 ~ 1989 年，平度境内有西北线、东北线、西南线、大泽山线汽车邮路 4 条；县局—何家店、县局—七里河子、县局—铁岭庄摩托车邮路 3 条；前楼—明村、石桥—旧店自行车邮路 2 条。邮路总长度 584 公里，其中汽车邮路 517 公里、摩托车邮路 45 公里、自行车邮路 22 公里。1991 年 5 月，邮路路线调整为西北、西南、东南、东北、北 5 条，2001 年 12 月改为 4 条，分别为东线：香店、崔召、兰河、大田、旧店、石桥、祝沟、郭家寨、铁岭庄、麻兰、古岘、冷戈庄、仁兆；南线：王家站、何家店、蓼兰、张家坊、万家、宅科、兰底、亭兰、南村、郭庄、张戈庄；北线：七里河子、盛家、大泽山、长乐、灰埠、新河、官庄、张舍、三堤、昌里、店子、唐田；西线：李园、白埠、中庄、崔家集、前楼、明村、马戈庄、田庄、门村。2003 年 11 月，市内邮路由职工荆冠俊承包，承包期限 5 年。2005 年，全市邮路总长度 685 公里。

二、投递

农村投递 1986 年，全县农村投递里程 5062.1 公里，共有农村投递员 130 人，其中民办投递员 68 人。1988 年，全县农村设 272 个投递段，其中乡镇驻地本街投递段 45 个。一般乡镇均有 4 ~ 6 个投递段。投递总里程 7034 公里。1989 年 1 月，取消民办投递员，改为农民投递员，报酬从报刊附加费中支付。1990 年，市邮政局开始在较大村庄建立村级邮政代办所，负责订阅、投递报刊、邮件，经办公用电话，发展邮储业务。1994 年，原 272 个投递段调整为 167 个，投递邮路长度 5062.1 公里。1998 年底，农村投递段道由邮电分营前 167 条调整为 128 条。农村投递的频次：本街投递日出两班，当日下午投递乡镇驻地党政机关和企事业单位，其他农村投递段道日出一班。是年，全市建村级邮政代办所 380 处。2002 年 9 月，农村投递员由 126 人减为 79 人，投递里程由 5469.30 公里降为 5131.4 公里。2005 年，农村投递段道 86 条，日投递里程 6140 公里，投递员 91 人。

邮件投递（2003 年摄）

城区投递　1986年，城区有11个投递段、13名投递员。1988年，城关投递员增加到15人，投递段划为12条，其中自办7条、民办5条，投递里程318公里。1994年3月起，局内设兼职投递员投递。1998年，城区有投递段道14条，投递里程419.4公里，先后在永安新村、新安苑、教师新村、东宁园、东阁、菜园等居民小区安装信报箱340余个，采取投递员直投和委托小区居委会二次妥投两种方式，实现报刊邮件直投到户。2000年4月，投递公司成立，投递段道增加到20条，12月又增加到24条，投递频次由日出一班改为日出两班。2004年1月，投递段道由24条增加到29条，投递员33人，城区综合投递里程1274.4公里，市区安装信箱1万户。2005年，城区投递员增加到37人，综合投递里程1014公里。

三、分拣封发

1986年10月，邮件分拣封发关系调整，全国按路向确定240个转口局，平度的转口局为潍坊局。是年，平度县外出口平信格眼12个、挂号信格眼6个、包裹格眼3个；县内分拣格眼29个，农村每支局1个。邮袋封发最大限量：每袋30公斤，1988年改为每袋25公斤。1995年1月1日，平度市由潍坊邮区划归青岛邮区，邮政编码由262800改为266700。1998年11月，对收寄发往全国各地的普通邮件按平信、挂信、挂刷、平刷、包裹分别处理，对青岛邮区内的同类邮件按"青岛本"封发总包，对封交青岛转发全国各地邮件按"青岛转"封发总包。2000年5月，青岛局对所辖市（区）局进口邮件实行集中分拣处理。平度局设置50个支局（所、室）的包袋摊位，47处支局（所、室）的挂平信格口，各营业窗口收寄的特快专递邮件交本局速递分局开拆封发成总袋直接同青岛押运交接。2004年10月1日，各支局出口的国际邮件，由速递分局单独封交青岛至平度快速邮车。同日，青岛邮区内各营业网点对收寄的国内各类普通邮件，按照平信、挂信、平刷、普包和快包分别封发处理，取消挂刷邮件的封发。

第二节　邮政业务

一、函件

1986年，县邮电局开办有信函、明信片、挂号信、邮简、印刷品、盲人读物、货样等函件业务。是年1月1日起，寄往港澳地区的信函、明信片、印刷品资费作适当调高，小包资费未变。1988年，双挂号信件改按平常邮件寄退。是年，县局4月1日，支局5月1日开办邮政快件和有声信函业务。全县收寄国际和港、澳、台信函8446件。1990年7月，国内邮件资费提高。平信每重20克本埠由4分提至0.10元，外埠由8分提至0.20元；印刷品每重100克本埠1分5厘提至4分，外埠由3分提至8分；函件挂号费由0.12元提至0.30元；邮政包裹资费提高150%。1991年，开办商业广告信函业务，并于1993年在蟠桃、青杨、大泽山3处支局试点，其中蟠桃矿山机械厂发商函7000件，来信、来电联系达30余家。1993年3月，提高邮政资费，取消邮政业务资费附加费。

邮件分拣（1998年摄）

1994年，投资30万元购买商业信函智能处理系统，当年发展商函50万件。1996年12月1日起，邮政资费第二次调整：国内平信20克（不足20克按20克）由本埠0.10元、外埠0.20元调整为不分本外埠，一律0.50元；挂号费由每件0.30元提高至1.00元，机要文件按挂号信函计费，机要印刷品按挂号印刷品计费。2000年10月，平度市邮政广告邮购有限公司成立，经营商业信函、中邮专送广告和明信片业务。2004年1月，挂号费由2.00元调整至3.00元。2005年，全市寄发函件875万件。

二、包裹

1986年，县邮电局包裹业务主要包括普通包裹、快递小包和保价包裹。是年1月1日起，增加包裹特别处理费，对超重和脆弱易碎包裹，加收50%；对金属及金属制品包裹，超重5公斤，每件加收1.00元。同年7月和翌年，先后开办商品包裹和纸制品包裹。1988年，规定保值必须在30元以上，方能按甲类保价包裹办理，保价包裹按保价金额1%收取保价费。损毁丢失包裹，按保价金额赔偿。快递小包限重放宽为2公斤，民包最大限量5公斤，商包15公斤，大件15 ~ 25公斤。1990年7月，邮电部邮政总局将包裹业务分为民用包裹、商品包裹、纸制品包裹三种。1996年12月，包裹资费上调50%。2001年8月，国家邮政局将包件业务分为普通包裹和快递包裹两种。2005年，全市办理包裹业务5.2万件。

三、汇兑、储蓄

汇兑　汇兑业务包括普通汇票、高额汇票、定额汇票、小额汇票和电汇。1986年，每笔汇款最高限额5000元。是年，全县汇款业务量13.7万张。1988年，开始办理电汇业务。1990年7月，汇兑资费按汇款1%标准收取，但30元以下汇款最低汇费0.30元，电汇汇费每笔电报费2.00元，附言费每字0.13元。1994年6月，全市45个农村支局和2处城区邮电所均开办电汇业务。1996年12月，最低汇费调整为每笔1.00元，每笔汇款最高限额提高到1万元。1999年，汇款最高限额提高至5万元。2001年1月，全市49个营业网点开通电子汇兑业务，除红旗路支局外均为手工网点。2004年7月，全市营业网点均实现电子汇兑全国联网，电子汇款取代传统汇款。国内汇款次日即可兑付，加急送汇2小时到达，实时汇款即汇即取。2005年，全市办理汇票业务6.07亿张。

储蓄　1986年11月，县邮政局开办储蓄业务。至1989年，全县45处支局均开办此业务。1990年1月，由银行付息改为邮局自办付息。邮储收入，由银行按2.2‰付给手续，改为得利息差。1991年，开始在农村15个较大村庄建立邮政代办所或储蓄储员试点，次年邮政代办所达96个。1993年，全市邮储余额突破亿元大关，其中协储蓄余额占三分之一。到1996年底协储员达712个，协储余额达1.19亿元，占储蓄余额33.4%。1993年3月，邮政储蓄网点申领经营金融业务许可证。同年9月，邮政储蓄款实行专车敛送。1998年6月，邮政储蓄达4.48亿元，邮储市场占有率达11.67%。2003 ~ 2004年，单机储蓄营业网点均开通绿卡业务。2005年，全市邮政储蓄余额21.08亿元。

四、报刊发行

1986年，全县45处支局均办理报刊零售业务，报刊零售额19.2万元。次年，报刊期发由1978年7.95万份增加到47.41万份，发行密度由1978年15人1份增加到2.8人1份。到1996年，全市组建报刊发行站132处、零售点57个，报刊零售流转额91.46万元。1998 ~ 2000年，平度报刊零售业务位居全省前3位。2001年，报刊零售实行经营承包，停止外销，报刊零售额相对减少。是年，由市委宣传部投资，在市区新建报刊亭50个，其中36个报刊亭产权归宣传部、14个报刊亭承租和产权归邮政局。2004年，全市报刊收入340万元，报刊发行站130个、零售点65个、营业网点36个。2005年，全市报刊期发2293亿份，流转额1000万元。

五、集邮

1986 年，全县有集邮爱好者 156 人，集邮收入 36.2 万元。经营的票品有普通邮票、纪念邮票、特种邮票、首日封、邮折、明信片、集邮册及其他集邮品。1993 年 12 月，平度集邮协会举办“纪念毛泽东诞辰一百周年”第三届集邮展览。1996 年 7 月，平度集邮公司成立，当年集邮收入 150 万元。1998 年 12 月，平度市集邮协会成立。2003 年，中国集邮总公司为平度市设计制作形象宣传年册 2000 册，实现业务收入 34 万元。2004 年 9 月，为纪念邮电分营 6 周年，市邮政局与通信公司联合设计制作个性化邮票 2000 版，实现业务收入 18 万元。截至 2005 年，平度市集邮协会共举办代表大会 4 次、集邮展览 5 届，发展协会会员 200 人、基层集邮小组 50 个。是年，全市销售集邮册 2000 册、票品 30 万枚，实现销售收入 52 万元。

六、中邮物流

2000 年，国家邮政总局推出中国邮政物流配送业务，包括物流配送分销和货运快递。2001 年，平度市邮政局在全省率先启动物流配送分销业务，开始分销“北峰”牌活化水，当年实现收入 8 万元。2002 ~ 2003 年，市邮政局分销项目增加到“健”牌鲜牛奶、“天达 –2116”叶面肥、天达农药、双龙小麦专用肥、玉米种、丽波日化用品、大桶水和全兴白酒，实现收入 124 万元。2004 年，平度邮政物流公司与青岛种子总公司签订邮购协议，邮购玉米种 75 吨。2005 年，市邮政局物流配送各种货物 7100 吨，收入 205 万元。

邮政服务“三农”货物配送（2005 年摄）

1989 ~ 2004 年平度市邮政交换量一览表

表 12-10

年度	函件（万件）		汇票（万件）		包裹（万件）		机要（件）		订销报纸杂志（万份）		快件（件）		特快专递		代办保险额	邮政广告（万件、万枚）		物流		
	出口	进口	出口	进口	出口	进口	出口	进口	报纸	杂志	出口	进口	出口	进口	（万元）	商函	封卡片	农肥（吨）	酒（万箱）	其他
1989	325.63	–	16.04	13.70	14.07	–	2608	5694	1810.5	161.2	–	–	–	–	–	–	–	–	–	–
1990	319.17	–	13.70	15.53	12.69	–	2391	5739	1780.8	158.3	–	–	–	–	–	–	–	–	–	–
1991	320.63	–	14.65	15.63	10.07	–	2409	6098	1722.5	150.8	–	–	–	–	–	–	–	–	–	–
1992	291.69	–	15.91	16.36	8.97	–	2516	5512	1658.6	140.6	–	–	–	–	–	–	–	–	–	–
1993	428.9	–	17.75	16.39	9.1	–	2029	5326	1531.4	108.5	–	–	–	–	–	–	–	–	–	–
1994	549.3	–	18.46	15.84	14.49	–	2326	5528	1732.8	114.6	–	–	–	–	–	–	–	–	–	–
1995	647.58	–	20.13	15.89	14.50	–	2300	5964	2049.2	99.72	–	–	–	–	–	–	–	–	–	–
1996	656.93	–	20.17	15.06	15.71	–	1502	5256	1911.8	128.5	–	–	–	–	–	–	–	–	–	–
1997	553.55	–	21.02	15.18	11.40	–	1421	5145	1956.4	121.7	–	–	–	–	–	–	–	–	–	–
1998	239.16	–	4.54	–	4.79	–	396	–	917	47.5	32767	0	10345	–	0	38.75	10.98	0	0	0
1999	701.41	–	9.14	–	9.01	–	726	–	2011.49	105.4	8129	0	30118	–	0	237.46	11.54	0	0	0
2000	827	575.44	9.04	13.77	6.48	6.96	517	4478	1832.34	120.01	2045	0	41142	32865	0	298.17	19.33	0	0	0
2001	755.15	–	8.21	34.1	6.46	–	649	–	1456.41	69.05	0	0	47210	–	0	307.03	5.58	0	0	0
2002	838.16	–	8.27	9.38	6.07	–	2134	–	2022.74	81.61	0	0	50073	–	93.37	185.18	24.83	0	0	0
2003	840	–	7.18	10.49	5.22	–	877	–	1911.43	86.43	0	0	67201	–	1346.41	251.89	22	460	9927	126578
2004	331.5	–	2.62	4.40	2.0	–	433	–	1273	43	0	0	46363	–	2440	147	26.51	610	640	77894

第五章 电 信

1986年，电信业务由县邮电局统管。1998年9月，邮电分营，平度市电信局成立。次年7月，移动通信业务由电信局析出。2002年5月，中国网络通信集团公司成立，平度市电信局遂更名中国网通（集团）平度市分公司，企业标识由“中国电信”改为“中国网通”。主营国内、国际各类固定电信网络与设施，提供语音、数据、图像、多媒体通信与信息服务，承担普遍服务和党政专用通信、应急通信任务。

第一节 电 报

一、电路

1986年初，县邮电局有电报电路5条：平度—青岛（无线电路1条，电传电路1条）、平度城—店子、平度城—蓼兰、县局报房—县气象站。7月，平度—青岛电路改为平度—济南，转发全国各地，1989年9月复改为平度—青岛。1988年8月，增设电传报路2条：平度城—南村、平度城—古岘。2005年，设电路3条。

二、传递

1986年，县邮电局拥有人工发报机1部、电传机3部、无线电收发报机6部、五单位自动发报机3部。是年，县邮电局去报13.84万份，来报12.28万份，计费业务量13.25万份。1987～1988年，平度城至蓼兰、店子、南村、古岘电路由话传改为电传，其他乡镇仍为话传。1989年10月，安装使用4202电子电传打字机，直接译出汉字。1992年，市邮电局收发电报创历史之最，去报19.53万份，来报16.48万份，计费业务量18.93万份。1993年4月，开通32路程控公用电报分集器，蓼兰、南村、店子等10处支局装用翰林机，采用电传收发电报，不经报房可直接发往外地。1995年5月，开通公用传真分集器，支局传真机和翰林机直接进入传真分集器发往青岛。1997年，由于电报量不断下降，翰林机陆续撤掉，改用传真发报。1998年，去报2万份，计费业务量1.94万份。2000年，报房撤销。2005年，电报设备设有北京金镒公司传真分集器1部，传输设备设有常州产TELEMUX-8数字载报机1部。市区仅保留1名电报投递员，乡镇不再雇用电报专送员。

第二节 电 话

一、长途电话

设备 1986年初，县邮电局设有共电复式交换机2部4座席、12路增音机7部、12路载波终端机2部、3路载波终端机2部、单路载波终端机1部。是年，平度在济青960路小同轴电缆工程上设高频转接站。1988年，设交换机50门、7个座席。1990年4月，开通3600小同轴载波。1992年4月，平度市程控1240交换机开通使用。1994年7月，在济南—青岛光缆大通路上开通平度—青岛140M光口，结束平度只有模拟电路历史。1997年，开通SDH同步传输设备，原载波机房设备停电关机。2000年，平度—青岛SDH设备由622M升级到2.5G，传输容量为原先4倍。2005年底，本地网传输设备物理端口4284个，已落地成为2M端口2945个，已占用开放电路2M端口2917个。

电路 1986年初，平度县长途电话电路有24条（实线6条，载波18条），分别通往潍坊、高密、青岛、昌邑、诸城、掖县、莱阳、烟台、即墨、胶县、莱西、张店、济南。9月，济青960路小同轴电缆工程竣工后，于次年一次增加电路16条，其中青岛8条，潍坊、掖县各2条，烟台、莱西、济南、招远各1条。1988年，增加平度至临沂、龙

960 路载波室（1987 年摄）

口、黄岛、胶南电路各 1 条。是年，全县共有长途电话电路 67 条，其中全自动拨号 14 条、半自动拨号 15 条。同时进入全国自动拨号网，可向全国主要城市直拨。1990 年，试验开通平度—济南 3600 路载波设备（平度为转接局）。1994 年 4 月，平度—青岛安装 140M 光端机 1 套，开通 150 条数字自动电路。至 1996 年，自动电路增加到 630 条，移动电路增加到 480 条。2000 和 2002 年，435 局、832 局分别开通长途出口。2005 年，平度市到长途局电路，435 局为 360 条、832 局为 248 条、736 局为 308 条。

二、市内电话

设备 1986 年初，县邮电局设自动交换机 1000 门，县内电话机有 1047 部。10 月，新装沪 520 厂产 HJ-92 型 1000 门纵横制自动电话交换机。1988 年，县内电话发展到 2234 部，用户小交换机 22 部 1320 门。1989 年 5 月，县话号码由 4 位升至 6 位，在原号码前加“76”。1995 年 8 月，电话号码由 6 位升至 7 位，在号码首位数后插“3”，长途区号为 0532，市内电话总数发展到 1.33 万部。2005 年 5 月，青岛本地网电话由 7 位升至 8 位，在号码首位数前加“8”。是年末，平度市话设备总容量 8.68 万门，其中端局市话设备容量 5.83 万门、市区接入网容量 2.84 万门，市内电话 5.69 万部。

线路 1988 年，县话电缆有 56.4 皮长公里，有杆路 12 杆公里、管道 31.3 管公里、271.1 孔公里。1991 ~ 1995 年，市话由纵横改为程控电话，容量由 5000 门扩容至 2 万门，电缆总长度 242.8 皮长公里，电缆管道 91.5 公里，合 364.7 孔公里，杆路长度 114.7 杆公里。1998 年 7 月，首次在市话线路中采用接入网技术。2000 年，为平度电话市建设年，共敷设电缆 180.5 条公里，合 3.94 万芯公里；敷设光缆 16.4 条公里，合 1850 芯公里；铺设水泥管道 118 孔公里，建人手孔 519 个，架设水泥杆路 31.7 杆公里。2005 年，市话线路新敷设电缆 223.32 条公里，合 5.08 万芯公里，电缆总长度 8315.5 条公里；新建水泥管道 2 管公里、塑料管道 34.2 管公里、人孔 26 个、手孔 285 个。全市管道总长度 1540.7 孔公里，人手孔 3592 个；水泥杆路总长度 5605 杆公里。

三、农村电话

设备 县城至乡镇。1986 年初，全县共设农话交换机 87 部 4510 门、三路载波机 22 部、单路载波机 92 部、电话机 1595 部、电话会议终端机 5 部、电话会议汇接机 2 部，全县有农话载波电路 138 条。12 月，蓼兰支局装设 500 门纵横制电话交换机，电话由磁石改为自动，成为全省第一个电话自动

手动拨号式话机

手摇电话

大泽山镇建成全国首家程控电话镇庆典现场（1993年摄）

化农话支局。1988年6月，县局安装126路JK—13农市话接口设备，开通35处支局半自动拨号。1989年，全县农话载波电路达到178条。1992年，田庄支局开通上海贝尔公司产SSA型程控交换机768门，成为平度市第一个数字程控支局。1994年6月，农话载波设备关机停用，市邮电局与各支局实现光缆传输，全市实现传输数字化。1995年，全市所有支局开通程控交换机。2000年，平度建成全省最大县级农村信息网，农村交换设备容量翻了一番。2005年，农话容量达33.64万线，其中农话用户占28.45万线。

乡镇至村庄。1986年初，设交换机133部1865门、电话机1352部。1988年，全县有1276个行政村通上电话，占所有村庄72%。电话机1715部，其中自动电话254部，交换点和村办小总机55部、1286门。1993年，设交换机50台，容量7098门。其中用户程控交换机35台，容量6270门。拥有单机5972部，其中村办话机2225部，实现通话村庄1526个，村庄通话率达85.6%。2001年，全市所有村庄开通电话。2005年，农村电话容量33.64万门，农村电话总数28.45万部。

线路 县城至乡镇。1986年8月，首用3.0铜线架设县局至郭庄线条1对，同时将县局至张戈庄铁线更换成铝包线。1988年，全县共有中继杆路413杆公里，线条1103对公里，其中铜线35.48对公里、铝包钢线61.94对公里、地埋电缆46.6皮长公里、架空电缆17.7皮长公里。1991年12月，首次光缆架设在平度至田庄段施工，全长20.46公里。1992～1993年，43处支局架通中继光缆，全长420公里。明线线路全部淘汰，实现由模拟传输向数字传输转变。1998年，组建农村电话本地网，传输网由树枝形向网状形过渡，平度本地网共建8个环形网，实现光纤到村庄（接入点）。2005年，农话线路新光缆490.2条公里，合2962.3芯公里；光缆总长度1142.7条公里，合1.18万芯公里。

乡镇至村庄。1986年初，有杆路2230.5杆公里、线条2200对公里（双线线1120对公里）、地下电缆95.5皮长公里，全县有1220个村庄通电话。1988年，有21个乡镇集资400万元，将木石杆更换为水泥杆，单线更换为双线，明线更换为电缆。1993年，全市拥有杆路1970.1杆公里（水泥杆路1952.1杆公里），电缆皮长1753皮长公里，其中地埋电缆320皮长公里。1994年，乡村杆路全部实现水泥杆化，地埋电缆基本淘汰。2000年，全市农话设有杆路4653.6杆公里，光电缆6759条公里。2004年，设有杆路5605杆公里；管道229.7管程公里，合1463.3孔公里；电缆8159.5条公里，合68.5万线对公里；光缆1020条公里，合2.18万芯公里。2005年，新立电杆1028棵，架设杆路46.3杆公里；敷设电缆46.3条公里，合3289.1线对公里。

四、公用电话

公用电话免费安装，计费器和电话机由代办户购置，农村公用电话由市邮电局统一管理。1990年，全市设公话2部，到1995年增至191部。

1996年，开办磁卡电话业务，全市设磁卡电话10部。1998年，开办IC卡电话业务。2003年3月，开通神思公话，先交费后打电话。9月，开办神思话吧，每户最少安装5部，青岛地区以内（包括平度）每分钟0.20元，国内长途每分钟0.25元，至2004年共设话吧527家，安装电话2094部。2005年，全市设有神思公话2101部、神思话吧593个，神思公话数达到2310部；设IC卡公话557部、IP有人值守公话527部、“96200公话”1594部。

市区街头公用电话（2004年摄）

1986～2005年平度市（县）电信计费业务量统计表

表12-11

项目 数量 年度	电报（百份）	长话（百张）	市话年末户数（户）	农话年末户数（户）
1986	1325	2029	830	1759
1987	1670	2378	1016	1967
1988	2214	3226	1260	2021
1989	2112	4091	1616	2152
1990	1864	5176	2231	2246
1991	1941	6871	2815	2389
1992	1953	14434	4078	2760
1993	1614	36864	6091	7618
1994	1117	46090	8233	16137
1995	644	53080	13271	32137
1996	505	56739	18937	41947
1997	329	80769	24138	58283
1998	305	123992	30186	89427
1999	285	108524	34562	159881
2000	263	105403	43495	216697

续表 12-11

年度 \ 数量 \ 项目	电报（百份）	长话（百张）	市话年末户数（户）	农话年末户数（户）
2001	194	104827	50814	241279
2002	186	97743	54594	257909
2003	167	94613	58625	270919
2004	178	86331	59058	281478
2005	22.8	113679	57825	284453

第三节 数据通信

一、设施

1994年，市邮政局在报房安装北电分组交换和爱尔兰DDN设备各1架，分组交换对青岛开设64K中继1条，65个用户端口；DDN对青岛开设2M口1个、32个用户端口。同时安装调制解调器18个端口。1996年5月，在南村镇安装爱尔兰DDN节点1个、AM调制解调器1部，对平度开2M口1个。1997年，平度分组交换扩容，总端口达81个，调制解调器端口扩容40个，端口总数达58个。1999年，新桥DDN设备一期工程开通12个点116个端口。2001年5月，平度农经网开通30个节点160个端口。9月，市人民医院东西区、千佛阁小区、邮电局宿舍、华怡小区、木材公寓、工商局、中国银行8个小区开通IP宽带，用户端口128个。2002年10月，平度教育网开通35个点608个端口。2004年5月，平度金宏网由电话拨号改为宽带ADSL拨号。9月，完成镇（街道）29个节点政务网建设。至12月，全市设节点176个、ADSL端口2.6万个、IP端口840个。2005年6月，平度政务网由ADSL接入方式改为光纤接入方式。至年末，平度通信机房全部实现ADSL业务覆盖，端口增至3万个。

二、业务

1995年和1996年，分别开办电子信箱和数字数据通信业务（DDN）。1998年，开办分组交换业务（PAC）和公用计算机互联网业务（电话拨号入网），当年分别办理38户和18户。1999～2000年，市农业银行、农村信用社至所有镇（街道）分理处以及市邮政局、交警队、建设银行均开办DDN业务，DDN端口达到272端。2000年6月，在8个生活小区、部分行业用户、网吧用户中开办使用ADSL和IP宽带业务。2005年，全市DDN业务用户257户、电子信箱业务用户267户、交换业务（PAC）21户、公用计算机互联网业务用户5944户、ADSL宽带用户1.3万户端、宽带IP用户615户端。

第四节 移动通信

一、无线寻呼

1989年12月，县邮电局开通无线寻呼机1台，发射功率100瓦。1990年，平度至青岛开通2条无线寻呼电路。至1993年，寻

传呼机

呼电路增至13条。1995年，新开127台自动寻呼电路30条。1998年8月，市邮政局设无线寻呼发信机12架、开关电源37架、蓄电池24V/500AH 37组、铁塔37座，寻呼机用户3.42万部。9月，无线寻呼业务从市邮电局正式剥离，移交青岛寻呼公司。2000年4月，平度联通寻呼成立，主营126/127、128/129、191/192、198/199寻呼业务，时建三堤、明村、平度大厦基站3处，覆盖范围150平方公里，约有用户6000名，其中公安、银行、保险、卫生系统为主要行业用户。

二、无线市话（小灵通）

平度无线市话网络建设始于2002年10月。2003年2月，平度第一支无线市话基站启用，5月开通小灵通业务。8月，全市开通基站360支，覆盖范围包括城区4个街道、大泽山、长乐、店子、唐田、张戈庄、郭庄、南村镇。至12月，基站安装达到940支，实现各镇驻地小灵通网络覆盖。2004年，城区开通小灵通基站590支，实现小灵通网络无缝覆盖；乡镇开通基站1130支，村庄网络覆盖达40%以上。2005年，全市小灵通基站达1700支，小灵通用户7.5万户。

三、移动电话

平度市联通公司　2001年6月，青岛联通在平度地区设立的分支机构——中国联通有限公司平度分公司成立，业务包括移动电话（GSM和CDMA）、长途电话、数据通信（包括因特网和IP电话）、无线寻呼、电信增值及其他电信业务。2002年，平度联通在各镇（街道）建基站20个，

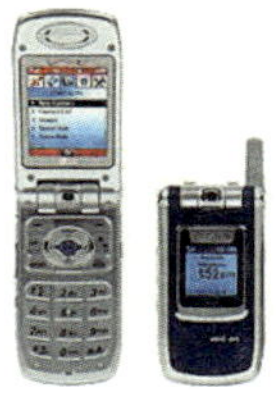
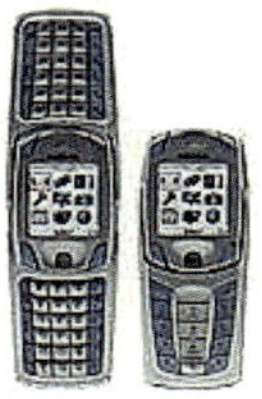

手机

手机用户达7000户。同年，发展CDMA用户8000余户。2003年，联通“千金试网络”活动使联通信号覆盖全市。2005年，平度联通公司拥有员工60名，自建营业厅2个、合作厅1个；乡镇自建厅1个、专营店80余个；手机信号发射塔40个。

平度市移动通信公司　1999年7月，移动通信业务由市电信局分离，山东移动通信公司有限责任公司平度分公司成立，办公地址搬迁至红旗路61号移动通信大楼。公司致力于中国移动三大业务品牌（全球通、神州行、动感地带）、无线上网卡、企业直联以及IP长途电话业务。2005年，平度移动通信公司网上用户达30万户。

中华人民共和国地方志丛书

平度市志

下卷

（1986～2005）

平度市史志编纂委员会　编

方志出版社
Publishing House of Local Records

图书在版编目（CIP）数据

平度市志.1986～2005 / 平度市史志编纂委员会编. -- 北京：方志出版社，2015.4

ISBN 978-7-5144-1373-1

Ⅰ.①平… Ⅱ.①平… Ⅲ.①平度市—地方志—1986～2005 Ⅳ.①K295.24

中国版本图书馆CIP数据核字（2014）第216960号

平度市志（1986～2005）

编　　者：	平度市史志编纂委员会
责任编辑：	王笃银
出 版 人：	冀祥德
出 版 者：	方志出版社
	地址　北京市朝阳区潘家园东里9号（国家方志馆4层）
	邮编　100021
	网址　http://www.fzph.org
发　　行：	方志出版社发行中心
	电话（010）67110500
经　　销：	各地新华书店
印　　刷：	济南黄氏印务有限公司
开　　本：	889×1194　1/16
印　　张：	53.75
字　　数：	1378千字
版　　次：	2015年4月第1版　2015年4月第1次印刷
印　　数：	0001～5000册

ISBN 978-7-5144-1373-1/K·1119　定价：（上下卷）780.00元

总 目 录

上 卷

下 卷

目　录

第十六篇 公安 司法 军事

第十七篇 教育 体育

第二十一篇　大泽山

第二十二篇　人物

附录

索引

编后记

第十三篇 政党 群团

20世纪30年代中期，平度县内始有中共党员活动。1937年秋，乔天华、罗竹风由外地回到家乡，以乔家村为中心组织抗日小组。1938年秋，胶东区党委派员在罗头村建立平度第一个党支部；10月，组成中共平度工委，开展统战工作。1939年8月，在石桥村召开平度县第一次党代会，选出第一届县委，书记李健民（王少鹏）。此后，平南工委、平西工委、平东工委相继建立。平度的青年团体、妇救会、职工会也分别成立于1937、1938和1939年。1953年，平北、平东合并建立平度县委，蓼兰、平西合并建立蓼兰县委。1956年，平度、蓼兰合并建立平度县委，划属中共昌潍地委领导。1983年，中共平度县委划属中共青岛市委领导。1985年，全县有中共党员5.5万人。

第一章 中共平度地方组织

第一节 组织机构

1984 年 5 月，中共平度县委员会设办公室、组织部、宣传部、统战部、农村工作部、政法委员会、企业政治工作部，共 7 个工作部门。是年，信访科改为信访办公室，与档案局、党史办公室均由县委办公室代管；成立组织员办公室，与老干部科均由组织部代管；县广播局改为广播电视局，由县委宣传部代管。1988 年 7 月，设立县委调研室；撤销县委企业政治工作部。1990 年 6 月，市委设立对台工作办公室，加挂市政府台湾事务办公室牌子，与市委统战部合署办公。1991 年 1 月，设立保密局，与保密委员会合署办公，归口市委办公室。7 月，设立社会治安综合治理委员会办公室，与政法委合署办公。11 月，对台工作办公室改称市委台湾工作办公室。

1993 年 8 月，撤销合并调研室、保密局、组织员办公室、精神文明建设委员会办公室、台湾工作办公室、农村工作部、老干部局、党史办公室、档案局。同时设立老干部工作中心。改革后，市委工作部门设 5 个：办公室、组织部、宣传部、统战部、政法委员会。1995 年 1 月，平度大众报社改为平度日报社；市委设立外商投资企业党工团工作委员会办公室，挂靠市委组织部；设立民族宗教事务局，与统战部合署办公；市信访办公室更名为市委、市政府信访办公室；4 月，市委党校按副县级配备领导班子；市委撤销老干部工作中心，恢复老干部局；8 月，恢复精神文明建设委员会办公室，与宣传部合署办公。1996 年 3 月，市委、市政府信访局办公室更名为市委、市政府信访局；市委办公室机要科加挂市委机要局牌子；撤销市广播电视总站，市广播电台、电视台实行合一体制，加挂广播电视局牌子；在市档案馆加挂市档案局牌子，行使有关行政职能。1997 年 11 月，市委设立党史研究室，归口市委组织部。1999 年 7 月，市委台湾工作办公室从市委统战部析出；8 月，市委单独设置保密委员会办公室，隶属市委办公室。

2001 年 5 月，市委台湾工作办公室复与市委统战部合署办公；市委恢复组织员办公室。9 月，市委撤销外商投资企业党工团工作委员会办公室，设立新型经济和社会组织党的建设联席会议办公室，挂靠市委组织部；设立市农村工作领导小组办公室。10 月，市委设立督察室，为市委办公室内设副局级单位。2002 年 1 月，市委重新设立保密局。2005 年，中共平度市委工作部门有：市委办公室，市保密委员会办公室、机要局、市档案局（馆）；市委组织部，新型经济社会组织党的建设联席会议办公室、知识分子工作领导小组办公室、组织员办公室、党史研究室、农村党员干部现代远程教育管理中心、市农村工作领导小组办公室、市委老干部局；市委宣传部，市精神文明建设委员会办公室、市广播电视局、市新闻中心；市委统一战线工作部，市民族宗教事务局、市委台湾工作办公室；市委政法委员会，市综合治理委员会办公室；市委市直机关工作委员会，市委市政府信访局，市委党校，市纪律检查委员会。

第二节 党代会

一、中共平度县第七次代表大会

1987 年 5 月 13~15 日召开。大会出席代表 500 名。大会审议并通过了县委书记单承志代表第六届县委所作的《坚持四项基本原则，深入改革、搞活，为夺取两个文明建设的新胜利而努力奋斗》的工作报告；审议县纪律检查委员会的工作报告；选举产

生中国共产党平度县第七届委员会；选举产生县纪律检查委员会。大会批准毛文龙所作的纪律检查工作报告。会议总结第六次党代表大会以来取得的成就和经验，提出今后三年工作任务。选举产生第七届县委委员43人，候补委员6人，县委纪律检查委员会委员14人。

第一次会议,选举产生县委常委11人:单承志、魏景瑞、崔锡柱、杨广昌、董永昶、邹书良、王宝础、李思恒、史振山、贾志强、刘京山。选举单承志为书记，魏景瑞、崔锡柱、杨广昌为副书记。纪委常委6人，选举毛文龙为纪委书记。

二、中共平度市第八次代表大会

1990年5月3~6日举行。大会出席代表499人，列席代表47人。大会审议并通过魏景瑞代表第七届市（县）委所作的《坚持四项基本原则，坚持改革开放，为夺取全市两个文明建设的新胜利而努力奋斗》的工作报告；审议通过了市纪委工作报告。大会总结过去三年工作经验教训，提出今后五年工作要求。选举产生第八届市委委员30人，候补委员5人。

第一次全委会，选举产生市委常委11人：魏景瑞、崔锡柱、杨广昌、邹书良、展文良、高焕臻、王宝础、史振山、刘京山、卢举林、柳忠贤 。选举魏景瑞为书记，崔锡柱、杨广昌、邹书良为副书记。纪委常委7人，选举高焕臻为纪委书记。

三、中共平度市第九次代表大会

1995年3月1~4日召开。大会出席代表500人，列席代表98人。大会审议并通过于冲代表第八届市委所作的《实现由农业大市向农业强市、经济强市跨越，为把平度建设成现代化中等卫星城市而努力奋斗》的工作报告；审议通过纪律检查委员会工作报告；选举产生中共平度市第九届委员会；选举市纪律检查委员会。会议回顾总结第八届市委以来的工作，提出今后五年工作任务和措施。选举产生第九届市委委员34人，候补委员6人。

第一次会议，选举产生市委常委11人：于冲、曲修珂、张相逢 邹书良、刘京山、柳忠贤、杨宝琴、崔鹏坤、温智海、徐韶功、吉兴亮。选举于冲为书记，曲修珂、邹书良、刘京山为副书记。

四、中共平度市第十次代表大会

1998年1月9~11日召开。大会出席代表499人，列席代表93人。大会审议通过于冲代表第九届委员会所作的《解放思想、开拓进取，把平度改革开放和现代化建设事业全面推向二十一世纪》的工作报告；审议通过市纪律检查委员会报告；选举产生中国共产党平度市第十届委员会；选举产生市纪律检查委员会。大会总结第九次代表大会以来的工作，提出今后五年奋斗目标和主要任务。选举产生第十届市委委员33人， 候补委员6人。

第一次会议，选举产生市委常委10人：于冲、张相逢、刘京山、杨宝琴、徐韶功、杨焕武、李义安、薛德奎、傅清卿、石德才。选举于冲为书记，张相逢、刘京山、杨宝琴为副书记。市纪委常委9人，选举杨宝琴为市纪委书记。

五、中共平度市第十一次代表大会

2003年1月8~11日召开。大会出席代表500人。审议并通过了赵泽斌代表第十届委员会所作的《全面贯彻“三个代表”重要思想，为率先实现建设小康社会的宏伟目标而努力奋斗》的工作报告；审议通过了市纪律检查委员会工作报告；选举产生中共平度市第十一届委员会；选举产生市纪律检查委员会。大会总结了第十次党代会以来的工作，提出了今后五年的奋斗目标和关于全市经济、政治、文化领域改革和发展的部署。选举产生第十一届市委委员34人、候补委员6人。

第一次会议，选举产生市委常委12人：赵泽斌、丁鲁省、石德才、王希静、王学海、王绪平、吴绍田、郭召宝、魏风堂、杨锡祥、郭萍、姜水清。选举赵泽斌为书记，丁鲁省、石德才、王希静、王学海为副书记。纪委常委9人，选举王学海为市纪委书记。

第三节 组织建设

一、基层组织建设

1986年，贯彻山东省《关于调整农村党组织设置和加强党员管理的意见》，开始改善和健全党的基层组织设置。在商品经济比较发达，专业分工比较明显的村，按行业设置党小组，各种经济联合体，党员3人以上的，单独设立党小组；跨村、跨乡镇的联合体，单独设立党支部或临时党支部。同年底，全县110个3名党员以上的经济联合体和村办企业均单独设立党小组或党支部。是年，全县有党员5.70万人。

1987年11月，制定《关于对分散外出党员管理的意见》（试行稿），加强对分散外出党员管理，解决外出党员“管不好”“难管理”“无人管”的问题。同年，健全党员档案管理，为基层党委发放党员卡片5000余份、党员档案袋1万余个、党员登记册3000余册、党员卡片簿50余本、党员档案盒2000余个，全县党员档案建档率达到100%。1988年3月，中共中央组织部副部长吕枫到平度，对新形势下平度加强党的建设做法表示满意。同年5月，开始实行组织员谈话制度。在全县聘任26名党务工作者为兼职组织员，与专职组织员一起负责党员谈话工作，全年谈话考察党员发展对象607名，其中4名因不具备党员条件而暂缓发展。12月，制定《关于开展民主评议党员工作的试行意见》，在全市党员中开展民主评议党员活动。1989年4月，制定《关于加强农村党支部班子建设的试行意见》和《关于加强乡镇企业党组织建设的试行意见》，至年底，全县522个乡（镇）办企业，有293个建起独立党支部。1990年，制定《关于加强基层党委自身建设的意见》和《关于基层党组织民主生活会的试行意见》，使基层党组织民主生活会走上规范化轨道。同年，市委制定下发《关于加强农村后进党支部建设的意见》，从市直部门和部分乡镇选调360名干部，组成农村工作队，分别进驻10个乡镇的60个后进村；各乡镇抽调792名工作队员，组成181个工作组，进驻181个村庄。1991年，平度市被山东省委授予“全省农村党建工作先进市”称号。

1992年，加强对入党积极分子的培养教育，全年举办入党积极分子培训班240期，培训1.5万人次。1993年，制定下发《关于加强三资企业、私营企业党的建设的暂行意见》，明确了“三资”企业、私营企业党组织的地位和职责，批准并指导成立全市第一家私营企业党支部——青岛市平度减速机总厂党支部和第一家乡镇企业党委——青岛同和集团党委。1994年，总结推广马戈庄镇阎村党支部等经济强村抓党建、促发展的成功经验和大泽山镇等5个乡镇党委抓农村党支部班子建设的成功经验。1995年，制定下发《关于加强党的基层组织建设的三年规划》，在全市组织实施“双百工程”（整顿100个贫困后进村党支部、创建100个红旗村党支部），使全市党的基层组织建设得到加强。8月，制定下发《关于加强私营企业党工团工作的暂行意见》《关于加强外商投资企业党工团工作的暂行意见》《关于股份制企业党工团工作的暂行意见》，成立全市第一个外商投资企业党支部——青岛合力饲料有限公司党支部。1996年，从市直部门选派150名工作队员组成48个工作组，对12个镇48个贫困村进行了为期1年的集中整顿。同年，研究制定《中共平度市委关于向外资企业选派中方干部的意见》。1996年，全市党员发展到6.85万人，比1986年增长20.3%。1997年，研究出台《关于加强领导干部蹲点工作的意见》，要求市级领导干部每年蹲点时间不少于半个月。1998年，研究出台《关于在深化企业改革中进一步加强和改进党建工作的意见》，在全市16个符合条件的镇（街道）商会中建立了党支部。

2000年1月，市委印发《关于农村基层组织建设工作的意见》，为推进农村改革、发展和稳定提供组织保证。10月，印发《关于创新体制、推进村级组织规范化管理的试行意见》，在全市农村中推行农村党支部书记任期制、农村干部年薪制、村级财务管理审接制、农村干部工作责任与结果公示制、村级事务决策听证制6项制度。2001年4月，制定《平度市村级民主理财小组工作细则》。2002年2月，在全市村庄中推行村干部集中学习制度、村“两委”班子定期交流思想制度、干部入户走访制度、为群众办好事实事制度、村级事务现场办公日制度、村干部值班制度。10月，全市在开发区东宁园居委会、同和街道城南居委会召开加强以党组织为核心的社区组织规范化建设试点工作会议，加强社区规范化建设。2002年7月，青岛市以党支部为核心的村级组织规范化建设研讨会在平度召开，全国党建研究会、中组部组织局、民政部基层政权和社区建设司、山东省委组织部等部门出席。2003年3月，在全市农村实行“两委”联席会议制度。4月，市委印发《关于实行农村干部编制化管理、建设精干高效村级组织的意见》，实行对农村干部以“定编制、定岗位、定职责、定报酬”为主要内容的编制化管理，减少农村干部职数。此措施使全市农村干部和工勤人员减少7156人，村均减少5.14人，减幅36.7%；与2002年农村干部及工勤人员补贴总额比较，年可节省“人头费”支出1091万元。《人民日报》《大众日报》《青岛日报》均对此进行了报道。

2004年2月，对全市新发展党员实行预审制度，由市委组织部对拟召开支部党员大会接收为预备党员的发展对象进行预审。同月，围绕争创农村基层组织建设，开展“三级联创”活动。制定出台了“五个好”镇（街道）党委和“五个好”村党支部考核验收标准。5月，在全市农村实施发展党员、党员干部教育培训、农村干部选拔培养“三项工程”。9月，全市第八届村民委员会和村党组织换届选举工作开始。2005年1月，完成换届。全市新一届村“两委”班子成员5888人，比换届前减少1391人；1639个村实现党组织书记、村委会主任“一人兼”，占92.7%；“两委”成员交叉任职4542人，交叉兼职率90%。4月，市委组织部在全市基层组织中广泛开展“昂龙头、固堡垒、树旗帜”活动，印发《关于进一步规范市属改制和停产、关闭、破产企业党组织管理及党员组织关系转接工作的意见》。6月，印发《关于提高建国前入党农村（城镇无固定收入）老党员补贴标准的意见》，对于1945年9月2日前入党的，每人每月补贴100元；1949年9月30日前入党的，每人每年补贴200元；8月，市委印发《中共平度市委关于建立发展党员工作责任追究制度的意见》。是年，全市拥有党员7.39万名、基层党支部3025个。

记录平度党建发展的每一个历史瞬间，电教片《七月的阳光》拍摄现场（2008年摄）

1986 ~ 2005 年平度市（县）党的基层组织及党员统计表

表 13-1

年度	党委数（个）	总支数（个）	支部数（个）	党员数（人）
1986	65	31	2801	56963
1987	65	38	2878	59093
1988	64	41	2888	59956
1989	72	46	2988	60934
1990	73	45	3038	61677
1991	59	47	3075	62690
1992	78	43	3094	63079
1993	64	43	3054	64846
1994	71	36	3234	65956
1995	60	42	3183	67065
1996	56	49	3231	68529
1997	74	58	3268	69859
1998	58	64	3317	70623
1999	58	74	3297	71856
2000	62	77	3248	72966
2001	75	72	3226	73956
2002	76	76	3213	74075
2003	76	66	3173	74224
2004	75	49	3098	73687
2005	70	40	3025	73916

二、党员教育

1986 年 5 月，全县 45 个乡镇相继建成乡镇党校，为农村党员接受系统教育提供了阵地。1988 年 6 月，全县深入开展党的基本路线教育活动。1990 年，整理编写《农村基层党组织学习材料汇编》，培训农村党支部成员 5245 人次。1992 年，举办农村干部培训班 139 期，培训支部成员 6670 人次。1996 年，会同市委党校举办农村支部书记培训班 39 期，对农村支部成员和后备干部进行系统培训，培训支部成员 5500 人次，后备干部 3400 人次。1999 年 7 月，针对邪教问题，对党员开展集中学习教育活动。2000 年 3 月，在市级领导班子及成员，市委组织部、宣传部领导班子及成员，市法院、检察院、公安局领导班子及成员，以及其他县处级领导干部中，集中开展以“讲学习、讲政治、讲正气”为主要内容的党性党风教育。全市78名领导干部参加了集中教育。同月，在全市干部群众中开展“致富思源、富而思进”教育活动。4月，在全市农村基层领导班子中开展以“爱民、为民、富民、安民”为主要内容的党的宗旨教育活动。2001年11月至2002年1月，在全市村级集中开展“三个代表”重要思想学习教育活动。2004年4月，成立市农村党员干部现代远程教育管理中心，对全市农村党员干部进行远程网络电视教育。2005年1月，全市开始分3个批次，在各级党政机关、企事业单位、农村基层党组织和全体党员中，开展以实践“三个代表”重要思想为主要内容的保持共产党员先进性教育活动。至翌年6月，全市受教育基层党组织3269个、党员7.38万名。

（2005年摄）

三、干部管理

干部选用　1986年，平度县委印发《中共中央关于严格按照党的原则选拔任用干部的通知》，对干部制度改革、坚持党管干部、“四化”方针、德才兼备、干部交流、严格纪律6个方面做出明确规定；建立全县股级干部任免前，先经县委组织部审查制度。是年，全县提拔副科（局）级以上领导干部84名，其中乡镇党委正副书记、正副乡镇长37名，县直科（局）正副科（局）长30名，企事业单位相当科级正副职17名。1988年，县委面向社会为县计委、经委、教育局、广播电视局公开选聘副职干部6名。1992年，中共平度市委制定《关于乡镇干部管理体制改革的实施意见》，选拔5名农村党支部书记和乡镇企业负责人担任乡镇领导职务，为实现干部能上能下、能进能出敞开大门。1993年，平度市委制定《关于市直机关和企事业单位干部人事制度改革的实施意见》，对干部管理权限作出规定：市委管理副局级以上领导干部和中型以上企业党政正职；市委组织部管理享受副局级以上待遇的干部、党群系统中层及一般干部；市人事局管理政府部门（不含有干部管理职能的单位）中层及一般干部；市工委、城建委、教委、文体委、公安局、工商局、乡镇企业局、交通局、水利局、卫生局等党委管理本单位中层、下属事业单位正副职和小型企业正职。

1996年9月，市委统战部与组织部联合发出《关于进一步加强党外后备干部队伍建设的通知》。经各镇（街道）党组织推荐，全市建起96人的党外后备干部队伍。1997年，市委、市政府出台《关于鼓励党政机关、事业单位干部到企业和农村任职的意见》，选派149名机关干部到基层任职，其中到农村担任支部书记68人，到市属企业和镇（街道）企业担任厂长（经理）81人。1998年下半年，采取“一推双考”形式，公开考选党外副科（局）级领导干部13名。1999年，市委、市政府出台《关于机关工作人员离职分流创办示范基地兴办经济实体的试行意见》，按照一定比例，从市、镇两级党政机关（含群团组织）和具有行政收费职能的全额及差额拨款事业单位中离职分流一部分人员，给予政策扶持，鼓励兴办经济实体，到

农村、企业任职。2002年，市委制定《关于完善干部选拔任用和干部管理机制的试行意见》，明确界定市委、组织人事部门、党委、工委等各自的干部管理权限及权限内干部任免程序，规范全市各级干部管理机制，其中特别强调了科（股）级干部的任免程序、交流回避重点等，使科（股）级干部的选拔任用和管理，在权限上更加明确、程序上更加规范和严谨。

2003年，为10个经济综合部门和工业园区公开考选了局长（主任）助理。2004年，调整和充实各类后备干部人才库，公开考选优秀女干部50名、非中共党员干部20名。2005年，市委制定《关于加强和改进领导班子、领导干部经常性考察工作的意见》，通过年度考察、重大事件跟踪考察、领导干部谈话等制度的施行，实现考察工作的经常化、考察方式的多样化、考察分析的定期化。同年，平度市委制定《关于进一步加强机关事业单位中层及其以下干部队伍管理的意见》，对中层干部和部分重要岗位的工作人员实行轮岗交流、回避和任期经济责任审计制度（具有独立财务管理职能的股级机构正职或主持工作的副职）；实行中层及其以下干部警示谈话制度、离岗培训制度、辞退制度和中层干部免职、辞职、降职制度，提高履行岗位职责的积极性、主动性。是年，全市在职副科（局）级以上市管干部共868人，其中市直部门655人、镇（街道）213人。

干部考核 1987年7月，县委、县政府决定对乡镇党委书记、乡镇长实行为期3年的任期目标责任制考核，考核内容分物质文明建设和精神文明建设两个方面，物质文明建设主要考核农业、乡镇企业、流通服务、外贸出口；精神文明考核乡镇领导班子和基层党支部班子建设、党员教育和群团建设、文明单位（村庄）建设、计划生育、文化教育、综合治理。每年分半年和年终两次考核。年终考核时，乡镇党委书记、乡镇长要作述职报告。考核中做到定量定性相结合，双百分考核与全面考察相结合，既注重考核分数，又注重思想、工作、作风实际表现。9月，县委、县政府决定对县直机关主要领导实行目标管理责任制。根据机关工作任务、性质分两类进行考核，第一类为经济管理和企业主管部门，实行为期3年的任期目标责任制；第二类为党、政、群和事业部门，实行年度目标责任制。1995年，市委、市政府制定《关于市直部门考核奖惩的实施意见》，强化对干部的责任目标考核。1998年，市委、市政府制定《关于市直部门工作实绩考核的实施意见》和《镇（街道）党政领导班子工作实绩考核的实施意见》，激励和引导干部创造性地开展工作。至2005年，根据工作需要，每年根据具体情况修订并下发《市直部门绩效目标责任考核意见》和《镇（街道、园区）绩效目标考核实施细则》，强化对单位的责任目标考核，为科学评价使用干部提供依据。

干部监督 1986～1997年，干部监督贯穿于干部工作当中，没有与干部管理工作明确分开实施，其间主要通过领导班子和领导干部民主评议、组织考察、受理群众来信来访等方式掌握信息，及时做好干部监督工作。自1998年开始，市委、市政府加大干部监督工作力度，推动监督“关口”前移，当年转发《中共青岛市委、青岛市人民政府关于建立领导干部任期经济责任审计制度的通知》，建立市纪检、组织、人事、审计部门各司其职的领导干部经济责任审计体系，共同抓好干部任期审计工作。2003年，平度市委办公室印发《关于认真贯彻落实〈党政领导干部选拔任用工作监督检查办法（试行）〉的意见》，使干部选拔任用监督检查工作有了可依据的规章。同年，市委组织部制定《关于建立干部监督工作联席会议制度的实施意见》和《平度市干部监督信息交流暂行办法》，加强组织部门与纪检、公检法机关和人事、监察、审计、信访部门的联系，完善干部监督工作协调机制，形成了干部监督合力。2005年，市委制定下发《关于建立领导干部诫勉制度的实施意见》，强化了各级领导干部的责任意识。

第四节　舆论宣传

一、新闻宣传

1986 年，县委宣传部制定新闻报道目标管理办法、新闻例会和新闻发布会制度。同年，各乡镇和县直各部门设立专（兼）职通讯员，在市级以上新闻单位发稿 1000 余篇。1987 年，在《人民日报》发表《平度增加土地投入多打粮——去年人均占有粮食 750 公斤》新闻稿件。1988 年，《中国教育报》头版刊发《平度县发展教育成绩显著，山东省委省政府通令嘉奖》稿件，山东电视台、山东人民广播电台对平度基础教育工作进行了专题报道。1989 年，《经济日报》头版头条刊发《三件小事看变化》。同年，围绕平度撤县建市对外宣传，接待新华社、中国新闻社和人民日报社、经济日报社、大众日报社等各级记者 60 余人次，在中央级主要媒体发稿 10 篇。1991 年，《中国日报》外文版刊发《平度市教育的连续报道 1–3》。1992 年，《大众日报》头版头条刊发《平度全市推行“两田制”》《农民日报》要闻版、《农村大众》头版头条亦对此进行了大幅报道。1994 年，《环球经济报》头版刊发《平度实施外向带动战略推动经济发展》《农村大众》专版刊发《重笔浓彩绘新图，突起异军显威力——迅猛发展的平度乡镇企业撷英》稿件；新华出版社出版了《王锋元新闻学术论文选》。1996 年，江北农业技术市场在平度落成，中央电视台、《农民日报》《中国商报》等 10 余家新闻媒体对开幕盛况进行了集中报道。1998 和 1999 年，在青岛市以上新闻媒体分别发稿 1120 篇、1238 篇。

2000 年，《人民日报》华东新闻头版头条刊发《农民“腰包”鼓起来》、11 版刊发《田野上的变革》稿件。2001 年，《人民日报》头版刊发平度市实践“三个代表”重要思想的模范人物尹锡勋的先进事迹。同年，《大众日报》头版头条刊发《平度农业调整壮筋骨》稿件。2002 年，《人民日报》6 版头条刊发《日新月异说平度——山东省平度市的发展经验和成就》。2003 年，《大众日报》头版头条刊发《平度将减万名村干部》。之后，《农村大众》《青岛日报》等 6 家新闻媒体均在头版头条刊发了平度市在镇、村干部队伍改革方面的经验报道。2004 年，《新民晚报》27 版头条刊发《为了和平洒热血——追记在联合国维和中殉职的中国军人付清礼》。同年，平度撤县设市 15 周年之际，《大众日报》《农村大众》《青岛日报》等新闻媒体先后在头版头条刊发了《“撤县设市”后的“脱胎换骨”——看农业大市平度的十五年工业化之路》《点亮“三农”之光——平度撤县设市 15 周年农村发展纪实》稿件。2005 年，全市在青岛以上新闻媒体发稿 2033 篇，市委宣传部外宣中心被大众日报社授予全省新闻宣传先进集体称号。

二、理论教育

1986 年，全县组织开展社会主义思想教育活动。1987 年，组织全县各级党组织深入学习十三大文件，开展党的基本路线教育，确立改革是振兴平度根本出路的思想。1989 年，组织开展农民教

（2011 年摄）

育日活动，进行社会主义和爱国主义教育。开展向全国劳动模范黄元臻学习活动。1990 ~ 1991 年，对全市农村党员干部夏训，深入开展党的基本路线、爱国主义、社会主义、革命传统教育。1991 年，在全市机关、企事业党员干部中开展“我为党旗增光彩”活动，举办庆祝建党 70 周年平度党史、优秀共产党员事迹展览，组织撰写《中国共产党在平度》一书。1992 年，开展解放思想大讨论，组织编发《解放思想大讨论情况简报》，帮助全市党员干部解除姓“资”姓“社”的困惑。举办解放思想大讨论演讲比赛，全市 200 余名党员、团员参加比赛。1993 年，举办纪念毛泽东诞辰 100 周年理论研讨会。1994 年，开展“党性在改革开放的实践中闪光”主题实践活动，教育和组织党员在深化改革、发展社会主义市场经济实践中，带头学习建设有中国特色社会主义理论和党的改革开放政策，带头学科技、用科技、学经营、学管理、学市场经济知识，带头廉洁勤政，艰苦创业。

1995 年，在全市范围内开展“平度精神”和“平度颂歌曲”征词活动，提炼出“团结、奉献、务实、争先”的“平度精神”。1996 年，利用基层党校、党员活动日及党员夏训、冬训，采取看录像、听录音，举办培训班、理论讲座、报告会、交流会、知识竞赛、外出参观考察等形式，对镇、村两级干部分期分批进行集中培训。1997 年，邀请邓小平理论研究专家冷溶为全市 1000 余名党员干部做“邓小平建设有中国特色社会主义理论”报告。1999 年，在全市开展以“回顾 50 年、展望新世纪”为主线的形势教育。

2000 年，在市级领导班子和领导干部中开展“三讲”（讲学习、讲政治、讲正气）教育活动，在基层领导班子和领导成员中开展以“爱民、为民、富民、安民”为主要内容的党的宗旨教育。2001 年，通过举办培训班、邀请青岛市委党校专家辅导讲座等形式，在市直各部门、镇（街道）、村领导班子和基层干部中开展“三个代表”重要思想教育活动。2003 年，在全市党员干部中开展“艰苦奋斗、廉洁从政”教育。2004 年，在机关干部中开展“我为农民增收做点事”主题实践活动，2005 年，在全市开展以实践“三个代表”重要思想为主要内容的保持共产党员先进性教育活动。

第五节　纪检　监察

1984 年，县纪委内设办公室、检查科、审理科、信访科。是年，乡镇党委配备专职纪检干部，县直单位开始设立纪检组或专职纪检干部。1986 年，乡镇和部分市直单位、企业成立纪律检查委员会。1988 年 2 月，平度县监察局设立。1988 年 11 月，县纪委各科改为室（办公室、案件审理室、案件检查室、来信来访室），并增设宣传教育室（1993 年 4 月撤销，2001 年 8 月恢复，改称宣传调研室）。1993 年 4 月，市纪律检查委员会与市监察局合署办公。同时，增设党风廉政建设室、执法监察室。2003 年 3 月，增设经济发展软环境建设办公室。

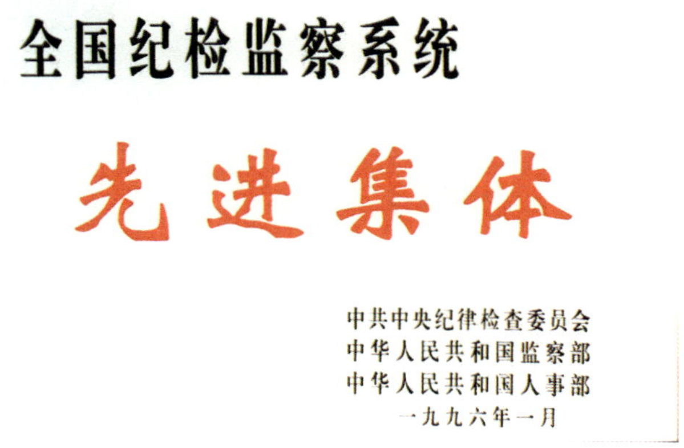

一、党风廉政自律

1991 年，贯彻省委、省政府《关于坚决制止请客送礼歪风的紧急通知》，乡镇、部门开始实行招待费限额、定点接待制度。1994 年，市纪委、监察局会同财政、审计等部门，对党政机关、事业单位个人借用、挪用公款问题进行检查清理，清理出 23 个单位、55 人存在借用挪用公款问题，金额 24.4 万元，均责令偿还。1995 年，市纪委开始对领导干部实行礼品登记、收入申报、个人重大事项报告3项制度。同年，市纪委、监察局会同市政府办公室、公安、交通等部门，对全市党政机关、事业单位配备的小汽车进行清理整顿，清理出超标小汽车106辆。是年，市委、市政府制定《关于严格禁止用公款吃喝玩乐的意见》《关于狠刹用公款吃喝玩乐风的工作实施方案》，市区40余家游戏机室被关闭，全市接待费比1994年减少600万元。1996年，市纪委、监察局对党政机关、团体、事业单位公车为结婚迎亲活动提供服务监督检查。1997~1999年，对全市党政机关、企事业单位公款购置的手机、BP机、公费安装住宅电话进行清理，清理出超标和违规购买手机815部、BP机3242块，对超标准配备的94部手机、510块BP机、251部住宅电话予以没收或折价处理。清理超编超标小汽车108辆，将其中81辆公开拍卖，拍卖金额340万元，将27辆收缴财政。同时，市委、市政府出台《关于落实党风廉政建设责任制的实施办法（试行）》。

1999年后，市纪委每年都制定全市党风廉政建设和反腐败工作实施意见，对不履行或不正确履行责任制的部门和单位，实施责任追究。2000年，市委办公室、市政府办公室印发《关于进一步规范公务车辆使用管理的通知》，市纪委、监察局设立举报、监督电话。至2001年，对12起公车接送子女上学问题在电视、报纸上予以曝光。2001年和2002年，市纪委、监察局对领导干部收受代币购物券问题进行专项治理。2002年和2004年，市纪委、监察局对党政机关、事业单位个人借用公款问题进行检查清理，清理出个人借用公款312.7万元，全部责令归还。2001、2003年和2004年，市纪委会同市委组织部分别对镇（街道）、市直部门领导班子、领导干部开展述职述廉活动，民主评议结果报告市委，作为对干部使用、管理及奖惩的重要依据。从2003年起，市纪委在全市农村推行以“六项制度（党风廉政建设责任制度、村干部廉洁自律制度、村务公开制度、村级事务决策听证制度、财务管理审接和预决算制度、民主评议监督制度）、一个网络”（农村党风廉政建设监督网络）为主要内容的党风廉政建设规范化管理工作。2005年，制定印发《平度市政府部门行政首长问责暂行办法》，并对11人实施责任追究。

（2011年摄）

二、案件查处

1986年，县纪委受理信访举报案件717件，查处187起。1988年，受理案件95件，查处58件。1990年开始，市纪委每年将查办案件工作纳入对镇（街道）党委书记、纪委书记考核，纳入对市直部门及其纪委、纪检组的考核。1993～2000年，为全面受理信访举报案件高发年份，每年均在1000件次以上，其中1995年和1996年分别达到1900余件次，2001年后，受理信访举报呈下降趋势，是年仅为574件，查处122起。2003年和2004年，市纪委、监察局分别会同市审计局、市国土资源局出台《关于纪检监察机关和审计机关在查处党员干部违纪案件中加强协作配合的意见》和《关于纪检监察机关与土地行政主管部门在查办案件中加强协

作配合的意见》。2005 年，集中开展对党员干部赌博问题专项举报月活动以及对党政机关参与企业经营性活动从中兼职取酬问题的专项检查，查处党员干部、国家公职人员参与赌博案件 10 起，给予党政纪处分 8 人；查处党员干部收受现金案件 2 起，涉案金额近 5 万元；受理信访举报 670 件次，立案查处案件 133 起，其中大要案 27 起，给予党政纪处分 133 人；挽回经济损失 208 万元。

三、执法监察

1988 年，县监察局开展执法监察，组织对干部职工在城区建买私房问题进行清理，发现建买私房 677 户，收缴罚补和经济退赔款 60 万余元，给 6 人以党政纪处分。1990 年，市纪委、监察局对制造企业"三乱"（乱收费、乱罚款、乱摊派）和公路"三乱"（乱检查 、乱收费、乱罚款）的 5 个单位进行监察，收缴乱收费额 6 万余元。对 1990 年度招工、转干的 678 人进行资格审查，对发现的 8 个假毕业证书、1 个假荣誉证书问题予以立案调查。1991 年，市纪委、监察局开始加大对减轻农民负担的执法监察。取消收费项目 22 个，降低收费标准项目 15 个，减轻农民负担 821 万元。清查出 209 个乡镇、市直部门、企业公款安装住宅电话 579 部；查出公款供子女上学者 6 人，责令补交款 5000 元。查出擅自扩大着装范围 958 人，服装折款 12.4 万元。给予 301 名违反计划生育政策党员干部以党政纪处分。1993 年，对 1987 年以来评定专业职称问题进行清理，查出问题者 1057 人。1994 年，市纪委、监察局组织对全市 211 个行政事业单位的收费项目、收费标准及票据使用情况进行全面审核，叫停乱收费项目 35 个，收缴乱收费额 61 万元。1995 年，对全市行政、事业性收费及罚没款征管、使用进行专项治理，收缴违纪金额 538.96 万元。清理出违规举办培训班金额 29.6 万元。1997 年，全市废止加重农民负担文件 15 个，取消收费项目 35 个，减轻农民负担 2750 万元。

1998 年，市纪委、监察局开始每年组织社会各界对市直部门，履行职责或行风情况进行民主评议或行风评议，评议结果作为对部门考核和干部使用的重要依据。1999 年，市政府建立纠正医药购销不正之风工作联席会议制度，查封、取缔非法医疗机构 10 家，查封、没收非法药品 400 余种，价值 20 万余元。2000 年，对副局级以上领导干部住房情况重新登记审查，查出超标人员 78 名。2001 年，市纪委、监察局成立"平度市经济发展软环境建设投诉中心"。当年受理和查处影响软环境建设案件 38 起。2002 年，市政府出台行政效能监督投诉处理办法，在市政府办公室、市监察局开通 2 部监督受理电话，公开接受群众举报。是年，受理和查处影响软环境建设案件 11 起。2003 年，开展农业生产性费用、农民建房收费和各种搭车收费专项治理，全面实行农村订阅报刊"限额制"。 取缔非法药品生产、经营户和非法诊疗点 235 个，收缴假劣药品价值 10 万元。2004 年，组织对拖欠农民工工资问题进行专项治理，将 2003 年前拖欠农民工工资 2476 万元全部还清。2005 年，参与监督出让经营性土地 21 宗，出让总面积 12.57 万平方米，总成交额 6493.7 万元。出台《关于开展经济发展软环境集中整治活动的意见》，从社会各界聘请 26 名

平度《行风在线》播出现场（2009 年摄）

特邀监察员，对市直机关作风建设及依法行政情况进行明察暗访5次；对23家纠风重点部门进行行风评议；受理行政效能投诉77件，查实21件。其中，给予党内警告处分1人、批评教育7人、责令作出书面检查4人、通报批评2人、扣发奖金3人、取消评先选优资格4人。

四、党风党纪教育

1986年，全县重点开展对《关于党内政治生活的若干准则》的宣传教育活动。1990年，市委开展“学党章，正党风活动”，全市举办党员培训班342场次，为副科级以上领导干部上党课527场次，聘请老干部做传统报告182场次，举办知识竞赛4次。1991年，市委对500名副科级领导干部进行轮训，在全市推广了16个集体和个人廉洁勤政事迹。1995年，编印《平度市反腐倡廉制度规定汇编》，集中2个半月时间组织全市党员干部进行学习。1996年后，市纪委每年都确定一个主题开展党风廉政建设和反腐败工作宣传教育。是年，开展以“学条规、守纪律、作表率”为主要内容的主题教育，1997～2000年开展了“讲学习、讲政治、讲正气”主题教育，2001年开展了“严守纪律、廉洁从政、改进作风、当好公仆”主题教育，2002年开展了“理想信念、廉政纪律”主题教育，2003年开展了“艰苦奋斗、廉洁从政”主题教育。2005年，开展了“为民、务实、清廉”主题教育，至年底，全市共发放反腐倡廉教育录像带、光盘达800余张，举办和参加上级组织的反腐倡廉知识竞赛、演讲10次，参加人数8万余人次；编印、发放反腐倡廉书籍1.5万余册，推广廉政勤政典型60余个，通报违纪违法案件126起。

第六节　统战与对台工作

一、党外干部和非党知识分子工作

1996年，全市建起96人的党外后备干部队伍。1997年，在党外知识分子比较集中的市教体局、经发局、卫生局、农业局、市联社、电业局、城建局、经济开发区、天柱集团、商业总公司等10个单位，建立了党外知识分子联系点，聘请15名党外知识分子联络员。1998年，通过“一推双考”，为监察、审计、工商、文化、教育、卫生、计生、司法、物价、技术监督、科委等11个市政府部门和法院、检察院选拔安排了13名党外领导干部；2002年，6个镇政府配备党外副职。2003年1月，平度市第十五届人民代表大会383名代表中，党外代表121人；在21名人大常委中，党外常委2人；7名人大副主任中，党外副主任1人。同年，在平度市政协295名委员中，党外委员173人；38名政协常委中，党外常委26人，6名副主席中，党外副主席3人。在52名青岛市人大代表中，党外代表15名。在10名青岛市政协委员中，党外委员6名。在3名省人大代表中，党外代表1名；在2名省政协委员中，党外委员1名。2004年，选拔优秀党外后备干部20名，实现了后备干部队伍的新老交替。2005年，全市党外领导干部实职安排21人，其中副市长1人、市政府部门和司法机关领导12人、副镇长8人。建起了200人的统战骨干队伍，其中党外知识分子30名、党外干部40名、民主党派人士10名、非公有制经济人士60名、民族宗教界人士20名、台胞台属20名、归侨侨眷20名。至年底，全市共有各类统战对象8.19万人，其中党外知识分子2.3万人、非公有制经济人士2.5万人、台胞台属1.6万人、华侨侨眷约1.2万人、信教群众4500人、少数民族1400人、民主党派14人。

二、侨务工作

2002年7月，市侨联第六次代表大会召开。2004年，开展新华人华侨调查摸底。2005年，平度市有海外华侨华人1100余户、6000余人（海外留学人员128人），分布在40个国家和地区，尤以印尼最多；有归侨98人，侨眷1200余户、5800余人，多分布在平度西北乡，尤以新河镇最多，约占全市归侨侨眷40%。

三、对台工作

1984年，全市有平度籍去台人员2259人，二、三代台胞1815人，共计4074人；有台属2426户、9763人，其中直系亲属5300人，旁系亲属4463人。1987年，台当局开放台胞来大陆探亲后，每年都有10余人回平度省亲；有23人办理了大陆居住证，长期在家乡居住。去台人员中，社会地位较高的代表人物有：孙震（曾任台湾大学校长、“国防部”部长），于宗先（曾任“中华经济研究院”院长），卢毓钧（曾任“警政署”署长），宗成志（六合机械股份有限公司总经理），马玉山（冠德建设股份有限公司董事长）等。

1990年6月，中共平度市委台湾工作办公室、平度市人民政府台湾事务办公室成立。是年，第一家台资企业——青岛胜利安农产有限公司落户平度，两岸经贸合作与交流开始推进。1998年，台湾统一企业集团在平度投资设立青岛统一饲料有限公司，尔后又分别于2001年和2002年合资建立了统一福记和三统万福公司。截至2005年，平度市共批准台资企业163家，合同利用台资3.08亿美元，实际到位资金1.95亿美元。其中，投资过500万美元的有岩城石材、统一饲料、三统万福、东太农产、大华农产、晟茂先进碳、宏辉磁电等，占全市台资企业投资总额的35%。台商台胞亦热心家乡建设。宗成志先后捐款889万元，资助人民医院病房楼、兰底镇中心小学、开发区高中仁卿教学楼建设；台湾立青教育基金会捐款150万元，为张戈庄立青小学购买教学设备；刘海平捐款50万元在店子建设旺村医院；石宗汉先后捐款25万元为云山镇建桥、为张舍镇柘埠小学购买教学设施。接待台胞捐赠项目近30项，金额1200万余元。邀请接待台湾台一集团、台湾联富集团和由新党“立委”冯定国带队的农业考察团、昆山台商协会考察团等14批、130余人次。

第七节 老干部工作

1985年12月，中共平度县委老干部局成立，归口县委组织部管理。1997年7月，市关心下一代工作委员会成立。2005年，老干部局内设办公室、综合科和老干部活动中心办公室、老干部大学办公室两个股级事业单位。关工委下设办公室、革命传统教育报告团、校外教育指导组、法制教育指导组和青工教育指导组。

一、政治待遇

1986年，县委老干部局将居住农村的166名享受县处级以上待遇的离休干部划分到36个阅文点，每月派专人将文件送到阅文点，交老干部工作专职干部组织阅读。县直享受县处级以上待遇的离休干部105人，每月由各单位老干部工作专职干部组织老干部阅读。是年，累计送文1058次，阅文老干部达5400人次。1987年，县委下发《关于坚持定期向老干部通报情况制度的意见》，规定乡镇及县直各单位，每季度向老干部通报一次政治经济形势，听取老干部意见和要求。是年，组织全县老干部外出参观学习152批、3388人次。1988年，阅文老干部增至308人，全县设阅文点60个，其中县直24个、乡镇36个。1994年，组织市级离退休干部到南京、黄山、苏杭、上海参观学习1次。市直和乡镇就近就地和去外地参观学习95批、1000人次。至2005年，市委每年组织市级离退休干部在平度市内参观考察2~3次。每年向居住城区的200余名享受县处级以上待遇的老干部、老领导通报情况、征求意见和建议，邀请老干部参加全市重要会议。青岛市委老干部局每月1次将发至市地级的文件送到各县区老干部局，由各县区老干部局组织老干部阅读。

二、生活待遇

1985年，全县共有老干部保健病房63间、设床位135个。1986年，平度县实行公费医疗改革，离休干部患病到指定医院就诊、住院，所需费用由医院单独记账，年底统算。企业离休干部住院，由发工资单位向医院交付押金，出院时由原单位负责结算。同年9月，提高离休干部公费医疗经费基数，享受县级以上待遇离休干部，由原来30元提高到200元；一般离休干部由30元提高到100元。县委老干部局接受军队离休干部20人，其中享受军队待遇离休干部14人，安置在11个乡镇，离休费由县财政核拨。1992年，全市新建老干部保健病房49处、116间，设床位217张，总投资89万元。为600名离休干部每人每月增发10～15元生活补助费。累计接收安置来自19个省、市、自治区的离休干部188人，其中外省64人。1993年，平度市微利亏损企事业单位中，有230名离休干部的医疗费用得不到据实报销。1994年，平度市企业离休干部实行大病统筹报销医疗费办法，缓解了企业离休干部医疗费报销难问题。1996年，累计为578名生活不能自理以及抗日战争时期参加革命工作的离休干部办理了护理费。2001年，初步建立离休干部医疗费社会保障机制和财政支持机制，当年，市财政拨款18万元，解决拖欠离休干部医疗费问题。从2004年1月起，全市离休人员医疗费统筹基数由原来 每人每年人均5000元调至6000元。同年，市财政为13个镇（街道）72名离休干部拨付医疗费统筹金43.2万元；为60个困难企业补助离休干部医疗费统筹金53万元。护理费由每人每月200元提高到300元。从2005年1月起，已改制62家企业中205名离休干部医疗费统筹金纳入市财政直接负担；破产尚未结束的15家企业36名离休干部医疗费统筹金先由市医保办予以垫付。

三、老年教育

1988年，平度45个乡镇均建有老年学校。1992年4月，平度市老干部大学有学员121人，分设5个班。1993年，老年学校开始向村庄延伸，全市办起12处村级老年学校。至1997年发展到92处。2003年市老干部大学分设14个班，有学员760人。截至2005年，大学设16门课程，28个教学班，学员达1100人。教学课目有时事政治、法律常识、书法、国画、气功、烹饪、庭院经济、卫生保健、舞蹈、英语、音乐、电子琴、太极拳。镇（街道）拥有老年学校30所，注册学员4825人；村级老年学校545所，注册学员1.63万人。1991年，市财政投资80万元，建市老干部活动中心1处，面积2000平方米，内设棋类室、麻将室、健身室、图书室、阅览室、会议室等9个活动室，院内修建门球场2个。1994年，新设娱乐室1个。1996年，新建卡拉OK歌舞厅1个。1998年，拓宽老干部活动中心场地1335平方米，

市老年大学按摩保健班在上课（2011年摄）

市老年大学学员在做健身早操（2011年摄）

增建门球场1个。2005年，全市老干部活动室1017个，主要活动项目为门球、乒乓球、台球、棋类、舞蹈等。

四、发挥余热

1986年，两目乡关心下一代协会组织老干部到学校做革命传统教育报告45次，受教育学生达2.8万人次，并成立了老干部“三热爱”（热爱党、热爱祖国、热爱社会主义）教育报告团。1992年，市关心下一代工作协会对青少年开展“两史一情”（中国近代史、中国现代史、中国基本国情）教育，参加人数1983人；编写宣讲材料433篇，做报告430余场次。1995～1996年，平度市成立老干部宣讲团40个，成员150余人，深入农村、学校、机关、厂矿宣讲，作报告400余场次，受教育青少年10万人次。1997年和1999年，组织老干部以迎香港回归、澳门回归为主题，对青少年进行“忆历史、兴中华”思想教育活动。2003年，组织学生开展三讲（讲学习、讲政治、讲正气）教育、法制教育等活动。2005年，市公安局、法院、检察院老干部组成报告团，为青少年学生作法制教育报告32场；全市关工委组织演讲会、读书会、报告会491场，受教育人员达25万人次，老干部马云朋被中组部表彰为全国关心下一代工作先进个人。市青少年革命教育基地发展到166个。

第八节 党校教育与党史研究

一、党校教育

1992年8月，平度市委党校确定为中专体制。至2005年，市委党校内设办公室、培训处、业余教育处、教研室、后勤处5个处室。

干部培训　1986～1988年，党校共举办文秘和科级领导干部培训班、农村党支部书记轮训班、青年干部进修班等57期，培训学员5791人次。1989～1994年，举办村支部书记、村主任、乡镇党委书记、市属企业党委书记（负责人）、妇女主任、高级知识分子、人口理论学习、中青年干部、农村后备干部、外语进修、军转干部等各类班次95期，培训学员8134人次。1995～2000年，举办市属企业厂长经理、副科（局）级领导干部、工商行政干部、纪检干部、预备党员、基层挂职干部、“十五大”文件学习班、基层组织建设、农业经济结构调整、外经外贸、公务员等各类班次87期，培训学员1.14万人次。2001～2005年，举办村支部书记、村主任、公务员、市管干部、青年干部、优秀妇女和非党干部、事业单位股级干部等各类班次62期，培训各级干部1.57万人次。

中共平度市委党校（2005年摄）

函授教育　1991年，市委党校开始举办干部业余函授教育学历班次。当年，开设中央党校函授政治专业大专班1个，学制3年，招收学员64名。至1993年，共开办中函政治专业班3个，培训学员191名。是年，增设省委党校涉外经济管理专业大专班1个，招收学员84名，1994年，市委党校开始设置省委党校函授本科班，学制3年半，招收经济管理专业学员120名。同年，开设农村干部函授教育大专班，招收经济管理学员137名。1999年，开设省委党校法律专业大专班1个，招收学员62名。至2005年，市委党校共招收各类函授教育学历班次42个，共计招收学员418名。

二、党史研究

1986年，平度县党史资料征集研究委员会下设党史办公室，归口县委办公室领导。1987 年，编印了《平度党史资料》第十期。1988 年，编辑出版《杨明斋》《中共平度县组织史资料》《平度党史资料》第十一期和社会主义时期《专题资料选编》（第一期）。1989 年，编辑出版《刘谦初》和地方党史讲座材料《大泽烽火》。1991 年，编辑出版《胶东保卫战》和党史讲座材料《大泽风云》。1992 年，编辑出版《大泽英烈》。1993 年，编辑出版社会主义时期《中共平度党史大事记》。是年，市委党史办公室并入市委党校。1995 年，编辑出版社会主义时期《专题资料选编》（第二期）。1996 年，编辑出版《平度市领导人简介》。1997

平度党史办编纂出版的部分党史资料

年 11 月，重新设立市委党史研究室，归口市委组织部领导。2003 年，编辑出版《中共平度市组织史资料》。2004 年，编辑出版《中国共产党山东省平度市村级组织史资料》。2005 年，编辑出版《中共平度地方史》（第一卷）。其中，《杨明斋》获中共中央党史人物研究会优秀成果奖，《胶东保卫战》《大泽英烈》分获山东党史系统优秀成果一等奖和二等奖，《中共平度地方史》（第一卷）获山东党史系统优秀成果二等奖，《刘谦初》获山东省社会科学优秀成果三等奖。1986 ~ 2005 年，党史研究室共征集党史资料 500 万余字、文物 120 余件、照片 600 余幅，先后编辑出版党史书籍 18 册。

第九节 来信来访

1984 年 10 月，平度县委、县政府信访办公室成立。至 1988 年，受理群众来信来访 4500 余件次，以农村群众反映个人诉求为主。1989 年，县委、县政府制定《关于实行党政领导成员公开接待群众来访的意见》，规定每逢平度市区及乡镇集日为接访日，市级领导亲自到乡镇接待群众来访。1989 ~ 1995 年，受理群众来信来访 9000 余件次，仍然以农村群众反映个人诉求为主，城市信访占 20%。

1996 年 4 月，信访办公室更名信访局。是年，市级包镇领导由原来在市区及乡镇集日接访改为每周一接待群众来访；市直部门领导实行周日公开接访。至 2001 年，全市受理群众来信来访 1.38 万件次，以农村群众反映干群矛盾、个人诉求和城市工人反映工资待遇为主。2002 年，将每月 15 日、30 日作为市委、市政府，市人大常委会主任、市政协主席公开接待群众来访日，地点设在信访局接待室。是年，市委、市政府受理群众来信来访 3691 件次，其中市级领导批示群众来信 1320 件，全部按期结案。2003 ~ 2005 年，受理群众来信来访 6597 件次。其中，受理来信 2596 件次，接待来访 4001 起、1.84 万人，发生群众集体上访 474 起，发生群众越级上访 493 起，市级领导接访 564 起。

来访群众接待（2009 年摄）

第二章 民革平度地方组织

1982年，中国国民党革命委员会平度支部成立，有党员3人。至2002年，历任主委有孙济鲁、孙同康、姜明辉。是年12月，民革平度市支部换届选举，选举姜法欣（市电业公司企划部主任）为主委、刘政（青岛神秘园食品饮料有限公司生产部长）为副主委、王钦茂（中医院主治医师）为组织委员、高春梅（市农机化学校教师）为宣传委员，共有党员12人。

第三章 群众团体

第一节 工 会

一、工会组织

1986年5月，平度县总工会设组织民管部、生产保护部、生活女工部、宣传教育部和办公室，增设财务部。全县295个基层工会全部建立“职工之家”。是年，平度县第一个外商投资企业工会——青岛华兴有限公司工会成立。1987年4月，青岛第四铸造机械厂工会第一次代表大会召开，全县第一个乡镇企业工会成立。1993年12月，全市建乡镇机关工会34个，大部分市直机关建立了工会组织。“职工之家”总数达到362个。1995年5月，全市第一个私营企业工会建立。是年8月，开始在新经济组织中建立工会组织。1998年，新经济组织工会310个，建会率53.5%，会员2.17万人，入会率31.1%。是年，全市外商投资企业工会达到136个，其中中外合资企业工会94个、中外合作企业工会10个，外商独资企业工会32个，组建率84%，会员1.52万人，职工入会率78.5%。1999年12月，市私营企业工会联合会成立。是年，私营企业工会达到121个（含改制企业），组建率60.5%。2005年，私营企业会员5.74万人，职工入会率99.88%。2000年，开始组建镇（街道）私营企业工会联合会，当年建成24个。2003年，全市第一个社区工会——东关社区工会成立，吸纳东关村12个私营企业和贸易城140家个体批发户参会。2005年，外商投资企业工会168个，会员2.59万人，职工入会率99.85%。是年，私营企业工会联合会团体会员增加到1186个；乡镇和村办企业工会组织因陆续改为非公有制组织而逐年减少，仅剩93个；新经济组织工会1424个，占全市基层工会总数82.03%，会员9.37万人，占全市会员总数63.43%。

（2011年摄）

2005 年平度市基层工会组织及会员统计表

表 13-2

<table>
<tr><th colspan="2">单位类别</th><th>单位个数（个）</th><th>职工总数（人）</th><th>工会会员数（人）</th><th>建会单位职工入会率（%）</th></tr>
<tr><td colspan="2">机关</td><td>51</td><td>9411</td><td>9343</td><td>99.27</td></tr>
<tr><td colspan="2">事业单位</td><td>144</td><td>20802</td><td>20799</td><td>99.99</td></tr>
<tr><td colspan="2">国有、国有独资及控股企业</td><td>32</td><td>8385</td><td>8218</td><td>98.01</td></tr>
<tr><td colspan="2">集体企业</td><td>6</td><td>1319</td><td>1278</td><td>96.90</td></tr>
<tr><td colspan="2">股份合作企业</td><td>44</td><td>5887</td><td>5883</td><td>99.94</td></tr>
<tr><td colspan="2">股份有限公司</td><td>31</td><td>8261</td><td>8244</td><td>99.80</td></tr>
<tr><td colspan="2">其他有限公司</td><td>4</td><td>266</td><td>266</td><td>100</td></tr>
<tr><td colspan="2">小计</td><td>312</td><td>54331</td><td>54031</td><td>99.45</td></tr>
<tr><td rowspan="5">新经济组织（新建企业）</td><td>乡镇企业</td><td>3</td><td>2699</td><td>2699</td><td>100</td></tr>
<tr><td>私营企业</td><td>1186</td><td>57498</td><td>57429</td><td>99.88</td></tr>
<tr><td>外资企业</td><td>168</td><td>25930</td><td>25889</td><td>99.85</td></tr>
<tr><td>港澳台资企业</td><td>67</td><td>7706</td><td>7680</td><td>99.67</td></tr>
<tr><td>小计</td><td>1424</td><td>93833</td><td>93697</td><td>99.86</td></tr>
</table>

二、劳动竞赛

2000 年，全市广大职工开展了以群众性经济技术创新工程为内容的社会主义劳动竞赛。形式上，把国家下达给本单位的大指针化为车间、班组和个人的小指针的常年赛，单项指针的突击赛，针对生产关键的攻关赛，还有同工种、同机床的对口赛和对手赛等。

（2011 年摄）

三、送温暖工程

1990 年，市总工会开始组织全市基层工会实施“送温暖工程”活动。1995 年 5 月，成立市职工互助互济储金会，当年有 100 余家企事业单位 2.5 万名职工入会，缴纳储金 50 万余元。1996 年元旦、春节，市总工会筹措资金 7.5 万元，走访救助困难职工家庭 267 户；62 个基层工会自筹资金 13.52 万元，走访救助困难职工家庭 699 户。是年，储金会开始每年两次对困难职工会员、以及困难职工子女上大学进行救助。1997 年，确定 26 个市直部门定向帮助30户特困职工家庭，捐款捐物9.67万元，124户特困职工家庭经过定向帮助实现脱贫。同年，市总工会成立职业介绍所，当年帮助30名下岗失业职工实现再就业。1998年，全市各级工会开展对困难职工“心连心访谈帮”活动。2002年，市总工会在全市开展了以政策指导创业、基地示范创业、技能培训创业、资金扶持创业、结对帮扶创业、鼓励职工自主创业为主要内容的“助你创业行动”。2005年，市储金会共救助困难职工53人次，救助金额4.24万元；救助困难职工家庭学生48人，救助金额4.45万元。是年元旦春节期间，筹措资金59.48万元，救助79家企业特困职工家庭2245户。选树、培养、表彰助你创业带头人74人。

四、企业民主管理

1986年，县属企业均建立职工代表大会或职工大会制度，民主选举厂长、经理、车间主任、门市部经理以及班组长。20世纪90年代初，职工代表大会制度向乡镇、村办企业和非公有制企业延伸。至1993年，全市建立职工代表大会企业472家，其中国有企业292家、集体企业117家、乡镇村集体企业44家、中外合资企业19家。1998年，全市95%以上的改制企业按规定让职工进入董事会和监事会。1999年，全市178个企事业单位实行厂务公开。2003年6月，全市按《中华人民共和国公司法》改制的165家企业均建立工会组织，设立职工董事133人、职工监事175人；工会主席进入董事会58人，进入监事会78人。2004年，厂务公开覆盖面向国有、集体企业及其控股企业的二级公司、分厂、车间、科室、班组纵深延伸。至2005年，全市207家规模型非公有制企业实行了厂务公开，占规模型非公有制企业的75.5%。

五、职工文体活动

1987年8月，县工人俱乐部改称县工人文化宫。同年，举办暑期职工文化夜市，组织大型溜冰表演。1991年，市总工会举办全市首届职工运动会，28个代表团、167个代表队的3784名运动员参加

工人文化宫（2004年摄）

了比赛。1993年，组织举办大泽山葡萄节灯展，展出花灯194盏、门灯46盏、灯树1064棵。同年，市工人文化宫开办露天舞厅，每晚约400名职工参加舞会。1998年12月，市总工会新建市工人文化宫1处，面积2000平方米，2002年竣工交付使用。2003年5月，举办了“庆五一、颂劳模、同心抗非典”文艺汇演和职工交谊舞大赛。2005年5月，开展了全市“职工文化娱乐月”活动。

六、维护职工合法权益

1987年12月，省总工会发出《关于建立劳动争议调解委员会的通知》，至1993年，全市建立劳动争议调解委员会164个。其中，国有单位82个，集体单位66个，乡镇村集体企业7个，中外合资企业9个。参与处理劳动争议的企业工会51个，受理劳动争议案件151件，涉及职工209人；达成调解协议案件142件，涉及职工179人。工会参与

处理集体辞职、自动离职争议案件12件，保险争议案件60件，福利争议案件39件，劳动保护争议案件21件，劳动合同争议案件18件。1996年，全市各级工会普遍建立劳动争议调解委员会。并开始建立各级工会劳动法律监督检查组织。是年，平等协商签订集体合同在全市市属企业全面推开。1997年，集体合同签订开始逐步拓展到乡镇企业、私营企业、三资企业和事业单位。至2003年，全市建立基层劳动争议调解委员会222个，其中工会代表222人、职工代表521人、法人代表222人。是年，全市建立基层工会劳动法律监督检查委员会和监督检查小组222个、工会监督员460人、职工监督员680人。2005年12月，全市签订集体合同的企事业单位810个，涉及职工8.96万人。

第二节 共青团

1986年，全县有基层团委109个、团支部2684个、专职团干部79名、团员5.07万名。1995年全市基层团组织2431个、专职团干部131名、团员6.23万名。到2005年，全市基层团组织为2266个、团员6.12万名。

一、团（少）代会

1985年5月至2003年12月，平度县（市）共青团从十二次代表大会到第十八次代表大会，共召开了7届，每3年1届。团市（县）委书记分别为吉兴亮（十二届、十三届）、张锡君（十四届）、郭萍（十五届）、毛永强（十六届）、姜水清（十七届）、徐广举（十八届）。1988年9月和2001年11月，平度市（县）少先队分别召开两届代表会议，选举了市直少工委。

二、青工经济活动

1986年，团县委组织青年开展了为企业生产破难题、攻难关、创效益、做贡献活动，全县近6000名青年参加了“五小”（小发明、小改革、小创造、小设计、小建议）活动，完成各种“五小”成果58项，创造经济价值23.8万元。1988年，团县委、劳动局、乡镇企业局联合开展第二届乡镇企业和第四届县直企业青工技术比武，2万名青年参加培训和岗位练兵。1989年，组织开展第三届乡镇企业青工技术比武，历时6个月，全县204名选手参加了14个工种比武考试，108名选手取得双及格成绩，并被晋升一级工资；有88名选手获得劳动部门颁发的“工人技术等级证书”。是年，平度县共创“五小”项目200余项，其中第一职业高中陆战平设计的“液化气具电子打火器”获青岛市“五小”智慧杯竞赛活动一等奖。

三、希望工程

1991年，“希望工程”在平度实施。至2005年12月，已累计接受捐款307万元，建希望小学6所，爱心电脑室4个、爱心电教室3个、爱心图书室3个，救助面临辍学中小学生4000余名。

2005年平度市希望小学一览表

表13-3

学校名称	学校所在地	捐建单位	竣工时间
青岛市南希望小学	大田镇兰河村	青岛市南区政府	1994年8月
平度工银第二希望小学	城关街道蟠桃路	青岛市工商银行	1995年8月
青岛律师希望小学	崔召镇陡沟村	青岛律师协会	1997年10月

续表 13-3

学校名称	学校所在地	捐建单位	竣工时间
青岛店子希望小学	店子镇	青岛团市委	2000 年 7 月
平度市云山海尔希望小学	云山镇西程戈庄村	青岛海尔集团	2002 年 10 月
平度市祝沟海尔希望小学	祝沟镇清水村	青岛海尔集团	2004 年 6 月

四、文明服务

1986 年 5 月，团县委召开全县表彰大会，命名表彰文明青年标兵 8 名、文明青年 410 名。9 月，在县直服务行业召开“文明青少年达标”活动观摩会，涌现文明青少年 445 名、文明青少年标兵 8 名。同年，开展了“四有小金星”评选活动，全县各少先队共开展创造性活动 9835 个，形成活动稿件 7145 份。1988 年，以集体达标和为社会办好事、办实事为主要形式，组织团员青年开展“争创青年文明岗和青年服务新星”活动。1994 年，全市开始创建青年文明号活动。翌年，市人民医院传染科、市公交公司 1 路车组、市华联商厦花卉部等成为全市第一批青岛市青年文明号，平度市大光明眼镜店获全国青年文明号。

1998 年 3 月，平度市青年志愿者协会成立。全市成立 90 余支青年志愿者服务队，建立了 33 个青年志愿者服务站，“一助一”结队 350 余对，青年志愿者 5300 人。是年，平度市成立由 28 名讲师组成的青年科技讲师团，深入农村开展农作物种植、畜牧养殖、水利建设、果树种植、食用菌种植、桑蚕养殖等服务活动，培养农村青年创业致富带头人。2000 年和 2002 年，同和街道和南村镇分别被命名为全国青年文明社区。2002 年，王顺楠获全国“农村青年创业致富带头人标兵”称号。2003 年，组织开展青春创业行动。至 2004 年，全市培训青年 1200 人，安置青年 1002 人，扶持创业小老板 30 人，建立创业基地 12 个，培养青年小老板 20 人。至 2005 年底，全市共有国家级青年文明号 2 个、省级青年文明号 9 个、青岛市级青年文明号 15 个、平度市级青年文明号 88 个。建有青年志愿者协会 1 个、志愿服务站 60 个、志愿服务中心 9 个、志愿服务基地 26 个、志愿服务队 102 支，全市经常性从事志愿服务的青年志愿者达 2 万人。是年，市共青团开展“真情伴青春”送科技下乡活动 220 余场次。在城关街道建设众鑫山共青团生态林，植树 4.8 万棵。

青年志愿者行动（2005 年摄）

五、少年雏鹰行动

1994 年，开始组织实施“中国少年雏鹰行动”。同年 3 月，团市委组织开展“手拉手”互助活动，要求小队员做到“五个一”（交一个“手拉手”好朋友、写一封“手拉手”交友信、寄一本好书或文具、为建设青岛市第一所红领巾希望小学出把力、唱一首“手拉手”友谊歌）。1999 年，组织开展“雏鹰杯”少年“五自”（自学、自理、自护、自强、自律）活动，做社会主义事业的合格建设者和接班人。2003 年，对 8 个镇驻地小学、4 个城区小学和 3 个学区小学进行调研，制发共青团平度市委、平度市少工委《关于深化雏鹰争章活动意见》。至 2005 年，雏鹰争章活动已广泛深入城乡，城市青少年参与率达 85%，农村少年参与率达 60%。

第三节 妇女联合会

一、妇女组织

1986 年，平度县妇女联合会内设组织部、权益部、少儿部、宣传部和托幼办公室。1995 年，平度市妇女人才促进会成立。至 2005 年，全市 32 个镇（街道、园区）均配备妇联主席，35 个设党委的市直部门配备妇委会主任；1788 个行政村均建立妇代会组织，有 559 名妇女进入村两委，有女党支部书记 30 人、女村主任 29 人；41 个社区均建立妇女组织；在非公有制经济组织中，建立个体劳动者协会 1 个、专业市场妇委会 27 个、私营企业妇委会 32 个、“三资”企业妇委会 28 个。

二、代表大会

1989 年 11 月至 2003 年 12 月，平度市妇联共召开妇女代表大会 3 届（第十届至第十二届），出席会议代表分别为 349 名、350 名和 340 名。分别选举产生妇联主席贾志强（第十届）、孙淑香（第十一、十二届）。

三、竞赛活动

“双学双比” 从 1992 年开始，市妇联开展“千元不出门、万元不离家”庭院开发竞赛活动。1993 年，各级妇女组织结合本地实际，先后开展“双千双百”竞赛、新科技成果推广应用、创汇农业基地开发、高产攻关等竞赛活动。1994 年，市妇联和市农业局联合下发《关于开展“绿色证书”和农民技术员职称培训工作的通知》，对农村妇女技术骨干进行实用技术培训，举办农学、果林、蔬菜、畜牧、蚕茧、淡水养殖等专业培训班，有 1800 名妇女获得绿色证书，230 余名妇女获得技术职称。1997 ~ 2000 年，对 3 万名农村妇女进行以良种及其配套技术、立体种植技术等十大技术为主要内容的技术培训。1998 年，平度市 20 个农业十大技术培训推广先进单位和 30 个平度市科技女状元受到表彰。1999 年，市妇联开展“树巾帼优质工程、带富一方妇女群众”活动，建立一大批以妇女为主的集生产、科研、示范、服务于一体的种、养、加工基地。2001 年，市妇联联合市农村信用社在贫困妇女中开展“新世纪、新观念、妇女贷款奔富路”活动，组织实施“小额贷款”项目和举办“农家女网络知识培训班”，为 5000 余名贫困妇女提供小额贷款 5 亿余元。2005 年，扶持妇女群众发展二三产业，办理小额贷款 381.5 万元，上项目 224 个，受益妇女 337 人次，产生经济效益 367.9 万元。

“巾帼建功” 1991 年 7 月，市妇联组织在全市不同行业开展“八五”巾帼建功竞赛活动，组织企业女职工为提高企业经济效益主动出主意、想办法，组织商业服务系统女职工争当最佳服务能手。至 1997 年，全市举办各类技术培训班 100 余期，参加岗位练兵女职工 2 万余人；组织技术比武 100

全市三八妇女节表彰大会（2007 年摄）

余次，参加人员 2400 余人次。2005 年，市妇联组织巾帼创业志愿者，为下岗失业妇女提供政策咨询、职业指导和职业介绍服务，选出巾帼创业项目 24 个，培养巾帼创业小老板 24 名。

四、维护妇女合法权益

1986 年 3 月，开展新《婚姻登记办法》宣传活动。1992 年，市妇联邀请市委副书记和市人大常委会副主任发表宣传《妇女权益保障法》电视讲话。1996 年 5 月，市委印发《平度妇女发展纲要（1996 ~ 2000 年）》。1999 年 8 月，全市各级妇女组织均建立市、镇、村三级法律援助联络中心，有 7 名妇女干部分别担任市法院少年儿童刑事审判庭陪审员和侵犯妇女权益的刑事、民事陪审员。2001 年，市妇联、普法办开通两部《婚姻法》宣传咨询热线电话。自 2002 年开始，市妇联以开展《妇女权益保障法》宣传活动为主线，每年举办妇女干部法律知识培训班。2004 年，开展“关爱打工妹”系列活动，筹建打工妹书屋 3 处，举办打工妹演讲比赛。2005 年，健全妇女维权联席会议制度，开展评选“巾帼新市民”活动。

五、春蕾计划

1999 年，市妇联开始实施 “春蕾计划”，发动社会热心人士资助贫困女童完成九年义务教育。当年争取各界捐款 9 万余元，资助贫困女童 348 名。2001 年，全国儿童少年基金会在祝沟镇流河小学设立春蕾女童班，资助春蕾女童 50 名。2002 年，200 余名贫困女童受到社会热心人结对资助。同年，受中国工程院院士、青岛海洋大学校长管华诗资助多年的田庄镇春蕾女童矫立静获第四届“全国十佳春蕾女童”称号。2003 年，首批受资助的 3 名春蕾女童分别被四川农业大学、青岛科技大学和青岛大学师范学院录取。2005 年，市妇联发出“牵手春蕾女童、共铸美好人生”倡议书，举办“紫罗兰杯十佳春蕾女童演讲比赛”，表彰十佳春蕾女童、十佳春蕾女童提名和优秀春蕾女童 30 名。

第四节 工商业联合会

一、组织建设

1994 年 9 月，恢复平度市工商业联合会。11 月份召开市工商联第四届会员代表大会。1995 年 7 月，平度市民营企业家公会成立，推选张顺成为会长。同年 8 月，成立平度市第一个乡镇商会——蟠桃镇商会。至 1996 年 12 月，全市 31 个镇（街道）成立商会。2001 年 9 月，市工商联第五届会员代表大会召开。2002 年 7 月，成立平度市第一个同行业商会——酒店服务业商会。2003 年 8 月，组建橡胶业、石材业、眼镜业商会，成立平度市第一个村级商会尚家疃村商会。2004 年 5 月，成立美容美发化妆品业商会；9 月，成立葡萄酒业商会、木地板业商会。2005 年 3 月，成立蔬菜业商会。至年底，平度市工商联辖属 31 个镇（街道、园区）商会，8 个同行业商会，1 个村级商会及市民营企业家公会，拥有会员 1420 名。

二、服务会员

2001 年，市工商联成立法律事务处，举办法律知识讲座 12 期，培训会员 300 余人次。为会员办好事实事 800 件次，提供信息 5000 余条，融资 1.5 亿元。2004 年，帮助百川汇石材有限公司办理土地审批手续，协调解决土地纠纷。组织会员参加广交会、乌洽会等贸易活动 20 批次。组织 6 个镇（街

（2011 年摄）

道）、10 余家民营企业赴温州参加市政府组织的招商引资恳谈会，与温州企业签订投资意向 8 个，协议投资额 6.5 亿元。至 2005 年，市工商联先后推荐 130 名会员当选省、青岛市、平度市工商联执委会成员，推选 96 名会员为青岛市、平度市政协委员，17 名会员为市劳动模范。有 160 名会员被授予青岛市、平度市光彩企业家和优秀社会主义事业建设者称号。

三、光彩事业

1998 年，围绕抗洪救灾，组织全市非公有制经济人士和会员捐款捐物 60 万余元。2003 年和 2004 年，为抗击“非典”、筹建慈善总会，会员们捐款捐物 300 万余元。至 2005 年，全市参与敬老扶贫、捐资助学、修路架桥、援建新疆和田地区打井、支援贵州铜仁地区通讯设备等光彩事业，累计捐款 2000 万余元。

四、参政议政

1994 年，工商联组织专人赴 11 个镇（街道），深入 40 家企业、80 户个体工商户调研，撰写《我市个体私营经济发展亟待解决的几个问题》的调查报告。2002 年，向市委、市政府上报《关于进一步改进我市经济发展软环境的调查》。2005 年，平度市召开“两会”期间，组织会员中的人大代表、政协委员，围绕加快民营经济环境等热点、难点问题，提建议，献良策，书写议案、提案 26 件，其中 24 件被市人大、政协立案。

第五节　残疾人联合会

1990 年，平度市第一届残疾人联合会代表大会召开。同年 6 月，市残联成立。1991 年，各乡镇均成立残联，建立残疾人服务社和助残志愿者联络站。2003 年 4 月，市残联共召开代表大会 4 届。2005 年，全市共有残疾人 8.53 万人，约占全市总人口的 6.34%，其中持证者 1.4 万人。

一、残疾人就业

1996 年 5 月，市政府印发《平度市按比例安置残疾人就业暂行办法》，要求机关、企事业单位按在职职工总数 1.6% 的比例安置残疾人就业，达不到规定比例的缴纳残疾人就业保障金。1997 年开始在市直机关、企事业单位中推行残疾人按比例就业。2000 ~ 2002 年，收缴就业保证金 60 万元，扶持 170 名残疾人个体就业。全市 36 处福利企业集中 670 名残疾人就业。2004 年，启动地税局代收残疾人就业保障金工作，分散安置 23 名城镇残疾人就业，收缴就业保障金 180 万余元，扶持 600 余名残疾人从事个体经营。是年，获全国残疾人按比例就业工作先进县（市）。2005 年，分散安置 2 名城镇残疾人就业，培训城镇残疾人 30 名，由市地税局代收残疾人就业保障金 70 万余元，为 8 户新从业残疾人提供扶持资金 3 万元，扶持 50 名残疾人到福利企业集中就业，全市残疾人个体经营者 600 余名。

二、残疾人康复

1991 年 4 月，组织实施“视觉第一中国行动”“听力助残”“爱心助行”活动，使 3000 余名残疾人得到不同程度的康复。其中，完成白内障复明手术 2200 例、肢体残疾矫治手术 200 例，语训聋儿 120 名，培训弱智儿童 150 名，为 60 名低视力患者配戴助视器，安装假肢矫形器 60 件，安装普及型假肢 40 副，发放辅助用具 1220 件，供应残疾人用品用具 1800 件。市政府拨款 20 万元，对 600 余名贫困康复对象给予医疗补助。2000 ~ 2002 年，投资 10 万元继续组织实施光明行动，肢体矫正、聋儿语言训练、弱智儿童启智训练等康复工程，900 余名残疾人受益，其中施行白内障复明手术 766 例。2005 年，市卫生局和团市委分别组织 150 名医务人员和青年志愿者与残疾人结成康复助残对子。世界轮椅基金会和青岛市残联向平度捐赠轮椅车 100 辆。

三、教育培训

1991年6月，市政府印发《关于发展特殊教育的若干意见》，投资600万元，建立市特殊教育中心。在普通学校全面推行随班就读，残疾儿童入学率达95%。筹措资金5万余元，对467名贫困残疾学生和48名残疾大学生进行救助和奖励。市残联协同劳动部门先后开办职业技术培训班12期，培训城镇待业残疾人320人次；各镇（街道）培训农村残疾人5200人次。1992年1月，市残疾人艺术团成立，常年在基层巡回演出。2000～2002年，全市残疾儿童入学率为96.5%，其中盲、聋哑、弱智儿童入学率分别达到98%、97%和95.8%，达到国家普及九年制义务教育评估标准。2005年5月，市残联、文化局、教育体育局联合举办平度市首届残疾人文艺汇演，来自各镇（街道）、市直单位的160名残疾演员在市联通剧场登台演出，共演出节目22个。

四、维权服务

1997年6月1日，市政府印发《关于减免农村持证残疾人社会负担的暂行规定》，各镇（街道）均制定具体实施办法，每年为残疾人减免各类社会负担500万元。市工商、税务、卫生、城建等部门亦制定优惠政策，对残疾人从业、医疗、乘车和进出公共场所等方面给予特殊照顾。市人大、市政协每年组织执法检查，对残疾人保障法的落实情况进行专项检查，及时发现问题，提出改进措施。2000～2002年，市司法局、市消费者协会分别与市残联联合成立残疾人法律援助中心和残疾人消费投诉站，先后为120名残疾人无偿提供服务。2005年，市司法局残疾人法律援助中心向30名残疾人发放法律援助卡片，残疾人持卡可享受免费代理诉讼待遇；残疾人消费者投诉站受理残疾人消费投诉30余起，为残疾人追回直接经济损失5万元。

五、扶贫解困

2003年，开始实施残疾人安居工程，投入资金400万元，为184户农村贫困残疾人新建房屋，为158户残疾人修缮房屋。募集资金33万元，救助遭遇特殊困难残疾人家庭750户。争取上级康复扶贫资金600万元，在全市建立扶贫基地8处，集中安置150名残疾人就业，辐射带动1200余名残疾人脱贫。筹资10万元，在部分镇（街道）推行小额信贷试点，扶持200余名残疾人从事种植、养殖和家庭手工业项目。2005年，全市志愿者助残队伍5000人，与残疾人结成帮包对子4000余对，资助贫困残疾学生420名，救助残疾人康复对象650名，走访慰问残疾人贫困户260户，捐赠轮椅车700辆、电视机30台、衣被5000余件，发放救助金120万元。青岛、平度两级财政共同出资240万元，为136户农村贫困残疾人修建了房屋。

（2007年摄）

第六节 科学技术协会

1986年10月，县科协内设行政办公室、科普部、学会部和科技咨询部。1987年9月，撤销科技咨询部，成立平度县科技咨询服务处。1993年10月，市科协与市科委合并。2001年，镇（街道）科协（科委）撤销。1990年，江北农业技术市场（国家级）、平度市人才交流市场和专利管理办事机构建立。至1994年年底，全市45个乡镇有农、林、水、医等各类专业学会、研究会297个，会员4952人。2004年，市、镇、村三级科技网络益臻完善，全市有市直各类学会18个、会员876人；农村专业技术协会（研究会）174个、会员3.59万人；市、镇两级有农、林、水、农机、畜牧等科技服务机构188个、人员1280名；有镇、村科普学校1500余处，有国家级科普示范基地1个、省级科普示范基地2个、青岛市级科普示范基地5个。

一、科技下乡

1996年，市委、市政府相关部门开始联合组织“科技、文化、卫生”三下乡活动，每年春冬两季选择农村集日举办2～3次。市科委开展咨询服务、发放科技资料活动；文化部门开展搭台唱戏、赠送书画、春联活动；卫生部门组织医务人员开展医疗咨询、义务诊病便民活动。1997年，实施“科教电影千片进村，万场电影放映计划”。2002年，集中20天时间分别在20个镇举办“农业国际化、标准化、产业化、无公害农业、绿色农产品生产”镇级报告会20场，培训镇村干部2000余人；举办村级报告会100场，培训农民近1万人。至2004年，全市年均放映科教片5000余场次，观众100万人次。

二、科技活动

1980年，开始举办青少年创造发明和科学论文竞赛活动，每两年1届。1991年，开始举办青少年生物百项科技活动，每1～2年1届。1995年，开始举办青少年航空模型竞赛活动，每年1届，比赛项目包括橡皮筋动力模型飞机、电动模型飞机、模型火箭伞降等项目的留空时间，留空时间长者为胜。1998年，全市11万在校中小学生参加了科技活动，占在校学生60%。1999年，开始举办中小学生创造活动竞赛，每年1次。至2005年，全市各类青少年科技活动中共获国家金牌4块、银牌7块、铜牌7块，山东省级奖35件（篇）。其中，平度市第一职业高中贾玉梅发明的“节能电度表”、唐田中学潘维升发明的“低耗高压节能两用表”分获全国第八届发明展览会金奖和银奖；平度市职业中专分校科研小组进行的卫星搭载蕃茄种子对比种植实验，获全国第二届生物百项科技活动金牌；平度市职教中心孙晓东撰写的《电流互感器运行特性分析》论文和平度市第一职业高中李国超发明的“节能电烙铁”分获第八届全国青少年创造发明和科学论文竞赛金牌和铜牌。

第七节 文学艺术界联合会

1985年5月，平度县文学艺术界联合会成立。1993年8月，市文联与文化局、体委合并组建文化体育委员会，在文体委加挂文联牌子。同年10月，平度市画院成立。1994年5月，平度市作家协会成立。1994年6月，市戏剧家协会成立。1995年7月，平度市摄影家协会成立。同年8月，市音乐家协会、市舞蹈家协会成立。1995年8月，市雕刻家协会成立。2003年9月，平度市文学艺术界特别代表会议召开，同年，平度市书法家协会和市美术家协会成立。2005年，组织创作戏剧、电影剧本3部。其中，《竞选村长》《家访》分获第四届中国戏剧文学类和小型剧二、三等奖；吕剧《西瓜熟了》在山东省小戏、地方戏会演中获演出、编剧二等奖。

第十四篇　政权　政协

政权 清代，平度州署设知州总管全州政务。1913年，州署改称县公署，知州改称县知事。1930年，改县公署为县政府，县知事改称县长。1940年9月，平度县抗日民主政府在北大田村成立，县长罗竹风。后平度分为平北、平西、平南、平东，分别成立县政府。1956年，县人民政府改称县人民委员会，设正、副县长。“文化大革命”期间，成立县革命委员会。1980年，撤销县革命委员会，恢复县人民政府建制。

平度州议事会、参事会于1910年成立，1913年改称县议事会、参事会。1940年9月，平度县参议会在大泽山抗日根据地成立（中共领导），参议长姜守迁。新中国成立初期，实行各界人民代表会议制度。1949年11月，平度县首届各界人民代表会议举行。至1985年5月，平度县先后召开人民代表大会10届。

政协 政协平度县委员会于1980年11月成立，至1985年已召开2届。

第一章 权力机构

1984年6月至2005年3月，平度市（县）自第十届人民代表大会至第十五届人民代表大会，共召开6届、会议23次。其中第十、十一、十二届人民代表大会任期3年，自第十三届人民代表大会起，任期5年。历次会议的主要议程是：听取和审议市（县）人民政府工作报告；听取和审议市（县）上年度国民经济、社会发展计划执行情况和本年度计划（草案），审查、批准上年度国民经济和社会发展计划执行情况以及本年度国民经济和社会发展计划；听取和审议关于市（县）上年度财政决算和本年度财政预算；听取和审议市（县）人民代表大会常务委员会工作报告、人民法院工作报告、人民检察院工作报告；选举市（县）人大常委会正、副主任，市（县）人民政府正、副市（县）长，市（县）人民法院院长、人民检察院检察长。

第一节 市（县）人民代表大会

一、平度县第十届人民代表大会

第一次会议 1984年6月3~6日，在平度剧院召开。出席代表400名。选举高传玺为县第十届人民代表大会常务委员会主任，于广浩、邵纪远、张兴国、张景理、昌风岗为县人大常委会副主任；张成堂为县人民政府县长，董永昶、王星源、王增晓、陶洪信、黄佳明为县人民政府副县长；李鹏为县人民法院院长，杜炳昕为县人民检察院检察长。

第二次会议 1985年5月26~28日，在平度剧院召开。出席代表448名。

第三次会议 1986年4月16~19日，在平度剧院召开。出席代表444名。选举魏景瑞为县人民政府县长，高元吉为县人民政府副县长。

二、平度县第十一届人民代表大会

第一次会议 1987年5月4~8日，在县人民会堂召开。出席代表420名。选举王显乐为平度县第十一届人民代表大会常务委员会主任，官福深、张兴国、邵纪远、张进鼎、丁日新、王宝祖为副主任；魏景瑞为县人民政府县长，董永昶、展文良、王星源、王增晓、高元吉为县人民政府副县长；李鹏为县人民法院院长，杜炳昕为县人民检察院检察长。

第二次会议 1987年11月23~24日，在县人民会堂召开。出席代表415名。选举平度县出席青岛市第十届人民代表大会代表63名。

第三次会议 1988年4月7~10日，在县人民会堂召开。出席代表413名。听取和审议《1988 ~ 2000年平度县科技、经济、社会总体发展规划（草案）》。

第四次会议 1989年4月8~10日，在县人民会堂召开。出席代表412名。

三、平度市第十二届人民代表大会

第一次会议 1990年4月21~24日，在市人民会堂召开。出席代表400名。选举董永昶为平度市第十二届人民代表大会常务委员会主任，官福深、张兴国、张进鼎、王宝祖、毛文龙、邱明扬为人大常委会副主任；崔锡柱为市人民政府市长，展文良、王增晓、高元吉、张相逢、赵希和为市人民政府副市长；李鹏为市人民法院院长，韩吉云为市人民检察院检察长。

第二次会议 1991年4月9~12日，在市人民会堂召开。出席代表400名。审议、批准平度市国民经济和社会发展十年规划和“八五”计划。

第三次会议 1992年4月11~14日，在市人民会堂召开。出席代表397名。选举曲修珂为市人民政府市长，韩吉云为市人民法院院长，张炳臣为市人民检察院检察长。

四、平度市第十三届人民代表大会

第一次会议　1993年2月16~19日，在市人民会堂召开。出席会议代表400名。选举董永昶为平度市第十三届人民代表大会常务委员会主任，官福深、王宝祖、高元吉、肖鸿泰、贾志强、邱明扬为市人大常委会副主任；选举曲修珂为市人民政府市长，卢举林、张相逢、赵希和、刘好学、王金碧、丁建刚为市人民政府副市长；韩吉云为市人民法院院长，张炳臣为市人民检察院检察长。选举青岛市第十一届人民代表大会代表64名。

第二次会议　1994年3月21~24日，在市人民会堂召开。出席代表400名。

第三次会议　1995年3月6~8日，在市人民会堂召开。出席代表399名。补选高焕臻为市人大常委会副主任。

第四次会议　1996年3月7~11日，在市人民会堂召开。出席代表399名。补选邹书良为市人大常委会主任，温智海、李保杰为市人大常委会副主任；补选张相逢为市人民政府市长；补选宿子良为市人民检察院检察长。

第五次会议　1997年3月5~8日，在市人民会堂召开。出席代表397名。

五、平度市第十四届人民代表大会

第一次会议　1998年1月14~19日，在市人民会堂召开。出席代表379名。选举邹书良为平度市第十四届人民代表大会常务委员会主任，高元吉、贾志强、邱明扬、温智海、刘好学、李保杰、韩吉云为市人大常委会副主任；选举张相逢为市人民政府市长，徐韶功、杜本好、丁建刚、车仁慧、王学海、窦利群为市人民政府副市长；选举张炳臣为市人民法院院长，宿子良为市人民检察院检察长。选举青岛市第十二届人民代表大会代表60名。

第二次会议　1999年3月15~18日，在市人民会堂召开。出席代表377名。

第三次会议　2000年1月24~28日，在市人民会堂召开。出席代表377名。补选杨宝琴为平度市人大常委会主任，补选张恩情为平度市人大常委会副主任，补选赵泽斌为平度市人民政府市长、石德才为平度市人民政府副市长。

第四次会议　2001年2月10~14日，在市人民会堂召开。出席代表376名。听取、审议平度市国民经济和社会发展第十个五年计划纲要（草案），审查、批准平度市国民经济和社会发展第十个五年计划纲要。补选姜振祝为市人民法院院长、孙丽敏为市人民检察院检察长。

第五次会议　2002年2月28日至3月3日，在市人民会堂召开。出席代表375名。

六、平度市第十五届人民代表大会

第一次会议　2003年1月16~21日，在市人民会堂召开。出席代表382名。选举杨宝琴为平度市十五届人民代表大会常务委员会主任，丁建刚、李保杰、张学臣、张恩情、傅鸿云、吴清晓为市人大常委会副主任；选举丁鲁省为市人民政府市长，杨锡祥、郭萍（女）、窦利群、邢福栋、窦宗君、李晓光为市人民政府副市长；选举姜振祝为市人民法院院长，孙丽敏为市人民检察院检察长。选举青岛市第十三届人民代表大会代表56名。

第二次会议　2004年2月7~10日，在市人民会堂召开。出席代表383名。

第三次会议　2005年2月26至3月1日，在市人民会堂召开。出席代表381名。

平度市（县）第十至十五届人大常委会主任、副主任任职情况表

表 14-1

届 次	职 务	姓 名	任职时间	籍 贯	备 注
第十届	主 任	高传玺	1984.06 ~ 1987.05	临朐	–
	副主任	于光浩	1984.06 ~ 1987.05	平度	–
		邵纪远	1984.06 ~ 1987.05	文登	非党
		张景理	1984.06 ~ 1987.05	平度	–
		昌风岗	1984.06 ~ 1987.05	平度	–
		张兴国	1984.06 ~ 1987.05	平度	–
第十一届	主 任	王显乐	1987.05 ~ 1990.04	平度	–
	副主任	官福深	1987.05 ~ 1990.04	平度	–
		张兴国	1987.05 ~ 1990.04	平度	–
		邵纪远	1987.05 ~ 1990.04	文登	非党
		张进鼎	1987.05 ~ 1990.04	莱州	–
		丁日新	1987.05 ~ 1990.04	平度	–
		王宝祖	1987.05 ~ 1990.04	即墨	–
第十二届	主 任	董永昶	1990.04 ~ 1993.02	平度	–
	副主任	官福深	1990.04 ~ 1993.02	平度	–
		张兴国	1990.04 ~ 1993.02	平度	–
		张进鼎	1990.04 ~ 1993.02	莱州	–
		王宝祖	1990.04 ~ 1993.02	即墨	–
		毛文龙	1990.04 ~ 1993.02	平度	–
		邱明扬	1990.04 ~ 1993.02	蓬莱	非党
第十三届	主 任	董永昶	1993.02 ~ 1996.03	平度	–
		邹书良	1996.03 ~ 1998.01		
	副主任	官福深	1993.02 ~ 1996.03	平度	–
		王宝祖	1993.02 ~ 1998.01	即墨	–
		高元吉	1993.02 ~ 1998.01	平度	–
		肖鸿泰	1993.02 ~ 1998.01	平度	–
		贾志强	1993.02 ~ 1998.01	平度	女
		邱明扬	1993.02 ~ 1998.01	蓬莱	非党
		李宝杰	1996.03 ~ 1998.01	平度	–
		温智海	1996.03 ~ 1998.01	平度	–

续表 14-1

届 次	职 务	姓 名	任职时间	籍 贯	备 注
第十四届	主 任	邹书良	1998.01 ～ 2000.01	平度	–
		杨宝琴	2000.01 ～ 2003.01	平度	女
	副主任	高元吉	1998.01 ～ 2000.03	平度	–
		贾志强	1998.01 ～ 2003.01	平度	女
		邱明扬	1998.01 ～ 2000.01	蓬莱	非党
		温智海	1998.01 ～ 2003.01	平度	–
		刘好学	1998.01 ～ 2003.01	平度	–
		李保杰	1998.01 ～ 2003.01	平度	–
		韩吉云	1998.01 ～ 2003.01	平度	–
		宿子良	2001.02 ～ 2003.01	平度	–
		张恩情	2000.01 ～ 2003.01	平度	非党
		傅鸿云	2001.02 ～ 2003.01	平度	–
第十五届	主 任	杨宝琴	2003.01 任职	平度	女
	副主任	丁建刚	2003.01 任职	平度	–
		李保杰	2003.01 任职	平度	–
		张学臣	2003.01 任职	平度	–
		张恩情	2003.01 任职	平度	非党
		傅鸿云	2003.01 任职	平度	–
		吴清晓	2003.01 任职	平度	–

第二节 市（县）人大常委会

一、机构设置

1980 年 11 月 10 日，平度县第九届人民代表大会第一次会议，选举县人民代表大会常务委员会主任、副主任、委员，成立平度县人民代表大会常务委员会。人大常委会机关下设办公室、调查研究科、代表联络科和法制科。1989 年 2 月，由“一室四科”改为“一室四委”，保留办公室，下设秘书人事科、行政科；代表联络科改为代表联络工作委员会，财经科改为财政经济工作委员会，法制科改为法制工作委员会，教科文卫科改为教科文卫工作委员会。1990 年，成立农村经济工作委员会。

“一室五委”均为正科（局）级单位。1990年1月，设立信访科，隶属市人大办公室。2005年，人大常务委员会设代表联络工作委员会、财政经济工作委员会、法制工作委员会、教科文卫工作委员会、农村经济工作委员会。

二、法律监督

1984年6月至1987年5月，十届人大常委会共召开20次会议，先后听取审议了“一府两院”关于贯彻实施《食品卫生法》《经济合同法》《会计法》《统计法》《继承法》《商标法》等法律法规情况。

1987年5月至1990年4月，十一届人大常委会召开24次会议，先后听取审议了“一府两院”关于贯彻实施《土地管理法》《矿产资源法》《民法通则》《治安管理处罚条例》《森林法》《国务院关于审计工作的暂行规定》《山东省保护老年人合法权益的若干规定》《价格管理条例》《企业法》《环境保护法》以及国务院税收法规等法律法规情况。

1990年4月至1993年2月，十二届人大常委会共召开21次会议，先后听取审议了“一府两院”关于贯彻实施《传染病防治法》《价格管理条例》《行政诉讼法》《村民委员会组织法》《城市规划法》《水法》《种子管理条例》《民事诉讼法》《刑事诉讼法》《治安管理处罚条例》等17部法律法规情况。

1993年2月至1998年1月，十三届人大常委会共召开40次会议，先后听取审议了“一府两院”关于贯彻实施《城市市容和环境卫生管理条例》《义务教育法》《反不正当竞争法》《教师法》《残疾人保障法》《产品质量法》《农业法》《归侨侨眷权益保护法》《公司法》《国家公务员暂行条例》《道路交通管理条例》《教育法》《职业教育法》《农业技术推广法》《村民委员会组织法》《消费者权益保护法》《乡镇企业法》等36部法律法规情况。

1998年1月14日至2003年1月，十四届人大常委会召开43次会议。先后听取审议了“一府两院”关于贯彻实施《食品卫生法》《大气污染防治法》《山东省计划生育条例》《药品管理法》《森林法》《城市房地产开发经营管理条例》《兵役法》《电力法》《国务院生猪屠宰管理条例》《动物防疫法》《青岛市农村集体资产管理条例》《社会力量办学条例》《城市房地产管理法》等31部法律法规情况。

2003年1月至2005年12月，十五届人大常委会召开23次会议。先后听取审议了“一府两院”关于贯彻实施《山东省食品摊贩和城乡集市贸易食品卫生管理条例》《农村土地承包法》《治安管理处罚条例》《职业教育法》《检察官法》《消费者权益保护法》《药品管理法》《产品质量法》等11部法律法规情况。

三、重大事项决议

十届人大常委会，通过《人大常委会联系代表、开展代表活动的意见》《人大常委会工作条例》《关于加强地方志工作的决议》《关于维护妇女儿童合法权益的决议》等6个决议和规定。制定《办理代表提出的议案和建议、批评、意见的办法》《人大常委会关于加强与“一府两院”工作联系的暂行办法》。

十一届人大常委会，通过《人大常委会工作条例》《人大常委会任免国家机关工作人员实施办法》《关于增设农村经济工作委员会的决定》《关于进一步加强廉政建设的决议》《撤销平度县设立平度市有关问题的决定》等9个决议、决定和规定。1989年9月22日，第十一届人大常委会第十九次会议通过《关于撤销平度县设立平度市有关问题的决定》。

十二届人大常委会，通过《平度市人大常委会关于办理人大代表提出的议案和建议、批评、意见的办法》《关于平度市“市树”、“市花”的决定》《平度市人大常委会关于调整平度市总体规划的决定》《关于批准平度市国民经济和社会发展“八五”计划部分指标变更的决议》等19项决议、决定和规定。制定《平度市人大常委会议事规则》《关于市人大常委会决议、决定和质询案转办程序的规定》。

十三届人大常委会，通过《关于调整平度市城市总体规划的决定》《关于在平度市行政区域内实施〈青岛市外商投资企业劳动管理规定〉的决定》《关于我市与韩国汉城市九老区建立友好城市关系的决定》《关于镇人民代表大会代表名额的决议》《关于平度市“九五”科技发展计划及二〇一〇年规划纲要的决议》《关于批准〈平度市村民代表会议制度实施办法〉的决定》等18项决议、决定和规定。通过《平度市人民代表大会常务委员会信访工作暂行办法》。

十四届人大常委会，通过《关于批准调整平度市外向型工业加工区规划议案的决定》《关于〈平度市依法治市规划〉的决议》《关于批准〈平度市农作物种子生产经营管理规定〉的决定》《平度市人大常委会关于部分刑事案件备案的规定》《关于批准市人民政府提请审议蟠桃等镇（街道）区划调整意见的决定》《关于批准李园街道办事处驻地迁址的决定》等22项决议、决定和规定。

十五届人大常委会，通过《关于公民旁听常务委员会会议的暂行办法》《平度市人大代表小组活动办法》《平度市人大常委会关于开展市人大代表向选民述职活动的安排意见》等11项决议、决定和规定。制定出台《平度市人大常委会信访工作暂行办法》。

四、工作监督

十届人大常委会，对人大代表建议、批评和意见办理、政权建设、教育工作、知识分子工作、农村社会保障事业及“七五”期间发展意见、乡镇企业发展、经济体制改革、农村产业结构调整、县城建设“十件大事”、抗雹救灾、地方志编纂、村级卫生工作、改水防氟工作、维护妇女儿童合法权益、贯彻人大常委会关于维护妇女儿童合法权益的决议情况、审计工作、法制宣传和普及法律常识规划等19项工作进行监督检查。

十一届人大常委会，对村民委员会改选工作、县属企业深化改革、乡镇企业情况、打击经济犯罪、土地适度规模经营、县属工业企业承包（租赁）经营、农业服务情况、乡镇企业深化改革、职业教育、科技工作、清理整顿公司（中心）工作、卫生改革、农业投入和服务组织建设、廉政建设、文化工作、经济检察工作、撤县设市情况、落实教育工作目标管理责任制、刑事审判工作、“除六害”工作、普法验收工作等36项工作情况进行监督检查。

十二届人大常委会，对国民经济和社会发展计划执行情况、纠正行业不正之风、打击经济犯罪活动、农业社会化服务、城市规划建设管理、中小学德育工作等19项工作情况进行监督检查。

十三届人大常委会，对集贸市场建设和改造、减轻农民负担、个体私营经济发展、推行股份制情况、反贪污贿赂工作、医德医风建设、企业职工社会保险、乡镇企业产权制度改革、市属工业企业改革、乡镇企业发展、打击经济犯罪、教育经费预算、国有流通企业经营、法院执行工作、文化工作等49项工作进行监督检查。

十四届人大常委会，对乡镇企业改制、中小学收费、医疗卫生、农业结构调整、“三五”普法和依法治市规划、深化教育改革、打击经济犯罪、外经外贸工作、改善经济发展软环境、优质农业发展、文化市场管理及法院、检察院民事行政检察等47项工作进行监督检查。

十五届人大常委会，对行政审批制度改革、实施农业标准化、城市建设管理、法官职业道德建设、改善民营经济发展软环境、预防职务犯罪、城市基础设施重点建设项目、改善民生、畜牧发展、农业产业化、培植民营经济等53项工作进行监督检查。

五、人事任免

1987年，县第十一届人大常委会第一次会议修改通过《人大常委会任免国家机关工作人员实施

办法》，规定：干部任免采取无记名投票方式表决，实行干部任期目标责任制，对任命干部进行政绩考核。至 1990 年 4 月，第十一届人大常委会共任免国家机关工作人员 286 人（次）。1990 年 4 月 ~ 1993 年 2 月，第十二届人大常委会任命国家机关工作人员 137 人（次），免职 58 人（次），接受辞职 1 人。1997 年，市人大常委会开始对部门负责人进行述职评议制度。1998 年 1 月，第十三届人大常委会任命国家机关工作人员 310 人（次），免职 76 人（次），接受辞职 12 人。2000 年 8 月，市人大常委会主任开始向获得任命人员颁发任命书。2001 年6月，市十四届人大常委会31次会议审议通过《关于对市人民法院、市人民检察院提请任命的人员实行任前公示的意见》，推行“两院”干部任前公示制，将任命人员名单在平度电视台和《平度简报》上进行为期 7 天的公示。2003 年，市第十四届人大常委会任命国家机关工作人员 325 人（次），免职 150 人（次），接受辞职 64 人。至 2005 年 12 月，市第十五届人大常委会共任免国家机关工作人员 111 人（次）。

六、代表工作

1984 年，县第十届人大常委会第二次会议制定《人大常委会联系代表、开展代表活动的意见》，作出《关于设立代表资格审查委员会的决议》。1987 年 5 月，第十一届人大常委会制定了《关于开展代表活动的意见》《关于办理代表提出的议案和建议、批评、意见的办法》《乡镇人大联络员职责的试行意见》。至 1997 年，市（县）第十一、十二、十三届人大常委会分别收到和办理代表议案、建议、批评、意见 372 件、427 件、952 件，议案办理呈逐年上升趋势。1998 年 2 月，市第十四届人大常委会第一次会议通过《关于闭会期间开展代表活动的意见》。8 月，通过《关于在市人大代表中开展“评先选优”活动的意见》。至 2002 年，十四届人大常委会收到和办理代表建议、批评和意见 200 件。2003 年 8 月，市第十五届人大常委会第六次会议通过《平度市人大代表小组活动办法》。探索建立代表履职、评议小组会议制度、评先选优调查研究、联系选民、视察、学习等工作制度。至 2005 年，市十五届人大常委会共收到代表建议、批评和意见 508 件，均在规定时间内办理完毕并答复代表。

平度市人大代表视察城区建设（2009 年摄）

第三节 乡镇人大

一、工作机构

1987 年 5 月，中共平度县委决定在各乡镇设立人大联络办公室，配备人大工作联络员。1989 年 3 月，乡镇人大联络办公室改为乡镇人大主席团办公室，配备乡镇人大主席团专职常务主席兼办公室主任和秘书，乡镇人大主席团挂牌办公。1992 年，各镇人大主席团办公室撤销，1995 年恢复。

二、代表大会

1984 年 5 月至 2005 年，乡镇自第十届至第十六届共召开人民代表大会 7 次。其中，第十至十五届

（1984 ~ 2001 年）每届任期 3 年；自第十六届（2002 年 1 月起）任期 5 年。1993 年，市人大常委会转发郭庄乡人民代表大会主席团《关于开展人大代表活动规则》和《关于承办代表提出的议案、建议、批评、意见的办法》，在各乡镇推行郭庄做法。1996 年 3 月，市人大常委会下发《关于镇人民代表大会和镇人民代表大会主席团办公室挂牌的通知》，要求镇人大对外挂“平度市 ×× 镇人民代表大会”牌子，挂牌顺序以党委、人大、政府依次排列。城区街道办事处代表联络部门为“平度市人大常委会 ×× 街道人大办公室”。是年，各镇均选举产生镇人民大会主席、副主席；街道设立人大工作办公室，配备主任、副主任。1999 年 4 月，市人大常委会通过《平度市镇人民代表大会主席团工作若干规定（试行）》，规定镇人大主席团闭会期间，组织人大代表开展调查、视察和联系选民活动。2002 年 6 月，市人大常委会对全市镇（街道）人大代表小组活动室建设进行规范。2004 年 4 月，市人大常委会指导各镇人大组织全市 381 名人大代表开展向选民述职活动。2005 年，全市 30 个镇（街道）人大机构按照市人大常委会制定下发的《关于组织人大代表评议镇（街道）直部门的指导意见》，对 292 个镇（街道）直部门进行了评议。

（1984 年摄）

第二章 行政机构

第一节 市（县）政府组成人员

1984 年 6 月，平度县第十届人民代表大会选举产生第十届人民政府，选出县长 1 人、副县长 5 人。1987 年 5 月，平度县第十一届人民代表大会选举产生第十一届人民政府，选出县长 1 人，副县长 5 人。1989 年 10 月，撤销平度县，设立平度市，平度县人民政府改称平度市人民政府。1990 年 4 月，平度市第十二届人民代表大会选举产生第十二届人民政府，选出市长 1 人，副市长 5 人。1993 年 2 月，平度市第十三届人民代表大会选举产生第十三届人民政府，选出市长 1 人，副市长 6 人。1998 年 1 月，平度市第十四届人民代表大会选举产生第十四届人民政府，选出市长 1 人，副市长 6 人。2003 年 1 月，平度市第十五届人民代表大会选举产生第十五届人民政府，选出市长 1 人，副市长 6 人。至 2005 年，张成堂、魏景瑞、崔锡柱、曲修珂、张相逢、赵泽斌、丁鲁省先后担任市（县）长。

平度市（县）第十至十五届市（县）长、副市（县）长任职情况表

表 14–2

届次	职务	姓名	任职时间	籍贯	备注
第十届	县长	张成堂	1984.06 ～ 1986.02	昌邑	–
		魏景瑞	1986.02 ～ 1987.05	平度	–
	副县长	董永昶	1984.06 ～ 1987.05	平度	–
		王星源	1984.06 ～ 1987.05	平度	–
		王增晓	1984.06 ～ 1987.05	平度	–
		陶洪信	1984.06 ～ 1987.05	莱西	–
		黄佳明	1984.06 ～ 1987.05	青岛	非党
		高元吉	1986.04 ～ 1987.05	平度	–
第十一届	县（市）长	魏景瑞	1987.05 ～ 1990.4	平度	–
	副县（市）长	董永昶	1987.05 ～ 1990.04	平度	–
		展文良	1987.05 ～ 1990.04	平度	–
		王星源	1987.05 ～ 1990.04	平度	–
		王增晓	1987.05 ～ 1990.04	平度	–
		高元吉	1987.05 ～ 1990.04	平度	–
第十二届	市长	崔锡柱	1990.04 ～ 1992.03	平度	–
		曲修珂	1992.04 ～ 1993.02	即墨	–
	副市长	展文良	1990.04 ～ 1992.10	平度	–
		卢举林	1990.04 ～ 1993.02	平度	–
		王增晓	1990.04 ～ 1992.06	平度	–
		高元吉	1990.04 ～ 1993.02	平度	–
		张相逢	1990.04 ～ 1993.02	胶州	–
		赵希和	1990.04 ～ 1993.02	平度	–
第十三届	市长	曲修珂	1993.02 ～ 1995.09	即墨	–
		张相逢	1995.11 ～ 1998.01	胶州	–

续表 14-2

届 次	职 务	姓 名	任职时间	籍 贯	备 注
第十三届	副市长	卢举林	1993.02 ～ 1995.02	平度	–
		徐韶功	1995.02 ～ 1998.01	胶州	–
		赵希和	1993.02 ～ 1997.12	平度	–
		杜本好	1997.12 ～ 1998.01	胶南	–
		刘好学	1993.02 ～ 1998.01	平度	–
		王金碧	1993.02 ～ 1998.01	平度	–
		丁建刚	1993.02 ～ 1998.01	平度	–
		陈大平	1995.11 ～ 1997.12	平度	–
		车仁慧	1997.12 ～ 1998.01	即墨	–
		王学海	1997.12 ～ 1998.01	胶南	–
第十四届	市长	张相逢	1998.01 ～ 1999.11	胶州	–
		赵泽斌	1999.11 ～ 2002.12	胶南	–
	副市长	徐韶功	1998.01 ～ 2000.01	胶州	–
		石德才	2000.01 ～ 2003.01	平度	–
		杜本好	1998.01 ～ 2000.01	胶南	–
		丁建刚	1998.01 ～ 1998.05	平度	–
		车仁慧	1998.01 ～ 2002.12	即墨	–
		王学海	1998.01 ～ 2000.01	平度	–
		武风宽	1998.05 ～ 2002.12	平度	–
		窦利群	1998.01 ～ 2003.01	平度	非党
		郭召宝	1998.05 ～ 2003.01	平度	–
		张学臣	1998.05 ～ 2003.01	平度	–
		滕启彦	1998.08 ～ 2000.01	平度	–
		郭 萍	2000.01 ～ 2003.01	平度	女
		邢福栋	2001.02 ～ 2003.01	平度	–
		窦宗君	2001.02 ～ 2003.01	平度	–

续表 14-2

届 次	职 务	姓 名	任职时间	籍 贯	备 注
第十五届	市长	丁鲁省	2003.01 任职	济南	–
	副市长	杨锡祥	2003.01 任职	寿光	–
		郭 萍	2003.01 任职	平度	女
		窦利群	2003.01 任职	平度	非党
		邢福栋	2003.01 任职	平度	–
		窦宗君	2003.01 任职	平度	–
		李晓光	2003.01 任职	莱西	–

第二节 政府机构

1984 年 5 月，县直机关机构改革，总定编 1185 人。改革后，县政府设 29 个工作部门：办公室、经济委员会、科学技术委员会、计划委员会、体育运动委员会、民政局、人事局、劳动局、公安局、司法局、物价局、统计局、财政局、税务局、交通局、商业局、粮食局、工商局、农业局、林业局、水利局、教育局、卫生局、文化局、侨务办公室、计划生育委员会、城乡建设环境保护委员会、多种经营乡镇企业局，增设审计局。1986 年 5 月，档案馆与县档案局合署办公。1987 年 7 月，成立平度县经济体制改革委员会，为县政府直属工作机构。8 月，成立平度县土地管理局，列县政府工作部门序列，同时撤销平度县土地管理委员会办公室。11 月，成立平度县驻京办事处，列县政府直属办事机构。 1988 年 2 月，成立平度县监察局，列县政府工作部门序列。4 月，成立平度县对外经济贸易委员会， 7 月，成立平度县农业机械管理局，同时撤销平度县农业机械管理总站；平度县经济联合委员会改为平度县乡镇企业局，列县政府工作部门序列；设立平度县环卫园林管理局，归口城建委；平度县标准计量所更名为平度县标准计量管理局。10 月，设立平度县丝绸公司，归口县对外经济贸易委员会。12 月，成立平度县畜牧办公室，为县政府直属办事机构；撤销平度县对外贸易综合公司，组建青岛市平度进出口公司，隶属于县政府。1989 年 3 月，成立平度县矿产资源办公室。10 月，平度市经济体制改革委员会列入市政府序列。1990 年 6 月，设立平度市残疾人联合会，由市民政局代管。1991 年 7 月，成立平度市房地产管理局，隶属于平度市城乡建设委员会；平度市水利局更名为平度市水利水产局，属市政府序列内工作部门，建制级别为正科（局）级。1992 年 8 月，成立平度市国家国有资产管理局，为正科（局）级单位，挂靠市财政局。9 月，成立平度市经济技术开发区管理委员会，属市政府工作机构，为正科（局）级单位。

1993 年 8 月，根据《平度市市级机构改革实施方案》，市政府工作部门设 26 个：办公室、工业委员会、农业委员会、对外经济贸易委员会、财贸委员会、计划统计委员会、城乡建设委员会、科学技术委员会、教育委员会、文化体育委员会、计划生育委员会、公安局、民政局、人事局、劳动局、财政局、税务局、交通局、水利局、卫生局、审计局、司法局、工商物价行政管理局、土地矿产管理局、环境保护局、乡镇企业局。根据《平度市事业单位改革实施意见》，撤销侨办，成立侨务工作服务公司，归口市政府办公室；撤销技术监督局，成立技术监督所，归口工业委员会；撤销机关事务管理局，成立机关事务服务公司，归口市政府办公室；撤销房地产管理局，成立房产公司，归口市城建委；撤销环卫园林局，成立环卫园林服务公司，划归城建委；撤销农业局和农能办，合并组建农业服务中心，归口市农业委员会，为正科（局）级，实行企业化管理；撤销林业局，成立林业服务中心，归口市农业委员会；撤销农机局，成立农机服务中心，归口市农业委员会；撤销畜牧办，成立畜牧服务中心，归口市农业委员会。根据《关于专业经济管理部门改革的实施意见》，撤销农工部、农业局、林业局、农机局、畜牧办、农村能源办公室，组建农业委员会，为市政府管理农村经济工作的职能部门；水利水产局改为水利局（包括水产工作），为市政府主管水利水产工作的职能部门；撤销财办、商业局、物资局、粮食局，组建财贸委员会，为市政府主管全市财贸工作的职能部门；商业局、粮食局、物资局撤销后，退出政府序列。分别改建为商业总公司、粮油总公司、物资总公司；保留市供销合作社联合社；撤销经委、技术监督局、机化公司、轻纺公司、二轻公司、矿建公司，组建工业委员会，为市政府管理工业工作的职能部门；机化公司、轻纺公司、二轻公司、矿建公司撤销后，成建制转为经济实体，为独立企业法人；黄金公司（局）不再挂黄金管理局牌子，直接转为企业性公司，委托其承担行业管理职能；保留乡镇企业局，为市政府主管全市乡镇企业工作的职能部门。11月，平度市工商物价行政管理局更名为平度市工商行政管理局，加挂平度市物价局的牌子。

1994年9月，增设平度市人民政府侨务办公室，为市政府工作部门。11月，恢复平度市外事办公室，与市侨办合署办公。1995年3月，市粮油总公司加挂平度市粮食局牌子。6月，设立市政府驻青岛办事处、驻济南办事处、驻北京办事处、驻上海办事处。8月，市电业公司加挂平度市电业局牌子。10月，成立平度市经济体制改革办公室，隶属于市政府。12月，撤销市文化体育运动委员会，设立市文化局和市体育运动委员会，均为市政府组成部门。同月，市物价局与市工商局分设。1996年1月，撤销市农业服务中心、林业服务中心，分别设立市农业局、市林业局，为市政府组成部门；市农机服务中心、市畜牧服务中心分别加挂市农业机械管理局、市畜牧局牌子，原事业单位性质不变；市水利局更名为市水利水产局；设立市物价局。3月，撤销市粮油总公司，组建粮食局，列市政府职能部门；8月，市旅游开发服务公司由副科（局）级调升为正科（局）级，加挂市旅游局牌子。12月，平度市经济体制改革办公室更名为平度市经济体制改革委员会。1997年4月，成立平度市预算外资金管理局、平度市人民政府驻大连办事处。11月，市环卫园林管理处由副科（局）级升格为正科（局）级事业单位，加挂平度市环卫园林管理局牌子；市机关事务服务总公司更名为平度市人民政府机关事务管理中心。1999年1月，设立平度市市场建设服务中心，加挂平度市市场发展局牌子。7月，成立平度市海峡两岸农业合作试验区管理委员会办公室。8月，市金属材料集团总公司与市物资总公司合并称为市物资总公司。8月，市房产管理处更名为市房产管理局。市供销合作社联合社更名为市供销合作社。2000年6月，撤销平度市人民政府驻大连办事处。7月，撤销平度市人民政府驻济南办事处；成立中国国际贸易促进委员会平度支会，隶属于市政府。2001年6月，撤销平度市人民政府驻上海办事处；设立平度市人民政府驻韩国办事处。

2001年8月，根据《中共平度市委、平度市人民政府关于市直党政机关机构改革实施方案》，

市经济体制改革委员会调整为市经济体制改革办公室；市科学技术委员会更名为市科学技术局；市城乡建设委员会更名为市城乡建设局；市土地矿产管理局更名为市国土资源局；市对外经济贸易委员会更名为市对外贸易经济合作局；市法制局更名为市法制办公室；撤销市侨务工作办公室和加挂的归国华侨联合会平度外事办公室牌子，工作职能划归市政府办公室；撤销市计划委员会、市物价局，合并组建市发展计划局；撤销市工业委员会、市乡镇企业管理局，合并组建市经济发展局；撤销市教育委员会、市体育运动委员会，合并组建市教育体育局；撤销市农业委员会；撤销市财贸委员会，成立市财贸办公室，为市政府办公室内设机构；撤销市国有资产管理局，其职能由市财政局承担；撤销市环卫园林管理局、市房产管理局，其行政职能划归市城乡建设局，组建市环卫园林服务中心和市房产管理中心，为副科（局）级事业单位，由城乡建设局管理。市海峡两岸农业合作试验区管理委员会办公室不再加挂中共平度市委台湾工作办公室、平度市人民政府台湾事务办公室牌子；市畜牧服务中心不再挂市畜牧局牌子；市农业机械服务中心不再挂市农业机械管理局牌子。本次机构改革后，市政府工作部门设26个：市政府办公室、市发展计划局、市经济发展局、市教育体育局、市科学技术局、市公安局、市民政局、市司法局、市财政局、市人事局、市劳动和社会保障局、市城乡建设局、市国土资源局、市环境保护局、市交通局、市农业局、市林业局、市水利水产局、市粮食局、市对外贸易经济合作局、市文化局、市卫生局、市计划生育委员会、市审计局、市统计局、市监察局；部门管理机构2个：市法制办公室、市老龄工作委员会办公室；议事协调机构的办事机构1个：市经济体制改革办公室；派出机构1个：市经济技术开发区管理委员会。

2000年9月，市市场建设服务中心不再加挂市市场发展局牌子；成立市行政审批服务中心；撤销市经济技术协作办公室和加挂的市对口支援办公室牌子，其承担的经济技术协作和对口支援工作职能移交市发展计划局；将库区移民安置工作移交市民政局。12月，成立青岛市平度工业新区管理委员会，内设办公室、招商局、土地规划建设局，均为正科（局）级；撤销山东平度海峡两岸农业合作试验区管委会办公室，成立青岛市海峡两岸农业合作试验区管理委员会，加挂青岛市农业高新技术产业开发区牌子，内设办公室、经济发展局、规划建设局、技术局，均为正科（局）级。2002年6月，市发展计划局加挂市物价局牌子；市科学技术局加挂市地震局牌子。7月，市财贸办公室、市商业总公司、市物资总公司实行合署办公，统称市财贸办公室，加挂市商业总公司、市物资总公司牌子，为市政府工作机构。10月，市外向型工业加工区管理委员会和市经济技术开发区管理委员会统一更名为平度经济开发区管理委员会。2003年7月，成立市东部新区领导小组办公室，为市政府派出临时性常设机构；撤销平度市人民政府驻韩国办事处。2004年6月，成立市城市管理行政执法局。7月，市商业总公司和市物资总公司由事业单位转为企业，市财贸办公室不再加挂市商业总公司和市物资总公司牌子。11月，撤销市公路管理段成立市公路管理局。12月，撤销市经济发展局内设的安全生产监督管理局，设立市安全生产监督管理局，为市安全生产委员会的常设办事机构。12月，撤销市发展计划局、市经济发展局和市经济体制改革办公室，组建平度市发展和改革局，加挂平度市物价局牌子；市计划生育委员会更名为市人口和计划生育局；设立市中小企业发展中心。2005年7月，市行政审批服务中心更名为市行政服务中心。8月，撤销市政府驻青岛办事处；青岛市平度工业新区管理委员会更名为青岛华侨科技园管理委员会；市农业机械管理服务中心加挂市农业机械管理局牌子；市畜牧服务中心加挂市畜牧局牌子；撤销市经济发展软环境建设办公室，设立市行政效能投诉中心，归口市监察局。

2005年底，市政府工作部门共设26个，分别是：市政府办公室、市发展和改革局、市教育体育局、市科学技术局、市公安局、市民政局、市司法局、市财政局、市人事局、市劳动和社会保障局、市城乡建设局、市国土资源局、市环境保护局、市交通局、市农业局、市林业局、市水利水产局、市粮食局、市对外贸易经济合作局、市文化局、市卫生局、市人口和计生局、市审计局、市统计局、市安全生产监督管理局、市监察局。

第三节　施政方式

一、会议制度

全体成员会议　由市长、副市长，市政府序列内的各委办主任、各局局长组成，由市长或市长委托常务副市长召集、主持，市政府办公室副主任，市政府直属单位和双管单位主要负责人列席会议。可邀请市人大常委会、市政协、市人武部负责人列席会议。必要时可召开扩大会议，请各镇镇长，各街道办事处、开发区、华侨科技园、农业试验区管委主任，市委有关单位，市人大常委会、市政协有关委员会，市法院，市检察院，各民主党派和市工商联，市总工会、团市委、市妇联负责人列席会议。市政府全体会议一般每半年召开1次，主要任务是：决定和部署市政府重要工作，讨论研究市政府工作中的重大事项，通报重要工作情况，研究决定其他需由市政府全体会议决定的事项。

常务会议　由市长、副市长、市政府办公室主任组成，由市长或市长委托常务副市长召集、主持，邀请市人大常委会、市政协负责人、市人武部部长以及部分人大代表、政协委员参加。市政府办公室副主任列席会议。市政府有关部门、市直有关单位主要负责人在研究相关问题时列席会议。市政府常务会议一般每月召开1次，主要任务为：研究贯彻上级党委、政府和市委、市人大常委会的指示、决定、决议，讨论决定市政府工作中的重大事项，审定向青岛市人民政府和市委、市人大及其常委会的重大问题报告，研究审定市政府规范性文件和政策性规定，研究决定市政府工作部门和镇政府（街道办事处）请示市政府的重要事项，研究其他需由市政府常务会议决定的事项。

市长办公会议　由市长、副市长组成，由市长或市长委托常务副市长召集、主持，市政府办公室主任、副主任列席会议。市政府有关部门、市直有关单位主要负责人在研究相关问题时列席会议。市长办公会议根据需要不定期召开，主要任务是：分析研究一个时期全市经济和社会发展形势或某一个方面全市性的重要工作事项，安排一个阶段的政府工作；处理市政府部门和镇政府（街道办事处）报请市政府解决的重要问题，研究决定市政府日常工作中需集体决定的问题，通报全国、全省和青岛市有关会议精神；通报交流市政府重要工作。

专题会议　由市长、副市长组织召开，研究协调市政府工作中的一些专门问题，部署安排市政府有关工作。

二、目标管理

1996年起，市政府对职能部门工作实行目标管理考核。目标管理考核体系由物质文明（业务职能性工作）、政治文明、精神文明建设重点工作和评议工作四部分构成，分别占50%、20%、20%、10%的权重。

业务职能　包括招商引资、重点工程项目和实事建设、行政许可、企业改制、国有资产管理、驻村工作、安全生产等，由市考核办组织考核。其中，招商引资工作实行备案制，外资指标由外经贸局负责考核，内资指标由发展计划局负责考核，专项资金指标由财政局负责考核；重点工程项目建设工作由发展计划局负责考核，商业银行、农村信用社帮包项目工作由人民银行负责考核，实事建设工作由市政府督查室负责考核；进驻行政审批中心工作由行政服务中心负责考核；企业改制工作由体改办负责考核；国有资产管理工作由国有资产管理中心负

责考核；驻村工作由市委农村致富奔康工作队办公室负责考核；安全生产工作由安监局负责考核。业务职能性工作实行动态管理。

政治文明建设 包括党风廉政建设、平安平度创建、依法行政3个方面，由市考核办组织考核。其中，党风廉政建设工作由市纪委（监察局）负责考核；平安平度创建工作由市委政法委会同信访局等单位负责考核；依法行政工作由市政府法制办负责考核。

精神文明建设 包括经济发展软环境建设、机关建设、城市管理、争先创优4个方面，由市考核办组织考核。其中，经济发展软环境建设工作由市纪委（监察局）负责考核；机关建设工作由市直机关工委负责考核；城市管理工作由城市管理行政执法局会同建设局负责考核；争先创优工作由市政府督查室负责考核。

评议 包括社会评议和领导评议2个方面，由市考核办组织，市纪委（监察局）负责考核。

第四节 政府决策

1986年4月7日，县政府颁布《平度县农作物种子管理暂行规定》，对粮棉油、蔬菜、瓜果、麻类等种子生产、种子检验和检疫、种子经营、奖励和惩罚等内容做出规定。5月20日，制定印发《〈家畜家禽防疫条例〉实施办法》。5月31日，公布《平度县城区建设综合开发暂行办法》，对城区建设综合开发的规划范围（东到小十里堡，西到后戈庄，南到李戈庄，北到尚家上观，共10平方千米）、建设单位、内容、规划、建设、收费、周转资金、建筑材料、征用土地作出规定。10月9日，印发《平度县用电管理暂行规定》，对全县计划用电和节约用电工作做出规定。

1987年12月29日，县政府出台《关于流通企业推行承包租赁经营责任制的意见》，决定在流通企业中推行承包、租赁。租赁、承包坚持两权分离、政企分开的原则，以县直公司承包、门店租赁为主要内容。

1988年1月24日，县政府出台《关于实行土地适度规模经营和完善土地承包合同的意见》。5月24日，发布《关于鼓励发展外向型经济的暂行规定》，对外商、华侨、港澳台胞兴办的中外合资经营企业、外商独资企业所享有的自主权和引进先进技术、扩大出口创汇作出规定。7月14日，印发《平度县水资源管理暂行办法》，对全县地表水、地下水源的管理机构、开发利用、管理与保护、水资源费征收与管理做出规定。

1989年2月17日，县政府发布《关于对应征入伍义务兵优待办法的暂行规定》，对应征入伍的义务兵，以政府名义向其家属发军属证，挂“光荣人家”牌，并每年更换1次。农村义务兵家属以乡镇为单位平衡负担，统筹统优，优待金最低不低于当地人口年平均收入水平；城镇非农业人口优待金实行全县统筹，1989年每人600元，每半年发放1次；城镇非农业人口义务兵服役期间荣立二等功以上者，退伍后安排工作时高定一级，荣立三等功者，退伍后安置上给予照顾；农村义务兵服役期间立功者，各乡镇适当增加优待金，退伍后尽量安排在乡镇办或村办企业。2月18日，发布《平度县科学技术进步奖励试行办法》，对用于现代化建设的新产品、新技术、新工艺、新设备、新材料、生物新品种和重大工程建设、企业技术改造、研制等科技进步成果的范围、评审标准、等级、审报程序作出规定。3月3日，发布《关于实行封山育林、加速山区绿化的暂行规定》。3月28日，印发《平度县农业发展基金征集使用管理暂行办法》。对农业发展基金来源、征集标准、分成比例、征集办法、投放方向、使用原则和管理作出规定。6月1日，制定印发《平度县城区市政工程设施管理暂行规定》，对规划范围内的建成区道路、广场、街头空地、水库、塘湾、河道、堤坝、桥涵、护坡、排水管道、照明设施及各项附属设施和桥涵管理、奖励与处罚作出规定。8月17日，制定印发《平度县农村宅基地空闲地有偿使用暂行办法》，对农村宅基地、空闲地有偿使用面积的确定、收费标准、收缴与管理作出规定。10月27日，印发《关于市区户口管理的暂行规定》，对市区25平方千米60个村庄户口管理、城区落户的条件作出规定。

1990年6月1日，市政府出台《关于加强超生子女费管理的规定》，对超生子女费的征收办法、制度管理、分成制度、使用范围、审批制度、检查报告制度作出规定。7月30日，出台《平度市土地开发利用暂行规定》，对荒山、荒地、滩涂、废弃地等新开发土地补助标准和未利用土地的开发利用作出规定。

1992年2月12日，市政府印发《平度市村镇规划建设管理暂行规定》，对村镇规划建设的规划管理、建设管理，村镇道路和公共设施的管理、设计与施工管理，村镇容貌和环境管理、责任和处理作出规定。10月9日，印发《平度市国有土地使用权出让和转让暂行办法》，对国有土地使用权的出让、转让、出租、抵押、终止，划拨土地使用权的出让、法律责任作出规定。

1993年10月6日，市政府印发《平度市医疗机构管理暂行规定》，对全民和集体医疗机构的管理，机关、学校、企事业单位卫生室的管理，行政村卫生室的管理等作出规定。

1994年10月24日，市政府印发《平度市电子游戏经营活动管理暂行规定》，对在本市行政区域内从事电子游戏经营活动单位和个人作出规定；转发《关于办理山东省地方城镇居民户口的实施办法》，对本市地方城镇居民户口的计划管理和审批、办理程序、收费办法作出规定。

1996年3月19日，市政府印发《平度市实行统一征地补偿标准的暂行规定》，对本市行政区域内因建设需要征地补偿费，包括土地补偿费、安置补助费、青苗补偿费和地面附着物补偿标准作出规定。5月10日，制定印发《平度市按比例安置残疾人就业暂行办法》，对本市全部或部分丧失以正常方式从事某种活动能力的人，包括听力、视力、肢体、精神、智力残疾人按比例安置就业作出规定。5月31日，市政府印发《平度市农村社会养老保险暂行办法》，对农村保险对象、保险金缴纳、养老金给付及保险管理机构、保险基金的管理作出规定。

1997年3月2日，市政府制定印发《农村人口最低生活保障制度实施细则》，对保障范围和对象，保障办法和标准，保障对象家庭生活收入的计算范围，社会保障对象的申报、审批和管理，社会保障经费和实物的管理作出规定。11月24日，印发《平度市市属企业公有资产管理暂行办法》，对公有资产管理委员会、公有资产管理委员会办公室，公有资产经营公司、企业，公有资产委托和监管、收益分配、考核与奖惩作出规定。12月29日，市政府印发《市属工业企业厂长(经理)年薪制实施办法》。

1998年9月3日，市政府印发《平度市设立泽山奖暂行规定》，奖励对本市经济建设和社会发展做出突出贡献的国外友人和华侨及港、澳、台同胞。11月23日，制定印发《平度市计划生育管理暂行办法》。

1999年1月21日，市政府印发《平度市城市居民委员会居民代表会议制度实施办法》。12月31日，出台《关于对市属工业企业实行星级制管理和经营者实行年薪制的暂行规定》，对企业星级的评定、经营者年薪收入的确定、实行激励和约束机制、考核评定和兑现程序、适用范围作出规定。

2000年6月3日，市政府印发《平度市机关事业单位工作人员社会养老保险暂行办法》。12月13日，印发《平度市住房公积金贷款办法》，对贷款对象及条件，贷款额度、期限、利率，贷款程序，贷款的偿还与收回，财产抵押、质押担保，抵押物、质押物的处分作出规定。

2001年1月8日，市政府印发《平度市殡葬管理暂行办法》。5月23日，印发《平度市物业管理

办法》，对业主大会与业主委员会、企业与市场管理、物业管理服务、物业管理收费、法律责任作出规定。5 月 29 日，印发《平度市城市市容和环境卫生管理办法》。

2002 年 1 月 11 日，市政府印发《平度市集体建设用地使用权流转办法（试行）》，对流转管理、流转收益、土地置换作出规定。3 月 4 日，印发《平度市土地二级市场管理操作办法》，对土地使用权转让、抵押、租赁作出规定。7 月 2 日，印发《平度市托幼管理办法》，对本市各类幼儿园、托儿所的管理作出规定。10 月 21 日，印发《平度市城镇职工大额医疗救助金筹集使用管理办法》，对城镇职工大额医疗救助金的缴纳、管理、支付作出规定。11月7日，印发《平度市采矿权出让管理暂行规定》，对本市行政区域内进行的建筑石材、建筑用砂、建材用粘土等乙类矿产资源的采矿权出让作出规定。

2003 年 10 月 10 日，市政府印发《平度市行政执法错案责任追究办法》，对追究机关与机构、错案的确认及处理、错案追究程序作出规定。10 月 16 日，印发《平度市突发公共卫生事件应急办法》，对组织指挥、预防与应急、报告与信息通报、应急处理、保障措施、考核与奖惩作出规定。

2004 年 2 月 2 日，市政府印发《平度市政府采购管理暂行办法》，对政府采购当事人、政府采购方式、政府采购合同、质疑与投诉、监督检查、法律责任作出规定。4 月 5 日，印发《平度市新型农村合作医疗实施办法（试行）》，对资金筹集、管理、补偿、监督作出规定。4 月 12 日，印发《平度市城市房屋拆迁管理办法》，对拆迁管理、拆迁补偿、拆迁评估、拆迁裁决、法律责任做出规定。6 月 7 日，印发《平度市城市管理相对集中行政处罚权暂行规定》，对市容环境卫生管理、城市规划管理、城市绿化管理、市政管理、环境保护管理、工商行政管理、公安交通管理、文化市场管理作出规定。6 月 28 日，印发《平度市机关事业单位基本养老保险个人账户管理暂行办法》，对本市机关事业单位基本养老保险个人账户的管理作出规定。11 月 25 日，印发《平度市生猪机械化屠宰管理暂行办法》，对生猪机械化屠宰厂的设立、检疫检验、经营管理、监督检查、法律责任作出规定。

第三章 地方人民政协

第一节 政治协商会议

1984 年 6 月至 2005 年，平度市（县）自第二届政协会议至第七届政协会议，共召开 6 届、会议 22 次。其中二、三、四届政协会议任期 3 年，自第五届政协会议起任期 5 年。历次会议的主要议题是：听取市（县）委书记讲话；听取审议政协常委工作报告和提案工作报告；列席各届人民代表大会，听取并讨论市（县）人大常委会、政府、法院、检察院工作报告。选举市（县）政协委员会、常委、政协主席及副主席。

一、第二届政协会议

第一次会议，于 1984 年 6 月 1~6 日召开。选举本届委员会委员 164 名，常委 25 名，选举马志

（2007 年摄）

敏为县政协主席，孙士宽、王学进、郭蔚华、高一峰、胡慎德为副主席。

二、第三届政协会议

第一次会议，于1987年5月2~6日召开。选举马志敏为县政协主席，孙士宽、陶洪信、黄佳明、王学进、高一峰、胡慎德为副主席。

三、第四届政协会议

第一次会议，于1990年4月18~23日召开。选举本届委员会委员304名、常委36名，选举任福堂为市政协主席，陶洪信、黄佳明、王学进、胡慎德为副主席。

四、第五届政协会议

第一次会议，于1993年2月14~18日召开。选举本届委员会委员305名，选举任福堂为市政协主席，王宝础、李思恒、黄佳明、王学进、胡慎德、胡萃沛为副主席。

五、第六届政协会议

第一次会议，于1998年1月14~18日召开。选举本届委员会委员292名、常委45名，选举任福堂为市政协主席，崔鹏坤、黄佳明、胡萃沛、史振山、生显堂、张恩情为副主席。

六、第七届政协会议

第一次会议，于2003年1月15~19日召开。选举本届委员会委员295名、常委45名，选举徐韶功为市政协主席，贾志强、黄佳明、滕启彦、姜明辉、冯云祥、殷清为副主席。

政协平度市（县）第二至七届委员会主席、副主席任职情况表

表14-3

届　次	职　务	姓　名	任期	籍贯	备注
第二届	主　席	马志敏	1984.06 ~ 1987.05	乳山	-
	副主席	孙士宽	1984.06 ~ 1987.05	掖县	-
		王学进	1984.06 ~ 1987.05	无锡	非党
		郭蔚华	1984.06 ~ 1987.05	平度	-
		高一峰	1984.06 ~ 1987.05	南京	非党
		胡慎德	1984.06 ~ 1987.05	昌邑	-
第三届	主　席	马志敏	1987.05 ~ 1990.04	乳山	-
	副主席	孙士宽	1987.05 ~ 1990.04	掖县	-
		陶洪信	1987.05 ~ 1990.04	莱西	-
		黄佳明	1987.05 ~ 1990.04	崂山	非党
		王学进	1987.05 ~ 1990.04	无锡	非党
		胡慎德	1987.05 ~ 1990.04	昌邑	-
		高一峰	1987.05 ~ 1990.04	南京	非党

续表 14-3

届 次	职 务	姓 名	任期	籍贯	备注
第四届	主 席	任福堂	1990.04 ~ 1993.02	平度	–
	副主席	陶洪信	1990.04 ~ 1993.02	莱西	–
		肖鸿泰	1991.04 ~ 1993.02	平度	–
		黄佳明	1990.04 ~ 1993.02	崂山	非党
		王学进	1990.04 ~ 1993.02	无锡	非党
		胡慎德	1990.04 ~ 1993.02	昌邑	–
		胡萃沛	1991.04 ~ 1993.02	固始	–
第五届	主 席	任福堂	1993.02 ~ 1998.01	平度	–
	副主席	王宝础	1993.02 ~ 1998.01	莱州	–
		李思恒	1993.02 ~ 1998.01	高密	–
		黄佳明	1993.02 ~ 1998.01	崂山	非党
		王学进	1993.02 ~ 1998.01	无锡	非党
		胡慎德	1993.02 ~ 1998.01	昌邑	–
		胡萃沛	1993.02 ~ 1998.01	固始	–
第六届	主 席	任福堂	1998.01 ~ 2000.01	平度	–
		崔鹏坤	2000.01 ~ 2003.01	平度	–
	副主席	崔鹏坤	1998.01 ~ 2000.01	平度	–
		黄佳明	1998.01 ~ 2003.01	崂山	非党
		胡萃沛	1998.01 ~ 2003.01	固始	–
		史振山	1998.01 ~ 2001.02	平度	–
		生显堂	1998.01 ~ 2003.01	平度	–
		张恩情	1998.01 ~ 2000.01	平度	非党
		刘 华	2001.02 ~ 2003.01	临朐	–
		张炳臣	2001.02 ~ 2003.01	平度	–
		姜明辉	2000.01 ~ 2003.01	平度	非党
		滕启彦	2000.01 ~ 2003.01	平度	–

续表 14-3

届　次	职　务	姓　名	任期	籍贯	备注
第七届	主　席	徐韶功	2003.01 任职	胶州	-
	副主席	贾志强	2003.01 任职	平度	女
		黄佳明	2003.01 任职	崂山	非党
		滕启彦	2003.01 任职	平度	-
		姜明辉	2003.01 任职	平度	非党
		冯云祥	2003.01 任职	平度	-
		殷　清	2003.01 任职	莒县	-

第二节　主要工作

一、视察调查

1986 年，县政协视察全县教育工作，提出关于视察中学生活的专题报告，被县委以正式文件批转各乡镇和县直有关部门参照执行，使全县 11 所高中和 6 所职业技术学校学生转粮和煤炭供应问题得到妥善解决。

1988 年 8 ～ 9 月，市场刮起商品“抢购风”。县政协及时组织市直、财贸组的政协委员，会同有关部门进行物价视察，提出“稳定物价，保护消费者利益”的建议，对打击违法经营和乱涨价行为，稳定市场秩序起到积极作用。

1990 年，围绕秋种，市政协常委对全市小麦生产进行调查，提出“依靠科技进步，挖掘小麦生产潜力，促进轮作还茬，防治病虫害”的建议，被市委转发。2003 年 10 月，市政协组织部分政协委员对全市文物保护和旅游开发工作进行视察，实地察看重点文化遗址 8 处，提出加强宣传、严格执法、合理开发的意见建议。2004 年 4 ～ 5 月，市政协组织政协委员对全市失地农民安置情况进行调研，召开座谈会 10 次，提出“加大规范征地补偿力度、建立健全失地农民长效保障机制、增加失地农民收入以及加强土地开发管理和监督”的建议，被市委以《参阅件》形式批转。截至 2004 年底，市（县）政协就除氟改水、食品卫生、基础教育、稳定物价、企业改革、城区社会治安治理、“三农”问题、民营企业发展、小城镇建设、职业教育发展、农村公共卫生体系建设、农村税费改革。组织委员视察和专题调查活动 1910 次，其中二届县政协 120 次、

平度市政协委员视察招商引资项目建设情况（2010 年摄）

三届县政协220次、四届市政协490次、五届市政协400次、六届市政协450次、七届市政协已进行230次。2005年，全年开展各类视察、调研、评议活动120余次，其中开展学习视察30余次。拍摄电视专题片《政协委员风采录》，对部分政协委员的先进事迹进行宣传报道。

二、提案办理

1986年，关于农村用电的提案，引起县电业公司重视，并于当年8月份起实施新的供电方案，增加农村供电量；同年，经县政府批准，对电厂进行扩建，新上2×6000千伏凝汽式火力发电机组，发电能力由3000千瓦增至1.5万千瓦，农村用电供需矛盾得到缓解。1988年，关于常州路修建排水沟和杭州路安装路灯的提案，被城建委采纳，完成修建常州路南北端排水沟3025米，安装杭州路单臂路灯30盏。1991年，关于对土地科学施肥的提案，获市农业局落实，在何家店、云山、中庄等13个乡镇建立土壤化验监测室，定期为农民测土，并根据化验结果，为农民提供配方施肥通知单。1995年，关于"应加快我市'三引进'，加大外向型经济发展的力度"的提案，引起市委、市政府重视，随后，全市成立大项目办公室，制定《关于进一步改善我市外商投资软环境的实施意见》，出台《关于动员全民全社会引进人才、资金、项目的奖励办法》，在各镇（街道）设立对外经济贸易联络员。是年，全市新批"三资"企业75家。2001年，关于"要把招商引资工作进一步引向深入"提案以及"营造招商引资的软硬环境""实行规范化管理与审批"的建议，被市委、市政府采纳。2003年，关于"金融机构应加大信贷力度，服务经济发展"的提案提出后，市人民银行立即行动，组织各商业银行及农村信用社进行专题研究，会同经济发展局于当年4月组织召开全市银企洽谈会，与33处骨干企业现场达成协议贷款2亿元。至2004年，市（县）历届历次会议立案提案3225件，均得到不同程度办理。

三、委员工作

1986年7月，农业工作组委员就全县红富士苹果出口基地建设情况进行调查，及时向县委、县政府反映存在问题。县政府根据调查的情况和提出的建议，召开专门会议，研究制定加强基地建设的具体措施。1990年7月，崔召镇委员联络组向乡党委、政府提出"减收夏粮提留、推迟医院扩建、减轻农民负担"的建议被采纳，受到群众好评。1994年6月，医药卫生组委员和部分医务专家深入旧店镇，义务为群众进行医疗咨询服务。1998年秋，农业组政协委员就生猪规模养殖进行调查，形成专题报告，市委在《调查研究》上转载。2003年，同和街道和白埠镇政协工作办公室开展招商引资活动。祝沟镇、大泽山镇政协工作办公室鼓励政协委员立足岗位，建功立业。2005年，全年收到委员提案214件，立案213件，面复率100%，委员满意率达98%以上。市（县）工作组、联络组累计组织活动1750次。

四、文史工作

市（县）政协文史工作始于1984年，至2003年编辑出版平度文史资料13辑。2004年9月，编辑出版第十四辑文史资料《平度古今书画》。2005年12月，修订出版1～13辑《平度文史》精装合订本（分三卷），辑入史料333篇。

平度市政协文史办公室编辑出版的部分文史资料

五、对外联谊

1986 ~ 2005 年，市（县）政协共接待省内外友好来访团组 400 余个，组织各种形式外出考察学习 300 余次，交流工作经验，互通经济信息，开展经济协作。

第十五篇 政 务

民政 清代，平度州署赈贫养老事宜，由知州兼理。城内建有“养济院”，至民国初年，仍收养孤贫。1937 年前，民国县政府设民政科。1940 年，平度抗日民主政府成立后，平北、平西、平南、平东四县政府均设民政科，主管减租减息、动员参军支前、拥军优属、安置抚恤、社会救济等。1958 年，民政科改称民政局。至 1985 年，全县累计发放救灾款 480 万元，社会救济款 1201 万元；优待抚恤残废军人 2717 人，支出抚恤金 543 万元；安置复、退军人 3.4 万人。

人事 清州署官员与县基本相同，设知州、州同、吏目、学正、训导各 1 人，武职设千总 1 人。有清一代，任平度州知州者共 84 人。1912 年改知州为民政长，1929 年改称县长。抗日民主政府成立后，人事工作由县政府秘书处兼管。1951 年 10 月，平北、平南、平西、平东四县先后组建人事科。1964 年，人事科改称人事监察科，翌年改称人事监察局。1967 ～ 1974 年，人事监察局与县委组织部、纪委、机关党委合并组建县革命委员会组织科，次年即析出成立县革命委员会人事局，1980 年，改称县人民政府人事局。1981 年，核定县、社两级机关干部总编制 2755 人。1983 年，全县各系统共有干部 9301 人，其中男 7215 人、女 2086 人。

劳动保障 1956 年，平度县始设劳动科，承办职工招收、管理和调配等事宜。1976 年，成立县劳动局。截至 1985 年，全县共有职工 3.9 万人，其中全民固定职工 2.3 万人、集体固定职工 1.86 万人、合同制工人 1.1 万人。有 53 个单位实行劳动保险，参保职工 1046 人。

第一章 民 政

1986年，县民政局下设办公室、优抚科、社会科、退伍安置办公室。全县各乡、镇均设民政助理，各村选举产生民政委员会，设民政主任1人。1987年，退伍安置办公室与优抚科合并为安置优抚科，地名办公室归民政局管理。1997年，增设政权建设科、老龄社团科。1999年5月，平度市老龄工作委员会办公室成立。2000年6月，民间组织管理局成立。2001年10月，全市机构改革，民政局内设办公室、优抚安置科、社会科、基层政权科、财务审计科。各镇（街道）设社会事务办公室。2002年，华侨陵园、三峡移民安置办公室移交民政局管理。2005年，全市共有1783个村民委员会和42个居民委员会，均有专人兼管民政工作。

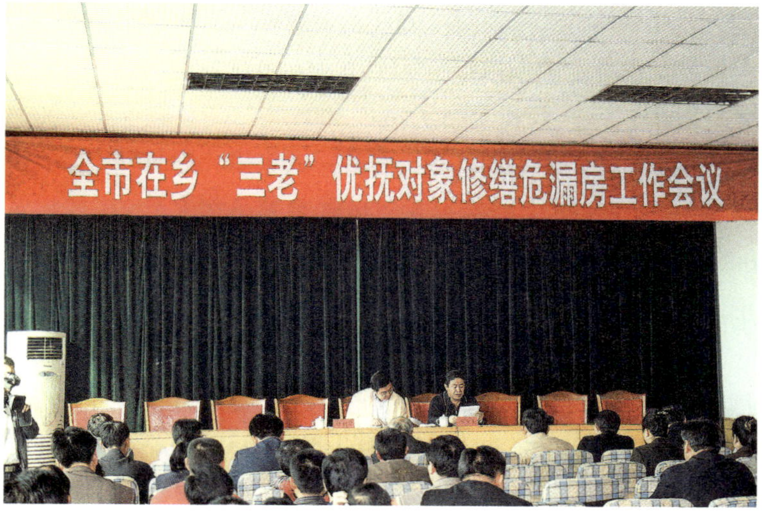

（2007年摄）

第一节 优抚安置

一、拥军优属

1986～1992年，平度市（县）级主要领导坚持走访慰问驻军和优抚对象。每年两次深入驻军团队，带去慰问品和慰问信。1993年，平度市被青岛市委、市政府评为“双拥工作模范市”。1996年，平度市政府出台《平度市拥军优属暂行规定》。1997年，为庆祝建军70周年，双拥领导小组成员单位在市区开展双拥宣传月活动，向过路行人散发拥军优属宣传资料2000余份。1998年4月，平度市双拥领导小组印发《开展“爱心献功臣活动”实施方案》。工商、税务、金融等36个市直部门与37户住房困难优抚对象结对帮扶，以每户不低于3000元的资金（或物资）修建房屋，共计投入资金24.6万元，维修房屋79间，建新房96间；市民政部门下拨专款7.4万元，帮助23户优抚对象修房56间，翻新28间；市卫生部门为5140名优抚对象进行健康检查；市劳动部门安置驻军随军家属就业42人。2005年，平度市委、市政府在秀水苑宾馆召开庆祝世界反法西斯胜利暨中国抗日战争胜利60周年抗战老战士座谈会，向全市519名抗战老战士发放抗日战争胜利60周年纪念章，每人发放慰问金500元。是年，确定义务兵家属优待标准为2100元（进藏兵家属优待金按3倍发放）；向全市城乡1779名义务兵发放优待金374万元；拨专款98.34万元，对402名患病住院的在乡优抚对象实施大病救助。

二、抚恤

定期抚恤　1986年，向全县1566名革命烈士家属、因公牺牲军人家属、病故军人家属（简称“三属”）发放定期抚恤金。1989年，提高“三属”抚恤标准，月人均发放40.1元，全县1340名“三属”，年发抚恤金64.5万元。1993年后，全市9次调整“三属”定期抚恤，抚恤标准由1993年的烈士、牺牲军人家属每人每月50～85元，病故军人家属每人每月40～75元，改嫁烈士妻每人每月25～40元，分别提高到2004年的250～500元、

235～460元、132.5～310元。2003年，全市列支34万元，向656户困难优抚对象每户发放慰问金500元；为798户“三属”、1988名革命伤残军人、4636名老复员军人、609名带病回乡退伍军人核发抚恤补助金领取证，为全市346名在乡重点优抚对象报销医药费78.5万元。2005年，调整提高全市773名烈士家属、因公牺牲军人家属、病故军人家属和1846名残疾军人、4615名复员军人、686名带病回乡退伍军人的定期抚恤补助标准，全市发放抚恤事业费1975万元。

伤残抚恤 1986年，全县为在乡伤残军人每人每年发放伤残抚恤140～570元。1988年1月，在职伤残军人保健金上调为每人每年82～240元。1990年，为2575名伤残军人换发新证，其中革命伤残军人2500人、伤残工作人员35人、伤残民兵（民工）34人、伤残人民警察6人，全年支出伤残抚恤金115万元。1994～2003年，调整革命伤残人员抚恤标准，数额逐步提高。其中，特等伤残抚恤标准由1994年每人每年在乡2100～2400元、在职420～450元分别提高到2003年的10000～10160元、2110～2140元。2004年，取消伤残军人在乡、在职区别，统称为残疾军人。残废等级由原四等六级改为1～10级。并对566名在乡二等乙级以上伤残军人落实公费医疗政策。2005年，为全市1846名残疾军人、伤残民兵民工、伤残国家工作人员、伤残人民警察进行套级换证，由原四等六级改为1～10级。原伤残等级套改原则为：特等套1级，一等套3级，二等甲套5级，二等乙套6级，三等甲套7级，三等乙套8级。

1986～2005年平度市（县）优抚对象享受抚恤定补人数情况表

表15-1

年度	三属	革命伤残军人		在乡复员军人	带病回乡退伍军人	合计
		在职	在乡			
1986	1563	564	2376	7700	134	12337
1987	1567	563	2640	7436	179	12385
1988	1536	559	2362	7221	212	11890
1989	1447	556	2355	7031	250	11639
1990	1430	561	2293	6971	258	11513
1991	1393	554	2251	6572	330	11100
1992	1342	558	2265	6293	342	10800
1993	1344	569	2167	6289	379	10748
1994	1218	567	1915	6151	389	10240
1995	1193	566	1988	6122	413	10282
1996	1032	557	1770	5602	446	9407
1997	967	565	1880	5598	465	9475
1998	899	571	1734	5139	492	8835

续表 15-1

年度	三属	革命伤残军人		在乡复员军人	带病回乡退伍军人	合计
		在职	在乡			
1999	852	569	1635	5118	498	8672
2000	812	580	1625	4853	550	8420
2001	801	570	1572	4745	574	8262
2002	792	485	1503	4636	591	8007
2003	770	488	1489	4615	620	7982
2004	679	534	1332	3873	693	7111
2005	611	540	1306	3606	760	6823

三、定期定量补助

1986 年，按照入伍时间确定复员军人定期定量提高补助标准。老红军每人每年提高 40 ~ 50 元，抗日战争时期入伍每人每年提高 15 元（孤老 20 元、城镇 20 元），定补面 74.6%。1994 年，抗日战争时期入伍每人每年提高 42 元（孤老 47 元、城镇 56 元），解放战争时期入伍每人每年提高 37 元（孤老 42 元），抗美援朝时期入伍每人每年提高 32 元（孤老 37 元），定补面 100%。2005 年，抗日战争时期入伍每人每年提高 205 元（孤老 235 元），解放战争时期入伍每人每年提高 195 元（孤老 245 元），抗美援朝时期入伍每人每年提高 185 元（孤老235元），带病回乡退伍军人每人每年提高100元。

四、优待

1986 年，平度县改进对义务兵优待办法，对城镇户口的义务兵家属，凡在职职工入伍的，服役期间保留原工资，由其单位发给其家属；入伍的城镇社会青年，由其父母所在单位每年发给 200 元左右的优待金。城镇青年应征入伍后，家中有符合招工条件的兄弟姐妹，招工时优先招收 1 名就业。农村优待金由原来的生产大队负担，改为以乡镇为单位统筹、平衡负担。义务兵家属优待金年平均 417 元。1989 年，县政府对城镇非农业人口应征入伍义务兵优待金实行全县统筹。1990 ~ 1997 年，市民政部门每年下发《关于做好年终统筹优待兑现工作的通知》，规范优待金发放工作。1998 年，市政府发布《平度市义务兵家属优待金统筹管理暂行办法》。1999 年，全市享受优待的优抚对象 1.17 万户，兑现优待金 746.34 万元。2000 ~ 2005 年，全市享受优待的义务兵家属年领优待金 1000 ~ 2100 元。

五、退役安置

1986 年，开始安置转业志愿兵，当年安置 32 人。1987 年，接收农村籍退伍军人 694 人，开发使用 538 人；将 11 名农村籍参战立功退伍军人转为城镇户口，安排在全民所有制和县以上集体所有制单位任合同制工人；投资 65 万元，征地 0.67 公顷，为军休所（1985 年成立）建楼房 2 幢、住房 30 套。1990 年，全市安置志愿兵 194 人。1991 ~ 1996 年，开发使用农村退伍军人 1614 人。1997 年，安排城镇退伍军人 246 名，其中志愿兵 144 名。1998 年，开始试行转业志愿兵、城镇退伍义务兵自愿从事各种经济活动（自谋职业），市退伍军人安置办公室一次性发给转业志愿兵流动资金 3 万元，城镇义务兵流动资金 1.5 万元。2000 年，市安置办公室改革城镇退伍义务兵安置办法，按照公开、公正、公平、择优原则，实行“绩能双考”（档案考核和政治、法律考试相结合），按成绩优劣选岗录用。是年，有192人参加“绩能双考”，41人走上相应工作岗位。2001年，出台政策鼓励城镇退役士兵自谋职业，申请自谋职业者，发给一次性经济补助金，转业士官为2万元、城镇复员士官和义务兵为1万元。2004年，接收退役士兵889名（其中农村户口651名，城镇户口143名）、转业士官95名，有69人通过“绩能双考”、公开选岗走上工作岗位；有169人（义务兵112名，转业士官57名）申请自谋职业，占总人数的71%，发放自谋职业补助金226万元。2005年，安置城镇退役士兵、转业士官176名，其中自谋职业131名，发放自谋职业补助费267.74万元；发放待安置期间生活费16.8万元。

六、烈士褒扬

1986年，平度烈士陵园被评为山东省民政系统先进单位。1988年，搜集整理烈士传略资料5万字、珍贵照片7张。1989年，投资10万元对烈士陵园美化绿化。翌年，烈士陵园被评为青岛市花园式单位，公布为山东省重点烈士纪念建筑物保护单位。1995年，烈士陵园被命名为青岛市爱国主义教育基地和德育基地。2001年，市民政部门投资17.3万元，重修园墙756.8米。之后，平均每年投入维护资金3万～5万元进行美化绿化。2005年，投资103万元，重修有名烈士墓和无名烈士墓。是年，全市共有在册革命烈士5130名，其中在烈士陵园安葬者3129名。

第二节 救灾 救济 扶贫

一、救灾

1986年，田庄等10个乡镇受冰雹灾害，市民政部门下拨救灾款8.2万元，救济1.12万人。1987～1989年，龙卷风伴有暴雨、冰雹，加旱灾，全县受灾作物2.16万公顷，市民政部门共下拨救灾款50.4万元。1990年6月，连阴雨，全市4.6万公顷小麦烂场，市民政部门调剂20吨塑料布支援损失较重的16个乡镇，发放救灾款24.36万元；调剂统销粮182.65万斤。1991年春，长乐、崔召等11个乡镇1万公顷小麦遭霜冻，马戈庄、明村、前楼、崔家集等29个乡镇2.6万公顷小麦遭病虫害；1994年8月，崔召、亭兰等12个乡镇遭暴雨袭击，9300公顷秋作物和林果受灾。青岛市民政和财政部门拨付救灾款200万元，调剂统销粮212.65万斤。1996年6月，暴雨致全市18个乡镇受灾，全市下拨救灾款163万元，救济2.04万人。1997年，旱灾。全市市直各部门支援抗旱双保，扶持资金并物资181万元，市财政投放抗旱资金221万元，出动工作人员4324人次、车辆909台次。青岛市财政拨付特大自然灾害救济款164万元。1998年10月

平度烈士陵园纪念碑（2005年摄）

至1999年5月，全市平均降雨量81毫米，小麦干旱面积1.3余万公顷，其中成灾面积7300余公顷、绝收4600余公顷、减产6250吨。青岛市民政和财政部门拨付自然灾害救济款368万元，救济灾民3.23万人。2000～2002年，17个镇（街道）遭受强风暴雨和冰雹袭击。全市为明村、李园等10个镇（街道）发放救灾款516万元、救灾面粉1.82万袋（每袋50斤）。2003年6～9月，全市累计平均降雨量667.7毫米，受灾人口7.31万人，青岛市财政两次向平度拨款110万元；市民政部门下发救灾面粉2.12万袋，安排救济粮530吨。2004年，明村、同和、白埠、崔家集、蓼兰、店子、马戈庄、门村、云山、大泽山等20个镇（街道）出现洪涝。青岛市政府下拨167万元，使用救灾预备金30万元，发放救灾面粉305吨（价值60万元），用于救灾助困。2005年，平度遭遇九号台风及冰雹、龙卷风袭击，境内1.6万公顷农作物受灾，倒塌房屋280间，损坏房屋1498间，直接受灾人口15万人，直接经济损失1.3亿元，市财政列支救灾预备金30万元，青岛市拨付现金93万元、面粉966吨（折款168万元），发放给受灾群众。

二、社会救济

临时救济　1986年，县民政部门对农村缺乏和丧失劳动能力、生活无依无靠、鳏寡孤独、残疾人、家庭人口多劳力少、主要劳动力长期患病，城镇无依无靠、无生活来源的孤老残幼、失业贫民及流入难民实施临时救济。全年投放救济款9.5万元，救济824户、3461人。1987～1992年，投放救济款70.5万元，救济8377户次。1993～2003年，投放救济款198.9万元，救济5.91万人次。2004～2005年，投放救济款6.99万元，救济94户次、256人次。

退职老职工定期救济　对1957年年底以前参加工作，1961年至1965年6月9日期间精简退职并领过一次性退职金的职工，由民政部门发给定期救济。1986～1987年，投放救济资金15.4万元，救济471人次，人次均救济327元。1988～1992年，投放救济资金42.4万元，救济1086人次，人次均救济390元。1993～1999年，投放救济资金62.9万元，救济1227人次，人次均救济512元。2000～2004年，投放救济资金68万元，救济650人次，人次均救济1046元。2005年，投放救济资金13.78万元，救济127人，人均救济1077元。

宽释人员定期救济　1986年，对宽大释放的原国民党县团级以下人员中丧失劳动能力、家庭赡养确有困难的，发给定期救济费。回城市的每人每月12～15元，回农村的每人每月6～8元。全年投放救济金4000元，对41名宽释人员进行救济，人均年发96元。1990年后，按每人每年180元标准发放救济金。至2005年，共投放救济金9.75万元，救济宽释人员409人次。

城镇居民最低生活保障救济　1997年，市政府出台《城镇特困居民最低生活保障制度实施细则》，以人均月收入不足120元为最低生活保障线标准。1999年，将低保标准由120元提高到156元。2000年，全市城镇低收入家庭有100户、250人（其中已享受低保77户、203人）。2001年，重新确定80户、211人为城镇低保对象。2002～2003年，城镇低保对象由149户、378人增长到228户、552人，年发定期救济款55万元。2004年，调整低保标准，城镇低保标准由原来每人每月156元提高到每人每月160元，低保对象有232户、542人，年发定期救济52万元。资金由市、县两级财政负担。2005年，对城镇低保对象重新审核，确定低保对象285户、641人，年发低保金70万元。

农村人口最低生活保障定期救济　1997年，市政府出台《农村人口最低生活保障实施细则》，以人均年收入不足600元为最低生活保障线标准。1998～1999年，有低保对象5429户、1.20万人，年发低保款116.7万元，市、县两级财政负担。2000年，重新审核农村低保对象，确定低保对象1787户、3452人，年发低保款75.94万元，青岛市拨付低保专款98.1万元。2001～2003年，农村低保对象由1893户、3715人增加到3531户、6818人，年发低保款108.4万元。2004年1月1日起，农村人口最低生活保障线为820元，救济标准由每人每年240元调整为480元，青岛、平度两级财政负担（5∶5），实物保障每人每年粮食200公斤，由镇（街道）、村集体负担。是年，低保对象增加到4305户、8154人，年投入资金354万元。2005年，全市农村低保对象6306户、1.19万人，发放低保金550万元。

三、扶贫

市内扶贫　1986～1990年，投放扶贫款40万元、扶持福利企业贴息贷款90万元，扶持贫困户3174户、1.26万人，使2539户、1.02万人脱贫。1991～1993年，投放扶贫款67万元，扶持贫困户1910户，使1680户脱贫，脱贫率88%。1994～1996年，投放扶贫款170万元，扶持3.28万户，脱贫1.62万户。1997年后，随着社会保障制度的建立，平度市相继建立"农村人口最低生活保障制度和城镇特困居民最低生活保障制度"，扶贫职能转向社会救助。至2005年，按照"应保尽保、动态管理"的原则，平度市城乡低保制度日渐完善。

对口扶贫　平度市1994年开始对口支援贵州省安顺铜仁地区，当年参与捐赠单位181个，捐送衣、被9.74万件。1995～2005年，每年9～10月组织一次大型捐赠活动，共捐赠衣物85.43万件，捐款207.55万元，捐赠单位增加到235个。

慰问农村贫困户（2007年摄）

第三节　社会福利

一、"五保"供养

分散供养　1986年，全市"五保"（保吃、保穿、保住、保医、保葬）人数4182人，供养标准每人每年口粮500斤、零用钱60元（经济收入高的村100～120元）。1993年，"五保"人数降至3820人。1997年，部分"五保"对象纳入农村人口最低生活保障范围。1998年，市政府出台《农村"五保"供养工作管理暂行办法》。至2002年底，"五保"数降至2512户、2719人。2004～2005年，农村"五保户"全部纳入最低生活保障范围。

集中供养　1986年，全县发动各乡镇兴办敬老院。1987年，蓼兰、张舍两乡（镇）分别投资32万元、15万元筹建中心敬老院。1988年，全县已建成敬老院190所，其中乡镇敬老院8所、乡（镇）村联办敬老院28所，余为村办敬老院，集中供养率达到30.6%。1989年，中庄、张家坊、昌里、官庄4个乡镇筹建中心敬老院。乡镇敬老院（含镇村联办）达到41所，入院老人415人；村办敬老院151所，入院老人766人。蓼兰镇和三堤乡中心敬老院被省民政厅授予山东省文明敬老院称号。1990～1995年，全市获评山东省文明敬老院7所、先进敬老院5所、模范敬老院标兵1所。中庄敬老院被评为全国模范敬老院。1997年，全市乡镇敬老院达到山东省一级管理水平的1所、二级1所、三级2所。2001年始，部分镇村敬老院转入分散供养。至2005年，全部纳入农村低保范围。

二、社会福利院

1998年，投资350万元建设平度市社会福利院。2002年6月正式开业。福利院统一实行宾馆式住宿，衣被统一定期供应。一日三餐统一安排，统一标准，每人每月生活费180元。开业时入院7人，

（2005 年摄）

2003 年增加到 13 人，2005 年增加到 15 人。

三、福利企业

1986 年，平度县福利企业开始起步。至 1989 年，总数达到 84 家，福利生产总值 4564.5 万元，利税 306.75 万元，出口创汇 257.2 万美元。1990 ~ 1992 年，每年创利税 453 ~ 600 万元，解决 1310 名“四残”（盲、聋、哑及肢体残疾）人员就业。1993 ~ 1998 年，安置“四残”人员 2478 人。1998 年后，全市企业改制，福利企业不再提取福利基金。

四、福利彩票

平度福利彩票销售始于 1988 年。除在县城组织销售外，向乡镇分配任务。是年，每个镇分配福利彩票 1 组（万元 1 组）。1990 年，全市积累福利基金 24.6 万元，用于扶持福利企业和福利事业单位 5.6 万元。1994 年，平度被山东省授予社会福利有奖募捐百万县称号。1995 年，在灰埠、长乐、万家及市区电影院广场举办 200 万元大奖组销售活动，全年销售 692 万元。平度被中国社会福利有奖募捐委员会评为销售一等奖。1998 年，发行赈灾福利彩票，募集 1470 万元。2000 年后，每年都开展 1 次福利彩票送温暖活动，为社会弱势群体送面粉、送大米、送花生油，每次 50 万 ~ 60 万元。自 2003 年开始，平度为百岁老人每人每月发 200 元，其中青岛市财政出 100 元，福利彩票出 100 元。2000 ~ 2005 年，大奖销售活动每年组织 1 次，年销售 60 万 ~ 280 万元。

第四节 基层政权建设

一、换届选举

1986 年，全县 1780 个生产大队改为村民委员会，各村村民大会选举产生村主任 1780 人。1987 年春，全县进行第二届村委会换届选举，选出村委会 1781 个，村委会成员每届任期 3 年。1990 年 2 ~ 5 月，组织第三届村委会换届选举。1993 年春，在第四届村民委员会换届选举工作中，坚持“六统一”（统一程序、统一选票、统一表格、统一验收、统一发证、统一建档），选出村委会 1781 个。1996 ~ 2002 年，分别进行五至七届换届选举。其中，1999 年开始，村委会成员改为村民直接提名选举办法，实行直接民主选举。候选人自我介绍、发表竞选演说，差额选举。2002 年，选出村委会成员 5421 人，比上届减少 576 人。2004 年 9 月，组织第八届村民委员会换届选举。全市 1783 个村委会，有 1650 个

南村镇南村社区村委会选举投票现场（2011 年摄）

村选出新一届领导班子。主任、书记1人兼比例达93%，两委成员交叉兼职达83.5%。2005年，完成第八届村民委员会选举扫尾工作，帮助17个镇（街道）完成剩余村选举任务。组织举办村委会主任培训班4期，指导建立村民大会和村民代表会议制度。

二、居委会建设

1993年，市政府在市区建立城区街道，下设17个居委会。1994年，全市区划调整，设立城关、同和、香店、李园4个街道，原城区街道撤销，其居委会按区域划分，隶属于4个新街道。1996年，在4个街道和开发区设立23个居委会、3个企业居委会、3个村改居委会、41个村设居委会（同村委会一套班子两块牌子）。1999年，进行换届选举。采取居民代表会议的形式，无记名投票，差额选举，选出居委会主任29人、成员99人。2002年换届选举，41个市区居委会、18个镇设居委会选出成员202人。2003年，将社区建设列入重点工作目标，举办社区建设培训班，对200名社区干部进行培训；全市60个居民委员会均完成换届选举；在同和城南居委会、开发区东宁园居委会组织开展创建示范社区工作，推动全市社区建设。2005年，出台《关于进一步加强城市社区建设构建和谐社区的意见》，处理换届选举上访案件58件。

第五节 民政事务管理

一、婚姻登记

1986年，全县各乡镇政府建有婚姻登记处，婚姻登记员由民政助理兼任。对于证件齐全、符合婚姻法规定的准予登记发给结婚证。年终各婚姻登记处的登记底册和婚姻状况证明送县民政局存档。是年，全县结婚登记8680对，离婚15对。1994年2月，民政部发布实施《婚姻登记管理条例》。按照要求，平度市民政部门统一规定：婚姻当事人必须提交户口证明、居民身份证、所在单位出具的婚姻状况证明，离过婚的还应提供离婚证件，方可

婚姻登记（2009年摄）

办理结婚登记。是年，全县结婚登记1.27万对，离婚63对。1997年4月，4个街道和开发区的婚姻登记工作交由社区服务中心负责；8月，各镇婚姻登记工作移交市婚姻登记管理处。婚姻登记管理处会同市卫生局制定婚前检查实施办法，由市妇幼保健站负责婚前检查。2005年，实行敞开式办公，登记员与婚姻当事人面对面服务，全年办理结婚登记8427对，离婚登记891对，补领婚姻登记证355个。

1986～2005年平度市（县）婚姻登记情况统计表

表15-2

年度	结婚（对）	离婚（对）
1986	8680	15
1987	12130	60
1988	11023	67
1989	10332	46
1990	10836	30
1991	12573	52

续表 15-2

年度	结婚（对）	离婚（对）
1992	9697	48
1993	9373	54
1994	12654	63
1995	12386	74
1996	13814	75
1997	11467	111
1998	11755	186
1999	10548	236
2000	10035	213
2001	8434	227
2002	8935	251
2003	10321	454
2004	12054	691
2005	8427	891

二、收养登记

自 1993 年，平度始有完整的收养登记记录。该工作由民政部门在县级以上报纸（电视台）发出寻找弃婴生身父母的公告（60 天），对收养当事人提供的证件、证明进行严格审查，符合条件，方可办理收养登记手续，发给收养证。是年，全市办理收养 5 人。1994 ~ 1998 年，全市收养登记人数变化不大，年均 10 人左右。1999 年有所增加，达到 31 人。2000 ~ 2003 年，全市收养登记达到高峰，年均收养 90 人左右。2005 年突降，仅 6 人。

三、殡葬管理

1986 年，全县火化尸体 7997 具。在火化和公墓安葬的同时，部分地方扎纸冥器、烧纸钱及设祭送葬之风开始恢复并逐渐盛行。1989 年，市第一殡仪馆投资 50 万元，更新 3 支沈阳产 82B-1 型火化炉和全自动入尸车，实现火化操作全自动化。1991 年，投资 30 万元改建火化区，实现消毒、整容、冷冻、告别系列服务。1993 年，市第一殡仪馆被评为国家二级殡仪馆。1992 年，第二殡仪馆投资 50 万元，扩建火化车间 505 平方米，安装 82B-1 型火化炉 2 支；1999 年，投资 40 万元修筑 309 国道云山段通往场区专用柏油路 1 条；2000 年被评为国家三级殡仪馆。2004 年，第一、二殡仪馆火化尸体 1.11 万具。2005 年，深化殡葬服务品牌和服务明星创建活动，全年火化尸体 1.18 万具。市第一殡仪馆获青岛市殡葬行业诚信服务先进单位和青岛市文明标兵单位称号。

1986 ~ 2005 年平度市（县）殡仪馆火化统计表

表 15-3

年度	火化数（具）
1986	7997
1987	7841
1988	8803
1989	7770
1990	8113
1991	8206
1992	8857

续表 15-3

年度	火化数（具）
1993	8707
1994	9534
1995	9209
1996	9813
1997	10000
1998	9908
1999	9224
2000	9318
2001	9989
2002	10711
2003	10734
2004	11109
2005	11767

四、民间组织管理

社会团体登记　1991年，民政部门组织对城乡社会团体进行全面普查，对审查合格的42个社会团体进行登记发证。1992年，新批社会团体43个，变更登记1个，注销9个。1993～1995年，新批社会团体189个，变更登记3个，注销13个。1996年，对城乡社会团体规范普查，保留社会团体229个。2000年，注销“平度市气功科学研究会”及其辖属6个“专门功法委员会”；取缔“仁兆镇大城西村村民自治委员会”及其下设机构。2001～2005年，查处“平度市转业干部联谊会”；取缔“仁兆镇大刘戈庄村民自发委员会”。至2005年底，全市登记在册社会团体251个。

民办非企业单位登记管理　2000年，取缔非法民办非企业单位113个，核准成立登记民办非企业单位12个。2002年，批准登记74个，注销登记2个。是年，出台《平度市民间组织登记管理规范》，市民政局与31个镇（街道、园区），镇（街道、园区）与村（居）委会分别签订《平度市民间组织管理目标责任书》。2005年，对所有民办非企业单位进行年检，至年底，全市登记在册民办非企业单位119个。

五、地名勘界管理

地名管理　1986年，成立平度县地名委员会办公室，建立地名档案。1989年，平度撤县设市，对新命名、更名地名进行审查，规范地名管理。2004年，完成山东省地名信息数据库录入工作及地名更新资料普查上报工作，实现地名档案微机化管理，被评为省地名档案管理优秀单位。2005年，组织开展地名补查工作，实施新生地名成果微机化处理，规范地名标志设置。年内设置街道标志牌352块、楼门牌4.9万块，完成市区设标任务。

勘界　1986年，全县勘查边界，平度有17个乡镇190个村及大泽山林场与莱州、莱西、即墨、胶州、高密、昌邑6市边界接壤，行政区域界线总长329.53公里。1989年土地详查时，与高密、胶州两市土地部门共同签定土地权属界，与即墨、莱西、莱州、昌邑4市因边界争议，只确定工作界。2003年，开展界线管理调研工作，完善“两图一责”（平度市行政区域界线管理示意图、平度市行政区域界线管理网络图和市镇村民四级责任制）管理机

地名勘界（2009年摄）

制。2004 年，组织实施平度—高密、平度—即墨 2 条线 93.18 公里界线和 27 颗界桩管理维护联检工作，利用 GPS 卫星定位系统对与莱州接壤的界山现场纠纷进行科学测定，竖立界桩 7 颗、界点 2 处。

边界争议处理 1989 年，对大苗家村与莱州市海沧村海滩洼地争议、界山潘家村与莱州市黑羊山村山峦权属争议、西崖村与莱州市沟刘家村黄山西山峦争议、罗头村与莱西市董戈庄村山峦权属争议及大小沽河界定争议进行详细土地资料普查。1996 年 10 月，召开全市勘界工作会议，下发《关于行政区域界线界定有关工作的通知》，展开勘界和边界争议处理工作。1997 ~ 2001 年，与莱州、昌邑、莱西等毗邻县市进行大小 10 余次协调，于 2001 年由省勘界办公室裁决，并同赴胶莱河西岸现场确定平度、莱州、昌邑三市交汇点界桩位置，设立三面型界桩，由莱州市制作、埋设、测绘。黑羊山地段的边界争议以黑羊山南坡为界，黑羊山界线划定后，界线两侧维持现状；黄山西山峦争议，决定边界的走向以土地管理现状为准；罗头村与莱西董戈庄山峦权属争议和大小沽河边界争议由青岛市勘界办公室召集平度和莱西勘界办公室协商解决。至 2002 年，勘定行政区域界线 324.93 公里，实地设置署名“国务院”的界桩 69 颗，解决边界争议 43 处。2005 年，针对红山四甲村与莱州黑羊山村争抢矿山资源案，特邀潍坊市测绘部门利用勘界档案资料，运用 GPS 卫星定位系统，现场测定界线走向。

第六节 老龄工作

1987 年 10 月，成立平度县老龄问题委员会，设立老龄委办公室。1993 年，撤销老龄委办公室，老龄工作由民政局负责。1999 年 5 月，复设老龄委办公室。2005 年，镇（街道）成立老龄委员会，设立老龄工作专管员，村设老年协会。

一、敬老养老

1988 年，全县组织庆祝老人节活动，广泛宣传尊老、爱老、养老先进典型。是年，田庄镇西寨村首倡以签订养老协议方式落实老年人生活费用。1989 年，明村镇党委、政府制定《尊老、爱老、养老暂行规定》。1990 年，全市评选敬老爱老先进人物 20 名。1997 年，发给百岁老人长寿补贴每月 100 元，2003 年后提高至每月 200 元，并于老人节发长寿金 200 元。2004 年，对农村老年人生活状况进行问卷调查；统计出全市农村抗战前老党员 301 人、新中国成立前老党员 2055 人、十一届三中全会前老干部 1034 人；汇总出全市新中国成立前支前女模范 99 人，并给予生活补贴。2005 年，在全市开展以读敬老书、做敬老事、写敬老文为主要内容的“青少年敬老爱老助老主题教育活动”，评选小孝星 9 人、孝亲敬老之星 1 人；对全市 62 名百岁老人进行登记，其中原有健在 41 名，新增 21 名，年龄最大的 107 岁，为 62 名百岁老人发放长寿补贴金 13.14 万元，发放老年人优待证 2264 个。是年 8 月，召开全市农村签订家庭赡养协议书工作会议，全市签订养老协议书 10 万户，占应签协议书户数的 94%。

二、公益服务

1994 年，根据山东省优待老年人规定：老年人不承担义务工、劳动积累工和各种集资。农村 70 岁以上老年人免除村提留、乡统筹费，70 岁以下丧失劳动能力或有特殊困难的老年人酌情减免。要求医院开设老年病门诊，并在挂号室、就诊室、收费处、药房、住院处等窗口设置“老年人优先”标志。1999 ~ 2005 年，落实山东省《优待老年人规定》、青岛市《优待老年人规定》2 个文件，办理老年证 3.7 万个。老年人凭优待证免费使用公用厕所，免购公园门票，65 周岁以上老年人乘坐市内公交车实行半价优惠，70 岁以上老年人免费乘坐。

三、权益维护

2003 年始，逐步完善老年人法律援助制度，推动全市法律援助站点建设。2005 年，市法院为老年人提供法律援助 67 人次，司法救助老年人 163 人次，为568名老年人提供法律咨询，为老年人减免律师费4.2万元，减免诉讼费2.5万元；受理不赡养老年人案件纠纷139件，结案136件，结案率98%。受理老年人来信来访278件，处结率100%。

第二章 人 事

第一节 编制管理

1986年5月，县直机关实行“编制管理卡片”制度。县级党政群机关编制总额为982人，其中行政编制735人、企事业编制247人。1993年，市级机构使用行政编制850人，其中市委工作机构127人、市政府工作机构638人，人大、政协、工会、团市委、妇联85人，45处乡镇使用行政编制1418人。2001年，党政机构改革，市直机关核定行政编制627人，其中市委机关150人、政府机关477人；30个镇（街道）核定行政编制1130人、全额拨款事业编制1084人。2004年，市直机关行政编制692人，其中市委部门146人，政府部门475人，人大、政协、工会、团市委、妇联71人；30个镇（街道）行政编制1130人，全额拨款事业编制总额1084人。公安系统政法专项编制340人，地方行政编制126人；法院系统政法专项编制184人；检察院系统政法专项编制86人；司法系统单列司法行政编制85人。自2001年机构改革后至2005年，青岛市共为平度市直党政机关新核行政编制32人，为市财政局新核增农税专项编制5人（纳入公务员管理范围）；为市检察院系统新核增政法专项编制5人，为市法院新核增政法专项编制3人。平度为30个镇（街道）新核增全额拨款事业编制（农税专管人员编制）99人。

第二节 干部管理

一、干部调配、录用

1994年，开始从“以工代干”人员中吸收录用干部。自1995年始，党政机关补充工作人员均按照“公开、平等、竞争、择优”原则，面向社会公开招考，当年为市直政府机关考录工作人员18名。1996年，首次在企事业单位中实行干部聘用制度，审批办理聘用制干部2462名。同年，由民办教师中选招公办教师764名。1997年，为市直党政机关考录干部18名，从公务员储备库录用3名。1998年，由民办教师中选招公办教师1708名。2000年，办理第二批聘用制干部，从全市企事业单位管理和专业技术岗位工人身份人员中，办理聘用制干部973名。2001年12月，对全市教育系统各级各类学校新补充教师实行教师资格认定和聘任制度。是年，为乡镇机关考录干部90名。之后，事业单位补充工作人员实行公开考录，事业单位进人“凡进必考”制度逐步形成并完善。2003年，全市卫生系统事业单位新补充医务人员均实行聘任制度。2004年，为市、镇两级党政机关考录干部65名，其中市直20名。至2005年，全市市、镇两级机关公开考选国家公务员224名，考选事业单位工作人员481名。市（县）内和跨市（县）共调配干部3875人，平均每年调配185人。

二、干部轮岗

1996年开始，在乡镇干部中实行定期交流制度，当年交流机关和事业单位工作人员235人。1999年，在市直行政机关及科级事业单位中层干部中实行首批轮岗，当年轮岗岗位23个，轮岗人员190人。2002年，乡镇计生干部交流34人，农机站工作人员交流14人。2003年，乡镇中层及一般干部集中交流222人。至2005年，各有关单位根据工作需要不定期地在机关内部实行工作轮岗。

三、干部培训

1996年，开始采取自学与集中培训相结合、专题辅导、举办讲座和交流研讨等形式对公务员培训，当年培训公务员720人。1997～2000年，培训公务员2479人。2001年开始，培训方式和培训内容逐渐呈多样化发展趋势，90名新考录公务员参加了在青岛市行政学院举办的为期15天的初任培训班，2259名公务员参加了WTO知识培训班，50名公务员参加了计算机知识培训班。2002～2005年，72名新考录公务员参加了初任培训班，2200名公务员参加了依法行政培训班，1974名公务员参加了青岛市电子政务考试，178名公务员参加了第一期国家公务员培训班，794名公务员参加了全市公务员及事业单位股级干部培训班。

四、干部考核

1986～1995年，在全市机关事业单位工作人员中实行岗位目标责任制考核，其中，市委、市政府负责对乡镇党委书记、乡镇长和市直机关主要领导的考核；乡镇党委书记、乡镇长和市直机关主要领导负责对辖属单位和内设机构负责人的考核；辖属单位和内设机构负责人负责对本单位或科室内工作人员的考核。自1996年开始，考核工作趋向规范。一般从每年12月中旬开始，至次年3月底结束。年度考核等次分为优秀、良好（2002年增加）、称职、基本称职（1999年增加）、不称职；事业单位工作人员考核等次为优秀、良好、合格、基本合格（1999年增加）、不合格。其中拟受嘉奖、记三等功人员确定后，由市纪委（监察局）、计生委审查，对有违纪违法现象者取消其资格。记三等功人员由市委、市政府通报表彰。至2005年，全市机关事业单位工作人员有2107名获记三等功，有124名辞职，35名被辞退，156名受到行政处分。

1996～2005年平度市机关事业单位工作人员考核情况表

表15-4　　单位：人

年度	三等功	优秀	良好	称 职	基本称职	不称职
1996	219	2914	–	20007	–	10
1997	184	3427	–	20489	–	8
1998	400	2571	–	21600	–	11
1999	–	2835	–	23591	7	8
2000	335	2661	–	22742	14	12
2001	142	2570	–	22563	22	7
2002	201	2793	9687	12927	11	15
2003	188	2740	8184	14247	4	5
2004	193	2584	8138	14524	6	9
2005	245	2677	7726	14963	1	6

五、非师范类毕业生就业

1996 年以前，毕业生就业实行计划分配。1997 年，确定非师范类毕业生就业分配工作由人事部门负责，对事业单位接收毕业生采取考录办法择优录用，对企业接收安置毕业生采取双向选择、供需见面的办法录用。1998 ~ 2001 年，毕业生就业，坚持计划与市场相结合，逐步把毕业生双向选择作为就业安置的重点。2002 年后，毕业生就业工作，除按照市政府下达招考计划考录本科毕业生和相关专业专科毕业生外，其他一律进入人才市场通过双向选择就业。2003 年开始，对事业单位急需和紧缺专业的本科毕业生，由组织人事部门会同用人单位直接到高校招聘。至 2005 年，全市共接收非师范类毕业生 1.19 万余人，其中通过考试安置到事业单位 887 人。直接到高校为事业单位招聘优秀毕业生 197 人。

大中专毕业生招聘现场（2007 年摄）

六、军转干部接收安置

1986 年，安置军转干部 222 人，其中到党政机关 69 人、事业单位 53 人、企业 100 人。1989 年，安置军转干部 38 人。1998 ~ 1999 年，安置军转干部 166 人，其中到党政机关 77 人、事业单位 74 人、企业 15 人。自 2000 年起，对军转干部安置办法进行改革，除团职干部由市委常委会研究安置外，营职以下（含营职）及技术干部，实行考试与考核相结合办法进行安置。自 2001 年开始，军转干部主要安置到机关和事业单位，不再向企业安置。至 2005 年，通过考试考核安置军转干部 174 人，接受自主择业军转干部 14 人。

第三节　工资福利

一、工资

1986 年前，全县机关行政人员、专业技术人员实行以职务工资为主要内容的结构工资制度，由基础工资、职务工资、工龄津贴、奖励工资 4 部分组成；事业单位行政人员和专业技术人员工资制度，允许因行业制宜；机关、事业单位的工人，实行以岗位（技术）工资为主要内容的结构工资制，由基础工资、岗位（技术）工资、工龄津贴和奖励工资 4 部分组成，基础工资、工龄津贴与干部相同。1993 年 9 月，工资改革，将机关和事业单位工资分开。1994 年，人事部门为 1.97 万名机关事业单位在职人员、4409 名离退休人员套改和增加工资，其中在职人员人均月增资 123 元，离退休人员人均月增资 137 元。1997 ~ 2003 年，全市机关事业单位在职及离退休人员调整工资标准 5 次，其中，1997 年 7 月为 3.34 万人调整工资标准，人均增资约 20 元；1999 年 7 月为 3.43 万人调整工资标准，人均增资约 100 元；2001 年 1 月为 3.29 万人调整工资标准，人均增资 90 元；2001 年 10 月为 3.29 万人调整工资标准，人均增资约 70 元；2003 年 7 月为 3.35 万人调整工资标准，人均增资 50 元。

晋升职务（岗位）工资档次　全市机关事业单

位在职及离退休（退职）人员自1993年工资改革以后，共晋升6次职务（岗位）工资档次：1995年10月为3.28万人办理晋升职务（岗位）工资档次，人均增资约15元；1997年10月为3.28万人办理晋档增资手续，人均增资约20元；1999年10月为3.33万人办理晋档增资手续，人均增资约20元；2001年10月为2.87万人办理晋档增资手续，人均增资约25元；2003年10月为2.88万人办理晋档增资手续，人均增资约30元；2005年10月为2.94万人办理晋档增资手续，人均增资约30元。

晋升级别工资 工作人员首次确定级别后，执行职级工资制人员自1993年10月1日始，凡年度考核为称职以上并达到上一级别工作年限的，分别于1998年1月和2003年1月各晋升1个级别工资，但最高不得突破本职务对应的最高级别。部分考核3年连续优秀的，提前晋升级别工资。至2005年，累计晋级达5000人次，增资30万元。

调整职务岗位补贴 1993年后，共调整5次岗位补贴：第三次岗位补贴，平均每人每月95元，自1996年1月开始至1998年全部到位；第四次岗位补贴，平均每人每月160元，自2000年10月起执行；第五次岗位补贴，平均每人每月80元，自2003年1月起执行；第六次岗位补贴，平均每人每月90元，自2004年7月起执行；第七次平均每人每月110元，自2005年1月起执行。

增加工资补贴 第一次工资补贴1995年12月执行，符合增加工资补贴条件1822人，月增资6万元；第二次工资补贴2001年10月执行，符合增加补贴条件3729人，月增资25万元。

二、休假

探亲假 对在国家机关、人民团体和全民所有制企业、事业单位工作满1年的正式职工，与配偶不住在一起，又不能在公休假日团聚的，享受探望配偶的待遇。与父亲、母亲都不住在一起，又不能在公休节日团聚的，享受探望父母亲待遇。职工与父母任何一方能在公休假日团聚的，不享受探望父母待遇。职工探望配偶的，每年给予一方探亲假1次，假期为30天。未婚职工探望父母，原则上每年1次，假期为20天。如因工作需要，本单位当年不能给予假期，或者职工自愿两年探亲1次的，可以两年给假1次，假期为45天。已婚职工探望父母，每4年1次，假期为20天。以上假期均包括公休假日和法定假日在内。另根据需要给予路程假。

病假 机关事业单位工作人员因病，由医疗机构出具证明，并经主管领导机关批准，可享受病假。病假期间待遇如下：工作人员病假在2个月以内的，发给原工资。工作人员病假超过2个月的，从第三个月起按照下列标准发给病假期间工资：工作年限不满10年的，发给本人工资的90%；工作年限满10年的，工资照发。工作人员病假超过6个月的，从第7个月起按照下列标准发给病假期间工资：工作年限不满10年的，发给本人工资的70%；工作年限满10年以上的，发给本人工资的80%；工作人员在病假期间，可以继续享受所在单位的生活福利待遇。

节假 节假是指全国年节及纪念日假期。机关事业单位全部工作人员享受的节假共10天：新年1天，春节3天，“五一”3天；“十一”3天。另外，部分人员享受的节假：“三八”妇女节，妇女放假半天；“五四”青年节，青年放假半天。全体人员享受之节假，假日如逢星期日，在次日补假，假期内均照发工资。

产假 女工作人员生育期间享受产假。产前产后共给假56天，难产或双生增加假期10天；怀孕不满7个月流产的，根据医生意见给予30天以内的产假。产假期间，工资照发。产假期满，因病需要继续休养者，按病假处理。对年满25岁以上，按计划生育的女工作人员，其产假时间在上述规定的基础上另增加4周，工资照发。

婚丧假 职工结婚，可请婚假；直系亲属死亡，可请丧葬假，假期均为3天，不另给路程假。晚婚假期17天，婚丧假假期工资照发。职工结婚双方不在一地工作的，职工在外地的直系亲属死亡时需要职工本人去料理丧事的，另可根据路程远近给予路程假。丧葬假和路程假期间，工资照发，途中的车船费由职工自理。

事假　国家工作人员因本人或家庭有紧急事务需要处理，可以请事假。国家工作人员请事假，不扣工资。

三、离退休及退职

1986年至2005年10月，市组织人事部门共为全市党政机关、群众团体和事业单位1538名符合离休条件的干部职工办理离休手续，为7689名符合退休条件的干部职工办理退休手续，为4名符合退职条件的干部职工办理退职手续。

第四节　职称管理

一、专业技术职称工作

职称评审　平度的职称评审工作始于1987年，由县科委组织。1992年3月，职称评审移交市人事局。至2005年，全市共为3.59万名专业技术人员晋升职称，其中正高级9名、副高级1476名、中级8085名、助理级1.46万名、技术员1.16万名，涉及专业技术职务系列22个。

职称考试　自1995年开始，先后对经济、会计、审计、统计、卫生、计算机软件、出版、质量等8种专业技术职务资格实行以考代评，至2005年，有3557人通过考试取得专业技术职务资格，其中中级1087人、初级2470人。

执业资格考试　自2000年开始，相继开展注册结构工程师、建筑师、会计师、城市规划师、价格鉴证师、资产评估师等35种执业资格考试，至2005年，全市有615名专业技术人员取得执业资格。

二、技术工人等级岗位考核

平度市机关事业单位技术工人等级考核从1997年开始进行，至2005年，共有1903人参加考核。

2005年平度市正高级专业技术职务人员情况表

表15-5

姓名	性别	出生年月	学历	工作单位	专业技术职称	评定时间
邱德基	男	1937.06	大专	人民医院	主任医师	1993.07
谭希修	男	1929.10	大学	人民医院	同上	1993.07
葛本孟	男	1934.02	中专	人民医院	同上	1994.02
孙世正	男	1961.02	本科	林业局	工程应用技术研究员	2001.12
王连起	男	1960.11	本科	农业局	农业技术推广研究员	2001.12
姜汉胜	男	1951.01	本科	人民医院	主任医师	2003.11
高贵明	男	1963.09	本科	林业局	工程应用技术研究员	2003.12
崔树欣	男	1948.02	大专	人民医院	主任医师	2004.11
生寿斋	男	1949.11	本科	科技局	工程应用技术研究员	2004.11

第五节 人才工作

1988年4月，县政府制定《关于放活科技人员的试行意见》，对吸引外地科技人员到本县乡镇企业工作、承包或创办乡镇企业，对鼓励本县专业技术人员以组织选派、调入、兼职、停薪留职或辞职等形式向乡镇企业流动，做出明确规定。1990～1992年，全市通过院校分配、联合办学、定向培养、委托代培以及岗位培训和人才引进等形式发展壮大科技队伍。截至1992年底，全市各级各类专业科技人员达2.68万人，农民技术员达5561人。1993年4月，平度市人才市场建立。至1996年，平均每年举办人才交流会2次。自1996年起，市人才市场开展人事代理业务，主要代理档案保管、职称晋升申报、档案工资调整、大中专毕业生转正定级、保险投缴、落户、党（团）关系存放、出具各种相关证明、出国考验政审、人才培训、人才测评等。2000年4月，市委、市政府制定《关于引进高层次人才的暂行规定》。2001年4月起，每月26号举办1次人才交流会，并在大中专毕业生就业高峰期增加4次。至2005年，市人才市场共举办人才交流会128次，有15万人次、1万家次用人单位参加洽谈，达成就业意向2.5万人次，办理就业8000人。与230家用人单位、1.3万余人签订人事代理协议，提供各种服务24万人次。办理人才流动2000余人，引进各类人才3000余人。有3人被评定为青岛市专业技术拔尖人才，分别是市科技局生寿斋、市农业局唐显云和王连起。

第三章 劳动保障

第一节 劳动管理

一、劳动用工

1986年，全县有待业青年1450人。各厂矿、企业、事业单位共招收城镇合同制工人1115人，其中全民所有制987人、集体所有制128人。1987年，从全县库区和引黄济青区为矿山建材企业招收农民合同制工人769人。同时，向县外输送农村剩余劳动力347人。1990年，从3752人待业青年中招收城镇合同制工人2530人，其中全民1557人、集体916人、合资企业77人。1991～1995年，全市用工5983人。其中，1991年安置待业青年1418人；1992年安置待业青年1078人，招收农民合同制工人136人、临时工102人，向市外输出农村剩余劳动力888人；1993年安置待业青年480人，为乡镇企业招收农民合同制工人858人，向市外输出农村劳动力262人； 1994年，安置待业青年868人，为乡镇企业招收农民合同制工人114人，向市外输出农村劳动力243人；1995年安置待业青年1031人，为大庄子金矿等35个企业办理农民合同制工人转招手续939人。1996～2000年，全市安置失业人员1.07万人，向市外输送农村剩余劳动力7277人。全市登记失业人员达4700人，失业率为2.92%。2001～2005年，全市用工2.93万人。其中，2001年安置2421人，失业率为3.47%；2002年安置3949人，办理外国人就业255人次，失业率为3.37%；2003年安置7571人，失业率1.17%；2004年安置1.03万人，失业率0.91%；2005年安置5134人，失业率0.64%。

二、劳动合同管理

1986年，青岛市在全国率先实行劳动合同制，凡是城镇户口的劳动力在就业时一律实行劳动合同制。办理就业手续时，企业和职工签订劳动合同。劳动合同内容包括：劳动合同期限、劳动保护和劳动条件、工作时间和休息休假、劳动纪律、劳动报酬及支付方式、保险福利待遇以及合同的变更、解除、终止和经济补偿、违约责任以及劳动争议处理和双方要约定的其他事项。1993 ～ 1994 年，平度市进行全员劳动合同制改革，将全市原有 6.72 万名固定工改为合同制职工。1994 年，平度市劳动合同管理所成立，加挂平度市劳动争议处理办公室牌子，负责全市劳动合同签证备案以及企业集体合同的行政审批、劳动合同争议处理。1995 年，对劳动合同实行动态化管理。从企业的职工变化、合同期限以及续签时间进行规范，合同到期及时督促重签和续签，劳动合同签订率不断提高。至 2004 年，为企业签订劳动合同 6 万人次。国有和集体企业劳动合同签订率达 100%；外商独资企业劳动合同签订率达 95% 以上，私营企业和个体经济组织劳动合同签订率为 70% 左右。2005 年，与青岛市及周边区市实行微机联网，实现劳动合同微机化管理。

劳务交流洽谈会现场（2007 年摄）

三、就业培训

1986 ～ 1991 年，平度市（县）就业培训工作由市（县）劳动服务公司承担。1991 年，平度市就业训练中心成立，负责全市失业人员职前教育与培训，当年培训待业青年 1365 人。1992 ～ 1995 年，举办待业青年培训班 6 期，培训待业青年 3363 人。举办厨师、缝纫、电工、电气焊培训班 10 期，培训失业人员 798 人。1996 ～ 2000 年，组织失业人

（2009 年摄）

员职前教育 8 期，培训失业人员 6054 人。开办缝纫、电工、电气焊、微机、烹饪专业培训班 83 期，培训失业人员和下岗职工 1.26 万人。2001 ～ 2005 年，组织失业人员职前教育培训 216 人。举办电工、烹饪、家政服务、微机、面点、礼仪服务、电气焊、美容美发培训班 165 期，培训失业人员 7454 人。

四、劳动争议仲裁

1987 年，平度县劳动局设立仲裁调解科，负责劳动争议处理及劳动信访工作。是年 12 月，设立平度县劳动争议仲裁委员会，当年处理劳动信访 26 件。1994 年，受理刘某某诉青岛胜利安农产有限公司工伤待遇一案，为平度仲裁委受理的第一起劳动争议案件。1995 ～ 2001 年，处理劳动争议案件 217 起。2002 年，处理劳动争议案件 114 起。其中，涉及工伤待遇纠纷 26 起、劳动合同纠纷 27 起、社会保险纠纷 2 起、劳动报酬 8 起、其他纠纷 51 起，比 2001 年同期增长 67%。是年，镇（街道）劳动争议调解委员会及山东天正平律师事务所劳动争议调解处成立。2003 年，劳动争议处理案件开始呈上升趋势，全年受理劳动争议案件 271 起，为上年同期的 2.4 倍。2004 年，受理案件 274 起。为劳动者追回工资 59.14 万元，生活费 23.66 万元，经济补偿金、违约金及赔偿金 67.47 万元，失业待遇 9.25 万元，工伤待遇 188.59 万元，医疗待

遇 2.88 万元，补缴社会保险费 1118.64 万元，为用人单位追回违约金 15.29 万元。2005 年，立案处理各类劳动争议案件 327 起，涉及劳动者 618 人，比上年分别上升 19.3%、53.7%；受理集体劳动争议 8 起，涉及职工 230 人，比上年分别上升 700%、125.5%；审理结案 322 起，按期结案率 98.6%。是年 7 月，平度市劳动争议仲裁委员会办公室更名为平度市劳动争议仲裁院。

五、劳动监察

1994 ~ 2003 年，市劳动监察大队检查各类用人单位 6704 户次，涉及职工 80 万人次，下达《劳动监察责令改正通知书》1463 个、《劳动监察行政处理决定书》42 份，清欠社会保险费 6610 万元，查处投诉举报 1131 起，追讨工资、押金 478 万元，取缔非法职业中介 64 家。2004 年，实现社会保险扩面 6924 人，为 1.23 万职工补办用工手续，为 1.56 万职工补签劳动合同，为 1406 名职工补办职业资格证书。下达《劳动保障监察行政处理决定书》18 份，行政处理金额 576.65 万元，其中社会保险费 540 万元、拖欠职工工资 36.55 万元，处理到位金额 428.85 万元。对拒不履行行政处理（处罚）决定的 6 家用人单位依法申请法院强制执行，执行标的额 186 万元，其中社会保险费 147.8 万元、工资 36.55 万元、罚款 1.65 万元。2005 年，劳动保障监察实行“网络化、网格化”制度。检查各类用人单位 2230 户次，其中劳动保障年检 1510 户、主动监察 745 户。受理投诉举报案件 474 起。立案查处各类劳动违法案件 39 起，结案率 100%。

第二节 劳动工资

1986 年 12 月，平度县开始执行六类区工资标准。1987 年，企业职工增资，人均每月增加 1.8 元，浮动升级。1988 年，进行以“工效挂钩”为重点的工资制度改革，全县 133 家企业实行“工效挂钩”，有 199 家企业、2.99 万名职工实行了浮动工资。1990 年和 1991 年，全市有 2.4 万名职工晋升 0.5 ~ 1.5 级工资。1992 年，全市有 92 家企业实行“工效挂钩”，按效益增长比例给部分职工增加标准工资。1994 年，市属企业推行劳动、工资、保险 3 项制度综合配套改革，将原来企业干部工资和企业工人工资统一改为技能工资，一类产业执行起点 90、95、100 元工资标准，二类产业执行起点 85、90、95 元工资标准，三类产业执行起点 80、85、90 元工资标准。全市有 285 家企业、4 万名职工套改了技能工资标准。1995 年 3 月，平度市企业开始实行最低工资保障制度，企业月最低工资标准为 150 元。1996 年 7 月 1 日起，执行月 180 元最低工资标准。1997 年 1 月起，执行月 200 元最低工资标准。1998 年，为职工增加档案工资，已定级职工最少升 1 级，最多升 5 级。

1999 年，对全市城镇各类企业实行工资指导线制度，当年基准线为 22.3%，上线为 26.3%，下线为 18.3%。全市 204 家企业、3.68 万名职工套改了新的技能工资标准。新的技能工资标准起点分别为 105 元、110 元、115 元、120 元、125 元、130 元。

2000 年，为 25 家由事业转为企业的单位套改技能工资，涉及职工 1518 人。是年开始，青岛市原则上不再出台统一调整档案工资政策，企业按照政府发布的工资指导线、集体合同和工资集体协议约定，根据企业经济效益，合理确定职工工资水平和调整幅度。经济效益持续下降或亏损企业，其工资可以是零增长或负增长。是年，平度首次发布 73 个职位（工种）的劳动市场工资指导价位。2001 年，全市有 120 家企业实行岗位工资。

2002 年，将最低工资标准调整为月 380 元、周 90.80 元、日 18.20 元、小时 2.30 元。非全日制用工小时最低劳动报酬标准（含社会保险费）为 3.20 元。两年后，用人单位月、周、日、小时最低工资标准又分别调整为 470 元、112.30 元、22.50 元、2.80 元；非全日制用工小时最低劳动报酬标准为 3.80 元。2005 年，全市企业工资指导线基准线为平均工资

增长 13%，上线为平均工资增长 20%，下线为平均工资增长 4%。

第三节 社会保障

一、养老保险

企业 1986 年，平度县劳动保险公司负责全县劳动保险基金的收集、管理和使用。是年，全县参保人数 9252 人，收缴基金 151 万元。1988 年 10 月，企业职工退休审批统一由劳动部门管理。1994 年 10 月，平度市开始为企业职工建立养老保险缴费个人账户。1995 年 7 月，企业离退休费实行社会化发放。1998 年 10 月，平度实行青岛市统一企业职工基本养老保险制度，改革养老金计发办法，职工养老保险个人账户改按职工本人缴费工资的 11% 记入。1999 年 4 月，城镇私营企业及其职工、城镇个体经济组织及其从业人员开始参加基本养老保险。2000 年 7 月，失业职工缴纳养老保险业务由平度市劳动事务代理中心代理开展。9 月，乡镇企业职工参加基本养老保险试点。2001 年 1 月，职工在机关事业单位和企业之间流动，只转移基本养老保险关系和个人账户档案，不转移基金。2002 年 1 月，城镇私营企业基本养老保险单位缴费比例调整为 15%，城镇个体经济组织的个体业主及其从业人员、自由职业者缴纳基本养老保险费的比例调整为 20%。2002 年 4 月，养老、医疗、工伤、生育、失业保险金实行五险一票缴费。2003 年 1 月，城镇私营企业基本养老保险单位缴费比例调整为 20%；10 月，国有集体企业单位缴费比例降至 24%；同月，达到法定退休年龄缴费不满 15 年的个体及自由职业者允许适当延长缴费年限。2004 年 1 月，国有集体企业单位缴费比例降至 23%；7 月，社会保险信息系统与青岛其他区市联网，实现信息共享。

2005 年 1 月，国有集体企业单位缴费比例降至 21%； 4 月，非本市户籍的个体经济组织从业人员及自由职业者，可以按规定参加平度市城镇职工基本养老保险。是年，全市共有 5.8 万企业职工参与养老保险，退休职工 9463 人；收缴基金 1.45 亿元，支付退休金 8900 万元。

1986 ~ 2005 年平度市（县）企业职工养老保险情况表

表 15-6

年度	参保人数	退休人数	基金收缴（万元）	支付退休金（万元）
1986	9252	–	151	–
1987	23691	1938	332	157
1988	24598	2059	421	191
1989	25576	2314	588	253
1990	24979	2695	654	301
1991	26726	2976	1101	430
1992	26883	3317	1362	856
1993	27810	3653	1619	1064
1994	33870	4290	1753	2544

续表 15-6

年度	参保人数	退休人数	基金收缴（万元）	支付退休金（万元）
1995	33865	5069	2693	2230
1996	33737	5824	3481	3183
1997	36708	6180	3968	3611
1998	36900	6365	4247	4124
1999	37351	6571	4561	4549
2000	38125	6916	5078	4957
2001	39055	7198	5972	5518
2002	41303	7906	7842	6918
2003	42333	8364	10309	7006
2004	48510	8843	12378	7570
2005	57987	9463	14517	8900

机关事业单位 1994年7月，成立平度市国家机关事业单位社会保险事业办公室，隶属于平度市人事局，1999年7月成建制划归平度市劳动和社会保障局，负责全市机关事业单位养老、失业、医疗、工伤、生育等保险基金的征缴、支付和管理。1994年，收缴机关事业单位养老保险金245.7万元。2000年，全市机关事业单位养老保险参保人数2.61万人，收缴养老保险金4853.8万元，支付4699万元。至2005年，全市机关事业单位养老保险累计参保人数2.6万人，养老保险累计收缴7.38亿元，累计支付7.51亿元。

1994 ~ 2005年平度市机关事业养老保险情况表

表 15-7

年度	参保人数	养老保险	
		征缴额（万元）	支付额（万元）
1994	3596	245.7	–
1995	3985	382.7	0.12
1996	5440	587.2	140.7
1997	5579	685.3	200.7
1998	5557	989.3	415.5
1999	5536	1219.3	556.3

续表 15-7

年度	参保人数	养老保险	
		征缴额（万元）	支付额（万元）
2000	26105	4853.8	4699
2001	26449	9589.2	10553.7
2002	26185	12000	13000
2003	25978	13000	13600
2004	25986	14700	15400
2005	25980	15500	16500

农村　平度农村社会养老保险始于 1992 年，当年参加养老保险人数 1142 人，征缴农保基金 5.56 万元。1993 年 9 月，成立平度市农村社会养老保险事业管理处，隶属于平度市民政局，主要负责全市农村社会养老保险费的征缴、管理和发放。1996 年，市政府下发《关于进一步加强农村社会养老保险工作的通知》和《平度市农村社会养老保险暂行办法》。当年全市有 2.97 万人参加农村社会养老保险，收取保费 1169.4 万元。1997 年，全市有 2216 人参加农村社会养老保险，收取保费 201.6 万元，6 人领取养老金，领取额 495 元。1999 年，农村社会养老保险事业管理处由市民政局划归市劳动和社会保障局，基层农保工作由各镇（街道）民政所划归财政所。2005 年 12 月，在全市建立被征地农民社会基本养老保险制度，并在平度市经济开发区进行试点。试点内容：把农村集体经济组织人均农用地不足 0.3 亩、年满 18 周岁及以上人员，除在校学生和已参加城镇职工社会基本养老保险的人员外，全部纳入被征地农民社会基本养老保险范围。是年，全市农村共积累养老保险基金 2264 万余元，参加社会养老保险总人数 3.5 万人，有 1135 人开始领取养老金，年发放养老金 30 万余元。

（2007 年摄）

1992 ～ 2005 年平度市农村社会养老保险收缴、给付情况表

表 15-8

项目 年度	缴费人数	缴费金额（万元）	给付人数	给付金额（万元）
1992	1142	5.56	–	–
1993	762	3.62	–	–
1994	379	14.46	–	–

续表 15-8

项目 年度	缴费人数	缴费金额（万元）	给付人数	给付金额（万元）
1995	983	24.07	–	–
1996	29691	1169.39	–	–
1997	2216	201.58	6	0.0495
1998	1076	13100	143	1.25
1999	550	47.84	187	1.02
2000	415	447.40	289	4.08
2001	844	30.98	367	5.64
2002	880	66.66	409	12.09
2003	684	61.25	467	14.02
2004	782	75.35	791	27.11
2005	654	113.22	1024	33.46

二、医疗保险

2001年9月，平度市医疗保险管理中心成立，为全市城镇职工基本医疗保险经办机构。同年11月，全市党政机关、事业单位和垂直管理单位职工基本医疗保险正式启动，同时实施离休人员、二等乙级以上革命伤残军人医疗保险及补充医疗保险。2002年末，全市城镇职工基本医疗保险覆盖参保单位409个，参保人员3.4万人，医疗保险基金收入4751万元、支出4176万元，累计结余888万元。2003年11月，全市企业职工、失业人员、灵活就业人员基本医疗保险启动。至此，全市城镇职工基本医疗保险已覆盖党政机关、企事业单位、灵活就业人员及失业人员，参保单位1022个，参保人员8.5万人，城镇职工基本医疗保险覆盖面达到98%。2005年，全市城镇职工基本医疗保险参保职工10.3万人，医疗保险基金收入首次突破亿元大关，基金累计结余5684万元。

三、失业保险

企业 1987年，全县179个单位开始纳入失业保险金收缴范围，收缴失业保险金25.71万元。1988～1991年，收缴待业保险金155.6万元，为5名失业职工发放失业救济金1075元。1992～1996年，纳入失业保险金收缴范围的单位时有变化，共收缴失业保险金533.9万元；为1201名失业人员支付失业金41.70万元，为19个单位特困职工发放特困补助169.55万元。1997～2000年，收缴失业保险金1254.1万元，发放失业金395.8万元，救济失业人员1.87万人次，为58名自由职业者发放一次性救济金14.59万元，为48家困难企业困难职工发放救助金395.6万元；支付下岗职工培训费、生活保障费62万元。2001～2002年，收缴失业金1003.3万元，发放失业金1280.4万元，救济失业人员5.3万人次，支付下岗职工生活保障费50万元。2002年8月开始，因失业金收不抵支，不足部分由市财政拨付。2003年，失业保险金由社会保险事业处统一收缴。全年发放失业保险金1560.7万元，救济失业人员5.8万人次。2004～2005年，发放失业保险金3515万元，救济失业人员 13 万余人次。

机关事业　平度市机关事业单位自 1996 年开始缴纳失业保险。当年，全市收缴机关事业单位失业保险金 46.8 万元。至 2005 年，全市机关事业单位失业保险金累计参保人数 2.26 万人，累计收缴失业保险金 3455.8 万元。

四、工伤保险

1995 年 10 月，平度市市级以上国有、集体企业开始实行职工工伤保险制度，当年收缴工伤保险金 18 万元，支付 4 万元。2003 年，收缴工伤保险金 144 万元，支付 139 万元。2004 年 1 月，开始实行国务院《工伤保险条例》，保险覆盖面扩大到辖区内的各类企业和个体工商户雇工。企业按不同行业确定 0.5% ～ 2.0% 的缴费费率，劳动保险经办机构按规定支付一次性伤残补助金、定期伤残津贴、护理费、工伤医药费、义肢和康复器具配置费等。至 2005 年，全市参加工伤保险人数 4.18 万人，累计收缴工伤保险金 1040 万元，支付 842 万元，接受支付人员 1115 人，其中定期支付 184 人。

五、生育保险

平度自 1995 年 10 月 1 日起建立生育保险制度。保险范围为本市行政区域内城镇国有企业、县以上集体企业、私营企业、外商投资企业等各类单一或混合型经济所有制企业；参加生育保险基金社会统筹的企业，按照企业缴费工资的 0.9% 缴纳生育保险费，职工个人不缴纳生育保险费；企业职工享受生育保险医疗补助费和产假工资待遇须缴纳生育保险费 10 个月以上，其中顺产享受的待遇为 5 个月缴费工资及 200 元医疗费，剖腹产享受的待遇为 5.5 个月缴费工资及 400 元医疗费。当年全市收缴生育保险费 20 万元，支付 3 万元。1996 ～ 2004 年，全市累计收缴生育保险费 959 万元，支付 777 万元。2005 年，全市参加生育保险职工 3.56 万人，收缴生育保险费 243 万元，享受生育保险待遇 453 人，拨付生育保险费 159 万元。

第十六篇 公安 司法 军事

公安 清末，平度州设吏目署。光绪三十二年（1906），撤吏目署，创设巡警局，设巡官、区官。民国元年（1912），改巡警局为警察所，所长由县知事兼任，下设警佐。抗日战争时期，国民党警察局随民国县政府流动，先后驻祝沟、丈岭、台头等地。1939 年 12 月，共产党领导下的人民公安机构——平度县委保卫组成立，后改称社会部、公安局。

检察 民国 18 年（1929），县法院设有检察官 1 人，由县长兼任。1950 年，原平度四县相继成立检察署。1956 年，成立县人民检察院，1973 年撤销，1978 年恢复。1979 ~ 1985 年，县检察院审查公安提请批捕人犯 1785 人，批准逮捕 1486 人，审查公安移送起诉 1517 人，审查决定起诉 1373 人；受理法纪、经济案件 243 件，立案侦察 133 件，提起公诉 63 人，免予起诉 38 人。

审判 清光绪年间，州署内设有衙门（初级审判厅），民事诉讼与刑事诉讼案件，由知州坐堂审判。民国 18 年（1929），组建县法院。1942 年，抗日民主政府设司法科。1950 年，成立县人民法院。1968 年，法院与公安、检察合署办公，人民法庭撤销，1973 年恢复。1981 ~ 1985 年，共审结刑事案件 1065 起、民事案件 1516 起。受理经济案件 104 件，审结 50 件，诉讼标的额 158 万元。

军事 明代平度非府治、海防，不置营，惟置州汛。设千总 1 员，马步兵卒与知州民壮百余人。民国 12 年（1923），保卫团教练所成立。抗日战争时期，原平度中学校长张金铭，招募兵员，编为国民党第五战区直属第十六支队，张任司令兼平度县长。此外驻扎有王尚志、阎珂卿、刘景川、董希瞻、刘锡智、于品三、高玉璞等国民党杂牌队伍。1940 年，平度县建立由共产党领导的县大队，后改称独立营、保田大队、武装指挥部，1950 年升为人民解放军正规军。与此同时，原平度四县均成立武委会，后改称武装部、兵役局，1958 年复改为武装部。至 1985 年，全县共有民兵 12.4 万人。

第一章 公 安

第一节 公安机关

1986年初，平度县公安局设秘书科、政工科、治安科、治保科、户政科、法制科、保卫科、预审科、消防科、看守所、刑警队及45处派出所，公安干警257人。1987年，道路交通改由公安机关管理，县公安局设立交通管理科（对外称“交通警察队”）。同年增设行政科、信访科。1990年，成立城区分局（副科级），增设审计科，公安民警384人。1991年，消防科更名为消防大队。1992年，增设复议应诉科，交通警察队升格为副科级。1994年，成立巡警大队（副科级）。1995年，区划调整后，原45处派出所合并为33处。1997年，增设外事科；刑警队更名为刑事警察大队（副科级）；同年公安民警达到506人；被公安部授予“全国优秀公安局”称号。1999年，办公室更名升格为指挥中心（副科级）。2002年3月，政保科更名升格为国内安全保卫大队，治安科更名升格为治安警察大队，保卫科更名升格为经济犯罪侦查大队，均为副科级；政工科更名为政治处，外事科更名为出入境管理科。2005年，市公安局设指挥中心、政治处、行政科、财务审计科、纪委办公室、督察队、信访科、法制科、反邪教侦察科、出入境管理科、户政科、通信科、网监科、看守所、行政拘留所、国内安全保卫大队、治安警察大队、经济犯罪侦查大队、刑事警察大队、交通警察大队、巡警大队以及城关派出所等34处派出所，公安民警达到585人。

第二节 打击犯罪

一、刑事犯罪

1986年，深入开展“严打”斗争第三战役，全年打击处理各类刑事犯罪分子301人，破获刑事案件980起。1991年7月，开展打击拐卖妇女儿童犯罪专项斗争，查获人贩子38人，解救被拐买妇女10人。1993年，破获刑事案件390起，追破积案、漏案和外地案件2200起，打击处理各类违法犯罪分子3230人。1995年，加大对团伙犯罪打击力度，摧毁犯罪团伙38个，打击处理团伙成员150人，追破积案、漏案以及外地案件1300起。1996年5～7月，开展打击严重刑事犯罪斗争，破获各类刑事案件661起，查获各类违法犯罪分子675人，全市刑事案件较1995年同期分别下降46.8%、43.8%、74.4%。1998年，出台《关于改革和加强刑侦工作的意见》，加快了侦审一体化进程，当年破获刑事案件1418起，摧毁各类犯罪团伙23个、成员98人，依法打击处理743人。2003年，出台《派出所刑事工作实施意见》和《关于推行三级破案责任制的实施意见》，推行刑警大队、刑警责任区中队、派出所探组三级破案责任制工作模式。2004年，市公安局刑警大队技术科被公安部评为“一级示范刑事科学技术室”。是年，组织开展为期3个月的侦破命案专项行动，破获各类刑事案件1278起，抓获犯罪嫌疑人466人，打掉团伙17个、成员98人，抓获各类逃犯60人。2005年，公安机关破获各类刑事案件3241起，其中破获现案1677起，命案破案率达96.7%。

二、经济犯罪

1986年，公安机关受理、查结经济案件20起，查获违法犯罪分子89人，挽回经济损失50万元。同年7月，抓获涉嫌诈骗1亿余元的原山西省郓城地区外贸局干部赵建功。1987年，在平度县金矿打掉一6人盗窃、倒卖黄金团伙，缴获赃款赃物折款1.4万余元、毛金400余克。1991年3月，在旧店、石桥金矿区开展专项整治活动，查获盗窃、偷挖金矿石、走私黄金违法犯罪分子50人，缴获毛金119克、金矿石14吨。1993年，组建市联社、市黄金公司两支共220人的经济民警队伍。1999年，根据新《刑法》赋予公安机关侦查经济犯罪案件的职责，加大查办金融诈骗等经济犯罪案件力度，全年立案侦查经济犯罪案件42起，挽回经济损失428.6万元。2000年，公安机关设立打击经济犯罪举报和服务电话。2002年，经济犯罪侦查大队成立，当年查办经济犯罪案件49起，挽回经济损失530余万元。2005年，立案查办经济犯罪案件137起，打击处理54人，挽回经济损失778万元。

“严打”斗争　2001年4月，在全市启动为期2年的严打整治斗争，“打黑除恶”“治爆缉枪”及“整顿和规范市场经济秩序”同时推进。其间，共破获各类刑事案件5950起，打掉团伙113个、成员449人，查获刑事犯罪嫌疑人2157人，追回逃犯390人；查处各类违法人员3150人，收缴炸药1.18万公斤、枪支2146支；查破经济犯罪案件85起，查处涉案人员54人，涉案金额2439.6万元，挽回经济损失1369.2万元。2002年，全市刑事案件发案较2001年下降18.3%，2003年刑事案件发案较2002年同比下降12.8%。

三、预审看守

1986年，公安预审部门受理人犯249人，审结225人，追破各类大小积案320余起，查获违法犯罪分子77人。看守所教育、动员在押人员提供线索240条，由此破获大小案件50余起，挖出违法犯罪分子56人。1987年，成功预防在押人员预谋越狱逃跑事故1起。1990年，通过对犯罪嫌疑人杨某某审讯，顺线挖出一8人特大盗窃团伙，破获破坏电力设备案件30余起。1995年，预审工作实行包案到组、责任到人目标管理责任制，全年受理各类刑事案件335起、480人，审结320起、456人，审结率95.5%。1998年，市看守所升级为二级看守所。2004年，看守所投资28万元增设监控、电教设备，实现与市检察院驻所检察室联网试运行，并通过对在押人员教育改造，深挖犯罪，破获杀人案和绑架案各1起，2005年，对周围设施和监区改造治理，使监所建筑面积达到9000平方米。

第三节　治安管理

一、公共场所管理

1986年，公安机关对县城28处宾馆、招待所和旅馆进行整顿，在11处较大规模旅馆和招待所内设立治安办公室。翌年，县城所有复杂场所均设立治安办公室。1991年，对旅馆业重新核发备案证书。1993年，对全市900余个公共场所调查登记，建档立卡。1996年，对电子游戏机场所清理整顿，取缔所有有奖电子游戏机场所。1997年11月，组织开展争创安全旅馆活动，审查登记旅店165家，培训店员105人。2000年4月，对全市废旧金属收购点清理整顿，整改隐患30处，取缔4处，行政处罚10人，收缴废旧金属6000公斤。2001年，推行城区公共娱乐服务场所治安联包责任制，由机关科、所、队与派出所民警共同实施管理。2003年，建成涵盖177家旅馆的旅馆业治安管理信息系统。2005年，组织开展加油站安全防范专项整治，为7家加油站安装了电视监控系统。

二、打击“黄赌毒”

1987年11月，在城关镇打掉一20余人重大赌博团伙，缴获赌具4副，赌资1500余元。

1990～1993年，取缔关闭利用色相招徕旅客“路边店”14处。1995年，对电子游戏机场所集中清理整顿3次，查封违法经营电子游戏厅（室）9家、电子游戏机700余台。1996年，成立打击赌博、卖淫嫖娼专业队，当年查获卖淫嫖娼案件40起、赌博案件20起，处理不法分子213人。1997年，会同有关部门净化文化市场，收缴迷信、非法出版书籍2万册。1998年，查处卖淫嫖娼、赌博、传播淫秽物品案件457起，打击处理不法分子479名，收缴非法音像制品6900盘（块）、书刊4240册、游戏机409台。2000年7～9月，开展整治娱乐服务场所、打击黄赌毒专项行动，清理电子游戏厅、夜总会等场所49处，收缴非法出版物和光盘1492册（盘），电子游戏机645台。2005年，查处卖淫、嫖娼、赌博等案件236起，治安处罚833人。

三、枪支及爆炸物品管理

1986年，全县有炸药库34处、使用爆炸物品单位389个、烟花爆竹生产单位9个。是年，公安机关对全县932名专职爆破员进行业务培训。1988年，组织开展清理收缴私藏枪支工作，收缴各类枪支1.1万支。1990年，在张舍等26个乡镇成立专业爆破队。收缴各种枪支480支、炸药847.5公斤。1991年，青岛市公安局在张舍乡召开爆炸物品安全管理现场会，推广平度市爆炸物品管理工作经验。1995～1996年，收缴各类非法枪支1.1万支。1997年，公安派出所与经营爆炸物品脱钩。1998年12月，集中销毁非法枪支5560支。2001～2003年，持续开展治爆缉枪专项斗争。2005年，组织对全市21处爆炸物品储存库、13个放射源使用单位、9个危险物品使用单位及有烟花爆竹生产传统的镇、村进行检查，发现和督促整改安全隐患132处，查处违反枪支和爆炸物品管理案件91起，收缴各类枪支28支、烟花爆竹283万响。

平度市缉枪治爆百日行动收缴的猎枪（2005年摄）

四、社会治安防控

1986年，全县有2272个治保组织和7746名治保人员，85%的村庄能常年坚持值班巡逻，县直60个单位成立护厂队，全年抓获违法犯罪分子180余人。1990年，全市116个财务室和129个银行办事处安装防盗报警器；185座宿舍楼配备护楼员，450户居民安装防盗门。1991年，平度市政府下发《关于实行治安联防工作的意见》，市区和乡镇驻地均组建治安联防队伍。1993年，城区建立146人的治安联防大队，设17个警区；其他44个乡镇拥有联防队员718人，设立警区162个；当年通过巡逻抓获违法犯罪分子2420人。1998年，为巡警配备8辆警用摩托车，以机动化巡察代替徒步巡察，城区刑事案件较1997年下降10.5%，其中重大案件下降14%。1999年，组织实施“城区防范工程”和“农村创安工程”，城区重新调整设置警区27个，在农村建立安全责任区6742个。2000年11月，组建巡警防暴队，专门负责城区夜间治安巡逻和参与处置各类突发性事件。2001年，实行联合警务体制，通过快速反应和多警种联合，直接抓获各类违法犯罪嫌疑人154人，破获各类案件341起，打掉团伙14个、成员61人。2003年，巡警防暴队扩招防

巡警防暴队上岗执勤（2003 年摄）

暴队员 50 人。2005 年，公安机关与教育部门联合开展警教共建“平安校园”活动，当年未发生重大涉校案件。

五、“110”报警服务

1995 年 6 月，市公安局开通三部“110”报警服务电话，由巡警承担接、出警任务，受理群众报警求助，及时打击各类违法犯罪。1997 年，投资 370 万元建起“110”指挥中心大楼，开通“110”报警服务台，实行“110”报警服务社会联动，当年受理群众报警 7433 次，抓获违法犯罪嫌疑人 1348 人。1998 年，完成 350 兆“110”通讯网（城区）建设，全年受理报警电话 1.4 万次，处置刑事案件 1166 起、治安案件 2453 起，调解群众纠纷 2180 起，抓获违法犯罪嫌疑人 1140 人。市公安局“110”报警服务台被评为全省优秀“110”报警服务台。2000 年，全市 33 个重点要害单位均安装了与“110”联网的防盗防劫自动报警器。2003 年，实施“110”“119”“120”三警联勤，配置三警联勤综合巡逻车 2 辆。2004 年，实施“110”“119”“122”三台合一，增配“110”巡逻车 4 辆，加大城区巡逻力度。2005 年，公安机关通过快速出警和治安巡逻直接抓获违法犯罪嫌疑人 663 人，查破刑事案件 314 起。

第四节 户政管理

1986 年 3 月，公安机关完成全县 4288 户、1.64 万名暂住人口登记发证工作，从中发现违法犯罪分子 31 人。1987 年，为县城 7 条主要街道 461 个单位和住户挂上门牌。同年，县政府下发《租赁公私房屋管理办法》。1988 年，为全县符合条件的 88.93 万名公民颁发居民身份证。

1992 年，对农村户口实施城市化管理，城区及 45 处乡镇 1791 个行政村的住址编号示意图绘制完毕，挂门牌 49.74 万户，占应挂总户数的 99.6%。1995 年，投入资金 150 万元，建成人口信息计算机管理系统，成为青岛市首个实现户口管理微机化的县级市。同年，对全市新中国成立以来的所有户口资料进行清理，建立户口资料档案 3878 卷，实现户口档案规范化管理，受到公安部、山东省公安厅肯定。

1998 年，建立市、镇、村（单位）三级暂住人口管理网络，推行出租房屋“旅店式”管理模式，签订《租赁房屋治安责任书》1568 份，登记暂住人口 2.50 万人，办理暂住证 1.03 万个，暂住人口办证率达到 95%。1999 年，实施人口信息微机联网工程，全年发出暂住人口函查信 1.53 万件，查获违法犯罪嫌疑人 286 人。2000 年 9 月，在全市范围开展户口整顿，纠正重登户口 81 户、263 人，应销未销户口 2685 人，修改居民居住方位图 1001 份、3.93 万户。2004 年，组织开展流动人口、租赁房屋清理活动，清查暂住人口 4789 人。

2005 年 9 月，启动第二代居民身份证换发工作，年内换发二代证 70 万个。

第五节 交通安全管理

一、交通秩序管理

1986年，平度县仅在城区汽车站、荷花湾以及杭州路与红旗路交叉路口建有红绿信号灯。1987年，公安机关接管道路交通安全管理，在主要交通干线设立固定交通安全检查站点7处，当年纠正违章6.7万次。1990年，在市区主要道路增设隔离墩和护栏。同年查处违章车辆1.22万辆，举办违章机动车驾驶员培训班12期、受教育人数达260人次。1998年，在城区设置17处机动车停车场和48处三轮车停放点。2000年，增设交通标志60面，施划标线380公里、斑马线及各种图文标志3600平方米，取缔城区助力三轮车380辆。同年，改革交通执勤模式，实行上高峰岗和延时工作制度。2003年，在市区6个路口安装人行横道灯，并首次使用信号灯读秒器。2005年，组织开展城市交通秩序整治，查纠各类交通违法行为8.32万起。投资120万元建起市区交通电视监控和电子警察系统。截至年底，全市累计设置红绿信号灯24处、黄闪灯41处，施划道路标线180公里，交通标志标牌1748面(块)。

二、车辆管理

1986年，公安机关对全县37.5万辆自行车进行验证，破获自行车被盗案件100余起。1987年，对全县5600辆机动车、42.5万余辆自行车和9856名驾驶员进行审验，新培训机动车驾驶员872人。1990年，举办违章驾驶员培训班12期，受教育260人次。1994年，全市机动车保有量达到1.39万辆。1998年，简化办证、挂牌手续，全年办理机动车挂牌2.7万副、驾驶证26万个。同年，成立机动车驾驶员协会，发展会员2.6万人。1999年，全市机动车保有量达到11万辆。其后，随着经济发展，全市机动车和驾驶员数量增速加快。至2005年，全市机动车保有量达到21.15万辆，驾驶人保有量达到18.34万人，较2001年分别增长37.86%、45.28%。是年，受理初学驾驶证申请7183人，机动车挂牌7526辆。

三、交通事故处理

1986年，交通事故处理由交通局负责。1987年，改由县公安交通管理科负责。1987~1990年，平均每年发生交通事故735起，死亡72人，受伤354人，直接经济损失折款55万元。1995年，开通“122”交通事故报警电话和“122”交通巡逻车。1998年，完善交通事故接出警机制，实行分体办案、案件集体研究、伤残鉴定复核、超时追究制度和疑难交通事故公开调解制度。1999年，制定交通事故责任认定听证会流程、交通事故损害赔偿调解流程，实行事故走访和逃逸事故回告两项制度，增强交通事故处理工作透明度。交通事故因公路通车里程、机动车及驾驶员保有量迅猛增加呈明显上升趋势。至2000年，平均每年发生交通事故2270起，死亡165人，受伤797人，直接经济损失折款255万元。其后，随着道路交通安全设施完善、群众交通安全意识增强、公安交通管理部门管理力度加大，交通事故上升势头得到遏制。2001 ~ 2005年，平均每年发生交通事故1669起，死亡250人，受伤1345人，直接经济损失折款512万元。

交警助学岗（2005年摄）

第六节 消防管理

1986年，全县共发生火灾32起，直接经济损失16万元。同年，消防部门举办大型防火训练班3次，加强对55处新建筑项目的消防监督，为全县95%的汽车安装了灭火器；对全县42个防火重点单位安全检查6次，整改不安全因素900条。1990年，落实重点消防单位安全责任制，培训义务消防队员576名。1997年，大泽山、长乐、灰埠等9个镇建立义务消防队。同年，加强消防监督检查，对122个“KTV”包间、134个中小型饭店、25个商场、20个加油站（液化气站）、250个售油售气点进行检查整顿，整改火灾隐患720处。1998年，在城区增建公共消防栓80个，在10个镇（街道）组建民办消防队，使民办消防队达到19支。同年，消防“119”和“110”报警服务台加强配合，提高快速反应能力，接火警252次，出警917人次，车辆198辆次，保护国家、集体和个人财产折款255万元。

2000年，市公安局制定《关于落实派出所消防三级管理工作的意见》，对市级消防重点单位进行调整，加强基层消防工作。2001年，投资20万元购置云梯消防车。2003年，将消防责任制列入市政府政务督查和干部考评。2005年，消防部门组织开展灭火逃生演习40次，检查单位300处，发现和整改火灾隐患400处。投资450万元建立第二处消防站，招收合同消防员36人，组建第二消防中队。是年，消防部门参加灭火救援48次，出动消防车65次、消防警力270人次，抢救和保护财产价值20.6万元。

平度市消防队开展火灾扑救与火场逃生应急演练（2005年摄）

第七节 重大事故（案例）选登

一、交通事故

1990年10月14日，莱州市土山镇大任家村任某某，驾驶山东06-51944号拖拉机违章载30多人去赶海，沿206线由东向西行至218K+700m处，与对行的一辆山东06-13938号大货车交会时，侵占行驶路线，处理情况不当，造成两车相撞，致4人死亡，7人受伤。

1997年8月15日，巨野县第二汽车运输公司冯某某，驾驶鲁R-30111号大客车，沿309线由西向东行驶至221K+640m处，超越顺行车辆时，与对行的昌邑市仓街镇东堤村陈某某驾驶的无牌三轮车相撞，致使4人当场死亡。

2003年12月6日9时20分，平度市明村镇丁家庄子村尹某某驾驶鲁BM0609号小公共客车超员沿804省道由西向东行至灰宋路路口处，与临朐县上村镇翟家庄村翟某某驾驶的鲁G92808（鲁GC018挂）号半挂车相撞，当场造成鲁BM0609号小公共客车9人死亡，后又有5人抢救无效死亡，3人重伤。

二、火灾事故

1986年8月27日上午8时30分，牟平县西关村司机宗某某驾驶14-27486号解放油罐车载汽油4吨由西

往东行至潍（坊）石（岛）公路平度县境内55公里处，突然翻车，司机因腿部受伤离开现场去医院治疗。当地及过往群众100余人，因争抢流出的汽油，致金属容器磨擦撞击产生火花，汽油爆炸，烧死13人，烧伤74人，火灾经济损失1.2万余元。

1988年10月25日上午8时50分，明村镇台南村村办鞭炮厂发生一起特大爆炸事故，当场炸死15人，后经抢救无效又死亡4人，炸伤8人，炸毁房屋18间，直接经济损失6万元。经查，爆炸原因系该厂违反规定，使用氯酸钾和违反操作规程，在离厂房仅1米处的水泥台上拌药而引起药物爆炸。

1994年10月23日13时45分，西安庆华电器制造厂一辆载有105万枚纸火雷管的解放牌141汽车行至平度市洪山乡驻地时，突然发生爆炸，造成5人死亡，95人受伤，直接经济损失800万元。

三、刑事案例

范某某杀人案 1987年3月13日晚，长乐乡胡家庄村村民范某甲（男，33岁，单身汉），用斧头将因拆房而借住在其家中的本村村民范某乙一家5口全部杀死。范某甲行凶后逃往四川。在四川公安机关协助下，平度县公安局于4月7日将其抓获归案。范某甲被判处死刑，于同年7月31日执行枪决。

旧店镇方家村爆炸杀人案 1994年8月5日凌晨，旧店镇方家村方某甲（男，53岁），因盖房等问题对本村支部书记方某乙不满，伙同其妻隋某甲（39岁）、大舅子隋某乙（25岁），在方某乙家房后引爆用炸药、雷管、导火索等制成的爆炸装置，将方某乙及其长子方某丙当场炸死。方某乙家5间房屋及周围10余户居民房屋均受到不同程度损坏。案发后，平度市公安局立即展开侦破工作，7天后将犯罪嫌疑人方某甲、隋某甲、隋某乙抓获。后方某甲、隋某乙分别被依法判处死刑，隋某甲被依法判处有期徒刑。

徐某某伤害妇女案 1996年4月18日至5月24日，平度市城区连续发生伤害妇女案。犯罪分子在夜间尾随上下班的单身女工，于僻静处用利刃割划妇女面部。同年6月6日，公安民警在城关街道官地村排查时，查获犯罪嫌疑人徐某某（男，38岁，吉林省和龙市八家子林业局腰团林场工人），并从其住处搜出血衣和其他物证。经审查，徐某某交代了其利用夜间用刀割划妇女面部，在城区作案12起的犯罪事实。后徐某某因犯有流氓罪和故意伤害罪被判处死刑。

“11.14”特大流窜杀人抢劫团伙案 2001年11月14日，明村镇三得利酒店发生一起伤害致死案。平度市公安机关从侦破此案入手，深挖细查，一举打掉以郭某某为首的7人特大流窜杀人抢劫团伙。该团伙自1998年11月，在不到3年时间里，交叉结伙，先后流窜至江苏、河南、山西以及山东省16个市（县），作案30余起、致3人死亡，40余人受伤，盗抢总价值200万元。

第二章 检 察

第一节 检察机关

1985年，平度县人民检察院，内设刑事检察一科、刑事检察二科、法纪检察科、经济检察科、监所检察科、控告申诉检察科、政工科和办公室。1988～1992年，先后增设检察技术科法律政策研究室驻县税务局、供销社联合社、粮食局、工商局检察室。1993年8月，成立市人民检察院举报中心，与控告申诉检察科合署办公；同年11月，撤销市工商局、粮食局、市联社检察室，增设纪检组。1994年1月，增设民事行政检察科。1995年6月，

经济检察科更名为反贪污贿赂局。同年，增设驻同和街道检察室；成立院工会。1997 年，撤销法律政策研究室，增设行政装备科。至此，市检察院下设审查批捕科、审查起诉科、法纪检察科、反贪污贿赂局、监所检察科、民事行政检察科、控告申诉检察科、检察技术科、政工科、行政装备科、办公室以及驻税务局、同和街道 2 个检察室。1998 年 4 月，法纪检察科更名为渎职犯罪侦查局；7 月，撤销税务检察室。2000 年 6 月，增设警务科，对外挂平度市人民检察院司法警察大队牌子。2001 年 6 月，反贪污贿赂局升格为正科（局）级单位。2002 年 3 月，撤销行政装备科、检察技术科、同和检察室，增设法律政策研究室、监察科、机关服务中心；刑事检察一科更名为侦查监督科、刑事检察二科更名为公诉科、渎职犯罪侦查局更名为渎职侵权检察科。同年 8 月，院址由旧址（胜利路西端路南）迁至新址（青岛路北，现河以西）。2005 年，市检察院内设办公室、法律政策研究室、政工科、监察科、侦监科、公诉科、反贪污贿赂局（下设侦查一科、侦查二科、犯罪预防科、综合科）、渎职侵权检察科、监所检察科、民事行政检察科、控告申诉检察科、警务科和机关服务中心。

第二节 刑事检察

1985 年，县检察院内设刑事一科、刑事二科、分别开展审查批捕、审查起诉工作。1986 年，刑事检察一科受理公安机关和自侦部门移送审查批捕案件 134 件、219 人，审查后批准逮捕 125 件、173 人，不批准逮捕 38 人；刑事检察二科受理移送审查起诉、免诉案件 134 件、164 人，审结后提起公诉 125 件、147 人，免予起诉 8 件、17 人，不起诉 1 件、1 人。1990 年，对自侦案件侦查监督，开始实行侦捕、侦诉分离原则，加强内部制约机制。1993 年 10 月，开始在办案中开展 “百案无差错竞赛” 活动。1997 年 10 月 1 日起，检察机关在审查起诉中不再享有免予起诉职权。1998 年 10 月 1 日，批准逮捕法定办案时限改为 7 天。审查逮捕案件办案时间均在 3 天以内。1999 年 11 月，审查起诉工作实行主诉检察官制度，有 5 名检察员被评选为主诉检察官。至 2005 年，共受理公安机关和自侦部门移送审查批捕案件 5796 件、8567 人，审查后批准逮捕 5354 件、7967 人，不批准逮捕 174 件、410 人；受理移送审查起诉、免诉案件 7771 件、1.08 万人，审结后提起公诉 6807 件、9168 人，免予起诉 326 件、544 人，不起诉 39 件、62 人。

1986 ~ 2005 年平度市（县）检察院审查起诉案件情况统计表

表 16-1

项目/年度	受案		起诉		免诉		不诉		退查		追诉漏犯
	件	人	件	人	件	人	件	人	件	人	人
1986	134	164	125	147	8	17	1	1	7	9	–
1987	185	244	150	204	20	28	–	1	–	–	2
1988	194	295	172	254	25	33	–	1	–	–	3
1989	322	494	243	385	44	66	1	1	14	24	5
1990	266	382	233	326	30	47	–	4	–	–	4
1991	315	470	275	385	34	69	–	1	10	23	3
1992	248	366	207	291	35	68	2	4	4	5	5
1993	247	388	209	321	20	41	–	–	8	10	3
1994	407	608	362	514	25	52	2	3	11	20	5
1995	359	536	321	468	34	58	–	–	–	–	8
1996	459	494	384	490	51	75	–	1	16	18	1
1997	330	414	313	382	–	–	3	5	–	–	–
1998	415	530	385	492	–	–	–	–	–	–	–
1999	423	567	395	515	–	–	–	–	–	–	–
2000	480	614	417	551	–	–	–	2	–	–	–
2001	596	894	526	771	–	–	6	9	–	–	–
2002	517	720	494	688	–	–	6	8	–	–	7
2003	498	672	377	527	–	–	8	9	–	–	2
2004	665	880	608	810	–	–	7	9	–	–	5
2005	711	1040	611	937	–	–	3	3	–	–	7
合计	7771	10772	6807	9168	326	544	39	62	–	–	60

1986～2005年平度市（县）检察院审查批捕案件情况统计表

表16-2

项目 年度	受案	立案侦查		重大特大案件		逮捕	起诉	免诉	挽回经济损失
	件	件	人	件	人	人	人	人	万元
1986	38	23	27	6	7	12	14	14	43.5
1987	48	26	28	–	–	–	6	22	88.2
1988	37	28	29	8	8	7	7	23	109.2
1989	117	51	53	11	11	12	13	40	286
1990	79	25	26	6	6	11	13	13	120
1991	71	34	36	7	7	16	13	19	66.38
1992	51	11	13	3	4	10	4	9	27
1993	133	17	18	4	5	12	6	6	120
1994	132	32	34	17	17	–	20	9	151
1995	50	34	40	22	26	–	28	5	247.6
1996	50	34	36	19	22	–	6	25	182
1997	65	41	44	36	38	–	24	5	161
1998	28	15	17	13	13	–	13	–	81.2
1999	25	12	14	4	5	–	5	–	206.5
2000	22	16	18	11	11	–	13	–	284
2001	28	17	17	10	11	–	14	–	82
2002	30	16	16	10	10	–	9	–	53
2003	62	15	15	15	15	–	8	–	80
2004	26	14	22	14	22	–	19	–	90
2005	38	13	18	11	16	4	18	–	40
合计	1268	562	602	229	254	–	301	223	2554.4

第三节 反贪污贿赂检察

1986年，县检察院受理经济违法犯罪案件38件，立案侦查23件、27人，其中重特大案件6件、7人；提起公诉14人，免于起诉14人，为国家挽回经济损失43万余元。1987年，查办县肉联厂、矿建公司、供销社贸易中心等3个企业单位经济犯罪窝案，立案13件、13人。1990年，对16个管理混乱、班子瘫痪、问题成堆的发案单位进行综合治理。1991年，破获一起乡镇领导干部多人贪污、受贿10万元的特大案件，查获经济犯罪案件9起。1994年，立案查处党群、司法、行政、经济管理等四类重点经济犯罪案件16起，处、科级领导干部8人。2000年，受理经济违法犯罪案件22件，立案侦查16件、18人，其中重特大案件11件、11人；提起公诉13人，为国家挽回经济损失284万元。至2005年，市（县）检察院共受案1268件；立案查处经济犯罪案件562件、602人，其中重大特大案件229件、254人；向法院提起公诉301人，免予起诉223人，为国家挽回经济损失2554万元。

出庭公诉犯罪（2002年摄）

1986～2005年平度市（县）检察院查办经济犯罪案件情况表

表16-3

项目/年度	受案	立案侦查		重大特大案件		逮捕	起诉	免诉	挽回经济损失
	件	件	人	件	人	人	人	人	万元
1986	38	23	27	6	7	12	14	14	43.5
1987	48	26	28	–	–	–	6	22	88.2
1988	37	28	29	8	8	7	7	23	109.2
1989	117	51	53	11	11	12	13	40	286
1990	79	25	26	6	6	11	13	13	120
1991	71	34	36	7	7	16	13	19	66.38
1992	51	11	13	3	4	10	4	9	27
1993	133	17	18	4	5	12	6	6	120
1994	132	32	34	17	17	–	20	9	151
1995	50	34	40	22	26	–	28	5	247.6
1996	50	34	36	19	22	–	6	25	182
1997	65	41	44	36	38	–	24	5	161

续表 16-3

项目 年度	受案	立案侦查		重大特大案件		逮捕	起诉	免诉	挽回经济损失
	件	件	人	件	人	人	人	人	万元
1998	28	15	17	13	13	–	13	–	81.2
1999	25	12	14	4	5	–	5	–	206.5
2000	22	16	18	11	11	–	13	–	284
2001	28	17	17	10	11	–	14	–	82
2002	30	16	16	10	10	–	9	–	53
2003	62	15	15	15	15	–	8	–	80
2004	26	14	22	14	22	–	19	–	90
2005	38	13	18	11	16	4	18	–	40
合计	1268	562	602	229	254	–	301	223	2554.4

第四节 渎职侵权检察

1986年，县检察院法纪检察科受理法纪检察案件17件，立案侦查4件、4人，批准逮捕嫌疑犯4人，提起公诉2人，免予起诉2人。1988年，立案侦查渎职侵权案件15件、17人，批准逮捕重要案犯7人，为历年之最。2000年，加大职务犯罪案件查办力度，立案4件、7人。2004年，立案6件、6人，提起公诉6人。其中，被告人仲某，在市交通局驻平度市客运西站工作期间，对报停鲁BM0609客车不履行监督管理职责，致使该车在报停期间仍上路运营30余天，直至发生14人死亡、26人受伤的特大交通事故，市检察院提起公诉后，市人民法院以玩忽职守罪依法判处其有期徒刑2年，缓刑2年。 至2005年，市检察院共受理渎职、侵权案件485件，立案侦查101件、121人，提起公诉32人，免予起诉41人。在办案中解救人质98人。为国家挽回经济损失65.5万元。

1986～2005年平度市（县）查办渎职侵权案件情况表

表 16-4

项目 年度	受案		立案侦查		逮捕	起诉	免诉	解救人质	挽回经济损失
	件	人	件	人	人	人	人	人	万元
1986	17	–	4	4	4	2	2	–	–
1987	10	–	3	4	2	–	4	–	–
1988	21	–	15	17	7	3	12	–	10
1989	17	17	9	9	1	–	8	–	–

续表 16-4

项目/年度	受案		立案侦查		逮捕	起诉	免诉	解救人质	挽回经济损失
	件	人	件	人	人	人	人	人	万元
1990	25	–	6	7	3	3	4	–	–
1991	26	–	8	14	3	8	6	–	27.6
1992	30	–	6	6	3	4	1	–	10
1993	30	–	6	8	–	2	4	–	–
1994	59	–	7	10	–	–	–	11	–
1995	43	–	7	9	–	–	–	25	–
1996	49	–	4	4	–	–	–	53	18
1997	31	–	4	4	–	–	–	9	–
1998	19	–	–	–	–	–	–	–	–
1999	28	–	–	–	–	–	–	–	–
2000	25	–	4	7	1	1	–	–	–
2001	22	–	3	3	–	–	–	–	–
2002	16	–	3	3	–	–	–	–	–
2003	1	1	1	1	–	–	–	–	–
2004	6	6	6	6	1	6	–	–	–
2005	10	5	5	5	–	3	–	–	–
合计	485	–	101	121	25	32	41	98	65.5

第五节 监所检察

1986 年开始，监所检察科每年对监所在押人犯关押情况和派出所管理监外执行罪犯情况，进行自行检察和与公安联合检察，不定期请公安、检察、法院领导给在押犯人集体上课，审理犯人申诉案件，对监外执行犯进行考察帮教。1995 年，增设驻看守所检察室。工作中协助看守所破获监室犯人合伙挖墙企图越狱案件 1 起，防止越狱逃跑事故 2 次、防止发生投劳途中逃跑事故 1 次。加强狱内安全检查，进行认罪伏法教育，严厉打击牢头狱霸，消除事故隐患 30 个。2004 年，盗窃犯王某某在狱中不服从管理，殴打人犯致人轻伤，被重新起诉，加判有期徒刑 1 年 6 个月。2000 ~ 2005 年，检察长每年对公安局看守所进行检察 4 次，监所检察科每年自行检察和与公安联合检察监所在押人犯关押情况 300 余次，考察派出所管理监外执行罪犯情况 60 余次，对不符合监外执行条件的收监执行 20 余人。

第六节 控告申诉（举报）检察

1986 年，县检察院受理各类信访案件 202 件（次），其中自办 11 件（次），转办 191 件（次），

查办申诉案件 1 件，为打击刑事犯罪、经济犯罪提供案件来源。1993 年 8 月，成立“人民检察院举报中心”，与控告申诉检察科一个机构两块牌子。1999 年，受理各类信访案件 545 件（次），为历年之最。至 2005 年，市检察院受理群众来信来访案件 5119 件（次），其中自办 1571 件（次），转办 3391 件（次），查办申诉案件 51 件。

第七节 民事行政检察

1994 年 1 月，市检察院设立民事行政检察科，对人民法院已生效的民事、经济、行政案件判决、裁定发现确有错误的，按照审判监督程序提请或建议抗诉；对人民法院作出的正确判决、裁定，做好当事人的服判息诉工作；对生效的判决书、裁定书、调解书、决定书等发现确有错误的，以检察建议的形式予以监督。是年，受理民事、行政申诉案件 4 件，立案 1 件。1999 年，受理民事行政申诉案件 67 件，立案 46 件，提请抗诉和建议提请抗诉 43 件，法院开庭再审 6 件，改判 2 件。是年，山东省检察院民事行政检察工作现场调研会在平度召开。2000 年，受理民事行政申诉案件 83 件，立案 51 件，提请抗诉和建议提请抗诉 46 件，法院开庭再审 14 件，改判 8 件。2003 年，市检察院建成民事行政检察网络。截至 2005 年，市检察院共受理民事行政申诉案件 463 件，立案 263 件，提请抗诉和建议提请抗诉 212 件，其中法院开庭再审 68 件，法院改判 36 件，调解纠正 2 件。

1994～2005 年平度市民事行政检察案件统计表

表 16-5

项目 年度	受案	立案	提请抗诉	建议提请抗诉	法院开庭再审	改判	调解纠正
	件	件	件	件	件	件	件
1994	4	1	–	1	–	1	–
1995	4	1	–	–	–	–	–
1996	15	7	–	2	–	–	–
1997	15	10	2	2	–	–	–
1998	35	19	–	13	–	–	–
1999	67	46	–	43	6	2	–
2000	83	51	–	46	14	8	–
2001	78	36	–	28	13	10	–
2002	68	31	–	24	15	3	2
2003	36	24	–	23	8	1	–
2004	25	16	9	4	7	5	–
2005	33	21	–	15	6	–	–
合计	463	263	–	212	68	36	2

第三章 审 判

第一节 审判机关

1986年，县人民法院设审判委员会、刑一庭、刑二庭、民事庭、经济庭和执行庭以及41处人民法庭。1987年7月，设立行政审判庭。1988年3月，设立告诉申诉庭和技术室。1997年10月，撤销告诉申诉庭设立立案庭；撤销刑事审判第二庭成立审判监督庭。2001年6月，成立执行局。2005年，法院内设办公室、政工科、中共平度市纪委驻市人民法院纪律检查组（简称纪检组）、监察室、研究室、技术室、司法警察大队、工会委员会、人大代表和政协委员联络室等9个科室；审判机构有立案庭、刑事审判庭、民事审判第一庭、民事审判第二庭、行政审判庭、审判监督庭、执行局（内设执行一庭、执行二庭）等7个审判庭。在全市镇、街道设同和法庭、蓼兰法庭、南村法庭、张戈庄法庭、古岘法庭、洪山法庭、旧店法庭、店子法庭、灰埠法庭、田庄法庭、明村法庭等11处人民法庭。

2005年平度市镇（街道）人民法庭设置一览表

表16-6

法庭名称	驻地	辖区	沿革
城关法庭	同和街道	城关、李园、香店、同和4个街道和蟠桃、门村2镇	2004年6月，更名同和法庭
蓼兰法庭	蓼兰	蓼兰、崔家集、万家、中庄4镇	–
南村法庭	南村	南村、兰底2镇	–
张戈庄法庭	张戈庄	张戈庄、郭庄、麻兰3镇	–
古岘法庭	古岘	古岘、仁兆2镇	–
洪山法庭	铁岭庄	崔召、云山2镇	–
旧店法庭	旧店	旧店、祝沟、大田3镇	–
店子法庭	店子	店子、大泽山、长乐3镇	–
灰埠法庭	灰埠	灰埠、新河2镇	–
田庄法庭	张二村	田庄、白埠、张舍3镇	–
明村法庭	明村	明村、马戈庄2镇	–

第二节 案件立案

一、刑事立案

1980 年 1 月起，县法院刑事审判庭对人民检察院提起公诉的案件进行立案登记。1997 年 10 月，立案庭成立，实行立审分离，刑事自诉案件由立案庭审查立案后交有关庭审理。2002 年 4 月，刑事自诉案件直接由刑庭审查立案。

二、民事、商事立案

1982 年《中华人民共和国民事诉讼法(试行)》公布实施后，民事诉讼立案时间有了法定期限，但立案与审判仍未分离。至 1995 年，当事人因民事纠纷书面或口头诉至法院，均由有关庭负责人或指定专人根据有关法律、政策决定是否立案，案情复杂的由院领导决定。上级法院指定和有关机关催办的也等于立了案。是年，属于民事审判庭、经济审判庭审理的案件，开始由告诉申诉庭统一审查立案，然后交有关庭审理，改变了延续多年的民事、经济案件主要由各庭自行决定立案审理的做法。各人民法庭受理的案件在自行决定立案后交告诉申诉庭审查，告诉申诉庭庭长签字后转法庭审理，自此立案和审判分离。1997 年，市法院设立案庭，民事、经济案件立案由立案庭审查决定。1998 年，民事、经济案件，立案庭审查立案后，统一确定案由、编排案号、改变了自行决定立案和案由不统一的状况。2000 年，市法院制定《审判流程管理操作规程(试行)》，对民事、经济、刑事自诉和提起再审的案件，民庭、经济庭、审判监督庭审理案件的开庭日期、诉状副本、开庭传票等诉讼材料的送达均在立案阶段确定、完成。2004 年，建立“网上立案”方式，即各人民法庭对收到的诉讼材料通过计算机网络系统报立案庭审查批准，然后进入审判程序。

三、执行立案

早期的案件提起执行，由当事人到庭口头申请，或者审判人员根据已经生效的法律文书主动执行，无执行立案。后发展为要求执行的当事人出具书面执行申请，然后开始执行。1998 年，《最高人民法院关于人民法院执行工作若干问题的规定(试行)》施行后，执行案件从立案到执行逐步规范。2000 年，执行案件立案开始由立案庭负责。2001 年，执行局派员在立案庭办理执行立案。要求执行的当事人向法院提交执行申请、生效法律文书副本、申请执行人的身份证明等，经审查合格后 7 日内予以立案，案件进入执行程序。

四、信访案件

1985 ~ 1987 年，处理人民来信和接待群众来访 4416 件次。1994 年，处理人民来信 3732 件，接待群众来访 4253 人次。1996 年，处理人民来信 846 件，接待群众来访 1084 人次。1999 年，处理人民来信 1520 件，接待群众来访 2975 人次。2004 年，处理人民来信 1638 件，接待群众来访 1450 人次。办理青岛市人大和平度市人大、市政府要求报告结果的涉法信访案件 65 件。2005 年，处理人民来信 112 件，接待群众来访 349 人次，办理要求报告结果的涉法信访案件 96 件。

第三节 刑事审判

一、刑事冤假案件复查

1986 年，根据中央统一部署，全面复查、纠正反革命和政治性案件。是年，查出反革命和政治性案件 1823 件，立案复查 446 件，改判无罪 9 件，免予刑事处分 1 件，撤销原判 1 件，不追究刑事责任 3 件，其余均维持原判。累计复查 1973 年 1 月至 1986 年底刑事案件 1930 件次，查出冤、假、错案 304 件，均予以纠正处理。1987 年 6 月，平度县人民法院向青岛市中级人民法院呈报《关于复查纠正冤、假、错案落实政策工作的情况报告》，平度县复查纠正建国以来和“文化大革命”时期所判处的反革命和政治性案件工作基本结束。

二、案件审判

1986年，县人民法院贯彻“严打”方针，从重、从快累计审结杀人、强奸、抢劫、放火、贩毒、拐卖人口、盗窃、流氓、伤害等各类刑事案件677件，召开公判大会18场次，宣判罪犯238名，有力震慑了犯罪。1990年5月，青岛市中级人民法院在平度市召开公判大会，枪决故意杀人犯2名。1996年，平度市成立“严打统一行动”领导小组，审结刑事案件149件、190人，召开公判大会5场次，宣判罪犯54名。2001年，平度市人民法院公布《“严打”整治斗争实施意见》，受理刑事案件375件、562人，召开公判大会7次，宣判罪犯72名。2005年，打击重点仍为杀人、抢劫、爆炸、强奸、重大盗窃等严重危害社会治安的暴力犯罪和多发性犯罪，全年审结各类刑事案件737件。

三、依法审判

1980年1月1日，《中华人民共和国刑法》和《中华人民共和国刑事诉讼法》实施，刑事审判工作进入新阶段。至1986年，累计审结刑事案件1345件，平均每年192.1件。1987 ~ 1993年审结1565件，平均每年223件，1994年，刑事案件猛增到376件。1996年达到467件，刑事案件呈增长趋势。自2001年开始，刑事案件每年超过500件，到2004年达到614件。2005年，市法院审结刑事案件588件。其中盗窃案186件，居首位；其次是交通肇事案164件，故意伤害案128件，抢劫案75件，强奸案24件，过失致人死亡案11件。

四、少年犯罪审判

1987年，县法院共审判少年犯罪11人，占全年审理结案刑事案件的4.6%，其中15周岁以下1人，16~17周岁10人。1990年，县法院判处有罪被告人270人。其中不满18周岁20人，占被告人数的7.4%。1992年，判处有罪被告人357人，其中不满18周岁的14人，18~25岁的146人，青少年犯罪占犯罪总数的44.8%。少年犯罪案件呈数量上升、犯罪低龄化、社会危害越来越严重发展趋势。1998年，少年刑事审判庭设立，与刑庭合署办公。2001年，少年刑事审判庭由1人主审扩大到1名主审法官、2名审判员组成的少年合议庭，制定案件审理、法制教育、跟踪帮教措施，当年审理犯罪未成年人51人。在犯罪未成年人中，农民占81.15%，在校学生占16.15%，犯罪主要种类为抢劫、盗窃、故意伤害等。2005年，审理未成年人犯罪案件54件、89人，对少年犯回访34人次。

第四节 民事审判

一、民事案件审判

1982年10月，《中华人民共和国民事诉讼法（试行）》施行。至1986年，累计审结民事案件2247件，其中离婚案件1375件，人身损害赔偿案件493件、债务案件238件、赡养案件141件。1987年1月，《中华人民共和国民法通则》施行，民事审判在实体处理上从主要依靠政策向主要依靠法律方向转变。民事案件种类由婚姻家庭、人身损害赔偿、债务向更广领域扩展。1988年，县法院

明村法庭民事审判下乡活动现场（2010年摄）

推行“一个公开”（公开审判）、“三个为主”（以庭审调查为主、以当事人举证为主、以合议庭为主）审判模式，改变不经开庭就背靠背调解和“收案、询问、调查、调解、汇报、开庭、判决”的传统办案方法。至1990年，审结民事案件5998件。1991年4月，《中华人民共和国民事诉讼法》公布实施，规定人民法院适用普通程序审理的案件，应当在立案之日起6个月内审结；适用简易程序审理的案件，应当在立案之日起3个月内审结，民事审判进入新阶段，积案现象开始得到纠正。是年，民事案件审结率达98.2%。至2000年，市法院共审结民事案件3.09万件，超审限案件基本审结。自2001年开始，所有超审限案件由立案庭发出督办令，限期审结，当年督办185件。至2004年，共审结民商事案件1.32万件。

二、婚姻家庭案件审判

1981年1月，新“婚姻法”施行，至1985年，累计审结离婚案件1300件、其他家庭纠纷案件105件。1986年，婚姻家庭纠纷案件突破历史最高点，为381件，其中离婚334件、赡养44件、抚养3件，占全年审结民事案件的50.2%。此后，婚姻家庭纠纷案件逐年上升，尤其离婚案件：1988年543件，1989年624件，1991年760件，1993年839件，1995年突破1000件。1996～2000年，审结婚姻家庭纠纷案件6218件，年平均1243件。2001～2005年，审结婚姻家庭纠纷案件6293件，其中离婚案件5286件。纠纷类型除传统离婚、婚约财产、抚养、赡养等案件外，撤销婚姻纠纷、夫妻财产约定纠纷、登记离婚后财产纠纷、监护权纠纷、生身父母确认、探视子女权纠纷等新型案件开始出现。

三、交通事故人身损害赔偿案件审判

1992年，市法院民事审判庭审理第一起道路交通事故人身损害赔偿案件，1994年审理14件，此后逐年增多，至1998年上升到145件。是年底开始，民事审判庭只审理当事人涉及到外地和案情较复杂的交通事故赔偿案件，其余由法庭审理。至2002年，法庭共审理交通事故赔偿案件459件。2005年，审结436件。

四、劳动争议案件审判

1994年，市人民法院开始审判劳动者与用人单位之间的劳动争议案件，审结7件。1995年5月，《中华人民共和国劳动法》开始施行，劳动争议案件审理有了明确法律依据，至1997年审结劳动争议案件27件。1998年10月，山东省高级人民法院印发《关于审理劳动争议案件若干问题的意见》，使劳动争议案件审理标准更加具体。至2005年，共审结劳动争议案件414件，诉讼内容涵盖开除、辞退、工资、保险、福利待遇、劳动合同、群体性劳动争议纠纷等。

五、土地使用权纠纷案件审判

1994年，民事审判庭审结土地使用权纠纷案件2件，1996年，审结1件。1999年，农村土地调整、延包、土地使用权纠纷案件增多，当年审结69件。2000年4月，依法平息大田镇小后寨村土地使用权纠纷集体抗法事件。是年，审结土地使用权纠纷案件64件。自2002年起，此类案件统归农村承包合同纠纷，不再单独确定案由。

六、民事调解

1986年，县法院利用调解解决民事纠纷，结案率为80%以上。1989～1991年，调解结案率降至70%。1992年后，案件审理不再强调调解结案，调结率不足60%。2004年，市法院审结民商事案件4728件，其中撤诉1004件，调解2552件，调解撤诉率75.2%.。2005年2月，最高人民法院把“能调则调，当判则判，调判结合，案结事了”作为新时期民商事审判工作的重要原则予以推广。是年，全院共审结民商事案件5486件，其中调解、撤诉结案3991件，调解撤诉率73.3%。

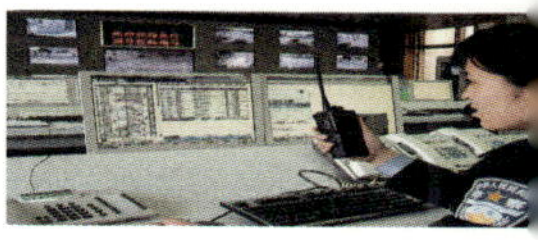

第五节 经济审判

一、农村经济案件审判

1986年，县法院累计对全县已有33个乡镇经济关系进行理顺，审查、理顺承包合同2.33万份，立案处理农村经济纠纷4908件，标的额509.1万元；指导乡镇政府和基层调解组织处理经济纠纷2.85万件，标的额3426.3万元。至1989年，全市45处乡镇理顺土地、果园等承包合同7万份，为集体挽回经济损失5000万元。1990～1991年，依法审结农村承包合同纠纷案件852件。1992年12月，市法院向各人民法庭、机关庭室发出通知：严禁法庭参与收取集资、提留款，经济审判要按程序立案，依法审理。1996～2003年，依法审结农村承包合同纠纷3735件。2004年1月，市法院在民一庭、民二庭、刑庭、行政庭设立“三农审判庭”，在执行局设立“三农执行庭”，在11处法庭设立“三农合议庭”，及时审判“三农”（农业、农村、农民）案件。2005年，审结农村承包合同案件104件，标的额34.2万元。

二、企业经济案件审判

1986年，县法院审结经济案件149件。1988年7月，全县32家县属企业上报债权513笔，资金数额835.3万元，乡镇企业上报债权740笔，资金数额202万元。10月，县法院21名审判人员携带14起购销及加工承揽合同纠纷案件，赴外县、外省办案，收回货款48.7万元。是年，县法院外出办案101人次，遍及14个省、47个县市，为企业追回货款175.85万元，全年审结经济案件627件，诉讼标的额209.5万元。1989年10月，成立经济纠纷调解中心，当年调解结案15件，标的额40万元。1992年，经济纠纷出现数量增多、标的额增大特点。是年，市法院组织开展经济审判百日会战，审结各类经济纠纷案件284件，标的额1230万元，为企业追回应收款462万元。1995年，结案1384件，案件数量比1994年增加14.76%，结案标的额达到1.26亿元，首次突破亿元。1998年，结案2345件，标的额首次突破2亿元。到2002年，市法院审结经济案件1.29万件，其中购销合同纠纷3476件、农业承包合同纠纷3281件、借款合同纠纷2996件、加工承揽合同纠纷581件、财产租赁合同纠纷357件、建设工程承包合同纠纷222件。从2003年开始企业经济纠纷案件并入民商事案件审理。

三、民商事案件审判

2003年开始，实行民商合一，以前所称的民事审判和经济审判统称为民商事审判。全年审结民商事案件5073件，其中商事案件2724件。借款合同纠纷、买卖合同纠纷分列商事案件第一、第二位。2005年，全院审结民商事案件5486件，结案标的额1.53亿元。

四、破产企业案件审判

1994年12月，市人民法院审结平度市第一起破产案件——市食品冷藏厂亏损破产案。1996年，审结破产企业4家，涉案标的额917万元。1997～2003年审结企业破产案件13件，涉案标的额3.23亿元，其中国有企业7家、集体企业3家、中外合资企业3家。2004～2005年，审结破产企业案件36件，涉案标的额4.52亿元，其中国有企业29家、中外合资企业3家、集体企业3家、私营企业1家。

第六节 行政审判

1987年7月，县人民法院设立行政审判庭，同民庭合署办公。当年审结平度县第一起行政案件——仁兆镇沽西村一村民，因不服县土地管理委员会办公室对其做出的违法占地处罚决定提起行政诉讼。1988年，审结行政案件2件，被诉行政机关2个，原告皆因不服土地行政处罚而起诉。1989年4月，《中华人民共和国行政诉讼法》施行，6月，行政审判庭与民事审判庭分离，开始单独审判行政案件。1990年2月，公开开庭审理平度市第一起不服工商处罚案，原告平度市某供销社职工因经销假茅台酒不服工商部门处罚而起诉。案件经开庭审理，驳回原告诉讼请求，维持被告方作出的处罚决定。12月，公开开庭审理全省首例不服公安交通管理机关道路交通事故处理决定行政案件。被告为青岛市公安交通警察大队，第三人为烟台市火车站装卸搬运队。该案经庭审调查、辩论、合议，当庭判决维持青岛交警队复议裁决。1990～1991年，审结行政案件16件，其中土地管理7件、计划生育管理2件、农机管理2件、林业管理1件、工商管理2件、其他行政案件2件。1994年，开始出现行政相对人诉行政机关不作为案件，至2001年，数量较少，仅11件。2002～2004年，行政不作为案件436件，占结案总数的41.28%。2005年，行政审判坚持维持与监督并举，支持与制约并重原则，审结行政案件142件，其中诉行政机关不作为案件大幅度下降，共计12件，占结案总数的8.45%。

第七节　审判监督

1985年1月，县人民法院设立刑事审判第二庭，纠正刑事案件中的冤、假、错案和审理刑事再审案件。是年，开始对新中国成立以来所判处的全部刑事案件进行清查、登记、筛选，全面复查反革命和政治性案件，纠正其中的冤、假、错案以及清理刑事申诉、再审案件，至1996年基本结束。1997年10月，撤销刑事审判第二庭，设立平度市人民法院审判监督庭，从主要审判再审案件逐步扩大到审查二审法院发回重审、改判、部分改判的各类案件；评查本年度审结和执结的全部民事、经济（后改称商事）、刑事和行政案件；定期和不定期的检查、监督人民法庭的庭审活动等全方位的审判监督。当年审结民事、经济再审案件12件。2000年6月起，开始按照《平度市人民法院案件评查规范》，对各法庭、刑庭、民庭、经济庭、行政庭审结的和执行庭执结的案件进行全面评查，签字盖章，予以归档。是年，审结再审案件108件，评查案件1457件，审查青岛中级人民法院发回重审、改判或部分改判案件42件。2001～2004年，审结再审案件78件，审查青岛市中院发回重审等案件181件。2005年，审结再审案件45件，其中刑事1件、民商事44件；审查青岛中级人民法院发回重审、改判或部分改判案件39件；评查案件1558件，观摩开庭35场次，走访当事人12人次。

第八节　案件执行

1986年，累计执结案件108件，标的额10.58万元，1986年，县人民法院执行庭，执结案件34件，标的额4.5万元。1989年，执行庭开始走出山东，跨越8个省市，执行标的额21万元。至1993年，共为市大理石厂、饮食服务公司、第四面粉厂等平度企业追回欠款445万元。1995年，市法院开始实行“审执分离”，至1996年底，执结民事、经济、行政等案件3491件，为1986～1994年结案总数的2.36倍。1998～2005年，市法院执结案件2.08万件，执结标的额6.85亿元。其中，1998年执结数量最多，为5101件；2000年执结标的额最多，为1.23亿元。

执行干警为讨薪民工现场发放案款（2005年摄）

1986～2005年平度市(县)法院审结案件一览表

表16-7

年度	审结案件(件)				执行案件(件)	
	刑事	民事	经济	行政	结案数	标的额(万元)
1986	174	759	149	–	34	4.5
1987	191	1271	515	1	58	7.5
1988	206	1540	627	2	107	48.86
1989	259	1761	52	4	123	56.58
1990	202	1426	357	10	126	130
1991	262	2143	800	6	182	140.46
1992	251	1961	1099	20	187	200
1993	194	2400	1112	15	301	414
1994	376	2743	1206	11	361	997
1995	325	2759	1384	6	2321	2321
1996	467	2674	1753	10	1170	1941.2
1997	338	2842	1428	16	3102	5079
1998	434	4208	2345	25	5101	9180.5
1999	392	5056	2083	18	1103	3253.9
2000	439	4087	1435	36	2633	12294.4
2001	528	3517	1516	40	2894	10342
2002	514	2680	2301	136	2290	12000
2003	550	2349	2724	148	2332	5856
2004	614	4628	–	152	2249	6913.4
2005	737	5486	–	142	2273	8730.3

第四章 司法行政

第一节 普法教育

一、“一五”普法

1985年，县司法局制定第一个“关于用五年时间向全体公民普及法律常识的规划”，为干部、职工、农村订购法律常识读本9.5万册、法规汇编500册，翻印职工、农民法律常识讲授提纲4000册，为乡镇、县直单位培训普法教员89人。1986年，“一五”（1986～1990年）普法开始，县（市）司法局组织各类学法对象学习宪法、刑法、刑事诉讼法、民事诉讼法（试行）、婚姻法、经济合同法、森林法、继承法、兵役法、治安管理处罚条例等。“一五”普法期间，共建普法夜校2398处，举办普法培训班1275期，培训普法教育骨干7490人，举办学法用法座谈会、经验交流会、讲用会613次，参加普法教育面授人数89万人次，放映法制幻灯片、录像3224场次，出普法黑板报、宣传栏1.37万期，出动宣传车508车次。

二、“二五”普法

1991～1995年，实施第二个五年普法规划。市人大常委会作出《关于在全市公民中进行第二个五年法制宣传教育的决议》，普法对象是干部、工人、知识分子、学生、军人、农民、个体劳动者和城镇居民中一切有接受能力的公民，普法内容为宪法以及与社会稳定发展密切相关的法律法规和专业法律法规。“二五”普法期间，全市举办普法骨干培训班2563期，培训法制辅导员12.6万人次，政法干警进校讲法制课7000余场次，受教育学生650万人次；全市有87万人参加普法考试，及格率达96%；建立普法夜校2000余个，配备普法教员3.5万人、家庭辅导员7.3万人。举办广播电视讲座1687次，召开学法用法座谈会、讲用会390场次，举办法律知识竞赛463场次，开展法律咨询2.9万场次；有1468个行政村走上依法治理轨道，

（2010年摄）

有834个村被树立为“村民自治示范村”。

三、“三五”普法

1996～2000年，实施第三个五年普法规划。市镇两级组建普法讲师团，成员达740名，普法对象为领导干部、青年职工、青少年以及重点岗位工作人员，普法内容为邓小平民主与法制建设理论以及社会主义市场经济法律知识。“三五”普法期间，全市举办普法培训班110期，参训人员3.5万人。领导干部法律知识面授人数6万人，有2100余名执法人员获得省政府统一印制的“行政执法证”。培训农村普法宣传人员2000余人，向农村赠送普法书籍和宣传资料10万余份，编印《农民常用法

律法规知识问答》17万册。全市1523个村建立普法学校，排练法制文艺节目100余个，巡回演出800余场，受教育人数50余万人。

四、“四五”普法

2001年开始，实施第四个五年普法规划。市人大常委会通过《关于2001 ~ 2005年法制宣传教育和依法治市规划的决议》。普法对象为领导干部、国家公务员、司法和行政执法人员、农村干部、青少年、企业生产经营管理人员，普法内容为邓小平理论、“三个代表”重要思想、世界贸易组织基本规则以及新颁布法律知识。“四五”普法期间，组织全市性法制宣传教育活动800余次，发放宣传材料240万余份，提供免费法律咨询78万人次，出动宣传车3400余车次，组织法制文艺演出400场次；组织普法培训班115期，受训人数62万人；组织普法考试40次，参加人数110万人，及格率达95%以上；组织政法部门和律师、法学教育者为中小学校授课1300余次，举办法律知识竞赛1100次，举办法律知识演讲或“模拟法庭”1600场次，在校学生犯罪率0.1%以下。

（2010年摄）

第二节　律师业务

一、律师事务所

1986年，县司法局内设法律顾问处，律师6人。1989年4月，法律顾问处更名为平度市律师事务所，律师10人。1994年10月，第一家合伙制律师事务所——平度市新华律师事务所成立，律师6人。1995年7月，平度市律师事务所更名为青岛祥和律师事务所，律师13人；平度市新华律师事务所更名为青岛新华律师事务所，律师7人。1999年11月，青岛祥和律师事务所更名为山东天正平律师事务所，律师24人；青岛新华律师事务所更名为山东平都律师事务所，律师10人。2000年，山东天正平律师事务所由国资所改制为合作制律师事务所。2002年10月，全市第二家合伙制律师事务所——山东德弘律师事务所成立，律师5人。至2005年，全市共有律师事务所3家、执业律师59人。

二、诉讼代理

1986年，县司法局律师顾问处累计办理刑事辩护85件、民事诉讼代理27件、非诉讼代理58件、代书法律文书624件、法律咨询1865件，代理常年法律顾问16处，为企业办理经济法律事务83件，参与调解纠纷23件，担任刑事辩护11件，代理经济纠纷32件，为企业和专业户追回经济损失65万元，代书各种法律文书396件，解答法律咨询630件。到1995年底，先后为589家机关企事业单位担任常年法律顾问，办理刑事辩护163件、民事诉讼代理1328件、非诉讼代理307件。1996年，开始推行律师制度改革，加强政府法律顾问工作，围绕国有企业改革、建立现代企业制度、农业和农村体制改革、农村土地承包、减免农村负担及重点工程建设、知识产权保护等领域提供法律服务。至2005年底，先后为1221家机关企事业单位担任常年法律顾问，办理刑事辩护583件、民事代理7161件、经济代理1399件、行政代理79件，避免各类经济损失6亿元。

第三节　公证业务

1986年，县公证处累计办理公民权利义务公证和经济合同等国内公证9170件，涉外公证6件。

1988年，公证处开始实行公证员专业技术职务聘任制和执业证书制，由司法部授予公证员资格。1989年，开展以计划生育合同公证为主的新业务，全年办理各类公证5052件，其中民事公证3636件、国内经济公证1412件、涉外公证4件。1993年，公证处重点拓展金融公证，在工商银行、建设银行、农业银行、中国银行以及青岛工贸包装印刷厂等14家大中型企业建立常年公证单位，全年办理各类公证2769件。

1996～2000年，公证处积极拓展涉外公证源，全面推行义务教育和土地、果园、厂矿企业承包合同公证，办理各类公证6.7万件，其中涉外公证1289件、义务教育合同公证3.4万件、土地承包合同公证1.1万件。计划生育合同公证1.2万件，果园承包合同700件。

自2001年开始，公证处介入国有企业改制、房地产开发、还款合同公证，当年办理各类公证2375件，其中涉外公证40件、贷款合同公证16件、还款协议公证297件。2003年，办理各类公证4657件，其中涉外公证520件、保证书公证565件、声明书公证278件、还款协议公证1696件、贷款合同公证705件。2005年，办理各类公证1904件，其中涉外公证1022件、继承权、赠与合同公证200件，证据保全公证202件，贷款合同公证83件。

第四节　民事调解

1986年，全县45处乡镇均建有调解工作领导小组，设立基层人民调解委员会1782个；充实县直厂矿企事业单位调解组织70个，调解人员322人。是年，受理民间纠纷4503起，调处成功3917起，调处成功率93%。1990年，受理各类民间纠纷3578起，调处成功3232起，调处成功率90.3%。

1997年9月，平度市人民政府印发《关于进一步加强人民调解工作的意见》，成立市人民调解工作指导委员会，规范、调整镇（街道）调解委员会30个、村（居）调解委员会1801个。2000年，在镇（街道）建立以司法所为主体，信访、法庭、派出所、计划生育、民政等部门共同参加的司法调解中心。当年，排查纠纷2840起，调处成功2809起，调处成功率98.5%。2003年7月，市人民法院、司法局联合下发《关于进一步加强新时期人民调解工作的意见》，加强对基层人民调解工作的指导。

2005年，全市有企事业单位调解委员会274个、区域性（行业性）调解委员会6个。排查纠纷2145起，调处成功2110起，调处成功率98.3%；化解集体性上访和群体性械斗212起，防止“民转刑”案件51起。

第五节　法律服务

一、基层法律服务

1986年，全市45处乡镇法律服务站共代理民事诉讼95件、非诉讼法律事务79件，代写法律事务文书123件，提供法律咨询155人次，参与调解纠纷110件，挽回和避免经济损失121万元。1990年，乡镇法律服务站更名为法律服务所，与司法所合署办公。1995年2月，45处法律服务所调整为33处。1996年，设立城区贸易城法律服务所。1997年，法律服务所与司法所分离。1998年，全市34处法律服务所，代理民事诉讼322件，代理非诉讼法律事务232件、法律事务文书856件，提供法律咨询2072人次，参与调解纠纷578件，挽回和避免经济损失501万元。2000年，设立城区合伙制法律服务所4个，至此，全市法律服务所达到38个。至2005年，全市共有注册法律服务所31个，执业法律服务工作者116人。先后为3680家机关企事业单位及村庄担任常年法律顾问，代理民事诉讼1.5万件、非诉讼法律事务1.8万件，代写法律事务文书1.4万件，提供法律咨询9万人次，参与调解纠纷8868件，累计挽回和避免经济损失

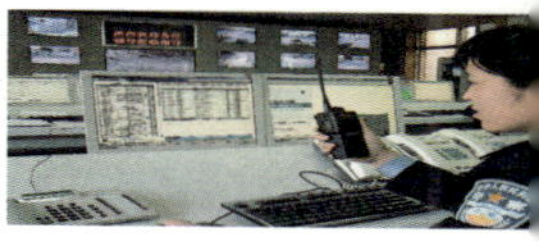

2.48 亿元。

二、“148”法律服务专线

1998 年 10 月，市司法局开通“148”法律服务专线，至翌年 3 月，各镇（街道）司法所亦全面开通。“148”含义为：一个中心（协调指挥中心），规范四项制度（服务承诺制度、上岗值班制度、服务到家制度、内部配套联动制度），明确八项职责（解答法律咨询、搞好上门服务、做好受案分流、实施联防联调、防止纠纷激化、提供法律援助、当好党政参谋、接受社会监督）。2002 年 4 月，平度市“148”法律服务专线指挥中心设立。2004 年 9 月，“148”法律服务专线更名为“12348”法律服务专线。至 2005 年，服务专线共受话 4162 次，接待来访 656 人次，提供上门服务 370 次，调解纠纷 407 件。

三、法律援助

2002 年 4 月，平度市法律援助中心设立，由在平度登记注册的律师事务所、公证处、基层法律服务所及其执业人员，承办法律援助事项。2003 年，办理民事案件 29 件，刑事案件 29 件。2004 年，办理民事案件 68 件、刑事案件 38 件。2005 年，办理民事案件 134 件，刑事案件 34 件，为当事人减免各种费用 87 万元。

第五章 政府法制

1989 年 4 月，《中华人民共和国行政诉讼法》颁布实施，正式确立“民告官”法律制度。1990 年，平度市人民政府法制室成立，为市政府办公室内设机构。1999 年 3 月，平度市人民政府法制局成立，为市政府直属办事机构。2001 年 8 月，市政府法制局更名为市人民政府法制办公室，归口市政府办公室管理。

第一节 执法与审批

一、行政执法

自 1998 年开始，全市每年组织 1 期行政执法人员培训班，每两年举行 1 次新增行政执法人员培训班。是年，实行行政执法主体资格认证制度，组织全市首批行政执法人员资格考试。截至年底，市法制办公室累计培训人员 6 万人次，举办各类法律、法规知识考试 50 余次。2001 年，建立并落实市长学法日、部门领导干部集体学法日、干部脱产培训以及公务员、行政执法人员法制培训学分登记制度，加强对全市各级领导干部、国家公务员、行政执法人员的法制教育和培训。2003 年，制定《平度市行政执法评议考核暂行办法》和《平度市错案和行政执法过错责任追究办法》，追究行政错案 30 起，依法吊销执法证件 4 个。是年，建立行政规范性文件定期清理制度，废止 1990 年以来行政规范性文件 410 余件，修订 230 件。2004 年 5 月，经省政府批准，设立城市管理行政执法局，实施城市管理行政处罚权相对集中。2005 年 3 月，市政府成立以市长为组长的推进依法行政工作领导小组，提出全市推进依法行政 5 年规划。2005 年年底，全市持有“山东省行政执法证”执法人员 2000 余名。

二、行政审批

2001 年 10 月，平度市行政审批服务中心成立，并开展了两轮行政审批制度改革。至 2003 年，行政审批事项由 722 项削减至 254 项。2004 年 7 月，开展对行政许可事项和实施行政许可主体清理，对设定依据不合法、有碍全市经济快速发展的行政许可事项全部予以取消。2005年3月，市政府发布《关于公布市级行政许可实施主体（组织）的通告》和《平度市人民政府关于保留和取消市级行政许可事项的决定》，公布市级实施行政许可主体33个，取消行政审批事项107项，保留行政许可事项149项，取消事项占原审批事项的40%。10月，市行政审批服务中心迁至红旗路东端，并更名为市行政服务中心，全市34个行政部门和单位在中心设置行政服务窗口，145项行政许可事项和便民服务事项被纳入中心集中办理。

第二节　行政复议

1999年4月，《中华人民共和国行政复议法》颁布实施，市政府法制局依法办理行政复议案件，及时纠正行政机关违法或不当具体行政行为，维护行政管理相对人的合法权益。2000年，全市收到行政复议申请84件，依法不予受理6件，受理78件。其中，依法维持52件，撤销12件，确认违法1件，终止审查13件。2003年，收到行政复议申请114件，依法不予受理1件，受理113件。其中，依法维持72件，撤销14件，确认违法4件，责令履行2件，终止审查21件。受案数量居全国县级市前列。

2005年，筹备开通全国县级市中首条政府复议服务热线。是年，全市收到行政复议申请115件，依法不予受理8件，受理107件。其中，依法维持76件，撤销10件，确认违法1件，终止审查18件，责令履行1件，责令返还1件。

第六章　军　事

第一节　人武部

一、市（县）人武部

1986年6月，中国人民解放军山东省平度县人民武装部改为地方建制，称山东省平度县人民武装部，由正团级降为副县级单位，接受县委、县政府和青岛警备区双重领导。改制后，人武部设部长、政治委员，后增设副部长。人武部机关设办公室、军事科、政工科，辖1个民兵军事训练基地和1个民兵武器装备仓库。1989年3月，县人武部机关增设后勤科。1996年4月，市人武部复归军队建制，恢复中国人民解放军山东省平度市人民武装部名称，正团级，仍实行双重领导，隶属青岛警备区。

二、基层人武部

1986年1月，平度县19镇26乡，连同县直机关人民武装部，共设基层人民武装部46个。有部长46人，干事89人。1995年，行政区划调整后，全市基层武装部随之调整为33个。2001年，复调为31个。2003年4月，平度市电业公司武装部成立。至此，平度市共设基层武装部32个。

第二节　驻　军

一、中国人民解放军147医院

其前身为华东军区19陆军医院、山东军区38疗养院，团级建制，驻平度城。1987年2月，147医院归建中国人民解放军89医院，为89医院综合医疗科，对外称中国人民解放89医院平度分院。1990年1月，89医院平度分院的行政、组织、业务关系划归济南军区后勤部10分部直接领导，后勤供应仍保持原供应关系不变。1991年3月，89医院平度分院撤销。

二、中国人民武装警察部队平度市消防大队

1979年7月，为平度县公安消防中队。1987年9月改为平度县公安消防科。1990年2月，改为中国人民武装警察部队平度市消防大队，接受中国人民武装警察部队青岛市消防支队和平度市公安局双重领导。

三、中国人民武装警察部队平度市中队

其前身曾为平度县公安队、平度县公安局民警队、中国人民公安部队山东省平度县队、中国人民解放军平度县中队、平度县人民武装警察中队。1989年7月，改称中国人民武装警察部队平度市中队，接受中国人民武装警察部队青岛市支队和平度市公安局双重领导。武警平度市中队主要担负平度市看守所的外围武装警戒任务，防止监内罪犯逃跑、行凶、暴乱和敌对分子袭击。1995年11月，协助公安机关抓获持刀拒捕杀人犯罪嫌疑人姜某。1997年3月，制止1起人犯逃跑事故。1998年3月，配合公安机关抓获制造、私藏枪支持枪伤人的店子镇黄家洼村犯罪嫌疑人尹某，从其家中缴获自制土炮1门，土枪14支。1999年4月，出动官兵26名，参与扑救大泽山山林大火；10月，协助公安机关成功处置1起犯罪嫌疑人自捆炸药包劫持人质暴力事件。2002年6月，协助公安机关成功处置张戈庄镇柳家村爆炸案，抓获犯罪嫌疑人柳某，缴获自制炸药6.5公斤。

第三节 兵 役

一、兵役登记

平度县自1985年开始，每年9月30日前对适龄青年进行兵役登记。是年，全县适龄青年2.06万人，确定预征对象1850人。1986年9月，县委、县政府规定：年满18～20岁的城镇非农业人口男性公民考工考干，须持有兵役机关的登记证明。是年，登记适龄青年2.34万人，确定预征对象3723人。1990年，登记适龄公民3.21万人，确定预征对象3012人。1996年6月，省政府、山东省军区印发《山东省兵役登记办法》。确立每年7月1日至9月30日，为集中兵役登记时间。2000年，全市兵役登记适龄青年7560人，确定预征对象2850人。2005年，兵役登记6350人，确定预征对象3400人。

二、现役征集

1986年，平度县征集新兵906人。1989年，征兵时间由冬季改为春季三四月间。征兵年龄，城镇非农业人口男青年放宽到21岁，并由部队派人接兵，地方不再送兵。1990年，平度市于春冬进行两次征兵，共征集新兵1725人。1993年，平度市对应征体检新兵进行文化测试，当年征得新兵1017人。2000年11月，青岛市下发《关于做好2000年冬季征兵工作有关问题的通知》，对部分应征入伍义务兵提出优惠待遇：对进藏义务兵的优待金，按当地3倍优待金标准发放；服役期间受嘉奖、获优秀士兵以上奖励或入党的义务兵，入伍前为农业户口者转为非农业户口，由政府安置就业；非农业户口者优先安置；获得国家教育行政部门认可的大专以上学历适龄青年，入伍后的优待金增发20%，退伍后由人事部门优先安排参加国家公务员考试并录用。是年，征集新兵898人，其中进藏义务兵60名。2005年，征集新兵832人，平度市人武部被国防部授予全国征兵工作先进单位。

三、预备役登记

战士　1986年，平度县接收退伍士兵1160人，符合预备役登记条件者占90%。自1997年起，平度市退伍士兵预备役登记和复核工作实行微机化管理。1998年12月，根据修正后的《兵役法》，调整士兵预备役分类对象，规定35岁以下退伍军人，地方与军事专业对口的技术人员编为一类士兵预备役；民兵预备役人员参加军事训练年龄，由原来18～20岁放宽到18～22岁。2005年，平度市接收退伍士兵633人，其中符合预备役登记条件者占91.15%。

军官　1991年1月，平度市首次对转业军官

进行预备役登记。登记对象为1988年9月1日以后，被授予中国人民解放军军官军衔的转业干部。登记年龄：排级职务35岁以下，连级职务40岁以下，营级职务45岁以下，团级职务50岁以下，师级职务55岁以下；初级专业技术职务45岁以下，中级专业技术职务55岁以下，高级专业技术职务60岁以下。是年，全市参加预备役登记转业干部115人，其中排级3人、连级43人、营级43人、团级8人、初级专业技术职务13人、中级专业技术职务5人。至2005年，全市累计为602名符合条件的转业军官办理预备役登记。

第四节　民　兵

一、民兵组织

1986年，全县1786个行政村和73个县直厂企单位共建民兵连1859个，有民兵基干团1个、基干营46个、基干连10个、基干排782个、基干班2871个；编专业技术分队10个，分别为八二迫击炮分队、高射机枪分队、八二无后座力炮分队、通信分队、侦察分队和军械修理分队。民兵总人数占全县人数10.09%，其中基干民兵占民兵总数21.23%。1990年6月，平度市正式组建民兵应急大队，下设4个中队、1个警通连、1个救护队。1995年和2001年，再次进行区划调整，全市民兵基层组织调为民兵连1998个，基干团1个、基干营31个、基干连117个、基干排389个、基干班1599个。2004年，民兵组织布局和结构发生变化，减少步兵分队，增加专业技术分队和对口专业分队编组数量，编组人员年龄段由过去最大年龄28岁改为可延长5～10岁，专业技术性较强者不受年龄限制。是年，市区民兵应急分队调整为2个独立连，在南村、仁兆、古岘、灰埠、云山、张戈庄等镇和市电业公司建7个应急独立排。2005年，全市共编基干营32个、基干连92个、编民兵连1861个；专业技术分队有八二迫击炮、八二无后座力炮、步兵侦察、工兵、通信、防化、军械装备修理和民兵应急分队；对口专业分队有汽车运输、车辆维修、通信光缆抢修、水电气抢修、医疗救护、安全警戒、森林防火。民兵人数占全市总人数8.14%，其中基干民兵占民兵总数11.98%。

二、军事训练

1986年，平度县实际训练民兵805人，其中步兵325人、专业技术分队480人。训练时间20天，参训乡镇35个。在蟠桃乡设立步兵教导队，在蓼兰镇设立"四〇"火箭筒教导队，在县武装部民兵武器仓库设炮兵教导队，在城关镇设立侦察教导队，在田庄、三合山和门村设立重机枪教导队。此训参训人员经青岛警备区和县人武部考核，各专业、各课目均达良好以上成绩。1988年，民兵军事训练开始由过去分片组建教导队改为按专业、分批次按年度统一组织训练。是年，平度县在军训基地建立民兵军事训练大队。1990年，民兵训练分4期进行，共训练民兵852人，均为专业技术分队。1994年，开始对全市民兵连长集中轮训。是年，训练民兵连长184人。至1997年，市人武部共轮训民兵连长10期、1917

民兵通信分队进行无线电通话（1993年摄）

人。1997年，民兵军事训练时间开始由过去20天改为15天，民兵训练费改由各乡镇按实际需要支付。1998年，将民兵应急分队整建制纳入军事训练，训练内容为队列、射击、防爆技能、战斗勤务等。是年，训练民兵应急分队317人。2003年，农村税费改革后，民兵训练费纳入全市财政统筹，每年不少于90万元。2005年，分5期训练民兵740人，有步兵分队、专业技术分队、应急分队、专武干部和阅兵训练。

三、职能发挥

平度民兵担负护厂、护矿、护农、抢险救灾、应对突发事件、维护社会治安、参加生产、保卫生产的任务，是开沟挖渠筑路的主力军。1986～1989年，10万民兵参加引黄济青输水河平度段开挖工程，投入工日800万个，完成土石方700万立方米。1990年4月，大泽山林场失火，市人武部集合市化肥厂、热电厂、建筑公司民兵应急队员104人，经过12个小时战斗，扑灭林场山火。同年，旧店金矿民兵营成功挫败一起不法分子盗窃、哄抢矿石事件。1992年3月，崔召镇一山头失火，市人武部组织市天柱集团公司、建筑公司、挂车厂、啤酒厂、电子材料厂、汽车九队民兵应急队员500余人、汽车16辆，经过10个小时奋战，将山火扑灭。1993年11月，马戈庄镇基干民兵吴海鹏、吴波南成功救起3名落水儿童。1999年夏天，城区谭家庄水库出现险情。市工委、城建委200余名民兵奉命赶赴现场，突击加固堤坝、疏通溢洪道，排除险情。2003年5月，全市成立31支、1050人的民兵应急执勤分队，1946支、2.2万人的民兵值勤巡逻小分队，投入抗击"非典"斗争。至2005年，全市民兵参加抢险救灾4150余次。

第五节 人民防空

1984年6月，平度县成立防空袭人口疏散安置指挥部，办公室设在民政局，有人口疏散安置任务的乡镇也成立防空袭人口安置办公室。1997年12月，成立市人民防空指挥部，下设指挥科、防化防疫科、治安科、通信科、人口疏散科（兼人口疏散指挥部）、医疗救护科、交通运输科、消防科、物资供应科、政工科、工程科、情报科。2003年10月，设立平度市人民防空办公室，隶属于市政府办公室，人民防空工作职能正式由市人民武装部划转市政府。

一、人防工程

1997年12月，人防工程普查，平度城区人防地道仅剩7条，总长459米，地道平均高1.7米，宽0.83米，复土厚平均2.06米，主要分布于市印刷厂、建筑公司、医药公司、汽修厂、商业设备厂、土产公司和百货商场伙房。且由于年久失修，防空地道质量较差。是年，《中华人民共和国人民防空法》颁布实施，平度市按照平战结合原则，在城区基建工程中融入人防工程建设。2004年，市许可待建防空地下室2处，建筑面积2800平方米。

二、防空预案

1984年，平度县根据《青岛市防空袭预案》要求，制定《接收青岛市四方区人口疏散安置计划》，疏散安置四方区4.98万人，安置区为南村、仁兆、冷戈庄、古岘、郭庄、张戈庄、兰底、亭兰、宅科、万家10处乡镇的70个村。1997年，完成平度市防空袭预案编制预案，将人口疏散任务分为两部分：城关街道向蟠桃镇疏散1.1万人，李园街道向白埠镇疏散1.1万人，同和街道向门村镇疏散7000人，香店街道向崔召镇疏散7000人；接收安置青岛市市北区疏散人口12万人。区域为南村、郭庄、张戈庄、崔家集、万家、兰底、古岘、仁兆、蓼兰、麻兰10个镇的225个村。2005年，对《平度市防空袭预案》和《各街道防空袭方案》进行修订。

三、防空警报

1998年1月10日上午10时，平度市试鸣防

空警报，程序及信号规定：空袭预报，鸣36秒，停24秒，反复3遍；空袭警报，鸣6秒，停6秒，反复15遍；解除警报，长鸣3分钟，让广大市民进行听辨。4月，青岛市人民政府确定每年11月14日为青岛市防空警报试鸣日。7月，投资3万元购置新式电动防空警报器2台，选定平度大厦、国税局大厦和粮食局直属粮库楼顶作为防空警报器设置点。2002年9月，平度市被山东省政府、省军区确定为重点防空城市。至2005年，市人防办在城区安装、改造新式防空警报器10台，城区音响覆盖率达95%以上。

第十七篇 教育 体育

明清时，平度州设学正署和训导署，掌管本州教育行政及所属生员。明正德三年（1508）至清光绪十四年（1888），平度州先后设太泉、状元、两山、麓台、潍阳、北海、胶东书院7处。清康熙四十二年（1703），州城设义学4所。有明一代，全州中进士者18人、举人79人；入清一朝，中进士者22人、举人81人、五贡（恩贡、拔贡、副贡、岁贡、优贡）308人。光绪二十七年（1901），知务中学创设。光绪二十九年（1903），于西关始设高等小学堂。1935年，平度有县立小学11所、县立初级小学28所、区立小学5所、村立初级小学625所，学生2.23万人；私塾730余所，学生1.43万人；1940年后，平度有三种政权开办中学3所：国民党设立的平度中学（校址在辛安）、日伪设立的平度县立中学（校址在县城崇真学社旧址）、共产党设立的西海中学（校址在大泽山区，后迁七里河子）。1956年，平度有小学1091所，学生10.2万人；平度一中、平度二中、平度三中、平度四中、平度五中、华侨中学6所，有高中学生374人、初中学生3214人。1985年，全县有小学799所，在校学生16.6万人；中学129所，在校学生5.2万人。

第一章 教育行政

1986年，平度县教育、体育机构分别为县教育局和县体育运动委员会。1993年，体育运动委员会与文化局合并成立文化体育委员会。1995年，市教育局改称市教育委员会；文化、体育分设，恢复体育运动委员会。2001年10月，撤销市教育委员会、市体育运动委员会，合并组建市教育体育局。2005年，市教育体育局内设办公室、人事科、计财科、体卫艺科、审监室、督导室、基教办、职成办、教研室、教科所、装备办、招生办、基建办、校企办、师训办、老教协等职能科室。

第一节 教育教学改革

一、管理体制

1986年，全县实行“四中心”（中心中学、中心小学、中心幼儿园、成教中心）管理体制。除成教中心外，其他三个中心对本乡镇同类教育的人、财、物统筹管理。1995年，各镇（街道）组建教委。由镇（街道）教委负责本镇（街道）中小学教育、幼儿教育、成人教育的统筹管理。1996～2000年，实施以市（县）为主的教育管理体制，在青岛市率先建立起教师工资以市（县）为主统筹发放、领导干部以市（县）为主管理和教师以市（县）为主调配的新体制。2002年，镇（街道）教委改为镇（街道）教育办公室，负责本镇（街道）中小学教育、幼儿教育、成人教育的统筹管理。2004年8月，撤销镇（街道）教育办公室，恢复“四中心”管理体制。

二、办学模式

1986～1996年，全市（县）中小学办学形式主要是政府办学。1999年7月，全市深化办学体制改革：改革义务教育阶段政府单一办学体制，放开学前教育和高中段教育，探索与外地联合举办高等教育试点。对平度九中实行国办民助办学模式，朝阳中学实行公有民办寄宿制办学模式，南京路小学实行双语实验班办学模式，实验幼儿园实行股份制办学模式。2003年，引进社会力量——青岛阳天文教交流有限公司建成平度市圣贤艺术学校。2001年5月，平度一中改制为国有民办（学校国有、校长承办、办学自主、经费自筹）。至2005年底，全市已形成国有民办、公有民办、国办民助和股份制4种新型办学模式。

三、教研体制

1986年，县教研室设语文、数学、英语、物理、化学、政治、地理专职教研员各1名，负责各科教学研究。1996年9月，市教育委员会成立师资培训领导小组办公室，下设教科所、小学组、初中组、干部培训办公室、函授站，开始进行教研、科研、培训三位一体师资培训体制改革实验。1998年12月，全市各学段、各学科成立教学研究会，开展群众性教育教学研究工作。2000年4月，教研室工作职能与教师继续教育脱钩，专职教学研究，分小学、初中、高中、教科所4部分。2001年，设立市、片、镇三级教研网络，各学科在市级设立中心教研组，片、镇亦相应成立教研组，各级教研组均设兼职教研员。

四、教学改革

1995年秋开始，杭州路中学、西关中学、郭庄中学、灰埠中学被确定为“初中数学示例演练教学”国家级教改课题实验学校。同期，全市语文学科实验并推广以训练为主的教学基本模式，教学模式分为“导”“学”“练”3个板块，强调整体感悟、研读与赏析、体验与反思。1998年开始，全市启动“中小学心理健康教育研究”课题，选取34所学校开始试点。2001年开始，平度承担中国教育学会中学语文教学研究会“创新写作教学研究与实验”课题，平度一中、二中、四中、六中，杭州

路中学、大泽山中学被确定为课题实验学校。2002年9月，李园街道西关中学、实验小学、开发区实验学校、南京路小学先期进行新课改试点。2003年上半年，平度市基础教育新课改实验现场会分别在上述学校召开。平度作为一个实验区整体参加山东省基础教育课程改革。从2003年秋季小学、初中起始年级开始,新一轮课程改革在全市逐年推进。2004年6月，课改回眸现场会在南村小学召开。高中新课程改革从2004年秋季开始，在全市推开。

第二节 教育经费

1985年5月18日，《人民教育》发表县委书记赵兰田《我们是怎样解决教育经费的》文章。1985年8月10日，《中国教育报》发表《为农村学校提供稳定可靠的经济来源——平度县设立人民教育基金》文章，标志着平度在保证教育经费方面走在全国前列。至2005年，平度市教育经费总投入保持快速、稳定增长，教师工资福利大幅提高，办学条件得到不断改善。

一、经费来源

教育经费按来源渠道主要可分为财政拨款、政府征收教育税费、勤工俭学、学杂费和其他经费等方面。1986 ~ 1990年全市教育经费总收入2.10亿元。其中，财政拨款9600万元，征收教育费附加1.84亿元，收取学杂费519.4万元，校办企业、勤工俭学收入473.02万元，社会集资、捐资助学1977.05万元。1991 ~ 1995年，总收入5.18亿元，较前增长162.74%。1996 ~ 2000年，总收入10.89亿元，较前增长110.38%。2001 ~ 2005年，总收入18.17亿元，较前增长84.22%。其中，财政拨款13.28亿元，征收教育费附加1.45亿元，收取学杂费2.99亿元，校办企业、勤工俭学收入1587万元，社会集资、捐资助学2866.7万元。

1985年，《中国教育报》对平度建立人民教育基金制度的报道

二、经费支出

分为事业性经费支出和基建支出，其中，事业性经费支出又包括人员经费和公用经费两部分。1986 ~ 1990年，教育经费支出1.97亿元，平均年支出3900万元。其中人员经费支出1.18亿元，公用经费支出5900万元，基建支出2000万元。1991 ~ 1995年，教育经费支出5.18亿元，较前增长163.47%,平均年支出1.04亿元。1996 ~ 2000年，教育经费支出10.89亿元，较前增长110.45%，平均年支出2.18亿元。2001 ~ 2005年，教育经费支出21.02亿元，较前增长92.98%，平均年支出4.2亿元。其中人员经费支出15.01亿元，公用经费支出5.17亿元，基建支出8400万元。在教育经费总支出中，人员经费部分所占比重较大且有逐年增多趋势。其中1993年工资改革，人员经费支出占到经费总支出的50.3%，至2005年达到72.5%，主要是国家政策性调资所致。

第三节 教 师

一、教师队伍

1986年，平度县有教职工1.42万人，其中专任教师1.08万人，占教职工总数的76%。其中，小学7936人（专任教师6945人），初中3816人（专任教师2947

人），普通高中 810 人（专任教师 580 人），职业学校 455 人（专任教师 277 人），幼儿园 50 人。民办教师 7246 人，占在职教职工总数的 53.1%。至 1998 年，平度市（县）民办教师逐年减少，公办教师逐年增加，其中 1986 年、1990 年、1996 年、1998 年公办教师、民办教师在教师总额中的比例分别为：2∶1、2.6∶1、3.1∶1、4.5∶1。1999 年，平度市民办教师均转为公办教师。2005 年，平度市有教职工 1.39 万人，比 1986 年减少 276 人。其中专任教师 1.25 万人，占教职工总数 89.4%，比 1986 年增加 1661 人。其中，小学有教职工 6315 人（专任教师 5702 人），初中 5013 人（专任教师 4232 人），普通高中 1607 人（专任教师 1456 人），职业学校 916 人（专任教师 760 人），幼儿园 80 人。

二、教师培训

非学历培训　1986 年，平度县有师训中心、辛安教师进修学校分校、唐田、洪山“五·七”大学、何家店杨家顶子 5 处教学点，对全县中小学师资进行培训。1987 年，唐田、洪山、何家店 3 处教学点撤销。1993 年，辛安分校撤销。自 1986 ~ 1993 年，举办中小学各类培训班 138 期，培训中小学教师 7500 人次。

继续教育　平度县中小学继续教育启动于 1988 年。1988 年 11 月至 1989 年 12 月，举办小学语文教材教法培训班 5 期，培训小学语文骨干教师 148 人。小学数学教师培训班同期举行。1991 年春，小学教师继续教育试点工作在香店、龙山、南村 3 个乡镇开展，主要培训语文、数学两科教师。次年春，试点扩大到新河、大田、祝沟、郭庄、蓼兰、古岘等乡镇。1992 年 10 月，全省教师进修学校系统小学语文辅导员培训班在师资培训中心举行。1993 年春，开展小学教师普通话培训。2001 年秋，建立蓼兰中学教师校本培训试验基地。2002 年 10 月，蓼兰中学代表山东省农村学校接受教育部“中小学教师继续教育工程实施情况”检查评估。2003 年 8 月，山东省中小学教师培训经验交流现场会在平度召开。

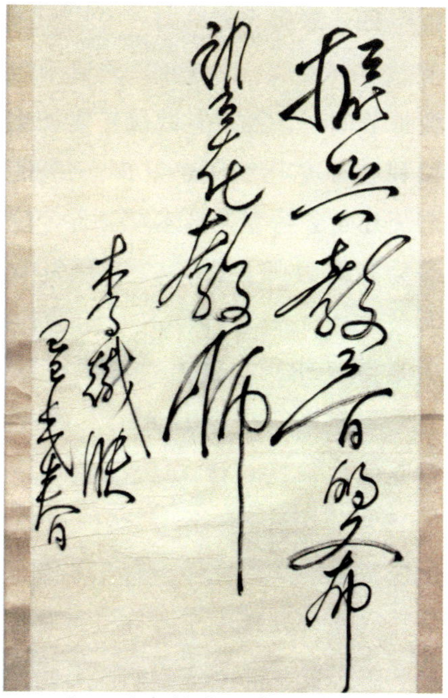

1989 年 3 月李铁映视察师训中心题词

学历培训　主要有脱产、业余、函授 3 种形式。1986 年初，全县有 1025 人取得专科以上学历，5524 人取得中师学历。到 1998 年，全市专科以上学历教师 4100 人，中师、幼师学历教师 5800 人。小学、初中、高中学历达标率分别为 39.8%、88.5% 和 64%。2005 年，全市小学、初中、高中教师达标率分别为 100%、98.6% 和 90%。

三、校长岗位培训

1990 年 3 月，平度市首届中小学校长岗位培训班举办。此后，举办小学校长任职资格培训班 9 期，培训小学（含学区）校长 472 名。举办初中校长任职资格培训班 8 期，培训初中正、副校长 326 人。1993 年 3 月 22 日，《中国教育报》以《扎实有效地开展中小学校长岗位培训工作》为题对此进行报道。1996 年，在全省率先进行中小学校长提高培训班。2001 年 5 月，平度市教委被授予山东省中小学校长培训工作先进单位称号。2003 ~ 2005 年，着力构建促进校长专业发展的“培训、管理、服务”一体化工作体系，促使校长迅速转变观念，让学校管理工作为新课改服务。

四、教师待遇

尊师重教　1985年，教师节设立。以后，每年教师节期间，各级党政领导走访慰问教师，并为学校和教师办几件实事好事。1988年，平度县教育系统开始进行专业技术职务评定工作，有103人被评为高级教师、2266人被评为中级教师、1.01万人被评为初级教师，占专任教师总数的95%。自1993年开始，平度市教育系统专业技术职务评定工作每年进行。至1999年，平度市通过选招、招考等途径，将6000名民办教师转为公办教师。至2005年，全市有676人被授予青岛市优秀教师、优秀教育工作者称号，有126人被授予山东省优秀教师、优秀教育工作者称号，有2人被授予全国教育系统劳动模范称号，有38人被授予全国优秀教师称号。教育行政机关先后为5800名教师家属办理“农转非”（农业户口转为非农业户口）手续。

工资福利　公办教师。1986年，全县在职公办教师人均年工资1161元，离退休教师人均年工资940元。是年10月，开始执行特殊教育津贴标准。1988年1月1日起每人每月发放奖励工资14元。1988年5月1日起发放4种副食品价格补贴。1988年10月，中小学班主任津贴由原来5～6元提高至13～15元。1991年9月起，规定凡教龄满30年的教师退休后，工资发放100%。1994年是自1993年全国工资改革后增幅最大的一年，增长率为74.5%。是年，全市在职公办教师人均年工资4145元，离退休教师人均年工资5193元。1996年1月，开始发放每月60元误餐费。1998年，在职教师11种津补贴统一归并为地方福利补贴，标准为每人每月220元。2002年，全市实行乡镇教师工资市级统发，设立“农村中小学教师工资统发办公室”。2004年，兑现第三次职岗补贴，每人每月均增79元。2005年开始，兑现省以下地方福利补贴，每人每月均增115元。是年，全市在职教师人均年工资1.72万元。

民办教师。1986年，全县民办教师人均年工资694元。1987年10月提高补助费，中学由19.5元提高至21元，小学由16.5元提高至18元。提取的福利基金，中学由26元改为34元，小学由22元改为26元。1988年5月，增加4种副食品价格补贴，每人每月2.5元。1989年，民办教师工资标准为中学一级70元、二级60元、三级58元；小学高级73元、一级57元、二级55元，小学三级和炊工53元。1991年5月，增加粮食补贴4元。1995年1月1日，每人月增工资60元。1997年，人均年工资3982元。1998年1月增发生活补贴，每人每月35元。1999年，民办教师工资等同公办教师。

住房　1986～1994年，市政府每年安排资金100万元用于国办学校教职工住房建设，先后建成教工宿舍楼1.7万平方米。农村中小学亦多渠道集资在校园内建设教职工住房。1995年，市政府在市区人民路北侧、杭州路东侧建设教师新村，住户550户。各镇（街道）亦划拨专用土地，加大教职工住房建设。至2005年，全市累计投入资金4720万元，新建教职工住宅9.4万平方米。

第四节　教育设施

一、校舍

1986年，全县共有中、小学806所，总占地759公顷，校舍建筑面积86.5万平方米。是年，全县投入资金1亿元，对中小学校舍进行改造配套，撤并条件较差学校43所。平度县被评为山东省农村中小学校舍改造先进县。1987年，投资800万元、占地10.7公顷、建筑面积1.6万平方米的平度市职业教育中心投入使用。1988年，集资114.5万元扩建平度县职工子弟中学、第一职工子弟小学、第二职工子弟小学、实验小学；投资219万元对平度第九中学、第六中学、第一中学、第三中学、第一职业高级中学、平度师范进行改造。1990年，投资1985万元，新建平度一中实验楼、平度二中实验室、

师范音乐楼等建筑 13 座，建筑面积 1.6 万平方米；新建平房 6.1 万平方米，维修校舍 1.5 万平方米；扩征土地 22.4 公顷，建围墙 2600 米，硬化水泥路面 5.2 万平方米，铺设沥青路面 1.2 万平方米，购置桌凳 6200 套。1991 年，各乡镇累计投入改造资金 6606 万元。1992 年，在平度市区南部征地 2.63 公顷，投资 225 万元，筹建朝阳中学；投资 609 万元，征地 2.6 公顷，新建市特教中心。1994 年，由市经济开发区划拨土地 4.63 公顷，投资 1800 万元新建开发区高中。1996 年，由开发区划拨土地 3.73 公顷，新建开发区实验学校。1998 年，征地 4 公顷，投资 900 万元，新建南京路小学；征地 1.13 公顷，投资 438 万元，新建实验幼儿园。2000 年 9 月，投资 1.2 亿元，在城区东部征地 30 公顷筹建平度一中新校。2002 年，在城区东部征地 8.6 公顷，投资 3000 万元，新建实验中学。截至 2005 年，全市共有中、小学 266 所，总占地 734.7 公顷，总建筑面积 127 万平方米，生均占地面积 50.8 平方米，生均建筑面积 8.8 平方米。

二、教学设施

计算机 1991 年，平度一中率先在全市普通高中建立计算机教室，设备以苹果机和中华学习机为主。初中计算机教育始于 1995 年，西关中学在全市初中率先建起多媒体计算机教室，拥有 486DX 计算机 40 台。至 2001 年，全市中小学陆续建起计算机多媒体教室，计算机品类逐渐由 486DX 向 586DX、双核提高。2004 年春，全市小学五、六年级，初中一、二年级，高中一、二年级均开设信息技术课，有条件的小学延伸至小学三年级。

校园网络 2002 年 10 月，市教育信息中心建成，全市 20 所中、小学建成校园网并接入信息中心。2003 年，全市 40 所中、小学校园网络建设投入使用。2004 年，对全市 213 所小学微机室升级改造，通过光纤、ADSL 或拨号方式全部接入因特网。2005 年，新增光纤接入学校 28 所，光纤接入平度教育网的学校 94 所。

平度九中计算机教室（2011 年摄）

电教教室 1986 年，县电教站与县仪器站合并办公，组织实施对全县中小学电化教育工作。1992 年，平度教育电视台开工建设，翌年 9 月开始试播。2001 年，杭州路中学、实验小学成为山东省电化教育示范学校。2002 年，全市所有中小学实现“二机一幕”（录音机、投影仪、银幕）进教室并配备光盘播放系统，27 所学校建成校园闭路电视系统，47 所学校建成语音室，25 所学校新建多媒体电教教室。2005 年，全市共有多媒体教室 218 个，语音教室 106 个，校园闭路电视系

平度一中探究实验室（2011 年摄）

统 56 个。

仪器 图书 1986 年，全县中小学根据各学段教学大纲要求组织实施实验教学，教学设备主要是常规性仪器，并兼自制实验仪器。1987 年，县教育局被国家教委命名为全国中小学实验室和仪器工作先进集体。1999 年，全市中、小学共有实验室 417 个，仪器室 401 个，图书室 431 个，阅览室 283 个。至 2005 年，分别为 464 个、403 个、270 个和 273 个。全市共有图书 200.87 万册，中、小学生均图书分别为 8.7 册、9.2 册。

第二章 基础教育

第一节 学前教育

一、概况

1986 年，县托幼管理办公室设在县妇联，由妇联管理托幼工作，乡镇设幼教辅导员。全县时有幼儿园 1404 所，在园幼儿 4.60 万人，教职工 1582 人，3 ～ 6 周岁幼儿入园率为 81.5%。1989 年 9 月，平度成立中小学幼儿教育奖励基金会。同年，平度获全国幼儿教育先进县称号。1991 年，托幼工作由市妇联移交市教育局主管。1996 年，全市幼儿园及学前班 1451 所（个），在园幼儿 4.02 万人。2000 年，实行撤点并园。至 2005 年，全市幼儿园撤并为 575 所，其中局属幼儿园 2 处、乡镇中心幼儿园 31 所，山东省示范幼儿园 3 所、青岛市示范幼儿园 8 所、青岛市农村一类幼儿园 97 所，共有保教人员 1791 人，其中专任教师 1568 人；共有教学班 1246 个，在园幼儿 3.30 万人，学前三年幼儿入园率达 92% 以上，学前一年幼儿入园率达 100%。

二、办园模式

1986 年，农村幼儿园有 3 种办园类型：公办或集体办，由乡镇政府或村集体投资，部分附设于当地小学，按小学管理模式进行；个人或几个人合伙投资兴办；家庭作坊式幼儿园。县城有机关团体幼儿园、企业自办幼儿园，个人或几个人合伙投资兴办的家庭作坊式幼儿园。1989 年，按照国家、集体、个人相结合的原则，鼓励各单位、乡镇、村民委员会以及公民个人依法兴办各种形式的幼儿园，个体幼儿园迅速发展起来。1992 年，全市正规个体幼儿园 48 所。1999 年，市实验幼儿园实行股份制办学模式。2000 年，全市深化幼教改革，镇、村集体和社会各界积极创办幼儿园，出现店子镇许家幼儿园、蓝天幼儿园，麻兰镇任家河岔幼儿园等一批较规范的个体幼儿园，全市初步构建起“以政府办园为示范、乡镇办园为中心、村办园为主体、个人办园为补充”的多元化办园模式。

（2005 年摄）

1986～2005年平度市（县）幼儿教育基本情况表

表17-1

年度	幼儿园（所）	班数		在园幼儿（名）	教职工数（人）			
		合计	小学附设		合计	园长	教师	保健员
1986	1404	1407	–	46009	1632	50	1582	–
1987	1574	1432	–	47792	1792	50	1742	–
1988	1622	1584	–	41630	1923	45	1848	30
1989	1662	1629	–	40141	1993	50	1894	49
1990	1432	1608	–	46005	2205	51	2109	45
1991	1408	1869	56	42727	2126	51	2075	–
1992	1457	1845	–	49666	2321	51	2252	–
1993	1491	1934	–	53981	2502	51	2409	–
1994	1442	1898	–	49208	2623	47	2503	–
1995	1433	1899	–	46457	2577	47	2477	–
1996	1451	1640	–	40208	2588	47	2541	–
1997	1244	1594	–	29230	2319	47	2243	–
1998	1112	1457	–	23048	2108	47	2008	–
1999	1120	1487	–	30423	2213	52	2035	16
2000	742	1435	–	28997	1956	41	1889	16
2001	585	1208	–	29568	1842	41	1783	18
2002	582	1268	–	31470	1835	41	1776	18
2003	580	1198	–	32541	1843	41	1780	21
2004	575	1247	–	33035	1791	41	1750	40
2005	575	1246	–	33045	1791	41	1750	40

第二节 小学教育

一、概况

1986年，全县有小学697所，在校学生15.78万人，实行中心小学管理学区体制。各乡镇建有标准较高，设施设备配套的中心小学。1988年开始在部分学校进行“校长负责制、教职工聘任制、教职工岗位责任制、工资总额包干制和校内结构工资制”试点。1990年，全市小学入学率、巩固

平度实验小学的学生们正在操场上放飞风筝（2005年摄）

率、毕业率分别达到99.78%、98.3%、84.4%。1998年，全市启动青岛市中小学家长教育素质工程，家长学校全面步入正轨。2000年，开始调整农村中小学布局，加强薄弱学校建设。至2005年，全市有小学216所，学生入学率、巩固率、毕业率均达100%，小学生人均占地面积34.6平方米、人均建筑面积4.63平方米，在校学生9.26万人，教职工6315人。南村小学、麻兰小学、同和小学等19所小学被评为青岛市规范化学校；实验小学、南京路小学等6所小学被评为山东省规范化学校。

二、学制课程

1986～1992年，执行教育部《全日制六年级农村小学教学计划（草案）》，周学科总课时量23～25课时；《全日制六年制城市小学教学计划（草案）》周学科总课时量23～26课时。活动课有自习、体育活动、文娱、科教、阅读、校会、班队活动，周活动总量31～34课时。1993年秋季，平度市从小学一年级开始执行《青岛市九年义务教育“六、三”学制小学、初级中学课程安排表》。1994年3月起，平度市执行青岛市新工时制课程计划，每周六下午和星期日为休息日，即每周五天半工时制。

其中，常州路小学、郑州路小学自1986年后小学五、六年级即开设英语课。1999年南京路小学双语班中，一至六年级全面开设英语课。2002年新学年开始，全市小学三年级以上均开设英语课。2002年下半年，对课时计划作了适当调整，从语文课中拿出1节课设置“阅读指导”；在活动类课程中，增设1节“数学实践活动”课，并特别加强自主读书和特长发展的实践活动，同时增设读书、科技、兴趣活动以及小学低年级文体娱乐活动。

1986～2005年平度市（县）小学基本情况统计表

表17-2

年度	学校(所)	在校学生		教职工（人）			入学率（%）	巩固率（%）	毕业率（%）
		班（个）	学生(人)	合计	公办	民办			
1986	697	5151	157764	7936	2761	5175	99.4	97.84	84.2
1987	652	4927	130463	8597	3082	5515	99.5	97.86	84.2
1988	657	4821	139036	8103	2593	5510	99.6	98	84.2
1989	652	4677	130463	8597	3110	5487	99.78	98.1	84.3
1990	645	4621	124267	8016	3137	4879	99.81	98.3	84.4

续表 17-2

年度	学校（所）	在校学生		教职工（人）			入学率（%）	巩固率（%）	毕业率（%）
		班（个）	学生（人）	合计	公办	民办			
1991	625	4498	117760	7927	3327	4600	99.86	98.6	95.8
1992	598	4330	111951	7824	3429	4395	99.88	98.7	96.1.
1993	590	4402	14040	7521	3646	3875	100	99.6	98.2
1994	585	4321	120080	7095	3639	3456	100	100	99.8
1995	505	4206	125887	7080	3937	3143	100	100	100
1996	435	4120	133124	7037	4033	3004	100	100	100
1997	400	4127	141838	7235	4913	2322	100	100	100
1998	371	4039	143174	7437	6724	713	100	100	100
1999	304	3598	132036	7547	7547	–	100	100	100
2000	263	3100	117659	6681	6681	–	100	100	100
2001	239	2794	106442	6338	6338	–	100	100	100
2002	230	2615	99623	6310	6310	–	100	100	100
2003	222	2382	91842	6303	6303	–	100	100	100
2004	215	2302	89950	6318	6318	–	100	100	100
2005	216	2402	92609	6315	6315	–	100	100	100

第三节 初中教育

一、概况

1986 年，全县有初中 114 所、教学班 911 个、在校生 4.66 万人、教职工 4956 人。1988 年，在张家坊中学、前楼中学等学校进行“校长负责制，教职工聘任制、教职工岗位责任制、工资总额包干制和校内结构工资制”试点。至 1990 年，全市初中入学率、巩固率、升学率分别达到 98.3%、99.6% 和 50%。1997 年 1 月，国家教委授予平度实施“两基”工作先进县（市）称号。2000 年，全市大规模调整设学布局。至 2005 年，全市初中调整为 50 所，教职工 5013 人，在校生 5.19 万人，生均建筑面积和占地面积分别达到 6.2 平方米、38.5 平方米，入学率、巩固率、合格率、毕业率分别达到 100%、99.8%、99.8% 和 98.8%。李园中学、同和中学等 17 所学校被评为青岛市规范化学校，西关中学、朝阳中学、开发区实验学校、杭州路中学被评为山东省规范化学校。

二、学制课程

1986 ~ 1992 年，执行教育部《全日制六年制重点中学教学计划（草案）》，每周必修课上课时数 30 ~ 31 课时。1993 年秋季，平度市从初中一年级开始执行《青岛市九年义务教育“六、三”学制小学、初级中学课程安排表》。1994 年 3 月起，平度市执行青岛市新工时制课程计划，每周六下午和星期日为休息日，即每周五天半工时制。

1995年，西关中学开始增设计算机教育课程，至2002年，全市初中均开设计算机课。从2001年开始，增设综合实践活动课程。2002年，市教育体育局印发《在全市中小学开展心理健康教育的意见》，在全市中小学开展心理健康教育工作，并纳入课程安排。是年9月，西关中学、市开发区实验学校先期进行新课改试点。2003年秋季，全市初中从一年级开始进行新一轮课程改革。

（2005年摄）

1986～2005年平度市（县）初级中学基本情况统计表

表17-3

年度	学校(所)	班(个)	学生(人)	教职工(人)			巩固率(%)	毕业率(%)
				合计	公办	民办		
1986	114	911	46593	4956	3378	1578	98.4	95.5
1987	105	1063	53764	4789	3217	1572	98.5	95.5
1988	102	955	52187	4657	3091	1566	98.56	96
1989	102	1049	52187	4646	3102	1544	98.66	96.1
1990	99	1062	52449	4807	3351	1456	98.67	96.1
1991	89	1045	52154	4984	3530	1454	98.68	96.1
1992	87	1061	52454	5255	3867	1388	98.68	96.7
1993	87	155	52272	4745	3762	983	98.7	97
1994	85	1082	54283	4719	3844	875	98.7	97
1995	81	1071	53887	4402	3672	730	98.71	96.9
1996	73	1031	52328	4440	3779	661	98.98	97
1997	70	987	49604	4471	4056	415	99.1	97.3
1998	70	970	47983	4454	4356	98	99.4	98.2
1999	69	1041	53829	4555	4555	–	99.46	98.5
2000	63	1221	65316	4646	4646	–	99.47	98.5
2001	58	1348	74131	4839	4839	–	99.50	98.5
2002	57	1362	76457	5192	5192	–	99.61	98.8

续表 17-3

年度	学校(所)	班(个)	学生(人)	教职工(人)			巩固率(%)	毕业率(%)
				合计	公办	民办		
2003	52	1300	73121	4971	4971	-	99.63	98.8
2004	51	1172	65467	5008	5008	-	99.6	98.8
2005	50	978	51923	5013	5013	-	99.8	98.8

第四节 高中教育

一、概况

高中实行三年制教育。1986年，全县有普通高中12所、教学班119个、在校生7467人、教职工810人。1993年，将平度十中、平度八中、平度三中改为综合高中，既招收普高学生，又进行职业技术教育培训。2000年12月，撤销平度八中，师生分别并入平度六中和华侨中学。2001年3月，撤销平度七中,学生分别并入平度二中和平度四中，教师主要分到平度二中、平度四中和平度六中；8月，撤销平度十一中，学校及师生整体并入平度二中，原平度十一中改为平度二中高三教学区；10月，撤销平度五中，学校及师生整体并入平度四中，原平度五中改为平度四中高三教学区。2002年1月，撤销平度三中，学校及师生整体并入平度六中，原平度三中改为平度六中高三教学区。2003年8月，撤销平度十中，学校及师生整体并入平度二中，原平度十中改为平度二中高二教学区。2005年，全市有高中7所（一中、二中、四中、六中、九中、侨中、开发区高中）、教学班300个、在校生1.81万人、教职工1607人，高考升学率53.2%，本科达线人数1828人，录取率31.8%。

1986～2005年平度市（县）高级中学基本情况统计表

表 17-4

年度	学校（所）	在校学生		教职工（人）
		班（个）	学生（人）	
1986	12	119	7467	810
1987	12	114	6709	825
1988	12	109	6559	821
1989	12	110	6564	852
1990	12	109	6535	865
1991	12	110	6607	883
1992	12	110	6534	894
1993	12	110	6549	896

续表 17-4

年度	学校（所）	在校学生		教职工（人）
		班（个）	学生（人）	
1994	12	112	6593	887
1995	12	146	7573	910
1996	12	147	8410	956
1997	12	147	8522	973
1998	12	151	8809	999
1999	12	153	8902	1027
2000	11	163	8992	1125
2001	9	217	12075	1175
2002	8	237	14056	1352
2003	7	277	16624	1465
2004	7	302	18123	1610
2005	7	300	18088	1607

1986～2005 年平度市（县）大中专录取情况统计表

表 17-5　　单位：人

年度	本科	专科	高中中专	初中中专（民师）	合计
1986	377	436	114	418	1345
1987	408	485	120	464	1477
1988	329	535	111	627	1602
1989	401	560	162	602	1725
1990	459	471	123	585	1638
1991	265	367	154	592	1378
1992	433	667	178	603	1781
1993	616	1171	294	997	3098
1994	623	1162	291	1313	3389
1995	666	1310	222	1363	3561
1996	839	892	238	1300	3269

续表 17-5

年度	本科	专科	高中中专	初中中专（民师）	合计
1997	763	565	128	1416	2872
1998	1004	580	207	1556	3347
1999	1338	850	548	1458	4194
2000	1528	1110	268	1019	3925
2001	1524	1447	0	551	3522
2002	1675	1649	330	784	4438
2003	2323	1758	239	876	5196
2004	2433	2338	485	874	6130
2005	2507	2100	413	805	5805

二、学制课程

1986 ~ 1993 年，普通高中执行教育部 1981 年颁发的《全日制六年制重点中学教学计划（试行草案）》，每周必修课 26 ~ 29 课时数，选修课每周 4 课时，劳动技术课每学年 4 周。从 1994 年开始，执行青岛市课程计划。调整后的课程结构由学科课程和活动课程两部分组成。社会实践活动每学年 2 周。

三、重点高中选介

山东省平度第一中学　始建于 1902 年，为山东省首批重点中学、省级规范化学校，全国现代教育技术实验学校。2002 年，总投资 1.2 亿元的平度一中新校迁至市区东部，占地 30 公顷，总建筑面积 10 万平方米。2005 年，有教学班 82 个，在校学生 5200 余名，教职工 355 人。1977 年恢复高考制度以来，有 300 余人考入清华、北大、复旦等名牌高校。2005 年，高考达山东省重点本科线 619 人，达线率 38.5%；达青岛市二批本科线（含特长生）1472 人，达线率 82.2%，高考各项指标居青岛市第一位。承担的国家级“九五”规划重点课题子课题《平度一中实施素质教育的内容和途径的研究》通过国家级鉴定,并获山东省优秀科研成果一等奖。学校名人辈出。中共早期革命家刘谦初，当代著名语言学家、《辞海》常务副主编、《汉语大辞典》主编罗竹风，京剧表演艺术家许翰英，著名地球物理学家、科普作家位梦华，著名高能物理学家李炳安，海尔副总裁柴永森，当代著名画家姜宝林，女子竞走世界冠军李素杰等均出自平度一中。仅新中国成立以来，即有 500 余人成长为专家教授，380 余人成为博士。

平度一中竹风报告厅（2011 年摄）

平度市第九中学 始建于1959年，位于市区杭州路中段，学校占地6.3公顷，建筑面积2.82万平方米，为平度市教育体育局直属学校，山东省规范化学校，中央教科所课题实验学校和特色学校。2005年，有42个教学班，在校学生2560人，教职工208人。其中，中学高级教师43人、中学一级教师63人，平度市骨干教师、学科带头人和教学能手48人，平度市优秀教师（教育工作者）81人；青岛市专业拔尖人才、学科带头人、教学能手24人，国家、省、青岛市优秀教师（教育工作者）18人。是年，学校有7名学生考入清华、北大和中央美术学院等名牌大学。承担的青岛市“十五”重大课题“和谐教育理论与实践的新探索与研究”通过青岛市专家组鉴定验收。

平度九中体育场（2011年摄）

1986~1998年高考成绩山东省第一名统计表

表17-6

年度	姓名	科类（文、理）	分数	毕业学校	录取学校
1986	杨海燕	理科	–	平度一中	清华大学
1987	李新峰	文科	–	平度一中	北京大学
1988	刘志辉	文科	–	平度一中	北京大学
1993	王铁柱	理科	–	平度一中	清华大学
1996	杨凯山	理科	900（标准分）	平度一中	清华大学
1996	王宝良	理科	900（标准分）	平度九中	清华大学
1998	林卫光	文科	910（标准分）	平度九中	北京大学
1998	张李军	理科	910（标准分）	平度一中	清华大学

1986~2005年高考成绩青岛市第一名统计表

表17-7

年度	姓名	科类（文、理）	分数	毕业学校	录取学校
1986	于立民	文科	–	平度一中	北京大学
1986	杨海燕	理科	–	平度一中	清华大学
1987	李新峰	文科	–	平度一中	北京大学

续表 17-7

年度	姓名	科类（文、理）	分数	毕业学校	录取学校
1988	刘志辉	文科	–	平度一中	北京大学
1988	满振勇	理科	–	平度一中	清华大学
1990	高　俊	理科	–	平度一中	清华大学
1993	王铁柱	理科	–	平度一中	清华大学
1994	李冠峰	理科	705	平度九中	清华大学
1994	吴　迅	理科	705	平度九中	清华大学
1995	李铁军	理科	–	平度一中	清华大学
1996	杨凯山	理科	900（标准分）	平度一中	清华大学
1996	王宝良	理科	900（标准分）	平度九中	清华大学
1997	于小宁	理科	–	平度一中	清华大学
1998	林卫光	文科	910（标准分）	平度九中	北京大学
1998	张李军	理科	910（标准分）	平度一中	清华大学
2004	张　亮	理科	714	平度一中	北京大学
2005	姜　林	文科	650	平度一中	清华大学

第五节 特殊教育

1985 年 6 月，平度县聋童学校成立，地址在原南关联中，当年招收学生 18 人。1986 年招收 2 个班，学生 36 人，教职工 9 人。1988 年，在部分小学设立弱智儿童复读班，由专职老师任教。1989 年，聋童学校更名聋哑学校。同年，全市实施义务教育的乡镇、基础教育先进镇、3 万人口以上的乡镇办弱智儿童辅导班，其他乡镇弱智儿童随班就读。1990 年，平度市残疾人事业领导小组成立，教育部门随之成立分支机构，统一领导全市残疾中小学生工作。1992 年，全市 45 个乡镇均设有弱智教育辅导班（班额 6 ~ 8 人），在校智力残疾学生 200 余人。市聋哑学校就读学生 62 人，全市聋哑学龄儿童入学率 85% 以上。1993 年 6 月，聋哑学校迁入青岛路南、现河东岸新校。1995 年，聋哑学校有 12 个班、125 名学生，入学率达到 95% 以上。2003 年，平度被确定为全国 100 个随班就读实验县，残疾儿童教育被纳入九年义务教育。同年 7 月，聋哑学校更名为特教中心。12 月，全省残疾儿童随班就读工作经验交流会在昌乐县召开，南村镇亭兰小学在会上作了《精诚所至 金石为开》随班就读工作经验交流。2004 年 12 月，平度市代表山东省 4 个实验县（区）赴南京参加全国随班就读支持保障体系实验县工作经验交流会。

2005 年，市特教中心有 14 个班、151 名学生，全市残疾儿童入学率由实验前94.1%提高到98.32%，巩固率由实验前99.8%提高到100%，全市随班就读工作步入制度化、规范化轨道。10月，全国随班就读培训现场会在平度召开。

1986～2005年平度市（县）特殊教育情况统计表

表17-8

年度	班（个）	学生（人）	教职工（人）		
			合计	男	女
1986	2	36	9	3	6
1987	2	36	14	5	9
1988	3	54	16	6	10
1989	3	54	24	8	16
1990	5	75	24	9	15
1991	4	57	25	10	15
1992	5	62	34	12	22
1993	7	71	38	14	24
1994	10	107	34	10	24
1995	12	125	40	10	30
1996	13	140	43	9	34
1997	13	127	44	9	35
1998	14	142	45	9	36
1999	11	127	45	9	36
2000	10	113	45	11	33
2001	12	132	51	15	36
2002	12	127	55	18	37
2003	13	131	58	19	39
2004	14	125	66	23	43
2005	14	151	62	23	39

第三章 职成教育

第一节 职业教育

一、概况

1986年，全县有15所初级职业技术学校、30个教学班，在校生1500人，主要专业为农学、果林、机电、电子信息、幼师和畜牧。1987年，兴建大中专结合、职前与职后教育结合、学历教育与短期培训相结合的平度县职业教育中心。1990年，平度市职业教育中心和平度市职业中专分校纳入国家招生计划。1992年，平度市服装职业高中建立，2000年撤并于平度市职业教育中心。2002年，平度市第五职业高中及平度市职业中专分校撤并于平度职业教育中心。至2005年，全市有中等职业学校8所，其中国家级重点3所（平度市职业教育中心、平度市电子职业中专、平度市劳动技工学校）、省级重点1所（平度市机电工程学校）、青岛市级重点1所（平度市第二职业中专）；专业设置67个，其中青岛市级以上骨干专业12个；在校学生2.3万人。

二、教学模式

“双元制”教育模式 1988年11月29日，中华人民共和国教育部与德国汉斯·赛德尔基金会签署《关于在山东省平度县建立双元制农业职业培训中心的协议》。1990年11月26日，青岛市教育局与德国汉斯·赛德尔基金会签定合作协议，创立平度“双元制”项目——农业职业培训中心项目，平度市职业教育中心成为国内农村第一个引进“双元制”教育模式的试点单位。

所谓“双元制”是工学结合、校企合作的职业教育模式，是世界上最成功的职业教育模式。引进德国“双元制”，主要任务是培养高素质的一线技术工人和技术农民；企业和学校相互协调配合，以企业为主；理论和实践紧密结合，以实践为主。其中农学、果林、机电专业执行中德双方共同制定的教学计划。

第一阶段（1991～1993）合作确定为农机、果林和农学3个专业，招生288人，德方投入190万马克。第二阶段（1994～1996），增加液压及电子学、果品加工及保鲜、饲养及蔬菜保护性栽培等方面培训，德方投资180万马克，加上地方配套资金，建起果品加工培训中心，当年生产干红、干白葡萄酒，扩建农机培训车间700平方米。第三阶段（1997～1999），德方投资200万马克，农机专业增加机械加工培训，建设畜牧养殖教学试验场，扩大果品加工车间规模，改造玻璃温室。第四阶段（2000～2002），德方投资195万马克，增设电工车间、制冷技术车间、数控技术车间，建设良种猪场。第五阶段（2003～2004），德方投资主要用于食品加工培训中心、奶制品厂的扩建和为西部

国家教委副主任王明达（前右二）、山东省副省长宋法棠（前左一）、德国汉斯·赛德尔基金会主席维尔克（前左二）出席“双元制”农业职业培训中心落成仪式（1992年摄）

培训师资。将机电技术应用专业、服装设计与制作专业纳入双元制管理体系。2005 年启动第六阶段合作。

“产教结合、校企合一”教学模式 1993 年由平度市服装职业高中创建并组织实施。学校建有教学区（传授文化、专业知识），工厂区（生产实习），商贸区（销售产品），形成三位一体、三区互依、产教结合、校企合一的办学模式，能够源源不断地为生产工厂、商场提供技术人才。

三、实习制度

1986 年，按照青岛市劳动和社会保障局、青岛市教委《青岛市职业学校学生实习管理办法》，组织县职业学校学生实习。1999 年，对学生实习与文化学习比例进行调整，对三年制职业学校学生实习与文化学习由一五分段改为二四分段。三年制实习时间为 12 个月，二年制实习时间不少于 6 个月。2000 年，全市职业学校开始实行“实习证”、《实习协议书》制度。实习学生按教学计划完成专业理论课的学习后到专业对口的厂矿企业单位实习，实习单位与学校协商签定实习协议。学生实习期间，学校安排指导教师跟踪指导和管理。截至 2005 年，平度市职业教育学校在校外建立实习基地 68 个，建成土肥、物理、化学等实验室 20 个；校内建立电气焊、水暖空调、钣金、木工等实习车间 28 个，果酒酿造、汽车维修、奶牛养殖（场）等实习工厂 6 个。

四、技能比赛

市教育行政部门按年度计划安排职业学校进行各种技能比赛。市职教中心自 1996 ~ 2005 年连续 9 年获青岛市建筑专业技能比赛第一名。职业中专分校（崔召）1992 年获全国农村团支部学习农业实用新技术知识竞赛第一名；1993 年获全国苹果知识电视大奖赛第一名。平度电子职业中专（灰埠）师生设计的汽车、拖拉机通用晶体调节器获 1986 年兰州全国青少年科技比赛银牌；学生陆占平发明的气体炉灶电子点火安全器获 1989 年全国第四届发明展览会铜牌；学生倪鑫发明的“全自动农用机械地亩计量器”获 2004 年山东省科学技术协会创新大赛一等奖。第三职业高中（门村）的国防教育专业参加青岛市国防教育军事大比武，1995 ~ 2005 年均获团体总分一等奖。

五、毕业生安置

1986 ~ 1990 年，职业学校学生凡农业户口者大多回乡从事农业生产，部分被乡镇政府择优录用为农民技术员、基层干部；城镇非农业户口毕业生由劳动部门统一分配到各企业单位就工；小部分毕业生经学校推荐考试合格升入专业对口的高等院校师资班继续深造。1993 年，制定《平度市工人技术等级岗位合格证制度试行办法》，1994 年，制定《关于双元制职业教育培训考试毕业就业的意见》，对职业学校毕业生就业作出规定。1996 ~ 2002 年，全市职业学校毕业生安置率达 95%。其中职教中心、电子职业中专、二职专的机电、电子专业毕业生大部被知名企业录用；市第三职业高中国防教育专业毕业生大都入伍。2003 年 3 月，平度市职业教育就业指导服务中心成立。同年 10 月，山东省职教学会将平度市职教中心确立为山东省职业教育就业中心人才输出基地。至 2005 年，安置各职业学校毕业生 3700 余人。

六、重点职业学校选介

平度市职业教育中心 位于青岛路 24 号，1986 年开始筹建，1987 年 9 月投入使用，当年开设机电、建筑、财经专业，1990 年后陆续增设水利、“双元制”机电、供销财会、商业财会、市场营销、电子、商品经营、建筑装潢、汽修、涉外财会、建筑预算、水暖空调、财会电算、“双元制”汽车工程、计算机应用、服装、“双元制”工企、数控机床、旅游、农学、果林、畜牧养殖等专业。2000 年兼并服装职业高中，2002 年兼并职业中专分校，2002 年兼并第五职业高中，2003 年兼并师资培训中心。截至 2005 年，学校有教学班 140 个，在校生 7280 人。实验实习设施装备总价值 6000 万元，在市内外 57

家企业建立生产实习基地，有40人被派往德国接受职业教育培训，获得国际通用的中高级师傅证书。机电技术应用等7个专业被评为青岛市职业学校骨干专业。学生组队参加各级各类专业技能比赛获青岛市级以上大奖155项，学生科研作品有7项获国家专利。毕业生2.6万人，有1200余人考入高等院校，毕业生对口就业安置率达97%。学校先后获全国成人教育先进单位、山东省职业技术教育先进学校等称号，为国家级重点职业学校、全国重点建设职教师资培训基地、国家技能型紧缺人才培训基地、山东省双元制职业教育培训基地、山东省职业教育骨干示范性学校、山东省职业教育实训基地、青岛市教育改革十面红旗之一。

平度市职教中心实训车间（2005年摄）

平度市技工学校 创建于1991年，占地面积12公顷，建筑面积6万平方米，建有电化教室、卫星电视收视和转播系统，有各种教学实习设备800余台套、各种藏书3.5万册，系国家劳动和社会保障部命名的“国家级重点技工学校”和青岛市农村劳动力转移就业培训基地、青岛市劳动预备制培训基地、山东省技能扶贫定点学校。学校先后开设车工、钳工、电工、商品经营、井下电钳、焊接、建筑、微机与财会、电子、家电维修、汽车驾驶与维修、市场营销、宾馆服务、丝绸等中级工和高级工专业。2005年，在校学生3500人，其中35%为高级工专业学生。教职工140人，其中文化、专业理论教师和实习指导教师92人。历年中级工合格率均在95%以上，年均就业率为99%。

第二节 成人教育

1986年，成人教育工作由县职工教育办公室负责。是年，平度县农民中等专业学校在张戈庄镇成立，组织举办成人中等教育，招收应届回乡初中毕业生。平度卫生中专、劳动技校也招收成人中专班，脱产学习。各乡镇设成人文化技术教育中心（农民文化技术学校），负责对回乡初中毕业生进行岗前培训，对当地农民进行实用技术培训。1988年，平度被确定为“燎原计划”实验县，全县农民文化技术学校开设机电、养殖、果林、畜牧兽医、桑蚕、水产养殖、农技等专业，举办初级职业培训班1180期，培训农民32万人次。1989年，蓼兰镇获国家教委“燎原奖”。1990年12月，青岛市实施“燎原计划”先进乡镇暨成人教育扫盲工作表彰大会在平度召开。1993年，平度县职工教育办公室撤销，其职能并于平度市教育局。1995年，平度市开始实施“双五”富民工程（通过培训，用5年时间，使50万农户年收入比其他农民年均收入增加10%以上），各乡镇成人学校每年聘请青岛市讲师团专家到农村讲课。

1997年，成立同和职工中等专业学校。1999年，平度县农民中等专业学校更名为平度市成人中等专

业学校。2000年4月，青岛市科教兴农示范基地建设现场会在平度职业中专分校召开。6月，市成人中专被省教委公布为高等教育学历文凭考试试点学校，成为平度第一个高等教育学历文凭考试试点学校。11月，教育部职成教育司在《职成教育情况》第十二期以《山东平度狠抓农村成人教育，强化成教服务功能》为题，将平度发展成人教育经验在全国进行推广。同年，麻兰镇文化技术学校、同和街道文化技术学校获青岛市成人教育十面红旗称号，云山镇文化技术学校、明村镇文化技术学校被评为“争创十面红旗”先进学校。2001年，平度市教育委员会成立职成教育办公室，对全市成人教育进行管理指导。2002年4月，青岛市新世纪“双五”富民工程经验交流及表彰大会在平度召开，同和成教中心、蓼兰成教中心、马戈庄成教中心被授予青岛市新世纪“双五”富民工程建设先进单位。2003年，全市镇级成人教育办学面达到100%，基本形成以市成人中专为龙头，镇（街道）成人学校为主体，1500余所村办农技校为补充，电视、广播等电化教育网络为辅助的农村成人教育网络。

2005年，全市有镇（街道）成人教育中心30所，省示范（规范）化学校23所。培训回乡毕业生3000人，完成农村劳动力引导性培训8500人次，转移并安排就业3400人。同和、南村、城关3个镇（街道）的成教中心被确定为青岛市转移农村劳动力培训基地。市内卫生职工学校、供销学校、工会职工学校、劳动技校、机电学校5所行业学校继续办学。

第四章　高等教育　师范教育

第一节　高等教育

1986年，全县在校专科生787人，其中八五级452人、八六级335人，主要办学地点在平度师资培训中心（简称师训中心）和平度师范。县职工业余学校也通过联合办学，开展职工学历教育。1987年，平度师范撤销电大班，归并师训中心。1991～1993年，平度市委党校作为中央党校业余教育函授平度学区，组织举办政治专业业余教育函授培训；1994～2005年，作为山东省委党校平度学区，平度市委党校承担涉外经济管理、经济管理、农村经济管理、法律等专业的业余教育函授培训。至2005年，全市各类高等教育机构共开设专业40余个，培养大专、大本毕业生1.2万人。

一、电大

1986年，山东省广播电视大学青岛分校平度管理站（简称平度电大）有在校电大生343人，其中党政管理专业（40人）、汉语言文学专业（非师资40人）、档案管理专业（30人）、经济管理专业（12人）在平度师范；汉语言文学专业（师资38人）、土木建筑专业（32人）、中文专业（100人）、数学专业（51人）在师训中心。1987年后，电大班集中由师训中心举办。1992年，青岛广播电视大学平度分校成立，电大办学规模逐步扩大，并根据社会发展需要，不断调整专业设置。至2005年，陆续开设物理、电气工程、财会、人事管理、政史、农师、美术、工商管理、财政税收、工业企业管理、文秘、电子技术、商业企业管理、高护、市场营销、医疗、工业与民用建筑、涉外文秘、法律、国际贸易、企业文化、公关文秘、财会计算机管理、应用电子技术、计算机应用、外贸英语、计算机信息管理、会计电算化、计算机科学与技术、计算机应用与维护、机电一体化、计算机系统与维护等40余个专业，培养大专生3836人。其中，1994～1998年，医疗专业由平度市卫生学校举办，平度电大代管。

二、青岛教育学院平度分校

1985年在师训中心成立，当年开始招生。

1986年，有在校生343人，其中中文专业158人、英语专业46人、数学专业139人。1987～1995年，根据平度师资需要，招收中文、数学、英语专业学生767人。1996年后，青岛教育学院停止招生。

三、青岛师专委培班

1985年在师训中心举办，当年招收1个数学班41人。1986年招收1个数学班50人，1987年招收1个数学班50人。1989年招收2个英语班64人，1990年招收1个英语班40人。学制均为2年，大专学历。之后停止招生。

四、山东大学委培班

1988年在师训中心举办，当年招收学生99人，开办中文、政治2个专业。同年，平度县职业教育中心与山东大学联合招收应用化学专业学生48人，学制2年，大专学历。

五、青岛海洋学院委培班

1988年在平度县职业教育中心举办，当年招收工业企业管理专业学生89人。1989年招收国际贸易、工民建筑专业学生各30人。1990～1996年，先后招收计算机、地质、市场营销、法律、办公自动化专业学生209人，每年招收1个班，学制均为2年，大专学历。

六、山东工业大学委培班

1988年在平度县职业教育中心举办，当年招收机械制造加工专业学生60人。学制2年，大专学历。

七、高等教育自学考试

1984年，平度县开始举办高等教育自学考试，当年即开设党政干部基础、农业经济管理、会计、政治管理、工业与民用建筑、教育管理、高等护理30多个专业，参加学习者124人，第一批学员1986年毕业，共13人。1987年毕业19人，1988～1999年毕业1014人。2002年毕业人数最多，为569人。截至2005年，平度市（县）参加高等教育自学考试者2.1万人，有2933人取得文凭，其中本科毕业生1300人；汉语言文学、法律、会计、英语、教育管理、小学教育、高等护理专业毕业学生2475人，占总毕业人数84.4%。

第二节 师范教育

1986年，平度师范学校有17个班，其中普通师范班9个、体育班2个、民办教师班6个。有学生633人，教职工80人。至1999年，学校一直承担为平度培养小学师资的任务。招收学生以初中毕业生为主，专业设置以普通师范班为主。同时，根据当地实际需要，招收部分具有相关特长的初中或高中中专班，如音乐、美术、体育等专业。在此期间，学校一直保持10个班（含民师班）左右、约400名学生的办学规模。所有毕业生按照国家就业政策，由平度教育行政部门直接分配到各乡镇小学任教。

1999年，青岛市对中师布局进行调整，学校划归青岛市教育局直属，停招中师班，改招五年制大专班，面向平度、莱西、即墨、胶州、胶南5市

（2005年摄）

招生，培养具有大专学历的小学教师。当年招收7个班、320人，学制5年。学校设中文、数学、计算机科学、英语4个专业。学生在校5年，前3年打基础，综合培养，课程全面；后2年学生可根据特长爱好选学中文、数学、英语（中考英语成绩较好者可编入双语实验班学习）、计算机、音乐、美术等大专专业。学生毕业时颁发青岛大学专科文凭，愿继续求学者可参加专升本考试，进入本科院校继续深造。2002年，学校首次组织专升本考试，录取27人。截至2005年，有178人通过专升本考试。

2005年，平度师范学校有教职工126人，教学班30个，招收5年制大专班新生281人，在校生1315人。

1986～2001年平度师范毕业生、教职工数统计表

表17-9　　单位：人

年度	毕业生数							教职工数			
	普师	音乐	体育	美术	英语	民师	合计	教师	行政人员	工勤人员	合计
1986	120	–	–	–	–	91	211	54	26	18	98
1987	93	–	38	–	–	85	216	54	27	18	99
1988	130	–	–	–	–	44	174	61	26	19	106
1989	171	–	39	–	–	0	210	67	26	20	113
1990	212	–	–	–	–	80	292	66	27	20	112
1991	161	–	39	–	–	79	279	56	25	18	99
1992	92	32	–	–	–	121	245	58	24	20	102
1993	123	–	–	–	–	120	243	58	24	20	102
1994	121	–	–	–	–	119	240	56	24	20	100
1995	90	30	–	32	–	119	271	57	24	21	102
1996	93	–	–	–	–	121	214	58	26	23	105
1997	97	24	46	22	–	155	344	61	26	22	109
1998	83	45	–	44	40	180	392	58	26	22	106
1999	90	–	49	–	46	160	345	58	26	22	106
2000	135	47	–	–	49	160	391	55	13	38	106
2001	216	–	–	45	49	199	509	66	13	44	123

2002 ~ 2005 年平度师范毕业生、教职工数统计表

表 17-10　　　　单位：人

年度	毕业生数						教职工数			
	中文	数学	英语	计算机	小学教育	合计	教师	行政人员	工勤人员	合计
2002	–	–	–	–	182	182	72	15	44	131
2003	–	–	–	–	107	107	74	14	42	130
2004	91	42	136	43	–	312	74	12	42	128
2005	94	46	98	37	–	275	75	12	39	126

第五章 体 育

第一节 体育设施

1986 ~ 1989 年，先后投资 270 万元，建成面积 800 平方米的篮球训练房和总建筑面积 9800 平方米的体育活动中心。中心有容纳 1000 余人看台的灯光球场、50×20 米的露天游泳池。1991 年，投资 28 万元新建健身房、网球场、门球场和室外篮球场、综合训练器。1998 年，投资 260 万元建造占地面积 768 平方米的体校综合楼 1 幢。是年，全市有篮球场 960 个、乒乓球室 940 个、台球室 880 个、羽毛球场 170 个、200 米跑道以上的田径场 112 个。

平度体育场（2005 年摄）

2001 年 10 月，在市自来水公司办公楼前安装健身路径 15 件（套）。2002 年，投资 60 万元对体育场馆进行整体维修和绿化美化，完成了移动靶和汽手枪射击项目的审批及场地建设。在市区部分居民小区和广场周围安装价值 100 万元体育健身路径。2003 年，引进价值 87 万元航空器材，成立平度市海鸥航空俱乐部和健身俱乐部；成立国民体质监测中心；引进全国第六批全民健身工程体育器械 123 件，分别安装在教师新村、老年体协、会堂广场。是年，全市有各类体育场地 764 个，其中标准场地 487 个；室内体育设施 39 件，室外体育设施 1446 件；人均场地面积 0.98 平方米，人均投入场地资金 44 元。

2004 年，投资 300 万元，在新建体育健身中心增设 2 个篮球场。在市老年体育活动中心新建 3 处塑胶门球场地，在现河两岸新建 7 处标准门球场地，为体育中心增设 6 套新式乒乓球台，成立平度市“英派斯”和“雪尔”健身俱乐部。同年 11 月，将占地 20 余公顷的封闭式植物园改建成开放式群众体育健身中心，内设各种健身器械 170 余件。2005 年，投资 38 万元整修市体育场 800 平方米训练房；投资 430 万元对体育场地进行全面改造，铺设塑胶跑道和人造草皮；引进价值 60 万元全民健身路径 3 套，分赠给城关、李园、香店 3 个街道。

社区健身路径（2005 年摄）

第二节 体育运动

一、学校体育

1986 年，全县 12 所高中、6 所农民技术学校及 45 所乡镇中心中学、小学每年举行 1 ～ 2 次综合性田径运动会，每年举行 3 ～ 5 项单项比赛。每天坚持早操、课间操、眼保健操、课外体育活动，每周 2 节体育课。全县学生体育达标率 83.6%。平度一中、平度二中、平度师范等 12 所学校获评青岛市《国家体育锻炼标准》先进学校。1991 年 1 月，平度一中、四中、六中、侨中、职工子弟中学、新河中学、南村小学等 18 处学校被评为青岛市体育传统项目学校。1996 年，对全市 77 所学校抽查验收，体育达标率 96.2%。全市有省级体育传统项目学校 1 所、市级体育传统项目学校 18 所、武术学校 2 所。2001 年，全市学生体育达标率 99.8%。2002 年，市教育体育局主办首届“影院杯”城区小学足球比赛，开发区实验学校、胜利路小学、实验小学分获前三名。2003 年，第二套《全国中小学生系列广播体操》在全市中小学普及。2005 年，全市组织中小学生春季田径运动会和秋季篮球赛、青少年武术表演赛、“喜德杯”少年游泳赛、“肯德基”杯全市青少年三人制篮球冠军挑战赛等体育比赛活动 27 次；新河小学、门村中学等 13 所中小学被评为青岛市体育传统项目学校。

二、竞技体育

1986 年，县体委依托少年业余体校和体育传统项目学校，积极培养并向上级体育部门输送优秀体育人才，代表平度参加青岛市、山东省、国家等各类比赛。1987 年，平度获全国体育先进县和全国田径之乡称号。至 1998 年，市少年业余体校常年开设田径、篮球、乒乓球、举重 4 个项目，向上级体育部门输送优秀体育人才 200 余人。1999 年被授予山东省优秀县级高水平体育后备人才基地称号。2000 年，获第二十七届奥运会培养、输送优秀体育后备人才突出贡献单位称号。2001 ～ 2004 年，连续五次获青岛市春、秋季田径运动会团体总分第一名。培养国家二级运动员 16 名。2005 年，双星杯青岛市首届运动会，平度市派出 516 名运动员参加 14 个项目角逐，分别获得拳击比赛、柔道比赛和跆拳道比赛 3 项团体第一，以 67 枚金牌成绩列郊区五市金牌榜首。在全国重点城市射击锦标赛暨全国青少年射击锦标赛上，市体校学生葛广辉以 580 环成绩夺得男子青年组移动靶“30+30”金牌，超全国青年纪录。在福建漳州市举办的全国青年拳击锦标赛中，市体校学生王建政夺得 71 公斤级金牌，为青岛市此类比赛首枚国家级金牌。

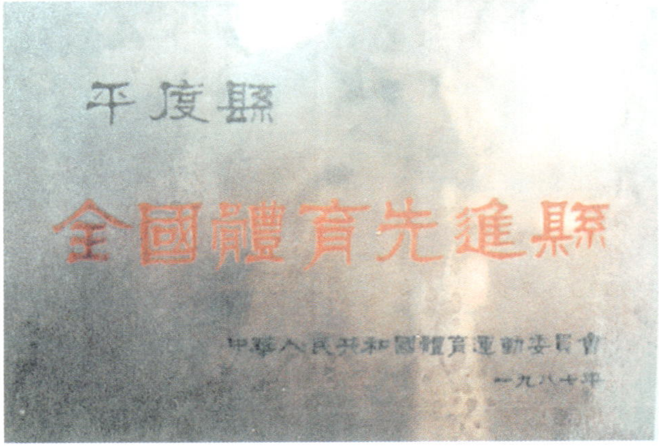

1986～2005年平度市（县）体校向上级输送体育人才比赛获奖情况表

表 17-11

姓 名	性 别	赛　　事	成绩	备注
孙素梅	女	1989 年亚洲田径锦标赛 800 米	冠军	国际健将
石晓英	女	1989 年第五届亚洲帆船锦标赛 470 级	冠军	国际健将
石晓英	女	1992 年全国帆船锦标赛 470 级	冠军	国际健将
王振义	男	1993 年全运会乒乓球混双	冠军	健将
肖三贵	男	1993 年全国少年摔跤锦标赛	亚军	一级
李淑芳	女	1994 年全国少年柔道锦标赛	冠军	国际健将
刘先锋	男	1995 年全国室外射箭锦标赛	冠军	健将
肖三贵	男	1995 年全国青年摔跤邀请赛	冠军	一级
李淑芳	女	1996 年葡萄牙世界青年柔道锦标赛	亚军	国际健将
李淑芳	女	1996 年全国柔道锦标赛	亚军	国际健将
李淑芳	女	1996 年全国柔道冠军赛	亚军	国际健将
李方辉	男	1996 年全国青年摔跤比赛	冠军	一级
刘 艳	女	1996 年全国青少年射箭比赛	冠军	一级
李淑芳	女	1997 年全运会柔道	冠军	国际健将
李淑芳	女	1997 年意大利站柔道 A 级赛	亚军	国际健将
李淑芳	女	1997 年匈牙利站柔道 A 级赛	第三	国际健将
李淑芳	女	1997 年捷克站柔道 A 级赛	第三	国际健将
王佳丽	女	1997 年国际中学生定向越野赛	冠军	一级
李淑芳	女	1998 年俄罗斯世界柔道锦标赛	冠军	国际健将
李淑芳	女	1998 年全国柔道冠军赛	第三	国际健将
金 丽	女	1999 年亚洲青年田径锦标赛 10000 米	冠军	健将
刘先锋	男	1999 年全国射箭冠军赛	冠军	健将
李淑芳	女	1999 年城运会柔道比赛	亚军	国际健将
李淑芳	女	2000 年意大利站世界柔道 A 级赛	冠军	国际健将
李淑芳	女	2000 年荷兰站世界柔道 A 级赛	冠军	国际健将
李淑芳	女	2000 年悉尼奥运会女子柔道 63 公斤级	亚军	平度最高成绩

续表 17-11

姓 名	性 别	赛　　事	成绩	备注
李淑芳	女	2000 年奥运会柔道选拔赛	冠军	国际健将
刘先锋	男	2000 年全国射箭冠军赛	冠军	健将
李淑芳	女	2001 年法国站世界柔道 A 级赛	亚军	国际健将
李淑芳	女	2001 年第九届全运会柔道	亚军	国际健将
毛丽娜	女	2001 年全国摩托艇锦标赛	冠军	一级
李淑芳	女	2002 年第十四届亚运会柔道	第三	国际健将
陈 明	男	2002 年全国田径冠军赛 3000 米障碍	冠军	健将
陈 明	男	2002 年全国田径锦标赛 3000 米障碍	亚军	健将
董乃伟	男	2002 年全国少年拳击比赛	亚军	一级
邓阿鹏	男	2002 年全国举重锦标赛	第三	一级
金 丽	女	2002 年全国马拉松赛	第三	健将
李淑芳	女	2003 年青岛国际柔道公开赛	第三	国际健将
李淑芳	女	2003 年全国柔道锦标赛	第三	国际健将
李淑芳	女	2003 年全国柔道冠军赛	第三	国际健将
李淑芳	女	2004 年亚洲柔道锦标赛	第三	国际健将
李淑芳	女	2004 年全国柔道锦标赛	冠军	国际健将
王建政	男	2005 年全国青年拳击锦标赛	冠军	健将

三、农民体育

1986 年，全县有“青年之家”1680 个、农民篮球队 145 个、农民乒乓球队 85 个。三堤、香店、门村、田庄、南村、古岘、新河、马戈庄等乡镇体育活动活跃，香店乡举办了农民运动会。9 月，全县举办第二届“春兰杯”农民篮球赛，40 多个单位参赛。1987 年 4 月，全县举办第一届农民运动会；9 月，举办了第二届“民丰杯”农民篮球赛，有 23 个乡镇参加。1988 年 6 月，化肥厂出资举办第三届“民丰杯”农民篮球赛。至 1989 年，农村体育活动人口达 20%以上。1992 年，市政府先后组织举办农民运动会和农民篮球赛、乒乓球赛和象棋赛。同年，继南村、明村两镇之后，大泽山、仁兆两镇被评为山东省级体育先进乡镇。至 1996 年，大泽山镇已连续举办 9 届农民篮球赛、象棋赛、乒乓球赛和 2 届拔河比赛。大泽山、香店、李园、灰埠等 10 余个镇(街道)举办形式多样的农民运动会。1997 年，大泽山镇被评为全国群众体育先进乡镇，城关、仁兆、张舍、蓼兰4个镇（街道）获山东省群众体育先进乡镇称号。2000年9月，平度市全民运动会在市体育场举行，来自全市30个镇（街道）的700余名农民运动员参加比赛。2005年10月，组织举办平度市“网通杯”第一届全民乒乓球比赛。

四、职工体育

1987年，举办全县职工田径、篮球、乒乓球、象棋大型比赛。1989年，青岛锦华服装厂、县人造板机械厂、县化肥厂、市自行车厂等企业举办大型田径运动会和乒乓球比赛、冬季越野赛、职工篮球赛、扑克擂台赛、拔河比赛和中老年人迪斯科大赛。青岛锦华服装厂自编9套“缝纫工间操”，每天轮流锻炼。1991年，市总工会、文化局、农业局、体委联和举办平度市首届职工运动会，市供销社举办“供销杯”职工篮球赛。1992年，举行“抽纱杯”女子篮球赛、“齿轮杯”象棋和围棋比赛，“银鹰”体协田径运动会及机关干部运动会。同年，成立篮球、田径、乒乓球、农协、棋类、气功、钓鱼、信鸽、老年体协、武术10个体育协会。1997～1999年，先后组织举办“迎香港回归职工越野赛”“迎香港回归职工家庭同乐赛”，机关干部象棋、乒乓球和长跑比赛，“金星杯”职工篮球赛、“电业杯”男子职工篮球赛、“电业宾馆弈友杯”围棋赛和“迎澳门回归天柱杯”乒乓球赛。2000～2002年，全市组织举办各种职工体育比赛60余次。2003年，组织举办首届大泽山登山活动、韩国经济人协会天柱山登山比赛活动和“联通杯”公路自行车大赛。2004年，举办“中国人寿杯”全民健身月暨万人健步行活动、平度市首届“喜福得”拳击武术比赛。2005年，推出新的健身项目《大众广播体操》和全国试行的健身气功法，在市区增设健身气功练习点20个。市直机关工委组织举办“先锋杯”机关干部职工运动会和游泳比赛，天柱集团举办平度市第七届“天柱杯”职工篮球赛，市总工会组织职工象棋比赛。

五、老年体育

1986年，平度县老年体育由老年人体育协会组织指导，主要活动项目为门球、气功、太极拳。是年，平度县获山东省老年人体育活动先进单位称号。1988年，平度县老年人活动中心建成。1989年，全县建有各种体育协会和群众组织146个，各乡镇均建有老干部活动中心、老年人活动室，常年组织老年人进行门球、棋牌、象棋活动。1996年，国家体委推行《1996～2000年普及农村老年人健身计划》，老年人体育活动在农村广泛开展。当年，平度村级老年人体协组织发展到1059个，全市有门球场87个、门球队111个、气功辅导站260个、老年人活动室657个。年内，老年体协组织全市门球赛3次，城区门球赛3次，承办青岛市门球赛1次，组队参加青岛“九六长寿杯”、黄海协作区第八届门球赛、青岛市“巾帼杯”门球赛，均获冠军。1998～2003年，老年人体育活动日趋活跃，中老年人秧歌、太极拳、扇子舞、门球、气功、健身球等活动随处可见。2004年，全市30个镇（街道）、1788个行政村、34个居委会均设有老年体协，专兼职工作人员3756人，以老干部、老知识分子、老职工为主，发展会员14万人；各级老年人体育协会开设门球、气功、武术等辅导站2018个，其

市老年体育活动中心塑胶门球场地（2005年摄）

中门球队 450 个，队员 5500 人。2005 年 4 月，市老年体协承办山东省黄海协作区第十七届“同辉杯”老年人门球赛；5 月，举办平度市第十四届村级“长乐杯”老年人门球赛、第十九届“长寿杯”老年人门球赛；组队参加青岛市第二十一届“长寿杯”门球赛；老年体协组织举办门球、腰鼓、气功表演赛。

第三节 承办赛事

一、国家级比赛

1986 年 7 月 16 日，在县体育场举办全国青年女子曲棍球邀请赛。1987 年 8 月 23 日至 9 月 16 日在县体育场举办第一届全国青年曲棍球锦标赛，有 8 支男队和 11 支女队参赛。1988 年 9 月，在县体育场举办全国青年女子曲棍球锦标赛。1990 年 7 月，在市体育场举办全国少年软式棒球锦标赛；8 月，举办全国曙光杯曲棍球比赛；9 月，举办第四届全国计划单列市乒乓球比赛。1991 年 7 月，举办全国少年软式棒球比赛。1992 年 7 月，举办“第七届全国女垒萌芽杯夏训比赛”。1992 年 8 月，举办全国少年儿童乒乓球比赛。1993 年 7 月，举办全国儿童软式棒球夏训比赛。1993 年 8 月，举办全国少年（13 ~ 15 岁）田径分龄赛。

二、省级比赛

1986 年 4 月，在县灯光球场举办山东省建设系统篮球邀请赛，有 26 支代表队参加比赛；8 月，县体委承办山东省第十三届运动会棋类比赛。1990 年 3 月 30 日至 4 月 1 日，市体委承办山东省业余体校越野长跑、竞走比赛；8 月 25 日至 9 月 7 日，承办组织山东省希望杯足球赛。1991 年 8 月，在市体育场举办山东省百县运动会。

三、地市级比赛

1986 年 6 月 1 ~ 2 日，在县体育场举办青岛市县区中小学生田径运动会。2003 年 10 月，承办青岛市市区“联通杯”青少年篮球赛。

第十八篇 科技 文化

科技 古代，平度即有一些科学发明与著述。汉代徐万且为“太初历”主要创制人之一，明代崔旦著《海运编》，清代于溥泽著《云巢医案》《伤寒指南》《要略厘辞》，民国戴修德绘《历代疆域战争图》，荆中允著《先圣遗范》《本草易读》。1957 年，平度县科学技术委员会成立，先后建立起科学技术协会、农学会、林学会、水利学会、中医学会等学会团体。至 1985 年，全县有职称科技人员 2400 人，农村科技人员 3.15 万人。

文化 平度古代文化尚属繁荣，清康熙《平度州志》卷七至卷十二，皆为艺文。“州人于文学，不敢谓天性，然操觚染翰，非乏人也。”春秋宁戚《饭牛歌》、明清《州中八景诗》，文采斐然；官廉、官贤、崔廷槐、李学诗等文人雅士的散文脍炙人口。“邑先贤如庸生、公沙穆、徐万且、成公兴、殷绍诸人名炳史册，卓乎不可及矣”。清代由州署礼房掌管文化事宜，民国由县劝学所管理文化事宜。民国初年，县城设通俗讲演所。民国 19 年（1930），成立民众教育馆，内设图书、阅览、游艺。1951 年，平度四县相继成立文化馆。20 世纪 70 年代，各乡镇设文化站，农村文化生活日益丰富多采。1981 年，县人辛显令任编剧的电影《喜盈门》获全国大奖。1985 年，全县在国家级报刊发表文艺作品达 200 件。戏剧、音乐、舞蹈、曲艺、书法、美术，百花争艳。

第一章 科学技术

第一节 科技管理

一、科技机构

1986年，县科委内设办公室、科技管理科和情报信息科。全县有农学会、林学会、水利学会、青少年科技辅导员协会、中医学会、中西医学会、商业经济学会等县级学会7个。1990年，全市45个乡镇均成立科委，与科协一套班子、两块牌子。1993年10月，市科委与市科协合并，组建新科委（加挂市科协牌子），辖设办公室、科技管理科、科普学会科3个行政科室以及科技开发中心、科技咨询中心2个事业单位。1995年11月，国家科委批复，在平度市建立国家级技术市场——江北农业技术市场，内设办公室、内务管理部、信息服务部、组织联络部、展览交易部、财会结算部和培训学校。1996年4月，平度市科技馆成立。1996年10月，平度市地震办公室成立。2000年，全市有市直学会18个，会员876人；农村专业研究会174个，会员3.65万人；民办科研所33家，其中农业、林果业类23家，医药医学类4家，其他6家。2001年8月，平度市科学技术委员会更名平度市科学技术局，加挂平度市科学技术协会牌子，辖设办公室、科技管理科、地震办公室和科技服务中心。镇（街道）科协（科委）撤销，统一设置为科技文化服务中心，2002年3月，撤销科技服务中心，恢复科技开发中心和科技咨询服务中心。6月，平度市科学技术局加挂平度市地震局牌子。

二、科技计划

科技计划一般包括成果推广、新产品试制、科技攻关、科技发展、电子信息倍增、星火计划等。1986年，县科委确定“夏播花生丰产技术开发”“中型水库综合养殖技术开发”“一膜两用技术开发”“优质棉花新品种选育”“葡萄保鲜”“草编机械化生产”“庭院经济”等年度科技计划项目14个，制定《平度县1986～2000年科学技术事业发展规划》。1989年，安排青岛市计划11项，平度县计划16项。其中旧店方家等4个小流域治理达省先进水平；县电子材料厂的油性石墨纸研制成功；县水产养殖公司的“网箱养鱼”项目取得亩产6万公斤高产。1992年，安排科技计划项目26项，其中列入青岛市科技攻关项目1项、海洋计划1项、新产品试制计划5项、电子倍增计划2项、星火计划3项、推广项目3项。1993～1999年，全市安排科技计划项目172项。其中，列入青岛市科技攻关项目15项、电子倍增项目8项、新产品推广项目15项；全国新产品试制计划6项，星火项目3项。2000～2005年，组织实施科技计划125项，其中平度市科技计划77项、青岛市科技计划37项、国家科技计划11项。

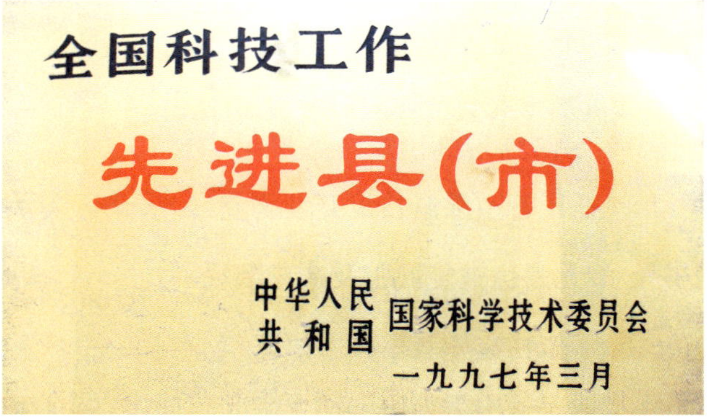

三、科技成果鉴定与奖励

成果鉴定 1986年，鉴定项目34个。其中，获山东省优秀科技成果奖3项、青岛市优秀科技成果奖12项，获县级优秀成果奖19项。其中，填补国内空白7项、达到国内先进1项、填补省内空白4项、达到省内先进2项。1990～1992年，全市取得各类科技成果43项，其中7项达国内先进并填补国内空白，18项达省内先进水平；19项成果

获科技进步奖，其中获青岛市级以上15项；有16项生产技术和产品获国家专利。组织实施各级各类科技计划45项，其中3项被列入国家重点科技推广项目；4项成果获全国“七五”星火博览会金牌、2项获银牌；6项成果获全国电子成果展销交易会科技进步二、三等奖；2个项目获哈尔滨全国科技成果展览交易会金、银奖励。1993～1999年，取得各类科技成果100项，其中1项达国际领先水平、5项达国际先进水平；2项达国内首创、17项达国内领先、41项达国内先进水平；12项达省内领先水平、21项达省内先进水平。2000～2005年，取得各类科技成果30项，其中2项达国际先进水平、22项达国内领先、5项达国内先进水平、1项达省内领先水平。

成果奖励　1986～1988年，获平度县优秀科技成果一、二、三等奖的成果分别奖励300元、200元和100元。1989年2月，县政府出台《平度县科学技术奖励试行办法》。1989～1992年，获平度市科技进步成果奖奖金为一等奖500元、二等奖300元、三等奖100元。1993～1994年，获平度市科技进步成果奖奖金提高为一等奖3000元、二等奖2000元、三等奖1000元。1995年起，获平度市科技进步成果奖奖金为一等奖5000元、二等奖3000元、三等奖2000元。

1986～2005年平度市（县）获青岛市科技进步二等奖以上科技成果统计表

表18-1

科技成果名称	完成单位	奖励等级	奖励年份
大泽山葡萄增产技术开发实验	平度县蚕果站	青岛市科技进步二等奖	1986
花生新良种花37、海花1号大面积推广	青岛市种子站、平度县花生办公室	青岛市科技进步二等奖	1988
平度县科技、经济、社会总体发展规划	平度县农业区划办公室	青岛市科技进步二等奖	1988
低压管道输水灌溉开发实验	青岛市水利局、平度市水利局	青岛市科技进步二等奖	1989
混砂机基本参数的实验研究及S1122、S1322混砂机新产品开发	青岛第四铸造机械厂	山东省科技进步一等奖	1990
低压管道灌溉技术开发研究	平度市水利局	山东省科技进步二等奖	1990
多元素包被复混肥及造粒装置	平度市磷肥厂	青岛市科技进步一等奖	1991
作物立体栽培技术研究	平度市农技站	青岛市科技进步二等奖	1991
弱含水地层青山组火山岩地下水分布规律及解决缺水问题探讨报告	平度市水利局	青岛市科技进步二等奖	1991
计算机电网运行实时控制及多级管理网络系统	平度市电业公司	青岛市科技进步二等奖	1991
“海珍品系列化妆品”	青岛日化三厂	国际首创	1992
S1425转子混砂机	青岛第四铸造机械厂	国际先进	1992
S565振动式树脂砂再生装置	青岛第四铸造机械厂	国际先进	1992
涝洼地条田沟十万亩枣粮间作开发早果丰产实验	平度市林业服务中心	青岛市科技进步二等奖	1993

续表 18-1

科技成果名称	完成单位	奖励等级	奖励年份
DZL 系列螺纹烟管凸型封头热水锅炉	青岛星火锅炉集团	青岛市星火一等奖	1993
凸型管板螺纹烟管热水锅炉	青岛胜利锅炉厂	山东省星火二等奖	1993
S1425 转子混砂机	青岛第四铸造机械厂	青岛市科技进步二等奖	1994
抗静电、抗燃烧塑料编制网带	平度市科技咨询服务中心、兖州兴隆庄煤矿	青岛市科技进步二等奖	1995
北峰牌 TKY 活化水	青岛龙山高科技绿色饮料厂	国际领先	1995
抗静电、抗燃烧煤矿井下用塑料板材	平度市科技咨询服务中心	青岛市科技进步一等奖	1996
球状复混肥低温热法造粒生产线	平度市磷肥厂	青岛市科技进步二等奖	1996
高档精选牛肉生肉生产技术的研究与开发	平度市畜牧良种繁育指导站	青岛市科技进步一等奖	1998
树脂砂成套设备	青岛第四铸造机械厂	青岛市星火二等奖	1998
QDG23100M 型农用运输车	青岛东风汽车改装厂	青岛市星火二等奖	1998
银杏高密度快速繁育技术推广	平度市万家镇马戈庄村	青岛市星火二等奖	1998
粘土型砂在线检测装置	青岛第四铸造机械厂	国际先进	1998
箱式多用炉稀土低温渗碳技术	青岛第二齿轮厂	国际先进	1998
猪、肉鸡、蛋鸡浓缩饲料示范试喂	青岛希望饲料	青岛市星火二等奖	2000
5 万亩大姜高产技术开发	平度市农业局蔬菜站	青岛市星火二等奖	2000
CSDF—40 模拟高原训练低压仓的研制	青岛市高压氧仓设备厂	青岛市科技进步二等奖	2001
山东与华东三省农村三级卫生网焦点问题根源、发展战略比较研究	平度市卫生局	青岛市科技进步二等奖	2001
红魔特长椒高产栽培技术研究与应用	平度市种子管理站	青岛市星火二等奖	2001
平度市无公害蔬菜研究示范与产业化开发	平度市农技站	青岛市科技进步二等奖	2002
菜果病虫无公害防治技术规程研究与应用	平度市植物保护站	青岛市科技进步二等奖	2003
特色作物黑小麦无公害栽培及产业化开发	平度市农技推广站	青岛市科技进步二等奖	2003
特色甘薯深加工技术研究与产业化开发	平度市农业技术推广站	青岛市科技进步一等奖	2004
青岛市育龄妇女缺铁性贫血发病现状调查	平度市妇幼保健院	青岛市科技进步二等奖	2004
抗静电、抗燃烧、高强度塑料托带辊	青岛高科塑胶研究开发中心	青岛市技术发明二等奖	2004
煤矿用阻燃抗静电高强度塑料管材	青岛高科塑胶研究开发中心	青岛市技术发明二等奖	2005

四、科技应用

工业科技推广 1986年，县属工业竣工技术改造项目30个，完成投资1491万元。工贸联营青岛包装印刷厂引进的“电子分色机”“四色胶印机”，县挂车厂的10吨东风半挂车，县第三仪器厂的“照相机自拍延时器”，王家站散热器厂引进推广的“FP—5型风机盘管散热器”等技改项目进展顺利。1988～1990年，全市（县）工业企业累计完成技术改造项目1505个，总投资3.52亿元，其中市属工业累计完成技术改造项目1352个，总投资1.70亿元。技术改造投资占同期工业固定资产投资的37.2%。县热电厂2台6000千瓦发电机组投入运行，并网发电；青岛北海啤酒厂啤酒工程投料；第六棉油加工厂毛巾生产和第一棉油加工厂5000纱锭项目竣工投产。1991年，青岛胜利锅炉厂研制的螺纹管锅炉成为锅炉辅机行业拳头产品，填补省内空白。第四铸造机械厂研制开发的S1420转子混砂机，获全国新技术新产品展销会金奖。1992年，市化肥厂尿素装置二期整改工程投资302万元，年增尿素8000吨；市有机化工厂利用糠醛废水生产冰醋酸项目投资215万元，年处理废水2.5万吨，生产冰醋酸500吨；青岛鸿达机电总厂曲轴总成生产线技术改造投资500万元，年新增曲轴总成25万套；市水泥厂年产30万吨水泥技改项目投资1100万元，年增水泥10万吨。

1994年，市属工业自筹技术改造项目资金8402万元，在建项目78个，竣工投产55个。1995年，青岛天柱化工集团公司尿素“四改六”技改项目列入国家技改计划。自1996年，在全市工业企业中广泛推广高新技术。至2001年，形成电气机械、电子设备、仪器仪表、空调设备制造及新材料、新能源等技术产品。2002年，青岛碱业股份天柱化肥分公司的双煤道电子计量控制装置和大颗粒尿素项目推广试制取得良好效益。2003年，市热电厂的非线性励磁控制设备、无塔旋膜除氧器科技成果得以推广应用。2005年，青岛海诺制水工程有限公司承担的EDI（连续电除盐）模块开发技术，实现水处理行业无污染排放。

农业科技推广 1986年，县科委制发《关于加强农村科技服务工作的试行意见》，在全县形成县、乡镇、村、户上下沟通，左右相联的科技推广服务网络。是年，省农科院试验的“大棚蔬菜栽培技术”在南村、中庄等10余处乡镇推广应用。1987年，突出推广“万亩旱地小麦增产技术开发”“千斤千元立体农业技术开发”“2万亩夏播花生增产技术开发”和“葡萄大面积增产技术开发”项目。引进小尾寒羊在大泽山镇所里头村繁育试养。“花生地膜覆盖综合增产技术”在张戈庄镇连续3年试验，万亩花生亩产均超千斤。“万亩葡萄低产变中产开发项目”顺利完成，亩产由原来500公斤提高到2000公斤。是年全县推广粮油新品种20余个，小麦、玉米及棉花丰产技术，粮油间作套种技术果品低中产开发、优质开发、立体种植等，均取得成熟经验。1988年，在夏玉米生产中，采用“一主、二增、三改”（选用增产潜力大的正交掖单2号为主；增加密度，增加投入；改晚播为适时早播，改穴播为沟播，改晚管为早管）综合增产技术，使玉米平均单产达到523.7公斤，比开发前增长28.7%。

1990年，全市地膜覆盖种类由单一花生覆盖逐渐扩大到玉米、大姜、大蒜、芋头等农作物。1999年，开始对科普示范基地进行规范管理，根据基地规模、示范品类、推广效益等对基地进行级别认定。

2000～2002年，以农业园区建设为载体，先后引进推广国内外先进农作物新品种200余个、新技术100余项，农作物良种覆盖率达到98%以上。肉鸡、蛋鸡生产全部实现良种化，肉牛良种覆盖率达65%以上，生猪良种覆盖率达85%以上，瘦肉猪出栏占全市生猪出栏85%以上。科技对农业增长贡献率达50%以上。2003年，在全市推广苹果套袋10亿个，使高档果品每个增收0.5～1元。2004年，江北农业技术市场累计推广长效肥、果

（2008 年摄）

树专用肥、叶面肥 500 吨。引进以登海 3 号为主玉米良种 5 个，推广面积 4000 公顷。2005 年，市果树技术推广站推广完成“5 万亩红富士苹果无公害标准化生产技术集成研究与开发”项目，平度市洪山园艺场、山东省农业广播电视学校平度分校推广完成“红旗特早玫瑰葡萄新品种选育”项目，使全市优质苹果产量提高 10% 以上，葡萄良种率达到 100%。

1999 ~ 2004 年平度市科普示范基地一览表

表 18-2

级别	序号	基地名称	认定时间（年）
平度	1	麻兰镇名优果品保护栽培基地	1999
	2	大泽山良种繁育科普基地	1999
	3	南村镇无公害蔬菜示范园	2000
	4	店子镇许家村葡萄新品种示范基地	2002
	5	店子镇万亩葡萄新品种示范基地	2002
	6	旧店镇万亩无公害苹果基地	2003
	7	云山镇万亩无公害大樱桃基地	2003
	8	长乐镇无公害大枣科普示范基地	2004
	9	青岛鸿达厂企业科普示范基地	2004
青岛	1	麻兰镇名优果品保护栽培基地	1999
	2	南村镇无公害蔬菜示范园	2000
	3	店子镇许家村葡萄新品种示范基地	2000
	4	长乐镇无公害大枣科普示范基地	2004
	5	青岛鸿达厂企业科普示范基地	2004
山东	1	大泽山良种繁育科普基地	1999
	2	店子镇万亩葡萄新品种示范基地	2002
国家	1	蓼兰镇国家级农业现代化示范园	2002

五、专利管理

1986年，县科委与青岛市科委专利处联合召开青岛市首次专利信息技术发布会。1987年，举办平度县科技成果、信息、专利、器材洽谈交易会2次，签订成果、转让专利87项，签订技术引进合同5项。其中玉米制糖稀技术、人造大理石技术、牛体育黄技术、热风家用取暖炉等专利技术被采用。县磷肥厂的多元素混配肥造粒装置专利技术转让至湖北省和浙江省，获专利费6万元。同年，为青岛第四机械厂办理申请专利手续1项，为旧店镇和王家站乡买进专利2项。1988～1990年，全市（县）有15项生产技术和产品获国家专利。市磷肥厂研制的“包被式”复混肥和造粒装置，达到较高技术水平。1991年，全市申报专利7项，处理专利纠纷2起。1992年，全市申报专利11项，有7项被国家专利局受理。同年，平度市专利事务咨询服务部成立，承担专利申请代理和专利纠纷、专利侵权的查处与调解。1993年，社会人员卢崇德自办专利申请代理处1处。1995年，专利事业开始进入较快发展阶段。1998年，平度市磷肥厂、平度市化肥厂被省知识产权局命名为山东省专利明星企业。至2002年，全市累计专利申请297项，授权248项，有3人取得专利代理人资格证书。市科技服务中心高级工程师生守斋研究的抗燃烧、抗静电塑料板材及塑料拖带辊、塑料网袋、塑料管材系列产品，先后获8项国家专利，其中“以塑代钢，以塑代木”系列产品被国家科技部列入重点新产品推广计划，在全国煤炭、石化行业推广。2003～2005年，全市专利申请223件，授权135件。

证书号第285905号

发明专利证书

发明名称：多用途的多层共挤塑料复合管材

发明人：生寿斋

专利号：ZL 2004 1 0036038.0

专利申请日：2004年10月29日

专利权人：生寿斋

授权公告日：2006年9月27日

本发明经过本局依照中华人民共和国专利法进行审查，决定授予专利权，颁发本证书并在专利登记簿上予以登记。专利权自授权公告之日起生效。

本专利的专利权期限为二十年，自申请日起算。专利权人应当依照专利法及其实施细则规定缴纳年费。缴纳本专利年费的期限是每年10月29日前一个月内。未按照规定缴纳年费的，专利权自应当缴纳年费期满之日起终止。

专利证书记载专利权登记时的法律状况。专利权的转移、质押、无效、终止、恢复和专利权人的姓名或名称、国籍、地址变更等事项记载在专利登记簿上。

局长 田力普

2006年9月27日

第1页（共1页）

生守斋发明专利证书

六、科技企业认定

高新技术企业认定　自1996年，全市开展高新技术企业培育、发展、认定工作。至2002年，全市有青岛市批准挂牌高新技术企业8家。2003年，培育、发展青岛华青集团有限公司、青岛飞华齿轮制造有限公司、爱德现代牛业（青岛）有限公司、青岛龙力生物技术有限公司为青岛市级高新技术企业。2004年，组织认定青岛海诺制水工程有限公司、中国轻骑集团青岛鸿达厂为高新技术企业。2005年，认定青岛市平度高压氧舱设备厂、青岛宏泰铜业有限公司等高新技术企业8家，使全市高新技术企业达到22家。

民营科技企业认定　全市民营科技企业认定始于1996年。至2002年，全市共有青岛市批准挂牌民营科技企业21家，其中青岛华青仪器仪表有限公司列入青岛市“五十强”民营科技企业。2003年，发展、认定青岛三元纸业有限公司、青岛开元电气站设备有限责任公司为青岛市民营科技企业。2005年，全市经青岛市科技局认定挂牌民营科技企业累计28家，涉及食品加工、仪器仪表、合成塑料、兽医药品、作物良种等技术产品。

第二节 科普活动

一、科普展览

1986 ~ 1995 年，科普展览以流动展览为主，一般每年组织大型科普展览 2 ~ 3 次。1995 年底，市科委代管江北农业技术市场，在市人民会堂四楼东西两侧建立长 60 米科技长廊和面积 300 平方米科技展厅各 1 个。

1996 年 9 月，江北农业技术市场暨首届青岛国际农业博览会举办，布置国际标准摊位 400 余个，与会发展和进行交易人员 10 万人次，签订合同 600 余个，成交额 2 亿元。时任中共中央政治局委员、国务院副总理姜春云为市场题词：办好农技市场，实施科教兴农。至 2002 年，博览会共举办 7 届。1997 年，农业科技展览馆落成，对外展示和经营农业新品种、新技术及配套生产资料。同年 11 月，青岛市大型科普知识巡回展在江北农业技术市场举行，展出内容为人类起源、宇宙知识、航空航天技术等。2000 年 8 月，在市博物馆举办“崇尚科学文明，反对迷信愚昧”大型科普展览，展出科普图片 129 张，以实例揭露批判“法轮功”邪教组织和各种伪科学、迷信活动。2001 年 9 月，市科技部门在红旗路建 18 块宽 1.4 米、高 1.2 米不锈钢结构科普画廊，常年展览。2001 ~ 2005 年，每年“科技活动周”（5 月份的第三周），均由市委宣传部、市科技局牵头，组织市政府有关部门、市直有关单位和各镇（街道）开展科技宣传、咨询、展览活动。

二、科技下乡

科技“大集” 20 世纪 80 年代至 1995 年间，定期或不定期选择城乡较大集日，组织展览科技图片、科技成果，宣传科技知识，发放科技资料等。1996 年开始，由市委宣传部、科委、文化局、卫生局联合组织“科技、文化、卫生”三下乡（2001 年 3 月改为“科技、文化、卫生、法律”四下乡）大型活动，使科技下乡内容更加丰富。活动一般于每年春、冬两季选择农村集日举办 2 ~ 3 次。2003 ~ 2005 年，联合科技、农业、林业、畜牧、环保、卫生等部门开展送科技下乡活动，现场答疑解难，解决群众关心关注问题，累计发放科技资料 6 万余份。

科教电影放映 1986 年，科教电影放映工作由县科协管理，个人承包，常年在各乡镇巡回放映，年放映 300 余场次。1994 年，新增科教电影队 1 个。1997 年，开始实施“科教电影千片进村、万场电影放映计划”。至 2002 年，全市年均放映科教片 5000 余场次，观众 100 万人次。2003 年，市科技局、文化局、电影公司等单位选择高效农业、保护栽培、畜禽养殖以及宇宙构成、生物工程等科教影片及光盘在全市农村巡回放映，全年放映 9000 余场次，观众达 150 万人次。2005 年，在平度电视台播放《寿光大棚蔬菜栽培技术》《寿光樱桃西红柿栽培技术》《西芹栽培技术》《科学应对禽流感》《优质玉米丰产栽培技术》《科技在我们身边》等光盘，受到城乡居民欢迎。

科普讲座 1986 年，科技部门在农村通过“专业对口讲”“下乡巡回讲”“农闲集中讲”“农忙穿插讲”等形式讲座 70 余期，听讲人数达 20 万人次；采用乡镇驻地设点，集中建站及下乡巡回等方式，接待咨询群众 3700 人次，解答科技问题 1 万余项。1999 年，平度市农村实用技术讲师团组建。至 2005 年，讲师团先后在白埠、门村、香店、大田、崔家集等 20 余个镇（街道）举办讲座 150 余场，内容以农业国际化、标准化、产业化、无公害农业、绿色农产品生产为主。

三、科技培训

1986 年，举办各类培训班 60 期，培训各类技术人员 2535 人次。确定乡镇企业技术员 148 名，晋升乡镇企业助理工程师 59 名。1987 年，举办提高型培训班（半月以上）31 期，培训 4284 人次；举办普及型培训班 6 期，培训 6388 人次。培训涉及机电、焊接、机械加工、建筑、财会、企业管理、土壤肥料、农作物栽培、林果管理、大棚蔬菜、植保等 12 个专业。1989 年，定期培训农技人员 3000 余人次。有 561 名农民技术人员被确定技术职务任职资格。1991 年，结合玉米新品种推广，下乡技术指导 70 余人次，讲课 12 次。全年举行大中型各类培训班 80 余期，培训人员达 9000 余人次。1992 年，举办“高新技术讲座”“知识产权学习班”“专利法培训班”“农业新技术、新品种推广现场会”等培训 8 次，印发新技术明白纸 5000 余份。1995 年 2 月，邀请日本果树专家管井胜英在市洪山园艺场举办全市果树管理培训班，就“稀壮枝、开光路、产优果”先进修剪技术进行重点讲解。2001 年，围绕农村产业结构调整及高效农业发展，组织科技讲师团到各镇（街道）举办培训班 17 期。至 2005 年，市、镇（街道）、村共举办各类科技培训班 9000 余期，参训人员 60 万余人次。

科技咨询现场（2005 年摄）

四、青少年科技教育

科技活动 平度市青少年科技教育活动由市科协、市教委具体承办。1998 年，市、镇两级共建立科技辅导员协会 102 个，会员 406 人，下设科技小组 2600 个，辅导员 2860 人；全市参加科技活动的中、小学生 11 万人，占在校学生 60%。青少年科技活动以课外活动形式开展，中学每周 2 节课，小学每周 1 节课，列入教学计划，纳入教学课程。截至 2005 年，青少年创造发明和科学论文竞赛每 2 年举办 1 届，已举办 12 届；青少年生物百项科技活动 1 ～ 2 年举办 1 届，已举办 9 届；青少年航空模型竞赛活动每年举办 1 届，已举办 11 届；中、小学生创造活动竞赛每年举办 1 届，已举办 7 届。

获奖情况 1993 年，平度市职业中专分校科研小组进行的卫星搭载蕃茄种子对比种植试验获全国第二届生物百项科技活动金牌。1994 年，平度市第一职业高中学生贾玉梅发明的节能电度表、唐田中学学生潘维升发明的低耗高压节能两用表分获全国第八届发明展览会金、银奖。1996 年，平度市职教中心学生孙晓东撰写的电流互感器运行特性分析论文和平度市第一职业高中学生李国超发明的节能电烙铁分获第八届全国青少年创造发明和科学论文竞赛金牌和铜牌。至 2004 年，全市青少年在各类科技活动中共获国家级金牌 4 枚、银牌 7 枚、铜牌 7 枚，山东省级奖 35 件（篇），青岛市级奖 146 件（篇）。2005 年，在青岛市第二十届青少年科技创新大赛及展示活动中，获山东省二等奖 2 个、三等奖 1 个，获青岛市一等奖 2 个、二等奖 5 个、三等奖 9 个。

第三节 防震减灾

一、地震地质构造

平度在地震地质位置上位于纵贯中国大陆全境，北起黑龙江省东部、南抵广东省中部的北北东向郯庐断陷带（地震带、岩浆活动带、成矿带）中段最活跃的昌邑——大店右旋剪切平移深大断裂东侧不足 15 公里，平度大地发育着过市区人民路的东西向门村——平度断裂、北北东向门村——唐田断裂和北东向招远——平度断裂带，在明村——南村一线还隐伏着一条不明构造带，此构造带小震活动活跃。在大地构造位置上，平度市不仅是强大地震的主要影响区，也是中强地震的可能发震区。特别是门村——平度断裂以南广大区域，普遍下伏一层或多层粉沙——沙砾层，地震时地下水位会发生

异常，可能使沙土层饱水。饱水的粉沙、细沙层在地震波传播时产生液化流动和喷水冒沙现象，从而使地面建筑物发生不均匀沉陷及结构破坏，导致建筑物斜歪和倒塌。饱水沙土层还会连同建筑物一起振动，当建筑物的振动频率与地震波频率相同时，便可导致沙土的二次液化，从而加重震害。

二、地震监测

平度地震监测工作始于1975年。是年营口地震后，地震测报工作由县科技办公室负责，在全县建立6个地震测报点。1976年7月唐山大地震后，平度县成立防震抗震指挥部，在大泽山、昌里、大田建立微观观测点3处。同时，建立群众业余宏观测报点52个，吸纳业余测报员2800余人，形成县、社、队三级地震测报网。各测报点土法上马，试制土地电、土地磁、地倾斜仪、磁偏角仪警报器等80余种观测仪器。1978年，成立平度县地震办公室，两年后撤销。1982年，设立大泽山高中、平度一中、蟠桃中学3处宣传点，尹府水库、两目兽医站、崔家集水利站3处动物异常观测点，王家站水利站、新河水利站、南村水利站3处地下水异常观测点。

1986年，突出地震知识宣传，发放《地震报》《唐山大地震》6000余份（本）。1996年10月，复设平度市地震办公室，在城北3公里处林科站院内建立专业地震地电微观监测站1处，配备ZD8A型地电仪，提高了地震监测精度。监测站能够提前3～7天观测并分析出发生在平度境内所有中小地震及周边地区中强地震的震前异常信息。2002年10月，青岛市地震局在门村镇解放军某部微波站院内建立青岛数字地震遥测台网宽频地震遥测子台，可监测出发生在本市及附近地区1.5级以上地震。2003年，使用高精度ZD8A地电仪，成功检测到3月25日南黄海5.4级地震、3月30日北黄海5.3级地震和6月4日开始的崂山王哥庄震群震前异常。2004年下半年，开始建立镇（街道）地震宏观异常观测网络。至2005年，全市建立由各镇（街道）民政助理组成的震情灾情信息速报员队伍，建立地震宏观观测点29个。

平度地震监测台（2005年摄）

三、防震措施

1998年之前，平度市的地震知识集中科普宣传主要在7月28日“唐山大地震”纪念宣传日及“科技活动周”“科技下乡”活动中进行。1998年3月1日《中华人民共和国防震减灾法》开始实施后，每年3月1日又成为地震科普宣传日。1998年12月，平度市首次制订《破坏性地震应急预案》，2002年重新修定。2002年，首次在缔王广场建设工地进行地震安全性评价。依据《中国地震动参数区划图》，制定平度地震动参数区划图，以市区福州路为界，城区划分成东西两个地震动参数区。2003年，对平度所有达到和接近地震安全评价要求的较大规模建设工程进行集中执法检查，对尹府水库加固工程实施地震安全性评价，对市人民医院第二综合病房新建工程提出提高抗震设防标准建议。2005年9月，投资11万元建成平度市地震应急指挥室，地震应急工作逐步规范化。

四、地震史料

外埠影响平度地震　康熙七年（1668）6月、7月、8月3次地震，声如雷，地层断裂，裂缝涌黑砂，城郭有震塌处。主震6月，7月、8月为余震；康熙十一年（1672）5月地震数次；乾隆五十年（1785）8月地震；道光二十六年（1846）6月地震；咸丰二年（1852）冬地震，大寒，井水结冰；咸丰三年

（1853）5月地震；光绪十四年（1888）地震，大疫流行；光绪二十九年（1903）2月10日、15日、18日夜，3次地震；1969年7月18日，渤海发生7.4级地震，波及平度，陈旧房舍倒塌200余间；1975年3月4日，营口发生7.5级地震，平度有震感；1976年7月28日，唐山发生7.8级地震，平度有震感；1991年3月14日，长岛发生4.2级地震，平度有震感，地震时茶几、茶具、床铺均有震动和声响。

平度本土地震　1970年以来，平度本土发生2级以上地震17次，最大震级3.5级。

1970～2005年平度本土2.0级以上地震一览表

表18-3

时　间	地　点	震级
1970年9月21日16时55分	祝沟镇小埠子村	2.0
1971年11月16日18时29分	张戈庄镇位家村	2.6
1972年5月20日11时25分	郭庄镇后尹家村	2.1
1972年8月14日8时57分	仁兆镇张家曲堤村	2.0
1977年4月25日22时23分	蓼兰镇梁而疃村	1.7
1977年11月16日20时28分	万家镇任家庙村	2.1
1978年6月17日17时46分	明村镇东官亭村	3.1
1978年11月14日16时44分	郭庄镇郭家庙后村	1.8
1979年11月14日4时42分	明村镇陈家屯村	2.2
1980年2月26日12时46分	白埠镇杨龙庄村	3.0
1987年9月8日17时17分	崔家集镇小吴家村	3.5
1990年12月14日0时42分	白埠镇牛戈庄村	2.4
2001年1月23日10时55分	店子镇西崔家村	2.5
2001年10月5日18时02分	崔召镇凤凰屯村	2.5
2003年1月8日1时13分	大田镇胥家村	2.5
2003年1月8日17时15分	明村镇马户顶村	2.1
2003年6月15日11时35分	店子镇政府驻地	2.4

第二章 文 化

1986年，县文化局辖属单位有文化馆、图书馆、博物馆、吕剧团、剧院、电影发行放映公司；基层设公社文化站45处。1991年，成立平度市社会文化管理办公室。1993年，成立平度市天柱山文物管理所。是年8月，由文化局、体委、文联合并组建平度市文化体育委员会。1995年1月，乡镇文化站由原45处调整为32处。1995年10月，文体委撤销，恢复文化局，加挂平度市新闻出版管理办公室和平度市文学艺术界联合会牌子。1996年7月，成立文学创作办公室。1997年5月，恢复文联。2001年8月，乡镇文化站更名科技文化中心。2002年12月，成立即墨故城及六曲山墓群文物管理所。至2005年，市文化局辖属单位10个。

原平度文化馆（2005年摄）

第一节 文学艺术

一、文学创作

20世纪80年代中期至21世纪初，是平度历史上文学创作最繁荣的时期，先后涌现出一批在省内外有影响的作家和作品（按：主要收录工作、生活在平度的作者作品）。

小说 主要有陈传瑜的《野草传》，陈传珂的《民情拾遗》，王坚平的《一直向北走》，毕云琪的《拈花弄画儿》《幻城记》，侯遵伟的《无奈人生》《变奏》，王新香的《花朵的爱情》，孙振奎的《福星高照》，万家超的《人在江湖》，李兴斌的《源头》，杜法好的《圣手》，王明章的《舍身涯》，刘军增的《星罗天剑》《圣符帝君》等。

诗歌 主要有姜言博的《青春与爱情》《黑潮汐》《为您歌唱》，王忠友的《灵魂的颤音》《断脐的地方》，官贤政的《大雪敲门》，董福寿的《热爱生活》《岁月的碎片》，刘成爱的《丰收的余数》，崔友顺的《北岭集》，丹青的《燃烧的雪》等。

散文 主要有陈瑞光的《家乡雨》《老娘土》《消逝的钟声》，李振波的《海的手势》，张泉水的《我从山中来》，辛桂枝的《桂枝一束》，苗爱萍的《走进阳光》，刘明娟的《爱在距离间流淌》，孙鹏航的《逝去的岁月——胶东半岛的老故事》，杨新民的《第二故乡五十春》，王明章的《知暖集》，马晓峰的《有爱降临》《亲亲的麦黄色》（与马伟合著），李忠义、王帆的《低吟浅唱》，窦在龙的《有爱的日子》，高春梅的《心若一动 便已千年》《飘摇的风信子》，周煊的《岁岁平安》，朱文松的《踏歌而行》，刘光平的《心灵》，金秉坤的《岳石流隅》等。

戏剧、影视文学 主要有石文斋的小戏曲《雪点梅》、话剧《年轻人》，马俊良《闯山东》《故乡深情》《老人特区》《开凌梭》《东边下雨西边晴》，张力华的《书记进城》，李玉晓的《刘谦初》，谢维衡的《小推车》等。

文史 主要有李树的《平度史话》《科举史话》，

高瑞吾、李树、王友文合著的《大泽山石刻辑注》，陶瑞法的《史海一粟》等。

二、艺术活动

戏剧　吕剧。1986～1990年，排演的古装戏有《春江月》《喜脉案》《打金枝》《梁山伯与祝英台》《秦香莲后传》等；现代戏有《焦裕禄》《李二嫂后传》等。1991年10月，《朱元璋招亲》（谢维衡编剧）晋京演出。1999年12月，应国家财政部之邀，大型现代吕剧《瓜果飘香》（牟家明编剧）晋京，为全国财政会议进行专场演出。2005年10月，复排的大型现代吕剧《焦裕禄》在青岛汇报演出。是年，《西瓜熟了》（王武先编剧）获山东省小戏、地方戏会演编剧二等奖。

柳腔。平度地方戏，起源于仁兆镇沙窝一带。在平度民间，村办业余柳腔剧团十分活跃，农闲、春节搭台唱戏已成习俗，平度东南乡有“村村有柳腔，人人都会唱”之说，有“柳腔窝子”（沙窝一带）之称。1999年11月，平度被中共青岛市委宣传部、青岛市文化局命名为“特色艺术之乡”。2003年，《将计就计》（刘广丰编剧）获青岛市首届“大地欢歌”农村文化节小戏调演优秀剧目奖。

曲艺　主要有王武先创作，孙红玉、高雅东演唱的西河大鼓《送红包》《建新房》《两个西瓜》等。

音乐　主要有文化馆刘江泉创作的《故乡啊 摇篮》《一步一层天》《大泽山母亲山》《风调雨顺的中国》，董永进创作的《足球》《春之河》《报答祖国》，高雅东创作的《咱们的山里人》《我们同顶一轮太阳》等。

朱元璋招亲剧组在中南海警卫部队礼堂演出（1991年摄）

舞蹈　获得国家级奖项的有张瑞芬编舞的《天柱云中阁》；获省级奖项的有张瑞芬编舞的《老来喜》《挂红灯》《大中华》，李强编导表演的《七音新鼓》《男儿当自强》《祖国你好》。

书画　平度为书画之乡，书画名家不乏其人，有专攻书法者，有以画见长者，有的书画皆有专长。现生活在外地的著名者有画家姜宝林、李宝林、姜宝星、王林旭、李国柱，书法家、收藏家姜守迁，书画家朱学达，军旅书法家康成元，书法家、剧作家辛显令等。生活工作在平度的老一代书画家，以书法见长者有王懋、崔云亭、于书亭、于粒民、孙志斐等，以画见长者有王清斋、张作善、时述富、杨凤梧等，徐国华、王瑞邦书画皆有专长。20世纪90年代至21世纪初，平度书画界一批中青年书画新秀成长起来，逐步形成一个较大群体。崔传富、王尧忠、孙建军、隋守训、王春生、杜西维、王学杰、金秉坤、李言豪等书法作品以及高登舟、马龙腾、尚奎元、徐文松、齐志前、张涌等人的美术作品多次获奖。

篆刻　以王学杰、崔秀敏较知名，以治印为主。

雕塑　石雕以张钧宝、泥塑以高杰、木雕以赵锡宏等较为知名。

摄影　平度摄影爱好者众多，在省内外报刊发表作品的有曲刚、韩克敬、田大方等。

第二节　社会文化

20世纪80年代中期后，平度城市化进程加快，城区基础文化设施得以改善，以城区为龙头，乡（镇）文化中心为枢纽、村文化大院为基础的三级社会文化网络逐步形成，带动了群众文化活动健康活跃地开展。1993年4月，平度获山东省社会文化先进县称号。

1994年5月，获全国文化先进县称号。1999年11月，平度市、南村镇、大泽山镇、宗家庄村被中共青岛市委宣传部、青岛市文化局命名为“特色艺术之乡”。2004年，平度市文化馆被评定为国家二级文化馆。

正月十五民间文艺汇演（2003年摄）

一、文化设施建设

1987年，县人民会堂在老县衙旧址（原为礼堂）落成，至1994年辟成广场，形成老城区文化娱乐、休闲中心。1991年，新文化馆建成，面积1261平方米，较前扩大10倍。1996年，新图书馆大楼落成，建筑面积3010平方米，面积较前增加20倍。2001年，文化馆东侧建起露天剧场，可容纳观众2000余人。2004年，现河公园拆除围墙，成为娱乐、健身、休闲公园。

在城市新区建设中，每个生活小区均辟有市民休闲活动场所，其中同和农民文化广场建设标准较高。市区主要街道均设有书报亭。在乡镇，从1980年南村建起第一座“水上漂”影剧院，至1992年，全市新建改建农村影剧院36座。2005年，全市1785个行政村，有文化大院900余个，占村庄总数50%左右。

二、群众文化

群众文艺汇演 1986年，举办第三十五届群众业余文艺创作汇演，2005年为第五十四届，从未间断。活动时间在元旦、春节期间，由乡镇组织代表队参加。节目要求自编自演，充分体现活动的群众性与普及性。

广场文艺大赛 自1993年始，从农历正月初二至十六，分期分批在城区进行广场文艺大赛，至2005年已举办13届。主要表演形式有秧歌、高跷、龙灯、狮舞、旱船等。其中尤以田庄“竹烛马”、同和“扛阁”、大田“跑灯”独具特色。

元宵灯谜会 自1980年开始，每年正月初八至十七日在图书馆举办，2005年为第二十六届。每届推出谜语8000～1.2万条，参加竞猜者达10万余人次。

“平度之夏”周末文艺晚会 1989年开始举办，至2005年已连续举办17届。由市委宣传部、市文化局主办，市文化馆承办，演出任务由市直各大系统和城区街道承担。从“七一”至“十一”3个月内，每周末组织1场演出。一般每年要举办13～15场。

第三节 文化市场管理

1986年，全县把查禁淫秽物品和取缔淫秽录像犯罪活动，作为开展严厉打击严重刑事犯罪斗争的一项重要内容，组织公、检、法、司及宣传、文化、广播电视、工、青、妇、工商等部门一齐动手、协同作战，开展“打非扫黄”活动。1988年8月8日，县委召开“打非扫黄”有线广播动员大会。至23日，全县出动检查人员1100余人次，查处非法印刷书刊2万余册，收缴淫秽黄色书刊4000余册，收缴黄色录像带170余盘。1991年8月，平度市社会文化管理办公室成立，隶属于文化局，加挂平度市文化市场稽查大队牌子。同年，组成平度市扫黄打非工作领导小组，办公室设在文化局。

20世纪90年代末，平度文化市场进入迅猛发展时期。全市各类文化经营业户发展到400余家。

其中有电子游戏厅4家，台球场（点）90家，歌舞厅、卡拉OK厅67家，音像制品零售点49家，录像放映厅15家，书店（摊）83家，旱冰场8家，复印打字点60余家。1998～2000年“打非扫黄”，收缴非法书刊1.48万册、非法音像制品3.1万盘。2003～2004年，开展以网吧、歌舞娱乐场所为重点的整顿治理活动，查处无证、无照、超范围经营业户13家，查扣电脑67台（套），取缔非法业户6家，限期停业整顿15家，查处非法出版物3.7万册、非法软件3500余盘。2005年，集中开展网吧专项治理行动，查处违规网吧13家，取缔无证照歌舞娱乐场所7家、黑网吧69家；同时对全市文化经营业户制定“ABC”三级管理制度，建立档案，考核定级，实行动态管理。11月上旬，成立平度市互联网文化业协会，把文化经营业户的“自律、自理、自治”理念引入文化市场管理之中。是年，平度“扫黄打非”工作列青岛五市第一名。

平度市文化市场行政执法局成立揭牌仪式(2011年摄)

第四节　文物保护单位

一、全国重点文物保护单位

天柱山摩崖石刻　1988年1月13日，国务院公布为第三批全国重点文物保护单位。天柱山距平度市区以北约25公里，地处大泽山南麓，以“郑文公碑”（又称郑羲上碑，下碑在莱州云峰山）为代表的天柱山摩崖石刻位于该山之阳。此碑高3米，宽1.5米，系在一块天然之碑状石上琢磨而成，文20行，每行45～50字不等，共881字。碑文为北魏光州刺史郑道昭所书，内容系为其父——兖州刺史郑羲歌功颂德。此碑结字宽正，笔力雄健，系魏碑之冠，在中国书法史上独树一帜。1984年，88岁高龄的艺术大师刘海粟扶杖登临此碑，欣然题写了“瑰玮博达 绝壁生辉”的赞词。天柱山刻石中另有“石室铭”，亦为郑道昭书；“天柱山铭”，为郑道昭之子郑述祖所书，亦为历代书法家所注目。

即墨故城和六曲山墓群　2001年6月，国务院公布为第五批国家重点文物保护单位。即墨故城位于平度市区东南30公里古岘镇大朱毛村和前朱毛村一带，俗称朱毛城。西汉时，胶东国康王刘寄都此，又名康王城。故城西有一河，河底为黑黏泥，水清见底似墨水流淌，故称墨水河，即墨之城名素有“因河命城”之说。此城初建于公元前11世纪，时齐已为周分封的诸侯国，东与莱国相邻，即墨当属莱国防御齐国之军事要地。“齐初并莱”后，方为齐国东部政治、经济、文化中心。即墨，春秋战国为齐邑；秦置县；西汉为胶东国治所；公元8年王莽篡汉，国号“新”，9年胶东王刘殷归“新”，降为扶崇公，城在而国除，改胶东国为郡；东汉时，胶东侯国首府移郁秩（今平度城），即墨降为县级城；北齐文宣帝天保七年（556），即墨撤县并入长广县（今平度城）；隋文帝开皇十六年（596），废即墨故城。即墨故城分内城外城，外城南北长约5公里，东西宽约2.5公里，今存东城墙千余米，为夯土板筑。内城有金銮殿、梳妆楼、点将台、东西仓、贮货湾、养鱼池等遗址。今小沽河为当年的运粮河，通过东南城门洞直通贮货湾，至今城墙缺口尚存。故城一带常有文物出土，有齐刀币、汉半两、汉五铢、刀币钱范、汉半两钱范、铜剑、箭簇、铜镜、石臼、石鼓、大型青龙空心砖等一批较珍贵文物。即墨故城又是著名的古战场，公元前279年，齐将田单据此城以火牛阵破燕复齐，创造了中国军事史上以少胜多、以巧制敌的典型战例。

即墨故城遗址（2005 年摄）

六曲山墓群位于平度城东南 25 公里六曲山山脉上，距东南向的即墨故城 5 公里。墓群东起龙虎山，西至窟窿山，蜿蜒近 15 公里，分布着自春秋至秦汉时期的大小 400 余座古墓。据传康王墓即在蓬莱前村西岭上。六曲山墓群与即墨故城是一个有机整体，墓群中埋葬的正是当年食邑胶东的王侯将相、达官贵人。

东岳石遗址 位于大泽山镇东岳石村东南 100 米处，1959 年兴修淄阳水库时发现。1960 年春，由中国科学院考古研究所山东发掘队进行发掘，发掘报告《山东平度东岳石村新石器时代遗址与战国墓》发表于《考古》杂志 1962 年第 10 期上，在全国引起强烈反响。该遗址东西长 200 米，南北宽 100 米，出土大量石器、陶器、骨器、蚌器。陶器多为泥质灰陶和黑陶，均为轮制，有罐、尊、盂等 10 余种；石器有石斧、锛、铲、凿、镞、纺轮、网坠等。最有代表性的是半月形双孔石刀、“亚”字型石斧。按国际惯例，考古重要发现以遗址所在地命名，即为“岳石文化”。岳石文化约在公元前 1900 ~ 1500 年之间，正是中国夏至早商时代。岳石文化分布范围大致与龙山文化相同，文化层迭在龙山文化之上。其时，平度属古东夷地，岳石文化遗址正是东夷族所创造的一种古老文化，为研究中国历史和民族融合提供了实物资料。1984 年，岳石文化被公布为青岛市重点文物保护单位，1992 年 6 月公布为省级重点文物保护单位，2006 年公布为全国重点文物保护单位

二、山东省重点文物保护单位

高家民兵联防遗址 位于平度市区东北 30 公里，大泽山西麓，方圆 15 平方公里。是 1938 ~ 1945 年期间，高家、韭园、南台、北台、所里头 5 个村庄的民兵联合作战，抗击日本侵略军的主要活动地区。高家民兵联防运用游击战、麻雀战、地雷战打击敌人，并首创石雷战，被誉为“石雷之乡”，1943 年 8 月被胶东军区授予“铜墙铁壁高家民兵联防”称号。至今，这一带仍留有战壕、报警钟、隐蔽洞、军械库洞等遗址。1968 年，在高家村东南山脚下建起占地 0.26 公顷，建筑面积 500 平方米的“高家民兵联防抗日斗争史展室”，展出革命文物 92 件，组画 61 幅，照片 33 幅。展出期间，曾接待过越南、老挝、巴勒斯坦等国际友人。1977 年 12 月 23 日公布为“山东省重点文物保护单位”。1995 年，为纪念抗日战争胜利 50 周年，平度市委、市政府决定在原址基础上，修建“抗日战争纪念馆”。翻修新建展室 810 平方米、观爆亭 1 座，新建纪念碑 1 座，雕塑 1 尊，牌楼 1 座，标志碑 1 座，象征抗战胜利 50 周年的 50 级台阶路 1 条。室内共展出照片 269 幅，图表 7 幅，实物 120 余件，声光同

岳石文化发掘现场（1993 年摄）

步显示沙盘1个。时任中央军委副主席、国防部部长迟浩田为纪念馆题写馆名。1996年，命名为“青岛市爱国主义教育基地”。

高家报警钟（2005年摄）

三、青岛市重点文物保护单位

沙梁遗址　位于南村镇沙梁村西南500米，遗址东西长约250米，南北宽约200米，总面积达5万平方米。出土有鼎足、鬲足、罐口沿等黑陶残片，属新石器时代龙山文化类型。1984年7月，公布为青岛市重点文物保护单位。

宁戚冢　春秋时期齐国大夫宁戚的墓葬。位于马戈庄镇冢东村西一高埠上。封土高约15米，直径约70米。1989年12月，公布为青岛市重点文物保护单位。

大泽山石刻及智藏寺、墓塔林　石刻主要分布在智藏寺、日照庵、北峰、西峰和普贤门一带，留存自宋、金以来石刻300余处。1989年12月，石刻和墓塔林合并公布为青岛市重点文物保护单位。

城隍庙　位于市区徐州路与济南路交汇处北侧。庙殿宏伟高大，厚重古朴，间架结构别致，顶为歇山式，披挂黄绿琉璃瓦。内石柱上有康熙年间书刻的巨幅对联。1989年12月，公布为青岛市重点文物保护单位。该建筑“文化大革命”期间遭到破坏，先后改为粮食局、书店仓库，年久失修，腐蚀严重。2009年，对其进行了较大规模的修整。

韩村遗址　位于明村镇韩村西南1公里处。1992年5~6月间，中科院考古所山东队、青岛市文物局会同平度市博物馆联合发掘，出土石器、陶器、骨器、蚌器、青铜器等炊具、渔具、生产工具400余件。时间跨度为新石器时代至战国时期，属大汶口文化。1999年12月，公布为青岛市重点文物保护单位。

千佛阁　据记载，明天启（1621～1627）间，僧道月建，崇祯五年（1632）兵焚，清顺治四年（1647），僧性海修。此阁位于县城东关，阁底座用长方形青白石块垒成。阁西阔3间，进深4间，重檐歇山顶式，柱纲配置为金柱重檐式。基座中间通一东西拱门，连接东西大路。千佛阁因有1000余尊大小不等的佛像而得名。后因失修及“文化大革命”破坏，佛像全失。1991年，文化部门发动社会捐资，对其进行修缮，重新塑成佛像，恢复了千佛阁的原貌。现每月初一、十五，香火鼎盛。1999年12月，公布为青岛市重点文物保护单位。

千佛阁（2005年摄）

彭寿莘故居　彭寿莘为20世纪20年代北洋直系军重要将领，授干威将军，故居原址在旧城县署街（今江北市场、老年大学址），为北方典型四合院式建筑。20世纪90年代，其中一个亭子迁建于博物馆院内，原彭氏故居的一个小四合院迁建于植物园。其余大部拆除。1999年12月，公布为青岛市重点文物保护单位。

东马家疃教堂　位于门村镇东马家疃村，建于清宣统二年（1910），为天主教堂。现存教堂坐北朝南，进深7间，南北长27.3米，东西宽7.7米，高12米，面积210.21平方米。教堂北端两侧有配房，南端有一钟楼，南北2.7米，东西4米，高约22米，顶部装一大钟。2005年2月，公布为青岛市重点文物保护单位。

逄家庄遗址 位于马戈庄镇逄家庄村东约200米处。东西长约150米，南北宽约100米。该遗址从周边壕沟断崖上可以看到灰土层、灰坑等，暴露出的遗迹遗物较多。其中有木柱洞，柱洞中有石子和腐朽木灰，还有蛋壳、陶碎片，另有黑陶、灰陶、红陶等，多为罐口沿、鼎足、豆把等。属龙山文化遗址。2005年2月，公布为青岛市重点文物保护单位。

刘谦初故居 位于田庄镇刘家庄村东，街门西向，独院，正房坐北朝南，为砖木结构平房。刘谦初烈士为中共党史重要人物，生前曾任中共福建省委及山东省委书记，1931年4月5日被国民党山东省主席韩复榘枪杀于济南纬八路刑场。2001年平度市政府对烈士故居进行重修，2005年2月，公布为青岛市重点文物保护单位。

美国教会医院 原称怀阿医院，位于市区常州路南端西侧，为20世纪初美国医学博士阿雅各所建。主楼建筑面积810平方米，建筑布局严谨，兼有中国古代建筑风格和西方建筑之神韵，为中西合璧的代表性建筑。1989年12月，公布为青岛市重点文物保护单位。

美国基督教会医院（2004年摄）

崇德宫 又称老子庙。坐落在原县委大院院内，屋顶为歇山式。庙前有银杏树1株，树围6.27米，高约20米。树侧有清咸丰八年（1858）重修老君庙碑记1通。1985年改建为县博物馆。1999年12月，公布为青岛市重点文物保护单位。

崇德宫（1996年摄）

铁岭庄铁矿遗址 位于云山镇铁岭庄村南100米处。1989年，文物工作者在此发现汉代冶铁遗址，出土遗物有铁钎、铁锤及其他冶铁工具，对研究胶东一带的冶铁历史具有重要的参考价值。2005年2月，公布为青岛市重点文物保护单位。

四、平度市文物保护单位

1989年10月，市政府公布平度第一批县级文物保护单位，共10处：文昌阁、三埠李家遗址、西前庄遗址、清水遗址、官庄遗址、侯家汉墓群、于家河岔墓群、西洼子汉墓群、马戈庄古墓群、宗家埠古墓群。1995年3月，平度市政府公布平度第二批县级文物保护单位，共8处：云山石刻及云山观遗址、圣水池、东丰台堡烽火台遗址、三山玉皇庙遗址、豹竹涧石刻及云台观遗址、陈家屯教堂、东石桥平度党的一大会址、平度烈士陵园。

五、馆藏文物

1986年8月，平度县博物馆历史文物陈列室对外开放，展出历史文物600余件。馆藏文物计有石器、陶器、骨器、蚌器、玉器、瓷器、青铜器、碑刻、书画等2.1万件。其中国家一级文物25件，二级文物70件，三级文物324件，尤以“汉王舍人碑”最为珍贵。

第五节 报刊 广播 电视

一、报刊

1958年6月1日，《平度县报》创刊，翌年9月停刊。1980年6月1日复刊，更名《平度大众》，为周二刊，至1993年，累计发行报纸7万余份。1994年，《平度大众》由周二刊改为周三刊，开始运用激光照排设备，实施电子排版和胶版印刷。1995年，周四刊《平度大众》改为《平度日报》。1996年，《平度日报》改为周五刊。1997年改为周六刊，其中每周一有1期《农业技术与市场》，向农民传播农业实用技术，进行农副产品市场分析预测，推广新型农用资料和农业机械。2000年1月，《平度日报》由四开四版小报改为对开四版大报，自办发行。2001年10月，《平度日报》被评为全省优秀党报，发行量突破2万份。2002年1月，《平度日报》正式改版，一版为要闻版，二版为两个文明建设综合版，三版为时事和主题专栏版，四版为副刊和广告版。2002年6月，全国县市报首次副刊研讨会在平度召开。10月，报社印刷厂出售改制为青岛永泰印务有限责任公司。

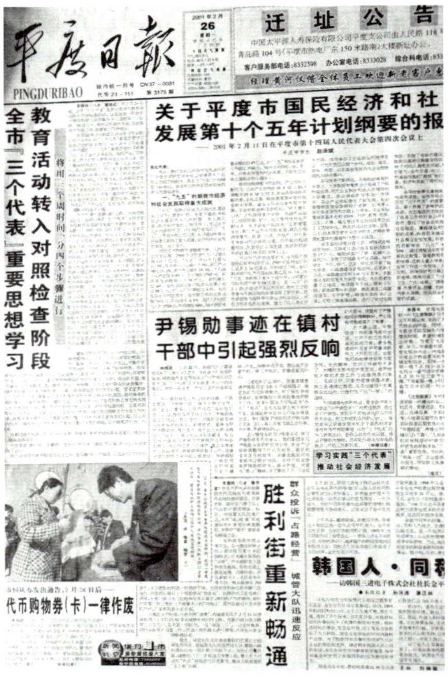
平度日报
PINGDURIBAO
迁址公告
关于平度市国民经济和社会发展第十个五年计划纲要的报告
全市“三个代表”重要思想学习教育活动转入对照检查阶段
尹锡勋事迹在镇村干部中引起强烈反响
胜利街重新畅通
代币购物券(卡)一律作废

2003年12月，《平度日报》停刊。2004年1月，平度日报社撤销，平度市新闻中心成立，开始主办第一期《平度通讯》（中共平度市委内部资料），每周1期，48个页码。7月，《平度通讯》停刊，《平度简报》出刊，每周2期（周三、周六出刊），每期24个页码。是年，共出刊《平度通讯》24期，出版《平度简报》42期。

二、广播

基础设施及网络建设　1986年，全县有广播专线10条，总长度2266杆公里，喇叭28万只，通播率达98%。1987年6月，经省广播电视厅批准，平度人民广播电台建立无线立体声调频发射台，覆盖半径30公里。同年12月，电台调频发射机调试成功，立体声调频台正式开播，频率为105.8兆赫（1994年2月改为101.1兆赫），呼号“平度人民广播电台”，实现了有线、无线两种方式传播广播节目。

平度人民广播电台　1984年10月，平度县广播站改称“平度人民广播电台”。1986年，平度人民广播电台有编辑、播音员18人，每天播音时间6小时25分钟，早、午、晚3次播出。自办新闻性、专题性节目。1993年5月，广播电台进行宣传改革，打破多年的录播式传统模式，推出以新闻为主的《泽山晨曲》，以经济报道为主的《午间时光》，以文艺为主的《五彩晚霞》3个直播板块，宣传质量显著提高。1997年6月，电台调频发射机由末级电子管发射机更新为全固态发射机。12月，随着调频广播的发展，无线代替有线，收音机代替喇叭，广播电视局停止向乡镇传输有线广播信号。

2003年10月，平度人民广播电台加入青岛人民广播电台新闻频道，每天只办10分钟的平度新闻综合节目，2004年4月，又增加《信息广场》、《空中彩桥》各10分钟的节目，其余时间全部转播青岛人民广播电台新闻频道节目。

三、电视

基础设施及网络建设　1986年8月，航天部派技术人员到平度帮助指导安装6.9米地面卫星接收站，通过地面卫星接收站接收中央电视台的卫星节目信号。1993 年 1 月，平度有线电视台开播。有线电视台前端采用美国吉洛得公司生产的 550 兆赫邻频传输系统，设备为国内一流，干线采用美国吉洛得公司及南京高特电子实业有限公司生产的系列产品。1996 年 10 月，平度有线电视台加入青岛市有线电视 SDH 环行主干传输网。1997 年 8 月，平度市广播电视局开展“有线电视镇镇通”工程，投资 952 万元，架设光缆干线 358.2 杆公里，全市 32 个镇（街道）全部开通有线电视信号，建成完整独立的有线电视光缆传输系通，实现全市有线电视联网。至 2005 年，架设主干线 1500 余公里，建成 550 / 750MHZ 宽带 HFC 网络，拥有有线电视用户 19 万户。网上传输播出中央电视台 1 ~ 11 套及各省电视台节目，每天 24 小时播出。2002 年 12 月，平度电视台进入青岛电视台公共频道，改为 QTV—平度台。

平度电视台 1984 年底，平度电视台建成，1985 年 1 月 9 日正式开播。1988 年，成功举办平度首届春节电视晚会，以后每年举办。1992 年 6 月，平度电视台开设专题节目《今日平度》，两周 1 次，每次 10 分钟。

1993 年 8 月，《平度新闻》节目由每周 2 次改为每周 3 次。同年 12 月，专题节目《今日平度》更名为《平度大观园》，每周 1 次，每次 10 分钟。1996 年 10 月，《平度新闻》节目由每周 3 次改为每周 4 次。1997 年 1 月，《平度大观园》更名为《大众视点》，每周 2 次，每次 10 分钟。2000 年 1 月，《平度新闻》由每周 4 次改为每周 6 次，实现当日新闻当日播出。2003 年 3 月，专题节目《大众视点》更名为《平度时空》，内设“聚焦”“故事”“人物”“采风”4 个板块。至 2005 年开设的节目有：《平度新闻》《党旗飘飘》《一周要闻回顾》《平度时空》《为您服务》《家园》《未来之星》《广告文艺》《天气预报》《下周节目介绍》等，每天播出时间为 9 小时 22 分钟。

平度电视台技术人员在值班（2005 年摄）

1993 年 1 月，平度有线电视台正式开播。开播之初，网络传输播出中央电视台第一、第二、第四套，山东电视台、青岛电视台、云贵电视台、平度电视台、平度有线电视台图文信息频道等 10 套高清晰度的有线电视节目。

1996 年 10 月，青岛市有线电视环网工程建成开通，山东省、青岛市的 11 套电视节目通过环网传入平度，使有线节目数量增加到 22 套。

1998 年，有线电视网络在传输 22 套节目的基础上，增加中央 3 套、中央 8 套、中央 10 套、中央 11 套等 4 套电视节目，使节目数量增至 26 套。至 2005 年，网上传输中央电视台 1 ~ 11 套、中央新闻频道、少儿频道，青岛电视 1 ~ 5 套，山东卫视台、齐鲁台、影视台、生活台、体育台，上海卫视台，浙江卫视台，湖南卫视台，平度电视台 1 ~ 3 套，安徽卫视台，山东教育台共 30 套节目，每天 24 小时播出。

第六节 图书 档案 史志

一、图书

平度图书馆 平度图书馆成立于 1956 年，是全省最早设立的县级图书馆之一。至 2005 年，馆藏图书报刊资料 33.8 万册，列全省县级图书馆前三位，青岛市县、区级图书馆第一位。馆藏自 1939 年以来的报刊 890 种共计 2.9 万余个合订本，并藏有大量古籍线装珍、缮本。其中有明嘉靖八年（1529）《辽史》，明万历三年（1575）《唐宋八大家文钞》《集古印谱》《汉魏丛书》，明万历十七年（1589）《汉书钞》，明万历二十七年（1599）《登檀必录》，明万历三十三年（1605）《宋史纪事本末》，清康熙五年（1666）《平度州志》，清康熙五十九年（1720）《四书会要录》等。图书馆拥有书架126个，阅览座席255个，阅览桌110余张。1989年被文化部命名为文明图书馆。1997年建起ILAS系统小型区域网，变手工操作为计算机管理。1998年，建起有32台计算机的多媒体电子阅览室，并加入国际互联网。图书馆年接待读者约12万人次，借阅图书约15万册次。1999年在全国县市级图书馆评估定级中被认定为国家一级图书馆。2000年后，市图书馆先后在仁兆、古岘、大泽山、崔家集等镇建立“科技示范点”和“科技带头户档案”，以点带面，实行科技信息传递服务。

镇村图书室　2005年，全市30个镇（街道）和1788个行政村，半数左右设有规模不等的图书室，其中万册以上的镇图书室4个、5000册以上16个；2000册以上村图书室156个。镇、村两级藏书达167万册。

单位及个人藏书　单位藏书以学校图书馆（室）藏书为主，藏书较多的有平度师范、一中、二中、四中、侨中、六中、九中等。全市单位及个人藏书约500万册。其中，个人藏书较多者有新华书店李忠茂，藏书达1.2万余册；市文联李振波，藏书近万册；原博物馆于书亭，藏书达1.1万册。全市文化教育界，藏书三五千册者不乏其人。农民藏书较多者有云山镇丈岭村李前清，藏书达4000册。

平度图书馆（2005年摄）

平度新华书店　1986年，平度新华书店有城区分店1处——胜利路分店；有古岘、南村、郭庄、麻兰、仁兆、兰底、蓼兰、新河等乡镇分店22处。业务隶属于青岛新闻出版局，地方上由县委宣传部领导。图书品种5000余种，年销售额345万元。1987年后，相继建起人民路、杭州路营业楼及储运中心。1993年始，对教材、教辅发行实行“征订、发放、收款”三统一，业务量有了较大幅度增长，至2000年，图书销售收入近3000万元。1995年，根据全市区划调整形势，逐步将乡镇分店调整组合，至1998年，全市有古岘、南村、郭庄、蓼兰、云山、祝沟、长乐、新河、明村、白埠、崔家集等乡镇分店11处。

2001年，全店完成图书销售收入3600余万元，实现历史性突破。2005年，图书销售额达到6803万元，居全省市（县）店首位。曾获“全国农村图书发行先进集体”等称号。

平度新华书店（2005年摄）

二、档案

1986年，县档案局、档案馆内设秘书组、业务指导组、档案管理组，翌年称股，再年改科，分

别为办公室、业务指导科、档案管理科。1993年，机构改革，撤局留馆，市档案馆内设机构调整为业务服务科、档案管理科、史料编研科。1996年，市档案馆加挂档案局牌子，内设机构重新调整为办公室、业务指导科、档案管理科、史料编研科。2001年，增设史志科，市档案馆、档案局内设机构调整为办公室、监督指导科、管理编研科、史志科。

监督指导　1986年，县档案局制定《平度县文书立卷工作规程》。1988年，制定《平度县文书立卷工作细则》《平度县档案统计工作规范》《平度县档案工作标准、技术标准、管理标准》。1990～1993年，开展市直机关档案室达标升级活动，有8个市直机关档案室达省一级标准。1996年10月，市档案馆晋升为省一级档案馆。至1997年，全市有49个机关的档案管理升为省三级以上先进。1998年，机关档案始转入规范化目标管理。1999年12月，市档案馆在省档案规范化目标管理考核中获评省一级。2003年，实行机关文书立卷改革，在市城乡建设局、工商局进行电子文件归档整理试点，接收电子文件进馆。加强对明村镇高等级子午线轮胎、“小灵通”工程等重点建设项目档案的监督指导，对市水泥厂、齿轮厂、滑石矿业有限公司等8家国有企业进行档案登记。2004年，重点对同和、南村、蓼兰、灰埠重点小城镇建设档案进行业务指导，对农药厂、金属回收公司、百货公司、皮革化工厂、华磊石业有限公司、农机总公司等破

平度档案馆搬迁时由武警负责押运档案（2011年摄）

平度市农行档案室（2005年摄）

产企业档案依法处置。2005年，对被青岛市列入重大项目的柴油机及柴油机发电机组生产项目、裕龙肉制品生产项目以及平度市重点项目实施全程跟踪服务和指导建档；联合出台《先进性教育活动档案建档内容和建档标准》《经济普查档案的建立和规范》等文件。截至年底，市档案馆接收44个破产单位档案6777卷。征集老八路档案28件、名人档案54件、劳工档案36件及重大活动（事件）、新农村建设照片档案410张。

保管利用　1988年，县档案馆列入全国综合档案馆编制，代码为“437026”。全县档案工作按照“统一领导、分级管理”原则，每年接收和征集各类档案资料。先后编制《档案馆指南》及全宗介绍、卷宗目录、文号索引、人名卡片、文件分级目录和案卷位置存放索引等7种检索工具，配备复印机、计算机、录音机、照相机、打字机、吸尘器、去湿机、温湿度计等设备，建立健全档案收集、保管、保密、借阅、统计等26项制度。同年，对新中国成立前档案进行开放审查。1990年，对新中国成立后至1957年形成档案审查。1992年，对1958~1960年形成档案审查。2005年，对1961~1978年形成档案进行开放审查。

馆藏档案包括：1943～1949年原平东县、平西县、平南县、蓼兰县4县11个全宗的165份文件档案28卷。新中国成立后档案包括

平度市档案馆送档案下乡活动现场（2005 年摄）

1949 ～ 1992 年市直机关（团体）形成的文书档案、国有破产企业档案、第一次房屋确权时期的房产土地档案、农业区划档案、知青档案、婚姻档案、就工档案、公证档案、纪检档案及照片、音像、实物档案等，分属 162 个全宗，共 8.07 万卷。馆藏资料来源于本馆购置、征集、自编、交流的多种资料，共 1 万余册。先后编印《中共平度县历次代表大会简介》《平度县历次人民代表大会简介》《平度县科技成果名册》《平度市历届高考录取名录》等几十种档案资料。平均每年接待利用档案者 600 余人次。市档案馆逐步实现基础设施现代化、档案资源数字化和服务利用在线化。构建起以库房密集架和防盗监控、恒温恒湿、自动灭火为一体的馆库现代化管理体系；以管理软件为核心，局域网、政务网和外联网络为载体组合而成的档案信息化管理体系。

三、史志

1982 年，平度县开展第一轮社会主义新方志编修，《平度县志》编纂工作正式启动。1986 年，县史志办公室对《平度县志》进行总纂。是年 9 月，县十届人大第十六次会议，作出《加强地方志工作的决议》。因县长人事变动，县史志编委会曾进行二次调整，主任魏景瑞，副主任陶洪信、崔斯强、崔鹏坤、杨新民。同月，召开《平度县志》学术审定会，罗竹风、黄苇（方志专家）由上海前来与会评审。1987 年初，《平度县志》志稿经青岛市史志办审阅，于同年 10 月印刷成书。1988 年第四季度，县史志办撤销。

2001 年 7 月，平度市第二轮修志工作开始。由市委组织部统一借调有关单位工作人员，组成临时史志工作机构。11 月，市编委正式发文将史志编纂业务归属市档案馆，对内增设史志科（股级），定编 4 人，对外加挂市史志办公室牌子。

2002 年 5 月，召开全市修志工作会议，第二轮修志工作正式启动。是年，市政府印发《〈平度市志〉续修地方志五年规划》，确定本次修志为断代志，上限起于 1986 年，下限截至 2000 年，后根据形势需要，又延至 2005 年。从 2002 ～ 2003 年，市史志办全面贯彻落实国务院“一纳入、五到位”（切实把修志工作纳入各地济济发展计划，做到领导到位、机构到位、经费到位、队伍到位、条件到位）修志要求，开展面上督导、培训的同时，从缩编《平度县志》入手，陆续编纂出版《平度简志》和《平度概况》，以锻炼队伍，提高水平。2003 年，市史志办拟发《〈平度市志〉篇目框架征求意见稿》，

平度市 2005 年前出版的部分志书

普发全市各镇（街道）、市直各部门、各单位，获反馈意见 60 余条。全市各参编单位亦相继成立修志领导小组和 2 ～ 4 人的修志班子，制定各自修志工作方案和计划，基层修志工作有条不紊地开展起来。2004 年，市史志办开始编纂首卷《平度年鉴》，

1987 ~ 2013 年平度市（县）地情资料出版情况表

表 18-4

地情资料名称	主编	出版社	出版时间
平度县志	魏景瑞 杨新民	山东省出版管理处	1987.06
中共平度组织史资料（1938 ~ 1987）	陈德山	青岛市新闻出版局	1988.11
中共平度党史大事记（1932 ~ 1949）	陈德山 生守祥	青岛市新闻出版局	1989.06
平度邮电志	单　虹	青岛市新闻出版局	1990.08
平度视听新闻荟萃	毛华江 王锋元	中国国际出版社	1992.06
中共平度党史大事记（1949 ~ 1989）	生守祥 杨学进	国防大学出版社	1993.12
王锋元新闻学术论文选	王锋元	新华出版社	1994.11
平度邮电续志	柳林芳	青岛市新闻出版局	1999.01
平度公安志	姜圣亭 张升善	青岛新闻出版局	1999.09
平度市公路志	杨新民	人民交通出版社	2000.01
蟠桃镇志	张志忠 王洪业	青岛市新闻出版局	2001.07
大泽山文化研究	吴绍田	山东人民出版社	2002.09
平度简志	徐明堂	五洲传播出版社	2002.09
尚河头村志	王青民	青岛市新闻出版局	2003.06
中共平度组织史资料（1987 ~ 2003）	吴绍田	青岛市新闻出版局	2003.06
平度概况	徐明堂	中国档案出版社	2003.11
李园街道志	王洪业	方志出版社	2003.11
平度历代碑刻研究	吴绍田	山东人民出版社	2004.03
平度古今书画	焦子谦	青岛市新闻出版局	2004.09
平度市人民医院志	尹锡勋	山东省新闻出版局	2004.10
中共平度村级组织史资料（1932 ~ 2003）	吴绍田	青岛市新闻出版局	2004.10
平度年鉴（2004）	徐明堂	中国档案出版社	2004.11
平度军事史	王林珺	长征出版社	2004.12
平度旧志（点校）	吴绍田	山东人民出版社	2005.03
中共平度地方史（第一卷）	吴绍田	中共党史出版社	2005.07
平度年鉴（2005）	徐明堂	中国出版社	2005.11
平度广播电视志	邱建林	中国国际广播出版社	2005.11

续表 18-4

地情资料名称	主编	出版社	出版时间
平度公路志	傅鸿云	中国出版社	2005.11
平度文史（合订本）	焦子谦	青岛市新闻出版局	2005.12
李园街道村庄志	王洪业	方志出版社	2006.03
南村镇志	代洪泽	中国出版社	2006.06
平度年鉴（2006）	徐明堂	中国出版社	2006.10
同和街道志	窦文成	中国出版社	2006.12
中共平度地方史（第二卷）	吴绍田	中共党史出版社	2006.12
中共平度历史大事记（1990 ～ 2005）	吴绍田	中共党史出版社	2007.01
平度年鉴（2007）	徐明堂	青岛市新闻出版局	2007.11
平度年鉴（2008）	徐明堂	青岛市新闻出版局	2008.10
平度市人民代表大会志	吴清晓	中央文献出版社	2009.04
平度粮食志	尹锡勋	中国国际文化出版社	2009.06
蓼兰镇志	李　杰 李升龙	青岛市新闻出版局	2009.06
何家楼村志	张书功 张增德	－	2009.08
中共平度地方史（第三卷）	李晓光	中共党史出版社	2009.09
戴家庄村志	戴振德	山东省新闻出版局	2009.10
平度市军事志	王 昆 蒋正轩	－	2009.11
平度年鉴（2009）	徐明堂	青岛市新闻出版局	2009.11
平度大事记	徐明堂	新疆建设兵团出版社	2009.11
平度工业志	赵培志	青岛市新闻出版局	2010.05
平度年鉴（2010）	徐明堂	山东省新闻出版局	2010.11
平度年鉴（2011）	徐明堂	山东省新闻出版局	2011.12
平度民俗志	徐明堂	吉林科学技术出版社	2012.08
平度经济开发区志	董玉玲	中国文史出版社	2012.12
德盛志	孙佩璋	山东省新闻出版局	2013.07
平度年鉴（2012 ～ 2013）	徐明堂	山东省新闻出版局	2013.12

以后每年一鉴。2005 年 3 月，市委办公室和市政府办公室印发《〈平度市志〉编纂任务分工意见》，修志工作正式进入实际操作阶段。各镇（街道）、市直各部门、各单位陆续开始编写入志资料。至 2005 年底，入志资料征集已达 85%。先后在市委党校举办修志业务培训班 5 期，累计培训修志人员达 1000 人次。有 10 个部门和 12 个镇（街道）、村编修了本级志书。

第七节 旅 游

一、管理机构

1993 年 12 月，成立旅游开发服务公司。1994 年 5 月，成立平度市旅游实业公司。1995 年 6 月，成立平度旅行社。1996 年 8 月，旅游开发服务公司升为正科（局）级，并加挂旅游局牌子。1997 年 5 月，成立“大泽山风景名胜区管理所”。2001 年，旅游开发服务公司更名平度市旅游局。

二、旅游景点

大泽山风景名胜区　位于平度市北部 30 公里处，面积 320 平方公里，为省级风景名胜区和省级森林公园。大泽山以雄、险、奇、幽闻名于胶东。山险涧深、石怪洞奇、瀑高林秀、壑幽泉清、雀啼莺啭，佳景美不胜收，为“平度八景”之首。共有大小山头 2100 余座，主峰北峰顶海拔 736 米，大泽山摩崖刻石众多，千百年来，高人胜士、文人墨客纷至沓来，或留下传说故事，或在山中留下不朽诗篇与题刻。千年古刹智藏寺，始建于唐朝。寺周围有众多天然巨石环绕，上面遍布宋、元、明、清历代佛家偈语及诗文题刻。寺东为造型别致，雕刻精美的座座佛塔，是中国八大塔林之一。智藏寺上行 500 米为日照庵。日照庵以“日出即照”得名，古为泰山碧霞元君东游行宫。日照庵西侧，遍布碑碣，是著名的大泽山功德碑林，长达里许。其上书法，雄浑苍劲，秀丽飘逸，千姿百态，流派纷呈，被誉为“天然的古代书法艺术展览馆”。日照庵再北即瑞云峰，此峰三峰并立，如荷苞初放。在险绝的东峰阳壁，镌刻着明万历三十六年（1608）王之都所书“瑞云峰”3 个巨字。由“瑞云峰”折西而上，经“哈呼哈”，攀“八步紧”，跨“张飞大骗马”，走“吓唬吓”，越“鹞子大翻身”，穿“通天洞”，即可登上瑞云峰极顶。峰顶镌有“身依北斗”“尺五天”字句，是高险之写照，站在北峰顶举目东望，大泽山森林公园尽收眼底。形成了奇特的林海风光。“大泽叠翠”为“平度新八景”之一。

茶山风景区　为国家 AAAA 级旅游景区，由青岛茶山旅游休闲度假有限公司开发建设，位于店子镇东部茶山林场，占地面积 670 余公顷，由休闲游览区、自然风景区、佛教文化区三大主体组成。休闲游览区有儿童乐园、滴水活观音、茶山庄园别墅客房、水上生态餐厅、茶山大院、高台点将等景观；自然风景区有狮子峰、拓展训练区、将军石、犬塔忠魂、千丝瀑、蕴空亭等景观；佛教文化区有状元井、般若寺等景观。为集观光旅游、宗教朝圣、动感体验、休闲度假于一体的多元综合景区。

茶山山门全景（2010 年摄）

大泽山葡萄观光园　1991 年，农业部评定大泽山区为“中国葡萄之乡”，达 2000 余公顷的葡萄园，吸引大批游客前来观光旅游。2000 年，大泽山尹家村投资 300 万余元建设五龙埠景点，成为葡萄观光游第一景点。2002 年，大泽山谭家夼村投资 200 万余元建成天池岭风景区，与五龙埠风景区共同组成葡萄观光旅游线路。

天柱山魏碑游览区　1988 年，天柱山魏碑被公

布为全国重点文物保护单位。天柱山魏碑又称《郑文公上碑》，位于天柱山之阳，是北魏光州刺史郑道昭为其父郑羲歌功颂德立的碑记，魏碑主要在其书法价值，它是中国书法源流由隶书至楷书的一个里程碑，深受历代书法家推崇。在天柱山周围有多处刻石如《天柱山铭》《石室铭》等，均有极高的书法价值。

云山乡村俱乐部　主要为高尔夫球场。2000年，云山镇凭借镇驻地南丘陵起伏、地域广阔及毗邻同三、潍莱高速的自然条件，引进韩资企业建成高尔夫球场、跑马场、射击场、游泳场，别墅楼于2003年9月正式开业。2005年接待游客2万余人次。

豹竹涧风景区　位于市区东3公里的两髻山前，形似一径长、口细、腹鼓的葫芦谷。谷中平旷处有巨大磐石，称为“云台”。2001年，引进东营东兴大酒店投资500万元，恢复庙宇，整修进山道路，使豹竹涧成为距市区很近的风景游览区。“豹竹云台”为“平度旧八景”之一。

桃花涧风景区　桃花涧地处明堂山（大姑顶）南麓，涧谷东西两侧分别为南北向支脊，桃花涧由大姑顶主峰和葫芦岩的两条支涧组合而成，因三山围和形成温暖宜人的气候。景区植被茂密，经济林以桃树、樱桃树、杏树为主，桃树和樱桃树分布在涧谷两侧，每到春季花开，遍山桃红，灿若云霞，与村落民居形成颇富世外桃源意境的田园景观。《续平度县志》（民国）主笔、举人尚庆瀚曾在此读书，当地称“举人屋”。春秋时节，桃花涧风景区成为市区人们郊游的好去处。

圣水浮金景区　位于市经济开发区城东埠村南，占地20公顷，主要景点有圣水池、圣水湖、圣泉观、圣泉观音（像高21米）、八仙洞、双龙荷花塘、儿童游乐园、“勇敢向前冲”水上闯关项目、平度旧八景浮雕等。

圣水湖泛舟（2010年摄）

第十九篇　医疗　卫生　医药

平度历史上名医不少，闻名乡里者如于溥泽、荆中允等。明朝州衙设医科训员，清末州衙设医官。光绪二十年(1894),美国传教士蓝戴礼居西关“施医助教”,西医开始传入平度。光绪三十年（1904),美医师阿雅各在南关建“怀阿医院”。1944年，平度县泽山医院成立。1945年后，平度四县相继成立卫生科，为医药卫生行政机构。1946年，平度县卫生院成立。1956年，平度县卫生院与蓼兰县卫生院合并为平度县人民医院。同年，县卫生防疫站成立。1958年，平度县中医院成立，1968年停办，1978年恢复。1985年，全县有专职中医药人员179人；专职西医药人员1206人，其中主治医师30人、医师281人。床位1488张。

第一章 医疗卫生体制改革

第一节 管理体制改革

一、管理机构

1986年，县卫生局内设办公室、政工科、医政科、计财科、保健科和公费医疗办公室。1989年6月，设立中医科；11月，平度市结核病防治所易名为平度市呼吸病防治所；12月，成立市性病监测站，办公地点设在市皮防站内。1996年4月，成立平度市卫生局公共卫生监督所，与市卫生防疫站合署办公。1998年11月，设立医疗机构监督科。2001年7月，撤销市卫生防疫站，分别组建市卫生局卫生监督所和市疾病控制中心。2002年12月，医政科加挂法规科牌子。2004年，以镇（街道）卫生院为依托建立31处防保站。2005年，市卫生局设办公室、医政科、政工科、计财科（财政局委派）、爱国卫生运动办公室、红十字会办公室和医疗机构监督科。

二、管理体制

1985 ~ 1987年，转变农村卫生管理体制，将全县41所卫生院（全民所有制12所、集体所有制29所）下放乡镇，县卫生局只负责业务指导。1995年1月，全市45所乡镇卫生院合并，设置为4所市人民医院分院、4所中心卫生院及24所镇（街道）卫生院。1998年11月，市妇幼保健院与市计划生育服务中心合并，隶属于计生委管理，卫生局负责业务指导；12月，市骨科医院改制为平度首家股份合作制医院。2000年4月，市骨科医院整建制划归市人民医院管理。2002年6月，平度市《关于农村卫生改革与发展的实施意见》规定：市级医疗机构的人、财、物归市卫生局直接管理；镇（街道）卫生院的人事权归市卫生局，财产归镇（街道）政府管理，镇（街道）政府对卫生院实行定额和定项补助，其中定额补助包括计划免疫、妇幼保健、传染病和地方病防治、健康教育、贫困人口医疗救助等，定项补助包括基础设施建设、设备购置和离退休人员费用。至2005年，平度市一直使用该实施意见。

第二节 医疗卫生改革

一、公费医疗改革

1986年，县政府成立公费医疗管理委员会，在卫生局设公费医疗办公室，具体负责全县2.3万人的公费医疗报销。1992年6月1日，出台并实施《关于改进公费医疗管理的暂行办法》，规定年终统算医疗费，合理超支由定点医疗单位、享受单位、市财政分别按15%、50%、35%比例共同负担。1998年，开始推行医疗保险制度。1999年后，公费医疗工作划归市劳动部门管理，并在全市行政、事业单位统一实行现行医疗保险制度。

二、农村合作医疗改革

1998年6月，麻兰镇合作医疗试点工作正式实施，全镇43个村参加合作医疗，参加人口2.13万人，覆盖率55%，筹资标准为每人每年8元。2004年9月，市政府出台《关于建立新型农村合作医疗制度的意见》《平度市新型农村合作医疗制度管理办法（试行）》以及《平度市新型农村合作医疗实施办法（试行）》，全市新型农村合作医疗制度正式启动。筹资由青岛、平度、镇（街道、园区）和参合农民四方共同负担，其中青岛市财政每人每年配套10元、平度市财政每人每年补助5元、各镇（街道、园区）财政每人每年补助5元、参合农民每人每年缴纳10元。人均最低标准为30元。截至2005年，全市有73.8万人参加合作医疗，参合率达65%。为参合病人报销医疗费1271.8万元，其中结报住院费1.65万人次、1052.57万元；结报门诊帐户31.64万人次、219.23万元；有180余人达到5000元住院费报销最高限额。

三、镇村卫生一体化管理改革

1999年4月，市卫生局对村卫生所进行设置，重新聘任乡村医生。2004年，制定《平度市镇村卫生一体化管理实施方案》和《平度市村卫生所管理办法》，对村卫生所进行“六统一”（人员统一、行政统一、管理统一、工资统一、财务统一和药品统一）管理。至2005年，全市共聘任乡村医生1759人，509处村卫生所通过“六统一”验收，合格率达83%。

第二章 医 疗

第一节 医疗机构与队伍

一、医疗机构

2005年，平度市有市级医院2所，专科防治所（站）4个，镇（街道）卫生院29所、村卫生所752所、私人诊所63个、民营医院6所、机关与事业单位卫生室46所；共有医疗床位2273张。

平度市人民医院 始建于1944年春，正科级单位，编制890人。设有职能科室18个：办公室、政工科、医务科、信息科、质检科、医保办、设备科、预保科、护理部、院感科、门诊部、科教科、总务科、房管科、财务科、审计科、保卫科、膳食科；临床科室27个：心内科、呼吸消化科、神经内科、血液肿瘤科、肾内科、骨外科、普外科、颅脑外科、胸外科、泌尿外科、妇产科、小儿科、感染科、中医科、眼科、耳鼻喉科、口腔科、保健科、皮肤科、手术室麻醉科、放疗科、急诊科、康复理疗科、高压氧科、血液净化中心、烧伤病房、五官病房；医技科室9个：功能检查科、放射科、超声诊断科、CT室、检验科、病理科、药剂科、制剂室、供应室；同和分院1处；卫生培训中心1处；门诊部5个：人民路门诊部、怡河苑门诊部、常州路门诊部、市委门诊部、老干部局门诊部。2005年，医院总占地12.4公顷，编制床位600张，在职职工830人，其中卫生技术人员673人、副高级技术人员84人、中级技术人员254人，固定资产1.9亿元，拥有核磁共振、大型全自动生化分析仪、全身彩超、直线加速器、数字减影系统、电视腹腔镜、16排螺旋CT、准分子激光治疗系统、全自动分枝杆菌系统、远程操作面板、德国微动力系统、彩超、碎石机等医疗设备300余台（件）。为二级甲等医院。

平度市人民医院病房楼（2005年摄）

平度市中医院 1984年10月成立，正科级单位，编制260人。职能科室有：办公室、财务科、医务科、护理部、人保科、警卫室、供应室、院感科、设备科、信息科、总务科。临床科室有：骨科、普外科、肛肠科、肿瘤科、中风科、结石科、牙科、皮

肤科、妇产科、针灸科、儿科、眼科。医技科室有：放射科、B超室、CT室、心电图室、多普勒室、检验科、药剂科、制剂室、供应室。2005年，在职职工294人，开设床位200张，总资产3000万元，设有临床科室18个、医技科室9个。拥有全身CT机、钴60放疗机、数字化X光机、彩色B超机、全自动生化分析仪、电子胃镜、微波热疗机、血磁疗机、碎石机等大型医疗设备167台（件）。为二级甲等中医医院。

平度市第三人民医院　位于店子镇驻地，俗称“店子医院”。始建于1958年秋，2003年晋升为国家二级综合医院，股级单位，编制156人。设有职能科室10个：办公室、医务科、医保办、护理部、院感科、科教科、财务科、设备科、总务科、警卫室；临床科室15个：内科、中风科、康复理疗科、骨外科、普外科、肛肠科、妇科、产科、手术室、麻醉科、牙科、皮肤科、中医科、五官科、糖尿病科；医技科室9个：放射科、CT室、心电图室、脑电图室、病理科、彩超室、检验科、药剂科、供应室。辖设2个门诊部。2005年，在职职工178人，开设床位120张，开放病床180张。医院固定资产2700万余元，总占地面积4.2公顷。拥有16层螺旋CT机、DR 3000数字拍片机、意大利1000毫安数字胃肠机、飞利浦IU22彩超、日本东亚五分类全自动血球计数仪、日立7180全自动生化分析仪、双波源体外冲击波碎石机、德国腹腔镜、电子胃镜、前列腺电切镜等万元以上先进医疗设备200余台（件）。

二、医疗队伍

1986年，全县有卫生技术人员1947人，其中主治医师74人、医师248人、医士874人。1999年，全市有卫生技术人员2532人，其中副主任医师43人。2005年，全市医疗卫生从业人员2644人，其中主任医师2人、副主任医师58人、主治医师241人、医师521人。

1986～2005年平度市（县）医疗队伍情况统计表

表19-1　　　　单位：人

年度	医疗	护理	药剂	医技	合计
1986	1289	372	204	82	1947
1987	1314	408	203	87	2012
1988	1328	441	117	96	1982
1989	1354	498	124	115	2091
1990	1367	524	154	141	2186
1991	1372	598	162	158	2290
1992	1381	643	176	203	2403
1993	1394	670	183	269	2516
1994	1401	718	189	272	2580
1995	1404	718	191	274	2587
1996	1395	729	189	275	2588

续表 19-1

年度	医疗	护理	药剂	医技	合计
1997	1388	721	185	271	2565
1998	1381	714	189	267	2551
1999	1374	706	194	258	2532
2000	1361	723	191	253	2528
2001	1359	735	189	251	2534
2002	1354	751	193	245	2543
2003	1356	762	189	248	2555
2004	1379	775	192	256	2602
2005	1408	783	195	258	2644

第二节 医疗技术

一、西医

1986 年，县人民医院成功开展了首例胰十二指肠癌切除术，首例硬脑膜翻转止血治疗脑中动脉主干断裂新术式，并在全省推广。1987 年，人民医院急诊室提扩为急诊科；首例人工肾血液透析治疗尿毒症获得成功。1988 年，县人民医院成立济南中心医院整形美容平度分部和整形烧伤病房。进入 20 世纪 90 年代，全市检验、影像等辅助科室得到加强，内科、外科等二级科室形成，临床技术日渐完善。1999 年 8 月，市人民医院成功开展全市首例体外循环心脏直视手术，填补平度市医药领域的空白。同年，市人民医院椎体周围脊索功能激活学说和临床研究被山东省中医药管理局评定为达国际先进水平。2000 年 2 月，市人民医院成功开展电视腹镜手术，标志普通外科手术进入微创手术阶段。至 2005 年，市人民医院国内领先（先进）医疗技术达到 18 项。

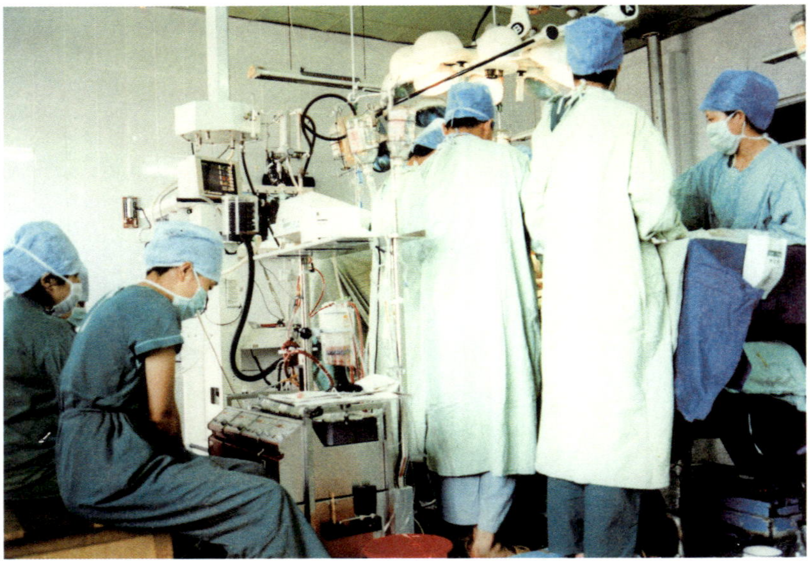

平度市人民医院心脏直视手术（1999 年摄）

二、中医

1986 年，全县有专职中医药人员 180 余人，乡村中医专科人员 250 余人。至 1990 年，市中医院妇产科开展常见疾病的中西医结合诊断和治疗，之后对多发病及疑难杂病的中西医结合诊断和治疗进行探索。1991 年，中医院成立针灸科，开展一般疾病的针灸治疗，1994年后逐渐通过按摩、理疗、牵引、穴位注射、穴位贴敷、刮痧等治疗各种疾病。1995年8月，中医院烧烫伤科“乳黄油纱治疗烧烫伤”经省内专家鉴定达到国内先进水平。1996年，开展急性心肌梗死溶栓配合中药治疗；哮喘病专科引进省著名老中医学术研究成果——喘停膏，取冬病夏治、内病外治之机理于三伏天在胸背部穴位贴敷，治疗气管炎有独到疗效，2001年被评为“青岛市十大中医特色专科”。中西医结合骨科中心、临床骨伤研究所被评为青岛市“国医示范门诊”。2001～2003年，开展中西医结合加蓝光照灯治疗新生儿病理性黄疸及溶血。2004年，开展中药在放、化疗中的增效程度观察，开展蓝光加中药四磨汤、茵陈汤、参芪桂枝汤治疗新生儿病理性黄疸，中草药保留灌肠加西药口服治疗不明原因发烧，口腔局部喷药治疗小儿复发性难愈性口腔溃疡。

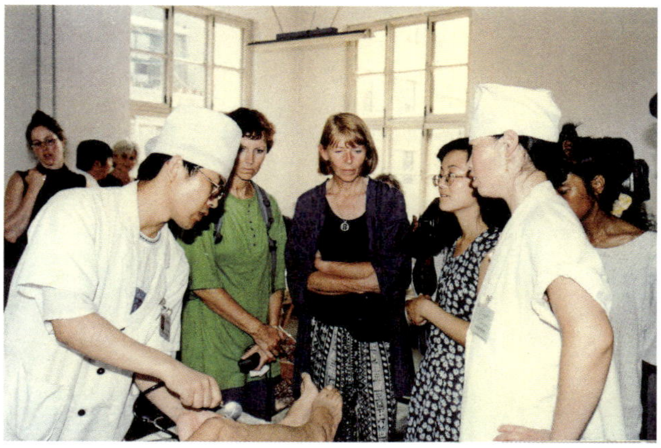

平度市中医院为荷兰王国青白中医院学院教学医院（1995年摄）

1986～2005年平度市（县）医疗技术情况统计表

表19-2

技术名称	技术水平	首创单位	认定机构	时间
硬脑膜翻转止血治疗脑中动脉主干断裂新术式	全省推广	县人民医院	-	1986.10
人工肾血液透析治疗尿毒症	全县首例	县人民医院	-	1987.07
腹膜外筋膜内子宫切除术	国内领先	市人民医院	青岛市科委	1993.06
高血压性脑出血的外科治疗	国内先进	市人民医院	青岛市科委	1995.12
应用促发散治疗Ⅳ期胃癌的研究	国内领先	市人民医院	青岛市科委	1996.01
明胶海绵填塞前列腺窝止血在耻骨上膀胱内前列腺切除术的临床应用	国内先进	市人民医院	青岛市科委	1996.11
改良腭咽成形术治疗鼾病研究	国内先进	市人民医院	青岛市科委	1997.06
血液透析治疗危重型出血热肾衰的临床研究	国内领先	市人民医院	青岛市科委	1997.12
醋制鼻炎栓剂和汤剂相结合治慢性鼻炎的临床研究	国内先进	市人民医院	青岛市科委	1997.12
彩超下输卵管插管通液术治疗输卵管阻塞的研究	国内领先	市人民医院	青岛市科委	1998.06
儿清热方治疗小儿外感发热的临床研究	国内先进	市人民医院	青岛市科委	1999.06

续表 19-2

技术名称	技术水平	首创单位	认定机构	时间
C-反应蛋白对急性冠状动脉综合症的预告价值	国内领先	市人民医院	青岛市科委	1999.06
自拟龙蛇丹汤辨证施治脑梗塞 36 例临床研究	国内领先	市人民医院	青岛市科委	1999.08
DA 方案联合 α-干扰素治疗慢性粒细胞性白血病的研究	国内领先	市人民医院	青岛市科委	1999.08
三通管置换脑脊液治疗蛛网膜下腔出血脑室出血的研究	国内领先	市人民医院	青岛市科委	1999.08
超早血肿抽吸加冰盐水冲洗治疗脑出血的研究	国内领先	市人民医院	青岛市科委	1999.08
经皮心包腔置管持续引流治疗心包积液的临床研究	国内先进	市人民医院	青岛市科委	1999.08
椎体周围脊索功能激活学说和临床研究	国际先进	市人民医院	山东省中医药管理局	1999.08
鼻炎栓剂治疗慢性鼻炎的临床与实验研究	国内领先	市人民医院	青岛市科委	1999.10
补肾壮骨通脉汤加介入疗法治疗股骨头缺血性坏死研究	国内领先	市人民医院	青岛市科委	2000.01
三七阻断及逆转肝纤维化、预防门脉高压性出血临床研究	国内领先	市人民医院	青岛市科委	2000.08
急性下壁心肌梗塞心电图 J/R 与发生高度 AVB 的相关性研究	国内领先	市人民医院	青岛市科委	2001.07
氧化镁对高血压病人血压及胰岛素敏感性的影响	国内领先	市人民医院	青岛市科委	2001.08
脑动脉瘤夹闭手术	全省县市级医院首例	市人民医院	青岛市科委	2001.12
血液灌流联合血液透析治疗药物中毒及药物中毒临床研究	青岛市科技发展指导计划项目	市人民医院	青岛市科委	2001.12
穴位贴敷治疗哮喘	青岛市科研项目立项	市中医院	青岛市卫生局	2003.08
小骨窗开颅辅助鼻窦镜治疗高血压性脑出血的临床研究	青岛市医药科研计划项目	市人民医院	青岛市卫生局	2004.10
应用复合高压水囊系列导管治疗前列腺增生症	国内领先	市人民医院	青岛市科委	2005.10

第三节 医疗设备

20 世纪 80 年代后，全市（县）各医疗机构通过政府拨款、自筹资金、社会赞助等途径，陆续购置医疗设备、器械，改善医疗条件。

1986 年，县人民医院已具备断层摄影、脑室造影、气钡双层造影、逆行肾盂造影等项目的 500 毫安 X 光机、500 毫安双床三球管体层 X 光机，设有 B 超室。是年 12 月，县人民医院成立人工肾室。1992 年 7 月，市人民医院购置 CT 机 1 台，成立 CT 室；9 月，购置彩色 B 超、黑白 B 超、动态心电分析仪；10 月，购置国产 SS-1243 型微机控制牵引机。

1995 年 5 月，市人民医院引进日本岛津产 4800TE 型 CT 开机，成为当时国内拥有 CT 类高精尖设备为数不多的县市级医院之一。1996 年 9 月，市人民医院购置芬兰产全自动生化分析仪 1 台，生化检验实现全自动化。1997 年 5 月，市人民医院举行远程会诊系统开机仪式，与上海医科大学中山医院、瑞金医院开通远程会诊系统。

1997 年 7 月，市中医医院购置全市第一台钴 60 治疗机。1998 年，市人民医院购进美国 GE 公司产螺旋 CT 机 1 台、数字减影机 1 台，进行心脏介入治疗。是年 11 月，市人民医院购置直线加速器，借其开展的放射疗法克服了肿瘤患者靠药物治疗所造成的治疗方法单一且副作用大的缺点，提升了平度市肿瘤治疗水平。

2000 年，市第二人民医院购置本市第一台超声波碎石机和高压氧舱。2001 年 6 月，市人民医院成立高压氧科；7 月，成立中心监护病房（ICU）；12 月，举行菲利浦 1.0T 核磁共振开机暨无菌制剂室竣工典礼。

至 2005 年，全市有 CT 机 10 台、彩色超声仪 5 台、高压氧舱 3 台、全自动生化分析仪 28 台、救护车辆 84 台。

第四节 医政管理

1986 年，医政管理的法律法规尚不健全，主要依靠各级卫生行政部门管理医疗机构。1993 年 12 月，开始进行医院分级管理。经青岛市医院分级管理评审委员会评审，市人民医院达卫生部二级甲等医院标准，市中医医院达二级甲等中医院标准，有 21 所乡镇医院被评为一级甲等综合医院。

1995 年，市人民医院被卫生部、联合国儿童基金会、世界卫生组织联合授予爱婴医院称号。同年 6 月，市政府制订《平度市医疗机构设置规划》。1996 年，印发《平度市村级卫生室管理试行办法的通知》。1999 年，在全市范围内实行镇村卫生一体化管理工作，对 1879 名乡村医生资格进行重新确认，并由省卫生厅统一注册备案，有 820 个村卫生所被确认为新型农村合作医疗定点医疗机构。

2003 年，制订《平度市突发公共卫生事件应急预案》，在市疾病控制中心成立平度市突发公共卫生事件应急处理指挥中心，在市人民医院设立“120”急救中心和独立的传染病治疗病区。2004 年初，市卫生局卫生监督所成立监督五科，专门负责医疗机构管理。5 月，以卫生监督所为依托，成立卫生行政执法大队，各镇（街道）医院、卫生院亦成立执法中队。全年共发放卫生许可证 2095 家、健康证 1.61 万个。2005 年，对无证行医、出租或承包科室、超诊疗科目、利用 B 超非法进行胎儿性别鉴定和非医学需要选择性别的终止妊娠手术、非法医疗广告，以及违反《传染病防治法》的行为进行打击，取缔惩处违法单位 40 余家。

第三章 卫生工作

第一节 卫生防疫

一、免疫接种

1986年，根据某些传染病的季节流行特点集中在冬春季突击接种，由各乡镇防保医生和乡村医生组织进行。当年接种卡介苗4.90万人次、脊灰苗5.15万人次、百白破2.20万人次、麻苗5.88万人次、精白破类3.34万人次、乙脑苗5.25万人次、流脑苗15.66万人次。1987年，县防疫站、各乡镇卫生医院计划免疫冷链运转，预防接种工作由突击接种转变为常规接种（双月1次接种，城区预防接种门诊每月1次接种）。防疫站建立乡镇防保医生例会制度。儿童接种实行预防接种证制度。1990年，平度市参与在全国范围内开展的脊髓灰质炎强化免疫工作，对0～4岁儿童普种脊髓灰质炎疫苗2次。1991年，在全市各乡镇建立预防接种门诊，预防接种由双月运转变为每月运转，风疹、甲肝疫苗被纳入常规接种范围。1992年，乙肝疫苗接种被纳入计划免疫管理。1995年，平度市获全国计划免疫先进县称号。2003年1月1日起，对新出生儿童免费接种乙肝疫苗。2005年6月，对疫苗进行分类接种，第一类疫苗（皮内注射用卡介苗、重组乙型肝炎疫苗、脊髓灰质炎疫苗、吸附百白破联合疫苗及吸附白喉破伤风联合疫苗、麻疹减毒活疫苗、A群脑膜炎球菌多糖疫苗、乙型脑炎灭活疫苗）实行免费接种；第二类疫苗（风疹、水痘、肺炎球菌、B型嗜血流感等疫苗）公民自费且自愿受种。自2005年6月1日实行，当年接种19.17万人次，其中第一类疫苗接种15.37万人次、第二类疫苗接种3.80万人次。

1986～2005年平度市（县）免疫接种情况统计表

表19-3　　　　单位：人次

年度	卡介苗	脊灰苗	百白破	麻苗	精白破类	乙脑苗	流脑苗	乙肝苗	风疹苗
1986	49026	51479	22045	58785	33371	52525	156596	–	–
1987	81174	67553	39006	56460	–	68656	90674	–	–
1988	50640	32799	24729	81341	31866	59958	75241	–	–
1989	54412	75056	67047	78780	41003	65624	97564	–	–
1990	65303	131790	37334	86751	45265	54364	99682	–	–
1991	42220	236263	52684	47097	31680	55102	91224	–	–
1992	9013	116244	55789	38694	29320	73689	105406	28100	–
1993	45198	67534	31447	58154	29794	79057	95316	54000	–
1994	39227	122631	32583	37625	30287	66243	76640	27000	–
1995	20874	108083	37119	23974	24408	61600	76500	24339	–

续表 19-3

年度	卡介苗	脊灰苗	百白破	麻苗	精白破类	乙脑苗	流脑苗	乙肝苗	风疹苗
1996	39858	123559	49604	74903	–	34225	54215	38724	–
1997	39964	131697	47419	53010	–	25425	80855	32400	11000
1998	13698	153613	56832	39779	–	37896	60814	24747	11351
1999	11230	139723	50193	39518	–	50316	51329	35291	12690
2000	11365	146513	47353	11553	–	45205	48843	37665	60000
2001	10864	79339	40338	18963	–	17626	38323	31589	1260
2002	10758	48608	37127	13876	–	33449	41679	40675	3064
2003	8438	128514	38556	27385	8482	44742	41605	24240	7156
2004	10234	43739	44624	16377	–	20270	22539	31413	4564
2005	11013	47604	44615	20276	–	12737	17449	33378	4273

二、传染病防治

可免性传染病防治 1986年，百日咳发病6例。至2005年，全市（县）麻疹发病29例，脊髓灰质炎发病1例，乙型脑膜炎发病6例，流行性脑脊髓膜炎自1991年零星散发1～6例，百日咳自1991年每年发病1～5例。

流行性出血热防治 1986年，全县开展灭鼠“一役达标，创建无鼠害活动”，发病人数急剧下降，至1998年发病率一直维持在2.5/10万左右。1999年，发病人数急剧升高，达344人。至2004年，每年发病人数在100例以上。2005年，推广流行性出血热疫苗接种，全市报告年发病人数降至67例。

狂犬病防治 1986～1988年，无病历报告。1989～1993年，发病17例，其中1989年发病死亡9例。1994～2005年，由于人用狂犬疫苗普遍应用，无病例发生。

非典型传染性肺炎防治 2002年底至2003年初，针对全国爆发的新型传染病“非典型传染性肺炎”（简称“非典”），平度市成立防治“非典”指挥部，召开“非典”防治会议20余次，建立“非典”防治工作体系和四级“非典”疫情上报体系。

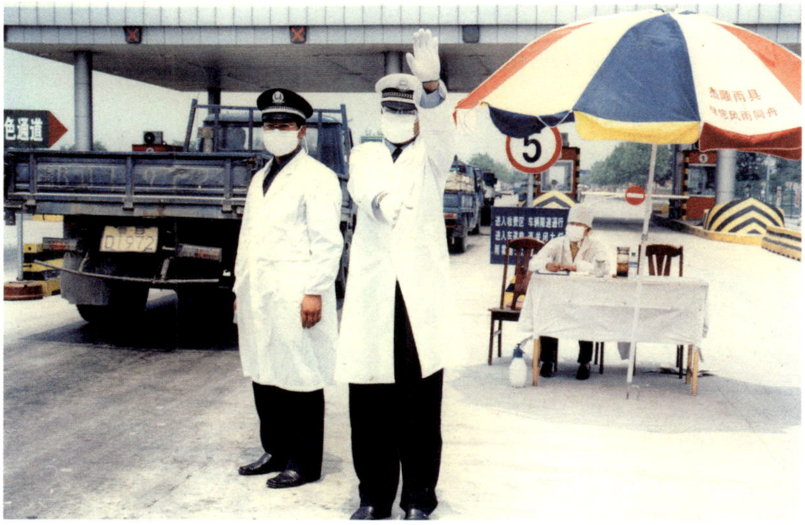

“非典”防治（2003年摄）

市人民医院原同和分院西病房楼被辟为“非典”

定点收治病房，组织外地返平人员体检2800余人次，隔离观察41人。全市设立呼吸道发热门诊33处，配备专业医护人员150余名。共流调疑似发热病人160余例，未发现“非典”可疑病人。

艾滋病防治　1995年，平度发现第一例艾滋病毒携带者。2003年和2004年，平度市先后被确定为全国艾滋病综合防治示范区和全球基金艾滋病项目县，市政府随即成立艾滋病防治示范区领导小组防治艾滋病工作委员会，在全市广泛进行艾滋病防治知识宣传，使防治艾滋病知识实现“五进”（进社区、进农村、进学校、进重点场所、进家庭）目标。截至2005年，共发现艾滋病病毒携带者11例，其中男7例、女4例，皆为农民。其中4例死亡，3例失访，1例在某单位打工（系外来人口）。经血液传播3例，经性传播7例。

结核病防治　1986年，全县治疗传染性肺结核120人、非传染性肺结核85人，病人治愈率75%。1993年，平度市开始实施世界银行贷款结核病控制项目。至2001年，初诊肺结核病人3.2万人，新发涂阳肺结核病人2800余人，新发涂阴肺结核病人620余人，复治肺结核病人290余人。病人服药率95%，治疗管理率98%，临床治疗率95%。2002年，青岛市政府开始实施结核病控制项目。至2005年，全市共为群众免费查体3.5万人次，初诊肺结核可疑病人1.2万人次，新发涂阳肺结核病人760余人，新发涂阴肺结核病人320人，复治肺结核病人90人，全部免费提供结核病药品治疗。

三、地方病防治

1986～2005年，平度的地方病主要为地方性氟中毒。1986年，全县氟斑牙患者和氟骨症患者主要分布在胶莱河岸的前楼、崔家集、中庄、张家坊、万家、宅科、兰底和亭兰等乡镇。是年，全县共建除氟改水工程9处，打机井17眼。市疾病控制中心对全市老病区村庄饮水进行普查。结果显示，全市有448个氟中毒村，分布在21个镇，其中轻病村313个、中病村105个、重病村30个。氟中毒地区儿童氟斑牙患病率61.69%，斑釉指数为1.34；氟骨症拍片检查617人，氟骨症检出率27.88%。调查结果反映出平度市是中度氟中毒流行区。截至2005年，全市有11个重病村、53个中病村、142个轻病村实施了降氟改水工程，氟中毒危害得到大幅度缓解。

四、职业病防治

矽肺病为职业病的主要病种。1986年，县卫生防疫站成立劳动卫生科，对全县有职业病危害的厂矿企业进行监督检查。1987和1988年，分别对669名和1061名接触粉尘作业人员进行拍片，未发现新病例。1992年，对全市43个厂矿973名接触粉尘作业人员进行拍片，新检出矽肺病6人，均在黄金系统。1993年，累计查出从事国防坑道施工矽肺患者68人，疑似矽肺20人，死亡4人。自是年开始，每年举办1期职业病防治知识培训。2001年，平度市卫生防疫站购置查体车，上门为企业职工健康查体。2002年8月，市政府召开全市职业病危害项目普查工作会议。至2005年，进驻企业现场宣传120余次，开展职业卫生监测80家，监测作业点800余个，有170余家企业填报《职业病危害项目申报表》，建立职工职业健康监护档案2.6万份，建档率90%。

第二节　妇幼保健

一、妇女保健

1986年，县计划生育服务中心、妇幼保健院及各医疗单位均设立妇产科门诊、妇产科病房、专家咨询门诊和更年期综合门诊，为女性提供保健咨询、孕查、卫生指导、接产等医疗保健服务。对孕期、围产期妇女实行档案管理。1989年，全市孕产妇系统管理率80.67%，住院分娩率76.97%，围产儿死亡率6.35‰，孕产妇死亡率28.68/10万。1990年，市、镇两级计划生育服务站加强开展孕期保健，建立全市孕期保健网络，设立孕期保健指导门诊。

1992年，为育龄夫妇建立健康卡、月经卡、妊娠卡，为近5万名孕妇建立孕期保健手册。1995年，孕产妇系统管理率95.04%，住院分娩率96.04%，围产儿死亡率11.62‰，孕产妇死亡率29.96/10万。

妇女保健宣传月活动现场（2005年摄）

1997年，开始对全市已婚育龄妇女开展生殖保健服务。结合孕情、环的检查，为已婚育龄妇女进行健康查体，受检人员除进行妇科疾病检查外，进行内科及肝功能检验，查出各种疾病患病率40%。1998年，平度市全面开展已婚育龄妇女健康查体工作。1999年，孕产妇死亡率为39.99/10万，2000年降至22.61/10万，以后逐渐下降，2005年，孕产妇死亡率为0。自1999～2004年，全市孕产妇住院分娩率逐步提高，2005年达99.79%；围产儿死亡率逐渐下降，2005年达8.76‰。

二、儿童保健

1986年，县妇幼保健站是全县儿童保健工作指导中心，每年对儿童进行各种预防接种，健康查体。是年，为儿童查体5.6万人，对查出的患儿均进行治疗，全县婴儿死亡率19.71‰。1998年12月，平度市计划生育服务中心与市妇幼保健站合并，儿童保健工作得以加强；新生儿保健、儿童生长发育监测，儿童早期教育咨询指导，儿童常见病、多发病的防治以及托幼园所系统管理和儿童系统管理等得以规范。至2005年，共指导、诊治患儿2.8万人，为1.21万名儿童建立保健档案册，组织儿童查体1.27万人次，发放出生医学证明近8.5万册。同时，为托幼园所工作人员定期查体1.15万人次，发放健康证明1.15万份，组织卫生检查百余次。

三、平度市妇幼保健院

始建于1956年10月，是一所融计划生育、妇幼保健、临床医疗为一体的综合性服务机构。1996年9月被卫生部、联合国儿童基金会、世界卫生组织联合授予“爱婴医院”称号，是国家一级甲等妇幼保健院。

医院除妇女、儿童医疗保健传统医疗科目，还设有内科、外科、骨外科、不孕不育科、乳腺疾病防治中心等特色科室，是一所集妇幼保健、临床医疗、计划生育、教学科研为一体的综合性医疗服务机构。2005年，拥有职工119人，其中专业技术人员97人；床位100张；BBT-RF-2000射频治疗仪（妇科自凝刀）、德国西门子全新数字化全身B超仪、2FS502-1高频射线诊断机、双向母婴监护仪、500毫安遥控摇篮射线机等大型医疗设备32台。年内门诊接诊3.87万人次，入院治疗3698人次，分娩2000例；进行各种手术930例，彩超检查7598例，建立免疫档案366份，预防接种6418人次。

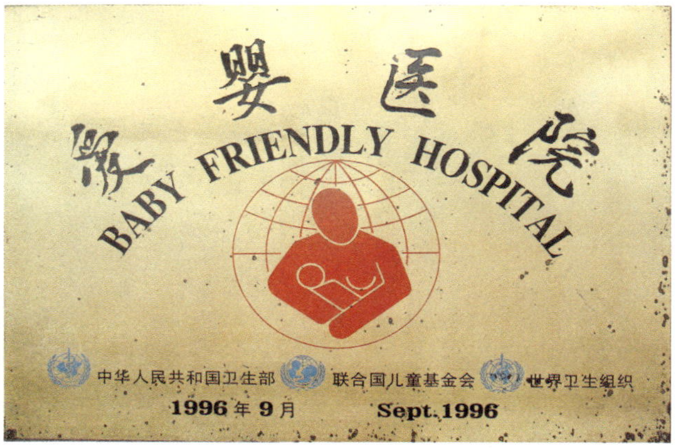

平度市儿童保健管理有关指标抽检数据

表 19-4

指标　　　　年度	1989	1995	2005
7 岁以下儿童管理率	80.68%	92.41%	95.36%
3 岁以下儿童管理率	80.66%	92.21%	96.14%
婴儿死亡率	13.36‰	11.09‰	4.06‰
新生儿死亡率	5.39‰	7.49‰	3.17‰
5 岁以下儿童死亡率	–	11.53‰	5.23‰

第三节　卫生监督

一、食品卫生监督

1986 年，全县有食品经营被监督单位 3289 个，从业人员 4010 人，其中国营 22 个、97 人，集体 131 个、356 人，个体 3136 个、3557 人。县卫生监督部门对食品生产、经营者实行许可证制度，对食品从业人员进行一般性检查和胸透、乙肝表面抗原健康查体。1990 年，全市食品经营被监督单位发展到 4189 个，从业人员 4838 人。有 495 个单位被评为平度市卫生先进单位、6 个乡镇被评为平度市卫生标兵乡镇。1991 年，开始对从业人员健康查体项目增加大便培养检测。1992 年，平度市获青岛市食品卫生示范市称号。1998 年，市卫生防疫站为7300家食品生产经营单位发放卫生许可证，为 1.62 万名食品从业人员发放健康证件。至 2005 年，市卫生监督机构监测各类食品和食品添加剂 653 份，监测采集餐（饮）具样品 379 份。为食品卫生从业人员进行健康体检 16.5 万人次，查出乙肝表面抗原携带者及肺结核、皮肤病患者 426 人，全部进行调离。

食品卫生检查（2012 年摄）

二、公共场所卫生

1986 年，公共场所卫生健康查体工作首次被提到议事日程。1987 年开始，防疫站每年对公共场所从业人员组织一次健康查体，并对公共场所实行许可证制度。至 1990 年，累计监督 3.4 万单位次。1996 年，公共场所被监督业户发展到 1075 家，包括旅店业、美容美发业、歌舞厅、游泳池等多种行业。1996 年，平度市卫生局公共卫生监督所成立，加强对各类公共场所卫生的消毒管理。2003 年 4 月防“非典”期间，市卫生监督所对公共场所工具容器消毒、通风换气、空气和物体表面消毒、卫生间消毒情况进行巡回监督检查。至 2005 年，全市公共场所被监督业户发展到 1460 家，从业人员 2760 人。组织从业人员体检 21 次、4.15 万人次，体检率达

98.85%，将查出的264名从业禁忌症患者工作调离。

三、学校卫生

1985年，开始为全县学生建立个人健康档案。1986年，县卫生防疫站开始对全县的教室建筑、课桌椅卫生、采光照明进行调查。1987年，对全县45所中、小学4091名在校学生的龋齿、近视情况开展调查，小学近视率为5.26%，中学近视率为42.27%，龋齿患病率为30.27%。1990年，开始对全市在校学生每年进行1次健康查体。1992年，学校开始开设健康教育课，全市中小学健康教育开课率达到100%。建立健全学生个人健康档案17.8万份，并在学校推广个人卫生、环境卫生、宿舍卫生、食堂卫生、教室卫生、预防保健6项卫生制度。自1985～1993年，共组织集体驱虫16次，驱虫46.07万人次。2005年10月，市卫生防疫部门对全市47所中、小学6023名在校生进行健康查体，龋齿患病率20.12%，近视率为38.86%。

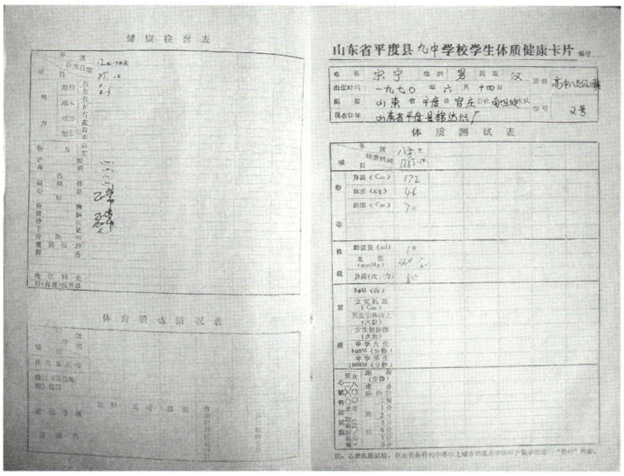

第四节 爱国卫生运动

1986年9月，青岛市政府下发《关于在全市城乡开展灭鼠“一役达标”创建无鼠害市活动的通知》。从1986年冬至1988年春，每年春、冬两季开展大规模灭鼠活动。家鼠密度由灭鼠前10.47%下降到0.64%；野鼠密度由7%下降到0.5%；流行性出血热发病率1986年12月份比1985年同期下降59.8%，1987年10月份比1986年同期下降63.2%。

1989年，县爱卫会工作重点转移到传染病防治。组织卫生防疫人员对市直有关厂矿企业、单位和托幼机构保育人员健康查体198人次，发现乙肝表面抗原阳性者1人，予以调离。对1350名密切接触肝炎患者作了预防处理。入夏后对680例腹泻病人做SPA粪检，粪检率51.2%。在城区4处水面设立采水点，采水样88份，均无阳性发现。

1990年，开始组织创建国家卫生城市、卫生镇活动。1995年，平度市被评为全国卫生城市。从2001年开始，市政府把各级各类卫生先进创建活动列入年度工作目标对爱卫办进行考核。全市每年评选（推荐）省级卫生先进单位、青岛市卫生先进单位、青岛市卫生先进镇和青岛市卫生先进村庄。2002年，同和街道被评为省级卫生示范镇。

2003年4月，全市开展以防治“非典”为主要内容的爱国卫生运动，发放各种宣传材料55万份，设立宣传专栏2759个，清理城区垃圾死角460处，清运垃圾3.1万吨，清除乱贴乱画7200处次，拆除乱搭乱建违章建筑44处，拆除乱挂广告牌匾、横幅、条幅1100条（块），设立消毒垃圾转运站点40个，每天对城区20余座公厕实施消毒灭菌。2004年，农村改水受益人口占农村总人口的98.3%，其中自来水占91.5%；农村改厕占农村总人口的58.48%。2005年，平度市通过国家环保

义诊进社区活动（2004年摄）

模范城市达标验收，并获得省级文明城市创建工作先进城市称号。

第五节 红十字会工作

1987年11月，成立平度县红十字会。1988年11月，与外事办公室、教育局、广播电视局、体育运动委员会共同发起“为了儿童健康”募捐活动。活动历时3个月，全县92个单位、8万余人捐款5.18万元。

1988～1989年，平度县红十字会发展基层组织104个，会员2.16万人，其中成年会员8000人、团体会员55个（2378人）、青少年会员1.12万人。组织一般卫生知识培训1500人次，心肺复苏800人次；组织社会服务190人次，服务对象1600人次；建立红十字学校91个，举办夏令营活动1次，组织知识竞赛1次，组织常见病防治知识培训500次，培训5000人次。

1991年5月，与市公安局、交通局联合组织对汽车司机进行卫生救护分期培训，培训司机3900人次。1992年11月，成立平度市红十字会青少年学校工作委员会。1993年，建立学校红会组织36个，发展青少年会员1.6万人。开展“我为希望工程献爱心捐书捐款活动”，共计捐书2万余册，捐款3万余元，资助贫困学生上百名。举办为期12天、3000余名青少年学生参加的大型夏令营活动。是年，平度市红十字会被评为全国红十字会先进集体，宋宝良、孙增仁被评为全国红十字先进会员。

1994年，平度市红十字会在公路沿线设立14处救护站，负责300余公里公路线急救任务。

2005年8月，平度市机构编制委员会下发《关于设立平度市红十字会的批复》，同意设立平度市红十字会，不定规格，与卫生局合署办公，核定全额拨款事业编制2人，参照公务员管理。

第四章 医 药

第一节 医药购销

一、中药购销

1986年，全县使用中药材450余个品种，有中药从业人员50余人，人工种植中药材30余个品种。是年，全县收购中药材77.1吨。其中家种药材9.1吨，主要是沙参、白芷、元胡、太子参、黄芪、桔梗、柴胡、丹参、党参等；野生药材68吨。1987～1990年，中药材收购出现稳步上升趋势。1992年，种植药材160余公顷，收购辣椒干、山楂片、薏米等中药材30吨。全年实际中药材购进823.8万元，销售952.9万元，均创历史最高。1995年，针对胖大海、全虫、大黄、白术、射干、黄精、米壳、白扁豆、白癣皮、山楂、远志、知母、牛膝、桔梗、蒲公英等价格上涨，打破收购区域，收购各种中药材150吨。是年，平度市大面积地产中药材主要有桔梗、黄芪、大青根、草决明、薏米、太子参等。

1996年后，由于市场饱和及价格下降等原因，全市中药材种植呈逐渐减少走势。2005年，全市使用中药材500余个品种，中药从业人员80余人。

实际中药材购进 8.3 万元，销售 16.3 万元。

二、西药购销

1986 年，市人民医院，第二人民医院、第三人民医院、第六人民医院、中医院、皮肤防治站、云山卫生院等医疗单位生产胎盘胶囊、普通制剂、丸剂等各种制剂及成药。是年，全县使用西药 650 余个品种，药品购进额 816.3 万元、销售额 874.8 万元。1987 年后，随着新药不断问世，药品购进逐年增加，一些疗效差、副作用大的低端药品逐渐撤柜淘汰。2001 年 11 月，青岛国风集团平度大药房连锁有限公司成立，对所属药店实行连锁化经营。是年，全市实现药品购进 7644.3 万元，销售 9187.9 万元，创历史最高。2005 年，全市各医疗机构使用西药 1200 余个品种，制剂 50 余个品种，国风集团在全市城乡设药品连锁零售店 150 余家。

1986 ~ 2005 年平度市（县）医药购销统计表

表 19-5 单位：万元

年度	中药购销		西药购销	
	购进	销售	购进	销售
1986	81.6	109.4	816.3	874.8
1987	125.7	181.4	1016.7	1097.5
1988	217.6	248.2	1436.8	1601.2
1989	242.3	341.4	1468.1	1725.4
1990	373.6	416.5	2023.2	2139.6
1991	370.2	462.8	2723.2	3072
1992	823.8	952.9	3761.8	4152.7
1993	590.5	845.1	4570.7	5162.7
1994	257.3	533	1692.8	2416.9
1995	255.5	534.8	2647.5	2873.2
1996	333.6	452.7	2465.4	3024.9
1997	397.4	665.4	3482.6	3980.8
1998	112.1	294.3	2573.2	3352.8
1999	408.8	589.3	3557.8	4236.9
2000	380.8	637.3	5711.3	6736
2001	547.7	911.5	7644.3	9187.9
2002	333.8	619.3	5612.5	7734.8

续表 19-5

年度	中药购销		西药购销	
	购进	销售	购进	销售
2003	97.8	257.9	2996.4	4525.9
2004	8.7	49.5	2698.2	3963.3
2005	8.3	16.3	2284.2	3277.7

第二节 平度常见中药材

一、植物类

柴胡、桔梗、前胡、黄芩、苍术、防风、荆芥、远志、紫草、丹参、茜草、元胡、半夏、翻白草、地芋、紫尼地丁、苦参、益母草、大蓟、小蓟、瞿麦、射干、黄芪、玉竹、黄精、白蔹、括蒌、天花粉、地丁、蒲公英、连翘、蛇床子、败酱草、白头翁、地骨皮、枸杞子、车前子、桃仁、杏仁、酸枣仁、石榴皮、亭力子、知母、白芷、地榆、茵陈、青蒿、生地、马齿苋、山楂、马兜铃、茅根、芦根、金银花、忍冬藤、苍耳子、石苇、葛根、蒲黄、百合、白果、香附、木贼、秦皮、马勃、薤白、茯苓、猪苓、狼毒、神曲、麦芽、菟丝子、水菖蒲、仙鹤草、冬瓜子、冬瓜皮、复盆子、苏叶、蔓荆子、野菊花、旱莲草、洋金花、苦楝皮、苦楝子、双花、红花、鸭跖草、龙葵、刘寄奴、青木香、王不留行、地肤子、地锦草、鹅不食草、刺蒺藜、青箱子、合欢皮、合欢花、侧柏叶、土大黄、太子参、皂角、胡桃仁、急性子、茺蔚子、苦丁茶、樱桃核、风尾草、槐花、槐角、映山红、无名异、威灵仙、柿蒂、徐长卿、生姜、葎草、桑白皮、桑枝、桑叶、桑椹子、薄荷、紫苏、旋复花、南星、黑白丑、卷柏、莱服子、浮萍、谷精草、萹蓄、蝉衣、月季花、薏米、胡麻、柽柳、大葱、沙参、荷叶、莲子、莲藕。

平度部分地产中药材标本

二、动物类

鳖甲、龟板、乌梢蛇、鱼肚、全蝎、土元、穿山甲、鸡内金、斑蝥、鹿茸、鱼脑石、蜈蚣、黄狗肾、白花蛇、蛤蚧、青龙衣、海马、海龙、守宫、桑螵蛸、蟾皮、水蛭、龙骨、蜂蜡、牡蛎、石决明、地龙、僵蚕、蝼蛄、虻虫。

三、矿物类

硼砂、磁石、代赭石、夜明砂、紫石英、赤石脂、硇砂、硫磺、礞石、炉甘石、砒石、滑石、胆矾、明矾、枯矾、白矾、朱砂、寒水石、黑锡、石膏、硭硝。

第三节 药政管理

1986年，药政工作由县卫生局医政科管理。1989年，医药行业管理办公室成立。1990～1993年，对全市所有药品生产经营单位和药品使用单

位进行检查整顿，对证照不全的非法经营单位和个人进行取缔，逐步建立起合理合法、统一有序的药品经营秩序。1994 年 4 月，市法院医药公司巡回法庭成立。

1999 年 1 月，以城区为重点查处非法行医卖药行为，检查医疗和药品经营单位 140 余家，取缔无证诊所 30 余家，取缔非法批发药品 2 户，查没药品 4 万元。6 月，召开全市医药市场整顿、焚毁假劣药品现场会，焚烧查缴假劣药品 65 种。

2002 年 1 月，平度市食品药品监督管理局成立，原来由市卫生行政部门承担的药检职能和医药管理部门（市医药公司）承担的药品生产、流通监管职能移交市药监局。是年，监督检查药品生产、经营单位和医疗机构 1065 家，出动稽查人员 720 余人次，查处药品举报案件 68 起；行政处罚医疗机构、药品零售店及兽药经营点 82 家；没收药品价值 12 万余元，罚款 15 万元。2003 年，市药品监督管理局对药品生产、经营、使用单位监督检查 1199 次，出动车辆 468 台次、人员 2227 人次；查获假劣药品和医疗器械 21 批次，标值 2.32 万元；取缔违法经营、使用药品（医疗器械）52 起，立案查处 98 起、结案 78 起。

2004 年，全市有药品批发企业 1 家（平度医药有限责任公司），药品零售连锁企业 3 家（平度大药房、青岛宏泰大药房、平度国泰药业，下设门店 203 个），个体零售药店 133 家，药品经营从业人员 826 人。是年，在药品经营单位和医疗机构中广泛开展创建“药品质量诚信单位”活动，有 12 个药品经营单位和 6 家医疗机构被授予药品质量诚信单位；平度大药房、青岛宏泰大药房、平度国泰药业 3 家药品零售连锁公司和 18 家个体药店通过 GSP 认证。2005 年，检查涉药单位 1055 家，完成药品抽验 100 余批次，立案查处 7 起，实施当场处罚 35 起，行政警告 105 人次，行政罚款 7 万元；帮助 111 家药品零售企业通过 GSP 认证。全市有青岛善大天源中药饮片有限公司、青岛辉峰药业有限公司、青岛永盛制药有限公司、平度市滑石矿业有限公司（生产药用滑石粉）药品生产企业 4 家，药品零售网点 426 个；有青岛平度高压氧舱厂、青岛大有纺织有限公司医疗器械生产企业 2 家。

第二十篇 社会生活

1986年前，平度城乡居民生活不似现在这般宽裕，衣、食、住、行、用普遍拮据，且要凭本、凭票、凭证供应。婚丧嫁娶也不似现在这般隆重、大操大办。所穿衣服款式、花色单一，以小褂、夹袄、棉袄、小大衣、中山服、单裤、棉裤为主，西服、夹克很少；以自制布鞋穿用为主，皮鞋很少。日常食品单调，肉、蛋、奶为稀罕之物。住房多为土坯房，砖瓦房很少。人们出行以自行车为主，或步行。现代化家用电器几乎为零。文化生活缺乏，看露天电影、听广播、听戏为人们最爱。

第一章 居民生活

第一节 城市居民生活

一、收入

城镇居民的收入来源，以职工工资为主。1986年，全县职工平均年工资1123元，其中全民所有制职工平均年工资1161元、集体所有制职工平均年工资1066元。进入20世纪90年代，第三产业快速发展，城镇在职职工利用节假日从事第二职业者渐多，一些无固定工作的城镇居民和职工家属也投身二、三产业，增加了城镇居民的家庭收入。1993年，全市职工平均年工资2776元，其中全民所有制职工平均年工资3008元、集体所有制职工平均年工资2327元。1994年，全市机关企事业单位实行工资制度改革，职工工资收入出现较大增长。是年，全市职工平均年工资达到3992元，环比增长幅度43.8%。1997年，全市职工平均年工资5072元。以后年度均保持平稳增长。2005年，全市城镇职工年平均工资1.37万元，是1978年改革开放前的26.3倍，其中在岗职工平均工资1.37万元。全市城镇居民人均可支配收入突破万元，达到1.03万元。

1986～2005年平度市（县）职工平均工资增长情况表

表20-1　　单位：元

年度	职工平均工资	年度	职工平均工资
1986	1161	1996	4866
1987	1274	1997	5072
1988	1648	1998	5435
1989	1870	1999	6120
1990	2134	2000	7012
1991	2239	2001	7735
1992	2582	2002	8652
1993	3008	2003	9810
1994	3992	2004	11331
1995	4385	2005	13743

二、消费

1986年后，全县城镇居民消费结构开始由以满足生存需要为中心的必需品消费，逐步向满足享受需求和发展需求的非必需品转变。20世纪80年代末，居民食品消费以细粮为主，辅以粗粮和副食品。20世纪末21世纪初，居民食品消费中，逐步由讲究吃饱向讲究吃好和营养保健发展。副食品消费量增大，花色品种增多。副食中粗菜消费减少，精细菜增多，肉、禽、鱼、蛋、奶消费量上升，膳食结构日趋合理。衣着消费大幅度增加，由颜色单调、款式单一、质地差的状况向时装化、成衣化、多样化、名牌化发展。中青年穿着上开始讲究特点、个性和品味，不少人佩戴戒指、项链等饰物，金银首饰成为新的消费时尚。耐用高档消费品越来越多地进入居民家庭，1986年至20世纪90年代中期的收录机、黑白电视机、自行车、缝纫机等旧“几大件”，逐步被彩电、液晶电视、冰箱、洗衣机、摩托车、空调代替，私家轿车逐渐增多，固定电话、移动电话基本普及，电磁炉、微波炉、计算机等已十分普遍。同时，文化娱乐、观光旅游、教育消费等支出不断增加。2005年统计调查显示，全市城镇居民人均消费支出达7457.3元，增长11.7%。其中，食品消费2512.7元，增长8.7%；城镇居民恩格尔指数（食品支出额占个人消费支出总额的比重，下同）为33.9%，下降0.9个百分点。

2005年平度市城镇每百户居民家庭主要耐用消费品拥有量

表20-2

消费品名称	单位	数量	消费品名称	单位	数量
饮水机	台	65.5	组合音响	套	22.3
微波炉	台	42.9	照相机	架	57.6
电冰箱	台	91	空调器	台	74.4
排油烟机	台	87.2	固定电话	部	92.3
淋浴热水器	台	72.4	移动电话	部	144.3
洗衣机	台	93.3	健身器材	套	6.2
彩色电视机	台	118.3	助力车	辆	17.6
影碟机	台	62.7	摩托车	辆	47.6
家用电脑	台	45.6	家用汽车	辆	4.5

三、居住

1986年至20世纪90年代初期，城镇职工一般居住单位公房或租赁民房居住。住房多为平房，一般为砖石结构，木门窗、瓦屋面，面积较小，设备简陋。少数楼房为2～4层不等，砖混结构，多为二室一厅一卫一厨或二室二厅一卫一厨，面积多为50～80平方米。1995年后，随着国家住房制度改革和建筑业崛起，城镇居民小区不断增多，大批职工购买私房，大多数居民从平房搬到楼房，居住面积越来越大，其室内装修也逐步向高档次、豪华型发展。新建楼房多为钢筋水泥混凝土结构，水

21世纪初平度市区居民楼

电暖网等设施齐全。2005 年，全市城镇居民人均住房占有面积 21.9 平方米；人均用于居住消费 764 元，占当年消费的 10.5%。

四、储蓄

1986 年，城镇居民储蓄余额 3526 万元，其中定期储蓄 2644 万元、活期储蓄 641 万元、有奖储蓄 176 万元、邮政储蓄 65 万元；人均储蓄余额 564 元。1987 年后，随着收入不断增加，城镇居民储蓄快速增长。1997 年，城镇居民人均储蓄余额达到 1.70 万元。2005 年，城镇居民人均储蓄余额 1.97 万元，是 1986 年的 35 倍。

第二节 农村居民生活

一、收入

1986 年，全县农民人均纯收入 677 元，是 1978 年改革开放前的 9 倍。1990 年，农民人均纯收入增加到 926 元。1991 年后，随着农业生产条件不断改善，农业内部结构调整步伐和产业化进程逐步加快，全市农民人均纯收入进入快速增长阶段。1992 年，突破千元大关，达到 1050 元。1997 年，达到 2867 元，是 1990 年的 3 倍多。2005 年，全市农民人均纯收入 5545 元，比上年增长 13.6%，是 1986 年的 8.2 倍。

二、消费

1978 年改革开放以后，农村居民以自给性消费为主逐步转变为以商品性消费为主。1986 年，全县农村居民人均生活消费 285 元，至 1994 年增长到 619 元。1995 年后，随着农村居民收入快速增长，消费支出迅速增加。文化教育、娱乐用品消费比重渐趋加大，彩电、冰箱、固定电话、摩托车、农用拖拉机、农用汽车等耐用消费品开始进入寻常百姓家。全县农民人均衣着消费由 20 世纪 80 年代初期的“一衣多季、花色单一、款式格式化”向“一季多衣、花色繁多、款式多样化”发展，并逐步向城里人看齐。中高档西装、品牌羽绒服、品牌皮鞋皮衣开始进入普通百姓家庭。1998 年，农村居民人均生活消费支出达到 1839 元。2005 年，达到 2735.8 元，是 1986 年的 9.6 倍。居民食品消费结构日趋营养化、合理化。全年人均食品支出 1087.7 元，人均消费粮食 232 公斤、食用植物油 6.6 公斤、肉禽类 22.4 公斤、蛋 5.8 公斤、蔬菜 45.4 公斤；文教娱乐支出 377.2 元。农村居民恩格尔指数为 39.8%，降低 2.1 个百分点。电脑、小汽车进入农民家庭。

2005 年平度市农村每百户居民家庭主要耐用消费品拥有量

表 20-3

消费品名称	单位	数量	消费品名称	单位	数量
洗衣机	台	40.9	组合音响	套	14.2
微波炉	台	2.2	照相机	架	7
电冰箱	台	28.6	空调器	台	4
排油烟机	台	6	固定电话	部	85.9
热水器	台	15.4	移动电话	部	46
黑白电视机	台	19.2	家用电脑	台	2.3
彩色电视机	台	91	摩托车	辆	65.2
影碟机	台	45.1	汽车（生活用）	辆	1.1

三、居住

1986 年，全县农村人均住房面积 16.7 平方米，房屋结构单一、矮小，由底向上多为石基、层砖、草顶结构，少量为砖石、瓦顶结构，门窗多为木质。

21 世纪初平度农村民房

1987 年后，农村实行旧村改造，新建房屋多为砖木结构瓦顶房，宽敞明亮，设计科学，室内结构越来越完善，装修档次越来越高。部分富裕村建起二层小楼。1998 年，农村居民住房面积人均 22.5 平方米。2005 年，全市农村居民人均住房面积 29.6 平方米，通电率 100%，安全饮用水率 100%。

四、储蓄

1986 年，全县农村居民人均储蓄余额 178 元。1987 ~ 1993 年，农村居民储蓄余额平稳持续增长。1994 年，达到 573 元。1995 年后，随着实际收入的大量增长，农民的剩余资金日趋增多，储蓄余额连年增加。2005 年，农村居民人均储蓄余额 7298 元，是 1986 年的 41 倍。

第二章 精神文明建设

第一节 文明建设管理

1983 年 9 月，平度县成立“五讲、四美、三热爱”活动委员会办公室，在全县开展讲文明、讲礼貌、讲卫生、讲秩序、讲道德和心灵美、语言美、行为美、环境美及爱祖国、爱社会主义、爱共产党活动。1987 年 4 月，成立平度县精神文明建设指导委员会，“五讲、四美、三热爱”活动委员会办公室随之更名平度县精神文明建设指导委员会办公室。1990 年 8 月，平度市精神文明建设指导委员会改为平度市精神文明建设委员会，下设办公室。1993 年 9 月，市文明办撤销，工作职能并于市委宣传部。1995 年，市文明委办公室复设。

一、规划管理

1986 年末，制订《平度县“七五”期间社会主义精神文明建设的实施规划》，翌年 3 月下发至各乡镇、县直各部门实施。此为平度县首个关于精神文明建设的五年规划。此后的 1991 年、1996 年、2001 年分别制订“八五”“九五”“十五”期间社会主义精神文明建设实施规划。为使规划落到实处，1991 年 4 月，市委制定《平度市文明单位建设管理条例》，使全市文明单位创建工作逐步走向制度化、规范化、经常化轨道。同年 5 月，市委、市政府制订《建设社会主义新型乡镇分期实施规划》。1997 年 3 月，市政府出台《创建国家卫生城市实施意见》。7 月，市文明委印发《关于开展“讲文明、树新风”突击活动的实施意见》。1998 年 6 月，市委、市政府出台《关于开展效益杯“三优一做”活动 创建文明城市的实施意见》，进一步深化“讲文明、树新风”活动的开展。2001 年 11 月，市委宣传部发出《关于认真组织学习中共中央〈公民道德建设实施纲要〉的通知》，要求干部群众认真学习纲要，积极营造公民道德建设社会氛围，促进全市两个文明建设协调发展。2003 年 8 月，市文明委制发《平度市 2003 ~ 2008 年创建学习型城市工作规划》。2004 年，修订《平度市文明单位管理办法》，

调整完善创建标准，加强文明单位管理。

二、评选奖惩

文明单位以半年创评、年终总评的方式进行。各单位进行自查申报，向所在党委提出申请，由各党委好中选优向市文明委推荐。年底组织考核评选，每年按照控制总量、保证质量、淘汰递补的原则，经严格考核评审后，由市委、市政府确定推荐省、

文明手册

市、县三级文明单位。对连续保持两年以上的文明单位，推荐为青岛市级文明单位（乡镇）和青岛市级文明单位标兵。对不符合文明单位的进行降级或撤销处理。每年清理文明单位牌匾，只悬挂最高荣誉称号牌匾。对获省、青岛市、平度市文明单位的党政领导同志实施奖励，分别记大功、记功、评为先进工作者。1993年，在表彰命名文明单位的同时，对92个单位进行降级处理，对22个单位实施“黄牌警告”。2004年，市文明办修订完善奖惩标准，坚持将各单位精神文明建设考核情况作为反映领导班子工作能力和工作实绩的重要依据，直接与评先、选优、提拔、任用挂钩。至2005年，全市共有省级文明单位（文明乡镇、文明村庄、文明学校、文明窗口单位）12个、青岛市文明单位（村庄）标兵37个。

第二节 文明创建

一、文明城市创建

1986年后，县委、县政府以提高公民素质和县城文明程度为目标，以“治脏、治乱、治差”

我与文明同行 共建“诚信平度”活动启动仪式（2004年摄）

和规范公民言行为重点，通过开展“讲文明、讲礼貌、树新风”“学雷锋”等活动，加强城市文明建设。1988年，平度被评为青岛市精神文明建设先进县，1989年被评为青岛市精神文明建设先进城区。1990年初，市委先后召开3次专题会议，研究全市精神文明建设各项工作，将年底跨入山东省精神文明建设工作先进县（市）行列的争创目标写进平度市第八次党代会报告。调整充实精神文明建设组织机构，将精神文明建设委员会成员由15名增加到20名，各乡镇、市直各部门也都成立了由主要负责人任组长的精神文明建设领导小组，出台《关于争创山东省精神文明建设工作先进县（市）的实施方案》。9月，贯彻省政府《关于开展“齐鲁杯”城市“三上”活动的通知》精神，在全市开展“齐鲁杯”城市规划、建设、管理上台阶活动，平度城市规划、建设、管理进入新阶段。1991年初，全市以争创高标准省级精神文明建设先进市为目标，以创建文明单位为主体，继续抓好城区、大泽山两重点，建设好平东、平西、平北、平南4条文明线。4月，平度被省委、省政府命名为山东省精神文明建设先进县（市）。5月，在干部群众中开展四职（职业理想、职业道德、职业纪律、职业技能）教育，开展“七一”“八一”“十一”“学雷锋、树新风、讲奉献”为民便民活动，开展“四化”（绿化、美化、净化、香化）创优美环境活动，

使广大市民树立“做文明市民、兴文明家庭、创文明单位、建文明城市”意识。

1993～1994年，进一步加强文明城市建设，强化城市管理，提高文明城市创建水平，成功举办了第四届菊展。开展“讲文明，树新风”活动，在全市倡导婚事新办、简办、反对大操大办。1995年8月，全市开展“平度精神”征词活动，确定“团结、奉献、务实、争先”为平度精神。1996年，组织学习《平度市民文明手册》活动，普及市民文明知识，提高文明意识，开展了“做文明市民签名留言”活动，倡导市民从自身做起，从现在做起，从点滴做起，让文明之花遍布全市每个角落。1997年，学习宣传《平度市民文明公约》，引导市民参与“为民服务，人人做一件文明事”活动。在“环卫工人节”深入开展“讲文明，树新风”活动，加强市民保护环境教育宣传。1998年，开展法律宣传、咨询活动，加强社会主义法制建设，提高全民的法制意识，6～9月份，开展“讲文明，树新风”活动，围绕“把马路让出来、垃圾装起来、门前包起来、自己管起来、让城市美起来”的要求，解决文明言行、交通秩序、环境卫生、服务质量等方面存在的问题。举办“告别陋习、走向文明”漫画展览，进一步提高市民的文明素质和城市的文明程度。1999年，组织“医药杯”社会公德知识有奖竞赛。开展“做文明市民”教育活动，在全市形成“说文明话、办文明事、做文明人”的良好风气。开展“争做文明使者，创建文明城市”实践活动，优化城市环境。以“把美德带入二十一世纪”道德建设主题活动为内容，开展“我为新世纪赠言”万人百米长卷活动，激发干部群众的工作热情。

平度市除陋习树新风活动现场（2005年摄）

2004年，编印《市民文明礼仪手册》4000册，分发到基层。5月，市文明委发出《致广大市民的公开信》，号召广大市民树立主人翁意识，从现在做起，从自身做起，从小事做起，出一分力，添一分热，增一分光，争做自觉维护“三大秩序”的文明市民。2005年，开展“我与文明同行”“捐一片绿叶，建生态家园”“整治环境，走向文明”等活动。11月，平度市获山东省创建文明城市工作先进城市称号。

二、文明村镇创建

1986年，县委、县政府对在两个文明建设中做出优异成绩的乡镇、村分别授予社会主义精神文明建设先进乡镇、文明村庄称号。1987年，全县农村开展争创“文明乡镇”“文明村庄”“文明户”活动。1990年，全市农村推广三堤精神文明建设经验，编印《三堤乡文明村镇建设经验》3000份，分发到基层，宣传推广三堤经验，全市形成“学三堤、赶三堤、超三堤”的浓厚气氛，涌现出青岛第四面粉厂、青岛第二齿轮厂、大泽山镇、南村镇等一批新的先进典型。1991年，乡镇普遍开展“四个一”（建好1个乡镇驻地、建好1条由3个以上文明村组成的文明线、树立1个样板村、村村建好1条高标准的文明街）活动。8月，市委、市政府制发《关于在全市农村开展创建社会主义新型乡镇的意见》，就农村经济、对外开放、农民生活、集体经济、科技教育、社会事业、乡镇（村）建设、社会秩序、基层组织、思想道德建设10个方面提出社会主义新型乡镇的基本要求和目标。1992年5月，兰底镇入选全

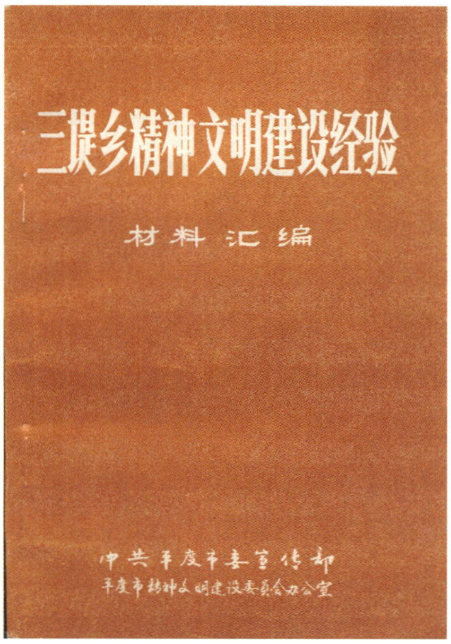

国"百家明星乡镇"。8月，蓼兰镇、南村镇、张戈庄镇获全省"明星乡镇"称号。9月，在全省1991年年度村镇建设"十、百、千"活动评选中，南村镇、张戈庄镇被评为全省"十、百、千"活动新型乡镇，18个村庄被评为明星村。1993年，开展"抓百建千带万"（抓好100个文明村庄标兵，建好1000条文明街，带起1万个文明家庭）活动。1996年，在全市农村开展创建"十星级文明家庭"活动。此后，市委、市政府每年表彰100个"十星级文明家庭"。是年12月，同和街道被国家建设部命名为"全国村镇建设先进镇"；翌年9月，被国家建设部命名为"全国小城镇建设示范镇"。

1998年，在农村开展"人人参与、美化家园"环境集中整治活动，推动创建文明村镇活动，提高农村精神文明建设水平。是年8月，在郭庄镇召开文明村镇环境建设现场会，在全市兴起文明村镇创建活动新高潮。1999年，加强村级图书室建设，完善充实文明示范村图书室，用社会主义思想文化占领农村阵地，提高广大农民群众的思想道德素质和科技文化素质。在全市农村评选倡新风模范户，引导广大农民进行移风易俗、革除陋习。1999年，加强镇驻地精神文明建设，把"讲文明，树新风"活动不断向农村延伸、辐射。以建设"文明一条街"为抓手，美化农村环境，改善农民居住条件，加强农村精神文明创建工作。2000年2月，同和街道被评为"全国青年文明社区"。

2004年，抓好文明小城镇创建，实施"八个一"工程：建设一条示范街，建设一处游园，规划一处停车场，划定一处摊点经营区域，成立一支管理监察队伍，落实一套卫生检查评比制度，建设一处文化娱乐活动中心，评选一批优质服务窗口，不断提高镇（街道）驻地管理水平、文化品位和文明程度，重点培育南村、同和、灰埠、蓼兰、张舍、长乐6个高标准的文明小城镇。抓好文明村庄创建，深入开展"整治环境、走向文明"活动，在全市农村，村村建成"文明一条街"：设立一处村务栏、服务栏、信息栏等综合宣传栏，形成融政治学习、生产生活、文体娱乐为一体的教育阵地。开展文化、科技、卫生、法律"四下乡"活动。不断完善"十星级文明家庭"和"五好文明家庭"的评选标准，推进思想道德、法律知识、文化体育、科技知识、卫生常识"五进家庭"。5月，南村镇、灰埠镇、蓼兰镇被建设部、国土资源部等六部委确定为"全国重点镇"；同和街道被确定为"青岛市卫星镇"；南村镇姜家埠村、张戈庄镇尚河头村、大泽山镇尹家村被确定为青岛市首批小康示范村。2005年3月，

青岛市文明村镇建设经验交流会在平度召开（1986年摄）

南村镇获“全国环境优美乡镇”称号。截至2005年年底，全市效益美观型文明村庄900个，占全市村庄总数的一半。

是年，平度根据建设社会主义新农村的目标，结合自身实际，总结出6种类型社会主义新农村模式，分别是：美观效益型、资源开发型、文化旅游型、生态经济型、产业主导型、城市服务型。

三、文明行业创建

1986年，在县直机关开展争创“文明机关”活动；在厂矿企业开展争创“文明车间”“文明班组”“文明个人”活动；在窗口服务行业开展以“创优质服务、优美环境、优良秩序”为主要内容的“十百”（十面红旗、百名服务状元）、“泽山杯”“奉献杯”“雷锋杯”活动。同时，还开展了军民、警民、厂村、厂校共建活动。1987年后，连续在窗口服务行业开展“创优良秩序、创优美环境、创优质服务、做文明市民”为主要内容的“三优一做”活动，每年年初对“三优一做”活动进行安排，年底评选表彰活动优胜单位、优秀组织单位、十佳文明市民、十佳服务明星、十佳优质服务示范窗口、精神文明十件好事，十佳职业道德标兵单位、十佳职业道德标兵、十佳和谐家庭。1989年，文化部授予县图书馆“文明图书馆”称号；农业部授予县植物保护站“植物改革先进集体”称号；国家教委、人事部、中国教育工会分别授予肖怀沼、陶德芳、李玉信等20余人“优秀教育工作者”“教育系统劳动模范”“全国优秀教师”称号；商业部授予县联社主任于化周、青岛第四面粉厂厂长杨熙和“商业劳动模范”称号；化工部授予平度市磷肥厂厂长孙培英“化工系统劳动模范”称号；中国农业银行总行授予市农业银行会计郑爱军“优秀会计员”称号，授予统计信息员姜世良“先进统计信息员”称号，授予南村银行营业所信贷员董恩球“优秀信贷员”称号；国家计划委员会、农业部授予市农业局局长窦在良“基地建设先进工作者”称号；农业部授予市农业局经营管理办公室主任王纪斌“成人教育先进工作者”称号，授予市土壤肥料工作站站长隋金山“先进工作者”称号。

1991～1993年，在全市商业、粮食、物资、金融、交通、邮电、电力、城建、环卫、文化、医药卫生、工商税务、政法等行业30余个部门、900余个基层单位开展纪念建党70周年“奉献杯”三优竞赛及“满意杯”“新风杯”三优竞赛活动，各行各业涌现出诸多“医护标兵”“师德标兵”“先进个人”“精神文明岗”“精神文明号”等。1992年，市电影公司冯广顺被评为“全国广电系统先进个人”；市农村信用社高清若被评为“全国金融系统劳动模范”；市水利水产局周仁龙、王同亮，市化肥厂吴之江被评为“山东省职工劳动模范”。1994年，在窗口服务行业开展“青年文明岗”“青年文明号”活动；在市直单位中开展“文明科室”“文明岗位”活动。1995年4月，平度市大光明眼镜店被团中央授予全国“青年文明号”称号。1996年5月，市委宣传部、市卫生局联合发出《关于开展向袁百忠同志学习活动的通知》，提出“近学袁百忠，远学吴天祥”；7月，市医药公司经理、党总支书记李丕英获“全国医药行业第三届优秀企业家”称号；9月，市妇幼保健院被卫生部、联合国儿童基金会、世界卫生组织联合授予“爱婴医院”称号。1997年，全市开展创建文明示范机关、文明示范村庄、文明示范窗口、文明示范企业、文明示范商场（店）、文明示范学校、文明示范医院等10类“文明示范基地”活动。4月，市人民医院小儿科副主任医师袁百忠被授予“青岛市十佳文明市民”称号；市滑石矿采区车间掘进一队乙班获全国“五一”劳动奖状。

2000年，实施精神文明建设“新风工程”，全市服务行业开展“服务质量擂台赛”，窗口单位开展“优质服务竞赛”，教育系统开展“做学生爱戴教师，办人民满意教育”活动；卫生系统开展“建高地、亮绝活、争先锋”岗位竞赛活动；税务系统开展“争做优秀税务员”活动。2002年2月，市

地税局纪检组被授予“全国税务系统先进集体”称号；3月，市公安局张戈庄派出所户籍民警高锡春被省政府授予“人民满意公务员”称号，并记一等功。是年，市滑石矿业有限公司被评为“全国十佳矿山（油田）企业”，张戈庄国税分局被国家税务总局、团中央联合命名为税务系统“全国青年文明号”。2005年12月，平度市农机市场获“全国十大农机市场”称号，平度电视台教育频道获“全国教育电视先进集体”称号，青岛圆中方餐饮娱乐有限公司获“全国企业文化先进单位”称号。

2005年青岛市文明单位标兵以上单位统计表

表20-4

文明等级	单位名称
山东省文明单位	电业公司、人民医院、财政局、同和街道、实验小学
山东省文明村镇	南村镇、南村镇姜家埠村、开发区城东埠村、蓼兰镇许家村、崔家集镇周家村
青岛市文明单位标兵	公路段、中国网通（集团）公司平度市分公司、蓼兰镇机关、国税局、地税局、环保局、交通局、气象局、教体局、检察院、新华书店、第九中学、第一殡仪馆、农业银行平度市支行、人民银行平度市支行、中国农业发展银行平度市支行、李园街道西关中学、香店街道大窑村、同和工商所、南村镇姜家埠村、古岘派出所、田庄税务所、国税局门村分局、万家信用社、明村税务所、蓼兰镇许家村、蓼兰税务所、崔家集镇中心中学、马戈庄供电所、国税局明村分局、中国网通（集团）公司平度市分公司田庄营业部、平度市滑石矿业有限公司、公共交通事业公司、田庄镇中心小学、南村工商所、国税局南村分局、经济开发区城东埠村、古岘工商所、国税局店子分局、南村信用社、国税局张戈庄分局、国税局蓼兰分局、国税局张舍分局、蓼兰镇中心中学、城关工商所、中国网通（集团）公司平度市分公司云山营业部、大泽山供电所、国税局个体税收管理分局、青岛益昌纺织有限公司、中国网通（集团）公司平度市分公司白埠营业部、青岛兴平热电有限公司、青岛天柱化工（集团）有限公司、马戈庄镇阎村、麻兰镇任家河岔村、城关街道东关村

第三章 民族 宗教

第一节 民 族

1982年，第三次人口普查，全县共有少数民族5个，总人数58人。

1990年，第四次全国人口普查，全市汉族人口129.66万人，比1982年增加7.47万人，增长6%；少数民族20个、215人，比1982年增加15个，人数增加157人。

2000年，全国第五次人口普查，汉族人口为132.06万人，占99.89%；少数民族人口1390人，占0.11%。与第四次人口普查相比，汉族人口增加2.40万人，增长1.85%；少数民族人口增加1175人，增长546.51%。

2005年末，全市有少数民族34个、1401人。其中土家族288人、朝鲜族229人、蒙古族220人、满族173人、苗族100人、彝族79人、傈僳族57人、壮族44人、回族44人、哈尼族23人、藏族23人、布依族18人、傣族15人、白族14人、维吾尔族12人、侗族11人、仫佬族7人、土族7人、黎族5人、达斡尔族4人、锡伯族4人、畲族3人、仡佬族3人、景颇族3人、俄罗斯族3人、撒拉族2人、鄂温克族2人、佤族2人、瑶族1人、哈萨克族1人、拉祜族1人、羌族1人、塔塔尔族1人、基诺族1人。

第二节 宗 教

一、基督教

1985年，市基督教“三自”爱国运动委员会成立，爱委会设主任、副主任和秘书长，有教职人员4人，其中牧师2人、传道员2人。基督教在全市30个镇（街道）和市经济开发区均有分布，信徒较多村庄有300余个。在城区和李园街道河西村、马戈镇古南村、店子镇高古庄村、崔召镇河洼村、大泽山镇北昌村设有6处开放堂点。至2005年，全市有基督教信徒3435人。

二、天主教

1999年12月，市天主教爱国会成立，教堂设在马家疃，爱国会设主任、副主任和秘书长，有神甫和修女。主要分布在明村、门村、白埠、城关、蓼兰等12个镇（街道）的30多个村庄。在门村镇马家疃、明村镇陈家屯、白埠镇李家埠子、祝沟镇东连戈庄，设开放教堂4处。2001年，青岛市天主教修女院由青岛迁至平度马家疃。至2005年，全市有天主教信徒1118人。

东马家疃天主教堂（2005年摄）

三、佛教、道教

1986～2005年，平度未有佛教、道教组织，亦无正式开放的佛教、道教活动场所。佛教、道教信徒零星分布，但无统计数字。

第四章 民 俗

第一节 生 育

一、祈子

平度民间讲求“早生贵子”，且有“早养儿早得济”之说。女子婚后一、二年不孕，即多方祈子。旧时多祈“麒麟送子”“观音送子”，亦有采取“点孩儿灯”“吃石榴”“吃枣子”“吃南瓜”等方法祈子者。如今，对不孕不育问题虽已能通过现代医学手段查明原因并有效施治，但在某些山乡、某些盼子心切的婚后无子者面前，这些祈子方式仍被沿用。

实际上，在新婚夫妇结婚前后的一些礼仪中，就已经渗透着“祈子”的内容。如迎娶时，新郎要从新娘家带回两双筷子（意喻“快子”，快生贵子）；给新郎、新娘铺炕时，要在炕的四周撒上红枣（早）、花生（生）、桂（贵）圆、栗子（子）等；抱来一男孩在铺好的被褥上滚翻；为新娘“扒旺姓饭”时，事先安排在窗外的男童大声吆喝“生不生？”，炕上的陪客则大声回复“生——！”……这些都蕴含着祈子意愿。

平度农村，有“当会”习俗。有的人家专为祈子而当会，也有的在别家当会时由婆婆出面参会祈子。在当会仪式中，婆婆向“送子娘娘”祈子最为普遍。

平度南村一带有食“独生果”（一棵果树一年只结1个果子）祈子者。西南乡崔家集一带，祈子时婆婆要到有“送子娘娘”的庙里，用红线拴在“送子娘娘”身前抱着的男孩身上，口里说着：“你跟我走啊——”，然后双手捏住红线回到家里，将红线抻开，压在儿媳妇的床单下面。大泽山日照庵西厢房有“送子娘娘”神像，无子者常至祈子。城西李园一些村庄有用民间土方，即妇女吃猪肚祈子的。还有将初生男孩的一小段脐带焙焦研成末，开水冲服的。

二、有喜

民间称婚后妇女怀孕为“有喜”“得喜”，且有根据孕妇行为预测胎儿性别的习俗。认为孕妇爱吃酸食，兆生男孩；爱吃辣食，兆生女孩，俗称“酸男辣女”。孕妇过门槛时，经常先迈左腿者生男孩，先迈右腿者生女孩，谓之“男左女右”。胎动强烈而又频繁者生男孩，胎动轻微者生女孩。

旧时，民间对孕妇流产、难产及生残缺儿、怪胎难以作出科学解释，往往以种种迷信说法警示。如孕妇不能手抓食盐跨门槛，据说会触犯所谓的门槛神，造成孩子“横产”；不能跨扁担，担心孩子“横生”；不能跨戥称，担心跨戥秤会导致孕期延长至16个月，因以前的老秤为16两1斤；不能坐笤帚，忌生“尾巴孩子”；不能参加别人的婚礼，说新娘见到双身人一辈子生活不顺利；忌吃兔肉，担心产下的孩子长三瓣嘴（即兔唇）；忌食狗肉，认为狗肉不洁，食后难产，亦有吃狗肉孩子爱咬母亲奶头一说；忌吃生姜，担心生下的婴儿长“六指儿”；忌吃鳖肉，认为吃鳖会令孩子颈项过短；忌吃鸭子，认为吃鸭子，孩子会生摇头病；忌吃螃蟹，担心生下的孩子流口水；忌吃驴肉，担心孩子驴性，夜里啼哭。又认为，吃驴肉、马肉，会使孕期延长，如同驴、马的怀胎期一样，超过10个月。

三、添喜

婴儿降生，俗称“添喜”。旧时，生男谓之“大喜”，生女谓之“小喜”。产妇分娩时，屋内不能有男性、儿童、寡妇和未出嫁的闺女。降生的婴儿，一般用剪刀剪断脐带。若生男孩，要把胎盘埋到炕旮旯里，以期将来顶天立地；若生女孩，则将胎盘于其他僻静地方埋掉。平北大泽山一带不少农家习惯将胎盘埋在大树下，意为孩子倚大树、好养活；

也有的将其埋在家门旁，男孩的埋在门左，女孩的埋在门右。男孩脐带脱落后，有的将其放到屋梁上，预期孩子将来高升；有的保存好以备无子之家祈子之用。平北灰埠一带还有用脐带为小孩生痘治病的做法。

20 世纪 60 年代前，乡村医疗条件落后，长期以来民间多在家请“接生婆”接生，采用以一把剪刀一锅开水的接生方法，婴儿成活率较低。遇有难产，常有孩子残疾或母子双亡的事情发生。80 年代初，开始由乡镇卫生院或城区医院专业医生接生。进入 21 世纪，城乡孕妇分娩全到城镇医院或城区妇幼保健院接生，母婴安全得到保障，成活率达 95% 以上。

旧店一带有“踩生”之说。认为婴儿落地时，无意中跨进门槛、听到孩子第一声啼哭者，即为孩子的踩生人。据说，踩生者可决定孩子命运。因此，临产时忌乱人登门，而且为了孩子将来成为“贵人”，往往要提前“预谋”，“内定”踩生人。

四、报喜

平安分娩后，家里要办的第一件事是“挑红”，也称“挂红”，即在大门上挂一块红布，告示孩子已经平安降生，同时也提醒孕妇、居孝等特殊身份者不能贸然闯入。据说，这些人进门会使产妇断奶。万一发生这种情况，喜主家要暗示当事人给产妇送汤。当事人送汤时绝不能再进门，要老远吆喝“送汤来了”，产妇的婆婆在门外接汤，此举意为给产妇引奶。

挑红（2005 年摄）

若生男孩，喜主还在大门口悬挂桃枝、大葱，上面系有带弓箭的红旗，旗上写着“名扬四海”、“文武双全”等字样。若生女孩，则在桃枝上扎系一把大葱和一根红布条。桃枝为驱鬼赶妖，葱寓意小儿“聪”明。灰埠一带生女孩挂炊帚系红布，意为女人围着锅台转。如今，无论生男生女，多在门口悬挂用红布条扎在一起的桃枝和大葱。

一般在婴儿降生的第三天，小儿父亲要到岳父家报喜。去时，要带点红点的“喜包”，以示喜庆。返回时，丈母娘一般要回饼 1 张、碗 2 个、筷子 2 双、葱 2 棵、红皮鸡蛋数十个。带回的大葱要栽到院子或花盆里“打种”，意为生生不息、代代相传。旧店一带，报喜时带小“喜饽饽”，讲究双头数，“6、8、12”均可，但忌讳“10”，因祭祀桌上供饽饽为 10 个。女方主要亲戚回赠锅饼。捎回的红皮鸡蛋要在路上分赠，遇有熟人要分，碰到生人也要分。如一路碰不到人，扔也得扔几个；如鸡蛋不够分，就把捎回的饼撕一块赠人。旧时，祝沟一带报喜时，要抱鸡而往。若男孩，要抱公鸡；若女孩，则抱母鸡。岳父家一看便知，不需言语。除此，有些地方有向本家族、亲戚和街坊邻居送喜面的风俗。

如今，随着交通和通讯工具的发展，城乡居民一般都在婴儿诞生当天即向亲朋好友报喜。

五、送汤米

新生儿降生，本族家人、亲戚、邻里、朋友闻讯，即“送汤米”，以示祝贺。“送汤米”以鸡蛋为主，也有小米、饼干等。城东一带“送汤米”须有面条，意为孩子将来长命百岁。旧店一带过去多送巧饼，外加几个鸡蛋。仁兆和南村一带习惯用马莲叶子串着香油果子（油条）“送汤米”。如今已基本没有送巧饼和香油果子的了，多以鸡蛋为主。灰埠一带娘家送汤米要有龙卷花（用面做的花），产妇多少岁，就送多少个龙卷花。“送汤米”一般由家庭主妇出面，左邻右舍结伴而往，所送物品用红色、紫

色等鲜艳喜庆的围巾、头巾或布兜盛装，忌用篮子，谓“竹篮打水一场空”。喜主对“送汤米”的鸡蛋不能腌、不能卖、只能吃。20世纪80年代后，随着生活水平的提高，亲友“送汤米”花样越来越多，礼品越来越贵重。

婴儿出生三天始，喜主要给“送汤米”的亲友和邻里回送“喜包”，以表同喜和谢意。亦有六日、八日或十二日回送喜包的。古岘多六日送喜包；亦有地方送喜包不讲究必须某日，只要不出“月子”，任何一天都不算失礼。

六、过六日

新生儿出生第六天，家中设宴邀请亲戚朋友。生男孩，宴请规模较大。参加者一般为新生儿姥娘（外婆）家亲戚和家里人。大泽山一带姥娘家亲戚来时要带两个碗，一个碗里盛着红糖，另一个盛着芝麻盐；还要带用红线绑着的两捆面条。过去六日这天，除宴请亲友，还要请接生婆为孩子洗身，着新衣，抱到席上给亲友看。此外，还要为孩子“铰头”，铰头时让孩子拿一棵葱，或拿一根绑上铜线的桃枝。“铰头”只是一种象征性动作，用剪刀在孩子额前比划几下即可。此俗至今仍有不少人沿用。

20世纪80年代后，平度城乡逐渐演变成女孩过六日，男孩过八日。同和街道林家疃和灰埠一带有女孩过七日、男孩过八日习俗；崔家集镇陶家一带为避“难拉巴”（难养活）之“巴”之谐音，近些年来流行给新生儿过九日。旧店一带不管男孩女孩，仍沿袭传统的“过六日”习俗。这一天，双方亲戚都要来喝面汤（面条）。中午吃“两道饭”，先是“喝面汤”，大家随意围坐在桌子旁，喜主给每人上一碗面条，碗里有一、二个鸡蛋，有时也随意上几个炒菜。喝完面汤之后，大宴开始，宾主按辈分、身份分桌坐定，推杯换盏，直到尽兴。

如今，若婴儿为剖腹产者，因产妇需住院疗养，一般过十二日。

七、起名

平度民间一般由祖父母或父母提前起好乳名，俗称“小名”，仅由家中长者或邻里长辈呼唤。上学后要取学名，多按族中辈规排序，俗称“大名”。20世纪80年代后，许多家庭已不再按族中辈规为孩子起名，名之所称渐呈随心随意之状。进入21世纪，城区出现为新生儿起名行业。

八、坐月子

产妇一个月内不能下炕，俗称“坐月子”。坐月子期间，产妇日常生活有专人服侍，一般由婆婆或母亲伺候。饮食以鸡蛋、小米稀饭、猪蹄子、老母鸡、面条、红糖、红枣为主，以保障产妇有足够的奶水与营养。不可吃辛辣涩苦等食品以及对婴儿生长发育不利药物。为防止母婴生病、着风，月子期间一般不能开窗，不能出门，少下炕、少活动，不能沾凉水，亦不能接触其他凉东西。男性长辈不能随便到炕（床）前看望幼婴；女性长辈看望孩子时，要多说吉利话。孩子满月后，产妇娘家要接母婴到家里住几天，称“叫满月”。返回时，姥娘要为外甥做一“面圈”带回，以图安康。

九、过百岁

婴儿降生一百天，称“百岁”。此日庆贺，谓之“过百岁”。南村、仁兆、古岘、云山、祝沟、旧店一带，不管男孩女孩，大都在99天时过“百岁”，

百岁饰物

意在避讳老人去世后的“烧百日”之俗。南村镇洪兰村对过99天另有说法，认为“99”即“不够百（本）儿”，不够本儿，就要继续活下去。城区周围多数

村庄一般男孩过100天，女孩过99天。崔家集镇陶家村一带男孩女孩均过100天，意为过“满百”，长命百岁。日子的算法，各地不同。陶家村是一天一天挨天数，就过第100天；洪兰村是先数3个月（按阴历，不管大月小月，每月按30天算），再加9天。如果这一天遇初一或十五，则提前一天过。这样，加上“小月”因素，孩子的“百岁”有的可能只是97或96天。仁兆、古岘某些村，还有过103天的风俗，说是“百岁百零三，孩子长得欢”。崔家集一带孩子“百岁”这天，由奶奶抱着串7家门子、要7家东西吃（取“百家饭”之意）的风俗，还要把当天的饺子汤倒进公用水井里，说这样做孩子好养活；灰埠一带这天要包包子，由家人串7个门子，每个门子送2个包子，意为孩子好养；旧店一带，孩子“百岁”第二天，由母亲带着走姥娘家，说是“百岁走一走，活到九十九”。

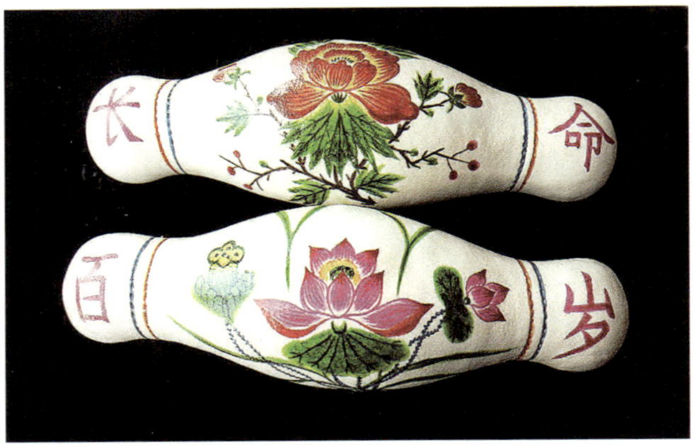

“长命百岁”面长穗（岁）

孩子“过百岁”时，主家要尽力庆贺，设宴招待本家和亲戚朋友，赴宴的亲友要为婴儿备礼。平度有“姑的裤、姨的袄，姥娘的帽子戴到老”以及“大舅母的兜子、二舅母的绑（鞋）儿，三舅母的嘎啦（圈儿）戴着好养”等说法。给男孩过百岁，强调要有一对“长穗（岁）”，一对“老虎”；给女孩子过百岁，要有一对“长穗（岁）”，一对“燕子”。其他的“大饽饽”多做成寿桃，数量不等，须为双数。宴席上要把亲戚朋友送来的新衣、新帽、新鞋袜给小孩穿上，将姥爷、姥娘赠送的银质首饰披挂一新，抱到宴席让客人夸奖一番。

20世纪80年代后，城乡居民为新生儿过百岁的习俗更加盛行，参加“百岁宴”的亲戚朋友，多不再赠送布料或衣物，改以送钱，且钱额呈逐年上升之势。宴请场所也逐渐由居家走向饭店、酒店。有的家庭还专门请摄像师、摄影师，为孩子与宾客留念。

十、过生日

孩子出生头三年过生日较讲究。第一个生日在自家过，意为扎根；第二个生日到姥娘家过，因姥娘家是母亲的娘家；第三个生日在姑姑家过，谓“姑姑亲、辈辈亲，砸断骨头连着筋”。同和街道林家疃一带到姥娘、姑姑家过生日时，讲究从自己家里带着“发面”，去后包“包子”。灰埠一带头一个生日在姥姥家过，第二个生日在姑姑家过，第三个生日在奶奶家过，说是这样安排小孩不生病，一生平安。

旧时孩子一岁生日要举行“抓周”庆礼。20世纪80年代后，“抓周”一俗渐被淡忘，代之而生的是觥筹交错的生日宴席。

十一、认干亲

认干亲主要是认干爹、干妈。一旦认了干亲，过年、过节、寿诞等都要按乡间礼俗办理。平度民间有些地方认干亲要举行“干儿出生”仪式，即由母亲给干娘缝制一条不连裆的裤子，让所认干儿从裤裆中钻过，以示干娘亲生。干儿须在干娘家里过3个年，3年之后，干娘拿1个碗、1双筷子给干儿，意为将干儿“分出去”，从此干儿便成为“大人”了。20世纪80年代以后，随着社会的发展，城乡百姓为孩子认干亲习俗渐淡，但仍或多或少地存在。

第二节 婚 嫁

平度男子结婚称“将媳妇”，女子结婚称“出门子”“出阁”“做（zou）媳妇”。婚姻中的“喜主”，通常指男性家庭。

一、提亲

说媒 俗称说亲，一般是男方主动遣媒提亲。平度民间媒人，多数是临时的、兼做的，并不以此为业。20世纪50年代后，新婚姻法颁布实施，城乡男女在说媒之后，又增加“看人”环节，即由媒人将男女双方约到一起见见面、说说话，如果双方觉得合适，就初步建立恋爱关系。如果觉得不合适，则由媒人告知对方，就此拉倒。70年代，青年男女经介绍人象征性“引线”后，父母同意，自主定婚。也有不经介绍人，在工作、劳动中建立感情逐步发展到爱情，最终成为夫妻者。进入21世纪，平度民间婚姻多数仍由媒人牵线。

合婚 即合计姻缘状况是否合适。首先，男女双方的家长要合计，看对方是否符合自家的嫁娶标准。其次，当男女两家都有缔结婚姻的愿望时，家长还要与子女沟通，力求意见一致。再次，要请算命先生合婚。主要看男女双方的生肖、命、生辰八字等。如今，上述封建礼教已大大淡化，男女只要自愿，父母意见仅作参考。但是，关于生肖、命和生辰八字推算之事，在经过一段时间的沉寂后，又有回潮。

验家 即由女方到男方家直接、深入、全面了解男方的家庭状况。旧时，参与验家的女方成员一般由女性组成，主要是女方的娘、姐姐、嫂子、婶子、姑姑、姨等。现在，女方爹、哥等男性亲属也有参与的。女方要礼节性地带一点礼品，但男方一般不留。

相亲联谊会（2011年摄）

验家前，男方要把家里家外清扫、粉饰一番，将院中饲养的鸡狗鹅鸭圈拢起来，把值钱的东西摆到显眼处，甚至到邻居家借用部分物件，以显示自家富有。

验家在上午进行，男方要准备酒饭，女方若答应留下吃饭，表明验家成功，亲事可继续下去。午饭后，男方要给参与验家的女方成员每人一个红提包，内装饽饽、饼干、布料、烟酒、钱财等不一。

旧时验家，闺女不能参加，所以“改口”一般在拜天地时进行。如今，好多闺女也亲自验家了，而且如果认定这门亲事，验家时即改口称男方的父母为爹娘，公婆要给“改口钱”，农村一般为600 ~ 1000元不等。平度东部古岘一带，甚至男方的爷爷、奶奶、大爷、叔叔、姑姑、舅舅、姨等也要给“改口钱”。

进入21世纪，“验家”习俗在农村仍普遍流行，但在城镇和公职人员中已基本消失，一般只是男女两家在一起吃顿饭，成了一种象征性礼仪。

二、订婚

一般经“送媒柬”“送彩礼”“送日子”三个过程。新中国成立后，政府明令禁止封建买卖婚姻，“媒柬”也变成由民政部门颁发的“结婚证书”，订婚仪式大大简化。20世纪80年代后，民间婚事“送彩礼”“送日子”之风渐又兴起，且有越来越排场之势。

送媒柬 也叫“下媒柬”“讨媒柬”。旧时，订亲时男方将媒柬提前请人写好放在媒柬匣内，并在媒柬内放上针和红线，取意“千里姻缘一线牵”。新中国成立后，“送媒柬”的婚约仪式逐渐消失，取而代之的是，人们达到法定年龄后，持本人身份证、户口簿等，到民政部门办理婚姻登记手续、领取结婚登记证书。

送彩礼 平度民间彩礼一般在验家后由男方择日送到女方家，名曰“定亲”。现在有不少家庭在验家当天就返回女方家“定亲”，还有的干脆将“验家”和“定亲”一起进行，双方家长也都参加。

定亲，一般由媒人和新郎等人参加，女方要给第一次上门的准女婿下面条、打荷包蛋。男方要捎着烟、酒、糖以及“万穗（岁）”“长穗（岁）”（带有花饰的面品）等。现在的聘礼与过去相比，有了天壤之别，衣服被褥、“三金”首饰定要置备齐全（女方若不需要，可折成现金），还要有“万里挑一（即一万一千元）”或“万里挑妻（即一万七千元）”“三家一齐发”（即三万八千元）等含有吉祥寓意的礼金。接受彩礼的同时，女方还要讲清结婚时必须置办的各种物品，包括居住房屋的购建以及产权的归属等。有的甚至直接将其算在“彩礼”之列。20 世纪 70 年代前后，“三转一扭四固定”（即自行车、缝纫机、手表、收音机、四间房）是结婚的主要物品，之后也有讲究多少条“腿”的（即桌、椅、床、柜数量），消费水平基本是“百元级”的；90 年代后，冰箱、电视机、洗衣机、录音机成为结婚必备之家电，消费水平也升级到了“千元级”；进入 21 世纪，空调、电脑、手机、汽车成为结婚新的追求目标，消费水平又上升到了“万元级”。不少女子甚至把男方是否在城里有楼房，作为择偶的必须条件。

送日子　简单说就是男方到女方家“下婚书”，并将女方家当日摆宴以及女儿出嫁所需的有关物品一块送去。大体包括“择日子”“下婚书”“送宴品”“添箱”等礼仪。送日子由媒人和男方本家的人（男方的父亲和男方本人除外），将算命先生写好的婚书和“压日子钱”一并放入“拜匣”之中，用红布包好，郑重送到女方家中，以便女方依照婚书、规范操作。灰埠一带还要在“拜匣”中放上两双筷子、两棵葱；古岘一带加放糖果；同和一带的“拜匣”里所盛内容最多，除了婚书、“压日子钱”、两双筷子、两棵葱外，还有两包食盐、一根带针红线、一块发面引子（即酵母）、一打或几打袜子、两盒官粉、两块香皂等，含有“千里姻缘一线牵”“引弄生子”以及“娃子成群”等寓意。红线、官粉、香皂等也有实际用处，即为新娘在“发嫁”时“开脸”“上头”所用。袜子则在结婚时送给本家亲属。除“拜匣”及匣中物品之外，平度民间一般还要给女方捎去棉裤、棉袄、手套等。

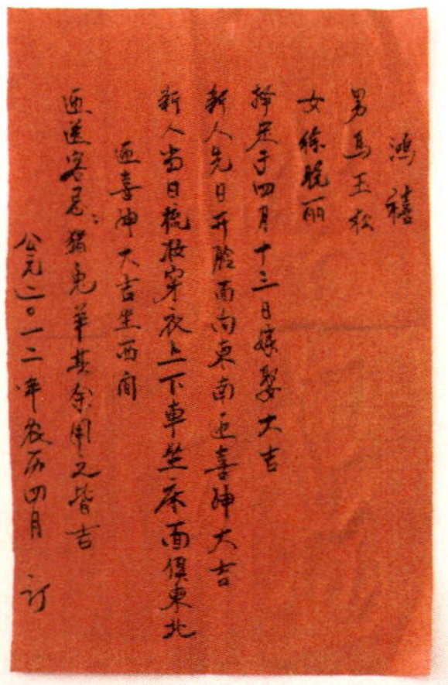
鸿禧
男马玉松
女侯靓丽
择定于四月十三日嫁娶大吉
新人先日开脸面向东南迎喜神大吉
新人当日梳妆穿衣上下車坐床面俱東北
迎喜神大吉坐西向
迎送客忌：猪兔羊其余用之皆吉
公元二〇一二年农历四月　订

婚书

送日子是女方出嫁重要的活动，如同男家的婚礼。这天，女方家要举行隆重的宴会，宴请男方客人和自家的亲戚朋友。按照习俗，女方家这天设宴的消费要由男方家支付。因此，送日子时，男方一般都要带着烟、酒、鸡、鱼、馒头、猪肉等，交给女方使用，数量由女方家确定。也有直接将宴品折成钱财的。古岘一带讲究“一个馒头跟着一斤猪肉”，一般是 40 个馒头 40 斤猪肉，或 60 个馒头 60 斤猪肉、80 个馒头 80 斤猪肉，用食盒抬着，送到女家。其他地方，猪肉和馒头的数量不一定匹配，但都要加上点“余头”，也就是在约定的数量上再加上几个馒头、几斤猪肉，以便女方“回礼”。灰埠一带要送带骨肉，寓意“骨肉相连，难分难离”。宴席上，新娘敬酒，男方要给赏钱。此俗在大泽山一带有些不同。他们除送馒头和猪肉外，还送猪头。而且，女方不大范围设宴，只找几个自家长辈陪同男方客人，仅有 1 ~ 2 桌。自家的亲戚可能来几个帮忙的，但不隆重设宴款待。大范围、最隆重的宴会放在“二日”女儿“回门”时进行。

女方家摆设隆重的宴席，女方的亲戚朋友要事先准备“添箱”礼品。20 世纪 70 年代前，一般送棉被、线毯、门帘、镜子、茶具、脸盆、暖壶、桌椅等生活用品，亦有送现金者，数额不等，视关系亲疏及经济条件而定。90 年代后，基本以送钱为主。宴席结束后，女方家要给男方家及自家亲戚

朋友"还礼"，一般是给男方家返还部分馒头和猪肉，给女方的姑、舅、姨等一点猪肉，其他亲戚朋友则每家一个馒头、两包糖。

送日子后，女方在家候婚，一般不再出门，免得被人议论。

三、结婚

结婚是整个婚俗中最隆重的部分，提亲、定婚都是为结婚而准备的。旧时婚礼，基本由家族操作，程序繁杂，内容简单，体现的是一地一域的风俗；现在婚礼，则渐由专门的婚庆公司全程打理，程序虽有简化，内容却是古今结合、土洋结合了。

送嫁妆　旧时，吉日的头天上午，女家便向男家送嫁妆。如今，此习俗变化很大，多数已由女方"送嫁妆"变成了男方"搬嫁妆"，即由男方在"送日子"或迎娶新娘时一并将嫁妆带走。之所以要在结婚的头一天（也有提前几天的）送嫁妆，或者是由男方在"送日子"时提前带走，主要是为了男方有足够的时间布置新房。在嫁妆的准备上，过去多是"两铺两盖"、一对方长枕、一对耳枕、一组箱柜、一张抽桌、两把椅子或两张板凳及脸盆等，不可缺少的是一盏油灯，名曰夫妻长明灯。如今，不少女方的嫁妆甚至胜过男方的筹备。一些富裕家庭或独女家庭，女方的嫁妆从电视机、洗衣机、电冰箱、收录机到电扇、沙发、台灯等，几乎应有尽有。更富裕一点的家庭，女方则送房子、送汽车。个别也有女方"倒贴"的，即结婚的费用基本由女方支付。

嫁妆到来后，男方母亲要给女家派来的手持箱柜钥匙的小男孩赏钱，取得钥匙，打开箱锁，主事人伴唱"婆婆开箱子，来年置庄子"。箱里装有女方"发付"的衣服、4个饽饽和"压箱钱"，婆婆要点清"压箱钱"数目，有多少再给压上多少，最后将箱子上锁，放到橱柜顶上。

放好箱子后，开始铺炕。平度一般是公公铺炕，大伯（男方的大哥）"封窗"。铺炕时，先铺秆草（谷秸），秆草要顺着人放，再铺红席、喜被。席的四角要各放2个栗子、2个红枣。娘家的喜被铺在下面，婆家的喜被铺在上面。铺炕时，主事人伴唱"铺炕铺炕，金玉满堂。先生贵子，后生娇娘""被角对被角，过年生个小""被边压被边，生个儿子当大官"等吉语。铺好的炕不能让别人坐。"封窗"则是用红纸将洞房窗户封严，现在多用贴窗花代替。

被褥要由儿女双全的"全美人"缝制，禁忌孕妇和寡妇参与。讲究者，喜被的棉花要用带籽棉，俗称"下子棉"。男家做喜被时，要将喜被的四角上卷窝起，各放置1颗栗子、1个红枣；女家做喜被时，要在被褥的四角各放置两个制钱，并用红线在制钱上捆绑出"米"字图案，意为"有钱又有粮"。

铺好炕后，有的还要将红枣、花生、桂圆、栗子等撒在炕上，且要念叨"撒把栗子撒把枣，小的跟着大的跑""花生花生，花花着生"等吉语。还有的安排一个小男孩儿，在炕上打滚儿、竖脊溜儿（前滚翻），俗称"压炕"，以图吉利。

最后，要将一块捶帛石（或两块用红纸包裹的红砖）放在炕下，石（或砖）下放上4个栗子、4个红枣，然后再在捶帛石（或红砖）之上放置半升（或斗），用红纸裱糊，贴上喜字，内装新郎姥娘或舅舅家送来的小麦，半升顶上再放一块用红包袱包裹的蒸糕，以备新娘上炕踏用。

迎亲　旧时，男家在结婚的头一天就要将室内室外布置妥当，如今则多改在婚礼当日。早晨，男家要将6尺或8尺红布插挂在门楼上，俗称"挂门红"。街门两侧悬挂大红灯笼，门口两边的门枕石上左贴"青龙"、右贴"瑞狮"红纸标识，窗、照壁以及街门口贴大红"囍"字，天井中央摆"拜天地"供桌。

早饭，喜主要请一家本当（本家族，下同）和前来帮忙的人到家里吃面条，并为邻舍百家每户送去一碗面条（现在图省事，也有送一包方便面、两包糖果的）。祝沟一带则讲互帮互助，邻舍百家要给喜主送煮熟的大米或面条，以减轻喜主的劳累和负担。俗语有"没有饭吃将媳妇，没有草烧扎固屋"之说。

饭后，装饰一新的婚车开到喜主门前，迎亲正式开始。若同村之中还有其他人办喜事的，要抢

挂门红（2005 年摄）

时间，争取比别人早一些把新娘迎回来，俗称“踩新道”，亦叫“抢福”。一般情况下，要将新娘在中午 12 点以前迎回。迎亲前，喜主家要挑选一位懂礼仪的本家长辈负责迎亲，俗称“夹毡人”，并组成 4 ～ 6 人的迎亲队伍，由“夹毡人”指点新郎如何向女方家施礼等。

旧时，迎亲以轿、马为主要交通工具，贫困家庭也有徒步而行的。新中国成立后，花轿迎亲渐失。20 世纪六七十年代多以自行车“拐媳妇”，80 年代后用拖拉机、摩托车等。一些机关干部、工人、现役军人等曾一度不再迎亲，而是外出旅行结婚。90 年代始，城乡迎亲逐渐改用轿车。所用

迎亲车辆（2005 年摄）

轿车一般 4 ～ 8 辆，也有更多者。其中一辆为录像车，男方要雇请拍摄人员从迎亲开始，把整个婚礼拍摄下来，尔后进行配音剪辑，制成光盘收藏。车辆多是跟朋友借用或从婚庆公司租用，颜色一般以黑、红为主，且讲究“同档次”“清一色”。

迎亲花轿和车子往返不能走同一条路，途中遇到桥梁、水井、路口、石碾、奇石、怪树时，“夹毡人”指示迎亲小辈贴喜字、扔喜糖、扔红包，以化吉呈祥。现在男女双方还要在居住的小区或村庄当中的必经之路上，提前将古力盖、垃圾箱等用红纸贴盖，以避污秽。

旧时，当迎亲的轿子到达新娘家村口时，鼓手吹响三声大号，新娘家的“迎客”到村头，按事先定好的路线和方向，将花轿引停在女方家门口，先由“夹毡人”挑起轿门帘，女方“迎客”迎至轿门前恭请新郎出轿。如今，则由伴郎为新郎打开车门，请新郎下车。男方将捎来的对联和两个大红囍字分别贴在女方的街门及街门两侧。

此时，新娘家的街门是虚掩着的，且有新娘的家人“把守”，新郎要扔红包引开“守门人”方能进得门来。进门后，新郎要叩拜女家祖先和岳父母，俗称“谢亲”，然后随迎客步入宴席就坐，同随行而来的人员一起吃点心、喝茶水，等待新娘装扮结束和吉时到来。同时，“夹毡人”要将轿内所带的物品迅速搬出来，送到新娘家里。新娘家接到物品，先将其中的红被铺在炕上，让新娘坐在上面，然后开始开脸、换装、上头等。宴席上，灰埠一带的新郎要与丈人各吃两个荷包蛋。轿夫在另一处设宴，女家须请一位能说会道之人作陪，努力使轿夫们吃喝满意，并恳请他们在抬轿时尽量平稳些。女家眷属则在屋内同新娘共席，谓之“暖轿”。

现在，新郎的入门礼节与旧时大体相同。首先，也要说好话、送红包，请求开门。一般是新郎敲门，请求开门，然后一问一答：

“你是谁？”

“新郎官！”

“来干啥？”

“接媳妇！”

“你爱她？”

“可爱了！”

“啥表示？”

新郎这时要掏出红包，从门缝里塞进去，门便打开。如此要请开街门、房门、闺房门等几道门，方能见着新娘。现在的大门多密封严实，少有缝隙，灰埠一带则有一些顽童爬到平房顶上，用绳子顺下一个小篓子讨要红包，给少了不行，往往要讨要几次方肯罢休。

进入闺房后，新郎要满屋子寻找被别人藏起的新娘的鞋子。找到后，单膝跪地为新娘穿上，并为新娘带上结婚戒指，请求应允——嫁给我吧！之后，新郎入宴，同一起来的迎客和司机等吃菜、喝茶、吃点心，等待新娘开脸和女方包饺子。

旧时，开完脸，吉时到，女方用木盘将一碗饺子、一碗米饭端到新郎面前。新郎将水饺和米饭撒向地面少许，以示祭奠女家祖先。饺子和米饭，都是新郎用食盒带来的肉、面、大米做成的。新郎祭祖结束，男领客将剩下的饺子、米饭用新郎的手帕包好，交新郎带回，饺子留合卺后夫妻吃饭用，米饭待第三日煮粥用，然后请新郎登轿。如今，新郎新娘多吃饺子，而且其他人等也一起同吃，饺子也要由新郎带回一些，留待夫妻合卺后食用。最后，新郎和新娘一家合影，照“全家福”。

出嫁 开脸。女子出嫁前要先开脸，亦称“绞脸”。一般在女子结婚的当天，女家要为新娘“开脸”。也有提前“开”的，但开脸以后不能出门，要在家捂着，俗称“捂白”。所谓开脸就是用五色线将新娘脸上的毫毛拔去。绞脸时，新娘要坐在男方送来的喜被上，面朝送日子时“婚书”中写明的喜神方位。给新娘开脸的人，一般是子女双全的婶子、大娘。绞脸时嘴咬一根线头，左手扯住一根线头，右手撑开线圈并挽上“劲儿”，贴紧新娘的面部一紧一松，将毫毛拔去。然后，用煮熟剥壳的鸡蛋在新娘的脸上滚几下。新娘绞脸的粉、线和女方给绞脸人的赏钱（现在一般是几十块钱），均是男方在送日子所给的。绞脸的同时，长辈嘱咐小辈成亲后如何孝敬公婆、服侍丈夫、养儿育女等。

上头。女家早饭后，开始给新娘“上头”。即由子女双全的女傧把新娘的发辫扯散，重新梳理，

开脸（2009 年摄）

挽成发髻，插上簪和钗，戴好冠饰、花朵，然后更衣，换上婚装 。更衣完毕，主事人将一块方形、四角各缀两枚铜钱的红彩，亦即“蒙头袱子”，盖住新娘的头、颈、脸部。如今，新娘一般到婚纱店里盘头。

上轿（车）。吉时一到，新娘在鼓乐声中由两名同辈青年女子扶着，脚不沾地，踏着红毡走上花轿。如今多是由新郎直接把新娘抱上婚车。旧时，南村一带新娘上轿时穿黄鞋，俗称“晃荡鞋”，鞋底仅为一层薄布，以向兄弟和亲朋表明，自己一点也没沾着娘家的。到了婆家坐完时辰后换上硬底“红鞋”，二日早晨换上绿色鞋，三日上坟时换紫色鞋，鞋面均绣“凤凰戏牡丹”等花样。如今，新娘上车基本都穿红皮鞋。

过去，女家安排到男家送亲的人，讲究要双不要单，且是有功名的人担任，使男家不敢轻视女家。后来由新娘的近亲如伯、叔、兄、弟或舅舅担任，俗称“男送”。“男送”是婚宴上的首要客人。

轿（车）离开女家后，平度不少地方仍沿袭“泼

水”之俗，即由新娘的母亲将新娘上头时用过的水泼到街上，其意便是“嫁出去的闺女，泼出去的水”。

过去，通婚圈子较小，即使用轿也可当日迎娶。如果路途遥远，新郎要提前几天启程。20 世纪 80 年代后，外出打工、就业者增多，通婚圈子显著扩大，且提前迎亲风俗基本消失，路途较远的女方一般要提前启程，然后在男家附近找个宾馆或亲戚家住下，等候迎亲。

拜天地　亦称“拜堂成亲”。当花轿（婚车）来到男家大门口时，鼓乐响起、鞭炮齐鸣，轿（车）门面朝喜神所在方位落定。此时，男家的相关人员早已在门口等候。其中，新郎的母亲抱着两把用红线捆起、红包袱包裹的斧子，新郎的哥哥拿着一个马鞍，另有两位青年女子分别拿着蒸糕和铜钱串。糕应提前蒸熟两盘，在一盘内插上一枚铜钱、一个红枣、一个栗子，冷却后将另一盘扣在一起，用红包袱包起来。

旧店一带要在家里烧一锅开水，听到花轿到门，新郎父亲要赶紧用擀面杖在锅里左三圈右三圈搅动，然后把擀面杖担在锅上撑着锅盖，取“蒸蒸日上”之意。

吉时已到，公公挑起轿帘（打开车门），夹毡人将轿（车）中的喜被和红毡铺在轿（车）下，一人将蒸糕放在轿（车）顶，新娘在“架媒客”的搀扶下、象征性地“顶”着蒸糕下轿（车），然后迈过火盆，稍停站好。这时，手持马鞍者将马鞍放在新娘面前，其他人则将蒸糕、铜钱和斧子放到马鞍上，新娘跨鞍而过，意为“马上来，鞍上去，将来家大业大”。新娘到达街门前，相关人员要继续将马鞍子扣在门槛上，在上面放上糕、斧、钱，新娘要再次跨鞍而过。新娘走进街门后，公公将“门红”摘下，抛到屋顶上，意为“红到顶”。

古岘一带，婆婆将包好的斧子放在轿（车）下，新娘顶着蒸糕，“踩斧（福）”下轿（车），然后婆婆迅速把斧子抢过来，抱到洞房，塞在被下，俗称“抢福”，也为新娘上炕后“坐福”。所以要“抢”，是因为喜斧人皆可抢，抢得慢了可能落入别人之手。

旧时，新娘进家门要做好“三防”：一防青龙、白虎。要在院门外两侧，竖放两个谷草，上盖红毡，因红色如火，火能驱兽。也有的地方在其中一个谷草上披挂一件小儿上衣，另一个谷草披挂一件小儿下衣。待新娘进入街门后，由两个小孩各拉一个谷草放在堂门两侧，俗称“拉秆草”。二防天马伤人。当新娘进入家门后，要从头上撒过一把草料，以期“调虎离山”。三防“五鬼拦路”。当新人行至当院，要再从头顶撒过一把铜钱，因五鬼爱财，见财即可饶人。如今，“三防”已基本消失，虽然也有摆谷草、撒五谷、撒麦秸者，但多改为“天女散花”，即由专人向新娘抛洒五彩纸花。

新娘下轿（车）后仍不能沾地，需要“倒毡”。“倒毡”要先将轿（车）中的喜被铺在轿门前，接着是红毡，随后是红席，两人一组来回往前倒，让新娘踩着前行，直至拜天地供桌旁。倒毡时，主事者念叨“先铺被厚顿顿，踏（zha）席踏毡抱儿孙”。

新郎新娘到达拜天地供桌旁，隆重的“拜天地”仪式正式开始。供桌坐南面北（或坐北朝南），桌面左右两侧各摆 6 只大喜饽饽，正中摆猪头、公鸡、鲤鱼、豆腐、苹果 5 样供品。前中央摆香炉、烛台和 3 只酒盅，后中央摆两个茶碗、两双筷子。拜天地前，首先由喜主点燃两支红烛、烧三路香、三打纸、浇奠水酒三杯，行跪拜礼三叩首。一般是公公燃烛，婆婆点香。婆婆燃香后，交给儿媳，儿媳行礼上香，这叫“香火传递”。也有不少地方还要为新郎打开“长命锁”，意为新郎从此长大成人。之后，由司礼或证婚人引导新郎新娘行拜堂大礼，其程序是一拜天地、二拜高堂、夫妻对拜、送入洞房。

灰埠、崔家集一带，新郎新娘“拜天地”时要在供桌的腿上拴一只火红公鸡，掐破鸡冠，将鸡血抹到新郎新娘的手上，以避凶邪。灰埠一带还要将一把新扫炕笤帚扔到屋顶上，如果笤帚把朝下，预示生男孩，朝上生女孩，横着则生龙凤胎。

入洞房　新郎、新娘拜罢天地即入洞房。当新娘走到堂门时，公公用秤杆或尺子将新娘头上的“蒙头袱子”迅即挑起，抛到屋顶上。午饭后将屋顶上的“门红”和“红盖头”一并取下。入堂屋大门时，新娘要抱“篗（yue）子”（一种缠线用具），篗子里插一杆带戥盘的秤，秤杆上要裹1～2尺红布，挂一面铜镜，意为早生贵子、称心如意。若是再婚妇女，则不能抱篗子，而是夹盒子，有“大闺女抱篗子，孝妇老婆夹盒子”的说法。

来到炕下，新娘要在“架媒客”的搀扶下，站到提前准备好的升和糕上，由大伯哥将其“抄”

抱篗子（2012年摄）

到炕上，意喻脚踏金砖，步步高升。旧时，大伯哥和弟媳妇受限较多，不仅不能肌肤接触，不能进弟媳屋，平日言语也很少，唯“抄炕”和“闹房”时例外。古岘、城关一带的新郎进堂门后还要吃饽饽，即用两块蒸饼夹着一块熟肉，给新郎咬一口，主事人伴唱：“大口咬饽饽，儿女一拖摞”。

新娘上炕后，喜主将蒸糕放在半升里，拿到炕头上。将红纸包裹的两块红砖用红线捆上两双筷子，放到临街门楼或照壁上。然后，新娘按规定方向“坐时辰”，新郎扒“旺姓饭”。

“坐时辰”前，中庄一带有“转炕”习俗，即让新娘坐在喜被上，他人扯着被子，左右各转三圈，且不断念道：“转得早，过得好”“转得好，生个小”。

“坐时辰”时，李园一带未出嫁的大姑姐不能和新娘见面，且当年不能在自己家过年。

平度多数地区的“旺姓饭”为两碗大米饭，各放一个栗子一个红枣，由女傧相端给新娘闻一闻，扒给新郎吃。意为让新娘记住饭的味道，以后照此做给丈夫吃。

南村一带对此比较讲究，须提前请村内王姓

扒旺姓饭（2011年摄）

女子为喜主擀两碗面条，并在碗内放置栗子、枣和两个鸡蛋，结婚当日，托木盘子送到喜主家里。新娘、新郎上炕后，盘腿坐在窗前，由王姓女子给扒“旺姓饭”。扒饭用的筷子是从新娘家里带来的（这双筷子晚上还要在吃合卺饭时使用）。扒饭前，要先撕破新封的窗纸，将两只碗内的栗子和枣用筷子夹着从窗棂里抛出，然后端着面条向新娘“照亮”（即象征性的）一下，新郎则吃上一口。此时，事先安排在窗外的男童大声吆喝“生不生”，炕上的陪客大声回复“生”。

古岘一带则是上4个碗、4双筷子，其中两碗面条、两碗大米，每个碗里各放一个栗子、一个枣。扒饭时，第一碗先给新娘扒个栗子、吃点大米，然后给新郎扒个枣、吃点大米；第二碗，先给新娘扒个枣、吃点大米，再给新郎扒个栗子、吃点大米；第三碗，先给新娘扒个栗子、吃点面条，再给新郎扒个枣、吃点面条；第四碗，先给新娘扒个枣、吃点面条，再给新郎扒个栗子、吃点面条，意为“早立子，情绵绵，继世长”。

婚宴　平度在婚礼上对男方前来贺喜的客人称“望喜的”，对女方前来送亲的客人称“送客”。凡“望喜的”要带礼品，均登记入账。旧时带小麦，如今送现金，一般城里200元、乡下100元。“送客”不带礼品，因礼品已纳入新娘嫁妆。

婚礼当天，一家本当的人员要一起帮着喜主忙活。过去，平度民间婚宴没有专门场所，常常找几间空闲房屋，从街坊邻居家临时借用桌椅条凳与盘碗杯盅等，厨师也是从村里临时找人。婚宴期间在天井设炉烧水。喜主要提前几天赶大集购买蔬菜与食品。20世纪90年代后，城乡到饭店办喜宴者日渐增多。乡村则出现了专门为结婚喜宴服务的酒店、公司及个人，一般是喜主准备烟酒糖茶和鱼肉蔬菜，其他如厨师、碗筷、桌椅条凳、酒具茶具、水炉等一律由服务方提供，很受喜主欢迎。

新婚宴席上的菜肴是有定数的，且上菜的顺序也有讲究，不能乱上。婚宴开席前先上“茶食”（由各类小饼干、糖果、糕点等拼为四盘），喝茶吃点心。然后，再上8～12个“冷荤碟”，称“压桌碟”（主要由熟“猪下货”切制而成）。正式开席后，平度旧时要上“十大碗”，现在一般上12、16或18道菜，而且多数地方讲究先上“鸡”，最后上“鱼”，名曰：“鸡打头，鱼扫尾”，意思是开头吉利、后有余富，唯古岘一带讲究“头鸡二鱼三糊蛋，最后一道活菜盘”，鱼是第二道菜，最后一道是凉拌的“活菜”（新鲜蔬菜），一旦看到“活菜”，客人就要止壶吃饭了。

平度农村婚宴都讲究“两道子饭”，即半下午时要休息几十分钟，然后重新入席吃喝，直到日落西山、烟囱冒烟时方能结束。头道饭结束时，一般吃水饺，也有吃“脂包”（一种用面、糖、猪大油、炒过捣碎的花生、芝麻制作的点心）的。二道饭结束时，吃喜饽饽，即“望喜”时亲戚朋友送来盖有粉红“囍”字的3斤8两一只的大饽饽，并将其切片蒸透后，用新柳条篼篼捞到席上供客人食用。上鸡和鱼时，鸡要整鸡且是火红公鸡，不能剁成块；鱼以鲤鱼最为常见，鲅鱼（大泽山一带例外）、刀鱼等无鳞鱼不能上喜宴。肉类以猪肉为主，不上狗肉。婚宴上标志性的菜肴还有四喜丸子、红焖肘子、喜饼、八宝莲子汤、大虾等。

20世纪90年代以前，婚宴菜肴的数量、套数基本不变，只是比过去有所丰盛。进入21世纪，较为珍贵的海参、鲍鱼、螃蟹、对虾等已走上餐桌。婚宴上所邀客人的范围也不断扩大，已逐渐由本族家人与亲戚，扩展为同学、同事、战友、朋友等。宴席一摆十几桌、几十桌甚至上百桌。婚宴标准也由原来的每人几十元逐渐提升到上百元。

旧时，平度婚宴以“男送”为最重要客人，由德高望重的长辈作陪。如果“男送”不辞壶，宴席不能散。因此，席间陪客要尽量让“男送”多喝酒。如果“男送”喝不够酒，喜主会被认为严重失礼，女家或找男家的不是。为此，不少喜主事前就要专门找几个酒量大的人陪酒。婚宴结束后，“男送”要到洞房去看看，当着新娘的面同婆婆或婆婆的代理人说“客气话”：“承蒙盛情款待，非常感谢”。婆婆谦词说：“粗茶淡饭，不成敬意”。“男送”说：“孩子娇生惯养，请多包涵”。婆婆说：“都一家人了，会当闺女一样看待”。然后，喜主要再次设宴，请“男送”喝三杯上马酒。如今，在一般农家当中，“男送”仍是婚宴的主角。但在一些城市的婚宴上，则是一些有身份、有地位的人成了主角。旧时，新娘不参加婚宴，而是由娘家女客

婚宴敬酒（2010年摄）

与架媳妇的陪同，在洞房的炕上吃饭，俗称“开口饭”。现在多不讲究。

如今，婚宴礼仪一般都请婚庆公司操办，有专门的主持人。喜主要提前10天左右发请柬，写明举办婚宴的地点和时间。宴会开始前，要在餐桌放置喜烟、喜糖、喜酒、饮料以及赴宴人员名单等，有的还播放新郎新娘婚纱电子相册或结婚视频。吉时一到，鞭炮齐鸣，新郎新娘在主持人的主持下，伴着婚礼进行曲步入婚宴大厅，然后进行互戴定情信物、献花或拥抱感谢父母、单位领导致贺辞、父亲致答谢词、新郎新娘往香槟塔里倒香槟等仪式，最后由主持人宣布婚宴正式开始。席间，父母要带领新郎新娘到各桌敬“认亲酒”或答谢酒。新郎新娘的同辈好友则多在宴席上出题目“嘻闹新人”，类似于家中的“闹房”。喜宴一般持续一个小时左右。散席时，喜主在宴会厅出口处向来宾话别并分发喜糖。

如今，酒店婚宴一般是在家里拜完天地后才举行，有的则是在外地举行完婚礼以后再在酒店举办。旧时，女方父母不参加男方婚宴，男方父母也不参加女方宴席，现在越来越多的家庭已一起参加、不再讲究。在酒店举办婚宴的也不再单是男方家庭，不少女方家庭往往也都照此办理，还有男女双方合办的。

闹房 俗话说“进门三天无大小”。婚日当晚，灯火长明，彻夜不熄，婚房内挤满闹房的男女老少。

闹房（2011年摄）

平度乡俗认为，新婚喜日不闹不喜，越闹越吉利。如果人少不热闹，喜主会被认为人缘不好。因此，闹房时尽管常有个别人的一些过分之举，使新郎新娘倍受戏弄、哭笑不得，却不能翻脸恼怒。

喝合婚酒 也称喝“交杯酒”、吃“合卺饭”，平度一般在“闹房”结束后进行。喝酒时备几个凉菜和茶食，新娘从袖筒里拿出糖果，叫“添碟子”。然后，新婚夫妇在炕上交杯而饮（新娘一般不喝）。灰埠一带此时要上两条鲤鱼和一盘凉粉儿。新娘翻鲤鱼，且要边翻边唱：“红筷子翻鲤鱼，俺倘个好女婿”。新郎挑凉粉儿，也要边挑边唱：“红筷子挑凉粉儿，俺倘个好娘们儿”。喝完酒，新郎新娘吃迎亲时带回的饺子，俗称“随身饭”。城东个别地方的新郎新娘在喝“合婚酒”时还有“抢茶壶”的习俗，说是谁先抢到了茶壶，婚后谁就当家。

扒灶灰 旧时，新婚二日早晨，新娘要先给公婆及长辈叩头请安。请安后，婆婆交给她一把掏灰耙让其掏灰三次，每掏一次婆婆在旁边念叨一遍：“一掏金，二掏银，三掏骡马成了群。”此俗意为儿媳从此接过持家重任。事前，婆婆在里面放上钱，儿媳扒出后自得。然后，婆婆从橱顶上拿下女方发付的箱子，将钥匙交给儿媳，儿媳打开后，将里面盛放的两家的“压箱钱”归己。南村一带的一些家庭则在四日早晨“扒灰”。

送小饭 也是二日早晨，男家本族及相好的街坊邻居要向喜主送“小饭”，小饭通常是临时包的饺子20只或新擀的面条2斤，用方盒子送往喜主家。饺子一般为素馅，喜主将收到的小饭煮给帮忙者吃。

叫二日 也叫“搬二日”“接闺女”。一般临近晌午的时候，新娘家要派人带礼品到新郎家，将新娘、新郎（也有新郎不随行的）一起接到女方家，新郎上门“拜丈人”，俗称“叫二日”。新娘穿粉红上衣、粉红鞋，坐车或骑驴回娘家。接闺女时，一般还由担当过“男送”的人员去接。新郎家要摆宴席招待客人。平度多数仍要日落西山、烟囱冒烟后才能送客，以示男家懂礼、热情。晚上，女家喝

“回门酒”，最后吃饺子，称“进门抓宝”。大泽山一带是上午接回，中午由新娘家隆重设宴，并邀本家亲戚朋友参加。晚饭后，新娘与伙伴、姐妹们欢聚一堂，取闹嬉戏。随行而来的新郎不能和新娘同房，要到别的房间或别的人家睡觉。新郎新娘到女家后，当晚的喜炕不能没人，公公要在上面枕着木墩子睡觉，叫“枕墩子，抱孙子”。不只如此，以后凡新郎新娘都不在家，婆婆则要安排新郎的弟弟、妹妹轮着在喜炕上睡觉，不能落空，俗称“望炕”。

送三日　婚后第三天是婚礼的最后一天。上午，由新娘的叔伯、兄弟抬着装有饽饽、肉、鱼、点心等物的食盒，将新娘送回婆家。男方设宴款待。送三日时一般要选择带“九”、带“八”的日子，这叫“三日带九，两头都有；三日带八，两头都发”。回家后，新娘与新郎一起上坟祭祖，用红纸压坟顶，之后到本族长辈各家磕喜头，并分给每家一只喜饽饽，长辈要为新媳妇分磕头钱。中午，一家本当的近便人请新媳妇到家里吃饭，俗称“请新媳妇”，以示家族亲切和睦。“请新媳妇”不仅在三日上要请，在第一年的正月里也要请。正月里，请新媳妇的范围已不限于一家本当，而是本村中关系较好的都要请。不仅要请新媳妇，正月里女方的一家本当及要好街坊还要请新女婿。古岘一带是六日上“叫媳妇”，喜主对“叫媳妇”的家庭，要设宴回请，称“回桌子”。其他地方是“有你有我”，不再单独“回桌子”。新郎新娘除三日要到自家祖坟祭祖外，四日还要到新郎姥娘家上坟，五日到公公姥娘家上坟，叫“三辈不忘姥娘门”。祭时，皆用红纸压坟顶。三日晚上，南村一带闹媳妇游戏再掀高潮。节目有“滚墩子”、煮栗子等。滚墩子，是在新房炕上，由青年男女将一只木头墩子，对准盘坐在炕上的新娘子，滚动碰撞其身，并在滚动的同时念叨：“滚墩子，滚墩子，明年抱孙子”。另外，要将婚礼时放置在各处的红枣、花生、桂圆、栗子收拾煮熟后，一并盛在茶盘内供闹房者食用。

其他礼俗　三日之后，婚礼虽然结束，但有关婚姻的风俗却仍有很多。

旧时，女子结婚后的第一年，除了过年、打春、清明、中秋、腊八、辞灶以及三月三、六月六、七月七等节气、节日外，其余时间要全在娘家居住。在回婆家过节时，新媳妇要带“上炕礼”，亦称“提喜儿”，主要有鸡蛋、花生、瓜果、点心、糖果等，送给婆家老小享用。灰埠一带的这种风俗直到20世纪70年代以后方渐消失。

婚后七日或八日，新娘要再回娘家，俗称“叫九”或“住九”，就是在娘家住九天或“双九”18天。正月里走丈母家也有固定的日子。旧时，平度多讲究“初三姥娘，初四姑，初五初六走丈母”。现在，平南多是初三，平北多是初六。

四、特殊婚姻

倒插门　亦称“招养老女婿”，婚礼一般在女家举办。

改嫁　指寡妇或离婚妇女再嫁。改嫁时，亲友一般不予祝贺，而且多在夜间进行，不放鞭炮，走偏门或后门抑或越墙而出。离家前，须到已故丈夫的坟上烧“离别纸”，并将自己穿过的衣物埋进坟里，一则表达夫妻情意，二则安慰死者灵魂，避免干扰。离家时，不直接从娘家走，而要借用神庙、祠堂或旅馆启程。上炕时，还要“拜炕”，意在请求新丈夫的前妻“让炕”。改嫁后三日内，不能到有喜事的人家，以免冲喜等等。新中国成立后，妇女改嫁，光明正大，传统的改嫁习俗一扫而光。

阴婚　俗称“阴亲”，亦称“结鬼亲”，是一种为死人缔结婚事的婚嫁形式。举行婚礼时，男方用棺去女方家迁尸，抬牌位。男方家晚辈男童抱牌位举行婚礼，然后将女棺合葬于男墓内。女棺一般要漆成红色。有的婚礼则直接在墓地举行。结为冥婚后，双方来往如同正常婚姻。此俗虽延续至今，但已大大减少。

换亲　这种婚姻形式一般在两个都娶不起媳妇的家庭进行。甲方将自己的闺女嫁给乙方的儿子，乙方将自己的闺女嫁给甲方的儿子，两方互将闺女

换成媳妇。这种婚姻主要为节约资财，不顾儿女心愿，往往造成家庭不幸。还有一种换亲方式叫“串亲”，即甲家闺女给乙家，乙家闺女给丙家，丙家闺女给甲家。新中国成立后，此俗逐渐消失。

老年再婚 是20世纪80年代后自发形成的一种新的婚姻形态。平度的老年再婚在机关干部、教师和职工中居多，农村尚不多见。

姘居 俗称轧（ga）合婚，即旧时未行婚礼、新时未经登记却长期同居的事实婚姻。现在老年人合居者不少，“包二奶”者也属此类。

第三节 丧 葬

平度民间丧葬习俗，乡村和城镇略有不同。平度的城镇职工绝大多数属当地人，死后一般回本村埋葬，其丧葬习俗基本按照“老家”规矩办理。但是，作为城镇职工，他们除了农村的那套习俗外，还有其他一些内容。一般是病逝之后，要先将尸体送到殡仪馆，修面整容，设灵堂，通知亲朋好友特别是一生当中工作过的各个单位的同事，前来进行遗体告别，或开追悼会，致悼词等。前来参加悼念的人，一般要送花圈或钱财，佩戴白花，在哀乐声中于死者灵前三鞠躬。尔后进行火化，将骨灰运回家中，按老家的风俗进行殡葬。还有一部分人，死后不回老家，而是在公墓安葬。这部分人又分两种情况，一是祖籍不是平度的，但在平度工作生活多年，而且后代也基本都在平度工作，他们去世后，一般在公墓安葬。二是祖籍虽然是平度的，但由于殡葬观念的变化或是其他一些原因，生前也在公墓买块墓地，去世后不再殡回老家。在公墓殡葬的人，仪式极为简单，一般是搞搞遗体告别，或开个追悼会，当天便将尸体火化，将骨灰盒安葬在墓地里，基本没有农村诸多的讲究和仪式。但是，殡葬之后，“烧七”“烧周年”等祭拜仪式基本相同。一些禁忌如子女第一年正月不能到别人家出门，百日内要戴黑纱守孝、不能穿红挂绿等仍然遵守。

本节所讲丧葬程序主要指乡间丧葬。

一、压寿

制寿衣 俗称做“送老衣裳”，所用衣料以棉为主，忌用“缎”，因为“缎”与“断”谐音，有断子、断后之嫌。也忌用皮制品、毛织品，否则死者在阴间会被误认为兽类，下辈子不能托生为人。寿衣颜色男女有别，男性多为天蓝色，女性以青蓝、古铜、豆绿等颜色为主。男性寿衣，上身为棉袄外衣、夹袄内衣，下身为棉裤；女性寿衣，除大襟棉袄和裙子外，其余与男性基本相同。男女皆用褥子、枕头，枕头多为元宝状，内装谷皮，红布缝制，俗谓“元宝枕”。也有白布枕头，上画公鸡，俗称“鸡鸣枕”。缝制寿衣多选取黄道吉日或在闰年、闰月，暗示寿衣的使用者会健康长寿。

做寿衣时，要由儿女双全的“全美人”制作，儿女不能啼哭流泪，缝寿衣时的针线，末端不能打结，以免死者在阴间结疙瘩。无论内衣外衣，一律不用纽扣，只用布带绑系。做好的寿衣放在衣柜里，留待死时穿用。乡村为老人缝制寿衣的习俗延续至今，但逐渐减少；城镇居民则基本到寿衣店临时购置。寿衣多为唐装款式，也有中山装和西装。

做寿材 20世纪50年代前，一般人到70岁左右，就积攒钱财准备寿材。直到60年代末，平度民间还有提前打制寿材的习俗，并一度兴起过水泥棺材。70年代中期，政府改革丧葬习俗，在城西北建起第一个火化场，起初强制实行火葬，对直接土葬的，一律挖出焚烧，并要求各村统一建立骨灰堂，集中放置骨灰盒，但此举不久便告失败，讲求“入土为安”的民众仍坚持将死者骨灰安葬在墓穴之中。

修寿坟 旧时，人到老年或病重时，有的人家便开始挑选墓地，筹划建造寿坟。墓穴长宽大于棺材，留出放棺空间。修坟时须在夫妻两坟中间隔壁上留一灯窝，除放长明灯外，传说也是夫妻对话的传声口。大泽山一带还要在男性寿坟里放一瓶酒，在女性寿坟里放一双鞋。下葬时将棺材从开门处推

进。如今，民间若夫妻双方都健在，已少有修建寿坟者，多在死后临时挖修。

二、确定主丧人

亦称“总管”，通常是请族中威望较高的人或是村里懂此礼俗的人担任。一般一个老的去世，要找男、女各一人主丧；两个老的都去世，要找男、女各两人主丧。男主外，女主内，按照各自职责，分别组织人员进行报丧、火化、布置灵堂、缝制孝服、选挖坟穴、买菜备物等各种事宜。

三、送终

当尊亲病危之时，儿女要停止劳作或工作，守候在老人身边，日夜轮流看护，并要通知近亲前来探视，以见“最后一面”。如果见不到最后一面，儿女会被视为“不孝”，亲戚会被视为“失礼”。若病人住在医院，按当地旧俗，临终前要赶紧回到家中，不能死在外面。否则，尸体和骨灰不能进家门，灵棚也只能搭在街门外。若在家中病危，咽气前，儿女们要全部到齐，为病人洗脸、理发、洗手、洗脚、擦拭身体、修剪指甲、梳头等，然后为其穿上“送老衣裳”。之后，要将病人移至正屋明间的灵床上。灵床上铺送老褥子，摆送老枕头，然后长子抱头，次子抱脚，其他人两侧帮扶，将病人抬上灵床。头的位置，如按正房可头东脚西（也有头南脚北的）；按地脉走向，可头高脚低。移到灵床后，亲属日夜守候，时刻不得离开，使其度过弥留时刻，这对亲人谓之“送终”，对病人谓之“挺丧”。病人临咽气时，守在身边的子女和亲属要大声悲喊：“爹（娘）别走哇，别扔下俺不管啊！”直到咽气，谓之“叫魂”。但在病人咽气之前，只喊不哭，指路之后方可哭泣，眼泪不能掉到死者脸上，否则以后将永远梦不到死者。

如果病人在未来得及梳洗更衣的情况下突然咽气，死在炕上，俗称“光着身子走了”，民间认为死者的魂魄留在了炕上，这对死者、生者都不吉利，须要“拖魂”，即将死者魂魄从梁头上拖过，因为死者已为鬼，不能再走人门。现在，家家的房子都吊了顶，梁上已不能过，张戈庄一带便拿来一把锯，将锯中间的横梁算作“梁”，然后用高粱秆夹一黄纸，在死者的炕上反复拖拉、呼喊后，从“梁”上拖过，由长子将象征灵魂的黄纸背到正间死者遗体旁放下。古岘一带在第二天晚上发盘缠前拖魂，由主丧人手拿“拖旗”（即在高粱秆上卷一烧纸），在死者躺过的炕上拖拉，直到卷起的烧纸自动展开。若没有展开，说明死者的灵魂没有附上，另要找来死者生前穿过的衣服或其他爱物，在这些物件上拖拉。“拖旗”展开后，拿一擀面杖当“梁”，再从“梁”上拖过，由子女抬着放到长子的背上，背到土地庙里放下。祝沟一带则由“山人”手持“拖旗”、孝子抱着火红公鸡拖魂。

由于对病人是否真正咽气难以判断，如今，人们对“更衣”“移灵”多改在病人咽气后进行。

四、小殓

病人断气、更衣后，要使其仰卧，为其“开眼”和洗脸，意思是开开眼好看路（亦说死者若不开眼，下辈子定是瞎子），洗洗脸好见人。方法是象征性地用棉花蘸香油或清水，在死者眼上、脸上左右各转三圈，且要不断念叨：爹（娘），别害怕，给恁洗洗眼（脸）。洗完后，将棉花团放到死者的头旁。之后，要将一银制小鱼或硬币塞进死者嘴里，俗称“擎口”，以示含银而去，后人旺发。最后，要在死者脸上盖张烧纸，一防灰尘污染，二避孩童所视，三防死者淤气喷发。

南村一带在病人倒头后念叨：“仙有仙花现又开，亡人倒头床上抬；当天不喝井泉水，来世仙界脱苦海；亡人床上裹一裹，儿女给恁送钱来”。古岘一带要“烧倒头包袱”，即书写“包袱”（即文书）一件，取三张烧纸，叠成元宝状，连同“包袱”一起放到火盆中烧掉，再取其灰烬，用白纸包好，放到死者一只手中，以示手中攥着钱，去阴间的路上不缺钱花。祝沟一带则把“倒头包袱”的灰烬用白纸包起来，按男左女右放置死者怀中。张戈庄一带较为简单，他们将烧纸放在做饭用的铁锅内

烧成灰，然后包好放到死者手中即可。

死者的一只手里攥着钱，另一只手里还要拿着“打狗鞭子”和“打狗干粮”，即用一桑树枝条，一端用白线系上五色布条，再系上一串碎馒头和一小袋芝麻（城关一带要再系上7个枣，古岘一带要系一小袋麸子，崔家集一带的打狗干粮里要有头发茬子和棘针等），然后放到死者手中，并用生铁压住死者胸口，以免“诈尸”。祝沟、古岘一带的男性死者要手拿桑枝做成的弓箭。据说人有三魂六魄，人死后六魄即散而三魂未散，一魂驻守尸身，二魂转世投胎，三魂西天朝佛。西天路途遥远，又多恶犬、顽猴拦阻，须用棒子和弓箭驱赶，或用干粮塞狗嘴、用枣喂猴子。干粮里的头发和棘针，是让狗一时吃不下去，拖延时间，便于阴魂通过。麸子是过蚂蚁山时喂蚂蚁的，芝麻喂鸽子。

五、指路

小殓之后，要为死者进行第一次“指路”（第二次指路在发盘缠时）。此俗差异较大，南村一带的做法是，小殓结束后，由主丧人带领丧家子女，手持事前准备的纸马等，到街头路中烧“倒头马”。主丧人点燃谷秸草和纸马等，念叨：“骑上马儿蹬上蹬，上沿下沿不放松”，然后由长子站在高凳子上“指路”。张戈庄一带的丧主家人不出街门，在天井里放一桌子，并扣上一个黑碗，由长子手持长矛，围着桌子左转三圈，右转三圈，口中念叨：“爹（娘），放光大道向西南（即移民前的四川或云南老家方向），甜处安身，苦处使钱，呜——呼！”，连呼三遍后，用长矛将黑碗捣碎。古岘一带的道具不是长矛和黑碗，而是半升和擀面杖。做法是，一边用擀面杖在半升内上下冲闯，一边念叨：“一闯金，二闯银，三闯闯开天堂门，爹（娘）朝西南走。”崔家集一带在第一次指路时，为不吃斋的人念叨：“爹（娘）向西南，甜处安身，苦处使钱”；为吃斋的人念叨：“爹（娘），放光大道向正西，走金桥，踩玉石，一对玉女来接你”。除为吃斋之人的灵魂向正西指路外，平度也有一些家庭向正西指路，说是他们的祖先系从山西移民而来。灰埠一带要先把堂门关起来，指完路后再用长矛将堂门推开。祝沟一带则要在家里、天井里和土地庙前指三回路。

六、报丧

报丧要向两部分人告知。一是村邻。尸体安置停当后，不论白天黑夜，要赶紧在街门口鸣放鞭炮，告示村邻，家有丧事。然后制作纸幡，俗称“招魂幡”。纸幡要根据死者岁数选择纸张多少，阳寿一年，取纸一张，外加“天”一张、“地”一张，然后将白纸裁剪成连在一起的孔钱状长条，用长杆挑起，写上死者姓名年龄，并按男左女右悬挂于街门一旁。现不少人家已改用白纸条代替，既用于招魂，亦用于告丧。同和一带在影壁上或街门外贴“壁榜”，写明死者生日、卒日等。二是亲友。人死后，丧主必须立即差人，分头去外村亲友家报丧。如死者为女性，须立即向其娘家报丧。见面后跪倒磕头，声言“某某于某时病亡”。娘家人得信后，立即赶去查看，看看是否属于正常死亡，如同意入殓或火化，方能进行。过去，大户人家或书香门第多用讣文或讣告，平常人家则传口信。报丧人每到一家，不能进门，但要吃点饭或吃袋烟，不得空口而归，否则对双方尤其对被通知人不利，日子会因此而败落。现在，得益于发达的通信技术，民间的报丧形式也大为简化，一般直接改为电话告知。

七、报庙

也叫“上庙”，就是把死者的鬼魂送到土地庙里。据说阎王爷管人生死，土地爷是其手下的地方官，死者鬼魂见阎王前，要先在土地庙羁押三天，三天后才能出殡下葬。因此，平度民众多讲究三日出殡，最讲究的要七日出殡。三日分“大三日”和“小三日”。中午以前去世的，为“大三日”；中午以后去世的，为“小三日”。若晚辈去世，因上有老人，须当天或二日出殡下葬。火葬制度实行以后，也有一些地方和家庭（如大泽山、店子等地），不再实行三日丧葬习俗，无论长辈和晚辈，均当日死亡当日火化下葬，有的当天甚至连亲戚朋友也不通知，亲戚朋友在“五七”时参加祭拜。

报庙风俗不一，一般分“倒头庙”“例行庙”和“烧全庙”。“倒头庙”，也叫“头道庙”，即死者去世后的第一次报庙，主要是将死者灵位送到土地庙报到。去时不哭，回时要哭。儿女不穿孝服，但男的要光头赤脚（去世一个老的，赤一只脚；去世两个老的，赤两只脚），女的要解辫开髻，散披头发。祝沟一带上“倒头庙”时还要带着半升和擀面杖，叫做“开庙门”，即“一闯金，二闯银，三闯闯开土地庙门”。然后，将写有“亡人 × 公 ×× 神灵之位”的牌位放到土地庙里。“例行庙”即在下葬前的三天时间里，要早中晚各一次，一般由子女、儿媳、堂侄、侄媳、孙子孙女等“自家人”参加，到土地庙前进行祭拜。“烧全庙”，也叫“上大庙”，即在第二天晚上“发盘缠”前和第三天中午出殡前，所有亲戚朋友都要参加。

报庙时，一般鞭炮开道，由主丧人挑着装有浆水的水筲或陶罐，夹着盘子，带上香、纸等走在

上庙（2010 年摄）

前面，“自家人”按男前女后，一行尾随，来回哭泣（亦有去时不哭、回时哀哭的）。亲戚朋友行在最后，不必哭泣。行到半路，女眷停下，跪于路旁哭泣，男眷要随主丧人行到土地庙前跪卧哭泣。在主丧人点燃香纸、倒洒浆水“浇奠”之后，磕头返回。当然，由于风俗不一，也有女眷到土地庙前哭祭的，还有女眷不上庙的。

八、戴孝

平度孝子穿的是用粗棉布做的有带无扣的白上衣、白裤子，且制作时不能用剪子剪，只能用手撕。此举一是畏忌剪断后代的根苗，二是为了体现失去亲人后撕心裂肺的痛苦。服饰的边是毛边，不用缝制，象征痛苦无边。头上要戴白布做成的圆筒尖顶的孝帽子，顶端用一麻（或苘，现多为尼龙匹子）绳系扎。父亡，要在孝帽子左侧拴一棉球至耳旁，母亡则拴于右侧，额上要用一小块麻布缀于帽前，半遮双眼，表示丧亲之痛要耳不旁听，目不他视。上身除孝衣外，还要套上无袖粗麻马褂，腰间系一麻绳，别一把或两把斧头，此所谓“披麻戴孝”。死者女儿、儿媳除了有带无扣的白孝衣外，头上戴的是用几尺白布折成的尖顶搭头，垂下的布则系在腰间，且腰间也系麻绳。平东祝沟、古岘等地戴搭头带子。孙子、孙女、外甥等戴“花花孝”，即在孝帽或搭头上缝一蓝布或红布条。未过门的儿媳、孙媳要给六尺红布扎在腰间。男女着孝者均需用白布将鞋帮遮盖，俗称“裱鞋”。一个老的去世，不可全裱，只有两个老的都去世，才可全裱。儿女还要手持裹以黄纸的柳枝，俗称“孝棒”。其意：一是留恋不舍，二是防止痛苦过度，单靠自己无法正常行走，需要依靠孝棒支撑。

戴孝的同时还要破孝，即对参加丧礼的人，要按亲疏远近分送相应的孝服。现在一般是三服以内的成年人，每人分 6 尺或一丈二尺白布，其他人一般男的给一个孝帽子或 3 尺“扎腰”，女的送 3 尺“搭头”。

九、守灵

死者咽气后，要设灵堂，在灵前摆上供桌，桌上摆放香炉、蜡台、长明灯和鸡、鱼、肉以及馒头、蔬菜等供品。去世一个老的，供 5 个馒头；两个老的都去世，供 10 个馒头。桌前摆上火盆，然后开始在盆内烧纸钱，焚香，点“照尸”灯，也叫长明灯。子女按男在头女在脚，分跪灵床两侧，为

死者守灵。

守灵期间，要男不剃头，女不梳发，寝苫枕块，喝粥吃素，日夜守侍灵前，以尽孝道。要不断地焚香、烧纸、添油，保证香不断、灯不灭。要严禁狗、猫从灵前走过，以防死者“起尸”。要随时陪伴前来吊孝的人一起恸哭，磕头谢孝。民间传说，如果父母死后子女不哭，后代就会出现哑巴。受此俗影响，许多子女在父母生前并不孝顺，却在其死后哭得像模像样。

十、奔丧

俗称“哭道”。旧时，平度有“养个儿，好上庙；养个女，好哭道”的俗语。凡死者临终时，未能守护送终的女儿、儿媳、孙女或者比较亲近的女晚辈得到凶信后，即来奔丧。临近村子时需且哭且行，以避不孝之嫌。家中女眷听到哭声后，要哭叫着急奔村外迎接。双方相逢时，相互单腿跪拜两次。然后，来者在前，迎者在后，一同哭入灵堂。如今，通信技术的发达也使这种为补“遗憾”而进行的风俗渐渐消失。即使一些远在外地的亲人不能回来“送终”或参与其他仪式，只要赶回出殡下葬即可。实在回不来，寄点钱来也算尽了孝心。

十一、火化

火化须与殡仪馆联系，由医院、村里或居委会出具死亡证明。火化的时间因时、因人、因地而宜，差别较大。多数在当天或第二天进行，也有在第三天上午进行的。尸体由白布或尸袋包裹，由灵车或其他交通工具送往殡仪馆。移尸时，古岘一带要“打冠”，即抓来一只火红公鸡，按男左女右提在手上，用一根短棍，敲打鸡冠，使其叫唤，意为“鸡叫天欲亮，亡魂需早行。”

在殡仪馆里，子女或亲属要点燃香火，并叮嘱或打点司炉工，请其务必将炉内打扫干净。火化时，要将包裹的头、脚松开，并在尸体缓缓进炉时放声大哭。骨灰盒由家人根据自己的意愿和经济条件选购，价钱从几百到几千、上万不等。骨灰盒装好后，由长子抱骨灰、次子抱遗像，一路乘灵车回家。

如果病人是在老家去世的，儿女不便出门，要请族中他人送逝者火化。回家后，骨灰盒有的不进家门，而是在天井（如李园、崔家集等地）或街门口（如旧店、古岘等地）按男左女右搭设灵棚，将骨灰盒放在灵棚内，以备亲朋好友吊祭。有的放回堂屋正北祭拜，殡日黎明前移至院中灵棚。吊祭时，一般孝子在灵棚陪祭谢孝，女眷仍在屋内陪祭。

十二、吊孝

也叫吊丧、吊唁，有分散吊孝和集中吊孝。一般从亡者去世开始，亲朋好友得知后便陆续前来吊唁，是谓分散吊孝。集中吊孝是在规定的时间内进行的祭拜活动，一般在第二天发盘缠前和第三天上午举行。首先吊丧者一般都需携带礼品，如烧纸、花圈等，如今不少人则直接送钱。对此，丧家要安排专人进行登记，书写“吊簿”和“包袱纸”，并将“包袱纸”在送盘缠时一并烧掉，以请死者“查阅”。其次，吊丧者须向死者行礼。有的是跪拜，有的是鞠躬，视各人身份地位及与死者关系而定。平度讲究死者为大，晚辈、至亲须行跪拜礼，这是对死者表达最后的敬意；远亲、左邻右舍、平辈、朋友、同事，也大都行跪拜礼，也可根据自己的意愿行鞠躬礼。跪拜礼一般是“一拜三叩”。古岘一带是“一拜四叩”，说是“神三鬼四人一个”。第三，吊祭时，死者亲属要一旁陪叩。来人时，会有人高声提醒：“客（kei）到——”，孝眷要赶紧跪地哭泣。吊祭完毕，也会有人提醒：“谢——”，死者亲属要趋前跪拜，谓之谢孝。第四，至亲好友吊丧时必须哀哭，尤其是女眷。

十三、送盘缠

亦称“发盘缠”。按旧俗，长辈死后的第二天晚上12点以后才能到土地庙前送盘缠，现在大都改在晚饭后进行。届时，丧家所有家族成员与亲戚朋友先报全庙，然后送盘缠。

送盘缠的开始仪式和报庙差不多，也是鞭炮开道，由主丧人夹着一个木盘子前面引路，其他人尾随其后。不同的是，送盘缠要带很多香纸，且要有扎制的纸马、纸车、纸轿以及车夫、轿夫、金童玉女等。扎材一般由闺女家负担。

临行前，车夫和马的口、眼、鼻、腿、腚、身等部位要“开光”。开光口诀由十三字组成，如“开口光，开口光，开开口光吃四方”“开眼光，开眼光，开开眼光看四方”“开鼻光，开鼻光，开开鼻光闻四方”“开腿光，开腿光，开开腿光跑四方”“开腚光，开腚光，开开腚光拉四方”“开身光，开身光，开开身光亮堂堂”等。

到达土地庙后，再为马“开绊”（原先的马腿是拴着的），并为金童玉女起名，嘱咐他们要好好伺候死者，否则要挨鞭打等等。然后，将扎制的车马“套”起来，将“包袱纸”以及写好封皮的纸钱，装入车内，车夫置于车前。

大泽山一带为死去的男性制作钱褡子，搭在马鞍上；为女性折叠包袱。钱褡子和包袱里都要放上“钱”。然后，书写一个“码子”，放在钱褡子里。内容是：“不孝男××备良马一匹，勤童一名，钱财若干，敬献于显考（显妣）×君，今逢吉辰三日，土地庙前化敛，望收取使用，他鬼不许抢夺，×年×月×日。”钱褡子的正面写：“早升仙界，速脱凡尘”。反面写一“封”字。

之后，主丧人要将一桶水浇洒在土地庙周围，用一根绳子将土地庙围上大半圈，在西南（或正西）向留一口子。死者长子把一张折叠的烧纸放在土地庙里内转一圈后，随即背在身上，由其他儿女照扶着，走过铺在苇席上的6尺白布，先将烧纸放在椅子上歇歇，然后再踩着椅子将其放到轿内，意谓招抚亡父（母）的灵魂过河、过桥、上轿，且要不断念叨：“爹（娘），别害怕，过河了（过桥了、上轿了）”等安慰语。

接下来，要进行第二次指路。死者长子站在高凳上，手持长矛（或向日葵秸、长木棍），按住车马，开始点燃纸钱和车马轿等。随着噼里啪啦的着火声，长子面对西南方向，大声呼喊：“爹（娘）！光明大道向西南（或正西），甜处安身，苦处使钱，呜——呼！”，连呼三遍，并不断叮嘱：“爹（娘），拾掇好您的钱”，直至纸钱、车马等完全焚尽后，叩头返回。古岘一带须在纸钱、车马基本烧完后方才指路，说是如果烧不完，死者带不走。民间传说烧车马时，如果将细箩罩在幼童眼上，向西南方向隔火张望，他便能看见死者骑马或乘车急奔而去的影子。

在指路之前，祝沟、郭庄等地的一些家庭还要由长子宣读“马票”。“马票”格式为：特授山东平度城隍应灵侯为护保送行事，今照得××乡（镇、社）××村亡人×公（母）讳××，仙逝三日启程之期，伊男××（女××）泣叩。痛念我父（母）乍入冥府，不分东西，畏道路之崎岖，惮关山之难越。邂逅相遇，谁悲失路之人，萍水相逢，尽是他乡之客。满目萧然，感极而悲者乎！于是，泣备车轿一辆（或驼轿一乘），以避风雨之寒；良马×匹，以带徒步之劳；勤童×名，以为使用之便。其余鞍辎钱褡俱已整齐，衣服行李无不周全，以及宗族亲友、乡党邻里所馈冥资共合××函，以为行路之资。过关渡口，不许强神恶鬼阻挡。如有不遵约束，赫作索逼，执马票为证，送到城隍案前，审究其实，重加严刑，决不宽宥。宜各禀遵勿违，切示。右谕通知。×年×月×日施行。

十四、迎旌

旌，亦称铭旌，好比是死者进入阴间的“介绍信”。无论死者的家庭穷富如何，都要题写“铭旌”。铭旌，一般用高2米、宽0.8米的红绸或紫色绒布做成，上书死者官衔、功名、姓名、年龄等。普通铭文一般由“显考（妣）×（姓）公（君）讳××（名字）享年××（岁数）之铭旌”等文字组成。铭文两边为直立龙蟠立柱，下方为“八仙图”。

铭旌一般由大女婿家制作（同和一带则是由女丧主的娘家送旌），丧家在第三天上午迎旌。迎旌时，大女婿提前持旌站在村口，主丧人要带领孝子、孝女，抬着供桌以及香炉、蜡台、供品等前去迎接。看到旌后，铺毡，大孝子磕头，起来走一会，

再铺毡、磕头，每次三个头，最后到旌前铺毡，大孝子向送旌人磕三个头，把旌接过来，放到旌架上，由帮忙者抬回。送旌女婿一般要根据自己的实际情况拿出几十、几百不等的钱来，打赏帮忙者。

抬回后，要将铭旌放入旌棚，若无旌棚，可安放在显著部位或悬于灵棚正中，然后请宾客拜旌。拜旌时，先由女婿开拜，女婿特别是大女婿，一般要行三拜九叩大礼。此时，因为大女婿还是客，不必穿戴孝服，但三拜九叩之后，要穿上孝服，再上前三叩首（或四叩首），其他人行一般礼即可，孝子跪陪于旁。拜毕，孝子行俯匐大礼为宾客送行，谓之酬宾。宾客受礼时于左旁揖还。

十五、大殓

即将死者遗体装入棺内。大殓时间各地不一，平度一般在人死后第二天天黑之前进行（也有在第三天上午进行的）。届时，要请有男有女、夫妻双方健在的“全美人”帮忙。入殓前，先在棺底撒层石灰或草木灰，铺一层谷秸，再铺上一层黄豆渣，忌用黑豆。棺材四角要放上钱、栗子和枣。之后，摆上枕头，将死者遗体连褥子托起，放入棺内，并反复念叨：“爹（娘），上炕安身啊！”等安慰语。入棺后，子女们再次轮换用棉球在死者脸上象征性擦洗，并为死者盖上被子，放入生前爱物等，遗体周围用香塞实。之后，将棺材盖虚掩，待第三天死者复苏无望，即行合棺，并用七根长钉（俗称子孙钉）将盖与帮铆紧，俗称“杀钉”。此时，亲属高叫“爹（娘），躲开钉子啊”。最后将棺缝以油漆调石灰封严，合棺礼毕。

20 世纪 70 年代实行火化后，盛殓一俗曾一度消失。然 20 世纪末以来，又有人开始使用小棺材（有玻璃和木质两种，一般长 1.3 米、宽 0.8 米）。丧家从火葬场取回骨灰盒后，再将盒内的骨灰倒洒在小棺材内，有的则直接将骨灰盒放入小棺材内，其入殓的仪式和内容，与从前基本相同。

十六、开圹

死者生前未做寿坟者，子女要为其选择墓址，并于下葬当天日出前，由主丧人带领身穿孝服、手抱公鸡的长子来到墓地，焚烧纸钱、祭酒叩头，然后掐破鸡冠，将鸡血滴洒在镢头上，手握大镢，在选中的坟地上，一边刨土，一边念叨：“一镢金，二镢银，三镢刨开俺爹（娘）的门”。刨完三镢后，将镢交给开圹做坟的工匠，由他们按照指定的尺寸和方向将坟坑掘好，用砖石垒砌。砌坟时，在坟坑四角各置一枚铜钱奠基，以示房基安在钱堆上，有用不尽的钱财，享不尽的富贵荣华。坟坑一般朝着江河等有水源方向，中午之前将坟做完。提前修好寿坟的死者，也要在日出前将坟掘开，扫净坟内泥土。最后，请丧主长媳娘家的男性“望坟”，中午派人为其送饭，直到出殡队伍到达以后方可离开，以防有人使坏，将破砖破瓦等不吉之物扔到坟里，影响后代兴旺。

十七、扫坟

平度大部分地区要在出殡起灵前扫坟（也有在下葬时进行的），即由长子头顶簸箕、笤帚下到坟中，然后一手拿笤帚、一手端簸箕，左右各转三圈，不断往簸箕里面扫盛着，且要念叨：“一扫金，二扫银，三扫子子孙孙一大群”。最后，将扫盛在簸箕里的“财福”端回家里，放入囤中。

十八、出殡

出殡是丧礼中最隆重的礼俗，一般在三日下午进行。现已有专门的殡仪行业，从火化到殡葬一条龙服务。

三日中午，亲朋好友要一起吃饭。开宴前，要每人吃上一小块“义饭饼”，希望大家要义义和和，相互理解、相互团结，不要打架、闹别扭。宴毕，所有人再上一次庙，回来后马上出殡。平度出殡大致包括起灵、行灵、扫炕和摆路奠四部分。

起灵 旧时起灵非常繁琐，有钱的大户人家要请专门包办丧事的人操办，一切均由司礼指挥，吹吹打打，很是郑重。平常百姓大多请村里懂礼俗的人担任。开灵时，孝子首先盥洗，上香，行一叩礼；再献酒，行三叩礼。同时，所有孝眷皆跪于阶下，

听司礼读祭文……诸多祭拜之后，司礼高喊：“今日良辰吉日，斩缞大吉，孝子举哀！”死者亲眷放声大哭，抬棺人拥入灵堂，将灵柩抬出，又经若干禁忌和讲究之后，才能放到丧舆之上。而今，起灵一事大为简化，在子女向死者磕头祭拜、做最后告别之后，帮忙者便把骨灰盒抬到灵车上。

出殡（2005 年摄）

扫炕　灵柩出门后，丧主预先安排的扫炕人要用一把新笤帚，将死者生前睡过的炕彻底清扫一遍。扫净后，将扫起的尘土杂物及死者生前用过的枕头糠倒出，一并送到村头连同笤帚一起烧掉，以示死者病患已消除干净。

行灵　死者长子要手拖孝棒，在扶丧人的帮助下，头顶“火盆”或端着“火盆”，一边恸哭着，一边倒退着行走。

随着起棺的三声长号，丧舆或灵车缓缓前行，走到路过的第一个路口时，丧舆或灵车停下，长子举起“火盆”，朝地上使劲一摔，将盆子摔碎。然后马上跪地或匐地哭泣。一次摔不碎，不能摔二次，只能由扶丧人用脚踩碎。据说香纸盆子是死者的锅，必须摔得粉碎，死者才能带到阴间。因此，好多丧家预先都把石头找好（有几个儿子要准备几块石头），照石而摔，确保一摔即碎。随着盆子落地破碎的声音，孝眷们要一齐朝着死者的丧舆或灵车跪拜哭泣。

摔盆后，丧舆或灵车重新启动，帮忙者在前燃放鞭炮开道。祝沟一带，走在最前边的是大女婿，他拐着内盛锅饼和“五谷囤”（一种用细竹篾或谷秸草编制的粮囤形的祭品，囤内放置少量芝麻、小麦、高粱、谷子、大豆等五种粮食）的“篼莌”，可以一路不停，直达坟地。同和、大泽山一带的女婿还要带着香椿树做的“垫棺木”。古岘一带的大女婿用木盘端着纸幡、“五谷囤”和“长明灯”，直达坟地。南村、张戈庄一带则由女婿夹着一个锅饼，待孝子“摔盆儿”后，用筷子将锅饼翻过来，扔掉筷子，从另路返回，将饼送回家中，不去坟地。

大女婿之后，是其他女婿、远亲、朋友以及抬花圈、抬供桌等人（现在有不少家庭干脆用汽车先行将花圈、供桌、供品等运抵坟上）。接着是男孝眷、女孝眷，灵舆或灵车殿后。每每遇到路口、桥梁时，主丧人都要高喊：“跪——”，喇叭手吹响喇叭，丧舆落舆或灵车停车，孝眷们跪卧恸哭；一会儿，主丧人又喊：“起——”，喇叭手再吹喇叭，丧舆或灵车再次启动，孝眷们起身行走。如此反复跪、起，直至出村。

摆路奠　旧时送殡路上，要进行隆重的“路奠”，一般分为“茶奠”“酒奠”“饭奠”。路奠，通常有闺女女婿祭拜，亦可请人代为祭奠，其他人也可参与。其主要仪式是：摆茶奠，要在供桌之上摆上点心和茶水，并在主丧人的统一安排下，由大女婿掀开丧舆或灵车门帘，叩首行礼，象征性地将亡灵请出，引坐安顿在椅子上。然后，还由大女婿涮杯、洗筷、添茶、上香、酒祭，行三拜九叩或二十四拜、三十六拜大礼，其他人愿行大礼的行大礼，不愿行大礼的行一般礼，礼毕后再由大女婿将亡灵缓缓送回丧舆或灵车。摆酒奠时，要将点心和茶水换成肉类和酒。摆饭奠时，要将肉类和酒再换成馒头，其他礼仪相同。路奠结束后，随着长号响起，再向坟地前进。此俗因为非常繁琐，现在已很少有人采用。

十九、下葬

到达坟地后，送殡者要集中跪于坟穴四周，男性在坟前，女性在坟后，亲友列跪两边。摆供桌，

设烛台。长子要下到坟中，点燃“长明灯”，放入坟壁的“灯窝”中。古岘等地则由大女婿点“长明灯”，并由大女婿把丈人（丈母）的灵魂从棺材或骨灰盒中请出来，背到供桌边的椅子上坐下，尔后由主丧人点名，众人再进行祭拜。拜毕，再由大女婿送回。

然后，帮忙者将棺材或骨灰盒放入坟中，并将铭旌、纸幡和“五谷囤”置于其上。灰埠和大泽山一带还要放入“下世罐”和一个铲头。这时男女家眷绕坟一周，边哭边将手中的栗子、义饭饼等投进墓穴中，再往坟穴抛三把土，并向亲朋好友磕头谢孝，主丧人告知几月几日“烧五七”，众人返回。其他如发碹垒墓、积土成丘，垒砌火池、焚烧纸钱以及安插孝棒等事宜，由帮忙者完成。如果坟中夫妻双亡，且再没比他们更年长者，要把坟堆成尖顶。如果夫妻仍有一方健在，或有长辈健在，坟头只能堆成平顶，以示对活着长辈的尊重。

二十、吃“义和饭”

平东多数地方在出殡的同时，要安排在家中帮忙料理丧事的人，用大米熬粥，做“义和饭”，供出殡回来的子女家眷食用，提醒他们要义义和和、好好相处。平西一些地方喝面汤。平南一些地方用豆腐丁、蔬菜、白面等煮制咸汤，待出殡回来的人食用，除提醒人们和睦相处外，还寓意代代都享福、都发财。还有的切割锅饼分食。

二十一、酬劳

平度民间自古就有出工出劳、帮补互助的传统。譬如哪家盖房、结婚、生子、生产等，村民特别是家族中人要主动出工出劳甚至出钱出物予以帮助，其中尤以丧葬为重，即使自家的农活暂且放下，也要主动上前帮忙。对此，丧主要在第三天出殡后的当晚，专门设宴对帮忙的族人和村民给予答谢，并在以后别人遇到这种情况时积极参加。

二十二、安窝

“窝”即家，乃平度方言。“安窝”就是给死者在阴间安个家。此俗目前在城关、张戈庄、崔家集一带依然存在。一般在出殡后当天晚上，儿女拿三叠烧纸（一叠三张），取一张纸铰一下，用胡秸秆夹住，到村口大道上划一个圈，留个口子朝向坟墓，长子连说三遍：“天公地母，俺送俺爹（娘）宽房大屋，东西正屋，南北厢屋，宽一丈三，长一丈五。”然后，将带来的东西烧掉，磕头返回。南村一带出殡回来的当天晚上，子女在停灵的地方坐一会儿，叫“守窝”。

二十三、圆坟

死者下葬第二天日出前，子女第一次上坟祭奠，称“圆坟”。圆坟时，路上见人便要磕头谢孝。来到坟前，要摆上供品，由长子在前，手持大镢，绕坟刨土，次子抱着盛有杂粮的升，下种于地，其他人用扫帚朝坟墓上扫土，用铁锨往坟墓上培土，围绕新坟左三圈，右三圈，刨土、撒种、扫土，且口中反复念叨：“一刨（捻、扫、培）金，二刨（捻、扫、培）银，三刨（捻、扫、培）骡马成了群”，而且圈要越转越大，为的是占地面。然后，烧香祭拜，圆坟结束。

二十四、谢孝

平度一般要于圆坟后（也有在下葬回来后就进行的），由一人率孝子沿村庄主要街道转上一圈，且不断吆喝：“谢——孝——啦！”。路上不管遇到谁，也不管辈分高低，孝子均需向其磕头。但是，村里人见此情形往往远远躲开。

二十五、守孝

平度主要讲究：儿子百日以内不能剪头理发；女眷百日内不能穿红色衣物；儿女第一年正月不得走亲访友；过年时，第一年不贴对联（或只贴白纸“孝”字），第二年贴白纸对联，第三年贴蓝纸对联，三年以后才能和往常一样贴红纸对联，等等。

二十六、烧七

自老人去世之日起，每隔七天都要到坟前焚香烧纸，俗称“烧七”。“七七”祭奠礼俗源于民

间招魂习俗，经道家三魂七魄之说的糅合改造，形成七七礼俗雏形。

在这七个七中以“五七”为大奠，俗称“五七，三周年，儿女要周全”。“五七”不是整35天，而是33天。届时，亲朋好友都要参加祭拜，并扎制“宅子”“金山”“银山”“摇钱树”“地库”“地柜”“聚宝盆”等祭品。午前，所有参加祭奠的亲友，带着扎材、纸钱、食品、水酒到坟前祭奠焚化，中午丧主设宴招待参加祭奠的族人和亲友。20世纪80年代以后，人们在“五七”祭日时，增加了纸扎的小汽车、电视机、电冰箱、洗衣机以及高楼洋房等物品。

三七为次奠，也需设宴。若死者系女性，扎材中不可或缺的是“老黄牛”。据说妇女生产，血冲日月星三光有罪，要罚下阴间喝污水赎罪，因此以黄牛代之。烧时要念叨：“老黄牛跑得欢，载上俺娘上阴间；耙耢驴惧不用拉，娘的恶水要喝干”。其他七为小奠，只在坟前焚香烧纸哭祭一番即可。

关于祭品，通常讲究“一七饺子、二七面、三七的饽饽圆又圆”。一七、二七一般是儿子烧。三七的饽饽要女儿做，并在上面点上蓝点。四七、六七一般不烧。

如果烧七时的日期正好与农历的“七”相重，称为“犯七”，将预示着给死者鬼魂招致灾难，要予以破解，破解方法是提前一天进行。

二十七、烧百日

古代有丧期百日内闭门谢客、不问世事的礼俗。平度百姓虽不能完全仿照，但百日家祭必要举行。平度“百日”仍不是一百天，而是九十九天。“百日”之后，家祭届满，此后祭礼以神主为主，孝服的要求也已不再严格。

二十八、烧生日

按死者生前诞辰，坟前致祭，连过三次。

二十九、烧周年

人死满一周年，孝眷到坟前祭礼，俗称“过周年”。周年要连过九年，每个周年，死者亲属都要备香纸供品到坟前祭礼，其中以三周年最为隆重，祭祀规格如同五七。三周年以后，子女不再守孝，可脱去孝服。个别地方也有“烧十全”的，即要过完十周年才能转入常规祭祀。

三十、树碑

父母双亡三周年后，子女通常在清明节前为双亲树碑。现在一般在父母亡后第一年的“五七”或清明时即行树碑。

三十一、迁坟

迁坟的原因主要有五：一是后人感觉时运不顺，常有病灾，认为是长辈埋葬的地方风水不好，需找一块好的风水宝地，重新将其安葬。二是夫妻双方葬在两地，后代为将他们的遗骨合葬起来，其中一方必须迁移。三是因出门在外，死时没条件将灵柩运回家乡安葬、暂时寄埋在外地的，后代也要将其遗骨运回家中，重新安葬。四是人民公社化后，为便于机械耕作，不少人将原来埋在自家土地里的坟墓，迁到集体统一规划的义地之中。五是因修水库、改河道、挖平塘、建铁路公路以及城乡建设等迁坟。迁坟的做法是，要新买或订做一口略小一些的棺材，外用黑漆或红漆刷好，棺材内两边挂上绸子布，当做墙围，棺内铺上褥子；开坟前，要搭起棚子遮住光亮，死者子女先在坟前祭奠。开坟后，要用白酒一瓶喷洒坟坑，而后入坟取骨。取骨时用一双大红筷子，将死者的遗骨夹到棺材里，按顺序摆好，然后在遗骨之上覆一红布，合上棺盖，用铁钉钉好，将棺材抬到新坟安葬。迁坟时，妇女不能接近。一般死者的儿女不亲自在坟坑中拾骨。儿女要站着哭，不能不哭，有“不哭出哑巴，坐着哭出瘫子”的说法。崔家集一带若是早晨迁坟，不管阴天晴天都要提着灯笼。新坟迁好后，要在坟前祭奠，并回去招待前来参加迁坟仪式的亲友和雇工。

第四节 生活习俗

一、服饰

帽子 20世纪50年代前，平度民间男子多戴礼帽、瓜皮帽、毡帽、老年妇女常戴老嬷嬷帽或“箍子”。50年代后，礼帽因被戏称“特务帽”，一度无人戴。乡村教师、机关干部中流行干部帽，普通男子冬季常戴棉帽，幼儿戴虎头帽。农村百姓还戴防晒的草帽、防晒防雨的苇笠。乡村妇女流行戴围巾。20世纪80年代后，男人戴帽子者减少，除农村老年妇女外，女青年一般不再戴头巾，改以戴各种装饰帽。

毡帽

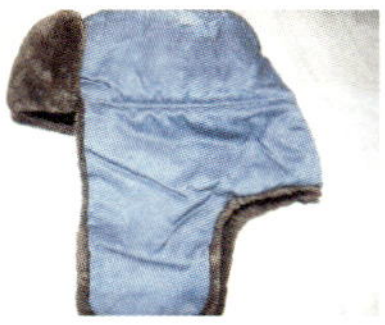

棉帽

干部帽

瓜皮帽

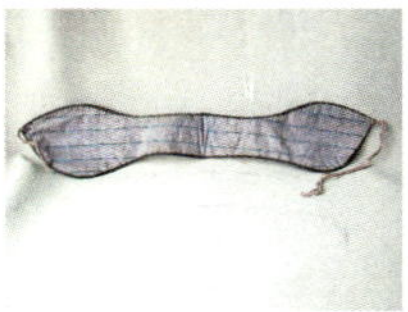

箍帽

虎头帽

礼帽

鸭舌帽

发式 男子发式。新中国成立前，平度城偶有留分头者，庄户农民多剃光头。新中国成立后，农村青年始渐蓄发，发式有平头、分头两种，县城青年及学生以留分头为多。20世纪80年代后，部分青年人喜蓄长发或染金丝发，部分中老年男人则将白发染黑。

女子发式。新中国成立前，女子发型为：幼时挽双髻，长大后梳一长辫垂背后，除丧事散发外，均扎红头绳。结婚拆开长辫挽一圆鬏于脑后，俗名“鬏鬏”。青年妇女额前留短发，谓“刘海”。妇女由剪独辫改梳两根短辫。20世纪50年代，时兴长辫、单辫、双辫。20世纪60年代，一度出现“白菜帮子头”。此后又有羊角辫、扎刷、马尾辫等样式。女童在头顶扎结两个小抓髻或小辫；青年女子扎双辫或拖长辫，通常是三股编结，下端多用红毛线或红绸条束扎，额前留一排“瓦古沿”。1966年秋，妇女所有发型一律剪成“齐耳发”或“齐肩发”，时称“革命头”。80年代后，城乡妇女发型呈多样化发展趋势，青年妇女以烫发为开端，逐步兴起披肩发、波浪发、卷发、拉直、盘头等，并将黑发染成金丝发。部分老年妇女则将白发染黑。

女子双辫

美容护肤 过去，平度民间美容没有特别讲究，常见游医为脸上有斑痣的人用镪水（硫酸）消除斑痣，俗称点“痦子”。20世纪六七十年代，普通群众洗手后多抹“口子油”，用以护肤防皴裂。80年代后，美容护肤业逐渐兴起，许多中青年妇女为追求美而去美容院祛斑、祛痣、祛皱、割双眼皮、修唇、修眉、戴假睫毛、增白、贴面膜等。

佩饰 旧时，平度妇女所戴首饰多为银质或铜质。其中，妇女多戴银质耳环、耳坠、戒指、手镯、头簪等，间或戴金戒指、金耳环；婴儿多戴长命锁、银项圈、手镯、银铃等；少年戴桃木雕品；青年男子多戴荷包。新中国成立后，戴首饰之习曾沉寂一

时，80年代后渐又兴起，男女婚娶均要置办“三金”（金戒指、金项链、金耳环），有的还要配置金耳钉、金手链、银手镯、玉项坠、头花等。

上衣　新中国成立前，春秋时节，普通百姓穿一表一里两层布的夹袄。夏天，男子或赤身露背或穿单衣单衫。冬季，中老年男人穿大襟棉袄，用宽布带子束腰；如穿对襟袄，则将两襟交叉于腹前再束带子。衣服纽扣均用布绳挽结，一般在衣襟上钉五至七副。商人、公务人员、教师，冬季内穿制服（中山服）或便衣，外穿长袍或棉大衣；春秋穿长衫或中山服。新中国成立后，厂矿职工穿工作服，学生穿三兜学生服，干部穿军干服，教师穿中山服等。农民、中老年人仍沿旧习，青年人不再束腰带。20世纪60年代后，青年男女上身仍穿便衣，改大襟为对襟。冬季，男女青年喜穿列宁式小大衣。儿童穿小棉袄，袖口用袜筒扎封，防止进风，外套单衣。困难家庭则一年到头一身衣，麦收前后把棉袄去掉棉花当单衣穿，秋天再絮上棉花变棉衣。“文化大革命”期间，西装少有人穿，穿绿军装成为时尚。80年代后，城乡男女衣着有了根本性变化，由军干服向西服转化，逐渐出现了长短衬衫、毛衣、针织衫、羊绒衫、蝙蝠衫、风衣、羽绒服、呢子大衣、T恤、夹克、皮衣、运动服、休闲服等以及棉背心、坎肩、马甲、睡衣、保暖内衣、塑身衣、打底衫、短外套、羊绒外套等新式上衣。即使在农村，自制衣服者已不多见，基本是购买成衣。

大襟棉袄

红卫兵服

民国蓝布褂子

中山装

衣服的布料，新中国成立前，平度民间多为自纺自织的老粗布，因织幅八寸，亦称“小布”。20世纪50年代，机关、学校工作者流行穿“苏联花布”。60年代后，棉织品的平纹布、斜纹布、灯芯绒等上市，老百姓凭布票购买。80年代后，布料渐由棉纺、混纺向化纤制品、毛制品、丝绸制品、竹纤制品等发展，具体顺序为：棉布、洋布、凡立丁、的确良、涤纶、人造丝、毛呢等。

下衣　20世纪50年代前，男女冬季均穿大裆裤，镶白腰。穿时，将腰围宽余部分于小腹前折向一边，用裤带束紧。中老年人束绑裤腿，男子夏天穿大裤衩子。六七十年代，青年妇女穿偏开口制服裤，穿裙子者很少。80年代后，男子流行穿喇叭裤、直筒裤、西服裤、老板裤、休闲裤等；女子流行穿健美裤、紧身裤、灯笼裤、微喇裤、铅笔裤、靴裤以及百褶裙、旗袍裙、连衣裙、超短裙等。牛仔裤、运动裤受到多数青年男女青睐。

鞋　过去，平度民间男女，一般穿自制的黑布帮、“千层底”鞋。缠足妇女穿“老嬷嬷鞋”，幼

自制千层底布鞋

童穿虎头鞋，乡村居民冬季常穿“蒲窝子”“棉乌拉”。20 世纪 80 年代后，鞋的款式不断增多，除传统布鞋、胶鞋、棉鞋外，又增加了运动鞋、旅游鞋、皮鞋、高跟鞋、凉鞋、拖鞋、松糕鞋、帆布鞋、高帮鞋、马丁鞋、高筒靴、短靴、雪地靴等鞋类，自制布鞋少有穿者。

其他配衬 过去，男人多用白、黑、兰三色布条做腰带，女人则用红色布条作腰带。本命年之人扎系红腰带，以求平安。商人、公务人员戴棉线或织绒手套。人们多穿白粗布袜、“挂袜”，小脚妇女用白“裹脚布”缠足，外穿自制布袜子。多用彩线绣制的鞋垫垫鞋，用套袖或围裙保护新衣，用抄袖或“手闷子”暖手，用腿带子扎腿。20 世纪 80 年代后，兴起扎皮腰带，布腰带多为年岁已高的老年人扎系。棉制、毛织、皮毛等制品手套花色多样。长筒袜成为穿裙子妇女的配套之物，棉线袜重又受到人们喜爱。人工鞋垫逐渐消失，取而代之的是各式各样的机制鞋垫。

禁忌 在岁时节令、婚嫁等喜庆日子，忌穿白、黑素色；外衣下摆忌毛边，据旧礼带毛边为丧服，穿了不吉利。子女在服孝期间，忌穿红戴黄，只能穿白灰黑等素色。衣服扣子忌订“四六”双数，俗语“四六不上身”。男人忌从晾晒的女人衣裤下通过。做寿衣忌用缎子（因谐音为“断”），恐断子绝孙。“九月不缝被，缝被孤寡盖着睡”；“六月不缝袄，缝袄穿着好送老”。男性的鞋，忌用五颜六色的布作鞋底，怕走上“邪路”。忌反穿衣服，翻盖被子，怕出门变天淋雨。褥子忌当被子盖。因褥子属阴、被子属阳，不能以阴犯阳，阴阳颠倒。婴儿衣物、妇女裤衩忌在院中过夜，怕沾上“邪气”。不戴别人帽子，怕压“运气”。忌将衣服穿在身上缝缀，否则会变“哑巴”；如不便脱衣，可让被缝人口噙一根草破之。俗语说：“穿着缝，穿着连，时时刻刻讨人嫌。”

二、饮食

新中国成立前，普通百姓通常是“半年糠菜半年粮”，饥饱问题得不到解决。新中国成立后，人们的饮食有了初步改善。但是，随着 20 世纪 60 年代严重的自然灾害，加之“五风”（共产风、浮夸风、命令风、干部特殊化风、瞎指挥风）影响，生活又陷入饥荒。直到七八十年代，中共十一届三中全会以后，人们才正式解决温饱问题。进入 21 世纪，食品市场供应更加丰富，人们的主食消费比重逐渐下降，副食消费比重日渐上升。人们在吃饱的基础上，更加注重饮食质量的提高，注重合理调整膳食结构，荤素搭配，粗细结合，注重食品的营养性、科学性、均衡性及多样性。快餐文化受到消费者青睐，绿色、健康饮食方式成为时尚。

主食 过去，平度乡村居民的早餐，一般以地瓜、饼子为常食，辅以玉米黏粥（俗称馇黏粥）或小米稀饭，就咸菜；中餐，有小米饭、玉米饼子，少有白面食品。逢年过节、过生日、来客人时，才吃饽饽、包子、饺子、面条等。

包饺子（2005 年摄）

蒸馒头

中午时有炒菜，根据季节和自种蔬菜安排，少有鱼肉禽蛋；晚餐，主食与菜肴一般等同早餐。20世纪80年代后，城乡居民始以白面、大米为主食，辅以玉米、小米、地瓜等杂粮，饺子、包子成为家常饭，想吃就吃。

副食　肉类以猪肉为主，辅有牛肉、羊肉、驴肉、骡马肉、狗肉、兔肉，以及由此经过加工形成的熟食品和“下水”食品。水产品比较丰富，鱼类、贝类、软体类、虾蟹类海鲜以及海生植物应有尽有。其中，平度城区及平北民间有每年春季向长辈送鱼（开凌梭或鲅鱼）的习俗。20世纪80年代前，民间所食禽蛋一般以自养自食为主。80年代后，随着规模化养殖兴起，人们食用禽蛋多到市场购买。城乡居民仍保有吃饭就咸菜、大葱蘸酱等民间家常吃法。零食品种逐渐丰富，除传统点心零食，西瓜子、南瓜子、松子、开心果、冰糖、口香糖、蛋糕、各式面包品种繁多。个人糕点作坊遍布城乡。

佐餐　20世纪80年代前，平度白酒酿造较少，喝水以井水为主，几乎没有喝茶的习惯，家庭条件好的城乡居民抚育婴幼儿，能喝上少量的奶粉，鲜奶几乎没有，果汁为稀罕之物。各地食用植物油，平北地区以花生油为主，平南地区以豆油为主，平西地区以棉籽油为主。80年代后，百姓餐桌上的酒类多了起来，不仅有粮食白酒，还有果木酒、葡萄酒（干红、干白）及各种啤酒。其中，平度自有白酒品牌有“苞米香”“玉液香”“魏碑”“秦汉”“兰底老烧”等，葡萄酒品牌有“狮王”等，啤酒品牌有“莘岛”等。部分乡村开始铺设自来水管道，喝上自来水，桶装、瓶装矿泉水、活化水、纯净水、山泉水等，开始陆续供应城乡居民。居民初饮茉莉花茶，后饮绿茶、红茶成为时尚。城乡居民喝奶的习惯逐渐形成，奶制品主要来自当地几处牛奶场以及外地流通本地的鲜奶制品，其中平度当地鲜奶品牌有“召德”“濛磊”等。苹果类、山楂类、桃类、梨类、葡萄类、芒果类、花生类、核桃类的果汁以及碳酸类的雪碧、可乐等种类繁多。居民大部分以食用花生油为主，兼食豆油、色拉油、混合油、玉米油、棉籽油、香油（芝麻油）等。农村油坊逐渐减少，但仍零星存在。

家常菜肴　凉拌菜有烧肉拌黄瓜、白菜心拌油条、芥茉拌菠菜、拌芹菜、热拌凉等；炒炖菜肴有白菜炖猪肉、土豆炖芸豆、韭菜（大葱）炒鸡蛋、煎淋刀鱼、红烧鲅鱼等；熟食有烧（烤）鸡，平度知名品牌为城区的“瘸子”烧鸡和“一品香”烧鸡、古岘镇的“腊杆子”烧鸡、兰底镇的“郑老六”烧鸡等，此外还有猪下货、香肠等。

饮食器物　过去，平度民间传统做饭用具，烧火用风匣（以李子园风匣最有名），蒸馒头用箅梁棍、箅子和盖垫，馇汤、炒菜用铁锅，擀面用案板和擀杖，切肉切菜用菜刀、菜墩，擦萝卜丝用礤床，和面用瓷盆或瓦盆，放米放面用瓦瓮，放馒头、饼子用饭罩子（干粮浅子），放筷子用箸笼子（匙笼子），盛菜用圆盘或条盘，盛汤用瓷碗，舀水用水瓢、水舀子，舀饭舀汤用铁勺、铝勺等，刷锅用抢子、炊帚，夹菜用筷子，捞饺子用笊篱，盛水用水瓮、水缸，吃饭用饭桌，放菜放饭用饭橱，出门走亲戚挎夹篓子（内放馒头、饼干），烧水用燎壶，泡茶用茶壶，装开水用暖瓶，喝酒用酒杯。新中国

箸笼子

成立后，随着工业的发展，市场的繁荣，炊具和餐具不断改进和更新，一些搪瓷、塑料、铝制、不锈钢炊具和餐具源源上市。20世纪80年代后，城市和乡村普遍使用蜂窝煤炉、鼓风机、液化气灶以及电饭锅、电炒锅、电饼铛、微波炉等做饭炒菜。

做饭燃料　20世纪80年代之前，作物收获后，秸秆全用于集体牲畜喂养，烧草一度匮乏。人们只好在冬闲季节到野外划拉草，在耕起的玉米地里拾薄袋（玉米楂），在收割后的豆地里拔豆楂，在收获后的麦田里刨麦楂，晒干后当草烧。80年代后，随着农业机械广泛应用，大牲畜喂养渐少，柴草有了富余，乡村居民做饭用的烧草得到满足，不少家庭用煤炭作燃料。进入21世纪，随着液化气灶的普及，原先的小麦秸秆、玉米秸秆多得用不了，不少被粉碎还田。

仪礼与禁忌　民间饮食中有许多约定俗成的“忌讳”或“道道”。客人没吃完饭或筵席未散忌收拾碗筷，清扫地面；宴席喝酒时，不能倒扣酒杯；饮酒划拳时，忌用小指出拳；民间有“送行饺子接风面”的俗语，故招待远方贵客第一顿饭不吃水饺；倒茶时，不能将壶嘴对人；出外作客，要入乡随俗，客随主便；进餐时，就座应分老幼尊卑，不能主动就于上位；主人未让吃菜前，不能自己先下手；夹菜时，筷子应有间歇，不能对喜爱的菜吃个没完；忌翻动餐桌上的鱼；一般情况下，不盛第二碗饭，免得主人因供应不足而难堪；席间，要“食不语”，更不能面向餐桌打喷嚏；主人陪客人进餐，有意识将速度放慢一些，不能在客人未吃毕前先收碗，引起客人不安；忌用筷子敲击餐具，俗谓“给猪诱食”；忌在灶旁说不吉利话，如“饭少啦”“饭不多啦”“不够吃”等等；待客上菜忌单数，而祭祀祖先时饭菜要单数、香3支、饽饽每摞5个；盛饭时忌勺子往外翻，忌窗口递饭，因为像对待犯人一样；吃梨时不能两人分一个，避讳“分离”之意。

三、居住

院落　一般由正屋、厢屋、院墙、街门组合而成，前后屋相互连接，各户正屋与天井之间纵横平行对接，形成有机的住户单元模式。每一格局前后一排两户临东西大街，通常是在第一排（最南面）院墙的东南角开街门，后排依次东西开门。院落内设有厢屋、平房、院墙、门楼等设施，均低于正屋高度。

20世纪50年代，民房建造材料通常为砖石座基到窗台，夯土或拖墼垒墙，木架梁檩，间宽2.5米左右，里净4米，麦草披屋，木质门窗，俗称“草房”。七八十年代，随着人口增多，村居逐渐南北伸张、东西扩充，村民新建房舍开始向砖石、水泥结构转变，墙壁厚度通常为25厘米，玻璃门窗，间宽3米，里净5米。90年代后，房屋结构为砖石、水泥加钢筋，红瓦覆盖，间宽3米，里净6米，屋檐出厦，多数带东西耳房，俗称“瓦房”。乡镇驻地或沿公路村庄路旁出现二三层楼房，多为个体私营业户所建。

室内陈设　过去，富裕之家多盖绸缎被。一般平民多盖印花被，而且夏天拆了被里当单被盖，冬天再套上棉套又成被。一般家庭一年到头一个枕头，内填麦草和旧衣物；家境好的枕绣花枕头，夏天枕凉席枕头，春、秋、冬枕布枕头。每户家庭均在堂屋正墙贴“福”字，下面靠墙摆碗橱。居室内房门，常挂门帘（由门帘、檐子、门帘钩组成）。20世纪80年代后，一般在住房中堂西间配置沙发、茶几、组合橱等作为客厅。进入21世纪，炕上或床上用品发展到了褥子、单被、棉被、床单、床罩、被罩。客厅由1间扩至2间，沙发、电视、组合音响取代旧有陈设。

照明　过去，民间多以自然采光照明，在屋内朝阳处安装棂子窗户，通常为9或11根，窗棂上糊透明薄纸采光。夜间多以油灯照明。20世纪50年代之前，以豆油、棉籽油、花生油等为燃料，60年代后以煤油等为燃料，灯具有瓶装煤油灯、罩子灯、马灯、保险灯、汽灯等。当时，大部分农家为节约燃料，在墙壁上留有灯窝，放一灯能照两间。80年代后，油灯逐渐淘汰，乡村普遍使用电灯照明，

各式灯具

灯具有白炽灯、荧光灯、节能灯、霓虹灯等。

取暖　平度冬季取暖主要以烧“火炕”增加寝室温度，亦有用黍糠、树枝、秸秆、玉米棒作为原料，放在炉膛内点燃后取暖者；有的做晚饭时在锅头里烧一块砖，烧热后用旧毛巾包裹放到被窝里取暖；有的利用葡萄糖瓶或热水袋灌热水暖被窝。20世纪70年代，人们闲散时有到墙根晒太阳的习惯，俗称“晒阳阳”。集体单位冬季多以煤炭为原料，用生铁炉子加烟筒取暖。80年代后，部分农户在炕旮旯（炕前）内火炕一侧，用砖泥垒砌方形炉子，通到炕洞内取暖，炉台上可烧水做饭两用，亦有用生铁炉子和煤球炉子取暖者。90年代后，乡村除了生炉子取暖，有的家庭用上了“土暖气”、电热毯；城区居民逐渐享用暖气集体供暖。

纳凉　过去，人们夏季纳凉，一般使用一种蒲草编制而成的扇子扇风，俗称蒲扇；中午炎热时分，有的人们不午睡，就相聚树荫下拉呱。到了夜晚，大人小孩搬出一种用麦秆草编制而成的长方形的草帘子（又称藁秸）铺到院子里或大街上，躺在上面，吹凉风，摇蒲扇，数星星，话家常，讲故事。老年妇女手提一种用麦秸草或玉米皮编制的“蒲团”席地而坐。进入20世纪90年代，人们夏季降温除用蒲扇，还使用各种纸扇，而且电风扇开始普及，个别富裕家庭还安装了空调。

禁忌　民间居住禁忌中，多带有迷信色彩，现在人多已不再讲究。

防三箭。即路箭、土箭和木箭，亦称“三冲”。路箭即一条笔直的道路，形似箭杆，直冲住宅。俗有“居处犯路箭，四季多灾难”之说。如已成定局，则在路箭直冲部位，竖一块大石，上刻“泰山石敢当”破之。木箭：即迎门正面长一棵笔直大树。土箭：即迎门正面竖有一堵纵向土墙。其破法与路箭同。

破邪恶。前后邻居房脊若高于自家房脊时，谓之明高，怕压运气，则在自家房脊上竖一块砖破之，寓意比邻居房屋高出了一砖。左右邻居房屋若高于自家房屋，则在自家房脊左右两端扣一个瓦盆破之，谓能化凶为吉。此外，不管是什么方向的院子，前院应低于后院，谓“前低后高，世出英豪”。同时前院应窄于后院，或者均等，谓能“聚财”。若后院窄于前院，即谓之“簸箕形”，钱财易外流。另外，院中积水要往前流，且忌倒流；天井不能呈“刀把子”形。

防晒根。凡木料都有根梢部位，木工制作架木时，十分注意架放的方向，只能将梢部面向太阳——向东或向南，不能向西或向北。这是因为“太阳晒树梢，世代出英豪”是吉兆，以避“太阳晒根，断子绝孙”之嫌。

忌用槐木、楸木。因槐字木旁有鬼，谚语云：“槐木不作梁，有鬼在一旁”。楸字木旁带“火”，犯忌讳。

忌用双数。椽子的根数和瓦的行数均忌用双数，据说木工始祖鲁班乳名“双”，为避其讳，自然以采用单数为佳。

忌乱植树。宅旁植树有讲究。民谣言：“前不栽桑，后不栽柳，当院不栽鬼拍手”（杨树），因“桑”与“丧”同音，柳为丧杖用木，杨树迎风，叶有响声，似鬼拍手，均视为不吉。民谣又言：“前梨树，后榆树，当院栽棵石榴树”，因梨为吉祥之果，榆树号称金钱树，石榴多子，均取吉祥之意；但如果栽了梨树，就不能再栽枣树，因枣与“早”

同音，“梨”与“离”同音，犯“早离”之嫌。此外，还有“院内院外不栽桃，栽上不哭就是嚎”的说法，等等。

四、出行

20世纪50年代前，出行工具主要为牲畜、马车和轿子，但能享用者甚少，多数人走亲访友、赶集上店等，全靠步行。民间常有雇毛驴当坐骑长途跋涉者，驴主人被称为“赶脚”的。城乡有推小车搞运输者，称为“推脚”。自行车很少，偶尔有用自行车载货或载人的，称“带脚”。农村主要使用木质独轮车推运庄稼、送肥运粮、赶集推脚。60年代后，胶胎独轮车、“大板车”出现，长途公共汽车，仅开通潍坊、烟台、莱阳、青岛、济南等线路。80年代后，木制大车逐步被拖拉机、农用三轮车取代。自行车由“国防”“金鹿”牌过渡到“永久”“凤凰”牌，并向变速自行车转变。摩托车逐步进入城乡居民家中。县城开始出现用于载人的脚蹬三轮车、三轮摩托车，后逐渐被以轿车为主体的出租车所取代。公共汽车由市区辐射各乡镇，成为普通百姓主要出行工具。进入21世纪，电动车进入平度市场，并以其省力、快捷得到城乡居民尤其是上下班青年妇女的青睐。

面包车、轿车逐步进入寻常百姓家，成为百姓出行代步工具。出远门坐火车、乘飞机不再是普通百姓的奢望。

过去人们出远门，一般要选择吉日。一般每

大板车

月农历的初五、十五、二十五不出远门，不在外住宿；下午不走亲戚、不看病人。民间俗语：“待要走，三、六、九；要回家，二、五、八。”即是说逢三、六、九日出行吉利，选择逢二、五、八日返家吉利。如今，仍有出远门者信奉这些说法。

出行迎送之礼在平度颇为流行。过去迎客一般要到村外，近年则到车站迎接居多，名为接站。客人、亲人、朋友到家，设酒饭款待，名为接风或洗尘、洗泥。远行或告别，治酒饭相送，名为饯行。送客至门外、至村外，或至车站，名为送站。平度民间一般风俗是，迎客吃面条，送客吃饺子，即俗语所说的“上马饺子下马面”。

第五节 生产习俗

一、农业生产

在平度，农业生产最忙的是“三夏”和“三秋”，它们分别代表一年中两个重要农事活动。“三夏”和“三秋”，即是农民根据时令收、种、管三项农事所定的名称。

“三夏”，是一年中第一个大忙时节，从每年5月下旬开始，至6月中旬结束。此时，上年秋季播下的麦子成熟，需要抢时间收割，颗粒归仓，有“忙煞忙，先打场”之说。一年中种植面积最多的玉米，需要不误农时栽种，并及时浇水、追肥、确保长成丰产架子。

“三秋”，是一年中的另一大忙时节，从每年10月下旬开始，至11月中旬结束。此时，要抓紧时间收获花生、玉米、地瓜、棉花，接下来播种冬小麦。谚语说得好，“三春不及一秋忙”。因为秋分过后，一遇冷空气活动，气温便会骤降，这就使得秋收、秋耕、秋种显得格外紧张。“三秋”大忙贵在“早”字，及时抢收秋作物可免受早霜冻和连阴雨的危害，适时早播冬作物可争取充分利用冬前的热量资源，使其苗齐苗壮，安全越冬，为来年奠定丰产的基础。

晒地瓜干

耕耘 20世纪60年代前，农村沿用传统的木质驴犋（犁犋）耕地。70年代，驴犋开始由木质向铁质转变。80年代后，除山区小地块，驴犋渐被农用拖拉机取代。土地翻耕后，用牛或骡马拉“耙”将坷垃（土块）耙碎、耙平。种植特殊庄稼，还要用腊条或棉槐条子再耢一遍，叫耢地。

播种 20世纪60年代前，农业播种主要用“双脚耧”“独脚耧”和“鱼鼓”（直通竹筒，中间置以扫帚苗，种谷黍撒种用），双脚耧、独脚耧均由漏斗、下槽、耧角和耧杆四部分组成。播种时用一头骡或牛拉动前行，一人在后面扶耧。漏斗与下槽之间有一“石弹”，扶耧者前行时左右摆动，使石弹形成左右惯力，带动竹枝拨动种子通过舱门均匀下滑。

施肥 民谚说，“庄稼一枝花，全靠粪当家”；“粪是庄稼宝，没它长不好”；“见粪不亲，饿断肠筋”；“种地不上粪，等于瞎胡混”；“人哄地一遍，地哄人一年”；“人哄地皮，地哄肚皮”；“有收无收在于水，收多收少在于肥”；“一个驴屎蛋儿，一碗小米饭儿”，体现了肥料对庄稼的重要性。旧时，没有化肥，庄稼全靠农家肥养活。如家畜的圈肥、鸡粪、人粪尿、绿肥、炕洞土、草木灰、湾泥等，以圈肥为主。一般情况下，马粪、羊粪、鸡粪、炕土属热性肥，宜作追肥使用；牛粪、杂草肥、茅房肥性平稳，宜施底肥；猪肥性凉，肥效迟缓，并有耐旱作用，宜施底肥；油脂肥料，肥效迅速，宜作追肥，追施瓜苗，可使味道甜美；草木灰含钾有壮杆作用，能防倒伏；炕土追烟田，可使烟叶味重。20世纪70年代后，农业用肥逐渐使用氨水、碳酸氢铵、磷肥、尿素、复合肥等，同时伴以土杂肥，个别有条件的农户使用棉籽饼。

浇灌 小麦自秋末播种，小雪前浇“封冻水”、开春浇“返青水”、收割前浇“灌浆水”。夏秋作物一般不水浇，旱情严重时才浇。

收割 20世纪70年代前，平度大部分作物收获采用传统的刀割、镢刨劳作方式，体力劳动繁重而效率低。收获时间上，多按照“八成熟，十成收；十成熟，两成丢”的经验操作。80年代后，收割小麦始用简易收割机，只是将麦子割倒，人工捆绑。进入21世纪，平度境内大部分小麦、部分玉米用联合收割机。

打场 小麦收打之前，要先整修场地，俗称“压场”。“打场”时，旧时都用碌碡碾场脱粒。当天清早将麦子摊在场上曝晒，中午翻动三遍，午后将牲口套上碌碡进行碾麦。碾三遍翻一次，碾九遍翻三次。接着是“起场“，用搂场筢将麦草一层一层起获，集中堆垛；麦粒集中成堆，趁风“扬场”。扬净的麦子再统一运到场上曝晒，晒干后入仓贮存。人民公社时期，生产队多使用脱粒机脱粒。一部分社员需源源不断地把麦裹子开腰散开推到脱粒机前，由一人将麦子塞入脱粒机；另一部分社员则一边接麦装袋，一边将喷出的麦穰叉走，堆垛，用苫苫盖。打场是一场体力活，为了“虎口夺粮”，一般要挑灯夜干，通宵达旦。学校放假，由老师组织学生深入田间捡拾麦穗，做到颗粒归仓。豆子、谷黍、高粱等多用碌碡碾场脱粒。20世纪末，随着联合收割机的广泛应用，主要粮食作物如小麦，直接在地里脱粒收获，人们从繁重的打场中解脱

出来。

看场院　场院是夏秋收获季节打场和晾晒粮食的场所。过去富户人家都有场院，面积一般200平方米左右。20世纪60年代，各生产队均建有场院，作为小麦、大豆、高粱、玉米等晾晒、脱粒、仓储场所。场院以北一般盖有3～5间场院屋，平时放置打场用具和牲畜料草，收获季节储存脱粒后的粮食。场院屋内，夜间有专人“望场”——看护粮草。80年代后，农村实行联产承包责任制，农村土地承包给个人，粮食收获后，各家在田间地头“压制”一块平地当场院，当天收获当天归仓。90年代后，由于农田收获实现联合收割机作业，过去的场院不复存在，村民晒粮多在自家的平房顶或水泥路上。

打场

二、农业用具

平度农村传统的耕种用具有驴犋、扛犁、独脚耧、双脚耧、耙、耢、耘锄、大镢、小镢、铁锨、铁镐、二齿钩子、小爪钩、锄头、粪箢子、镰刀等；运输用具有马车（大车）、牛车、驴车、木质独轮车、胶胎独轮车、地排车、小推车、扁担、滑子、绳子等；农畜使役用具有牛梭头、驾车套（含单套、背搭子、鞍子、肚带、搭腰、车襻等）、夹板套、脖套、笼头、笼嘴、缰绳、鞭子等。打场用具有两股木杈、三股木杈、铁叉、扫帚、木锨、搂场箢、捆板、连枷、磙子（混子）、碌碡、铡刀、筛子、草苫等；汲水工具有水筲、水罐、担杖、辘轳、水车、水斗等；盛具有升、斗、笸箩、簸箕、撮子、囤、麻袋、布袋、偏篓、粪篓子、筐子、提篮、网包等。除此，人民公社时期，生产队还有链轨车、小拖拉机、柴油机、脱粒机、扬场机、铡草机、播种机、水泵、喷雾器等机械工具。20世纪80年代后，联合收割机成为收获粮食的主角，电机、潜水泵成为各农户主要灌溉用具，农用三轮车成为主要运输工具。

双脚耧

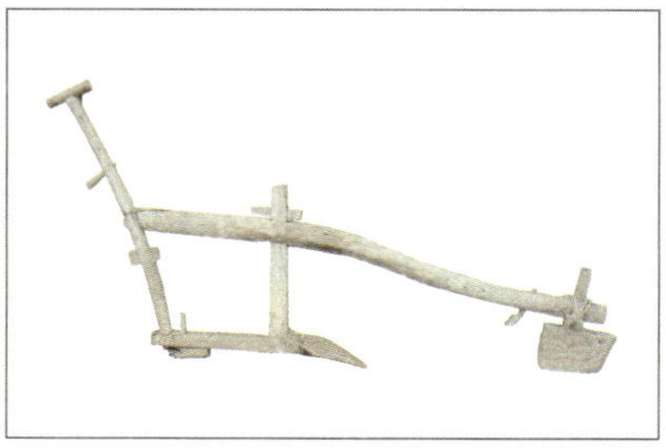

木犁犋

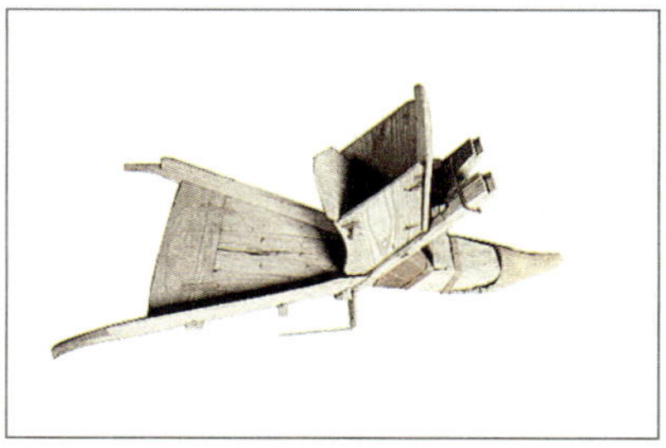

独角耧

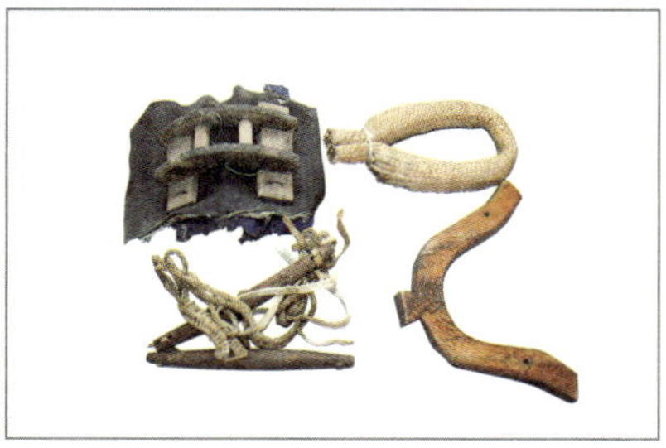

驾车套

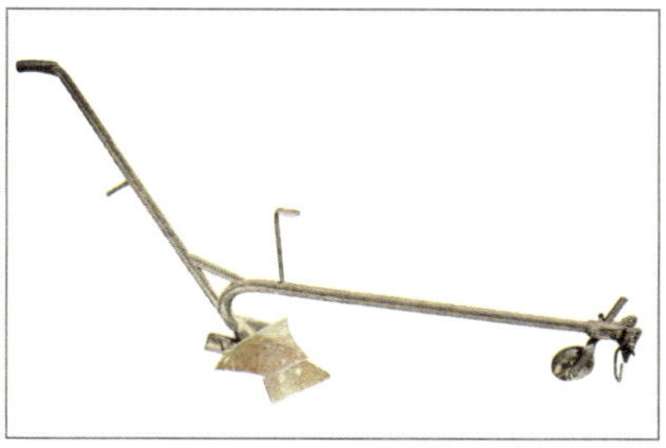

铁犁

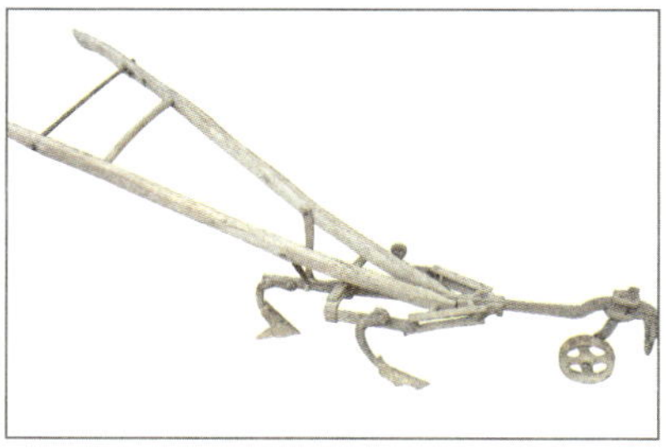

耘锄

三、林木生产

长期以来平度民间在林木生产中，流传着不少谚语，鼓励人们植树造林。如“家中富不富，先看宅旁树”；“要想长远富，莫忘多栽树”；“现在人养林，日后林养人”；“无灾人养林，有灾林养人”；“山上多栽树，等于修水库，雨多它能吞，雨少它能吐”。且在树木管理过程中形成一些形象惯用语言。如树木发芽叫“鼓嘴”“鼓芽”；变绿叫“泛青”；叶子舒展叫“扑啦叶”；果树现蕾叫“打骨朵”，又叫“花鼓嘴”，败花称“谢花”；结果称“手指顶大”“长成个”“熟透了”“离骨了”等。用材树，生长过程常形容其“鞭杆细”“粪筢杆细”“镢柄粗细”“对拃粗”“二拃粗”“一搂粗”“一人搂不过来”“两人合抱”等。

四、畜禽养殖

农家所养畜禽主要为猪、牛、马、驴、骡、兔、羊、狗、鸡、鸭、鹅等。养畜禽之所，通称为栏，如牛栏、马栏、鸡栏，亦称圈、棚。畜栏中架槽，有木制的，亦有石雕的，即称牛槽、马槽，统称牲口槽子。牲口栏须经常清扫、垫干土，清扫畜栏称“起栏”，垫干土称“垫栏”。

马、驴、骡在使役中要注意：一不打迎头鞭，恐打瞎眼睛；二不打暗冷鞭（即哑巴鞭），恐使孕畜堕胎。此外，马、驴、骡系圆蹄畜，需按时挂铁掌，俗称上蹄子。驮运使役回来，揭鞍后，须立即在背膀两侧猛击两掌，刺激神经突然呈紧张状态，防止感冒。接着牵拉转圈诱其卧地，充分滚动，舒展浑身筋骨活动血液，然后收缰上槽吃拌草。拌草是在饲草里（麦糠或谷草）加适量麦麸、玉米皮、谷糠等，混水搅拌而成。每天早上和晚间各拌一次，每次可拌 2 ~ 3 合子（合是拌草量的单位名称）。吃过拌草，接着饮水一次，然后上槽吃空草（即草里不加麸皮和水），使役回来，切忌先饮水后进食，恐得水结症。食后饮水也应先脱缰出槽让其滚动，然后饮水，在饮水过程中，还须拖动缰绳使饮水时有间歇，防止饮水过猛引起伤水。饲喂牲口，要重视夜草。谚语说：“马无夜草不肥”，“牲口要吃好，夜里要塞饱”。为不误夜草，农民常在牲口项下系一铜铃，牲口吃草，项铃即唧唧作响，主人可安然睡觉，一闻铃声停歇，赶快起来添草添料，这铜铃，俗名“报君知”。喂牲口的饲草要用铡刀细铡，铡出的短草，俗称“草节”，草节越短越好，农谚曰：“寸草铡三刀，没料也上膘”。

庄稼人常年与牲畜打交道，对牲畜的脾性特点也很有研究。如相牛之谚：“（好牛要）前裆放下斗，后裆放下手”，“前腿直似箭，力量大无限；后腿弯如弓，行走快如风”，“看犊看娘，儿肥母壮”。察驴之谚：“懒驴上套，不屙就尿”，“驴子是个怪，骑着倒比牵着快”。对于骑畜分得更细致：“驴骑后，马骑前，骡子骑在正当间。”

人们在役用牲畜、养殖家禽中形成许多常用沟通语言，俗称“调令”。如用耕牛耕地、拉车时，指示其靠右向走（称“外手”，下同），不间断地呼喊“啦啦……”；靠左向走（称“里手”，下同），呼喊“呖呖……”；往前走（加快速度时），呼喊“啊、啊……”；指示其停下歇息时（暂时住下），呼“喔……喔……”；饮水（在河边），轻呼“良、良……”。役用驴、骡、马，在乘挽驮拉时，靠右向走，喊“呼、呼……”；靠左向走，呼喊“嚅—噫……”；往前赶（加速度）呼“咿、咿……”；住下（暂时住下），喊“嚅……嚅！”；如套绳拌蹄则喊“抬蹄”。

呼唤猪、羊，一般用“巴巴巴，巴……!”，大一点的呼唤“喽喽……”；对狗的呼喊“羔，羔羔……！”；对猫呼喊“猫猫，猫猫猫！”；对鸡呼喊“鸡喽喽喽……!”；对鸭、鹅呼喊“鹅，鹅鹅鹅!”。养鸡场等大规模养殖时，以吹哨召集吃食。同时为制止畜禽恶行，也使用约定俗成的信号，并配合一定动作。

旧时，家养畜禽，如犯禁忌，均不宜久养。

忌“白头心”。如牛驴骡马头额上长白毛，俗称“白头心”，意为“孝顶”，于主人不利。若

自家繁殖的幼畜是“孝顶”，待断奶后廉价卖掉。

马忌三眼齐。马的印堂处长有旋纹，与眼平齐，主短寿（即活不长）。

驴忌命带短。驴的膀头两侧长有一条黑色毛带，延向腔门，如不及腔门即视为“命带短”，易短寿。

母驴忌鬼把门。在阴门左右长有相对两个旋纹，于主不利。

驴忌滴泪旋。膀头左右长有两个旋窝，叫“滴泪旋”。谓犯凶煞。

牛忌七星剑。正常的牛口里长有八个门牙，如缺少一个即为“七星剑”。犍牛怕对脐（脊旋与尿脐上下对照），母牛怕通脊（脊上无旋），均于主不吉。

猪忌媳妇脚。正常的猪蹄都是四个蹄甲，如有一个脚是独蹄，名谓“媳妇脚”，于主不利。猪尾梢上翘叫“蝎子尾”，于主不利。邻家的猪，误入宅院，认为是“黑煞神”冲门，视为不祥之兆，应立即赶出，并吐三口唾沫破之。

忌母鸡叫鸣。如发现母鸡有类似公鸡的鸣叫声，则认为是阴盛于阳，不吉不利，应即宰杀或卖掉，不宜久养。

五、行当

工匠　俗称“要手艺的”，其手艺绝活，一般家传，且“传男不传女”。到了老年，始收徒弟。平度民间工匠主要有木匠、铁匠、白铁匠、石匠、錾磨匠、瓦匠、窑匠、锔锅匠（箍炉子）、扎纸匠、鞋匠、修鞋匠、皮匠、杀猪匠（杀猪客）、剃头匠、银匠、柳条匠、篾匠、风匣匠、磨剪子抢菜刀匠等。

店铺、作坊　20世纪之初，平度城乡将制作与加工经营场所称为坊，如油坊、磨房、豆腐坊、粉坊、酱醋坊、烧烤坊、面食坊、染坊、织坊、纸坊等。随着时代变迁，称作坊的加工销售场所又更改为店、铺，如肉食铺、酱醋铺、包子铺、面食铺、茶食铺、火烧铺、车子铺、白铁铺、杂货铺、鞋帽铺、成衣铺、裁缝铺、中药铺、剃头铺、棺材铺、漂染铺、铁匠铺、木匠铺、当铺、药铺以及马车店、旅店、火烧店、酒店、商店、客店、茶店、米店、杂货店、书店、裱画店等。店铺是平度民间对坐商的俗称，习惯上称店面大的为“店”，店面小的为“铺”。乡村中的小零售店，过去叫铺子、小铺，现在时兴叫“小卖部”。店铺的营业场所称店面、铺面、门市、门面，店外配以招幌。

夫　民间通常将重体力劳动者称为“夫”，如车夫、轿夫、马夫、挑夫、脚夫、民夫、更夫、农夫、伙夫、屠夫等。称雇给富人当长工之人为“觅汉”。称十二、三岁的小男孩（童工）为“二更子”。到工夫市出卖力气称当“工夫”。进入21世纪，平度工夫市重又兴起，当工夫者不再下地干活，而是干一些搬运、家政服务方面的活。

其他行当　主要有驴经纪、货郎、膏药客、耍猴的、赊小鸡等。

第六节　岁时节令

一、春节

平度民间俗称“过年”“新年”。称腊月最后一天为春节的除日，除日晚上叫除夕、大年夜，民间称年三十、大年三十。除夕零点为两年的分水岭，俗语说：“一夜连双岁，五更分二年”。

忙年　除尘。腊月二十三为除尘日，也有在这一天之前或之后除尘的。各家各户清理室内、天井、院外的尘土与杂草；清除禽畜圈栏内的粪便垃圾，铺垫干土、干草，筹备饲料，洗刷槽池圈舍；归拢节日期间做饭用的烧草；清洗碗、碟、筷、勺等，使门里门外、上上下下焕然一新，以辞旧迎新。

赶年集。腊月二十三辞灶以后，城乡集市物品交易活跃，人们开始“赶年集”，置办年货。所购之物通常为鸡鸭鱼肉、烟酒糖茶、果蔬糕点、新衣新帽、鞋袜围巾、锅碗瓢盆以及纸香、蜡烛、香炉、烛台、鞭炮、年画、对联、灶码等。

蒸面食。腊月二十六，开始蒸大饽饽、枣饽饽、巧饼、豆包、糖包、年糕等。其中大饽饽出锅前点上红点以示吉祥。蒸面食时，忌讳外人进家，据说怕"踩坏"了过年的饽饽，不吉利，故常在天井内设专人应付来人来客。蒸熟的面食放在笸箩、面缸、篼篼、竹篓内，用干净白布盖好，放在阴冷处以防止干裂。面食常常吃到正月十五，因此年前蒸制面食不仅品种丰富而且数量也多。在年景不好、收成不济时，过年饽饽常用白面皮裹地瓜面、玉米面做成，俗称"假饽饽"。面食除了自家食用，还有专门用作"供祭"的10个年饽饽、上坟用的小饽饽和正月初三以后走亲戚"压篓子"用的各色巧饼等。

节前春联市场（2005年摄）

贴年画。年画是乡村过年不可缺少的美化家庭环境的艺术装饰品，有炕头画、门画、灶画、窗画等样式，涉及吉祥喜庆、风俗习惯、保吉除邪、故事喜剧、动物花鸟等题材。

贴窗花。年前，人们将窗棂上的旧纸清理干净，封上透光性能好的薄白纸，中间留出方孔或留一卷帘式的小窗，钉上一块玻璃，用以透光和对外瞭望，然后在玻璃中间贴上"双喜"或"十二生肖"等大红剪纸；将绘有四季花卉或带有民间故事情节的窗画贴在窗户顶部，弧形垂下；将绘有牡丹和莲花的两屏画，按"东莲花西牡丹"的讲究贴在窗户两侧，俗称"贴窗旁"。

贴对联。又称"贴对子"，除日前一天下午（或除日上午），家家户户贴对联。对联常以大红纸底、黑字为主，讲究对仗。常见有"忠厚传家久，诗书继世长""物华天宝，人杰地灵"等内容，也有与时俱进的新内容。对联通常贴糊在临街大门、堂屋门的正中偏上，白边垂下（平度城区则多白边朝上）。门框两侧与门框上面贴吉祥横批，平度东乡还在上门槛粘贴"过门签"。20世纪80年代后，城镇住楼居民渐多，大门多贴带有梅花、荷花、鲤鱼等吉祥图案的红底黄金色"福"字；乡村住户照壁墙与门外的墙上贴"福"字时，一般带坠联，坠联内容通常为"出门见喜"或"抬头大吉"等。贴福字亦有倒贴者，寓意"福到"家门。畜禽圈栏墙壁上贴"牛马王"画像，栏门两边贴"五谷丰登，六畜兴旺"等吉语。民间有"割麦子，贴对子"的俗语，形容这天男女老少的繁忙气氛可与割麦相比。

挂轴子。轴子，一般分"家堂轴子（亦称'祖影'）"和"财神轴子"两种，是平度过年的重要习俗。除日上午，家中堂屋北墙张挂苇帘，然后在苇帘上覆挂轴子，轴子左右挂莲花、牡丹长幅花屏。财神轴子一般与家堂轴子并列挂置，家堂轴子居西，财神轴子居东。若房间狭窄，则将财神轴子挂于东侧壁墙之上。若年内家族中有人亡故，要在轴子的适当位置填上亡者名字或姓氏，以示为死者亡灵确立了牌位。有的乡村老人亡故后，当年不上轴子，供放牌位或用红纸写上名氏，附在轴子下沿，第二年再填到轴子上。轴子一般从除日上午挂上，到正月初三早晨送走"老爹老妈"后请下。有的一直挂到正月十六早晨，与财神轴子一起请下。20世纪六七十年代，"破旧立新"，过春节曾一度不挂轴子。80年代后，习俗渐复，但形式上有了较大差异，有的只挂家堂轴子或财神轴子，有的仅供财神画像或已故长者牌位。

摆供品。轴子挂好后，下置供桌，桌前围上"桌

衣”，然后摆放供品。供品大致分四排摆放，由里及外的顺序是：第一排，摆新置的筷子、年糕、水果、糖块等。年糕要切成六角形（即将方形年糕的上端两角切去），插上七只或九只大红枣，站立摆

挂轴子（2005 年摄）

放在供桌右上角。第二排，“摆碗儿”，即摆放6 ~ 8个碗，内盛小米、炸脂、豆腐和各种菜饼，碗上覆以菠菜（拨财）、油菜（有财）、生菜（生财）等“碗头儿”。第三排，摆“三牲”，即鸡、鱼、猪。鸡须头、脚齐全的公鸡，最好摆出昂首展翅之状；鱼须带鳞之鱼，平度旧时多供鲞鱼（又名白鳞鱼，寓意吉祥如意），现多供黄鱼、鲤鱼，鲅鱼、刀鱼等无鳞鱼不能上供；猪为猪肉，一般供“方肉”，也有供猪头、猪心、猪肝者。第四排，摆大饽饽、香炉、蜡台，其中香炉居中，蜡台渐外，大饽饽在两角，一角一摞，一摞5个。现也有摆钱币者，旧时家堂轴子和财神轴子前要分别摆放供品，现多摆放一份共用。供品摆好后，要在桌前铺上谷秸草或草席等，以备叩拜之用。

包年饺子。除日下午，包过年饺子。饺子有荤、素两种，荤的除日晚饭时食用；素的“年五更”时食用。素馅饺子较为讲究，菜馅一般由白菜、萝卜、豆芽、豆腐、油条、粉丝等调和而成。饺子中还要放置金属硬币（俗称“钱饺子”）、红糖（寓意甜蜜）或枣、糕等。包好的饺子摆放在盖垫上，上面覆以用面粉做成的“钱绳”，用烧纸盖好。有的在上面放桃枝，以避凶邪。

扎天地棚。除日下午，在自家的天井中央或照壁后扎天地祭棚。棚中供奉以玉皇大帝为首的“天地万神”或“天地三界十方万灵真宰之神”牌位。供桌上摆放供品。“文化大革命”时期，祭祀天地神灵的习俗在民间被禁止。如今，此俗渐又恢复。

上年坟　在妇女们包过年饺子的同时，家族“五服”以内的男人，穿戴一新集结一起，拎着香、纸、鞭炮、小饽饽、酒水去上坟。上坟时先将供品摆到辈份最高的坟前，然后在各个坟头上压“茔顶”（烧纸），燃放鞭炮、烧纸、浇奠、叩头，请祖先回家过年。回家后，在街门内横放一木棍，俗称“拴马棍”，院中撒上秆草（谷秸草），门口撒麸子（喂马）。如此这般，祖先的神灵已经请回了家，落座在正北轴子的牌位上，然后开始按“旬”（每旬为三支，连续点烧）烧香。平度城区年除日下午不上坟，只在大门外“迎祖先”。

过年　接灶。灶王爷有两职责，即“上天言好事，下界保平安”。接灶就是除日下午把腊月二十三日送到天上“言好事“的灶神接回家中过年。接灶前在锅灶后设灶王爷神位，并摆放供品、祭器。接灶时烧纸、放鞭、点燃香火、磕头。

守岁。除夕晚上，家家户户香烟缭绕，烛光通明，全家男女老少围坐一起，喝茶酒、吃瓜子，说国情、话家常，称为“守岁”。平度守岁情形有两种，一种守到半夜，一种守到天明。守岁时有许多娱乐活动，长辈往往讲故事、说笑话，给孩子们猜谜语，以驱逐孩子们的睡意。除此之外还有玩游戏、打麻将、打扑克等。1983 年中央电视台推出春节联欢晚会后，全家人多聚在电视机旁，边看晚会边守岁，增添了新的乐趣。

接财神。五更时分，各家在正北案桌、天地神、灶王神牌位处各点燃三路香。同时点燃街门、堂门、房门两侧“门神”处的单路香。意寓先祖神灵、灶王神灵和各路天地之神都已经到了家里，只剩下财神还没有到家，于是到家的各神灵亦纷纷迎接财神

的到来。迎神时，家主先查看财神所处的八个方位，然后端着内放5只小饽饽、两双筷子、一刀纸、三路香、一杯黄酒和一把谷秸草的盘子走出街门，按灶码上指示的财神方向在路中或路口放好盘子，点燃谷草和纸香，年轻子孙则挑杆放鞭，浇奠磕头后，端盘回屋。此时家中女主人已经煮好饺子，男主人要端着饺子，再向各神位烧纸、浇奠、磕头。

吃年夜饺子。亦称吃年五更饺子。吃饺子前，要先给家中长辈磕头拜年。磕头时要说：“××，给您磕个头！”被拜者说：“好头啦，起来吃饺子吧。”无在世长辈的，则面向家堂轴子一叩首。叩完首全家人围坐在桌前吃饺子，子孙不在家，也要盛上一碗放在桌旁，以示他的存在。凡吃到包有硬币、红糖、年糕、大枣等有讲究的饺子，就预示着新的一年有好运。为此常有年轻子女提前留着肚子，以便能够多吃一些。其实对于这些有讲究的饺子，女主人在制作时就作了标记，或在出锅时使用不同的捞法（有硬币的饺子浮不起来），总能让新的一年里要考学、就工或有其他大事的子女如愿第一个吃到，或者吃到的最多，这其中包含了女主人的良苦用心和美好期愿。饭中吃出的硬币，盛放在小碟子内，放到供桌上供奉。吃完饺子后，长辈要给未成年子孙分磕头钱，亦称“压岁钱”。

拜年。吃完五更饺子后，小辈们开始出门给本支长辈磕头拜年。磕头前先问“过年好”，然后面对案桌上的轴子，边喊其长辈的尊称边磕头。礼

拜年（2005年摄）

毕，长辈也要给磕头钱。正月初一早晨或上午，本族男性老少之间相互拜年。进门问“过年好”，然后“朝上”对着轴子磕头，再对长辈分别一一磕头。改革开放后，本族女性正月初一上午也开始串门拜年。如今，同事、朋友和远方亲戚之间，一般通过电话、手机短信、电子邮件等形式拜年。

送年　又称“送神”，即正月初二午夜时分，（也有的在初三天亮前），将回家过年的先祖送回去。送年时，首先要将街门、堂门、房门打开，并燃烛烧香放鞭炮，供奉送年饺子，一般为猪肉白菜馅，分别在供桌、天井、锅灶、门口等处烧纸、浇奠、磕头。平度送年有两种方式，一种是直接送到墓地，一种是在门外十字路口烧纸即可。送完先祖后全家人围坐桌前吃饺子。

走亲戚　一般顺序是初二姥娘、初三丈人、初四姑、初五姨，而平度城区和南乡，初三才开始走亲戚。过去，走亲戚通常挎着竹篓子，篓内放置巧饼、饽饽等。20世纪80年代后，逐渐以点心、牛奶、酒类、饮料、水果等代替。

娱乐　正月初三开始，城乡一些村庄组织锣鼓、耍狮、舞龙、踩高跷等传统娱乐活动，较大村庄则聘请民间戏班露天搭台唱戏。小商小贩则走街串巷叫卖少年儿童所喜爱的泥老虎、摇拉猴、竹哨、糖球、麦牙糖等传统工艺品和小食品。民间许多娱乐活动多在正月十六前进行，故称“耍十五”。

祭生物　人们在祭祀天地神灵的同时，还将与生产生活密切相关的禽畜、五谷等生物，赋予固定的祭日。

禁忌　“年五更”烧火煮饺子时不能拉风箱，拉风箱寓意一年拉饥荒，又怕响声惊动神灵和祖先；说话办事要谨慎仔细、轻柔和蔼，不能大声吆喝，不打骂孩子；说话时尽量避开死、穷、病、输等不吉利言语和谐音；馒头风干裂纹要说“笑了”，饺子煮碎了要说“挣了”；吃年夜饺子可蘸醋、蘸酱油、吃芥茉，但不能吃蒜。打碎家什器具要说“岁岁（碎碎）平安”；“年五更”死人，要在街门封

上黄烧纸，不报庙、不发丧、不哭泣，待过了初一以后再办丧事。初三之前不扫地，扫地意味着对祖先不敬，也会扫走财运；出嫁闺女不能在家过年；不过初三，脏水不外倒，不洗头，不洗脚，不洗衣。

二、元宵节

民间俗称“过十五”。平度人过“十五”，有祭神祖、送灯、照灯、放烟火等习俗。

蒸面食　从正月十三开始，蒸制“圣虫”（蛇、金蟾、刺猬、金鱼等）、“圣鸡”“面灯”等面食，除了做供品，还放在粮缸里。用豆面蒸制的鸡狗等生肖灯，在背部按出灯碗，蒸熟后插上棉芯，于正月十五晚上添上豆油或花生油点燃，分别放在窝棚处。正北供桌上放莲花灯，据说其燃油发热后冒出的小泡泡形状象“五谷”的哪一种，就意味着这一年哪种庄稼会有好收成。水缸里放“金蟾灯”。亦有用棘条制作摇钱树，主杆上缠绕面蛇，刺上扎小面元宝的。

圣虫（2005 年摄）

送灯　正月十五夜暮降临，人们提着灯笼，拿着小蜡烛或面灯到祖坟上送灯。送灯时，将点燃的灯烛分别插在坟头的避风处，以示为先祖照明。亦可提着灯笼围绕坟墓转三圈。此俗延续至今。

挂街灯　20 世纪 80 年代后，正月十五城乡居民多在自家街门前挂大红灯笼，城区高层建筑物和主要街道的树上也披挂各色彩灯，使城区街道呈现出“火树银花不夜天”的绚丽景色。

吃元宵　20 世纪 80 年代前，平度民间闹元宵的习俗并不十分盛行，乡村农家多以黍米粉自制元宵或包饺子代替元宵。90 年代后，吃元宵气氛开始浓厚起来。滚元宵成为正月市场上的一个亮点，元宵现滚现卖，生意十分红火。常见元宵以糯米为主料，裹以豆沙、黑白芝麻、花生、果脯等馅。

放烟火　过去大村有组织抢“灯笼花”的习俗。20 世纪 90 年代前，农家正月十五前买嘀嗒金、泥锅子、二起脚、爆仗等，供小孩燃放。90 年代后，烟火的种类越来越多，礼炮、礼花、钻天猴、震天雷等花样不断翻新。

文艺演出　20 世纪 80 年代后，市文化部门常常于正月十五之前，组织民间文艺演出活动，全市 30 处镇（街道）均派代表队参加。代表队由市体育场出发到人民会堂，沿红旗路舞龙、舞狮、跑旱船、跑高跷、扭秧歌、打腰鼓等。农村亦有自发组织锣鼓队、秧歌队在村中演出者。

三、立春

俗称“打春”，是农历二十四节气中的第一个节气，标志着春天来临，气温逐渐回升，但平度地区多数年份还有一个多月的寒冷天气。立春有不少禁忌，如打春这天，出嫁的闺女不能住在娘家，即使在娘家，也要在打春的时辰到外面躲一躲。一年两个立春日，忌结婚，俗说“一年两个春，死了丈夫断了根”。又说，“一年打俩春，带毛的贵起金”。

四、二月二

农历二月二，俗称“龙抬头”。民谚说：“二月二，龙抬头；大仓满，小仓流”。宋代以后此节日和惊蛰联系在一起，并在民间演变成为驱虫害、祈丰收的习俗。明清以后民间又有了打灰囤、煎饼、熏虫、炒豆等习俗，沿续至今。

打囤　早晨日出前，家家户户在天井、门口、场院，用草木灰撒成一个直径 2 ~ 3 米的圆圈，圈内放上五谷杂粮，叫做“撒囤子”；囤子一旁撒上一个梯子形，叫做“囤梯”。若这天天晴无云，即预示着粮食丰收，若“灰囤”被风刮散，则预示年景欠收。同时，要将自己家中的石磨抬起，表示“龙抬头”。如今此习俗随着石磨淘汰而消失。

炒豆　二月二前，平度民间有炒食“棋子”、糖豆及地瓜梗等习俗。炒“棋子”，即将黍米糕掺以白面、白糖，擀成薄饼，切成菱形小块，晾干后，放在锅里炒熟，用手抓着吃。炒糖豆，即将黄豆放在糖水里浸泡，粘上面粉晾干，放到锅里慢火炒成焦熟而食，亦有不加糖者谓“炒黄豆”。炒地瓜梗，即将收获后的鲜地瓜切成条状放到锅里蒸熟晒干，节前将其烘炒至焦黄，脆甜可口。

薰虫　二月二清晨，在正北桌上进香礼拜后，点燃过年祭祀时剩下的蜡烛，照亮屋内各处，以驱逐屋内的蝎子、蜈蚣、臭虫等毒虫，消除病灾。民间传说，将要出蛰的虫子被亮光晃照后，会自动掉落，故有“二月二，照房梁，蝎子蜈蚣没处藏”的俗语。节日这天，民间忌动剪刀和其他刀具，妇女不准做针线活，以免刺伤了龙眼与龙体。

上工　旧时二月二，为觅汉“上工日”。扛活的觅汉（又称“长工”）即日到东家上工。长工进家后，东家要管一顿比较好的饭菜，吃饽饽，喝黄酒，席间长工要说些吉利话。礼后开始挑水、扫院、喂牲口，一年的农活，都由觅汉劳作。故有“雇不着好工夫（短工）穷一天，寻不着好觅汉穷一年”的俗语。从此觅汉开始了一年“下雨打苫，刮风扛石头”的长工生活。

五、清明节

立春之后的第六十天即清明节。

吃冷食　清明节前一天为“寒食节”，相传是春秋时期晋文公为纪念救命恩人介子推而在这天禁止烟火、不准烧火做饭，故称“寒食节”。明清以后，寒食节逐渐和清明节融为一体，并将祭祖、扫墓等礼数融为一体。旧时寒食节不举火、吃冷食，后来逐步改为“日出后不举火”，即日出前做好早饭，日落后做晚饭。清明节必需的寒食是鸡蛋（或鸭蛋、鹅蛋）。平度民间有“吃鸡蛋，明眼睛”“吃鸡蛋，免雹灾”“吃葱，聪明”等说法。20世纪80年代前，乡村儿童有“斗蛋”游戏，即用蛋与蛋相撞，看谁的蛋硬，破者为输。现食蛋、斗蛋之俗有所减少。

打秋千　俗称“打悠千”，一般于清明、寒食时节进行。秋千形式主要有“转秋千”和“月秋千”二种。转秋千是一种可以同时乘坐多人的多座位秋千。民间“三险”——骑马、坐船、打秋千，其中的“打秋千”即指打转秋千。月秋千是一般人家所架的秋千，比转秋千相对简易、安全。打秋千有运动和娱乐的功能，也兼有信仰上的原由。俗谚曰：“悠一悠，不长秋”，说是春天打了秋千，秋天不招瘟疫。以此，男女老少，都踊跃前来“悠一悠”。打秋千的花样很多，有“独立”“独坐”“单人跪驱”“捞鱼摸虾”“拾物件”等，一般根据个人的兴趣和身体状况选择娱乐形式。

扫墓　民间叫“上坟”，清明前几天人们要到祖坟添土、祭奠。添土有讲究，只有父母双亡，坟顶才能尖起，若一方尚在，坟顶要平成长圆形。清明上坟添土，说明还有后代，如清明前后坟上没有新土则认为是后继无人。上坟时摆上供品，烧香、烧纸、祭酒、磕头。父母双亡者，闺女要在清明第二天（开明日）到坟前祭奠。现在闺女也可在节前或清明这天上坟。新中国成立后，政府在清明节之前，组织机关、团体、学生，集体为革命烈士扫墓。

树碑　20世纪60年代末，乡村坟碑被毁。80年代后，逐渐恢复为已故先辈树碑习俗。一般是清明节前，子女为父母双亡三年以上的亲人立碑。城区有许多居民在西北紫荆山购置墓地，为亲人殡葬树碑。

戴片松　清明早晨，乡村百姓纷纷到庙前、墓地寻找松柏，采掐带有浓烈松香味的片松戴在男孩的帽子上或女孩的发间，以祈“清醒”“长寿”。此外，也有门边上插柳条、松条者，以祈“降福”“避邪”。

春游　清明是踏青的好时节，故清明节亦称

踏青节。踏青也叫行青、探春、寻春、郊游，即现代所说的春游。

春游（2005 年摄）

六、端午节

农历五月五日。节日起源说法不一，一般认为是纪念五月五日投汨罗江自尽的楚国大夫屈原的节日。

吃粽子　端午节之前，人们从湾里打来苇叶晾干，同时泡好糯米、红枣、花生等，然后用 4 ~ 5 片泡湿的苇叶包粽子。20 世纪 80 年代后，吃粽子已不仅限于端午节，平时人们也常食用。

系五索　端午节要给孩子系五索（五彩线）。端午节清晨，孩童未醒时，母亲悄悄地在孩子的手脖、脚脖系上五彩线，意为锁住生命，驱“五毒”（蝎、蛇、蜈蚣、壁虎、蟾蜍）。五索线须在端午节后第一场雨时剪掉，放入院内的“阳沟”里，望“五索”化为龙，升天佑人。20 世纪 70 年代前，乡村房屋陈旧，宜孳生“五毒”，系“五索”驱“五毒”寓意明确。80 年代后，随着住房条件改善，“五毒”和人畜寄生虫逐渐消失。但乡村至今仍有为小孩系五索线的习俗。

戴香袋　端午节前母亲要为小孩制作“香布袋”。香布袋用彩色绸缎布料制作而成，形状有月牙、元宝和球状不等，袋内装有艾蒿叶、香料等，戴在身上香气四溢，意为驱瘟避邪。

插艾蒿　端午节清晨，乡村人家从田园、井旁割回艾蒿，插在门楼上，意在“避邪”。日出前，用手绢将艾叶上的露水珠接下来，擦眼洗脸，俗称“拉露水”，据说可医眼病。艾蒿晒干后，也可在夏日乘凉时燃其驱蚊。

插艾蒿

七、过半年

平度民间多将农历六月初一，称作“半年”，只有西北少数村庄和家庭定为七月初一。这天中午，农家吃新麦饺子，并拿新麦馒头上坟祭祖。此俗延续至今。

八、入伏

夏至后第三个庚日，为初伏（俗称入伏），第四个庚日为中伏，立秋后第一个庚日为末伏（俗称“秋后一伏”），统称“三伏”。中伏是一年中天气最热的时节，民间有“热在三伏，冷在三九”之说。入伏这天，民间有吃面条的习俗，意为耐热，此俗至今在乡村流行。

九、六月六

民间有“六月六，看谷秀”的俗语。此时为夏闲时日，田野里的谷子秀穗，秋作物立杆，农民在炎热季节暂作夏闲。此日中午有吃包子的习俗，延续至今。

十、立秋

立秋，标志炎热的夏天即将过去。尽管中午

还相当炎热，但早晚变得格外凉爽。由于秋后还有一伏（末伏），有时觉得很热，故有“秋老虎”之说。不过“一场秋雨，一场寒”，若秋后不断有雨飘落，天气逐渐会变得清冷。立秋后河塘里的水渐凉，人们不再露天洗澡。民间立秋中午有吃包子的习俗。立秋即过，蟋蟀等秋虫晚间便开始发出“吱吱”叫声。

十一、乞巧节

农历七月初七。相传此日为牛郎织女相会之日。但平度北境与莱州接壤的大泽山等地却提前一天过。起因是明代莱州知府朱万年为平剿孔有德叛军壮烈牺牲日，即在七月初七，人们为了避讳朱公忌日，于七月初六过此节。此俗波及平度北乡。

鹊桥会　相传每年七月初七，喜鹊都飞上天去为牛郎织女搭鹊桥相会。故乞巧节前后，细雨淋淋，看不到喜鹊的踪影。人们认为喜鹊聚集“天河”，为牛郎织女搭桥去了。

乞巧　20 世纪 60 年代之前，乡村未成年女孩有祭拜织女乞巧的活动。这天夜里，她们聚集在一起，设案焚香燃烛供奉织女画像，供品都是女孩们自己购、制的西瓜、甜瓜、红枣、花生、巧饼、糖果、绿豆芽、大麦芽、鲜花等。祭拜时常举行穿针、引线、抛绣针、香草占卜、浮针试巧、做菜等游戏和技艺。20 世纪 60 年代后，此俗逐渐淡化消失。

兰闺乞巧图

制作巧饼　乞巧节前几天，平度乡村有制作、烘烤巧饼的习俗。制作巧饼的模具（俗称磕子）多用杨柳木刻制而成，内嵌猴、金鱼、蝉、寿桃、莲蓬、篓子等多种动植物图案，通常有单磕、一连四、一连六、一连十（“十样景”）等。20 世纪 90 年代后，随着副食品的丰富，城乡家庭制作巧饼的习俗逐渐淡化。

十二、财神会

农历七月二十二日。传说唐太宗李世民东征路过大泽山，当地百姓用最好的“龙眼”葡萄前来进贡。因“龙眼”犯忌，李世民遂将“龙眼”赐名“狮子眼”，赐名这天，正是农历七月二十二。恰巧这一年风调雨顺，五谷丰登，于是百姓杀鸡宰鹅，燃放炮竹，以示纪念。后逐渐演变为农民的传统节日——财神节，也叫“财神生日”。过去，财神节是做买卖人的节日，20 世纪 90 年代后逐渐成为城乡百姓普遍庆贺的节日。

十三、中秋节

农历八月十五日，亦称“团圆节”。送月饼为主要习俗。如今，除了送月饼，人们还送烧鸡、送葡萄、送酒、送螃蟹等。八月十五第二天，出嫁闺女要回娘家，看望父母，并捎去月饼、烧鸡等礼品。

十四、重阳节

农历九月九日。旧时子女要为老人送长寿衣（秋衣），为 60 岁以上长辈做寿桃、设长寿宴，吃长寿面。1988 年 7 月，山东省人民政府把重阳节定为老人节后，人们对重阳节愈加重视。节日前后，不少单位组织老人外出旅游观光，以示祝贺。分居的儿女也回家与老人团聚，以表孝敬之心。

十五、寒衣节

农历十月初一，又称“鬼节”。农历十月，天气日渐寒冷，人们在自身御寒的时候，想起死去的亲人也该添加衣裳了，于是便买来五色的纸糊制成寒衣，焚烧后送往阴曹地府，供先亡亲人保暖。旧时送寒衣时，衣裤鞋帽要成套，还要加些冥币纸钱，以备故人衣物不足时在“冥间”再行添置。祭烧时，要一边念叨先人称谓，一边用小木棍拨弄火灰，使其盘旋扬起，意为先人灵魂已经前来领取。现“送寒衣”已少扎材，多数只烧纸祭奠。

十六、冬至

平度民间有“过了冬，一天长一葱”的俗语以及吃饺子习俗。冬至“交九”，进入一年中最寒冷的季节。人们根据冬至这天天气预测当年的寒暖时，有“冬在头，冻死牛；冬在中，暖烘烘；冬在尾，冻死鬼”之说。

十七、腊八

农历十二月初八。腊八节早晨，平度民间多用大米、小米、红豆、绿豆、黄豆、花生、小麦、玉米等八种粮食和红枣、栗子、莲子等干果，煮成粘稠稀饭而食。过了腊八，就有了年味。旧时民谣有“嫚儿嫚儿，你别馋，过了腊八望见年”之语。昔日私塾也有“过了腊八，师傅拉撒”的说法。

腊八施粥图

十八、辞灶

农历十二月二十三日，又称“过小年”。旧时平度有“庄户三买卖四，王八待诏二十五日辞”的顺口溜，亦有“官三民四，和尚道士二十五辞”之说。现已不分官、民、生意人，均在二十三日辞灶，旧时此日傍晚要置酒给灶王饯行，并供以麦芽糖，意在粘住他的嘴，以防他上天后“胡说”，现只沿阖家吃水饺之习俗。辞灶这天下午，各家将请回的灶码，剪下上半部分贴在房门显眼处，以供年内掌握农时。晚饭前辞灶时，将下半部分写有“上天言好事，下界降吉祥”的灶像，贴在锅台的壁子上；将灶码顶端裁下的小白马，连同烧纸一并放到盘子内，端到天井焚烧祭拜，意为送灶王爷上天。

十九、新兴节日

新兴节日多为阳历，包括法定节日和外来节日。这类节日，对城镇居民和公职人员影响较大，对乡村居民影响较小，但随着城乡交流的扩大，有些节日逐渐成为民俗节日。

国家法定节日主要有元旦（1月1日）、“三八”妇女节、植树节（3月12日）、“五一”劳动节、“五四”青年节、“六一”儿童节、党的生日（7月1日）、“八一”建军节、教师节（9月10日）、国庆节（10月1日），其中“五一”“十一”假期较长，俗称“黄金周”，人们多于此间外出旅游、团聚、婚嫁。其他节日仅限相关单位举办一些庆祝活动。

外来节日有情人节（2月14日）、母亲节（5月的第二个星期天）、父亲节（6月的第三个星期天）、圣诞节（12月25日）等。节日期间，人们或赠送鲜花、礼物，或与家人团聚。

第七节 其他民俗

一、贺诞

即诞生日庆贺。平度不同年龄的庆贺形式有所不同。

过生日 多为孩子和青少年的生日庆贺活动，戏称“长尾巴”。过生日，一般要置办好酒好菜、买生日蛋糕、喝“长寿面”。喝长寿面忌将面条咬断，要把整根面条一次吃进去。母亲要在早上煮个鸡蛋，从小孩的头顶滚下来，取长寿之意。近年来，儿童和青少年生日越过越隆重，给孩子买玩具、送贺卡、食品、衣物等已很常见，中学生的生日聚会也很普遍。

做寿　一般指60岁以上的老人诞生日的庆贺活动。60岁寿诞后，“五年一小庆，十年一大庆”。70岁以后更为重视，有70大寿、80上寿、90老寿、百岁期颐盛大庆贺活动。做寿时，要别于往常，置办酒席，全家齐聚，为老人祝寿。常见的寿礼有衣物、鸡鸭鱼肉、酒、真寿桃或面塑寿桃等。旧时，多在男性大寿时“惊动”亲戚；现在，男女大寿均邀请亲友参加。平度人尤重80寿诞，这一天，全家人都要梳洗打扮，寿星更要穿戴一新，接受晚辈磕头拜寿、敬献寿礼。

禁忌　孩子过生日时不能打骂，否则会“活不长”或“当年不顺当”。民间认为，寿命有关口，“三十三大拐弯；五十五，阎王数一数，六十六，不死掉块肉；七十三，八十四，阎王不叫自己去。”人们为了长寿，在这些坎儿年时往往倍加小心，想法“破解”，常用的方法是穿红裤头、红袜子、红上衣，扎红腰带，传说红色可以避邪消灾。祝沟、旧店、云山一带还在49岁之时过“安九年”，邀请兄弟姊妹参加。此外平度民间也有41岁和100岁的岁数忌讳，即在41岁和100岁时不能实说岁数，有“41是属驴的（或与老驴同岁）”“100岁和王八同岁”等因由。

二、贺房

平度民间盖房是大事。上梁（俗称“起屋”）时间，多选用卯、辰时，即上午5～9时，取“旭日东升”之意。上梁之日，主人要给新屋明柱贴对联，上写“吉星高照”“上梁大吉”“太公在此”“百福齐臻”“上梁迎百福，立柱纳千祥”“上梁黄道日，立柱祥云风”“上梁欣逢黄道日，立柱正遇紫微星”等语。上梁时，中脊檩上均系有红布袋，袋内装有五谷，取“五谷丰登”之意。系红布袋的红线绳上按东西方向别进一双筷子，取“快发家致富”之意；而东西方向，则取“东西”二字，意即拿着筷子能吃上东西。也有在“上梁大吉”字上钉五色布、铜钱和筷子的。然后是放鞭炮、浇梁。浇梁有两种，一种用酒浇，屋主面对中梁焚香叩头，供品有鸡、鱼，然后用酒顺着梁的两端来回浇三遍。一种是用水浇，谓水能克火，可免火灾。当中梁架于房上之后，一人用半桶水从梁上泼浇下来。浇梁之后，接着撒上梁饽饽。一般由木匠拿着装有100个小饽饽的升站在梁上向下撒，抛撒时还配以糖块、花生、红枣等。该日，亲戚、朋友、邻舍要送酒及其他礼品，屋主要予以答谢，并开办酒席宴请木工、瓦工及助工的乡邻，喝“起屋”酒。

附：上梁歌

屋主先在正间地上放一张方桌，摆上蜡烛、香炉、大饽饽、鱼，焚香、酒祭后，主持人便开始主持上梁的仪式，唱道：

我抬头，迎面看，小桌子在迎面。（推开门进去时）

一对鲜鱼瞪眼鲜，
好似凤凰戏牡丹，
好似二龙把珠含。

浇梁头、浇梁头，先盖瓦屋后盖楼；（浇梁头）
浇梁中、浇梁中，盖了正厅盖后厅；（浇梁中）
浇梁尾、浇梁尾，金银财宝往里随。（浇梁尾）

登一登，上一上，木瓦良匠来上梁，（登梯子上时）

我伸手接柳斗，这个柳斗圆又圆，（接柳斗时）

又盛米来又盛面，金银财宝在里面。

金斗开、银斗开，我把包袱掖起来，（揭开包袱时）

伸手掏出小红包，红包掖在我的腰，（斗里有两个红包，分别给木匠、瓦匠）

不打东，不打西，先打修主当家的，（扔梁上最大的两个饽饽）

掌柜的向前来，一对饽饽装满怀，（掌柜上前接饽饽时）

掌柜的接得好，好似空中掉元宝。

掌柜的你包好，拿着饽饽往家跑。

梁是好梁，木是好木，（上房脊时）

根部达到东大海，

梢部达到山西和洛阳。

先打东方甲乙木，金银财宝无其数，（扔梁上较大的饽饽）

再打南方丙丁火，金银财宝无处搁，

再打西方庚辛金，金银财宝往里进，

后打北方壬癸水，金银财宝往里随，

抢饽饽不用忙，下面还有烟和糖，（扔最小饽饽和糖时）

抢了烟和糖，谢谢乡邻来捧场。

三、温锅

房主乔迁新居时，亲戚朋友一般要来祝贺，俗称“温锅”。搬迁之日，喜在黎明时行动。搬迁物件，先锅灶后其他。中午，阖家在新居处吃一顿饺子饭，称“安家饭”。搬家后的第三天，亲戚朋友携带面食及其他礼品来祝贺，主人以好饭招待。

第五章 方 言

第一节 概 说

一、平度方言的特点

平度方言属于汉语官话方言的胶辽官话，具有胶辽官话中胶东半岛和潍坊地区两方言的过渡特点，情况比较复杂。

平度境内方言比较一致的特点在语音方面有：声母分类较细，例如，分尖团，“精经”“清轻”“星兴”等各对字不同音；北京 tʂ tʂʻ ʂ 声母的字在平度读为两套，即“争蒸”“巢潮”“生声”等各对字不同音；平度方言还有一套齿间音 tθ tθʻ θ，如“资刺思”等字的声母。韵母趋于简化，例如，单元音韵母较多，北京读复合元音韵母 ai（uai）和 au（iau）的字，像“爱（外）”“袄（要）”等，平度人读单元音韵母 ɛ（uɛ）和 ɔ（iɔ）；没有前鼻辅音韵尾 n，北京的 an（ian uan yan）、ən（in uən yn）等韵母，如“安（烟弯渊）”“恩（音温云）”等字的韵母，平度是鼻化元音韵母 ã（iã uã yã）和 ə̃（iə̃ uə̃ yə̃）。声调的显著特点是北京读去声的字（来自古代全浊上声、去声及次浊入声）在平度读为阴平和阳平，其分化没有严格的规律，其中许多字还存在两读现象。

词汇方面：平度方言拥有相当数量的特有词语，例如：“埝儿”（地方）、“疃儿”（村子）、“景儿”（事情、门道）、“胡秫”（高粱）、“瓜齑”（咸菜）、“睏”（睡）、“稳”（安放）、“菢”（禽孵蛋、畜产仔）、“狗臊”（吝啬）、“冷大景的”（冷不防，突然）等。除去保存古汉语的一些词语外，还吸收了当前通行的普通话词语，前者如“将媳妇”（娶媳妇）、“夜来”（昨天）、“杌子”（一种方凳）等，后者如“帅”（英俊、潇洒、好）。平度方言还有相当数量的同义词，例如，表示普通话“从”的介词有“打、曼、捞、把”等；用于表程度深的副词除了有广用的可以修饰不同形容词的“挺、杠、老”以外，还有窄用的只限于修饰一两个形容词的“焦、甘、悲、死、齁、乔、酥、巴、稀、喷、烘、冰、乌、雪、通、铮、崩、精、胶、钢”等等。这些，都使平度方言词汇具有十分丰富的特色。

平度方言显著的语法特点如：形容词程度深浅的表示方法多种多样，可以分成五个不同的等级，甚至可以加重并延长程度副词的读音来表示程度的进一步加深，象“挺好”，加重并延长“挺”的读音后，“挺好”的程度比原先又有了加强。有正反义对立的形容词，表程度深浅时还存在一种相对固定的格式，象“没是深”和“没深浅儿”（或“没浅下儿”）等。此外，平度方言的比较句式“我不高起他”，是非问句式“是不去”“是没吃”等，虽然在山东东部方言中较为通行，但从汉语方言的整体来看，却是十分有特色的。

二、平度语音的地域差异及方言地图

平度方言语音的地域差异主要是南北的不同，反映了青岛、潍坊一带方言与胶东方言的过渡性质，主要有五：（五项差异见 647 ~ 651 页）

三、音标符号

本志采用宽式国际音标标音。所用音标及其他有关符号说明如下：

1. 辅音表

发音方法＼发音部位			双唇	唇齿	齿间	舌尖前	舌尖中	舌尖后	舌叶	舌面中	舌根
塞音	不送气	清	p				t				k
	送气		p‘				t‘				k‘
塞擦音	不送气				tθ	ts		tʂ	tʃ	c	
	送气				tθ‘	ts‘		tʂ‘	tʃ‘	c‘	
鼻音	浊		m				n				ŋ
边音	浊						l	ɭ			
擦音	清			f	θ	s		ʂ	ʃ	ç	x
	浊							ʐ			

下接 652 页

(1) “对、酸、村”等字的韵母读音　南面部分地区存在 uei 和 ei、uã 和 ã、uɔ̃ 和 ɔ̃ 有无 u 介音的两读现象。有 u 介音，是青岛、潍坊方言的特点；北部多数地区没有 u 介音，是胶东方言的特点。见《平度方言地图（一）》，地图下面的例字和标音说明标有“●”号的 13 点所存在的两读现象。

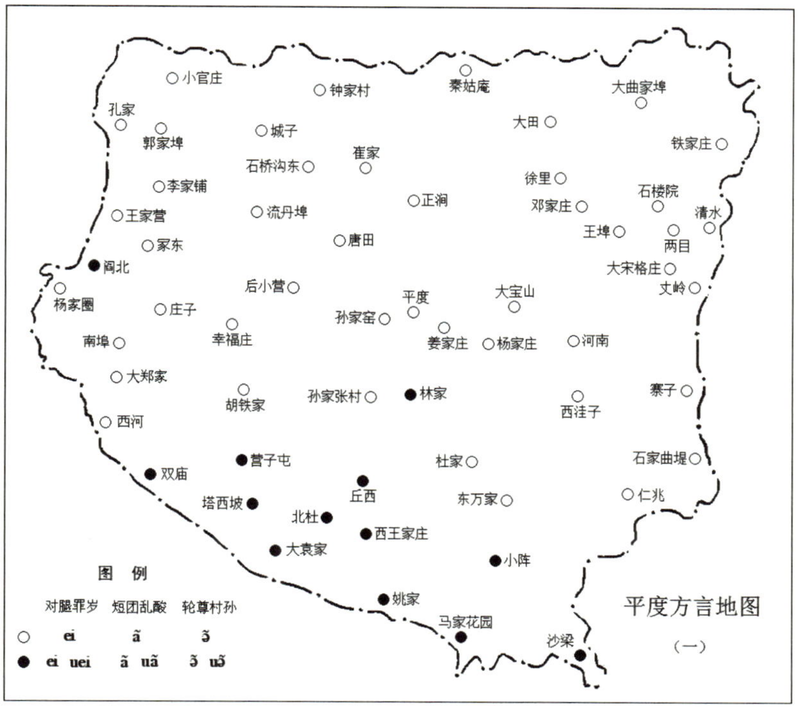

	对	腿	罪	岁	短	团	乱	酸	轮	尊	村	孙
阎北	꜀tei	꜂tʻei	꜀tθei	꜀θuei	꜂tã	꜁tʻã	꜀lã	꜀θã	꜁lɔ̃	꜀tθɔ̃	꜀tθʻɔ̃	꜀θɔ̃
林家	꜀tei	꜂tʻei	꜁tθei	꜁θei	꜂tã	꜁tʻã	꜀lã	꜀θuã	꜁lɔ̃	꜀tθɔ̃	꜀tθʻɔ̃	꜀θɔ̃
丘西	꜀tei	꜂tʻei	꜁tθei	꜁θei	꜂tã	꜁tʻã	꜀lã	꜀θuã	꜁lɔ̃	꜀tθɔ̃	꜀tθʻɔ̃	꜀θɔ̃
北杜	꜀tei	꜂tʻei	꜀tθei	꜁θei	꜂tã	꜁tʻã	꜀lã	꜀θuã	꜁lɔ̃	꜀tθɔ̃	꜀tθʻɔ̃	꜀θɔ̃
西王家庄	꜀tei	꜂tʻei	꜁tθei	꜀θei	꜂tã	꜁tʻã	꜀lã	꜀θuã	꜁lɔ̃	꜀tθɔ̃	꜀tθʻɔ̃	꜀θɔ̃
小阵	꜀tei	꜂tʻei	꜀tθei	꜀θei	꜂tã	꜁tʻã	꜀lã	꜀θuã	꜁lɔ̃	꜀tθɔ̃	꜀tθʻɔ̃	꜀θɔ̃
沙梁	꜀tei	꜂tʻei	꜀tθei	꜁θei	꜂tã	꜁tʻã	꜁lã	꜀θuã	꜁luɔ̃	꜀tθuɔ̃	꜀tθʻuɔ̃	꜀θuɔ̃
马家花园	꜀tei	꜂tʻei	꜀tθei	꜁θei	꜂tã	꜁tʻã	꜀lã	꜀θuã	꜁lɔ̃	꜀tθuɔ̃	꜀tθʻɔ̃	꜀θuɔ̃
姚家	꜀tei	꜂tʻei	꜁tθei	꜀θei	꜂tã	꜁tʻã	꜀lã	꜁θuã	꜁lɔ̃	꜀tθuɔ̃	꜀tθʻɔ̃	꜀θɔ̃
大袁家	tuei꜄	꜂tʻei	tθuei꜄	θuei꜄	꜂tã	꜁tʻã	lã꜄	꜀θã	꜁lɔ̃	꜀tθuɔ̃	꜀tθʻɔ̃	꜀θɔ̃
塔西坡	꜀tei	꜂tʻei	tθuei꜄	θuei꜄	꜂tã	꜁tʻã	꜀lã	꜀θuã	꜁lɔ̃	꜀tθuɔ̃	꜀tθʻuɔ̃	꜀θuɔ̃
营子屯	꜀tei	꜂tʻei	꜀tθei	꜀θei	꜂tã	꜁tʻã	꜀lã	꜀θuã	꜁lɔ̃	꜀tθuɔ̃	꜀tθʻɔ̃	꜀θɔ̃
双庙	tuei꜄	꜂tʻei	tθuei꜄	θei꜄	꜂tã	꜁tʻã	lã꜄	꜀θuã	꜁luɔ̃	꜀tθuɔ̃	꜀tθʻɔ̃	꜀θɔ̃

(2)“登东、争忠”等字的韵母读音　“登”跟“东”同音，“争”跟“忠”同音，是青岛、潍坊一带方言的特点，平度境内的中部及东南地区具有这一特点。胶东不同音，平度东北和西北各点同胶东。见《平度方言地图（二）》，地图下面的例字和标音说明标有“◒”号的 13 个过渡点的读音情况。其中所对比的五组字，端系字同音的居多，见系字不同音的居多，知系字全部不同音。

	灯—东	能—脓	增—宗	争—忠	坑—空
徐里	꜀təŋ = ꜀təŋ	꜁nəŋ = ꜁nəŋ	꜀tθəŋ ≠ ꜀tθoŋ	꜀tʂəŋ ≠ ꜀tʂoŋ	꜀k‘əŋ ≠ ꜀k‘oŋ
邓家庄	꜀təŋ = ꜀təŋ	꜁nəŋ ≠ ꜁nu	꜀tθəŋ ≠ ꜀tθoŋ	꜀tʂəŋ ≠ ꜀tʂoŋ	꜀k‘əŋ ≠ ꜀k‘oŋ
大宝山	꜀təŋ = ꜀təŋ	꜁nəŋ = ꜁nəŋ	꜀tθəŋ = ꜀tθəŋ	꜀tʂəŋ ≠ ꜀tʂoŋ	꜀k‘əŋ ≠ ꜀k‘oŋ
平度	꜀toŋ = ꜀toŋ	꜁noŋ = ꜁noŋ	꜁tθoŋ = ꜀tθoŋ	꜀tʂoŋ ≠ ꜀tʂuŋ	꜀k‘oŋ ≠ ꜀k‘uŋ
姜家庄	꜀təŋ = ꜀təŋ	꜁nəŋ = ꜁nəŋ	꜀tθəŋ = ꜀tθəŋ	꜀tʂəŋ ≠ ꜀tʂoŋ	꜀k‘əŋ ≠ ꜀k‘oŋ
杨家庄	꜀təŋ = ꜀təŋ	꜁nəŋ = ꜁nəŋ	꜀tθəŋ = ꜀tθəŋ	꜀tʂəŋ ≠ ꜀tʂoŋ	꜀k‘əŋ ≠ ꜀k‘oŋ
河南	꜀təŋ = ꜀təŋ	꜁nəŋ = ꜁nəŋ	꜀tθəŋ = ꜀tθəŋ	꜀tʂəŋ ≠ ꜀tʂoŋ	꜀k‘əŋ ≠ ꜀k‘oŋ
西洼子	꜀toŋ = ꜀toŋ	꜁noŋ = ꜁noŋ	꜀tθoŋ = ꜀tθoŋ	꜀tʂəŋ ≠ ꜀tʂoŋ	꜀k‘əŋ ≠ ꜀k‘oŋ
寨子	꜀təŋ = ꜀təŋ	꜁nəŋ = ꜁nəŋ	꜀tθəŋ = ꜀tθəŋ	꜀tʂəŋ ≠ ꜀tʂoŋ	꜀k‘əŋ ≠ ꜀k‘oŋ
石家曲堤	꜀təŋ = ꜀təŋ	꜁nəŋ = ꜁nəŋ	꜀tθəŋ = ꜀tθəŋ	꜀tʂəŋ ≠ ꜀tʂoŋ	꜀k‘əŋ ≠ ꜀k‘oŋ
仁兆	꜀toŋ = ꜀toŋ	꜁noŋ = ꜁noŋ	꜀tθoŋ = ꜀tθoŋ	꜀tʂəŋ ≠ ꜀tʂoŋ	꜀k‘oŋ = ꜀k‘oŋ
北杜	꜀təŋ = ꜀təŋ	꜁nəŋ = ꜁nəŋ	꜀tθəŋ = ꜀tθəŋ	꜀tʂəŋ ≠ ꜀tʂoŋ	꜀k‘əŋ ≠ ꜀k‘oŋ
胡铁家	꜀təŋ = ꜀təŋ	꜁nəŋ = ꜁nəŋ	꜀tθəŋ ≠ ꜀tθoŋ	꜀tʂəŋ ≠ ꜀tʂoŋ	꜀k‘oŋ = ꜀k‘oŋ

(3)“形雄、英拥”等字的韵母　“形”跟“雄”，“英”跟“拥”的读音是否相同，情况接近于“登东、争忠”，但具体点的分布稍有不同。见《平度方言地图（三）》，地图下面的例字和标音说明标有“◒”号的13个过渡点的读音情况。

	形	雄	熊	英	拥	营	容	影	永	勇	硬	用
大田	꜁ɕiŋ	꜀ɕiŋ	꜀ɕioŋ	꜀iŋ	꜂ioŋ	꜁iŋ	꜂ioŋ	꜂iŋ	꜂ioŋ	꜂ioŋ	꜁iŋ	꜀ioŋ
徐里	꜁ɕiŋ	꜁ɕioŋ	꜁ɕioŋ	꜀iŋ	꜂ioŋ	꜁iŋ	꜂iŋ	꜂iŋ	꜁ioŋ	꜁ioŋ	꜁iŋ	꜁ioŋ
邓家庄	꜁ɕiŋ	꜁ɕiŋ	꜁ɕiŋ	꜀iŋ	꜀ioŋ	꜁iŋ	꜂ioŋ	꜂iŋ	꜁ioŋ	꜁iŋ	꜁iŋ	꜁ioŋ
寨子	꜁ɕiŋ	꜁ɕioŋ	꜁ɕioŋ	꜀iŋ	꜀iŋ	꜁iŋ	꜂iŋ	꜂iŋ	꜁iŋ	꜂iŋ	꜁iŋ	꜀iŋ
石家曲堤	꜁ɕiŋ	꜁ɕioŋ	꜁ɕioŋ	꜀iŋ	꜂ioŋ	꜁iŋ	꜂ioŋ	꜂iŋ	꜁iŋ	꜂ioŋ	꜁iŋ	꜀ioŋ
仁兆	꜁ɕiŋ	꜁ɕiŋ	꜁ɕioŋ	꜀iŋ	꜂iŋ	꜁iŋ	꜁iŋ	꜂iŋ	꜂ioŋ	꜂iŋ	꜁iŋ	꜀iŋ
西洼子	꜁ɕiŋ	꜁ɕiŋ	꜁ɕioŋ	꜀iŋ	꜂iŋ	꜁iŋ	꜂iŋ	꜂iŋ	꜂iŋ	꜂iŋ	꜁iŋ	꜀iŋ
杨家庄	꜁ɕiŋ	꜁ɕiŋ	꜁ɕioŋ	꜀iŋ	꜀iŋ	꜁iŋ	꜁iŋ	꜂iŋ	꜂iŋ	꜂iŋ	꜁iŋ	꜀iŋ
姜家庄	꜁ɕiŋ	꜁ɕioŋ	꜁ɕiŋ	꜀iŋ	꜂iŋ	꜁iŋ	꜁iŋ	꜂iŋ	꜁iŋ	꜂iŋ	꜁iŋ	꜁iŋ
胡铁家	꜁ɕiŋ	꜀ɕiŋ	꜁ɕiŋ	꜀iŋ	꜂iŋ	꜁iŋ	꜂iŋ	꜂iŋ	꜂iŋ	꜂ioŋ	꜁iŋ	꜀iŋ
流丹埠	꜁ɕiŋ	꜁ɕioŋ	꜁ɕioŋ	꜀iŋ	꜂iŋ	꜁iŋ	꜂ioŋ	꜂iŋ	꜂ioŋ	꜂ioŋ	꜁iŋ	꜁ioŋ
王家营	꜁ɕiŋ	꜀ɕiŋ	꜁ɕioŋ	꜀iŋ	꜂ioŋ	꜁iŋ	꜂ioŋ	꜂iŋ	꜂ioŋ	꜁ioŋ	꜁iŋ	ioŋ꜄
南埠	꜁ɕiŋ	꜁ɕioŋ	꜁ɕioŋ	꜀iŋ	꜂ioŋ	꜁iŋ	꜂ioŋ	꜂iŋ	꜂ioŋ	꜂ioŋ	꜁iŋ	꜁iŋ

(4) 声调　平度境内大多数地方的方言点只有三个声调，跟莱州、莱西等地一致，只有西南边上靠潍坊地区的一些地方有四个声调，与昌邑等地一致。见《平度方言地图（四）》，地图上面的例字和标音说明 10 个四调方言点的读音情况，“ⓥ”表示去声为降升调，“⦸”表示去声为降调。

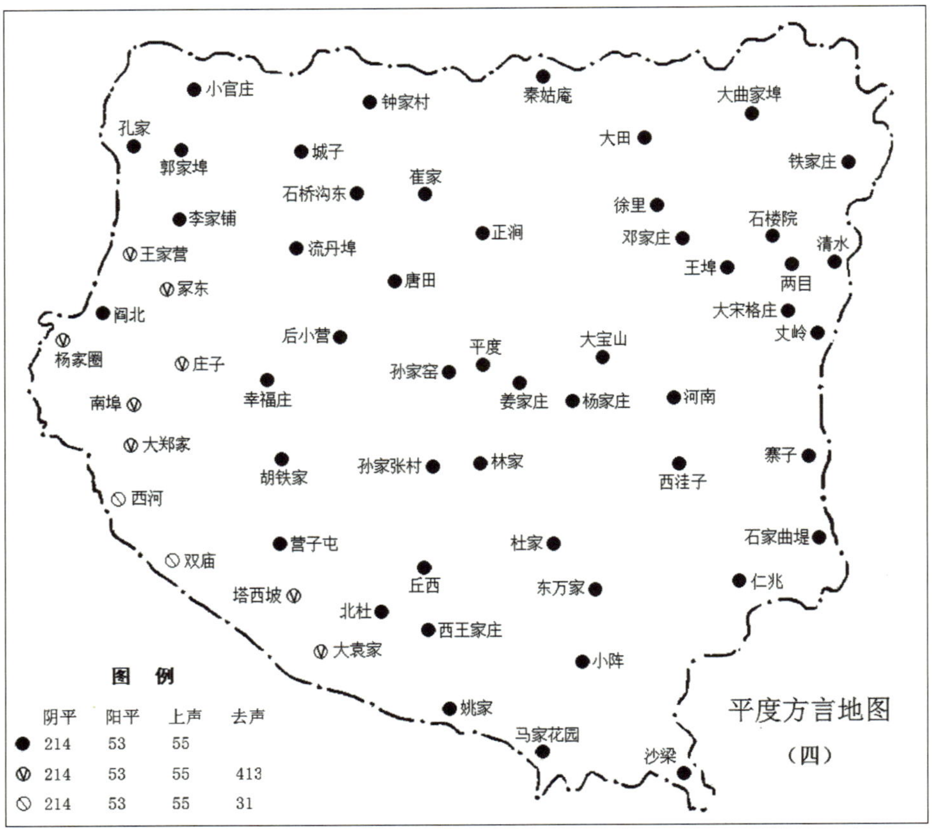

	道	社	盖	厌	大	害	共	汗	帽	岸	利	用
王家营	꜁tɔ	꜁ʃə	kɛᵓ	꜁iã	taᵓ	xɛᵓ	꜀koŋ	꜁xã	꜁mɔ	ãᵓ	liᵓ	ioŋᵓ
冢东	꜁tɔ	꜁ʃə	kɛᵓ	꜁iã	taᵓ	xɛᵓ	komᵓ	꜁xã	꜁mɔ	ãᵓ	liᵓ	iomᵓ
杨家圈	꜁tɔ	꜁ʃə	kɛᵓ	iãᵓ	taᵓ	xɛᵓ	꜀kom	꜁xã	mɔᵓ	ãᵓ	liᵓ	iomᵓ
庄子	꜁tɔ	꜁ʃə	kɛᵓ	꜁iã	꜀ta	xɛᵓ	꜀koŋ	꜁xã	꜁mɔ	꜀ã	liᵓ	ioŋᵓ
南埠	꜁tɔ	꜁ʃə	kɛᵓ	꜁iã	taᵓ	꜁xɛ	꜀koŋ	꜁xã	꜁mɔ	ãᵓ	liᵓ	꜁iŋ
大郑家	tɔᵓ	ʃəᵓ	kɛᵓ	꜁iã	taᵓ	xɛᵓ	komᵓ	xãᵓ	mɔᵓ	ãᵓ	liᵓ	iomᵓ
西河	tɔᵓ	ʃəᵓ	kɛᵓ	iãᵓ	taᵓ	xɛᵓ	komᵓ	xãᵓ	mɔᵓ	ŋãᵓ	liᵓ	iomᵓ
双庙	tɔᵓ	ʃəᵓ	kɛᵓ	iãᵓ	taᵓ	xɛᵓ	kəŋᵓ	xãᵓ	mɔᵓ	ŋãᵓ	liᵓ	iŋᵓ
塔西坡	꜁tɔ	꜁ʃə	kɛᵓ	꜁iã	taᵓ	xɛᵓ	꜀koŋ	꜁xã	꜁mɔ	ãᵓ	liᵓ	꜀iŋ
大袁家	꜁tɔ	꜁ʃə	kɛᵓ	꜁iã	taᵓ	xɛᵓ	koŋᵓ	꜁xã	꜁mɔ	ãᵓ	liᵓ	iŋᵓ

(5)“儿耳二”的读音　东北多读 ər，同胶东；西南多读 ɭə，同昌潍及山东中部地区。中间一些点两可。据发音人介绍：杜家、孙家窑、后小营三点，老人多读 ɭə，年轻人多读 ər；唐田一点，男人多读 ɭə，女人多读 ər；冢东一点，一般读 ɭə，但也有人读 ər 的；大宝山、流丹埠两点，一般读 ər，但也有人读 ɭə 的。见《平度方言地图（五）》。

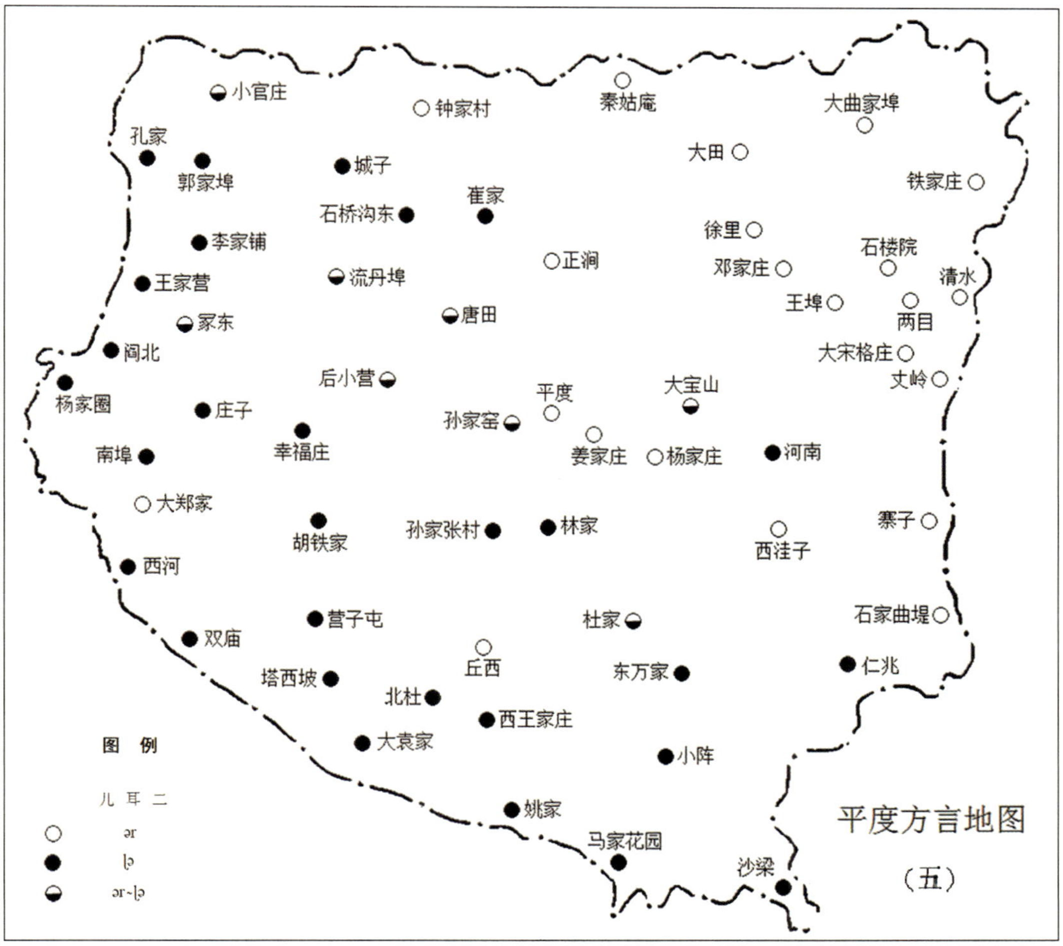

此外，平度境内的部分地区还有一些特殊情况值得注意。例如：东北角丈岭、两目、清水、石楼院、铁家庄、大曲家埠等地，“紫刺四”一类字读 tʂ tʂʻ ʂ，和“纸翅是”一类字相同；“贱钱需”一类字读 tʃ tʃʻ ʃ，和“战缠书”一类字相同。这个特点跟其紧邻的莱西西部地区相同而与平度其他地方不同。西边靠昌邑的地方，郭家埠、冢东、杨家圈、大郑家、西河等 5 点，“东忠”等字读 m 韵尾（参见《平度方言地图》二、三）。

2. 元音表

类别 / 舌位 / 唇形 —— 音标 / 舌位	舌面元音					舌尖元音	
	前		央	后		前	后
	不圆	圆	不圆	不圆	圆	不圆	
高	i	y			u	ɿ	ʅ
半高	e			ɤ	o		
中			ə				
半低	ɛ						
低	a			ɑ			

3. 声调符号

调类采用传统的画圈法“꜀□、꜁□、꜂□”，例如：妈 ꜀mɑ、骂 ꜁mɑ、马 ꜂mɑ；调值用阿拉伯数字表示，本调标在音标的右上角，变调标在后面，中间用“—”号隔开，轻声不标调值，只在音标右上角标出轻声符号“·”。

4. 其他符号

ø，零声母符号。

r，韵母儿化，如：花儿 xuar。

一、＝，标在音标或汉字下面，分别表示口语音和读书音。

~，在元音上表示元音鼻化；在两音之间表示读音两可。

﹏，在音标下表示此音特殊。

第二节 语音分析

本志的语音分析及词汇、语法、语料等记音一概用城关音系，按照尚子秀（男，1983 年时 68 岁，平度城关镇尚家疃人，退休小学教师，未外出，父母都是当地人）和尚星五（男，1983 年时 61 岁，平度城关镇后巷子村，退休干部，曾在部队 5 年，父母都是当地人）两人的发音。2010 年修订时，曾向城关镇尚家上观村农民尚慎平（男，1936 年生，初中文化）和尚宝源（男，1942 年生，小学文化）了解过个别字音的发音和少量词义问题。

一、声母

二十七个声母表

p	班布部别	p‘	潘普爬平	f	风夫房罚	m	马忙米母		
t	刀端地独	t‘	涛土逃同			n	南年奴女	l	兰李炉吕
tθ	资在杂族	tθ‘	仓粗存从	θ	思扫随宋				
ts	际焦截聚	ts‘	七取齐前	s	细选邪徐				
tʃ	知准值赚	tʃ‘	耻除尘船	ʃ	失书十顺				
tʂ	支终骤撞	tʂ‘	齿初茶床	ʂ	色税事梳				
c	经君局倦	c‘	轻去权群	ç	喜虚县玄				
k	高姑柜共	k‘	枯哭葵狂	x	海欢胡黄				
ø	安烟弯冤耳肉人								

说明：

ts ts‘ s 带有舌面色彩，但比 tɕ tɕ‘ ɕ 的舌位靠前。c c‘ ç 的发音部位略前，但比 tɕ tɕ‘ ɕ 稍后，c c‘ 是塞擦音。

二、韵母

三十六个韵母表

ər	儿耳二	i	比弟集希衣日	u	布独祖住助姑屋	y	吕取居鱼如
ʅ	资刺四知尺十						
ʅ	志翅诗						
a	马大杂沙割啊	ia	俩家牙	ua	抓瓜瓦		
ə	波德遮车嗝额$_{新}$	iə	别爹借结业热	uə	多坐说浊歌我鹅	yə	略嚼脚约弱
ɛ	拜态再柴该艾	iɛ	街蟹矮	uɛ	帅怪外		
ei	杯对罪摘革额$_{旧}$			uei	追归威		
ɔ	包刀早招找高袄	iɔ	标调消交腰饶				
ou	剖豆走周愁抠欧	iou	丢酒九又肉				
ã	班断酸战站甘安	iã	边电尖见言然	uã	专关完	yã	全捐远软
ə̃	奔轮村真衬根恩	iə̃	宾林进巾银人	uə̃	准棍温	yə̃	俊军云闰
aŋ	帮当仓张钢昂	iaŋ	娘将江央让	uaŋ	庄光汪		
oŋ	朋东灯宗增蒸更坑恒	iŋ	兵丁精京英用绒	uŋ	中虫公空红		

说明：

⑴ ʅ 在 tʃ tʃʻ ʃ 后面时，发音部位同 tʃ tʃʻ ʃ，实际上是舌叶元音。如：知 ꜀tʃʅ 、痴 ꜀tʃʻʅ 、石 ꜁ʃʅ。

⑵ u 在 tʃ tʃʻ ʃ 后面时，实际上是圆唇的舌叶元音。如：猪 ꜀tʃu 、出 ꜂tʃʻu 、书 ꜀ʃu。

⑶ oŋ，按尚子秀的发音，遇 tʃ 组声母时 o 不甚圆；尚星五发为 əŋ。这个韵母的发音在城内并不十分一致。iŋ 有时读成 ioŋ，其中 o 的舌位较高。

三、声调

1. 单字调三个：

阴平 214　波标瓜靴　似尽父拒　拜架富趣　内利位晕　大谢惠具　麦灭落月

阳平 53　梅娘罗鱼　婆皮湖群　市辫坐叙　刺气筷眷　妹厉露运　败避画倦
　　捺栗洛律　罚别滑局

上声 55　彩喜土许　马尾母雨　发鸭福屈　拉掖目浴

平度方言三个调类与中古四声的关系见下表：

	平			上			去			入		
	清	次浊	全浊	清	次浊	全浊	清	次浊	全浊	清	次浊	全浊
阴平	波标瓜靴					似尽父拒	拜架富趣	内利位晕	大谢惠具		麦灭落月	
阳平		梅娘罗鱼	婆皮湖群			市辫坐叙	刺气筷眷	妹厉露运	败避画倦		捺栗洛律	罚别滑局
上声				彩喜土许	马尾母雨					发鸭福屈	拉掖目浴	

说明：

⑴ 横行为古声调，竖行为今声调。古声调下一行为古声母清浊，是古今声调演变的条件。

⑵ 古全浊上声字和去声字分化为今平度的阴平和阳平，大致情况是清去多归阴平，全浊上、去声多归阳平，但无严格规律。一些字，如“盖、醉、烫、劲”等存在两读现象。有时还可因人而异，例如“块、筷”，尚子秀读阳平而尚星五读阴平；而“句、辈、料”，则尚子秀读阴平而尚星五读阳平。

2. 变调

平度方言两字组连调及后字读轻声表

		阴平 214		阳平 53		上声 55
阴平 214	㈠	214+214 → 55+214 阴天 交通 肩章	㈡	53+214 →（不变） 读书 地瓜 立春	㈠	55+214 →（不变） 结婚 发热 简章
阳平 53	㈢	214+53 →（不变） 三十 清明 花轿	㈢	① 53+53 → 214+53 同学 平地 茶壶	㈤	55+53 →（不变） 打杂 吃饭 赶路
			㈣	② 53+53 →（不变） 杂粮 毛桃 神明		
上声 55	㈥	214+55 →（不变） 生产 东北 大氅	㈥	① 53+55 → 214+55 年底 毛笔 下雪	㈥	① 55+55 → 214+55 小米 洗脸 铁板
			㈦	② 53+55 →（不变） 文武 红枣 涂改	㈦	② 55+55 → 53+55 主考 晚点 土改
轻声	㈠	① 214+ 轻→ 214+31 东西 刀子 闺女	㈡	① 53+ 轻→ 55+32 长虫 黄瓜 粮食	㈢	① 55+ 轻→ 45+43 耳朵 点心 椅子
	㈣	② 214+ 轻→ 53+21 四个 放下 笑话	㈣	② 53+ 轻→ 53+21 孝妇 骆驼 痛快	㈣	② 55+ 轻→ 53+21 谷雨 歇歇 走走

说明：

(1) 横行为前字，竖行为后字。调式后为例词。

(2) 平度 3 个单字调类，两字组连调共 9 种组合。其中三种组合有两类读法，用“①、②”标出。变调后二合一的有㈠、㈢、㈦ 3 种；三合一的有㈥ 1 种。合计 7 种两字组连调型，用“㈠、㈡”等标出。

(3) 轻声为后字的两字组每类有两种读音，其中三合一的有㈣ 1 种，共 4 种轻声连调型。调值下标有横线的，如“31”，表示这个音节读得轻短。

(4) 阴平在阳平和轻声前时，后面上升的部分略为减轻；阳平与阳平相连的调型“㈣”，前字变为低降而后字降度略为加强，以上皆按不变处理。

(5)“阳阳”和“阳上”“上上”三种组合各有两种变调模式：一种前字变为 214㈢ ㈥，另一种前字为 53㈣ ㈦，其中以前一种模式居多。

四、音节结构

据最近几年的陆续调查，平度方言不计声调在内共有音节 430 个，其中开口呼 203 个、齐齿呼 112 个、合口呼 85 个、撮口呼 30 个。从整个音节结构的情况来看，主要有四个特点：第一，零声母比普通话稍多；第二，合口呼韵母 uei、uã、uə̃ 不拼 t、tʻ、n、l 和 tθ、tθʻ、θ 七个声母；第三，撮口呼没有 yŋ 韵母；第四，声母 tθ、tθʻ、θ，tʃ、tʃʻ、ʃ，tʂ、tʂʻ、ʂ 和 k、kʻ、x 四组声母只拼开口呼和合口呼，而 ts、tsʻ、s 和 c、cʻ、ç 两组则只拼齐齿呼和撮口呼，tθ 组和 ts 组、k 组和 c 组，分别是互补关系。

平度方言声韵配合表（附在下页）

说明：

(1)加括号者有新旧两读：加“〔 〕”者为旧读音，加“（ ）”者为新读音。

(2) 无字可写的标“○”，表下加释义，“○”内数字表示释义顺序。共 4 处：① ꜀pia，象声词：～一枪。② ꜀pʻia，象声词：～一巴掌。③ ꜀piaŋ，骂人话，疑是“屄养”合音。④ ꜀pʻiaŋ 象声词：～～糊了他俩耳根子耳光。

	开口呼													齐齿呼										合口呼									撮口呼			
	a	ə	ər	ɿ	ʅ	ɛ	ei	ɔ	ou	ã	ə̃	aŋ	oŋ	ia	iə	i	iɛ	i	iou	iã	iə̃	iaŋ	iŋ	ua	uə	u	uɛ	uei	uã	uə̃	uaŋ	uŋ	yə	y	yã	yə̃
p	八	波				摆	北	宝		班	笨	帮	崩	①	鳖	毕		表		辫	宾	③	冰			布										
p‘	怕	泼				牌	迫	跑	剖	盘	盆	胖	捧	②	撇	批		飘		篇	品	④	平			扑										
m	马	摸				买	默	猫		满	闷	忙	梦		灭	米		苗		面	民		命			亩										
f	发	（佛）					肥	否		反	分	方	丰													父										
t	大	（得）				呆	德	刀	豆	胆	顿	当	灯		爹	底		吊	丢	电			丁		多	堵										
t‘	塔	特				态	推	讨	头	谈	吞	躺	统		铁	替		挑		甜			听		拖	兔										
n	（那）	[那]				奶	内	闹		暖	恁	囊	能		捏	你		尿	牛	年		娘	宁		挪	努								女		
l	拉	（勒）				赖	锐	老	搂	乱	嫩	浪	聋	俩	裂	力		料	六	脸	林	亮	领		罗	露							略	律		
tθ	杂	（则）		紫		栽	贼	早	走	钻	怎	赃	增												坐	祖										
tθ‘	擦			刺		彩	崔	草	凑	参	存	仓	从												搓	粗										
θ	撒			饲		腮	虽	扫	叟	酸	孙	桑	僧												锁	苏										
ts															节	积		椒	酒	尖	进	将	精										绝	聚		俊
ts‘															切	齐		瞧	秋	浅	秦	枪	清										雀	取	全	皴
s															写	西		笑	修	先	心	箱	醒										雪	须	宣	旬
tʃ		遮		知				赵	周	占	针	章	正												拙	主			专	准						
tʃ‘		车		吃				超	丑	缠	臣	昌	城												绰	出			穿	春						
ʃ	傻	舍		失				烧	寿	闪	身	商	升												说	书				顺						
tʂ	渣	（责）			支	斋	[责]	罩	皱	站	臻		争											抓	桌	竹	拽	锥			庄	忠				
tʂ‘	叉	（策）			齿	柴	[策]	吵	愁	馋	衬	疮	撑											欻	戳	初	揣	吹			床	充				
ʂ	沙	（色）			师	洒	[色]	梢	瘦	山	森		生											耍	缩	梳	率	水	拴		霜					
c														家	结	机	阶	交	九	奸	近	姜	京										决	局	捐	军
c‘														掐	茄	欺		桥	丘	牵	芹	腔	穷										缺	屈	拳	群
ç														下	歇	希	鞋	孝	休	掀	欣	香	雄										学	虚	玄	熏
k	割	（革）				改	[革]	高	狗	甘	根	刚	庚											瓜	哥	古	乖	规	关	棍	光	公				
k‘	渴	（克）				开	[客]	考	口	刊	肯	康	坑											垮	阔	苦	快	亏	宽	昆	狂	空				
x	喝	（和）				海	黑	好	厚	汗	很	航	横											华	河	胡	坏	回	欢	昏	荒	红				
ø	啊	（额）	耳			哀	[额]	傲	呕	安	恩	昂	翁	牙	叶	日	矮	咬	肉	眼	人	央	荣	挖	鹅	五	歪	伟	弯	文	网		弱	鱼	软	云

五、平度方言与普通话的语音对应关系

1. 平度方言与普通话语音对照（声韵调的对应关系分别用三个表格表示，关系复杂的只表示主要规律，例外情况不计。普通话栏下括号内的音标是汉语拼音字母）：

（1）声母对照表

平度	普通话	例字	平度	普通话	例字	平度	普通话	例字	平度	普通话	例字
p	p（b）	布	pʻ	pʻ（p）	怕	m	m（m）	门	f	f（f）	飞
t	t（d）	到	tʻ	tʻ（t）	太	n	n（n）	南	l	l（l）	来
										ʐ（r）	扔
tθ	ts（z）	资	tθʻ	tsʻ（c）	雌				θ	s（s）	丝
tʃ	tʂ（zh）	知	tʃʻ	tʂʻ（ch）	迟				ʃ	ʂ（sh）	石
tʂ		支	tʂʻ		翅				ʂ		诗
ts	tɕ（j）	精	tsʻ	tɕʻ（q）	清				s	ɕ（x）	西
c		经	cʻ		轻				ç		希
k	k（g）	高	kʻ	kʻ（k）	开				x	x（h）	海
ø	ø	安									
	ʐ（r）	人									

（2）韵母对照表

平度	普通话	例字	平度	普通话	例字	平度	普通话	例字	平度	普通话	例字
a	a（ɑ）	巴	ia	ia（iɑ）	加	ua	ua（uɑ）	瓜			
	ɤ（e）	割									
ə	ɤ（e）	车	iə	iɛ（ie）	业	uə	uo（uo）	过	yə	yɛ（üe）	月
	o（o）	波		ɤ（e）	热		ɤ（e）	歌		uo（uo）	若
										iau（iɑo）	药
ər	ər（er）	儿									
ɿ	ɿ（i）	资									
	ʅ（i）	知	i	i（i）	衣	u	u（u）	五	y	y（ü）	鱼
ʅ		支		ʅ（i）	日					u（u）	乳

ε	ai (ɑi)	艾	iε	iε (ie)	界	uε	uai(uɑi)	怪			
				ai (ɑi)	矮						
ei	ei (ei)	杯				uei	uei (uei)	桂			
	uei(uei)	对					uo(uo)	或			
	ɤ (e)	刻									
	ai (ɑi)	白									
	o (o)	伯									
ɔ	au (ɑo)	包	iɔ	iau (iɑo)	交						
				au (ɑo)	饶						
ou	ou (ou)	欧	iou	iou(iou)	油						
				ou (ou)	肉						
ã	an (ɑn)	安	iã	ian(iɑn)	言	uã	uan(uɑn)	完	yã	yan(üɑn)	远
	uan(uɑn)	短		an (ɑn)	然					uan(uɑn)	软
ə̃	ən(en)	恩	iə̃	in (in)	银	uə̃	uən(uen)	文	yə̃	yn (ün)	云
	uən(uen)	村		ən (en)	人					uən(uen)	闰
aŋ	aŋ (ɑng)	当	iaŋ	iaŋ(iɑng)	央	uaŋ	uaŋ(uɑng)	王			
				aŋ(ɑng)	让						
oŋ	əŋ (eng)	登	iŋ	iŋ (ing)	英	uŋ	oŋ(ong)	中			
	oŋ (ong)	东		ioŋ(iong)	雄						
	uəŋ(ueng)	翁		oŋ(ong)	荣						

（3）声调对照表

平度	普通话	例字	平度	普通话	例字
阴平 214	阴平 55	刚边婚军	上声 55	上声 214	好品五女 尺铁骨雪
	去声 51	正笑万御代县 善幸 牧玉		阴平 55	拍一出约
阳平 53	阳平 35	才平人文 石敌独局		阳平 35	革吉国橘
	去声 51	字地树院 纳觅禄律		去声 51	客毕霍确

2. 平度人学习普通话语音要注意的问题

(1) 声母问题主要有五：

第一，“资次四”一类字的发音。这一类字普通话是舌尖前的 ts tsʻ s，而平度人发的是齿间音 tθ tθʻ θ。平度人发这一类字的声母时要注意把舌尖往后收一收，放到齿背后，千万不要夹到上下齿的中间去。

第二，把“酒秋修”和“九丘休”两类字合起来，发成舌面前的 tɕ tɕʻ ɕ。这组音要发得比平度人原先发“酒秋修”的声母稍微往后一点，而比原先发“九丘休”的声母又略为往前一点。

第三，把“知潮声”一类字和“支巢生”一类字的声母合起来，统一发成“支巢生”一类的 tʂ tʂʻ ʂ。

第四，把平度方言零声母中的一部分字记准，读成 ʐ 声母；平度读 l 声母的少数字，普通话读 ʐ 声母，也要记住。普通话的 ʐ 声母是与 ʂ 声母同部位的浊擦音。平度方言零声母和 l 声母中普通话读 ʐ 声母的常用字见下表（括号内标出普通话读音）：

平度	普通话	常用字
ø	ʐ	日（ʐʅ） 如儒孺汝乳辱褥入（ʐu） 惹热（ʐɤ） 若弱（ʐuo） 饶扰绕（ʐau） 柔揉肉（ʐou） 然燃染冉（ʐan） 软（ʐuan） 人仁任壬忍纫认韧饪（ʐən） 闰润（ʐuən） 瓤嚷攘壤让（ʐaŋ） 戎绒容溶熔蓉荣融茸冗（ʐoŋ）
l		辱（ʐu）锐蕊（ʐuei）扔仍（ʐəŋ）

平度方言零声母而普通话读 ʐ 声母的字限于平度的齐齿呼和撮口呼，读成普通话的 ʐ 声母时，韵母要读成开口呼和合口呼，例如“染”和“软”，平度读 iã 、yã，普通话读 ʐan、ʐuan。

第五，平度方言 tʂ tʂʻ ʂ 声母中的少量字，普通话读 ts tsʻ s ，常用字有：淄辎责择泽仄昃邹（以上普通话读 ts）、策册侧恻测厕岑差$_{参\sim}$参$_{\sim差}$（以上普通话读 tsʻ）、色啬涩瑟洒搜嗖飕艘所缩森（以上普通话读 s）。

(2) 韵母问题主要有八：

第一，注意普通话 ai（uai）、au（iau）和 an（ian uan yan）、ən（in uən yn）四套韵母的发音。普通话的 ai 和 au（括号内的仅多一介音，下同）是舌头位置由下向上移动、口腔形状由大到小变动的复合音，例如“艾（怪）”“袄（交）”等字，平度人在读这些字的韵母时，是舌位、口形始终不变的单元音 ɛ（uɛ）和 ɔ（iɔ），平度人在发这两组音时，要注意开始时把舌头放得低一些，然后慢慢往上移到接近 i 和 u 的位置；普通话的 an 和 ən 是带有舌尖鼻辅音韵尾 n 的鼻韵母，例如“安（烟弯冤）”和“恩（音温晕）”等字，平度人在读这些字时，则是不带鼻辅音韵尾的鼻化元音 ã（iã uã yã）和 ə̃（iə̃ uə̃ yə̃），平度人在发这两组音时，要特别注意收尾时把舌尖放到发舌尖中鼻辅音 n 的部位。

第二，平度方言“姐”（音 tsiə）和“解”（音 ciɛ）的韵母不同，普通话则是相同的。平度人除了要把本方言 iə 和 iɛ 两个韵母合为一类以外，还要把“姐”一类字的韵母主要元音发得稍微靠前一点。此外，平度方言 iɛ 韵母的零声母“矮挨”等字，普通话读 ai 韵母。

第三，平度方言 t tʻ n l 和 tθ tθʻ θ 七个声母不拼 uei uã uə̃ 三个合口呼韵母，“对”“酸”“村”等字平度方言是开口呼，常用字见下表（表内声母系普通话读音，下同）。

平度	普通话	t	t‘	n	l	ts	ts‘	s
ei	uei	堆对队兑	推颓腿退蜕			嘴最罪醉	崔催摧翠脆粹	虽隋随遂髓岁 碎穗隧祟
ã	uan	端短段缎锻椴断	团抟疃	暖	卵乱孪栾鸾銮滦	钻纂攥	蹿窜篡氽	酸算蒜
ə̃	uən	敦墩撴蹾蹲囤顿 吨盹钝炖盾遁	吞屯囤豚褪		仑轮论	尊遵撙	村存寸	孙

第四，平度方言的ei韵母，普通话多数也读ei，例如“杯飞内黑“等，一部分“对岁”等读uei已如上述，除此之外，还有一部分字读o、ai、ɤ三个韵母，常用字如下：

平度	普通话	常用字
ei	o	伯迫魄墨默（限于唇音声母 p p‘ m）
	ai	百白柏掰拍迈麦脉 窄摘宅拆色
	ɤ	德得~到 测侧 泽择责仄策册色 格革隔刻客克 扼

第五，平度方言的ə韵母，凡拼唇音声母时普通话读o，例如“波坡摸”等；拼在其他声母后时普通话读ɤ，例如“遮车社”等。o和ɤ都是后半高元音，o圆唇，ɤ不圆唇。

第六，平度方言的uə韵母，普通话读uo和ɤ两个韵母。读ɤ的限于舌根声母和零声母，常用字有：哥歌戈个阁搁各硌（k声母）、可苛科蝌棵颗课骒咳（k‘声母）、和何河荷禾贺合盒核~桃阖鹤（x声母）、俄蛾鹅饿腭恶（零声母）。

第七，平度方言“灯＝东”“增＝宗”，读oŋ韵母。平度方言的oŋ韵母在拼t、t‘、n、l和tθ、tθ‘、θ七个声母时，有一部分在普通话中读əŋ韵母，平度方言oŋ而普通话oŋ、əŋ的常用字比较如下：

平度	普通话	t	t‘	n	l	ts	ts‘	s
oŋ	əŋ	登灯蹬等戥 凳邓瞪澄磴	疼腾誊藤熥	能	楞冷愣	增曾赠憎	蹭层曾~经	僧
	oŋ	东冬董懂冻 栋动洞侗峒	通同铜桐筒童潼 瞳彤佟桶捅统痛	浓脓弄	笼聋胧珑砻 陇龙又垄又拢隆	宗鬃踪综棕 粽总粽纵	聪匆葱 囱丛从	松放~嵩耸怂 送宋

第八，平度方言“景＝迥”“应＝拥”，都读iŋ韵母。按照前面声母的不同有以下四种情况：

①前面是p、p‘、m，t、t‘、n，ts、ts‘八个声母时，普通话也读iŋ韵母，如“冰瓶明丁亭宁精青”等。

②前面是l和s两个声母时，除“龙垄”和松~树嵩颂诵”等字普通话读oŋ韵母以外，其余的字普通话也读iŋ韵母，如“零灵”“星醒”等。

③前面是c、c‘、ç声母时，普通话分为iŋ和ioŋ两个韵母，如“京轻兴”和“迥琼兄”等。

④平度方言的零声母，普通话读ʐ声母或零声母。平度iŋ韵母的零声母字，普通话读ʐ声母的，普通话的韵母是oŋ，如“绒荣”；平度iŋ韵母的零声母字，普通话也是零声母的，普通话分为iŋ和ioŋ两个韵母，如“应迎硬”和“拥永用”等。

以上③和④，平度方言 iŋ 韵母拼 c cʻ ç（普通话为 tɕʻ tɕ ɕ）和零声母的常用字同普通话 iŋ ioŋ oŋ 三韵辨字表：

平度	普通话	tɕ（平度 c）	tɕʻ（平度 cʻ）	ɕ（平度 ç）	ʐ（平度 ø）	ø
iŋ	iŋ	京惊荆茎经鲸兢景警境竟镜敬痉劲	卿轻倾氢擎苘庆磬罄	兴邢行形刑型荥擤杏幸性姓		应英鹰莺鹦樱婴缨蝇迎盈赢茔荧莹营萤影颖硬映
	ioŋ	迥炯窘	琼邛穹	兄凶匈胸汹熊雄		拥痈雍壅臃庸永咏泳勇蛹涌踊用佣
	oŋ				戎绒容溶熔蓉荣融茸冗	

此外，平度方言 a 韵母的少数字，普通话读 ɤ 韵母 。常用字有：“割疙鸽蛤胳葛磕瞌嗑渴喝”等。

(3) 声调问题主要有三：

第一，平度方言单字调只有阴平、阳平、上声三类，没有去声。平度方言的阴平、阳平两个调类中的一部分字在普通话中读去声。例如：平度“菜＝猜”“正＝蒸”“父＝夫”“倍＝杯”“咽＝烟”“印＝音”，都读阴平；“贺＝活”“饭＝凡”“漏＝楼”“路＝炉”“望＝王”“院＝元”，都读阳平。平度人学习普通话要把上述两类同音字分开，前字“菜正父倍咽印”和“贺饭漏路望院”读去声而后字“猜蒸夫杯烟音”读阴平、“活凡楼炉王元”读阳平。

第二，平度方言的上声字，普通话多数也是上声，但有一部分来自古清声母入声的字普通话要读阴平、阳平或去声。常用字例举如下：

平度	普通话	常用字
上声	阴 平	八扒～皮发搭褡答～应塌溻榻趿咂拉擦礤撒～手扎插杀刹煞割鸽胳磕瞌喝夹掐瞎押鸭压刷刮挖钵剥拨泼蜇憋鳖撇瞥贴帖妥～接疖切揭结～实楔歇蝎噎掇脱托撮拙桌捉戳～子说缩郭搁薛削缺约只织汁吃失湿虱劈霹滴踢剔积七漆夕昔惜锡析晰息熄悉蟋膝击激吸一揖扑秃出叔哭窟忽惚屋鞠屈曲～折拍塞摘拆黑
	阳 平	达答扎闸蛤葛～藤夹～袄峡博膊搏驳折～断哲阁骼节劫结捷协国决诀爵觉厥镢角植职执识的～确嫡袭媳即急吉棘福蝠幅辐足竹烛橘菊得德隔革格
	去 声	发头～飒萨刹霎洽恰轧设帖字～怯粕拓开～朔作各括阔廓霍雀鹊却确阅越弱虐炙质式饰适释毕必碧壁璧滗僻辟开～唧不目腹复覆促蹙蹴速宿肃夙旭畜蓄育郁迫魄仄策册侧测涩色啬瑟刻克客

第三，掌握好普通话四类声调调值的发音。平度方言三个声调中阴平和上声的调值正好跟普通话的上声和阴平形成交叉关系。平度人学习普通话要用本方言的上声值（55）去读普通话的阴平，而用本方言的阴平值（214）去读普通话的上声，即把普通话的“妈”发得跟本方言的“马”差不多，而普通话的“马”又要发得跟本方言的“妈”差不多。普通话的去声是全降调，跟平度方言中的阳平差不多，但是平度阳平是 53 而普通话的去声是 51，平度人可以用本方言的阳平值去读普通话的去声，只须注意声音再往下拖长一点、降得再低一点就可以了。普通话的阳平是高升调，平度方言

中没有上升的调型，只有反复练习才行。

第三节 词汇

本词汇收入平度方言中较有特点的常用词五百八十多条，大体按意义分为十类。助词、介词、语气词及数量词因所收词数较少合为“其他”一类。各条的内容顺序为：汉字、注音、释义，必要时加例子。多义项的用①、②、③等分别列出；两个以上的例子中间用“|”号隔开。写不出的字用同音字代替，没有合适同音字可写的用“□”号表示。“( )”号里的字或音表示可有可无，“〔 〕”号里的字或音表示此字与前一字或音两可。意义相同的词条排在一起，说得多的在前，其余缩一格排在后面，意义可互作说明者不另作解释。音下打“﹏”者表示此音特殊。

一、天时、地理、方位

日头儿 i^{53}tʻour· 太阳

月明 yə^{53}miŋ· 月亮

扫帚星 θɔ^{53}tʃu·siŋ^{214} 彗星

勺子星 ʃuə$^{53-55}$tθɿ·siŋ^{214} 北斗星

跑星 pʻɔ$^{55-45}$siŋ· 流星

云彩 yə̃$^{53-55}$tθʻɛ· 云

火烧云 xuə$^{55-45}$ʃɔ·yə̃^{53} 彩霞

虹 tsiaŋ^{214}

雾露雨 u$^{53-55}$lu·y^{55}

□雨 tʂʻʅ^{214}y· 急雨

前日 tsʻiã$^{53-55}$i· 前天

夜来 iə$^{53-55}$lɛ· 昨天

今日 ciə̃^{214}〔ci^{214}〕i· 今天

明日 miŋ$^{53-55}$i· 明天

后日 xou$^{53-55}$i· 后天

晚〔外〕后日 uã$^{55-45}$〔uɛ$^{53-55}$〕xou·i· 大后天

早上 tθɔ$^{55-45}$ʃaŋ· 早晨

头晌〔晌儿〕tʻou$^{53-214}$ʃaŋ^{55}〔ʃaŋr^{55}〕上午

晌午头儿 ʃaŋ$^{55-45}$uə̃·tʻour^{53} 中午

晌歪天儿 ʃaŋ$^{55-45}$uɛ·tʻiãr^{214} 中午偏后

过晌 kuə^{214}ʃaŋ^{55} 下午

现晚儿 çiã$^{53-214}$uãr^{55} 晚上

　晚（上）价 uã$^{55-45}$（ʃaŋ·）ci·

黑价 xei$^{55-45}$ci· 夜里

早来 tθɔ$^{55-45}$lɛ· 从前

现如今 çiã$^{53-214}$y$^{53-55}$ciə̃· 现在

头年 tʻou^{53}niã· 去年

　上年 ʃaŋ^{214}niã·

正月十五 tʃoŋ^{214}yə·ʃʅ$^{53-55}$u· 元宵节

二月二 ər^{53}yə·ər^{53} 龙抬头节

大寒食 ta$^{214-53}$xã·ʃʅ· 清明节的前一天

寒食 xã$^{53-55}$ʃʅ· 清明节

末火日 mə$^{214-53}$xuə·i· 清明节的后一天

五月端午 u$^{55-45}$yə·tã^{214}u· 端午节

小年儿 siɔ^{55}niãr^{53} 农历六月初一，家家吃饺子

七月七 tsʻi$^{55-45}$yə·tsʻi^{55} 织女节

八月十五 pa$^{55-45}$yə·ʃʅ$^{53-55}$u· 中秋节

九月九 ciou$^{55-45}$yə·ciou^{55} 重阳节

十月一 ʃʅ$^{53-55}$yə·i^{55} 寒衣节：～，送寒衣

辞灶 tθʻʅ^{53}tθɔ^{214} 旧俗，农历腊月二十三送灶王上天

年除日 niã^{53}tʃu$^{53-55}$i· 除夕

窝儿 uər^{214} 地方：这～｜那～

　埝儿 nãr^{55}

　场儿 tʂʻaŋr^{55}

疃儿 tʻãr^{55} 村子

疃 tʻã^{55} 村名用字：尚家～｜王家柳～

丘 cʻiou^{214} 村名用字：单～｜双～｜瓦子～

埠 pu^{53} 村名用字：白～｜塔尔～｜姜家～

营儿 iŋr^{53} 村名用字：贾家～｜孙家～

寨 tʂɛ^{53} 村名用字：姜家～｜李家～

屯儿 tʻə̃r^{53} 村名用字：许家～｜营子～

庄儿 tʂuaŋr^{214} 村名用字：杨家～｜张戈～

蓝 lã^{53} 村名用字：洪～｜蓼～

集 tsi^{53} 村名用字：崔家～｜吕家～

站 tʂã^{214} 村名用字：王家～｜李家～

店 tiã^{53} 村名用字：香～｜何家～

山 ʂã^{214} 村名用字：凤凰～｜蟠桃～

沟 kou^{214} 村名用字：梨～｜马家～

堡 pʻu^{214} 村名用字：三十里～｜十里～

园儿 yãr^{53} 村名用字：花～｜李～｜菜～

夼 kʻuaŋ^{55} 村名用字：谭家～

北山 pei^{55}ʂã^{214}

南大洼 nã$^{53-55}$ta·ua^{214}

中间 tʂuŋ$^{214-55}$ciã^{214}

当中央儿 taŋ^{214}tʂuŋ·iaŋr^{214} 正中

天上 tʻiã^{214}ʃaŋ·

地下 ti^{53}çia·

腚后儿 tiŋ$^{53-214}$xour^{53} ①身后②随后：～就去

上首 ʃaŋ$^{53-55}$ʃou· 最尊的坐位：你是贵客，请坐～

下首 çia$^{53-55}$ʃou· 末座：陪客儿的坐～

上水头儿 ʃaŋ$^{53-55}$ʂuei·tʻour· ①上游②田地中位置较高的一头

下水头儿 çia$^{53-55}$ʂuei·tʻour· ①下游②田地中位置较低的一头

前边儿 cʻiã$^{53-55}$piãr·

后边儿 xou$^{53-55}$piãr·

上边儿〔面儿〕ʃaŋ$^{53-55}$piãr·〔miãr·〕

下边儿〔面儿〕çia$^{53-55}$piãr·〔miãr·〕

里边儿〔面儿〕li$^{55-45}$piãr·〔miãr·〕

外边儿〔面儿〕uɛ$^{53-55}$piãr·〔miãr·〕

东边儿 toŋ^{214}piãr·

西边儿 si^{214}piãr·

南边儿 nã$^{53-55}$piãr·

北边儿 pei$^{55-45}$piãr·

二、亲属称谓、代词

爷爷 iə$^{53-55}$iə· 祖父

嬷嬷 ma$^{55-45}$ma· 祖母

姥爷 lɔ$^{55-45}$iə· 外祖父

姥娘 lɔ$^{55-45}$niaŋ· 外祖母

爹 tiə^{214} 父亲

　大（大）ta^{214}（ta·）

　爸爸 pa^{53}pa·

娘 niaŋ^{53} 母亲

　妈（妈）ma^{214}（ma·）

大爷 ta$^{214-53}$iə· 伯父

大娘 ta^{214}niaŋ^{53} 伯母

　娘娘 niaŋ$^{53-214}$niaŋ^{53}〔·〕

婶儿婶儿 ʃər$^{55-45}$ʃər· 婶母

　婶子 ʃə̃$^{55-45}$tθɿ·

　娘娘 niaŋ$^{53-214}$niaŋ^{53}〔·〕

外头 uɛ$^{53-55}$tʻou· 丈夫

　汉子 xã$^{214-53}$tθɿ·

家里 cia^{214}lɛ· 妻子

　媳妇儿 si$^{55-45}$fur·

　老婆 lɔ$^{55-45}$pʻə·

儿 ər^{53}

媳子 si$^{55-45}$tθɿ· ①儿媳②晚辈的妻子

闺女 kuã^{214}ny· ①女儿②泛指女孩

女婿 ny$^{55-45}$sy·

孙子 θə̃^{214}tθɿ·

孙子媳妇儿 θə̃^{214}tθɿ·si$^{55-45}$fur·

孙女儿 θə̃^{214}nyr·

外甥 uɛ$^{53-55}$ʂoŋ· ①姐妹的子女②外孙

老妈儿妈儿 lɔ^{55}mar^{214}mar· 通称老年妇女

小小儿 siɔ$^{55-214}$〔53〕sɔr^{55} 小男孩儿

小厮 siɔ$^{55-45}$θɿ· 小子：她生了个大胖～，真喜人｜这～不是个东西！

小嫚儿 siɔ^{55}mãr^{214} 小女孩儿

嫚姑子 mã^{214}ku·tθɿ· 女孩子

连襟 liã$^{53-55}$ciə̃·

　割不断 ka$^{55-45}$pu·tã^{53}（戏称）

光棍儿 kuaŋ^{214}kuə̃r^{53} 单身汉

孝妇 çiɔ$^{214-53}$fu· ①新寡妇②改嫁的寡妇：～老婆

后老婆 xou$^{53-55}$lɔ·pʻə· 填房

活人妻 xuə^{53}iə̃·tsʻi^{214} 旧指丈夫尚在就另嫁他人

的妇女

轧伙儿 ka$^{55-45}$xuər· 姘头

跟脚子 kə̃^{214}cyə$^{55-45}$tθɿ· 拖油瓶

背生子 pei$^{214-55}$ʂoŋ^{214}tθɿ^{55} 遗腹子

老生子儿 lɔ$^{55-45}$ʂoŋ·tθɿ·ər^{53} 老来子

我 uə^{55}

你 ni^{55}

他 t'a^{55}

他们 t'a$^{55-45}$mə̃·

俺 ã^{55} ①我②我们

恁 nə̃^{55} ①你②你们

咱 tθə̃^{53} ①我②我们（包括听话者在内）

大家伙儿 ta^{214}cia·xuər^{55}

大伙儿 ta^{214}xuər^{55}

这 tʃə^{214}

那 nə^{214}

这来 tʃə$^{214〔53〕}$lɛ· 这里

乜〔那〕来 niə^{53}〔nə^{53}〕lɛ· 那里

乜〔那〕（个、号）样儿 niə^{53}〔nə^{53}〕（kə·、xɔ·）iaŋr·

这边儿 tʃə^{214}piãr·

乜〔那〕边儿 niə^{53}〔nə^{53}〕piar·

谁 ʂei^{53}

哪 na^{55}

什么 ʃoŋ$^{53-55}$〔ʃə̃$^{53-55}$〕mə·

怎么 tθə̃$^{55-45}$mə·

怎么的 tθə̃$^{55-45}$mə·ti·$^{〔53〕}$ 怎么样，怎么着：这是他一时糊塗，也不好～他｜你想～？

咋 tθa^{214} 怎么、为什么、干什么：～办？｜他～不来？｜你待～？

景儿 ciŋr^{55} 事情，奥秘、门道等等：这个～咱得干｜这个事里还真有些～来｜肚子里有些～～

三、身体、疾病、医疗

脑袋（瓜子）nɔ$^{55-45}$tɛ·（kua^{214}tθɿ·）头的又称

记事钟儿 ci^{214}ʂɿ^{53}tʂuŋr^{214} 记忆力：他好～

页来盖 iə^{53}lɛ·kɛ^{214} 前额

脖梗儿〔梗子〕pə$^{53-214}$koŋr^{55}〔koŋ$^{55-45}$tθɿ·〕脖子

吞子 t'ə̃$^{214-53}$tθɿ· 嗓子

馋儿馋儿 tʂ'ãr$^{53-55}$tʂ'ãr· 舌头（儿语）

膀子 paŋ$^{55-45}$tθɿ· 肩膀

夹肢窝 cia$^{55-45}$tʃə̃·uə^{214} 腋窝

胳巴 ka$^{55-45}$pa· 胳臂

槌 tʂ'uei^{53} 拳头

指筋盖儿〔盖子〕tʂɿ$^{55-45}$ciə̃·kɛr^{214}〔kɛ$^{214-53}$tθɿ·〕指甲

肋齿骨 lei^{53}tʂ'ɿ·ku^{55} 肋骨

布脐眼儿 pu^{53}ts'i·iãr^{55} 肚脐

腚 tiŋ^{53} 屁股

膊罗盖〔盖儿〕pə$^{55-45}$luə·kɛ^{214}（kɛr^{214}）膝盖

干腿子 kã^{214}t'ei$^{55-45}$tθɿ· ①小腿②胫骨

不愉作 pu·y^{53}tθuə· 身体不适

不舒索 pu·ʃu^{214}θuə·

细病 si^{214}piŋ^{53} 肺结核、肝炎等慢性疾病

冻着了 toŋ^{53}tʂɿ·lə· 感冒

齁儿齁儿 xour^{214}xour· ①哮喘②哮喘病人

膐心 li^{53}siə̃· 胃部烧灼的感觉

烧心 ʃɔ^{214}siə̃·

心口（窝儿）疼 siə̃^{214}k'ou·（uər^{214}）t'oŋ^{53} 胃疼

拉〔冒〕肚子 la^{214}〔mɔ^{214}〕tu$^{53-55}$tθɿ·

蹲肚子 tə̃^{214}tu$^{53-55}$tθɿ· 拉痢疾等病里急后重的症状

脾寒 p'i$^{55-45}$xã· 疟疾：发～

抖擞 tou^{53}θou· ①发抖②抖搂

哆嗦 tuə^{214}θuə· 发抖

打勾斗儿 ta^{55}kou^{214}tour· 打嗝儿

疙瘩 ka$^{55-45}$ta· ①绳结②皮肤上突出的肿块③腮腺炎

坨墩 lə̃$^{55-45}$tə̃· 被蚊子等叮咬后所起的小肿块

刺挠 tθ'ɿ^{53}nɔ· 痒痒

扎固 tʂa$^{55-45}$ku· ①修理：把桌子～～②诊

疗：～病

把脉儿 pa^{55}meir^{214} 诊脉

下（干）针 çia^{53}（kã$^{214-55}$）tʃə̃^{214} 针灸

兑〔抓〕药 tei$^{214-55}$〔tʂua$^{214-55}$〕yə^{214}

煎〔熬〕药 tsiã$^{214-55}$〔ɔ^{53}〕yə^{214}

长疙渣儿 tʃaŋ^{55}ka^{214}tʂar· 结痂

好了 xɔ$^{55-45}$lə· 病愈

不行了 pu·çiŋ$^{53-55}$lə· 病危

聋汉 loŋ$^{53-55}$xã· 聋子

瞎汉 çia$^{55-45}$xã· 瞎子

秃厮 t'u$^{55-45}$θʅ· 秃子

切子〔唇儿〕ts'iə$^{55-45}$tθʅ·〔tʃ'uə̃r·〕裂唇的人

豁嘴子 xuə^{214}tθei·tθʅ·

结巴 ciə$^{55-45}$pa· ①口吃②口吃的人

痴厮 tʃʅ^{214}θʅ· 傻瓜、痴呆人

彪子 piɔ^{214}tθʅ·

潮巴 tʃɔ$^{53-55}$pa·

左来颠儿 tθuə^{214}lɛ·tiãr^{214} 左撇子

左巴来子 tθuə^{214}pa·lɛ$^{53-55}$tθʅ·

马篷腰〔腰儿〕ma$^{55-45}$p'oŋ·iɔ^{214}〔iɔr^{214}〕驼背（较轻）

锅腰子 kuə^{214}iɔ·tθʅ·（较严重）

二尾子 ər$^{53-55}$i·tθʅ· 两性人

四、日常生活、交往、红白事

起来 c'i$^{55-45}$lɛ· 起床

打哈下 ta^{55}xa^{214}çia· 打哈欠

睏 k'uə̃^{214}〔k'uə̃^{53}〕睡：～觉｜～着了

打鼾睡 ta^{55}xã$^{55-45}$ʂuei· 打呼噜

趄〔倒〕下 c'iə^{214}〔tɔ$^{55-45}$〕çia· 躺下：～歇歇

歪快 uɛ$^{214-55}$k'uɛ· 半躺半坐

盘缠（着）腿儿 p'ã^{53}tʃ'ã·(tʂʅ·)t'eir^{55} 盘腿而坐

锅腰儿 kuə$^{214-55}$iɔr^{214} 弯腰

蹲跍 tə̃^{214}ku· 蹲

□ aŋ^{55} 烧：～炕

饥困 ci^{214}k'uə̃· 饿

吃 tʃ'ʅ^{55}

呛 ts'iaŋ^{214}（贬义）

□ tʂ'ua^{53}

舒 ʃu^{214} 伸：～过头来｜你别～手

抻勾 tʃə̃$^{55-45}$kou· 伸长（脖子）

背搭手儿 pei^{214}ta·ʃour^{55} 倒背手

扤 k'uɛ^{53} 挎：～着篓子

扤（揣）k'uɛ$^{55-45}$（tʂ'uɛ·）用指甲抓，挠：～痒痒｜～脊梁

挠骚 nɔ$^{53-55}$θɔ· ①挠：～痒痒儿②头发蓬乱：～着头

挖叉 ua$^{55-45}$tʂ'a· 挠，挖：～～脊梁｜～花生墩

掫 tʂou^{214} 拉，掀：～被

窝 uə^{214} 使弯曲：把树枝～断｜～倒他就打

团弄 t'ã$^{53-55}$loŋ· 揉弄使成球形

摁 ə̃^{53} 按：～着他的头

搓约 tθ'uə^{214}yə· ①搓揉②折磨

撕巴 θʅ^{214}pa· 撕

□ lɛ^{55}（义重）

搉 c'yə^{55} 折断

提〔斤〕溜 ti^{214}〔ciə̃^{214}〕liou· 提

□ xã^{55} 拿：你手里～的什么

撂 liɔ^{214} 扔（距离近）

拽 tʂuɛ^{214}

□ tʂə̃^{55}（距离较远）

揳 siə^{55} ①将楔子等捶打进物体中：墙上～个钉子②掷击：别～着人

抹 mə^{55} 掷击：你揳我，我～你

摩索 mə^{53}θuə· 抚摸

抠挡 k'ou^{214}tʂ'ou· 抠，挖：～花生

招 tʃɔ^{214} 搀扶

稳 uə̃^{55} 安放，搁置

拥 iŋ^{214} 推：～小车

除 tʃ'u^{53} 用锨铲：～粪｜把这些脏土～出去

划拉 xua$^{53-55}$la· 聚拢：～～草

薅 xɔ^{214} 拔：～草｜～麦子

捋 luə^{55}

踷 cyã^{55} 踢

蹓跶 liou^{214}ta· 散步

骨拥 ku$^{55-53}$iŋ· ①蠕动②小幅度地反复摇动：你去～醒他

码拉 ma$^{55-45}$la· 估算

估摸 ku$^{55-45}$mə·

寻思 siə̃$^{53-55}$θʅ· 想，思考

心惊 siə̃$^{214-55}$ciŋ^{214} 犯疑

挂挂 kua^{53}kua· 挂念

叨念 tɔ^{214}niã^{53} ①念叨②絮絮叨叨

巴眼儿望眼儿 pa^{214}iãr^{55}uaŋ$^{53-55}$iãr· 盼望

望盼 uaŋ^{53}p'ã·

装点 tʂuaŋ^{214}tiã· 假装，不真实

闯门子 tʂ'uaŋ$^{55-214}$mə̃$^{53-55}$tθʅ· 串门儿

拉呱儿 la$^{55-214〔53〕}$kuar^{55} 闲谈

请客 ts'iŋ$^{55-214}$k'ei^{55} 请人吃饭

坐席 tθuə$^{53-214}$si^{53} 赴宴

打仗 ta^{55}tʃaŋ$^{214〔53〕}$ ①吵嘴②打架

噘 cyə^{53} 骂人

□ tʃɔ^{214}（比骂重）

繁繁 fã$^{53-55}$fã· 数落

花备 xua^{214}pei· 指责，数落（多用于对下辈或下属）

呲打 tθʅ^{214}ta· 讽刺，挖苦

胡弄 xu^{53}loŋ· ①骗人②敷衍

谝弄 p'iã$^{55-45}$loŋ· 夸耀，显示

鲁逛 lu$^{55-45}$kuaŋ· 骗：他光撒谎～人

胡滔八□ xu^{53}t'ɔ·pa$^{55-214}$lɛ^{55} 胡诌八扯

插巴 tʂ'a$^{55-45}$pa· 给人亏吃

舔腚 t'iã^{55}tiŋ^{53} 拍马屁

溜沟子 liou^{53}kou^{214}tθʅ·

气不愤儿 c'i^{214}pu·fə̃r^{53} 抱不平

看人儿 k'ã^{214}iə̃r^{53} 相亲

找茬儿〔主儿〕tʂɔ$^{55-53}$tʂ'ar^{55}〔tʂur^{55}〕女子择偶

下（媒）柬儿 çia^{53}（mei·）ciãr^{55} 旧称定亲

将 tsiaŋ^{214} 娶亲：～媳妇

做媳妇 tθou^{214}si$^{55-45}$fu· 出嫁

看喜 k'ã^{214}çi^{55} 给新郎送钱财

添箱 t'iã$^{214-55}$siaŋ^{214} 亲友送给新娘的礼物礼金

倒插门儿 tɔ^{214}tʂ'a^{55}mə̃r^{53} 入赘

另找茬儿 liŋ^{214}tʂɔ·tʂ'ar^{55} 女子再嫁

寻死 siə̃^{53}θʅ^{55} 自杀

寻短见 siə̃^{53}tã$^{55-45}$ciã·

轧鬼亲 ka$^{55-214}$kuei^{55}ts'iə̃^{214} 年轻男女死后家长为之确定婚姻关系并合葬

殡殡 piə̃$^{214-55}$piə̃^{214}〔piə̃^{214}piə̃·^{53}〕出殡

坟 fə̃^{53} 坟墓

坟茔 fə̃$^{53-55}$iŋ·

茔盘 iŋ$^{53-214}$p'ã^{53} 坟地

老茔盘 lɔ^{55}iŋ$^{53-214}$p'ã^{53} 祖坟

乱散岗 lã$^{53-55}$θã·kaŋ^{214} 乱葬岗子

五、房舍、用品

屋 u^{55} 房子，房间：盖～｜正～｜厢～

天井 t'iã^{214}tsiŋ· 院子

甬路 iŋ$^{55-45}$lu· 院子中用砖或石铺成的小路

街门 ciɛ^{214}mə̃^{53} 临街的大门

正间门 tʃoŋ^{53}ciã·mə̃· 正房的大门

门掩后儿 mə̃$^{53-55}$iã·xour^{53} 门开后与墙形成的夹角处

门转心 mə̃$^{53-214}$tʃuã^{53}siə̃· 门的转轴

门插关儿 mə̃$^{53-214}$tʂ'a^{55}kuãr^{214} 门闩

门滑啦儿 mə̃$^{53-214}$xua$^{53-55}$lar· 门环

礓礤子 ciaŋ^{214}tθ'a$^{55-45}$tθʅ· 台阶

照壁 tʃɔ$^{214-53}$pei· 影壁

仰棚 iaŋ$^{55-45}$p'oŋ· 天棚

墙旮儿旯儿 ts'iaŋ^{53}kar$^{55-45}$xar· 墙角

圈〔栏〕cyã^{53}〔lã^{53}〕厕所

鸡窝 ci$^{214-55}$uə^{214}

鸡窝子 ci^{214}uə·tθʅ·

窖窝子 ciɔ^{53}uə·tθʅ· 地窖

伏台 fu$^{53-55}$t'ɛ· 直立房顶的烟筒

烟筒 iã^{214}tʻoŋ^{55}
墼 tsi^{55} 土坯
炕 kʻaŋ^{214}
炕旮旯 kʻaŋ^{214}ka$^{55-45}$la· 炕下地面
锅台 kuə^{214}tʻɛ^{53}
风掀 foŋ^{214}çiã· 风箱
箸笼子 tʃu^{55}loŋ$^{53-55}$tθɿ· 筷筒
担杖 tã$^{214-53}$tʃoŋ· 两头带钩的扁担
（水）筲（ʂuei^{55}）ʂɔ^{214} 水桶
燎壶 liɔ^{55}xu^{53} 烧水用壶
□子 niŋ$^{55-45}$tθɿ· 一种陶制容器，口小颈长腹大，多用以盛酒
　髲子 poŋ$^{53-55}$tθɿ·
八仙桌儿 pa$^{55-45}$siã·tʂuər^{55}
板凳 pã^{55}toŋ^{53} 长条形的凳子
杌子 u^{53}tθɿ· 方凳
马扎子〔扎儿〕ma^{55}tʂa$^{55-45}$tθɿ·〔tʂar^{53}〕
脰枕 tou$^{53-55}$tʃə̃· 枕头
手巾 ʃou$^{55-45}$ciə̃· 毛巾
擦腚纸 tθʻa^{55}tiŋ^{53}tʂɿ^{55} 手纸
弃缡 tsʻi^{214}li· 破碎布条
铜盆 tʻoŋ$^{53-55}$pʻə̃· 脸盆
提兜儿 tʻi^{53}tour^{214} 提包
胰子 i$^{53-55}$tθɿ· 肥皂
糨 ciaŋ^{214} 浆糊
拄捧 tʃu$^{55-45}$paŋ· 拐杖
灯篓 toŋ^{214}lou· 灯笼
电棒儿 tiã$^{53-214}$paŋr^{53} 手电
手戳儿 ʃou$^{55-214}$tʂʻuər^{55} 私人图章
戳子 tʃʻuə$^{55-45}$tθɿ· 公章
轻铁 cʻiŋ^{214}tʻiə^{55}〔·〕铝
鉎鏉 ʂoŋ^{214}ʂu· 锈：这锅长～了
脚踏车 cyə$^{55-45}$tʂa·tʃʻə^{214} 自行车
戏匣子 çi^{214}çia$^{53-55}$tθɿ· 旧称收音机
洋戏（匣子）iaŋ^{53}çi^{214}（çia$^{53-55}$tθɿ·）旧称留声机

六、服饰、饮食

褂子 kua^{53}tθɿ· 中式单上衣
大氅 ta^{214}tʃaŋ^{55} 大衣
坎肩儿 kʻã^{55}ciãr^{214} 无袖无领的上衣
　背搭儿 pei^{214}tar·
　马甲儿 ma$^{55-214}$ciar^{55}
汗褟儿 xã^{53}tʻãr^{55} 自制单层对襟背心
布袋儿 pu$^{214-53}$tɛr· 衣兜
免裆裤子 miã^{55}taŋ^{214}kʻu^{53}tθɿ· 一种裤腰肥大的中式裤子
围脖儿 uei$^{53-214}$pər^{53} 围巾
手巴掌儿 ʃou^{55}pa^{214}tʃoŋr· 手套
搭包 ta$^{55-45}$pɔ· 用于扎腰或披肩的宽布
褯子 tsiə$^{53-55}$tθɿ· 尿布
苇笠 uei$^{55-45}$li·〔ly·〕斗笠
呱哒板儿 kua^{214}ta·pãr^{55} 木屐
蒲窝子 pʻu^{53}uə^{214}tθɿ· 蒲草编成的厚草鞋
鞋靸儿 çiɛ^{53}θar^{55} 拖鞋
饽饽 pə^{214}pə· 圆形馒头
卷子 cyã$^{55-45}$tθɿ· 方形馒头
火烧 xuə$^{55-45}$ʃou·
气馏 cʻi$^{53-55}$liou· 窝窝头
大果子 ta^{214}kuə$^{55-45}$tθɿ· 油条
　麻糖 ma$^{53-55}$tʻaŋ·〔tʻəŋ·〕
馉饳 ku^{214}tʂa· 饺子
面汤 miã^{53}tʻaŋ^{214} 面条
黏粥 niã$^{53-55}$tʃu· 粗粮面制成的粥
小豆腐儿 siɔ^{55}tou$^{53-55}$fur· 豆面加剁细的蔬菜合煮而成的糊状食品
鸡子儿 ci^{214}tθɿr^{55} 鸡蛋
瓜齑 kua^{214}tsi· 一种咸菜
细粉 si$^{214-53}$fə̃· 粉丝
清酱 tsʻiŋ$^{214-55}$tsiaŋ^{214}
　酱油 tsiaŋ^{214}iou^{53}
生油 ʂoŋ^{214}iou^{53} 花生油
（猪）大油（tʃu$^{214-55}$）ta^{214}iou^{53} 猪油

荤油 xuã^{214}iou^{53}

枇杷梗 p'i^{53}pa·koŋ^{55} 一种细条形油炸甜食

反背果子 fã^{214}pei·kuə$^{55-45}$tθɿ· 两块长形面片中间切开套叠后油炸而成的甜食

七、农、工、学、商

生产 ʂoŋ^{214}ʂã^{55}

营生儿 iŋ$^{53-55}$ʂoŋr· 活儿，事情

庄户人 tʂuaŋ^{214}xu·iə̃· 农民

庄户头 tʂuaŋ^{214}xu·t'ou^{53}（卑称或谦称）你～｜俺～

上坡 ʃaŋ$^{53-214}$p'ə^{55} 到地里干农活

下坡 çia$^{53-214}$p'ə^{55} 收工

抓 tʂua^{55} 用镢、镐等刨：～地｜～地瓜

箉子 tʃə^{55}tθɿ· 茓子，一种狭长的粗席，可以围起来囤粮食

遮〔捂〕眼儿 tʃə^{214}〔u$^{55-45}$〕iãr· 捂住牲口眼睛的罩子

坷垃 k'a$^{55-45}$la· 土块

阿萨 a$^{55-45}$θa· 喂牲口的碎草

固根 ku$^{214-53}$kə̃· 白薯等块茎植物的根部

茇带 pə$^{53-55}$tɛ· 玉米、高粱、谷子等农作物收割后留下的根部

甃 tʂou^{214} 砌：～井

驴椇 ly$^{53-55}$cy· 旧式犁

做买儿卖儿 tθou^{214}mɛr$^{55-45}$mɛr· 经商

走字儿 tθou^{55}tθɿr^{53} 走运

坊子 faŋ^{214}tθɿ· 旧称吃住兼营的旅馆

店 tiã^{214}〔tiã^{53}〕

闯外 tʂ'uaŋ$^{55-214}$uɛ^{53} 外出谋生

裁坊 tθ'ɛ$^{53-55}$faŋ· 裁缝

锢露子 ku^{53}lu·tθɿ· 锔匠

大师傅 ta$^{53-55}$ʂɿ·fu· 炊事员

厨子 tʃ'u$^{53-55}$tθɿ·

代诏 tɛ$^{53-55}$tʃou· 旧称理发员

先生 siã^{214}ʂoŋ· 旧称教师、医生、算卦人等

学屋 çyə$^{53-55}$u· 学校

书房儿 ʃu^{214}faŋr^{53}

叔伯字儿 ʃu$^{55-45}$pei·tθɿr^{53} 别字

戏子 çi^{214}tθɿ· 旧称演员

扭 tʃou^{55} 表演：又唱又～

耍藏艺儿的 ʂua^{55}tθ'aŋ^{53}ir·ti· 旧称杂技演员

耍玩艺儿的 ʂua^{55}uã$^{53-55}$ir·ti·

大戏 ta$^{214-55}$çi^{214} 旧称京剧

托〔撮〕头子戏 t'uə$^{55-45}$〔tθ'uə$^{55-45}$〕t'ou·tθɿ·çi^{53} 旧指木偶戏

拉洋片 la^{55}iaŋ^{53}p'iã^{214} 西洋镜

跑耍儿 p'ɔ$^{55-214}$ʂuar^{55} 旧称旱船、龙灯等跑动的民间文艺活动

打懒老婆儿 ta$^{55-214}$lã$^{55-45}$lɔ·p'ər· 打陀螺

八、动物、植物

儿马 ər$^{53-55}$ma· 公马

骒马 k'uə$^{214-53}$ma· 母马

犍子 ciã^{214}tθɿ· 公牛

氏牛 ʂɿ^{53}niou· 母牛

叫驴 ciɔ$^{214-53}$ly· 公驴

草驴 tθ'ɔ$^{55-45}$ly· 母驴

角猪 cyə$^{55-45}$tʃu· 配种用的公猪

芽狗子 ia$^{53-55}$kou·tθɿ· 公狗

母狗子 mu$^{55-45}$kou·tθɿ· 母狗

儿猫（蛋子）ər$^{53-55}$mɔ·（tã$^{53-55}$tθɿ·）公猫

女猫儿 ny$^{55-45}$mɔr· 母猫

耗子 xɔ$^{53-55}$tθɿ·

老鼠 lɔ$^{55-45}$ʃu·

扁嘴 piã$^{55-45}$tθei· 鸭子

吧吧儿 pa$^{214-55}$par^{214}

鸭巴子 ia^{55}pa^{214}tθɿ·

马虎 ma$^{55-214}$xu· 狼

黑瞎子〔厮〕xei$^{55-214}$çia$^{55-45}$tθɿ·〔θɿ·〕熊

狗熊（驼子）kou^{55}çiŋ^{53}（t'uə$^{53-55}$tθɿ·）

臊貔子 θɔ^{214}p'i$^{53-55}$tθɿ· 黄鼠狼

臊〔黄〕水狼子 θɔ^{214}〔xuaŋ$^{53-214}$〕ʂuei· laŋ$^{53-55}$tθɿ·

貔狐子 p'i$^{53-55}$xu·tθɿ· 狐狸

鸦鹊 ia$^{55-45}$ts'y·〔ts'yə·〕喜鹊

老哇 lɔ$^{55-45}$ua· 乌鸦

鹁鸽 pu$^{53-55}$ka· 鸽子

燕儿 iãr^{214} 燕子

捣打木子 tɔ$^{55-45}$ta·mu^{53}tθɿ· 啄木鸟

蝙蝠 piə$^{55-45}$xu·〔fu·〕

猫儿头儿 mɔ$^{53-55}$ər·t'our^{53} 猫头鹰

青蛙 ts'iŋ^{214}uɛ·

蛤蟆哥当子 xa$^{55-45}$ma·kuə^{214}taŋ^{53}tθɿ· 蝌蚪

长虫 tʃaŋ$^{53-55}$tʂ'uŋ· 蛇

蝎虎子〔虎儿〕çiə$^{55-45}$xu·tθɿ·〔xur·〕壁虎

蝼蛄 lu$^{53-55}$ku·

曲蟮 c'y$^{55-45}$ʃã· 蚯蚓

脚木胶 cyə$^{55-45}$mu·ciɔ^{214} 蜗牛

蚂蚱 ma^{53}tʂa· 蝗虫

蝈儿蝈儿 kuɛr^{214}kuɛr·

刀螂 tɔ^{214}loŋ·〔laŋ·〕螳螂

蜻蜓 t'iŋ^{214}t'iŋ·

蚁蛘 i$^{55-45}$iaŋ· 蚂蚁

促〔土〕织儿织儿 tθ'u$^{55-45}$〔t'u$^{55-45}$〕tʂər·tʂər· 蟋蟀

蠽留 tsiə$^{53-55}$liou· 蝉

蠽留猴儿〔鬼儿〕tsiə$^{53-55}$liou·xour^{53}〔kueir^{55}〕蝉的幼虫

虼蚤 kuə$^{55-45}$tθɔ· 跳蚤

苍蝇 tθ'aŋ^{214}iaŋ·〔iŋ·〕

白渣 pei$^{53-55}$tʂa· 苍蝇卵

密虫子 mi$^{53-55}$tʂ'uŋ·tθɿ· 蚜虫

屎气螂 ʂɿ$^{55-45}$c'i·laŋ^{53} 蜣螂

臭大姐 tʃou$^{214-53}$ta·tsiə· 臭椿象

水鬼儿 ʂuei$^{55-53〔214〕}$kueir^{55} 孑孓

菢 pɔ^{53} 禽孵雏，畜生子

胡秫 xu$^{53-55}$ʃu· 高粱：～米｜～秸

玉胡秫 y^{214}xu$^{53-55}$ʃu· 玉米的又称

长果儿 tʃaŋ$^{53-214}$kuər^{55} 花生

长生果儿 tʃaŋ^{53}ʂoŋ^{214}kuər^{55}

芫荽 iã$^{53-55}$si· 香菜

萝贝 luə$^{53-55}$pei· 萝卜

扁豆 piã$^{55-45}$tou· 芸豆

墙〔药〕扁豆 ts'iaŋ$^{53-55}$〔yə^{53}〕piã·tou· 扁豆

洋柿子 yaŋ$^{53-214}$ʂɿ^{53}tθɿ· 番茄

酸楂 θã$^{214-55}$tʂa^{214} 山楂

拉耷柳 la^{214}ta·liou^{55} 垂柳

偏松 p'iã$^{214-55}$siŋ^{214} 扁柏

转莲葵 tʃuã$^{53-55}$liã·k'uei^{53} 向日葵

莲花 liã$^{53-55}$xua· 荷花

苦菜子 k'u$^{55-45}$tθ'ɛ·tθɿ· 苦菜

曲曲芽 c'y$^{55-45}$c'y·ia$^{53〔214〕}$ 一种野菜，味苦

齐齐菜 ts'i$^{53-55}$ts'i·tθ'ɛ$^{214〔53〕}$ 小蓟，叶上有刺

蚂蚱菜 ma^{53}tʂa·tθ'ɛ$^{214〔53〕}$ 马齿苋

菠菠丁 pə$^{55-45}$pə·tiŋ^{214} 蒲公英

灰菜 xuei^{214}tθ'ɛ· 藜

车车子 tʃə^{214}tʃə·tθɿ· 车前子

九、性质状态、副词

好 xɔ^{55}

（差）不离儿（tʂ'a^{214}）pu·lir^{53} 差不多，可以：这东西～？

孬 nɔ^{214} 不好，差

赖 lɛ$^{214〔53〕}$

糙 tθ'ɔ^{214} 不好：不～｜～好

杂麻 tθa^{53}ma· 质差：这衣裳忒～了｜～粮食

板正儿 pã$^{55-45}$tʂoŋr· 整洁

邋撒 la^{53}θa· 脏乱不整洁

派赖 p'ɛ^{53}lɛ·

埋汰 mɛ$^{53-55}$t'ɛ·

窝囊 uə^{214}noŋ· 很脏

宽拓 k'uã^{214}t'uə· 宽绰

窄巴 tʂei$^{55-45}$pa· ①窄小：他家住的挺～ ②生

活不宽裕：我手头挺～

团团 tʻã$^{53-55}$tʻã· ①形容圆，多指球形②形容旋转或围绕的样子：～转｜～围住

翘棱 cʻiɔ$^{214-53}$loŋ· 物体不平正

斜棱 siə$^{53-55}$loŋ· ①斜，不正：稳（安放）～了，正过来 ②品行不正：这人挺～

侧棱 tʂei$^{55-45}$loŋ· 歪：～着身子睡

反背着 fã^{214}pei^{53}tʂʅ· 反着：不要～稳（安放）｜他尽和我～着干

挺托 tʻiŋ$^{55-45}$tʻuə· 人强健，物品结实

棒实 paŋ$^{53-55}$ʃʅ·（身体）结实

整壮 tʃoŋ$^{55-45}$tʂuaŋ· 不零碎

零儿八碎 liŋ$^{53-55}$ər·pa$^{55-45}$θei· 支离破碎

暄 çyã^{214} 松软

艮 kə̃^{55} ①食物不脆②物品受潮③性格黏糊

冷清 loŋ$^{55-45}$tsʻiŋ·（天气）冷：身上～

暖和 nɔ$^{55-45}$xuə·

熨帖 y$^{55-45}$tʻiə· 完美，妥当

旺醒 uaŋ$^{53-55}$siŋ· 没病没灾（多指小孩）

鲁笨 lu^{55}pə̃^{53} 愚笨

愚 y^{214}（少用）

精神 tsiŋ^{214}ʃə̃· ①外表活跃有生气②精明：这人办事挺～的

鬼唧唧的 kuei$^{55-45}$tsi·tsi$^{55-45}$ti· 心眼多

光棍 kuaŋ$^{214-55}$kuə̃^{214}〔kuəŋ^{214}kuə̃^{53}〕精明，办事利索：这人真～

仔细 tθʅ$^{55-45}$si· ①细致②节俭③吝啬

生古 ka$^{55-55}$ku· 吝啬

狗臊 kou$^{55-45}$θɔ·

小气 siɔ$^{55-45}$cʻi·

大手 ta$^{214-55}$ʃou· 大方不吝啬

听说 tʻiŋ^{214}ʃuə^{55}（孩子）听话

嚼撩 tsiɔ$^{53-55}$liɔ·（孩子）不听话

嚼牙 tsiɔ$^{53-214}$ia^{53} 办事违背常情，难缠

嚼浸 tsiɔ$^{53-55}$tsiə̃·

害淡 xɛ$^{53-214}$tã^{53} 害羞：～的慌

脸偏 liã$^{55-45}$pʻiã· 腼腆

俏撑 tsʻiɔ^{53}tʂʻoŋ· 潇洒利索（多用于形容中年以下妇女）

刮静 kua$^{55-45}$tsiŋ· 整洁利索（多用于形容中年以上妇女）

浪 laŋ^{214} 打扮妖艳，行为放荡（多指女性）

武浪 u$^{55-45}$laŋ· 行为放纵不端（多指男青年）

悟良 u^{53}liaŋ· 懂事有礼貌（多指小孩）

热盆儿 iə^{214}pʻə̃r^{53} 对某事感兴趣：我对篮球挺～

硌影 kuə^{53}iŋ· 讨厌：我真～他

恣 tθʅ^{53} 舒服：受到表扬，心里真～

使 ʂʅ^{55} 累：干这活真～人

鼓踆 ku$^{55-45}$tʂuɛ· 象鸭子走路的样子：他走道～～的

屎蛋 ʂʅ^{55}tã^{53} 无赖

尿泥 niɔ^{214}mi^{53}

流球鬼子 liou$^{53-55}$cʻiou·kuei$^{55-45}$tθʅ·（多指青年）

泼皮 pʻə^{55}pʻi^{53} 泼辣能吃苦：这孩子真～

野巴 iə$^{55-45}$pa· 粗野

才刚 tθʻɛ^{53}ciaŋ^{214} 刚才

这〔刚〕才 tʃə^{214}〔ciaŋ^{214}〕tθʻɛ^{53}

才价码儿 tθʻɛ$^{53-55}$cia·mar^{55}

刚 ciaŋ^{214} 表示勉强达到某种程度，刚好：他当兵～够高

刚刚（的）ciaŋ$^{214-55}$ciaŋ^{214}（ti·）

冷大景的 loŋ$^{55-45}$ta·ciŋ$^{55-45}$ti· 冷不防，突然

招价 tʃɔ^{214}ci· 经常

管价 kuã$^{55-45}$ci· 总是

一共拢总 i$^{55-45}$kuŋ·loŋ·tθoŋ^{55} 统统，总共

赶急 kã$^{55-45}$ci· 马上：你别急，我～就去

赶忙儿 kã$^{55-45}$maŋr·（少用）

爽 ʂuaŋ$^{55\,(53)}$ 赶快：电影快开演了，～走

没点儿点儿 mu^{214}tiãr·tiãr· 很少一点儿

了了儿 liɔ$^{55-53}$liɔr^{55} 少：你小麦打多少？～啊

没〔不多〕藏赶儿 mu^{53}〔pu$^{55-45}$tuə·〕tθaŋ·kãr^{55} 一小会儿

没是藏赶 mu^{53}ʂʅ·tθaŋ^{214}kã^{55} 很长一会儿

差没点儿 tʂʻa^{53}mu·tiãr^{55} 差一点儿

龙够 loŋ$^{53-55}$kou· 有空闲：～就到我家耍

归其 kuei$^{214-55}$cʻi^{214} 原来：我当是谁，～是你

其必 cʻi^{214}pi^{55} 想必：今天他没来，～是病了

单住工 tã^{214}tʃu·kuŋ^{214} 特意：～来看你

别 pɛ^{53} 不要：恁俩～打了

看 kʻã^{214} 提醒注意：～打着你｜～别打着你

没是 mu^{53}ʂʅ· 很：～高

忒 tʻei^{214} 太：～大了，弄小一点儿

乔 cʻiɔ^{53} ①很<腥、臊、臭等>：～臭｜～脏②一个劲地<喊、叫等>：～吆喝

老 lɔ^{55} 很：～厉害

老鼻子 lɔ^{55}pi$^{53-55}$tθʅ· ①非常：～多了②很多：集上人～了

哧儿哧儿 tʂʻʅr$^{214-55}$tʂʻʅr^{214} 轻轻，悄悄：～放下｜～走

赶价 kã$^{55-45}$ci· 愈来愈：这孩子～不听说了

十、介词、数量词、助词、语气词

1. 介词

打〔曼〕〔捞〕〔把〕ta^{55}〔mã^{53}〕〔lɔ^{214}〕〔pa^{55}〕从、顺着：～这条道走｜恁～哪来的？｜～河沿走

叫 ciɔ^{214} 被，让：他～狗咬了

使 ʂʅ^{55} 用：你～什么笔写字？

上 ʃaŋ^{53} ①到：你～哪去？②同，跟：我～你说句话

照 tʃɔ^{53} ①按照②朝：一直～前走

2. 数量词

一个 i^{55}kuə^{214}

两个〔俩〕liaŋ$^{55-45}$kuə·〔lia^{55}〕

三个〔仨〕θã^{214}kuə·〔θa^{214}〕

四个 θʅ^{53}kuə·

十个 ʃʅ$^{53-55}$kuə·

十一 ʃʅ$^{53-214}$i^{55}

拉〔来〕la·〔lɛ·〕上下，左右，表概数：十～个｜百～十个

数 ʂu· 上下，左右，表概数：千～棵｜万～个

合儿 xuər^{53} 表倍数：六是二的三～的

之 tʂʅ^{214} 表分数：三～一（三分之一）

若干 yə$^{214-55}$kã^{214} 不少，挺多：集上有～人

行 çiŋ^{53} 层：盖一栋屋就扒一～皮

块儿 kʻuɛr$^{53〔214〕}$ 个，节，支，部，辆：一～故事｜一～电池｜一～歌儿｜一～电影儿｜一～自行车

盼子 pʻã^{53}tθʅ· 一段时间，一阵子：坐了一～子｜锄一～地

集 tsi^{53} 五天为一集：种完麦子得一～的工夫

遭儿 tθɔr^{214} 次：去了两～

喷子 pʻə̃^{53}tθʅ· 同一时期内的一批：头～花｜这一～病

3. 助词

的 ti· 的、地、得：他～｜吃～｜好～很｜这东西吃～吃不～

着 tʂʅ· 表示持续：坐～说｜走～走～天黑了

来 lɛ· 啦：吃～｜听说～

4. 语气词

嘅 kʻɛ· 表示不耐烦的语气：你快吃～｜俺没有了～

咯 kə· 呢：要（是）他不来～？｜要（是）下雨～？

吭 xaŋ^{53} 表示商量、嘱咐的语气：就这样吧，～｜别动，～｜快吃吧，～

第四节 语法特点

一、词

1. 名词重叠

平度方言的名词重叠多是小孩儿用语，这跟普通话并无不同。其特点主要在重叠的两个音节除个别词以外都要儿化。例如：

碗儿碗儿 饭儿饭儿 肉儿肉儿 饺儿饺儿 果儿果儿 帽儿帽儿 袜儿袜儿 鞋儿鞋儿 兜儿兜儿

刀儿刀儿 盒儿盒儿 本儿本儿 车儿车儿 兔儿兔儿 猫儿猫儿 蝈儿蝈儿 肚儿肚儿 觉儿觉儿

2. 人称代词

人称	单数	复　数
第一人称	我 uə^{55} 俺 ã^{55} 咱tθə̃^{53}	我们 uə$^{55\text{-}45}$ mə̃· 俺 ã^{55} 俺们 ã$^{55\text{-}45}$mə̃· 咱 tθə̃^{53} 咱们tθə̃$^{53\text{-}55}$mə̃·
第二人称	你 ni^{55} 恁 nə̃^{55}	恁 nə̃^{55} 你们 ni$^{55\text{-}45}$mə̃·
第三人称	他 tʻa^{55}	他们 tʻa$^{55\text{-}45}$ mə̃·

俺、咱、恁，都可兼表单、复数的主格和领格，但“恁”用于表示单数主格时往往含有讥讽、挖苦的意味，“咱”用于单数领格时带有委婉的语气。见下表：

	俺	咱	恁
单数主格	你去吧，～自己在家	～可不敢跟人家比	～行！谁敢跟～比（讥讽）
复数主格	～俩都去	～仨都去吧	～仨都去
单数领格	～家来$_{我的妻子}$不在家	～家来$_{我的妻子}$可不行（委婉）	～家来$_{你的妻子}$在家吗
复数领格	～村儿	～村儿	～村儿

3. 量词重叠

部分单音节量词（包括具有量词性质的名词）的重叠，除“CC”（如“个个”“天天”）以外，还有一种“C顶C儿”式，有进一步强调“每一”义。这种形式普通话也有，例如“个顶个儿”，但平度话用得比普通话多，而且第一个“C”也常可以儿化，成为“C儿顶C儿”式。例如：

天（儿）顶天儿　家（儿）顶家儿　个（儿）顶个儿　棵（儿）顶颗儿　车（儿）顶车儿

根（儿）顶根儿　块（儿）顶块儿　回（儿）顶回儿　趟（儿）顶趟儿　堡（儿）顶堡儿$_{每次}$

4. 几个动词后缀

(1) 巴　单音节动词多可带后缀“巴”，有和谐音节和舒缓语气的作用。例如：

挤～	捏～	弹～	拧～	推～	拉～	拥～	扬～	挑～	翻～	摔～	摊～	掷～
堆～	垛～	塞～	压～	砸～	劈～	剁～	捣～	剔～	分～	打～	掐～	洗～
搓～	擦～	锄～	掘～	泥～	糊～	扫～	掰～	撕～	护～	缠～	踡～	踢～
跺～	踹～	踩～	啃～	嚼～	唬～	呛～	晒～	晾～	讲～	学～	长～	听～

(2) 达　单音节动词多可带后缀“达”，使动作减轻力度，含有轻松、随意的意味。例如：

拿～	拉～	夹～	叠～	剁～	戳～	掘～	撅～	泥～	垒～	洗～	糊～	摆～
跺～	蹦～	蹬～	吐～	呲～	数～	卖～	吹～	看～	听～	求～	讲～	学～

(3) 拉　单音节动词多可带后缀“拉”，使动作含有轻松、粗拉等意味。例如：

扒～	划～	掰～	拨～	抹～	抓～	扯～	拖～	泥～	拽～	绞～	涮～	拌～
揉～	缠～	扑～	劈～	捻～	穿～	薅～	浇～	趿～	跨～	碾～	踡～	骑～
踱～	摇～	摆～	围～	滚～	翻～	舞～	瞅～	舔～	嗽～	数～	睁～	淋～

(4) 么　可作部分单音节动词（或动素）的后缀。除有舒缓语气的作用外，一般还使该动作含有一点“细腻”的意味，有的还赋予了特定的含义和感情色彩。例如：

瞅～	咂～	抠～	估～	猜～	捞～	凑～	沾～	舔～	缠～

“沾～”：泛指沾小便宜的行为。“舔～”：一般指拍马屁。“溜～”：用于反面，义同“舔～”；用于正面，一般用来形容小孩儿善于讨人喜欢。

(5) 悠　作部分单音节动词的后缀，使该动作含有“舒缓”的意味，并使之呈现形象化色彩。例如：

逛～	搓～	晃～	团～	荡～	转～	飘～	颤～

(6) 部分单音节动词和形容词还可用“送”“乎”作后缀，例如：

送：	弄～	拥～	拱～	掖～	填～	拄～塞给	告～	囔～嘟囔

乎：	管～	摆～	理～	惹～	在～	近～	热～	黏～	玄～	温～	忙～	晕～

5. 语素的排列顺序　平度方言与普通话相比，构词中有同素异序现象。例如：

普通话	相貌	颠倒	摆布	承认	练习	积攒	散乱	盼望	诚实	乜斜	刚才
平度	貌相	倒颠	布摆	认承	习练	攒积	乱散	望盼	实诚	斜乜	才刚

6. 相同汉字依靠语音区分不同词义或词性的几组词语

汉字	读音	词义（词性）
大姨	ta^{214}i^{53}	最大的姨母（名）
大姨子	ta^{214}i$^{53-55}$tθɿ·	特指妻子的大姐
	ta$^{214-53}$i·tθɿ·	泛指妻子的姐姐
光棍儿	kuaŋ^{214}kuə̃r^{53}	单身汉（名）
光棍	kuaŋ^{214}kuə̃^{53}	指办事精明（形）
把头	pa$^{55-45}$t‘ou·	工头（名）
把头儿	pa^{55}t‘our^{53}	把持事物的一头
打手	ta$^{55-53}$ʃou^{55}	打人的手（词组）
	ta$^{55-45}$ʃou·	雇佣的打手（名）
大手	ta^{214}ʃou^{55}	大的手（词组）
	ta$^{214-55}$ʃou·	不节俭（形）
山东	ʂã$^{214-55}$ toŋ·	山东省（名）
	ʂã$^{214-55}$toŋ^{214}	山以东（词组）
轧伙	ka$^{55-45}$xuə·	结伴，结交（动）
轧伙儿	ka$^{55-53}$xuər^{55}	结伙儿（词组）
	ka$^{55-45}$xuər·	姘头儿（名）
一楼	i$^{55-45}$lou·	第一层楼（词组）
	i^{55}lou^{53}	整座楼（词组）
细粉	si$^{214-53}$fə̃·	粉条（名）
	si$^{214-53}$fə̃^{55}	粉状物（词组）
锅腰	kuə$^{214-55}$iɔ^{214}	弯腰（词组）
锅腰儿	kuə^{214}iɔr·	驼背（名）
过年	kuə^{214}niã^{53}	过春节（词组）
	kuə^{53}niã·	明年（名）
耳根子	ər^{55}kə̃^{214}tθɿ·	耳朵根（名）
	ər^{55}kə̃$^{214-53}$tθɿ·	耳光（名）
不管事儿	pu$^{55-214}$kuã^{55}ʂɿr^{214}	不要紧（词组）
	pu$^{55-214}$kuã^{55}ʂɿr^{53}	不主管事（词组）
中儿	tʂuŋr^{214}	中间（方位）
中	tʂuŋ^{214}	行、好（形）
	tʂuŋ^{53}	中的（动）

7. 词类活用

(1) 名词活用作形容词

孙：你真也太～了。（懦弱或卑贱）

熊：那家伙才～唻（坏）｜你也真～到家了（义同上文“孙”）｜真使$_{\text{累}}$～了（比喻程度深）

草鸡：这伐儿$_{\text{回儿}}$他可真～了（懦弱畏缩）｜真使$_{\text{累}}$～了（比喻程度深）

妖儿：那妇女杠～（装束奇特作风不正派）｜这小家伙挺～（比喻歪心眼多）

(2) 名词活用作动词

碾碾　　垛垛　　畦小葱　　秧地瓜　　片白菜（片）　　用泥泥墙

把鱼冰起来　窨起白菜来　用墼（或砖）墼后窗　用粉子（或石灰）粉墙

(3) 形容词活用作动词

去平地　　松松土　　把这本书稳$_{\text{安放}}$起来，要稳好了

屋里太热，出去凉快一下　　你给我挑气儿$_{\text{一会儿}}$，我轻快轻快

二、词组

1. 形容词程度表示法　平度方言形容词的程度表示法丰富多彩，常用的方法有：

(1) 较普遍的方式是用程度副词“挺” t‘iŋ^{55}、“杠（着）” kaŋ$^{214〔53〕}$（tʂʅ˙）、“老（鼻子）” lɔ^{55}（pi$^{53-55}$tθʅ˙）等表示不同的程度，例如：

原级	较高级	再高级	最高级
高	挺高	杠（着）高	老（鼻子）高
远	挺远	杠（着）远	老（鼻子）远
宽	挺宽	杠（着）宽	老（鼻子）宽
粗	挺粗	杠（着）粗	老（鼻子）粗
深	挺深	杠（着）深	老（鼻子）深
矮	挺矮	杠（着）矮	
窄	挺窄	杠（着）窄	
浅	挺浅	杠（着）浅	
香	挺香	杠（着）香	老（鼻子）香
甜	挺甜	杠（着）甜	老（鼻子）甜
咸	挺咸	杠（着）咸	老（鼻子）咸
冷	挺冷	杠（着）冷	老（鼻子）冷
热	挺热	杠（着）热	老（鼻子）热
硬	挺硬	杠（着）硬	老（鼻子）硬
软	挺软	杠（着）软	

“挺” “杠” “老” 所分别表示的程度级别，并不绝对，如果分别加重并延长其读音，则都可表示程度的进一步加深，例如加重并延长“挺”的读音，便可表示再高一级。此外，表示消极义的形容词“矮、窄、浅、软”等，一般不用“老”修饰。

(2) 与度量衡单位有关的形容词，其程度表示法存在“没是 A”与“没 AB 儿”等相对的格式。例如：

积极方面（程度深）		消极方面（程度浅）	
没是 A	没是 AB	没 AB 儿	没 BX 儿
没是高	没是高矮	没高矮儿	没矮下儿
没是远	没是远下	没远下儿	没距远儿
没是宽	没是宽下	没宽下儿	没窄下儿
没是粗	没是粗细	没粗细儿	没细丝儿
没是深	没是深浅	没深浅儿	没浅下儿
没是长	没是长短	没长短儿	没短下儿
没是厚	没是厚薄	没厚薄儿	没锃薄儿
没是大	没是大小	没大点儿	没点儿点儿
没是多		没多点儿	没点儿点儿

上述格式均可重叠，例如：“没是高没是高”“没高矮儿没高矮儿”“没矮下儿没矮下儿”等。重叠后表示程度的进一步加深。

(3) 形容人的味觉、嗅觉等方面的形容词，除了可前加“挺”表示程度较高以外，还常可用“焦”“齁”“喷”“乌”“钢”等修饰，组成“AB 儿 B 儿的（含有喜爱的感情色彩）”“ABB 的（程度相当于‘挺 A’）”“BA”“BABA 的”等格式，分别表示不同的程度级别。例如：

原级(A)	比较级（AB 儿 B 儿的）	较高级（ABB 的）	高一级（BA）	最高级（BABA 的）
酸	酸溜儿溜儿的	酸溜溜的	焦酸	焦酸焦酸的
甜	甜甘儿甘儿的	甜甘甘的	甘甜	甘甜甘甜的
苦	苦森儿森儿的	苦森森的	悲苦	悲苦悲苦的
辣	辣蒿儿蒿儿的	辣蒿蒿的	死辣	死辣死辣的
咸	咸沾儿沾儿的	咸滋滋的	齁咸	齁咸齁咸的
腥	–	腥唧唧的	乔腥	乔腥乔腥的
脆	脆生儿生儿的	脆生生的	酥脆	酥脆酥脆的
涩	涩巴儿巴儿的	涩巴巴的	巴涩	巴涩巴涩的
嫩	嫩生儿生儿的		稀嫩	稀嫩稀嫩的
香	香喷儿喷儿的	香喷喷的	喷香	喷香喷香的

续 1

臭	–	臭烘烘的	烘臭	烘臭烘臭的
凉	凉丝儿丝儿的	凉丝丝的	冰凉	冰凉冰凉的
热	热乎儿乎儿的	热乎乎的	放滚热	放滚热放滚热的
黑	黑乎儿乎儿的	黑乎乎的	乌黑	乌黑乌黑的
白	白沫儿沫儿的	白沫沫的	雪白	雪白雪白的
红	红扑儿扑儿的形容脸	红扑扑的	通红	通红通红的
	红郁儿郁儿的	红郁郁的		
绿	绿铮儿铮儿的	绿铮铮的	铮绿	铮绿铮绿的
干	干松儿松儿的	干松松的	崩干	崩干崩干的
湿	湿润儿润儿的	湿润润的	精湿	精湿精湿的
黏	黏乎儿乎儿的	黏乎乎的	胶黏	胶黏胶黏的
硬	硬邦儿邦儿的	硬邦邦的	钢硬	钢硬钢硬的
沉	沉乎儿乎儿的	沉乎乎的	死沉	死沉死沉的

有的形容词 A 修饰成分“B”不限于一个，如“悲苦”“巴苦”“乌黑”“烘黑”等；有的“B”不限于修饰一个形容词，如“死辣”“死沉”“齁咸”“齁辣”，但能修饰的形容词都是很有限的，不像广用的“挺、杠、老”那样可以修饰多数形容词。

2. 介词省略的处所补语　普通话处所补语多用介词词组表示，例如“放在桌子上”“跑到院子里”等。平度方言常省略了其中的介词，处所补语可以直接放在动词后面，这时的动词说得比较重，比较长。例如：

把饭端（到）桌子上　　书放（到、在）哪来？

把它扔（到、在）天井来　（书）放（到、在）桌子上。

3. 助词“了”的省略　平度方言助词“了”的用法与普通话基本相同，但句中的时态助词“了”常可通过重读并延长前面动词的读音而加以省略。例如：

吃（了）饭了　照（了）一张像　看（了）电影就回去　生就（了）的骨头长就（了）的肉

炒（了）吃了　去（了）一趟　倒（了）油瓶也不扶　半辈子才出（了）两趟门

领（了）走了　笑掉（了）大牙了　得（了）理儿就不让人　跑（了）和尚跑不了庙

三、句

1. 比较句　平度方言除了也有普通话常用的几种比较句式外，还有两种较为特殊的句式：

(1) 在比较语后加“起”字的比较句，常用句式如下：

肯定比较：这个好起那个。日子一天好起一天。

否定比较：麦子不贵起苞米。这题（儿）不难起那题（儿）。

疑问比较：他长得（是）高起你（吗）？ 他（是）长得高起你？ 他长得高不高起你？

麦子（是）不贵起苞米？ 麦子哪贵起苞米？（反问）

(2) 带“跟”或“赶”字的比较句式，常用句式如下：

肯定比较：他跟〔赶〕上我胖了。

否定比较：他跟〔赶〕不上我胖。 他不跟我胖。

疑问比较：他跟〔赶〕上我胖了？ 他（是）不跟我胖？

他跟〔赶〕不上我胖？ 他哪跟〔赶〕上我胖了？（反问）

2. 是非疑问句 平度方言除使用“中不中”“去了没有”等是非疑问句式外，还另有“是不 A”“是还没 A”等是非疑问句。前者问“是不是”，后者问“有没有”。例如：

“是不 A”式：（这苹果）是不酸？ （你）是不去？ （天）是不黑？

“是还没 A”式：（饭）是还没吃？ （他）是还没走？ （天）是还没黑？

第五节 语料记音

一、谚语（五条）

1. iou^{55} tʂʅ^{214} pu^{55} tθɛ^{53} niã^{53} kɔ^{214}， u$^{53-55}$ tʂʅ^{214} k‘uŋ^{214} tʃaŋ^{55} pei^{55} θei^{53}。
   有 志 不 在 年 高， 无 志 空 长 百 岁。
2. iã^{55} ciŋ^{214} pu$^{55-45}$ y˙ ʃou^{55} ciŋ^{214}，ʃou^{55} ciŋ^{214} pu$^{55-45}$ y˙ tʃ‘aŋ^{53} tuə$^{53-55}$ loŋ˙ 。
   眼 经 不 如 手 经， 手 经 不 如 常 掇 弄。
3. θã$^{214-55}$ i^{214} pu$^{55-45}$ niã˙ k‘ou$^{55-45}$ ʂoŋ˙，θã$^{214-55}$ t‘iã^{214} pu$^{55-45}$ toŋ˙ ʃou$^{55-45}$ ʂoŋ˙ 。
   三 日 不 念 口 生， 三 天 不 动 手 生。
4. tθɔ^{55} iar^{53} fa^{55}，tʂuŋ^{214} miã$^{53-55}$ xua˙ 。
   枣 芽儿 发， 种 棉 花。
5. toŋ$^{214-55}$ tsiaŋ^{214} u^{53} lu˙ si$^{214-55}$ tsiaŋ^{214}y^{55}，nã^{53} tsiaŋ^{214} tʃu$^{55-45}$ lɛ˙ mə^{214} niã$^{53-55}$ y˙，pei^{55} tsiaŋ^{214}
   东 虹 雾 露 西 虹 雨， 南 虹 出 来 摸 鲇 鱼， 北 虹
tʃu$^{55-45}$ lɛ˙ xa^{55} niã$^{53-55}$ tʃu˙ 。
出 来 喝 黏 粥。

二、歇后语（五条）

1. si^{214} pei^{55} foŋ^{214} kua$^{55-214}$ ci$^{55-45}$ tθʅ˙ liã^{53} foŋ^{214} tɛ^{214} tθ‘ʅr^{53}。
   西 北 风 刮 棘 子 —— 连 风（讽）带 刺儿。
2. θə̃^{214} nyr^{55} tʃuã^{214} tʂʅ˙ ma$^{55-45}$ma˙ ti˙ çiɛ^{53} mu^{53} kɛ^{55} lɔ^{55} iaŋ$^{53-55}$tθʅ˙ 。
   孙 女儿 穿 着 嬷 嬷奶奶 的 鞋 —— 没 改 老 样 子。
3. xei$^{55-214}$ çia$^{55-45}$ tθʅ˙ ciɔ^{214} mə̃^{53} çiŋ^{53} tɔ^{53} cia^{214} lə˙ 。
   黑 瞎 子熊 叫 门 —— 熊 到 家 了。

4. ʂʅ$^{55-45}$ cʻi· laŋ· ta$^{55-45}$ xa· çi· kã$^{214-55}$ tʃaŋ^{214} tʃʻou^{214} kʻou^{55}。
屎 气 郎 打 哈 吸哈欠 —— 干 张 臭 口。
5. ma$^{55-214}$xu· kʻɔ̃^{55} tʻiã^{214} mu· ti^{53} faŋ· çia$^{53-214}$kʻou^{55}。
马 虎狼 啃 天 —— 没 地 方 下 口。

三、谜语（三条）

1. tθʻoŋ$^{53-214}$nã^{53} lɛ$^{53-55}$kə· tʂuɛ$^{55-45}$ ia· tʂuɛ^{55}，pu$^{55-214}$tʻuə^{55} kʻu$^{214-53}$ tθʅ· tsiou^{53}çia$^{53-214}$ xɛ^{55}。 piã$^{55-45}$ tθei·
从 南 来 个 跩 呀 跩，不 脱 裤 子 就 下 海。——扁 嘴鸭
2. li^{55} miãr^{53} kuaŋ^{214}，uɛ^{53} miã^{53} ʂei^{55}，cʻi$^{55-45}$ ni· kʻuɛ· siɔ^{55} mə̃r^{214} tθʻɛ^{214} tɔ· xeir^{55}。
里 面儿 光， 外 面 涩，给 你 块 小 闷儿谜儿 猜 到 黑儿。
tiŋ$^{55-45}$ tʂʅr·
—— 顶 指儿顶针
3. u^{55} iã^{53} li$^{55-45}$ tʻou· i^{55} uə^{214} xour^{53}，tʻiŋ^{214} ciã· tʃʻʅ^{55} fã^{53} tiã$^{55-45}$ ta· tʻour^{53} ia^{53}
屋 檐 里 头 一 窝 猴儿，听 见 吃 饭 点 搭 头儿。—— 牙

四、儿歌（四首）

1. pa^{214} pa· iãr^{55}，lɛ$^{53-214}$kã^{55} tsi^{53}， mɛ$^{55-45}$ lə· kə· luə$^{53-55}$ pei· taŋ^{53} lə· kə· li^{53}，iɔ$^{55-45}$ i· kʻou^{55}xou^{214}
疤 疤 眼儿，来 赶 集， 买 了 个 萝 贝 当 了 个 梨，咬 一 口 齁
la^{53} ti·， xuei$^{53-55}$ cʻy· xuã^{53} kə· tɛ^{214} par^{53} ti·。
辣 的， 回 去 换 个 带 把儿 的。
2. siɔ^{55} pei^{53} cir^{214}，ʃaŋ^{53} tθʻɔ^{55} tuə^{53}，ʃə̃^{214} ʃə̃· tʻeir^{55}， pu· nɔ$^{55-45}$ xuə·，ã^{55} niaŋ^{53} pu· cʻi$^{55-214}$ uə·（ã^{55}）
小 白 鸡儿，上 草 垛，伸 伸 腿儿，不 暖 和，俺 娘 不 给 我（俺）
ʃuə$^{55-214}$ lɔ$^{55-45}$ pʻə·。
说 老 婆。
3. tʃʻə$^{55-45}$ ta· cy^{214}，ka^{55} ta^{214} xuɛ^{53}，i$^{55-214}$ tʃʻə^{55}tʃʻə$^{55-45}$ tɔ· lɔ$^{55-45}$ niaŋ· ci· ta^{53} mə̃$^{53-214}$ uɛ^{53}。lɔ$^{55-45}$ niaŋ·
扯 大 锯，割 大 槐， 一 扯 扯 到 姥 娘 家 大 门 外。 姥 娘
tθɛ^{53} cia· lɛ· lɔ^{53} kã^{214} fã^{53}，ciou^{53} mu· tθɛ^{53} cia^{214} lɛ· ɔ^{214} pa^{53} y·，tʂʻoŋ^{214} ti· kə·siɔ^{55} xɛr^{53} kə·lɔ^{55} ta^{53} ly·。
在 家 来 捞 干 饭， 舅 母 在 家 来 熬 鲅 鱼， 撑 的 个 小 孩儿 个 老 大 驴。
4. siɔ^{55} paŋr^{53} paŋr·，kã^{55} nã^{53} tʂuaŋr^{214}，mɛ^{55} pə^{214} tθʻɛ^{53}，tʂʻa^{55} çiã^{53} tʻaŋ^{214}，xa$^{55-45}$ i· kʻou^{55}， pʻə̃^{214}
小 棒儿 棒儿，赶 南 庄儿， 买 菠 菜， 馇 咸 汤， 喝 一 口， 喷
pʻə̃· çiaŋ^{214}，pu· xa^{55} pu· xa^{55} iou^{53} iɔ$^{55-45}$ ʃaŋ·，tʂʻoŋ^{214}ti· ke· siɔ^{55} tur^{53} lã^{214} kuaŋ^{53} taŋ· kuaŋ^{53} taŋ·
喷 香， 不 喝 不 喝 又 舀 上， 撑 的 个 小 肚儿 乱 逛 荡，逛 荡
kuaŋ^{53} taŋ· lã^{214} kuaŋ^{53} taŋ·。
逛 荡 乱 逛 荡。

五、故事（一则）

ta^{214} tʂei^{53} ʂã^{214} ti· tʃʻuã^{53} ʃuər^{55}
大 泽 山 的 传 说儿

tʻaŋ^{53} tʃʻɔ^{53} i· kʻɛ^{214} tʻour^{53} nə^{214}（niə^{214}）ci· niã^{53}，li^{55} ʃʅ^{214} miə̃^{55} tʃʻoŋ^{53} tʻiã^{214} ci· liŋ$^{55-45}$ tʂʅ· piŋ^{214}
唐 朝 一开 头儿 那 （乜） 几 年，李 世 民 成 天 价 领 着 兵

ma^{55} toŋ$^{214-55}$ tʃã^{214} si^{214} ʂa^{55}。i^{55} tʻiã^{214}，tθou$^{55-45}$ tə· tθə̃^{53} çiã· pei$^{55-45}$ piãr· ti· ta$^{214-55}$ tsʻiŋ$^{214-55}$ ʂã^{214}
马东战西杀。一天，走到咱县北边儿的大青山
kə̃r^{214} çia·，kʻã^{53}tə·ʃaŋ^{53} toŋ^{214} tθou$^{55-45}$ ti· tər^{53} uã^{214} uã· cʻy$^{55-45}$ liour· ti·，xei$^{55-45}$ ci· xə̃$^{55-45}$ pu· xɔ$^{55-214}$
根儿下，看到上东走的道儿弯弯曲溜儿的，黑价很不好
tθou^{55}，tsiou^{53}çia$^{53-214}$miŋ^{53} liŋ· tʃu$^{53-55}$ çia·。tʃə^{214} ʂʅ$^{53-55}$ xour· tʃoŋ^{214} pʻoŋ^{53} ʃaŋ· tʻiã^{214} xã^{53}，tuə$^{214-(55)}$ ʃuə· i^{53}
走，就下命令住下。这时候儿正碰上天旱，多少日
tθʅ· mei· çia$^{55-214}$ y^{55}，piŋ^{214} ma^{55} iŋ^{214}ʂuei^{55} iou^{53} tuə^{214}，mu^{53} tθaŋ^{214} kãr^{55} pa^{55} θʅ^{214} çia· ti· tsiŋ^{55}
子没下雨，兵马用水又多，没藏赶儿很快把四下的井
tou^{214} ʂʅ^{55} kã^{214} lə·，xɛ^{53}ʂʅ· pu· kou^{214} ʂʅ$^{55-45}$ti·。li^{55} ʃʅ^{214} miã^{55} tθə̃^{53} mə· siaŋ^{55} iə$^{55-53}$ siaŋ$^{55-45}$ pu· tʃu^{55}
都使用干了，还是不够使的。李世民怎么想也想不出
pã^{53} fa· lɛ·。xei$^{55-45}$ ci·，tʻa^{214} tʂʻou$^{55-45}$ tʂʅ· iou^{55} yə^{53} miŋ· ti· ʂʅ$^{53-55}$ xour·，tɛ^{53} tʂʅ· xu^{53} piŋ^{214}
办法来。黑价晚上，他瞅着有月明月亮的时候儿，带着护兵
cʻi$^{53-55}$ tʂʅ· ma^{55} tθou$^{55-45}$ ʃaŋ· ʂã^{214} cʻy·。
骑着马走上山去。

tθou$^{55-45}$ lə· i· cʻir^{214}，tʻa^{55} tθʅ^{53} ci· iə^{55} cyə$^{55-45}$ tʂʅ· kʻa$^{55-45}$ ti· tsʻiaŋ^{53} pu· liɔ^{55}，i$^{55-45}$çia· tθʅ·
走了一气儿一会儿，他自己也觉着渴的呛受不了，一下子
tsiou· xuər$^{55-45}$ lə· lɔ^{214} tʃu· kuŋ^{214} xuə^{55} tsiã^{214}，tθei$^{55-45}$ li· niã^{53} tɔ·："tsʻiə^{55} mə· u^{53} uə^{55}！" θou^{214}
就火儿了，捞出弓和箭，嘴里念道："切莫误我！"嗖
ti· i^{55} tsiã^{214}，tʃɔ^{53}ʂã^{214} tou^{55} pʻər^{214} ʃə^{53} cʻi·。nə^{214}（niə^{214}）siə· xu^{53} piŋ^{214}ʃaŋ$^{53-214}$tsʻiã^{53} i^{55} kʻã^{53}，tsiã^{214}
的一箭，朝山陡坡儿射去。那（乜）些护兵上前一看，箭
ʃə^{53} tsiə̃· ʃʅ$^{53-55}$ tʻou· xɔ$^{55-45}$ci· tθʻə̃^{53}。pa$^{53-55}$ tʃu· tsiã^{214} lɛ·，θei$^{53-55}$ tʂʅ· i$^{55-53}$ kur^{55} tsʻiŋ^{214} ʂuei^{55} xua$^{214-55}$
射进石头好几寸。拔出箭来，随着一股儿清水哗
xua^{214} tʻaŋ$^{55-45}$ tʃu· lɛ·，ʂuə^{53} tʂʅ· ʂã$^{214-55}$ciã^{214} tʻaŋ$^{55-45}$ tʃoŋ· i$^{55-45}$ tʻiɔ· siɔ^{55} xuə^{53}。ta^{214} xuər^{55} kʻã^{53} tɔ·
哗淌出来，顺着山涧淌成一条小河。大伙儿看到
tou^{214} kuei^{53} çia· kʻa^{55} tʻou^{53}，xuã^{214}ci· ti· tʃʅ^{53} pu· liɔ^{55}。tʃə^{214} ʂʅ· xou· li^{55} ʃʅ^{214} miã^{55} cʻi$^{53-55}$ ti· nə$^{214-53}$
都跪下磕头，欢喜的治不了。这时候李世民骑的那
（niə$^{214-53}$）pʻi· ma^{55} tʂoŋ^{53} kʻɛ^{214} lə· kaŋ^{214} ʃoŋ^{53}，pʻɔ$^{55-45}$ tɔ· ciã^{53} lɛ· ku^{214} toŋ· ku^{214} toŋ^{5} moŋ$^{55-53}$ xa^{55}。
（乜）匹马挣开了缰绳，跑到涧来咕咚咕咚猛喝。
li^{55} ʃʅ^{214} miã^{55} xa^{214} xa· ta^{214} siɔ^{53}，cʻi$^{53-55}$ ʃaŋ· ma^{55} uei$^{53-55}$ tʂʅ· ʂã^{214} moŋ$^{55-53}$ pʻɔ^{55}，ʂʅ$^{55-53}$lɔ^{55} ciə̃r^{214}
李世民哈哈大笑，骑上马围着山猛跑，使用老劲儿
liã^{53} ʃə^{53}xɔ$^{55-45}$ ci· ʃʅ^{53} tsiã^{214}，mei^{55} tsiã^{214} tou· xua$^{214-55}$ xua^{214} liou$^{53-55}$ tʃu· ʂuei$^{53-45}$ lɛ· la·，liou$^{53-55}$
连射好几十箭，每箭都哗哗流出水来啦，流
tɔ· i$^{55-53}$cʻir^{55}，tʃoŋ$^{53-55}$ lə· ta^{214} tʂei^{53}。
到一起儿，成了大泽。

tɔ^{53} lə· xou$^{53-214}$ lɛ^{53}，iə̃$^{53-55}$ mə̃· pa· ta^{214} tsʻiŋ$^{214-55}$ ʂã^{214} kɛ^{55} minr^{53} ciɔ· ta^{214} tʂei^{53} ʂã^{214}，li^{55} ʃʅ^{214}
到了后来，人们把大青山改名儿叫大泽山，李世
miã^{55} tʃã^{214} ma^{55} xa$^{55-214}$ ʂuei$^{55-45}$ ti· nə·（niə·）tʻiɔ^{53} ʂã^{214} ciã^{53}，ciɔ^{214} iã$^{55-214}$ ma^{55} ciã^{53}。xiã$^{53-214}$ y$^{53-55}$
民战马喝水的那（乜）条山涧，叫饮马涧。现如
ciə̃·，nə^{53} tʻiɔ^{53} ciã^{53} li· ti· ʂuei^{55} xɛ^{53} tʂʻaŋ^{53} niã^{53} tʻaŋ^{55}，kaŋ^{53} tʻiã$^{53-55}$ lɛ·。
今，那条涧里的水还常年淌，杠甜来。

第二十一篇　大泽山

大泽山，又名九青山，以天柱山之阳刊有北魏郑文公碑（上碑）及盛产美味多汁之葡萄而遐迩闻名。历代旧志艺文志，收有文人雅士游山诗文多篇（首)。“大泽晴云”乃旧志所称“平度八景”之一。此次续志,对照五部平度旧志及学者荐稿,对 1987 年版《平度县志》遗漏诗文作了补遗。

第一章 名胜古迹

第一节 风景名胜

一、峰峦

瑞云峰 俗称北峰，海拔 736 米，为大泽山，也是胶东半岛西部最高峰。攀瑞云峰，先到日照庵，驻足仰望，但见壁立千丈，高出云表。过“八步紧”“哈乎哈”“吓乎吓”，需凝神屏息；度“张飞大骗马”“鹞子大翻身”，要身体灵活且有力气，必曲腰翻转、前援后扶，钻过仅容一人的弯曲石洞，始达峰顶。峰顶逼仄东倾，仅容十数人。其东侧为削壁深谷，人不敢下视；西侧有一茎峭石，直立如锥，俗谓雄鹰难栖。峰顶有“身依北斗”“尺五天”“小天下”“孤峰独秀”等题刻。当晴日，立峰顶，极目北眺，可见渤海；回身俯瞰，东、西、南面，峰峦合抱，状如雄城。下山则穿越飞仙洞，九洞通连，各有洞天，全是另外一种景象和感受。

飞来峰 又称西峰，在瑞云峰西南，峰尖南倾，俗称“歪嘴山”。其南坡绝岩叠崖，险不可攀。登临者必缘东北侧上，脚磴人工开凿石穴，手足并用，始得登顶。面前还横着一道深不可测一两米宽的长壑，最狭处有一长条石板，仅可通人，为“仙人桥”。游人至此，每有目眩腿颤畏而止步者。西峰顶平而阔，风物气象与北峰迥异。晴日登临，北望渤海，碧波帆影，历历在目。旧有“望海亭”，遗址尚存。有“海阔天空”“清风白云”等题刻。西峰四周有“观音洞”“鹁鸽堂”“天池”等景点，皆奇险。东南侧半山处有“红庙”，因明末著名书法家“神笔刘耳枝”青年时代在此刻苦攻读而闻名。

日观峰 在瑞云峰东南，是观看朝日初上的绝佳景点。山顶有“观日出”碑，明万历莱州知府龙文明书立。峰顶新建的八角琉璃亭，呈张翼凌空之美姿。据登临观日者称，每年清明和重阳前后，拂晓时，可从东面山口最低处看到日出东海的奇景。

日观峰（2003 年摄）

大姑顶 在瑞云峰直南，海拔 729 米，为大泽山第二高峰，与瑞云峰南北相望，耸踞群峰之上。昔人传山顶长年罡风盛行，是神仙往来之地，故人迹罕至。1968 年，国家在大姑顶建电视转播台，天线铁塔高出山顶 40 余米。

二、洞窟

有飞仙洞，位于瑞云峰西南侧，又名九连洞，是从北峰顶下山的最佳游路。穿洞而下，时需匍匐而行，洞内光线幽明变幻，置身其间，如入仙境。各洞亦多有题刻，如第八洞口的“上天云送客，出洞鹤迎人”（明末著名文士文翔凤题刻），即意趣奇妙。出最下一洞，为山中另一胜景“一线天”。过“一线天”西南行，是为攀登西峰的捷径。昔人攀瑞云峰，多涉险走“八步紧”“鹞子大翻身”登顶，穿九连洞下山。而今游人如织，履险者少，大都穿九连洞而上，复由九连洞而下。

三、奇石

大泽山一向以奇石著称，上下两寺之间尤多。米廪（仓）、香积（厨）、经（书）柜、锦屏、琵琶，率皆天然浑成，虎、狮、蟾蜍、壁虎、天眼、天耳，神态无不逼肖，且经历代文士歌咏题刻，均蕴涵着丰富的人文内容。其中尤以蟾石最为奇特。

嶙峋怪石（2003年摄）

之美誉。泉之周围，明清文士题刻“玉液”“浮碧”“姑射浆”“濯魄冰壶”等多达十数处。明万历三十六年（1608）王之都书镌在龙泉石削壁上的长联“华毂朱轮，扰扰浮生无住着；清池皓月，悠悠玄度有皈依”，文词书法俱佳，常令游人驻足。

甘露泉 位于智藏寺东磨刀石下。长年清水一潭，水由潭出，涓涓南下。泉上石壁有明万历、天启年间题刻“甘露泉”“万古甘泉”等。1987年，在石壁左下处发现虽极漫漶仍可辨识的北宋政和二年（1112）游人题刻诗，由此得知旧志所记智藏寺始建年代有误。

龙池 又称龙潭，在日照庵前。长年水深三尺，极旱亦不涸。明万历三十年（1602）春，莱州知府龙文明亲赴大泽山来此祈雨，灵应，在池旁建龙神祠。其书刻“龙神祠”三字至今犹存。今龙池砌为井状，围以石栏，有“八角琉璃井”之称。

蟾石，俗称“蛤蟆石”，雅号“玉蟾蜍”，位于智藏寺北岭旁，宛如一只欲跃扑食的巨蟆，“根仅如莲蒂，似可动摇，坐其下者多发竖”。因其体形巨大，游人在四近高下，即可举目见到，且无不叹其形态酷肖。石上有明代隆庆年间山东提学邹善等人题刻数处。又，天耳石、砥柱石、香积石、狮子石、蟠龙石上也有题刻。箱子石上所刻“书藏万卷”，出自清代书法名家何凌汉手笔，犹为书家推崇。

四、泉池

乳泉 位于智藏寺西龙泉石下。龙泉石巨壁陡立，壁之东侧上部有天然乳状石隆起。壁下为深潭，水丰质美，明代前期曾获“石乳”（宋代名茶）

乳泉（2003年摄）

五、亭台

聚景台 聚景亭 位于智藏寺西，有高大石台突兀而起，台上建石亭。人在台上，四围山色，尽收眼底，以此而得名。清初诗人喻成龙有“兹台揽众妙，奇峰争入选”之句。今存石亭和清初重修碑记，皆完好无损。亭柱四面的刻石楹联，文词佳妙，历来受人称道。

邀月台 升仙台 位于智藏寺东，有巨大磐石兀出，石之东，下临深溪，是赏月绝佳之地。自明代中期邹善于石上题刻“邀月”二字，后人便以“邀月”名台。明清两代数百年间，多有达官贵人、文人学士来此邀月赏月者。台上及其周边题刻最为密集，现仍存27处，多为书法上品。邀月台南侧为一更高而陡峭的石台，攀缘可登，名升仙台。上有题刻4处。

邀月台（2003 年摄）

观莲台　位于智藏寺南，虎溪西侧，为一天然石台。晴日坐此台上，北望瑞云峰，可见山巅宛如莲瓣初放，形成“芙蓉秀出依天开”的奇观。

六、大泽晴云

平度旧志八景之一。约为明成化年间，平度知州及文人雅士所评定。现存明清文士“大泽晴云”诗 6 首，其中毛宗鲁诗“山头雨过霁色新，岚气浮空翠如滴。白云出岫本无心，时时绕护禅房阴”；官廉诗“玉宇澄清雨初霁，群峰面面生新翠。片云何处起山坳，缭绕岩头半飞坠。色映浮岚更鲜艳，好风吹上干青天。白衣苍狗变化尽，夕阳海峤青螺连”；官贤诗“孤峰忽失轻阴坠，绝壑初分夕照移”，一直为后人吟咏。

第二节　寺庵 墓塔

一、智藏寺

大泽山著名佛教胜地。平度旧志载其始建于金明昌七年（1196），明初碑文称之“肇于大唐”。而现存“政和壬辰”（1112）游人刻石诗确证：至晚在北宋后期，大泽山和智藏寺即为名山名刹了。史载：明初北方名僧一庵禅师由辽东渡海来东莱，“卓锡大泽山中，填涧谷，立殿宇”，重建智藏寺，历时十载而成。重建之智藏寺，殿材巨丽，规模宏伟。洪武十三年（1380），江南越州（今绍兴）、天目（在湖州）、温州、婺州（今金华）、古杭灵隐以及山东泰安灵岩和陕西长安等地四方名僧，来此讲经说法，并在智藏寺西侧峭壁巨石上镌刻偈语，至今保存完好者 9 则、400 余字。到明代中期，越来越多的官员、文士前来游山，许多青年学子栖处山中攻读，智藏寺香火日旺。明清易代之际，山中未遭兵燹，古刹完好无损。经有清一代迄民国年间，智藏寺屡经修葺，殿宇宏阔壮丽，香火长盛不衰，僧众拥有山林庙产，受到官府和绅民认可，大量积存文物古迹得以保存。1939 年秋，智藏寺遭侵华日军焚毁，大火持续三昼夜，千年古刹化为瓦砾丘墟。20 世纪 50 年代初，智藏寺废址建起几间茅屋，作为大泽山林场看护场所。嗣后，智藏寺废址在荒草荆榛中沉埋了半个世纪。2002 年，智藏寺依山势重建。进山门，拾级而上，为天王殿；再上，为大雄宝殿（在原殿旧址）。梵宇僧楼，高下三叠，掩映在绿树丛林之中。游人来此观瞻，仰视瑞云峰，俯瞰范蠡涧，一派胜景，尽收眼底。智藏寺复为胶东半岛享有盛名的佛教文化旅游圣地。

智藏寺（2003 年摄）

二、日照庵

位于大泽山瑞云峰之阳，千仞绝壁之下，以“朝

日照庵功德碑林（2005 年摄）

日初上，霞光先照”得名，因与智藏寺相高下，俗称“上寺”。现存文献资料证其最晚建于明初，原为智藏寺附属建筑。明朝末年，庵中供奉碧霞元君，为泰山老母行宫。入清以后，又在庵旁增建“老母梳洗楼”。康乾盛世，再增建新殿，供奉无生老母。民国初年，塑无生老母神像，并供奉大泽老母、送生娘娘、疹痘娘娘等众多俗神。每年春秋两届庙会，来自掖、平、昌、潍以至蓬、黄、海、莱的善男信女，不绝于途，山路为之塞。信徒们争相立碑祈福，在日照庵下形成夹道而立、多达 120 余通国内现存最大的功德碑林。1943 年秋，日照庵为侵华日军所毁，此后颓垣荆榛 50 余年。1999 年，日照庵重建，再造殿宇，重塑圣像。2008 年 11 月，由中国民俗学会、台湾东吴大学人文社会学院、山东大学文史哲研究院、平度市人民政府共同主办的大泽山功德碑国际学术研讨会在平度召开，来自国内外 30 余名专家、学者与会。

三、墓塔林

墓塔，是昔时重要僧人圆寂后的墓葬，以雕凿的石块迭垒而成，呈多层圆柱形塔状，是佛教特有的建筑。智藏寺的墓塔集中在寺的东南方。据现存明代永乐年间修葺智藏寺的碑文推断，明初一庵、昌志等名僧应当都有塔墓。大泽山智藏寺现存墓塔 7 座，倒塌后下落沟壑的墓塔残石可供修复者还有很多，为中国北方八大墓塔林之一。2006 年，大泽山墓塔林被公布为山东省级文物保护单位。

墓塔林（1996 年摄）

第三节　岳石文化遗址

岳石文化遗址位于大泽山西麓东岳石村东南，淄阳水库东北隅，为全国重点文物保护单位。（详见本书第十八篇《科技文化》之《文物》）

第二章 摩崖刻石

第一节 天柱山刻石

一、北朝刻石

《郑文公碑》 俗称魏碑，位于天柱山之阳，又称郑羲上碑（下碑在今莱州云峰山），是光州刺史郑道昭于北魏永平四年（551）为颂其父郑羲立的碑记。碑为天然碑状石，碑文 881 字，书法艺术深为历代书家赞赏。碑之全文如下：

魏故中书令秘书监郑文公之碑公讳羲字幼□司州荥阳开封人也肇洪源于有周胙母弟以命氏桓以亲贤司徒武以善职并歌缁衣之作诵乎弈世逮郑君当时播节让以振高风大夫司农创解诂以开经义扬州渊谋以十策匡时豫州司空以勋德著称高祖略恢亮儒素

天柱山郑文公碑（1996 年摄）

味道居真赵石之兴徵给事黄门侍郎迁侍中尚书赠扬州刺史曾祖豁以明哲佐世后燕中山尹太常卿济南贞公祖温道协储端燕太子瞻事父晔仁结义徒绩著宁边拜建威将军汝阴太守绵荣攸载联光千世公禀三灵之纯气应五百之恒期乘和载诞文明冠世笃信乐道据德依仁孝弟端雅寡言慇行六藉孔精百氏备究阴阳律历尤所留心常慕平仲子产之为人也□斯文于衡泌延德声乎州闾举秀才答策高第擢补中书博士任清务简遂乘闲述作注诸经论撰话林及诸文赋诏策辞清雅博迁中书侍郎假员外散骑常侍南使宋国宋主客郎孔道均就邸设会酒行乐作均谓公曰乐其何如公答曰哀楚有余而雅正不足其细已甚而能久乎均嘿然而罢移年而萧氏灭宋虽延陵之观昔诗郑公之听宋乐其若神明矣朝廷以公使协皇华原隰斯光迁给事中中书令总司文史敷奏惟允国之律令是所议定公长子懿邕容和令器望兼资早综诠衡能声徽著敦诗悦礼尤精易理季子道昭博学经书才冠秘颖研注图史文侍紫幄每在朝堂公行于前吏部秘书随其后凡厥庶寮莫不钦其人也于时有识比之三陈后年不盈纪懿给事黄门侍郎太常卿使持节平东将军齐州刺史道昭中书侍郎国子祭酒通直散骑常侍秘书监司州大中正使持节平东将军光州刺史父官子宠才德相承海内敬其荣也太和初除公使持节安东将军兖州刺史南阳公德政宽明化先仁惠不严之治穆如清风太和中徵秘书监春秋年六十有七寝疾薨乎位凡百君子莫不悲国秀之永沉哀道宗之长没皇上振悼痛百常往遣使□□策赠有加谥曰文祭以大牢葬乎荥阳石门东南十三里三皇山之阳于是故吏主簿东郡程天赐等六十人仰道坟之缅□悲鸿休之未刊乃相与钦述景行铭之玄石以扬非世之美而作颂曰

爰鉴往纪　历览前徽

繇实契姒　旦亦协姬

伊昔桓武　并美司徒

三坟□阐　五典允敷
德秀时哲　望高世族
式胄三雍　邹风再烛
庆灵长发　继叶传光
文义袭轨　朱绂相望
有贤有圣　靡弗应时
于穆郑公　诞睿应期
恭惟我君　世监秘书
文为辞首　学实宗儒
灼灼独明　亭亭孤□
作岳河兖　泽移草木
君既挺发　胤亦含章
刊石铭德　与日永扬

魏永平四年岁在辛卯刊

《石室铭》　镌刻在天柱山东北巅侧一处面向东南的石壁上，石坳犹如厂厦，故称“石室”。因郑道昭开篇写道：“天柱山上东堪石室铭”，故又称《东堪石室铭》。此铭文系四字韵，计 115 字，内容为赞美天柱山之峻，借以抒发作者欲栖此成仙的愿望。全文如下：

天柱山上东堪石室铭魏秘书监司州大中正平东将军光州刺史荥阳郑道昭作其辞曰

孤峰秀峙　高冠霄星
实曰天柱　镇带莱城
悬崖万刃　峻极霞亭
接日开月　丽景流精
朝晖岩室　夕曜松清
九仙仪彩　余用栖形
龙游凤集　斯处斯宁
渊绵言想　照烛空溟
道畅时乘　业光幽明
云门烟石　登之长生

《天柱山铭》　光州刺史郑述祖于北齐天统元年（565）所书镌。原刻石位于天柱山西麓劈石门一扁平圆形孤石上，文 29 行、613 字，字径 6 厘米 ×7 厘米，隶书。20 世纪 60 年代，毁于“文化大革命”中。1983 年，平度县文物部门搜得残石 40 余块、200 余字，存于平度博物馆。

《天柱山颂》　亦称《四言诗残刻》或《天柱山残刻》。刻于《上碑》的天然碑座上，隶书，颂文面积为 51 厘米 ×50 厘米，已有残。传为郑述祖所书。

《姚保显造石塔记》　位于天柱山西麓劈石门路东，与《天柱山铭》石刻隔路相对。独石凿空，窟内四壁雕刻佛像 44 尊，浮雕多已残毁。西壁中部镌本记（东魏武定六年——548），非郑书。刻文面积 39 厘米 ×35 厘米，隶书，约 40 字，有近半字模糊难认。此前多数书史、书论不载刻于何地，《校碑随笔》曰：“刻在何山，惟此未详。”

二、东汉刻石

镌于《郑羲上碑》西南侧半山腰一光滑石壁上。1984 年，由山东省石刻艺术博物馆和省书法家协会组织的云峰、天柱诸山北朝刻石综合考察中发现。刻石全文：“中平三年，弟子”（“子”有残）。前四字一行，后两字镌于左下方，结体扁平，笔力遒健，典型汉代隶书风貌。中平三年（186）系汉灵帝刘宏年号。

第二节　大泽山刻石

大泽山，是齐鲁大地一座因刻石而显名的历史文化名山。其秀美的自然风光，曾吸引无数达官显贵、文人雅士慕名而至，他们或观奇吟咏，或触景抒情，并欲乘兴题刻留念，以垂久远。刻石主要集中于大泽山西山口下，智藏寺、日照庵周围，以及瑞云峰、飞来峰之巅。然由于风雨剥蚀，战火洗劫，不少刻石已惨遭毁坏。民国 28 年（1939）秋和民国 32 年（1943）秋，侵华日军先后焚烧智藏寺和日照庵，两寺部分摩崖刻石和碑刻亦随之被毁。20世纪80年代末，大泽山西麓大面积采石，镌有“阿弥陀佛”的经匾石和刻有“金鳌”二字的金鳌石等奇石被破坏。尤北宋长安人秦元似虎头岩所题“纷纷尘事乱如蓬，终日山头兴未穷。暑气拂天人喘吁，碧岩泉畔濯清风”七言诗刻及诗末“政和壬辰五月四日长安秦元似书”款识被毁，令人痛惜。今大泽山摩崖刻石尚存约200处，时间跨度自北宋迄民国长达千年之久，书体真、草、隶、篆兼备，内容丰富。列录如下：

大泽山书法胡同（2002年摄）

西山口下

普贤门上

普贤门　　流云峡　江右邹善书

月挂石帆　　石门罨画　丙申秋代尚书

楼子石上

楼石　　耸翠

万代尚书　　天党周培诜题

入奇　　翠云岩

代尚

智藏寺周围

聚景亭西大石

山阴道

太原　迟允成　迟大成　迟竟成　迟阜成

琅琊　王　范　王民表　王民望　王　籙

青□□都御史翟瓒

嘉靖二十年秋九月十八日至此

文王访太公处　　崔二婆灵塔记

白捷千　　泰和五年五月十一日

□□　　点头　　听经

白玉堂

明万历甲午腊日四明沈九畴同胶东崔淳游此山再宿而去各得诗三十首

方水石上

方水石

秋眺

秋山萦屐远　路僻动苔文

霞拥危岩断　天从绝涧分

风含缘树磬　鸟度入溪云

步石因成坐　乾坤自夕曛

万历丁未中秋夜宿西岩诘朝雨作归越二十日始晴痛饮刻诗　宿凤翥

山夜

寒碧添秋水　斜阳认远峰

石林销剑气　星月动山容

径侧全迷雾　云深不闲钟

狂歌天响彻 疑是卧潭龙

孙镇

初度感兴

山中忽忆是县弧 命酌欣逢旧酒徒

挂壁鸣泉秋峡动 洗天凉雨晓峰孤

霜侵衰鬓尘情淡 醉抚龙文胆气粗

一派清商来谷口 人间若个有蓬壶

鞠□知

六十三载不曾闲 □□身心□世间

今日始酬平日志 此生应悟宿生山

□□收拾行李去 别后□量次弟还

□□一身□此耳 □□□俊作□官

前莱州节度使燕山金□□师曾述承安己未九月二十六日游大泽山智藏禅寺题记

书法走廊

唵嘛□吧□吽

洪武十四年正月王□

唵蓝

王□书 王福满刻

书法胡同内

海印三昧 郡人官成 崔焘同识

师前住泰安州南龙居寺泰山灵岩寺住持晋溪惠才偈

鸾抱峰前宜住锡 龙居深处好安禅

海涵天覆心常在 随富随贫自有缘

越州崇报寺行中仁禅师曰

当时仗锡来河朔 此日瞻风到水西

竖亚摩醯三只眼 百千诸佛也难齐

一庵纯禅师所证奥理 中竺和尚具述本末

天目东及延禅师重注曰

天都锺秀行纯纯 分座三韩度水云

勘破南方善知识 天香桂子落纷纷

百十余城已遍参 复随德峤谒龙潭

两家只好俱抛却 且守从前这一庵

温州灵岩山天之性禅师曰

纯清绝点更何论 南北东西道自尊

挂起眉间三尺剑 寒光凛凛烛乾坤

古杭灵隐寺用贞良禅师曰

早从京国入朝鲜 为道身心铁石坚

话到纯清绝点处 豁开正眼照人天

婺州圣寿山古松茂禅师曰

义虎声华重两川 出门参得老南禅

不消一唾除邪见 那假三祇得正传

剔起便行真洒洒 从教到处极玄玄

京都好在重归去 笑看黄河浪拍天

泰山灵岩寺秋江洁禅师曰

独镇东洋大泽峰 于中隐个住山翁

能知假有原非有 善解真空本不空

寂寂性天无障翳 明明心地尽融通

自从少室传芳后 又得一庵继祖风

长安一山胜禅师曰

见解孤高道德淳 了无些子境相亲

蒲团坐断千差外 似得吾兄有几人

古杭迳山寺月堂颜禅师曰

燕山出窟真师子 咬杀诸方活大虫

号令人天无向背 尘尘刹刹证圆通

狮子石上

狮子石 柱山

廷槐题

甘露泉石壁

甘露泉 大泽名山

万古甘泉 豊济侯

万历辛亥季秋都门曹登衢书

莱州府通判关中文庵郭显业

掖县知县河东河阳王应豫

平度知州关西肇公魏琅槐

天启三年重阳月廿三日同游

半月重来幸有缘 烦襟涤荡逐溪泉

乍离尘世登真境 暂宿禅居寄洞天

红日映岩如发火 白云出岫若堆烟

凌晨侧听高僧论 心绪悠悠断俗牵

宿大泽山早起政和二年六月三日 朱巽题

古木巢辽鹤　阴崖溜石泉
登临多意绪　深邃好风烟
啸傲欣远俗　徘徊觉近天
荧煌逼星汉　疑是继张骞

壬辰仲夏四日　永兴秦元似谒言公禅伯因游大泽山智藏寺留题

邀月台上

邀月　　把酒问青天

江右邹善书　　□□宋□诚

漱石枕流　天光云影

□戌仲夏古吴王埈题　　□□仲夏□□□题

月临磐　　月白风清

万历癸卯季夏 永新龙文明书　白玉堂

小息处　　风松云岫

明□□　　万历戊戌仲春　关中冯惟贤书

群峰在座　丙申秋徐化成书

青来　万代尚

伫月听流　甲辰徐振□

印心处　□江潘□书

我作主人　甲戌仲夏丰城丁寅

山衔月近　康熙乙巳　张含辉

水声月色　丁酉仲秋 徐图书

碧天月印

林泉片玉　　行云流水

金长泰□长茂题书　康熙丁未季夏　郡守张应瑞题

珠树联辉　　冰心一点

白星文　　白星燿

松涛月影　万历壬寅胡司广书　平凝素液

醉月　乙未孟秋李森先书　天眼

是处堪当月　此间别有天

三韩唐宗尧书

看来顿觉朦胧眼　难辨蓬壶是与非
醉卧仙台忘物我　满头明月不思归

□□□□题并书

青山月白

升仙台上

升仙台　崇祯己卯十月初四日莱郡守杨振龙题

孤云皓月　万历己未孙善继书

山高水长　万历己酉秋董基书

介然独立　康熙丁未季夏辽海戴圣聪题

风泉满清听　丙子春日张榕端书

虎溪瀑布石壁

虎溪　代尚

枕流漱石　万历二十四年四月二十四日

郡人官成　崔梼

王范　周道长　　同识

明月松间照　清泉石上流　赵士冕

云度一时影　泉流万古声　含辉

乳泉旁大石

乳泉　　龙泉石

希夔书

清泉　　浮碧

傅寅初　　含辉

液津　　姑射浆

甲戌仲夏古吴王埈题　　甲戌仲夏□□绍题

濯魄冰壶　　玉漏

宗熏诚　　外身居士书

石源　　点眼

康熙丁未季夏郡守张应瑞题　白玉堂

瘦峰长青　　坐春风

卧云　　佛法以演三之

小泉

一庵纯公　　虚谷升禅师

灵源　　六和僧

山南

□泉　　人石

华毂朱轮扰扰浮生无住着
清池皓月悠悠玄度有皈依　中州王之都书

师子峰前　一庵守拙

前后休提　中间莫说

点睛　　立雪

虎溪石　长老王

大定二十七年

慧尊禅房

慧公习禅窖　结宇旁高台

萝薜荒松径　碑文半草莱

金坛法雨落　宝树瑞云开

坐觉浮生幻　天花处处来

郡人宿凤起

雨霁

漭沆空山雨　凉销六月天

深杯衔暝色　绝壁挂长川

坐失千林曙　全迷万壑烟

微茫松际晓　净月已娟娟

崔涛

盘龙石上

龙 硪　石麟

赵仲子书　己酉仲夏州守李世昌书

山明水秀

白玉堂

砥柱石上

一竿明月

子□

青龙涧石壁　广利泉

天耳石上

天耳石　耳石

恒一

蟾石上

蟾石　隆庆六年重阳日　衡藩内翰张成题

玉蟾蜍　隆庆六年　中立石

中立石　隆庆二年冬　江右邹善题

□□□□□□□　□□□□□胜祥

九夏□炎何处避　谁知到此最清凉

文明公题清凉□□石

蟾石西石坂

我入山中来　群峰向我笑

松风吼若雷　有口无人道

其如大块何　漏泄真元妙

白下直□

日照庵周围

日照庵东大石

日照庵

禅房寂寥寸心空　一线沉烟散时风

坐听子规啼夜半　星河清泻月明中

日照庵前大石

青余　金检玉函

东波　白玉书

龙神祠　青山不老

莱州府平度州万历癸卯重修　□□

日照庵西石壁

峨嵯高峰古寺西　同步缓行夕阳低

白云过处众山失　碧草深时春鸟啼

吕文□

步云　龙泉洞

日照庵后峭壁

有本者如是　云崮堂

康熙己丑王壮图书

古字重修　鱼池

一勺　石髓

甲戌仲夏古吴王埈　甲戌仲夏丰城丁□

涌泉　止水

梳洗楼后大石

山高月小　白玉堂　揽秀　张□□书

赤空风月　风卷云涛　白星光

蜃楼　白昌后　青天□点　诸□亮

福缘泉　书藏万卷　何凌汉

风清人静正三更　冷坐幽轩对月明

一点情忘何处去　琉璃古殿绿苔生

洪武十四年刊

忘言 于方石　瑞气飞空　白屼

藉屐 文太青　月挂牛角

青长瘦竹峰 白星熙　霄鹤岩松　石庵

忘言　观止　丙申秋仲北平徐化成

瑟瑟涧迴风　谡谡松挂耳

山骨自长成　几度吾与尔

文翔凤　门弟子□□□

老母洞内

凤池　虎穴

香积石上

香积

阎王鼻子石壁

天下太平

民国二十六年三月

飞来峰周围

飞来峰顶

青天外

万历壬子四月十日文翔凤同门弟子迟允成　迟竞成　迟大成　王民望

别有天　垂虹

守拙道人　含辉

清风白云

时万历乙巳　高第　方玉　柳沾

王国祉　郝延埛　王家英　同识

郭维祯　姜仲荣　姜　翊

郭维柱　柳良弼　丁时光

海阔天空　星石

白星煌　含辉

天风在御　隔凡

戴圣聪题　万代尚

飞来峰北石壁

扪天

西极文翔凤门弟子迟允成　迟竞成　迟大成　王民望

高岳同县

白玉田

舒翼

万历己□□□日月石人　沽阳子题

东海　王用谟　吉甫子　汶比甫

汀上居士　子容甫　仪之甫

仲玉子　子□甫　惟　周

子□甫　惟开

天池旁峭壁

天池　天际真源　太青

天上来　洗耳

红庙北石壁

云巢　白□年

枕石呼行月　松花落酒樽

海风遥入带　只眼具灵坤

文翔凤

瑞云峰周围

瑞云峰阳壁

瑞云峰　万历三十六年五月之吉　中州王之都书

瑞云峰顶

身依北斗　尺五天

戴圣聪题　万代尚

作圣　太青门人迟允成　迟竞成　迟大成　王民望

磨青　天外三峰

孙铨　□□□□□

小天下　飞空　含辉

孤峰独秀　板桥　九青山

大泽逢予字九青　绝峰作圣手镌铭

坐当震旦中央土　身是文昌上将星

注酒平挦天北斗　衔杯直挹地东溟

长风缥缈衿裾下　两掖翛翛挟羽翎

文太青

飞仙洞内

呼吸帝座　文翔凤　摩苍　含辉

目尽长空杳翠烟　真堪搔首问青天

想从此度随风去　更长由旬过几千

文太青

天梯　孙铨号平仲　驼峰　康熙丙子书　含辉题

洞口仙峰　含辉

元气出入
上天云送客　出洞鹤迎人
文太青

第三章　大泽山抗日根据地

第一节　根据地

1937年冬，平度早期共产党员乔天华、罗竹风、刘文卿等在大泽山南麓乔家村一带宣传抗日，组织抗日队伍，同时与掖县郑跃南、王侯山取得联系，组成抗日救国会。同年11月，中共莱阳党组织发展民族解放先锋队，在平度、招远、莱阳、掖县一带活动，并成立了平招莱掖边区临时委员会，田绰永任书记。1938年7月，胶东特委派战均平（又名周方）带领民运工作团到平度罗头、石桥一带秘密开展工作，在罗头村发展程绍金、程绍美、程光宝为中共党员，成立平度县第一个党支部。10月，胶东特委又派李辰之到大泽山区开展民运工作，先后在乔家、二甲、南随村成立党小组，大泽山抗日根据地开始创建。

1939年春，胶东蓬（莱）、黄（县）、掖（县）根据地被日伪军占领，胶东党政军机关转移到平（度）、招（远）、莱（阳）、掖（县）边缘山区，开展抗日斗争。2月，胶东区党委（胶东特委改称）派李砚农、王溪等充实平度工委力量，其主要任务为开辟大泽山抗日根据地。不久，便在正涧、石桥、旧店、马疃、陶家寨建立党支部，后又在官庄、旧店、唐田建立分区委。8月，平度县第一次党代会在石桥村召开，选举产生中共平度县委，李健民（又名王少鹏）任书记。到9月，平度先后建立分区委4个，发展党员近百人。10月，中共山东分局对胶东工作作出重要指示：切实控制胶东地区西北部，进而控制全胶东。12月，山东分局派黎玉到胶东视察，确定胶东战略任务：第一步先控制大泽山、昆嵛山；第二步夺取牙山；第三步以牙山为依托，南下海阳、莱阳，与顽军决战。1940年9月18日，平度县抗日民主政府在大泽山东麓北大田村成立。同月，西海地委在大泽山成立。大泽山区成为名符其实的抗日根据地。1940年始，日伪军在马场、崮山后、高望山、小庙后、夏邱堡、大田、花埠等地建立据点，开始对抗日根据地“蚕食”、扫荡。为打破封锁，根据地人民在党组织领导下，开展了减租减息运动，与地主说理斗争，改选伪政权，争取开明士绅一起抗日。至1943年，根据地多数村庄建立了抗日民主政权。1945年9月，平度全境解放，大泽山抗日根据地成为胶东工作的战略支点。

大泽山抗日根据地是中共胶东根据地的组成部分，具有重大战略意义与历史意义。其一，它是胶东区党委和西海地委的重要依托。1939年，当蓬、黄、掖被敌人占领后，大泽山便成为胶东区党委、胶东军区及胶东抗大支校的落脚地，西海地委、南海地委、南海军分区、南海办事处，都曾以大泽山为依托，林浩、高锦纯、王彬、许世友、赵一萍、刘宿贤、刘静海（卜才）、陈华堂、常溪萍等时任党政军负责人，均在大泽山活动过。其二，为胶东培养了大批干部。胶东区党委先后在根据地内的满家、铁夼寺、所里头、郭家店办抗大训练班多期，培养地方与军队干部近千名，因而大泽山有“胶东干部库”之美誉。其三，为八路军输送了大批战士及物资。如乔天华，先后组建抗日队伍7支，均充实到了主力部队，人送外号“游击队贩子”。至1945年，仅平北县参军人员即达2100人，运送军粮230万斤，做军鞋1.2万双，出民工1.4万人次。第四，配合主力部队，有力地打击了敌人。大泽山区民兵，通过地雷战、麻雀战，配合主力拔除了一个个据点，使日伪军闻风丧胆、步寸难行。仅1943年冬，大泽山民兵就先后与敌人作战70余次，毙伤俘日伪军180余人，缴获枪支、手榴弹200件。

第二节 石雷之乡

一、石雷发明

抗日战争初期，大泽山民兵与敌斗争的主要武器，除土枪、土炮、手榴弹外主要是铁雷，由西海武委会按时定量配给。后来，由于日伪军封锁，铁雷运不进来，枪支又短缺，于是广大民兵根据祖辈放炮打石头原理，发明了石雷，即取能随意搬动的石头，中间凿洞，放进炸药，埋进引芯做成。石雷的种类有拉雷、绊雷、踏雷、前踏后响雷、竹筲雷、连环雷、子母雷、水雷、滚雷等。使用方法与战术有“石雷与铁雷”结合、“雷与枪”结合、“埋雷待敌”与“送雷上门”结合、“地雷战与麻雀战”结合等。开展石雷战的要领是：雷区要分清，群众莫通行；埋雷作标志，不炸随起出；胆要大，心要细，谁埋地雷谁排除；先卧倒，低姿势，严防失误伤自己。2007年6月11日，新华通讯社《胶东抗日根据地》一文有语：“在抗日游击战争中，胶东抗日根据地军民广泛开展了地方性、群众性的人民游击战。其中，起源于平度县、大显神威于海阳县的地雷战，威震敌胆。”因此，大泽山区被称为“石雷之乡”当之无愧。

大泽山石雷（1996年摄）

二、地雷战例

《胶东大泽山区的爆炸运动》 胶东大泽山区爆炸运动的胜利，不仅粉碎了敌人的蚕食阴谋，而且对开展胶东爆炸运动也起到很大推动作用。

敌人企图蚕食大泽山，分割平招莱掖边区根据地，于是集结二千余兵力，于四月初开始对大泽山进行连续性的蚕食扫荡，并在南墅、旧店、代田同时安设据点。于是我大泽山区的党政军民便全部投入最紧张的反蚕食斗争中了。

主力部队在外线分散牵制打击敌人，我地方武装和民兵在内线坚持对敌斗争，打击敌人出动之小股，破坏敌人修筑据点之企图。各村民兵都成立了麻雀小组和地雷小组，满布在山口要道以及敌人必经之路和可能到的地方，敌人每次出去都要受到我们地雷强烈的爆炸和威胁。爆炸成绩比较好的有两次，第一次是敌人掩护修据点的机动部队二百余人，由小庙后回夏邱铺据点，我们民兵事前得到了消息，便于敌人必经之路葛门口埋设一枚最大的地雷，上面插上木牌，写着：“伪军弟兄不要动，叫鬼子死在这里！”敌人先头部队行至该处，看见木牌非常惊奇，停止前进，伪连长和二名鬼子兵前去查看，一拔木牌“轰”的一声巨响，炸死了三个敌人，并有数名炸伤，敌人队形大乱，我山头上的民兵乘机射击，打得敌人狼狈窜回据点。第二次是代田敌人出动扫荡，村民得到消息在奇山上设好了埋伏，路口埋好了地雷，待敌人行至该处，爆炸手沉着拉弦，“轰”的一声，泥土、石块、碎铁和二名鬼子一齐飞向了天空，结果炸死鬼子二名伤二名，炸死战马一匹伤二匹，骡子一头，山顶上的民兵乘机向轰散了的敌人射击，把敌人打得抱头窜回据点。这样接连着一次次地爆炸起来，炸准了给敌人肉体上以极大的杀伤，炸不准也给敌人精神上以严重的威胁。经过几次连续的爆炸，敌人蹲在据点内再也不敢出动了。

经过廿余天的斗争，大泽山反蚕食斗争取得胜利。这一爆炸运动的开展，除了在物质肉体上给敌人以极大杀伤外，在精神上更给了敌人以严重打击，敌人一看见山区就摇头说："地雷大大的，扫荡定规死了的有！"在行动时一看见新土就吓得一跳："慢慢的，地雷的有！"因为敌人被我们爆炸得这样惊慌，所以行军时非常迟缓。

其次破坏了敌人蚕食计划，延长了修公路与修据点的时间。敌人原定计划要在一星期内把代田据点修好，结果由于爆炸运动的开展，敌人利用伪组织出来要东西抽民夫，老百姓借口说："遍地是地雷，我们不敢去！"敌人听了不敢出动也无办法，东西要不去，修据点的器材也无有，于是鬼子逼着从敌占区要来的民夫去拆杏庙。民兵事前早有准备，把庙里埋好了地雷，鬼子刚踏进庙门口，就把地雷踏响了，"轰"的一声，民夫乘势一哄而散，鬼子吓得哇啦哇啦乱叫，跑回据点去再也不敢出来。敌人要不到民夫，公路打不通，外边的器材也运不来，结果原拟一星期，到后来半个月一个月……也未完成计划。

第三是动摇了伪军情绪，减低了敌人守据点的信心。由于爆炸战的开展和主力部队的不断打击，敌人不敢出来抢东西，据点内的给养也运不进去，伪军有时连地瓜干也吃不到，所以情绪极度低落。老百姓不去修据点，地方武装和民兵每天晚上去扰乱，鬼子着急无办法，只得逼着伪军挖工事修据点，于是伪军吃不饱还得出大力，他们情绪更加低落，对守据点毫无信心，敌伪矛盾增加，伪军要求换防，鬼子不允许，在半月内逃跑许多。

第四是保卫了老百姓生命财产，巩固了抗日民主政权。在爆炸战未开展以前，根据地个别村庄和据点附近的老百姓，经过敌人扫荡威胁，资敌现象相当严重。最初埋设地雷，部分民众恐慌，经过耐心说服教育，待爆炸战开展起来以后，鬼子不仅未敢出来杀人烧房子，也不敢出来抢东西了，于是后来距据点二三里路村庄的老太太和老大爷都向我们要地雷，埋到他们村头上，准备炸死出来抢东西的敌人，自此隔据点二三里路的村庄资敌现象完全消灭了。

（摘自1943年10月27日《大众日报》，有改动）

大泽山民兵抗日英雄雕像（1996年摄）

《胶东大泽山民兵创造爆炸模范战例　一次战斗毙伤敌伪五十四名》《新华社山东分社胶东二十日电》九月初，平掖各据点的敌伪千余，分四路合击我大泽山区，该地民兵在主力支持下，猛烈展开爆炸战，给敌人以极大的杀伤，在此次战斗中，共计爆炸地雷三十七个、石雷二个，毙伤敌伪五十四名、战马五匹，炸毁机枪一挺，捉汉奸两名，造成山东爆炸战的光荣战例。其中尤以北台村爆炸战绩最好，全村响雷十一个，毙伤敌六名、伪二十余名，炸毁机枪一挺，俘洋马二匹。高家、韭园的民兵也都是在敌人的夹击中埋设地雷。区干部王英同志在外线领导民兵布置地雷，主力某营副教导员高禄云同志在战斗中，插进内线领导民兵作战。这次战斗中所公认的爆炸英雄是民兵王丕忠。

（摘自1944年10月1日《大众日报》）

第三节 展室 纪念馆

一、高家民兵联防展室

1968 年，山东省军区为对外宣传毛泽东主席人民战争思想，在全省确定三个宣传点，大泽山区高家民兵联防为其中之一（另外两点为莱芜县茶叶峪和海阳县赵疃）。是年夏，县革委调集县直机关干部，组成材料组、展室组、地雷实地演示组及工作队进驻大泽山公社高家村。展室地址选在高家村东，经两个月土建，建展室、接待室等新房近 20 间。展室名称定为：平度县大泽山区高家民兵联防抗日斗争展室。展室文字解说词由杨新民撰写，展出内容分三部分：《以斗争求生存》《兵民是胜利之本》《继续革命永向前》。展室内设高家民兵联防地雷战战例沙盘，沙盘解说员高瑞吾。展室内陈列实物有“二虎炮”“二人抬”、大刀，授予民兵英雄、爆炸大王的锦旗、奖章，抗战时期胶东区党委印刷书刊等。珍贵文物有平北县政府收条，收条上的文字为：“今收到日本人二十六名”，还有当年大泽山民兵所凿石雷。该展览正式展出后，曾接待过来自非洲及东南亚国家的参观者。

二、平度抗日战争纪念馆

1995 年 3 月，为纪念世界反法西斯战争胜利与中国抗日战争胜利 50 周年，中共平度市委决定在原大泽山区高家民兵联防抗日斗争展室基础上筹建平度抗日战争纪念馆，由市人武部会同大泽山镇党委具体筹办，建设资金向社会募捐。至 6 月，全市捐款 56 万元。时任国防部长迟浩田上将题写馆名。纪念馆分五部分：《中华民族到了最危险的时候》《抗战初期的平度抗日斗争》《平度大地燃遍抗日烽火》《夺取抗日战争的最后胜利》《前事不忘，后事之师》。共展出照片 269 帧、图表 7 幅、实物 120 件，展室文字由陈传瑜撰写。建馆同时，又建起平度抗日英雄纪念碑，碑文由杨新民撰写，省书协副主席朱学达书丹。碑文全文：

正义必胜人民必胜江山永固一九三八年日军入侵平度长达八年之久其罪行罄竹难书各界群众在中国共产党领导下高举抗日民族统一战线旗帜同仇敌忾浴血奋战广大爱国志士赴汤蹈火前仆后继抗战英烈气壮山河与天地共存与日月同辉与大泽山巍然屹立英烈殊勋名垂青史立碑永志

平度市人民政府

一九九五年九月

平度抗日英雄纪念碑（2005 年摄）

第四章　游山诗文

《平度县志》(1987年版)第二十七编第三章，已收录古人游山诗文，诗69首、文2篇。此次续志，对照五部平度旧志及有关学者荐稿，作了补遗。

游大泽山

赵士喆（明·掖县）

山寺饶红叶，风吹坠酒边。
雨先霜作霰，树抱屋生烟。
杖外疑无地，壶中别有天。
太清应不朽，我辈与周旋。

大泽山留别伯平、月樵

白永修

岩栖无事春昼长，与子晞发山之阳。
明月高台展霁色，桃花古涧生泉香。
大青小青一为别，十里五里遥回望。
清辉隔绝不可到，郁结题诗空断肠。

大泽纪游

白永修

虚窒坼幽光，山腹涌烟寺。
喧喧云外泉，远自林端至。
诸洞半晦明，各具一天地。
想像所藏书，是否人间字。
岧峣北山峰，卓杰立空际。
微径若线缕，从者皆慑悸。
恶游反为快，大险甘身试。
险窟穿罘来，廓然见灵异。
俯视无沧溟，蹄涔犹为细。
星月恐骤出，仓促不及避。
却缘松栎下，凉风含雨意。
攀陟虽言劳，吾方求吾志。
前路暝禽呼，远岚涨寒翠。

同昌邑朱县尊游大泽山，宿山村

白克敏

山村占山麓，林峦遮翠微。
遥从林峦外，隐隐窥柴扉。
柴扉设常关，溪流周匝围。
隔岸忽惊犬，吠来以肱挥。
主人开门出，迎客过石矶。
右手扶藜杖，左手褰布衣。
引我入中庭，松竹相依依。
甘泉烹香茗，饮罢旋落晖。
帘前清风发，几上篆烟霏。
与之谈时事，笑不言是非。
回忆羲皇上，去此亦几希。
噫嘻微斯人，吾将谁与归！

马上望大泽山，先寄素林和尚，用杜韵

喻成龙

马首插千峰，峰峰不厌巧。
虽未测灵异，足恣心目饱。
天际期远公，临眺先吾好。
岩洞尽诸胜，云根知必扫。
慎勿限虎溪，一赏穷幽讨。
共汲甘露泉，松风烹瑶草。

与张炼纯游大泽山

官灯

大泽擅名胜，奇绝峰矗矗。
前度陟其巅，五载如转毂。
张君有奇趣，山中路颇熟。
与我素心人，佳兴遂再续。
杖策城北去，陂陀少平陆。
犬吠来巉岩，迷途问樵牧。
是月春已暮，单袷宜春服。

山径尘不生，新雨洗寒绿。
晼晼坠夕阳，山半聊信宿。
夜阑不能寐，梦魂在空谷。
明晨蜡双屐，登山从西麓。
回视迥千仞，始入山之腹。
近客爱雏僧，髫龄未全秃。
蠲净谒金身，古刹重天竺。
洒然净尘氛，山花散清馥。
奇石横空欹，万松风谡谡。
不负大泽名，泉汇积沟渎。
天外峰险绝，离立断支属。
危桥贾勇上，攀缘手附足。
洞天一线通，旁穿如猬缩。
诗荡立青尖，海天纵遐瞩。
前辈镵遗踪，摩挲字可读。
名区二十八，流眄尽在目。
陟降须作健，扶携少童仆。
上堂饭未了，阇黎奉饘粥。
引满狂笑噱，倾榼酒新漉。
舍旁聚景亭，何年构小筑？
南望围屏小，苍翠新出沐。
是耶与非耶，螺形三十六。
静对方移时，消我愁千斛。
张君好事者，意深凌鸿鹄。
此游兴不浅，新诗已累牍。
我今聊以酬，情发惭执朴。
殊笑山下人，何为自结束？

大泽山蟾蜍石

蓝水（即墨人）

磊落蹒跚大泽巅，何时化石此留连。
葆光觅物舌将吐，作势挺身意欲前。
离地宛然如学步，乐山勿复更栖渊。
尽多游客来欣赏，过眼云烟不计年。

大泽山石蟾蜍歌

蓝中珪（清・即墨人）

莱郡之石旧有名，迤南大泽更峥嵘。
就中突出蟾蜍石，虎踞骧首向月迎。
岂是嫦娥窃药日，奔入月宫蜕顽质。
挥之沧海东复东，历尽洗劫独坚秉。
雨淋风吹磨今古，卧云隐雾蹲豹竹。
公欤私欤尔何为？天踏地专怒目。
吾闻广寒白兔捣元霜，端的日夜为谁忙？
争似顽石头不点，息气怡神空谷藏。
又闻婆娑丹桂飘天香，三五明光仙乐章。
云中自有霓裳曲，或因聒耳斥下方。
皓魄落落枕山丘，烟霞迷离春复秋。
秦皇鞭长不及腹，米芾虽颠拜亦羞。
惊蛰春雷震不起，严霜烈日影长留。
怪哉此石真奇绝，疑是吴刚月斧修。

第五章 神话 传说 民间故事

第一节 神 话

女娲长眠大泽山

女娲补天后，极度劳累，长卧东莱山（大泽山故称，下同），头化作玉枕山，胸腹化作奶子山、橐驼山，腿脚化作落靴山，补天剩下的五彩石变成了响山。大泽山成了女娲——这位为人类造福的“娘娘”最后的归宿。

秋千口与耙搂石

在大泽山皇城金刚崮南侧，有一个高和宽各

十余丈的峡口，在顶部横担一根巨木即可荡秋千。相传很久很久以前，东莱山还是一个为洪水所包围的海中孤岛。一日，王母娘娘应蓬莱仙子之邀游蓬莱仙境，路经此地，突发奇想，命大力神去海中取来定海神铁，在此荡起秋千，但不慎将耳环掉落水中。她先命东海龙王派虾兵蟹将搜寻七七四十九天，不成。又召来镇守天河的天蓬元帅相助。天蓬元帅好色，处心在众仙子面前卖弄本领，便挥动九齿钉耙，搅了个翻江倒海，结果惊得众水族四散奔逃。蹦到岸上的，化作“鲨鱼石”“鲤鱼钻山”和“金龟晒背”，而王母娘娘荡秋千的峡口则被称作“秋千口”。“秋千口”西侧，当年被天蓬元帅搂过的山石，清晰地留下了一道道排列整齐的深沟，人们称作“耙搂石”。

字胡同的来历

洪荒时代，东海龙宫的镇海神铁被王母娘娘借去荡秋千。美猴王变作一只红嘴鹦鹉，飞到秋千口，使用法术，将镇海神铁越变越短，王母娘娘被跌了个腚墩儿，由此引发美猴王与天兵天将一场打斗。打斗惊动了正在东莱仙岛探望碧霞圣母的南海观音诸仙，他们祭起飞石阵助战，一块巨石将美猴王压住，众天将正欲擒拿，美猴王抽身腾空，挥棒将巨石劈成两半，纵身跳入大海，又找老龙王的麻烦去了。多少年过去，东莱仙岛变成了陆地仙山，许多神仙到此隐居，秦汉时成为天下八大名山之一。在如意岭和桃花涧一带，奇石遍地，人们给它们起上了各种各样形象的名字，而被美猴王劈成两半的巨石，明朝初年被智藏寺一庵纯禅师选中，书镌了全国名刹高僧留下的诗偈，人们称之为“字胡同”，又名“书法胡同”。

“歪歪嘴”的来历

孙悟空大闹蟠桃会后，玉皇大帝派二郎神杨戬前去花果山捉拿美猴王。二人一路打打杀杀，筋疲力尽来到东莱山。杨戬站在北峰，孙悟空站在西峰，互相斗法，各自的山头迭次相长。二郎神怕继续长下去危及天宫，便伸出百丈手臂，将西峰向南推去，西峰被推掉半截，剩下的半截也向南倾斜。这便是大泽山西峰比北峰矮，并且被称为“歪歪嘴”的由因。

天狗望月

嫦娥偷食后羿从西王母处所请不死之药后，欲奔月成仙。羿有一条猎狗，见嫦娥把仙丹吞入腹中，叼住嫦娥的衣襟不让离去。当跑到锥子峰顶时，嫦娥腾空而起，猎狗蹲坐峰顶仰头长吠，直至死去。嫦娥登月后，玉皇大帝深恶其好逸恶劳和对丈夫不忠，将其打入冷宫（即天上的月宫），与捣药的玉兔为伴，寂寞之极。而忠于主人的猎狗，则被封为天狗，化作石头，蹲坐在山头上，监视嫦娥的一举一动。此石被人们称作“天狗望月”。

五龙埠

女娲娘娘补天后，肉身化作玉枕山、奶子山等，魂归天界被封为骊山圣母。她久居天宫，生思凡之情，在东莱山下与父母双亡的小伙子盘龙恋爱、结合、生下五个儿子，过着甜甜蜜蜜的人间生活。玉皇大帝发现后，派托塔天王李靖率天兵天将前来捉拿。女娲娘娘被捉回天庭后，盘龙忧苦成疾，睡卧女娲娘娘化作的玉枕山、奶子山北侧，化成一座东西走向的大山，为女娲娘娘挡住北来的海风，怀中抱着女娲的头（玉枕山），人们把这座山叫做“盘龙山”。他的五个儿子死后，也都依偎在盘龙的怀中，渐成五个大小不一的山丘，人们称之为“五龙埠”。

第二节 传 说

范蠡洞与西施洞

范蠡，字少伯，春秋末年政治家，楚国宛（今河南南阳县）人，越国大夫、上将军。《史记·越王勾践世家》载："范蠡事越王勾践，既苦身戮力，与勾践深谋二十余年，竟灭吴。"范蠡后来发现，越王勾践可与同患难，不可共富贵，于是给老朋友文种留下"狡兔死，走狗烹，飞鸟尽，良弓藏"的箴言，急流勇退。他到哪里去了？据说他和西施到了平度，一起在大泽山住了下来，生下三个儿子，享受天伦之乐，过着神仙般隐居的日子。后来，消息传到齐王那里，齐王礼请范蠡出山为相。范蠡在大泽山呆不下去了，才化名鸱夷子皮，偷偷跑到定陶经商，遂成巨富，被后人称为陶朱公，齐人皆尊为财神。所以大泽山南麓的桃花洞又称"范蠡洞"，那里的一个山洞被称为"西施洞"。

李世民射泉汇大泽

唐朝初年，胶东一带连年大旱，河枯井干。恰此时，秦王李世民率部征伐刘黑闼路经东莱山，队伍遭遇水荒。李世民心急火燎，口干舌燥，一怒之下，弯弓搭箭，朝干巴巴的飞来峰射去。部下以为秦王射到什么猎物，循向找去，见箭头射入石头半尺有余，奋力拔出，一股清泉随之喷出，渐成一溪流。李世民大喜过望，驰马绕山连射数十箭，箭箭皆有泉水涌出，诸泉汇流，山下积起一片水泽。百姓欣喜若狂，认定李世民是真龙天子，跪地山呼万岁。东莱山由此改名大泽山。那第一箭射出的泉，称为"射石泉"；秦兵杀过马的地方，叫"杀马涧"。何以证明这里杀过马？因为"杀马涧"下面"楼石"附近的石头和泉水都是红色的。

劈石门石屋睡陈抟

陈抟，字图南，自号扶摇子，宋太宗赐号希夷先生，被尊称为"老祖"。关于其祖籍，一说亳州真源（今河南鹿邑县），一说普州崇龛（今重庆潼南西境）。陈抟嗜睡。有诗云："昏昏黑黑睡中天，无暑无寒也无年，彭祖寿终八百岁，不比陈抟一觉眠。"他在写给周世宗的《对御歌》里自称："臣爱睡，臣爱睡，不卧毡，不盖被；片石枕头，蓑衣铺地。震雷掣电鬼神惊，臣当其时正酣睡。闲思张良，闷想范蠡，说甚孟德，休言刘备，三四君子，只是争些闲气。怎如臣，向青山顶上，白云堆里，展开眉头，解放肚皮，只一觉睡！管甚玉兔东升，红轮西坠。"故被誉为"睡仙"。陈抟亦爱游历。话说他一日来到大泽山劈石门石屋，一睡不起，发誓日头不照着腚不醒，身躯被尘埃掩埋，耳中长出蒿草。也不知过了多少年，一日八仙路过，铁拐李在石屋东壁捣了两个窟窿，日头终于照到了腚上，这才一觉醒来。这两个窟窿，就是大泽山东魏造像石窟上两个洞的由来。

神笔刘耳枝

刘耳枝，名重庆，字幼孙，山东莱州人，明万历三十八年（1610）进士，官至户部右侍郎。因耳边有"拴马桩"，自号"耳枝"。他曾因为皇宫金殿书写"天下太平"匾额，飞笔补添"大"字一点，被崇祯皇帝誉为"神笔"。刘耳枝青年时曾在大泽山智藏寺寄宿读书，因嫌寺内香火缭绕、人杂声噪，便搬至飞来峰半腰的石堑小屋中。这里人迹罕至，清静幽雅，屋内仅容一炕一桌。据说，刘耳枝在此曾结识一千年老狐，自此文思、书法精进。他读书习字勤奋，为节约纸张，常采山中柿叶习书，受到寺中高僧和骚人墨客赞佩，为他题下"挥毫大泽龙蛇舞，采向空中柿叶稀"的诗句。刘耳枝当年读书小屋至今犹存。

吉知州巧办界桥案

吉知州名吉灿升，字剑华，陕西韩城人，清同治光绪之交时任平度知州。《续平度县志》称之："禁约胥吏，罔敢放纵，洞识奸伪，人莫敢干以私"，"其知人之明，理事之慎密，断狱之精，州牧中所仅见"。民间亲切地称他为"吉官儿"。关于称颂吉官儿的故事在平度很多，其中在大泽山区有一个《吉知州巧办界桥案》的传说。说大泽山高望山村，南北长，东西窄，中间一条南北官道穿村而过，村中有一河沟，沟上有一石桥。桥南属平度州，桥北属掖县。一天，地方来报，说桥上发现一具被杀男尸。吉灿升到现场一看，见尸体头朝南脚朝北，断定发案线索应在掖县。于是一面差人到桥北暗访，一面让仵作验尸，再三吩咐："翻过去看看！再翻过去看看！"三翻两翻，尸体翻到掖县地盘。吉灿升不说也不道，打道回衙。掖县县衙得报，把吉灿升告上莱州府。知府大人亲传吉灿升责问。这正中吉灿升下怀，说道："案子学生已破，只是不方便到掖县缉拿案犯。谢谢掖县县衙替学生请来知府大人，请准我到掖县那面将案犯捉捕归案。"莱州知府对吉灿升的智慧佩服之至。从此，两地衙门即有了一个不成文的规矩，交界发生案件，均可相互侦破，再无地域辖区之说。

第三节 民间故事

青杨湖

大泽山南麓有座嵖岈山。很久很久以前，嵖岈山下小村里有个叫青杨的孩子，天天无忧无虑地在山上放羊，吹着他心爱的竹笛，吹绿了山，吹红了花，吹醉了鸟。在他十几岁的时候，嵖岈山遇到一场大旱：一连三年天上不掉一个雨星星。头一年，旱得山花谢了，禾苗焦了；第二年，旱得树枝干了，山泉枯了；第三年，连山坡上的石头都旱得裂开了口子。许许多多乡里乡亲，拖儿带女，背乡离井，外出逃荒。小青杨不忍心离开生他养他的家乡，吹起笛子为乡亲们送行。那凄凉的笛声，鸟儿听了停止了歌唱，大山听了跟着呜咽。有一天，一个白胡子老头忽然来到他身边，告诉他："只要你能对着大山连着吹上七七四十九天笛子，每天连着吹七七四十九支曲子，你就会得到一把神斧，再用神斧劈开嵖岈山半腰的黑虎石，就有水了。"又说："黑虎石劈开，泉水就会喷出来汇成湖。可是，劈石的人将永沉湖底，再也活不成了。"小青杨照着白胡子老头的话去做了，嵖岈山下出现了一个方圆百余亩的大湖，湖水清澈见底，湖底留下了一块人状的石头，那是小青杨的化身。人们为了纪念小青杨，就把这湖命名为"青杨湖"。

歪脖松的来历

话说大泽山区有一个穷人家的孩子在山上放羊，发现一处地方的草，羊吃过后，又很快长出新草。孩子感到奇怪，就在那地方不停地挖，结果挖出了一个宝石槽。宝石槽抬回家，只要放进好吃好用的东西，就会用之不竭。谁知这消息被本村恶霸财主知道了，就把宝石槽抢了去。财主的老娘想返老还童，在里面洗澡时，一不小心呛死了。于是，一场"抬不完的光腚死尸，葬不完的老娘"闹剧便上演了。财主经不住折腾，一命呜呼。宝石槽又回到原主人手里，祖祖辈辈传了不知多少代。直到秦王李世民征讨叛将刘黑闼部率军来到大泽山，宝石槽主人的后人们包了水饺，利用宝石槽的神力，让李世民的大军吃了个肚儿圆，并慷慨地将宝石槽赠送秦王。可是，这宝物该当不属李世民用。用车拉，车裂；用人抬，迈不开腿。秦王只好作罢，命令属下寻一棵歪脖松做记号埋下，通知原来的主人再运回去。可是，往哪里找呢？满山的松树都歪了脖儿。

干哥鸟

很久很久以前，一对小两口搬进大泽山一个叫勺儿头的地方安了家。小两口靠采药、打柴为生，生下三个聪明俊俏的女儿，只盼再生个儿子。在他们五十多岁上，终于生了个大胖儿子。丈夫兴高采烈地上了山，准备采点草药为妻子补补身子。哪成想乐极生悲，丈夫从陡壁上摔下来，折了腰、断了腿，昏睡不醒。三个女儿为了救活爹爹，不畏艰险爬遍大泽山大小山峰，为爹爹寻找接骨草。大泽山里的千年老山参精被三姊妹的孝心感动了，便化作一少年告诉三姊妹：“光有接骨草不行，还要用我的血配成药，才能治好老人的伤。不过，我流血后，百年内无法照看山上的人参，除非你们三个变成鸟儿，帮我看护山参。”三姊妹决定舍身救父。于是千年参精认了三姊妹的父亲做干爹，用自己的血配药治愈了干爹的伤。三姊妹化作了“干哥鸟”，常年在山涧里一边飞一边叫着：“干哥哥，干哥哥……”哪里有山参，哪里就有干哥鸟。大泽山里三姊妹采过药的三个山头，从此被称作“大姑顶”“二姑顶”和“小姑顶”。

玉皇顶上飞砖瓦

大泽山有个御驾山，御驾山的主峰叫玉皇顶，玉皇顶上建有玉皇殿、碧霞宫、勃齐庙，原来都各只一间房舍。清朝康熙年间，一位潍县道士谢真人来到这里，兴办义学，收授门徒。但是破庙难容，便打算重建玉皇顶庙宇。于是，奔走四乡，募钱捐物，山下很快积下不少砖瓦木料。人们看了，纷纷议论，山陡路险，这么多且大且沉的东西，谢真人怎么运到山顶呢？这时，忽然听到消息，说碧霞圣母听得谢真人为她建行宫，将于三月十六日显灵施法，让砖瓦木料都飞上玉皇顶。一传十十传百，三月十六这天，四庄八疃的人们纷纷跑来看光景儿。这时，只听谢真人说：“各位施主！咱们都来看圣母的光景儿，大不敬啊！不如咱们先动把手，把砖瓦木料运上一些去，也好打动圣母的心，为我们这一带百姓降福。”众人听了，个个争先恐后，从山下到山顶，排起长长的的人队，砖瓦木料从人们的手中，一件接一件地运上了山。事毕，谢真人对乡亲们说：“今日圣母真的显灵了，圣母就在各位施主的心里面。”

金蛤蟆

大泽山西南有个池塘叫蛤蟆湾，湾畔有一个村子叫西庄，西庄有一个叫进宝的人，家里很穷，长年给人家扛长活。一天晚上，进宝回家路过蛤蟆湾，发现路旁停着一排大车小辆，以为做买卖的在这里歇脚。正纳闷，一个箱子自己打开了，里面全是金银珠宝。进宝坚信“外财不发家”的道理，规规矩矩把箱子盖好回了家。进宝把路遇的事儿一五一十告诉了妻子。谁知窗外有耳，邻居李狗越墙过来想偷进宝家的老母鸡，却意外得到了发大财的消息，于是顾不得偷鸡，回家拿起扁担筐子，带着全家倾巢而出，直奔蛤蟆湾。李狗一边做着发财梦，一边张罗家人，抬的抬、搬的搬。满载而归之后，打开箱子一看，竟全是癞蛤蟆。李狗恼怒地将癞蛤蟆隔着墙全扔到进宝院子里。第二天一早，进宝开门一看，满地尽是黄灿灿的金蛤蟆。李狗探头看了，气得晕倒在地。

第六章 大泽山葡萄

大泽山葡萄种植历史悠久。清康熙五年（1666）编修的《平度州志》，即已把葡萄列为州境主要果属之一。据此推算，大泽山葡萄栽培历史，至少在340年以上，种植村庄有大泽山镇尹家、谭家夼和三山东头等。光绪三十四年（1908）《平度州乡土志》载：“每年贩出葡萄2000余担”。1932年《胶济铁路经济调查报告分编》又载：“邑之葡萄，年产100万斤，外销青岛、烟台30万斤，每斤价值5分，总值5万元（银元）。”1936年《续平度县志》载：“果之属，葡萄最多，岁运出口，‘穷氓’赖此度生。”葡萄已成为当地农民赖以生存的重要经济来源。当时除了几个零星品种如“柳子”“玫瑰露”外，主要品种是“龙眼”。至1949年，大泽山葡萄面积约110公顷、7万株，年产量不足100万斤。

20世纪50年代，大泽山葡萄开始进入发展时期。引进培育了“玫瑰香”品种。该品种成熟时果皮紫黑色，果肉黄绿，软而多汁，味甜，含糖量为18%～20%，含酸量为0.5%，有浓郁的玫瑰香味。8月中、下旬开始成熟上市，深受消费者欢迎。是继龙眼葡萄之后，大泽山葡萄增添的第二代名优品种。同期，邵纪远、周君敏夫妇，以“龙眼”为父本，以“玫瑰香”为母本杂交培育出“泽玉”“泽香”2个新品种，其共同特点是品质优良，丰产抗病，并可鲜食、加工兼用。果实成熟后为金黄色，果粒卵形，大小匀称。果穗圆椎形，紧密，肉质脆软多浆，含糖量为19%～21%，甜酸可口，香味悦人，是大泽山葡萄第三代名优品种。1958年，全县葡萄总产260万斤。60年代，大泽山葡萄始销香港，70年代进入“广交会”，成为平度县土特名产。

中共十一届三中全会后，葡萄生产发展加快。至1985年，全县已有葡萄2300余公顷，年产葡萄2000万斤。其中大泽山镇种植葡萄930余公顷，产生5个葡萄专业村。此时期，县农业科技人员又从国外、省外引进的100余个品种中筛选培育出“白羽”“白雅”2个酿酒新品种。“白羽”，又名“耳卡其即利”，果穗中大，果粒椭圆、小而紧密，成熟时黄绿色，向阳面微红，果皮薄，肉质软，有涩味，含糖量为18%～22%，9月中旬成熟。“白雅”，果穗、果粒中大，着生较紧密，淡黄绿色，有棕色斑点，果皮薄，含糖量为12%～14%，用其酿制的白葡萄酒色质好，柔和，有较浓的特殊香味。上述2个品种，被山东省轻工业厅定为酿制葡萄酒的优良原料，在全省推广。

大泽山葡萄长廊一角（2005年摄）

1991年，平度市首届葡萄节开幕，以后每年举办一届。1995年，大泽山镇获“中国葡萄之乡”称号。2005年，大泽山镇被国家认定为“绿色葡萄生产基地”；大泽山葡萄被认定为山东省名牌产品。

第二十二篇 人 物

平度，历史悠久，先贤众多；钟灵毓秀，代有闻人。如，西汉天文历算专家徐万且、古文经学大师庸谭，十六国时期游遁大儒成公兴，唐代一门忠烈蒋钦绪父子，北宋状元宰相蔡齐，元代武将崔世荣，明代吏部重臣侯庸、外事俊才吕让，兄弟名进士官廉、官贤，同科三进士傅汉臣、李学诗、崔廷槐，画坛高士崔子忠，清代青年翰林陈肇、科甲高第王培佑、谏垣名臣戴恩溥、中州干员于沧澜等等。进入现代，有直军名将彭寿莘、中共早期创建者之一杨明斋、革命先烈刘谦初、“一二·九”学生运动领袖葛佩琦，文化名人罗竹风、姜守迁，开国少将李丙令，以及政治、经济、文化、教育各方面的优秀人才。

《平度县志·人物》（1987 年版）收录平度部分古代及近、现代知名人物，今续志以不重复前志为原则，所辑人物均为新录。人物篇分《人物传略》《人物简介》和《人物名录》三部分。其中，《人物传略》收录已故平度名人；《人物简介》收录在世平度名人，选录标准：政界副省（部）级以上，军界少将军衔以上，以及全国著名科学、文学、艺术、体育界人士。皆按出生年月排序。

第一章 人物传略

一、庸谭

西汉胶东人，著名古文经学大师。汉武帝采纳儒学大师董仲舒“罢黜百家，独尊儒术”的建议，正式确立儒学正统地位，“兴太学，置名师，以养天下之士”。之后，通晓儒家经书成为人们踏入仕途的重要途径。儒家经学有“今文经”和“古文经”两个体系。今文经迎合汉朝统治者需要，对经书的解说多微言大义、牵强附会，因而得到官方支持；古文经学则强调“举大义”“通训诂”“不学章句”。古文经学由于几代大师的精心传习，至东汉中期才逐渐兴盛起来，其中胶东人庸谭就是一位起到承上启下重要作用的古文经学大师。庸谭生于西汉中期的昭帝、宣帝时代，一生未入仕途而以布衣终，潜心研治古文《尚书》和《齐论语》，造诣精深，并悉传于后学。第一位整理古文《尚书》的大师是孔安国，以后的古文《尚书》皆由庸谭传下来。东汉有名的经学大师贾逵和马融，都与庸谭有师承关系。庸谭对发展古代文化做出了不可磨灭的贡献。道光《平度州志》载：平度东北青山山麓旧有胶东大儒庸生庙。

二、成公兴

姓成公，名兴，字广明，十六国后期胶东（今平度）人。据《魏书·释老志》，可知成公兴的青年时代是在前秦治下度过的。中年时期离开战乱不已的家乡，到后秦治下的嵩洛和三辅一带，避世而不忘授业，他的学问既有深厚的儒家根基，又有丰富的释老内容，尤其在天文历算和医药方面，掌握了外来佛教在这些学科中的先进知识和技术，并通过他的弟子殷绍和寇谦之，用于实践，发扬光大。殷绍是北魏初年的方术大家，受到北魏太武帝及太子的重用。太安四年（458），他在进呈《四序堪舆》的奏疏中，郑重述说其第一恩师就是胶东人“游遁大儒”成公兴。寇谦之是中国道教发展史上的一位非常重要的人物，成公兴对其有过至关重要的影响。寇谦之用其世代所传之术累年算《七曜》《周髀》不合，按照成公兴的算法，却“俄然便决”，寇谦之大为叹服，愿立即拜师。

三、祁暐

宋朝胶水人，淳化三年（992）进士，历任度支员外郎、直集贤院、潍州知州。闻母丧，即辞官归里，庐墓六载，蔬食弊衣。冬季严寒，冻掉了两个脚趾。白乌和白兔感其孝，围绕在坟侧和他做伴。宋真宗闻知此事，特下诏旌表，并赐布帛 30 匹、粟米 30 石，令地方官每月慰问。其孝迹入选《宋史·孝义列传》。

四、侯庸

字景中，生于元末，胶水人。明洪武初年其父因犯法被充军福建。幼年家境清苦，发愤苦读，以优异成绩成为胶水县学生员，20 岁时“以高等贡入太学”，被选送中央国子监（俗称太学）学习，明太祖对“国子生”要求十分严格，初选合格即可直接参加全国最高一级的科举考试。洪武十八年（1385）全国会试，侯庸考中第二十二名进士，被选授为负责“补阙拾遗，稽查六部诸司之事”的吏科给事中，成为受皇帝信任的监察官员。侯庸出仕后，其父仍在戍所，他便向皇帝提出愿以自己的官职为父赎罪，明太祖立即准奏，并命侯庸亲往戍所迎其父，皇太子朱标又特命侯庸“乘传”（沿途由驿站备车马）前往，侯庸星夜赶赴福建，将其父接回南京。此事成为当时朝廷盛传的一大新闻。不久，侯庸升任吏部侍郎。洪武后期，侯庸长期代行尚书之职，掌握选拔考察天下文官的“铨衡”大权，以居官清廉敏于政事得以久任，政绩卓著，被誉为明初吏部名臣。昔日平度城西有侯庸墓，今河洼村侯姓为侯庸之后裔。

五、徐聪

字亮闻，元末明初大泽山西麓徐家夼村人。幼年丧父，事母至孝，聪慧颖悟，家贫力学。洪武年间，徐聪以优异成绩为莱州府学生员，选岁贡，入国子监学习，成为学识渊博之士。永乐元年（1403），参与编修《永乐大典》。《永乐大典》纂成，徐聪擢监察御史。后遭母丧，丁忧回籍。旧志载："庐墓三年，朝夕蔬食"，"有异鹊来巢之祥"。邑人有联赞颂徐聪："纂修大典流芳远，孝敬慈亲义泽长"。

六、戴新

字景一，明成祖永乐二年（1404）甲申科进士。任中央部曹官时，曾"受累而遭谪戍"，不久昭雪复职。后仕至云南右布政使。明英宗正统初年，明朝派大军征讨麓川（今云南与缅甸交界处），戴新"赞督粮储不乏，赏赉甚厚"。以经办军需功受到赏赉。戴新晚年退休乡居，"隐忍恬退"，以莳养欣赏兰花为娱，在居处四近广植兰蕙，以后其所居村庄便称"五亩兰"。为戴新立的科第碑坊称"昼锦坊"，在平度城西关桥北，历500余年而屹立无恙，直到1933年被拆毁。

七、毛宗鲁

字师曾，祖籍掖县。祖父毛镛是元朝进士，任胶水县学教谕，入籍平度，世居城西侯哥庄。毛宗鲁于明宣德五年（1430）中庚戌科进士。初任中央部曹主事，以精明干练升任御史。曾出巡浙江，两袖清风，廉明清正。任满回京，受到褒奖。晚年休致还乡，教授生徒。毛宗鲁工诗善书。现存最早歌咏"平度八景"的诗，有他的《豹竹云台》《大泽晴云》《云山翠竹》《宁家双松》各一首。诗风恬淡清新，如"白云出岫本无心，时时绕护禅房阴""疑若湘江两岸秋，回首清风满林谷""悬崖幽独星霜久，结实有待栖凤鸾"等诗句，均反映了作者心远地宽、洁身自好的心境。明成化六年（1470）乡居平度，应知州周斌之请撰写了《重修三元庙碑记》。

八、张钺

生当明弘治、正德、嘉靖年间（约1470～约1540）。正德二年（1507）考中举人，初任直隶一偏远小县的知县。因居官清正、考绩优异调任清苑。清苑系畿南重镇保定府的附郭县，地当冲要，政务繁杂，士绅势力大，素称难治。他到任之后，既不向上司献媚，也不与"乡官"攀扯，以勤政爱民为务。凭着一身正气与精明强干，政务练达，秉公执法，赢得百姓拥戴。七年任满，晋京述职，轻车简从，惟带图书一箧。时有一因向张钺行贿而受到制裁的土豪，强行劫持了他乘坐的骡车，到吏部诬告张钺车上满装金银珠宝，至大堂当众打开一看，竟为喂牲口的一袋饲料。后升任南京户部主事，负责淮安关税。淮安是京杭大运河上的枢纽重镇，商旅过往频繁，关税收入特多，张钺到任之后，革除积弊，不取份外一物，商民交口称赞。后升任湖广常德府知府，常德地处洞庭湖西，古称武陵，临近"蛮夷"之域，民族关系复杂，此前不久，明朝在此修建了荣王藩府，荣王"居国骄纵，多为不法"。对于这个"天潢帝胄"，他以清正廉洁处之，任满考评，政绩卓异。离开常德时，行李萧然，仍为一介寒士。

九、傅汉臣

明嘉靖五年（1526）与李学诗、崔廷槐三人同科考中进士，5年后任御史。《明史·河渠志》载：明朝前期，滹沱河为害严重，北到霸州，南至河间，十余州县屡被水患。嘉靖十年（1531），巡按御史傅汉臣经实地勘察后，建议修复束鹿、晋州被冲毁的堤坝，并提出根治滹沱河水患的建议。朝廷命"抚（巡抚）按（巡按御史）会议"，经巡抚与傅汉臣共同讨论，上奏朝廷，请准派工部官员主持修筑坚固长堤，两岸植树，并"疏浚河身，导归故道"，使"束鹿、武强、河间诸水，循滹沱河以出"，此后数十年，无复水害。《明世宗实录》载：嘉靖十年三月，御史傅汉臣上疏赞同户部试行赋役改革，建议推行"一条编（鞭）法"。傅汉臣认为"十甲丁粮总于一里，各里丁粮总于一州一县，各州县总于府，各府总于布政司，布政司通将一省丁粮均派徭役内，量除优免之数，每粮一石审银若干，每丁审银若干，斟酌繁简，通融科派，造定册籍，通合各府州县永为遵守，则徭役公平而无不均之叹矣。”后经各地继续试行，至万历初年“一条鞭法”在全国实行，成为中国赋役史上一次重大改革，也是中国经济史上的大事。《中国大百科全书·历史卷》讲“一条鞭”，把傅汉臣列为明朝中央支持“一条鞭法”的三位代表人物之一。清道光《平度州志》收录傅汉臣《咏大泽山》七律一首。今平度东南乡李傅庄傅姓为傅汉臣之后裔。

十、贾毓祥

字四塞，平度北部界山贾家村人，明万历二十二年（1594）山东乡试第八名举人，万历三十八年（1610）考中进士。历任山西太谷和河南安阳知县。天启元年（1621），以政绩卓异升任御史，翌年巡按广西，一到任即弹劾依附阉党贪赃枉法的广西巡抚，果断处理了南丹州土官莫隽叛乱事件。天启五年（1625）任满回京。他因站在清流一边，招致阉党怨恨被罢官。崇祯即位，受阉党排斥的官员重被起用。他以甚得时望被超擢为左副都御史，成为朝廷监察机关的副长官。后因遭诬陷再度罢职。崇祯五年（1632），孔有德叛军围攻莱州城，他作为莱州府著名“乡官”，被请到城里共商大计。明廷派出的兵部侍郎刘宇亮，畏敌不前，致叛军猛攻莱州。他派人杀出重围，晋京上疏崇祯帝，在奏疏中报告了莱州守城的英勇悲壮，述说了守城军民的困境，后来登莱巡抚谢琏和莱州知府朱万年全都殉难，崇祯帝才撤换统帅，决计进剿，平叛。明亡后，清政府起用前明官员，他屡被征召，均以老病辞谢，隐居大泽山，不为清廷效力，最后以92岁高龄病逝家中。现存暮年之作《九日登高》诗一首。

十一、崔子忠

（约1595～1644）又名丹，字道母，号青蚓。原籍平度，占籍顺天（北京）。年轻时考中秀才，后“弃举子业”，自以诗画为娱。他有非凡的绘画天赋，加之刻苦磨炼，到中年即造诣精深，蜚声画坛，有“南陈北崔”之誉（南指陈洪绶）。明末清初著名书画鉴赏评论家周亮工称赞他“工图绘，为绝技，善貌人，无不克肖”。他最擅仕女，也画神话人物及佛像，周亮工说：“崔青蚓不专以佛像名，所作大士像，亦远追（吴）道子，近逾丁吴。”当时，丁南羽、吴文中所画佛像已达到“一触目，便觉悲悯之意欲来接人”的极高水平，崔可上追“画圣”吴道子了。著名文人钱谦益，评崔子忠画“慕顾（恺之）、陆（探微）、闫（立本）、吴（道子）遗迹，关（仝）、范（宽）以下不复措手”。明末书画大师董其昌评崔：“其人、文、画，皆非近世所见。”据史载，崔为人孤高，自甘清贫，居住在北京南部一所简陋的小院里，“篷门土壁而洒扫清洁”，“高冠草履，莳花养鱼，不知贫贱之可戚。”他可把得意之作赠予知己好友，但“若庸夫俗子用金帛相购请，虽穷饿，掉头弗顾也”。明崇祯十七年（1644）春，李自成入北京，战乱中又加体弱贫病，崔子忠夫妇冻饿而死。现存崔子忠的作品《云中玉女图》《云林洗桐图》《伏生授经图轴》等，皆为稀世国宝。

十二、何复

字见元，出身贫寒，少年时即刻苦自励，徒步往返40里，与好友切磋学业，“虽隆冬盛暑不替”。明崇祯七年（1634）进士。曾任河南嵩县、南直隶英山知县，累迁工部主事，进员外郎，崇祯十七年（1644）擢保定府知府。李自成大军刘方亮部包围保定府，何复与保定同知邵宗元誓死守城。北京城破，崇祯帝自缢的消息传来后，何复仍拒不迎降，点燃西洋巨炮，坚决抵抗。不久，城破，何复在城楼上自焚而死。百余年后，清修《明史》在《忠义传》里为他立传。乾隆四十年，何复得赠太常卿，谥“忠烈”。

十三、李森先

字琳枝，明崇祯十三年（1640）进士。以学博任国子监助教。清顺治二年（1645），考选为监察御史。此时清廷起用明末阉党首脑冯铨为内院大学士，他上疏指责冯铨，被当时执政的摄政王多尔衮罢职。多尔衮死后，顺治帝罢黜冯铨，顺治九年（1653），李森先再次出任御史。顺治十三年（1656），他出巡江南，首先弹劾了贪赃枉法的淮安府推官李子燮和苏州府推官杨昌龄，又铲除了“苏州三害”，受到苏州民众拥护，被誉为“海瑞再世”。后因触怒贪官劣绅，遭到诬告被逮回京。经顺治帝亲自审讯，反复查证，绝无受贿之事，又复职仍任御史。顺治十五年（1658）上疏请求赦免因建言取消“逃人法”而被流放的谏官，再被罢职，并下狱，拟充军。顺治帝旋即省悟，又第三次恢复其御史之职。顺治十五年冬，他被派往河南汝州查处垦田事件。统一了丈量土地的“弓”的长度，将标准刻于州治前石碑上，杜绝了纠纷，使汝州百姓世代受泽。后因操劳过度，病死于汝州。被誉为“国初御史第一人”。

十四、白克敏

（1754～1829）字捷千，号安遇。“东莱首富张舍白家”的奠基人。清乾隆五十一年（1786）平度发生饥荒，白家赈济乡里，“有义声”；嘉庆十五年（1810）、十七年（1812）连续灾荒，白家都以捐赈知名。《白捷千善行铭》和《白玉堂善行碑》均记载：每遇灾荒之年，白氏则“输租助赈”，道光十七年（1837）平度特大饥荒，白家共“捐钱两万缗，为莱郡助赈之首”。白克敏晚年着意赞助文教事业：道光三年（1823），捐资建张舍义学，“以教乡子弟之能读书而无力者”，并“捐田五十亩，供其资，为经久事”。出资在平度城“建文昌阁，以励学者”。道光七年（1827），山东改建省城贡院，捐钱四百缗，在全省列第二等。白克敏有四子：白玉田、白玉书、白玉堂、白玉佩，称“白氏四房”。白氏子弟科举功名最高者，是白克敏的三子白玉堂、四子白玉佩和孙辈白星炜，都是道光举人。通过“捐纳”，白玉堂获四品道衔，白玉佩获内阁中书衔。白玉书仕至户部郎中，获三品衔。白玉田之子白星灼曾任过詹事府主簿。晚清时，白氏家道衰落。

十五、李本敬

字龙友，平度城东关人。幼秉父教，“肆力攻读”，不甘心埋首于八股、试帖之中，“举业而外，旁及古诗文辞”。青年时代即以才高学博，为府州著名生员，却“屡应乡试不中”，清嘉庆六年（1801）成岁贡生。毕生教授乡里，以著述自娱终。他一生最大贡献是继承其父李澍之志，致力于续修自康熙《平度州志》以后的平度州志。倾毕生精力，孜孜不倦，以个人之力收集整理了平度百余年间的文献和史料，分类编纂，至嘉庆初年，完成续志初稿。后来重修《平度州志》时，除采用康熙《平度州志》的内容外，还大量引用了被称为“李志”（即李本敬志稿）的资料。正因有李本敬的筚络蓝缕，才使道光《平度州志》内容颇丰，成为至今平度遗存旧志中，内容最为完备的志书。李本敬一生著作丰厚，有《桃园文集》《桃园诗集》《古今体诗》等。

十六、陈肇

（1792～1853）字履元，号筱瀛，平度城南关人。幼年家境清寒，于古刹中读书，“年十八，以府试第一”成廪生，21岁考选为“拔贡”，嘉庆二十一年（1816）考中举人，次年成进士，入选翰林，散馆任编修。道光二年（1822）被选为会试同考官。道光四年（1824）升任监察御史。史称他“亢直敢言，章十余上，皆切中时弊”。道光九年（1829）出任江南常州府知府，一上任，便免除陋税，清理积狱，惩治奸吏，打击盗匪，使“豪蠹敛威”。境内孟渎河入海口堵塞，水浅不畅，长期危害农田，他亲自寻访乡民，实地勘察，拟定合理方案，组织百姓疏浚，并使本府各县合理负担，处置得宜，士民拥护。当时官场腐败，流传着“三年清知府，十万雪花银”之民谣，他在任一年，便以最为冠冕而必获批准的“养亲”为由，辞官还乡。史载：“归之日，郡人夹河岸送行，馈遗皆却之，唯图书数篪而已。”其时尚不满40岁。此后，不再出仕。山东巡抚讷尔经额延聘他以翰苑名士身份去济南主持全省最高学府“泺源书院”，他亦婉言谢绝。闭门授徒，以诗书自娱，直至老死林泉。

十七、孙儒卿

字彦臣，平度城文村巷人。其父孙兆萃为名秀才，开馆授徒，乐于扶掖清寒之士，进士金鸿霄、杨圣清都是他的学生。清同治元年（1862），孙儒卿考中举人，同治七年（1868）成进士，先在部曹“观政”，不久以熟悉民情，明于吏事被分到湖南省实授知县。初任祁阳，即整饬地方治安，与民休息，任满后以治绩优异调繁湘阴，后又历任衡山、湘乡、溆浦、湘潭诸县。当时的“三湘”（湘阴、湘乡、湘潭）属“繁难冲要”之县，分别为曾国藩、左宗棠、王闿运的家乡，地方豪绅势力强大。他历任“三湘”各县，赢得“聪察决断、吏民畏怀”的赞誉，后以“卓异”调任长沙并兼理善化县事，经常以“干员”身份被巡抚等大员委派到县里处理各种棘手难题。他一生吏治才干出众，在湘中7县为令达20年之久，处处“以卓异闻”，最后“晋秩知府而以劳瘁卒”。民国《续平度县志》收其《喜接家书感怀》七律二首。

十八、于沧澜

（1845～1920）字海帆，平度西乡古庄人。清光绪元年（1875）中举人，光绪三年（1877）成进士，分到河南任知县。据史书记载，他“为政严而不酷，宽而不滥”，“雪冤狱、戢豪强，惩巨盗，兴水利”。勇于任事，处置得体，屡被评为卓异。固始县地处豫东南山区，豪绅势力很强，有一犯法富绅向他行贿，他坚决拒绝，秉公断处。实授鹿邑知县时，鄙视官场积弊，因不向布政司衙门行贿，任命状被故意压下，但他不屈从，以耿介闻名。后升任卫辉知府，卫辉乃河南省的“河北三府”之一，地处由京师南下两湖、两广之交通要冲，所辖9县，非“繁”即“难”，他仍“以干练明敏闻”。后再升道员。先为署理“开归陈许郑道”，继之又被正式任命为“南汝光淅兵备道”，驻守“兵民杂处，轮蹄交错”的豫南信阳，分管南部州县政务，兼管水利，表现出杰出的吏治才能。他以名进士长于衡文闻名河南，曾被聘为已卯（1879）、戊子（1888）、已丑（1889）、辛卯（1891）、癸巳（1893）五科河南乡试的同考官，经他取中的举人，许多又考中进士。人们称他“慧眼识良才”。他在河南为官30载，历任河南巡抚经常委派他“处理矿务、巡警、洋务交涉、筹款、厘税”等政务，他都处理得宜，“屡被以卓异荐”，有“中州第一干员”之美誉。辛亥革命后，他退出政坛，返回故乡，1920年病卒。

十九、荆中允

（1849～1927）平度长乐荆家村人，自幼业儒，后弃科举习医，精研医学经典，又注意临床引用，因医术高明，用药价廉，前往求诊者日盈门庭。早年兼开药铺，因经常向贫苦者施药，赔累亏损，终于难以为继。晚年只为病人处方，不收诊金。对就诊者不论贵贱，皆一视同仁，所以，日求诊者多达百余人，遇极贫且远道而来者还备饭留宿。民间流传着这样一件事：有一年掖县杜家一巨富家人病重，慕名前来求医，他说：我不能为一人治病而误百人。婉言辞谢，后病家一请再请，不得已，只好速去杜家，诊治完毕，谢绝酒宴，不收一文，当即返回，为在家候诊者一一诊治，直至半夜时分。他一生著述甚多，至今留传《本草易读》、《先圣易范》两书。

二十、张鹏举

（1853～1921）字云程，平度大泽山西麓大疃村人。清同治六年（1867）七月，捻军侵扰大泽山，年仅15岁的张鹏举“冒万死不得一生之险”，“攘臂慷慨，舍身御之”。光绪元年（1875），中武举，三年（1877）考取武进士，被选为御前侍卫。光绪十二年（1884），选补直隶提标、顺义营都司。“得合营欢心，士卒乐之为用”，致使“兵威大振，巨盗远遁，一邑之中口碑载道。”光绪二十六年（1900）八国联军攻京，张鹏举在其防区内，“联络乡绅，百计固守”。光绪二十九年（1903）直隶总督袁世凯以其“究心兵事、老成练达、任事勤能”奏升泰宁镇游击，再补马兰镇中军游击，兼护清东陵。宣统三年（1911），护理马兰镇总兵，晋秩武显将军，成为二品高级将领。是年秋，辛亥革命爆发，冬十二月清帝逊位。张鹏举弃官归隐，民国十年（1921）病逝于北京。

二十一、王培佑

（约1855～1915）字保之，平度邹家坡人。19岁时以州试第一名为秀才，清光绪二年（1876）考中举人，光绪九年（1883）中进士，入选翰林，散馆后，留翰林院任编修。光绪十四年（1888）和光绪二十年（1894），充任顺天乡试（在北京举行的全国规模最大的乡试）同考官，光绪十五年（1889）任会试同考官。在长达10余年的翰苑清秩生涯中，他“淡薄名利，不骛声气，闭门读书，恬淡自守”，关心国计民生，讲究经世致用之学。光绪二十二年（1896），升任监察御史，翌年发生德国强占胶州湾事件，他与戴恩溥坚决支持家乡人民反对德国侵略的斗争，联名上疏。戊戌变法时，他上疏朝廷，提出起强图弱的要略，受到光绪的赞赏。光绪二十四年（1898）秋，奉命巡视满州王公贵族聚居之东城区，“不畏强暴，发奸摘弊”，后升任给事中，转顺天府丞，再升顺天府尹，成为京城最高行政长官。光绪二十六年（1900）春，义和团入京，慈禧太后偕光绪帝召见他，他直言不讳“拳民多为百姓，当分别良莠，剿抚兼施”，慈禧不悦，王培佑改任太常寺卿。《辛丑条约》签订后，因触忤慈禧太后的亲信荣禄，改任宗人府府丞。1915年病逝于北京。

二十二、尚庆翰

（1870～1946）字屏臣，号屏山，平度城尚家疃村人，清光绪癸卯科举人。中举后，分到南京任候补藩库大使。因不屑奔走于权贵之门，返乡设帐授徒。民国前期，当时的平度杰出青年学人姜守迁、罗竹风、乔天华和军政要人张鸾基、张金铭等都曾拜尚庆翰为师，学习古籍和书法。1934年，平度奉省令纂修县志，尚庆翰被聘任总纂。在山东省第五路民团总指挥兼平度县县长张骧伍支持下，他“期年之间殚思构虑，将百年断续之事，旁搜博采”，于1936年完成《续平度县志》编纂，并得以印行。

二十三、綦官晟

（1876～1949）字得臣，南村镇沙梁村人。20世纪30年代，綦官晟是青岛、平度一带很有影响的民族工商业家。他自幼聪颖，有胆识，极富经商头脑，1916年，去青岛东镇经营小店铺“泰丰益”，从贩卖估衣、日用杂货转为土产品代办，至1934年，资产总额达200万元（银币）。1937年抗日战争爆发后，他凭借多年经商的锐觉，预感到民族商业前景黯淡。1938年，日军侵占青岛，他所经营的同丰益号仓库被日军占领。延至1940年初，同丰益彻底破产。綦官晟病愁交加，于1949年合家返里，不久病故。

二十四、季宝奎

（1878～1960）平度坵西村人，著名山东落子演唱艺人，以“飞咣咣季宝奎”享誉省内外。季宝奎幼年身世可怜，其父双目失明，他自小就为父亲外出说书领路，卖唱乞讨。25岁拜仁里家村说书艺人张召礼为师，开始了说书生涯。因天赋优异，很快达到“青出于蓝而胜于蓝”的地步。他说唱时书词流畅、“溜”得贴谱、抑扬顿挫、表情逼真，一部大书，长可三四个月说不完，短可一个晚上让你听个明白。尤其是他的短段儿，俗称“开（压）场段子”，形式灵活，取材小巧，一般是生活中的笑话故事。季宝奎一生演唱的曲目有《杨家将》《呼家将》《隋唐演义》《三国演义》《精忠说岳》《包公案》《呼延庆打擂》等200余篇。“季宝奎说书——交待得明白”这句歇后语，在平度以至胶东半岛地区流传甚广。1955年，季宝奎当选山东省曲艺改进协会（山东省曲艺家协会前身）理事。1956年，任平度县曲艺艺人协会会长。1957年6月，79岁高龄的季宝奎作为特邀代表，参加山东省首届曲艺会演，演唱的《七郎被害》获荣誉奖。

二十五、董雪桥

（1881 ~ 1923）名毓枚（又作毓梅），字雪桥，平度西南乡董家大庄村人。其父董振玉，清宣统年间新城县儒学教谕。董雪桥21岁考中庚子、辛丑并科（1901）举人，肄业于京师大学堂，以知县分配至广西。当时张鸣岐任广西督抚，安排他任阳朔县知事。他到任后，深入体察民情，积极发展新政；平息金川骚乱，劝解苗民哗变……以政绩升任信都厅抚民府同知。到任后，广设方略，率队督剿悍匪，信都得到安定。1912年冬，他当选为中华民国第一届国会众议院议员。1917年，黎元洪与段祺瑞发生“府院之争”，他对于议员参与此争极为不满，认为“这样是自损国会尊严。”他主张设立宪法，大法当计百年，不可以袁世凯、段祺瑞个人喜好为政。他入国会前后10年，两次被非法停职。董雪桥去世后，葬于本村西岭之原。

二十六、季寿山

（1897 ~ 1982）长乐镇前吴家村人。1916年5月，他作为一名华工去俄国穆尔曼斯克修铁路，后到亚美尼亚埃里温布市挖水沟。1917年4月随红十字会组织到土耳其梵湖做战地救护工作。1918年3月，在符拉基卡夫卡兹参加苏联赤卫队，先后参加了符拉基卡夫卡兹、罗兹内依平叛战，巴库、罗斯托夫、汉仁城市保卫战。1924年2月，加入苏联共产党（布），后被选为苏共高层领导人基洛夫的卫士。1934年，列席苏共第十七次代表大会。1945年随苏联红军一起，参加消灭日本关东军、解放我国东北的战役。此后一直在苏联海军和远东边防军中工作。苏联最高苏维埃主席团曾向他颁发战功勋章、格罗兹内依百日战争纪念章、卫国战争纪念章。1954年11月回国，任职于国务院出国工人管理局、国家计量局专家办公室。1957年，作为中华全国总工会代表，随以毛泽东为首的党政代表团赴苏参加十月革命40周年纪念活动。中国青年报社为他整理出版了《高加索的烽火》一书，记述了他在苏联国内战争和卫国战争中的战斗生活。

二十七、乔天华

（1904 ~ 1989）原名乔永祥，城北乔家村人。1931年10月在烟台崇实中学任教时加入中国共产党。1932年，代理中共烟台特支书记，同年冬，任中共青岛市委青年委员兼左联党团书记。1933年夏，任中共潍县中心县委书记。1934年10月被捕，囚禁济南狱中，坚贞不屈。1937年“七七事变”后出狱，立即回平度宣传抗日救国，组织发动群众，组建抗日队伍。抗日战争期间，先后组建抗日游击小组、小七支队、抗日救国会、莱平大队等七支抗日队伍，计3000余人，均被改编充实到抗日主力部队，为扩大抗日力量做出杰出贡献。抗战时期，他带领队伍参战20余次，多次取得胜利。1939年，任中共胶、即、平工委军事部长。1943年春，任平北县政府县长兼县大队长。1944年，去胶东区党委党校学习，1945年，继续担任平北县长。新中国成立后，任山东省农业厅果树处处长。1957年被错划为右派，1978年平反。离休之后享受厅局级待遇。

二十八、綦书田

（1905 ~ 1934）字晓达，号砚农，南村镇沙梁村人。1929年加入中国共产党，1931年日本士官学校毕业后回国，受党组织派遣到国民党四十六师做秘密工作。1932年5月与张权、鄞裕岐等在苏家埠战役中，策动该师5个旅长、10个团长率部向红四方面军投诚，为粉碎蒋介石对鄂豫皖苏区的第三次“围剿”发挥重大作用。先后在红四方面军任营教导员、三十二师政治部训育主任。1934年在长征途中英勇牺牲。

二十九、宗仁卿

（1908 ~ 1981）兰底镇河北村人，爱国台胞、企业家，20岁时去青岛万氏经办内衣厂，后改为三合棉织厂，因经营有方，工厂颇具规模。1947年，三合厂迁往台湾，进口日本新式纺织机，生意更加兴隆。后成立六和汽车公司，并与美国福特汽车公司合作，工厂规模更大。宗仁卿发达不忘家乡父老，晚年一再叮嘱其子宗成志，多多支援家乡的文化卫生事业。自1996年起，宗成志以宗倬章（宗仁卿之父）教育基金会的名义，先后为平度人民医院病房大楼建设捐资500万元，为市经济开发区高级中学教学楼建设捐资330万元，为平度卫生系统医务人员外出进修、为学生发放奖学金65万元。其造福桑梓的可贵精神，深为家乡人民感佩。

三十、葛佩琦

（1911～1993）原名葛畔珩，仁兆淖泥沟村人。1933年靠勤工俭学考入北京大学物理系。1935年“一二·九”运动时为北京大学学生会副主席。1938年，秘密加入中国共产党，并接受党组织委派，长期在国民党军队做统战情报工作。新中国成立前夕，失掉组织关系，在中国人民大学任教。1957年春，被错划为右派分子，全国报刊掀起批判葛佩琦的浪潮。12月24日被逮捕。1959年6月29日，被北京市中级人民法院判处无期徒刑。1977年，以在押原国民党县、团级以上的党政军特人员身份宽大释放。中共十一届三中全会后，他上访中央组织部。经胡耀邦同志批示，1982年3月，中国人民大学党委对错划右派予以改正。1983年5月，中共北京市委组织部决定：“恢复葛佩琦同志的党籍，党龄从1938年7月连续计算。”1987年1月，中国人民大学确认葛佩琦为教授。1993年1月13日，葛佩琦辞世。新华社所发电讯稿称：“葛佩琦同志的一生，是革命的一生，他刚直不阿，心胸豁达，对革命的信念始终没有动摇过。在冤案平反之后，他以新的姿态投入四化建设，抱病著述，积极参加社会活动，为人民贡献一生。”

三十一、罗竹风

（1911～1996）平度城北七里河子村人。1931年，考入北京大学中文系、哲学系，“九·一八”事变后，他积极参加抗日救亡运动。1938年2月加入中国共产党。抗日战争时期，历任抗日日报社社长、八路军胶东五支队秘书长、宣传部长、胶东文协副会长、平度县抗日民主政府首任县长、胶东公学教务长。解放战争时期，曾任山东省教育厅督学主任、山东大学军代表等。建国后，历任山东大学教务长、华东抗美援朝总分会秘书长、华东军政委员会及上海市宗教事务处处长、上海哲学社会科学学术委员会筹备委员会秘书长、上海市出版局局长、上海市哲学社会科学学会联合会主席，同时兼任上海市语言文字工作委员会主任，山东大学、华东师范大学、上海师范大学教授，中国语言学会、中国宗教学会、中国出版工作者协会顾问，上海市语言学会、上海市宗教学会、上海市杂文学会会长。曾任《辞海》常务副主编、《汉语大词典》主编、《中国大百科全书》总编委兼《宗教卷》主编、《中国人名大词典》主编，是著名语言学家、宗教学家、出版家、辞书编纂家、杂文家。个人专著有《杂家与编辑》《行云流水六十秋》等。

三十二、王战平

（1916～2001）灰埠焦家庄子村人，曾任中华人民共和国最高人民法院副院长。1938年7月参加革命，同年9月加入中国共产党。抗日战争时期，历任平度县民运部部长、胶东区党校二大队队长、西海地委统战科科长、平西县政府县长等职。解放战争时期，任胶东建设学校教育科长、组织科长、副校长。新中国成立后，任最高人民检察署华东检察署办公室主任、副秘书长。1954年后，任最高人民检察院办公厅副主任、一厅厅长。1977年任最高人民法院刑事审判庭庭长，1980年任最高人民法院党组成员。1980年11月至1981年1月，以最高人民法院特别法庭审判员的身份，参与了对“江青”反革命集团10名主犯的审判。1982年，在中共第十二次全国代表大会上当选为中央纪律检查委员会委员。

三十三、王少鹏

（1916～1997）曾用名李健民、王瑞阁，门村河南村人。1938年加入中国共产党，同年参加八路军胶东抗日游击队第三支队。1939年，在石桥村召开的平度县第一次党代会上被选为平度县委书记。1941 年任南海军分区政治处主任。新中国成立后，历任华东区粮食公司副经理兼上海市粮食公司经理、中国粮油食品进出口总公司副经理、中国对外贸易部仓储局副局长等职。

三十四、李丙令

（1917 ~ 2002）平度城杨家庄村人。1936 年加入中国共产党，翌年参加并组织了天福山起义。抗日战争时期，先后任中队政治指导员、大队政委、团政委、旅政治部主任、师政委等职，参加了胶东地区历次反“扫荡”斗争和攻克牟平城、福山城、河源西沟、马连庄、平度城等战役战斗。解放战争时期，先后任辽东人民自卫军四纵队政治部主任、支队政委、旅政委、师政委等职，率部参加了新开岭、“四保临江”、梅河口、桓仁、辽阳、鞍山等战役战斗，亲自指挥了解放康庄、怀来、张家口，包围北平等战役战斗。率部参加了湘南衡宝战役、广西战役和广东地区剿匪作战。建国后，先后任军政治部主任、副政委、政委等职，参加了守备粤东海防、解放南澳岛、南鹏岛、南澎岛等战斗。1957 年起，先后任广州军区政治部副主任，政治学院政治部副主任、副教育长、教育长、政治部主任、训练部部长，解放军原军政大学副政委等职。1955 年被授予少将军衔。

三十五、骆宾基

（1917 ~ 1994）原名张璞君，平度张舍廉家村人，著名作家。幼年时期曾在平度家乡读书，并务过农，后随家人去吉林珲春。1936 年赴上海，完成处女作长篇小说《边陲线上》，反映了东北抗日义勇军的斗争。“八一三”淞沪战争爆发后，在上海、浙东一带参加救亡运动，完成报告文学《东战场别动队》等作品。20 世纪 40 年代，辗转于桂林、香港、重庆、上海等地，从事文学活动。写出了短篇小说《北望园的春天》《乡亲—康天刚》及自传体长篇小说《混沌》。新中国成立后，创作了《王妈妈》《父女俩》《交易》《山区收购站》等短篇小说。70 年代后，在从事文学创作的同时，又致力于上古史和文字学研究，著有《金文新考》。曾任北京市文联主席。

三十六、王景崑

（1919 ~ 2008）平度城北窝洛子村人，1938 年参加八路军，1939 年加入中国共产党，1939 年入胶东抗日军政大学学习，1957 年解放军军事学院毕业。历任中国人民解放军第 27 军某师某团团长、某师师长、副军长，舟嵊要塞区司令员，江苏省军区司令员（省委常委），上海警备区司令员。抗日战争时期转战胶东半岛，参加了河源西沟、万第、即墨、高密、胶县、平度城等战役战斗；解放战争时期参加了胶（县）高（密）即（墨）、平（度）掖（县）、莱芜、孟良崮、南麻、临朐、胶河、潍县、周村、大汶口、济南、淮海、渡江和解放上海等战役战斗。1950 年 10 月率部赴朝作战，曾荣获三级独立自由勋章、二级解放勋章、独立功勋荣誉章和朝鲜民主主义人民共和国二级自由独立勋章。1955 年被授予大校军衔。系第四届、第五届全国人大代表。

三十七、朱学达

（1933 ~ 2005）明村镇辛安村人，山东省知名书法家。20 世纪 50 年代在县文化馆工作，后调至昌潍大众报社任美术编辑，1976 年调至山东省美术馆，先后任创作部主任、年画研究部主任、省美术馆副馆长，为国家一级美术师、中国书法家协会理事、山东书法家协会顾问、山东画院艺术顾问、山东省文史馆馆员，享受国务院特殊津贴。其书法擅颜体，生前为国家，山东省委、省政府，济南南郊宾馆等重要场所书写了大量书法作品。济南市解放阁修缮后，由他书写了碑文和 3764 位烈士的英名。

三十八、辛显令

（1943 ~ 2010）古岘镇八里村人。第六届、第七届全国人大代表，第六届、第八届山东省人大代表，第九届山东省政协委员。中国作家协会会员，中国书法家协会会员，跨国电影家协会理事，国家一级编剧，山东省电影家协会主席，青岛市书法家协会二届、三届主席。山东省劳动模范，青岛市专业技术拔尖人才，享受国务院特殊津贴。1978 年创作电影《喜盈门》，受到全国广大观众尤其农村观众的好评，该影片曾获百花奖、金鸡奖、文化部优秀影片奖等九项全国性大奖，创当时上座率全国之最。

第二章 人物简介

一、王 海

1925 年生，平度西北乡泊子村人。1944 年参加胶东抗日青年中队，1951 年参加抗美援朝，任空 3 师 9 团大队长，后任志愿军空军副团长、团长，个人先后击落美机 4 架、击伤 5 架，被授予“一级战斗英雄”称号。1975 年任广州军区空军司令员。1985~1992 年任空军司令员。为第三、第五届全国人大代表，中共第十二、第十三、第十四届中央委员。1988 年被授予上将军衔。1998 年 7 月被授予独立功勋荣誉章。

二、李进民

1926 年生，平度人。1938 年参军。抗日战争期间参加过胶东反“蚕食”、反“扫荡”、反投降战役。解放战争期间参加过莱芜、孟良崮、保卫胶东、鲁南、豫东、淮海、渡江、上海等战役战斗。1950~1952 年赴朝参战。1985 年任北京卫戍区政委、党委书记。1988 年被授予中将军衔。为中共十二大、十三大代表。

三、陈辉亭

1934 年生，灰埠镇陈家村人，1951 年入伍。曾参加击落美蒋 RB—57D 高空侦察机、美国 U—2 侦察机、美国无人驾驶侦察机的战斗，荣立二等功两次。1985 年任空军副参谋长。1988 年被授予少将军衔。为第四届全国人大代表、中共十二大代表。

四、谭竹洲

1936 年生，平度谭家村人，曾任化学工业部副部长、中国昊华化工（集团）总公司董事长、中国石油和化工工业协会会长。为中共十二大代表，政协第九届、第十届全国委员会委员。

五、李宝林

1936 年生，李园街道门村村人。1963 年毕业于中央美术学院中国画系，擅山水写意，出版有《李宝林画集》多卷，作品入编《中国现代美术全集》国画人物、山水卷，入选 6 ~ 10 届全国美展。曾任中国国家画院国画院副院长、李可染画院副院长、中国人民大学画院院长等职。享受国务院特殊津贴。

六、位梦华

1940 年生，平度人。1967 年，北京地质学院地球物理勘探专业毕业后分配至中国科学院地质研究所，1982 年 10 月参加美国赴南极科考项目。1991 年 6 月，他独闯北极，深入阿拉斯加爱斯基摩人聚居区进行综合性科学考察。1995 年，他作为总领队，率领中国科学考察队首次远征北极，把五星红旗插上北极点。

七、康成元

1941 年生，店子镇漫水桥人。1959 年入伍，曾任东海舰队政治部主任，海军航空兵副政委，军事科学院政治部主任、副政委兼纪委书记，海军航空兵政委，海军副政委，海军中将军衔。系中国书法家协会会员、中国美术家协会会员，曾被《书法》杂志评为 2004 年“十大年度人物”。为中共十五大中纪委委员、十六大代表，第九届全国人大代表，第十届全国政协委员。

八、姜宜资

1942 年生，云山镇李家场人。1959 年入伍。曾任南海舰队副参谋长，1988 年被授予海军少将军衔。

九、傅锡茂

1942 年生，张舍镇傅家庄人。1961 年入伍。1998 年任辽宁省军区副司令员。少将军衔。

十、于明强

1942 年生，云山镇于家庄人。1960 年入伍，1997 年任武警四川省总队政委、党委书记。第九届全国人大代表。武警少将警衔。

十一、姜宝林

1942 年生，平度七里河子村人。曾任杭州画院院长，国家一级美术师。专山水、擅花卉大写，原创白描现代山水。作品获 1992 年蒙特卡洛现代绘画世界大奖赛“大奖”——“大公政府奖”、1999 年美国佛尔蒙特国际艺术创作中心富瑞曼基金会艺术创作一等奖、第九届全国美展银牌奖。

十二、王寿亭

1943 年生，平度人。1999 年任贵州省委副书记、常务副省长。2001 年任江苏省委副书记、纪委书记。2006 年任江苏省人大常委会副主任、党组副书记，2007 年代理江苏省人大常委会主任。

十三、任成深

1944 年生，平度人。曾任兰州军区空军副政委。空军少将军衔。

十四、高京政

1948 年生，仁兆镇詹家屯人。1994~2003 年任总参谋部警卫局副局长。少将军衔。

十五、官景辉

1951 年 11 月生，平度人。长期在中央国家机关任职，曾任中共中央宣传部秘书长。系中国书法家协会会员、中国摄影家协会会员、中央直属机关书画协会理事、陕西大唐书画院名誉院长，作品被法国前总理德维尔潘等外国政要收藏。编著有《中国志》（上、下部）。

十六、吕胜中

1952 年生，平度城东大鱼脊山村人。中央美术学院教授，擅长年画。主要艺术作品有《生命——瞬间与永恒》《剪纸招魂》等；著作有《中国民间木刻板版画》《中国民间剪纸》等。以创作蛇年邮票而闻名。

十七、冷溶

1953 年生，仁兆镇辛庄人。2008 年起任中央文献研究室主任。参与编辑《邓小平文选》，主持编辑《邓小平军事文集》，主编《邓小平年谱（1975 ~ 1997）》等文献资料。为中共第十七届中央委员会候补委员。

十八、高满堂

1955 年生，大泽山谭家夼人，国家一级编剧。曾创作电影 4 部、电视剧 500 部（集）。中短篇电视剧《午夜有轨电车》《相依年年》《远山远水》分获第五届亚洲电视节金奖、第三十九届亚广联 ABU 娱乐类金奖、“飞天奖”一等奖。长篇电视剧《小楼风景》《抉择》《突围》获“飞天奖”、全国“五个一工程奖”“金鹰奖”。近作有《家有九凤》《错爱》《大工匠》《闯关东》《北风那个吹》等。

十九、王讯谟

1955 年生，古岘镇前李道村人。1973 年入伍，2010 年任济南军区空军后勤部部长，空军少将军衔，军旅书法家。

二十、王林旭

1959 年生，灰埠镇三堤东村人，国家一级美术师，中国美术家协会会员，国家有突出贡献文化艺术专家，享受国务院特殊津贴。现任十一届全国政协常委、外事委员会委员，中央民族大学副校长等职。主持研究、创新当代中国水墨画《超象》艺术课题。擅画竹，代表作《和平万年》被联合国秘书长加利定为联合国 50 周年纪念作品永久收藏，并被授予“和平使者”称号。

二十一、于志坚

1960 年生，蓼兰镇小于家村人，中国载人航天工程测控通信系统总设计师，中国探月工程测控系统总设计师，少将军衔。曾荣获国家科技进步特等奖，为“神舟”系列飞船成功遨游太空作出重大贡献。2005年1月，中央军委主席胡锦涛签署通令，为其记一等功。

二十二、李素杰

1966年生，平度人，竞走运动员。1985年获第四届世界杯竞走比赛女子1万米团体冠军。1986年在北京国际田径赛中打破女子5000米竞走世界纪录，同年在全国秋季竞走比赛中打破女子1万米竞走世界纪录。1986年获国际田径联合会金星奖，同年被评为国际级运动健将和全国田径十佳。

二十三、李淑芳

1979年生，兰底人，号称“黑妹”。1994、1995年全国柔道锦标赛冠军，1996年世界青年柔道锦标赛61公斤级亚军，1997年全国第八届运动会61公斤级冠军。1998年获柔道世界杯铜牌，为山东省第一位国际健将级柔道运动员，同年获法国国际柔道赛63公斤级冠军。1999年日本16届福冈国际女子柔道锦标赛63公斤级亚军，2000年意大利“罗马杯”世界柔道A级赛冠军。同年9月20日，在27届奥运会上，夺得63公斤级女子柔道比赛银牌。获国家体育运动一级奖章，被山东省政府授予一等功和“三八”红旗手、新长征突击手称号。

说明：为征集健在平度在外名人资料，平度市史志办公室根据各镇（街道）、市直有关部门提供的线索，向符合入志条件的人士邮寄了《〈平度市志·人物〉入选函》。函件发出后，有的得以回复，有的杳无音信。因此，入志人物漏选在所难免，符合条件的漏选人物可在以后续志中补遗。

第三章 人物名录

第一节 烈士名录

表22-1

姓 名	性别	牺牲原因	牺牲地点	授予机关	授予时间
李开山	男	国民党枪杀	莱阳	山东省政府	1989. 11. 23
高存昌	男	抢救学生	大泽山东高家村	山东省政府	1989. 11. 24
牟效臣	男	抗日	崔家集镇小牟家村	山东省政府	1989. 11. 24
纪义华	男	抗日	兰底镇东磨山村	山东省政府	1989. 11. 24
李　炎	男	送公粮遭国民党飞机轰炸	蓼兰镇张家村	山东省政府	1991. 03. 19
刘登良	男	飞行训练	广州空军航空训练基地	空军武汉指挥所	1991. 08. 03
徐全云	男	抗日	长乐镇沙沟村	山东省政府	1992. 04. 17
彭乃玉	男	救落水儿童	海尔工业园	山东省政府	1999. 09. 14
陈同寿	男	飞行训练	江西省樟树市飞行基地	解放军总政治部	2002. 07
唐宝江	男	救人	香店街道杜家疃村	山东省政府	2002. 09. 16
付清礼	男	参加联合国刚果维和任务	刚果（金）	解放军总政治部	2003. 05. 06
曲德修	男	执行特殊任务	台湾	山东省政府	2004. 12. 02

续表 22-1

姓 名	性别	牺牲原因	牺牲地点	授予机关	授予时间
于成杰	男	执行特殊任务	台湾	山东省政府	2004.12.02
綦书田	男	长征途中湘西突围战斗	长征途中	山东省政府	2007.05.11
于 丹	男	执行处突任务	四川阿坝州	武警总队	2010.01.02

第二节 省部级以上劳动模范名录

表 22-2

姓 名	性别	工作单位（职务）	荣誉称号	授奖机关	授奖年度
韩忠海	男	平度县灰埠镇谭家村	山东省劳动模范	省人民政府	1986
周君敏	女	平度县科协高级农艺师	山东省劳动模范	省人民政府	1986
郝明海	男	平度县人民医院外科主任	山东省劳动模范	省人民政府	1986
任有双	男	原平度县麻兰镇砖瓦厂支部书记	山东省劳动模范	省人民政府	1986
刘明皋	男	平度县民政局	部级劳模	民政部	1987
黄元臻	男	平度县张戈庄镇政府	全国劳动模范	国务院	1989
王同良	男	平度县江北房地产开发有限公司	山东省劳动模范	省人民政府	1989
冯广顺	男	平度县电影公司	部级劳模	广电部	1989
陈锡森	男	平度县发展计划局	山东省劳动模范	省人民政府	1989
乔洪业	男	平度市城关街道乔家村	山东省劳动模范	省人民政府	1990
崔志敏	男	平度市城关街道路林站	山东省劳动模范	省人民政府	1990
崔世敬	男	平度市粮食局	部级劳模	粮食部	1990
万天琮	男	平度市兰底镇河北村	山东省劳动模范	省人民政府	1990
吴之江	男	原平度市化肥厂总经理	山东省劳动模范	省人民政府	1992
周仁龙	男	平度市尹府水库管理局局长	山东省劳动模范	省人民政府	1992
代仁桂	男	平度市郑州路小学	部级劳模	教育部	1993
楚明安	男	青岛裕农有限公司	山东省劳动模范	省人民政府	1995
刘先耀	男	平度市郭庄镇投资服务中心	全国劳动模范	国务院	1995
刘永集	男	原平度市工业委员会副主任	山东省劳动模范	省人民政府	1995
袁廷孝	男	原平度市林业局局长	部级劳模	林业部	1996

续表 22-2

姓　名	性别	工作单位（职务）	荣誉称号	授奖机关	授奖年度
孙美华	女	平度市计划生育委员会	山东省劳动模范	省人民政府	1998
张学臣	男	平度市人大常委会副主任	部级劳模	经济贸易部	1998
傅宝瑞	男	山东省平度第一中学	部级劳模	教育部	1998
蒲天臻	男	青岛天柱集团党委书记	山东省劳动模范	省人民政府	1998
贾宝杰	男	平度市店子镇经贸办主任	山东省劳动模范	省人民政府	1998
盛希华	男	平度市电子职业中专教师	部级劳模	教育部	2000
高延成	男	原平度市计划生育委员会主任	全国劳动模范	国务院	2000
高锡春	男	平度市公安局情报科副科长	山东省劳动模范	省人民政府	2003
李福东	男	青岛同辉集团有限公司董事长	山东省劳动模范	省人民政府	2003
于振玺	男	山东省平度第一中学教师	山东省劳动模范	省人民政府	2006
孙佩璋	男	青岛德盛机械制造有限公司经理	部级劳模	轻工业部	2007
李丰坤	男	碱业股份公司化肥公司总经理	部级劳模	化工部	2008
侯文焕	男	平度市电业公司经理	山东省劳动模范	省人民政府	2008
徐忠军	男	平度市蓼兰镇许家村支部书记	山东省劳动模范	省人民政府	2008
刘训平	男	平度市第一殡仪馆馆长	山东省劳动模范	省人民政府	2008
尚寿山	男	平度市城关尚家疃村支部书记	山东省劳动模范	省人民政府	2008
袁百忠	男	原平度县人民医院小儿科主任	“富民兴鲁”劳动奖章	山东省总工会	1987
王同良	男	平度县建筑工第二工程处主任	“富民兴鲁”劳动奖章	山东省总工会	1988
代胜斋	男	平度市第一火化场火化组组长	“富民兴鲁”劳动奖章	山东省总工会	1990
邹书瑞	男	包装印刷厂服务公司支部书记	“富民兴鲁”劳动奖章	山东省总工会	1990
袁洪美	男	平度市金矿矿长	“富民兴鲁”劳动奖章	山东省总工会	1990
黄明发	男	平度市农业服务中心会计	“富民兴鲁”劳动奖章	山东省总工会	1990
孙庆美	女	中国农业银行平度支行副科长	“富民兴鲁”劳动奖章	山东省总工会	1991
李宗信	男	平度市总工会财务部部长	“富民兴鲁”劳动奖章	山东省总工会	1991
周仁龙	男	平度市仁兆镇水利站站长	“富民兴鲁”劳动奖章	山东省总工会	1991
陈锡山	男	青岛华兴有限公司总经理	“富民兴鲁”劳动奖章	山东省总工会	1992

续表 22-2

姓 名	性别	工作单位（职务）	荣誉称号	授奖机关	授奖年度
崔金泉	男	青岛华磊石业有限公司保管员	“富民兴鲁”劳动奖章	山东省总工会	1992
袁洪美	男	平度市金矿矿长	“富民兴鲁”劳动奖章	山东省总工会	1994
黄明发	男	平度市农业服务中心会计	“富民兴鲁”劳动奖章	山东省总工会	1994
刘恩江	男	平度市总工会主席	“富民兴鲁”劳动奖章	山东省总工会	1996
代泽宝	男	青岛市客运公司平度分公司	“富民兴鲁”劳动奖章	山东省总工会	1996
蒋瑞宗	男	青岛第二齿轮厂处理车间职工	“富民兴鲁”劳动奖章	山东省总工会	2000
张 磊	女	平度市人民医院急诊科护士长	“富民兴鲁”劳动奖章	山东省总工会	2000
刘学江	男	平度市滑石矿采掘队长	“富民兴鲁”劳动奖章	山东省总工会	2001
刘 华	男	平度市电业公司经理	“富民兴鲁”劳动奖章	山东省总工会	2002
孙建平	男	平度市粮食局郭庄粮管所所长	“富民兴鲁”劳动奖章	山东省总工会	2002
侯文焕	男	平度市电业公司经理	“富民兴鲁”劳动奖章	山东省总工会	2004
张丰春	男	平度市自来水公司工人	“富民兴鲁”劳动奖章	山东省总工会	2004
傅鸿云	男	平度市公路局局长	“富民兴鲁”劳动奖章	山东省总工会	2005
李丰坤	男	碱业股份公司化肥分公司经理	“富民兴鲁”劳动奖章	山东省总工会	2006
姜林涛	男	平度开发区环卫园林处主任	“富民兴鲁”劳动奖章	山东省总工会	2006
苗卫平	男	平度市电业公司副经理	“富民兴鲁”劳动奖章	山东省总工会	2007
代建刚	男	青岛北苑家具源有限公司经理	“富民兴鲁”劳动奖章	山东省总工会	2007
于元宝	男	平度市教育体育局局长	“富民兴鲁”劳动奖章	山东省总工会	2009
于汉信	男	青岛天祥食品有限公司董事长	“富民兴鲁”劳动奖章	山东省总工会	2009
于忠章	男	平度市滑石矿业有限公司	“富民兴鲁”劳动奖章	山东省总工会	2009
李书云	男	同和街道侯家站村支部书记	“富民兴鲁”劳动奖章	山东省总工会	2010
高锡春	男	平度市公安局情报科副科长	“五一”劳动奖章	中华全国总工会	2007
代建刚	男	青岛北苑家具源有限公司经理	“五一”劳动奖章	中华全国总工会	2008
侯文焕	男	平度电业公司经理	“五一”劳动奖章	中华全国总工会	2009

说明：人物名录收录断限为 1986~2010 年

附 录

附录内容包括限前大事举要、限外辑要、主要社会经济指标统计、媒体看平度、考证辨误、主要区划文件 6 部分。其中，“限前大事举要”汇集了 1986 年以前平度发生的大事；“限外辑要”汇集了 2006 ~ 2012 年平度在品牌农业、太空育种、四季节庆、新农村“五化”工程建设、村村通柏油（水泥）路工程、青新高速公路平度段工程、海青铁路建设、青岛新河生态化工科技产业基地建设、农村大病医疗救助及城镇居民基本医疗保险、旧城改造、生态商务区建设、新型农村社区建设、区划调整、大型工业项目建设诸方面取得的成就，以补限外（2005 年以后）平度发生的大事、要事未能于限内记叙之憾。

一、限前大事举要

周至元

周庄王十二年（公元前685）～周襄王十年（公元前642） 卫人宁戚“饭牛而歌”，被齐桓公拜为大夫。宁戚仕齐四十余载，卒后葬于胶水东岸（今平度市马戈庄镇境内），其墓称为“宁冢”。

周灵王五年（公元前567） 齐国灭莱。其年11月，齐将晏弱破莱国之棠邑，虏莱共公，莱国并于齐。齐在尤水（今小沽河）下游西岸建朱毛城（今平度市古岘镇朱毛村一带）。即墨邑始称朱毛城，后为即墨，是齐国东部的政治、经济、文化中心，享“齐有即墨之饶，联袂挥汗与临淄并夸殷盛”之誉。其故城于2001年被公布为国家级重点文物保护单位。

周赧王三十五年～三十六年（公元前280～公元前279） 燕将乐毅率军攻齐，取齐国70余城。即墨人拥立田单为将拒燕，燕军久攻即墨城不下。后燕以骑劫代乐毅，田单用“火牛阵”大败燕军于即墨城下，杀骑劫。齐军收复全部失地。

汉高祖四年（公元前203）汉将韩信率军破齐，派曹参击杀齐将田既于即墨，齐地入汉。汉以即墨为胶东郡治，并新设东莱郡及郁秩、卢乡、平度、下密等县（郁秩故城在今平度城，卢乡故城在今灰埠城子村，平度故城在今新河、灰埠以北，下密故城在今明村以西）。

汉景帝中元二年（公元前148） 重建胶东国，封其子刘寄为胶东王，辖即墨、郁秩、下密等八县。今平度市古岘镇境内的康王坟即为刘寄的坟墓。

汉武帝建元元年（公元前140）～后元二年（公元前87） 汉武帝在位期间，实行盐铁官营，在全国设铁官49处，其中“郁秩有铁官”。铁官故地在今平度市云山镇铁岭庄之南。

汉宣帝神爵元年（公元前61） 汉宣帝“祠太室山于即墨，三户山于下密”。太室山为平度青山、云山、两目诸山之一，三户山即今平度三合山。

东汉章帝建初元年（76） 原胶东侯国废。郁秩县改称胶东侯国，成为新胶东侯国，郁秩之名废。新胶东侯国与即墨侯国各食一县。至此，自秦汉以来一直为郡国一级政权的“胶东”亦演变为县级政权的名称。平度城始称胶东城，直至北魏皇兴四年（470）。

东汉灵帝光和六年（183） 汉王舍人碑立于东汉灵帝光和六年（183）。1982年冬在今平度灰埠侯家村出土，被称为“汉隶瑰宝”，为国家一级文物。

北魏宣武帝永平四年（511） 光州刺史郑道昭于天柱山为其父郑羲书镌《魏故中书令秘书监郑文公之碑》。

北齐文宣帝天保七年（556） 长广郡治东移中郎城（今龙口境）。即墨、卢乡并入长广县，治今平度城，长广县属长广郡。古即墨城至此而废。

隋文帝开皇十六年（596） 复置卢乡县、即墨县（在原不其县东北，今即墨市境）。长广、卢乡同属莱州。长广县所余辖境基本形成今平度的雏形。隋文帝仁寿元年（601），长广县更名胶水县。唐高祖武德六年（623）卢乡县并入胶水县。唐太宗贞观元年（627），调整莱州政区，胶水县为莱州四县之一，辖境基本定型，大体与今平度一致。

宋真宗大中祥符八年（1015） 春，胶水人蔡齐举进士第一。状元受“七驺传呼”之荣自此始。

金章宗明昌六年（1195） 胶水县重修文庙，所立《胶水县修宣圣庙碑》存平度文庙内达800年之久，1975年被毁。

元世祖至元十七年（1280） 用莱州人姚演议，开胶莱海运，派山东东西道宣慰使阿八赤“督益都、淄莱、宁海兵万人”开胶莱河。至元十九年（1282），胶莱新河开通，诸水闸建成，阿八赤任胶莱漕运使。至元二十年（1283），罢胶莱海运。

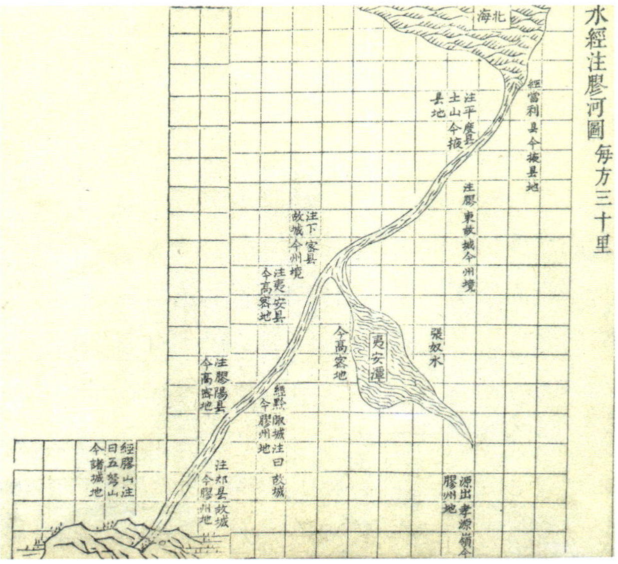

《水经注》胶莱河图

明至清

明洪武二十二年（1389）　胶水县升为平度州，领潍县、昌邑二县，胶水之名废。平度之名于1400年后重新启用，但平度州的辖境与西汉平度县大不相同。此后，莱州府平度州历明、清两代近600年不变。

明成化、弘治、正德年间（1464～1521）　州人评出平度八景：豹竹云台、荆坡雪梅、云山翠竹、大泽晴云、门村漱玉、圣水浮金、宁冢双松、采村烟柳。毛宗鲁、官廉、官贤都有咏八景诗，为现存最早的平度人写境内山川的诗作。

明世宗嘉靖五年（1526）　平度人崔廷槐、傅汉臣、李学诗同科考中进士。出仕后，傅为名御史，李入选翰林，崔久任四川提学。李学诗的《桃花洞记》、崔廷槐的《楼溪记》为现存最早的平度人写州内山川的散文。

嘉靖十四年（1535）　平度知州郭维渊主持纂修《平度州志》，今仅存官一夔序文一篇。清康熙五年（1666），知州李世昌主持修《平度州志》。道光二十五年（1845），知州保忠、邹崇孟先后主持，掖县人李图总纂，重修《平度州志》，于道光二十九年（1849）付梓。民国23年（1934），省令纂修县志。至1936年11月，《续平度县志》修成。

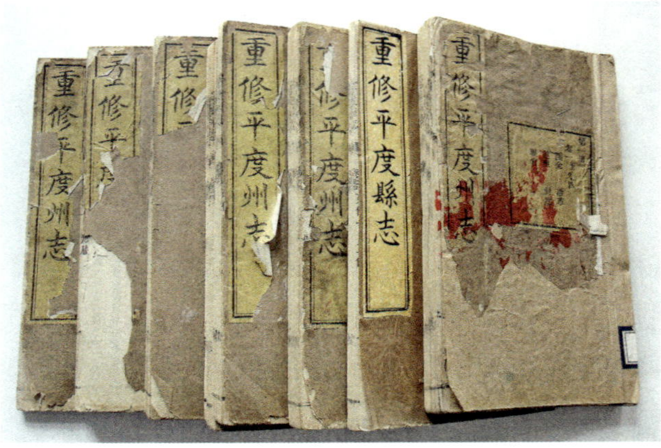

道光《重修平度州志》

嘉靖十九年（1540）　登莱海防道副使王献主持重开胶莱海运，凿通胶州马家濠，开通由江淮经胶莱河北上直沽的商路，平度及有关州县受益。嘉靖二十年（1541），全面疏浚胶莱河，引张鲁河、白河、现河、五龙河诸水以增加胶莱河水势。“设九闸，置浮梁，建官署以守”，但“分水岭难通者三十余里”，未竟而罢。

明毅宗崇祯五年（1632）　登州军官孔有德、李九成自1631年冬在鲁北吴桥发动叛乱，于本年3月破平度，知州陈所闻、吏目房增伟殉难。叛军在平度肆意焚掠屠戮，南达胶莱河畔窝铺村，长达半年。

清圣祖康熙七年（1668）　6月，地震，声如雷，裂缝涌黑沙，城郭有震塌处。7月、8月复震。咸丰三年（1853），正月，天气昏暗，雨灰有火药气；2月慧星出现；3月、5月地震。

康熙五十一年（1712）　始定丁赋，以康熙五十年平度州之6.11万丁为额，其后“滋生人丁永不加赋”。

清世宗雍正十二年（1734）　调整山东政区为10府9州108县，平度州改为散州，不再领县，隶属莱州府。是年，将前明遗留下来的军屯完全并入所在州县。鳌山卫、大嵩卫、浮山所属共87屯，划归平度州。

清德宗光绪九年（1883） 山东候补道李宗岱，请准在平度旧店设矿务局,引进西方技术开采金矿。

光绪十三年（1887） 基督教浸信会牧师美国人慕拉第来平度传教。嗣后，浦其维、谢万禧、张义集、蓝戴礼、娄约翰等相继来平度。光绪二十二年（1896），浸信会在州城西关设教会医院。光绪二十六年（1900），义和拳兴起，捣毁教会医院。光绪二十七年（1901），美国传教士娄约翰以教会医院事勒索赔款，计银1.25万两，其中被控民户负担6350两。

光绪十八年（1892） 平度州全州人口103万，耕地不足300万亩，粮食平均亩产不过100斤，人与地矛盾突出，有人口外徙东北三省。

光绪二十八年（1902） 美国传教士谢万禧、张义集夫妇，在平度城南关创办知务中学（平度一中前身）和义集女校，是为平度最早的现代中小学。光绪二十九年（1903），平度胶东书院改建为高等小学堂，校址在西关考院，为当时平度设备最完善的高级小学。民国元年，平度简易师范讲习所成立，后发展成为男女两所简易师范。

清穆宗同治、清德宗光绪年间（1862～1908）平度农业经济要事：花生种植面积扩大，榨油作坊遍及城乡，每年出口豆油、生油各150万斤。地瓜种植由山区及于平原，成为农民主要食粮之一。瓜干酿酒日多，并行销各地。大泽山葡萄每年外销青岛、烟台近40万斤。

平度工业经济要事：“洋纱”传入，对原有手工纺线和土机所织“小布”形成打击。光绪末年，州人许崇棫引进东洋布机织“大布”，一时发展很快，以门村为总汇，行销胶东各县。草编手工业在西北乡盛极一时，织花边和刺绣也较发达，成为农村妇女主要副业。城南大窑、何家楼等10余村庄的陶窑业繁荣，大量烧制盆、罐等日用器具和砖瓦、烟囱等建筑用材，行销平度州及邻县。

中华民国

民国元年（1912） 州署分科治事，设总务、民政、财政、司法四科。

民国2年（1913） 改平度州为平度县。

民国3年（1914） 第一次世界大战爆发，日本侵略军攻青岛，自龙口登岸，经黄县、掖县，于7月19日至平度城，迫令县署代购面粉30万斤。日本侵略军掠鸡鸭，抢什物，夜盗淫掠，至11月城厢日本侵略军尽去。在店子、门村、白埠、亭口各留守备队数十人，于翌年7月始撤。

民国14年（1925） 县人万乃从在西关开设汽车分站。

民国20年（1931） 分县境为7个区，280个乡、镇，计有1770个村。

民国26年（1937）7月，抗日战争爆发。8月，县长刁承襄弃城逃走。翌年2月，日本侵略军中村率部侵占平度城，县长姬春堂弃城逃往鲁南。同月，乔天华率平度抗日游击队与国民党第五战区第十六支队唐俊峰部配合攻打平度城，这是平度抗日史上的第一枪。虽攻城未克，却给日本侵略军以极大威胁。日军于4月撤离平度。3月，国民党省政府委张金铭（原平度中学校长）为第五战区游击总指挥部第十六支队司令，兼平度县长。

民国27年（1938） 7月，中共平度县第一个党支部——罗头村党支部成立。翌年8月，中共平

中共平度第一个党支部罗头村支部旧址

度县第一次党员代表大会在东石桥村召开，中共平度县委成立，书记李健民。

民国 29 年（1940） 9 月，八路军胶东抗日军政大学支校，迁来大泽山区，驻大田乡满家、杨家一带；12 日，在中国共产党领导下，平度县参议会在董家庄成立，参议长姜守迁；18 日，平度县抗日民主政府在东大田村成立，县长罗竹风。

民国 30 年（1941） 9 月，抗日民主政权分平度县为平北（习惯上仍称平度）、平南、平西三县。1945 年 1 月，平南县分为平南、平东两县。均属南海地区行政专员公署。

民国 32 年（1943） 6 月，胶东军区授予纪长城、陈孟堂、刘鸿雁、范守君、于海亭“高平路上五虎将”称号。

民国 33 年（1944） 平度县医院成立，抗日民主政府县长乔天华为其命名“泽山医院”，系平度市人民医院的前身。

民国 34 年（1945） 9 月，平度城战役。八路军胶东军区五旅十三、十四团，南海、西海、北海独立团和平度四县地方武装在胶东军区司令员许世友、政委林浩指挥下，攻克平度城日伪据点，毙、伤伪军 700 余人，生俘伪绥靖第八集团军司令王铁相以下官兵 5000 余人，平度全境解放。

民国 35 年（1946） 9 月，平度四县第一次掀起参军保田热潮，有 2500 余名青年参加中国人民解放军。翌年 2 月，四县开展第二次大参军运动，有 1.24 万人报名参加解放军。1948 年 11 月，四县第三次大参军，有 8400 余人参加解放军。

解放平度城

民国 36 年（1947） 10 月 2 ~ 10 日，胶河战役。中国人民解放军华东野战军东线兵团第二、七、九、十三纵队在司令员许世友、政委谭震林指挥下，于平度县三户山（今名三合山）一带包围国民党整编第六十四师，发起胶河战役。激战 6 昼夜，在红石山阻击前往增援敌整编第九师，歼敌 1 个营。在饮马地区全歼敌二一一旅。在张家屯和穆屯歼灭西援敌军一五六旅和二一二旅 1 个团。此役总共歼敌 9 个团 1.2 万余人，扭转了胶东战局，使山东内线战场转入反攻阶段。

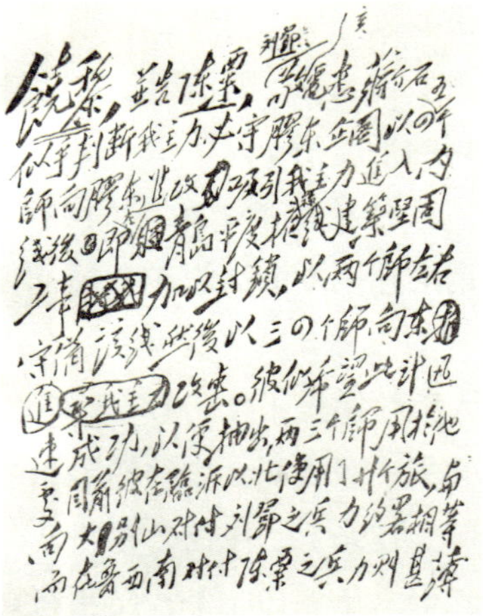

胶河战役毛泽东手迹

民国 37 年（1948） 2 月，平度四县民夫踊跃支前，派出担架 3500 余副、小车 4900 余辆、牲畜 1600 余头，支援粮食 115.9 万余斤。翌年 2 月，平东县首批支援淮海战役的小车队胜利归来，荣获“华东支前运输模范团”称号；3 月，平度四县支前大队随军南下，支援渡江战役，共出民夫 1.02 万名、担架 3656 副、小车 1597 辆、牲畜 398 头、军粮 34.74 万斤、军鞋 9849 双。

中华人民共和国

1949 年 11 月，平度四县召开第一届各界人民代表会议。其中，平东县会议在南村召开，选举张鸣华为主席；平南县会议在蓼兰村召开，选举李太成为主席；平西县会议在新河村召开，选举赵文泉为主席；平北县会议在平度城召开，选举王第三为主席。是年，平度四县工农业总产值 1.31 亿元。其中，工业总产值 306 万元，农业总产值 1.28 亿元，粮食总产量 21.68 万吨，棉花总产量 1060 吨，花生总产量 1.97 万吨。

1950 年 3 月，平南、平北、平西、平东四县

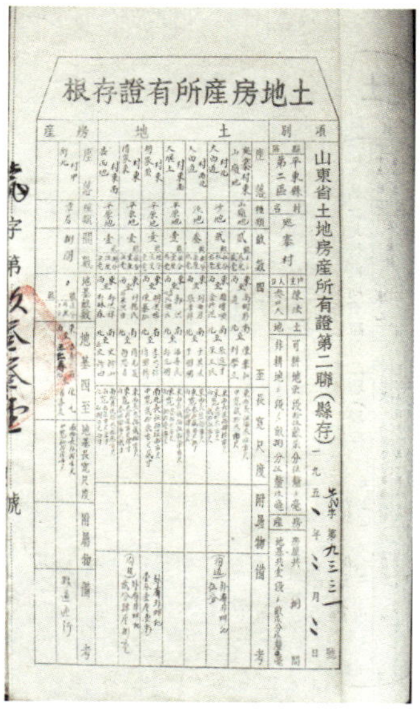

土地房產所有證存根

山東省土地房產所有證第二聯（縣存）

划归莱阳专区。平北县改称平度县。11月，平度四县开展“抗美援朝，保家卫国”群众运动，广大青年踊跃报名参军。据不完全统计，平度县参军748名，平南县参军800名，平西县参军2200名，平东县参军1400名，四县共计参军5000余名。同月，平度四县开展土地改革运动。土改中，四县共没收和征收地主富农土地3.76万亩、房子4.32万间、牲口6095头、大小车3173辆、农具4.55万件、粮食111.5万公斤、款4.46万元。在此基础上，重新划分阶级成分。四县总户数20.34万户，其中，划出贫农10.20万户，占50.17%；中农9.24万户，占45.43%；富农5499户，占2.7%；地主3453户，占1.7%。至1951年11月，土改工作结束，各县人民政府为农民颁发土地房产所有证。12月，平度四县开展镇压反革命运动，至1953年6月结束。整个镇反运动中，四县共逮捕反革命分子2024名，其中670名判处死刑、55名判处死缓、897名判处有期徒刑。翌年9月，四县开展取缔反动道会门组织工作。据统计，平度有各种反动道会门20余种，其中较大的有圣贤道、先天道、一贯道、金线道、龙华会、三皇会等。此役，四县共逮捕大小道会首137名，有515名道会徒到公安机关登记，有35.77万名道会徒声名退道退会。

1952年3月，平度四县成立初级农业合作社。至1955年11月，平度县成立初级社1680处，蓼兰县（1952年6月平南县改为蓼兰县）成立初级社1664处。1955年12月，平度、蓼兰两县开始兴办高级农业合作社。至1957年，全县（两县已于1956年3月合并为平度县）高级农业合作社发展到1096处，计20.91万户、83.65万人，分别占全县总户数的89.2%、总人口的82.6%。是年，平度四县首次普种牛痘，消灭天花病。1955年，平度、蓼兰两县开始防治麻风病，当年确诊麻风病人234名。1957年，全县首次进行结核病普查和卡介苗预防接种。1959年12月，平度县被评为全国卫生先进县。

1953年7月，平度四县进行第一次人口普查。普查结果是：四县总户数22.52万户，人口94.91万人。其中，男46.51万人，女48.40万人；城镇人口1.31万人，农村人口93.60万人。11月，平度、蓼兰两县对粮食实行统购统销。翌年9月，对棉花、棉布统购统销，棉布凭布票供应。1955年10月，对粮食实行“定产、定购、定销”的三定政策。

1954年5月29日，蓼兰县一、二、三、十六、十七区降暴雨，冰雹大者如碗口，一般如鸡蛋，有8300余公顷农作物受灾，其中小麦3750公顷、春苗4580公顷。是年，平度县京剧团、蓼兰县京剧团成立，1956年合并为平度县京剧团，全团80人。1956年3月，平度县吕剧团成立。是年，在五莲县礼堂，向山东省委第一书记舒同汇报演出《三审林爱玉》。1960年，京剧团、柳腔剧团撤销，部分人员、资产并入吕剧团。1961年，吕剧团在威海市礼堂，向罗荣桓、叶剑英元帅汇报演出《三看御妹》；1964年，在潍坊市和平剧场向解放军副总参谋长杨成武汇报演出《姊妹易嫁》《赶花轿》。

1955年11月，开始使用全国通用粮票（面额为4市两、半市斤、1市斤、3市斤、5市斤5种）和山东省粮票（面额为1市两、2市两、4市两、0.5市斤、1市斤、3市斤、5市斤、10市斤8种）。1965年4月1日，启用1963年新版“山东省粮票”，回收1955年第一版“山东省粮票”。新版粮票分1两、半斤、1斤、5斤、10斤5种。旧版粮票从1966年5月1日起停止使用。

1955年粮票

1956年　2月，平度、蓼兰两县对资本主义工商业进行社会主义改造，有3190名私营工商业者参加改造。其中，过渡为供销合作商业者2057名，占总数的64%；过渡为半社会主义性质的合作店、组38户，从业人员273名；实行经销代销者316名；自营业务者271名；转农者268名。3月，平度、蓼兰两县合并为平度县，改县人民政府为县人民委员会。同月，合并后的平度县进行区划调整，全县辖20个区、1个镇。4月，潍（坊）荣（城）公路破土动工，平度段于1958年6月竣工通车，代号“101”线，后改为潍石（潍坊—石岛）公路，经平度68.1公里。1976年9月，潍石公路铺筑沥青路面，县内段于1977年8月竣工，改称309国道。

1957年　3月，将县境南至西南乡的95个村庄分别划归胶县、高密及昌邑三县。秋，平度县革命烈士陵园始建，翌年4月竣工。

1958年　9月，人民公社化。试点成立平度县第一处人民公社——红旗人民公社。取消原45处乡镇，全县成立人民公社29处。11月撤销许丘公社，翌年1月撤销徐里公社，全县共设人民公社27处。

1959年　全县组织开挖黄山、双山、大泽山、淄阳等8座水库，均于翌年竣工。是年，全县工农业总产值1.77亿元。其中，工业总产值4391万元，农业总产值1.33亿元，粮食总产量26.66万吨，棉花总产量3420吨，花生总产量3530吨。

1960年　4月，平度县王学歧、何思忠、崔学良、侯松林、柴新智、陶从良，特邀代表于海亭，出席在北京召开的全国民兵代表会议。毛泽东、朱德接见与会代表。会议赠给各代表步枪1枝。9月，查全县上半年外流人口近5000人，县人委发出《关于收容安置外流人员的紧急通知》。

1961年　11月，县委遵照中央、省、地委指示，在田庄公社进行“大包干”试点，实行“二定三留”（定产量、定任务、留足种子、留足口粮、留足生产费用），但现金仍由大队统一分配。

1962年　3月，党政机构调整。县委设办公室、政研室、组织部、宣传部、工业交通部、财贸部、农村工作部、政法部、统战部、监委会、共青团县委、妇联、工会、机关党委会和党校，增设档案科、与档案馆合署办公。县人委设办公室、人事科、侨联、宗教事务委员会、工商联、公安局、检察院、法院、民政局、财政局、粮食局、银行、商业局、税务局、财贸办公室、农业局、林业局、水利局、科委、工业局、手工业管理局（与手工业联合社合署办公）、农业机械管理科、计委、劳动局、邮电局、交通局、卫生局、文化科与教育局合并为文教局。

1964年　4月，平度县成立安置城市下乡青年领导小组并设立办公室。是年，接受安置青岛市上山下乡知识青年1278人。翌年4月，又接受安置知识青年500名，到农村安家落户，参加农业生产。从1964年至1978年间，平度县共计接受安置上山下乡知识青年1万余人，分别安置在29处公社的220个生产大队。平度县自1974年开始动员本县知识青年上山下乡，分别安置在两目、白埠和田庄公社。

1965年　11月，组织全县民工开挖泽河，翌年春竣工。是年，全县工农业总产值2.05亿元。其中，工业总产值4111万元，农业总产值1.64亿元，粮食总产量25.03万吨，棉花总产量5960吨，花生总产量2.83万吨。

1966年 7月，筹建平度县（小型火力）发电厂，于1968年8月建成投运。冬，传达中共中央《关于农村无产阶级文化大革命的指示（草案）》，改变了运动只限于文教部门和党政机关的原定部署。农村“文化大革命”开始，由此，一场全局性的十年浩劫波及全县。群众造反组织“拉山头”、争势力，冲突不断。各级领导被“罢官”、揪斗、游街，党政机关瘫痪，全县陷入混乱。

1967年 7月，平度县粮食局下达非农业人口粮食供应比例，定量人口：机关、厂矿、企业干部职工，国家供应的大中专学生，小麦70%，大豆3%，大米每人3斤，其余供应粗粮；1~5岁儿童，大米10%，细粮90%；6~9周岁儿童，细粮80%，大米（或粗粮）20%。1969年10月，调整非农业人口粮食定量供应标准。城乡体力工人分三级九等，特重体力定量最高等54市斤，轻体力最低等29市斤。大中专生定量30市斤，脑力劳动者27.5市斤，10周岁以上居民定量25市斤，儿童分10个档次数量不等。是年，流脑大流行，全县发病8254人，死亡343人。

1968年 10月，开工建设投资220万元、年产3000吨的合成氨化肥厂，翌年建成投产。

1969年 平度县中小学学制由“六三三”制（小学六年、初中三年、高中三年）改为“五二二”制（小学五年、初中二年、高中二年）。1983年，重新恢复“六三三”制。

1971年 3月8日，《人民日报》刊登《山东省昌潍地区夺取棉花大面积高产的调查》文章，对平度提出表扬。文章说：“平度县发扬自力更生的革命精神，使原来的盐碱涝洼地变成整齐的台田、条田，在全县建成排灌水利网，免除了洪涝灾害，保证了棉花产量直线上升”。1970年全县平均亩产皮棉达到110公斤。

1972年 开始“南茶北引”，崮山公社下马大队试植茶树1公顷。

1973年 平（度）日（照）公路县内段，城区胜利路、胜利街、交通路、交通街、环城路铺筑沥青路面。翌年4月，青（岛）沙（河）路县内南段铺筑沥青路面，8月竣工。1976年6月，青沙路县内北段铺筑沥青路面。

1974年 粮油议价销售价格调整。确定：全麦粉每斤1角5分5厘，小米每斤2角2分，玉米面每斤2角，高粱面每斤1角7分，地瓜干每斤1角3分，花生油、豆油每斤1元7角7分。

1975年 县委组织电力、化肥、水泥“三大会战”。会战中，向化肥厂投资757.7万元，年产合成氨能力由5000吨增加到1万吨；向水泥厂投资186.4万元，年产水泥由8000吨增加到2.5万吨；建设了潍坊至平度11万伏输变电工程。“三大会战”不仅有力地支援了全县经济建设，更为平度留下了“说了算，定了干，天大困难决不变”的宝贵精神财富。

电力会战现场

1976年 全县工农业总产值4.56亿元。其中，工业总产值1.55亿元，农业总产值3.01亿元，粮食总产量46.52万吨，棉花总产量8485吨，花生总产量1.82万吨。

1977年 8月，平北、平东、平西农田基本建设战区指挥部分别成立，大规模的农田基本建设工程在全县铺开。9月，学校恢复考试制度，全县有470人考入大中专院校。12月，国务院副总理余秋里视察山东，对平度工作作出重要指示：平度要赶掖县，努力提高粮食产量。

1978年　6月，全县掀起万眼机井大会战，至翌年6月，打机井1万眼，其中大口井2000眼。是年，县委办公楼落成。翌年县政府（革委）办公楼亦落成。

原市（县）委办公楼（2004年摄）

原市（县）政府办公楼（2004年摄）

1979年　3月，经县委批准，为全县6800名“四类”分子（地主分子、富农分子、反革命分子、坏分子）摘掉政治帽子，给予人民公社社员待遇。同时，为地主、富农子女改变成分。是年，平度县花生办公室从日本引进塑料地膜48平方米，在云山公社刘河甲大队进行小面积栽培试验，亩产达到1084市斤，平度县第一块花生地膜覆盖栽培技术试验成功。

1980年　6月1日，《平度大众》报创刊，山东省委书记高启云为县报题写报头。10月，全县开始推行包工包产、联产计酬和专业承包的农业生产责任制。1982年1月，全县推广崔家集公社“大包干”（包产到户）经验。11月，平度县革命委员会改为平度县人民政府，属潍坊专署。1983年10月，平度县由潍坊地区划归青岛市管辖。

1982年　2月，平度县地方史志编纂委员会成立，于7月设县志办公室，着手编修《平度县志》。1987年10月，《平度县志》内部出版发行，为平度县第一部社会主义新方志。全书共90万字，上限不限，下限为1985年底。

1983年　7月，中共中央政治局候补委员、国务委员、对外经济贸易部部长陈慕华来平度视察，对平度的计划生育工作和小麦丰收给予肯定。8月，县委召开65万余人参加的严厉打击刑事犯罪活动有线广播大会，县委书记赵蓝田作动员讲话。至11月20日，全县共抓获各类刑事犯罪分子516名，缴获赃款赃物总价值7.3万余元，有163名罪犯投案自首。期间召开公判大会3次，依法判处罪犯125名。

1984年　5月，县直机关机构改革，总定编1185人。改革后，县委设7个工作部门、县政府设29个工作部门，比原来减少17个。同月，平度撤公社建乡镇，全县建36个乡、9个镇。与此同时，撤销原公社下设的生产大队，改为村，建立村民委员会。

1985年　1月，平度电视台建成，成为山东省第一个县级电视台。是年，平度县被国家教委授予“普及小学教育先进县”称号。

二、2006~2012 年大事记

2006 年

4 月 29 日，于显祥任平度市代理市长。

4 月，南村镇“庄户剧团”代表青岛市参加山东省“庄户剧团”调演，被评为省“十佳庄户剧团”。

6 月 3 日，首届青岛云山大樱桃节在铁岭庄村开幕。

7 月 15 日，首届青岛明村西瓜节在大黄埠村开幕。

8 月 15 ~ 16 日，省军区司令员谈文虎少将至平度检查指导党管武装和人武部全面建设工作。

8 月，全市有线电视用户达到 25 万户，村庄开通率达到 90.5%，入户率达到 61%，有线电视用户总数位居山东省第一位。

9 月 29 日，统计局发布 2005 年度全国百强县（市）统计调查结果，平度市名列第七十六位。

10 月 19 日，平度市被环保总局命名为“国家环境保护模范城市”。

11 月，同和文化广场获“全国特色文化广场”称号，“同和之夏”被评为“全国特色广场文化活动”。

12 月 16 日，第一届青岛马家沟芹菜文化节在市人民会堂广场开幕。

12 月，全国县域经济基本竞争力评价中心公布第六届中国县域经济基本竞争力百强县（市）评比结果，平度市排名第二十九位。

是年，平度市被授予“全国粮食生产先进县（市）”称号，成为青岛郊区五市唯一获奖单位。

是年，平度市被授予“全国平安家庭创建活动先进市”称号。

是年，仁兆“沽河”牌圆葱，祝沟“得兴”牌苹果，旧店“岙莱山”牌苹果，蓼兰“青丰”牌草莓，大泽山“大泽明珠”牌葡萄，张舍“胶泽”牌苹果，城关“深普”牌大姜，祝沟“祝峰”牌草莓、大姜、胡萝卜等 10 种农产品通过国家无公害农产品质量认证。至此，全市无公害农产品已达 29 个。

2007 年

1 月 9 日，政协第七届平度市委员会第五次会议补选王学海为市政协主席。

1 月 10 日，平度市第十五届人民代表大会第五次会议补选徐韶功为市第十五届人大常委会主任，补选于显祥为市人民政府市长。

1 月，平度市的宗家庄木版年画、民间舞蹈扛阁、民间舞蹈竹烛马、平度草编、平度柳腔 5 项非物质文化遗产项目列入青岛市级非物质文化遗产名录。

同月，市人民医院、中医院、旧店卫生院被确定为平度首批工伤定点医疗机构。7 月，市第二人民医院、第三人民医院、第四人民医院、第五人民医院和友谊整骨医院被确定为第二批工伤定点医疗机构。

2月12日，青岛啤酒第三有限公司年产40万千升啤酒项目一期工程签约暨奠基仪式在平度市经济开发区举行。

3月9日，中央电视台《焦点访谈》栏目对平度市马家沟芹菜农业品牌在全国“两会”期间进行了报道。

4月6日，青岛北方国贸集团平度购物中心举行奠基仪式。购物中心位于市区胜利街以南、扬州路以西，由青岛北方国贸集团投资建设，总投资3亿元，设计楼高23层，建筑面积10万平方米，是一所集商业百货、超市、宾馆、休闲娱乐为一体的综合购物中心，为平度当时最高建筑。翌年12月31日开业。

5月11日，总投资5000万元的城区西部中、小学在李园街道举行奠基仪式。

5月12日，中共中央委员、解放军总后勤部原政委张文台上将至平度视察，参观了大泽山抗日战争纪念馆和天柱山魏碑。

5月28日，《经济日报》“百姓纪事”栏目以《家庭账本看民生》为题，推出大泽山镇三山东头村农民刘元九坚持记了25年家庭账本的故事。该账本被中国博物馆收藏。

家庭账本看民生

开栏的话

百姓纪事

背景链接

《经济时报》关于刘元九家庭账本的报道

6月15日，总投资6500万美元的韩国东和商协汽车铝合金轮毂生产项目——青岛东和铸造有限公司在同和工业园奠基。

7月，农业部批准平度市为全国农村土地承包纠纷仲裁试点城市。

同月，新河工业功能区被列为青岛市新增重点工业功能区之一。功能区总规划面积15平方公里，主要承载有机化工、无机化工和精细化工项目。

10月17日，中央电视台《夕阳红》节目以《闲不住的百岁老人》为题，对大泽山镇东高家村105岁老人高忠海以欲做208根拐杖献给奥运会的事迹进行了报道。

10月，中央电视台一套《新闻联播》的“喜迎十七大，经典中国，辉煌成就”栏目播出城关街道尚家上观村和谐社区建设先进事迹。

同月，平度市农村中小学教师工资由2002年1月统发前人均939元，达到人均1882元，实现城乡教师“同工同酬”。

11月14日，马家沟芹菜通过国家地理标志产品保护审查，成为2007年山东省获此殊荣的唯一产品。12月13日，国家地理标志产品保护暨第二届青岛马家沟芹菜文化节新闻发布会在北京人民大会堂举行。

12月2日，青岛利客来集团平度购物中心开业。

12月18日，全市网供电量完成20.04亿千瓦时，成为青岛市和山东省第一个年供电量突破20亿千瓦时的县市。

同日，山东（平度）电子零部件产业园在同和街道揭牌，平度成为全省首批12个产业园之一。

12月27日，中共中央候补委员、济南军区副司令员兼北海舰队司令员苏士亮至平度调研。

12月31日，青（青岛）新（新河）高速公路全线开通，平度境内的平度南站、张舍站、郭庄站正式投入运转。至此，平度成为全国高速公路通车里程最长的县级市，总通车里程超过200公里。

12月，平度市被评为“中国果菜无公害十强市”，大泽山镇、旧店镇、仁兆镇被评为“中国果菜无公害龙头镇”。

是年，平度市获“全国文物先进县（市）”称号。

2008 年

1月24日，中共南村镇第十六届代表大会第二次会议召开，标志着平度在青岛市率先实行党代表任期制试点工作全面启动。

2月23日，中央电视台《焦点访谈》栏目以《品牌农业俏市场》为题，对平度发展高端特色品牌农业的经验进行专题报道。

2月，全市调整最低工资标准。调整后，驻平度的用人单位职工每月最低工资标准为620元；非全日制用工每小时最低工资标准为6.5元。调整后的最低工资标准从2008年1月1日起执行。

3月11日，全市召开新农村建设“五化”（硬化、绿化、亮化、净化、美化）工程动员大会。2008年，青岛市拨付2亿元集中扶持1000个村庄实施以“五化”为重点的新农村环境综合整治，平度市有300个村庄被列入。

3月13日，全市召开新型农村合作医疗暨农村大病医疗救助募捐动员大会。是年，全市共募集资金1842万元，建立起农村大病医疗救助制度，新型农村合作医疗筹资标准提高到100元，农民参合率达到99.87%。至翌年6月，全市新农合资金筹集工作全面结束。全市农民参合率达100%，参合总人数达113.64万人。

4月23日，平度市博物馆、图书馆、文化馆正式对外免费开放。

5月12日，“5·12”四川汶川大地震后，全市社会各界开展了向地震灾区捐助款物活动，共援建灾区活动板房2000套，累计捐助款物折合人民币2339万元。5月14日，市人民医院抽调2人参加青岛市医疗救援队，奔赴抗震救灾前线；5月16日，青岛华青集团向汶川地震灾区派出11名队员，携带10台切割器开展救灾工作；5月22日，市技工学校赶赴绵阳现场接收灾区学生；6月14日，

平度市电业公司援建汶川地震施工现场

平度市电业公司赴四川抗震援建队一行23人，前往北川县参与当地恢复重建。

5月27日，福临家园东侧地面和公路上发现上万只1厘米大小的小蟾蜍迁移现象。青岛市地震局专家认为：此次蟾蜍异动，是由青岛市近来润湿天气造成的，属动物正常迁徙行为，与地震前兆没有必然联系。

5月，落户同和电子信息产业园的青岛亚细亚瑀成电子有限公司投产。该公司

是韩国（株）瑀成 Enterphrise 投资设立的外商独资企业，主要生产电脑及电视机零部件。

6月26日，“季评好事，感动平度”年度十佳人物颁奖盛典在市人民会堂举行。此年度十佳人物为：市人民医院“四川赈灾团队”王长福、李圣乐；“感动青岛”十佳人物、山东省十大孝星、城关街道大公沙村“幸福院”院长姜美花；2007年度“感动青岛”人物提名奖、“捐肝救父献孝心”李萌萌；“孝敬公婆好媳妇”、仁兆镇大城西村于珍兰；“有困难找义工，有时间做义工”的“平度义工”代表王玉、李辉；“山东省见义勇为奖”获得者、南村镇洪兰西村董献华；山东省优秀教师、平度一中于振玺；至平度打工见义勇为青年王向向；“爱心团体”、市交通稽查站代表张德虎、刘向玲；“钟情奥运”百岁老人高忠海。

6月，青岛宏泰铜业有限公司的“宏泰”牌铜管图形商标被认定为中国驰名商标，实现平度“中国驰名商标”零的突破。

7月15日，中央电视台《走遍中国》摄制组首次走进平度，以岳石文化和康王古墓为题，拍摄两集时长共1小时的平度古文化节目。

7月16日，青岛市“两公开四差额”规范干部任用提名平度改革试点工作正式启动。“两公开”是指公开空缺职位及职位要求、公开选任方法和选任程序，“四差额”是指差额推荐、差额考察、差额酝酿、差额表决。平度拿出农业局局长、妇联主席、李园街道办事处主任、香店街道办事处主任、崔召镇党委书记、马戈庄镇镇长6个职位进行了“两公开四差额”提名推选。

7月20日，毛泽东的大儿媳、毛岸英烈士的夫人刘思齐（又名刘松林）携儿女回到老家、父亲刘谦初的故乡——平度市田庄镇刘家庄省亲。

7月，平度市连续第八次入选“全国县域经济基本竞争力百强县”，排名第三十四位。

同月，市职业教育中心服装专业学生李梅在天津市举行的全国职业院校技能大赛中，以全国总分第一名的成绩获个人一等奖。

8月27日，大泽山葡萄地理证明商标、地理标志保护产品暨第二十二届青岛大泽山葡萄节新闻发布会在北京人民大会堂重庆厅举行。

8月，青岛诺迪制药有限公司通过农业部兽药GMP标准验收。至此，平度兽药GMP达标企业达到7家，数量居全国县级市首位。之前，平度先后有金康生物科技、东方药业、北海兽药、凯源药业、福瑞康动物保健、新兴药业6家兽药生产企业通过农业部兽药GMP标准验收。

9月8日，《平度市人民政府关于规范征收土地补偿工作的意见》出台，将土地补偿费和安置补助费统一为每亩3.25万元，青苗补偿耕地每亩1000元、菜地每亩2000元；将果树、苗圃按棵补偿，改为根据果树、苗圃的合理栽植密度和不同规格，实行按亩定额补偿。

9月12日，全市召开启动城镇居民基本医疗保险工作动员大会。

9月25日，随着神舟七号载人飞船发射成功，平度市搭载的“青丰一号”小麦、马家沟芹菜、明村大黄埠西瓜、大黄埠樱桃西红柿种子也一起飞上

平度市太空育种新闻发布会现场

太空，开启了平度航天育种的新篇章。11月12日，平度市太空育种新闻发布会在青岛举行，首批20克“青丰一号”小麦太空种子在南村镇青岛平度市太空育种基地正式播种。

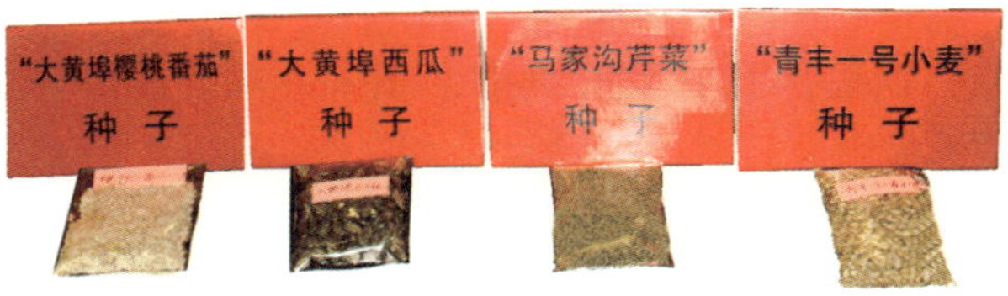

搭载在神舟七号载人飞船上的种子

9月，平度获“山东省级文明市”称号。

10月18日，由农业部农村经济研究中心、农业部农村改革试验区办公室主办，平度市委、市政府承办的“全国农村改革试验区（平度）现代农业建设研讨会”召开，会议对平度发展高端特色品牌农业给予高度评价。

10月26日，据市统计局抽样调查，平度玉米单产达到509公斤/每亩，突破500公斤大关，较上年增加11公斤。

11月3日，由中国民俗学会、台湾东吴大学人文社会学院、山东大学文史哲研究院、平度市人民政府共同主办的大泽山功德碑国际学术研讨会在平度召开，来自国内外30余名专家、学者参加。

是年，全市开工建设村村通油（水泥）路工程374条、总长1079.8公里，工程总投资4.4亿元，道路涉及全市32个镇（街道、园区），通村665个，工程量是前5年总和的1.6倍。

是年，平度市被授予“全国粮食生产先进县标兵”称号。这是平度继2003年、2004年、2006年三次获得全国粮食生产先进县（市）以来，第四次成为全国粮食生产先进县（市），第一次入围全国粮食生产先进县（市）标兵行列。2008年，全市粮食播种面积19.5万公顷，总产达到13.9亿公斤，可满足全国人口1～2天的基本口粮。

2009年

1月1日，平度市广播电台暨《行风在线》栏目举行开播仪式。

1月，市电业公司被中国电力企业联合会授予“中国电力行业最具社会责任感企业”称号。

2月17日，旧店镇中日苹果技术示范园、旧店镇中日果业发展交流中心揭牌仪式在旧店镇举行。

3月18日，平度市人民政府与青岛海湾集团有限公司在青岛香格里拉大饭店签署战略合作协议。2010年9月2日，总投资137亿元的青岛海湾集团新河化工基地启动暨双桃精细化工项目奠基仪式举行。

3月21日，在国际前列腺国际学术会议上，市人民医院主任医师、泌尿科主任姜汉胜发明的复合高压水囊系列导管后尿道扩裂术治疗前列腺增生技术得到专家学者的肯定，同时宣告《国际前列腺扩裂术》将由平度市人民医院负责撰写。

3月，市电业公司客户服务中心被共青团中央和国家电网公司命名为“全国青年文明号”。市政府法制办公室被授予“全国行政复议工作先进单位”称号。平度市城关街道公沙村幸福院姜美花获评“全国孝亲敬老之星”。

前中为时任中共中央政治局委员、国务院副总理张德江

4月8日，新华社、《人民日报》、中央电视台、中央人民广播电台等新闻媒体记者至平度对长乐镇徐王村邮政服务“三农”工作进行联合采访。5月8～9日，全国邮政服务“三农”工作现场会在平度召开。5月13日，山东省委常委、副省长王军民至长乐镇徐王村调研邮政物流服务“三农”工作。5月20日，交通运输部副部长冯正霖至平度调研邮政物流服务“三农”工作。5月28日，中央政治局委员、国务院副总理张德江至平度考察长乐镇徐王村邮政“三农”服务站。

4月10日，平度市首家农村土地流转服务中心“兰底镇土地流转服务中心”举行揭牌仪式。

4月30日，平度市新型农村合作医疗筹资暨农村大病医疗救助基金募捐动员大会召开。

6月1日，由平度市人大代表捐资助学建设的崔召小学竣工。

6月16日，山东省委常委、青岛市委书记阎启俊至平度实地察看南村镇的青岛市良种引育中心太空育种情况、兰底镇小麦收割现场、蓼兰镇小麦高产示范方和杨家顶子农业示范区。

同日，搭载“神州七号”飞船的“太空小麦”成熟收获，共计850株，初步发现单株变高或变矮，穗型呈棍棒型、无芒、蜡粉层少，抽穗成熟期晚等变异现象，变异不太明显。

7月，明村镇成为全国西瓜产业技术体系示范基地，属山东省获此称号的首镇。

8月7日，平度市应急救援大队成立。

8月17日，海青（平蓝）铁路《项目建议书》得到铁道部和省政府批准，正式立项。2010年3月17日，海青铁路举行开工奠基仪式。铁路总长

海青铁路试通车仪式

90.3公里，北接德龙烟铁路海天站，南接胶济铁路芝兰庄站，主要线路经过平度市。2011年3月，海青铁路全线开工建设。该铁路全长90.3公里，总投资34亿元，途径平度9个镇（街道），施工期限为一年半。

8月25日，山东省委常委、青岛市委书记阎启俊，市委副书记、市长夏耕，市委副书记王文华，市人大常委会主任张若飞等带领出席青岛市委理论学习中心组读书会暨深入学习实践科学发展观现场观摩的各级领导至平度观摩青岛新河生态化工科技产业基地、海青铁路项目等。

9月29日，位于天津路西端的平度九中新校举行开工奠基仪式。2011年9月30日，新校落成典礼仪式在平度九中新校广场举行。

10月16日，总投资16亿元的亮泉工业园落户同和生态产业园区。

11月11日，在2009年第三届中国商标节颁奖晚会上，平度市获“2009中国商标发展百强县”称号，“马家沟”“大黄埠”“大泽山”3个农产品商标被评为2009年最具竞争力地理标志商标。

11月18日，在农业部农产品地理标志保护产品评审会上，旧店苹果和大黄埠西瓜2个农产品通过专家评审，获农业部地理标志保护认定。

11月，位于市经济开发区的青岛海尔电冰箱（国际）有限公司实现销售收入16.3亿元，实现地方税收1.32亿元，成为平度市首家纳税过亿元的企业。

12月4日，总投资6亿元的青岛地恩地集团机械设备项目在李园街道举行奠基仪式。

12月8日，平度市举行《中共平度地方史》第三卷首发式。

2010年

1月5日，由市史志办公室、市档案局编撰的《平度大事记》出版发行。《平度大事记》上限为平度韩村遗址存续时的大汶口文化时期，下限为2008年，图文并茂。

1月26日，马家沟芹菜通过“中国驰名商标”认定。

2月5日，灰埠镇获“山东省二十佳最具投资潜力乡镇”称号。

2月21日，全市招商引资项目“落地”大会战动员大会在市人民会堂召开，大会号召全市上下迅速行动起来，抓早字、争主动，掀起项目集中会战、集中攻坚新高潮，为推动平度经济社会发展实现根本性转变夯实基础。

3月1日，全市文物普查工作全面结束。新发现不可移动文物7处，分别为大小河子村龙山文化遗址、马台村化石桥遗址、南郭家村龙山文化遗址、前疃村龙山文化遗址、前小河子村石佛院庙遗址、三合山道教遗址、西河村岳石文化遗址。

3月10日，总投资30亿元的北美风情小镇项目落户南村镇。项目计划用地233.33公顷，主要建设以风情文化展示、商业步行街为主的“温哥华水城”，以养生度假和商务会所为主的“波兰小镇”，以游乐和餐饮、超市为主的“多伦多城堡”，以公园绿地和景观小品为主的“密苏里园林”项目。

3月26日，平度县第一次党代会会址重修工程启动。

3月30日，青岛恒旭纺艺品有限公司与上海世博局签订2000万元以天然竹子为原料整合开发毛巾、浴巾、床品、内衣、袜子、婴幼儿服饰6大系列132个品种的产品合同，成为青岛首家签约世博会的民营企业。

5月14日，党史人物专题片《刘谦初》在平度开机拍摄。

5月21日，最高人民法院院长王胜俊对平度法院工作作出批示：推广平度法院“阳光执行”机制经验。

6月23日，山东省首家沃尔玛农资超市对接基地揭牌仪式在李园街道马家沟芹菜产业示范园举行，“马家沟”芹菜将随沃尔玛渠道直供全国。

7 月 14 日，投资 5 亿元的青岛钾业科技有限公司钾肥生产项目落户同和街道。

7 月 18 日，总投资 8000 万元、占地 3.33 公顷的姜家疃蔬菜水产市场正式投入使用。

7 月 20 日，平度市出台《关于实施村级党组织联建推进服务型农村社区党组织建设试点工作方案》。郭庄镇瓦子丘社区党组织成为平度市第一个农村社区党组织。

7 月 21 日，平度市地方财政半年收入首次突破 10 亿元。

7 月 22 日，市志愿者协会在共青团平度市委挂牌成立。

7 月 26 日，平度市天和钢构有限公司项目节点多采用半刚性螺栓端板连接、T 型钢连接和翼缘角钢连接等形式，节约钢材 5%，填补国内钢结构建筑技术的空白。

8 月 9 日，中国 500 强企业新华锦集团与平度市签署新能源新材料产业发展战略协议。在青岛华侨科技园投资建设占地 200 公顷的新华锦新能源材料产业园，分两期开发，预计总投资百亿元。

8 月 16 日，总投资 8 亿元的青岛飞洋职业技术学院新校区落户南村镇。

8 月 19 日，2010 年中国花生年会暨花生博览会在平度举行。

9 月 17 日，青岛茶山风景区被国家旅游景区质量等级评定委员会评定为国家 AAAA 级旅游景区。

10 月 8 日，总投资 3 亿元、建筑面积 12.5 万平方米的“创业·平度·上品广场”奠基仪式在市经济开发区举行，主要建设商务楼、酒店以及附属设施。

10 月 11 日，一期投资 2.6 亿元的三菱化学新材料项目——青岛雅能都化成有限公司签约落户香店街道，该项目将建成全球最大锂电池负极材料生产基地。

11 月 12 日，常州路西片区搬迁改造项目安置楼开工奠基暨搬迁改造启动仪式举行。

11 月 19 日，平度市被农业部列为国家级农业标准化示范县。

11 月 29 日，平度市残疾人托养服务中心、残疾人综合服务中心项目举行开工奠基仪式。

12 月 13 日，孚日集团股份有限公司家纺项目签约落户崔家集镇。

12 月 22 日，万科集团与平度市正式签署城市建设战略合作框架协议，同步推进旧城改造与新区建设。万科平度项目包含旧城和新城两个中心区板块，总占地面积 73.5 公顷。旧城地块位于常州路、红旗路两侧城市核心区域，新城地块位于南部生态商务区。2011 年 4 月 1 日，红旗路两侧及周边区域改造规划评审会召开。万科集团北京区域副总经理卢冰、青岛万科房地产有限公司总经理杨海、韩国首席文化建筑设计大师承孝相及平度市有关领导出席。翌年 7 月，平度万科城项目在原市委大院举行奠基仪式。

是年，祝沟镇沙埠小学教师丁万寿获“全国模范教师”称号。

是年，城东埠村获全国民主法治示范村称号，成为当年青岛市获此称号的两个村庄之一。翌年，该村又获全国人口与计划生育示范村居、全国文明村庄称号。

2011 年

1 月 6 日，总投资 6 亿元的青岛中普润达投资置业、青岛康顺达青啤物流运输、香港医用胶项目等 4 个大项目集中签约落户开发区。

1 月 10 日，平度市佳日隆海洋食品有限公司董事长、总经理姜玉宝被评为“中国经济百名杰出人物”。该企业研发的“贡参宝”系列产品被评为山东名牌。

同日，青岛科凯新材料、双马输送带制造和新永安化学品 3 个总投资 9.2 亿元的项目正式签约落户南村。

1 月 21 日，中国民生银行青岛平度支行开业。

2 月 9 日，灰埠小学的舞蹈节目《京韵花翎》在中国教育电视台一台播出，成为青岛市唯一一个进京参演并被选中的节目。

2 月，市财政局在核定小麦种植面积的基础上，向种粮农民拨付直接补贴资金 1.62 亿元，并将粮食直补资金、农资综合补贴及种粮大户奖励资金直接拨入涉农补贴“一本通”，确保补贴资金及时、足额发放到农户。

3 月 2 日，由山东省路通工程集团有限公司总投资 16 亿元建设的物流中心项目、山东诺贝特化工科技股份有限公司总投资 5 亿元建设的纳米涂料及水性漆项目、青岛仁亿工贸有限公司总投资 1 亿元建设的化工产品储运销售项目集中签约落户青岛新河生态化工科技产业基地。

3 月 8 日，总投资 8 亿元的利群集团平度利群广场项目举行奠基仪式。

3 月 25 日，国家现代农业示范区建设规划评审会通过平度市国家现代农业示范区建设规划。

3 月 31 日，总投资 15 亿元的乙基麦芽酚、电子陶瓷及催化剂新材料、抗氧化剂 3 个项目集中签约落户青岛新河生态化工科技产业基地。

5 月 19 日，全市目标绩效考核总结表彰暨招商引资项目落地“八大战役”（依托三大片区改造和万科旧城改造项目加快生态商务区和旧城中心区建设战役；依托城市容貌治理工程和镇驻地整洁工程等加快推进城乡环境综合整治战役；依托蓝树谷等项目加快东北部山区旅游资源整合开发战役；依托中科院能源研究所中试基地等项目加快高新技术产业区规划建设战役；依托青啤工业园等项目加快省级经济开发区扩容升级战役；依托裕龙南村国际旅游度假园区等项目加快推进平南新区规划建设战役；加快推进国家现代农业示范区建设战役；依托海湾集团等项目加快构建青岛新河生态化工新城战役）动员大会举行。

5月27日，总投资13.5亿元的波尼亚食品工业园落户开发区。

6月14日，由教育部和农业部联合举办的全国职业院校农业技能大赛在江苏农林职业技术学院落下帷幕。平度市职教中心潘盼盼、姜维佳在“动物外科手术”团体赛项目中获团体一等奖，潘盼盼获个人一等奖。

6月21日，平度市首个城市综合体——常州路西侧旧城改造项目暨龙腾·天下城奠基。

6月27日，平度牛肉获国家地理标志产品保护称号。

6月，平度一中获全国养成教育实验学校称号。

同月，青岛天祥食品集团生产的“喜燕”花生油品牌被认定为中国驰名商标。

7月，全市历时8个月的煤气转换天然气工作结束。该工程自2010年11月下旬启动，涉及28个小区及周边零星用户。

同月，平度职教中心被教育部、人力资源社会保障部和财政部批复公布为国家中等职业教育改革发展示范学校。

同月，平度市棉植保专业合作社被表彰命名为第一批500家“全国农作物病虫害专业化统防统治示范组织”，成为青岛地区唯一获此殊荣的植保专业合作社。

8月9日，中央电视台《新闻联播》对平度市文化市场行政执法局执法人员深入一线开展文明执法、和谐执法的做法给予重点报道。

8月13日，平度市北艺幼儿园作为全国唯一的县（市）级代表队，参加在北京举行的全国第七届艺术新秀展示活动，古筝学员王琨、赵琪、高雅倩、邹筱露合奏的《茉莉芬芳》和舞蹈选手陈悦凝、王宇表演的双人舞《海姑娘》均获团体金奖。

8月21日，毕业于平度一中的运动员金玲玲在第二十六届世界大学生夏季运动会田径项目女子半程马拉松决赛中，以1小时16分42秒的成绩获得亚军。

8月26日，全省机械化花生联合收获技术培训班在平度举行，来自全省花生主产区10个市、30多个县的农机部门负责人参加培训。青岛弘盛机械有限公司自主研发生产的4HB—2A型花生联合收获机做现场收获演示。

9月27日，在省政府国庆招待会上，青岛三莹电子有限公司总经理金大浩、平度市职业教育中心中德合作双元制项目原德方负责人西蒙·努贝格获“山东省荣誉公民”称号；青岛云山乡村俱乐部有限公司董事长崔世焕获“山东省人民友好使者”称号。

10月11日，青岛市中小学教师培训中心揭牌成立仪式在平度师范举行。

10月20日，农业部副部长高鸿宾到平度调研畜牧业发展情况，现场查看了位于崔家集镇的六和饲料厂和田润食品公司。

10月22日，平度一中获清华大学“中学校长实名推荐”资质，并被授予清华大学“新百年领军计划”优质生源基地。本次获得清华大学推荐资质的高中学校全国221所，山东10所，青岛仅2所，平度一中位列其中。

10月25日，农业部玉米高产创建验收专家组，对平度市蓼兰镇蒲家村玉米高产创建示范田进行现场实打实收验收测产：平度市玉米最高单产达912.5公斤，为胶东半岛最高。

10月28日，由市政府主办，李园街道办事处和仁禾集团共同承办的首届中国（仁禾）生姜产业

博览会开幕。

10月，《山东平度：农村高中全部进城 共享优质教育资源》入围全国11条重要新闻线索。

同月，平度市委老干部局获“全国老干部工作先进集体”称号。

11月8日，平度市牛业发展大会在市政府招待所开幕。人民日报、新华社、中央电视台等新闻媒体的记者深入平度“走、转、改”，聚焦平度市牛业发展。

11月16日，全省中小城市生活垃圾转运处理设施和规范化管理现场会在平度举行。

11月29日，青岛征和工业有限公司的“征和”链条商标被国家工商行政管理总局商标局认定为“中国驰名商标”，成为平度继“宏泰”铜管、马家沟芹菜、“喜燕”花生油之后第四个中国驰名商标。

11月，“大黄埠”牌樱桃西红柿获第九届中国国际农产品交易会金奖。

同月，代表青岛队出战81公斤级柔道比赛的平度市开发区香店村张文涛，在第七届全国城市运动会决赛中，战胜来自呼和浩特的白斯古楞，夺得柔道金牌。

同月，平度市检察院法警大队被确定为第二批全国检察机关司法警察编队管理示范单位。全国仅100个法警支（大）队获此殊荣。

12月20日，庆祝山东大学建校110周年“天柱书会”平度六人书法展在济南山东省图书馆开幕，展出吴绍田、孙建军、崔传富、王尧忠、隋守训、舒杰六位书法家精心创作的书法作品60幅。

12月26日，全国粮食生产表彰奖励大会对全国200个产粮大县、300名突出贡献农业技术人员、300名种粮售粮大户和100名先进工作者给予表彰，平度市兰底镇桑园村女种粮大户王玉芹获“全国种粮售粮大户”称号，获奖价值20万元东方红—LX1104拖拉机1台。

12月27～29日，中国共产党平度市第十三次代表大会召开，市委书记王中代表中共平度市第十二届委员会向大会作题为《解放思想、争创一流、加快转变，为全面实现建设山东半岛加工制造业中心城市、现代山水田园秀美宜居城市和胶东特色文化名城的目标而努力奋斗》工作报告。

是年，平度市继2008年后，再获“省级文明城市”称号。张戈庄国税分局获全国“青年文明号”称号。

是年，平度市青岛弘盛汽车配件有限公司的花生作物机械收获技术及装备、市土壤肥料工作站的蟠桃大姜高节水节肥技术推广与应用、市植保站的蔬菜果树病虫害绿色防控技术研究与应用等13个项目列入国家星火计划，数量居青岛五市之首。

是年，全市粮食总产首次突破30亿斤大关，达到31.5亿斤，远超“产量大县”20亿斤指标，实现粮食生产“九连增”。

2012年

1月10日，平度获“平安山东建设先进市”称号。

1月17日，平度市被国务院授予“全国粮食生产先进县”称号，是青岛五市中唯一受此表彰的县级市，也是平度市史上第七次获此殊荣。30日，全省农村工作会议召开，市委书记王中作为全国粮食生产先进单位代表上台受奖。

全省农村工作会议颁奖现场

1月，平度市人民医院成功开展全胸腔镜手术，微创手术取得突破性进展。

同月，由原红旗路百货商场改建而成的平度书城落成，总面积达1万平方米。4月举行开业仪式。

同月，磐石容器集团通过全国容纳人数最多的矿用救生舱16人/120小时测试，创生命防护纪录。

2月8日，平度市人民政府与青岛神泰能源技术开发有限公司合作共建、规划总投资16亿元的太阳能热气流发电站中试基地暨新能源科技产业园项目签约仪式在市政府招待所举行。4月1日，市政府与青岛科技大学和青岛神泰能源技术开发有限公司共同签订中德蓝色科技产业园项目三方合作协议书。5月22日，青岛中德蓝色科技产业园区奠基暨青岛科技大学中德学人就业创业基地揭牌仪式在南村举行。德国帕德博恩大学校长里施、青岛科技大学校长马连湘及平度市有关领导出席仪式。

2月18日，在北京举行的第七届世界草莓大会上，麻兰镇生产的草莓获金奖，山东省只此一家。

2月28日，平度市首家以镇级为单位申请的“同和一家亲”服务品牌获国家工商行政管理总局商标局核准。

2月，平度群众业余文艺创作汇演被评为“山东省百个特色农村文化品牌”。

3月15日，豪德财富商贸物流城项目举行奠基仪式。

3月29日，宜室宜家国际家居博览中心开业。

3月，大泽山镇韭园村东山摩崖石刻上的巨型“福”字被世界纪录协会评为世界最大摩崖石刻“福”字。此字高37米、宽33米、雕刻深度0.4～1.5米。

同月，在全国中学生英语能力竞赛中，平度一中柴达目、李晓琳、赵毅、于苗苗和林威宇五名同学获一等奖。

4月，平度北苑英徽家具有限公司生产的实木家具产品获第二十七届深圳国际家具展览会质量环保金奖。

5月9日，山东黄金矿业（鑫汇）有限公司深部开采工程开工仪式在灰埠镇项目施工现场举行。鑫汇公司深部开采工程探明金资源矿石量1986.7万吨，品位4.64克/吨，金属量9215千克。项目总投资5.5亿元，将新建两座千米深井，井筒直径为5.5米，其中主井深1188.5米、风井1132米，是青岛市地下矿山开采“第一深井”。

6月14日，中央电视台《新闻联播》《焦点访谈》栏目分别以《平民英雄：义举令人感动》和《托举向善的力量》为题，编发了一组以平度市云山镇张鹏为代表的“平民英雄”英勇救人的感人故事。22岁的张鹏因只身跳海勇救落水父女被称为“最帅小伙”。此前，平度市委书记、市人大常委会主任王中为张鹏颁发“山东好人”奖牌。

6月19日，青岛啤酒年产20万吨麦芽项目签约暨奠基仪式在市经济开发区举行。

6月20日，潍坊银行青岛平度支行举行开业仪式，潍坊银行正式进驻平度。

6月28日，平度市首家农村社区工会在郭庄镇瓦子丘社区宣告成立。

6月，青岛德盛机械制造有限公司“鸿达”商标被国家工商行政管理总局商标局认定为“中国驰名商标”。

同月，由平度市承担的土豆万亩高产创建示范项目通过审批。项目涉及郭庄镇石家东庄、西于家、西梁家、马家辛庄、庙西等21个村、2080户，实施面积660余公顷，辐射带动周边土豆种植2000公顷，平均亩产2600公斤以上。

7月7日，位于城关街道正涧村、总长度367米、投资1300余万元的旅游隧道正式贯通，缩短了城区通向茶山风景区的距离。

7月，青岛旧店果品专业合作社被授予全国农民专业合作示范社称号，成为青岛市唯一获此项殊荣的农民专业合作社。

8月2日，召开市委工作会议，专题研究落实青岛市委、市政府《关于支持四方、李沧、平度、莱西突破发展的意见》。

8月29～30日，全市“重点项目十大推进年行动”项目现场观摩会暨市委十三届三次全体（扩大）会议召开。会议共分两个阶段进行：29～30日上午，采取镇镇到、现场打分等形式，现场观摩29个镇（街道、园区）的64个重大项目；30日下午，市委召开十三届三次全体（扩大）会议，动员全市上下进一步解放思想，坚定信心，全力以赴，以深入推进“重点项目十大推进年行动”为抓手，加快推进平度经济社会发展实现根本性转变。

建设中的大沽河橡胶坝工程

9月2日，城区常州路西片区旧城改造项目佳龙腾施工现场出土一批陶器。经鉴定，此次出土的6件陶器年代为汉代，其中陶钵2件、陶罐4件，陶器形制为生活器具。现场附近还发现至少3处水井遗址，并散落有许多碎陶片和生活垃圾。由此判断，此处当为一个汉代生活聚居区。

9月27日，中共平度市委群众工作部正式挂牌办公。

9月，铁道部对海青铁路平度火车站初步设计进行批复。平度站为客货共线铁路的小型旅客车站，旅客最高聚集人数为500人，站房总面积按3500平方米控制。

同月，总投资3.6亿元，主要包括堤防填筑、河道疏浚及护岸、穿堤建筑的大沽河治理堤防工程，完成总工程量的80%，堤防填筑工程全部完成。大沽河平度段全长36公里，流经南村、仁兆两镇45个村庄，流域面积1259平方公里，治理后每年可提供水量3000多万立方米，灌溉农田6600余公顷。

同月，落户南村工业组团、总投资8.35亿元的亚洲最大高强力橡胶输送带生产企业——青岛环球输送带有限公司一期生产车间建设竣工，12条生产线投入生产。

同月，在青岛市“十一五”教育创新成果评选活动中，平度市“万名教师访万家”活动获青岛市一等奖，并作为实施素质教育典型案例在全省推广。

10月9日，省委常委、青岛市委书记李群，青岛市委副书记、市长张新起率参加青岛市科学发展项目现场观摩会的与会人员到平度现场观摩项目科学发展情况，实地观摩了平度万科城、豪德财富商贸物流城等重点项目建设情况。

10月16日，市老年大学建校20周年庆祝大会暨文艺演出在市人民会堂举行。

10月20日，平度师范学校庆祝建校百年华诞。其前身是1912年创办的单级教员养成所。

10月24日，首批15辆天然气公交车正式运行，平度市公交车发展进入节能、环保新时期。

11月15日，投资3亿元的青岛裕龙食品股份有限公司与山东雪龙黑龙牧业有限公司合作生产高档牛肉制品项目，投资4.2亿元的青岛振森科技股份有限公司项目，投资3.2亿元的青岛顺泰钢构工程有限公司项目，投资6亿元的青岛好运来农业生态休闲项目和投资3亿元的青岛法海寺现代农业项目集中签约落户仁兆镇。

11月16日，位于生态商务区、容纳1259名农村“五保”老人进城集中供养的市社会福利中心一期工程封顶。

11月，由平度市史志办公室、平度市档案局编纂的《平度民俗志》正式出版发行。

12月12日，全市镇（街道）行政区划调整动员大会在同和文化活动中心召开。

12月，平度市市级校园安全监控中心全面建成，中心总投资220余万元，与全市799所中小学、幼儿园的1776个探头联网。校园安全监控实行分级管理，监控中心下设分中心、监控室，由专人24小时在线在网，有效提高全市校园安全技防能力。

同月，平度市大泽山镇尹家村葡萄标准园通过验收，成为青岛市唯一一家国家级果品标准园。该标准园占地100公顷，辐射周边葡萄园3300余公顷，促进销售4亿元，新增经济效益5000万元，带动从业人员2000余人。

同月，云山大樱桃和姜家埠大葱通过专家评审，成为农业部地理标志保护登记产品。至此，平度市地理标志保护农产品达16个，是全国拥有地理标志保护产品最多、最集中的县级市。之前，平度市已有大泽山葡萄、马家沟芹菜、大黄埠樱桃蕃茄、大黄埠西瓜、平度大花生、蟠桃大姜、旧店苹果、祝沟草莓、祝沟小甜瓜、仁兆蒜薹、仁兆圆葱、麻兰油桃、大田薄皮核桃、平度牛肉14个农产品成为地理标志保护产品。

是年，同和街道被评为第三批全国社区教育示范街道；平度市被确定为第三批山东省出口农产品质量安全示范区。

是年，国家发改委公布全国发展改革试点城镇名单，平度市被列入首批全国发展改革试点城市。此次国家发改委共批准列入全国发展改革试点城市64个，青岛市有平度和胶州；共批准列入全国发展改革试点小城镇369个，其中青岛市有4个，分别为平度市南村镇、莱西市姜山镇、胶南市王台镇、胶州市马店镇。

是年，平度市从秋季学期起，免除城市义务教育段学生教科书费和全市义务教育段学生作业本费。至此，全市城乡义务教育段中小学生全部免费上学，免除总额达2000万元。

是年，平度市作为全国首批粮食高产创建整建制推进示范县之一，小麦收获面积10.67万公顷，平均亩产462.5公斤，总产74万吨；玉米收获面积10.94万公顷，平均亩产546.7公斤，总产89.7万吨。粮食耕地亩产达到1010公斤，总产达到164.15万吨，粮食亩产首次实现超吨，总产首次超过16亿公斤，实现粮食生产“十连增”。

三、限外辑要

（2006 ~ 2012）

品牌农业

“十一五”期间，是平度品牌农业发展较快时期。2006 年，“大泽山”牌葡萄、“马家沟”牌芹菜、“顺科”牌鸡蛋和“田润”牌分割鸡肉获评青岛市名牌农产品。2007 年，青岛天祥食品有限公司生产的“喜燕”牌花生油和大泽山镇出产的“大泽山”牌葡萄获评山东省名牌农产品。同年，“马家沟”牌芹菜通过国家技术质量监督检验总局国家地理标志产品登记，保护面积 4500 余公顷，区域涉及李园、城关、门村、白埠、古岘 5 个镇（街道）93 个村。2008 年，“大泽山”牌葡萄通过国家技术质量监督检验总局国家地理标志产品登记，保护面积 2000 公顷，区域涉及大泽山镇 36 个村。同年 10 月，由农业部农村经济研究中心、农村改革试验区办公室主办，平度市委、市政府承办的全国农村改革试验区（平度）现代农业建设研讨会对平度发展高端特色品牌农业给予高度评价。2009 年，“旧店”牌苹果通过农业部国家农产品地理标志保护登记，保护面积 8000 公顷，区域涉及旧店、祝沟、大田、云山、崔召 5 个镇。“大黄埠”牌西瓜通过农业部国家农产品地理标志保护登记，保护面积 5300 余公顷，区域涉及明村、马戈庄、田庄、崔家集 4 个镇。2010 年 10 月，祝沟草莓、樱桃蕃茄和仁兆蒜薹、麻兰油桃 4 个农产品通过农业部农产品地理标志保护登记，保护面积 1.8 万公顷，平度市被农业部确定为全国首批国家现代农业示范区，成为青岛市唯一的国家现代农业示范区创建单位。2011 年，马家沟芹菜、大泽山葡萄、明村西瓜、平度大花生、蟠桃大姜、大田薄皮核桃等 7 个产品通过农业部国家地理标志保护登记，保护面积 3.3 万余公顷，位居全国县级市首位。青岛天祥食品有限公司的“喜燕”牌产品被国家工商行政管理总局商标局认定为中国驰名商标，青岛南村蔬菜有限公司、平度市大泽山葡萄协会和青岛顺科养鸡有限公司的产品分别被评为山东省著名商标。2012 年，仁兆圆葱、姜家埠大葱、云山大樱桃 3 个产品通过农业部农产品地理标志保护登记，总保护面积 1.17 万公顷。青岛旧店果品专业合作社和青岛南村蔬菜有限公司获评青岛市著名商标。至是年底，全市有 15 种农产品获地理标志保护认证，保护面积 7.73 万公顷；有 40 余个生产基地通过无公害农产品生产基地认定。

大泽山葡萄（2009 年摄）

农产品品牌化运作，使平度农业成为精致农业，如“大黄埠”牌樱桃番茄在超市、酒店实行品牌专卖，分级售价60～80元/公斤，价格高出其他品种40%；北京、济南、青岛大型超市的精制礼品葡萄每公斤卖到88元。截至2012年，平度围绕“地标”农产品产业化经营体系，已探索出四种经营模式。即“地标产品+龙头企业+农户”模式，如青岛琴园农产品有限公司对马家沟芹菜质量和技术进行规模化管理，形成公司与农民效益互联、风险共担的经营格局，每年为农民增收3.6亿元；“地标产品+合作社+农户”模式，如旧店果品专业合作社将果农组织起来集中管理、规模生产和营销，每年盈余款以高于60%比例返还给社员，使农民人均收入提高20%以上；“地标产品+合作联合社+合作社+农户”模式，如大黄埠西瓜合作社将区域内20余个瓜菜合作组织整体整合，成立合作联社，解决各合作组织各自为战、力量单一、相互内耗问题，比分散经营增加效益15%；“地标产品+市场+农户”模式，如平度大花生与何家店花生产地批发市场进行有效对接，以市场调节手段指导农民调整花生种植结构，年花生交易额保持10亿元以上。

马家沟芹菜示范园（2011年摄）

太空育种

2008年9月25～28日，平度市选育的47克青丰1号小麦种子、20克马家沟芹菜种子、21克明村大黄埠牌西瓜种子、10克樱桃番茄种子（共计98克）搭载神舟七号载人飞船进行太空育种试验。种子遨游太空2天20小时27分钟，开启了平度太空育种探索。11月12日，平度市太空育种新闻发布会在青岛国际新闻中心召开。

青丰1号小麦太空育种 2008年11月12日下午，首批20克青丰1号小麦太空育种材料在青岛市农作物良种引育中心播种。11月13日，另外27克青丰1号小麦太空育种材料在山东省青丰种子有限公司（蓼兰镇）试验基地播种。育种采用地膜覆盖方式以提高地温，增加分蘖；2009年2月下旬加盖小拱棚试验，增加春季分蘖，单株分蘖平均达30余个；2009年6月16日收获第一代太空育种小麦材料。2009年10月12日播种第二代太空育种小麦材料，建立穗行圃和株行圃。2010年4月29日委托青岛农业大学进行分子标记鉴定试验，将分子标记辅助选择和太空育种技术结合，提高小麦育种效率和选择效果。2010年6月26日收获第二代育种材料，2010年10月10日播种第三代太空育种小麦材料，继续进行选育。

太空小麦育种（2009年摄）

马家沟芹菜太空育种 2009年7月10日，20克太空芹菜种子于青岛琴园现代化农业有限公司芹菜基地播种。重点选择嫩芯率高、色泽黄绿、生育健壮、耐低温或早春抽薹晚的优异单株；2009年11月上旬-5℃霜冻，重点选择耐低温霜冻的品种；2010年春天重点选择早春抽薹晚的单株。2010年7月中旬收获第一代种子，7月下旬播种第二代太

太空芹菜育种（2009 年摄）

四季节庆

文化搭台，经贸唱戏。为推动农民增收和区域经济发展，2006 年，平度市委、市政府创造性地提出“四季节庆”构想，即在不同的季节在四个农产品特色镇举办特色鲜明的节庆活动——春季云山大樱桃节，夏季明村西瓜节，秋季大泽山葡萄节，冬季马家沟芹菜文化节。统计表明，首届“四季节庆”活动累计拉动农民直接增收 3. 1 亿元，吸引游客 130 万人次，拉动旅游、餐饮服务业增收 5000 万元。四季节庆活动的举办，促进了农业增效、农民增收，擦亮了平度高端农业品牌，助推了县域经济发展，提升了城市知名度和影响力。

云山大樱桃节 2006 年 6 月 3 日，第一届青岛云山大樱桃节在云山镇铁岭庄村开幕。节庆时间一般从每年 5 月中下旬露天大樱桃上市，持续到 6 月中旬大樱桃下市，前后 1 个月。节庆项目包括开幕式、文艺演出、民间广场文艺汇演、中韩高尔夫邀请赛、大樱桃种植管理研讨会、项目推介周、云山生态采摘游、入园采摘大樱桃和品尝农家宴。据统计，每届大樱桃节平均吸引游客 15 万人次，销售大樱桃 400 万公斤，销售额 6000 万元。截至 2012 年，大樱桃节已举办 7 届，云山镇已形成 1730 余公顷大樱桃种植规模，其中大棚栽培 330 余公顷，有红灯、美早、砂蜜豆、先锋、早红、黄蜜等 30 余个品种，年产大樱桃 1600 万公斤。

明村西瓜节 2006 年 7 月 15 日，第一届青岛明村西瓜节在大黄埠村开幕。节庆时间一般为每年 7 月中旬，前后持续 1 个月。节庆项目包括开幕式、广场文艺演出、赶西瓜丰收大集、吃西瓜比赛、搬西瓜比赛、瓜王争霸赛、西瓜雕刻比赛等。2007 年 6 月 30 日第二届西瓜节开幕时，西瓜价格上涨到 0.80 元 / 公斤。2009 年 11 月，“大黄埠”西瓜获得国家农业部地理标志保护产品认证。2011

空芹菜育种材料。

大黄埠牌西瓜太空育种 2009 年 2 月 12 日，21 克明村大黄埠牌西瓜种子于青岛奥森农产品有限公司育种基地播种育苗，2 月 27 日嫁接，4 月 1 日移栽到 3 个春暖式大棚，共 107 株。4 月 30 日开始授粉，至 5 月 7 日授粉结束。6 月 19 日邀请青岛市农科院和青岛市种子站专家指导进行糖度测试，太空西瓜 13.1 度，对照 10.9 度，太空西瓜糖度有较大提高。第一代“太空西瓜”收获 100 余个。2009 年 9 月 26 日将所有收获的西瓜种子进行温室加代繁殖试验，全部单粒播种；10 月 28 日移栽 750 株，进行套袋自交，重点选育丰产性好、抗性强、适应性广、配合力高的优良自交系。2010 年将上年收获的 30 株按照系谱法分别编号，各种植 10 株，共种植 300 株，6 月 10 日陆续成熟。优选长势旺与长势弱两种类型，初步发现有叶片皱缩、瓜蔓不伸展的变异单株。

大黄埠牌樱桃番茄太空育种 2009 年 2 月 12 日，10 克太空樱桃番茄于青岛奥森农产品有限公司育种基地播种育苗，4 月 5 日移栽至大棚，共 1000 株，种植面积 0.05 公顷；5 月 30 日开始陆续成熟，长势与普通樱桃番茄相对照，略显苗壮。2009 年 9 月播种第二代太空樱桃番茄 500 株，初步发现有一生长势旺、抗病毒类型单株。

年7月，获山东（2011）县域经济发展年会山东十大地理标志产品。截至2012年，西瓜节已举办7届，明村镇已形成西瓜大、中拱棚5000余个，面积700余公顷；简易棚西瓜700余公顷；大田西瓜1350余公顷。大黄埠、路北官庄等44个村70%的土地种西瓜。西瓜价格以每年10%～20%的速度递增。

大泽山葡萄节 大泽山葡萄节始于1987年。2006年9月2日，在大泽山镇明珠广场举办第二十届大泽山葡萄节，节庆期间，销售葡萄7500万公斤，拉动葡萄价格由节前每公斤4～6元上升到6～10元，累计增收2.25亿元。2008年，在中华名果展评会上，“大泽山”葡萄和“金手指”葡萄分获一、二等奖，被确定为“北京2008奥运会推荐果品”，“大泽山”葡萄被命名为“中华名果”，“金手指”葡萄连续两年获中国“最甜葡萄状元奖”。是年8月27日，平度市在北京人民大会堂召开大泽山葡萄地理证明商标、地理标志保护产品暨第二十二届青岛大泽山葡萄节新闻发布会，中央电视台、人民日报、新华社等30多家新闻媒体参加发布会，使第二十二届青岛大泽山葡萄节成为历届葡萄节中规格最高的一届。2009年，大泽山镇被国家农学会命名为“鲜食葡萄第一镇”。2010年，第二十四届大泽山葡萄节，中国园艺学会葡萄与葡萄酒分会副会长兼秘书长段长青、意大利葡萄协会会长安东尼为“中意国际葡萄新品种研发基地”成立揭牌，开幕式当天有10万人到场观瞻，大田鲜食葡萄卖到16～20元/公斤，当天葡萄销售100万公斤。大泽山镇葡萄种植面积发展到2000余公顷，年产葡萄5000万公斤，带动平度市9300余公顷葡萄种植。葡萄节举办时间一般从9月1日开始，到10月31日结束，历时2个月。节日期间，除举办开幕式、民间广场文艺表演、葡萄品种展示、吃葡萄大奖赛传统保留节目外，还把观光农业景点与大泽山皇城、天柱山、抗日英雄纪念馆、“中国第一功德碑林”等其他景点有机融合，推出“田园”“风光”“文化”“红色”四大特色旅游。葡萄节当天，大泽山镇所有饭店、旅馆爆满，分布在镇驻地和各旅游景点的小吃摊更是座无虚席，平度、莱州的宾馆、酒店也生意兴隆。据统计，从2006年到2012年，每届葡萄节平均接待游客50万人次，销售葡萄8000万公斤，有效地拉动了平度市旅游、商贸、文化产业的发展。

马家沟芹菜文化节 2006年12月16日，第一届青岛马家沟芹菜文化节在市人民会堂广场开幕。节庆时间为每年12月中旬，前后持续1个月。节庆项目包括开幕式、文艺汇演、焰火晚会、芹菜烹饪大赛、书画创作展、摄影作品展、节日游园等。期间出版《马家沟芹菜家常做法22例》《话说马家沟芹菜》《青岛马家沟芹菜书画集》，录制《满汉全席》特别节目“芹香中国”，组织了“中国百家名店”马家沟芹菜美食活动。2007年12月，第二届马家沟芹菜文化节暨马家沟芹菜获国家地理标志保护产品新闻发布会在北京人民大会堂召开，马家沟芹菜区域专营代理权拍卖会在青岛香格里拉大酒店举行，获央视报道。2008年12月，中国第一家芹菜博物馆在李园街道建成。2009年12月，芹菜文化节开幕式移师马家沟芹菜产业示范园举办，1万平方米智能连栋芹菜温室投入使用。2011年芹菜节期间，举办马家沟芹菜获国家农产品地理标志保护登记授牌、青岛马家沟芹菜产业示范园获山东省现代农业产业技术体系示范基地授牌、青岛佳世客平度马家沟芹菜农超对接基地揭牌等仪式，举办了马家沟芹菜产业发展高峰论坛，邀请中国科学院、国家农产品保鲜工程中心、山东农科院、浙江大学、中国海洋大学、青岛农业大学专家教授，就如何做大、做强马家沟芹菜产业，进一步提升品牌知名度、影响力，搞好马家沟芹菜保鲜储藏及深加工，拉长产业链条等进行探讨、交流。截至2012年，芹菜文化节已举办7届，李园街道马家沟芹菜种植面积发展到270余公顷。

新农村“五化”工程建设

2008年，平度市按照青岛市统一部署，开展了以“硬化、亮化、绿化、净化、美化”为主要内容的新农村“五化”工程建设。工程总投入5.4亿元，其中青岛市财政扶持1.86亿元，平度市本级财政投入7000余万元，镇村筹集2.84亿元。2008～2009年，全市660余个村庄完成“五化”工程，300余个村庄开展了“硬化一条街”工程，累计硬化街道659.6万平方米（主街2234条、小巷1305条），绿化植树69.82万株，新添置垃圾桶2320个，建垃圾池1196个，安装路灯1.26万盏，粉刷墙面141.6万平方米，建休闲场所221个。2010年，全市有919个村庄筹集资金8367万元，有875个村庄完成街道硬化，累计硬化面积420.87万平方米，绿化植树27.3万株，新安装路灯9053盏，建垃圾池（桶）3611个，粉刷墙面62.2万平方米。

2011年，青岛市财政扶持资金总额4960万元，

蓼兰镇许家村“五化”工程建设（2008年摄）

平度本级财政安排资金1000万元，全年完成188个扫尾村庄“五化”工程建设，累计完成街道硬化267.5万平方米，硬化主街816条、小巷421条，植树20.6万株，新建垃圾池（桶）2000个，安装路灯2843盏，粉刷墙面19万平方米，建休闲场所47个。全市村庄“五化” 工程建设基本完成。

村村通柏油（水泥）路工程

平度自2003年开始实施村村通柏油（水泥）路工程。“十一五”时期是平度市农村公路建设发展最快、最好的时期，全市总投资8.96亿元（青岛补助4.44亿元，地方自筹4.52亿元），新建、改建柏油（水泥）路面2227.49公里，新建大中桥梁27座，新增通柏油（水泥）路行政村1071个，使通柏油（水泥）路的行政村总数达到1785个，改写了平度千百年来农民走沙土路的历史。其中，2006年修建农村公路111.87公里，投资4435.2万元；2007年修建420.27公里，投资1.48亿元；2008年修建1078.41公里，投资4.20亿元；2009年修建341公里，投资1.46亿元。2010年修建255.76公里，投资1.23亿元；2011年修建13.16公里，投资822万元；2012年修建7.02公里，投资500万元。

截至2012年，全市国、省、县、乡、村道通车总里程4944.85公里，其中国道188.19公里、省道506.56公里、县道361.64公里、乡道531.50公里、村道3356.96公里。

村村通道路建设（2007年摄）

青新高速公路平度段工程

青新高速公路，即青银高速公路二期工程，原称即平高速公路，建成通车后改称青新高速公

路。该路自即墨市马山起，接已建成的青岛至即墨高速公路（青银一期），跨越大沽河后，在南村镇进入平度境内。青新高速公路平度段自南村镇崖头村起，至新河镇郭家埠村，全长 61 公里，主线共占地 450.2 公顷，由交通部批准立项，青岛市交通委投资建设，平度市成立即平高速公路工程建设协调指挥部，总投资 19.5 亿元。该路于 2005 年开工建设，于 2007 年 12 月 30 日竣工通车，途经南村、郭庄、张戈庄、蓼兰、同和、白埠、门村、田庄、张舍、灰埠、新河 11 个镇（街道）81 个村庄，在平度境内分别与同三、潍莱、威乌 3 条高速公路相交并实现互通，设置互通立交 5 处，其中 2 处是与高速公路相交的"高接高"互通立交，3 处是与地方道路相交的互通立交，由南向北依次是：在南村镇崖头村设置与同三路相接的"高接高"互通立交；在郭庄镇驻地南设置与三城路相接的互通立交，设郭庄收费站；在蓼兰镇东吴家村设置与平营路相接的互通立交，设平度南收费站；在门村镇大营村设置与潍莱路相接的"高接高"互通立交；在张舍镇驻地东设置与张店路相接的互通立交，设张舍收费站；在新河镇郭家埠村设置与威乌高速相接的"高接高"互通立交。

该路的建成，使平度成为全国高速公路通车里程最长的县级市，通车总里程超过 220 公里。平度到青岛只需 50 分钟，真正融入青岛市 1 小时经济圈；全程高速公路直达北京，到北京的行车时间缩短为 6 小时以内。

海青铁路建设项目

2009 年 12 月，铁道部和山东省人民政府批复《关于新建海天至青岛铁路建设项目可行性研究报告》。

海青铁路新建线路自德龙烟铁路海天站引出，沿青新高速公路东侧经平度西站后折向南，经大栏引入胶济铁路芝兰庄站，线路全长 90.27 公里，其中平度段长 64.5 公里。全线设海天、新河、平度西、大栏、芝兰庄 5 个车站。设计标准为国铁Ⅰ级，客货并用单线，电力牵引。工程投资预估算总额 33.26 亿元，建设工期 1 年半。2010 年，铁路项目放线工作完成，地面附着物清点工作基本结束。

2012 年 4 月，铁道部批复海青铁路平度火车站初步设计方案。平度站为客货共线铁路的小型旅客车站，旅客最高聚集人数为 500 人，站房总建筑面积按 3500 平方米控制。火车站设站台、中间站台各 1 座，到发线 4 条；中间站台设长 450 米的雨棚，设 8 米宽的旅客地下通道 1 处；设货物线 1 条，军用站台 1 座。截至 2012 年，海青铁路全线路基填筑开工累计完成设计总量的 89.18%，桥梁工程完成设计总量的 67.79%，正线新建桥梁墩台和涵洞基本完成；工程完成投资 18.5 亿元，占总投资 63.23%。其中平度段完成投资约 13 亿元，地面附着物补偿、青苗补偿、土地补偿资金全部拨付到位，累计拨付各类补偿资金 1.9 亿元。

铁路建成后，将使平度真正形成铁路、高速公路、国省道、县乡路一体的大交通体系。

建设中的海青铁路平度站（2013 年摄）

青岛新河生态化工科技产业基地建设

青岛新河生态化工科技产业基地是青岛市委、市政府规划新增 6 个重点工业功能区之一，主要承接国内外化工项目和青岛市老城区化工企业转移，重点发展盐化工、硅化工、氟化工、精细化工、石油化工和化学专用品。基地一期规划面积20平方公里，远景规划100平方公里。

2009年2月，新河化工基地管理委员会成立。7月，基础设施建设正式开工。截至2010年6月，已投资4.5亿元，完成20千米道路及配套设施建设，具备项目落户条件。至12月，已签约开工项目有双桃精细化工（总投资11亿元，占地17.33公顷，为海湾集团首家搬迁项目）、奥盖克化工（总投资2亿元，占地7.18公顷）、鹏昊水厂（总投资7000万港币，设计日供水能力10万立方米，占地4.67公顷）、嘉度环保（总投资1.5亿元，设计一期日处理污水能力3万吨，占地6.67公顷）、芊润化工（总投资1亿元，占地1.69公顷）；签约项目有浩普科技（投资3亿元）、格立尼化工（投资1亿元）、污泥处置及水处理剂（投资2亿元）、鑫源盛化工（投资1亿元）；在谈项目20余个，总投资80亿元。

2011年，基地在原规划基础上分别向北、东、南拓展，总体规划面积达到25平方公里。空间布局分为三部分：胶莱河、泽河、淄阳河三河合围区域为化工区，共10平方公里，主要布局盐化工、精细化工、化工新材料等产业；淄阳河以南至荣乌高速以北为物流及配套区，共7平方公里，主要发展现代物流及配套产业；荣乌高速以南区域为生活区，共8平方公里，主要建设胶东特色水城。年内，完成基础设施投资2.2亿元，累计完成投资7.9亿元；签约过亿元项目14个、总投资82.7亿元，开工项目13个、总投资63.7亿元，累计引进过亿元项目24个，总投资111.5亿元；实现5个项目竣工，分别为投资5亿元的双桃化工一期项目、投资1.6亿元的威泰化工搬迁项目、投资3亿元的奥盖克化工项目、投资1.5亿元的污水处理厂项目和投资2亿元的管道天然气项目。全年完成外资项目到位资金707万美元，完成内资到位10亿元。完成固定资产投资10.5亿元，实现规模以上工业增加值4.9亿元。

2012年，完成基础设施投资3.2亿元，累计完成投资11.1亿元。5平方公里启动区内总长29千米的道路及配套工程全部完成；发展区总长11千米的道路已完成路基9.8千米；物流区总投资30亿元、用地200公顷的青岛银畅国际物流城项目完成1万平方米物流配载中心主体建设；胶东特色水城（生活服务区）1.9万平方米的商务中心及科技孵化器完成主体建设，1.8万平方米的职工公寓项目正在施工建设，40万平方米的旧镇区拆迁改造、占地40公顷的工艺品城、占地52公顷的总部经济区等项目按计划推进。截至年底，全区累计入驻项目31个、总投资162亿元。其中，竣工（一期）项目12个、总投资44亿元；在建项目13个、总投资76亿元；签约项目7个、总投资42亿元；在谈项目20余个、计划总投资130亿元。

农村大病医疗救助及城镇居民基本医疗保险

农村大病医疗救助　2008年初，平度市委、市政府决定建立农村大病医疗救助制度，募集农村大病医疗救助基金，用于患大病农民的二次医疗救助。是年3月，市委、市政府召开全市农村大病医疗救助基金募捐动员大会，印发《平度市农村大病医疗救助管理办法（试行）》。会后，市财政拨付350万元专项救助资金，社会各界踊跃为农村大病医疗

平度市农村大病合作医疗救助捐款现场（2009年摄）

救助基金捐款，其中党政机关、事业、企业单位为善款来源主体，捐款最多者130万元。救助对象为参加新型农村合作医疗、因病在定点医疗机构治疗、当年度所花医疗费按新型农村合作医疗政策补偿后个人自负部分超过4万元导致家庭贫困的农民。至2010年，全市已募集农村大病医疗救助基金3220万元，对符合条件的536名大病患者分组走访慰问，发放救助金总额453.2万元，最多者救助11万元。

2011年，市红十字会募集大病医疗救助基金830万元，基金总额达到4050万元。救助贫困大病患者543人，救助金额184.5万元。2012年，修订《平度市农村大病医疗救助管理办法》，确定救助对象883人，救助金额197.6万元，使全市救助对象总数达到2508名，救助金总额达到1021.53万元。

城镇居民基本医疗保险　2008年10月，平度市召开启动城镇居民基本医疗保险工作动员大会，建立城镇居民基本医疗保险制度。筹资标准：少年儿童按照每人每年80元的标准筹集，其中个人缴纳30元、财政补助50元，属独生子女的，财政另外补助5元；重度残疾人员按照每人每年700元的标准筹集，其中个人缴纳100元、财政补助600元；老年居民按照每人每年700元的标准筹集，其中个人缴纳200元、财政补助500元。城镇非从业人员，女40周岁、男45周岁以下按照每人每年700元的标准筹集，其中个人缴纳550元、财政补助150元；女40周岁、男45周岁以上按照每人每年400元的标准筹集，其中个人缴纳200元、财政补助200元。2010年7月，全市提高城镇居民医疗保险待遇，普通门诊统筹金支付提高10个百分点，达到40%，住院医疗费和门诊大病医疗费各统筹分档支付比例分别提高10个百分点，最高支付限额提高到12万元。2011年10月执行新的筹资标准：少年儿童、大学生个人缴纳40元，重度残疾人员个人缴纳150元，老年居民个人缴纳300元，非从业人员个人缴纳720元（不再区分“40”“45”人员）。2011年财政补助标准统一为200元。在社区定点医疗机构（镇卫生院）发生的符合规定的1200元以内的普通门诊医疗费，门诊统筹金报销比例调整为50%，其中基本药物的报销比例再提高10个百分点。老年居民、重度残疾人和非从业人员的住院医疗费，各统筹分档支付比例分别提高5个百分点，特殊疾病门诊医疗费在规定限额以内的部分，统筹支付比例在社区定点医疗机构为75%，在定点医院为65%。最高支付限额提高到15万元。

2012年10月，将财政补助标准提高到每人每年240元，城镇居民基本医疗保险最高支付限额提高到17.2万元。全市城乡居民基本医疗保险基本实现全覆盖。

旧城改造

为优化人居环境，提升城市品位，完善城市功能，2009年12月，市委、市政府成立旧城改造工作领导小组和旧城改造工作指挥部，全市旧城改造工作全面展开。

2010年8月，市委、市政府下发《关于加快推进城乡住房建设和危房改造的实施意见》，对全市旧城改造及农村经济适用房、危房改造等工作提出具体要求。2010年12月，市政府与青岛万科房地产开发有限公司签订城市建设战略合作框架协议。2011年4月，举行红旗路两侧及周边区域改造规划评审会。同月，市政府办公室下发《关于进一步加强城中村（居）和旧城改造管理工作的意见》，旧城改造由“项目”招拍挂模式调整为“净地”招拍挂模式。

2012年3月3日，市政府由常务会议研究通过红旗路两侧及周边区域旧城改造项目安置补偿协议和社会稳定风险评估报告。20日，下发《平度市人民政府关于加快推进旧城改造工作的意见》，对旧城改造工作的指导思想、基本原则、实施程序、规划管理、政策保障作出具体规定。21日，市委、

旧村改造后的金沟子社区（2013 年摄）

市政府在市人民会堂召开全市加快推进新型城镇化动员大会，强调要坚持新区建设和旧城改造同步推进，加快中心城区更新改造，全面改善群众的居住环境，提升群众的生活质量。7 月 30 日，在红旗路原市委大院举行示范区、首开区奠基仪式。9 月 5 日和 12 月 12 日，常州路西侧旧城改造项目分别举行住宅选房和网点房选房活动。12 月 10 日，市政府办公室下发《平度市人民政府办公室关于在旧城改造工作中严格执行相关程序及政策规定的通知》，进一步统一安置补偿政策，严格旧城改造程序，并严肃追究违规行为。

截至 2012 年底，全市共启动实施红旗路两侧及周边区域、常州路西侧旧城改造项目及北关、金沟子、徐福等旧村改造项目，完成搬迁村民 4230 余户，涉及改造村庄 38 个，拆除房屋 37 万余平方米，建设安置房 51 万余平方米。

生态商务区建设

2010 年 8 月，市委十二届八次全体扩大会议通过《关于进一步加快推进招商引资项目落地的意见》，决定以凤台街道为平台，建设西至平营路、东至香港路、北至厦门路、南至泽河，面积 20 平方公里，辖 22 个行政村、2 个居委会、2.1 万人口的生态商务区。

生态商务区功能定位以市民需求为中心，建设集公共资源处置、行政审批服务、居民投诉受理、文化休闲博览、城市规划展示等多功能、开放式、复合型的大型城市综合体。该区重点项目圣达商务中心位于三城路以南、新区大道以北、规划泰州路以西、杭州路以东，占地 34.4 公顷，建设包括市民服务中心、会展中心等建筑 10 栋（含地下车库），规划建筑面积 21.9 万平方米（含地下建筑），总投资 10 亿元，项目于 2012 年 6 月开工，年底主体工程完工。社会福利中心项目位于世纪大道以南、台湾路以西，计划总投资 2.28 亿元，占地面积 8 公顷，建筑面积 6 万平方米，床位 1500 个，其中一期工程于 2012 年 8 月开工建设，总投资 1.51 亿元，占地面积 5 公顷，建筑面积 4.32 万平方米，床位 1259 个。裕龙润邦住宅项目位于三城路以北、规划杭州路以东，总投资 13 亿元，占地面积 26.6 公顷，总建筑面积 45.78 万平方米。星光华府住宅项目位于厦门路以北、现河以东，总投资 9.8 亿元，占地面积 33.74 公顷，规划建筑面积 31.7 万平方米。截至 2012 年底，万汇天和住宅项目、中泛圣达城市综合体项目、中泛圣达住宅区建设项目、广电传媒科技产业园、永新华城市综合体项目亦完成前期规划方案设计。

新型农村社区建设

2012 年 4 月，根据青岛市社区建设工作会议精神，平度开始全面部署社区建设工作。8 月，市委、市政府成立全市新型农村社区工作领导小组，由市政府主要领导任组长，市委农工办牵头成立办公室，各镇（街道、园区）亦成立专门工作班子。拟定下发《平度市新型农村社区建设实施方案》《集

聚型社区建设标准》《社区服务中心建设标准》《社区建设任务责任分解》等文件。是月，全市14个聚集型社区（开发区芝戈庄社区等城中村改造型7个、南村镇大西头社区等小城镇集聚型6个、白沙河街道尚河头社区中心村融合型1个）、70个服务型社区建设开始启动。9月，聘请省城乡规划设计院编制完成平度市新型农村社区布局规划，共规划社区277个，其中城中村改造型55个、小城镇集聚型28个、功能区整合型52个、龙头企业带动型20个、中心村融合型122个。

截至年底，市委、市政府主要领导与市委、市政府督查室及新型农村社区工作办公室组织实地督查6次，召开调度会、现场会11次，出刊《新型农村社区建设工作专报》20期，全市140个社区的组织办公场所、综合服务厅、警务室、党员远程教育室、文体活动中心等基本达到一体建设。

区划调整

为加快推进全域统筹、城乡统筹，增强以城带乡、协调发展能力，根据青岛市部署，2012年5月，平度先行试点将灰埠与新河两镇合并组建新的新河镇。之后，组成专门班子调查研究，广泛听取党员干部、社会各界、基层群众和专家学者的建议，研究制定《平度市人民政府关于调整镇（街道）行政区划的请示》。12月8日，青岛市政府予以批复。根据批复意见，平度市委、市政府制定《关于调整镇（街道）行政区划的实施意见》。12日，召开全市镇（街道）行政区划调整动员大会，平度市镇（街道）行政区划调整工作全面启动。调整后，全市由29个镇（街道）（新河、灰埠已经合并）整合为17个镇（街道）。其中包括：凤台、白沙河、同和、李园、东阁5个街道，南村、田庄、蓼兰、崔家集、明村、大泽山、旧店、店子、云山、古岘、仁兆、新河12个镇。中心城区面积由252平方公里增加到719.9平方公里，总人口由25.9万人增加到44.7万人；镇域平均面积由105.9平方公里扩大到204.7平方公里，平均人口由4.7万人增加到8.1万人。具体调整方案是：撤销香店街道，以《关于进一步加快推进招商引资项目落地的意见》确定的香店街道所辖25个村（居）（西至平营路、东至香港路、北至厦门路、南至泽河区域），设立凤台街道，办事处机关驻阳光大道西端路南；麻兰镇、张戈庄镇和《关于进一步加快推进招商引资项目落地的意见》确定前的香店街道38个村（居）、城关街道4个村（居）区域（即现开发区区域）合并，设立白沙河街道，办事处机关驻沙河路；白埠镇51个行政村（2001年区划调整前原白埠镇）和同和街道合并，成立新的同和街道，办事处机关驻原同和街道驻地；门村镇和李园街道合并，成立新的李园街道，办事处机关驻原李园街道驻地；崔召镇和城关街道合并，设立东阁街道，办事处机关驻人民路东端路北；兰底镇、郭庄镇、南村镇合并，成立新的南村镇，镇政府驻原南村镇驻地；张舍镇和田庄镇合并，成立新的田庄镇，镇政府驻原田庄镇驻地；万家镇和蓼兰镇合并，成立新的蓼兰镇，镇政府驻原蓼兰镇驻地；白埠镇36个行政村（2001年区划调整前原中庄镇）和崔家集镇合并，成立新的崔家集镇，镇政府驻原崔家集镇驻地；马戈庄镇和明村镇合并，成立新的明村镇，镇政府驻原明村镇驻地；长乐镇和大泽山镇合并，成立新的大泽山镇，镇政府驻原大泽山镇驻地；大田镇、祝沟镇和旧店镇合并，成立新的旧店镇，镇政府驻原旧店镇驻地；保留店子镇、云山镇、古岘镇、仁兆镇和新河镇。

大项目建设

2006 ~ 2012 年平度市新引进外资项目

企业名称	投资者	投资总额（万美元）	经营范围	落户地	批准日期
晟茂（青岛）先进材料有限公司	晟茂先进碳控股有限公司（英属维尔京群岛）	1728	生产加工天然及人造碳素制品，硅材料，电池材料	香店	2006.04
青岛泛高服饰辅料有限公司	PANKO 株式会社（韩国）	1000	高档织物面料的织染及后加工整理，辅资材（包装袋、扣、纸箱、印花、刺绣等）的生产加工，高技术含量的特种工业缝纫机制造	开发区	2006.06
青岛光明轮胎有限公司	LINKING PARK HOLDINGS LTD.（萨摩亚）	1611（光明 590）	子午线轮胎生产	明村	2006.12
青岛亚细亚瑀成电子有限公司	株式会社瑀成 Enterprise（韩国）	2000	电子工模具生产及电脑、电视机零部件制造	同和	2007.03
青岛东和铸造有限公司	东和商协株式会社（韩国）	4500	汽车用、摩托车用模具、夹具的设计、制造及销售（限自产产品）；汽车用、摩托车用铸造毛坯件的生产、销售（限自产产品）；摩托车、汽车配件及铝制品的生产加工；货物进出口（不含进口分销）	同和	2007.05
青岛万汇遮阳用品有限公司	ACTIVA GROUP INC.（英属维尔京群岛）	2400	遮阳用品、篷类用品、休闲用品、运动器材、废旧塑料的消解和再利用、机械零部件的生产及其配件的制造	同和	2008.04
青岛万汇实业有限公司	ACTIVA GROUP INC.（英属维尔京群岛）	3000	为宾馆、酒店、商场提供管理服务，货物进出口（不含进口分销）	同和	2008.08
太阳石（青岛）植物油有限公司	仝氏集团有限公司（香港）	3000	生产加工植物油	华侨科技园	2008.09
青岛瑞中置业有限公司	RE TWO LIMITED（巴巴多斯）	4000	在平度市红旗路 29 号地块内进行普通住宅、写字楼和配套商业设施开发建设及物业管理、商务咨询（不含法律咨询）	开发区	2008.10
青岛加华生物工程有限公司	菲沙生物药业有限公司（加拿大）	1600	生产荷斯坦奶牛，货物进出口（不含进口分销）	南村	2009.07
青岛万润丰食品有限公司	OMA GROUP INC.（萨摩亚）	1000	小麦粉（通用、专用）加工；小麦批发。面食、糕点加工；散装食品加工（仅限分支机构经营）	华侨科技园	2009.09

外资项目续

企业名称	投资者	投资总额（万美元）	经营范围	落户地	批准日期
华润电力风能（青岛）有限公司	华润电力（风能）开发有限公司（香港）	8226	主要从事风电场的开发、建设、运营	李园	2011.03
华润新能源（青岛）风能有限公司	华润新能源第四风能有限公司（香港）	8217	风力发电技术研发，风电设备检测、维护	城关	2011.05
青岛中昶能源设备有限公司	中昶能源设备有限公司（香港）	2750	主要生产加工船舶及海洋工程用机电、空调制冷暖通设备、消防控制类设备、舾装材料	麻兰	2012.03
耐涂可精细化工（青岛）有限公司	NATOCO株式会社（日本）	3154	主要生产涂料及机能性树脂	新河	2012.03
兰森玻璃（青岛）有限公司	SaranitaHoldingLimited公司（英属维尔京群岛）	2500	主要从事玻璃、特种玻璃深加工	南村	2012.03

2006～2012年平度市新引进过亿元以上内资项目

项目名称	投资方	总投资（万元）	经营范围	落户地	开工竣工时间
迪亚陶瓷	青岛王振军	30000	陶瓷产品、陶瓷原料、生产、销售；货物进出口；室内外装修	开发区	2004.09～2006.03
宝元钢管	辽宁白日宽	10000	无缝钢管及制品生产、销售；钢材批发零售；货物进出口	开发区	2005.10～2007.10
润隆石材	莱州杨授峰	12000	石材加工	长乐	2006.03～2009.04
茶山旅游开发	青岛崔进光	15000	景点开发	店子	2006.04
连山铸造	天津李明波、李孟涛	12000	钢铁铸件	明村	2006.06～2007.05
北方国贸购物中心	青岛市北方国贸有限公司	25000	超市、百货、酒店经营	李园	2007.04～2008.12
青啤一期20万千升啤酒	青岛啤酒股份有限公司	35000	啤酒、纯净水、饮料生产	开发区	2007.05～2008.03
环隆铸造	济南于星友	11000	钢铁件制造	明村	2007.09～2008.04
利客来仁兆购物中心	青岛利客来集团	15000	日用品销售	仁兆	2008.04～2010.12
半岛物流	山东快速货运有限公司、青岛坤祥装饰工程有限公司等	25000	货运代办、仓储服务等	同和	2008.05
田庄幸福商贸中心	威海冷新成	12000	汽车、摩托车、五金家电销售	田庄	2008.07
宏坤电力化工设备	青岛窦永杰	40000	生产塔筒、风力发电辅助设施	农业试验区	2008.07～2008.12
黄金矿业开采加工	山东黄金矿业有限公司	30000	黄金及副产品采、选、冶销售	灰埠	2008.08～2009.07
富臣化工	深圳陈冰	15000	环保型油漆生产	同和	2008.08～2009.09
科惠锅炉压力容器	青岛位敏祥	10000	锅炉辅机制造	农业试验区	2008.09～2009.06

内资项目续

项目名称	投资方	总投资（万元）	经营范围	落户地	开工竣工时间
易顺德金属制品	青岛梅珍青	10000	生产热水、空调配件	农业试验区	2008.10
仁禾生姜	大连仁禾集团	26300	大姜购销储藏及加工	李园	2009.02
茶山国际乡村旅游俱乐部	青岛程存福	10000	旅游景点开发	店子	2009.04
海汇铁塔机械	长春潘伟东、侯淑娥	10000	金属制品加工、金属件冲压	开发区	2009.05 ~ 2010.10
500kv 大泽输变电工程	山东电力集团公司	40664	输变电	蓼兰	2009.06 ~ 2010.10
奥园·水岸豪庭	宁波市镇海山外山酒楼、上海琪捷房产经纪代理有限公司	80000	市政配套设施开发；房地产开发经营；园林绿化工程施工；物业管理	开发区	2009.06 ~ 2010.12
瑞泰陶瓷	青岛许艳艳	20000	矿产品批发零售	开发区	2009.07 ~ 2010.12
鑫祥隆铸造	临沂法雯耀	10000	铸钢件生产销售	明村	2009.08 ~ 2010.06
高尔夫配套项目	青岛于仁寿	40000	房地产开发	云山	2009.09
山水建新水泥	山东山水集团	16700	水泥生产销售，货物进出口	开发区	2009.09 ~ 2010.06
乾元大厦	潍坊乾元置业有限公司	25000	商业、餐饮、娱乐休闲、办公 CBD 商务中心	城关	2009.10
喜登高食品	青岛郝晓军	13000	糕点、豆制品加工	香店	2009.11
征和链传动	湖州锐狮标准件制造有限公司	10000	摩托车零部件生产	麻兰	2009.11
宏达板材薄膜	青岛梁永康	10000	塑料板材、农地膜、塑料薄膜、塑料包装袋制造；塑料原料销售	开发区	2009.12 ~ 2010.01
海露源铸钢	潍坊刘庆功	15000	汽车配件加工	店子	2010.01
大泽山旅游开发	河北阜平万方旅游公司等	90000	旅游景点开发	大泽山	2010.02
地恩地运输装备	青岛地恩地有限公司	60000	生产销售汽车配件	李园	2010.03
奥盖克化工	济南王在军、李华	20000	化工产品销售	新河化工基地	2010.03
嘉度环保科技	山东省路通工程集团有限公司	15000	污水处理	新河化工基地	2010.03
瑞克莱餐饮配料	青岛孙彤	14000	复合调味料生产	开发区	2010.03
佳希传动科技	青岛罗旭田	12000	减速机制造	开发区	2010.03
芊润化工	胶南徐光春	10000	间羟基苯甲酸等化工产品生产、销售	新河化工基地	2010.03
亚玛迪森装饰材料	江苏周荣仁	10000	强化地板加工	张戈庄	2010.03
北海车轮	潍坊刘素芝	10000	车轮、橡胶制品生产、销售	明村	2010.03 ~ 2010.06

内资项目续

项目名称	投资方	总投资（万元）	经营范围	落户地	开工竣工时间
众地坚果食品	青岛中地集团	20000	花生制品深加工	农业试验区	2010.03 ~ 2010.10
同和空调新能源	胶南石玉银	12000	通风采暖设备制造销售	同和	2010.03 ~ 2010.10
天和电力设备	青岛蒲伟	20000	铁塔、钢结构件设计制造	开发区	2010.03 ~ 2010.12
万基新型材料	青岛郁士万山房地产开发有限公司	10000	新型建筑材料研发、批发、零售、安装施工	开发区	2010.03 ~ 2010.12
大唐云山风力发电	大唐山东新能源有限公司	50000	风力发电	云山	2010.04
帅睿宏业食品	青岛白樱花制粉有限公司	12000	面粉加工、普通货运、粮食供销及货物进出口	农业试验区	2010.04
鲁银投资与豪杰矿业合作项目	鲁银投资集团股份有限公司	20000	采矿	新河	2010.04 ~ 2010.11
光正生物科技	青岛吕杰	12000	叶绿素、叶绿素酮钠盐的研发、研制；销售	开发区	2010.05
苏宁电器	苏宁集团	10000	家电销售	城关	2010.05
鑫三鸿塑胶制品	青岛王松义	10000	塑胶制品加工	麻兰	2010.05
浩浩工贸	青岛张小菲	10000	服装加工制造	张戈庄	2010.05
华通纺织工业园	青岛华通实业有限公司	12000	服装加工制造及化纤纺织	农业试验区	2010.05 ~ 2010.07
中科院中试基地	中科院青岛生物能源与过程研究所	21000	生物化工、化学化工、新能源、新材料、节能环保	同和	2010.06
茶山民俗村旅游	青岛张双宅	16000	农业观光旅游、景点开发	店子	2010.06
金桥建设机械	青岛王永法	10000	生产普通塔式起重机、生产建筑机械；建筑机具租赁	开发区	2010.06
中冶新材料科技	青岛杨帆	20000	钢管、合金管生产加工销售	香店	2010.07
鲁宁纺织科技	南京美华羽绒制品有限公司	10000	针织服装、家纺用品生产	开发区	2010.07
樱桃湾花园酒店项目	青岛御时投资有限公司、上海应世实业有限公司	20000	星级酒店经营	云山	2010.08
双桃精细化工	青岛双桃精细化工有限公司	110000	染料及中间体技术咨询、服务	新河化工基地	2010.09
大唐新河风力发电	大唐山东清洁能源开发有限公司	50000	风力发电	新河	2010.09
渡油顺油脂	青岛秦春基	75000	植物油仓储	同和	2010.10
葵和升粮油收储	青岛秦春基等	35000	粮食收储	同和	2010.10
正泉发植物油	青岛王文宣等	30000	批发预包装食品	同和	2010.10
美恒达塑料制品	青岛栾明华	20000	PE 管材销售	同和	2010.10

内资项目续

项目名称	投资方	总投资（万元）	经营范围	落户地	开工竣工时间
东迪森机械	青岛李仁华	20000	机械配件	同和	2010.10
根源生物技术	潍坊根源农业发展有限公司	10000	农用生物制剂研发、生产、销售	农业试验区	2010.10
远大包装	潍坊陈继远	10000	瓦楞纸、工艺纸生产	新河	2010.10
天利得重工	青岛高明义等	30000	工程机械、农业机械生产销售	农业试验区	2010.11
远东华泰铜业	青岛王丕祥	20000	电缆用铜杆生产	农业试验区	2010.11
新力通热工设备	济宁王柏雯、北京盛文兰	46000	工业炉（不含特种设备）及高温合金炉管、炉辊、耐高温耐磨合金部件，卧式螺旋离心机，石油钻头的研发、设计、销售和安装	同和	2011.02 ~ 2012.09
山东风能新能源	沈阳孔令滨	15000	玻璃钢制风电机舱罩、风电叶片、铁路机车装饰材料、游艇、帐船销售	同和	2011.03 ~ 2012.12
阳光天宇塑业	滨州朱志明、青岛王永坚	10000	农地膜、塑料薄膜、塑料管生产销售；货物进出口	同和	2011.05 ~ 2013.05
盛大国泰仓储物流	日照司朝清、青岛宗杰	12000	货物仓储服务（不含危禁品）	同和	2011.06 ~ 2013.08
豪德财富商贸物流城	豪德财富集团有限公司	26000	市场开办；房地产开发、销售（凭资质经营），房屋租赁，物业管理（凭资质经营）；广告策划；仓储服务（不含危禁品）	同和	2011.06
景港润嘉物流	黑龙江孙凡珺、青岛张成海	40000	绿色建筑新能源材料生产及仓储物流配送	同和	2011.12
海川商贸	烟台埃维投资有限公司	10000	钢管、燃气灶具、钢管防腐材料批发零售	同和	2011.06 ~ 2012.12
新海威齿轮	青岛何洪朋	10000	齿轮制造	同和	2011.06 ~ 2012.03
利群广场	青岛利群集团	100000	建设高档商务酒店、商场、住宅区	城关	2011.10
安邦置业	青岛客商	30000	房地产开发、销售，物业管理（凭资质经营）；室内外装饰、装修	城关	2011.11
双髻山文化旅游项目	北京王肇庆	187000	旅游景点开发	城关	2012.04
康迈置业	唐山宝全房地产开发公司	10000	房地产开发及销售（凭资质经营）	城关	2012.11
九州星河置业	莱州王滨	170000	房地产开发、销售，物业管理（凭资质经营）；自有房屋租赁；园林绿化工程、市政工程施工（凭资质经营）	李园	2011.10
弘昌房地产开发	福建李延庭	100000	房地产开发、销售（凭资质经营）；物业管理（凭资质经营）	李园	2012.08

内资项目续

项目名称	投资方	总投资（万元）	经营范围	落户地	开工竣工时间
振华兴置业	青岛李淳朴	111000	房地产开发、销售；物业管理；房屋中介	香店	2012.01
盛煌源食品	吉林李成熙	10000	蔬菜、水果保鲜，蔬菜盐渍、速冻项目筹建，辣椒制品、花生制品生产项目筹建	仁兆	2011.07～2013.02
泰浩达碳材料	山西乔帅	20000	进行石墨粉、纸生产	明村	2011.08～2012.03
明兴铸业	枣庄孙龙龙	15000	铸铁件加工	明村	2011.09～2012.04
裕凯顺物流	潍坊代伟	20000	货物仓储服务（不含危禁品）	麻兰	2011.04～2011.12
隆丰致金属制造	烟台纪尚武	10000	金属配件加工	麻兰	2011.06
奥都食品	河北保定方德爱、北京柴桂花	12000	家禽养殖、屠宰、肉制品加工	南村	2012.02～2013.02
浩正建材	烟台王德朋	12000	透辉石加工、幕墙及室内外装饰工程设计、施工	大泽山	2011.07～2011.12
金超越精密制造	胶南龚相道	15000	铸钢件精密铸造，纺织机械制造，模具、汽车配件、机械配件加工	麻兰	2011.06～2012.09
佳盈家纺	青岛众地家纺有限公司	10000	床上用品、绗缝垫、绗缝被、窗帘、壁布、服装鞋帽、皮革制品、布制工艺品、地毯加工项目筹建	麻兰	2011.09～2012.06
现代海麟重工	莱州张双林、韩晓敏	12000	工程机械、建筑机械、农用机械及配套零部件销售	新河	2011.06～2012.11
龙迪碳材料	山东海川集团	16000	锂电池技术研发（不含生产）	田庄	2011.08～2012.10
洪福缘旅游开发	安徽王飞	50000	旅游景点开发、苗木种植	田庄	2011.10.
鑫丰泉生态农业	浙江谢纪良，潍坊何永泉	60000	农作物种植	田庄	2011.11
九州盛世旅游发展	北京于寿仁	460000	旅游开发，休闲养老、农业生态观光园、大型会馆演艺馆、赛马场等	云山	2012.05
七曜山生态旅游	江西程志华	10000	生态园林建设，房地产开发（凭资质经营），园林绿化，旅游景点的开发、经营，旅游工艺品的开发、销售	大泽山	2011.09
海和达石墨	济南杨德玉	10000	石墨销售	明村	2012.03
和顺养殖	莱西史福良	15000	家禽养殖及购销	古岘	2011.06～2012.03
胶东机械	邹平孙发生	30000	矿山机械生产项目筹建	李园	2012.04
捷能新型材料	商河孙明军、章丘李福德、菏泽张韶峰	120000	加气混凝土砌块研发（不含生产）及销售	李园	2012.03～2012.11

内资项目续

项目名称	投资方	总投资（万元）	经营范围	落户地	开工竣工时间
孚日集团平度家纺	孚日集团股份有限公司	15000	毛巾、纺织品、针织品、床上用品、服装、工艺品生产销售	崔家集	2011.02 ~ 2011.09
春鹏禽业	山东春雪集团股份有限公司	20000	家禽养殖及购销	崔家集	2011.07 ~ 2012.03
东林生物工程	青岛赵玲玲、南京吴东东	16000	生物技术开发；中药材种植；生态资源保护技术推广与研发；农副产品销售	大田	2011.08 ~ 2012.04
盛森铸造	济南朱能山	20000	机械部件精密铸造	开发区	2012.01
众邸商贸	众地集团有限公司	10000	配送中转检品物流中心	开发区	2012.09
明湖机床	吉林王克珍	10000	机床及配件加工	开发区	2011.03
青岛金合利铜业（集团）有限公司	潍坊许平先、王琛	50000	低氧铜杆生产；有色金属（不含稀有贵重金属）、金属制品、建筑材料、化工产品（不含危险化学品）销售	开发区	2011.08 ~ 2012.09
环球输送带	东营李坤辉、张百强	83500	高强力橡胶输送带、平带、胶板混炼胶制造；货物及技术进出口	南村	2011.05 ~ 2012.09
森棵金属制品	潍坊王琛、许平先	20000	铜母线、铜扁线、圆铜线加工，有色金属（不含稀有贵重金属），金属制品，建筑材料，化工产品（不含危禁品）销售，货物及技术进出口	南村	2011.04 ~ 2012.10
开源集团南村热电	青岛开源集团有限公司	20000	热力生产、供应	南村	2011.03 ~ 2011.11
海之圣食品	济南苏娟	10000	调味品生产项目筹建	南村	2011.07
晶源果品	江苏曹正仪、陆群 、张仁跃	11000	果品购销；苹果粉、苹果醋生产项目筹建	南村	2011.08
众博节能新材料	江苏卢国强，莱州蒋忠波、沈路平	30000	耐火保温材料、防火板材生产、销售;保温材料、防火材料研发;外墙保温工程施工;建筑材料、装饰材料销售;货物进出口	南村	2011.09 ~ 2012.03
慧涵房地产	青岛綦松、王鲁平	10000	房地产开发；房屋租赁；物业管理及配套服务	南村	2012.01
盛基昊实业	青岛客商	10000	化工产品（不含危禁品）、木制品、针纺织品、五金交电、建筑装饰材料	新河	2011.07
银畅国际物流	山东省路通工程集团有限公司、青岛卓阳投资置业有限公司	160000	国际货运代理，仓储服务（不含危禁品），装载服务，信息配载；市场开办，市场内摊位租赁	新河	2011.08
鑫福荣化工科技	青岛客商	20000	化工产品销售（不含危禁品）；自有资金对外投资及咨询	新河	2012.08
天尧新材料	青岛天尧实业、青岛保税区鲁联国际贸易有限公司	50000	化工产品（不含危禁品）、五金交电、日用百货、服装鞋帽等	新河	2011.07

内资项目续

项目名称	投资方	总投资（万元）	经营范围	落户地	开工竣工时间
海川置业化工商务区	青岛海厦置业有限公司	42900	房地产开发、经营（凭资质经营），房地产信息咨询	新河	2011.07
海达新能源材料	青岛毕明玮等	20000	球型石墨、石墨制品、化工产品（不含危险化学品）销售	新河	2012.03
宇田化工	青岛新宇田化工有限公司	50000	矿用加固、充填材料及喷涂设备生产项目筹建	新河	2012.07
瑞邦神运机电设备	哈尔滨刘德成	15000	自动包装机械及食品机械生产	同和	2012.06
鼎信阳光节能技术	济南于大杰、葛英杰	30000	节能减排工程、机电设备安装工程、净化工程施工（以上范围凭资质经营）	同和	2012.11
乾翔晶伟农业开发	乳山乔绪兴、王洪斌	36000	农作物种植、销售；旅游开发	城关	2012.12
中泛圣达置业	北京鑫农源房地产开发有限公司	81000	房地产开发，物业管理	凤台	2012.06
沽河乡村农产品	烟台韩伟	12000	农副产品购销、分拣、包装，货物进出口	仁兆	2012.06
长白中兴农产品	吉林金光成	15000	农副产品购销、分拣、包装，货物进出口	仁兆	2012.08
好运来农业生态休闲	北京客商	30000	农业观光项目、旅游景点开发；园林绿化工程施工	仁兆	2012.11
福加德面粉	广州南益粮油有限公司	30000	面粉加工、小麦收购、饲料生产	明村	2012.04
胶润置业	青岛客商	10000	房产开发与销售，以自有资金对外投资，投资管理	明村	2012.05
前线生物工程	上海刘国超	15000	生物工程技术研发（不含生产）、技术服务、技术转让，化工产品研发（不含生产）；批发化工原料、化工产品	明村	2012.06
黄埠生态农业科技	烟台王昊鹏	10000	蔬菜种植技术研发；生态农业旅游景点开发；蔬菜种植、销售	明村	2012.08
民亮机械设备	青岛梁菊红	30000	辣椒、白菜等农副产品加工	南村	2012.06
奥都农牧科技发展	淄博路宽秀	20000	绿色种植、特色养殖、精深加工一体化及农业循环资源利用、无公害农产品物流配送、观光旅游等	南村	2012.06～2013.04
鹤来饲料	辽宁禾丰牧业有限公司	12000	饲料批发零售	大泽山	2012.07
江河双金属	济南钟鑫	52000	铜排、铝排、铜包线、铝包线销售	蓼兰	2012.07
海达嘉仕德超市	黑龙江付永亮	16000	家用电器、五金工具、厨卫用品、汽车配件、建筑材料、金属材料（不含国家违禁材料）、瓜果蔬菜、农副产品零售	田庄	2012.05
永立铭建筑安装工程	黑龙江王永铭	15000	建筑、安装	田庄	2012.06

内资项目续

项目名称	投资方	总投资（万元）	经营范围	落户地	开工竣工时间
华粮府食品	烟台许广霞	13000	农副产品购销（不含专营品）	田庄	2012.06
鑫国源生态园	临沂市安晓晓	10000	生态园林建设，园林绿化工程施工（凭资质经营），苗木种植、销售	店子	2012.01
冰石涧森林旅游开发	烟台莱州方典科、方泽平	10000	旅游景点开发；树木、花草种植、销售，食用菌种植，中草药材种植	旧店	2012.09
京泰石墨	辽宁秦策、李景松	10000	石墨加工	云山	2012.07 ~ 2013.03
雪龙牧业	大连雪龙黑牛股份有限公司	30000	肉牛养殖、屠宰，配套太阳能发电、沼气发电	云山	2012.08
卓联畜牧设备	潍坊孙兆千、青岛徐交铎	10000	畜牧用暖风炉加工	南村	2011.12 ~ 2012.09
天坤管业	黑龙江齐邦天、青岛李晓翠	20000	新型节能环保复合管材研发（不含生产）、销售	南村	2012.05
力材瑞达聚氨酯	青岛胡晔	10000	靴底生产	古岘	2011.10 ~ 2012.09
众兴富民置业	温州郑传双	15500	房地产开发、物业管理、建筑装饰装修工程施工、房屋建筑工程施工、园林绿化工程施工	古岘	2012.06
禾润达食品	江苏王明喜	15000	农产品加工、出口	古岘	2012.08
洪亭制粉	青岛李洪亭	30000	小麦及面粉加工	白埠	2012.04 ~ 2013.03
中禹管业	中国水务集团、山东禹王集团	26000	生产 pccp 钢管	崔家集	2011.11 ~ 2012.11
桃花源旅游开发	青岛客商	10000	观光农业项目、旅游景点开发	城关	2012.08
凯州专用车	长春姜涛	100000	专用冷藏、保温车厢制造	开发区	2012.09
御金田再生资源	广东科驰金属环保资源再生有限公司	105000	各类铜管、铜线生产	开发区	2012.09
科凯新材料	无锡陈凤伟	18000	工业帆布研发、生产、销售；货物及技术进出口	南村	2012.03
海信（山东）冰箱	海信科龙电器股份有限公司	210000	生产节能环保型电冰箱、冷柜及其他家用节能制冷电器产品；销售本公司自产产品；节能环保电冰箱、冷柜及节能制冷电器领域新产品的设计与开发	南村	2012.09
东方多伦驾考设备研发	潍坊王许桥、青岛新东方驾校	42000	城市智能交通综合管理平台、机动车驾驶人智能化考试管理平台、各类智能交通信号指示设备、数字监控系统设备的研发、生产	南村	2012.09
伟力商品混凝土	青岛王刚	13800	混凝土搅拌	南村	2012.12
阳林鸿化工	大连王锡珍	20000	化工产品（不含危禁品）销售	新河	2012.09

四、主要社会经济指标统计

1991～2005年平度市主要社会经济指标情况表

指标名称	单位	1991年	1992年	1993年	1994年	1995年
行政村数	个	1791	1791	1791	1791	1791
年末人口数	人	1313021	1309296	1303281	1299736	1310050
#农业人口	人	1229975	1223597	1214529	1201272	1199715
非农业人口	人	83046	85699	88752	98464	110335
#男	人	673536	671351	667994	666215	674123
女	人	639485	637945	635287	633521	638627
年末总户数	户	351567	361749	365835	371920	380462
全社会从业人员	人	654617	661276	677904	674998	695678
年末耕地面积	公顷	173000	172872	172620	172547	172412
国内生产总值	万元	260908	292960	428287	529987	668524
#第一产业	万元	116840	116746	142331	195338	285986
第二产业	万元	87774	111214	181224	202591	217372
#工业	万元	80100	106695	169550	187118	192564
第三产业	万元	56294	65000	104732	132058	165166
国内生产总值可比价增幅（以上年为100）	%	107	112.8	133.5	113.5	107.7
#第一产业增幅（以上年为100）	%	109.44	97.81	110.60	109.20	113.00
第二产业增幅（以上年为100）	%	102.64	127.22	147.70	118.00	99.00
#工业增幅（以上年为100）	%	103.70	140.10	146.60	117.90	95.90
第三产业增幅（以上年为100）	%	109.52	121.30	147.10	112.10	115.20
农业总产值（不变价）	万元	179695	176779	200034	230020	254686
农业总产值（现价）	万元	181082	182417	228874	287635	487506
工业总产值（不变价）	万元	410488	496980	506259	579816	683848
工业总产值（现价）	万元	402938	486612	505019	720804	892980
#工业总产值（乡以上，规模以上）	万元	183202	214823	288500	433461	542843
销售收入（乡以上，规模以上）	万元	141624	169654	221562	268782	382593
利润总额（乡以上，规模以上）	万元	7375	7637	10410	9556	15072
利税总额（乡以上，规模以上）	万元	12283	14076	18854	23416	31584

1996 年	1997 年	1998 年	1999 年	2000 年	2001 年	2002 年	2003 年	2004 年	2005 年
1791	1788	1788	1788	1788	1788	1785	1785	1785	1785
1314799	1319832	1326941	1331499	1334555	1337702	1339803	1340413	1345836	1353594
1190761	1187847	1187315	1184351	1181957	1180835	1177728	1173759	1175526	930058
124038	131985	139626	147148	152598	156867	162075	166654	170310	423536
673281	675310	678441	679731	680431	681484	681702	681081	683282	686258
641518	644522	648500	651768	654124	656218	658101	659332	662554	667336
383948	391071	395310	406498	399495	403383	408359	410530	415083	418163
686129	710327	712250	712103	716731	708428	712505	711636	716630	719190
172240	171742	171526	171436	171121	170519	163454	160119	158302	158845
767089	816517	920000	1029642	1184769	1346213	1563496	1794539	2110159	2727459
341506	305176	340000	347093	350644	354605	362535	364946	416380	453098
241748	287149	318500	357500	452966	534942	654755	827423	939511	1381467
210493	254407	288673	321357	409800	476800	580253	735353	849911	1283467
183835	224192	261500	325049	381159	456666	546206	602170	754268	892984
108.5	106	125.8	120.4	115.6	113.3	117.2	117.4	118.8	119.3
109.20	95.70	126.10	108.60	105.70	101.00	104.5	102.2	104.3	103.4
108.30	109.60	126.80	127.90	124.50	119.20	125	126.3	124.4	125.9
106.60	110.60	128.80	129.50	125.10	117.90	125	126.7	124.5	125.5
108.00	114.20	124.10	123.50	114.50	117.70	117.8	118.7	120.7	118.1
286372	270238	340300	366365	383540	400640	409952	395405	412593	426881
583598	519640	602706	591781	600920	627091	651230	675026	755591	853138
790775	940067	1215891	1373182	1650522	1903231	2316654	–	–	–
949003	1111136	1376512	1534651	1596990	1859694	2044163	2437445	3071576	4112808
493531	534022	386918	610371	807690	913600	1285696	1602745	2121176	3154083
393747	426708	488061	540757	773315	856200	1041837	1435013	1893585	2957162
10378	9581	9291	19010	28805	29982	33083	49058	69093	207034
31623	25921	28248	39015	54062	61094	66486	90846	115346	315682

1991～2005年平度市主要社会经济指标情况表续

指标名称	单位	1991年	1992年	1993年	1994年	1995年
工业增加值（乡以上，规模以上）	万元	37075	42965	60585	91027	119425
全社会固定资产投资额	万元	10357	25106	68071	96538	142696
# 全民、市以上投资	万元	7161	14002	20982	27009	49698
农村固定资产投资额	万元	3196	11104	47089	69529	92998
社会消费品零售额	万元	89742	105543	90277	125926	170286
地方财政收入	万元	10449	10988	14544	10551	13517
地方财政支出	万元	10543	10981	12317	15266	18226
全部职工年末人数	人	63580	64401	69136	69195	70978
职工平均工资	元	2201	2439	2776	3992	4385
城市居民可支配收入	元	–	–	–	–	–
农民人均纯收入	元	982	1050	1200	1658	2196
新批外资项目	个	12	42	62	54	75
合同利用外资	万美元	458	2423	4178	6435	10506
实际利用外资	万美元	86	1970	2955	2100	5743
实际利用内资	万元	–	–	–	–	–
金融系统存款余额	万元	124064	142297	178803	239881	310763
# 居民储蓄余额	万元	94748	111533	142300	191648	252293
金融系统贷款余额	万元	138404	149340	178782	220995	264354
粮食总产量	吨	1067474	1041210	1052866	1041179	1097811
棉花总产量	吨	25100	8074	15343	8264	8172
油料总产量	吨	142061	123660	129273	148319	155721
蔬菜总产量	吨	484163	482407	624742	630646	740157
水果总产量	吨	74037	87367	101230	102469	119790
肉类总产量	吨	56978	53573	77711	113662	161213
水产品产量	吨	896	1258	1766	2599	5167

说明：国内生产总值为绝对数，增幅为可比价增幅。

1996 年	1997 年	1998 年	1999 年	2000 年	2001 年	2002 年	2003 年	2004 年	2005 年
150485	166119	153935	164456	219241	255812	368053	504141	665376	972508
154758	123789	140534	206998	256360	320080	415219	596495	899474	1324930
56579	56219	62169	75457	100574	142184	210431	343396	491767	1126500
98179	67570	78365	131541	155786	177896	204788	253099	407707	139800
221022	263327	300194	336610	390802	452495	526864	606169	691009	845633
17088	20885	25294	31688	37410	45168	46857	57508	64647	95928
22957	27982	34441	41601	48474	59134	70430	84472	103765	141789
73739	76749	78419	79171	78630	75665	78276	72807	77035	81756
4866	5072	5346	6120	7012	7735	8652	9810	11331	13304
–	–	–	–	–	6475	7240	8036	9021	10266
2612	2680	3110	3339	3529	3765	4038	4359	4880	5545
51	26	35	44	92	114	175	260	280	305
6504	4737	10452	10652	14016	20835	28024	42800	66021	47078
4578	5030	5670	5529	6128	8340	14036	24516	36782	32905
–	–	–	41650	87800	135892	218000	330000	465000	652000
368058	399422	463925	517214	552652	611001	689163	823158	947915	1100682
308474	338524	396522	442147	474517	518010	572468	668430	793986	927171
313450	337019	387507	394431	442961	458864	489087	533125	542675	520239
1100324	970878	1159036	1133831	972599	909721	893324	895730	906890	1314206
4001	2000	4140	3440	1729	2968	3324	4636	6423	3747
157501	122241	165172	181648	170371	184730	182019	196596	209129	175267
933880	1022872	1164690	1290941	1852457	1902421	2117523	2342283	2551581	2032919
112471	107293	134136	156992	159245	155335	143232	193360	236325	237824
139639	173571	205870	221743	229300	242867	280594	283105	284367	277194
7378	7492	8023	9009	9228	9430	9550	9819	10500	13020

说明：利用外资统计口径变化：商务部数、外管局数；固定资产投资统计口径变化：规模以上、规模以下。

五、媒体上的平度

三件小事看变化

山东省平度县青杨乡最近出现了几件耐人寻味的小事，成为人们茶余饭后街谈巷议的主要话题。

“请帮我们执行规定吧”

杏熟了。一个村党支部书记按老习惯让村民摘了几筐好杏，送到乡机关大院。

先敲响党委书记于有泉的门，进门就说：“于书记，今年杏长得不好，送点来尝尝。”于书记说：“你们把杏带回去吧，心意俺领了，可杏我们不能收！”“怎么，嫌少了？”支书迷惑不解地问。于书记说：“不，我们有规定，今后乡干部一律不收礼，也不准下乡低价购买农副产品，请帮我们执行规定吧！”

这位支书有些纳闷：怪了，难道今年和往年不同了？他又来到乡长葛明忠家，结果也被辞了出来。接着他又来到党委副书记郑吉恩家，郑书记也不吃这一嘴，并说：“你不要犯难，这是廉政规定，我们谁都不能破，慢慢就习以为常了。”

饭店的生意“不好做了”

去年乡粮管所投资好几万元，在乡政府门前建起了档次比较高的饭店，目的是为了接待乡政府和从上面下来的干部，从中发个财，并承包给会经营的王经理。

开始那阵子，饭店倒也兴旺，每月毛收入7000多元，王经理整天乐哈哈的。可是最近这几个月，王经理却耷拉下了头，整天闷闷不乐，好似千斤重担压在身。知道内情的人才明白，最近饭店的生意不景气了，不仅客少，而且接待标准低得可怜，最多的一桌超不过百元，饭店每月毛收入达不到2000元，弄的王经理闹头痛。

经濟日報
ECONOMIC DAILY
1989年7月13日 星期四
三件小事看变化
不会永远“兴这个”

他来到乡里找领导问原因，哪里照顾得不周？得到的答复是：如今上级来人都到伙房吃便饭、交餐证了，谁还上饭店去大吃大喝？光接待费一项乡里每月比过去就减少90%。王经理这才如梦初醒。

拉杏的小车没等来

这个乡有三个村盛产杏，过去每到杏熟时，吉普车、小轿车翘着尾巴进村来拉杏，有的是关系户，有的是给上级进贡，反正不掏个人腰包。因此，每年杏下来，农民不必赶集上店出售，而且能卖个好价钱。

今年不行了，产杏最多的北高家村，杏熟了，农民还在等小车进村来拉杏。可左等不见来，右等不见来，眼见熟杏掉在地上。他们还很自信地说，小车早晚会来的。可当他们到机关、单位托人一打听才着了急，原来今年刹了用公款送礼的歪风。杏农们只好用自行车驮着杏纷纷赶集去了。

（原载1989.7.13《经济日报》头版，通讯员：张建东 王勇）

田野上的变革
——平度市农业经济结构调整纪实

银光闪闪的各种大棚一望无际，俨然一个白

色世界。棚内姹紫嫣红，硕果累累，碧绿的西瓜，透红的草莓，金黄的香瓜……

这是山东平度市及早实施农业结构战略性调整出现的喜人景象。目前，全市已建起了 3 万多个名优水果、蔬菜大棚，栽培面积达 80 多万亩，具有当地特色的优势农产品的种植面积占总耕地面积的 38%，粮、经作物种植面积的比例达到 4.5 ∶ 5.5。

必然的选择

全国商品粮生产基地，棉花总产名列全国前茅，油料总产连续 8 年居全国首位……一连串的国家级的荣誉如同一道道光环，笼罩在平度人的头上，让这里的百万农民自豪过，骄傲过。但随着农产品供给状况由长期短缺变为供求基本平衡，一些农产品开始出现区域性、季节性、结构性过剩，暴露出结构上的严重弊端。市委、市政府号召全市人民从原有的各种荣誉中走出来，来一次新的农业思想大解放。

于是，他们以市场为导向，把调整农业经济结构，全面提高农业和农村经济的质量和效益，增加农民收入，作为全市最紧迫的中心任务，动员全市农民“什么赚钱就种什么”。

棉花曾是明村镇的主要经济作物，该镇曾连续多年获得过青岛市售棉状元镇的荣誉。许多农民对这一传统的种植习惯还存在依依不舍的心态，寄希望于价格反弹。该镇党委、政府在全镇农民中开展了“进档升级”教育，采取走出去学，请进来教等多种办法帮助农民转变观念。目前，该镇已建成胶东半岛上最大的西瓜生产专业镇，露天西瓜和大棚西瓜面积已发展到 3 万多亩，仅此一项人均增收 2700 多元，占全年人均纯收入的 80% 以上。“棉花状元”的红帽子扔掉了，西瓜镇的名声叫响了，农民的腰包也鼓起来了。去年，镇财政收入达到 734 万元，比上年增长 32%。

平度特别注重各种名优品种的引进，为农业结构调整奠定基础。像美国的七彩山鸡、牛蛙，日本的哈白兔、东亚全蝎，东北的梅花鹿等稀有品种，在平度都已形成一定的养殖规模，为农民开辟了增收渠道。我们在张舍镇看到，温室里瓜藤上缀满了一个个碧绿的瓜。科技人员告诉我们这是日本甜瓜。近年来，他们已引进 16 个日本新品种。这里的每亩温室，年收入都在 4 万元左右。

蓼兰镇东吴家村原来也想随大流搞大棚蔬菜种植。但在经过反复调查研究后，他们决定走自己的路。于是率先在青岛市搞起了草莓生产。他们与青岛市种子公司联姻，并常年聘请了 10 多位省市农业专家在这里开发草莓新品种。我们看到，村里操着不同口音的商贩往来穿梭，挨棚收购草莓。这些年村民们靠种植草莓年户均收入达 2 万多元。

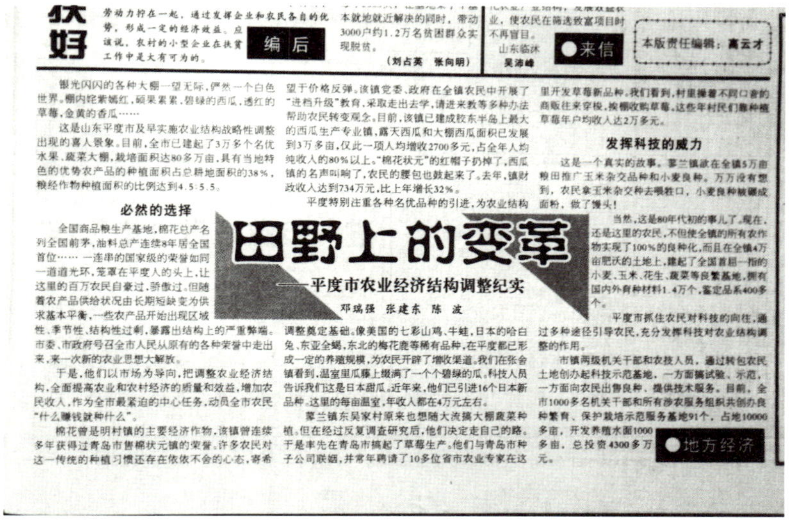

劳动力拧在一起，通过发挥企业和农民各自的优势，形成一定的经济效益。应该说，农村的小型企业在扶贫工作中是大有可为的。

编后

本就地就近解决的同时，带动3000户约1.2万名贫困群众实现脱贫。

（刘占英　张向明）

业，使农民在筛选致富项目时不再盲目。

山东临沭

吴沛峰

●来信

本版责任编辑：高云才

田野上的变革

——平度市农业经济结构调整纪实

邓瑞强　张建东　陈　波

银光闪闪的各种大棚一望无际，俨然一个白色世界。棚内姹紫嫣红，硕果累累，碧绿的西瓜，透红的草莓，金黄的香瓜……

这是山东平度市及早实施农业结构战略性调整出现的喜人景象。目前，全市已建起了3万多个名优水果、蔬菜大棚，栽培面积达80多万亩，具有当地特色的优势农产品的种植面积占总耕地面积的38%，粮经作物种植面积的比例达到4.5∶5.5。

必然的选择

全国商品粮生产基地，棉花总产名列全国前茅，油料总产连续8年居全国首位……一连串的国家级的荣誉如同一道道光环，笼罩在平度人的头上，让这里的百万农民自豪过，骄傲过。但随着农产品供给状况由长期短缺变为供求基本平衡，一些农产品开始出现区域性、季节性、结构性过剩，暴露出结构上的严重弊端。市委、市政府号召全市人民从原有的各种荣誉中走出来，来一次新的农业思想大解放。

于是，他们以市场为导向，把调整农业经济结构，全面提高农业和农村经济的质量和效益，增加农民收入，作为全市最紧迫的中心任务，动员全市农民“什么赚钱就种什么”。

棉花曾是明村镇的主要经济作物，该镇曾连续多年获得过青岛市售棉状元镇的荣誉。许多农民对这一传统的种植习惯还存在依依不舍的心态，寄希望于价格反弹。该镇党委、政府在全镇农民中开展了“进档升级”教育，采取走出去学，请进来教等多种办法帮助农民转变观念。目前，该镇已建成胶东半岛上最大的西瓜生产专业镇，露天西瓜和大棚西瓜面积已发展到3万多亩，仅此一项人均增收2700多元，占全年人均纯收入的80%以上。“棉花状元”的红帽子扔掉了，西瓜镇的名声叫响了，农民的腰包也鼓起来了。去年，镇财政收入达到734万元，比上年增长32%。

平度特别注重各种名优品种的引进，为农业结构调整奠定基础。像美国的七彩山鸡、牛蛙，日本的哈白兔、东亚全蝎，东北的梅花鹿等稀有品种，在平度都已形成一定的养殖规模，为农民开辟了增收渠道。我们在张舍镇看到，温室里瓜藤上缀满了一个个碧绿的瓜。科技人员告诉我们这是日本甜瓜。近年来，他们已引进16个日本新品种。这里的每亩温室，年收入都在4万元左右。

蓼兰镇东吴家村原来也想随大流搞大棚蔬菜种植。但在经过反复调查研究后，他们决定走自己的路。于是率先在青岛市搞起了草莓生产。他们与青岛市种子公司联姻，并常年聘请了10多位省市农业专家在这里开发草莓新品种。我们看到，村里操着不同口音的商贩往来穿梭，挨棚收购草莓。这些年村民们靠种植草莓年户均收入达2万多元。

发挥科技的威力

这是一个真实的故事。蓼兰镇欲在全镇5万亩粮田推广玉米杂交品种和小麦良种。万万没有想到，农民拿玉米杂交种去喂牲口，小麦良种被碾成面粉，做了馒头！

当然，这是80年代初的事儿了。现在，还是这里的农民，不但使全镇的所有农作物实现了100%的良种化，而且在全镇4万亩肥沃的土地上，建起了全国首屈一指的小麦、玉米、花生、蔬菜等良繁基地，拥有国内外育种材料1.4万个，鉴定品系400多个。

平度市抓住农民对科技的向往，通过多种途径引导农民，充分发挥科技对农业结构调整的作用。

市镇两级机关干部和农技人员，通过转包农民土地创办起科技示范基地，一方面搞试验、示范，一方面向农民出售良种、提供技术服务。目前，全市1000多名机关干部和所有涉农服务组织共创办良种繁育、保护栽培示范服务基地91个，占地10000多亩，开发养殖水面1000多亩，总投资4300多万元。

●地方经济

发挥科技的威力

这是一个真实的故事。蓼兰镇欲在全镇 5 万亩粮田推广玉米杂交品种和小麦良种。万万没有想到，农民拿玉米杂交种去喂牲口，小麦良种被碾成面粉，做了馒头！

当然，这是 80 年代初的事儿了。现在，还是这里的农民不但使全镇的所有农作物实现了 100% 的良种化，而且在全镇 4 万亩肥沃的土地上，建起了全国首屈一指的小麦、玉米、花生、蔬菜等良繁基地，拥有国内外育种材料 1.4 万个，鉴定品系 400 多个。

平度市抓住农民对科技的向往，通过多种途径引导农民，充分发挥科技对农业结构调整的作用。

市镇两级机关干部和农技人员，通过转包农民土地创办起科技示范基地，一方面搞试验、示范，一方面向农民出售良种、提供技术服务。目前，全市 1000 多名机关干部和所有涉农服务组织共创办良种繁育、保护栽培示范服务基地 91 个，占地 1 万多亩，开发养殖水面 1000 多亩，总投资 4300 多万元。

（原载 2000.6.29《人民日报》11 版，通讯员：邓瑞强 张建东 陈波）

日新月异说平度
——山东省平度市的发展经验和成就

“小字号长大了”，“老字号退休了”，“农字号留洋了”——山东省平度市农业一片生机；南村镇、同和街道、灰埠镇、蓼兰镇等被称为“四小龙”，成为 4 个新经济增长点——平度田野上凸显小城镇建设的亮丽风景线；筑巢引凤、“绿色通道”、亲情服务——平度“咬定”吸引内外资不放松。

日新月异说平度
——山东省平度市的发展经验和成就
发展特色 争创优势

2001 年，全市国内生产总值达 134.6 亿元，按可比价计算，比上年增长 13.3%；实现地方财政收入 4.52 亿元，比上年增长 20.7%；先后荣获全国教育先进市、全国体育先进市、全国卫生城市、全国文化先进市等称号。

打造新格局，增强农业市场竞争力

平度是座古老而年轻的城市，位于胶东半岛西部，133.8 万人口，为山东省面积最大的农业大市。

平度市委、市政府以“三个代表”为指引，依据平度的实际情况，推出了农业产业化、标准化和国际化三大战略，掀开了农村经济加速发展的新篇章。

“依托当地资源，调大优势产业，增强农业的市场竞争力，是平度市委、市政府在农业内部结构调整中着力抓好的一环。”市委书记张相逢说。

葡萄是大泽山镇的支柱产业，也是平度市的优势产业。6 月的大泽山，山上山下，漫山遍野成了葡萄的海洋。据镇领导介绍，通过农业结构调整，这个镇葡萄种植面积从原来的 2 万亩扩大到现在的 3 万亩，总产量达到 5000 万公斤，成为远近闻名的葡萄专业镇。

以大泽山镇做示范，市委、市政府确立了葡萄、桑蚕、瓜菜、种苗、名优水果五大主导产业，大力发展养殖业的调整思路。围绕这个思路，平度加大工作力度，采取市场引导和政策扶持相结合、典型带动和全面发动相结合、搞好服务和科学规划相结合的“三结合”措施，积极鼓励农民调整种养思路，做大产业规模。今年，全市新发展葡萄 5000 亩、桑园 2 万亩、种苗 6.8 万亩、名优水果 4.7 万亩。

优势产业的膨胀催生了一大批具有鲜明特色的区域农业。仁兆镇、古岘镇的蔬菜，郭庄镇、兰底镇的辣椒，明村镇的西瓜，蓼兰镇的草莓，云山镇的大樱桃等特色农业生产区迅速形成。小葡萄、小辣椒、小草莓、小圆葱这些不起眼的小东西，过去一家一户小面积种植，如今则是成方成片、大规模种植，“小东西”长成了大产业。特色加规模，适应了市场，吸引了客户，以产品为标志的地头市

场也迅速成长起来。古岘、仁兆两镇种植大蒜，每年的5月底，是蒜薹上市的季节，哪里有大蒜，哪里就有市场，7万亩大蒜蒜薹仅用1周时间便全部销售一空，亩均收入达1300元。

在平度，农田里处处都是新品种：西瓜是袖珍的、黄瓤的、无籽的，菜椒是多彩的——赤橙黄绿青蓝紫。就连养的肉牛还是外国名字“西门塔尔”……这些品种前景好，附加值高，适应性强，有市场，农民们喜笑颜开。于是，“老”苹果、“老”西瓜、“老”茄子、“老”肉牛纷纷靠边站。据不完全统计，全市已引进农业新品种268个、新技术78项。

平度花生、平度肉鸡、平度蔬菜、平度果品……自古大门不出的“农”字号农产品纷纷出国“留洋”了。一辆辆大型集装箱车内，满载着产地为“中国平度”的“多元”辣椒、“淳金”花生、“华丽”肉鸡等，通过青岛港盛装远嫁。“大泽山”葡萄、“沽河”蔬菜、“蟠桃”大姜等30多个农业名牌走向齐鲁市场。

没有标准，就没有质量，也就没有市场和效益。平度突出抓农业质量标准体系、农产品质量监督检测体系和农业标准化技术推广体系建设，做到质量有标准、生产有规程、产品有标识、市场有检测、推广有队伍。为普及标准化知识，市里采取培训到村的办法，把标准化知识列为全市“绿色证书”和“新世纪青年农民培训工程”的重要内容，先后有10万多人接受培训。

在结构调整中，平度把农业示范园建设作为主要抓手。设在蓼兰镇的农业高科技示范园规划占地2万亩，中心区500亩，已投入1600多万元，建有现代化育苗工厂、组培中心、大跨度日光温室等，其中育苗工厂建筑面积3500平方米，投入350万元，引进了先进的自动化控制设备。一台湾客商正是看中了这里的高科技设施，于去年5月份投入30万美元，长期租赁日光温室引种台湾高档兰花。南村镇无公害蔬菜示范园一期工程投入500多万元，建起蔬菜大棚170亩，二期工程占地100亩，已投入120万元，棚均投资3.7万元。目前，全市新规划示范园区2.5万亩，总投资1.2亿元，已完成新建项目41个。全市累计建成各类农业示范园区68个，其中种植示范园50个，养殖示范园18个。除了市里重点建设的园区之外，镇镇都有园区项目。

结构调整使平度农业“调”出一片新气象。

建设小城镇，力推农村城市化进程

同和街道离平度城区5公里，而这里却崛起一个现代化小城镇：宽阔洁净的街道，江南风韵的贵宾村，鳞次栉比的中外企业……这里过去只有几条土路、数百座民房，但近几年城区面积却以每年1平方公里的速度迅速扩大，规划面积已达到9平方公里，成为全国首批小城镇建设示范镇。团中央、建设部、民政部、国家工商行政管理总局把它确定为全国唯一的小城镇青年文明社区。

小城镇是农村城镇化的载体，平度市委、市政府积极推进城市化进程。但市委、市政府一班人没有搞遍地开花，而是实施重点镇优先发展战略，把重点镇建设作为拉动全市小城镇建设的重要举措，确定了“市区——重点镇——一般镇——中心村”梯次推进的发展思路，同和、南村、蓼兰和灰埠4个镇纳入市里的重点视线中。去年，这4个重点镇的财政收入达到7715.7万元，占全市30个镇的29%。

小城镇的建设投入是关键，钱从哪里来？

——人口聚集带动。平度市降低门槛，敞开大门，大力吸引本地农民和外地人员带资到小城镇落户、购房、经商、办企业，或参与乡镇企业改革、各项基础设施和公益设施建设等。

——盘活存量资产。深化城镇土地使用制度改革，建立土地储备制度，实现政府垄断土地一级市场，放开搞活二级市场，把土地增值的收益用于城市基础设施建设，使土地有偿出让收入成为基础设施建设的一个重要来源。自去年以来，4 个重点镇吸引各种资本 2 亿元，加强基础设施、公益设施建设和房地产开发，新增城区面积 1.5 平方公里，新增人口 1 万多人。

大力发展二、三产业，为小城镇提供强有力的产业支撑，是平度 4 个重点镇建设的突出特色。一方面，加快技术改造步伐，努力提高产品档次，实现已有企业产业升级。一方面，加大招商引资力度，建设一批新的工业项目，借助外力求发展。去年，南村镇的工业园和民营科技工业园已有内外资企业 30 多家，吸引外资 1.2 亿美元，海信、希望、正大等国内知名集团也相继在这里落户。

“同和”原来是一家乡镇企业的名字。20 多年前的王家站乡，一直是“农”字号的贫困乡镇。改革开放的春风，催生了一个乡镇企业的胚胎——由十几个当地农民组成的钣金组。数年后发展成为集团企业，固定资产达 5 亿元，步入全国 500 强乡镇企业行列。同和集团的超速发展，给同和带来了浓浓的商气和人气，乡镇企业较着劲发展。

工业发展带动了小城镇建设，小城镇建设又为招商引资打下坚实的基础。第一个来同和落户的是韩国外商。从韩国到中国，他带着项目和资金走了不少地方，最终看好了同和的商气和人气，投资 700 多万美元建起了电子有限公司。此后，来自韩国、日本、德国、加拿大等国的企业纷纷跟进，很快形成了 20 多家外资企业，带来资金 8000 万美元。工业收入占到全街道财政收入的 85%。

灰埠镇的小城镇建设走的是市场拉动的路子，去年，先后吸引各种社会资金 2000 多万元，新增煤炭、建材、瓜果市场营业面积 3 万多平方米，使个体工商户发展到 3000 多家，年增加镇财政收入 480 多万元。

“小城镇、大战略”，农村城镇化不仅给农民带来了丰厚的收入，而且也改变着农民的生活方式，展示着新世纪农民生活的新画卷。

吸引内外资，“咬定”开放不放松

尽管平度是个农业大市，但这里的党政干部则有着强烈的开放观念，招商引资好戏连台。这是平度给记者留下的突出印象。

韩国一家株式会社投资的汽车配件项目一期工程刚刚奠基，另两家投资的两个项目又敲响奠基的喜庆锣鼓，落户南村镇总投资 2690 万美元的 3 个外资项目又举行签约仪式……到目前，平度已与 30 多个国家和一些国内外著名大公司、大财团建立了稳固的联系，累计批准“三资”项目 497 个，总投资 11.4 亿美元，合同利用外资 8.9 亿美元，实际利用外资 6.9 亿美元。今年 1 ~ 5 月份，引进外资项目 57 个，合同利用外资 1.25 亿美元，实际利用外资 5425.9 万美元，分别比上年同期增长 90%、208.2% 和 69.4%。

平度市在南村镇驻地以北，规划了 22 平方公里的青岛海峡两岸农业合作试验区中心区（青岛农业高新技术开发区），在市区南部规划了占地 22.5 平方公里的工业新区，把这两个新园区作为“十五”期间新的经济增长点，分别由 1 名市委副书记和 1 名副市长担任党工委书记和管委会主任。目前，两个园区的道路硬化及电力、通讯、供水、污水处理等配套工程全面开工，做到了边投入、边建设、边开发。在工业新区，平度采取“区中园”包片开发招商的办法，建立偏远乡镇到园区异地办厂的机制，加快工业新区发展步伐。

建设服务型政府，为外商、为经济发展提供各种优质服务。在软环境方面，平度优先建设，成立了行政审批服务中心，以“公开、公正、高效、廉洁”为宗旨，实行一站式办公，筑起了一条“绿色通道”。服务中心行使监督管理行政审批项目的职能，确定进入服务中心的部门行政审批和收费范围。去年一次性取消行政审批项目 285 项，调整 106 项，取消和调整比例为 53.9%，今年还将压缩 50%。目前全市已有 16 个部门、160 项审批项目进入到行政审批服务中心。落户南村镇投资 2500 万

美元的加拿大现代牛业项目，从项目报送材料到完成审批仅用了 3 天时间。

内资企业更是呈雨后春笋之势，仅在同和街道，就有青岛、北京等多家国内知名集团企业相继落户，累计利用内资 5 亿元。

结束采访时，张相逢书记向记者讲了平度的一段历史：据史料记载，战国时期，平度为齐国故都即墨所在地，齐国名将田单曾在此大摆火牛阵破燕军，留下千古史话。如今，在平度市区东部，矗立着城市标志物——火牛。今天，在“三个代表”重要思想指引下，平度人正以负重奋进、坚忍不拔、勇往直前精神，使平度发生着日新月异的变化。

（原载2002.7.6《人民日报》6版，记者：宋学春）

撤县设市后的“脱胎换骨”
——看平度 15 年工业化之路

金秋，田野尽是丰收景。但今天的平度更抢眼的是：热闹繁忙的工地、星罗棋布的厂房、异军突起的大工业……志在改写平度农业大市历史的工业化浪潮，一浪高过一浪，势不可挡。今年 1 ~ 8 月份，在青岛市郊五市中，平度规模以上工业增加值增幅第二；实际利用外资增幅第一，实际利用内资增幅第二，出口创汇增幅第一；民营经济发展强劲，平均每天产生 1.5 个民营企业。

干事创业，加快发展，是执政者必须加强的“第一执政能力”。经济活力的竞相迸发，越发验证了平度的这种能力。

青島日報

纪念与下关结好 25 周年 宣传 2008 青岛

“青岛号”大帆船昨抵

QINGDAO DAILY

2004 年 9 月 25 日

青岛日报报业集团出版

“撤县设市”后的“脱胎换骨”

——看农业大市平度的十五年工业化之路

秋收秋种准备停当

农业基础地位不断巩固

早在撤县设市的 1989 年，平度还是一个典型的农业大市：上百万人口中，只有7.1万是城市户口，600 多家企业的产值、销售收入、利润只有 15.6 亿元、12.2 亿元、0.96 亿元，“农业当家”是平度当时的最大市情。经过撤县设市 15 年来的积累和发展，平度一改旧貌，形成了自己崭新的经济特色：至 2003 年，平度工业企业达到 2436 家，全市工业完成现价总产值 309.9 亿元，实现销售收入 224.6 亿元，实现利润 14.8 亿元，三项经济指标分别比 1989 年增长 19.8 倍、18.4 倍和 15.4 倍。

难能可贵的是，在既有成绩面前，平度的决策者始终保持着清醒的头脑。近年来，一个不容回避的事实是，增创新优势需要破解一系列重大难题：农业比重还较大，工业基础还较弱，经济结构还不尽合理，经济外向度还较低……千头万绪，急需找到一个突破口。

善弈者谋势，善谋者谋全局。把握大势，谋划新路，关系着平度的未来走势。在对市情科学判断的基础上，新一届平度领导班子提出了自己的“施政纲领”：市委集中精力抓经济，核心抓工业，关键抓投入，突出抓招商。立足于“经济要发展，社会要稳定，收入要增加，面目要改变”的执政目标，给出了“四三二一”的路径选择。这就是：大力实施全市工业化、农业产业化、农村城市化、经济国际化“四化”战略，着力抓好“三大园区”建设，突出招商引资和民营经济两大重点，实现财政增收、农民增收、社会稳定目标。平度人干事创业求发展的航标，更加清晰明亮。

在统筹发展中不失重点突破，在重点突破中体现统筹发展。在平度，一个个接踵而来的大动作，无不昭示着执政新理念带来的新变化。

如火如荼的“三区”建设，是平度加快发展的奠基立市之举。为了改变村村点火、镇镇冒烟、到处办工业的状况，最大限度地集约用地，平度市委、市政府在对原来的各个园区清理整顿后，果断决策，举全市之力打造工业三大园区，即：山东省平度经济开发区、青岛海峡两岸农业合作试验区、青岛华侨科技园。自2002年进行重新规划开发建设以来，三大园区高起点规划，高标准配套，高强度投入，已累计完成基础设施投入10亿多元。如今，试验区坐镇平度南大门南村，开发区、华侨科技园虎踞城区东与南，都成为招商引资的重地。在三大园区，率先落户的海尔、海信填补了平度家电产业空白；由三莹、三和、少林、TDK等领军的外资企业，撑起平度电子配件行业一片天；希望、六合、统一三大集团形成平度饲料行业并驾齐驱的三驾马车。三大园区内的投产企业所创造的税收，已撑起平度的大半江山。眼下，投资1.8亿元的青岛得益乳业项目、投资2亿元的青岛鸿雁药业项目、投资3亿元的雅坤陶瓷项目、投资3000万美元的韩国仁川京畿机械项目等正在抓紧兴建，一年后就会全部投产。

构筑产业集群，成为平度工业化进程中最炫目的亮点。近年来，平度因势利导，力促产业集群崛起，凭借培育壮大产业集群提高区域发展竞争力。目前，已形成电子家电、食品加工、橡胶轮胎、汽车配件、机械铸造五大产业集聚群，这种横向拓展、纵向延伸的集聚效应已经显现。

同和街道的区位优势并不突出，但5平方公里的弹丸之地却集聚着176家中外企业，吸引外资高达3亿美元，吸引内资12亿元。短短几年间，形成了以TDK等26家企业为主的电子产业，以大同体系、裕信等42家现代汽车协办企业为主的汽车配件产业，以LG等8家企业为主的暖通设备产业，吸纳农村劳动力2万多人。

何止是同和！在平度经济发展布局上，东西两大经济板块遥相呼应，生机勃发：一是位于平度西部的明村镇，现已成为省内最大的橡胶轮胎产业集聚地。40多家橡胶骨干企业竞相发展，固定资产总投资高达30多亿元，每年仅用于技术改造的投资就达4亿多元。二是位于平度东部的仁兆镇——享誉国内外的蔬菜加工集聚地。从镇驻地到冷戈庄村沿朱诸路一线拉开，形成5公里的蔬菜加工长廊。来自国内外的120多家蔬菜加工企业，带起仁兆周围30多万亩的蔬菜种植基地，其产品90%以上销往海外。全镇财政收入的84%、农民收入的92%都来自蔬菜这一产业。

特别应该提到的是，平度市近年来确定了一批重点骨干企业，通过政策倾斜、领导帮包等过硬措施，使这些企业在产业群集聚中得到迅速膨胀和壮大，成为产业集群中名副其实的脊梁。目前，全市骨干工业企业达到50家，对全市工业经济拉动作用日益显现。2003年，仅占全市工业企业总数0.6%的骨干企业完成产值、利税分别占到全市的45%和24%。

咬定发展不放松，就要以人为本，从人民的根本利益出发，为人民的长远利益着想，这是平度市决策者创业干事的“定盘星”，经济生发膨胀的准则。他们先后投资上亿元，绿化美化平度，保护生态环境。招商引资抬高门槛，选择目标定位于能产生“链条效应”和“集群效应”的项目上，破坏生态环境的项目、造成污染的项目、不符合国家产业政策的项目、没有生命力的项目，一律免谈。今年以来，他们又对石材开采、小型石材加工、石墨开采、石墨粗加工等项目进行了根本整治。

平度撤县设市15年，热土一片，生机无限。

（原载：2004.9.25《青岛日报》头版，通讯员：邓瑞强 赵培聪 孙洪涛 窦炜 李培强）

六、考证 辨误

上古名城即墨兴废考略

上古名城即墨的故城遗址，已于2001年6月由国务院公布为国家重点文物保护单位。本文拟据散见于古籍中的资料，勾稽这座自东周至北齐存在了1300余年的上古名城自始建、而兴盛、而衰落、而最终被废弃的历史概况，并对平度旧方志里的一些说法，予以辨正。

一、名城的地理位置及其始建

即墨故城的地理位置是不容置疑的，现存大量史籍，自《史记》《汉书》的有关注释，到《天下郡国利病书》《读史方舆纪要》《乾隆府厅州县志》等，都一致明确地记载着：即墨故城在平度城东南60里。即今平度古岘镇大朱毛村一带。

“即墨”之名最早见于《史记·田敬仲完世家》记齐威王九年（公元前348）褒奖即墨大夫事和《战国策·齐策》的《张仪以连横说齐湣王》。当然此事之前，即墨必定已经是战国初期齐国东部的重要城邑了。不过，即墨城的始建年代则史无记载。

故城旧有俗称“朱毛城”（元代地理著作《齐乘》即已引称），道光《平度州志·建置》据此引用《左传·哀公六年》（按：即齐悼公元年，公元前490）“齐悼公使朱毛告于陈子”语，认为“似春秋已有此城”。近人更进而断定“因齐大夫朱毛居此，故名”。查《左传》所记，是陈僖子（陈乞，即田乞）主持齐君废立，派朱毛亲自杀害了刚立的“孺子”于“骀野幕之下”。朱毛其人是为拥立齐悼公的重要人物，所以他因此而受封于齐国东境为大夫，成为即墨城的始建者或扩建者而又居此城颇久，因之俗以其名为城名，就都是很有可能的。

其实即墨城的始建，还可以上推到齐灵公15年（公元前567）齐国最后灭掉了长期与之对抗的莱国稍后。查《左传·襄公六年》（公元前567），“四月，（齐）晏弱城东阳，而遂围莱”。“丁未，入莱，莱共公浮柔奔棠”。“晏弱围棠，十一月丙辰，而灭之。”

关于莱国都城的地理位置，自南北朝宋裴骃《史记集解》认为：“服虔以为东莱黄县，是。”此后史家多取此说。到现代，许多学者却提出不同看法，现在虽然对莱都的具体位置看法尚不一致，但大都认为应在今昌乐一带。而胶东半岛地区自夏商以来一直是莱国的领地，则从来没有异议。

至于莱共公被俘的“棠”，晋代杜预、清代洪亮吉等都认为在今平度东南境内。当代著名历史地理学家谭其骧先生在他主编的《中国历史地图集》的《西周中心区域》和《春秋·齐鲁》两个图幅里，也都把“棠”字标在今平度东南古岘一带。

据此，则最晚到春秋后期，在今平度东南乡，就已经有了一个莱国的重要城邑：“棠”。齐国灭莱后，要在原莱国之地进行有效的统治，必须建立一个行政中心。现代史学家多认为，黄县的“莱子城”（俗称“归城”，“灰城”），当是齐灭莱后，把亡国的莱君及其宗人迁徙到当时的偏远之地“黄邑”去以后发展起来的。倘如此，则齐国在东部新建行政中心，选定处在临淄通往半岛腹心之点，姑、尤二水（即今大小沽河）交汇之处、土壤肥沃、水源充足之地，或许就是先前的“棠邑”，加以扩建，改名即墨，也就有很大的可能了。

至于即墨之名，旧方志都说“因临墨（水）河而得”。墨河究竟指哪条河？道光《平度州志》排除了即墨、胶州也有的墨河之后，认为当是平度的源出大泽山东麓的“墨水”（按：即今猪洞河或称尹府河），并称今古岘、云山交界处的“仙山”为“墨山”。清代有平度学者具体落实到“墨河出铁夼，水色赤褐近墨，故名”。但是，“州志”说的这条“墨（水）河”却是在今古岘以北十多里处汇入小沽河的，南距即墨故城则更远，即墨城的“即”字不易说通。不过，倘真是以即“墨河”而得名，则故城西面不远今称“洗心河”者，确是“水色近墨”的。上古所称“墨河”倒有可能指它而言的。

二、名城的繁荣和辉煌

古代名城即墨的繁荣，自战国经秦迄西汉末，长达400余年之久。

（一）和临淄比肩的战国名城

战国前期，田氏齐国是七雄中的富强大国，齐威王九年嘉奖即墨大夫时，说“吾使人视即墨，田野辟，民人给，官无留事，东方以宁。”那时候即墨已经是齐国东部最重要也是最富庶的地区，即墨得到一位贤大夫治理，经济繁荣、社会安定，齐国的东半天就平安无事了。

到战国中后期，从《战国策·齐策》（按：《战国策》成书于西汉末，所引原始资料可能是战国时各国史官所记）、《张仪为秦连横齐王》（又：《史记·张仪列传》记此事文字基本相同）所说：若“秦悉赵兵渡清河，指搏关，临淄、即墨非王所有也！”可证当东齐、西秦抗衡时，即墨已经和齐国国都也是当时中国最大最繁华的几个城市之一的临淄并称，张仪既以二城指代全齐，则即墨城无疑是齐国第二大城，也就是今胶东半岛地区唯一的政治、军事、经济、文化中心城市了。

再过二三十年，到齐湣王四十年（公元前283），燕将乐毅伐齐，破临淄，下70余城，只莒和即墨两城未破。燕军攻即墨，即墨大夫战死城下，城中人推举田单为将固守。以乐毅之智勇竟顿兵此即墨孤城之下，四年而不拔。最后因燕王用懦而骄的骑劫代乐毅为帅，田单设奇计，以火牛夜袭，大破燕军，杀骑劫，复齐70余城，齐得复国。即墨城下火牛阵成为传诵千古的战争史上的佳话。在遭团团围困三四年后，即墨城里尚有健儿近万，加上更多的平民，城中并未饥馑，田单能收集1000多头牛，头缚尖刀，尾束苇草，灌油脂，傅以龙纹衣，在城墙里边凿数十个大洞，5000壮士由洞中随火牛冲出。这些都证明了即墨城规模之大，居民之多，屯集之富，防守之坚。唯此，它才能使濒于亡国危局的齐国从这里迈出了复国的第一步。

再过六十年，秦统一天下的大势已定，六国最后灭亡的是齐，当秦国大军压境时，代表不甘心投降而亡的齐国人，是又一位即墨大夫，他向齐王田建建议拒秦。这也表明，只有即墨还有力量做最后的一拼，即墨城的重要由此仍然可见。

战国中后期，是古代名城即墨繁荣辉煌的第一个高峰时期。

（二）秦胶东郡城和秦汉之际的胶东王城

秦始皇二十六年（公元前221），齐王田建降秦，秦初并天下。秦始皇接受李斯的建议，不封诸王而“分天下为三十六郡”。后世史家“言秦郡分为二说：一以为三十六郡乃秦一代之郡数；一以为始皇二十六年之郡数，而后此所置考不与焉。”即使如《晋书·郡国志》主张“秦亡前郡至四十”，所考郡名，在原齐地也只列出琅琊与齐二郡。这也就成了道光《平度州志》断即墨在秦只是县级政权的根据，可是按地理位置又无法判断它属于琅琊抑或齐郡。

清末民初史学大师王国维先生著《秦郡考》，认为“三十六郡之分在始皇二十六年，齐国亡于是年之春”，“距燕之亡亦不过岁。二国新定，未遑建置，于齐略分为齐与琅琊二郡，其于区划固未暇也。迄于疆里既定，则齐尚得五郡”，其中之一为胶东郡。王国维先生断定，秦朝曾在齐地设了胶东郡。

考“胶东”做为地名见于史籍，始于《战国策·燕策·苏代谓燕昭王》：“（秦）兵败于林中，重燕赵，则以胶东委于燕，以济西委于赵”。胶东，指齐国东部胶水以东的半岛全境。

1948年，谭其骧先生著《秦郡新考》，进一步论证秦在故齐东部胶水以东设胶东郡，郡治即墨城，辖胶东半岛全境。谭先生的论证得到范文澜先

生的赞同，所以在范著《中国通史简编》的《秦朝疆域图》以及谭先生主编的《中国历史图集》的秦朝图幅里，就都有胶东郡。至此，秦设胶东郡，即墨城是郡治，不是县城，已成史学界共识，道光《平度州志》等旧史书的推断，也就不足为据了。

秦二世元年（公元前 209）七月，陈涉起义，六国故地纷起反秦。三年十二月，项羽率楚军在巨鹿歼灭秦军主力，“诸侯将皆属项羽”。次年，刘邦首先西入函谷关灭秦。项羽入关后，分封诸侯，自立为西楚霸王，以刘邦为汉王。接下来便是楚汉相争，三年后，项羽败死，刘邦建立起统一的汉朝。

在纷乱的“秦汉之际”数年中，故齐田氏子弟争相登台参予亡秦斗争，先是田为齐王，复齐故地。田荣与项羽冲突，项羽分封，不封田荣，而将齐地分为临淄、济北、胶东三国（按：“三齐”之称始于此），封田氏子弟之追随项羽者，其中田市为胶东王，都即墨。这是即墨城成为诸侯王国都城之始。不久，田荣杀田，项羽杀田荣，田横继为齐王。汉将韩信破齐，在潍水歼灭援齐的楚军，派将军曹参东下即墨，杀齐将田既，韩信为“三齐王”。汉高帝刘邦五年（公元前 202），徙韩信为楚王。一个叫田肯的人向刘邦建议：“夫齐，东有琅琊、即墨之饶，南有泰山之固，西有浊河之限，北有渤海之利，齐得天下十分之二，非亲子孙，莫可使王齐矣。”刘邦接受此议，封其庶长子刘肥为齐王，胶东成为刘肥的齐国所辖六郡之一，即墨城再为郡治。

秦楚之际，故齐之地战乱频仍，即墨城由秦胶东郡治，而胶东王都，再为郡治，虽然不可避免地要遭受战争破坏，但它一直保持着胶东半岛中心城市的位置。这不但说明其时沿海之域尚不开化，没有形成新的城邑能够代替已有二三百年历史的即墨城，而且还预示着在即将到来的新的历史时期里，即墨城将会迎来新的繁荣和兴盛。

（三）西汉前期三为胶东王城

刘邦接受亡秦的教训，分封子弟到各地为王，想以诸王国藩屏刘氏皇室。这些刘氏诸王在封国中都拥有军队和自置官属的权利，俨然与中央并立。汉文帝时，齐王刘肥已死，文帝将齐国分割，封刘肥七个儿子皆为王，其中刘雄渠为胶东王，都即墨，刘卬为胶西王，都今高密，两国辖境之和约当“三齐”时的“胶东”。但这解决不了诸藩国与汉朝中央的矛盾。汉景帝即位后，继续加紧削藩，终于发生了吴楚七国之乱。叛乱很快遭到镇压，刘雄渠是叛乱首要之一，失败后自杀，胶东王国废除，即墨又成了胶东郡城。

七国之乱后，汉景帝废除了藩国的军权和自置官属权，“诸侯唯得衣食租税，不与政事”。并规定新封王国“不领支郡”，此后郡国平级并列了。王国维先生认为，汉景帝平六国后，在胶东半岛北部和东部沿海地带新设了东莱郡。于是，刘雄渠时的“胶东”辖境又减去了一半。但剩下的这个以即墨城为中心的“胶东”郡却仍是当时全国经济最发达的地区之一。

汉景帝有子 14 人，13 人封王。前元四年（公元前 153），景帝封他最钟爱的四岁的儿子刘彻为胶东王，三年后，废了太子刘荣，改立刘彻为太子（即后来的汉武帝，实则刘彻并未到胶东），再过三年，景帝又封他的另一爱子刘寄做胶东王，即墨再为胶东王都。刘寄就是在平度历史上留下深远影响的“康王”。

汉初，连续三封胶东王，其中汉景帝先后封他的两个爱子为胶东王，可见以即墨城为中心的胶东国在全国所占位置是何等重要。

（四）西汉最重要的藩国都城

汉景帝中元二年（公元前 148），刘寄受封胶东王，数年后前来就国。王都即墨城很可能在此后陆续进行了大规模的改建或扩建。刘寄为王 28 年，死后谥“康”，今平度民间仍称即墨故城为“康王城”。刘寄及其子孙传国六世，共 150 多年，与西汉王朝相始终。六代胶东王的陵墓都葬在王城北面的龙虎山（又称六曲山，是大泽山

主峰向东南延伸最远的支脉），加上他们的子孙妃嫔的上百座陪葬墓，留下了一个至今大体保存完好的大型汉代古墓群。

史称刘寄“与汉武帝最亲”，是指刘寄的生母王夫人和汉武帝的生母王皇后是亲姊妹，所以刘寄继汉武帝受封胶东王。刘寄晚年因涉嫌卷入淮南王刘安谋反案，忧伤而死，汉武非但不予追究，除了让其子刘贤继王胶东，还另封刘寄爱子刘庆为六安王。这确是仅见的恩宠。胶东国是西汉中后期的大国，食邑八县，东到今莱阳五龙河，西至胶水岸边，称得上是沃野千里，境内又有盐铁之利，终西汉之世是最重要的藩国。汉宣帝时，胶东相王成因长于治理，妥善安置了附近诸郡前来就食的八万流民，得皇帝诏令嘉奖，赐爵关内侯。这从另一侧面证明了胶东国的富庶。

富庶的胶东国的租税，为王室的豪华提供了经济基础。仅从历代不断出土的大量金银器皿、珠玉雕饰等生活用品，后人不难想像，当年的康王家族的生活是何等奢靡与豪华。自汉武末年息兵以后，西汉进入了和平安定时期，社会经济发展较快，其时的即墨城经济、文化都臻繁荣，昭、宣时代，即墨出现了两位第一流的文化名人：天文历算专家、《太初历》主要创制人之一徐万且和古文经学大师庸谭。可以说，西汉中期是古代名城即墨的第二个繁荣辉煌的高峰时期。

三、名城的衰落和废弃

自王莽始建国元年（9），西汉灭亡，古代名城即墨开始走上了它的衰落之路，先由郡国首府降为普通县城，500年后，县被撤销，城遭废弃，最终结束了它做为名城的历史行程。

（一）新莽时降为县城

王莽代汉，改国号为“新”，遂即托古改制，从政治、经济、文化各方面进行重大变革。王莽即位之初，立即将在各地的汉朝宗室王降级为公，史称胶东王刘殷降称扶崇公。虽然刘殷想效忠王莽，“闭即墨城门”以拒举兵反对王莽的胶东宗人徐乡侯刘快，致“快败走死”，从而受到王莽嘉许。但事过不久，刘殷仍然被废，国除。

王莽对西汉时的行政区划进行重大变革，废除所有的王国与县侯；撤并和重设郡县，并大量更改郡县名称。胶东国被废为郡，改名郁秩，即墨改名即善。更大的变动是将郡治移到先前胶东国所辖八县之一的郁秩县城（今平度城）。自此已有700多年历史的上古名城即墨丧失了它一直做为半岛地区行政中心的地位，降级为县城，而且再未恢复，即墨城的繁荣和辉煌至此宣告结束。

即墨的降级，既有政治原因，改朝换代，需要尽量消除前代的影响，往往要调整政区，胶东王国是西汉重要藩国，自然是王莽要革除的主要对象。另外，也有经济方面的原因，自西汉前期在半岛东部和北部析置了东莱郡，以后百余年间，渤海沿岸的掖县（今莱州）、黄县（今龙口）一带逐渐发展成为新兴的农业先进地区，且更富渔盐之利，还有与高丽及辽东海上交通之便。到西汉中期，东莱郡城掖县即已为半岛重镇，与即墨同为半岛名城。郁秩县也因设有铁官，是重要工矿区，郁秩城发展为胶东国内与即墨并列的另一个重要县城。

政治、经济两方面的因素，使王莽舍即墨城而移郡治于郁秩城，成为必然的结果。

（二）东汉的即墨侯国城

王莽改制失败，给百姓带来深重灾难，引发了全国农民大起义。青州琅琊人樊崇领导的赤眉军声势尤为浩大。经过十几年的战乱，汉朝宗室刘秀建立了东汉王朝。青州民众多参加过赤眉军。此后，胶东半岛一带又经不其（今即墨、城阳一带）人张步等割据数年，是全国遭受战乱破坏严重地区。东汉初年，社会残破，人口大减，土地荒芜。建武十三年（37），东汉统一全国，对政区进行调整，恢复了被王莽改的地名，更主要的是撤销、合并了一些郡县，其中西汉的胶东、高密、淄川三个王国，因在战乱中已经废绝，都被合并到北海郡（到建武二十八年，又成了北海国）中，郁秩、即墨等县也

就成了北海郡（国）的属县。胶东未得复国，反映了自战国秦汉以来，以即墨城为中心的经济文化发达地区在东汉王朝里地位的下降，也可推知即墨城在战乱中必定遭受了严重的破坏。

刘秀分封功臣，位居云台二十八将第三的贾复封胶东侯，食郁秩、即墨等六县（按：实即西汉末年胶东国的八县）。值得注意的是胶东侯的食邑是以郁秩为首县，即墨做为胶东首府的资格未得到恢复。由此，自秦朝以来用做政区地理名称的“胶东”和它先前的首府即墨脱离了关系，即墨城在政治上的声名更加降低了。

东汉章帝建初元年（76），贾复之孙食邑六县的胶东侯贾敏有罪被废，章帝封贾复的两个孙子：贾邯为胶东县侯，贾宗为即墨县侯，各食一县，郁秩县改称胶东侯国。“胶东”做为政区名称正式降为县级。自西汉以来的郁秩县城正式改名胶东城。曾经显赫辉煌了三四百年的即墨城至此成了北海郡东部边远之域的一个县级城，它那规模宏伟的城池、壮丽豪华的王宫也必将因排不上用场而更加荒废了。

（三）魏晋南北朝时期的一个普通县城

东汉灵帝中平元年（184），黄巾起义，青州、徐州一带百姓参加者甚多，黄巾失败后，各地军阀混战。曹丕代汉（220），三国鼎立，社会才稍为安定。三四十年的长期战乱，造成了“千里无鸡鸣，生民百遗一”的人间惨剧，“名都空而不居，百姓绝而无民者不可胜数”，青州素号殷富，至此已是“荒凉萧条，悉为丘墟。”古城即墨亦在劫难逃。

经过曹魏和西晋短暂的社会相对安定，西晋王室又爆发了丑恶的“八王之乱”，接着是北方的五个少数民族军事集团相继入侵中原，此后经历了140余年战乱不已的“十六国”时期。公元439年，鲜卑族拓跋氏的北魏统一北方，历史进入南北朝时期。北魏初年，曾与南方的刘宋进行过举国动员的大角斗，两败俱伤。在以后的百年间，南北双方小规模的战争连绵不休。公元533年，北魏瓦解，分为东魏、西魏，后又嬗变为北齐、北周，周灭齐，隋代周，灭了南方的陈，中国始归统一。自黄巾起义，至此已经400余年。其间社会短暂安定的时段，不过三分之一，大部分时间都是战争杀伐。北方少数民族军事集团首领人物，如前赵的刘聪、后赵的石虎、北魏的拓跋焘、北齐的高洋，都以凶暴知名，石虎攻破青州城，坑杀3万士民，经随军前来牧民的刺史请求，才留下700口，以免空城。汉人军阀武夫如西晋时青州的苟晞，人称“屠伯”，刘宋政权内争，两派委任的青州刺史沈文秀、明僧嵩以及他们各自委派的东莱、北海、琅琊、长广诸郡太守，连年混战，他们及其士兵，都成了食人的野兽。他们自相残杀的结果，是青、徐等四州被北魏所夺，大批青州百姓被魏人掳到平城（今大同），成了贱民“平齐户”。

北魏文成帝皇兴四年（470）得青州后，对魏晋十六国以来的政区进行调整，将胶水以东地析为光州，治掖县，辖东莱、长广、东牟三郡。其中的长广郡西界由先前的小沽河向西扩到胶水，郡治由原来的不其城（今城阳附近）迁到汉魏名城胶东城（今平度城）。即墨则自东汉初年以来，一直是县级政权，原属北海郡，此后为长广郡属县。

附记：《晋书·地理志》，称即墨属济南郡，一向为后世史家及道光《平度州志》引以为据。自清代学者钱大昕、洪亮吉考证，晋有北海郡，经近代史学家分析研究，已确知《晋书》有脱漏，即墨等县一直属北海郡。

据《魏书·地形志》所载，东魏武定六年（548）人口，长广郡六县共5.1万人（实际数当多些），则即墨全县不过1万人口，还不及当年田单守即墨时城里的士兵多，昔日的繁荣富庶早已为荒凉贫困所代替，康王宫殿也成为废墟。

到南北朝时期，半岛地区的经济文化都相对落后于淄潍流域了，而半岛上的政治中心移到掖县，今渤海沿岸莱州、龙口一带在经济上也早已超过了

昔日的即墨（东莱郡设县多，辖境小，可证人烟较稠密），即使后起的胶东城，政治地位也超出即墨之上了，于是千载名城即墨终于走近了它最后结束的日子。

（四）名城的废弃

到北齐文宣帝天保七年（556），政治极其腐败、经济严重凋弊、人口日益减少的北齐政权，鉴于“百室之邑便立州名，三户之目空张郡目”，“牧令守长虚增其数”，州郡人口太少，官吏虚滥，不得不将政区做了一次调整，共撤销了3州、150郡、580县。其中长广郡所属的即墨、不其两县都被撤销，合并到以今平度城为县治的新长广县中。至此，经历了上千年风雨沧桑的古代名城即墨，走完了它辉煌的历程。

再过四十年，隋文帝仁寿元年（601）重设即墨县，新即墨辖境约当汉晋时的不其县，县城在今天的即墨城。名同地异，和古代名城即墨实不相干了。

四、故城遗址所留下的

城是废了，可悠悠千载历史留下的文物古迹是废不尽的，它那深邃丰厚的古代文物层积更不是风雨所能洗掉的。在城废以后的岁月里，故城遗址远离了半岛后起的政治、军事要地，得以避免了许多名城因改朝换代后重划政区改造城池而遭受的折腾，也未再成为兵家鏖战之地，少受了很多战争的破坏，所以在古代名城谱系里，即墨故城的遗址保留得相对完好。

距今50年前，地面上存留的故城城墙尚可清晰地划出往昔城周的轮廓——它应当就是西汉的胶东王城。城分内外两重，外城南北长达10里，东西约5里，周长30里。至今残存的东城墙，长约3里，残高四五米，板打夯筑，层次清楚。在故城遗址中部大朱毛村一带，至今还有“金銮殿”“梳妆台”“养鱼池”等残迹可寻。这里应该就是西汉胶东王宫城之所在。宫城迤南有“城里湾”（今名），昔年与东面沽河相通的水道遗踪仍隐约可见。四十年前的“城里湾”还是一片水深两米的百亩大水塘，盛产芦苇、莲菱和鱼虾。

故城遗址地下埋藏着丰富的珍贵文物。仅对最近几十年来因农耕而出土的文物做粗略统计，从种类上看，就有战国时期的“齐刀币”“燕明字刀币”“汉半两”“汉五铢”等稀珍古代钱币；“齐刀币钱范”“汉半两钱范”等古代铸造钱币的模具；至今锋利无比的铜剑、箭簇、袖箭等古代兵器；铜镜、小铜犀、石臼、石鼓、各种坛、盆、瓶、罐等精美的日用器物；烧制精工的各式汉砖等古代建筑材料。大都是国家级文物，有的乃是稀珍国宝。再看数量，民国2年（1913）出土的一窟古代铜钱，足足拉了20大车。1986年冬，一次出土了战国“燕明字刀币”56斤。总之，不论文物价值的重要，种类之多，数量之大，在全国都为罕见。

和故城有关的许多历史事件和名人，除了上文述及正史所载的田单以火牛破燕复齐，战国三位即墨大夫，西汉胶东康王刘寄及其家族事，等等，还有许多故事传说千百年来长期在民间广泛流传着。歇后语“康王的儿子——绕把子干”，说儿子专与老子唱反调，阴差阳错，竟把乃父之墓葬在山顶上，被风吹得到处都是。故事离奇不真，究其源，又分明与刘寄不喜其子刘贤，而刘贤最终得以继位有关。

另一有名的故事是二贞女剖心洗冤。传说修康王城时，从外地征调大量民工，连年劳作，不得归乡。有外乡女子不远千里，历尽艰险，前来寻夫，却遭丈夫怀疑，连同行的小姑也难为之剖白，她便以剪刀剖出心来，用河水清洗，小姑见状也剖心而死，河水因之变成红色，洗心河之名由此而得。旧时代附近有高台，称“二贞台”，台上有“贞女庙”。道光《平度州志》里还留下了明清平度文士赞美贞女的若干诗篇。

今天，即墨故城的价值已经得到了国家的确认。它所蕴涵的丰厚的历史文化层积，将随着经济、文化建设的深入而日益显现出来。纵贯东部沿海的

同江至三亚高速公路将从故城的旁边经过，修建大型“故城历史博物馆”、发掘康王陵墓的设想和规划，也陆续提到了议事日程。可以预期，这座沉睡了1400余年的古代名城，在它复苏以后，必将给大泽山文化带来也许是现在人们还想像不出的新的灿烂和辉煌。

（作者： 李树）

大泽山上、下寺杂考

在大泽山腹地，有上下错落的两座寺庙，下名智藏寺，俗称下寺；上名日照庵，又叫碧霞元君行宫，俗称上寺。两座寺庙都是历史悠久的古寺名刹，都有过昔日的辉煌，可惜都毁于抗日战争时期。近年，海内外有识之士醵金重建两寺，使两寺再现昔日风采。

应当说，两寺重建意义重大。研究两寺的历史和演变过程，充分发掘它们的文化底蕴，同样意义不小。可惜寺庙被毁年代已远，碑碣多已不存，资料缺乏，研究起来困难很大。现在只能根据仅存的一点残碑断碣和史志的粗略记载加以推测考究，倘能为今人了解两寺提供些事实，为后人的研究留下些材料和线索，则幸甚。

一、智藏寺始建于北宋政和二年之前，很可能始建于唐代

两寺始建年代均无法确考，只能根据现存的一些资料做些推测。将来如能发现始建的碑碣，现在的推测才能得以确认或纠正。

智藏寺在康熙《平度州志》和道光《重修平度州志》以及乾隆《莱州府志》上都说是始建于金明昌七年（1196）。以后志书都沿用此说，这已成定论，无人怀疑过。

1987年10月，平度一中教师李志民（李树）先生考证了大泽山智藏寺东旁甘露泉石壁上朱巽和秦元似的题壁诗，发现“金明昌七年”说是大谬不然的。智藏寺不是始建于金代，而是始建于北宋政和二年（1112）之前，从而将智藏寺的历史上推了100多年。

朱诗是一首七言律诗，诗后有“宿大泽山早起政和二年六月三日朱巽题”字样；秦诗是一首五律，诗后款识文字曰：“壬辰仲夏四日永兴秦元似谒言公禅伯因游大泽山智藏寺留题”。朱诗款识写的日期明明白白：北宋徽宗政和二年，公历1112年；秦诗中写“壬辰仲夏”，每60年就有一个“壬辰”，在时间的长河中“壬辰”多矣，这是哪一个“壬辰”？秦元似其人无从查考，只知这个干支，唐欤？宋欤？抑明清欤？都有可能。幸好，这个秦元似还在普贤门外虎头岩上留下了另一首诗，那诗是一首七绝，诗后款识是“政和壬辰五月四日长安秦元似书”。这就明白了，政和二年的干支正是“壬辰”，秦元似款识中的“壬辰”无疑是“政和二年”，秦元似和朱巽是同一年题的诗，两人只差1个月。

在朱巽的款识中提到了“大泽山”，而秦元似则明确点出了“大泽山智藏寺”，这就毫无疑问地说明早在北宋政和二年就有了“大泽山智藏寺”，比金明昌七年早了84年。

据分析，不止早84年。宋徽宗自号教主道君皇帝，是个极力推崇道教的帝王，在全国形成了崇道抑佛的气候，不大可能在徽宗当政的20多年中建智藏寺这样的佛教寺院，此其一；朱巽是扬州人，秦元似是永兴长安人，既非平度及其附近人，又未在平度及其周边为官，他们分别从很远的地方来大泽山智藏寺，说明这时的智藏寺是已有相当长历史的著名寺院，此二；从规模和住持僧人的知名度也可知这是一座历史久远的名寺，朱巽说他“宿大泽山早起”，可见这时的寺院除殿堂僧寮外还有供游客住宿的房舍，是座不小的寺庙，若无相当历史是积累不起如此规模的。请注意，秦元似这次来大泽山的初衷并不是来游山看寺，而是来“谒言公禅伯”的，只不过“因游”了山与寺，也就是顺便游了一下。这说明这位“言公禅伯”是个十分知名的僧人。这样的和尚住持的寺庙一般是一座历史悠久的老庙。

从以上三点可知，智藏寺的始建年代应从“政和二年”往上推很长的时间才对。

早在南北朝中期以前，大泽山附近就有了佛教禅寺，这有现存于北京故宫博物院的苏村（大泽山主峰西南 20 公里处）释迦院造像碑上的“正光三年”（522）为证。到南北朝末年佛教已推进到大泽山西麓天柱山一带，这有天柱山山脚下劈石门石窟中的“武定六年”（548）可证。看来，佛教在大泽山存在的历史是很久的。但相当长时期内只在山下存在，还未繁衍到山上去，那时的山上一定是榛莽遍布的原始状态，只有山民樵夫涉足，山下的僧人也可能上山游览，但无力在山上建庙。

那么，应上推到什么时候山上才有庙呢？有这样一说可资参考：

《平度文史资料》第一辑上有杨光写的一篇文章，文中有大泽山“唐始建兰若，迨宋元益显”的引文。出处杨光未注明，杨光已经作古，此说已无从查考。从这引文的口气、用词看，绝不是杨光编造的，必有所自。若这说法成立，那么，智藏寺就是唐朝始建的了。唐，是个佛事大盛的朝代，当时全国各地寺庙林立，佛教势力极度膨胀，以致唐武宗不得不采取灭佛措施。但武宗死后来了个反弹，佛教又更快地兴盛起来。在这样的大气候下始建智藏寺是极有可能的。自唐经五代至北宋末，历时三四百年，在这样长的时间内智藏寺已由初创而成为闻名全国的名刹，所以才能把浙江、陕西的秦元似、朱巽等游客也吸引来了。

二、日照庵始建于明嘉靖二十九年以前，有可能始建于元代

日照庵的始建年代更是扑朔迷离。

明代人张书绅于嘉靖二十九年（1550）游大泽山，写下了《大泽山记》一文。文中有“余觞二僧于日照庵而别”句，可见在张书绅游大泽山时就已经有了日照庵，且此庵已经可供游客设酒饯别，是功能相当齐全的一座寺庙，可知此庵之始建当在嘉靖二十九年之前。

上寺的一只石狮子在多年前被山洪冲到下寺附近，现在犹存。据文物专家考证，这石狮子的雕刻具有明显的元代风格。既然上寺位置在元代即有寺庙用物石狮子，这就证明日照庵在元代就业已存在。

元代就有日照庵，并不等于日照庵始建于元代，那么，再早会是什么时候呢？这就无从考证了。但似乎有个上限。日照庵中供奉着碧霞元君，所以又称碧霞元君行宫。而泰山上的碧霞元君祠是祀奉这位女神最早的地方，而此祠是北宋大中祥符（1008 ~ 1016）年间始建的，如果日照庵一开始就是供奉这位女神的，那么，此庵始建不会早于这个时间。

三、两寺旧时都很宏丽，尤其下寺，曾是一座大型庙宇

两寺被毁前的规格、格局如何，现已很难考查，仅能从旧时诗文记载约略想见之。

北宋政和二年朱巽《宿大泽山早起》诗有句云：“暂宿禅居寄洞天”。禅居即僧人居住的寮房。可见早在北宋政和年间下寺就已有可供游客暂住的寮房。明嘉靖年间张书绅游记中说：“多士假僧舍读书”，下寺不仅有房供游客暂住，而且还能容纳很多士子在里面长期居住读书，足见那时下寺就有一定规模。

镌于上寺附近石壁上的一首明洪武年间诗有“琉璃古殿绿苔生”句。洪武年间这里已有顶覆琉璃瓦的古殿，由此可以想见其殿宇之宏丽。现在山沟里还可看到琉璃瓦碎片，可证这诗句不是诗人的凭空想象。

两寺规模、气象由上述可约略想见，关于两寺的建筑物，龙文明于明万历年间写的《大泽山记》中载：“山之中方为寺，寺有廊、有门、有夹室。越门三重，为大雄宝殿，中奉如来阿罗汉像，殿材巨丽雄壮。”可知当时下寺是一座各种建筑齐全的三进院的大型庙宇。

上寺毁后未作改建，其屋基残垣直到近年重

建时尚可辨识。这是一个一进院落，进山门两侧是钟鼓楼和东西配殿，北面是泰山老母殿，殿西接山略小者是无生老母殿。正院东侧是一布局紧凑的四合院，此院房舍为僧寮。

日照庵后上行里许，又有一个一进院落，进门只有正殿3间。这地方叫梳洗楼，是碧霞元君（泰山老母）沐浴梳洗的地方，属日照庵的别院。

四、两寺都可供游客食宿，下寺可供文人学士长期在内读书讲学

明人张书绅《大泽山记》中写他由二僧陪伴来游大泽山，进入普贤门快到下寺时，“寺僧迎余松下，由殿角观磨刀石、尝乳泉，抵方丈宿焉”，这就像到了旅店一样，有僧迎接且做导游，游后安排住宿。又写“次早二僧以他事先归，余觞二僧于日照庵”，上寺僧舍很像一个山中小饭店。

下寺不但为游客提供食宿，而且还是文人学士读书、讲学的场所。就在张书绅这篇游记里，有“多士假僧舍读书。适于子起潜，毛子梦鹤、梦麟，周子子由方讲学山中”的记载。看得出来，下寺当时不但有游客栖息，还有这么多学人借其环境幽静在里面长期读书讲学。张文最后写：“首游自六日，望后一日返，计十有一日。胜会难逢，佳辰鲜遇，发志畅怀，各伸其蕴。余首倡之，诸君次第分吟，得若干首。”这位张书绅在下寺一住就是11天，与于起潜等文人一起讨论问题、创作诗歌。当时的下寺成了文人雅集的极佳场所。

大型庙宇兼有供游客食宿文士栖处的功能，这在我国古典小说、戏剧里是屡见不鲜的，像《西厢记》里的普救寺、《望江亭》里的清安观都有文人栖住，大泽山上下寺也是这样。大泽山中的诗咏题刻，史志中描写大泽山的诗文，与两寺给文人雅士提供这些方便是分不开的。若无两寺留住文人，人们只能当天上山当天下山，哪还能题字刻石？所以说大泽山能成为文化名山，与两寺这种功能是有直接关系的。而两寺在发挥这些作用的同时，自身必然也增加了收入，古代两寺之所以那样兴旺，与这“以寺养寺”的做法是不无关系的。

五、下寺还是高僧荟萃的场所，明初在这里就曾有过全国各地高僧的一次大聚会

智藏寺除是世俗之人游栖之地，还是各地高僧经常前来挂锡之所。这方面的情况因无记载已无法考证，唯有“书法胡同”中存留的僧人诗偈，为我们了解明朝初年在这里的一次高僧盛会提供了依据。

在下寺后近旁，有一中裂的巨石，裂缝宽约1米，状如一条胡同。在缝两壁及巨石南壁上刻满大如手掌的近700字。原来，这是一些僧人偈语和落款题识。从落款可知，来这里题偈的有泰山灵岩寺住持晋溪惠才禅师、赵州崇报寺行中仁禅师、天目山东及延禅师、温州灵岩山天之性禅师、杭州灵隐寺用贞良禅师、婺州圣寿山古松茂禅师、泰山灵岩寺秋江洁禅师、长安一山胜禅师、古杭径山寺月堂颜禅师等僧人。从偈语诗的内容看，多为颂扬一庵纯的赞语。

康熙《平度州志·仙释》载：“僧一庵，怀来人。元末游辽东，观东莱有秀气，卓锡大泽山中。填涧谷，立殿宇，从者益众。神行甚高，有前知。坐乳泉石下，夜有虎守卧，昼则伏之日照庵东穴内。洪武初，设僧官，选授之。圆寂之前预作偈曰：‘生本无生，灭本无灭。太空浮云，红炉点雪’。”这里记载的是一位道行高深的禅师，书法胡同里的诗偈对他推崇备至，如秋江洁偈曰：“独镇东洋大泽峰，于中隐个住山翁。能知假有原非有，善解真空本未空。寂寂性天无障翳，明明心底尽融通。自从少室传芳后，又得一庵继祖风。”“少室”即曾面壁十年的著名禅宗初祖菩提达摩禅师。秋江洁把大泽山里的一庵纯和全国著名的达摩祖师相提并论，可见一庵纯在禅界的地位是何等之高。

一庵纯如此高的声誉，吸引了众多全国各地高僧来听他讲经说法。来这里的僧人是否真是高僧？其余人不可考，唯泰山灵岩寺的秋江洁还可查出一点踪迹。在《禅宗词典》（湖北人民出版社

1994年版）里有一词条介绍高僧道成，说道成曾奉明永乐帝命出使日本，授“左善世”高位，掌过朝廷僧录司事。这样一位有地位的禅师曾“于泰山灵岩寺谒秋江洁禅师，受曹洞宗之法”。秋江洁是不是高僧，这就可知了。由此也可推想来大泽山留偈的人也都是很有名的高僧。

书法胡同里的诗偈由多人所留，是一样的字体，由此可以推想出当时的情况应该是这样：智藏寺住持一庵纯召集了这次禅界盛会，先在一起讲研了禅理，然后各人提笔写下诗偈以记参加这次盛会的心得感受和颂扬一庵纯禅师，事后由一人将诗偈书刻在胡同里，于是为我们留下了这笔宝贵的书法艺术财富和研究大泽山史的珍贵资料。

就像晋朝王羲之约集众多文人雅士于兰亭分韵赋诗然后编成《兰亭集》一样，有人称这次智藏寺高僧聚会是一次佛界的“兰亭盛会”。

六、智藏寺塔林有人称其为全国八大塔林之一，在从前这塔林却备受冷落

在下寺东南约二三百米处，有7座石塔掩映在苍松翠柏中，这是大泽山中十分秀美的一处景色，这就是全国有名的智藏寺塔林。1991年8月15日四川省《精神文明报》载文列举了全国著名塔林共8处，其中有嵩山少林寺塔林、泰山灵岩寺塔林等，排在第8位的就是大泽山智藏寺塔林。嗣后，有人据此称智藏寺塔林为全国八大塔林之一。

自从进山西路遭到破坏新修了进山通道以后，塔林这地方就成了停车场，下车伊始就可观赏这些高耸的石塔。这些石塔，皆为安葬僧人遗体的墓塔，在这些塔下长眠着的是高僧住持们的遗骨。来到这里，可见青松中塔影隐现，这实际是山中一大胜景。但奇怪的是，县志上大泽山写景诗文那么多，却无一处提及这塔林；大泽山28景和续增8景中也无此景。古代的文人雅士为什么如此冷落这一景观？恐怕主要还是一种观念所致。景美，不仅要外在景观美，而且意蕴要美。人们爱山，是因为山有峥嵘的气势，角举的风骨；爱水，是因为水有流动的生机，深深的蕴涵。而安葬死人的地方只能使人想到死亡，感到凄凉。所以那样的地方再美，人们也是不以为美的。这恐怕是智藏寺塔林不入诗文更不选入36景的原因。

七、当人们谈起上下寺的时候，均会提到从前那几棵白果树。那树，丰富了大泽山的奇异色彩

在上下寺被毁之前，两寺各有高大古老的白果树两棵。白果树学名银杏树，又叫公孙树，为我国特有，是有名的观赏树种。每到秋天，折扇形的叶片变成金黄色，碧瓦红墙掩映在一片金黄中，其景之美可以想见。一般庙宇多柏，而大泽山上下寺除柏树外，还有银杏为其调节色彩，这是两寺优于一般庙宇之处。所以，白果树成了两寺的有机组成部分，当人们谈起两寺的时候，均会提到白果树。

龙文明《大泽山记》中写“庵之旁多嘉树，与乔松竞姿”，这里说的与松树竞姿的嘉树，当指白果树，这说明上寺在明代就已有这树，而且已经是大树了。1937年崔云亭先生在他的《大泽山游记》里写道：“殿前后有白果树数株，大可四五围，颇壮观瞻，盖数百年物也。”上推数百年，已是龙文明游大泽山之前，两人所说契合。据山下老人说，下寺殿前那棵白果树四五人合抱不交，与山门前那个碾盘等粗，枝上垂瘿米许，树杈上可坐四五人。树年久中空成洞，老和尚在里面养鸡。一次，怪久不见鸡，多日后忽见母鸡率小鸡自树杈处出，盖鸡在树洞中下蛋孵出鸡雏矣，此佳话至今流传。

白果树是两寺历史悠久的见证，又与寺融为一体，成为两寺历史上的重要之物。

八、两寺原有大量碑碣，寺毁，碑亦毁弃殆尽，现存的残碑弥足珍贵

凡庙宇，都有不少碑碣，这是我国庙宇的通例，大泽山上下寺也不例外。碑有还愿祈福碑、颂扬功德碑、重建重修碑，前两者没有多大意义，重建重修碑却是刻在石头上的庙宇史，很有价值。可惜的是，两寺还愿祈福颂扬功德碑现有不下百通，且保存完好，而重建重修碑却所剩无几，仅存者也都漫

漶不清，参阅起来很是费力。

从上寺向西有一条通向普贤门的山路，碑碣夹道长有里许，不下百通之多，是规模不小的一处碑林，十分壮观。立碑时间多为清末民初，故碑石完好，字迹清楚。这碑林的存在，既可证明上寺昔日香火之盛，又为今日上寺增加气势，书法水平也很可观。从这三点说，这碑林还是很珍贵的。

现存重修重建碑，上下寺各有两通，从其碑文可约略了解两寺历史，弥足珍贵。上寺两通重修碑，一为康熙二十二年（1683）碑，一是嘉庆十三年（1808）碑。康熙碑立于上寺西侧路南，碑文为张含辉撰并书。张含辉，莱州人，清顺治九年（1652）进士，官至四川学政，曾游大泽山留有多处摩崖题刻，并撰书此碑。碑文较有文采，书写也端丽可观。碑为汉白玉石质，碑额“重修碑记”四字为篆书，四周刻祥云图案，是一通制做考究的碑碣。嘉庆碑立于梳洗楼院内，亦为汉白玉石质，然碑文撰写书丹水平一般，为日照庵住持僧人祥玉撰书。两碑对了解上寺重修情况有一定参考价值。

下寺的两通碑，一为万历碑，一为康熙碑。在下寺遗址林场大门前，原有一石板做桌面的石桌，前些年将桌面翻过来一看，原来是一通智藏寺重建碑。碑文有三分之一缺失，连立碑年代也无存，不过可辨认出撰文人为孙继善。孙系莱州人，万历十七年（1589）进士，官至兵科给事中；还可辨认出篆额人为张孔教，张亦为莱州人，万历二十九（1601）年进士，官至太常寺少卿。书丹人不可辨。孙、张二人皆万历进士，可知此碑系万历年间所立。此碑虽已残缺，却是研究下寺历史最有价值的碑碣。另一通下寺重修碑是康熙五十五年（1716）所立，这从碑上可清楚辨出，此碑也有一定价值，系 1999 年新出土之碑，残缺不太严重。

谈到智藏寺碑碣，不能不提一下大名鼎鼎的“岣嵝碑”。原在下寺东南隅，有一通字体为蝌蚪篆的古碑，人称“大禹岣嵝碑”，又称“神禹碑”。文人多拓宝之。1937 年崔云亭先生游大泽山时尚见过此碑，在他的游记里作过记述。此碑传说是大禹治水时所立，碑原在湖南衡山密云峰，衡山又名岣嵝山，碑因得名。原碑早佚，现昆明、成都、西安、绍兴等处皆有摹刻，碑拓收入《金石萃编》。大泽山下寺“岣嵝碑”碑尾有清人白玉堂跋语。白玉堂，清道光举人，曾任盐课提举，善书，在大泽山中留有多处摩崖题刻。白在跋语中说：“兹就其残影钩焉填焉，拓之而移刻于此石。”据此可知下寺“岣嵝碑”系这位善书好事的白举人移刻于此。“岣嵝碑”因用了大禹的名字而享誉全国，白氏将其移刻于此，更增了智藏寺的厚重感和文化气息，可惜已佚于寺址改建为林场的时候。

九、从方志和残存的碑碣可大体考知几次重建重修情况

两寺历史都很悠久，一定有过多次重修重建。研究庙宇的历史，在很大程度上就是研究它的重修重建史。可惜两寺留下的重修重建碑太少，而且残损严重，现在已很难弄清两寺历史上重修重建的全部情况。

尤其上寺，现在只能知道有两次重修。

一次是清顺治年间的重修。顺治间重修，重修碑却立于康熙二十二年。碑文上说：“时值土寇，未暇勒石，僧人净恩恐其久掩李赵二公之功，立碑以志。”“李赵二公”何许人？“李”是李芝兰，顺治十年任平度知州；“赵”是莱州人，仕至镇江知府，善诗，大泽山中留有他的题刻。原来，顺治间这二人主持重修了日照庵，刚修完境内就闹土匪，未来得及立碑记载这次重修。到康熙二十二年事情已过去了 30 年，僧人净恩怕埋没了李赵二人之功才补立了这通碑。这次重修情况如何，碑文中语焉不详，只说“不逾年而焕然改观”。不到一年就修完了，估计这次重修没有大的改动，只将原有的建筑物维修粉刷一番，使之“焕然改观”罢了。

另一次在清嘉庆年间。梳洗楼院内重修碑记载了这次重修，所修的仅为梳洗楼，而非全 庵。重修情况未写明，只记这次重修乃“义士张万有等”

所为，纯是民间的自发行为，重修事宜则由僧祥玉主持，估计是一次小型的修缮。

下寺虽也只有两通残碑，但看碑文剩字，再参阅志书，起码可弄清六次重建和重修的大体情况。

第一次（重建）

志书记载智藏寺始建于金朝明昌七年，这一说法明显有误，但各志书均这样记载，显然是当时修志的人未看到甘露泉石壁上朱巽和秦元似的题诗落款，故把重建当始建了。看来，在金明昌七年以前，智藏寺久已毁掉，连点踪影也没有了，甚至人们已不知此地有过寺庙，就把这次建庙当成始建了。我们可以这样认为：金明昌七年这次修建，虽非始建，却也是一次另起炉灶的大规模重建，这是我们知道的第一次重建。

第二次（重建）

如前述，康熙《平度州志》介绍一庵纯禅师时，说他卓锡大泽山中，“填涧壑，立殿宇”，看来这是智藏寺的又一次大型重建。从万历年间（1573 ~ 1620）孙善继撰文的《重建大泽山智藏寺记》残字中可辨认出这样的意思：大泽山故有寺庙，某公卓锡于此，见寺已毁，愿重建之，“又鄙其规制狭促，堑山堙谷者五年而始成，又五年而寺成”，可见“某公”的这次重建用时 10 年，连寺的地基也进行了彻底的改造，是一次改变面貌的大型重建。

那么，主持这次重建的“某公”是谁，又是在何年代呢？碑文接下去这样说：“再圮而修于正弼，士人徐璋翼之，时嘉靖四十五年（1566）也。历二百年即有修缮，亦仅仅支撑补葺而已。”这里又提到了嘉靖四十五年的一次小型修缮，而这次小修是“历二百年”之后的一次。由这次小修时间（嘉靖四十五年）上推 200 年，正与康熙《平度州志·仙释》中所说一庵纯“元末游辽东观东莱有秀气，卓锡大泽山中，填涧谷，立殿宇”的时间相契合，“堑山堙谷”与“填涧谷”也相合，由此可以断定，碑文中提到的“某公”就是一庵纯禅师，是一庵纯主持了这次大型的重建，时间是在元末明初。

第三次（重修）

我们知道的第三次是一次小型的重修，即上文所述万历重建碑中所提到的嘉靖四十五年这次重修。

第四次（重建）

也就是树这通碑的这次。孙善继在碑文中回顾了以前的两次重建重修后，接着写道：“至万历末，……岁乙卯，二三缙绅先生往游”，乙卯年是万历四十三年，而万历共 48 年，“四十三年”也就算“万历末”了。孙善继是万历十七年进士，篆额的张孔教是万历二十九年进士，都是万历中后期人。由此可以推知，这通《重建大泽山智藏寺碑》立于万历四十三年（1615），那么这次对智藏寺的重建也就是在这一年了。

这次重建的情况如何？据碑文介绍，这次重建之前，“□殿而天王殿而斋厨、钟楼、碑亭、山门俱缺焉”，重建后，“法界中所宜有者，次第告成”。那就是这次重建把“缺焉”的□殿、天王殿、斋厨、钟楼、碑亭、山门等“所宜有者”尽数建成了，可见是一次大规模的重建。至于主建人等情况，因碑文残缺，就不得而知了。

第五次（重修）

现在可知的第五次是一次重修，时间是在康熙五十五年（1716），这有 1999 年出土的康熙重修碑为证。从明万历四十三年到清康熙五十五年，已过了 101 年。这次重修，据碑文可知，领袖是徐承宁、张永兴，两人为何许人均不可考。主持人是僧人明存。重修碑碑文由康熙四十五年（1706）进士莱州人王壮图撰写。王壮图这时在直隶真定府行唐县任知县，他是智藏寺住持僧人明存的朋友。从碑文中可知，康熙四十八年（1709）王壮图听明存要醵金修寺，以为修寺之事谈何容易，“累卵磨鞭何其难矣！厥终所不敢知也”，不相信明存会办成这件事。“丙申（康熙五十五年）春，越 8 年而明存忽以落成音闻”，出乎王壮图意料，明存找到了徐承宁、张永兴这样的热心人，终于完成了重修任务。这次重修，碑文上说：“梵宫浮屠俱新，其旧山门、两廊扩而大之”，看来是粉刷了殿宇并扩大了一些建筑，属中等修缮规模。

第六次（重修）

我们从碑碣和志书上可知有上述5次重建重修，此外，我们从一点蛛丝马迹还可知有第六次重修。

在平度市博物馆院内，有一块不大的从碑上断下来的三角形石头，上有“咸丰四年四月”字样。那原碑乃咸丰年间为张舍老白家立的善行碑。碑原立于张舍村，被百姓打碎，后博物馆收集到了这块碑石。那碑石上还有“壬午科举”四字，这显然是指道光二年（1822）壬午科举人白玉堂。由此可知，此碑所颂的善行是道光年间白玉堂所为。在那时，张舍白家达到鼎盛时期，成为胶东首富。其间白家做过许多善事，残碑石上有“捐军需……建坊祠并大泽山智”这些字。“大泽山智”显然是大泽山智藏寺。看来，白家在捐军需建坊祠的同时，还捐资重修过智藏寺。白家有4代11人在大泽山中留下了摩崖石刻数十处，可见白家人对大泽山很有感情。凭着对大泽山的热爱，凭着白家的财富和乐善好施的特点，肯定是在咸丰年间出资重修过一次智藏寺。这次重修属民间行为，估计是一次小型修缮。

从咸丰年间到抗日战争时期智藏寺被日寇焚毁，其间只有七八十年，再未重修过。1937年崔云亭先生游下寺时，所见寺貌是“年久失修，栋折露天，灰尘满地，雀蛇穿凿，色彩无光，佛头不止着粪而且着雨矣”，其况相当惨淡。下寺之所以在清末民初再未修缮的原因，据分析是这样：自清中叶到民国期间，上寺日照庵逐渐兴盛起来，下寺却日渐衰落下去。上寺供奉的泰山老母（碧霞元君）由道教神逐渐变成民间普遍信仰的俗神，再加上一个民间创造出的无生老母，日照庵香火越来越盛，庙会越来越火；而保持着佛教原始面貌的下寺反被冷落在一边了。民国21年（1932）民众能在上寺建一个无生老母殿，却无人出资修智藏寺了。

十、上寺情况很奇特：名庵，却不住尼姑住和尚；是佛教寺庙，却供奉着道教女神

上寺名日照庵，本来应是尼姑所住，从现存的资料看，里面住的却是和尚；和尚是佛教僧人，庵里却供奉着道教女神碧霞元君。研究这一奇怪现象，有些难度却又是十分有趣的。

先说说庵里住和尚的事。如前所述，明代的张书绅曾“觞二僧于日照庵”，一般说，不大可能在尼姑住的地方与和尚饮酒作别，可见庵中无尼。明代范炼金《游大泽山记》中写“日照庵在北峰之蜱，丹垩焕然，别一洞府。一比丘少年持摩尼数珠，稳坐蒲团，一小阇黎送茶过此”。比丘、阇黎皆是对和尚的称呼，这里明明白白说庵里有两个小和尚。上述两则记载证明最晚在明中叶后期日照庵里就住着和尚了。康熙和嘉庆两通碑上，也明确记载着庵里的住持是和尚而非尼姑。

再来分析僧占尼庵的原因。可能是这样：当初，智藏寺佛事很盛，外地的女尼也来了，但和尚寺里是不能住尼姑的，于是就在智藏寺北僻静的地方另建一庵安排女尼。再说，到寺里礼佛的不光是善男，还有信女，为适应女香客需要，也应别建一庵。也就是说，开始时这日照庵是住女尼的，以后尼姑渐渐死去或离去，无人为继，于是智藏寺的和尚就去主持此庵。到这时，或仍叫庵，或另起名字而未叫起去，仍用原名，于是就造成了这种庵中住僧的状况。

如果上述推测成立，那么，日照庵开始时供奉的一定是观音菩萨之类佛教女神，可是，以后这庵里却供奉上了道教女神碧霞元君，这日照庵又有了“碧霞元君行宫”这一别名，这是怎么回事？

康熙二十二年重修日照庵碑记中这样写道：“碧霞行宫建于大泽山之日照庵也。”这就是说，碧霞宫修建之前就已有个日照庵在那里了，碧霞宫是在日照庵里建的。是不是在日照庵院里另建了一个庵中之宫呢？这碑文称碧霞元君是“正神”，看

来并不是在一个院里又有观音又有元君，而是将佛教神观音之类请了出去，道教女神碧霞元君鸠占鹊巢地成了此庵的“正神”，此庵也就另命名为碧霞元君行宫，造成了一庵两名的事实。

是不是道教女神住进来以后，这里就由道姑主持，以后又被和尚赶走了呢？一般不会，庵内一直住着和尚，也就是说，是和尚把女仙请来当了主神，僧人供奉着碧霞元君。

造成如此状况的原因，可能是这样：

自宋真宗封碧霞元君为神之后，这位女神声望日隆，特别是在民间，对这位能消病祛灾的女神越来越崇信，到明清竟形成了对女神的崇拜热潮，到处建庙祀之。康熙上寺重修碑中说碧霞行宫有“百千亿”，未免夸张，可也能见其多。此神虽被道教收入所尊之神的行列，但她始终保持着民间俗神的色彩，在没有正式宗教信仰的俗众中具有很高声望。而有明以来，佛道二教在官府和民间日渐式微，在这种情况下，大泽山中的上下寺香火逐渐冷了下来。当崇信碧霞元君的浪潮波及到了这里时，两寺的和尚为重振香火，就祭起了“名神效应”的法宝，把碧霞元君请来当了正神，只取其民间俗神名分，至于是释是道，就管不了那么多了。此举果然灵验，自从来了女神，香火大盛，竟形成了规模巨大的日照庵三月庙会。而保持着佛教原始面貌的智藏寺却日渐冷落了。

十一、民国年间上寺内又建起了无生老母殿，原本红火的日照庵庙会更加火爆了

人们冲着泰山老母——碧霞元君而来形成的日照庵庙会原来就很红火，民国21年（1932）信徒们又在泰山老母殿西侧建起了三间无生老母殿，从此，庙会规模更大了，每年农历3月18开始赶会，到3月26日达到高潮，一直赶到4月18，会期整整1个月。

无生老母是明朝中叶白莲教造出的一位女神，被尊为创世主、救世主，是中国式的女上帝，在民间影响很大。1932年主要由昌邑信徒集资建起无生老母殿，神像是在昌邑做好运来安放在殿里的，所以民间有无生老母娘家是昌邑的说法，昌邑人格外信奉这位老母，为这位老母立的碑多是昌邑人所立，昌邑县来赶三月庙会的也特别多。

1937年农历3月27日，时任崇真中学教师的书法家崔云亭先生，与9名学生来游大泽山。他在《大泽山游记》中写道：“六时至下寺，适值会期，殿堂僧舍，人已挤满，吾等几觅宿不得。”可见即便在战乱时期来赶会的仍如此之多。据山下老者讲，每年会期，昌邑、潍县及四围各县的善男信女接踵而来，每天山下的韭园、大疃等村停牛马车各百辆之多，沿途团石子等村留下“车道”地名，至今仍叫。这一庙会不同一般庙会，是个无贸易山会，来的多为许愿还愿的香客。富者捐资竖碑修庙、次者点戏愉神，再次者以小米为香资，每年庙里收的小米一年僧众吃用不完。就在崔云亭先生目睹山会盛况两年后，上下寺均被焚毁，山会也就销声匿迹了。

十二、上下寺均在抗日战争期间被日寇焚毁

1937年抗战初期，崔云亭先生所见的大泽山寺庙只是年久失修，显得破败，但殿宇僧寮都还在，而到抗战结束，两寺都已荡然无存。是什么时候如何毁掉的？我们对此作过多方调查，山下老人都说，两寺都是被日本侵略军焚毁的。

智藏寺是1939年被日本侵略军烧毁的。当时下寺驻有国民党18旅沈官臣、陈泽渥部的修械所。驻夏邱的日本侵略军得知后，即派一队日军带上放火工具来到大疃村，胁迫几个村民为其带路，上得山来，放火烧寺，大火一直烧了3天3夜。熊熊大火把寺后巨石上的刻字都烤得似瓦片般卷起剥落。据韭园村村民周维桂回忆，下寺被烧是在这年秋的一天。那天下午两三点来钟，他赶沙河集回来，离大泽山十几里路，就看见山上浓烟滚滚，火光冲天，就知道一定是寺庙被烧了，吓得他宿在东岳石村不敢回家。

1940年大泽山区解放后，我八路军胶东西海军分区司令部及西海行署进驻山下东高家、韭园一

带，司令部的一个电话班驻日照庵。日本侵略军得到密报，1943年趁进山扫荡时，又将上寺付之一炬。日本侵略军纵火焚寺，因上寺的辅助建筑梳洗楼地处偏僻而幸免于难，翌年被拆毁，拆下的砖瓦木料建了韭园小学。

（作者： 王明章 高瑞吾）

平度移民考

平度历史悠久，文化灿烂。韩村遗址的出土，说明早在五六千年前，平度即有先民在生息繁衍；东岳石遗址的发现，使我们透过时空隧道，看到和感受到了四五千年前，平度境内的人丁兴旺和社会文化繁荣。由于历史变迁、朝代更替和社会发展的需要，平度历史上曾发生过多次人口迁移，其迁移类型不外两种，即移民平度和平度移民。

一、移民平度

（一）明朝移民。据平度市地名办公室村籍档案和《平度地名录》统计：平度所有自然村中，有移民记录的村庄1700余个。其中，最早一个移民村发生在春秋末年。以下按年代分布移民建（住）村的依次为：两汉、北魏、隋朝各1村，唐朝6村，宋朝26村，元朝28村，明朝1390余村，清朝300余村。由此看出，明朝是平度人口和村庄大变动的年代，现有村庄约3/4强建于明代。这些移民多数来自四川、云南、省内其他州县、山西洪洞县，少数来自江苏丹阳、河南、河北等地。

1. 明朝移民背景。平度在先秦、西汉时期，在齐文化的熏陶和孵化下，政治、经济、文化领域出现过骄人的辉煌。春秋时始建的即墨城，为胶东半岛上的政治、经济、文化中心。西汉时，即墨城政治、经济持续繁荣。据《汉书·地理志》记载，西汉末，胶东国有8县32万人，平均每县4万人；东莱郡有17县50万人，平均每县3万人。今天平度辖境约为当时4县之大，推算起来有十三四万人口，属于当时经济发达、人口众多的地区。晋武帝太康年间（280~289），平度境内约有五六万人。后来经过“十六国”140年的长期杀伐，到刘裕灭南燕时，平度大地上生活的人口不过二三万。《魏书·地形志》载，东魏武定年间（543~550），长广郡6县人口有5.1万人。以此估算，平度境内也不过2.5万人。到了元末，由于长期战乱，胶水县已经到了“生民百遗一”的地步。这种连绵不断的战乱，再加上蝗灾、瘟疫、大旱、大涝等自然灾害，致使平度人口锐减，社会生产力遭受极大破坏。明朝建立以后，为了恢复和发展社会生产力，朱元璋下令，各地流亡人民还乡生产，还乡者皆免税三年。由政府组织人民屯田。洪武年间（1368~1398），明政府曾不断把狭乡（人多地少的地方）人民大量向宽乡（人少地多的地方）迁移，移民屯种。同时设置卫所，进行军屯，以屯养军。明政府推行这些政策，虽然最终目的是巩固封建王朝的统治，但客观上缓和了社会矛盾，调动了农民生产积极性，使农业生产逐步得到了恢复，边防巩固，社会安定。

2. 明朝移民平度溯源。有明一代，平度有移民立村记录的村庄1390余个。其中，移民规模较大者：洪武年间640余个、永乐年间130余个、成化年间90余个、嘉靖年间60余个、万历年间120余个、崇祯年间80余个。以洪武年间移民分析，平度由四川移民迁入建村270余个，云南移民迁入建村140余个，山东省内其他州县移民迁入建村50余个，平度范围内迁移建村30余个，山西洪洞县迁入建村10个，河南、河北迁入建村各6个，江苏丹阳迁入建村4个，湖北、北京、广西、安徽迁入建村各1个，无明确建村记录村58个。由此看出，除省内州县迁移外，平度外来移民主要来自三个地方。

一是四川和云南。其中，从四川迁入平度境内建（住）村的移民主要来自陇西县甜水井、徐家沟、成都府、狮子王家、铁狮子、刘家、华阳县大马村、汝宁、鸭儿湾、大槐树底下等地；从云南迁入平度境内建（住）村的移民主要来自小云南、卧

泥沟、枣阳县槐树沟、葛古县花耳街、槐树里头、桑落村、大王庄、青阳、大柱巷狮子胡同、霸州、三里河套、乌撒卫等地。

据清登州府教授张希贤《乌撒考》载：明初中原统一，云贵高原还被元将把匝剌瓦尔弥占据着，屡招不降，且野蛮地杀害使者，朱元璋遂于洪武十四年（1381）命傅友德为征南将军，蓝玉、沐英为副将，率兵30万讨伐云南。到了湖广，分遣都督胡海将兵3万经永宁（今四川叙永）趋乌撒。傅友德自云南曲靖取间道，循孤格山向南，直捣乌撒，击溃元军。后遂置乌撒卫，隶属贵州都司，领毕节、芝部、镇雄、昭通诸地，俗称"小云南"（当然也有山西"云中、云州之南"等说）。现在平度境内居民凡是称其先祖是明代从云南迁来的，应该就是指这个"小云南"。"小云南"是驻军所在地，这从一个侧面说明了来自云南、四川的移民是属于军户迁移。实际上，自元朝时起，沿海地区就已经倭患迭起。到了明初，倭寇侵扰尤甚，所到之处，烧杀抢掠。为巩固边防，安定社会，朱元璋创建了常备军建军制度卫所制和寓兵于农、守屯结合、以屯养兵的军屯制度。并按照"跨县设所，连府设卫"的原则，陆续在山东设立了安东卫、鳌山卫、灵山卫、大嵩卫、靖海卫、成山卫、威海卫等9卫。为充实青岛沿海地区卫所，明政府从云南、四川等地迁来大批军户，实行军屯。《即墨县志》记载，仅明代建卫所、军屯而迁入的人口即达7万余人。其中相当一部分应当就是军屯"小云南"的军户。因为如果不是政府有组织的对军户进行迁移，单纯对普通百姓进行这么万里迢迢的移民，既无必要，也无可能。至于流民长途跋涉达到胶东地区，其可能性更是微乎其微。

道光《重修平度州志》复载，清代平度曾收并鳌山卫（属即墨市）29屯今分为54屯，收并大嵩卫（属海阳市）7屯今分为11屯，收并浮山所（属青岛市区）16屯今分为22屯。按照明代军屯制度规定，以屯养军，军屯受制卫所，凡边地，三分守城，七分屯种；内地，二分守城，八分屯种。每个军人受田50亩，发给耕牛、农具。屯兵可以带家属、子女住在卫所。明代军户是世袭的，一人充军，世代相承，不能脱离军籍。这样被收并到平度卫所的军户就成了平度常住居民。由于大部分军户来自于云南、四川，所以他们就把云南、四川当成了他们的祖籍。实际上，说云南、四川为祖籍并不确切，先祖们只是在云南、四川驻防的军人，其真正原籍应为跟随朱元璋起兵时的安徽、江苏等地。

二是山西。移民多数来自山西洪洞县棘林陈家。明朝灭亡元朝后，为巩固新政权和发展经济，从洪武初年至永乐十五年（1417），50年间组织8次大规模移民活动。晋南是山西人口稠密地区，而洪洞县又是当时晋南最大、人口最多的县。据《明史》记载，明朝在洪洞县城北有一座广济寺，寺里有一棵大槐树，"树身数围，荫遮数亩"，汾河滩的老鸹纷纷在上面构窝筑巢。明政府在广济寺设立移民机构，具体办理移民事宜，大槐树下就成了移民集聚之地。为此，大槐树和老鸹窝就成了移民们惜别家乡的标志。"问我祖上何处来，山西洪洞大槐树。祖上故里叫什么，大槐树下老鸹窝。"这首民谣数百年在我国许多地区广泛流传。

不过，据《洪洞大槐树移民志》（张青主编）统计，山东地区明朝洪洞大槐树移民主要分布在92个县市，其中平度周围的县市如胶南、胶州、即墨、莱西、高密、莱州均有提及，惟独没有平度。可能有人要问，哪平度境内说祖上是从山西洪洞县迁移过来的作何解释？笔者的观点是：洪洞大槐树向山东移民最初主要分布在山东其他一些地方，后来经过辗转迁移，有一部分人来到了平度，从而由省际移民变成了省内移民，但他们仍然说我家来自大槐树。

（二）落户平度的三峡移民。为安置三峡库区移民，2001年8月21日和2004年8月6日，平度先后接受来自重庆市的两批移民。第一批来自忠县的中丰村、皇华村、磨盘村、南北村、天山村、灯树村和堑口村，共49户204人，移民安置在张戈庄、万家、蓼兰、郭庄4镇的15个村庄。第二批来自开县曲口镇，共17户82人，随迁2人。这84名移民被分别安置在田庄镇东南寨村、张东村和白埠镇的林家庄村、南王庄村。

二、平度移民

（一）平度人“闯关东”。

据光绪《平度志要·户口》记载：“境去太平洋只百里，贫民每携妻子航赴辽东。”“自俄人营西卑（伯）利亚铁路，民之赴海参崴、哈尔滨者，觅船芝罘，日日如归市。”成书于1936年的民国《续平度县志·户口》复载：县人“然或无所得食，率北走关外，近客胶、黄、大连，久之辄流落不返。”民国《续平度县志·列女传》又载：灰埠镇北大官庄村王平南在清道光乙未年（1835）即因饥荒携妻子、儿女到沈阳谋生。应当说，这不是一个个例。很可能在鸦片战争之前，平度人饥荒年月“闯关东”就已成为一种趋向。曾被周恩来总理赞为党内“忠厚长者”的平度市马戈庄乡人杨明斋，1901年即告别父老乡亲来到海参崴，同先期到达的远房族兄弟杨好清家同住在东底子里居民区。那时的海参崴仅由马戈庄乡去“闯关东”者就有好几家。

平度村，是黑龙江省孙吴县西兴乡一个人口超千人的村庄，其中平度籍村民占据总人口的70%强（2008年比例）。而平度籍村民中，又以祖籍为李园街道花窝落村的最多，约占50%，其中的杨秀堂、张东起曾先后任平度村党支部书记。可以这么说，花窝落村是平度人外出“闯关东”的村庄代表；平度村是“闯关东”的平度人在东北生活的一个剪影。据花窝落村81岁老人张俊三（其女现住平度村）讲，他们村最早外出闯关东的人为张奎祥夫妇和李克书，西二十里铺的王殿喜也曾同行。几经周折，张奎祥最后到达孙吴县西兴乡小南屯落脚，时间大约是在1938年。不久，北台村的刘思乐、刘思集由沈阳到达小南屯，并选择今平度村所在地居住，形成平度村的雏形。1942年前后，先期去东北的花窝落村人李克功回平度招收劳工，到孙吴县为日本人修建第十八仓库，当时的花窝落、荆家、北台、朱家井、路子口、黄山后、崮山后、大小鱼脊山、金沟子一线村庄去人较多。1957年，平度村正式建立时，这里已经聚居了30多户人家。

据平度市档案馆资料不完全统计，1943~1944年，日本侵略者曾经从平度万家、崔家集、白埠、明村、张舍、田庄、马戈庄、城关等乡镇虏掠344人到日本本土做苦工。由此可以推断，在“伪满”统治和日本占领东北期间，除李克功招工一例，平度其他村庄也肯定会有不少人被蒙骗到东北做劳工，为日本人修路、采矿等。如市经济开发区的城东埠村当时就出去了16人。这些劳工，有的不堪奴役之苦逃回老家，有的干脆为日本人所杀，有的则咬牙坚持到日本投降，最后在东北落户。《东北开发史》引日本人稻叶君山的话说：“中国苦力，如蚁之集，而劳力供给地之山东，更乘机输送无数劳工出关为之助。是即一千五百余里之中东铁路乃山东苦力所完成，亦非过言也。”

20世纪五六十年代，平度又有一批人因生活困难，携家带口，投亲靠友，自发外流至东北，仅花窝落一村就去了6家，二三十口人。据刘思乐之孙刘春介绍，那时平度村90%的住户是平度人，只有少数几户是莱州人、范县人。而且在孙吴县，除平度村外，西兴乡的西兴村、西地营子，兴北乡的牡丹江村、大河北、山里丁村也有平度人居住。此外，像大连、沈阳、哈尔滨这样的大城市和黑河、北安这样的一般城市也有“闯关东”平度人的身影。这个时期，平度人“闯关东”的最多，差不多每个乡镇都有。仅1960年上半年，全县即外流4959人。1963年国民经济好转，大部陆续返回。现在走在平度大街上，会听到不少操东北口音的人，其中很大部分就是当年“闯关东”的平度人，他们或他们的子孙后代又返回平度。

（二）平度支援边疆建设移民。《平度县志》（1987）记载，1951年10月，平度、平东、平西、平南四县组织一批未婚女青年（人数不详）去新疆参加支边建设。1958年秋，平度县人民委员会成立支边办公室，发动农村青壮年志愿开发边疆，建设祖国，全县4005名青壮年去吉林靖宇县支边建设，其中男2322名、女1683名。1960年，政府又动员3000户1.2万人支援吉林省通化专区经济建设。这三次移民东北、西北，平度外迁1.8万余人。

（作者：陶瑞法 隋守廷）

现河名称考

据光绪《平度志要》记载："岘河，源出岘山（一名乔家山），西南距城二十五里。西流，北受大石门、小石门、小鏊口、三道岭、观山洞、车门顶、皇道口、窝落子、笆头山支水，南受黄山后、北岭子、炉子口、华山口、公河山、牛蹄山支水，西南流过北台、双庙、五亩兰，折向东，北受歇山、桃园洞、两髻山、豹竹涧、黑石涧、金华山支水，南流过花园、上观、尚家疃、河头、杨家庄、河崖、潘家疃、八里庄、洪沟，西过泽科、硝场，至欧家分派南下，过张家邱，迤西至蒲家，西过岑李家、刘家官庄、顺德营，南下，过上王家，至蔡老坟，南入胶河。其径流自欧家西至王木匠庄、蓼兰、荆家庄、长福庄、赖家、中庄，西南至刘家小庄、刘家大庄，散漫泥洼。"全长50多公里，流域面积200多平方公里。

此"岘河"盖因"源出岘山"而得名。康熙《平度州志》说"现河源出两髻山"，已遭道光《重修平度州志》否定，不提。

成稿于光绪三十四年（1908）的《平度州乡土志》在记述平度道路之"正东路、正南路、西南路"途径之地时，均提到要"渡岘河"。民国《续平度县志》复载："现河，源出乔家后廓落崮诸山。"其流经之地与光绪《平度志要》关于"岘河"的表述基本一致。民国《续平度县志》成书于1936年，时现河之名已由光绪十九年（1893）《平度志要》和《平度州乡土志》成稿时的"岘河"演变为与今相同。1990年出版的《平度市水利志》又载：现河发源于原蟠桃乡"乔家北山廓落崮（裕风顶）西麓"，其表述与光绪《平度志要》和民国《续平度县志》中表述基本一致。

至此，现河名称的由来也基本脉络清楚了，那就是岘山——岘河——现河。1966年，人工河道泽河挖成，现河之水又汇入泽河。

此后，现河这条不大也不算小的河流伏卧在平度地面上，悄么声响，一如那静静流淌的河水。直到公元1990年，才闹出了大动静。是年9月9日，市委、市政府成立了现河综合治理指挥部，开始了对现河城区段的排洪、排污、石砌、绿化、美化、硬化、净化综合治理。十几个春秋过去了，城区现河已出落成了一个俏丽的少女，翘首弄姿出现在人们面前：河边垂柳绦绦，绿树荫荫，水泥小路，透迤南北；河面碧波点点，鱼跃虾跳，宽广路桥，飞架东西；更有那两岸高楼，鳞次栉比，霓虹争艳，华灯绽放；最妙的要算那大人怡然垂钓，小儿绕膝嬉戏了，一派休闲和谐的景象，赏心悦目；就连有"平度新八景"之一之称的街心公园也以其命名为"现河公园"。

如今，平度人民把城区轮廓形象地形容为"三面环水一面山，一条玉带穿中间"。这一条"玉带"指的就是现河。把现河比喻成玉带，足见现河在装扮城市方面的作用。现河已成为平度市民生活中须臾不可或缺的一道风景。

（作者：陶瑞法）

平度县知识青年上山下乡始末

20世纪中期，发生在中国的城镇知识青年上山下乡，是共和国历史上的一件大事。作为一场引发强烈震撼的大规模迁徙运动，它对整整一代青年命运产生了无可估量的影响。

知识青年上山下乡，是指户口在城镇年满16周岁的初中、高中毕业学生尚未就业，符合上山下乡条件，离开城镇到农村插队落户，参加农业生产劳动。

1955年，毛泽东主席发出号召：“一切可以到农村去工作的这样的知识分子，应当高兴地到那里去。农村是一个广阔的天地，在那里是可以大有作为的”。响应号召，许多城市知识青年开始满怀革命豪情，到农村去，到边疆去。1962年，全国开始有计划、有组织地动员知识青年上山下乡。1968年，毛泽东主席再次号召：“知识青年到农村去，接受贫下中农的再教育，很有必要。”在全国进一步掀起知识青年上山下乡的高潮。

为贯彻落实中央关于知识青年上山下乡的指示，加强对知识青年上山下乡工作的领导，中共平度县委于1964年4月成立安置城市下乡青年领导小组，设立了安置城市下乡青年办公室（该机构随着全国知识青年上山下乡工作的结束，于1981年4月撤销）。

1964年9月，平度县首批接受了青岛市上山下乡知识青年110人，分别安置在门村、张舍、蟠桃3处公社的4个生产大队。1974年开始，平度县有组织地动员本县知识青年上山下乡，分别安置在两目、田庄、白埠3处公社。

知识青年上山下乡主要有以下形式：一是有计划、有组织地动员上山下乡，统一安置。由符合条件的知识青年本人申请，父母所在单位审查，地（市）县知识青年上山下乡办公室批准，集体到农村插队落户。由动员城镇选派带队干部，随知识青年一起到农村，协助县社队做好知识青年上山下乡工作。接受地提前落实安置点，一个安置点一般以知识青年父母所在单位为一个知识青年小组，人数少则几人、十几人，多则几十人。二是零散的知识青年插队落户。三是整户回乡知识青年。这部分知识青年多系随父母回原籍安置的，有的当时年龄还不满16周岁，后转为知青待遇。

从1964～1978年，平度县共接受安置上山下乡知识青年1万余人，分别安置在29个公社的220个生产大队。

知识青年到农村后，户籍、粮食关系、组织关系一并转入所在生产大队。上山下乡知识青年，由国家拨给专门经费，用于住房、生活补助、小农具和生活用具的开支。在生活上要求“三集中一分散”，即：集中食、宿、学习，分散劳动；整户插队落户的，也要求独门独户、独立起灶。知识青年到农村后，第一年口粮由国家供应，第二年开始由生产队分配。知识青年参加收益分配主要有以下形式：一是知识青年直接分配到生产小队，参加劳动记工分，年终参加所在生产小队收益分配。二是二次分配。即将知识青年名额分配到生产小队，年终将生产小队的收益分配（粮、油、款等）集中到知识青年小组再行分配。

知识青年到农村后，有的在生产小队劳动，有的在生产大队的科研队、农技队、林业队、副业队劳动。知识青年也分到“自留地”，开展“三养一种”（养猪、养鸡、养兔和种菜），增加收入，改善生活。集体安置的上山下乡知识青年青年点，开始由生产大队安排人员做饭，后由知识青年自己做饭，做饭期间视为出工，同其他人一样记工分。知识青年除参加本小组组织的集体学习活动外，每月以公社为单位参加公社组织的集体学习活动。知识青年经生产大队领导批准，一年可以有1～2次探亲假，每次假期为7天，最多不超过10天，一般安排在农闲季节。

随着越来越多的知识青年上山下乡，已经在

农村经过劳动锻炼的知识青年，开始就工、参军、升学，也有的在农村扎根落户。至1978年，中央要求一般县城非农业户口的中学毕业生，不再列入上山下乡范围，有安置条件的城市也可以不动员上山下乡。随着全国性知识青年上山下乡工作的逐步结束，各地将工作重点转移到妥善安置上山下乡知识青年就业工作上来。平度县于1979年专门建立了平度县皮件厂安置老知青就业。至1981年，全县知识青年就业工作基本结束。国家确定知识青年上山下乡期间计算工龄，并对就业知识青年的工资待遇作了相应的规定。

广大知识青年上山下乡，把文化科学知识带到了农村，成为农业战线一支重要力量。他们通过在农村劳动锻炼，丰富了农业知识，增强了体魄。知识青年在开发边疆和山区、建设草原和林区、建立粮食和橡胶基地等方面，作出了可喜的成绩，涌现出了大量英雄模范人物，特别是在保卫边疆的斗争中立下了功劳。许多优秀的上山下乡知识青年加入了中国共产党、共青团，被选进各级领导班子。至1978年，全县上山下乡知识青年有26人入党，788人入团，277人担任大小队干部，15人担任公社及社直部门领导职务。许多知识青年在农村扎根落户，立志为农业现代化贡献力量。经过农村锻炼，走上其他战线的上山下乡知识青年，亦受到各方欢迎。

知识青年上山下乡也存在诸多问题。主要是“统筹兼顾”的方针没有很好地贯彻落实，城乡劳动力的安排缺乏规划，安置人数过多，增加了农民负担。由于知识青年上山下乡多数时间处在“文化大革命”期间，有的地方对知识青年上山下乡缺乏领导，疏于管理，致使知识青年中不少实际问题长期不能解决，造成知青点生活困难，甚至出现了知识青年长期离开农村现象，在后来的集中返城中，又给城镇就业带来了压力。

时光荏苒，岁月蹉跎。当年风华正茂的年轻人，如今大多已年近花甲。从那个时代走过来的人，回忆起知识青年上山下乡那段青春飞扬的岁月，激情澎湃的诸多往事仍历历在目，仿佛就在昨天。

（作者：高永利）

七、主要区划文件

(一)平度撤县设市的文件

山 东 省 人 民 政 府

(89)鲁政函46号

关于撤销平度县设立平度市的通知

青岛市、平度县人民政府:

经国务院批准，民政部一九八九年七月二十七日以民批(1989)4号文批复,同意撤销平度县，设立平度市(县级)，以原平度县的行政区域为平度市的行政区域，不增加人员编制。省政府确定，平度市由青岛市代管。望你们严格按照法律规定，抓紧做好平度市的组建工作，并在今后的工作中，加强城市管理，充分发挥城市的中心作用，大力发展外向型经济，促进城乡经济的全面发展。

山东省人民政府

一九八九年八月二十五日

青岛市人民政府文件

青政发〔1989〕217号

关于撤销平度县设立平度市的通知

平度县人民政府：

省政府一九八九年八月二十五日以（89）鲁政函46号文通知：“经国务院批准，民政部一九八九年七月二十七日以民批（1989）4号文批复，同意撤销平度县，设立平度市（县级），以原平度县的行政区域为平度市的行政区域，不增加人员编制。省政府确定，平度市由青岛市代管”。现根据国务院和省政府指示精神，作如下通知：

一、平度市政府仍驻原平度县政府驻地城关镇。

二、撤县设市后，不增加人员编制。

希望你们严格按照法律规定，抓紧做好撤县和组建平度市的各项工作。在今后的工作中，要加强城市的规划建设和管理，充分发挥城市的中心作用，大力发展外向型经济，并切实抓好农村工作，促进城乡经济和各项事业全面发展，为社会主义现代化建设作出更大贡献。

一九八九年九月六日

主送：平度县人民政府。

抄送：市委办公厅，市人大常委会办公厅，市政协办公厅，市法院，市检察院，各县（市）、区政府，市政府各部门，市直各单位，各有关单位，驻青部队领导机关。

青岛市人民政府办公厅　　一九八九年九月六日印

（共印五〇〇份）

2

（二）山东省平度市经济开发区设立文件

山东省人民政府对外经济工作协调小组关于印发《山东省发展外向型经济“划区布点”总体规划方案》的通知

（92）鲁府外协组字第11号

各市地人民政府、行署，各县（市、区）人民政府，省政府有关部门：

省政府对外经济工作协调小组第九次会议研究讨论并原则通过了《山东省发展外向型经济“划区布点”总体规划方案》，现印发给你们，望严格按照规划方案中提出的“划区布点”原则，精心组织实施。省、市地各有关部门以及海关、商检、外汇管理等涉外监管部门，要密切配合，抓紧研究提出支持开发区建设的具体措施。省内开发区由省政府统一审批或转报国务院审批，各地不得自行批准设立开发区。各地在执行中有关问题和建议，请及时向省政府对外经济工作协调小组办公室报告。

— 1 —

附：《山东省发展外向型经济“划区布点”总体规划方案》

一九九二年十二月十二日

发：省委书记、各副书记、省委各常委，各副省长、省政府特邀顾问，省委办公厅、研究室，省顾委办公厅，省人大办公厅，省政府办公厅，省政协办公厅，省政府对外经济工作协调小组各成员，青岛海关、山东进出口商品检验局、中国银行山东省分行、国家外汇管理局山东分局，青岛、烟台、威海经济技术开发区管委会，济南、威海、枣庄、潍坊、临沂高新技术产业开发区管委会。

山东省人民政府对外经济工作协调小组办公室　　1992年12月12日印发

— 2 —

（二）

为实现省委、省政府提出的“尽快形成总体对外开放新格局”的战略发展目标，我省外向型经济“划区布点”的总体规模是，在全省范围内设立48个开发区，建立黄河三角洲外向型经济区。具体布局是，在沿海经济开放区七市建立34个外向型工业加工区，在西部内陆地区建立12个开放开发综合试验区和2个旅游经济开发区。按以下五个层次展开：

一、青岛、烟台、威海、日照四市发挥沿海优势，在沿环海公路、济青高等级公路各县（市）和经济强县（市）设立19个外向型工业加工区。

青岛市沿济青高等级公路和环海公路的市（区），建立6个新的外向型工业加工区。**崂山外向型工业加工区** 该区地处崂山区流亭镇西南部，东临胶济铁路、西濒胶州湾，南连青岛工业区，北依青岛国际机场，规划面积6.69平方公里，起步区面积1平方公里。**即墨外向型工业加工区** 该区位于烟青一级公路西侧，南联青岛，北通烟台，西距济青高等级公路10公里，规划面积6.5平方公里，起步区

— 7 —

面积1平方公里。**胶州外向型工业加工区** 该区位于胶州市东侧，济青高等级公路和环胶州湾高速公路穿越其境，规划面积9.7平方公里，起步区面积1平方公里。**胶南外向型工业加工区** 该区西依胶南市区，东临黄海，正在规划建设的国家沿海一级汽车专用线穿越此地，规划面积8平方公里，起步区面积1平方公里。**莱西外向型工业加工区** 该区位于莱西市区东南部蓝烟铁路以北，烟青一级公路以东，规划面积8.88平方公里，起步区面积1平方公里。**平度外向型工业加工区** 该区位于烟潍公路、潍石高速公路、济青高等级公路两则，规划面积6平方公里，起步区面积1平方公里。

烟台市在沿环海公路的县市（区）和经济强县设立9个外向型工业加工区。**蓬莱外向型工业加工区** 该区位于蓬莱市城东五公里，南接烟潍公路、北临渤海，规划面积6平方公里，起步区面积1平方公里。**龙口外向型工业加工区** 该区紧靠烟潍公路和龙青公路，西濒渤海，规划开发面积1平方公里。**莱州外向型工业加工区** 该区西临莱州湾，206国道横穿其境，规划面积13平方公里，起步区面积1平方公里。**牟平外向型工业加工区** 该区紧靠烟威一

（注：只录与平度有关的内容）

（三）青岛华侨科技园设立文件

国务院侨务办公室

侨经发（1998）76号

关于《青岛市人民政府侨务办公室、平度市人民政府关于设立“青岛华侨科技园”的请示》的批复

青岛市侨务办公室、平度市人民政府：

《青岛市人民政府侨务办公室、平度市人民政府关于设立“青岛华侨科技园”的请示》收悉。

鉴于青岛市是我办“兴国利侨”活动联系点之一，兴建“青岛华侨科技园”有利于将各级侨办引资、引智工作落到实处，以形成规模效益；有利于更好地发挥平度市丰富的资源优势，集中吸引海外华侨华人投资，并更好地为他们提供优质服务。经研究，我办拟对你兴办“青岛华侨科技园”予以支持，重点在推荐经济、科技顾问，引荐华侨华人企业家、科技专家，宣传青岛市、平度市投资环境及招商项目等方面提供协助。

为有利于工作的推动，我办确定经济科技司负责与你们保持经常性联系。

此复

一九九八年十一月三十日

主题词：侨务 经济 科技 批复

国务院侨务办公室秘书行政司　　　　1998 年 12 月 30 日印发

（四）青岛市海峡两岸农业合作试验区成立文件

平度市机构编制委员会文件

平编字[2001]23号

关于成立青岛市海峡两岸农业合作试验区管理委员会的通知

各镇党委、政府，街道办事处，开发区，市直各部门：

为推动我市农业经济和农业高新技术发展，根据上级指示精神和市委常委会议意见，经研究决定，撤销“山东平度海峡两岸农业合作试验区管委会办公室”，成立“青岛市海峡两岸农业合作试验区管理委员会”，加挂“青岛市农业高新技术产业开发区”牌子。青岛市海峡两岸农业合作试验区管理委员会为全额拨款事业单位，定编20人，设主任1人，副主任3人。

青岛市海峡两岸农业合作试验区管理委员会内设4个工作机构：（下略）

索　　引

一、文字索引

A

B

C

D

E

F

G

H

J

K

N

P

Q

R

S

T

W

X

Y

Z

二、表格索引

编后记

根据国家、山东省、青岛市地方志部门统一部署，平度市于2001年7月开始组建第二轮修志工作班子，由矫恒臣、崔传富先后担任负责人，工作人员有陶希华、徐光普、刘学胜、蒋垂明、王信等，办公地点位于市农业局四楼。当年11月，机构改革，史志工作机构撤销，其业务职能划归市档案局，对内增设史志科（股级），定编4人，对外加挂市史志办公室牌子。

2002年5月，全市修志工作会议召开，第二轮修志工作正式启动。是年，市政府印发《平度市续修地方志工作五年规划》，确定本次修志为断代志，上限起于1986年，下限截至2000年，后根据形势需要延至2005年。此后，平度市史志办根据“一纳入、五到位”（把修志工作纳入各地经济社会发展计划和各级政府的任务之中；领导到位，机构到位，经费到位，队伍到位，条件到位）修志要求，开展了面上督导、修志人员全员培训工作，先后在市委党校举办修志业务培训班5期，累计培训修志人员1000余人次。全市各《平度市志》参编单位亦相继成立修志工作领导小组，组建2～4人的修志班子，制定各自修志工作方案和计划，基层修志工作有条不紊地开展起来。

2003年，平度市史志办制订完成《〈平度市志〉篇目框架征求意见稿》，普发全市各镇（街道）、市直各部门、各单位，广泛征求意见。2004年，邀请市内史志专家、熟悉本市情况的老同志对篇目的可操作性进行了研讨，形成《平度市志》篇目修订稿，报经青岛市史志办审核后确定下来。

2005年5月，市委办公室、市政府办公室联合下发《〈平度市志〉编纂任务分工意见》，开始在全市范围内征集入志资料。至2006年上半年，入志资料征集基本结束，征集文字资料1000余万字。

2006年下半年，《平度市志》资料长编进入实际操作阶段。至2008年，资料长编基本完成。此后，我们对长编资料开始了去粗取精、去伪存真以及资料反复补充、完善过程，先后三易其稿，于2010年形成《平度市志》初稿，报送青岛市史志办审核。其间，就志稿向《平度市志》参编单位以及李树、高瑞吾、陈传瑜、于克仁、张升善、刘玉正等文史、党史专家以及在职或退职市级领导征求意见，在各方反馈的基础上，对志稿进行了订正。2012年12月，《平度市志》志稿审定会在平度宾馆召开，青岛市史志办领导及市内有关专家与会。审定会认为，《平度市志》志稿观点正确、体例完备、文风朴实、资料齐全，符合志书出版要求，同意《平度市志》交付出版。

《平度市志》下限为2005年，但为弥补下限距出版时间（2015年）较长，2006年以后平度各项事业成就无法在“专志”中体现之缺憾，我们在附录中设置了“限外辑要”一章，收录2006～2012年平度在政治、经济、文化、社会事业等方面取得的成就，同时将“大事记”“概言”记到2012年。鉴于平度市史志编纂委员会成员变动频繁，本志仅列载历任编委会主任、副主任名单。

《平度市志》编纂是一项系统工程，对此，市委、市政府高度重视，为新一轮修志创造了良好的工作环境和条件。山东省、青岛市史志办的领导于业务上给予我们诸多指导，《平度市志》承编单位以及平度摄影爱好者陶希华、崔学政、刘保国、杨志刚、田大方、曲刚、韩克敬、黄伟东、张少杰、高亚东、张建伟等提供了大量照片资料，山东大学钱曾怡教授对平度方言稿进行了订正，在此一并表示谢忱！由于本志编纂工作量大及编者水平所限，加之众手成书，疏漏和不妥之处在所难免，敬请广大读者及方家批评指正。

编者

2015年4月